Lech Witkowski

Niewidzialne środowisko

Pedagogika kompletna Heleny Radlińskiej
jako krytyczna ekologia idei, umysłu i wychowania

O miejscu pedagogiki w przełomie dwoistości
w humanistyce

Kraków 2014

© Copyright by Oficyna Wydawnicza „Impuls", Kraków 2014

Recenzenci:
prof. zw. dr hab. Anna Kotlarska-Michalska (Instytut Socjologii UAM Poznań)
prof. zw. dr hab. Ewa Marynowicz-Hetka (Katedra Pedagogiki Społecznej UŁ Łódź)

Redakcja wydawnicza:
Aleksandra Adamczyk
Beata Bednarz

Opracowanie typograficzne:
Katarzyna Kerschner

Projekt okładki:
Ewa Beniak-Haremska

Książka dofinansowana ze środków Narodowego Centrum Nauki
w ramach – koordynowanego przez autora – programu badawczego
(numer umowy 4340/B/H03/2011/40) na temat:
Perspektywa kultury symbolicznej dla pedagogiki z analizą dominującego poziomu recepcji tradycji dyscypliny i humanistyki
(projekt Narodowego Centrum Nauki NN106 43 4040)

Część książki powstała w ramach działalności
Centrum Studiów Zaawansowanych i Badań Naukowych
oraz Wydziału Pedagogicznego Kujawsko-Pomorskiej Szkoły Wyższej w Bydgoszczy
i Wydziału Pedagogicznego Uniwersytetu Warszawskiego

Prezentowane wyniki badań, zrealizowane w ramach tematu nr 21.4.14,
zostały dofinansowane z dotacji na naukę przyznanej przez Ministerstwo Nauki
i Szkolnictwa Wyższego oraz środków Akademii Pomorskiej w Słupsku

ISBN 978-83-7850-532-7

Oficyna Wydawnicza „Impuls"
30-619 Kraków, ul. Turniejowa 59/5
tel./fax: (12) 422 41 80, 422 59 47, 506 624 220
www.impulsoficyna.com.pl, e-mail: impuls@impulsoficyna.com.pl
Wydanie I, Kraków 2014

Niewidzialne środowisko

Pracę dedykuję trzem ważnym postaciom
polskiej pedagogiki społecznej
reprezentującym różne pokolenia
badaczy, działaczy i organizatorów oświatowych,
zjednoczonym etosem głębokiej troski o jakość odpowiedzialności społecznej
wobec oświaty, wychowania i opieki oraz teorii pedagogiki społecznej,
tworzącym zręby, wpływającym na rozwój i podtrzymującym ciągłość
tradycji i współczesności:

pamięci
Wybitnej Postaci i Uczonej Heleny R a d l i ń s k i e j (1879–1954),
w jej 135. rocznicę urodzin i 60. rocznicę śmierci,
oraz pamięci
jej uczennicy i kontynuatorki: Ireny L e p a l c z y k (1916–2003),
a także
uczennicy i twórczej kontynuatorce tej ostatniej,
kierującej Zakładem Pedagogiki Społecznej na Uniwersytecie Łódzkim
z otwarciem międzynarodowym i filozoficznym
Ewie M a r y n o w i c z-H e t c e,

z wdzięcznością za źródłowe inspiracje i poczucie więzi z ważnym myśleniem
i poważną kulturowo, „kompletną" postawą akademicką,
w próbach zmierzania się z całością wyzwań intelektualnych pedagogiki.

> [...] już nie gromadzimy, [lecz] trwonimy kapitał przodków,
> nawet i przez [sam] sposób, w jaki poznajemy.
>
> Friedrich Nietzsche (1988, za: Nietzsche 2012a, s. 338, wtrącenia w nawiasie w tomie)

* * *

> Powinniśmy zrozumieć, że posiadanie pewnej formy wiedzy
> oznacza automatycznie reformę umysłu.
> Należy więc kierować nasze badania ku nowej pedagogice.
>
> Gaston Bachelard (2000, s. 130)

* * *

> Przed wielkimi ojcami schylać czoło i wielkość ich rozpamiętywać –
> to nie znaczy jeszcze: ku ich drogom wieść.
> Znajomość i umiłowanie dziejów tylko wówczas służą twórczości,
> gdy przeszłość występuje w poznaniu, tak jak w życiu:
> jako ogniwo wielkiego łańcucha.
>
> Helena Radlińska (1935, s. 7)

* * *

> Do pojęcia ojczyzny należy książka.
>
> Helena Radlińska (1946a, s. 9; także 1961a, s. 3; 2003, s. 23)

* * *

> Każdy aspekt naszej cywilizacji jest –
> z konieczności – głęboko dwoisty.
>
> Gregory Bateson (1979, za: Bateson 1996, s. 286)

* * *

> Polska pedagogika społeczna kształtowała się
> przed narodzinami cybernetyki.
>
> Aleksander Kamiński (1980a, s. 107)

* * *

> Elita intelektualna jest nie do pomyślenia
> bez historyczno-socjologicznej samowiedzy.
>
> Józef Chałasiński (1958, s. 121)

* * *

> Niestety! Pokolenie moje natrafiło również na wielkie
> przeszkody, a nawet kataklizmy. [...]
> Trudno wytrzymać bez pracy nadającej sens życiu.
> Nie mogę tylko wegetować.
>
> Bogdan Nawroczyński (1971, s. 2, 96)

Spis treści

Podziękowania 15

O czym jest ta książka? Krótka teza na otwarcie 19

Przedmowa ogólna 21
   Przeciw pozorowi i ułomności alternatywności 28
   Podstawowe zadanie i dążenie 33
   W stronę potencjału krytyczności 42
   Edukacja w służbie kulturowego tworzenia człowieka 46
   Czy warto bronić kategorii „środowiska" i podejścia ekologicznego
   w humanistyce dla pedagogiki społecznej? 49

Część I
Gruntowanie podłoża i budowa ramy dla badań
Odniesienia historyczne i metodologiczne

Rozdział I
Przekroje problemowe 61
   Wstęp 61
   O iluzjach następstwa w nauce – trzy pułapki 64
   Przeciw „swoistości" myśli i wielości „szkół" –
   w stronę przełomu dwoistości jako zobowiązującego dziedzictwa ... 67
   Co zrobić z tradycją? 78
   O wadze i trudach kontynuacji przeciw zerwaniom z PRL-u 84
   W poszukiwaniu ramy interpretacyjnej – o manierze przemilczeń .. 86
   O formacji intelektualnej jako wspólnocie 90
   Problem przełomu w historii myśli 94
   Przykład idei „ekologii pedagogicznej" Zbigniewa Kwiecińskiego .. 99
   O dojrzewaniu idei społecznego uwikłania pedagogiki 107
   O idei „niewidzialnego środowiska" w dyskursie pracy socjalnej 111

Rozdział II
Między recepcją historii i historią recepcji 119
   Wstęp 119
   O wartości historii wychowania dla twórczej mobilizacji pedagogiki 121
   Historyczne wyzwania dla teorii w humanistyce 127
   Problem relacji perspektyw Heleny Radlińskiej i Sergiusza Hessena 131
   Przypadek Bogdana Suchodolskiego w podejściu do Heleny Radlińskiej 140
   W poszukiwaniu perspektywy rozumienia historii pedagogiki społecznej
   i jej teoretycznego osadzenia w całości myśli pedagogicznej 148
   Spór z perspektywą Aleksandra Kamińskiego – pięć zarzutów 154
   O szkodliwych mitach dotyczących pedagogiki społecznej 167
   Jak czytać Radlińską – próba obramowania: w stronę ekologii
   jako paradygmatu dla całej humanistyki (uwagi epistemologiczne) 174
   Nowe idee humanistyczne lat 20.–30. XX wieku jako tło ekologiczne
   dla czytania dokonań Heleny Radlińskiej 181

Rozdział III
Zwiastuny i ograniczenia dwoistości w imię ideału pozytywizmu 185
   Wstęp 185
   Dwoistość genezy uwarunkowań wychowania epoki 188
   O postulacie „dwojakiego względu" w romantycznym pozytywizmie
   Henryka Wernica 193
   O złożoności społecznych zaangażowań pozytywistycznej pedagogiki
   według Aleksandra Świętochowskiego 198
   Umysł jako dwoista spiżarnia w społeczeństwie równowagi i harmonii –
   o rozmaitych losach dwoistości w pozytywistycznym ideale
   Bolesława Prusa 206

*Odniesienia najnowsze do rozwoju idei dwoistości i ekologii
w pedagogice, cybernetyce, zarządzaniu i naukach społecznych*

Rozdział IV
Warianty dwubiegunowego sprzężenia w najnowszej pedagogice społecznej
w kontekście dokonań Heleny Radlińskiej 215
   Wstęp... 215
   Przypadek diadycznej ekologii rozwoju człowieka
   u Uriego Bronfenbrennera 216

O dwoistości i ambiwalencji w pedagogice społecznej –
dyskurs Franza Hamburgera 228
Wariant teorii pedagogiki społecznej Michaela Winklera –
w ramie dwoistości struktury relacji, sytuacji, miejsca
i procesu wychowania 235
O paradoksie spóźnionego „nowego podejścia do edukacji" 251

Rozdział V
Ekologia umysłu według Gregory'ego Batesona 273
Wstęp 273
Trop „ekologii świata wewnętrznego" Geoffreya Vickersa 276
Otwarcie metakomunikacyjne jako zmiana perspektywy epistemologicznej
u Gregory'ego Batesona 284
Uwagi ogólne – przegląd tropów 289
O pojęciu środowiska w ujęciu cybernetycznym: język i komunikacja 303
Konfrontacja Gregory Bateson – Carl Rogers i jej implikacje
dla rozumienia Heleny Radlińskiej 310
U źródeł schizmogenezy 315

Rozdział VI
Inne konteksty dwubiegunowego sprzężenia: filozofii z socjologią
komunitaryzmu, teorii z praktyką zarządzania, psychiatrii z psychologią 321
Wstęp 321
O „dualnych cnotach" i groźbie „inwersji symbiozy"
według „komunitaryzmu" Amitaia Etzioniego 322
O „dwoistych imperatywach" przywództwa – przypadek interwencji
kryzysowej w zarządzaniu 328
Dwubiegunowość w chorobie afektywnej i jako stan normalny
oraz idea terapii dialektycznej 334
Wyzwanie dwoistości w kontekście teatralnego pragnienia
„spełnienia niemożliwego" 341

Część II
Próba zarysowania obrazu tożsamości z badań wokół Heleny Radlińskiej

Odniesienia pokoleniowe

Rozdział VII
Działanie Wielkiego Pokolenia lat 80. XIX wieku w Polsce 351
    Wstęp 351
    Przeszkoda z dominacji pokoleń następców 354
    Kategorie pedagogiki społecznej Heleny Radlińskiej
    jako rama dla rozumienia historii i projektowania nowego
    kształtu myśli pedagogicznej w Polsce 363
    O intelektualnej, kulturowej i społecznej postawie Heleny Radlińskiej 371
    O przedwojennej formacji intelektualnej z udziałem Heleny Radlińskiej ... 380
    Dziesięć organicznych i romantycznych zadań pokolenia historycznego
    okresu międzywojnia i ich aktualność oraz dziesięć słabości ich realizacji 384

Odniesienia kulturowe

Rozdział VIII
Kultura jako gleba, podłoże i oręż dla działań społecznych w wychowaniu 395
    Wstęp 395
    Pedagogika społeczna w ramie kulturowej 397
    Kategoria kultury jako „gleby" – w strategii teorii i praktyki wychowania
    jako „pracy kulturalnej" 408
    O glebie społecznej i glebie kulturowej w wychowaniu 412
    W trosce o szkołę i inne „urządzenia" kulturowe:
    przeciw pozorowi istnienia, w trosce o jego dwoistość 422
    W stronę wrażliwości „pedagogiki kultury" jako kluczowej
    dla „pedagogiki społecznej" 431
    Kulturowe wyzwanie książki jako medium rozwoju ku pełni duchowej 441
    Problem normatywności w postawie pedagoga społecznego 451
    Problem dwoistości przywództwa 459

Rozdział IX
Problem wychowania „w imię ideału" – między nadmiarem uniwersalności
i nadmiarem manipulacji 463
    Wstęp 463
    Jak dokonują się przemiany działania? Ideał jako marzenie 465

O ograniczaniu miejsca ideału dla działania społecznego 470
Akcenty historyczne dotyczące ideału u Heleny Radlińskiej 478
O ideałach biblioteki publicznej i uniwersytetu ludowego 497
Ideały w ruchu oświatowym – dalsze odniesienia historyczne 501
Ideał i osobowość – podsumowanie interpretacyjne za Hanną Świdą 505
Zakończenie – o wielopostaciowości występowania w imię ideału 512

Odniesienia strukturalne (dwoistości)

Rozdział X
O splotach i „melioracji". Umysł i środowisko w podwójnym związaniu 517
    Wstęp 517
    Helena Radlińska i „sploty" – perspektywa odsłaniania dwoistości 520
    Społeczne przejawy i wymogi łączenia pozornie rozbieżnych celów 523
    Dwoistość w wątkach metodologicznych 535
    Dwoistości kultury i wychowania 540
    O dwoistym zadaniu „melioracji duszy" w sprzężeniu
    z „melioracją środowiska" 541
    Wiedza o wartościach i sposoby jej oddziaływania 544

Rozdział XI
Kontynuacje i zagubienia perspektywy dwoistości
dla pedagogiki społecznej 551
    Wstęp 551
    Dialektyczne tropy w ujęciu Aleksandra Kamińskiego 552
    O spóźnionych i ułomnych substytutach dwoistości 560
    Zamiast zakończenia: zderzanie wizji racjonalności 569

Część III
O residuach dyscyplinarnych i skojarzeniach z dystansu
Odniesienia społeczne (dyscyplinarne)

Rozdział XII
Jak jest możliwa i potrzebna odrębność dyscypliny? 573
    Wstęp 573
    Co znaczyła „pedagogika społeczna" dla Heleny Radlińskiej 577
    O uniwersalnej funkcji „Erosa pedagogicznego" 588

Co to jest obiekt PS w pedagogice?
Próba eksperymentu nominalistycznego 591
Pedagogika społeczna i medycyna 594

Rozdział XIII
Pytanie o zaplecze psychologiczne pedagogiki społecznej: psychoanaliza,
fazy rozwojowe i Gestalt 605
Wstęp 605
Tropy psychoanalityczne dla pedagogiki społecznej 611
Fazowa perspektywa śledzenia rozwoju 615
Psychologia Gestalt – waga czynników postaciujących i troski o tło 618
Psychologia funkcjonalna i jej ograniczenia –
dwoistość u Charlotte Bühler 627

Rozdział XIV
„Co idzie w parze"?
Socjologia wsi wobec pedagogiki społecznej i analizy dwoistości
na przykładzie prac Józefa Chałasińskiego 643
Wstęp 643
O pedagogicznym horyzoncie w pracach Józefa Chałasińskiego 645
Analiza tomów *Młodego pokolenia chłopów* 653
Spór z Sergiuszem Hessenem jako bariera recepcji
dokonań Heleny Radlińskiej 662
Odsłona w sprawie „milczenia" Józefa Chałasińskiego
o Helenie Radlińskiej 668

Odniesienia do działań pedagogicznych i ich dyscyplin

Rozdział XV
Troska o „utraconą własność" duchową jako zadanie pedagogiczne 677
Wstęp 677
Uczenie dla samokształcenia – w stronę przebudzenia dla głodu wiedzy
i dla przemiany wewnętrznej w dwoistych uwikłaniach 679
Poziomy działania w sferze dydaktyki przeżycia, przebudzenia
i przemiany 683
Opieka a ubezwłasnowolnienie 687
Władza, przemoc, bliskość i intencje pedagogiczne 693
Wyciąganie z wykolejenia społecznego 695

Praca z dorosłymi 697
O filozofii kształcenia zawodowego 702

Rozdział XVI
W stronę pedagogiki społecznej jako niezbędnej pedagogiki kompletnej 705
    Wstęp 705
    W stronę krytyczności samowiedzy 706
    Przeciw jednostronnym redukcjom: ontologika „między" 709
    O słabościach w postawie Heleny Radlińskiej 712
    Dlaczego Helena Radlińska została osamotniona? 716
    Od uwypuklania „swoistości" do rozumienia „dwoistości" 721

Zamiast zakończenia: w trosce o „niewidzialne środowisko" życia 725

Posłowie
O uprawianiu humanistyki 735
    Wstęp 735
    Wyznanie znużonego wędrowca 738
    Przekleństwo tytułu i ramy dyscyplinarnej 739
    Edukacja ma sens egzystencjalny 742
    Nowe otwarcie humanistyki na pedagogikę 746

Bibliografia 751

Indeks nazwisk 771

Podziękowania

Autor tej książki ma szereg powodów do wyrażenia swojej wdzięczności osobom, które przyczyniły się do jej powstania i ukazania się. Życzliwość i wsparcie są często warunkiem niezbędnym do tego, aby dało się wytrwać w samotniczym zmaganiu się z materią badawczą, którą podejmuje się w poczuciu imperatywu, mimo ryzyka i trudności, jakie trzeba pokonywać po drodze. Tak było i w tym przypadku, zwłaszcza że problematyka wymuszała coraz bardziej rozbudowywane konteksty i tropy krytyczne. Przede wszystkim jednak winien jestem wyrażenie poczucia długu intelektualnego i przejęcia wobec nieznanej mi osobiście (zmarła, gdy miałem trzy lata) Heleny Radlińskiej, tu przeze mnie studiowanej nie tylko w intencji dokształcenia się, lecz także w przekonaniu, iż traktowana szerzej, bardziej na serio i głęboko analitycznie mogłaby wywrzeć większy wpływ na aktualną kulturę myślenia pedagogicznego, w tym myślenia o kulturze i życiu społecznym w Polsce. Wielkość jej dokonania i skala wyzwań, jakie pozostawiła, wymagają naszego intensywnego wysiłku, w naszym własnym zresztą interesie. Co więcej, stają się okazją do poważnej próby zmierzenia się z naszym rozmaicie artykułowanym w środowisku akademickim roszczeniem do bycia spadkobiercami intelektualnymi, godnie reprezentującymi etos heroicznie dźwigany przez Radlińską w trudnych i bolesnych dla niej czasach.

Dziękuję także za niezwykle cenne dla mnie i łaskawe recenzje wydawnicze książki Paniom prof. Ewie Marynowicz-Hetce i prof. Annie Kotlarskiej-Michalskiej oraz za wielce życzliwą rekomendację moich analiz oraz dyskusje merytoryczne ze strony prof. Zbigniewa Kwiecińskiego, a także za krytyczne komentarze prof. Bogusława Śliwerskiego w stosunku do wcześniejszej wersji przedkładanej tu pracy. Wszystkie uwagi – także te, których zasadności nie mogę podzielić – pomogły mi z pewnością nadać książce dojrzalszy, bardziej świadomy kształt w ramach tej próby zmierzenia się ze „zjawiskiem" Heleny Radlińskiej przez autora spoza „oficjalnego" instytucjonalnie środowiska pedagogiki społecznej, choć także pracującego na jego rzecz. Zwłaszcza jestem wdzięczny za sugestie, które pozwoliły mi uściślić własne stanowisko, po części przynajmniej uwalniając je od możliwych nieporozumień czy niedokładności w artykulacji rozwijanej tu perspektywy. Nie likwiduje to rzecz jasna przestrzeni różnic czy nawet sporu. Nie ukrywam także, że słowa zainteresowania i uznania dodawały mi sił i zachęty w niejednym momencie zwątpienia czy przytłoczenia trudem kontynuacji tak dużego przedsięwzięcia.

Mam tu również dwa bardziej ogólne motywy i dwoje adresatów do wyrażania mojej wdzięczności za dotarcie przeze mnie do miejsca w moim rozwoju akademickim, w którym odczułem imperatyw poważnego zajęcia się dorobkiem Heleny Radlińskiej i jego znaczeniem dla całej pedagogiki polskiej na szerokim tle humanistyki. Szczególnie jestem zobowiązany przede wszystkim Zbigniewowi Kwiecińskiemu za włączenie mnie w wysiłek rozwijania w trybie seminaryjnym zainteresowań pedagogicznych i oświatowych ponad trzydzieści lat temu, co wyznaczyło mi drogę akademicką na kolejne dekady, prowadząc przez rozmaite projekty edytorskie, badawcze i samokształceniowe, zwieńczone niniejszą próbą. Nasza zaś wieloletnia współpraca znalazła cenne dla mnie przedłużenie i ukonkretnienie w kolejnym zaproszeniu mnie, przez Ewę Marynowicz-Hetkę, do współpracy ze środowiskiem pedagogiki społecznej poprzez zwłaszcza teorię pracy socjalnej przy okazji Zjazdów Polskiego Stowarzyszenia Szkół Pracy Socjalnej w przeciągu pięciu kolejnych lat do 2010 roku i dalej na forum międzynarodowym, w tym ostatnio przy okazji światowego Kongresu AIFI w Montrealu.

Jestem także winien podziękowania najlepszej w Polsce, pedagogicznej Oficynie Wydawniczej „Impuls" w Krakowie i jej znakomitemu dyrektorowi Wojciechowi Śliwerskiemu za gotowość kontynuowania naszej świetnej współpracy edytorskiej po niedawnym opublikowaniu przez nią mojego obszernego tomu *Przełom dwoistości w pedagogice polskiej. Historia, teoria, krytyka* (Kraków 2013, ss. 768), a wcześniej współautorskiej książki z Henrym A. Giroux, *Edukacja i sfera publiczna. Idee i doświadczenia pedagogiki radykalnej* (Kraków 2010, ss. 526), czy autorskiego tomu *Wyzwania autorytetu w praktyce społecznej i kulturze symbolicznej* (Kraków 2009, ss. 522), dopełnionego moją pracą *Historie autorytetu wobec kultury i edukacji* (Kraków 2011, ss. 768). Niniejsza praca wyrosła jako kontynuacja tak wypełnianego kompleksowego programu badań i samokształcenia, z nadzieją, że przyniesie to wartościowe impulsy dla nowego pokolenia pedagogów akademickich, wręcz niezbędnej nowej formacji intelektualnej badaczy w Polsce, na styku problematyki edukacji, rozwoju duchowego i przyszłości społecznej z jednej strony, a wpisania pedagogiki w stan humanistyki współczesnej z drugiej.

Dziękuję także Ewie Marynowicz-Hetce za udostępnienie mi części unikatowych prac źródłowych, obrazujących dorobek Heleny Radlińskiej i Ireny Lepalczyk, których lektura zaowocowała niezwykle inspirującymi dla mnie impulsami, dopełniającymi obraz pedagogiki międzywojennej w Polsce oraz losów powojennych i ewolucji pedagogiki społecznej. Jestem winien serdeczne słowa podziękowania także Pani Kierownik Biblioteki Wydziałowej na Wydziale Pedagogicznym UW, mgr Urszuli Pawłowicz, za bezcenną pomoc w komfortowym dla mnie docieraniu do unikatowych tekstów przedwojennych. Podobnie dziękuję Pani Kierownik Biblioteki KPSW, mgr Agnieszce Florczak, i jej pracowniczkom. Pomogli mi także znakomicie w gromadzeniu literatury i uproszczonym dostępie do niej: mój syn mgr Marcin Witkowski z UAM, jak również wielokrotnie nieoceniony dr Łukasz

Michalski z UŚ oraz dr Małgorzata Muszyńska z UMK. Bardzo cenne okazały się także uwagi prof. Włodzimierza Wincławskiego z UMK.

Dziękuję także za decyzje o dofinansowaniu książki Panu Prorektorowi ds. Nauki AP w Słupsku prof. dr. hab. Tadeuszowi Sucharskiemu oraz kierownikowi Zakładu Podstaw Pedagogiki i Pedagogiki Ogólnej APSL prof. dr hab. Ewie Bilińskiej-Suchanek. Cieszę się także, że część badań i prac redakcyjnych była prowadzona, gdy mogłem korzystać z gościny Wydziału Pedagogicznego UW. Podziękowania zechcą przyjąć jego władze dziekańskie w osobach prof. dr hab. Anny Wiłkomirskiej i dr. hab. Rafała Godonia, a także pierwsza inicjatorka naszej współpracy, prof. dr hab. Alicja Siemak-Tylikowska.

Dziękuję także władzom KPSW w Bydgoszczy, w tym zwłaszcza Pani Rektor KPSW, prof. dr Helenie Czakowskiej, oraz Pani Dziekan Wydziału Pedagogicznego KPSW, prof. dr hab. Monice Jaworskiej-Witkowskiej, za stworzenie warunków do intensywnej pracy naukowej. Niezmiennie i niezmiernie jestem wdzięczny tej ostatniej, także prywatnie jako mojej Ukochanej Żonie, za wszelkie zrozumienie, ciepło, wsparcie i doping, nadające podjętym tu wysiłkom i pracy wiele dodatkowego sensu oraz aury we wspólnocie ducha i radości wspólnego bycia.

Autor

O czym jest ta książka? Krótka teza na otwarcie

Książka ta jest programem dla pedagogiki w Polsce, uzasadnieniem tego programu i serią prób jego realizacji na tle tradycji pedagogiki społecznej i stanu współczesnej humanistyki. Jest też zaproszeniem, by o tym wszystkim zacząć naprawdę na serio rozmawiać. To wyznanie jest złożone tu bardziej jako wyzwanie i zobowiązanie niż roszczenie, mimo że nie stroniłem od krytyk i wysiłku niezakończonego samokształcenia i relacji z efektów badań.

Jest to druga odsłona zaproszenia do dyskusji, po tomie autora *Przełom dwoistości w pedagogice polskiej. Historia, teoria, krytyka* (Witkowski 2013a), wydobywająca na światło dzienne niezwykły fenomen polskiej międzywojennej pedagogiki, reprezentowanej przez Wielkie Pokolenie postaci urodzonych w latach 70. i 80. XIX wieku, które tworzyło zręby odrodzonej państwowości polskiej lat 1918–1939, a którego rola i znaczenie zostały *de facto* zdławione w PRL-u. Obecnie skupia uwagę autora wybitne dokonanie Heleny Radlińskiej, widziane zarówno przez pryzmat zjawisk jej czasu twórczego – w tym tych, których nie była świadoma – jak i z perspektywy znacznie późniejszej w humanistyce, wręcz najnowszej. Radlińska jest czytana jako pedagog „kompletny", intuicyjnie wyczuwający wiele z tropów myślowych dopiero przebijających się w latach 20. po 40. na świecie, jak myślenie cybernetyczne, rozumienie ekologiczne, rozważania społeczne o kulturze i kulturowe o zjawiskach społecznych czy „komunitaryzm". Splecione, szersze konteksty historyczne i porównawcze analizy pozwalają lepiej rozumieć to, co się w owym czasie twórczym działo. Pokazuję, że dokonanie to było i jest światowego formatu, a jego idee, związane z „przełomem dwoistości", znacznie bardziej fundamentalne i uniwersalne niż tylko reprezentujące wąsko kojarzony „punkt widzenia pedagogiki społecznej" czy filozofię wychowania. Mamy tu program dla całej pedagogiki, dramatycznie aktualny i potrzebny, jak ośmielam się sądzić, śledząc stan dyskursu pedagogicznego w jego rozmaitych odsłonach i zakresach. Wiem, że narażę się tu części zainteresowanych.

Książka jest też kolejną próbą uwolnienia myśli pedagogicznej w Polsce od gorsetu PRL-u, w tym od spłyceń, wypaczeń, zaniechań i marginalizacji, ustanowionego w pedagogice przez własne wzorce i ideały twórcze oraz autorytety, które dużą część wysiłku pokolenia Radlińskiej przemilczały, dużej części nie doczytały, dużą część zastąpiły spłyceniami rozmaitej proweniencji, a to marksistowskiej, a to katolickiej, a to szatkującej myślenie pedagogiczne na kawałki niezdolne do troski o pełnię i głębię odpowiedzialności specjalistycznej. Jest to książka historyczna i teoretyczna zarazem, w której współczesność i przeszłość, a także pedagogika i inne obszary myśli humanistycznej czy społecznej są uwikłane w sploty dla jej autora nie do rozcięcia, jako żywiące się sobą.

Wysiłek rekonstrukcyjny i analityczny idzie tu w parze z próbą budowania całościowego horyzontu dla sytuowania aktualnego dyskursu pedagogiki społecznej (w tym teorii pracy socjalnej), gdzie część tego horyzontu obejmuje perspektywę historyczną, wpisywania się w rozumienie tradycji i jej przetwarzanie oraz przyswajanie nadal nowocześnie brzmiących akcentów. Druga, nie mniej istotna część tego wysiłku poszerzania horyzontu jest zwrócona w stronę otwierania dostępu do najnowszych narracji czy części dyskursu humanistyki zbyt słabo kojarzonego z zapleczem, podłożem dla poszerzania perspektywy i pogłębiania narzędzi interpretacyjnych pedagogiki społecznej w świetle działania impulsów z innych obszarów, jak teoria komunikacji, cybernetyka czy ekologia jako paradygmat humanistyczny.

Jest to jednocześnie głos w sporze o jakość uprawiania nauki w humanistyce w Polsce, rzucający wyzwanie dużej części środowisk pedagogicznych, stanowiąc zarazem wezwanie do nowego pokolenia badaczy o sięgnięcie po najlepsze wzory z przeszłości. Chodzi o nową formację w zakresie samokształcenia i badań, odzyskującą żywy potencjał tradycji, dla istotnej rewitalizacji dyskursu pedagogicznego i jego reintegracji z zasadniczymi dokonaniami humanistyki, które z różnych powodów, acz niesłusznie, ciągle znajdują się poza kategorialnym i analitycznym oprzyrządowaniem pedagogiki. Jest to więc zaproszenie głównie dla doktorantów i badaczy na poziomie postdoktorskim chcących uzyskać nowe impulsy do programowania własnej pracy samokształceniowej i badawczej.

W tomie są ukryte przynajmniej dwie książki, których racje, przykłady i argumentacje splatają się w całość jednej postawy humanistycznej. Jak integralnej i jak aktualnej – rozstrzygnie wnikliwy Czytelnik. Jedna sfera treści dotyczy tego, z czym do czytania Radlińskiej podchodzę. Druga ukazuje to, z czym z jej lektur wychodzę. Tego splotu nie umiałem rozwikłać. A nawet miałem poczucie, że nie należy tego robić. Mam nadzieję, że nawet niezgoda z tą książką przyniesie zainteresowanym pożytek twórczy i nowe impulsy do rozwoju pedagogiki oraz jej świadomości historycznej i teoretycznej.

Przedmowa ogólna

Nie umiemy orientować się we własnym dorobku.
Helena Radlińska (1909, za: Radlińska 1964, s. 3)[1]

Moje rozważania są z pewnością przesadzone i niesprawiedliwe. Ale sceptyczny obraz współczesnej pedagogiki ma prowokować, zwracać uwagę na konieczność nadania badaniom i teoriom podstawowym takiej wagi, jaka jest im należna i na którą zasługują.
Michael Winkler (2002, s. 22)

Prezentowana tu książka jest kolejną w serii studiów – i w związku z tym rekonstrukcji badawczych oraz analiz – w pracach autora, wymienionych w bibliografii, które pozwalają mu na materiałach źródłowych, w próbach porównawczych, interpretacyjnych i krytycznych dokonywać „rozwojowych" dla siebie samego rozmaitych odkryć, często ku własnemu zdumieniu wobec aktualnego stanu (poziomu, świadomości historycznej) dominującego dyskursu pedagogicznego w Polsce. Prowadzi to z konieczności do rewizji i zbuntowanych odsłon tego, co w naszej historii myśli zostało zaniechane, zmarnowane, zlekceważone, spłycone, a nawet zdegradowane i zmarginalizowane, a czego konsekwencją stała się niejednokrotnie sama degradacja tego dyskursu. Zarazem prześwituje w moim podejściu, ośmielam się wyznać, projekcja pewnej filozofii czy postawy kulturowej autora DLA pedagogiki. Jej sedna upatruję w programowaniu i realizacji wysiłku źródłowej odsłony i odnowy humanistycznego, podwójnego zanurzenia refleksji pedagogicznej. Raz – dotyczy ono wysiłku pracy na jej własnej tradycji, w tym zwłaszcza w pedagogice okresu międzywojennego z szerokimi jego przyległościami i tłem historycznym, w dużym stopniu z zakłóceniami funkcjonującej w nieżyczliwym dla niej pod wieloma względami kontekście PRL-u. A po drugie – wymaga osadzenia pedagogiki w rozmaitych tropach humanistyki i nauk społecznych, zarówno omawianego okresu, jak i ostatnich dekad, rzucających inne światło na to, co niosły ze sobą jej dokonania i co dają dla odnowy świadomości historycznej i współczesnej metodologii.

---

[1] Cytat z referatu wygłoszonego na posiedzeniu plenarnym Polskiego Kongresu Pedagogicznego we Lwowie 1 lutego 1909 roku.

Uzyskuje się tą drogą – mam nadzieję – szereg (wymagających dalszych badań) perspektyw porównawczych, traktowanych jak seria luster, pozwalających w coraz to innym świetle, obramowaniu czy kontekście widzieć efekty takiego tropienia znaczenia myśli pedagogicznej. Jest ono podjęte nie tylko w celu nowego ogarnięcia interpretującego badanego dorobku, lecz także dla krytyki stanu jego recepcji i dla otwarcia przestrzeni aplikacji ożywiających aktualny nurt badań, także z próbą nadania nowych impulsów świadomości teoretycznej i historycznej możliwie szerokiej gamie środowisk czy dyscyplin[2] pedagogiki akademickiej. Postulowana przeze mnie od lat „radykalizacja semantyczna dyskursu pedagogicznego" oznacza tu także radykalność w sensie troski zarówno o prace źródłowe i nowe zakorzenienia, czy odnowę wysiłku docierania do korzeni własnej tradycji myślowej (poprzez czytanie na nowo prac postaci klasycznych czy uznanych), jak i sięganie do inspiracji pozwalających na przeszczepy wzbogacające we wzajemne powiązania i odsłony analogii czy wzajemnie ważnego zapętlenia i wzmacniania efektów rozwoju dokonującego się niezależnie w humanistyce. Każda epoka zdaje się zobligowana do powrotu do źródeł, by nie być zakładnikiem zredukowanych ich śladów u poprzedników z innego świata myśli. Tu XXI wiek musi być traktowany nie jako data kalendarzowa, ale jako cezura zobowiązująca do nowego wysiłku intelektualnego, opartego na rzetelnym bilansie spuścizny minionego stulecia.

Szczególnym rysem tego wysiłku jest próba uruchomienia – dla siebie samego i dla tych, którzy zechcą z tego samokształcenia skorzystać – procesu źródłowej odnowy myśli pedagogicznej w kwestii zmarnowanego lub nieskojarzonego dorobku współczesnej humanistyki, jak również tradycji nieżyczliwie i/lub nie dość rzetelnie traktowanych przez dużą część współczesnej elity środowisk pedagogicznych za sprawą zwyczajów, wiedzy, hierarchii i lektur, jakie zdominowały czasy PRL-u. Szereg podręczników wydawanych jeszcze w latach 80. minionego wieku, choć dotyczy to tym bardziej wcześniejszych, proweniencji głównie marksistowskiej – często płytkiej intelektualnie, a także wielu wydawanych potem, niezależnie od ich ambicji i przywiązań, dotkniętych jest, wśród innych słabości[3], skazą braku wystarczająco wartościowej wiedzy i efektów przetworzeń badawczych, zarówno w zakresie własnych tradycji myślowych, jak i rozmaitych obszarów humanistyki i nauk społecznych, zwykle traktowanych jako pomocnicze, takich jak socjologia,

---

2 Dotyczy to zwłaszcza takich obszarów, jak: pedagogika ogólna, pedagogika społeczna, pedagogika kultury, pedeutologia, dydaktyka ogólna, teoria wychowania, pedagogika opiekuńczo-wychowawcza, resocjalizacja. Wszystkie te obszary, funkcjonując odrębnie jako zamknięte na siebie, wyrządzają szkodę własnemu przedmiotowi działań i badań, będąc tymczasem jedynie residuami w całości wymagającej postawy kompletnej, w poprzek podziałów dyscyplinarnych. Wymaga to racjonalności określanej mianem „transwersalnej", co za recepcją idei Wolfganga Welscha słusznie postuluje Ewa Marynowicz-Hetka w swoich pracach (por. Bibliografia).

3 Osobno sformułowałem, mającą i w tym kontekście zastosowanie, listę sześciu postaw jako grzechów głównych typowych narracji pedagogicznych (por. Witkowski 2010a, s. 267–277).

psychologia, filozofia czy historia, i to nie tylko w sferach ukonkretnionych do samych zjawisk pedagogicznych.

Gdybym miał wskazać najogólniejsze elementy realizowanej tu strategii badawczej, to z pewnością, używając określeń Johna Urry'ego z jego *Socjologii mobilności*, można by je określić jako usiłowanie „postdyscyplinarnej rekonfiguracji" (por. Urry 2009, s. 14) analizowanych dyskursów, w poprzek tradycyjnych podziałów. Wiąże się to z zamiarem nasycania myślenia pedagogicznego impulsami, zarówno w jego na nowo odczytywanej i nowymi narzędziami interpretowanej tradycji, jak i w próbach pokazania horyzontu idei ze współczesnej humanistyki, które te narzędzia umożliwiają. Uzasadniają one zarazem ową „rekonfigurację" oraz podejście „postdyscyplinarne", uczulone na granice – zwłaszcza instytucjonalne – dyscyplin, widziane jako bariery i przeszkody poznawcze, ale także wyzwania dla transgresyjnych wysiłków badawczych. John Urry wiąże troskę o innowacyjność dyskursu nauk społecznych z hybrydyzacją impulsów badawczych, gdyż staje się ona

> [...] efektem akademickiej mobilności przecinającej granice dyscyplin – mobilności, która generuje [...] „kreatywną marginalność". Marginalność ta, stanowiąca efekt przemieszczania się badaczy od centrum na peryferia ich dyscypliny, a następnie przekraczania ich granic, przyczynia się do wytwarzania w naukach społecznych nowych i produktywnych hybryd (Urry 2009, s. 287).

Mam poczucie, że troska o nowoczesność dyskursu akademickiego w humanistyce, znacznie bardziej niż się zwykle wydaje, musi polegać na próbach zmierzenia się z tradycją dyscypliny podstawowej, a także musi obejmować – wysiłkiem pracy rekonstrukcyjnej, rekontekstualizującej i porównawczej – treści z zakresu podobnej problematyki w innych dyscyplinach i ich historii. Stąd spuścizna Heleny Radlińskiej stanowi tu zarówno kluczowy tekst analiz i rekonstrukcji, jak i zasadniczy pretekst oraz podtekst rozmaitych przywołań i odwołań, toczących spór z dziedzictwem PRL-u wpisanym w dominujące obecnie nastawienia i wyobrażenia w środowisku pedagogiki społecznej w Polsce.

Tadeusz Kotarbiński sam był przykładem myśli, którą powtórzył za Stanisławem Michalskim w słowie wstępnym do opracowania przez Helenę Radlińską i Irenę Lepalczyk „autobiografii i działalności oświatowej" wielkiego pioniera „zrywu oświatowego" przełomu XIX i XX wieku w Warszawie – podjętego, „by na przekór wrogiej przemocy ocalić polskość i rozwinąć tkwiące w niej możliwości kultury intelektualnej" – podkreślając, że „od czasu do czasu pojawia się w społeczeństwie człowiek, który starczy za instytucję" (Kotarbiński 1967, s. 5)[4]. Myśl ta ma z pewnością odniesienie także do historii nauki i jej ilustrację da się ukazać również

---

[4] Dla technicznego uproszczenia zapisu przyjmuję w tej książce zasadę, że jeśli w zdaniu cytuję więcej niż jeden fragment czyjejś myśli, to przypis zwykle pisany na końcu zdania jest odsyłaczem dla wszystkich cytowanych fragmentów obecnych w danym zdaniu.

na przykładzie dorobku Heleny Radlińskiej. Co więcej, nie tylko na przykładzie pedagogiki można dalej ukonkretniać tę wyjściową sugestię stwierdzeniem, że co jakiś czas okazuje się, iż ziszcza się potrzeba pojawienia się **postawy kompletnej**, idącej w poprzek poszatkowanych pól badań w stronę ich integralnego odnoszenia do pełnego obszaru zaangażowania intelektualnego. Nie darmo, pisząc o rozwoju „polskiej myśli pedagogicznej" w pomnikowej próbie ogarnięcia jej historii, Bogdan Nawroczyński podkreślał w 1938 roku, że w okresie po I wojnie światowej:

> Takiej dążności do objęcia zagadnień pedagogicznych w ich pełni nie było w Polsce od czasów Bronisława Trentowskiego (Nawroczyński 1938, s. 258).

Udział Heleny Radlińskiej w tym dążeniu nie ulega wątpliwości, jak pokażę, analizując jej doświadczenie pokoleniowe. Kompletność czy pełność zaangażowania poznawczego, praktycznego oraz wysiłki instytucjonalizacji i kształtowania nowej świadomości społecznej nawet musiały ramy działań Trentowskiego przekraczać. Nie stoi to w sprzeczności z wyróżnieniem kwestii czy perspektywy „społecznej" w kształtowaniu zrębów rzeczywistości oświatowej ani z dalszą uwagą Nawroczyńskiego, że kiedyś całością zajmował się „jeden człowiek ożywiony tą dążnością", a przy podziale pracy ta nowa próba zbudowania historycznie dostępnej „uniwersalności" projektu „stała się wysiłkiem zbiorowego wysiłku" (Nawroczyński 1938, s. 258).

Kompletność zaangażowania oznacza bowiem realnie wyróżniającą się próbę podjęcia jakiegoś ważnego problemu (wręcz „problematu", jak kiedyś określano zasadnicze kwestie badawcze) jako palącej potrzeby danego czasu, a bywa, że i uniwersalnie powracającej w kolejnych epokach. Wymagało to wykorzystania wszystkich możliwych źródeł i sił dla programowania i wdrażania możliwie najlepszych rozwiązań. Dla takiej postawy, nawet mimo jej subiektywnego poczucia przynależności do jakiegoś obszaru (jak u H. Radlińskiej –poczucia bycia ostatecznie pedagogiem społecznym), rozmaite sfery czy dyscypliny stanowią jedynie **residua** szerszych i pełniejszych zainteresowań, wpisanych w postawę integralną humanistycznie, poszukującą nie tyle syntezy, ile całościowej perspektywy rozumienia własnego świata i jego wyzwań. Są to zarazem residua, jako składowe, jako ogniwa ważne dla szerszej postawy, kulturowej i społecznej, które trzeba i można wykorzystać oraz rozwijać nawet lepiej niż ich zadeklarowani rzecznicy, budujący sobie zawężoną tożsamość dyscypliny. Tymczasem nad wyraz często zamiast postawy kompletnej mamy co najwyżej... kompletną niezdolność do otwarcia na inne residua, w tym kompletną odmowę uczenia się z szerszej tradycji czy pola dyscyplinarnego, co znowu – jak sugerował Tadeusz Kotarbiński –niesie niepostrzeżenie dominujące „fuszerowanie specjalności" (por. Kotarbiński 2003, s. 314; szerzej o tym Jaworska-Witkowska 2009, s. 48–50), bo na dłuższą metę jest dla niej szkodliwe. Zadaniem tej książki jest ogarnięcie strategii „pedagogiki kompletnej" Heleny Radlińskiej i próba jej przywrócenia **całej** polskiej pedagogice z jej rozmaitymi residuami, przeciw zamykaniu podziałów w odrębnych, szkodliwych, choć wygodnych poletkach, łatwiej uprawianych z pominięciem całości, co zwrotnie nie mogło pozostać bez wpływu na jakość odczytań samej tak wypreparowanej roboty akademickiej. Niech jak memento, w duchu Kotarbińskiego, zabrzmi ostrzeżenie Radlińskiej kierowane do badaczy i działaczy społecznych:

> Jednym z najczęstszych błędów, popełnianych przez fachowców, jest interesowanie się tylko określoną dziedziną pracy, nie zwracanie uwagi na jej związki z całością kultury, z życiem duchowym. Działacze tacy, nie poznając całości stosunków ani przebiegu zjawisk, lekceważą sprawy ludzkie. Działanie ich przynosi obok zamierzonego pożytku nieobliczalne szkody (Radlińska 1946b, s. 249)[5].

Stąd usiłuję wypracować i zastosować perspektywę niezbędną zarówno dla poważnie traktowanej pedagogiki ogólnej, jak i dla rozmaitych dyscyplin czy subdyscyplin szczegółowych. Wymaga to nie tylko lektur źródłowych, lecz także zewnętrznej i możliwie zaawansowanej perspektywy, tak nasyconej tropami humanistycznymi z ostatnich dekad, by dało się rozpoznawać wcześniejsze ich zalążki lub długo niedostrzegane innowacje czy nieuświadamiane konteksty.

Postulat afirmowania postawy „kompletnej" w pedagogice czy dla pedagogiki sam w sobie nie jest rzecz jasna ani oczywisty, ani nawet zgodny z dominującymi strategiami instytucjonalizacji rozwoju dyscyplin, typową logiką procesu kształcenia czy prowadzenia badań. Tym bardziej nie jest zgodny z potocznie pojmowanym interesem budowania pozycji akademickich, określania tożsamości czy wręcz robienia kariery. Naturalne jest, że kandydat na uczonego określa swoją skłonność dyscyplinarną, a z czasem – jak mu się powiedzie droga na choćby lokalne szczyty instytucjonalne własnej dyscypliny – zaczyna się poczuwać do jej reprezentatywnego określania z pozycji „depozytariusza" jej dziedzictwa, wartości symbolicznej i interesu. Radlińska pod wieloma względami, choć na szczęście niekonsekwentnie, postępowała podobnie. Oczywiście taka postawa niesie ze sobą rozmaite wartości, a przede wszystkim jest wygodna, czytelna, dzięki przypisaniom, choć bywa pułapką, redukującą postrzeganie wartości tak uzyskiwanych wyników czy dokonań. Rzecz tylko w tym – i uważam to za największe wyzwanie notorycznie lekceważone w humanistycznej branży akademickiej (pojmowanej przeze mnie integralnie z naukami społecznymi) – że najznakomitsze postaci poszczególnych dyscyplin naukowych wcale ale to wcale nie redukują się do dyscyplin, w które zostali zaszufladkowani albo w których sami się ulokowali. Okazują się właśnie „kompletnymi" instytucjami, wręcz na całe dekady wyprzedzającymi często swoje dyscypliny, jak też pokrewne, nieumiejące korzystać z ich inspiracji, bo zamknięte

---

[5] Uwaga ta, odniesiona głównie do praktyków i badaczy rzeczywistości społecznej (jej środowisk), ma także zastosowanie do pedagogów społecznych i do stylu ich pracy na obszarze, bywa, ograniczania własnych zainteresowań i kompetencji interpretacyjnych.

w swoich kanonach obowiązujących lektur. Dopiero gdy przestaną być traktowani jako przydatni jedynie branżowo w lokalnym polu dyscypliny, a staną się wartościowymi partnerami szerszej i głębszej zarazem debaty, wracają do życia w nowej postaci i na nowo mogą instytucjonalizować zręby dyskursu, bywa, że wbrew temu, co zdominowało praktykę dyscyplin na pokolenia. Potrzebna jest w tym celu lektura otwierająca do nich dostęp, zrywająca z ramami ich osadzenia, nieprzyjmująca do wiadomości ich zaszeregowań, a nawet nie za bardzo przejmująca się tym, co sami byli skłonni w swoim dokonaniu widzieć i jak sami byli skłonni je osadzać. Stąd postęp poznawczy bywa zakładnikiem rozmaitych wcześniejszych instytucjonalnych zawłaszczeń, lokalizacji czy fragmentaryzacji dyskursu, wymagającego nowych odczytań, dekonstruujących przydatność czy podstawowe odniesienia w świetle odmiennych uwikłań, czy na tle zjawisk nawet późniejszych niż samo to dokonanie. Postęp poznawczy jest możliwy czasem za cenę rozsadzenia ram instytucjonalnych, choć to rozsadzanie bywa obosieczne, łącznie ze stanowieniem przeszkody, gdy narzucana alternatywa operuje środkami nierzetelnej dyskursywności, a nawet przemocy niszczącej, unieważniającej, czego pedagogika społeczna w Polsce doświadczyła w czasach stalinizmu. Osobne kłopoty pojawiają się wówczas, gdy efekty sztywnej lokalizacji i zawężenia kręgu mającego z pedagogiką społeczną styczność prowadzą do zaniechania jej poważniejszej recepcji, w tym konfrontacji z nią, poza lokalnymi interesami sprowadzanymi np. do jedynie mniej czy bardziej erudycyjnego odnotowania samego historycznego faktu zaistnienia zjawiska w sferze metodologii badań.

Tezą, którą stawiam, rozwijam i z której wyciągam wnioski przeciwdziałające skutkom zdiagnozowanego stanu rzeczy, jest stwierdzenie, że jak dotychczas **dokonanie Radlińskiej zostało w polskiej pedagogice zmarnowane, niedoczytane**. Co więcej, z różnych powodów (taktycznych, środowiskowych, historycznych) zastąpione najczęściej[6] podejściami tylko nominalnie ją wykorzystujących następców czy kontynuatorów, pracujących często – mimo ukrywania tego faktu albo mimo niezrozumienia dokonującego się regresu – w „odmiennej perspektywie teoretycznej i ideowej" w zakresie relacji „człowiek i środowisko w kontekście wychowania" (por. Cichosz 2009, s. 28). Zarazem wyróżnianie okresów instytucjonalizacji pedagogiki społecznej w PRL-u do 1951 roku, z dziurą likwidatorskich zapędów

---

6 Dostrzegam oczywiście szczególnie wartościowe próby i wysiłek pracy w pełnej przestrzeni refleksji Heleny Radlińskiej, jako nadal zobowiązującej dla całej pedagogiki społecznej, a nie tylko w pojedynczych jej aplikacjach czy ilustracjach. Wyróżnia się tu zwłaszcza strategia intelektualna Ewy Marynowicz-Hetki, wpisującej swoje starania w dyskurs międzynarodowy i w fundamentalne rysy programu Radlińskiej, widziane w szerokiej perspektywie, co jest mi bliskie. Zasługi – mimo pewnych ograniczeń własnych lektur – w przełamaniu blokad utrudniających dostęp do prac Radlińskiej mają także Aleksander Kamiński, Ryszard Wroczyński, a z nowego pokolenia po nich zwłaszcza Wiesław Theiss. O szczegółach będzie można przeczytać dalej w podjętych tu rozważaniach.

stalinizmu do 1956, potem funkcjonowania w „systemie" do 1989, zdominowanym afirmacją „wychowania socjalistycznego", z kolejnym okresem transformacji po „przełomie", ma służyć ilustrowaniu i uprawomocnieniu owej odmienności nie tylko w instytucjonalizacji, lecz także w warstwie myślenia teoretycznego (Cichosz 2009, s. 29). Tam, gdzie ta teza jest prawdziwa, może być potraktowana jako oskarżenie, gdyż obnaża nierozpoznaną skalę degradacji dyskursu, gubiącą głębokie i szerokie osadzenie narracji w myśleniu dopiero przebijającym się do świadomości w humanistyce w innych obszarach. Jej jednak szkodliwy charakter wyznacza błąd polegający na braku zrozumienia, że dopiero w latach 60. XX wieku, gdy powiodła się próba restytucji obecności dorobku Radlińskiej w tomach wydanych w Ossolineum (por. Radlińska 1961, 1961a, 1964), można by mówić o zaistnieniu niezbędnych warunków do pełnej recepcji, które jednak nie zostały dostatecznie wykorzystane, jak się okazuje przy wnikliwej analizie. Nawet tom zbierający eseje rozproszone i fragmenty podporządkowane idei „kultury i oświaty na wsi" (por. Radlińska 1979), mimo że znakomicie skomponowany, dla pokazania pełni, szerokości i głębi osadzenia problematyki społecznej dla pedagogiki kilkanaście lat później, nie zmienił nastawień, nierozpoznany jako istotny chociażby dla pedagogiki ogólnej. Jeśli więc do głosu dochodziły inne „wypracowane koncepcje pedagogiki społecznej", to musiało się to odbić na ich jakości, w tym na ich założeniach filozoficznych i sile osadzenia w humanistyce, a ich zakres okazywał się jedynie wypreparowaniem, odrywającym od podłoża myślowego całości, jedynie jakiegoś aspektu czy wymiaru tego, co budowało całość ramy legitymizującej perspektywę pedagogiki społecznej dla całości pedagogiki i działań oświatowych (por. Radlińska 1979, s. 30). Przeciwstawione sobie koncepcje (Radlińska 1979, s. 30–38) – „wzmagająco-aktywistyczna", „systemowo-integracyjna" i „kreacyjno-pomocowa" – stanowią w istocie jedynie preparaty i ułomne schematy instytucjonalne, gubiące to, czym całość pedagogiczna (także w jej części andragogicznej) u samej Radlińskiej była i czemu służyła. Podział ten ani nie oddaje sprawiedliwości samej twórczyni pedagogiki społecznej, ani nie wymierza sprawiedliwości tym zabiegom na dziedzictwie Radlińskiej, które unieważniły jej ogromny potencjał intelektualny, zarówno w procesie kształcenia do dyscypliny, jaką miała być pedagogika społeczna, jak i w kontekście troski o całość zabiegów sanacyjnych w sferze instytucji i działań oświatowych w Polsce.

Zdumiewające jest, że dziś można w Polsce uprawiać pedagogikę społeczną (a tym bardziej niestety reprezentować całą pedagogikę), nie znając, nie rozumiejąc, nie potrafiąc wykorzystać – ani nie dostrzegając skali degradacji – wielkości próby myślowej wpisanej w dorobek Heleny Radlińskiej, skoro został przypisany do jakiegoś okresu, namaszczony statusem klasyki, zabitej zarazem uwypuklaniem jej rzekomej „swoistości". Nie jest to jedyny przypadek gwałtu intelektualnego z czasów PRL-u na spuściźnie myślowej (i kulturze duchowej) naszej tradycji, wpisującego się w dramatyczny los całej „formacji pokoleniowej"[7] dojrzewającej w czasach międzywojennych i zepchniętej na margines, okresowo niemal w niebyt w okresie powojennym. Stąd dalsze rozważania traktuję jako kontynuację ustaleń tomu *Przełom dwoistości w pedagogice polskiej* (por. Witkowski 2013a).

Zarazem jest to próba teoretycznej historii myśli i historycznej teorii działania pedagogicznego, a dorobek Radlińskiej stanowi też pretekst do analizy jakości obecnego funkcjonowania pedagogiki i poziomu naszej kultury pedagogicznej. Zgadzam się z Ireną Lepalczyk, która podkreślała wagę starań, podjętych po części przez siebie wobec dokonań Heleny Radlińskiej, by „przedstawić kontynuacje, rozbieżności, sprzeczności, modyfikacje, uzupełnienia jej koncepcji pedagogicznej" (por. Lepalczyk 1963, s. 5), choć zarazem pokazuję, że wymaga to lektury dodatkowo ugruntowanej zarówno teoretycznie, jak i krytycznie oraz odnoszącej omawiane dokonania do rozwoju humanistyki jako takiej i jakości najnowszych prób uprawiania pedagogiki społecznej w Polsce i gdzie indziej. W tych ostatnich zadaniach stawiane tu są zapewne niewystarczające ciągle, pierwsze kroki, ale i tak efekty skłaniają mnie do pokazania, co można przy tej okazji uzyskać, rozpoznając badane treści w horyzoncie „przełomu dwoistości". Ta perspektywa czytania nie ma unieważniać innych, a jedynie zachęcać do uwzględnienia w nich tego, co dzięki niej staje się widoczne, znaczące, a nawet podstawowe dla dojrzałości innych prób ogarniania powstałej całości myśli i działań.

Przeciw pozorowi i ułomności alternatywności

Pragnę już na wstępie podkreślić, że wbrew narzucającym się i stosowanym nawet życzliwie interpretacjom rozwijanej tu perspektywy badań jako zwróconej w stronę „pedagogiki alternatywnej" nie chodzi autorowi żadną miarą o takie zaszeregowanie, a wręcz przeciwnie. Walka intelektualna dotyczy jakości pedagogiki g ł ó w n e g o nurtu i jego eksponentów, czy tego, co chce się tak w niej przedstawiać, w której niezbędne jest odzyskanie terenu dla idei, tropów, dorobku, postaci zepchniętych – zarówno przez PRL-owskie ograniczenia, nawyki i układy, jak i przez krytyczne wobec nich ujęcia – do getta oficjalnej wzniosłości klasyków lub tolerowanej alternatywności. Nie może być tak, że wartościowym tropom z historii dyscyplinarnej czy z wysiłków nasycania myśli pedagogicznej impulsami z innych obszarów humanistyki – nietraktowanych jako kanonicznie obecne w obiegowych wykładniach podręcznikowych – przysługuje jedynie zaszczyt tworzenia szlachetnej, wyspowo nowatorskiej alternatywności. Zarazem karawana (albo już tylko karawan) z zawartością obiegowych ocen, opinii i wyobrażeń spokojnie sobie

---

[7] Mogę jedynie odesłać do szerszych rozważań wokół tej kategorii w moim tekście: *W poszukiwaniu nowoczesnej formacji intelektualnej w polskiej pedagogice* (w: Witkowski 2010a, s. 259–290).

funkcjonuje jako właściwy, oficjalny czy normalny tryb uprawiania pedagogiki. Niezbędny jest, moim zdaniem, zespolony wysiłek i ruch intelektualny na rzecz źródłowej odnowy myślenia pedagogicznego w postaci badań, które nie mogą się w Polsce jednak zadowolić miejscem rezerwowanym jedynie na alternatywność, wyznaczonym przez obiegowe i stopniowo krytycznie obudowywane alternatywami uprawianie pedagogiki jeszcze w czasach PRL-u, jak również obecnie. Troski humanistyczne nie muszą być anektowane pod jeden parasol, a odwaga bronienia ich przed wszelkim anektowaniem i upraszczaniem różnic ciągle jest rzadka[8].

Nie kwestionuję dobrych intencji ani wartościowych dokonań wpisanych już w wieloletni ruch tzw. pedagogiki alternatywnej w Polsce, koordynowany przez Bogusława Śliwerskiego. Twierdzę jedynie, że to za mało i zbyt wąską stróżką niesie zmiany, zamiast zmierzenia się z tym, co uchodzi za sedno dyskursu i meritum dokonań jego najwybitniejszych reprezentantów. Usiłuję więc przezwyciężyć niezbyt obiecującą, moim zdaniem, bo za wąsko oddziałującą instytucjonalnie opozycję nurtu głównego i alternatywnego, chcąc uniknąć ograniczeń, słabości i błędów obu biegunów, jak również pułapki samego tego przeciwstawienia i rozdzielenia. Powrót do źródeł w możliwie ich nowoczesnym i twórczym potraktowaniu niesie szanse na odnowę znaczenia całej dyscypliny, do czego chciałbym się tu w jakimś, choćby i skromnym stopniu przyczynić. Nie interesuje mnie alternatywność, interesuje mnie przywrócenie minimum normalności, uszkodzonej rozmaitymi patologiami instytucjonalnego funkcjonowania środowisk akademickich pedagogiki i praktyki oświatowej w dekadach PRL-u, mających swoje przedłużenie po dziś. Musimy odbudować rangę i potencjał pedagogiki głównego nurtu, występując z otwartą przyłbicą przeciw przynajmniej części tego, co go zdominowało, zwłaszcza w odniesieniu do patologii odczytań dorobku wielkich postaci pedagogiki polskiej I połowy XX wieku. Zarazem nie sposób nie podejmować wysiłku dystansowania się wobec tego, co samą alternatywnością może się starać zakryć własną ułomność (np. kulturową i psychologiczną pajdocentryzmu czy tzw. antypedagogiki), mimo że ta była już wielokrotnie obnażana (por. krytyki pajdocentryzmu w okresie międzywojennym), zanim znowu w jakiejś postaci nie doszła do głosu, dumnie podnosząc sztandar alternatywy. Pielęgnowanie alternatywy nie jest, moim zdaniem, sposobem na rozwijanie dyscypliny i pozyskiwanie jej dojrzałej, nowoczesnej postawy integrującej badaczy wokół najlepszych dokonań. Alternatywność, zwykle kojarzona z marginalnością, nie daje podstaw sama z siebie do dumy ani poczucia wartości, także dlatego, że może instytucjonalizować treści reprezentujące najrozmaitsze złe strony tego, czemu chciałoby się przeciwstawić. Mimo że i moje prace – bez moich zabiegów – bywają traktowane jako reprezentujące „pedagogikę

---

[8] Cenna jest przeto i wymowna sugestia Barbary Smolińskiej-Theiss (Bibliografia cz. III – Smolińska-Theiss 2013, s. 123) dotycząca Janusza Korczaka, że „Stary Doktor nie jest pedagogiem alternatywnym, trudno go zaliczyć do anarchizującego nurtu antypedagogiki".

alternatywną", bardziej interesuje mnie staranie o instytucjonalizację dobrego, rzetelnego osadzenia w tradycji myśli pedagogicznej z jednej strony, a w najnowszej humanistyce z drugiej. Jeśli to dla kogoś ma być znamieniem alternatywności, to już jego sprawa, gdyż pora bardziej widzieć tu próbę przeciwstawiania się dominującej wersji uprawiania pedagogiki, w tym samej alternatywności poznawczej.

Odnowa znaczenia treści wpisanych w dokonania tradycji międzywojennej pedagogiki w Polsce, w tym zwłaszcza efektów działania Wielkiego Pokolenia urodzonego na przełomie lat 70.–80. XIX wieku – pokolenia, którego główni eksponenci (z wyjątkami) umarli w latach 70. XX wieku – nie może się dokonać w trybie oferty jedynie alternatywy myślowej. Potrzebne jest dążenie w trybie poważnego zmierzenia się – w kategoriach kluczowych akademicko dla rzetelności intelektualnej – z tym, co uchodzi za prawdę, a co nią nie jest, czy też z tym, co jest ukazywane często jako znaczące, czy wręcz najważniejsze, a co jedynie zablokowało własną nieudolnością lub ideologicznym zaangażowaniem dostęp do treści dojrzalszych i głębszych. Główne przekleństwo tych ostatnich polegało często na tym, że nie wpisały się w nurt jedynie słuszny doktrynalnie i postępowy ideowo, bo „marksistowski", czy nie tworzyły „pedagogiki socjalistycznej", albo że już zostały namaszczone statusem klasyki, streszczonej i przeczytanej przez wcześniejszej pokolenia, przez co nie muszą być już przedmiotem namysłu przez nowe elity, nawet gdyby chciały własnym działaniem ustanowić nową epokę, godną wyzwań XXI wieku. Bywa też, że ciążył nad nimi duch roszczeniowego scjentyzmu albo dumnego z siebie, nadmiernie sentymentalizowanego humanizmu, redukującego się np. do tradycji katolickiej, gubiącej chociażby refleksję nurtu protestanckiego myśli społecznej. Efekty takich presji pokutują u nas po dziś dzień.

Nabrałem przekonania, że tak się nie da dłużej uprawiać pedagogiki w Polsce, co więcej – że tak nie wolno z powodów zarówno intelektualnych, jak i etycznych. Ceną, jaką trzeba tu zapłacić, są rewizja rozmaitych aspektów bilansu pedagogiki polskiej, dominującego w obrazach PRL-u, przewartościowanie zasług poszczególnych postaci i ryzyko narażenia się rozmaitym układom, więziom, interesom i obrazom wielkości, które służą zbyt często ustanowieniu spłyceń, zafałszowań, niesprawiedliwości, a nawet podłości, które krzywdę wyrządziły nie tylko pojedynczym osobom, lecz także rozwojowi myśli pedagogicznej i trosce o kulturę pedagogiczną w kraju. Bilans tu postulowany nie został dotąd przygotowany kategorialnie ani ugruntowany historycznie. Niezbędne jest zbudowanie najpierw (czy w trakcie badań, co próbuję tu czynić) dyskursu teoretycznego, przynoszącego perspektywę rozumienia i krytyki, poza nastawieniem wskazującym jedynie na... poglądy czy opinie z poziomu... poglądów czy opinii. Bez tego nie będzie unieważnienia skutków płytkich pochwał czy takich samych krytyk. Twierdzę, że pedagogika przedwojenna (zresztą w stopniu, jakiego jej czołówka nie była, bo nie mogła być świadoma) ukonstytuowała poprzez „przełom dwoistości" poważną perspektywę problematyzowania działań i myślenia oświatowego oraz wychowawczego, usiłując wypracować dyskurs, który dziś nie jest nie tylko zrozumiany i przyswojony, lecz nawet przeczuwany. Są zapewne też inne dokonania, które łącznie budują solidną podstawę do rozmaitych operacji intelektualnych, do zaangażowania społecznego i odpowiedzialności etycznej. Stąd uznaję za niezbędny powrót do źródeł z perspektywy możliwie zaawansowanego rozumienia stanu humanistyki współczesnej, w wysiłku krytycznego namysłu nad nowoczesnością i śledzenia jej namiastek, a także zmarnowanych śladów.

Wymaga to rzecz jasna przyjęcia strategii uprawiania humanistyki w sposób możliwie świadomy pułapek i ograniczeń własnych. W przyjętej tu postawie kieruję się trzema zasadami metodologicznymi, ale i kulturowymi zarazem, jak to sobie niedawno uświadomiłem w trakcie debaty na Festiwalu Conradowskim w Krakowie. Po pierwsze, niezbędne jest samokształcenie przez pryzmat całościowego zmierzania się z dokonaniami uznanymi przez nas za wielkie, znaczące, a przynajmniej fundamentalne. Musimy bowiem wniknąć w to, co zawdzięczamy „geniuszowi wewnętrznemu" dzieła czy postaci, z jaką się próbujemy zmierzyć, chcąc wchłonąć i przetworzyć impulsy, jakie jej zawdzięczamy. Mówiąc krótko, trzeba umieć zdać sobie sprawę z tego, kto i dlaczego jest dla nas wręcz genialny. Drugi wymóg jednak, także tu niezbędny, wprowadza napięcie do tej sytuacji, polega bowiem na konieczności wypracowania sobie takiej perspektywy, w której nie będziemy jedynie zakładnikami fascynacji, uwiedzenia czy bezkrytycznego ulegania podejściu, które nam zamknie perspektywę, zamiast dopiero ją otworzyć. Nieprzypadkowo filozofowie wiedzą, że najwyższą pochwałą dla myśliciela jest wskazanie na konieczność poważnego z nim sporu, możliwego dzięki niemu i jego wielkości, pozwalającej widzieć jakąś przeszkodę czy wręcz skazę w finezyjnie skądinąd rozwiniętym stanowisku. Stąd zasada trzecia, bez której szanse na spełnienie drugiego warunku są znikome. Chodzi bowiem o odnalezienie perspektyw zewnętrznych wobec dyskutowanej w celu uzyskania możliwości dostrzeżenia dzięki nim skazy, ograniczenia lub jedynie dojrzewania jakiegoś ważnego dla nas rysu myślowego, który tymczasem musiał pozostać jedynie zarysem, intuicją lub musiał dawać o sobie znać jedynie przebłyskiem myśli czy prześwitywać dopiero w rozmaitych sformułowaniach. Przystawianie rozmaitych luster testujących to, co za ich pomocą widać, a czego nie widać, jeśli nie zmienimy perspektywy, czy nie poszerzymy horyzontu, pozwala czasem uzyskać efekt anamorfozy, dającej nam dostęp do postaci odmiennej wobec tego, co wcześniej jawiło się w opozycji tła i obrazu. Stąd uprawianie humanistyki wymaga tu aż **potrójnego procesu postaciowania wiedzy**: sięgania po dokonania wielkich, których znaczenie potrafimy sobie określić; rozpoznawania ich ograniczeń, a nawet skaz, a zarazem ułomności w sposobach ich przedstawiania rzekomo kanonicznie już portretującego; i wreszcie sięgania do innych postaci i ich sposobów patrzenia, aby dało się z odmiennych pozycji niż nasze spojrzeć na wyjściową postać. Stąd kluczowe w diagnozowaniu poziomu wykształcenia w jakimś zakresie dyscyplinarnym wydaje mi się pytanie o to, jaką postać myślenia masz za sobą, czyli w sobie, intensywnie trawioną i zarazem trawiącą twoją wrażliwość, wyobraźnię czy język i w sojuszu z jakimi postaciami potrafisz pójść swoją drogą dalej czy wyżej, dzięki takim spotkaniom i zaangażowaniu w wysiłek ich przetworzenia. Tą książką zdaję sprawę z mojego zmierzenia się ze zjawiskiem Heleny Radlińskiej, przeciw jego zredukowaniu i ograniczeniu jej obecności w pedagogice polskiej. Nie jest to propozycja jedynie alternatywna, ale stawiająca kwestię tego, co ma prawo uchodzić za poważne i znaczące postaciowanie tego dorobku, przekształcające naszą zdolność reagowania na świat nam współczesny. Podzielam przekonanie, dotyczące zresztą nie tylko pedagogiki społecznej, że problemem u nas jest zarówno „niedostatek nowych całościowych interpretacji, wykraczających poza propozycje twórców dyscypliny", jak i nadmiernie rezonerski ton w przywołaniach klasyki bez niezbędnego minimum krytycyzmu, kojarzonego z odruchem nieomal samobójczym takiego śmiałka (a w tej książce czytelnik znajdzie sporo takich miejsc), a czego kontrapunkty z rzadka dają o sobie znać z lekceważeniem całości jako przeżytku, w obliczu postaw, jakie niesie zwłaszcza u młodszych badaczy „chwilowe »zauroczenie«, nieprzynoszące żadnych wewnętrznych konsekwencji teoretycznych" dla dyskursu ani dla jakości debaty i rozwoju środowiska[9].

Przyczyny, dla których nawet klasyczne dzieło nie cieszy się wysiłkiem poznawczym i bywało sekowane czy pomijane przez dekady, nawet przez czołowych przedstawicieli, są ciekawe same w sobie. Zresztą bywają w podobnych sytuacjach formułowane sądy dobitne, choć tylko po części trafne. Dla przykładu, Leszek Nowak, twórca „niemarksowskiego materializmu historycznego", podkreślając, że „Marks dopuścił się podstawowych błędów", zarazem pisał:

> Ale też była to wielka robota. To tylko presja ideologii powoduje, że w naukach społecznych bezpośrednich poprzedników traktujemy jak „zdechłe psy", że nie potrafimy im oddać należnego szacunku, jaki oddają swym wielkim przyrodnicy. I trzeba tę robotę zrobić na nowo [...] (Nowak 2011, s. 625).

Z pewnością presja ideologiczna była istotna, gdy np. Bogdan Suchodolski, podsumowując dekadę rozwoju naukowego pedagogiki w PRL-u, nie zająknął się o Helenie Radlińskiej ani o jej zasługach w dążeniach, wręcz ustrojowo kluczowych (por. Suchodolski 1957). Ale to może być mniej istotna okoliczność wobec bardziej socjologicznie diagnozowanej patologii środowiskowej, związanej z koniunkturalizmem, cynizmem, grą interesów, a osobno i zwykłym niewykonaniem niezbędnej pracy studyjnej i samokształceniowej przez całe pokolenie następców wielkiej postaci pedagogiki społecznej, a tak naprawdę z brakiem postawy troszczącej się o całościowe myślenie i kompletne podejście do zadań oświatowych. Problem gruntownych studiów tej czy innej koncepcji to nie jest kwestia jedynie indywidualnej postawy przyszłych badaczy i dydaktyków, spadkobierców dyscypliny,

---

9 Przyłączam się tu do uwag Danuty Urbaniak-Zając (por. Urbaniak-Zając 2003, s. 281, 302–303).

ale ugruntowania myślenia w horyzoncie z jednej strony źródłowym, a z drugiej strony – w zakresie myśli – w szerszym kulturowo „środowisku niewidzialnym"[10] stanu aktualnego i możliwie szerokiego humanistyki, zwrotnie mogącego rzutować na zrozumienie tego, co działo się wcześniej, jako kiełkujące, prześwitujące czy intuicyjnie dopiero przygotowywane.

Wydawałoby się, że wraz z publikacjami dorobku Radlińskiej w latach 60. i 70. XX wieku skończyło się alibi na nieznajomość jej dokonań i na ich przemilczanie lub niezdolność do głębokiego wykorzystania. Autor tej książki nie jest tak naiwny, by sądzić, że i ten tu relacjonowany wysiłek przyniesie istotną zmianę nawyków u większości specjalistów rozmaitych dyscyplin, nie wyłączając pedagogiki społecznej, podtrzymujących typową niezdolność do spożytkowania literatury, nawet takiej jakości praktycznej i teoretycznej jak dokonania Heleny Radlińskiej. Sprawa jednak, nawet tak beznadziejna, jest zbyt ważna, aby jej nie podejmować, choćby i dla przyszłości rozwoju pedagogiki jako palety subdyscyplin i zintegrowanego horyzontu dociekań, wymagających wyzwolenia się przede wszystkim z wygodnego wyznaczania sobie poletek własnych pozycji, na których uprawa gubi troskę o szerszy horyzont gleby intelektualnej, dla przyszłych pokoleń adeptów i jakości kultury pedagogicznej w Polsce.

Podstawowe zadanie i dążenie

Nie uciekniemy żadną miarą mimo rozmaitych wyobrażeń od dwoistego zadania możliwie nowoczesnego odczytywania – w tym przetwarzania i wyzyskiwania – tradycji, jak również nasycania tradycją nowoczesności, by ta ostatnia nie była pozbawiona korzeni czy życiodajności, jaka może dopomóc w sięganiu daleko poza nią, ale dzięki wrośnięciu w nią, dającemu siłę do jej przekroczenia i spojrzenia dalej, dzięki silnemu ukorzenieniu w głąb. Stąd te dwa kierunki działań muszą być ze sobą splecione, wzajemnie się korygować i czynić możliwymi.

Książka ta – podobnie jak pisane przeze mnie wcześniej w tym duchu – jest zaproszeniem albo nawet apelem i wezwaniem do tego, aby udało się, być może dopiero dzięki zaangażowaniu nowego pokolenia badaczy, nieulegających koniunkturalnym presjom, zmobilizować **ruch nowych, teoretycznych odczytań naszej klasyki** (zaczynając od Bronisława Ferdynanda Trentowskiego, Stanisława

---

10 Ideę tę będziemy przywoływać, rekonstruować i rozwijać w przekroju całej książki, pokazując jej rozmaite usytuowania. Kluczowa sugestia, pod wpływem Heleny Radlińskiej oznacza w jej przypadku wskazanie na treści składające się na „kulturę duchową" jednostki czy grup społecznych, zatem przeżywane i obecne w działaniu, a nadto opiera się na dopełniającym to odniesienie biegunie, wiążącym się z kulturą symboliczną jako bogactwem dziedzictwa duchowego ludzkości, które przywołane i przetworzone może istotnie wpływać na ten pierwszy zakres „niewidzialności", wpisanej w tożsamość realnych podmiotów społecznych.

Staszica, Hugona Kołłątaja, Edwarda Abramowskiego[11], Karola Fryderyka Libelta) z rozmaitych okresów naszej historii społecznej i kulturowej (z treściami oświeceniowymi, romantycznymi, pozytywizmu i narodzin państwowości polskiej i jej budowy z okresu międzywojennego). Chodzi także o to, by dało się nałożyć na nie odczytania wątków powstających równolegle i nie zawsze wykorzystanych w porę i w odpowiednich dawkach w humanistyce i naukach społecznych, aż po nasze ostatnie dekady rozwoju społecznego. Sam robię tyle, na ile mnie stać, i nie mam bynajmniej poczucia, że to wystarczy, ani przekonania, że to niesie jakieś ostatnie i w pełni wystarczająco konkludujące słowo. Są to raczej dopiero pierwsze mozolne kroki, pierwsze i ciągle robocze próby, sondujące wybrane tereny w trybie intelektualnych odwiertów badawczych, choć ich efekty JUŻ przekraczają moje wcześniejsze wyobrażenia o tym, jak radykalna zmiana musi tu nastąpić. Owe intelektualne odwierty dotyczą sfer, wydawałoby się, już spenetrowanych, poklasyfikowanych, poszufladkowanych, a nawet spetryfikowanych podręcznikowo w kanonicznych czy tylko obiegowych wykładniach i zaszeregowanych w sposób wystarczający do poszczególnych dyscyplin, których dokonania rzekomo dawno przerosły takie wcześniejsze ogniwa historycznego już dorobku. Musimy tymczasem, twierdzę, na nowo spróbować okazać się godnymi spadkobiercami uczestników Wielkiego Pokolenia pedagogiki polskiej (Sergiusza Hessena, Janusza Korczaka, Zygmunta Mysłakowskiego, Józefa Mirskiego, Bogdana Nawroczyńskiego, Heleny Radlińskiej, Henryka Rowida, Stefana Szumana...)[12], do których dokonań kolejne pokolenia (z Bogdanem Suchodolskim na czele grona, średnio dwadzieścia lat młodszego) nie

---

11   Warto w kontekście tej postaci odnotować następującą uwagę Ireny Lepalczyk (2003, s. 154): „H. Radlińska pisała i mówiła, iż twórczość Edwarda Abramowskiego znacząco wpłynęła na rozwój pedagogiki społecznej. Wpływ ten nie jest jeszcze dostatecznie zbadany" Jako historyk idei oświatowych Radlińska zaczęła, jak wiadomo, od prac o charakterze monograficznym, skupionych na przypadku Staszica czy Kołłątaja. Nie jestem w stanie rzecz jasna zrealizować pełnego zadania nowych odczytań całego pola jej własnych peregrynacji, mimo że osadzanie się na nowo w przestrzeni preceptorów analizowanego stanowiska jest metodologicznie zawsze niezbędne, tak jak i potrzeba wpisania własnych lektur w przestrzeń jego (także własnej) recepcji. Mam nadzieję, że Czytelnik, ogarniając skalę roboty tu wykonanej, ze zrozumieniem potraktuje tę niepodjętą, choć uświadomioną jako konieczność czekającą na kolejnych śmiałków.

12   Lista nazwisk wielkich tego pokolenia nie jest tu żadną miarą kompletna. Nie wolno pominąć sztandarowych postaci: Floriana Znanieckiego spośród socjologów wychowania czy Henryka Elzenberga wśród filozofów chociażby, czy Stanisława Kota spośród historyków wychowania (z tym ostatnim Radlińska miała okazję dłużej współpracować, jak sama przyznaje i co potwierdza list gratulacyjny od S. Kota z okazji jej jubileuszu 50-lecia pracy, por. Radlińska 1979, s. 73, oraz *Helena Radlińska. Człowiek...* 1994/1995, s. 191). Dalej pokazuję wspólnotę programową Radlińskiej i Kota w sferze badań nad historią wychowania (por. Orsza Radlińska 1928). Wymieniłem tymczasem w kategorii Wielkie Pokolenie głównie tych, którymi zdołałem się zająć w trakcie własnej lektury, w autorskich rekonstrukcjach i analizach krytycznych. Ogrom zadań dla nowej syntezy nadal pozostaje tu do podjęcia, jeśli chcemy otworzyć nową epokę na miarę XXI wieku, ale zarazem godną swoich korzeni, tkwiących w dziedziczonej tradycji, która przetworzona powinna żyć w postawach jej rzeczywistych spadkobierców kulturowych.

zawsze umiały czy chciały się odwołać z właściwą uwagą i zrozumieniem. Nie stać nas na dalsze trwonienie tego dorobku, tym bardziej że bez niego obecna produkcja twórcza okazuje się często i pod wieloma względami ułomna. Nie tylko bywa nieświadoma minionej rangi zobowiązującej nas do godnej ich postawy, lecz także w wielu kwestiach zapóźniona, zepchnięta na rozmaite manowce oraz uwikłana w chaos i brak zrozumienia dla wyzwań, często paradoksalnie pod wieloma względami analogicznych do tych z czasów, gdy Polska z niebytu politycznego wracała do istnienia.

Nie chodzi więc wyłącznie o zajmowanie się historią dla niej samej ani nawet o samą nową jakość świadomości historycznej[13], ale o takie splecenie współczesności i tradycji, aby z niego wyrastały nowe życiodajne impulsy dla naszego zaangażowania w świat kultury, nauki i przyszłości cywilizacyjnej naszego społeczeństwa. Jednym z zadań jest pilne przerwanie szaleństwa redukcji kulturowej funkcji edukacji i rynkowej oraz zawodowej pragmatyzacji jej roli rozwojowej pod groźbą obniżenia szans transformacji cywilizacyjnej. Trzeba to szaleństwo, sankcjonowane nawet ministerialnie promowanymi rozwiązaniami, przerwać w trosce o jakość naszego potencjału duchowego, pamięci zbiorowej i dynamiki interakcji międzypokoleniowych, zwiększanej i uszlachetnianej poprzez zdolność rozmawiania z „wielkimi duchami" naszej tradycji i między sobą w sferze publicznej naszej często ułomnej intelektualnie codzienności. W moim rozumieniu i jego rozwiniętej perspektywie, które artykułuję już w rozmaitych publikacjach – a czego pedagogiczne ukorzenienie znalazłem także obecnie u Heleny Radlińskiej, co rekonstruuję dalej – historią można się posłużyć jako życiodajną „glebą", tak jak całą kulturą symboliczną, dla naszego duchowego rozwoju. Jak już wcześniej pisałem:

> Historia staje się w takiej nowej perspektywie życiodajną glebą, przestrzenią inspiracji, źródłem tropów pozwalających rozumieć wagę marginalizowanych prób modernizacji myślenia, mających swoje zapomniane czy zlekceważone antycypacje, które same przywrócone do życia, nadają sens dążeniom, traktowanym bez nich jako wykorzenione i niesłychane (Witkowski 2010, s. 7)[14].

Tymczasem nie podjęliśmy niezbędnego tu wysiłku w sposób, który by nam wszystkim wystawił dobre świadectwo.

13 Rzecz jasna, nie zamierzam bagatelizować wagi nawet tego zadania. Byłoby czymś fascynującym udostępnienie materiałów archiwalnych ukazujących poprzez korespondencję czy dokumentację realne aspekty życia i interakcji akademickich czołowych przynajmniej postaci polskiej pedagogiki. Ten zakres naszej wiedzy o okresie międzywojennym czy choćby latach życia Wielkiego Pokolenia do połowy lat 70. byłby niezwykle cenny i doprawdy żal, że w przypadku takich postaci jak Helena Radlińska mamy jedynie śladowe przejawy udostępniania takich materiałów. Wyróżniające się dotąd zaangażowanie Wiesława Theissa z pewnością nie wystarczy, niezbędna byłaby zmiana szerszej postawy wobec wagi archiwaliów.

14 Wagę perspektywy przyjmującej „procesualne uprawianie historii myśli pedagogicznej" uwypukla za Bronisławem Ferdynandem Trentowskim, a współcześnie wraz z Bogusławem Śli-

Niniejsza książka jest pisana w konwencji aktywnie i jawnie „czytającej", pokazującej własną lekturę, jej kryteria, motywacje i zaplecze oraz konteksty porównawcze, jak również możliwie szeroko udostępniającej przedmiot tej lektury. Chodzi o pozostawienie możliwości samodzielnego odniesienia się do interpretowanej treści przez Czytelnika, którego z różnych powodów nie będzie stać na podobny wysiłek dobijania się do często trudno dostępnych tekstów źródłowych, w tym wypadku głównie dorobku Heleny Radlińskiej[15]. Zależy mi szczególnie – w planie maksymalistycznym – na nowej jakości recepcji klasyki polskiej pedagogiki, by dało się przywrócić utraconą więź z jej znaczeniem i siłą inspiracji dla dalszego rozwoju tzw. nauk o edukacji czy wychowaniu. Zarazem – w planie minimalistycznym – chodzi o to, aby te trudno dostępne treści, zwykle już traktowane jako przedmiot historycznych zainteresowań specjalistów z wąsko poszatkowanego pola całej, integralnej pedagogiki, były dostępne szerzej do dalszych badań. Ta ostatnia idea przyświecała już rzecz jasna rozmaitym historykom myśli pedagogicznej, starającym się przybliżać „materiały źródłowe do studiowania dziejów" tej myśli. Jestem jednak przekonany, że same antologie czy autorskie wybory tematyczne (np. ważna seria tomów w opracowaniu Stefana Wołoszyna czy wydany w 100. rocznicę urodzin Heleny Radlińskiej zbiór fragmentów z dorobku nt. *Oświata i kultura na wsi*), inicjatywy cenne same w sobie, nie wystarczą do uruchomienia wysiłku prowadzącego do niezbędnego przesilenia recepcyjnego; praca z tym związana zawsze w takiej sytuacji pozostaje do wykonania. Stąd ta książka (jak również poprzednie niniejszego autora) wikła się w proces jednoczesnego przybliżania omawianych tekstów poprzez znaczące dla nich cytaty, wraz z wysiłkiem wykonywania na nich pewnych operacji myślowych i budowania komentarza, który ma przeciwdziałać kontynuacji – zabójczych dla myśli recypowanej i samobójczych dla typowych „recepcjonistów" czy użytkowników szczątków tej myśli – redukcyjnych zaszeregowań i wąskich odczytań, zwykle podawanych z iluzją obiektywności i nonszalancją wyższości wobec relacjonowanych treści. W przypadku tak wielkiej postaci pedagogiki jak Helena Radlińska i wobec skali wykonanej przez nią pracy udokumentowanej w dorobku i jego strategicznym uwikłaniu w wielopostaciowe zadania odrodzenia oświaty w Polsce, wraz z powstawaniem zrębów państwowości polskiej i nowej epoki społecznej, czas już najwyższy zerwać z takimi szkodliwymi stereotypami jak widzenie jej jedynie w kategoriach przydatności dla pedagoga społecznego, interesujące

---

werskim, Sławomirem Sztobrynem i niniejszym autorem podkreśla i stosuje także Wiesław Andrukowicz w swoich badaniach nad tradycją i jej ideami w pedagogice (por. Andrukowicz 2006; także 2013, s. 9).

15 Także dorobku powstałego pod pseudonimem Orsza lub Orsza-Radlińska. Autorka (z domu Rajchman) ma fascynującą biografię, której prezentacja nie wydaje się nadal pełna, a także świadectwa jej dotyczące specjalnie bogate. Ze szczególnie wartościowych wypada wskazać przede wszystkim świadectwo Marii Czapskiej (2006), jak również elementy autobiografii rozsiane po pracach Radlińskiej.

jedynie dla badaczy wąsko dyscyplinarnie postrzegających swoją tożsamość akademicką czy kulturową. Pedagogika społeczna taką nie jest ani być nie musi i trzeba to dobitnie pokazać także w polemice z niektórymi... pedagogami społecznymi[16], mając zresztą wśród nich również sprzymierzeńców dla takiego dążenia. Wartość zjawiska, jakie stanowi swoim dorobkiem Helena Radlińska, nakłada na jego recepcję wymogi przekraczające ramy pojedynczych (sub)dyscyplin pedagogicznych. I nic dziwnego, skoro – jak podkreśla Irena Lepalczyk –

> [s]zeroki zasięg zainteresowań badawczych i umiejętność poruszania się na pograniczu różnych dyscyplin naukowych jest cechą umysłowości Radlińskiej, która całe życie przeciwstawiała się zjawisku dezintegracji nauk społecznych i pedagogicznych (Lepalczyk 1961, s. XXVII)[17].

Sytuacja taka jest bardzo niewdzięczna i niekorzystna dla recepcji myśli takiej postaci, gdyż większość jej czytelników nie jest w stanie udźwignąć złożoności poznawanego zjawiska, często nawet nie zdając sobie z tego sprawy, jednocześnie występując z pozycji kontynuatora, znawcy czy następcy. O postaci formatu Heleny Radlińskiej można z pewnością napisać to samo, co czytamy we wstępie do książki poświęconej Gregory'emu Batesonowi – postaci, którą tu dalej posługujemy się metodologicznie dla zbudowania ramy zewnętrznej czy tła dla odniesień do idei

---

16 Na obecnym etapie formułuję głównie uwagi o charakterze epistemologicznym, nie wikłając się głębiej w niuanse i meandry instytucjonalizacji dyskursu pedagogiki społecznej, dochodzące do głosu w wyniku konieczności odczuwanych pod wpływem presji z otoczenia politycznego, np. w czasach stalinizmu. Zaskakują tymczasem słabości narracyjne obecne także w tekstach o charakterze podręczników publikowanych jeszcze w latach 80. ubiegłego wieku, a więc dawno po zaniku alibi na tkwienie w pewnych rytuałach narracyjnych czasu minionego. Dotyczy to także moich zastrzeżeń wobec jakości ustaleń badaczy reprezentujących pokoleniowo najnowsze prace i trendy uprawiania dyscypliny. Stąd prześwietlam krytycznie sposób prowadzenia dyskursu przez z jednej strony wybitnie zasłużone w pedagogice społecznej postaci tej miary co Aleksander Kamiński i Ryszard Wroczyński, oraz z drugiej – przez młodą kadrę, stawiającą pierwsze samodzielne kroki w tej dyscyplinie, w osobach Mariusza Cichosza czy Mariusza Granosika. Nie jest bez znaczenia, jak dalej będziemy brnąć w rozmaite skrzywienia narracyjne, których zwykle nie dyskutuje się z otwartą przyłbicą. Najważniejsze jednak dla mnie były podjęcie wysiłku samodzielnego odczytania możliwie reprezentatywnej części spuścizny samej Heleny Radlińskiej oraz próba uzasadnienia wartości takiego odczytania.

17 Zauważmy rzecz znamienną i godną zadumy nad naszą obecnością w nauce, że Helena Radlińska konfrontowała swoje badania i postulaty z rozmaitymi środowiskami dyscyplin w naukach społecznych i w humanistyce, występując na zjazdach i sympozjach: historyków, socjologów, pedagogów, psychologów, bibliotekarzy, teoretyków wychowania moralnego, kształcenia dorosłych, lekarzy itd., o zasięgu krajowym i często międzynarodowym, a zarazem angażowała się w debaty akademickie oraz w dyskusje praktyczne środowisk zawodowych: nauczycieli, działaczy oświatowych, zarządów rozmaitych organizacji społecznych (w sprawie szczegółów por. Lepalczyk, Skibińska 1974). Retorycznym pozostaje pytanie, czy umieliśmy jej dokonania wykorzystać czy choćby docenić i wziąć z niej przykład, dramatycznym zaś – pytanie, jak odwrócić tendencję do niesprostania temu dorobkowi.

dwoistości w szerszym kontekście najnowszej humanistyki – gdy mówi się o nim, że ten

> [...] bardzo ważny, ale nieadekwatnie poznany myśliciel dwudziestego wieku [...] został zlekceważony głównie z powodu swojej odmowy na pozostawanie w ramach granic pojedynczych dyscyplin (Charlton 2008, s. 1).

Co więcej, okazało się, że w obu wypadkach nawet czynienie ważnych uwag wpisujących się w inne obszary specjalistyczne (np. dotyczące dydaktyki ogólnej czy filozofii edukacji) nie wystarczyło, aby ich przedstawiciele potraktowali ten wkład z taką uwagą, jak na to zasługuje[18]. Nie wykluczam, rzecz jasna, że i niniejszym przedstawiane efekty lektur niosą ze sobą sobie właściwe i pewnie nieuchronne ułomności i ograniczenia. Jednak mam nadzieję, że w dużym stopniu usiłują one zbilansować wartości wydobywane w poprzek dokonań omawianych postaci, uznając ich teksty za zobowiązujące do ciągle ponawianych wysiłków współmyślenia. Chodzi zarazem nie tylko o ożywienie dyskusji wokół nich i podniesienie na inny poziom ich recepcji, lecz także o pragnienie uzyskania impulsów mogących zrewitalizować[19] rozwój wchodzących tu w grę dyscyplin, głównie w trosce o nadanie nowej dynamiki rozwojowej przestrzeni problematyki pedagogicznej w Polsce. Kontakt z tradycją, wpisany w rozmaite podręczniki, czego nie wolno lekceważyć

---

18 Jako pozytywny sygnał, ale daleko niewystarczający i nieoddający sprawiedliwości aspektom dydaktycznym koncepcji i dokonań Radlińskiej, warto odnotować fakt, że czołowi dydaktycy doceniają jej wkład w analizy zjawiska niepowodzeń szkolnych, badanego przez nią jeszcze w latach 30. minionego wieku (por. *Społeczne przyczyny powodzeń i niepowodzeń szkolnych...*, 1937; por. Okoń 2003, s. 325, 361, 368; Kupisiewicz 2000, s. 255–256). Zupełnie pominięta jest idea „dydaktyki przeżycia", mimo że u Radlińskiej i w pedagogice kultury bardzo rozwinięta, to traktowana jako *terra incognita*, mimo jej wagi i ugruntowania w tradycji myśli pedagogicznej. Źródłem tych zaniechań były, moim zdaniem, zbyt wąska percepcja i recepcja pedagogiki społecznej, a także powielanie sugestii jakoby „[p]edagogika kultury w sposób idealistyczny interpretowała osobowość ludzką", skupiając się rzekomo na sile „mikrokosmosu [...] *humanitas*" i lekceważąc jednocześnie „całą" rzeczywistość „społeczno-przyrodniczą, kulturową [sic! – L.W.], techniczną i gospodarczą", ograniczając się zarazem do selekcjonowania i wyobcowania treści ważnych duchowo (por. Okoń 2003, s. 66). Bogdan Suchodolski w tej wizji pedagogiki kultury i braku docenienia tradycji pedagogiki społecznej ma szczególne, negatywne zasługi, odpowiadając na zapotrzebowanie ideowe i chęć zerwania z dorobkiem „burżuazyjnym" okresu przedwojennego. Zarówno moja poprzednia książka (Witkowski 2013a), jak i obecna usiłują wykonać pracę odwracającą te werdykty i zwykłe zaniechania badawcze. Część analiz muszą jednak wykonać osobno specjaliści, np. dydaktycy ogólni, jeśli zrozumieją wagę odczytania Radlińskiej w całości. Zadanie to dotyczy w nie mniejszym stopniu szeregu innych (sub)dyscyplin pedagogicznych, w tym zwłaszcza pedagogiki ogólnej.

19 Od wielu lat usiłuję przekonać, inspirując się dokonaniami teorii cyklu życia w wersji Erika H. Eriksona, że termin „rewitalizacja" powinien uzyskać w pedagogice ważny status, analogiczny do mówienia o resocjalizacji czy rewalidacji. Sugestia ta jednak nadal natrafia na mur niezrozumienia i milczącego odporu.

ani przeoczać, stanowi część procesu kształcenia uwzględniającego wiedzę historyczną[20]. Jednak często jesteśmy świadkami jego notorycznych słabości lub nieobecności w wielu innych przypadkach, mimo że może wspierać troskę o nowoczesność, wbrew obiegowym i powierzchownym skłonnościom do widzenia tej relacji głównie w kategoriach rozdroża. To tak, jak gdyby ulubione hasło B. Suchodolskiego – zresztą zakorzenione już u B.F. Trentowskiego w jego *Chowannie* – „wychowania dla przyszłości" miało zrywać z troską o rozwijanie w sobie głębokiego i twórczego odniesienia do przeszłości.

* * *

Gdybym miał zasygnalizować syntetycznie najważniejszy wynik teoretyczny tej książki, byłoby to stwierdzenie, że ośmielona przez ostatnie dekady postawą pedagogiki krytycznej i przekrojowego zaangażowania Henry'ego A. Giroux oraz uwrażliwiona lekturami Gregory'ego Batesona przeprowadzona tu rekonstrukcja rozmaitych sformułowań Radlińskiej odsłania zaskakujące dla mnie samego ustalenia. Okazuje się, że jej program zadań pedagogiki społecznej i ukierunkowań złożoności, które trzeba w niej brać pod uwagę, to w istocie cybernetyczna[21] i krytyczna charakterystyka każdej poważnie programowanej pedagogiki jako „ekologii umysłu" w sensie Batesona i w ślad za tym opisów ekologii w wymiarach idei i procesów wychowania. Zarazem okazało się naturalne wydobywanie akcentów, które rozpoznają w sytuacjach pedagogicznych, zdominowanych relacjami i działaniami komunikacyjnymi, złożoność strukturalną tychże, znacznie później wydobywaną na jaw, za sprawą wspomnianego Batesona, jako „podwójne uwiązanie" (*double bind*), mające swój odpowiednik w wersji francuskiej (por. Seron 2009) we wskazaniu na „podwójne przymuszenie" (*double contrainte*), dające coraz bardziej o sobie znać w analizach interwencji terapeutycznych w literaturze światowej, ciągle poza świadomością metodologiczną polskich pedagogów.

---

20 W odniesieniu do wagi dokonań H. Radlińskiej por. Kupisiewicz 2012, s. 230–232, 246–248. Warto w szczególności zauważyć wymowną siłę wręcz nakładania się echa pokoleniowego w kolejnych warstwach narracji, co można zilustrować wskazaniem przez Czesława Kupisiewicza na podkreśloną przez Helenę Radlińską ważną cechę podejścia Józefy Joteyko, klasyka psychologii eksperymentalnej i postaci istotnej dla tradycji polskiej pedagogiki. Postulowała ona na początku XX wieku podejście integralne do rozmaitych obszarów wiedzy pedagogicznej, stwierdzając: „Pedagogika jest jedna, czy chodzi o pedagogikę wieku przedszkolnego, pedagogikę szkoły elementarnej czy średniej, szkół zawodowych czy uniwersytetów" (za: Kupisiewicz 2012, s. 230). Skutkiem ułomności naszego słuchu i błędów w nasłuchu teoretycznym jest to, że echa takich kapitalnych myśli z oporem jedynie przebijają się do świadomości współczesnej, skazanej przez to na zapominanie i brak wrażliwości. Hasło „pedagogika jest jedna" pozostaje głęboko zobowiązujące, mimo że tak bardzo niezrozumiane i niepotraktowane na serio.

21 Oczywiście nie w sensie, w jakim odcinał się od cybernetyki Józef Chałasiński (1968, s. 442–448), jak również nie w sensie krytykowanego przez niego ujęcia cybernetyki pełnego matematyzacji u Oskara Langego (1962).

Wszystko to pogłębia i rozszerza perspektywę mojego rozumienia znaczenia Radlińskiej i „przełomu dwoistości" w pedagogice, zmienia także wizję zasług, ale i teoretyczności, jaka może dalej uczestniczyć w ożywieniu i wprowadzeniu na wyższy poziom uprawiania pedagogiki w Polsce. Warunkiem jest postępowanie jednocześnie badawcze i samokształceniowe, zgodnie z najcenniejszą tradycją dyscypliny oraz zgodnie z poważną humanistycznie wizją przełomu określanego coraz częściej mianem dojrzałej ekologii jako paradygmatu humanistycznego[22]. Nie widzę powodu, dla którego środowisko pedagogiczne ma tkwić w błogiej nieświadomości tego stanu rzeczy, ułatwiającej lekceważenie prób zmiany obrazu jej własnego usytuowania poznawczego. Podkreślam, że wynik ten sprecyzowałem sobie dopiero w bardzo zaawansowanej fazie studiów nad dorobkiem Radlińskiej, gdyż wiele z prac późniejszych pedagogów społecznych, mających ten dorobek kontynuować, taką perspektywę utrudniło, zamuliło, jeśli wręcz nie uczyniło jej dotąd niemożliwą.

Niniejsza praca ma za zadanie **odgruzowanie dorobku** Radlińskiej z tej naleciałości, wręcz rozmaitych postaci przytłoczenia, w wielu wypadkach gubiących sens naszej własnej tradycji. Obecną książkę ośmielam się Szanownemu Czytelnikowi przedłożyć z prośbą, aby spróbował ją potraktować wspólnie z tomem *Przełom dwoistości w pedagogice polskiej* jako jego kontynuację – zarówno w sensie uzupełnienia, jak i pogłębienia o perspektywę, której na etapie pisania tomu o *Przełomie...* nie byłem w pełni świadom. Chodzi o to, że sugestia „przełomu dwoistości" nie była przeze mnie jeszcze w pełni widziana ani nawet kojarzona z „ekologią umysłu" wielkiego Gregory'ego Batesona, widzianą jako wkład w budowanie podstaw cybernetycznego widzenia uniwersalnych złożoności w świecie ludzkim i przyrodniczym o kapitalnych przełożeniach i ilustracjach w charakterystykach niezależnie wykładanych do lat 50. XX wieku, czyli do końca życia, przez Helenę Radlińską. Mówiąc najkrócej, pisząc tę książkę, spróbowałem wyprowadzić wszystkie możliwe wnioski z przenikliwej, ale zmarnowanej przez kolejne pokolenia pedagogów społecznych tezy Aleksandra Kamińskiego, że „[p]olska pedagogika społeczna kształtowała się przed narodzinami cybernetyki" (por. Kamiński 1980a, s. 107). Pokazuję także, że ta antycypacja odbywała się zgodnie z duchem zarówno samej cybernetyki w jej rozwoju z lat 40. i 60. minionego wieku, jak i tego, który był już stopniowo samodzielnie gruntowany w polskiej pedagogice przez trzon Wielkiego

---

22 Por. najnowszą próbę przeglądu genezy i przejawów zróżnicowanego pola „humanistyki ekologicznej" w: Domańska 2013. W grę wchodzą tu takie terminy jak humanistyka zrównoważona, czy środowiskowa, mocno zarazem kojarzona między innymi z ujęciami sprzężeń zwrotnych, opisywanych w wersjach modeli cybernetycznych. W zjawiskach tych niezbędne jest uwzględnienie miejsca dla dokonań i wpływu Gregory'ego Batesona, czym się dalej zajmiemy, w próbie zbudowania tła, na którym wysiłki Heleny Radlińskiej będą pełniej widoczne i tym bardziej zasługujące na uznanie znacznie szersze niż wpisane rzekomo jedynie w wąskie ramy pedagogiki społecznej, w jej potocznym kojarzeniu.

Pokolenia lat 80. XIX wieku. A pedagogika socjalistyczna i perspektywa marksistowska, w tym późniejsze pokolenie Bogdana Suchodolskiego i on sam, nie mieli w tym dziele równie istotnego udziału, nie umieli go docenić ani uszanować jego obecności, a tym bardziej wykorzystać i uzupełnić. Uwzględniając z konieczności wyróżniającą się rolę B. Suchodolskiego, którą także starałem się analizować, pora na widzenie jej rozmaitych niekonsekwencji, słabości, a także błędów i szkód, jakie zostały tu popełnione i wyrządzone przez zaniechania i własne podejście normatywne twórcy dociekań *W labiryntach współczesności*. Chodzi bowiem o autora uprawomocniającego taki model i taką wizję pedagogiki, w których wartość dokonań Radlińskiej i całego jej pokolenia, powiedzmy wprost: przerastającego pokolenie Suchodolskiego, nie znalazła miejsca ani wyrazu. Pora zrozumieć, że pedagogika na miarę XXI wieku, jeśli kiedyś zacznie się poważniej rozwijać w Polsce, będzie musiała sięgnąć głębiej, poza i ponad dominujący w PRL-u nurt dorobku do tego, co stanowi jego wielką tradycję ugruntowaną wysiłkiem okresu międzywojennego postaci, bywa wybitniejszych duchowo.

Dodajmy na koniec tego otwarcia jeszcze jedną uwagę o charakterze wykonywanych operacji na przywoływanym w tej książce materiale z niezwykłej i daleko niedocenionej – bo wpisanej zwykle w zbyt redukcyjne ramy lektur – twórczości Heleny Radlińskiej. Pytania zadawane konwencjonalnie o to, co Radlińska mówi o pedagogice społecznej, czy jak ją postrzega, zostały w nowym podejściu badawczym odwrócone na takie, których efekty mogłyby być ważne dla całej pedagogiki. Interesują mnie nie tylko założenia normatywne programu Radlińskiej i ich ugruntowanie jako źródło ich prawomocności historycznej, lecz także ich konsekwencje normatywne niosące ze sobą uprawomocnienie, moim zdaniem, dotyczące zupełnie innego rozumienia funkcji pedagogiki społecznej niż dominujące w obiegowych wyobrażeniach. Jest to zarazem uprawomocnienie wartościowej – i to z zupełnie innych powodów niż znane samej Radlińskiej – wizji pedagogiki jako współzbieżnej z dokonaniami ważnych skądinąd tropów humanistyki.

Będzie więc chodzić o wyzwania, zadania, złożoności, powinności, których podejmowanie jest widziane i postulowane programowo przez Radlińską jako podstawowe. Ukazywane przez nią były jako niosące w sobie wymiary: etyczny, kulturowy, historyczny, narodowy, tożsamościowy, przyszłościowy, humanistyczny, demokratyczny, które muszą być respektowane w całej nowoczesnej pedagogice. Ta zaś musi umieć korzystać z filozofii i etyki, socjologii i historii, żeby wskazać choć niektóre. Trzeba umieć się poruszać po tym polu jako obszarze prac, wysiłków, dążeń rozumiejących złożoność barier, przeszkód, oporów, zapóźnień, niesprawiedliwości, zniewoleń, którym przeciwdziałanie jest sednem zaangażowania twórczego wychowawców, pracowników oświaty i rozmaitych urządzeń społecznych, z udziałem i z pozyskiwaniem do tego udziału, z wszelką zachętą do samodzielności i twórczego przeobrażania siebie i własnego środowiska. Otwarcie się na dorobek pedagogiki społecznej w jego najświetniejszym kształcie w tradycji polskiej miało tu być okazją do mobilizowania wyobraźni i wrażliwości oraz woli działania całej najnowszej pedagogiki. Spotkanie to stało się dla autora niezwykłym doświadczeniem uczenia się i odkrywania wartości dorobku, którego podjęcie jest szansą i obowiązkiem dla wszystkich pedagogów w Polsce. Tą książką, mam nadzieję, wyjść tej szansie i temu obowiązkowi na przeciw. Czy to się choćby w części udało – oceni Czytelnik. Mam zarazem nadzieję, że przynajmniej efektem tych lektur będzie wzrost motywacji do podjęcia dalszych prac przez zainteresowanych tym, aby zasygnalizowany potencjał pedagogiki społecznej nie poszedł na marne ani nie utknął w zamkniętych ramach dyscyplinarnych, które okazują się za wąskie, za sztywne i za mało chłonne dla wielopostaciowości genialnych intuicji i wnikliwych ustaleń o randze wielokrotnie przekraczającej zakres ich adresowania przez samą Helenę Radlińską, niezwykłą postać, o której wiemy ciągle za mało[23]. Zdumiewa brak dostępności opracowań, które by odkryły i wykorzystały materiały archiwalne, wiążąc historię dyscyplinarną z losami biograficznymi i dokumentując realne zachowania ludzi np. w ich korespondencji[24].

W stronę potencjału krytyczności

I jeszcze jedna ważna dla niniejszego autora sprawa, wynikająca z jego wpisania się od z górą dwudziestu pięciu lat w widzenie zadań pedagogiki w kategoriach postulowanych i rozwijanych dla niej przez program krytyczności i radykalności „pedagogiki krytycznej" Henry'ego A. Giroux (por. na temat tego nurtu: Giroux, Witkowski 2010). On to na porządku dnia i to w dramatycznie analizowanych kontekstach realiów społecznych, politycznych i kulturowych Stanów Zjednoczonych oraz całego współczesnego świata zachodniego – z jego globalizacją, neoliberalizmem, konsumeryzmem i polimedialnością – stawia i ukazuje losy edukacji na tle troski o przyszłość, o demokrację, o uniwersytet i o kulturę. Postulat krytyczny,

---

23 Jedno z najwartościowszych, wprost bezcennych świadectw o losach, życiu w czasie wojny i o myśleniu Heleny Radlińskiej w rozmaitych kwestiach stanowi zapis wspomnień z rozmów z nią autorstwa Marii Czapskiej, przynoszący również strzępki zapisów treści dyktowanych (por. Czapska 2006). Zdumiewa rzadkość takich wspomnień u osób, które miały częsty kontakt z Radlińską, także pod koniec jej życia. Choć należy przypuszczać, że archiwa (nawet rozproszone) mogą jeszcze niejedno nam przekazać, np. w zakresie korespondencji. Z jakiegoś niezrozumiałego powodu są one zbyt opieszale odszukiwane, badane i upubliczniane.
24 Jeśli chodzi o korespondencję Heleny Radlińskiej, mamy tymczasem trzy opracowania listów, zebranych przez Wiesława Theissa, okresowo dotyczących relacji Radlińska – Wroczyński, Radlińska – Suchodolski oraz Radlińska – Lepalczyk czy Radlińska – Kamiński (por. *Korespondencja Heleny Radlińskiej...* 2003; Radlińska, Kamiński, Uziembło 1997; Theiss 2014).

by czynić pedagogikę „bardziej znaczącą"²⁵ – także jako wyposażoną kategorialnie w siłę diagnostyczną, mobilizującą do przemiany dominujących trendów, zmanipulowanej świadomości, zagubionych trosk i traconych szans, a nawet niszczonych potencjałów – jest trudny do przecenienia, zwłaszcza w ostatnich dekadach. A może nawet coraz bardziej wymaga podjęcia, i to na nowo, w świetle nowych postaci terroryzmu, degradacji kulturowej funkcji edukacji, w obliczu ustanawiania pod hasłem demokracji rozmaitych postaci mechanizmów, które mają *de facto* ograniczać potencjał krytyczny, obywatelski, przyszłościowy, rzutując dramatycznie na losy człowieczeństwa i rozwój cywilizacji. Dyskurs Radlińskiej jako realizacja strategii „pedagogiki krytycznej" domaga się rozpoznania i uwzględnienia w standardach uprawiania całej dyscypliny, aby była zdolna bardziej do diagnoz alarmistycznych, demaskatorskich, rozpoznających patologie, zwłaszcza te uchodzące za wyraz pozytywnej postawy i troski czy normy w codziennym funkcjonowaniu. Zainteresowana ugruntowaniem naukowym myśli pedagogicznej, równocześnie zachęcała, aby otwierać się w praktyce na wszelkie dyskursy mogące wzbogacić doświadczenie i ułatwić kontakt z osobami będącymi ofiarami własnych środowisk zubożonych kulturowo i pozbawiających szans życiowych. Stąd cała gama dyskursów otwierających wrażliwość, udostępniających wgląd w doświadczenie i przeżycia, miałaby tu wielkie zastosowanie jako należąca do rzeczywistości społecznej komunikacji i zasługująca na twórcze i krytyczne wykorzystanie²⁶.

Gdy tymczasem przyjrzeć im się wnikliwie, odpowiednio głęboko krytycznie, zostaną obnażone ich strony niosące dramatyczne zagrożenia i szkody, poprzez chociażby – przytoczmy ilustracje z jednego tylko tomu esejów Radlińskiej – „przerosty i pozory", przyuczanie do „obłudnej pokory", postawy będące wyrazem „zaślepienia" uczuciowego, skazujące na „samowolę" czy „panowanie absolutyzmu" w relacjach wychowawczych, przejawiające się w nagromadzeniu „przeszkód" rozwojowych i w niezdolności do stymulowania „przebudzenia" duchowego czy unikania „apoteozy przeżytków", a także pełne „pochopnego obniżania" poziomu i wagi rozmaitych dokonań tradycji, jak również ulegania presji „chaosu żądz, zachcianek i zniechęceń" (por. Radlińska 1979, s. 129, 141, 166, 307, 328, 349). Zapewne fascynującym zadaniem byłoby w wypadku Radlińskiej opracowanie całego słownika używanej przez nią terminologii krytycznej, służącej formułowaniu takich alarmistycznych i demaskatorskich diagnoz. Byłoby to z pewnością pełniejszym wyrazem ukierunkowania postawy poznawczej i zaangażowania normatywnego²⁷ pedagogiki społecznej – bez arbitralności własnych roszczeń, wraz z troską

---

25 Hasło: „Making the pedagogical more meaningful" na różne sposoby przebija się od lat w pracach Giroux (por. Giroux 2011, s. 82).
26 Całą gamę takich dyskursów dla pedagogiki (także społecznej) wskazuje książka: Jaworska--Witkowska, Kwieciński 2011.
27 Problem „normatywności" jest tu dalej przeze mnie dyskutowany dokładniej, jako uwikłany w subtelność różnic zwykle pomijanych w perspektywie niezdolnej do dostrzegania tu dwoistości i odmiennych poziomów analiz, jakie trzeba brać pod uwagę.

o pozyskiwanie ludzi do odpowiedzialności za własne życie, los, kraj, przyszłość. Może to się dokonywać poprzez próby przebudzenia wyobraźni, wyzwolenie energii, promieniowanie impulsów kulturowych, mobilizację do twórczości, sprzyjanie kompetencjom i odwadze upominania się o siebie... Nie darmo, pisząc w 1922 roku na łamach organu samorządowego o momencie „przełomowym" historii społeczeństwa i narodu, Radlińska podkreślała wagę pracy oświatowej, która w górnolotnie brzmiącej wizji

> [w]ybiegać winna naprzeciw rodzącemu się jutru, rozświetlać wzory, które „dzisiaj" z wczorajszej przędzy tka wedle marzeń i pragnień, wedle słabości i mocy. Wiązać winna świeżo rozbudzonych obywateli z wielką spuścizną przeszłości i ideałami, prowadzącymi w przyszłość, budzić twórczość uśpionych jednostek i wprowadzać harmonię w twórczość zbiorową (Radlińska 1979, s. 171).

W tym samym miejscu Radlińska krytycznie zauważa, że w środowiskach najłatwiej sugerujących postawy wręcz „narzucający[m] się" wzorem kulturalnym (dla niej są to realia i życie miejskie, dziś można by wskazać wpływ ogólnomedialny) następuje degradacja wyobrażeń o wyższych standardach, które warto pielęgnować: „»wyższość«, którą spostrzega przechodzień, niewiele ma wspólnego z pogłębianiem i z bogaceniem życia społecznego i wartości duchowej jednostki" (Radlińska 1979, s. 171). Na tym przykładzie widać, że nie da się pomyśleć wartościowej postawy pedagogiki społecznej bez włączenia się w troskę o to, aby wyobrażony standard warunkujący jakość bycia kulturowego dało się uznać za podstawę walki o jakość funkcjonowania społecznego jednostki i jej otoczenia. W tej perspektywie ukazuje się na nowo kluczowe posłanie o najwyższej wadze teoretycznej, kulturowej i praktycznej, nie tylko dla pedagogiki społecznej, chcącej dorównać do poziomu myślenia Heleny Radlińskiej. Widać je nie tylko dla CAŁEJ pedagogiki polskiej, jeśli chce być godna własnej tradycji, lecz także dla naszego zadania sprostania wyzwaniom przyszłości. Powołanie to jest związane z zasadą fundującą zręby „ekologii idei" z jej wyprzedzeniem przez Radlińską o dekady. Chodzi o myśl postulującą troskę o „niewidzialne środowisko"[28] wartości i ideałów – krótko:

---

28 Ten kluczowy dla naszej perspektywy termin Radlińska zawdzięcza, jak to odnotował Aleksander Kamiński (1972, s. 37; także 1974, s. 43), pracom Mary Emerson Hurlbutt, przywołując jej publikację z 1923 roku (Hurlbutt 1923). Bezpośrednie świadectwo tego wpływu daje także sama polska uczona, sygnalizując w „liście ósmym", że amerykańskiej aktywistce zawdzięcza szczególnie uczulenie się na błędy pomocy społecznej (w odniesieniu do środowisk imigrantów amerykańskich) „wynikające z nieposzanowania środowiska niewidzialnego [...] Mary Hurlbutt uprzytomniła mi znaczenie środowiska niewidzialnego imigrantów (wysferzonych) dla ochrony przed przestępczością" (Radlińska 1964, s. 448). Dodajmy, że w jedynej uwadze na temat samej kategorii w cytowanym podręczniku Kamiński zauważa, iż Radlińska, przywołując środowisko niewidzialne, „miała na myśli zwyczaje, obyczaje, wierzania, idee etc.)", przy czym autor podkreśla zarazem, że uczona przywiązywała do tej kategorii „szczególnie wielkie znaczenie [...] traktując je [to środowisko niewidzialne – L.W.] jako często decydujące o zachowaniu się

dostępne dziedzictwo kultury symbolicznej[29] – bez którego jednostka nie będzie miała, na czym polegać ani czym się wyrażać i posługiwać w budowaniu świata własnego życia i życia w świecie, rozpoznając ograniczenia i uwalniając się od nich. Kluczowe okazuje się uwypuklenie tych aspektów środowiska, które stanowią „niewidzialne prawa, poglądy tradycje dążenia", przy czym ważne są zwłaszcza treści należące do środowiska – poza subiektywnym, obecnym w przeżyciach jednostki – „obiektywnego, wspólnego wszystkim, lecz nie jednakowo rozpoznanego i spożytkowanego" (por. Radlińska 1945, s. 71). Wyznacza je dziedzictwo kulturowe, które może być subiektywnie niedostępne, a przez to marniejące w lokalnych (czasowo i przestrzennie) uwikłaniach społecznych. Nie darmo Radlińska pisała, wskazując na wartość zdolności odrywania się i przekraczania ram doraźnych odniesień i widząc tu pewną uniwersalną cechę ludzkiego sposobu bycia w świecie społecznym (dzięki wymiarowi kulturowemu tego bycia):

> Wejrzenie w środowisko niewidzialne, obiektywne, pozwala dojrzeć, że poczucie nieśmiertelności, możność odradzania się duchowego, przeżywanie radości i bólu jest jednakowe przez wszystkie czasy i okoliczności. To tylko forma wyrażania tych samych uczuć zmienia się z każdym pokoleniem, te same dążenia uzewnętrzniają się w coraz innym kształcie (Radlińska 1945, s. 72).

Jestem gotów bronić wagi tego akcentu w podejściu Radlińskiej jako wręcz zasadniczego dla możliwości definiowania funkcji kulturowej edukacji oraz podłoża strategii pedagogiki społecznej w zakresie – jak to będzie wielokrotnie nazwane – „meliorowania" środowiska i duchowości ludzkiej w kierunku umożliwiającym pełniejsze czerpanie z obiektywnego rezerwuaru bodźców rozwojowych tkwiących w kulturowym podłożu każdego człowieka poza ramami socjalizacyjnymi jego czasu i przestrzeni. Wbrew Aleksandrowi Kamińskiemu (por. Kamiński 1961, s. XXXII)[30], widzącemu tu u Radlińskiej przejawy idealizmu i metafizycznej skłonności, sytuacyjnie wygenerowanej przez przeżycia wojenne, którą z czasem miała porzucić, mamy tu trwały rys kondycji ludzkiej, której siła odradzania się

---

ludzi" (Kamiński 1972, s. 37; także 1974, s. 43). Uwagi analityczne o tym pojęciu poczynione zostaną tu dalej.
29 Dostępność ta manifestuje się poprzez obecność w przeżyciach, powstających pod wpływem „oddziaływań wychowawczych", a – jak pisze Radlińska – „Odbywają się one przede wszystkim w tak zwanym środowisku niewidzialnym, obejmującym wartości, które istnieją tylko w przeżyciach ludzkich. Działalność wychowawcza usiłuje znaleźć sposoby wzbudzania owych przeżyć, wprowadzania do świadomości jednostki walorów, które istnieją poza nią. Celem wychowawczym jest oddziaływanie na wolę, nastawienie ku twórczości, wcielającej ideał w życie indywidualne i gromadne" (Radlińska 1947, s. 18). Mamy tu w szczególności widoczne kryterium dostępności wartości kulturowych, związane z ich obecnością w przeżyciach i w świadomości, a zarazem stanowi to wymóg krytycznego oceniania realności społecznej prób oddziaływania wychowawczego.
30 Dokładniej do tej kwestii nawiążę w dalszej części książki.

z przyduszenia patologiami jej czasu może być przywrócona społecznie dzięki nasycaniu jej świata (środowiska subiektywnego) impulsami z owego odepchniętego, zagłuszonego chwilowym zgiełkiem – wojennym czy później ideologicznym. Torowanie drogi do owego niezwykłego zaplecza „nieśmiertelności", czy – jak to dalej czytamy – „wiekuistości" dóbr, stanowi sedno posłania kulturowego pracy społecznej. Inaczej nie warto by się nią zajmować jako lokalnym ugłaskiwaniem pokrzywdzonych przez los i doraźną interwencją praktyczną z misją chwilowego naprawiania tego, co jawi się jako uszkodzone. Na szczęście tradycja Heleny Radlińskiej i jej filozoficzne posłanie znacznie bardziej okazują się zobowiązujące dla pedagogiki społecznej, bez względu na to, czy ktoś będzie tu widział przerosty idealizmu społecznego. Niezgoda w rozmaitych kwestiach z akcentami czy idiosynkrazjami nie zwalnia z obowiązku rozumienia, o jaką stawkę toczyła się tu i toczy gra. Stawką tą są kulturowa funkcja edukacji i obecność edukacji w rozwoju człowieka jako człowieka właśnie.

Edukacja w służbie kulturowego tworzenia człowieka

Stajemy tymczasem w obliczu lawiny przeobrażeń degradujących edukację, niszczących misję kulturową szkół wyższych, prymitywizujących funkcję kształcenia przez fikcyjne przygotowanie do rzekomo nadrzędnych potrzeb rynku pracy, w tym często słabo wykształconych pracodawców, zresztą już ofiar tej strategii. Ale przerwanie tego szaleństwa upadku wartości edukacji nie jest zadaniem dającym się podjąć *ad hoc*, bez mobilizacji szerszego frontu troski o kulturę pedagogiczną całej sfery publicznej i jakości życia akademickiego. Niezbędna jest organiczna praca zakorzeniająca nas na nowo w tradycji myśli pedagogicznej i mobilizująca krytycznie wobec dotychczasowych prób, zarówno tych dominujących jeszcze w PRL-u, jak i tych dyktujących decydentom działania na poziomie szkodliwej społecznie mentalności kulturowej. Zaczynają dominować edukacyjne rozwiązania i wizje pozornie liberalne, a faktycznie odcinające kolejnym pokoleniom dostęp do wiedzy pojmowanej jako wartość. A wszystko to dzieje się po „orwellowsku", gdy wymachuje się sztandarem rzekomo powstającego „społeczeństwa wiedzy" i jednocześnie ustanawia instytucjonalne mechanizmy niszczenia szans na wartość wiedzy, a dokładniej na autoteliczną wartość głodu wiedzy. Uczestniczy w tym procederze spora liczba instytucji i rzesze ich elit.

Obecnie Polska także jest w momencie historycznym wymagającym krytycznego przemyślenia na nowo tego, jak zmierzyć się z jej współczesnymi wyzwaniami, obejmującymi również rozmaite przejawy opóźnień, zakłóceń i innych uszkodzeń jej rozwoju, potencjału i szans cywilizacyjnych w trwającej fazie transformacji. Proces ten bowiem nadal nie potrafił sobie poradzić ani nawet postawić zadań, zdiagnozować przeszkód i ich usunąć na drodze zarówno budowania zrębów przyszłości społecznej i kulturowej, jak i programowania ram cywilizacyjnych dla współczesnych pokoleń młodzieży. W tym sensie przemyślenie na nowo wysiłków i ich ukierunkowań w programowym zaangażowaniu Wielkiego Pokolenia, które wraz z Heleną Radlińską sto lat temu stawiało problemy uniwersalne, choć potem zbyt automatycznie wpisywane w ramy „pedagogiki kultury" czy „pedagogiki społecznej" – spada na nasze barki u progu XXI wieku, co więcej, nie może dłużej czekać.

Zresztą nie jedyna to opozycja, która faktycznie wyłączyła możliwość realnego dialogu ze spuścizną myślenia Radlińskiej oraz naprawdę znakomitych postaci jej czasu i kultury humanistycznej. Drugą z nich wyznacza opozycja biegunów jednocześnie negujących, choć z różnych powodów, tę wielką tradycję, mianowicie obok tzw. pedagogiki socjalistycznej, eliminującej cenzuralnie znaczenie dorobku międzywojennego (poza uznaniem dla marksizmu Władysława Spasowskiego i Bogdana Suchodolskiego czy później Heliodora Muszyńskiego), bardzo się tu zapisała, niestety szkodliwie, wersja pedagogiki nadbudowana nad personalizmem proweniencji katolickiej. W części przynajmniej skłonna bywa w niektórych jej postaciach absolutyzować opozycję człowiek – obywatel czy natura ludzka – państwo (jak to robi konsekwentnie m.in. Adolf Ernest Szołtysek[31]). Dokonań Radlińskiej i jej pokolenia nie daje się wpisać w taką opozycję, przez co w istocie pozwala się unieważnić zasadność takiej opozycji. Pora na poważniejszą dyskusję także w odniesieniu do personalizmu, jako że jego tradycja została w powojennej Polsce okrojona z wielu impulsów ważnych dla współczesnej myśli. Można tu wspomnieć z jednej strony protestancki wariant personalizmu Trentowskiego, a z drugiej – wariant „personalizmu krytycznego" Williama Sterna. Część „znawców" personalizmu, nawet już nim znudzonych w wersji katolickiej, nie ma zielonego pojęcia ani

---

31 Autor ten przywołuje Helenę Radlińską i cytuje Wiesława Theissa, aby stwierdzić, że: „W PRL uniwersyteckie katedry pedagogiki społecznej *de facto* zajmowały [się] wdrażaniem programu polityki państwowej", zarazem wpisuje Radlińską w tradycje Arystolesowską filozofii; równocześnie Adolf Ernest Szołtysek radykalnie oddziela „naturalne wychowanie osoby ludzkiej od kulturowego i etycznego kształtowania istoty społecznej czy politycznej i doktrynalnego urabiania obywatela", przez co należy najwidoczniej rozumieć, że zgodni z nim są „osobami ludzkimi", inni zaś mogą być tylko „istotami społecznymi"; zarazem autor ten sugeruje, że dla personalizmu w jego wersji „sumienie nie stanowi produktu kultury" ani tym bardziej „nie uznaje kompromisów", a wynikająca ze społecznego podejścia „społeczna hierarchia wartości jest wypadkową kompromisów" – w tej ostatniej kwestii niezgodę na widzenie kompromisów jako zasadę pedagogiki społecznej w ujęciu Radlińskiej uwypuklam tu osobno, obalając tę sugestię Szołtyska (por. Szołtysek 1998, s. 15, 50–51, 73, 90, 274). Zauważmy, że jedyny pozytywny akcent poczyniony przez Szołtyska w stosunku do Radlińskiej polega na trzykrotnym aż przywołaniu w książce za Theissem jako nadal aktualnej jej tezy z 1907 roku, mówiącej o tym, iż „[w] dzisiejszej szkole państwowej kształcenie formalne występuje na pierwszy plan, ćwicząc pamięć, zabijając rozumowanie, wychowując manekiny" (por. Szołtysek 1998, s. 17, 63, 261).

o jednym, ani o drugim. Początek poważnej dyskusji, unieważniającej zaistniałe wykorzenienia z tradycji, dopiero przed nami.

Niezbędne jest tymczasem konsekwentne oczyszczenie pola do takiej dyskusji zarówno przez znacznie głębszą i rzetelniejszą recepcję dokonań tej klasy co dorobek Heleny Radlińskiej, jak i przez rozliczenie jakości jej recepcji u możliwie najbardziej reprezentatywnego grona postaci pedagogiki polskiej. Niektóre wizje rzutują na obraz tego dorobku, zbyt go petryfikując, a nawet ciążą znacząco na jego aplikacjach i poziomie aktualnych działań intelektualnych w rozmaitych (sub)dyscyplinach pedagogicznych. Nie dokonamy postępu bez istotnej zmiany kultury naszego czytania tradycji i debatowania o niej, a także komunikowania się poprzez nią w wysiłku rozwiązywania palących problemów naszego świata społecznego i instytucji oświatowych. Kultura pedagogiczna nie wyrośnie na ugorze, w politycznej pyskówce czy medialnie nagłaśnianych ekscesach. Potrzebne są zbiorowy, publiczny namysł i głęboka debata, świadoma korzeni, zdolna do wrastania w głębię życiodajnych impulsów, dla wzrostu jakości rozumienia świata i by możliwe było sprostanie mu. Innej drogi nie ma.

Takimi założeniami się kieruję, zabierając kolejny raz głos w debacie pedagogicznej jako studiujący historię wielkiej myśli dla sprostania wielkim wyzwaniom. Lektura prac Radlińskiej dostarczyła mi wielu momentów przeżycia inicjacyjnego, stając się dla mnie doświadczeniem istotnym egzystencjalnie i akademicko. Przyniosła zarazem wiele impulsów, które potraktowane na serio przez czytelników nie tylko tej książki, lecz także publikacji samej Radlińskiej, w rozmaitych innych konstelacjach „postaciowania" własnego doświadczenia mogłyby wpłynąć na kondycję polskiej pedagogiki w całości. Podejrzewam jednak, że to zadanie dopiero na kolejne pokolenie, jeśli uwolni się ono w swoich najlepszych postaciach od presji wielu obecnych powodów poczucia usprawiedliwienia dla nieczytania tej autorki, czy jej zaszufladkowania i typowego dla nas niedoczytania. Alibi nie ma.

Formuła troski o „niewidzialne środowisko" kulturowe, jako źródło przeżyć, przebudzeń duchowych i przemiany twórczej, obejmuje w wydaniu Radlińskiej sprzyjanie wysiłkowi „wrastania" w przestrzeń idei, wartości, ideałów z (bywa oddalonego) symbolicznego dziedzictwa kultury, kluczowego dla całości życia społecznego i dla losów wpisanych w indywidualne biografie. To właśnie, wydaje mi się, w zarysowanym tu ujęciu wielkiego, kompleksowego i pod wieloma względami kompletnego wysiłku Heleny Radlińskiej najbardziej sztandarowa sugestia dla obecnej pedagogiki polskiej. Jest ona do pilnego podjęcia, przetworzenia i uczynienia ośrodkową wszystkich zabiegów i programów, jakie zespalają myślenie i praktykę edukacyjną, opiekuńczą, wychowawczą, interwencyjną, terapeutyczną. Od tego zależy szansa troski o jakość „wychowania dla przyszłości" i uniknięcia spłyceń tego ostatniego, jakie dały o sobie znać i w teorii, i w praktyce rozumienia relacji między kulturą, jednostką i społeczeństwem, między tradycją i nowoczesnością w czasach PRL-u i w warunkach transformacji ostatnich dwóch dekad.

W szczególności nie ma szans na wartościową edukację ani dojrzałą dydaktykę wówczas, gdy będą one pozbawione impulsów, jakie wypracowała Helena Radlińska, myśląc faktycznie o całości zadań oraz wyzwań kulturowych i społecznych wpisanych w pracę oświatową w rodzącym się wyzwolonym społeczeństwie, uzyskującym niepodległy byt państwowy i szanse podmiotowości obywatelskiej na miarę nadziei na demokrację. Tym bardziej nie ma szans na to, aby zamknięta w swoich okowach środowiskowych pedagogika społeczna odegrała istotniejszą rolę w uczestnictwie w przeobrażeniach, o jakich Radlińska marzyła i jakim poświęciła życie. Tradycja pedagogiki społecznej musi być przeczytana od nowa, a jej historia wpisana na nowo w strategię troski o kompletną postawę pedagogiczną i całościowe widzenie jej osadzenia w kulturze, w troskę o skuteczne wpływanie na jakość życia społecznego.

W środowisku pedagogicznym muszą zacząć powszechnie obowiązywać te same standardy intelektualne, ten sam poziom narracji, wysiłek rekonstrukcyjny i prace analityczne, jakie są reprezentatywne dla najświetniejszych dokonań w stowarzyszonych z nią naukach humanistycznych i społecznych, jak również ucieleśnione w najjaśniejszych stronach naszej tradycji i dorobku, oraz są wyrażane przez najlepsze postaci współczesnej pedagogiki, w tym pedagogiki społecznej, na świecie. Zasada uczenia się od najlepszych, którą stosuję samokształceniowo od lat, musi przenikać postawę każdego, kto chce uchodzić za przedstawiciela wysiłku wdrażania i obrony myśli humanistycznej przed prymitywizmem niszczenia funkcji kultury, do jakiego dochodzi w utylitarnych degradacjach życia społecznego i edukacji.

Czy warto bronić kategorii „środowiska" i podejścia ekologicznego w humanistyce dla pedagogiki społecznej?

Kategoria „środowisko", mimo że wydawałaby się naturalną w myśleniu społeczno-pedagogicznym, natrafia od dłuższego już czasu w polskich kręgach pedagogów społecznych na sceptycyzm, jeśli nie niechęć czy wręcz uznanie jej za przeżytek. Pojawiła się sugestia, w różnych pokoleniach badaczy, że to termin zbędny, ułomny, a co najwyżej historyczny (por. Wroczyński 1963, 1968; Urbaniak-Zając 2010; także – w kontekście teorii pracy socjalnej – por. Granosik 2013a). Stawia mu się zarzuty, że kultywuje jednostronny determinizm, a przynajmniej skazuje teorię pedagogiki społecznej na „teoretyczny zamęt" przez „specyficzne rozdwojenie myślenia", prowadzące do „teoretycznej niespójności", przez przyjmującą „dwie formy jednostronność relacji środowisko – człowiek", która wynika z uznawania „zasadności ostrej dychotomii: jednostka – środowisko czy też przedmiot – podmiot" (por. Urbaniak-Zając 2010, s. 129–130, 134). Sugeruje się skazanie na skrajny subiektywizm, a zarazem kwestionuje zasadność mówienia o obiektywnym środowisku.

Zarazem formułuje się pogląd, że te wady są nie tylko wpisane w klasyczną wizję środowiska, lecz także nie mogą być inne i wymagają odrzucenia, które następuje rzekomo dopiero po wyrzeczeniu się samej kategorii środowiska na rzecz np. perspektywy „świata życia" czy opartej na podejściu „partycypacyjnym", jako pozornych alternatywach unieważniających anachroniczny termin, w którym nie ma ponoć miejsca na subiektywność czy „uczestnictwo człowieka" i gdzie dominuje jednostronność kierunków oddziaływań. Pożądane tu zmiany mają dawać o sobie znać dopiero pod wpływem albo marksizmu, albo fenomenologii, albo najnowszych pomysłów pedagogów, uwalniających się od zbędnego już brzemienia tradycji podejścia Radlińskiej. Ekologia także jest kojarzona w jakiś zredukowany sposób, w którym przedmiot stanowi właśnie ta unieważniania kategoria, zwykle łączona ze środowiskiem przyrodniczym wymagającym ochrony. Obraz humanistyki ekologicznej, jaki przedstawiam w książce, wręcz nie mieści się w obiegowych skojarzeniach badaczy, nawet w pozytywach widzących tu rozmaite przejawy jedynie „ekofilozofii" i jej pochodnych (por. Dołęga 2007).

Tymczasem pokutują tu co najmniej **cztery wady postaw pedagogów społecznych** w Polsce. Po pierwsze, nie zadali sobie trudu prześledzenia ewolucji kategorii środowiska i ekologii w humanistyce poza ich domeną, z czego ich tu wyręczam, rozwijając akcenty obecne m.in. w tradycji myślenia cybernetycznego i teorii komunikacji. Co najwyżej skupiają się na idei „pedagogiki środowiskowej", widząc w niej „wyłonienie [...] subdyscypliny pedagogicznej" i to jeszcze „obok" pedagogiki społecznej (por. Sroczyński 2007a, s. 67). Po drugie, badacze zwykle nie prześledzili – zasadniczej dla możliwości waloryzowania nowoczesnej idei „środowiska" – perspektywy znoszącej, unieważniającej wyobrażenia polaryzujące, dychotomizujące terminy wchodzące przy tej okazji w grę, na rzecz tego, co już określiłem mianem „przełomu dwoistości" (niemylonej z dualizmem), a co zakorzeniało się w pedagogice międzywojennej równolegle zresztą z procesami odsłaniania naturalności dostrzegania sprzężeń wpływów, wzajemnych oddziaływań, dwubiegunowych układów, pozbawionych hipostazowania ich członów, jak również samej relacji między nimi. Po trzecie, pokutuje pewien styl odczytywania spuścizny Heleny Radlińskiej, w którym brak zrozumienia dla wyzwań wynikających z rozpoznania naturalności dwoistych uwikłań relacji i procesów społecznych w sytuacjach interesujących pedagogikę społeczną. Odrzucenie tego dominującego stylu pokazuje sytuacje, które naturalnie znoszą możliwość dysponowania ujęciami jednoznacznymi jako jednostronnymi, które odróżniają sytuacje rozdwojenia całości od zdwojenia biegunów w jej obrębie, które rzekomą niespójność przypisywaną H. Radlińskiej czy innym ujęciom traktują jedynie jako efekt słabości interpretacyjnych, nieradzących sobie z dwubiegunową złożonością. Po czwarte, próby afirmacji pojedynczych przypadków, dopiero w ostatnich latach otwierających się na „kwestionowanie" czy „osłabianie" tej jakoby przyrodzonej słabości kategorii środowiska, grzeszą nieznajomością rozwiązań obecnych w pedagogice społecznej od dziesięcioleci, np. w Niemczech czy we Francji. Nie dokonano takiego odczytania spuścizny Radlińskiej, które by uświadamiało taki kierunek rozumienia złożoności, z którymi się mierzyła zgodnie z „duchem" jej własnego pokolenia.

Byłoby i jest nieporozumieniem przypisywanie podejściu Radlińskiej słabości ukazywanych przez mityczne „tradycyjne ujęcie człowieka w środowisku", jeśli traktować je jako polegające m.in. na tym, że w takim modelu „możliwe związki między jednostką a jej środowiskiem są z góry ustalone" (por. Urbaniak-Zając 2010, s. 134). Tym bardziej, jak się okazuje, nie do przyjęcia, przy całościowym czytaniu dorobku Radlińskiej, jest sugestia, że była głównie działaczem i „nie tyle koncentrowała się na teorii, ile na poszukiwaniu i opisywaniu warunków wprowadzania zmiany" w rzeczywistości społecznej. Ponadto krytyki nie wytrzymuje sugestia jakoby „nie stworzyła spójnej teoretycznej koncepcji środowiska", wikłając się w „wypowiedzi ze sobą niezgodne", gdyż z jednej strony jej ułomna „»koncepcja środowiska« miała charakter jednoznacznie obiektywistyczny, [...] z drugiej zaś jednoznacznie subiektywistyczny" (por. Urbaniak-Zając 2010, s. 123–124, 126). Tymczasem **podejście dwoiste** nakazuje widzieć dwie strony medalu w zjawiskach dostatecznie złożonych, a takimi są wszystkie wyzwania społeczne, jakimi może się zajmować pedagog. Zapewne krytycy widzieliby sprzeczność także tam, gdzie padają odniesienia z jednej strony do konkretnej i bliskiej sytuacji społecznej, z drugiej zaś do kultury i to w jej „niewidzialnym" dziedzictwie, historycznie wpisanym w skarbiec całej ludzkości, jak też kojarzonym z „kulturą duchową" miejsca, w jakim człowiek działa, jako potencjału, który wymaga „melioracji". Z pewnością teza, że

> [b]ezpośredni następcy Radlińskiej R. Wroczyński i A. Kamiński wybiórczo kontynuowali jej dorobek, skupiając się w większym stopniu na budowaniu dyscypliny akademickiej (Urbaniak-Zając 2010, s. 127),

wymaga korygujących uściśleń. Raz, że ich postawa wydaje się wiele gubić jako wręcz nader wybiórcza, co skutkowało tym, że nie potrafili oni we wszystkim docenić ani podjąć wartych tego tropów, a w niektórych sprawach wręcz nowo tworzoną dyscyplinę cofnęli w jej intelektualnym rozwoju. Nie podjęli skojarzeń z cybernetyką, a skupienie na tzw. „szkołocentryzmie"[32] przyniosło jawne osłabienie dojrzałości

---

[32] Zbyt rzadko zdarzają się dobitne krytycznie kwalifikacje tego przejawu „postępu" w pedagogice społecznej, jak w przypadku Stanisława Kawuli, widzącego tu „pułapkę panpedagogizmu", stanowiącego „błąd", który „niestety często występuje wśród wyznawców »szkołocentryzmu« w dobie współczesnej" (por. Kawula 2012, s. 36). Ten sam autor słusznie podkreśla za Stanisławem Kowalskim, że „»szkołocentryzm« nie dostrzegał jednak w pełni pozaszkolnych i poszkolnych systemów działań lub instytucji, w takim stopniu, w jakim interesuje się nimi pedagogika społeczna" (Kawula 2012, s. 43). Tymczasem typologie formalnie jedynie odnotowujące różnice podejść do pedagogiki społecznej w jej obrębie widzą tu zwykle równoprawne szkoły myślenia, o czym świadczy podejście Mariusza Cichosza (2007; 2009), gubiące tym samym możliwość krytycznej analizy postępu lub regresu.

myślowej Radlińskiej i teoretyczne cofnięcie zaawansowania myślowego środowiska w stronę zredukowania perspektyw badań, a czasem i płytkich skłonności marksistowskich, zamkniętych na wiele rozważań nadal ważnych dla współczesności, np. w kwestiach dotyczących tożsamości grupowych, w tym patriotyzmu.

Tym bardziej, po piąte, rzecznicy „pedagogiki środowiskowej" lub – na drugim biegunie – rzecznicy rezygnacji z terminu „środowisko", albo zadowalający się jego ujmowaniem w socjologii wychowania, nie znają głównych wizji przeobrażeń humanistyki, związanych z postulowaniem „ekologii" jako paradygmatu myślowego, a nie subdyscypliny społecznej mającej wąski przedmiot.

Nie zamierzam tych uwag tu szerzej uzasadniać, gdyż służy temu cała książka, proponująca zintegrowane odczytanie, wpisujące Radlińską zarówno w historię ważnych dokonań pedagogiki społecznej, jak i w ewolucję humanistyki w kierunku, w którym zmagała się w latach 20., 30. i 40. XX wieku z dalekowzrocznością swoich intuicji i trudnościami w ich artykulacji, a który święci tryumfy w najnowszych dokonaniach stanowiących ramę interpretacyjną rozsadzającą obiegowe lektury i wyobrażenia. Wymaga to rzecz jasna podejścia przetwarzającego, a nie rezonersko bezkrytycznego, także wobec ograniczeń percepcji przez Radlińską własnej sytuacji.

Te ostatnie wynikały stąd, że nie śledziła ani całości dorobku swego pokolenia, ani wszystkich głównych trendów rozwoju ówczesnej humanistyki do połowy lat 50. Jedną z wielu konsekwencji wyniku prezentowanego na łamach niniejszej książki jest również to, że najwyraźniej nie ma racji Danuta Urbaniak-Zając w swojej sugestii, iż w przypadku pojęcia środowiska „jego teoretyczny sens przeminął", a nawet że jest ono szkodliwe, skoro „zniechęca [...] do krytycznego myślenia, tworzy warunki do akceptacji niespójności" (por. Urbaniak-Zając 2010, s. 138)[33]. Twierdzę, że zarówno pedagogiki społecznej, jak i humanistyki jako całości nie stać już od dekad na oczekiwanie na zbyt silnie postulowaną spójność, niezdolną do radzenia sobie z dwoistością. Teoretyczny sens tej złożoności wydaje się chybiony jako oznaka „niespójności" jedynie w przypadku anachronicznych skojarzeń z tym, co samo pojęcie środowiska ma nieść. Żeby to pokazać, trzeba wykonać robotę rekonstrukcyjną i analityczną „od początku" z jednej strony i „od końca" z drugiej, aby obraz historycznego przypadku Radlińskiej mógł być widziany na tle teoretycznych odniesień do możliwie współczesnych koncepcji i dokonań, unieważniających zarówno tradycyjne lektury, jak i wyobrażenia o tym, czy żyje najnowsza humanistyka, mogąca być

---

[33] Jest tak niezależnie od tego, że wiele ujęć czy zastosowań idei środowiska może nie wytrzymywać krytyki i nieść rozmaite uproszczenia. Nie darmo Zbigniew Kwieciński nazywał „rzucaniem magicznych zaklęć" to, co w latach 70. XX wieku robiła „zwulgaryzowana »teoria« szkoły środowiskowej, żądająca od szkoły, aby zmieniła świat cały w warunkach niedostatków i kryzysu jej samej" (por. Kwieciński 1982, s. 226) (uwaga tego autora pochodzi z 1979 roku). Najtrudniejsze bywa odzyskiwanie wartości idei, która sama podlega procesom wulgaryzacji ze strony jej zwolenników. Los kategorii środowiska nie jest tu odosobniony.

naturalnym zapleczem i sprzymierzeńcem pedagogiki społecznej i każdej innej, nie wyłączając pedagogiki ogólnej, że podam ulubiony przykład. Prace Radlińskiej nie mają dla mnie statusu „świętych ksiąg" ani nie chodzi o to, aby się upierać, że to „już Radlińska powiedziała...". Choć D. Urbaniak-Zając przestrzega przed taką postawą, to ja nie znam tych, którzy byliby jej wyznawcami i sam do nich nie należę. Już bardziej typowe wydają mi się postawy, na które zwracał krytycznie uwagę Michael Winkler, jeden z czołowych teoretyków niemieckiej pedagogiki społecznej, który w analogicznej sytuacji wskazywał na przypadek uczonego, którego „wyniesiono wręcz do rangi klasyka, aby nie musieć go słuchać" (por. Winkler 2010, s. 21). Los Radlińskiej jako klasyka, którego się nie czyta albo którego co najwyżej przywołuje się ilustracyjnie, wyrywkowo i pochlebnie, ale i bez znaczenia, wydaje się podobny.

O tym zarazem, że nie zawsze zwolennicy kojarzenia pedagogiki społecznej w kontekstach dojrzałości myśli ekologicznej rozumieją istotę dokonującej się tu zmiany, świadczy dla mnie sugerowanie czasem **zbyt silnej normatywności** perspektywy, która jednak nie musi mieć tu zastosowania. Oto bowiem Wojciech Sroczyński sugeruje, że „[p]edagogika środowiskowa pyta przede wszystkim o to, jak trzeba kształtować środowisko, aby mógł rozwijać się dobry człowiek" (por. Sroczyński 2011, s. 146). Rzecz jasna kategoria „dobry człowiek" jest silnie normatywna, a co więcej, nadal ZA silna normatywnie, tym bardziej że podobnie nadmiarową normatywność by tu się promowało, gdyby tę kategorię zastąpić postulatem, aby każdy człowiek mógł się dobrze rozwijać. Bo i „dobry rozwój" musiałby mieć zbyt standaryzowane wyznaczniki czy mierniki. Tymczasem wystarczy znacznie bardziej osłabiona wersja normatywności, za którą w jej perspektywie rozumienia opowiada się także Radlińska i która jest bardziej zgodna z etosem ekologicznego paradygmatu w humanistyce, a która sugeruje, że celem trosk nie jest ani jakoś wyobrażany, stymulowany i kreowany „dobry człowiek", ani odpowiedzialność za „właściwy" jego rozwój, też możliwie standaryzowany pogramowo i mierzony ocenami. Jest nim natomiast aż i tylko troska o to, aby mogły zaistnieć **dobre warunki do rozwoju** i by stały się udziałem zainteresowanych, choćby w stopniu minimalnym, w trybie (w języku Radlińskiej) melioracji i kompensacji. A o pożądanym efekcie można tu mówić jedynie jako polegającym na tym, że uda się zainteresowanych „przebudzić" poprzez realne dotarcie do nich z wartością treści, do których dostępu byli pozbawieni. Pedagog społeczny może powiedzieć: „przebudź się do działania", „zobacz bardziej dostępny dla siebie świat", natomiast nie może nakazać konkretnych działań czy sztywnych trybów ich ukierunkowania i egzekwowania. To jest znany problem napięcia między postawą otwartego humanisty a postawą doktrynera i urzędnika biurokratycznie stawiającego sztywne wymagania. Usuwanie nieporozumień, przeszkód i barier nie oznacza zarazem wymuszania jednego trybu porozumienia i obowiązywania wizji „dobrego człowieka" czy „dobrego rozwoju". Ekologia jest znacznie bardziej humanistyczna i otwarta, niż się czasem „pedagogom środowiskowym" czy społecznym wydaje.

Normatywność zaś nie jest możliwa tylko na jeden sposób – ma całą gamę odcieni, poziomów jej sytuowania i możliwości osłabiania nieuchronnie z nią związanych roszczeń. Jeśli powtórzyć, że obiektywną funkcją działań pedagogicznych jest wdrażanie do uczestnictwa w kulturze, jak to analizuję w niniejszej książce osobno, to w każdym zakresie tych trzech kategorii: wdrażania, wizji uczestnictwa, zakresu kultury interakcji można na różne sposoby ustanawiać niezbędne minimum normatywności i nie jest bez znaczenia, w którym miejscu z tych trzech odniesień normatywność ta jest silna czy słaba. Twierdzę, antycypując rozważania, że postulowana przeze mnie figura pedagoga jako „strażnika braku" jest ważna ekologicznie jako dysponująca osłabioną normatywnością własnych roszczeń, w szczególności nie upierając się przy żadnej idei „dobrego człowieka", która miałaby obowiązywać innego. Problem osłabiania normatywności roszczeń w obszarze działań społeczno-pedagogicznych (w tym interwencji pomocowej w pracy socjalnej) jest słusznie podnoszony w literaturze, jako z groźbą „nadmiernej ingerencji w prywatność" rodzin czy osób (por. Sroczyński 2011, s. 254–255). Rzucanie się z pomocą jest uwikłane w dwoiste napięcie między Scyllą i Charybdą, wyznaczanymi przez narzucanie silnej normatywności rozwiązań z jednej strony oraz przez porzucanie intencji pomocowej, gdy brakuje gotowości do współdziałania na wymuszanych warunkach wsparcia z drugiej.

Nie zamierzam – potwórzmy – stawiać Radlińskiej na piedestał bezkrytycznej afirmacji. Stosuję także wobec niej rozmaite operacje interpretacyjne i przetworzenia w świetle odniesień, jakich znać nie mogła. Spór toczę o jakość dominujących narracji w polskiej pedagogice społecznej, która z sobie znanych czy raczej nieznanych powodów do dziś nie umiała stanąć na wysokości zadania, jakie pojawiło się przed nią także pod wpływem tego – zważywszy na wszystkie przeszkody i wysiłek – **jedynego genialnego dokonania** w jej historii, które można by jedynie porównywać z największymi klasykami innych dyscyplin. A to, że w swojej roli nie została należycie doceniona, zrozumiana ani wykorzystana, to już zupełnie inna historia. I twierdzę, że pora ją przerwać, otwierając nowy etap rozumienia i wykorzystania znaczenia tego dzieła.

Rzecz jasna, nie narzucam swojej lektury ani opowieści o jej efektach jako jedynie słusznej i w pełni wyczerpującej. Sugeruję jedynie, że pora toczyć poważne debaty nad tą tradycją i nad sposobami jej lektury, aby rozmaici zwolennicy „wybiórczego" traktowania nie wynosili się ponad tradycję, której najwyraźniej nie zawsze mogą sprostać. Na dziś – czego typowy adept pedagogiki społecznej wydaje się nieświadomy, jeśli śledzić literaturę – nie ma lepszej szkoły wchodzenia w świat pedagogiki społecznej niż czytanie Radlińskiej z perspektywą odniesień współczesnych, pozwalających lepiej rozumieć nie tylko to, co usiłowała zrobić, lecz także to, co naprawdę zdołała nam zostawić jako zobowiązujące do przetworzeń, bez których nie ma żywego i twórczego pokolenia. Lektura prac Radlińskiej stała się dla mnie w ostatnich kilkunastu miesiącach „auto rytem"[34] osobistego rozwoju poznawczego, niosąc doznania i doświadczenia przeżycia wstrząsu intelektualnego w wielu kwestiach, przebudzenia myślowego z otwarciem oczu na treści umykające z pola widzenia wielu oraz przemiany własnej perspektywy rozumienia tego, jak warto podejmować trud nasycania własnej pracy teoretycznej świadomością wagi wielu podpowiedzi wpisanych w dziedzictwo Radlińskiej.

Argumentem na rzecz wartości wykorzystania kategorii środowiska dla badań pedagogicznych może być także to, jaki użytek i pożytek został z niej zrobiony, dzięki m.in. inspiracjom płynącym z prac Heleny Radlińskiej. Warto, moim zdaniem, wyróżnić ukierunkowanie badań podjętych i koordynowanych jeszcze na przełomie lat 60. i 70. przez Barbarę Wilgocką-Okoń, rozumiejącą uwarunkowania środowiskowe dojrzałości szkolnej dzieci i uznającą tu inspiracyjną siłę prac tworzących zręby tego myślenia nie tylko u Heleny Radlińskiej – zwłaszcza po wznowieniu w 1961 roku jej prac w tomie *Pedagogika społeczna* – lecz równolegle także u Józefa Chałasińskiego czy Jana Szczepańskiego. Kapitalne znaczenie dla ukierunkowania podejścia do dorobku Radlińskiej ma wskazanie w tym kontekście na uwypukloną w jej pedagogice społecznej potrzebę zaangażowania na rzecz tworzenia „dzieciom ze środowisk zaniedbanych kulturalnie, możliwości równego startu w szkole" (por. Wilgocka-Okoń 1972, s. 18). Wpisana w ten postulat kategoria „środowisk zaniedbanych kulturowo" okazuje się znacznie bardziej fundamentalna dla pedagogiki społecznej, niż to wynika z rozmaitych innych prac. Diagnozowanie ułomności dostępu do kulturowego dziedzictwa ludzkości stanowiło, jak pokażę dalej, wręcz fundamentalną zasadę badań krytycznych i dalszej praktyki „melioracji", jako udrażniania tu przepływów i możliwych oddziaływań. Mimo że nie sądzę, aby wszystkie istotne inspiracje obecne u Radlińskiej zostały w tym czasie spożytkowane w takich badaniach, to z pewnością ważne było pójście tropem sugerującym, iż w kontekście gotowości szkolnej dzieci to „nie wiek, lecz środowiskowo uwarunkowane możliwości uczenia się odpowiadają za osiągnięcie tej dojrzałości", przez co niezbędne okazało się wskazanie tu na

> [...] proces i efekt współdziałania aktywności dziecka i aktywności dorosłych tworzących warunki do uczenia się, jako efekt interakcji, »współgry« właściwości dziecka i właściwości szkoły (Wilgocka-Okoń 2003, s. 11–12; teza powraca także dalej, por. s. 20).

Podejście to podkreśla dwukierunkowość relacji środowiskowej, co dobitnie wyraża „dylemat progu szkolnego", świetnie uwypuklony przez B. Wilgocką-Okoń w trybie odsłaniającym w proponowanym przeze mnie języku dwoiste napięcie

---

[34] Ideę auto rytu, jako własnego rytuału przejścia rozwojowego o charakterze inicjacyjnym, wskazałem w rozważaniach wokół kategorii autorytetu, zrywających ze standardowymi o niej wyobrażeniami (por. Witkowski 2013a; 2014).

między biegunem „dojrzałości dziecka" do szkoły a biegunem „dojrzałości szkoły" do dziecka (por. Wilgocka-Okoń 2003, s. 70–84, zwrot ze s. 79). Znakomity pedagog wczesnoszkolny, odzyskując tę dwoistość, ciężar wagi przenosi na biegun gotowości szkoły do sprostania nie tylko samemu dziecku, lecz także z czasem przetwarzaniu formy oddziaływania poza zabawę, czego znaczenie podnosiły analizy psychoanalityczne Erika H. Eriksona (Wilgocka-Okoń 2003, s. 80)[35]. Analizowanie „dojrzałości szkoły" staje się brakującym ogniwem do nakreślenia płaszczyzny rozwiązywania wspomnianego dylematu progowego (Wilgocka-Okoń 2003, s. 79–84)[36]. Kiedy byliśmy niedawno świadkami przepychanek między rodzicami i ministerstwem edukacji w sprawie pójścia sześciolatków do szkoły, wtedy obu stronom brakowało najwidoczniej tej dwoistej perspektywy oraz zdolności do jednoczesnego diagnozowania gotowości i rodziny, i szkoły jako środowisk, pod kątem chociażby ich kulturowego nasycenia zapleczem do pracy w stopniu umożliwiającym tworzenie warunków do rozwojowego przejścia tego progu.

Wreszcie, można przywołać świadectwo dotyczące wartości kategorii środowiska przy szczególnym do niej podejściu, jakie uzyskujemy w wyniku interpretacji przez Wincentego Okonia (por. 1985, s. 35) zrębów koncepcji nauczania początkowego u Sergiusza Hessena, opartej na uwypuklaniu znaczenia nie treści formalnie porządkowanych w programie nauki, ale „fragmentów" środowiska, z jakimi można sprzęgać relację dziecka. „Fragmenty te, zwane przez niego epizodami, miały dzieci przeżywać jako całościowe zagadnienia" i to jeszcze z dopuszczeniem zróżnicowania regionalnego, choć znajdujemy tu dalej postulat dydaktyczny Okonia, aby nie było to jednostronne, ale uwikłane dwoiście w odniesienie do wymogu „emancypacji bardziej ekonomicznie i kulturalnie zacofanych środowisk", w trosce o sprzyjanie „uruchamianiu wewnętrznych sił środowiska" dla niwelowania drastycznych „różnic ekonomicznych i kulturowych" w zakresie szans rozwojowych i – jak by to powiedziała Radlińska – „uobywatelnienia" (Okoń 1985, s. 35–36). Przy takim podejściu „środowisko" musi być widziane nie przez pryzmat zewnętrznego jedynie otoczenia czy uwarunkowania, ale jako dynamicznie zrastająca się całość okazji, epizodów, fragmentów, których obecność jest pojmowana jako aktywne współuczestnictwo w przetwarzaniu wyobraźni, wrażliwości, a za tym pragnień i motywacji do postrzegania siebie w relacji ze światem poza tym, co narzucałoby się wąsko jako nie do przekroczenia. W tym kontekście pozostaje otwarta droga do docenienia także edukacji wczesnoszkolnej – a przecież tym bardziej to ważne dla edukacji dorosłych, którzy „za chwilę" szanse na swoje okazje i epizody rozwojowe

---

[35] Cenię sobie w tej kwestii przywołanie przez Autorkę moich rozważań wokół cyklu życia u Eriksona.

[36] Tu także daje o sobie znać dwoiste wyzwanie, wymagające jednoczesnego uwzględniania poziomu „aktualnego rozwoju" oraz poziomu „najbliższego rozwoju" dziecka, np. w kontekście podejścia Lwa S. Wygotskiego, uzasadniającego wagę ustalenia obu poziomów, gdyż to przejście między nimi staje się zadaniem do podjęcia, a nie którąś z nich obu z osobna.

mogą mieć nieodwracalnie zmarnowane. Obrona kategorii „środowisko" może się dokonywać tylko w trybie pokazania jej najlepszych uwikłań w tradycji myśli pedagogicznej i najdojrzalszych przetworzeń dla dalszego rozwoju myślenia i działania w sferze edukacji i wychowania. Spróbuję w tej książce pokazać, że te warunki spełnia Radlińskiej kategoria „środowiska niewidzialnego", którego obecność w toku działań pedagogicznych i procesów rozwojowych, zarówno w kontekstach społecznych, jak i kulturowych, nie może nie być doceniona, pod groźbą spłyceń, uszkodzeń i degradacji oddziaływań pedagogicznych, czego bywamy niestety świadkami, uczestnikami, a także ofiarami, bywa, że z własnej winy, wynikającej ze zgody na udział w złej sprawie rytualizowania pozoru edukacyjnego.

Część I
Gruntowanie podłoża i budowa ramy dla badań

Odniesienia historyczne i metodologiczne

Rozdział I
Przekroje problemowe

Wstrząśnienia, które kształtowały nasze dzieje, zrywały ciągle łączność prób i usiłowań, nieraz niweczyły ich rezultaty.
Helena Radlińska (1912, za: Radlińska 1964, s. 37; por. także Orsza et al. 1913, s. 5)

Wstęp

Choć obie tezy (powyższa i z poprzedniego motta, zamieszczonego w *Przedmowie ogólnej*), wpisane cytowane dramatyczne sformułowania Radlińskiej, są nadal – po z górą stu latach – aktualne, to byłoby ze szkodą dla procesów sanacji polskiej oświaty, wychowania i ich pedagogicznego zaplecza, gdybyśmy słabości w naszej orientacji i ciągłości dorobku wiązali jedynie czy głównie z wichrami dziejów. Nie wolno się zasłaniać jakimś systemem, władzą czy doktryną, gdyż część elit świadomie wykorzystała mechanizmy we własnym interesie czy nieświadomie przykroiła do swoich wyobrażeń o nauce. W grę wchodzą także własne – aktualne w środowisku pedagogicznym – ułomności, braki i zaniechania, jak również uporczywe brnięcie w powtarzanie przez lata, pokolenia i dekady tych samych błędów, pielęgnowanie tej samej maniery, wygody i iluzji, których słabości zwykle się już nie widzi, nie czuje, a nawet nie ma skłonności, by je podejrzewać. Zatem – choć czterdzieści pięć lat PRL-u istotnie (głęboko i długotrwale) zakłóciło naszą orientację w odniesieniu do dorobku okresu międzywojennego oraz wpłynęło dramatycznie i systemowo na rozmaite instytucjonalne nieciągłości i zmarnowanie wartości wielu dokonań pierwszych dekad minionego stulecia w polskiej myśli pedagogicznej, to przecież to nie wystarczy. Za chwilę minie dwadzieścia pięć lat okresu transformacji społeczno-politycznej, w którym żadna cenzura, presje instytucjonalne czy ideologiczne nie mogły mieć decydującego wpływu na to, że bilansu dwudziestowiecznego dorobku tej myśli nadal nie mamy wykonanego ani nawet na serio podjętego[1].

---

[1] Mimo pomnikowego dokonania grona skupionego wokół Tadeusza Pilcha nie sposób uznać za zadowalające pod tym względem treści wpisanych w *Encyklopedię pedagogiczną XXI wieku*

Pora na całościowe próby ponownego odczytania treści źródłowych i na wysiłek ich wpisania w stan rozmaitych procesów, w których ich autorzy uczestniczyli, choć nie musieli być ich świadomi ani nawet nimi w pełni zdeterminowani. Źródłowe studia nie mogą być tylko hermeneutyczne, w trosce o rozumienie sytuacji autorów wpisanych w nie dokonań, trzeba bowiem umieć wejść z nimi w nowy dialog, mając na uwadze jakość współczesnego myślenia wobec kumulujących się wyzwań, które po części sami tworzymy własną ślepotą czy wygodnictwem. Chciałbym postawić, może paradoksalne intelektualnie, pytanie o to, jak naprawdę zacząć XXI wiek w pedagogice, i od razu się zastrzec, że uważam, iż nie ma szans na powodzenie takiego zamiaru bez poważnego zmierzenia się z wartością naszych tradycji myślowych (w tym z instytucjonalną presją rozmaitych maści marksizmu, sentymentalizmu, katolicyzmu czy postmodernizmu, żeby wymienić kilka z brzegu) i ich nowego przemyślenia. Instytucjonalizacja może także ustanawiać blokady myślowe na całą epokę, co zapewne miał na myśli Urie Bronfenbrenner, pisząc *Ekologię rozwoju człowieka*, której przedmowę rozpoczął od przywołania myśli Wolfganga Goethego, że „Wszystko było już pomyślane wcześniej / Trudność polega na tym aby to pomyśleć znowu" (por. Bronfenbrenner 1979, s. VII – tłumaczenie własne z wersji angielskiej, bez podania w przytoczeniu źródła u Goethego).

Nie chodzi tylko o znajomość historii ani o banalizowany sens świadomości historycznej jako świadomości dotyczącej przeszłości rekonstruowanej jako coś jednak minionego, utrwalonego w jakiejś jednoznacznej i ostatecznie skodyfikowanej postaci. Tak odbierana historia zasługuje na pochwały albo krytyki, utrwalone skróty podręcznikowe, zamykające celowość bezpośredniego dostępu, oraz niosące powierzchowne manifestowanie poczucia ciągłości bądź dokonanych przezwyciężeń, ale zarazem nie zasługuje na postrzeganie jej jako żywej myśli dającej współczesnym impulsy, które należy traktować na serio. Tymczasem żywa i życiodajna historia myśli czy idei daje o sobie znać wówczas, gdy umiemy ją odbierać jako znaczące i ciągle inspirujące spektrum tropów czy impulsów, rozważanych w naszej współczesnej sytuacji problemowej, a nie jedynie stanowiących znamiona sytuacji historycznej samego źródła. Jest to rzecz jasna jedna ze strategii podejmowania studiów źródłowych jako pomocnych dla współczesności, które skazują nawet dostępne źródła po części na odmowę ich poważnego wykorzystania i powodują nieciągłość naszych wysiłków. Tym bardziej efekty nowych lektur pozwalają obnażać skalę nieciągłości i jałowości, generujących niezdolność sprostania potencjałowi źródeł czy będących oznaką uznawania ich za zamknięty rozdział myśli ludzkiej. Z czasem są one traktowane wręcz jako niebyty kulturowe, niezaistniałe w myśleniu kolejnych

---

(2003–2008). To być może ostatni pełny zapis świadomości czołowych postaci i adeptów (część autorów dopiero rozpoczyna drogę naukową), z którą po części przynajmniej trzeba będzie zerwać, jako nieuwzględniającą dorobku myślowego pedagogiki ostatnich dekad. Uzasadnienie tej tezy przekracza ramy tu dostępne i będzie podjęte osobno.

pokoleń. Ich reprezentanci podejmują często próby budowania nowych hierarchii znaczenia i umacniania własnej pozycji za cenę przemilczeń czy nowych koalicji drugorzędnej rangi. Tymczasem Czesław Miłosz potrafił najdobitniej dać wyraz znaczeniu znajomości myśli Platona dla rozumienia współczesności, kiedy wyznał, że zjawiwszy się po raz pierwszy w Ameryce, miał nagle poczucie, że znalazł się w... jaskini platońskiej, której mieszkańcy zadowalają się cieniami, jako pozorem prawdy. Podobnie znamienne wyzwanie, zarówno historykom filozofii, jak i swoim kolegom socjologom, rzucił Pierre Bourdieu, pisząc w trosce o współczesną socjologię... medytacje pascaliańskie (por. Bourdieu 2006).

Oczywiście, nie jest tak – powtórzmy, bo to ważne – że winę za nieciągłości w kontynuacji wcześniejszych dokonań kulturowych, w tym zwłaszcza w nauce, można zrzucać na wichry historii czy maczugi administracyjne albo układy władcze. W szczególności byłoby czymś zgoła absurdalnym i groteskowym czynienie odpowiedzialnym za wszystkie zawirowania czy przejawy szkodzenia nauce i kulturze oraz reprezentującym je osobom w PRL-u jedynie mitycznego „stalinizmu" czy „komunizmu" – choć siły wpisane w te konstrukty mają z pewnością swoje w tym „dziele" strukturalne i wieloletnie dramatycznie szkodliwe „zasługi". PRL to także mentalność wyrosła na tej glebie, ale funkcjonująca dalej niezależnie, także w elitach środowiskowych[2], jak świadczy choćby to, że i w dekadach transformacji, po roku '89 pokutują w niektórych kręgach nawyki układowe, niedoczytanie źródłowej klasyki, mentalność karierowiczów, skłonność do zwierania szyków przeciw lepszym, karzące niepokornych przemilczanie, zamykanie się w gronach wybierających „swoich" etc. Pokutuje zwłaszcza jakość odbiorców i kontynuatorów tradycji w kolejnych pokoleniach, często nawet z geniuszu robiących epigońskie namiastki czy podejmujących nieistotne przywołania dla świętego spokoju, mimo że z gestami uznania – zamiast poznania czyjejś wybitności – za klasyka niewartego już zachodu. Klasyków najczęściej się wystawia na ołtarz w postaci czasem wręcz (wy)bryków podręcznikowych, a nie wnikliwie analizuje czy poważnie traktuje jako rozmówców albo odniesienia zobowiązujące do powagi w krytycznej interpretacji. Wielu wystarczy uprzejmość cmokania albo gołosłownego uznania błędów, przekreślających aktualność. Daje o sobie znać także piekło przemilczeń, ale przekleństwo może nieść także po części zamaskowane piekło degradującej recepcji w pseudonowoczesnym czy poprawnym formalnie (w opakowaniu przywołań) wydaniu. Warto podkreślić niewygodną prawdę, że nawyki wyniesione z przeszłości ustroju, jego

---

2 Nie dotyczy to jedynie zjawiska „zniewolonego umysłu", opisanego przez Czesława Miłosza, gdyż znane są przypadki krytycyzmu wobec minionej epoki, powielające w ostatnich dekadach zachowania dla niej typowe intelektualnie, takie jak przemilczania, gołosłowność oskarżeń, lekceważenie krytyki i jej własne stosowanie, podtrzymujące układy, wręcz sitwy, aspirujące do elitarności bez niezbędnego wysiłku i jakości własnego rozwoju. Środowisko akademickie polskiej pedagogiki nie jest wolne od tych zjawisk, o innych dyscyplinach, personalnie słabiej przeze mnie znanych, nie chcę się wypowiadać, choć nie ma powodu sądzić, że ich nie doświadczyły.

mechanizmów i chwytów, bywają udziałem i tych, którzy występują w przebraniu nawet oficjalnych krytyków systemu; można pisać o słabościach PRL-u z pozycji duchowo go kontynuujących w rozmaitych ukrytych czy zawoalowanych właściwą retoryką deklaracji, bez należytego wysiłku w pracy umysłowej na rzecz zmiany wyposażenia intelektualnego. Część bylejakości krytyki świata PRL-u i jego spuścizny (dotyczy to zresztą każdej krytyki) bierze się z nie mniejszej bylejakości odniesienia ze strony krytyków do tego, w imię czego występują. Część analiz nie dysponuje niezbędnymi narzędziami i głębokością odniesienia do alternatywy (czy to w tradycji, czy w kontekstach następujących). Stąd w szczególności tyle jałowej krytyki np. pedagogiki socjalistycznej i zarazem niezdolności do odcięcia się od jej najgorszych zapóźnień intelektualnych, wykluczeń i wykorzenień. Krytyki mentalności i układów różnie etykietowanych: socjalistycznych, marksistowskich, postępowych, postmodernistycznych oraz ich przeciwwag: humanistycznych, naukowych, alternatywnych, chrześcijańskich nie da się przeprowadzić bez głębokiej pracy samokształceniowej i badawczej w zakresie czytania zlekceważonej tradycji i pozostawionej poza dominującym nurtem oficjalnej pedagogiki wielkiej połaci współczesnej humanistyki. Nie da się tu uzyskać żadnego automatyzmu, gdyż nędza krytykowanego nie zwalnia z troski o unikanie nędzy przez samego krytykującego.

O iluzjach następstwa w nauce – trzy pułapki

Wypada bez kamuflażu i niedomówień przyznać, że w przestrzeni akademickiej – zapewne w różnym stopniu w różnych dyscyplinach – zbyt często dają o sobie znać rozmaite zjawiska noszące znamiona uzurpacji intelektualnych, nie mówiąc o myleniu statusów i kapitałów, np. kapitału władzy akademickiej i kapitału symbolicznego wiedzy. Uzurpacje te bywają niestety często bezrefleksyjnie uznawane za coś oczywistego, są więc albo przezroczyste, albo widoczne, ale nieproblematyczne z racji błędnych wyobrażeń o rozwoju nauki. Głównie chodzi o uznanie, że następcy na katedrach stają się naturalnymi i wręcz automatycznymi, a przynajmniej z dużą dozą prawomocności spadkobiercami, depozytariuszami, a zarazem rzecznikami najlepiej rozumianego interesu dyscypliny w danym zakresie, nierzadko jako strażnicy najlepszych wykładni ich dorobku, o czym mają świadczyć choćby pisane podręczniki, recenzje, zagajenia konferencyjne, redakcje tomów przekrojowo problematyzujących pola dyscyplinarnych debat. Tymczasem często okazuje się, że tacy następcy nie są intelektualnie na poziomie swoich wielkich poprzedników, a mówiąc czy pisząc o tych ostatnich, nie potrafią zdać sprawy z tej wielkości, zwykle już grając o wizję własnej pozycji bez należytego poczucia długu intelektualnego czy wpisania się w jakość uruchomionych wątków. Nawet wtedy, kiedy swego „mistrza" czy dla wszystkich już niemal „klasyka" przywołują, niestety zbyt często nosi to znamiona epigońskie, rezonerskie, ilustracyjne, bezrefleksyjne, szczątkowe, nietwórcze, jednym słowem – iluzoryczne, pozorne i krzywdzące, także wówczas, gdy padają górnolotne słowa pochwały, poniżej wartości przywoływanej treści, dostrzeganej przy próbach jej lektury i aplikacji na serio.

Diagnozy te nie zależą od opcji i sympatii politycznych. Ma, moim zdaniem, w tym wypadku[3] rację radykalny „na prawicy" komentator Rafał A. Ziemkiewicz – i to znacznie szerszą, w odniesieniu także do środowisk akademickiej humanistyki czy nauk społecznych – gdy nazywając część literatury III RP „pseudomodernizmem", zwłaszcza w kontekście recepcji Gombrowicza, przenikliwie stwierdza:

> Piekłem pisarza nie jest być zapomnianym. Piekłem pisarza jest być powielanym przez epigonów, być przez nich wykoślawianym, rozwadnianym, uładzanym i przetwarzanym na literackie hamburgery dla mało wymagającej klienteli. Szczególnie gdy los ten spotka twórcę tak rozsnobowanego w pozie arystokraty ducha jak Witold Gombrowicz (Ziemkiewicz 2013, s. 109).

Jedni są uwikłani w snobizm czy w epigońskie maniery, inni udają kontynuację „w imię ideału", choć tego ideału ani nie rozumieją, ani się nim specjalnie nie przejmują, ani nie są w stanie, jak łatwo zobaczyć przy rzetelnym porównaniu, mu sprostać. Ale zarazem występują w przebraniu rozmaitych kontynuatorów czy depozytariuszy tradycji. I tak powstają całe kariery na katedrach, bez cienia skrupułów czy wstydu. A wielkość pozostaje do odczytania i doczytania, gdy znajdzie dla siebie czytelników zdolnych do podjęcia trudu lektury tekstów zwykle coraz trudniej dostępnych i coraz głębiej zdławionych omówieniami. Helena Radlińska zasługuje na taką odnowę znaczenia poprzez patrzenie na nią oczami możliwie sumiennie penetrującymi jej dorobek (a nie tylko wyimki z dostępnych zestawień czy z drugiej ręki), ale zarazem wymaga podkreślenia, że można i trzeba to robić, nie zapominając o tym, co najlepszego wydarzyło się po niej czy wraz z nią choć w innych rejonach humanistyki, do których dostępu nie miała, i w jej rejonach pedagogiki, choć i z nimi nie mogła sobie w pełni poradzić, ze względu na naturalne trudności recepcji oraz dodatkowe utrudnienia losowe i historyczne. Ciekawym i zarazem przygnębiającym doświadczeniem jest sięganie do najnowszej literatury, w której tematy poruszane przez postaci rangi Radlińskiej są tymczasem traktowane przez kolejnych autorów z zupełnie innego pułapu (niższego rzecz jasna, mimo że całe dekady po niej) i to bez jakiegokolwiek odniesienia, a nawet świadomości regresu, w tym bez poczucia wstydu. Wolę jednak skupiać się na pozytywnych przykładach pozwalających kontynuować dzieło na serio, bez pozorowania odniesień do klasyki czy bycia ponad nie.

Oczywiście, bez zdolności do odniesień krytycznych i polemicznych nie ma szans na uprawianie nauki, zwłaszcza gdy okazuje się niezbędne dostrzeżenie

---

3 Polemizowałem z nim w kwestiach podejścia do kategorii autorytetu (por. Witkowski 2009a).

okresowego cofania się wobec wyzwań czy choćby wezwań etycznych, co klasycznie zostało już nazwane „zdradą klerków", którą analizowałem osobno (por. Witkowski 2011, rozdział IV, s. 153–226 – tekst o pięciu typach „zdrady klerków" w kontekście koncepcji, z której zasłynął Julien Benda). Siła dyscypliny zależy, jak podejrzewam, od zdolności rozliczania się z własnymi zapętleniami historycznymi, a tym bardziej środowiskowymi. Dobrze świadczy o socjologii polskiej, że wskazując na okresowo dominujące w latach 70. minionego wieku „obiegowe teorie", składające się na socjologię „okresu stabilizacji", wygenerowała z siebie uwagi krytyczne w ujęciu Antoniego Sułka, iż dyscyplina ta, mimo znakomitej tradycji i odrodzenia dzięki doświadczeniom amerykańskim czołówki,

> [...] ześlizgnęła się w ankietowe badanie świadomości współcześnie żyjących indywiduów, zlekceważyła natomiast badania całości społecznych oraz pozapsychologicznych aspektów i historycznego wymiaru życia społecznego. To samoograniczenie się socjologii utrudniło jej dostrzeżenie narastających w drugiej połowie lat 1970 napięć i konfliktów w społeczeństwie polskim (Sułek 2011, s. 12)[4].

Pora, aby i pedagogikę polską stać było na podobne zbilansowanie okresowych – i to z udziałem jej elit środowiskowych – „ześlizgnięć" badawczych, zlekceważenie czy samoograniczenie w zakresie ważnych kwestii, a tym bardziej ustanawianie doraźnie tolerowanych czy mających szczególne przyzwolenie hierarchii ważności spraw i postaci, niosących zdradę spraw, tradycji i etosu. Wskazanie przez Sułka na „skomplikowane w Polsce związki między historią a biografią" (Sułek 2011, s. 11) w zakresie losów socjologii muszą być pełniej i szerzej podjęte oraz przeanalizowane także przez pedagogów. Mamy rzecz jasna szereg prób podjęcia tej problematyki, mimo że spotyka się to z oporem środowiska pedagogicznego[5].

Powaga studiów źródłowych wymaga według mnie uwolnienia nastawienia od trzech bardzo często pokutujących milcząco (z otoczką oczywistości) założeń czy przesądzeń, nie tylko fałszywych, lecz także szkodliwych, a jednocześnie najbardziej powszechnych, należących wręcz do obiegowej świadomości metodologicznej adeptów sztuki akademickiej. Pierwsze z nich to **pułapka iluzji dominacji**, sugerująca, że postaci czy treści, którym udało się zdominować horyzont obiegowych skojarzeń są wyższe, lepsze czy ważniejsze od tych, które zostały zdominowane, zlekceważone, pominięte. Źródłowe studia owocują często odkrywaniem wartości tego, czego dominujące później treści nawet nie dawały prawa podejrzewać czy oczekiwać. To jest szczególna postać drugiego szkodliwego założenia, dającego się

---

4 Dziękuję prof. Włodzimierzowi Wincławskiemu za zwrócenie mojej uwagi na tę ważną pozycję. Wrócę jeszcze do niej.
5 Zasługi ma tu zwłaszcza Zbigniew Kwieciński, mimo oporu części kręgów skupionych wcześniej wokół Bogdana Suchodolskiego. Obraz polemik i dyskusji przynosi w kolejnych numerach za lata 2003–2005 czasopismo „Teraźniejszość – Człowiek – Edukacja" [por. 2005, numer 2(30), s. 105–116].

określić mianem **pułapki iluzji następstwa**, w myśl której postaci przychodzące po różnych autorach wielkich naturalnie przejmują i kontynuują wcześniejszą wielkość, a ich wykładnia tej wielkości pozostaje zasadna, wyręczając z zadania samodzielnego czytania tych wielkich, gdyż źródłowo nie można u nich znaleźć w zasadzie nic ważnego, czego by następcy nie sprawdzili, nie wydobyli i nie ogłosili. I wreszcie trzeci chorobliwy błąd notorycznie popełniany w myśleniu o naszym odniesieniu do spuścizny myślowej i jej źródłowego wydania. Chodzi o schorzenie, które da się określić mianem **pułapki iluzji bezpośredniego świadectwa**. Dotyczy ona wyobrażenia, że jeśli chce się wiedzieć, co było udziałem doświadczenia poznawczego źródłowo czytanego autora, to wystarczy odtworzyć jego świadectwo osobiste. No bo kto ma wiedzieć lepiej, co się z klasykiem działo, jak nie on sam? Te trzy założenia, zwane tu przeze mnie pułapkami iluzji, funkcjonują powszechnie, a przynajmniej często są wykorzystywane w myśleniu i narracji zarówno teoretycznej, jak i historycznej, także w odniesieniu do badań źródłowych. Tymczasem nic bardziej błędnego, nic bardziej szkodliwego i nic niewymagającego większego zaprzeczenia w realnych postawach akademickich, jak te zwykle żywione fałsze. Próbuję tu wykonać pracę ukazującą efekty zaprzeczenia tym założeniom na materiale dotyczącym spuścizny badawczej Heleny Radlińskiej. Broniąc jej wartości i ją odsłaniając w samodzielnym wysiłku lektur, odnoszę się zarówno do recepcji jej dotyczącej, jak i do horyzontu myśli dominującego w polskiej pedagogice w całości, a w pedagogice społecznej w szczególności i wreszcie wypracowuję perspektywę interpretacyjną, posługując się treściami, jakich sama Radlińska świadoma nie była, a nawet po części być nie mogła.

Rzecz jasna, przy takiej wielokierunkowości prac tej niezwykłej autorki nie sposób sobie przypisywać zdolność ogarnięcia całości jej wysiłku, raczej – jak świadczy o tym podtytuł książki – staram się tu prześwietlić dostępny mi dorobek pod pewnym kątem, ważnym, a nawet zasadniczym dla rozwijania pedagogiki w symbiozie z jej tradycją oraz z ewolucją innych obszarów humanistyki. Poszukuję, jak łatwo zauważyć, śladów i akcentów pozwalających na wpisanie Radlińskiej w proces odsłaniania dwoistości w obszarze zjawisk interesujących nie tylko pedagogikę, lecz także humanistykę i nauki społeczne.

Przeciw „swoistości" myśli i wielości „szkół" – w stronę przełomu dwoistości jako zobowiązującego dziedzictwa

Niniejsza książka stara się realizować strategię zbudowaną na tak zorientowanych przesłankach, po części już zweryfikowanych i przynoszących pierwsze efekty. Usiłuję tu zaprezentować niektóre z nich, traktując je jako punkt wyjścia do dalszych wysiłków, z nadzieją na współudział innych badaczy, zwłaszcza nowego pokolenia.

Poniższe rozważania stanowią merytoryczne dopełnienie i tak nader obszernych rekonstrukcji historycznych, rozważań teoretycznych i prób krytycznego odniesienia do tytułowego przełomu, w którym miejsce Heleny Radlińskiej zostało już zasygnalizowane, a obecnie gruntowniej przebadane. Jest to więc kontynuacja tomu *Przełom dwoistości w pedagogice polskiej. Historia, teoria, krytyka* (Oficyna Wydawnicza „Impuls", Kraków 2013). Pragnę jednak zarazem uspokoić, że książkę tę może czytać także osoba nieznająca na początku poprzedniej mojej pracy. Natomiast mam nadzieję, że niniejsze analizy, dotyczące dorobku teoretycznego i postawy społecznej Heleny Radlińskiej, skłonią do sięgnięcia także do moich wcześniejszych rozważań z przywołanej wyżej książki. Mowa bowiem o analizach odnoszących się do innych wielkich pedagogów polskich okresu międzywojennego, tworzących pewną całość, zarówno pokoleniową (ze względu na wspólne doświadczenie historyczne i zaangażowanie), jak i intelektualną (z uwagi na formację intelektualną związaną ze wspólnym dążeniem i jego efektami). Próba ogarnięcia tego przypadku może dodatkowo wyjaśnić wiele zagadnień, tu jedynie sygnalizowanych, aby nie powtarzać całej argumentacji, wyłożonej już wcześniej w kwestii „przełomu dwoistości" jako perspektywy dojrzałości teoretycznej ufundowanej dla pedagogiki w okresie międzywojennym w Polsce. Tymczasem, jak dotąd, większość interpretatorów prac Radlińskiej, nie mając perspektywy pozwalającej na stawianie problemu dwoistości, widzi w jej dokonaniach co najwyżej znamiona... „swoistości", w punkcie wyjścia zarazem starając się uwypuklać „specyfikę" czy specyficzny charakter jej podejścia, niestanowiącego żadnego wzorca, a jedynie historycznie uwarunkowany wariant, dający się zastąpić innymi. Bardzo często sugeruje się tu istnienie, a nawet dominację swoistości jako „osobliwości" i poszukuje się, czy tylko deklaruje, odrębność stanowiącą *differentia specifica* pedagogiki społecznej jako jej odrębność wręcz rodzajową (por. np. Sroczyński 2011, s. 70, 101). Jakości jednak nie porównuje się wówczas rzetelnie, co najwyżej milcząco niemal uznając za postęp albo sygnalizując odmienności, ale niepogłębiane analitycznie[6] i niewidziane w kategoriach regresu, nawet tam, gdzie wydaje się on oczywisty, a przynajmniej łatwy do ustalenia. Nadużywanie sugestii o swoistości stanowi ogromną przeszkodę epistemologiczną w myśleniu, skoro niesie ze sobą przerost nastawienia na odrębność, na sobie właściwy sposób postępowania, inny niż gdzie indziej, ujęty „po swojemu". Posługując się analizami Gastona Bachelarda, można powiedzieć, że położenie

---

6 Tak postępuje m.in. Mariusz Cichosz (2004), sygnalizujący jednak, że teza o kontynuacji dziedzictwa Radlińskiej w rozwoju pedagogiki społecznej „wydaje się nie dość ścisła", tak jak teza o jednorodności jego genezy „wydaje się wysoce dyskusyjna", podobnie jak „dyskusyjny" jest związek „nowo powstałych ośrodków" pedagogiki społecznej w latach 70. minionego wieku ze „szkołą" Radlińskiej (por. Cichosz 2004, s. 91). Ta nieśmiała krytyka sugestii Aleksandra Kamińskiego, Stanisława Kowalskiego czy Edmunda Trempały, idących w przeciwną stronę, zasługuje na znacznie bardziej dobitne rozstrzygnięcia merytoryczne, naprawiające zaistniałe szkody w rozwoju całej dyscypliny.

nacisku na swoistość zbyt silnie urzeczowia tożsamość, której podstawą jest odrębność, niosąca sprzeczność, gdyby chcieć widzieć tu daleko idące podobieństwa mimo różnic, tymczasem poznawczo

> [j]est [...] niezwykle ważne, by stwierdzić, czy dowolny przedmiot logiki klasycznej zachowuje swoistość czy też nie. [...] niektóre przedmioty naukowe mogą mieć właściwości, które potwierdzają się w wyraźnie sprzecznych doświadczeniach. [...] Ale to właśnie zbyt silnie urzeczowiona, zbyt powierzchownie realistyczna forma wywołuje sprzeczność (Bachelard 2000, s. 111, 116).

Postrzeganie swoistości nie może być kwestią jedynie dowolnej, niewinnej czy bezkarnej i nieodpowiedzialnej sugestii, gdyż to jest silne przesądzenie poznawcze, urzeczowiające, podczas gdy

> [...] współczesna nauka pragnie poznawać zjawiska, a nie rzeczy. Nie ma ona wcale tendencji do urzeczowiania. Rzecz jest jedynie znieruchomiałym zjawiskiem (Bachelard 2000, s. 114).

Bachelard nawet wskazuje na potrzebę widzenia „podwójnej swoistości", wręcz okaleczanej w jej dynamice, „zwyrodniałej" do sztywnego usytuowania, przy jej jednostronnym traktowaniu, dającym efekt „źle sprecyzowany" rzekomej odrębności, np. poprzez dominację odniesień do usytuowania (czasowego czy przestrzennego). Dominuje tymczasem płytkie kojarzenie swoistości, zgodnie z tradycją epistemologiczną, w której „[r]ealistyczna myśl zakłada przedmiot przed predykatami", podczas gdy doświadczenie poznawcze „nowego ducha nauki" (Bachelard podaje przykład mikrofizyki) „wychodzi od predykatów, od predykatów odległych, i usiłuje skoordynować różne przejawy danego predykatu" (Bachelard 2000, s. 116).

> Swoistość tę trudno wykryć, a szczególnie trudno ją wykorzenić, ponieważ jest wplątana zarówno w intuicję, jak i w wiedzę dyskursywną [...] (Bachelard 2000, s. 111).

W horyzoncie wiedzy o zjawiskach historycznie zaistniałych poznawczo teza o swoistości jest zwykle nierozpoznanym nadużyciem interpretacyjnym i efektem niezdolności do rozumienia „procesu", w jakim owa rzekoma „rzecz" – jako koncepcja, pogląd, zdanie, przekonanie, stanowisko – się sytuuje, funkcjonuje i uzyskuje dookreślające ją charakterystyki, poza poziomem subiektywnych wyobrażeń tych, którzy ową rzecz tworzyli, opisywali czy nadawali jej znaczenia. Właśnie w tej książce usiłuję wypracować i przetworzyć szereg kontekstów teoretycznych dla uzyskania „odległych predykatów" dających możliwość zbliżenia się na innym poziomie analizy do takiego predykatu (traktowanego zwykle jako przedmiot) jak „pedagogika społeczna". Stąd tylko pozornie analizy rozmaitych koncepcji, wpisanych w różnie kwalifikowane tradycje poznawcze (cybernetyka, ekologia, psychologia Gestalt etc.), nie przybliżają badanego „obiektu", jakim jest dokonanie Heleny

Radlińskiej, widziane w procesie i w przestrzeni odniesień, jakie jej samej nie mogły często przyjść do głowy. Faktycznie jednak jest odwrotnie i to nieprzypadkowo, gdyż – jak jest tego świadom niemiecki teoretyk pedagogiki społecznej Michael Winkler – ważny poznawczo i praktycznie bywa szczególnie teoretyczny dystans wobec bezpośredniości odniesień i zdarzeń.

> Teoria tworzy mianowicie dystans wobec bezpośredniego praktycznego działania i dziania się. Broni więc statusu odpowiedzialnie działającego podmiotu, ponieważ dopiero w dystansie do praktyki umożliwia samodzielną refleksyjną interpretację problemów i struktur działania. Taki dystans tworzy – jak wiadomo z hermeneutyki – wyjściowe warunki poznania i rozumienia; teoretycznie wypracowany dystans pozwala dopiero rozpoznać sytuację działania. [...] Zysk z teorii polega na tym, że pozwala nam ona nie tylko na trzymanie się reguł, lecz dopiero przez namysł umożliwia zdobycie stosunku do społecznych, kulturowych warunków naszej profesji (Winkler 1998, s. 53–54)[7].

Pragnę w tym otwarciu jeszcze złożyć Szanownemu Czytelnikowi pewną deklarację i sformułować definicję własnego nastawienia w tej pracy, jako ogniwa szerszego programu badań, realizowanego już od dłuższego czasu. Ma to pomóc zrozumieć przynajmniej subiektywną wagę, jaką przywiązuję do wykonanej rekonstrukcji, analizy i krytyki, z nadzieją, że spotka się to ze współdziałaniem zainteresowanych, być może kontynuujących tę pracę w zmienionych kontekstach, ale z przyjęciem wspólnego punktu wyjścia.

Nabrałem bowiem w ostatnich latach coraz bardziej bolesnego przekonania, że coś fundamentalnie złego i szkodliwego dzieje się w środowisku akademickiej pedagogiki w Polsce z naszym stosunkiem do tradycji własnej dyscypliny, w tym do dorobku najwybitniejszych postaci poszczególnych obszarów refleksji i badań. Nie znamy na ogół ich własnej historii myśli czy idei albo często jest to wiedza powierzchowna, z drugiej lub z trzeciej ręki. Zarazem historia zbyt często dociera do nas pozbawiona oddechu teoretycznego, poza ozdobnikami dowodzącymi rzekomo erudycji, a faktycznie odwodzącymi od powagi stosunku do tradycji, w tym zwłaszcza do historii idei w nią wpisanej. Stosunek ten przejawia się na różne sposoby, zwykle charakteryzowane przez zamykanie własnej tradycji w wąskich ramach jej odczytania bądź jej powierzchownego przywoływania bez głębszej refleksji wokół niej, a tym bardziej z nagminną praktyką zastępowania jej odniesieniami do najnowszej produkcji piśmienniczej, na ogół już kompletnie wydziedziczonej i niemającej tu żadnych kompleksów ani poczucia utraconej więzi, a tym bardziej niewyrosłej z poczucia wspólnoty i wdzięczności intelektualnej.

A dzieje się to wszystko z nierzadko przygnębiającym poziomem tego, co zastąpiło coraz bardziej nieobecne zrozumienie znacznie lepszej jakości i ukierunkowania

---

7 Mowa rzecz jasna o pedagogice społecznej jako „profesji".

badań ze strony wielkich postaci polskiej kultury pedagogicznej, w tym szczególnie osób, które niedawno pozwoliłem sobie we wspomnianej książce wpisać w kategorię Wielkiego Pokolenia pedagogiki międzywojennej – z odniesieniami do takich pedagogów, jak: Sergiusz Hessen, Józef Mirski, Zygmunt Mysłakowski, Bogdan Nawroczyński, Henryk Rowid, Stefan Szuman, z uzupełnieniem o bardziej zniuansowane krytycznie podejście do Bogdana Suchodolskiego, ze względu na potoczne – pod rozmaitymi względami błędne – wyobrażenia o jego roli w XX-wiecznej pedagogice w Polsce (por. Witkowski 2013a).

Bardzo często spotykamy się z pozornie pochwalnymi komentarzami, dotyczącymi wybranych postaci, że stworzyły stanowisko szczególne, indywidualne, odrębne, wyjątkowe czy „swoiste", co oznacza przecież nieredukowalną specyfikę, przynależność do swojego rodzaju (*sui generis*). A to nie tylko nie jest w żaden sposób reprezentatywne, czy szerzej wartościowe, lecz także nie ma szerszego znaczenia, wręcz odwrotnie – cechuje to istotna odrębność. Jeśli sam termin „swoiste" nie jest jedynie banalnym ozdobnikiem bez znaczenia, to trzeba widzieć epistemologicznie zobowiązujący charakter jego użycia, który pozwala ogólniej, nie tylko wobec pedagogiki społecznej, uznać, jak to podkreśla Barbara Skarga, że teza, iż zjawiska są *sui generis*, czyli swego rodzaju, albo swoiste oznacza, że „różnią się od zjawisk rozpatrywanych przez pozostałe nauki, mają odrębne, im tylko przysługujące właściwości, a badanie ich wymaga odrębnych metod" (por. Skarga 2013, s. 78).

Swoistość jako swój rodzaj wiąże się z nieprzystawaniem do innych, wyjątkowością zwykle pozornie tylko chwaloną, a *de facto* spychaną na margines, żeby nie powiedzieć skazywaną na peryferie, bywa w domyśle już przezwyciężone przez następców, bardziej rzekomo reprezentatywnych. Ci pamiętają o koncepcji, a jakże, ponoć ją rozumieją, ale tym bardziej pamiętają o jej „swoistych" ograniczeniach. Specyfika jako szczególność nie ma w sobie szerszej wagi, a tym bardziej ogólnego znaczenia, a nawet to znaczenie niszczy, usuwając z pola widzenia coś ogólniejszego[8]. Można zatem także tę swoistość widzieć skojarzoną z przyznaniem jej historycznego już jedynie zainteresowania, ze względu na jej oryginalny charakter i wyróżnianie się w „swoim czasie". Mnóstwo tu zwykle nadużyć, niedokładności i bezradności interpretacyjnej, gdy brakuje szerszej perspektywy rozumienia kiełkujących tam zjawisk czy blokad typowych dla większego grona osób, w trybie znamiennym dla ram danej epoki, jako znacznie bardziej reprezentatywnych, a z czasem i typowych. Mało mamy prób dociekania, czy i jak bardzo jakieś stanowisko

---

8 Tak się dzieje, gdy przedmiotem zainteresowania (bez szerszego odniesienia) jest w punkcie wyjścia „specyfika pedagogiki społecznej", czy jej „specyficzne oblicze", albo „specyfika przedmiotu badań" (por. Cichosz 2004, tom I, s. 17–25). Bez odniesień do szerszych porównań i zadań także pozornie innych dyscyplin taka perspektywa nie może przynieść wartościowego rezultatu i niszczy możliwość widzenia tu z kolei analogii czy współbieżności. Teza, jaką rozwijam na kartach niniejszej książki, dowodzi błędności takiego punktu widzenia pedagogiki społecznej jako „specyficznej" dyscypliny, a tym bardziej nie dopuszcza widzenia tu wszędzie jej „swoistości".

jest odbiciem szerszych procesów i wspólnoty trosk jednoczących jakąś formację intelektualną czy środowisko pokoleniowe. Tym bardziej nie wiadomo zwykle, czy i w jakim stopniu wskazane idee należy uznać za projektujące wizję niezbędnego **residuum** teoretycznego czy badań i programu kształcenia, zasługujące zarazem na tworzenie trzonu nowoczesności dla całej dyscypliny. Wydziela się przedmioty czy zagadnienia poruszane, zwykle w różnych obszarach, wskazując na to, że spuścizna jest różnokierunkowa i obfita, a zarazem co najwyżej widzi się tu odrębność jakiejś dyscypliny. Jest to zwykle nawet zgodne z subiektywnym oczekiwaniem analizowanych autorów i wygodą zaszeregowań, tak jak gdyby identyfikacja ta wystarczała do zakreślenia horyzontu teoretycznego rozumienia zjawiska danej spuścizny. Tymczasem okazuje się po czasie, że poznanie i wykorzystanie dorobku czy nawet uznanie jego wagi wymagają zbudowania perspektywy bardziej zdystansowanej i wolnej od powielania pewnych stereotypów w rozpatrywaniu stanu wiedzy, jako odnoszącego się nie do poglądów, opinii, propozycji, a ważnych idei, poważnego źródła kategorii czy dojrzałego stanowiska, szerzej i bardziej obiektywnie ugruntowanego w myśli danego czasu i uniwersalnego funkcjonalnie. Pokazuję, jak bardzo ma to miejsce w stosunku do dokonań Radlińskiej.

Szczególnie niepokojące, acz usiłujące przekroczyć ramy owej „swoistości" ponad miarę indywidualizowanej, okazują się także próby przypisywania Radlińskiej aż i jedynie stworzenia pewnej „szkoły" naukowej w obrębie pedagogiki społecznej, jako efektu instytucjonalnych podziałów, czy pojawiania się ośrodków, a nie jako rezultatu wartościowych dokonań[9]. Sugeruje się wówczas dalej, że równoprawne są w tej tradycji także inne szkoły, innych twórców, bywa, że postrzeganych tak już choćby przez fakt kierowania katedrami w różnych środowiskach, o zakresie

---

[9] Pod tym względem nie satysfakcjonuje mnie podejście Mariusza Cichosza (2006), które powinno się zacząć na dobre tam, gdzie już się kończy, niepodejmujące poważnych analiz poza przeglądem „nachyleń" na problematykę poszczególnych „szkół" w pedagogice społecznej. Niepodjęte zostaje kluczowe zadanie analityczne, skoro czytamy, że „[o]cena merytoryczna poglądów Heleny Radlińskiej, ich krytyka to odrębne zagadnienie, wymagające szczegółowej analizy" (Cichosz 2006, s. 58). O kolejnych pokoleniach pedagogów społecznych nie najlepiej świadczy to, że poza okazjonalnymi – wstępy, przedmowy, jubileuszowe pochwały – próbami ogarnięcia i uznania „twórczość H. Radlińskiej [...] nie doczekała się jak dotąd głębszej analizy porównawczej i reinterpretacyjnej, podjętej na tle rozwoju myśli społecznej i pedagogicznej przełomu XIX i XX wieku" – jak pisze M. Cichosz (2006, s. 160). Moimi pracami usiłuję choćby po części nadrobić to zapóźnienie środowiska pedagogicznego. Także wiele pozostawia do życzenia, a nawet zdumiewa dokonany przez tego ostatniego „wybór tekstów źródłowych" z pedagogiki społecznej lat 1945–2003. Na jedynie 34 strony fragmentów z prac Heleny Radlińskiej w tomie I mamy tamże łącznie aż 104 strony z Ryszarda Wroczyńskiego, 67 z Aleksandra Kamińskiego, a bardziej reprezentowani od Radlińskiej są jeszcze swoimi pracami Stanisław Kowalski (49) czy Tadeusz Pilch (38), a porównywalnie nawet Edmund Trempała (30). Tymczasem fakt, że prace Radlińskiej wznawiano w wyborach z lat 1961, 1964 i 1979 (z czego Cichosz nawiązał jedynie do pierwszego tomu) nakazywałby znacznie większe zrozumienie wagi tej perspektywy, żadną miarą niedającej się zestawiać równorzędnie, a tym bardziej jakąś przewagą ze strony przytoczonych autorów.

związanym problemowo z tak nazwaną dyscypliną. Widzenie jednak historii i horyzontu teoretycznego pedagogiki społecznej przez pryzmat różnych „szkół", bez analizy odmienności dyskursu, w trybie rzekomej historii instytucjonalnej jest jednak bardzo bałamutne i szkodliwe, nie przynosi głębszych rezultatów ani nie dynamizuje rozwoju, jak łatwo się przekonać, śledząc takie próby i ich opisy. Rzecz bowiem w tym, że nietrudno dostrzec przy rzetelnych lekturach, że w ciągu stulecia **w polskiej pedagogice społecznej nie było więcej postaci formatu intelektualnego Heleny Radlińskiej**, więc stawianie innych na tym samym poziomie zasadności dyskursu czy wagi dokonań jest tym samym błędem[10], jak gdyby powiedzieć, że w polskiej socjologii tego okresu mieliśmy Floriana Znanieckiego i innych twórców kolejnych „szkół". Podejście do historii wiedzy w kategoriach płytko definiowanych szkół zwalnia niedojrzale je opisujących z zadania krytycznej analizy poziomu recepcji treści klasycznych, rzetelności wpisania się w horyzont wiedzy czy tego, czy ich rzekoma „szkoła" nie znamionowała regresu, nie była efektem czy przyczyną kryzysu, blokady rozwoju dyscypliny. Twórcy czy gloryfikatorzy innych „szkół" czują się zwolnieni z wysiłku rozliczenia takich postaci i ich środowisk z jakości osiągniętych efektów, różnice są postrzegane jako automatycznie uprawnione, jako wynikłe z odmiennych akcentów, nawet gdyby dało się pokazać, że znamionowały odejście od najważniejszych ustaleń dla przyszłości dyscypliny. Nie dyskutuje się głębiej postępu ani oznak zakłócenia rozwoju. Wtedy pozostaje co najwyżej pochwała, wskazująca na „swoiste miejsce" danej koncepcji na mapie innych, rzekomo tak samo prawomocnych. Chwaląc oryginalność, gubi się charakter zobowiązujący intelektualnie, tym bardziej że nie został istotnie podjęty przez mniej dojrzałych czy twórczych następców. Historia nauki jest historią regresów, blokad, z którymi

---

10 Za taki błąd uważam zdarzające się podręcznikowe sugestie, zestawiające równorzędnie nazwiska Heleny Radlińskiej, Ryszarda Wroczyńskiego czy Aleksandra Kamińskiego (por. *Pedagogika społeczna. Dokonania...* 2005; Kawula 2005, s. 63, 97). Powierzchownie czasem przypisuje się obu ostatnim autorom naturalną ciągłość i kontynuację dzieła Radlińskiej, gdy skądinąd wiadomo o różnicach nie zawsze przemawiających na korzyść jej czołowych uczniów. Jest tak np. z pochwałą tzw. szkołocentryzmu Wroczyńskiego jako równoprawnej koncepcji pedagogiki społecznej, która może być zasadnie oprotestowana jako cofnięcie finezji analiz Radlińskiej, jak przypomina S. Kawula, podkreślając, że „[p]rzychylić się należy do uwag Aleksandra Kamińskiego dotyczących krytyki rozwiązań szkołocentrycznych" (Kawula 2005, s. 338–339). Podobnie można dowodzić, że podejście zdominowane aspektami technicznymi w pedagogice społecznej wręcz „zaprzepaszcza pewne walory społeczno-humanistyczne opcji H. Radlińskiej", jak pisze Mikołaj Winiarski (za: Kawula 2005, s. 149). Zwykle sugeruje się to jako przypuszczenie, np. w podsumowaniu poglądów Wroczyńskiego czytamy: „zwłaszcza na poziomie uzasadnień i wąsko przyjmowanych założeń, autor w małym stopniu był kontynuatorem poglądów Heleny Radlińskiej, choć sprawa ta wymaga ciągle szczegółowych badań i analiz" (Cichosz 2006, s. 191). Niepokoi w tym ostatnim przypadku to, że wszystko, co najważniejsze a zarazem wręcz podstawowe, musi dopiero zostać zbadane. Pedagodzy społeczni najwidoczniej nie okazują się tu zdolni do jednoznacznych ustaleń, wiążących dla dyscypliny w najważniejszych kwestiach.

tylko żywa i rozwijająca się dyscyplina z czasem potrafi sobie poradzić. Uwikłane w zbyt wiele mechanizmów patologicznej ingerencji i rytualizacji pozoru środowiska i sfery myślowe mogą na dekady i pokolenia niszczyć dostęp do żywych i prawdziwych impulsów oraz troski o dynamiczny rozwój wiedzy. Dokonuje się to choćby poprzez eliminowanie – z rozmaitych pobudek – „czynników duchowych" wpisanych w tradycję czy pełniejszą, acz niewygodną (intelektualnie, politycznie) wersję środowiska źródłowego tekstów o randze „założycielskiej". Mamy do czynienia wówczas z dopuszczaniem jedynie ich postaci okrojonej, żeby nie powiedzieć ocenzurowanej, a na pewno uszkodzonej. Co więcej, pisanie historii pedagogiki społecznej w kategoriach jedynie „szkół", i to jeszcze wąsko osadzonych, uniemożliwia widzenie całości postawy społecznej u twórczyni jak Radlińska odstającej od typowych następców, a tym bardziej postawy odniesionej do całości pedagogiki i zobowiązującej dla niej jako nauki widzianej integralnie. U niektórych następców Radlińskiej nie spotykamy porównywalnej wartości dokonań, jej dorobek jest często psuty, niedoczytany, lekceważony, pozbawiony oddechu teoretycznego. Z pewnością należy ona do absolutnie nielicznych osób w historii polskiej pedagogiki współczesnej, które dałoby się zaliczyć

[...] do grupy tak zwanych siewców, ludzi siejących ziarno, z którego będą wyrastały nowe idee pedagogiczne i modele praktyki wychowawczej[11].

Osobno dalej sformułuję uwagi krytyczne dotyczące podejścia Aleksandra Kamińskiego. Inni nie dokonują na taką skalę działań, zajmując pozycję liderów

---

11 Wykorzystuję tu sformułowanie, jakim posłużyła się trafnie Barbara Smolińska-Theiss w nawiązaniu do postawy i znaczenia dokonań Janusza Korczaka (por. Bibliografia cz. III – Smolińska-Theiss 2013, s. 57). Zarazem warto odnotować, że w cytowanej tu znakomitej narracyjnie książce autorka formułuje dwa spostrzeżenia jak najbardziej przekonujące wobec Starego Doktora, choć budzące wątpliwość wobec Radlińskiej, ponieważ rodzą pewien dysonans. Z jednej strony bowiem czytamy nader niestety optymistyczną tezę: „Na biografiach wielkich postaci, takich jak Korczak czy Radlińska, budujemy własne biografie profesjonalistów zajmujących się nauką o wychowaniu" (Bibliografia cz. III – Smolińska-Theiss 2013, s. 92). Z drugiej strony wcześniej pada po części sprzeczna z nią, wymowna uwaga autorki: „Jeśli obecnie sięgamy do oryginalnych opracowań pedagogiki międzywojennej, m.in. do badań Radlińskiej, Marii Librachowej, Marii Kaczyńskiej, Stefana Baleya, Stefana Szumana, Zygmunta Mysłakowskiego, trudno nie postawić pytania: dlaczego po latach większość z tego dorobku przebrzmiała, zaginęła, a Korczak pozostał, powrócił? Dlaczego czyta się go i interpretuje na nowo?" (Bibliografia cz. III – Smolińska-Theiss 2013, s. 68). Akurat w przypadku Mysłakowskiego i Szumana (por. Witkowski 2013a), a obecnie także Radlińskiej pokazuję to, co zachowało swoją wagę, a zostało niedoczytane lub zlekceważone, a zasługuje na nową perspektywę interpretacyjną. Zarazem nie dostrzegam, niestety, znaczącego wpływu spuścizny i losu nie tylko Radlińskiej czy Korczaka, lecz także całego ich pokolenia na rozwój pedagogiki polskiej, poza pojedynczymi przypadkami. Najwyraźniej nie jesteśmy zdolni dotąd sprostać naszej wielkiej tradycji myślowej, a przebrzmiała jest głównie jakość recepcji tej tradycji. Posiane przez klasyków ziarno może jednak jeszcze przynieść owoce, jeśli o nie zadbamy nowymi odczytaniami.

środowiska, choć formułują rozmaite uwagi krytyczne z iluzorycznych wyżyn własnej perspektywy badawczej, jak w przypadku przypisywania Radlińskiej postawy zdominowanej rzekomo iluzjami liberalnymi, choć była klasycznie zaangażowanym socjalistą, z którym głównym marksistom PRL-owskim wśród pedagogów, andragogów czy socjologów najwyraźniej nie było po drodze. Stąd okolicznościowe pochwały ze strony Jana Szczepańskiego (por. Szczepański 1954, s. 149)[12], Bogdana Suchodolskiego czy – w innej skali – Lucjana Turosa[13] wyrażały powierzchowne

12 Nawet w tej nocie pośmiertnej, poza akcentami pozytywnymi, że Radlińska zajmowała miejsce „wybitne" i uzyskała „ogromny dorobek" oraz że jest wiele zjawisk znamionujących „doniosłość postaci" uczonej, czytamy dość bezpardonowe uwagi: „Radlińska nie rozumiała głębi i doniosłości rewolucji dokonanej w Polsce Ludowej. Zawsze sądziła, że walki klasowe można »załagodzić« odpowiednio zorganizowaną służbą społeczną. Nie chciała uznać klasowych źródeł zła społecznego i sądziła, że można je przezwyciężyć, aktywizując immanentne siły środowisk ludzkich – bez walki klasowej. Na tych założeniach opierała swój system pedagogiki i działalność społeczno-polityczną. Starą liberalną niechęć do instytucji państwowych przenosiła na państwo ludowe" (Szczepański 1954, s. 149). Aż dziw, że pisze to jedna z czołowych postaci środowiska naukowego, socjolog, który został wiceprezesem PAN. I nie zatrze złego wrażenia o autorze takiej noty żałobnej uznanie, że zarazem „Radlińska należała do ludzi o wyjątkowej wrażliwości społecznej, o niesłychanym wyczuciu doniosłości problemów społecznych dla życia narodu" (Szczepański 1954, s. 149). Sam J. Szczepański nie wydaje się przejawiać tu niezbędnej wrażliwości. Dodajmy, gwoli sprawiedliwości, że w 1961 roku potrafił już pisać o Radlińskiej w zupełnie innym tonie, przy okazji wydania w Zakładzie Narodowym im. Ossolińskich pierwszego tomu jej prac, podkreślając „aktualność pedagogiki społecznej" (por. Szczepański 1961).
13 Mamy w tym przypadku szereg typowych akcentów i komentarzy. Po pierwsze Radlińska ze swoją „koncepcją oświaty dorosłych" jest omawiana równorzędnie jako jedna z kilkunastu postaci, które też miały swoje „teorie", „ujęcia", pokazywały problemy czy analizowały rozmaite funkcje samokształcenia „w świetle badań", jak gdyby aż takie bogactwo dojrzałych ustaleń spłynęło na dyscyplinę (por. Turos 1978, s. 8). Zapewne rekompensować tę zdumiewającą równość ma przypomnienie, że to Radlińska wprowadziła termin „andragogika" w okresie przedwojennym, a po wojnie jej „niewątpliwą zasługą" jest to, że poszerzyła przedmiot andragogiki o „teorię pracy społecznej" i spowodowała trwałą obecność tej nauki w Polsce (Turos 1978, s. 17). W samym jednak omówieniu dokonań Radlińskiej mamy już zarzuty, np. doktrynalny, że w odniesieniu do rzekomo idealizowanego narodu „nie pojmuje tej zbiorowości w kategoriach walki klas", albo jawnie fałszywy, że nie widząc „nierówności klasowej" w sferze oświaty, zarazem nie widzi „niesprawiedliwości czy krzywdy społecznej", traktując je „raczej jako zaniedbania porozbiorowe" (Turos 1978, s. 147). Cechą jej stanowiska ma być także to, że niepomna walki klasowej „wyolbrzymia integracyjną funkcję przeżyć i wartości kulturowych", a co więcej, postuluje w szczególności intensyfikację wychowania obywatelskiego dorosłych „ukierunkowanego ideałami politycznymi Polski burżuazyjnej" (Turos 1978, s. 148). A to wszystko jeszcze ma u Radlińskiej pewne plusy, „mimo cechujących ją złudzeń, typowych dla grup liberalnej inteligencji" (Turos 1978, s. 148). Jak można zauważyć, wszystko to są uwagi zawarte w podręczniku akademickim z końca lat 70. XX wieku, w sytuacji gdy wiadomo doskonale, że Radlińska nie była żadnym liberałem, ale autentycznym socjalistą o rodowodzie znienawidzonym przez oficjalny marksizm. Więc już tylko mimochodem dodam, że Turos podaje także sprawozdawczo „definicję samokształcenia" autorstwa Józefa Półturzyckiego, w której położono nacisk na indywidualne i samodzielne działanie (Turos 1978, s. 178), podczas gdy – jak wiadomo, co zresztą podaje także

uznanie w istocie unieważniane przez skalę uszczypliwej ideologicznie, acz uprzejmie dawkowanej krytyki.

Tak chociażby chwali Helenę Radlińską za jej dokonania w budowie pedagogiki społecznej Ryszard Wroczyński, wskazując na jej

> [...] własne i oryginalne ujęcie procesów wychowawczych, jako procesów integralnych, obejmujących całe życie człowieka i uwarunkowanych wpływem czynników bytowych i kulturalnych (Wroczyński 1961, s. XIV).

Jeśli zaś chodzi o tło, na jakim dokonania te są sytuowane, to mamy uwypuklone dwa jego aspekty. Najpierw wpisuje się je w „okres burzliwego rozwoju nauk pedagogicznych", który jawi się jako idący przede wszystkim „w różnych kierunkach" i jako czas, który „doprowadził do różnorodnego pojmowania istoty procesów wychowawczych" (Wroczyński 1961, s. XIII). Wymienia się tu dalej koncepcje „naturalistyczne" i „przeciwstawne im kierunki socjologiczne", wskazuje się na „pedagogikę kultury", która usiłowała

> [...] przezwyciężyć jednostronność pajdocentryzmu, jak i socjologizmu, wskazywała na zadania wychowania w dziedzinie wprowadzania człowieka w obiektywny świat dóbr kultury, umiejętność ich przeżywania i własnej twórczości (Wroczyński 1961, s. XIV).

Następnie pojawia się „własne i oryginalne ujęcie" Radlińskiej i to opozycyjnie odniesione – z kolei – do bardzo wąsko widzianego programu pedagogiki ogólnej, której pedagogika społeczna przeciwstawia się całą swoją mocą i swoją odrębnością. Oto rzekomo trzeba było działać

> [...] [w] przeciwieństwie do pedagogiki ogólnej, ograniczającej się w zasadzie do problemów wychowawczych wieku szkolnego i przedszkolnego oraz ześrodkowującej się w badaniach szczegółowych wokół zagadnień treści struktury i techniki wychowawczej szkoły (Wroczyński 1961, s. XIV).

Mamy zatem bardzo szczególny, zredukowany obraz pedagogiki ogólnej, ale buduje się zarazem obraz pedagogiki społecznej, nie rozważając na serio, co też w istocie powinno stanowić sedno całości pedagogiki jako takiej, jeśli chodzi o jej zrozumienie dla problematyki społecznego uwikłania jej dążeń i możliwości oddziaływania. Czy przypadkiem nie jest tak, że to, o co się upominała Radlińska

---

Turos osobno – u Radlińskiej „w metodach samokształceniowych wielką rolę odgrywa tworzenie zespołów" (Turos 1978, s. 153) i nie trzeba przenikliwości, aby wiedzieć, że propozycja Półturzyckiego nie jest postępem poznawczym, a nawet regresem, czego już Turos nie potrafi w swoim wywodzie dostrzec. Najwidoczniej andragogika, jak dowodzi podręcznik Turosa, po prostu nie rozumie, jaki skarb kulturowy ma w posiadaniu, nie potrafiąc być jego godnym spadkobiercą. Przywrócenie powagi dla dorobku Radlińskiej w andragogice pozostaje do podjęcia osobno.

jako pedagog społeczny, czy chociażby Nawroczyński jako pedagog kultury i filozof wychowania, to są wręcz minimalne i niezbędne warunki po temu, aby znowu nie powstawał jakiś ograniczony, zredukowany „izm", czy jakaś wygodna, acz odrębna dyscyplina, wpisana w obiegowe podziały przedmiotowe badań, czy „alternatywna" perspektywa dla tychże, nietroszcząca się o całość pedagogiki i oświaty oraz ich podstawy teoretyczne i zaplecze historyczne. Otóż wypada mi podkreślić, że z powodów zasadniczych, zarówno teoretycznych, jak i historycznych, a także w odniesieniu do programowania obecności pedagogiki w przestrzeni akademickiej humanistyki i nauk społecznych w Polsce jestem w ogromnej opozycji do takich dominujących, aczkolwiek ułomnych prób relacjonowania historii myśli pedagogicznej, jako historii „poglądów", a nie historii dojrzewania pewnych horyzontów rozumienia obszarów praktyki kulturowej i zjawisk społecznych, składających się na niezbędne minimum, które obowiązuje już dalej jako niedające się pominąć czy zastąpić wyobrażeniami, dawno obnażonymi jako opóźnione w stosunku do zaawansowania refleksji i badań w rozmaitych obszarach współczesnej wiedzy.

W stosunku do znakomitych postaci jak Radlińska czy Nawroczyński mamy w kolejnych pokoleniach awansu akademickiego także postawę sugerującą – przy wszystkich pochwałach i uprzejmościach, a bywa, że i długu wdzięczności za własną promocję – jedynie „historyczną" wagę w sensie przestarzałości dokonań, choć postać „zasługuje" na uwagę i status klasyka. Tak Bogdana Nawroczyńskiego potraktowali chociażby Bogdan Suchodolski i Czesław Kupisiewicz, o czym pisałem osobno (por. Witkowski 2013a). Dobitnym potwierdzeniem tego typu podejścia jest z kolei wskazanie Ryszarda Wroczyńskiego w odniesieniu do podstawowej książki w dorobku Heleny Radlińskiej, pt. *Stosunek wychowawcy do środowiska społecznego* – tu przeze mnie wielokrotnie przywoływanej ze względu na bogactwo zawartych w niej myśli i jakość analiz – w którym czytamy, że dotyczy ono pracy „dziś już mającej wartość jedynie historyczną" (por. Wroczyński 1968, s. 160)[14].

---

14 Zarazem nie sposób nie zauważyć, że kiedy czyta się inne, autorskie opracowania Wroczyńskiego, to odniesienia w nich do Radlińskiej, czy choćby wpisanie się w nich w horyzont dokonań dla wzbogacenia własnej myśli, wydaje się najczęściej marginalne i powierzchowne, bez zrozumienia wagi dokonań ani tym bardziej chęci ich kontynuowania (por. Wroczyński 1965, 1976). Dorobek Radlińskiej jako klasyka najczęściej „zasługuje na odnotowanie" albo na wskazanie, że zajmowała się daną problematyką, mając w odniesieniu do niej swoje poglądy, czy choćby pojedyncze „odkrywcze tezy" (por. Wroczyński 1976, s. 142). Natomiast rekonstrukcja całości albo nie ma miejsca, albo szwankuje i to niezależnie od tego, że jednocześnie przeczytamy, iż pod jakimś względem, np. klasyfikacyjnym, „na wyróżnienie zasługują próby" Radlińskiej, czy wręcz ona właśnie „najwybitniejsze miejsce zajmuje" wśród badaczy czytelnictwa, albo że ma zasługi przez „pionierskie metody upowszechniania książki" na początku XX stulecia (por. Wroczyński 1965, s. 67–68, 215–216). Dosyć paradoksalnie obecnie brzmią, jako główne, informacje podręcznikowe, że oto „[b]adania Radlińskiej wzbudziły swego czasu wielki rozgłos" albo że w stosunku do nauk społecznych, jak socjologia czy polityka społeczna, „Radlińska wyprzedziła niejako dalszy rozwój tych dyscyplin", jeśli kończy się to stwierdzeniem, że „wzorce ustalone przez Radlińską

Takie uwagi są zasmucające, gdy spojrzeć na realną wartość rozważań w książce z 1935 roku i zderzyć ją z przemyśleniami przedstawicieli następnych pokoleń w rozmaitych środowiskach akademickich i kręgach dyscyplinarnych, zarówno w samej pedagogice społecznej, jak i poza nią. Na szczęście **klasyka pozostaje do nowego odczytania** poza horyzontem jej recepcji, a sama odnowa stosunku do tradycji może być najlepszym sposobem na nowe impulsy dla rozwoju myśli aktualnie reprezentującej dyscyplinę. Jestem o tym przekonany, czemu tą książką daję wyraz, widząc w Radlińskiej znacznie wspanialszego partnera współczesnej debaty od wielu późniejszych koryfeuszy czy depozytariuszy myśli.

Co zrobić z tradycją?

W obecnej odsłonie pracy czołową postacią, z którą usiłuję zmierzyć swoje troski intelektualne, jest Helena Radlińska, czytana tu jako zasługująca na wpisanie w wysiłek pokoleniowy i tworzenie formacji intelektualnej, a nie afirmowana przez jakąś "swoistość" czy wąskie zaszeregowanie dyscyplinarne. Chodzi o spojrzenie na dorobek tej niezwykłej postaci poprzez reinterpretację i odnowę jej znaczenia teoretycznego, zobowiązującego szeroko – o wiele szerzej, twierdzę wbrew pedagogom społecznym – jako niosącego nadal żywe impulsy dla całej pedagogiki, a nie jedynie jakiegoś zamkniętego kręgu specjalizacji, zwykle kojarzonej z pedagogiką społeczną. Dokonuję tu w szczególności rekonstrukcji, analogicznej do tego, co odnosiło się w poprzednim tomie (Witkowski 2013a) do obszaru umownie zwanego pedagogiką kultury. Losy pedagogiki społecznej okazują się tu nie tylko analogiczne, lecz także wymagające wizji komplementarności wobec wspomnianej pedagogiki kultury. Nade wszystko jednak prowadzi to do odsłonięcia postawy leżącej u podłoża obu strategii dyscyplinarnych, w kierunku uwypuklenia potrzeby i zrozumienia, na czym mają polegać kompletność pedagogicznego zaangażowania i dojrzałość kultury pedagogicznej. Mówiąc syntetycznie, krytykowani przeze mnie interpretatorzy podkreślają "swoistość" ujęć Radlińskiej, podczas gdy ja uwypuklam "dwoistość" wpisaną w jej wiele intuicji, antycypujących dojrzewające dalej i rozwijane tropy, ważne dla coraz większych obszarów myśli humanistycznej, jeśli nie myli się ich z dualizmem i dostrzega się wpisanie w historycznie dojrzewające procesy intelektualne, coraz bardziej reprezentatywne nie tylko pokoleniowo czy historycznie. Przejście interpretacyjne do dostrzegania reprezentatywnej

---

[...] mają dziś przeważnie znaczenie historyczne" (por. Wroczyński 1976, s. 131–139). Paradoks polega też na tym, że zbiega się to z gołosłownym zapewnieniem, iż pedagogika społeczna Radlińskiej stanowi "współcześnie przedmiot żywego zainteresowania środowisk pedagogicznych", zwłaszcza że zaraz spotykamy uznanie, iż ważne jej dokonanie stanowi "wkład, który w okresie powojennym rzadko jest podejmowany" (por. Wroczyński 1976, s. 61–62).

dwoistości musi pokonać opór nieadekwatnych ujęć widzących tu niezbyt rozumianą „swoistość", która epistemologicznie generuje nadużycie zwalniające z wysiłku dociekania aspektu uniwersalnego.

Stąd pojawiają się tu analizy podejmujące w tym kontekście trzy zasadnicze pytania, kierujące się troską o aktualną kondycję pedagogiki jako przestrzeni dyskursu humanistycznego i zaplecza myśli o jakości edukacji i wychowania w Polsce: a) jak **odzyskać tradycję** wysiłku pedagogicznego, aby nadać naszym wysiłkom większą rangę, głębszy oddech i szerszą perspektywę?, b) jak postępować, by **zyskać na tradycji** niezbędne impulsy, pozwalające obnażyć błędy i iluzje niektórych rozwiązań, forsowanych strukturalnie w oświacie i szkolnictwie wyższym w ostatnich latach, zwłaszcza przyczyniających się do degradowania funkcji kulturowej edukacji i niszczących szersze sprzęganie edukacji z jej funkcjami społecznymi, rzutującymi na przyszłą jakość demokracji w Polsce?, c) jak **zyskać dzięki odbiciu się od tradycji**, pozwalającemu na skok jakościowy, możliwy jedynie dzięki takiemu solidnemu oparciu i ugruntowaniu, za pomocą przetworzonej intelektualnie kontynuacji śmiałości myśli, radykalności wysiłku oraz zrozumienia szans i konieczności, których nie wolno dłużej lekceważyć?

Wspomniana radykalność wysiłku oznacza tu wymóg sięgania do źródeł, konieczność „źródłowego" namysłu, jak podkreśla się w filozofii. Zgłębiając okolice korzeni, którym nie dane było w pełni rozwinąć ich życiodajnego oddziaływania, ma im ten wysiłek przywrócić przestrzeń pełnego sprzężenia z nowym dążeniem z nich wyrastającym, bez ulegania temu, co popłynęło już z prądem historycznych przesądzeń, odmowy i skazania na zniekształcenie. Nie ma tu zarazem miejsca na kompromisy ani uprzejmości. Można tu powtórzyć radykalne sformułowanie, jakie Radlińska wpisała w odezwę Koła Wychowawców w 1909 roku w żądaniach polskiej szkoły przeciw zaborcy rosyjskiemu: „Wszelkie kompromisy obniżające te żądania będą potępieniem prawa i godności narodowej" (Radlińska 1979, s. 63). To sformułowanie przywołuję zwłaszcza jako przejaw przekonania, któremu Radlińska dawała wielokrotnie wyraz, że kompromis nie jest właściwą kategorią społeczną ani kulturową tam, gdzie w grę wchodzi walka o wartości zgoła podstawowe. Nie może się nim kierować pedagogika społeczna ani – jak twierdzę obecnie – historia myśli pedagogicznej w Polsce. Zresztą uwypukliłem już sprzeciw wobec związanej z nim strategii, nie do zastosowania w niektórych sytuacjach rozstrzygania o losie jednostki, a co dopiero narodu.

Rzecz w tym, aby dało się doprowadzić do możliwie głębokiego sięgnięcia do korzeni dla zaistnienia szans postępu w kierunku odnowy naszej świadomości historycznej i dojrzałości w zakresie niezbędnych korekt obrazu I połowy XX wieku co do wydarzeń i procesów rozwoju teorii pedagogicznej, badań i eksperymentów edukacyjnych oraz praktyki oświatowej w Polsce. Jesteśmy bowiem ciągle wpisani w obraz ideologicznie zakłócony, zniekształcony brakiem wartościowej perspektywy teoretycznej dla jego rozumienia, zdominowany polityczną układnością części elit akademickich polskiej pedagogiki dekad powojennych. Wiele czołowych postaci tych elit uwikłało się w zbyt redukcyjne przywiązanie do spłyconej, bezkrytycznej wersji marksizmu i socjalizmu (a w ostatnich latach także antypedagogicznego neoliberalizmu). Niektóre z nich doprowadziły także interesownie, choć nie wykluczam, że i w bezinteresownym powielaniu rozmaitych – nazwijmy to wprost – zafałszowań (poprzez przemilczenia, spłycenia i marginalizacje), do utraty więzi i możliwości kontynuowania pracy intelektualnej w odniesieniu do części przynajmniej dorobku najlepszych umysłów i inicjatyw organizatorskich pedagogów. A wchodzi tu w grę utracone dziedzictwo, które może i powinno być źródłem nie tylko dumy, lecz także zadumy i namysłu, wzrostu energii i wspólnotowej tożsamości, a zwłaszcza roli i misji kulturowej w obliczu potrzeby nowej walki o polską szkołę. Zbyt wolno i słabo narasta ona w ostatnich dekadach przeciw tym razem rozmaitym neoliberalnym zakusom na jakość kulturową edukacji, nie wyłączając degradacji funkcji kulturowej przestrzeni humanistyki akademickiej nawet w najlepszych uniwersytetach i kręgach dyscyplinarnych.

Zauważmy na marginesie, że osobno ciąży – i wypacza jakość przestrzeni akademickiej nie tylko w pedagogice – narastająca obecność w murach uczelni wyższych pracowników, którzy ostatecznie uzyskali stopień naukowy, nawet usamodzielnienie formalne, ale ani dyscyplina naukowa, ani jej tradycja i kultura dydaktyczna nic na tym nie zyskały[15]. Najważniejsze dokonania i największe nawet walory poznawcze zaczynają być wypierane przez praktyki i postawy roszczeniowe rzekomych „depozytariuszy" wiedzy, czasem zajmujących pozycje władcze, a niemających już wiele wspólnego z tradycją czy nowoczesnością humanistyki. Wówczas w podręcznikach czy wykładach pierwszorzędne nazwiska i dokonania są wypierane, zastępowane rozmaitymi namiastkami czy skrótami sprawozdawczymi, które nic już ważnego studentom nie mówią. Tym bardziej, podkreślam, nic już nie znaczą dla ich dalszego rozwoju duchowego czy profesjonalnego. Część tak udostępnianych i krążących w rozmaitych postaciach treści (komentarzy, także cytatów), powielających ich namiastkowy charakter, bez zasadniczego wysiłku w kierunku wglądu całościowego, znamionuje bezradność i beznadzieję w naszym powielaniu odniesień do tradycji, która ciągle nas samych przerasta.

Podjęta przeze mnie praca samokształceniowa i badawcza odbywała się w ostatnich latach także na źródłowym materiale historycznym, ilustrującym rozwój pedagogiki i oświaty w Polsce od końca XIX wieku poprzez ruch, a dokładniej aż po „walkę o polską szkołę" jeszcze pod zaborami, w latach 1901–1914. Następnie ruch ten dawał o sobie znać w trybie wysiłku organizowania od podstaw zrębów systemu oświaty, kształcenia nauczycieli, ruchu samokształceniowego, samoorganizacji i innowacji edukacyjnych w trosce o „twórczą szkołę", o kierowanie się przyszłością

---

15 Pisałem o tym w tekście o „czterech ligach" w środowiskach polskiej nauki, w tym zwłaszcza pedagogiki (por. Witkowski 2009).

oraz o kulturowe podnoszenie wielu środowisk (wiejskiego, robotniczego) w poczuciu narodowej integralności i szans rozwoju jednostkowego przedstawicieli nowych pokoleń i awansu cywilizacyjnego całości społeczeństwa. Procesy, jakie nastąpiły w Polsce po II wojnie światowej, w dużym stopniu ten dorobek przemilczały, zastąpiły rozwiązaniami bardziej jednostronnie ideologicznymi, wyparły znaczenie czołowych postaci, zasłużonych w ruchu odnowy oświaty z okresu międzywojennego.

Symboliczny wyraz poczucia powinności naukowej i rzetelności historycznej niech stanowi przywołanie tu na wstępie dwutomowego, monumentalnego już zbioru dokumentów, wspomnień i analiz, w którego powstaniu kluczową rolę odegrali z jednej strony Bogdan Nawroczyński, a z drugiej (jak dowodzi zawartość drugiego tomu oraz sugerują akcenty ze wstępu redakcyjnego) Helena Radlińska. Chodzi tu o niezwykły efekt prac Komisji Historycznej Komitetu Obchodu 25-lecia Walki o Szkołę Polską, w postaci publikacji, która ukazała się w latach 1932 (tom pierwszy) i 1934 (tom drugi) pod tytułem *Nasza walka o szkołę polską 1901–1917*. Jako redaktor całości Nawroczyński podkreślał w słowie wstępnym (por. Nawroczyński 1932, s. 9, 14)[16] zasługi Heleny Radlińskiej jako wspólnie z innymi kierującej ważnym i zasłużonym w walce jeszcze pod zaborem rosyjskim Kołem Wychowawców, aktywnym od 1904 roku. W szczególności Radlińska działała, pisząc i upubliczniając odezwy, organizując formy integracji i mobilizacji środowisk zainteresowanych walką o polską szkołę. Z kolei rzut oka na zakres obecności tekstów Radlińskiej w drugim tomie *Naszej walki* z 1934 roku, które zostały włączone do trzeciego tomu jej pism, wydanego przez Zakład Narodowy im. Ossolińskich w 1964 roku, unaocznia realność i wagę samych opisywanych procesów, jak też zasług postaci je opisującej (por. Radlińska 1964, s. 258–382; por. *Nasza walka...* 1934, s. 76–152, 201–208; czasem w wersji z 1934 roku mamy w tekstach nazwisko Orsza lub Radlińska-Orsza). Zarówno Nawroczyński, jak i Radlińska należeli do pokolenia, którego hasłem było: „nie czekać na Niepodległość, nie paktować o nią, ale ją zdobywać" (Nawroczyński 1932, s. 20). Nie wolno zapominać, że zręby pedagogiki społecznej w Polsce z ofiarnym zaangażowaniem i kierowniczym trudem Heleny Radlińskiej powstawały w przestrzeni troski całego jej pokolenia, przeżywającego swoją młodość i pierwszą dojrzałość na przełomie XIX i XX wieku; pokolenia, w którego zaangażowaniu w walce o oświatę Radlińska aktywnie uczestniczyła jako jego wybitna przedstawicielka i kreatorka. Kluczowa była troska – poprzez „urządzenia kulturowe" i zmiany o charakterze „melioracji" środowisk – której odniesienie stanowiła „duchowość" kolejnych pokoleń w zakresie ich trzech kluczowych procesów. Znamionują je w wersji Radlińskiej „wzrost" w sensie rozwoju własnego potencjału i energii działania, „wrastanie" w glebę kulturowego dziedzictwa oraz

---

16 Patrz także uwagę Przemysława Podgórskiego w jego świadectwie w tym samym tomie *Naszej walki... (Nasza walka...* 1932, s. 267). W *Pamiętniku starego pedagoga* także znajdujemy uwagę, że redakcję tomu *Naszej walki...* przygotował wspólnie z Radlińską.

"wprowadzanie" w zadania kolejnej epoki życia społecznego w narodzie doświadczonym historycznie oraz odbudowującym swoją integralność i podmiotowość (por. Radlińska 1979, s. 155; idee te były rozwijane przez Radlińską jeszcze przed odzyskaniem przez Polskę niepodległości).

Po intensywnej lekturze dorobku wymienianych tu autorów nabrałem zaskakującego dla mnie samego przekonania, możliwego dzięki zrozumieniu wagi dokonań Radlińskiej, jak też znaczenia międzywojennej roli Nawroczyńskiego, obok innych czołowych postaci ich pokolenia w środowiskach oświatowo-pedagogicznych. Chodzi o przekonanie, że oto mamy wgląd w dokonania o charakterze przełomu intelektualnego. Pozwala to **upomnieć się o zupełnie inną historię myśli pedagogicznej w Polsce**, gdzie jej przedwojenna ODNOWA nie będzie przytłoczona powojenną ODMOWĄ, a zarazem pozwoli uzyskać nowe impulsy z przeszłości dla wzmocnienia troski o ODMIANĘ oblicza pedagogiki polskiej w PRL-u oraz ostatnich dekadach transformacyjnych. Uważam to za warunek jakości pedagogiki w Polsce na kolejne lata XXI wieku. Inaczej będziemy nadal tkwić w gąszczu nieadekwatności, rytualizacji pozoru i niesprawiedliwości. Odnowa znaczenia jest niemożliwa tam, gdzie **dominuje OBMOWA poszczególnych dokonań**, jako donos na rzekomą bezużyteczność powrotu do lektury i przypisanie jej potencjalnemu przedmiotowi cech dyskwalifikujących go z góry. Posługując się inspiracją, wykorzystującą rozróżnienie za Jacques'em Lacanem porządków: tego, co realne, tego, co symboliczne, oraz tego, co jest dostępne wyobrażeniowo, można powiedzieć, że realność duchowa pedagogiki międzywojennej w Polsce pozostała niedostępna, bo przesłonięta w obliczu prób symbolicznego jej wyrażania w recepcji powojennej, po części przynajmniej zdominowanej wyobrażaniem sobie nienaruszalnego waloru doktrynalnych przesądzeń ideologicznych PRL-u, z obrażaniem się na tę tradycję pedagogiczną, a często i zachowaniami niosącymi obrazę rozumu w jego wymaganiach rzetelności i szlachetnego wysiłku zysku poprzez „stawanie na ramionach olbrzymów" – jako znanemu warunkowi dawania sobie szans na postęp poznawczy.

Nawiasem mówiąc, warto przypomnieć, że Radlińska kojarzyła termin „analfabetyzm", odnoszony także do osób umiejących czytać, jako występujący „w znaczeniu nieumiejętności użytkowania literatury" (por. Radlińska 1946a, s. 126; por. także 2003, s. 102)[17]. Kryterium jakości tego użytkowania wydaje się wiązać z możliwością „spożytkowania" lektury dla uzyskania efektów o istotnej wartości dla odbiorcy i uznania znaczenia odbieranego. Inaczej grozi nam, jak podkreślał Z. Mysłakowski, że i arcydzieło będzie „obiektem niemym kulturowo". Biorąc

---

17 Taka kulturowo poszerzona kategoria analfabetyzmu wydaje się bezcenna jako sygnał możliwości jej stopniowania i odnoszenia poza formalną umiejętność czytania do poziomu jakości czynienia użytku z dostępnej sobie literatury. Pozwala ona widzieć przejaw analfabetyzmu w jawnie ułomnych próbach wykładni tekstu skądinąd kulturowo niedostępnego potencjałowi interpretatora.

teksty Radlińskiej za podstawę sprawdzania tej umiejętności u jej czytelników, można czasem mieć wrażenie, że wiele z prób czytelniczych pozostaje jałowymi i niezdolnymi do sprostania wartości spotkanego przesłania, skoro nie umieją się czasem przejąć jakimiś tropami i użyć ich dla własnego dobra w sensie wzbogacenia własnego zaplecza myśli i zdolności do ogarnięcia nią ważnej sfery zjawisk. Omówienia dorobku Radlińskiej same często grzeszą niezdolnością do sprostania trosce o to, aby w relacji z odbiorcą dało się wygenerować przeżycie, na serio inspirujące do przekształcania jego własnego nastawienia poznawczego czy praktycznego i mogące prowadzić do dalszego rozwoju dyscypliny w jej badaniach i jakości refleksji teoretycznej. To nie jest kwestia wrogości czy niechęci, ale braku niezbędnej wnikliwości przy szeregu uwag mających jakieś pokrycie czy odniesienie do dokonań Radlińskiej.

Świadczy o tym chociażby przykład wspomnianego wyżej Nawroczyńskiego i jego odniesień do tychże na kartach analiz polskiej myśli pedagogicznej z 1938 roku. Wielcy pedagodzy znali się, współpracowali, przytaczając swoje sformułowania z życzliwością, próbowali uchwycić ogólniejsze cechy, ale nie zawsze miało to głębszy sens. Próbując ogarnąć dokonania Radlińskiej do połowy lat 30. XX wieku i patrząc na nie przez pryzmat głównie jej referatu o wychowaniu narodowym, wygłoszonego na II Polskim Kongresie Pedagogicznym w 1909 roku we Lwowie, Nawroczyński charakteryzuje stanowisko referentki jako reprezentujące „obóz socjalistyczno-patriotyczny" z pozycji „pedagogiki socjalnej" aktywnej w „walce z pedagogiką indywidualistyczną" (por. Nawroczyński 1938, s. 118–119)[18]. Dalej okazuje się w interpretacji, że „Radlińska zawsze bardziej interesowała się oświatą pozaszkolną niż szkolnictwem", ponadto w swojej postawie kulturowej „ożywiona była wiarą" w lud polski, a nie w naród, a jednocześnie „przeciwstawiła się obozowi narodowemu", odrzucając „wszelki tradycjonalizm", domagając się „ducha postępu", a zarazem „pracy organicznej przeciwstawiła [...] rewolucję socjalną i polityczną" (por. Nawroczyński 1938, s. 120–121). Nie dopatrując się tu żadnej intencji przeinaczeń, pozostaje spokojnie stwierdzić, że tak sygnalizowany obraz nie zapewnia dobrego wglądu w wartości omawianej koncepcji, nawet Nawroczyński nie pozwala odczuć stopnia wspólnoty czy choćby uznania wartości omawianego stanowiska, a tym bardziej nie pokazuje jego uściśleń w stosunku do tradycji poza tradycjonalizmem czy nastawienia metodologicznego. A przypomnijmy, że zgodnie z podtytułem książki chodziło o zarysowanie „głównych linii rozwojowych, stanu współczesnego i cech charakterystycznych omawianej myśli pedagogicznej" (por. Nawroczyński 1938, strona tytułowa książki).

---

18 Pada też dalej zwrot, że Radlińska mówiła tam, „reprezentując kierunek socjalistyczno-patriotyczny" (Nawroczyński 1938, s. 138). Autor wskazuje, że rozwinięta wersja wystąpienia znalazła się w książce: Radlińska 1935.

Mimo więc zasadnego pod wieloma względami podziwu dla zmierzenia się przez autora z ogromnym wyzwaniem i dostarczenia wielu cennych analiz, w przypadku stosunku do Radlińskiej oraz opisu jej dokonań nie możemy rezultatu tej charakterystyki uznać za zadowalający czy teoretycznie dojrzały. Mimo szeregu trafnych skojarzeń[19] gubią się w nich proporcje, relacje i złożoność, a tym bardziej wartość dla całości ówczesnego stanu pedagogiki, nie mówiąc już o oczekiwaniu jego adekwatności do czasów o pięćdziesiąt czy osiemdziesiąt lat późniejszych, jako syntezy rozumiejącej w pełni swój przedmiot. Wiele mogłyby nam naświetlić ustalenia archiwalne dotyczące realnych kontaktów i wzajemnych stosunków między uczestnikami świata pedagogicznego lat międzywojennych i pierwszych dekad powojennych, przynajmniej w czasie stalinizmu. Choć pierwsze próby wglądu w relacje Radlińskiej i Nawroczyńskiego nie przyniosły zbyt optymistycznych rezultatów[20].

O wadze i trudach kontynuacji przeciw zerwaniom z PRL-u

Głównie względy techniczno-wydawnicze (terminy, objętość) spowodowały, że dorobek Heleny Radlińskiej nie mógł być przedmiotem szerszych analiz w moim już i tak opasłym tomie *Przełom dwoistości w pedagogice polskiej. Historia, teoria, krytyka* (Oficyna Wydawnicza „Impuls", Kraków 2013). W poniższych rozważaniach staram się uzupełnić tę lukę i – zgodnie ze strategią całości rozważań – podejmuję ten temat w obronie znaczenia dokonań wielkiej twórczyni polskiego środowiska pedagogiki społecznej dla CAŁEJ pedagogiki w Polsce w jej licznych podziałach

---

19 Największą wartość z perspektywy współczesnej wydaje się mieć fakt, że mimo tych zawężających uściśleń dotyczących dokonania Heleny Radlińskiej znajdujemy u Nawroczyńskiego próbę wpisania jej w horyzont myślowy i praktyczny w oświacie przedwojennej, który autor określa zwrotem „pedagogika wzmożenia duchowego", choć zarazem wpisuje go jedynie w ramy lat 1886–1914, z kolei dalszy okres obejmując zwrotem „ideały pedagogiczne Polski Odrodzonej 1914–1935". Widać to już po samej strukturze spisu treści (Nawroczyński 1938, s. 296). Ograniczenie tej formuły, historycznie wydzielającej zakres czasowy owej strategii „wzmożenia duchowego", polega chociażby na tym, że da się ona stosować w rozwiniętej i wielowątkowej postaci do całości dokonania, traktowanego jako rozpoznawanie minimum efektywności oddziaływań wychowawczych na człowieka, jeśli mają mieć walor rozwojowy dla jego duchowości i emancypacyjny dla procesów jego „uobywatelnienia", jak to szczegółowo pokazuję w niniejszej pracy.
20 W Archiwum PAN w Warszawie wśród materiałów zebranych w teczkach (nr 41–43) po Bogdanie Nawroczyńskim (sygn. III-213) można znaleźć tylko jeden ślad ich relacji, w postaci odręcznej notatki Radlińskiej do niego, z datą 28 grudnia 1948, w której czytamy: „Wielce Szanownemu Panu gorąco dziękuję za piękną książkę. Wydanie jej jest ważnym wydarzeniem w życiu społecznym. Wyrazy głębokiego poważania i przyjaźni łączę. H. Radlińska". Zważywszy na datę listu, należy wnosić, że dotyczy ona wydania z 1947 roku tomu *Życie duchowe. Zarys filozofii kultury* lub *Współczesnych prądów pedagogicznych* też wydanych w tym roku.

subdyscyplinarnych, nie wyłączając pedagogiki ogólnej, andragogiki, teorii wychowania. Chodzi więc, jednym słowem, o PEŁNIĘ projektu pedagogicznego, odnoszącą się do wielu obszarów, dla których – jak twierdzę – Radlińska zrobiła ogromnie dużo w kwestii budowy ich zaplecza teoretycznego, perspektywy badawczej i radykalnego uzasadnienia roli wychowania w szerokim jego pojęciu w kreowaniu demokracji i przyszłości kolejnych pokoleń. Wielcy omawianego wcześniej pokolenia, a teraz ujmowana w podobnym duchu Radlińska, to postaci troszczące się o pełnię oglądu problematyki pedagogicznej, świadome konieczności tworzenia kompletnego obrazu zadań stojących przed instytucjami kultury i oświaty, ich pracownikami i badaczami w zakresie teorii i historii wychowania (więc i myśli pedagogicznej). To nie są przedstawiciele żadnej wąskiej czy wycinkowej postawy i ograniczonego pola badań, ale w najlepszym sensie kompletni humaniści, badacze i działacze, organizatorzy i inspiratorzy, zaangażowani lokalnie i otwarci międzynarodowo (dopóki dane im to było w obliczu restrykcji ustrojowych).

Kontynuowane jest zatem w niniejszej pracy dążenie do korekty obrazu ewolucji pedagogiki polskiej w XX wieku, charakteru i wagi jej dążeń oraz największych zasług i szkód jej wyrządzonych. Jedną ze społeczno-politycznych okoliczności utrudniających niektórym (nie wykluczając B. Suchodolskiego) oddawanie sprawiedliwości dokonaniom Radlińskiej był fakt, że w okresie przedwojennym funkcjonowała w kręgach i środowiskach PSL „Wyzwolenie", wraz z mężem, skazanym w 1906 roku na zsyłkę, była na Syberii, skąd udało im się zbiec do Krakowa, gdzie kontynuowała swoją działalność z nową energią. Radlińska bezsprzecznie należała do czołowych działaczy ruchu walki o polską szkołę w zaborze rosyjskim, nawet będąc już w Galicji, zarazem dążąc do zintegrowania przestrzeni oświatowej wszystkich wcześniejszych zaborów w odradzającej się Polsce. Natrafiała często w kolejnych latach, jako inteligent o rzekomo podejrzanym rodowodzie, na narastające przejawy nieufności i przeszkody, zarówno zewnętrzne w kręgach władzy, z powodów o charakterze politycznym, jak i powodowane przez bariery kulturowe wśród działaczy wiejskich, nie zawsze rozumiejących podejście historyka i teoretyka, a współdziałających z różnych perspektyw organizacyjnych np. CRZZ i innych, oświatowych. Wiemy, że sympatie lewicowe i socjalistyczne, z zaangażowaniem w podnoszenie kulturowe oświaty na wsi, np. poprzez uniwersytety ludowe, nie należały do głównego nurtu popieranego czy choćby tolerowanego pod narastającą presją ideologiczną formacji stalinizmu i jego akolitów także w kręgach inteligencji, a tym bardziej aparatu władzy. Nie darmo Radlińska, należąc do światowego ruchu „odnowy szkoły" i niezwykle aktywnie uczestnicząc w formach międzynarodowych rozwijania i integrowania środowisk pedagogiki zorientowanych na teorię i praktykę pracy społecznej[21], po wojnie doświadczała coraz bardziej poczucia osamotnienia

---

21 Reprezentatywną listę wyjazdów zagranicznych Heleny Radlińskiej na kongresy, zjazdy i sympozja przynosi tekst: Lepalczyk, Marynowicz-Hetka 2004, s. 10–11. Znamienne jest, że wykaz

i pozbawienia kontaktów zagranicznych, heroicznie działając na pozycjach, na których stopniowo ograniczano zakres jej zajęć dydaktycznych i pozbawiano możliwości kontynuacji pracy naukowej oraz dalszego organizowania Zakładu Pedagogiki Społecznej na Uniwersytecie Łódzkim. Presja władcza poprzez przymusowy urlop stanowiła tylko przygrywkę do tendencji likwidatorskich w narastającym jeszcze stalinizmie. Wielka postać nie żyła w świecie jej życzliwym, co obejmowało także część środowiska akademickiego. Ale nie tylko przez to, jak dotąd, nie zbilansowano ani nie wykorzystano jej dokonań, ani też nie uporządkowano i nie wydobyto na jaw archiwaliów pozwalających lepiej zrozumieć jej świat i dramat.

W poszukiwaniu ramy interpretacyjnej – o manierze przemilczeń

Wyjściową tezą tych rozważań jest – powtórzmy dobitnie – uznanie Heleny Radlińskiej za należącą do niezwykłego Wielkiego Pokolenia w polskiej pedagogice, czołowych postaci o formacji intelektualnej ukształtowanej nie tylko doświadczeniem wynikłym z urodzenia w latach 70. XIX wieku (obok m.in. Sergiusza Hessena, Zygmunta Mysłakowskiego, Bogdana Nawroczyńskiego, Henryka Rowida, Kazimierza Sośnickiego czy Stefana Szumana). To było także i przede wszystkim grono zespolone doświadczeniem kształtowania oświaty i oblicza myśli pedagogicznej w odrodzonej Polsce, z wykorzystaniem ówczesnych dokonań myśli światowej oraz rozwijaniem własnego całościowego ujęcia niezbędnej tu strategii kulturowej, społecznej i odniesionej do troski o pojedynczego człowieka. Śmierć w 1954 roku, po wielu latach choroby, przerwała Radlińskiej zarówno dalszy udział w doświadczeniach i losach tej formacji (pozostałe wymienione osoby zmarły w krótkich odstępach w latach 70. XX wieku), jak i rozwijanie jej myśli, badań i roli twórcy środowiska pedagogiki społecznej w Polsce.

Podkreślmy, że nie wolno nadal lekceważyć faktu w opisach polskiej pedagogiki, że było to pokolenie o dwadzieścia lat starsze od Bogdana Suchodolskiego. Już przez to chociażby ten ostatni nie mógł uczestniczyć w dojrzewaniu kluczowej formacji społecznej i kulturalnej osób, które zdołały się przygotować i podjąć działania

---

ten kończy się przed II wojną światową, mimo że Radlińska należała do grona założycieli niektórych form międzynarodowej integracji naukowej oraz była członkiem władz statutowych rozmaitych komitetów i rad w Genewie, Londynie, Paryżu czy Brukseli. Intensywną i znaczącą obecność Radlińskiej na forum międzynarodowym w okresie przedwojennym znakomicie charakteryzuje także Wiesław Theiss (1984, s. 48–57) w systematycznym obrazie jej biografii intelektualnej. Wyeliminowanie Radlińskiej (jak również całego jej pokolenia) w okresie powojennym ze współpracy międzynarodowej spowodowało poważny uszczerbek w pozycji całej pedagogiki polskiej i rzutowało na jej rozwój. Nieprzypadkowo też na jej jubileusz listy przysyłali uczeni tej miary, co Jean Piaget.

z pozycji już dojrzałych intelektualnie do zadania tworzenia zrębów instytucji polskiego życia oświatowego. Podstawowe ustalenia dotyczące Wielkiego Pokolenia przedstawiłem już w studium historyczno-teoretycznym *Przełom dwoistości w pedagogice polskiej. Historia, teoria, krytyka* (Witkowski 2013a), wskazując zarazem na konieczność pewnych dramatycznych korekt w naszej samowiedzy akademickiej. Kluczowy postulat zarówno wspomnianej pracy, jak i niniejszej jej kontynuacji polega na staraniu, aby dostrzec w rozmaitych, jedynie rzekomo „poglądach" coś głębszego, bardziej reprezentatywnego pokoleniowo i bardziej fundamentalnie ważnego dla troski o dojrzałą kontynuację osiągnięć wspomnianego pokolenia. Chodzi tu o wspólnotę w sensie nie tylko pokolenia historycznego, stającego wobec wyzwań swego czasu, lecz także pokoleniowego doświadczenia niektórych jedynie uczestników tego procesu, blisko współdziałających w rozmaitych przedsięwzięciach, współtworząc kluczowe formy aktywności i płaszczyzny integracji. Wśród wielu świadectw symboliczne znaczenie ma dla mnie i to, że w Komitecie Redakcji czasopisma „Chowanna. Miesięcznik poświęcony współczesnym prądom w wychowaniu i nauczaniu", w latach 30. minionego wieku, obok Henryka Rowida jako współredaktora były m.in. kluczowe postaci tego środowiska pokoleniowego w osobach Bogdana Nawroczyńskiego, Stefana Szumana i... Heleny Radlińskiej[22]. W 1936 roku na łamach pisma ukazała się ważna i bardzo pozytywna recenzja Sergiusza Hessena, dotycząca książki tej ostatniej (*Stosunek wychowawcy do środowiska społecznego. Szkice z pedagogiki społecznej*), odebranej jako znaczący sygnał o kierunku dążeń innych niż nurt komunistycznego podejścia do troski o społeczne funkcjonowanie człowieka, jego rozwój i charakter mechanizmów wychowawczych.

Zadanie pełnej rekonstrukcji doświadczenia pokoleniowego tego grona wielkich pedagogów nadal pozostaje do podjęcia[23].

Trudności w okresie stalinizmu, związane w szczególności z ideologiczną presją przeciw formule „pedagogiki społecznej", widzianej w jej rodowodzie „burżuazyjnym", spowodowały, że obraz dokonań, jakie udało się uzyskać w horyzoncie dyskursu Radlińskiej, jej aktywności społecznej i dążeń, mimo zagrożeń tego okresu, został w dalszym ciągu zdominowany obroną i rozwojem osobnej dyscypliny pedagogicznej. Jest to o tyle kłopotliwe – powiedzmy dobitnie przeciw niekiedy dominującym sentymentom w środowisku pedagogów społecznych – że intencja tworzenia takiej całkowicie odrębnej czy zawężonej dyscypliny, oderwanej od

---

22 Gwoli ścisłości warto odnotować, że byli tam także profesorowie uniwersyteccy: Stefan Błachowski (Poznań), Jan Stanisław Bystroń (Warszawa) czy Stanisław Łempicki (Lwów).
23 Kapitalnych uzasadnień dotyczących chociażby potrzeby widzenia w tej wspólnocie „pokolenia niepokornych" także Janusza Korczaka przynosi książka Barbary Smolińskiej-Theiss (Bibliografia cz. III – Smolińska-Theiss 2013). Sam także już sygnalizowałem potrzebę odczytania myśli korczakowskiej w horyzoncie złożoności wykraczającej poza sentymentalizowany pajdocentryzm w duchu dwoistości (por. Witkowski 2013a, s. 154). Patrz także moje uwagi w niniejszej pracy w części o medycynie i pedagogice społecznej.

ogólnej funkcji wychowania, nie leżała u podstaw pierwszych dziesięcioleci prac i starań Radlińskiej. Podobnie wartości jej dokonań nie da się wpisać wyłącznie w samo rozwijanie i funkcjonowanie takiej dyscypliny i jej tradycji jako „szkoły polskiej" w obszarze pedagogiki społecznej, np. zajmującej się tylko ubóstwem. Wartość i zasługi Heleny Radlińskiej dla polskiej pedagogiki są – jak jestem o tym przekonany i próbuję dalej uzasadniać – znacznie szersze, głębsze i bardziej podstawowe w kontekście troski o całość naszych zadań. Wymaga to jednak ponownej pogłębionej lektury i podjęcia próby zarysowania nowej perspektywy recepcyjnej, w polemice także z rozmaitymi pochwałami i rekonstrukcjami. Co więcej, intencja ogarnięcia teoretycznego dokonujących się zjawisk i procesów nie może być bezkrytycznym zakładnikiem ani ramy myślowej dostępnej badanym postaciom, ani siły ich subiektywnych przekonań, idiosynkrazji czy dążeń, ani tym bardziej jednostronności afirmacyjnej, bywa, że wręcz apologetycznej. Poważne interpretacje wymagają dostrzegania zarówno siły, jak i słabości, widzenia nie tylko wielkich intuicji, lecz także choćby ukrytych ograniczeń, zauważenia znaczących zasług, jak też pewnych niedopracowań, wymagają także perspektywy widzącej ewolucję czy pęknięcia w stanowisku w jakiejś kwestii. Szereg takich zadań został tu podjętych, choć z pewnością daleko nie wszystkie[24]. Ufam, że praca ta znajdzie swoje zwieńczenie w przyszłości.

Historyczno-teoretyczne podejście wymaga wypracowania sobie i ciągłego weryfikowania perspektywy interpretacyjnej, odnoszącej się np. do świadomości reprezentatywnej dla pokolenia danego czasu czy mierzonej oddaleniem poznawanych zjawisk wobec późniejszych przeobrażeń. Jest to tym bardziej ważne, gdy okazuje się, że wcześniejsze dokonania mogły – nie będąc w pełni reprezentatywnymi – antycypować późniejsze dojrzewanie stanowisk czy postulatów z nimi związanych. W tym kontekście niezwykłą wagę ma świadectwo przytoczone przez Radlińską w jej książce z 1935 roku, odsyłające do perspektywy zarysowanej w liście do niej z 1909 roku przez Stanisława Karpowicza, który dobitnie postuluje w nim, by

---

24 Dojrzewanie do lektury krytycznej to kwestia złożona, bywa, że odkładana w czasie, gdyż musi dojrzeć dystans i musi zostać wyrobiona wnikliwa perspektywa analityczna, co wobec postaci uznanych za znaczące jest szczególnie trudne. O tym, jak to jest trudne, świadczą ciągle rzadkie próby takiej dyskusji np. z dorobkiem Bogdana Suchodolskiego. Nadal unikatowa jest refleksja Władysławy Szulakiewicz, która potrafiła stwierdzać np., że „[a]nalizując głębiej sens wypowiedzi B. Suchodolskiego, odnosi się wrażenie, że niektóre jego idee nie były trafne i nie można się z nimi zgodzić. Niekiedy też dostrzec można pewnego rodzaju załamanie się logiki i jego koncepcji" (por. W. Szulakiewicz 2006, s. 124). Autorka zauważa również, że pewne z kolei słuszne postulaty bywały przez niego i jego entuzjastów traktowane jako oryginalne, z zagubieniem ich osadzenia w ideach wcześniejszych, np. „z niektórymi ideami B. Suchodolskiego należy się zgodzić [...] Chociaż trzeba zaznaczyć, że idea społecznej historii wychowania nie była nową propozycją. O społecznej historii wychowania mówił wcześniej S. Kot czy H. Radlińska. Propozycja B. Suchodolskiego, ze względu na jego pozycję naukową w środowisku zdobyła wśród wielu autorów zwolenników [...]" (Szulakiewicz 2006, s. 125).

[...] poddać rewizji dotychczasową pedagogikę ze stanowiska społecznego i następnie przeprowadzić w niej odpowiednie zmiany, nie wytwarzając przy tym żadnego kierunku społecznego, lecz tylko pedagogikę, na badaniu naukowym osnutą (Radlińska 1935, s. 240).

Niezależnie od tego, że częściowo marzenie o pewnych odrębnościach było tu dalej realizowane, jestem przekonany, że taka strategia nasycania całej pedagogiki impulsami dla niej koniecznymi i wartościowymi w zakresie profilowania jej odniesień społecznych miała i nadal ma sens oraz zachowuje swój walor. Wykorzystanie takiego podejścia może być rozstrzygające dla przyszłości pedagogiki w Polsce, jako dziedziny splatającej różnorodne nurty i dyscypliny myślowe. Chodzi też o jakość środowiska, które musi na nowo z własnej tradycji wydobyć impulsy zablokowane przez lata ograniczeń i przymusów zewnętrznych oraz wewnętrznych słabości i patologii środowiskowych układów, a także dominujących w nich pojedynczych biografii i zdolności sprzęgania teorii i historii pedagogiki z dokonaniami całej humanistyki, jak również osiągnięciami poszczególnych obszarów nauk społecznych.

Nie darmo mocne akcenty w myśleniu Radlińskiej wiążą się do tego stopnia z odniesieniami do kultury i troski o wspomaganie dostępu do kultury w procesie wychowania, że Nawroczyński mógł widzieć tu wręcz analogię i zbieżność ze strategią „pedagogiki kultury" i to w sensie, jaki rekonstruowałem już osobno w tomie o przełomie dwoistości. Nie jest też przypadkiem, że u Radlińskiej w charakterystyce pedagogiki społecznej z 1935 roku czytamy, iż:

> Swoiste zainteresowania pedagogiki społecznej, którą można po części (w mniejszym niż Nawroczyński stopniu) utożsamiać z pedagogiką kultury, obejmują podział dóbr kulturalnych i dostęp do narzędzi twórczości kulturalnej. Uwydatniają się te zainteresowania w szeregu monografii, rozszerzających zwyczajowy zakres spraw wychowawczych i w działalności praktycznej na zaniedbanych dawniej polach (Radlińska 1935, s. 242; także 1961, s. 64)[25].

Tymczasem jest dla mnie szczególnie ważne to, jakie idee Radlińskiej mają charakter przekraczający ramy historyczne czy dyscyplinarne, w które obecnie została wpisana, kluczowe dla pedagogiki społecznej jako instytucjonalnie wydzielonego obszaru badań i refleksji. Innymi słowy, zamierzam uwypuklić te akcenty wpisane w jej dokonania jako wielkiego pedagoga, w których staje się ona ważnym partnerem dla aktualnej myśli pedagogicznej w Polsce; akcenty odczytywane zarazem tak, że pozwalają na – a nawet zmuszają do – korekty obiegowych wyobrażeń o znaczeniu poszczególnych autorów i o tym, co ważnego działo się w polskiej

---

25 Wydobyte w przytoczonej formule wskazanie na sugerowaną „swoistość" zainteresowań utrudnia także samej Radlińskiej dopuszczenie i zrozumienie szerszej wagi tego, co jej wysiłek i typ zaangażowania niosły ze sobą dla całej pedagogiki.

pedagogice okresu międzywojennego i przynajmniej w pierwszej dekadzie po wojnie, jeśli skupić się na przedziale życia i twórczości Radlińskiej.

Maniera przemilczeń jest także efektem zabójczego dla jakości myśli pedagogicznej pofragmentaryzowania, wręcz poszatkowania, niszczącego jej integralność, na zamknięte na siebie i uszkodzone jedynie szczątki ze swej istoty całościowego myślenia. Przez to też wielu przedstawicielom dyscyplin, które mogłyby skorzystać na lekturach prac Radlińskiej, jako uniwersalnie zaangażowanych i kompletnie wyposażonych do podejmowania ich problemów, często nawet do głowy nie przyjedzie, aby do nich zajrzeć, jako nienależących do obowiązującego, czyli obiegowego kanonu i potocznych wyobrażeń, a jednak głęboko adekwatnych poznawczo.

Ta maniera przemilczania nawet oczywistych dokonań także innych autorów stała się w okresie powojennym z powodów doktrynalnych, jak również mniejszego kalibru, choć nie mniej dolegliwych i niesprawiedliwych, udziałem wielu, w tym nominalnych krytyków rozmaitych ułomności marksizmu czy pozytywizmu w ich postawach roszczeniowych, jak świadczą o tym niektóre podręczniki np. z pedagogiki ogólnej. A przecież nie mniej szkodliwe jest powodowanie nieobecności Heleny Radlińskiej czy jej szczątkowe odnotowanie, już choćby tylko z powodu ułomności własnych lektur, przez autorów niezdolnych do poważniejszego potraktowania jej dokonań czy ulegających stereotypowi wąsko rozdzielanych subdyscyplin pedagogicznych. Stają się oni zakładnikami wąskiego kojarzenia dokonań znakomitej badaczki, upominającej się przecież o organiczny wymiar społeczny relacji i praktyk edukacji oraz wychowania jako uniwersalnie obowiązujący, a nie jedynie fundujący **ograniczony** krąg zainteresowań izolowanej pedagogiki społecznej. Nie ulega przy tym wątpliwości, że aż przepaści dzielą niektóre odczytania i wykładnie czy zastosowania podręcznikowe dokonań Radlińskiej w obrębie samej pedagogiki społecznej, jeśli porównać choćby jej skrajnie odmienną co do skali obecność na kartach podręczników z pedagogiki społecznej autorstwa Ewy Marynowicz-Hetki (2006) i Andrzeja Radziewicza-Winnickiego (2008). Podręczniki te już zderzałem osobno w odniesieniu do kategorii dwoistości (por. Witkowski 2013a).

O formacji intelektualnej jako wspólnocie

Krytyka stanu recepcji dorobku Radlińskiej jest ważnym zadaniem, które tu mogę jedynie zasygnalizować. Obok wielkich zasług Wiesława Theissa mamy także miejsca, o których warto dyskutować, kontynuując wysiłek analiz w perspektywach odbiegających od tego, co dominuje. Jest tak tym bardziej, że – jak słusznie zauważa Theiss – coraz częściej w przestrzeni akademickiej w zakresie problematyki symbolizowanej przez Radlińską i badań funkcjonują także „osoby nie związane z sygnalizowaną tradycją naukową" (por. Theiss 2005, s. 7), co w bardziej dobitnym sformułowaniu Zbigniewa Kwiecińskiego, które podzielam, może oznaczać, że są to osoby wydziedziczone, (samo)wykluczone z tej tradycji, nienależące zatem *de facto* do wspólnoty wymagającej faktycznego zakorzenienia w glebie kulturowej wspólnego dziedzictwa w danym zakresie.

Moim celem jest tymczasem własne odczytanie dostępnej spuścizny Heleny Radlińskiej w intencji wydobycia jej ważnych idei, mających znaczenie nawet rosnące dla najnowszej pedagogiki traktowanej integralnie i niezamykanej w obrębie jednej dyscypliny takiej jak pedagogika społeczna. Wypracowana i rozwijana perspektywa Radlińskiej jest znacznie bardziej uniwersalna, frapująca poznawczo i kulturowo oraz może nadal służyć szerszym celom niż potrzeby fundowania dyskursu dyscypliny z nią głównie kojarzonej. Spróbuję odczytać ją jako uczestniczkę formacji intelektualnej[26] o szerokich horyzontach, postulującą akcenty ważne dla całej pedagogiki, w szczególności zatem ważną dla pedagogiki ogólnej, pedagogiki kultury czy pedagogiki opiekuńczej i teorii wychowania, mimo że nie da się jej zamknąć w żadnym takim przedziale dyscyplinarnym. Można stwierdzić, że Radlińska nie jest „tylko" pedagogiem społecznym, ale aż prawdziwym, **kompletnym pedagogiem**, troszczącym się o czynienie wartościowej pedagogiki także... aż społeczną i to również w kategoriach etycznych. Stopniowo zresztą przebijają się w innych obszarach refleksji pedagogicznej przejawy uznania, że idee Radlińskiej są dla nich charakterystyczne i podstawowe. Zbliżenie poglądów Radlińskiej w części jej dorobku do stanowiska przypisywanego nurtowi pedagogiki kultury starał się zaznaczyć niedawno Krzysztof Maliszewski (por. Maliszewski 2004, s. 8). Sam to dalej usiłuję pokazać nawet dobitniej, uznając te poglądy za fundamentalną przesłankę wszelkiej dojrzałej kulturowo i społecznie perspektywy, zdolnej uwolnić się od kojarzenia kultury z „nadbudową" i widzącej tu „glebę", w jaką człowiek ma szansę wrastać i z niej wyrastać do nowej postaci bytu kulturowego.

Nie jestem w stanie, pod groźbą rozpadu spójności powstającego tekstu, przeprowadzić szerokiej analizy, z pełną dokumentacją, dotyczącej wszystkich miejsc w tekstach odnoszących się do Radlińskiej, a wymagających podjęcia sporu czy nawet wyrażenia zasadniczej niezgody z ich autorami. To zadanie na odmienny projekt. Kilka jednak przykładów muszę tu wpleść w narrację, w której dystansuję się wobec obiegowych wyobrażeń o Radlińskiej, nawet wpisywanych w skądinąd wartościowe dokonania. Jednym z takich przykładów jest podejście pozwalające mi na sygnał, dotyczący sporu ze znakomitym i wielce zasłużonym dla polskiej pedagogiki Stefanem Wołoszynem. Moim zdaniem, którego racje dokumentuję poniżej, nie da się sprowadzić zasług ani wagi teoretycznej myślenia pedagogicznego Heleny Radlińskiej do tego, co pokazuje w swoim podsumowaniu Stefan Wołoszyn, wielokrotnie akcentujący rolę uczonej jako klasyka i teoretyka-założyciela, twórczyni „polskiej szkoły" pedagogiki społecznej, zarazem podający jedyny cytat

---

26 Kwestie związane z tą kategorią dyskutowałem już za Barbarą Skargą (por. Witkowski 2009a, s. 259–290).

z jej twórczości, chcąc ją wpisywać w blok określony mianem „wielkie nurty teoretyczne (prądy, kierunki) w polskiej pedagogice XX wieku" oraz wskazując na jej definicję pedagogiki społecznej w brzmieniu:

> Pedagogika społeczna jest nauką praktyczną, rozwijającą się na skrzyżowaniu nauk o człowieku, biologicznych i społecznych, z etyką i kulturoznawstwem (teorią i historią kultury), dzięki własnemu punktowi widzenia. Można go najkrócej określić jako zainteresowanie wzajemnym stosunkiem jednostki i środowiska, wpływem warunków bytu i kręgu kultury na człowieka w różnych fazach jego życia, wpływem ludzi na zapewnienie bytu wartościom przez ich przejęcie i krzewienie oraz przetwarzanie środowisk „siłami człowieka w imię ideału" (Radlińska 1961, s. 361, za: Wołoszyn 1998, s. 56)[27].

Choć formuła ta zawiera szereg znaczących akcentów, to przecież wartość Radlińskiej daleko wykracza poza ramę nakreśloną przez Wołoszyna, a na dodatek zestaw akcentów w jej stronę poczyniony nie daje przesłanek dla widzenia wspomnianej wielkości nurtu z nią związanego. Co więcej, w szerszej prezentacji idei Radlińskiej w historii myśli pedagogicznej Wołoszyn aż dwukrotnie operuje zaskakującą formułą swoistości – bardzo ograniczającą uniwersalne dążenie pedagogiczne – uznającą uczoną za twórczynię „swoistego kierunku badawczego w pedagogice społecznej" czy też „swoistego kierunku w pedagogice współczesnej, tzw. pedagogiki społecznej" (por. Wołoszyn 1964, s. 457, 467), a przecież nie tylko widzi „poglądy i wyniki badań", lecz także omawia „stanowisko" pedagogiki społecznej w tym ujęciu, podkreślając, że

> [s]tanowisko pedagogiki społecznej charakteryzuje szerokie widzenie procesów wychowawczych jako procesów obejmujących całe życie człowieka i dokonujących się w ścisłej współzależności z różnorodnymi kręgami uwarunkowań środowiskowych. [...] pedagogika ta zajmuje się szczególnie rozpoznawaniem czynników utrudniających rozwój dziecka oraz środków ułatwiających ich przezwyciężenie (Wołoszyn 1964, s. 469).

Zarazem widać oddzielenie tego ujęcia od „pedagogiki ogólnej", redukowanej do zajmowania się ponoć głównie oddziaływaniem szkoły. Z powodów teoretycznych takie sytuowanie wartości dokonania Radlińskiej nie wydaje się zadowalające, a także osłabia jakość teoretyczną tego obrazu historii myśli. Twierdzę tymczasem, że nie wolno z powodów zasadniczych widzieć tu żadnej swoistości, odrębności rodzajowej, jako cechy dominującej tego dorobku, lub co najwyżej szkoły w zaułku pedagogiki społecznej, ale dokładnie odwrotnie – pora uznać tu sedno

---

27 Cytat z pierwszego tomu pism Radlińskiej z 1961 roku, choć to zapis formuły do egzaminu dla studentów pedagogiki społecznej z 1951 roku.

uniwersalnego zadania, które musi być uwzględniane w całej myśli pedagogicznej, jako jego komplementarne **residuum** dotyczące relacji i wpływów pozaszkolnych.

Wagę zadania ponownej lektury spuścizny twórczyni zrębów teoretycznych i instytucjonalnych, w tym środowiskowych, dla polskiej pedagogiki społecznej uwypuklam niezależnie od tego, że jestem przekonany, iż wraz z publikacją trzech tomów pism pedagogicznych Radlińskiej w latach 60. minionego wieku (Radlińska 1961, 1961a, 1964)[28] czy wyboru z 1979 roku o kulturze i oświacie na wsi, a zwłaszcza z tomikiem serii „Myśli i Ludzie", znakomicie przygotowanym przez Wiesława Theissa (1984), dopiero pojawiły się znamiona **dojrzewania przesilenia recepcyjnego** w odniesieniu do dorobku interesującej nas tu znakomitej postaci, co w płaszczyźnie teoretycznej dokumentują tomy podręcznika pedagogiki społecznej: autorstwa Ewy Marynowicz-Hetki (2006) i pod jej redakcją (*Pedagogika społeczna. Podręcznik...*, 2007). Wszystko to jednak dopiero otwiera szanse na głębokie przetworzenie wartości tej myśli w procesie żmudnego jej przejmowania dla nowych kontekstów i uwarunkowań społecznych.

To pozwala w szczególności powrócić do perspektywy rozumienia wagi dokonań Radlińskiej, ujętej przez Aleksandra Kamińskiego najmocniej spośród czytelników tej tradycji poprzez kategorie: „związek dialektyczny", „dialektyczne powiązanie", obejmujące jednostkę i środowisko jako „wzajemnie powiązane" oraz „wzajemnie uwarunkowane", przez co skazane na „wzajemne oddziaływanie wpływów środowiska i przekształcających środowisko sił jednostek" (por. Kamiński 1961, s. XXXI)[29]. Kamiński dostrzega tutaj słusznie wpisanie się Radlińskiej w podejście tych pedagogów społecznych, którzy widząc tu dialektyczność relacji i powiązań, zarazem „dialektykę tę upraktycznili", przezwyciężając typowe jednostronności myśli i działań wychowawczych – nie tylko odrzucając

> [...] zarówno jednostronny determinizm środowiska w kształtowaniu człowieka, jak i nie mniej jednostronny psychologizm, usiłujący rozwikłać trudności społeczno--wychowawcze na drodze psychoterapii,

lecz także wpisując wychowanie w znacznie bogatszą perspektywę praktyki kulturowej i społecznej, poza intencjonalność programową i wybrane miejsce, jakim

---

28 Można by wręcz uznać fakt tej edycji, starannie obudowanej komentarzami m.in. przez Aleksandra Kamińskiego i Ryszarda Wroczyńskiego, za podstawową przesłankę zwrotu w kierunku podjęcia studiów nad myślą Heleny Radlińskiej. Nie została jednak wykonana niezbędna praca analityczna w zakresie teoretycznego dojrzewania dyskursu.

29 Ostatnie cytowane sformułowanie to podstawowa zasada Radlińskiej, do której dalej tu nawiązuję i którą – jak słusznie zauważa Kamiński – sama Radlińska „uważała za fundamentalną dla swych rozważań" (Kamiński 1961, s. XXXI). Sądzę, że pora uznać tę formułę za fundamentalną dla wszelkiej pedagogiki zdolnej wnikliwie rozumieć relacje między jednostką a jej środowiskiem, w pogłębionym sensie tego terminu, odróżnionym od otoczenia, dzięki pracom twórczyni pedagogiki społecznej, a tak naprawdę autorki społecznego ugruntowania całej pedagogiki, wraz z wysiłkami jej pokolenia także pod sztandarami pedagogiki kultury.

bywa dla wielu szkoła i jej nauczyciele (Kamiński 1961, s. XXX–XXXI). W późniejszej wersji podręcznikowej Kamiński kojarzy ów psychologizm z podejściem, jakie „reprezentuje **idealizm pedagogiczny** Fryderyka Foerstera, personalistów", który trzeba odrzucić i zastąpić przez formuły pedagogiki społecznej „ujmującej środowisko i jednostkę w dialektycznym związku", zgodnie z podejściem Radlińskiej czy innych autorów, jak Adolf Busemann, także uwypuklających w okresie przedwojennym „[d]ialektykę wzajemnych wpływów środowiska na jednostkę i jednostki na środowisko" (por. Kamiński 1980, s. 42).

Tym bardziej warto, jak sądzę, dążyć do pełniejszego ugruntowania – jako minimum zrozumienia w naszym środowisku – podstawowych rysów aktualności dorobku, jaki tu wchodzi w grę, jako zobowiązania niedającego się dłużej lekceważyć bez szkody nie tylko dla pamięci symbolicznej, lecz także obecnej kultury pedagogicznej w Polsce. Mówienie i pisanie o „swoistości" rozważań Radlińskiej i jej dokonań zamyka drogę do zrozumienia ich znacznie bardziej uniwersalnego charakteru, którego przyjęcie do wiadomości pozwoliłoby na uwolnienie pedagogiki w jej wielu najnowszych przejawach (także podręcznikowych) od spłyceń, banalizacji, wydziedziczenia z tradycji i z jej głębi intelektualnej oraz mocy zaangażowania kulturowego i społecznego, które nie dadzą się od siebie oderwać żadnymi sztuczkami separowania od siebie rozmaitych pól zainteresowań. Jeśli już, to można mówić co najwyżej o swoistym stylu, dominującym u nas z racji braków w wysiłku ogarniania najważniejszych tropów z naszej tradycji pedagogicznej. Styl ten podnosi do rangi normy to, co znamionuje jedynie właśnie owa swoistość zapomnienia i zaniechania tradycji, podmienionej jakimiś jej namiastkami, skrótami czy zdawkowymi pochwałami i ilustracjami. Zbyt często zadowala się akcentami niemającymi istotnego znaczenia, bo nieniosącymi impulsów pozwalających na nadanie nowej dynamiki myśleniu, badaniom, z jednej strony, a nawiązujących do wrażliwości etycznej i wyobraźni społecznej i determinacji w działaniu z drugiej.

Problem przełomu w historii myśli

Mamy wiele przykładów w historii idei, świadczących o tym, jak często pewne idee czy kategorie muszą być wielokrotnie odkrywane, czy muszą dojrzewać w rozmaitych okolicznościach, w tym bywają zapominane albo też pojawiają się w nowych obszarach i postaciach. Tak jest z pewnością z ideami dotyczącymi środowiska humanistycznego czy humanistyki ekologicznej, rozumiejącymi uwikłanie jednostki w jej zewnętrzne konteksty, a zarazem nakazującymi te ostatnie widzieć przez pryzmat ich odbioru przez postaci będące w ich centrum. Mimo wysiłków jeszcze przedwojennych Heleny Radlińskiej pewne jej sugestie musiały się doczekać bardziej sprzyjającego im gruntu, czy też dojrzałości innych autorów do ich ponownego podjęcia, zwykle jednak zainspirowanego inaczej.

Na koniec tego wstępu pozostaje mi jeszcze podjąć na serio problem tytułowego „przełomu" w kontekście znakomitej idei z lat 60. XX wieku, zaprezentowanej w kontekście badań funkcjonowania peryferyjnej szkoły wiejskiej, które unaoczniły wagę krytycznego podejścia określonego z niezwykłą intuicją przez Zbigniewa Kwiecińskiego mianem „ekologii pedagogicznej" (por. *Warunki pracy szkoły we wsi peryferyjnej...* 1967, s. 5–17, 69–101)[30]. Jest to pouczający przykład na to, jak ważne idee bywają zasygnalizowane, a następnie nie zostają podjęte, a ich waga nie zostaje w pełni zrozumiana nawet przez jej inicjatorów, a tym bardziej przez środowisko naukowe czy koordynatorów szerszych działań, nawet przez dekady. Można wręcz powiedzieć o przeoczeniu w Polsce ostatnich dziesięcioleci zrębów dwóch aż przełomów, które widać dopiero z ostatnich lat stanu humanistyki XX wieku: jednego otwierającego się na wewnętrzną złożoność strukturalną procesów i zjawisk, niosącą co najmniej dwustronne i dwubiegunowe napięcia, który określiłem mianem **przełomu dwoistości**, i drugiego, upominającego się o dostrzeganie uwewnętrznianych i przetwarzanych, zwrotnych sprzężeń zewnętrznych, który da się określić jako **przełom ekologiczny**, w sensie strategii refleksji humanistycznej odsłaniającej wzajemne uwarunkowania i uwikłania wpływu tam, gdzie widziano odrębne światy dyscyplinarne czy jednokierunkowość determinacji. Oba te procesy wymagają dostrzeżenia i zastosowania łącznie w ich wzajemnym powiązaniu, czego ukoronowaniem jest dla mnie „ekologia umysłu" jako dwoistej strategii analizowania komunikacji społecznej przez Gregory'ego Batesona. Ostatecznie można, moim zdaniem, zaryzykować twierdzenie, którego uzasadnieniu poświęcona jest ta książka, że kompletny wysiłek ogarniania kompleksowości zjawisk, z jakimi mamy

---

30 Idea była podjęta także przez Stanisława Kawulę (por. Kawula 1967, s. 43–68). Jestem bardzo wdzięczny prof. Z. Kwiecińskiemu za zwrócenie mi uwagi na tę pozycję. Zarazem można zauważyć, że przykład ten koryguje nieco sugestię W. Theissa, że „w połowie lat 60. nikt poza R. Wroczyńskim nie upominał się o łączenie perspektywy pedagogicznej i ekologicznej" (por. *Pedagogika społeczna. Dokonania...* 2005, s. 233). Przypominanie tu przez Theissa zasług Wroczyńskiego w upominaniu się, „aby badanie relacji szkoła (wychowanie) – środowisko uwzględniało perspektywę ekologii humanistycznej", oraz w nawiązaniu do szkoły chicagowskiej i przedwojennej socjologii wychowania w Polsce gubi jednak – mam dojmujące wrażenie – fakt, że pod tym względem zasługi Radlińskiej zostały po prostu zminimalizowane. Wroczyński najwyraźniej swoim „szkoło-centryzmem" zakłócił proporcje i wymiary trosk humanistycznych wielkiej mistrzyni pedagogiki społecznej. Po intensywnych lekturach prac Radlińskiej i poznaniu późniejszych podręczników, jak również prac Wroczyńskiego nie jestem w stanie przyłączyć się do tych, którzy twierdzą, że jego „historycznym osiągnięciem" było „przyjęcie i twórcze rozwinięcie dziedzictwa Heleny Radlińskiej" (por. *Pedagogika społeczna. Dokonania...* 2005, s. 237, 240). Pora, moim zdaniem, na znacznie bardziej wnikliwe i krytyczne diagnozowanie tej relacji, gdyż w historii idei na porządku dnia są sytuacje wymagające rozpoznania owego „twórczego rozwinięcia" jako często jedynie jednostronnej interpretacji, gubiącej ważne tropy, jak np. było z marburską szkołą neokantyzmu i jej hasłem „powrotu do Kanta". Nawet taka strategia intencjonalna wymaga ostrożności analitycznej i czujności krytycznej, nakazując powrót do odmiennej lektury tradycji myśli.

do czynienia w rozmaitych sferach zjawisk cywilizacyjnych – choć nas tu głównie zajmują problemy wychowania i pedagogiki w kontekstach kulturowych i społecznych – wymaga zespolonego przesilenia o charakterze przełomu intelektualnego, obejmującego (postulowany w latach 60. XX wieku przez Z. Kwiecińskiego) „bardziej intensywny rozwój diagnostycznej funkcji nauk pedagogicznych" (*Warunki pracy szkoły we wsi peryferyjnej...* 1967, s. 69), wymagający jednocześnie, jak to dziś widać, postawy krytycznej, nastawienia ekologicznego oraz zrozumienia dla dwoistości uwikłań. Stąd odniesienie tytułowe pracy do ekologii umysłu, idei i wychowania, co pozwala według mnie na wypełnienie poważnej luki w rozpoznaniu znacznie bardziej uniwersalnego i zaawansowanego miejsca pedagogiki społecznej Heleny Radlińskiej w całej pedagogice w poprzek jej subdyscyplin. Przedmioty zainteresowania dyscyplinarnego stają się nie generatorami odrębnych pól badań, bez wzajemnych związków i oddziaływań, a jedynie „residuami"[31] pełniejszych zjawisk i procesów, które trzeba umieć rozpoznawać i wiązać krytycznie, dwoiście i ekologicznie.

W obecnej postaci moich rozważań odniesienie do przełomu w historii i teraźniejszości pedagogiki w Polsce przejawia się na trzy sposoby. Pierwszy dotyczy tezy, że w okresie międzywojennym miał miejsce przełom w sferze idei, którego nie podjęto ani nie zrozumiano w pełni, a także w sposób, który by efektywnie rzutował dalej na rozwój myśli w związanym z nią obszarze problemowym. Drugi aspekt tej sytuacji wiąże się z uznaniem, że zmiany o charakterze przełomu są obecnie bardzo potrzebne, a nawet niezbędne w podobnym sensie jak wówczas, gdy elita pokoleniowa poszukiwała możliwie najdojrzalszej pedagogiki, w czasie kiedy Polska odzyskiwała niepodległość po latach niebytu i stawano wobec konieczności zbudowania nowej rzeczywistości oświatowej dla ówczesnych pokoleń. I po trzecie, mając w pamięci rozmaite ważne akcenty z udziałem grona wybitnych polskich pedagogów i moim skromnym wkładem, skłonny jestem ryzykować tezę, że pewne zwiastuny tego nowego etapu przełomu zjawiają się na horyzoncie i kto je zauważy i doceni ma szanse na włączenie się w ich krzepnięcie, rozwój i krystalizację.

Aby te ogólne uwagi jakoś ukonkretnić, trzeba, moim zdaniem, paradoksalnie, zastanowić się nad sensem wskazywania na przełomy w historii myśli naukowej, czy w historii idei, ze szczególnym uwzględnieniem historii idei pedagogicznych. Warto zapytać o to, jak się dokonują przełomy w historii kultury, przy czym nie

---

31 Ideą „residuów" zjawisk posługuję się tu w kontekście inspiracji modelem cyklu życia u Erika H. Eriksona i jego wizją pionowego profilu tożsamości, w którym z poszczególnych faz jako składowe dają o sobie znać poszczególne „residua tożsamości" (por. Witkowski 2009a). Zarazem warto odnotować, że idea ta posłużyła Julicie Orzelskiej do sformułowania w naszych dyskusjach idei residuów pedagogicznych i pedagogik residualnych jako zajmujących się takimi składowymi zjawisk uczestniczącymi w budowie profili rozwojowych, np. w odniesieniu do „pedagogiki wstydu" czy „pedagogiki nadziei" (por. Orzelska 2014). W tym sensie sugeruję, że pedagogika społeczna także byłaby taką pedagogiką residualną, mimo że jej dążenia sytuują się pod wieloma względami transwersalnie, czyli w poprzek innych dyscyplin.

chodzi mi o zaistniałe i dostrzeżone zwroty, co do których nikt nie ma wątpliwości, które same siebie zapowiadają i samych siebie strzegą. Chodzi o zjawiska znacznie bardziej paradoksalne, ale zarazem głębsze i wpisane w przestrzeń bardziej kulturową, po części niewidzialną, jak to wyraża Radlińska, niż związaną z czytelnymi, rozpoznawanymi wyróżnikami. Jak się dalej okaże – dodajmy na marginesie – mamy w jej analizach próbę zdania sprawy, po części intuicyjnego, ale głęboko już motywowanego, odniesienia do wagi wpływu środowiska stanowiącego część sfery symbolicznej, a czego opis, zmieniający wyobrażenia o procesach postępu poznawczego w nauce i mechanizmach oddziaływania kształcącego, uwypukla wprowadzona dopiero w latach 60. minionego wieku przez G. Batesona za G. Vickersem (Bateson 2000, s. 467; Vickers 1968, s. 1–70)[32] perspektywa „ekologii idei". Nawiążę do niej dalej.

Po pierwsze bowiem zauważmy, że przełomy dokonują się często w takim trybie, iż bywają niedostrzeżone, niedocenione, a towarzyszące im zjawiska teoretyczne, czy przejawy wpisane w dorobek bądź dokonania poszczególnych osób, zostają stosunkowo szybko zmarnowane, zlekceważone i nie tyle zapomniane, ile nigdy niewpisane w szerszą perspektywę ich rozumienia przez całe dekady i cykle pokoleniowych lektur, funkcjonowania ich akademickich depozytariuszy porozsiadanych na katedrach w trybie przejęcia schedy po naprawdę wielkich umysłach.

Po drugie, trudność z dostrzeżeniem przełomów polega również na tym, że dojrzewają stopniowo i powoli, w rozproszonych i sfragmentaryzowanych przejawach u rozmaitych wybitnych postaci, nieświadomych tego, w czym uczestniczą, ani tego, jak radykalną zmianę przygotowują, bo niemających – wobec dokonujących się czy dopiero pączkujących przeobrażeń – niezbędnego dystansu czasowego czy zewnętrznej perspektywy. W grę więc wchodzi zadanie znalezienia perspektywy pozwalającej na dostrzeżenie procesu kumulowania się pewnych efektów działań i przejawów zachowań, niezdolnych przecież do takiej autoprezentacji w momencie ich dochodzenia do głosu. One to bowiem zaistnieją jako przełom dopiero po ich przetworzeniu i wyrażeniu z perspektywy zaistniałej po latach, w mozolnym wysiłku zbierania ich niedojrzałych zwiastunów i gdy wreszcie zbierze się je do jakiejś jednej całości, wiarygodnie opisanej w narracji obiektywizującej pewne stany rzeczy wbrew subiektywnym ich opisom i kwalifikacjom ze strony ich głównych uczestników, w tym najważniejszych protagonistów.

Po trzecie, ogromną przeszkodą w dostrzeżeniu przełomu jest brak istotnej perspektywy normatywnej, uwalniającej od powierzchownych wyróżników dla opisów na bieżąco wystarczających obserwatorom czy autorom systematyzacji podręcznikowych. Dla przykładu, XXI wiek może być kojarzony banalnie – z satysfakcją, że szampana na wszelki wypadek pito aż dwa razy: raz na koniec 1999 roku, a drugi raz na koniec 2000 roku, żeby się nie pomylić – a może w dramatycznej

---

[32] Bateson uznaje tu swój dług intelektualny.

perspektywie prowadzić do wyznania, że się jeszcze na dobre nie zaczął i nie zacznie tak długo, jak długo nie zbilansujemy XX wieku i nie zdołamy się odciąć od jego słabości i iluzji. Nie wystarczy więc nazwać serii wydawniczej „Encyklopedią Pedagogiczną XXI Wieku", jeśli nie zostanie w niej – czy uprzednio wobec niej – dokonana praca zamknięcia, zsyntetyzowania i przekroczenia ram dokonań XX wieku. W tym sensie można stwierdzić, że przełom na miarę XXI wieku jeszcze się w polskiej pedagogice na dobre nie zaczął i długo nie zacznie, bo trzeba się dopiero zabrać za intensywne i głębokie przygotowanie jego przesłanek.

A tymczasem naszym zamiarem jest prześledzenie tez, że (a) przełom był, (b) nowy przełom jest potrzebny, (c) nowy przełom się dokonuje dzięki zrozumieniu, że już wcześniej przełom stopniowo się wydarzał, ale został zmarnowany i zapoznany, a co więcej dopiero odzyskując jego rozumienie, możemy dać sobie szansę na przywrócenie kontaktu z tradycją w nowoczesny sposób w celu programowania horyzontu teoretycznego dla współczesności. W niniejszej książce wraz z jej anonsem i częściowym rozpracowaniem w tomie *Przełom dwoistości w pedagogice polskiej* (Witkowski 2013a) bronię każdej z tych tez, dokonując egzemplifikacji na materiale pochodzącym z odczytania i interpretacji spuścizny Heleny Radlińskiej. Wkraczam w tę przestrzeń świadomy konieczności wejścia w spór, ale tym bardziej widząc konieczność pokazania możliwości nowej recepcji tego dorobku w celu sprzęgnięcia go z interesem poznawczym całej dyscypliny, jaką jest pedagogika, traktowanej integralnie, jak również wpisanej w zadania praktyczne i wyzwania kulturowe, których nie wolno dłużej pozostawiać poza pełną mobilizacją całego środowiska akademickiego osób czujących się współodpowiedzialnymi za aktualność i przyszłość zagrożonej kultury pedagogicznej w Polsce.

Oczywiście, nie sposób zanegować stwierdzenia, że są to ciągle jedynie ogniwa do perspektywy szerszej, głębszej i bardziej otwartej na inne obszary i styki, w której powstawaniu na użytek myśli pedagogicznej w trosce o kulturę pedagogiczną praktyki oświatowej niezbędna jest mobilizacja znacznie szerszego środowiska badaczy i to w poprzek podziałów dyscyplinarnych, zbyt często odcinających w nie wpisanych od inspiracji na wyciągnięcie ręki. Jeśli kogoś do tego wysiłku ta książka zachęci, jej zadanie będzie się stopniowo wypełniało. Zdaję sobie jednak sprawę ze skali zadania, wymagającego aż zmiany „kultury pedagogicznej" w naszym środowisku akademickim.

Tymczasem przyjrzymy się ilustracyjnie przypadkowi istotnych zmian w horyzoncie myślenia, które jednak z trudem przebijają się w dyscyplinie, a nawet okresowo podlegają zapomnieniu, porzuceniu, nawet zlekceważeniu przez samych jego uczestników i twórców. Szczególnie w tym kontekście cenię sobie próbę Zbigniewa Kwiecińskiego podjęcia poważnej refleksji retrospektywnej zakończonej pytaniem *Ekologia pedagogiczna. Reaktywacja?* (2014).

Przykład idei „ekologii pedagogicznej" Zbigniewa Kwiecińskiego

Idei „ekologii pedagogicznej" została zaprezentowana w 1967 roku przez Zbigniewa Kwiecińskiego, jako młodego wówczas naukowca i nauczyciela, oraz grono jego przyjaciół (Stanisława Kawulę, Włodzimierza Wincławskiego) w ramach „ekologicznych badań monograficznych", wypracowujących narzędzia i zajmujących się konkretnym przypadkiem peryferyjnej szkoły wiejskiej i jej otoczenia społecznego w Cichem Górnym na Podhalu (por. *Warunki pracy szkoły we wsi peryferyjnej...* 1967). Nie są w pełni jasne źródła tej intuicji, gdyż jej pomysłodawcy o tym nie piszą, choć można za takie uznać „Przegląd literatury" dokonany przez Włodzimierza Wincławskiego (*Warunki pracy szkoły we wsi peryferyjnej...* 1967, s. 175–188)[33] w zakresie tematu „Wieś jako środowisko wychowawcze". Pozostaje jednak dziś zgoła niezrozumiała nieobecność tam odniesień do Heleny Radlińskiej i jej dorobku w tym zakresie. Nieco akcentów źródłowych przynosi także tekst Stanisława Kawuli, wyróżniający – poza ówcześnie najnowszymi dokonaniami socjologów, takich jak Zygmunt Bauman czy Antonina Kłoskowska, oraz pedagogów rodziny, m.in. Danuty Markowskiej czy Karola Kotłowskiego – jedynie Antona S. Makarenkę, a z przedwojennych prac tylko Zygmunta Mysłakowskiego, któremu autor oddaje, że ten „zainicjował w okresie międzywojennym badania monograficzne nad rodziną" w kontekście „zależności od czynników otoczenia" (por. *Warunki pracy szkoły we wsi peryferyjnej...* 1967, s. 43–68).

Chodziło w szczególności o ukierunkowanie badań na rzetelną, krytyczną diagnozę „przyczyn i skutków rozbieżności rzeczywistego i postulowanego stanu szkoły wiejskiej" w celu wypracowania wizji „skutecznej likwidacji przyczyn i skutków", w trybie analiz kompleksowych i zespołowo prowadzonych w perspektywie kilkuletniej (*Warunki pracy szkoły we wsi peryferyjnej...* 1967, s. 5). Metodologicznie wymagało to wypracowania narzędzi pozwalających na „badania nad specyfiką wpływu różnego typu środowisk na realizację ideałów wychowania" oraz na zaproponowanie postulowanych zmian w trybie sprawdzanych na miejscu doświadczeń, z nadzieją na przekroczenie ograniczeń, a nawet niebezpieczeństw „studium przypadku"[34] w kierunku umożliwiającym tworzenie „mapy środowisk", z różnym stopniem nasilenia i jakości kluczowych cech (*Warunki pracy szkoły we wsi peryferyjnej...* 1967, s. 7). Zauważmy, w trybie uwypuklania ważnych akcentów dwoistych, że Kwieciński widział tu konieczność zajęcia się „kompletną monografią" także

---

33 Autor ten zastrzega się, że nie rości sobie pretensji do kompletności, ale uważa zestaw za reprezentatywny w zakresie literatury podstawowej, czego dziś nie można jednak uznać z powodu nieobecności Radlińskiej.

34 Spotykamy taką uwagę w wypowiedzi Włodzimierza Wincławskiego, unaoczniającą zatem obosieczność poznawczą studium przypadku, gdy pozostaje ono „studium jednego przypadku", oderwanym od widzenia w nim „podbudowy" pod „działanie reformujące" (por. *Warunki pracy szkoły we wsi peryferyjnej...* 1967, s. 18).

historyczną, przy czym „analiza kompletna" ostatecznie miałaby pozwolić „podjąć rzetelną krytykę, choćby i ostrą" w zakresie wspomnianych „rozbieżności" między rzeczywistością i jej ideologicznym obrazem czy postulowanym ideałem. Mamy tu bowiem zapowiedź uznania, że rzetelne badania muszą ukierunkować swój krytycyzm na choćby i ostre zderzenie z postawą decydentów, co zresztą powodowało, dodajmy, że coraz mniej było zainteresowania czy choćby przyzwolenia politycznego w Polsce na prowadzenie takich badań w latach 60.–70. XX wieku. Nie jest więc prawdą, że pedagogika społeczna czy socjologia wychowania mogły się swobodnie rozwijać PO okresie stalinizmu. Tymczasem w pewnych stanach zaawansowanej rozbieżności między obrazem ideologicznym a naukowym rzetelne badania muszą być krytyczne i ostre w swojej diagnozie, obnażając nie tylko przepaść, lecz także dozę cynizmu czy zakłamania tych, którzy tego obrazu nie chcą dopuścić do świadomości społecznej. Warto także odnotować, że w trybie seminarium badawczego grupa Kwiecińskiego usiłowała „spojrzeć sobie wzajemnie na »warsztat«" (*Warunki pracy szkoły we wsi peryferyjnej...* 1967, s. 16) badawczy, gdzie owa wzajemność pozostaje rzadkim sposobem definiowania i tworzenia warunków rzeczywistych badań zespołowych, czego wagę (i trudność) tak dobitnie podkreślała Helena Radlińska.

Kluczowe sformułowania, zawierające programowe ukierunkowanie sygnalizowanej idei „ekologii pedagogicznej" u Kwiecińskiego wydają się obecne w postulacie „wypróbowania modelu ekologiczno-pedagogicznego postępowania badawczego oraz praktycznego" do badania „rozbieżności struktury od modelu" w zakresie funkcji rzeczywistej i założonej, w odniesieniu do przedmiotów i sfer badań, jakie wyznacza „wiejska społeczność lokalna" (*Warunki pracy szkoły we wsi peryferyjnej...* 1967, s. 8–9). Mamy tu do czynienia z podejściem wskazującym zarazem na możliwości pewnego niuansowania nastawień w kwestii tego, czy będą znamionowały podejście z perspektywy socjologii wychowania, pedagogiki społecznej czy pedagogiki ogólnej i polityki oświatowej – choć tak naprawdę daje tu o sobie znać splot tych ukierunkowań[35], zwłaszcza w wydaniu Radlińskiej. Dzisiaj podstawowe dla wszystkich

---

35 Z. Kwieciński był także tego świadom, gdy uwypuklał związek „badań i wdrożeń" oraz podkreślał, że posługując się powstającym w tym programie „modelem ekologiczno-pedagogicznego postępowania badawczego i praktycznego", zarazem „ze względów etycznych nie można – posiadając ku temu możliwości – nie wprowadzać zmian, których postulowanie nie musi czekać do ostatecznego przyjęcia projektu systemu oddziaływań" (*Warunki pracy szkoły we wsi peryferyjnej...* 1967, s. 12). Jednocześnie badań takich i wdrożeń nie da się podejmować i przeprowadzać z rozgraniczeniami dyscyplin i zakresów ich zainteresowań, gdyż „[p]odział na etapy i mniejsze ogniwa postępowania jest w nim sztuczny", a sam przedmiot „badań pedagogicznych i socjopedagogicznych" nie da się rozłożyć na odrębne czynniki i ich kontrolę (por. *Warunki pracy szkoły we wsi peryferyjnej...* 1967, s. 12). Stąd kompleksowe i kompletne badania wymagałyby „współdziałania historyków, socjologów, ekonomistów, demografów i etnografów", a także „specjalistów pomiaru pedagogicznego" (*Warunki pracy szkoły we wsi peryferyjnej...* 1967). Sam ten program wiele by skorzystał, gdyby od samego początku był wpisany w tradycję i dokonania

tych perspektyw wydaje się podkreślanie konieczności uwzględniania wzajemnych uwarunkowań i powiązań, niosących w sobie dwustronność oddziaływań.

Badania nad specyfiką wpływu różnego typu środowisk na realizację przyjętych założeń wychowawczych, można, naszym zdaniem, zakwalifikować do **ekologii pedagogicznej**.

Ekologię pedagogiczną można uprawiać jako badania nad funkcjonowaniem instytucji oświatowo-wychowawczych, uwzględniające wzajemne uwarunkowania tych instytucji i zastanego dynamicznego systemu oddziaływań środowiska. W tym wypadku można mówić o **ekologii wychowania**, akcentując elementy **poznania** stanu w tym zakresie.

Można też uprawiać ekologię pedagogiczną tak, aby w oparciu o stwierdzone współzależności projektować optymalną organizację wychowania w danym typie środowiska i uzasadnione naukowo projekty wdrażać w życie. Wtedy można by nazwać tego rodzaju działalność teoretyczno-wdrożeniową: **ekologią wychowawczą** (*Warunki pracy szkoły we wsi peryferyjnej...* 1967, s. 7–8).

Byłoby wprost fascynujące prześledzenie tego, jak owa idea została podjęta, rozwinięta i dlaczego było tyle opóźnień i słabości w jej wdrażaniu[36], a także tego, skąd wynikała nieobecność przywołań Radlińskiej w tym kontekście, oraz kwestii, czy dla badaczy oświaty wiejskiej w perspektywie socjologii edukacji istotne było ukazanie się tomów prac Radlińskiej w latach 60.–70. minionego wieku (por. Radlińska 1961, 1961a, 1964, 1979). Zauważmy, że to, co Radlińska nazywała wymogiem „kompensacji", w omawianym tu **programie badań ekologii pedagogicznej** Kwiecińskiego występowało jako uwikłane w rozmaite dwubiegunowe napięcia: między „specyfikację celów" z jednej strony oraz „korygowaniem" ich realizacji z drugiej, z włączeniem propozycji „postępowania terapeutycznego (wyrównującego)" oraz profilaktyki, a także wysiłków reformujących też dwojako zorientowanych, zarówno w zakresie „oddziaływań szkoły na środowisko", jak i w kręgu „oddziaływań wewnątrzszkolnych" (*Warunki pracy szkoły we wsi peryferyjnej...* 1967, s. 11). Trzeba zaznaczyć, że młodzi badacze entuzjaści i zaangażowani społecznie pedagodzy praktycy byli świadomi konieczności badań i prób zmian „metodą ekspedycji", z okresowym osiedleniem się w środowisku, w którym miały się dokonywać badania i zmiany (*Warunki pracy szkoły we wsi peryferyjnej...* 1967, s. 14). Kluczowe w tym programie jest także wskazanie na sprzężenie zwrotne między oddziaływaniem

---

Heleny Radlińskiej. Być może losy polskiej pedagogiki oraz jakość jej zaawansowania i etyki przywództwa intelektualnego byłyby zgoła innej skali.

36 Jednym z typowych powodów jest z pewnością całkowicie błędne i szkodliwe kojarzenie przez Ryszarda Wroczyńskiego w podręczniku z pedagogiki społecznej jeszcze w 1976 roku podejścia „ekologicznego" ze skrajnym determinizmem i jednostronnością oddziaływań, czemu trzeba by podobnie przeciwstawić jedynie materializm dialektyczny (por. Wroczyński 1976); piszę o tym szerzej w kontekście losów idei środowiska.

rodziny z jednej strony i szkoły z drugiej, widzianych jako przynoszące „czynniki ekologiczne", które rzutują w zakresie możliwości „startu społecznego" czy aspiracji na sytuację dzieci uczniów jako dzieci członków rodzin, uwikłanych w obowiązki gospodarskie i jakość funkcjonowania rodziców także w kontekście kulturowym (*Warunki pracy szkoły we wsi peryferyjnej...* 1967, s. 38). Warto zwrócić uwagę, że tam, gdzie padają sformułowania wskazujące na „dwojakie" cele działań podjętej ekspedycji badawczej oraz dążeń prezentacyjnych, tam zawsze mamy uwypuklenie choćby *implicite* dwubiegunowości sytuacji, w której koniecznością jest działanie w dwóch jednocześnie kierunkach, np. praktycznym i naukowym, badawczym i dydaktycznym, dającym efekty i mobilizującym do wdrażania do integralnej perspektywy w samej postawie i zaangażowaniu etycznym (por. *Warunki pracy szkoły we wsi peryferyjnej...* 1967, s. 9, 14). Dzięki temu uzyskujemy cenne uwagi, np. o powiązaniu troski o „pełny rozwój osobowości" dzieci we wsi w Cichem z przeciwdziałaniem brakowi ich „możliwości pełnego udziału w życiu rówieśniczym" czy przytłoczeniu obowiązkami gospodarskimi w zderzeniu z czasem, który mogą przeznaczać na czytanie książek (*Warunki pracy szkoły we wsi peryferyjnej...* 1967, s. 32).

Obok analiz Zbigniewa Kwiecińskiego w tomie wyróżniają się także rozważania i ustalenia Stanisława Kawuli, badacza uczulającego na „zaniedbany" kierunek badań, które zalicza do „ekologii ludzkiej", wymagającej dążenia do uchwycenia „stosunków międzyludzkich zależnie od środowiska", czy w szczególności – widzenia funkcji wychowawczej rodziny wiejskiej „na tle" innych funkcji i uwikłań (por. Kawula 1967, s. 43), ogólnie mówiąc: zwłaszcza tam, gdzie kluczowe dla funkcji rozmaitych instytucji i jakości ich oddziaływania są „więzi osobiste", gdzie poza diagnozą niezbędna jest ocena, a dalej postulaty zmiany i działania na rzecz ich realizacji:

> Postulowane wyżej badania powinny te różnice środowiskowe uwzględnić, a zaliczyć je można do tzw. ekologii ludzkiej (*human ecology*), ponieważ dotyczą zjawisk wychowawczych, określić je można mianem ekologii pedagogicznej. Nie jest to termin żywcem zapożyczony z nauk biologicznych, ponieważ ekologia pedagogiczna nie zajmuje się wyłącznie zachowaniem człowieka w stosunku do środowiska, ale raczej stosunkiem człowieka do człowieka na tle środowiska lokalnego. Te wzajemne kontakty międzyludzkie są przecież w każdym środowisku inne, bowiem środowisko lokalne kształtuje określony typ takich stosunków. Mają one również wiele aspektów wychowawczych. [...] Pedagog więc ma opisowy charakter badań uzupełniać normatywnym, bada zjawiska, nie ograniczając się do referowania istniejącego stanu rzeczy, ale badania takie mają być podstawą do tworzenia nowej rzeczywistości wychowawczej w społeczności lokalnej (Kawula 1967, s. 43–45).

Choć nie pada odniesienie do Heleny Radlińskiej, to mamy tu wspólny z nią kierunek troski o to, co sama nazywała „melioracją" środowiska, warunkującą tworzenie nowych szans na jakość wrastania w glebę kulturową i wzrastania dzięki niej z dążeniem do „przebudzenia", jako wyzwalaniem i rozwijaniem potencjału wewnętrznych sił jednostki i grup w danym środowisku, co w wersji Kawuli jest wyrażane poprzez wskazanie na „rozbudowanie potrzeb u dzieci i ukazywanie wzorów ich zaspokajania" oraz podkreślanie „kształtowania podstaw w dziedzinie życia społecznego", wraz z troską o rozwój umysłowy (poprzez „słownik dzieci" oraz uczestnictwo „w życiu kulturalnym") czy o przeciwdziałanie sytuacjom, gdy na wsi „rodzice utrudniają dzieciom awans przez szkołę średnią" przy kolizji codzienności w gospodarstwie z przyszłością startu, awansu i rozwoju duchowego (Kawula 1967, s. 53–57, 65). W duchu Radlińskiej – mimo nieobecności odniesień – brzmi troska o stymulowanie „tempa przenikania procesów przemian społecznych" do wsi oraz uznanie, że „[i]stnieje potrzeba zorganizowania placówek kulturalno-oświatowych na wsi" (Kawula 1967, s. 66, 68).

Kwieciński podkreślał, również w tym samym duchu, że w trosce o „wyrównanie startu" i o możliwie wszechstronny rozwój dzieci na wsi „[w] wiejskiej społeczności lokalnej potrzebni są nauczyciele o wyjątkowo wysokich kwalifikacjach intelektualnych i moralnych" (*Warunki pracy szkoły we wsi peryferyjnej...* 1967, s. 76). Wówczas też jeszcze młody magister Tadeusz Pilch podnosił z kolei w dyskusji na tym samym seminarium kwestię tego, że „w Polsce istnieje wielkie zapotrzebowanie na badania nad szkołą wiejską" (*Warunki pracy szkoły we wsi peryferyjnej...* 1967, s. 171). To wszystko dopełnia obraz zrozumienia dla kompleksowości i czasem wręcz paradoksalności niezbędnych tu działań, jak też skali rozziewu czy „rozbieżności celów, zadań, teorii z jednej strony, a praktyki z drugiej" (*Warunki pracy szkoły we wsi peryferyjnej...* 1967, s. 172), których obnażanie było tak niemiłe czynnikom ideologicznym pseudosocjalizmu w PRL-u, więc tym bardziej utrudniały one dojrzewanie świadomości potrzeby zmiany oraz wypracowania jej środków i sił dla niej. Nie jest bez znaczenia okoliczność, że postulowanie ekologii pedagogicznej, uczestniczącej „w badaniach genetycznych i strukturalnych nad środowiskiem lokalnym" w Polsce, miało miejsce w zakresie socjologii wsi w kontekście socjologii edukacji w gronie Zbigniewa Kwiecińskiego, a w pedagogice społecznej, dzięki tradycji badań w obszarze historii ruchu oświatowego oraz poprzez jej przenoszenie i kontynuację, w kręgu wpływów Heleny Radlińskiej.

Ponadto warto zauważyć, że w pełnej już próbie prezentacji badań w Cichem Górnem, jako podejmujących całościowy problem „funkcjonowania szkoły w środowisku wiejskim", z 1972 roku Zbigniew Kwieciński operuje terminem „badania kompleksowe", wyróżniając w ich charakterystyce dwa ich bieguny czy dwie strony badanych zjawisk, z podkreśleniem, że są one „wzajemnie powiązane", a zarazem mają charakter „dopełniających się typów", np. w zakresie organizacji badań; można nawet stwierdzić sprzeczności niedające się pogodzić, które wymagają podejścia cechującego się ich „pełnym respektowaniem" (por. Kwieciński 1972, s. 63). Oznacza to w szczególności, że zamiast alternatywy badawczej: badać „statycznie czy dynamicznie" niezbędne jest „łączne stosowanie" związanych z nimi perspektyw i programowania, a zatem wpisanie ich między wysiłek „długotrwałej obserwacji uczestniczącej" z jednej strony oraz „powtarzania w pewnych odstępach czasu pomiarów ilościowych" z drugiej (Kwieciński 1972, s. 64). Konieczna jest zespołowość badań, reprezentowana przez specjalistów „dopełniających się w zakresach swoich badań", umożliwiająca współpracę grona, w którym wyróżnia się się w znamiennej kolejności: „historyka, etnografa, geografa, socjologa, demografa i ekonomisty" dla charakterystyki „składników i procesów" środowiskowych w ich różnych odniesieniach (Kwieciński 1972, s. 65, 67), przy czym powstanie takiego zespołu nie dokonywało się automatycznie, a wymagało uzgodnienia podstaw wspólnego zaangażowania i przygotowania się do badań „w zakresie metodologii ogólnej, metodologii empirycznych badań społecznych, pedagogiki ogólnej, pedagogiki społecznej, socjologii wychowania, socjologii wsi, polityki społecznej" i innych dyscyplin mogących wesprzeć problematyzowanie funkcjonowania szkoły wiejskiej (Kwieciński 1972, s. 65, 69). W omawianej relacji z badań aspekty ekologiczne pojawiają się wyróżnione jedynie w ramach bloku „przyczyn ekologicznych" trudności funkcjonowania szkoły w środowisku wiejskim, z jego charakterystykami, takimi jak: peryferyjność, wewnętrzna konfiguracja, sytuacja regionu, możliwości komunikacyjne z dalszymi odniesieniami (Kwieciński 1972, s. 191–198, por. także s. 225). Uwagę zwraca również to, że obecna w bibliografii klasyczna praca Radlińskiej z 1937 roku o „społecznych przyczynach powodzeń i niepowodzeń szkolnych" nie jest cytowana w książce, za to z pewnością mamy udokumentowany wpływ samego dyskursu badawczego tej klasyki społeczno-pedagogicznej w postaci (por. Kwieciński 1972, s. 227, 229, 234): wykorzystania terminów, np. „melioracja" (brana w cudzysłów, jak też bez niego) czy „kompensacja", wskazywania na „silne sprzężenie zwrotne" między stronami procesów, konieczność korektur i wprowadzania „elementów kompensacyjnych", a także widzenie związku między wymiarami społecznym i kulturowym, z tezą chociażby, że: „Grupa czynników nazwanych 'społeczno-kulturowymi' jest bardzo trudna do melioracji i kompensacji" (Kwieciński 1972, s. 230).

Głęboko w duchu trosk i postulatów Radlińskiej brzmią w książce Kwiecińskiego niektóre sformułowania, wieńczące rozważania, np. uwypuklające działania zorientowane na „znaczenie 'meliorujące' świadomość mieszkańców wsi", same w sobie trudne często do podejmowania, gdyż spotykają się one z rozmaitymi postaciami oporu, nawet w kwestiach kulturowo czy higienicznie elementarnych, z podkreśleniem wagi i trudności w zakresie kształtowania „świadomości potrzeby" rozmaitych rozwiązań i postaw, w tym doprowadzenia do „rozbudzenia ambicji" u samych nauczycieli (Kwieciński 1972, s. 244, 246–248, 264, 273). Najlepsze nawet intencje i intensywne wysiłki społeczno-pedagogiczne mogą się zderzać z podstawową przeszkodą w strukturze mentalnej środowiska, w którym pracuje nauczyciel, ponieważ – jak to zdiagnozowano pod koniec lat 60. XX wieku na podstawie przytoczonego materiału badawczego – tamże daje o sobie znać sprzeczność strukturalna w postawach, stawiająca pedagogów, jak byśmy dziś powiedzieli, wobec dwoistego wyzwania:

[s]zkoła jest jednak wartością przede wszystkim utylitarną. Z jednej strony mieszkańcy doceniają wagę świadectwa ukończenia szkoły w zdobyciu pracy poza wsią, a z drugiej nie dostrzegają potrzeby czynienia wysiłków dla zdobywania wiedzy nie wiążącej się bezpośrednio z możliwością poprawienia własnych warunków bytowych. Te sprzeczne wartości szkoła zastaje nie tylko w każdej klasie, ale i w wielu uczniach (Kwieciński 1972, s. 210).

To odsłanianie sprzężeń składających się na zjawiska „społeczno-kulturowe" (Kwieciński 1972, s. 205–212), stanowiące przeszkody w rozwoju funkcji szkoły, ma charakter ukształtowany przede wszystkim przez ducha programu Heleny Radlińskiej, choć nie jest on akcentowany, a nawet nie są wskazane niosące przełom recepcyjny trzy fundamentalne tomy jej prac przywróconych do życia akademickiego za sprawą tryptyku wydanego przez Zakład Narodowy im. Ossolińskich (por. Radlińska 1961, 1961a, 1964). Nie sposób nie stwierdzić, że z pewną krzywdą dla Radlińskiej, ale i stratą dla dynamiki dalszego rozwoju badań i ich zakorzenienia teoretycznego, Z. Kwieciński wskazuje jedynie – poza partnerami badań takimi jak S. Kawula i W. Wincławski (por. Kwieciński 1972, s. 218) – na R. Wroczyńskiego i jego wprowadzenie do pedagogiki społecznej oraz przypisuje główną zasługę programową B. Suchodolskiemu w słowach:

> Postulat badań kompleksowych jest szczególnie doniosły w dyscyplinach i koncepcjach pedagogicznych o tendencjach integracyjnych. [...] Potrzeba badań kompleksowych jest też konsekwencją koncepcji wychowania osobowości poprzez integrację treści nauczania i wychowania, poprzez integrację szkoły i życia społecznego, wypracowaną przez i pod kierunkiem B. Suchodolskiego (Kwieciński 1972, s. 58–59).

Tendencji integracyjnej, kompleksowej i w istocie kompletnej nie da się skojarzyć jednak głównie ani tym bardziej wyłącznie i źródłowo z twórcą o niemal dwadzieścia lat młodszym od Radlińskiej, a zwłaszcza z cytowanymi odniesieniami do niego w kontekście szkoły podstawowej „w społeczeństwie socjalistycznym" (Kwieciński 1972, s. 59). Zauważmy zresztą, że Z. Kwieciński sformułował i wdrażał przez lata program uprawiania pedagogiki, akcentowany w latach 90. minionego wieku w terminach ważnych dla pedagogiki krytycznej i niezwykle zbieżnych z posłaniem postawy H. Radlińskiej, gdy stwierdzał, iż:

> Zaangażowana humanistyka, w tym szczególnie pedagogika społeczna i socjologia edukacji są odpowiedzialne za prowadzenie badań diagnostycznych, demaskatorskich, projektujących oraz wdrożeń innowacji i tworzenie na ich gruncie opinii publicznej informowanej i alarmowanej, przekonywanej do tej kwestii widzianej całościowo, systemowo, jako szczególnie ważnej dla wsi i dla całego kraju. [...] idzie tu o wszelkie działania oświatowe na wszystkich poziomach, wszelkich form i dla wszystkich pokoleń, które służą rozwojowi wsi jako środowiska życia ludzi i rozwojowi ich samych, poszczególnych mieszkańców wsi (Kwieciński 2000, s. 429).

Tymczasem – dodam na zakończenie tego fragmentu, antycypując późniejsze odniesienie – niezbędne będzie dalej nie tylko zintegrowanie świadomości współzbieżności tych dążeń z tradycją Radlińskiej, lecz także wydobycie z nich wspólnej im idei krytycznej „ekologii pedagogicznej" czy wychowawczej, której pogłębienie wymaga z kolei wpisania jej w niemal równolegle dojrzewające na świecie (lata 60. XX wieku) idee szerszego kontekstu ekologii humanistycznej bardziej świadomie wczytującej się w – oraz wykorzystującej – dokonania z analiz modeli cybernetycznych o sprzężeniach zwrotnych w strukturze procesów komunikacji, co dalej będzie unaocznione za sprawą Gregory'ego Batesona (1972)[37]. Kluczowe bowiem jest ukazanie, że narzędzia analizy, diagnozy, jak też potencjalnego przeciwdziałania patologiom obejmują konieczność widzenia zjawisk uwikłanych w dwubiegunowe napięcia i konflikty, strukturalnie w niektórych sytuacjach nieuchronne, a nawet niosące groźbę uruchamiania procesów „schizmogenicznych", jak przestrzegał Bateson. Widział w nich źródło zjawisk prowadzących w skrajnych przypadkach do stanów schizofrenii jako choroby jednostek, ale też do schizmogenicznego rozpadu procesów wymagających – niemożliwego w konkretnych realiach społecznych (zwłaszcza komunikacji i rozwoju) – zintegrowania, czytelności odmiennych poziomów, a także interesów i dążeń w rozmaitych sferach życia: rodzinnego, zawodowego. Najważniejsze okazuje się tu zawsze podtrzymywanie sprzężenia zwrotnego przeciw skłonnościom do rozpadu lub nakładania na jeden biegun skojarzeń z drugiego.

Zauważmy, że Z. Kwieciński w latach 70. minionego wieku dobitnie wskazuje – w wyraźnym duchu Radlińskiej – na

> [...] pilną potrzebę społeczną [jaką – L.W.] jest rozwijanie kompensacyjnej i opiekuńczej funkcji szkoły w stosunku do uczniów żyjących w niekorzystnych warunkach oraz w stosunku do środowisk kulturalnie opóźnionych i zaniedbanych (Kwieciński 1982, s. 89),

co więcej, „silne mechanizmy kompensacyjne" powinny być również

> [...] wbudowane zarówno w system wychowania pozaszkolnego, jak i w politykę i praktykę otaczania jednostek i środowisk możliwościami korzystania z wartości kulturalnych przez ponadlokalne instytucje przekazu i upowszechnienia (Kwieciński 1982, s. 90).

Warto także podkreślić, zbierając akcenty wskazujące na dojrzewanie paradygmatu dwoistości w praktyce badawczej zaawansowanych pedagogów, że nie

---

37 Oczywiście, w grę wchodzi cały bogaty zestaw literatury, który tu zostanie przywołany i wykorzystany jedynie w niezbędnym zakresie, choć sam zasługuje na głębokie studia i wreszcie wpisanie go w podręczniki pedagogiczne w Polsce.

nazywając tego strukturalną dwoistością, Z. Kwieciński opisuje dokładnie obecność mechanizmu dwoistości w strukturze funkcji oświaty, gdy pisze:

> Dwie funkcje szkolnictwa powszechnego o przeciwstawnych wektorach społecznych skutków (funkcja odzwierciedlania istniejących zróżnicowań i funkcja współprzekształcenia struktury społecznej ku bardziej egalitarnej) nie tworzą układu sił znaczących i nie warunkują bynajmniej wyboru alternatywy (Kwieciński 1982, s. 90).

Uzupełnieniem tej perspektywy dwoistości jest zarazem wskazanie na dwa dopełniające się niebezpieczeństwa, na które Radlińska także była wyczulona – „fasadowość" instytucji i reform oraz „przeradzanie się", a w istocie wyradzanie się form działalności „służącej wyrównywaniu różnic i opiece w instytucje utrwalania a nawet pogłębiania przez szkołę zróżnicowań społecznych" (Kwieciński 1982, s. 91). Byłoby fascynujące prześledzenie literatury pod kątem diagnozowania dwoistych uwikłań działań i procesów pedagogicznych, typowych w kontekstach społecznych celów, dążeń i wymagań instytucjonalnych, wbrew płytkim wyobrażeniom występujących parami, które mają dwoistą strukturę.

O dojrzewaniu idei społecznego uwikłania pedagogiki

Warto tu dopowiedzieć, że dojrzewanie idei analizowania społecznych uwarunkowań wychowania oraz indywidualnego uwikłania środowiska w dwustronnym sprzężeniu rozmaitych ograniczeń dojrzewało w polskiej pedagogice na różne sposoby i w różnych miejscach. Zarazem tendencje te słabo na siebie oddziaływały, z racji braku intensywnej współpracy i wzajemnego czytania się. Dowodzi tego choćby postawa Zygmunta Mysłakowskiego, który – jak sam pisze – odkrył w roku 1927 pod wpływem autobiografii intelektualnej Franciszka Bujaka, że „konkretne, monograficzne opisy środowisk rodzinnych [...] mogą mieć wielkie znaczenie dla pedagogii" (Mysłakowski 1931, s. V). We wstępie metodologicznym, który był potem czasem wykorzystywany w takich badaniach w latach 30. XX wieku, nie pada nazwisko ani słowo o dokonaniach Heleny Radlińskiej, choć akcenty są z jej perspektywą zbieżne. Mysłakowski opisy mocno kojarzy z operacjami „postaciowania", rodem z psychologii Gestalt oraz podkreśla, że „idealny pamiętnik" powinien zapisywać myśl w postaci „różnych tworów" wolnych od presji „powiązanych rozumowań" (Mysłakowski 1931, s. VI–VII). Widzi wagę wskazywania na „całokształt" dający o sobie znać w „układach" społecznych, przez co do głosu dochodzą przejawy „łączności środowisk rodzinnych z konkretnym tłem – wsią, z którym są one bardzo ściśle związane", pozwalające na wskazywanie na „stosunki wychowawcze", a wszystko to wymaga metody zbliżonej raczej do „klinicznej" w odniesieniu do „przypadków typowych" bez skupienia na danych statystycznych

(Mysłakowski 1931, s. VIII–XI)[38]. Jednostka jest tu widziana „na tle" jej uwikłań, jako „wpleciona w bardzo skomplikowany sposób w różnorodne układy socjologiczne" czy z nimi „sprzężona", zarówno wtedy, kiedy z nimi walczy, jak i wówczas, gdy im ulega (Mysłakowski 1931, s. 5–6). W ramach tego sprzężenia „otoczenie" jest „przedłużeniem naszego »ja«" poprzez wyróżniające je zainteresowania, które nie tylko odgraniczają, lecz także „kondensują" stosunki wewnętrzne we współzależności obu funkcji (Mysłakowski 1931, s. 6–7). To dało efekt w postaci włączenia w badania idei środowiska będącego „światem indywidualnym, ukształtowanym dzięki selekcji zainteresowań", które następnie można zmieniać i przekształcać (por. *Wychowanie w środowisku małomiasteczkowym* 1934, s. V). Epistemologicznie uwypuklana jest przez Mysłakowskiego, bliska także Radlińskiej, idea poznania poprzez „nadawanie postaci" zjawiskom, jako warunku obserwacji, gdyż – w nawiązaniu do koncepcji Emila Meyersona – Mysłakowski podkreśla, że „problem poprzedza obserwację", przez co

> [d]oświadczenie jednostkowe lub zbiorowe (kultura) jest wynikiem nieustannej pracy postaciowania, rekonstruowania na podstawie nowo zdobytych form (Mysłakowski 1931, s. 8).

Niezbędne jest tu widzenie zjawisk, np. rodziny wiejskiej w „kontekście społecznym, na tle specyficznego otoczenia", traktowanego jako podłoże, na którego „gruncie" dokonują się rozpoznawane procesy (Mysłakowski 1931, s. 9–10)[39].

W badaniach nad rodzinami wiejskimi Mysłakowski widzi z jednej strony konieczność postawy lojalności, „ale bez nadmiaru, bez sztucznej afektacji", a z drugiej strony ograniczeń w zakresie pełni komunikowania „zamiaru badań", ze względu na zjawisko zdwojonej „nieufności" (klasowej i wobec konkretnej osoby badacza), generującej postawę obronną (Mysłakowski 1931, s. 18–19). Widać świadomość dwubiegunowego uwikłania w dylemat dotyczący jakości komunikacji w procesie badań środowiskowych, jak też dwustronność odniesień, raz do wewnętrznych uwarunkowań jednostkowych, które wskazują na kompleksy rozmaicie „postaciowane", a innym razem do warunków, „na tle których przebiega życie", przy jednoczesnej trosce o odsłanianie „współzależności" między nimi (Mysłakowski 1931, s. 23–24). W szczególności do głosu ma tu dochodzić troska o badanie atmosfery moralnej i intelektualnej rodziny – w sensie tego, czemu sprzyja, jaki model zachowań promuje, czy jest pęknięcie między deklaracjami a zachowaniami. Łącznie powinno to dać

---

[38] Mysłakowski przywołuje tu inspirację odsyłającą m.in. do A. Adlera (Mysłakowski 1931, s. 5); zarazem w innym miejscu autor sygnalizuje potrzebę weryfikowania sugestii wpisanych w koncepcję Adlera (Mysłakowski 1931, s. 31).

[39] Pedagog odrzuca zarazem wizję *homo oeconomicus* jako wyobrażenia o racjonalności ludzkiej, jak też wizję *homo psychologicus* jako człowieka oderwanego od uwarunkowań jemu przynależnego otoczenia (por. Mysłakowski 1931, s. 10).

[...] obraz dziecka, rozwijającego się na tle szerokiego, wielostronnie zorganizowanego podłoża, i urabiającego swą osobowość pod wpływem niezamierzonych i niekontrolowanych pedagogicznie faktów (Mysłakowski 1931, s. 27).

Mamy tu już świadomość, że „źródła postaw" nie są często jawne i dają o sobie znać rozmaite „opory", jak też działają rozmaite „stosunki wzajemne", a nie tylko jednostronne oddziaływania (Mysłakowski 1931, s. 29–30).

Zwraca uwagę także definicja wychowania u Mysłakowskiego, za formułą P. Deschampsa, bliska Radlińskiej, przez pryzmat siewu, że oto

[..] polega ono na zasiewaniu w umyśle dziecka idei, które stając się nawyknieniami myślenia i działania, zdeterminują potem u dorosłego jego umysłowość i charakter,

ale zarazem uwalnia to ujęcie od braku dostrzeżenia „znaczenia czynników irracjonalnych" wpisanych w oddziaływanie środowiska poprzez całą „sieć różnorodnych ustosunkowań wzajemnych", tworzących wręcz „alchemię" oddziaływań (Mysłakowski 1931, s. 14).

Przykłady tych akcentów u Mysłakowskiego zostały przytoczone, aby ukazać, jak wiele braków – w zakresie możliwości powiązania dojrzewających w wielu miejscach w środowisku akademickiej pedagogiki ważnych idei i ukierunkowań badań – dawało o sobie znać w praktyce tworzenia przestrzeni myślenia pedagogicznego. Choć trzeba jednak przyznać, że plusem tak odtworzonej sytuacji jest wskazanie pokoleniowego rozproszenia, ale też współzbieżności takich wysiłków mimo braku ich koordynacji i naświetlania jako wspólnego stylu myślenia. Przyznajmy także, że owa wspólnota dopiero kiełkowała, zawiązywała się, powstawała w dużym stopniu nieświadomie, jak gdyby wymuszona przez nową jakość refleksji pedagogicznej w duchu „nowego wychowania", zbuntowanego na widzenie tu procesu głównie manipulacji i kontroli.

W niektórych kręgach badaczy (w tym nauczycieli), zainteresowanych nasycaniem diagnoz pedagogicznych opisem socjologicznym środowiska wychowawczego, podejście Radlińskiej było słabiej znane niż szerzej promowane np. podejście Chałasińskiego, mimo że znana była krytyka tego ostatniego ujęcia jako zbyt jednostronnego i określanego mianem socjologizmu, np. w wydaniu Hessena, co wywołało ostrą reakcję ze strony krytykowanego, o czym piszę dalej.

Narastała natomiast świadomość wręcz konieczności nasycania wiedzy pedagogicznej głębszą wiedzą o uwarunkowaniach społecznych oddziaływań wychowawczych, zarazem jednak bez widzenia tu jednostronnego determinizmu, a zawsze ze wskazywaniem na splot, sprzężenie, w którym przekształcenia środowiska jednostki zawsze musiały być kojarzone z tym, jak sama jednostka jest w to środowisko uwikłana własnymi nastawieniami (np. zainteresowaniami), które dopiero zmieniane mogą wyzwolić mechanizmy dalszego rozwoju.

Nadal tymczasem jesteśmy przed zadaniem scalenia tej wiedzy w pełną wizję dla pedagogiki, rozpoznającą wagę rozmaitych procesów i sprzężeń zwrotnych, niezależnie od ich usytuowania i wyznaczenia jako przedmiot zainteresowań uszczegółowionych subdyscyplin pedagogicznych, jak bywa traktowana pedagogika społeczna. Wystarczy zobaczyć chociażby, jak jest (nie)obecna myśl Radlińskiej na kartach podręczników z pedagogiki ogólnej, aby widzieć bardzo poszatkowane pole tej ogólności, gubiące zadanie kompletności postawy. Szereg tymczasem prac Radlińskiej ma większy teoretycznie ciężar „ogólny" dla myśli pedagogicznej, niż to się wydaje, także w konfrontacji z dorobkiem samych nominalnych pedagogów ogólnych. Moim ulubionym przykładem pozytywnym jest zbiór esejów Radlińskiej o oświacie na wsi (por. Radlińska 1979), zawierający mnóstwo fundamentalnych idei dla całości pedagogiki i dla praktycznych postaw nauczycielskich. Warto przy tym raz jeszcze podkreślić, że Radlińska była już na przełomie lat 20. i 30. XX wieku w pełni świadoma wpisywania się w pewien nurt rozpoznawania powiązań środowiskowych w postawach człowieka, widząc tu odmienności, ale i zaawansowane już badania. W styczniu 1930 roku na konferencji o oświacie wiejskiej mówiła m.in.:

> Dzisiejsza nauka o wpływie środowiska i stosunku do środowiska (zwana w Niemczech 'Milieupädagogik') usiłuje uchwycić istotę wpływów kształtujących życie jednostek i gromad ludzkich. Dostarcza już wielu wyjaśnień pedagogice normatywnej. Dopomaga do rozróżnienia stosunku do środowiska: biernego, z poddaniem się całkowitym wpływom otoczenia, obronnego, oddzielającego jednostkę własnym światem idealnym od wpływów, którym nie chce ulegać i – czynnego, zmuszającego do przetwarzania środowiska wedle własnych dążeń (Radlińska 1979, s. 193).

Widać w szczególności, że mamy tu wizję aktywnej, normatywnie zorientowanej strategii działania pedagogiki społecznej, w sensie jej metanormatywności, to jest uznania powinności zaangażowania jednostek w przebudowę własnego środowiska, choć nie oznacza to wskazywania gotowego sensu tego zaangażowania.

Dużo tracą zarówno autorzy, jak i ich teksty podręcznikowe, w których nie ma wnikliwego spojrzenia na dorobek Radlińskiej jako znacznie bardziej podstawowy i ogólnie wiążący dla całości myśli pedagogicznej, co próbuję wykazać na kartach tej książki. Świadomie zarazem powstrzymuję się od rozbudowanych dokumentacyjnie polemik, mimo zdarzających się mimochodem oraz w sposób nieuchronny i niezbędny akcentów. Zadanie poważnej krytyki jednak pozostaje do podjęcia w osobnym trybie i miejscu. Inaczej nie odbijemy się od masy przysłaniającej perły myślowe i horyzont myśli. O wielu z takich perel myślowych jest ta książka, podejmująca jednocześnie zadanie sprzęgnięcia ich w całość, nanizania na sznur ją wiążący i pozwalający zmienić perspektywę rozumienia wyzwań rozjaśnionych takich trybem.

O idei „niewidzialnego środowiska" w dyskursie pracy socjalnej

Aleksandrowi Kamińskiemu zawdzięczamy istotne (choć z ograniczeniami) uwypuklenie tropu „niewidzialnego środowiska" w dyskursie Heleny Radlińskiej, jako przejętego – w moim rozumieniu: jako efekt nie tylko przejęcia go, lecz także przejęcia się nim – od Mary Emerson Hurlbutt z jej referatu z 1923 roku, wygłoszonego w trakcie dorocznej konferencji amerykańskiej w Waszyngtonie, związanego z problemami w działaniach wśród emigrantów w USA (por. Kamiński 1980a, s. 43)[40]. We wstępie do tomu *Pedagogiki społecznej* A. Kamiński podkreśla najpełniej wagę interesującego nas tu tropu, pisząc:

> Szczególnie charakterystyczne dla pedagogiki społecznej Heleny Radlińskiej jest podkreślenie wagi środowiska n i e w i d z i a l n e g o. Radlińska nie była twórczynią tego pojęcia. Już Busemann uczynił w tym kierunku krok, wyróżniając tzw. *Zielmilieu* (tj. środowisko dążeń przyświecających postępowaniu człowieka). Zaś Mary Hurlbutt, z którą Radlińska żywo kontaktowała się w dziedzinie służby społecznej, ukuła termin *the invisible environment* w studium poświęconym badaniu wykolejania się emigrantów europejskich w Ameryce i poszukiwaniu sił dla zahamowania tych procesów. Wnioski stąd wysnute rozciągała autorka na szersze zagadnienie wysferzania się. Jednakże dopiero Radlińska uczyniła pojęcie środowiska niewidzialnego w pełni produktywnym wychowawczo (por. Kamiński 1961, s. XXXIII)[41].

---

40 Dalej odnaleziony przeze mnie tekst wspomnianego referatu cytuję jako M.E. Hurlbutt (1923). Niesie on kilka akcentów niezwykle interesujących dla uzasadnienia proponowanej perspektywy rozumienia nastawień i dążeń Radlińskiej, co wykracza poza streszczenie samego Kamińskiego zawarte w przypisie. Jak pisał w przywołanym już miejscu: „Określenie »środowisko niewidzialne« przejęła H. Radlińska od Mary Hurlbutt, autorki pracy [pomijam dane, pełniej podane przeze mnie w bibliografii – L.W.], opartej na badaniach wśród emigrantów europejskich w Stanach Zjednoczonych Ameryki; ich postawy moralno-społeczne załamywały się wraz z zanikiem tradycyjnych zwyczajów, wierzeń, norm i wzorów kultury: powrót do równowagi następował u części wykolejonych po przyswojeniu nowych zwyczajów, norm, wzorów kultury, szanowanych w społeczności, do której wchodzili. Psychologia dzisiejsza mówi w takich przypadkach o »progu frustracji« – wysokim, jeśli jednostka zidentyfikowana jest z szanowanymi wartościami" (Kamiński 1980a, s. 43). Moje odczytanie tekstu samej Hurlbutt wskazuje na zupełnie inne akcenty, w niej kluczowe, dla budowy teoretycznej perspektywy dla praktyki pracy socjalnej, czy szerzej pedagogiki społecznej.

41 Nie wiem, dlaczego czytamy u Kamińskiego mylne i błędne informacje o tekście Hurlbutt, do którego odsyła, że to aż „studium", choć to tylko kilkustronicowy referat konferencyjny, czy że to miejsce „ukucia" terminu przez autorkę, choć tak wcale nie jest, a poza tym referat komentuje słabości postaw pracowników socjalnych, a nie odnosi do badań nad emigrantami, a na dodatek nie dotyczy to tylko „europejskich" przypadków, gdyż – poza odniesieniem do Polaków, Czechów czy Włochów – Hurlbutt przytacza także przykład znajomej z... Armenii. Poza tym Hurlbutt nie „ukuła" tego terminu w tym referacie, przedstawianym jako studium, ale stosowała go przynajmniej rok wcześniej na analogicznej konferencji w referacie, w którym wskazywała

Ponieważ poza tymi dwoma skrótowymi komentarzami Kamińskiego nie spotykamy nikogo, kto by przedstawił akcenty nawiązujące do treści wpisanych w ten referat, postanowiłem do niego zajrzeć i ku mojemu zaskoczeniu okazało się, że mamy tam wypracowane idee, niezwykle znaczące dla całej perspektywy Radlińskiej, a nawet niezbędne dla każdej pedagogiki społecznej, gdyż wbrew uwagom Kamińskiego Hurlbutt wskazuje na konieczność uwzględniania „niewidzialnego środowiska" w programowaniu działań pracowników społecznych.

Hurlbutt podkreśla, że kategoria „niewidzialne środowisko" jest konieczna dla zrozumienia charakteru trudności i przeszkód, z jakimi zderza się pracownik socjalny, zajmujący się poszczególnymi przypadkami imigrantów i ich rodzin. Wskazywała na wagę „dziedzictwa społecznego", w jakim imigranci wyrośli, a także tego, czy mają dostęp do informacji z obcojęzycznych gazet (por. Hurlbutt 1923, s. 309). Okazało się, śledząc postawy pracowników socjalnych, że nie mają często zdolności, wobec ubóstwa własnych narzędzi, do docierania z własnymi zasadami do osób z innego świata kulturowego. Pracownicy lekceważą „wpływ warunków", z jakich osoby te przybyły, błędnie sądząc, że fizyczna obecność w nowym świecie czyni tamte nieistotnymi; zresztą nie mają świadomości dotyczącej tego, na czym wpływ ten polegał ani na czym polega on nadal po przybyciu do USA (Hurlbutt 1923, s. 309). Odkrywa się stopniowo skalę ignorancji, w sensie lekceważenia (nie tylko zwykłej ignorancji), co do oczekiwań w nowym miejscu i „bierny opór" wobec prób ich wdrażania, w obliczu „nieprzeniknionej dżungli dziwnych nastawień i zwyczajów", czyniącej zachowania imigrantów niezrozumiałymi (Hurlbutt 1923, s. 309–310). Hurlbutt wskazuje jednak przede wszystkim na „nieadekwatność" postaw pracowników socjalnych, która wpływa na trudności adaptacyjne imigrantów do nowego środowiska, gdzie „ignorancja, bezradność i uprzedzenia" idą w parze, podczas gdy niezbędna jest zmiana „nastawienia umysłu" (Hurlbutt 1923, s. 310).

W takiej perspektywie środowisko to nie głównie przestrzeń fizyczna, ale „wypełniona wartościami", a jej wpływ na „znaczenie" życiowe wynika z „definicji sytuacji", czyli ze wzajemnych i „niepowtarzalnych" stosunków między jednostkami, a nie z samych tych jednostek (Hurlbutt 1923, s. 310). Stąd rzeczy odległe w czasie i przestrzeni mogą bardziej należeć do „środowiska" jednostki niż przedmioty i treści z jej najbliższego otoczenia, jako różniące się znaczeniem dla jej życia, co wymaga zmiany rozumienia przez pracowników socjalnych czynników istotnych dla ich podopiecznych (Hurlbutt 1923, s. 310). Widać doskonale, jak bardzo temu sposobowi widzenia wyzwań profesjonalnych odpowiadało wyczulenie Radlińskiej.

---

na konieczność tego, by pracownicy socjalni zajmujący się imigrantami byli zdolni zajmować się „tym światem idei i relacji, postaw i nawyków życiowych, które podlegają transplantacji wraz z każdą cudzoziemską rodziną migrującą do naszego kraju – światem, w którym rodzina, zwłaszcza jej starsi członkowie żyją długo po tym, jak ich fizycznym środowiskiem staje się Ameryka"; wszystko to wymaga ze strony pracownika dozy wyobraźni, spostrzegawczości, doświadczenia, by „wejść i dzielić niewidzialny świat" imigrantów (por. Hurlbutt 1922, s. 487–488).

Nie musiała tego wymyślać. Mogła się natomiast przejąć chociażby dwukrotnie powracającym w tekście Hurlbutt wskazaniem na „dwoisty" (*dual*) charakter środowiska, jako związany z przemieszczającą się relacją między biegunem środowiska, związanym z miejscem pochodzenia, oraz biegunem wpisanym w miejsce nowego zakorzenienia. „Mówiąc ogólnie, środowisko imigranta jest dwoiste (*dual*)", a zmiany w relacjach między jego biegunami wpływają na „reorganizację osobowości", rzutując na „przejawy ekspresji społecznej i organizacji znane z wcześniejszego zadomowienia", generując nie ich reprodukcję, ale rozmaicie wymieszane warianty ze starego i nowego świata, uwzględniające „zwyczajowe potrzeby wewnętrzne (*intimate*)", jak chociażby „towarzystwa, bractwa, język, szkoły i kościoły" (Hurlbutt 1923, s. 310–311). Stąd pracownicy społeczni nieświadomi takich uwarunkowań popełniają błędy, gdy są z góry niechętni instytucjom wyglądającym „niebezpiecznie obco" i niosącym „idiosynkrazje", które powinny być według nich poniechane wraz z przybyciem do nowego świata, choć stanowią istotne wyposażenie duchowe ich klientów, jako „zainteresowania i ideały, z których rozwijała się osobowość", obejmując chociażby „odpowiedzialność za rodzinę w kraju, miłość do ojczyzny czy nawet lojalność polityczną" (Hurlbutt 1923, s. 311–312). Przykład armeńskiej znajomej Hurlbutt pokazywał historyczne korzenie jej braku respektu dla prawa i uznanie jego egzekwowania za bezduszne i nieludzkie, co można było zmieniać jedynie stopniowo i perswazją analityczną, przy czym w obliczu barier i odmiennych doświadczeń „ciężar rozumienia spada na pracownika socjalnego" (Hurlbutt 1923, s. 312). Różnice rzutujące na interakcje, wręcz o charakterze „pułapek" słownych, mogą dotyczyć np. odkrycia, że dla kogoś „religia" oznacza zarazem podległość władzy klerykalnej, a dla kogoś innego nie, czy że w „sieci rodzinnych stosunków" poszczególne terminy mogą znaczyć coś innego, niż się komuś wydaje, niosąc ze sobą niewidoczne więzi odpowiedzialności i prawnych zobowiązań (Hurlbutt 1923, s. 312). Jednym słowem, pracownik społeczny nie może dowolnie w swojej gorliwości wprowadzać zmiany w postawach, np. „amerykanizować" imigrantów bez zrozumienia tego niewidzialnego wymiaru, jaki często dominuje w powstawaniu przeszkód oraz źródeł błędów i nieporozumień, a którego nie da się dowolnie zmieniać bez należytego wglądu w złożoności, jakie ze sobą niesie. Nie jesteśmy tu zbyt daleko od postulatów, jakie formułowała Radlińska w odniesieniu do postawy pracowników oświatowych w kraju.

Na koniec tego fragmentu wypada podkreślić, że mówiąc o działaniach wychowawczych, Radlińska uwypuklała to, iż

> [o]dbywają się one przede wszystkim w tak zwanym środowisku niewidzialnym, obejmującym wartości, które istnieją tylko w przeżyciach ludzkich. Działalność wychowawcza usiłuje znaleźć sposoby wzbudzania owych przeżyć, wprowadzania do świadomości jednostki walorów, które istnieją poza nią (Radlińska 1947, s. 18).

Kamiński dodaje, że „składniki niewidzialne" w środowisku człowieka stanowią „to wszystko, co można by nazwać kulturą duchową (wiedza, sztuka, wierzenia, obyczaje, pojęcia)", i stwierdza, że „często niewiele tylko wartości środowiska niewidzialnego wchodzi w skład środowiska subiektywnego jednostki)" (por. Kamiński 1961, s. XXXII). W uwypukleniu „środowiska niewidzialnego" chodzi głównie o to, co przejawia się faktycznym „udziałem w motywach postępowania, rolą twórczą w przebudowie społecznej", jak czytamy w skrypcie egzaminacyjnym z pedagogiki społecznej z 1951 roku (por. Radlińska 1961, s. 366).

W związku z tym, że w dyskursie Radlińskiej nie mamy zastosowania dla kategorii „kultury symbolicznej", odnoszącej się do wymiaru obiektywnego istnienia znaczeń, wikła się ona w podobne kłopoty w zakresie nieodróżniania istnienia znaczeń i podłoża ich znaczących symboli od ich funkcjonowania w indywidualnych przeżyciach, a dokładniej te ostatnie stają się kryterium realności: być w kulturze to być obecnym w przeżyciach. Nieprzypadkowo z kolei spotykamy u Radlińskiej odniesienia do oddziaływania „kultury duchowej" (por. np. Radlińska 1937, s. 334), tj. tego, czym ludzie żyją, jeśli chodzi właśnie o przeżycia, pragnienia i potrzeby, dążenia i nadzieje, a co składa się z kolei na „środowisko niewidzialne" jednostek, pełniące funkcję „rodnika nowego życia", gdy postrzega się je przez pryzmat ideałów i marzeń, wpisanych w ten wymiar rzeczywistości (Radlińska 1937, s. 334–335).

Ma to pewien istotny sens społeczny, uczulający na to, że realny kontakt ze znaczeniami wymaga osobistego do nich stosunku, wpisanego w przeżywanie ich jako wyraz wzbogacenia siebie, gdyż inaczej treści kulturowe pozostają nieobecne w umysłowości ludzkiej, nawet jeśli są znane formalnie czy pamiętane. Epistemologicznie, odkąd Karl R. Popper uczulił w swojej wizji racjonalizmu krytycznego na potrzebę rozróżniania trzech światów, w tym zwłaszcza świata II przeżyć subiektywnych i świata III problemów obiektywnych, redukowanie statusu obiektywnego do subiektywnego nie do końca jest zasadne. Problem wymaga osobnego zbadania, zwłaszcza że Aleksander Kamiński sugeruje, iż okresowo Radlińska stawiała na niewidzialne środowisko postrzegane obiektywnie, a krytyk ów zauważa w tym „idealizm", co wygląda na błąd. Tymczasem warto przytoczyć stosowny zapis wspomnianej uwagi Kamińskiego, wart dalszych analiz.

Pod wpływem ciężkich doświadczeń okupacji hitlerowskiej, powstania warszawskiego i in. – H. Radlińska w latach 1940–1946 uległa przejściowo tendencji rzutowania swych przeżyć metafizycznych na teorię środowiska. [...] Radlińska nadała tam środowisku „niewidzialnemu" charakter metafizyczny i ujęła je idealistycznie jako „środowisko obiektywne". Jednakże ta wyjątkowa w życiu Radlińskiej próba filozoficznego dopełnienia teorii pedagogiki społecznej została wnet porzucona i Radlińska powróciła do realistycznego traktowania swej pedagogiki jako dyscypliny wyłącznie praktycznej. W szczególności powróciła do traktowania środowiska „niewidzialnego" jako środowiska kultury duchowej – środowiska psychicznego, zaś środowiska „obiektywnego" – jako po prostu przeciwstawnego wobec środowiska „subiektywnego" (Kamiński 1961, s. XXXII)[42].

Spróbuję się dalej do tego odnieść, tym bardziej że niezależnie Radlińska wskazywała na wagę „podłoża" tworzącego „mocne fundamenty kultury ogólnej" w kształceniu pracowników oświatowych (por. Radlińska 1947, s. 209), gdyż to dopiero pozwala „wzmagać ich siły duchowe" (Radlińska 1947, s. 208). Zwykle widzi się tu łącznie treści odnoszone do samych aspektów symbolicznych oraz do przeżyć. Jak wskazuje Barbara Smolińska-Theiss, do „niewidzialnego środowiska" Radlińska zaliczała: „idee, obyczaje, postawy psychiczne, wartości kultury duchowej" (por. Smolińska-Theiss 2004, s. 249). W tym kontekście wypada, moim zdaniem, podkreślić, że zasadność idei „melioracji", istotnie wzbogacającej repertuar oddziaływań społeczno-pedagogicznych, wiąże się w szczególności jednak z przywoływaniem, czynieniem dostępnymi i oddziałującymi na przeżycia, jako źródło przebudzeń i przemian duchowych, także treści niewidzialnych spoza lokalnych stanów psychicznych (indywidualnie czy społecznie zakorzenionych), po to aby owe „światy życia" mogły ulegać istotnej zmianie, jeśli chodzi o ich siły duchowe. Nie wydaje się przez to trafne traktowanie „środowiska niewidzialnego" jako rzekomo wskazującego jedynie na

[...] osobisty intymny »świat« człowieka, który w znaczący sposób określa postawę wobec otoczenia i siebie samego, rolę i styl życia, kreuje kierunek i treści aktywności (Czerniawska, za: Sroczyński 2006, s. 81)[43].

W przywoływanych tu ujęciach tej kategorii pokutuje jednak brak postulowanego przeze mnie – jak sądzę w zasadniczej zgodzie z ujęciem Radlińskiej – akcentowania dwoistego charakteru „środowiska niewidzialnego", które właśnie dlatego, że ma jednocześnie realne odniesienie do horyzontu przeżyć ludzkich i potencjalne odniesienie do treści symbolicznych mogących na te przeżycia wpływać, podlega zasadniczej „melioracji", a ta z kolei stanowi istotne ukierunkowanie działań pedagoga społecznego. Nie tyle ma on przekonywać do jakichś treści czy stanowisk, ile podejmować działania, aby treści te znalazły się w polu widzenia, myślenia i przeżyć jednostki i jej zbiorowych odniesień, aby stanowiły przedmiot refleksji,

---

42 Jestem zmuszony stwierdzić, że odrzucam tę uwagę Kamińskiego jako błędnie kojarzącą obiektywny charakter kultury symbolicznej z metafizyką, zapewne wobec zbyt płytkiego przez jej krytyka rozumienia zwrotu odnoszącego się do „dóbr wiekuistych", o których pisała Radlińska w tekście, jaki Kamiński przywołuje na rzekomy dowód „idealizmu", który miał być porzucony na rzecz „dyscypliny wyłącznie praktycznej". Nic bardziej błędnego i szkodliwego dla rozumienia wartości dokonania Radlińskiej. Łatwo się przekonać, że efekt czytania tekstu Radlińskiej (1945) nie musi, a nawet nie powinien być poddany wykładni Kamińskiego.

43 Cytowany autor przypisuje Oldze Czerniawskiej, że to właśnie ona dopiero „wprowadza pojęcie środowiska niewidzialnego" (por. Sroczyński 2006, s. 79; także 2007, s. 65, 67).

której kierunku i tak nie można ani przewidzieć, ani zasugerować, ani tym bardziej kontrolować czy wymuszać. Walka dotyczy jednak samej troski o szanse zmiany niż o skuteczne jej wdrażanie.

Zauważmy dobitnie, że wbrew typowemu wyróżnianiu skojarzeń z aspektem „niewidzialności" u Radlińskiej jako aspektem tylko osobistym, subiektywnie „sprzężonym" ze środowiskiem, niezbędne okazuje się dostrzeganie trzech aż zakresów zjawisk interesujących, wręcz zasadniczych dla pedagogicznego oddziaływania i to nie tylko pedagoga społecznego. To, co niewidzialne, może oznaczać, jak się okazuje, (a) albo nieuświadamiane, choć działające w samej jednostce, (b) dominujące w niewidocznym wymiarze oddziaływania uwarunkowań dominujących w stylu oczekiwań społecznych, bądź (c) brakujące w sensie braku dostępu do treści kulturowych wykraczających poza treści zastane i możliwe do wykorzystania. Niewidzialne bywa to, co nieobecne, obecne, ale przezroczyste czy wyraźne, ale milcząco przesądzające swoją naturalizowaną przez socjalizację obecnością, jako bezrefleksyjnej oczywistości, o której „Się wie", jak by to klasycznie już wyraził Martin Heidegger, a co stanowi „wir redukcji kulturowej" danego miejsca w ujęciu Milana Kundery (2004).

Nie wystarczy zatem wskazywanie na „wewnętrzny niewidzialny świat konkretnej osoby (jej poglądy, postawy, odczucia, oceny, doświadczenia), czyli środowisko subiektywne" (por. Sroczyński 2011, s. 167–168). Nie może być podstawą podejścia pedagogiki społecznej, którego się nauczyłem od Heleny Radlińskiej, pominięcie aspektu obiektywnego niewidzialności wyrażającej istnienie kultury poza zakresem dostępnym jednostce, do czasu przywołania nieznanych jej treści w horyzont indywidualnych przeżyć i przemyśleń. Jest tak, nawet jeśli się zgodzić, że „środowisko wychowania" wyznaczane jest przez „układ komponentów duchowych (niewidzialnych), czyli kulturę duchową i osobisty świat wychowanka – środowisko subiektywne" (por. Sroczyński 2007, s. 61). Gdyby poprzestać na tym, nie dałoby się wyjaśnić statusu potencjału melioracyjnego praktyk społeczno-pedagogicznych, widzianych przez pryzmat środków czy komponentów niewidzialnych, bo pozostających w sferze symbolicznej (w postaci np. tekstów lub treści znaczących w innych obiektach, formach czy aktach kulturowych) poza przestrzenią percepcji, świadomości, przeżyć i operacji myślowych konkretnych podmiotowości danego kręgu społecznego[44].

---

44 Jeśli dobrze rozumiem, to W. Sroczyński upiera się przy skojarzeniu niewidzialności jedynie ze środowiskiem subiektywnym, mimo że jest świadom, iż „Olga Czerniawska nawiązując do myśli Radlińskiej, która ubolewała nad zaniedbaniem badań nad zjawiskami życia duchowego, wprowadza pojęcie *środowiska niewidzialnego*, które to pojęcie łączy – jak można sądzić – elementy duchowości i ludzkiego dziedzictwa duchowego" (por. Sroczyński 2007, s. 65). Ze względu na podkreślanie przez Radlińską wagi kulturowego meliorowania środowiska jednostki (jej „świata życia", mówiąc inaczej) to samo doprowadzenie do umożliwienia przeżyć jest celem, mimo że wymaga uruchomienia treści z obiektywnego dziedzictwa kulturowego ludzkości.

Poza bowiem wymiarem duchowym jednostki, obejmującym w istocie „współczynnik humanistyczny" postrzegania przez jednostkę własnego życia i własnej sytuacji życiowej, niezbędne jest – co zostało dobitnie udokumentowane u Radlińskiej – uwypuklanie jeszcze dwóch innych zakresów czy wymiarów owej „niewidzialności". Jeden dotyczy „kultury duchowej", jaka oddziałuje na jednostkę, stanowiąc horyzont dominujących treści socjalizacyjnych, drugi zaś odnosi się do treści kultury symbolicznej jako dziedzictwa, które może dopiero zostać włączone w środowisko jednostki w trybie jego „melioracji", co w następstwie niesie ze sobą także szansę na „meliorację duchową" samej jednostki, zwrotnie oddziałującej dzięki temu na uwarunkowania, jakim podlega i które może przekształcać. Aspekty niewidzialności dotyczące środowiska muszą obejmować także to, czego w nim brakuje, a czego braku uczestnicy mogą nie być świadomi. Kompensacja może czasem oznaczać także usuwanie nierozpoznanych wcześniej braków, by udało się zmienić warunki, w jakich wzrasta człowiek. Pomoc, jako wsparcie szans na upełnomocnienie jednostki, wymaga rozpoznawania braków niedostrzeganych, bywa nawet, że niemieszczących się w skali potrzeb, które stanowią ramę przeżyć i organizowania działań.

Dopiero za sprawą psychoanalizy został uwypuklony kluczowy egzystencjalnie typ braków zdwojonych, zdominowanych „metabrakiem", tj. brakiem poczucia... braku, na którym pedagog społeczny (jak też każdy) musi pracować, rozwijając warunki do zaistnienia np. pragnienia wiedzy czy własnego rozwoju. Stąd ma swoje znaczenie figura, wypracowana przeze mnie w kontekście analiz Lacanowskich, pozwalająca wskazać postawę „strażnika braku" w podejściu pedagoga społecznego, który musi umieć ów brak rozpoznawać, musi uruchamiać motywację do jego usuwania poprzez przeżycia, które przebudzą do postawy przemieniającej siły dostępne w jednostce, w kulturze duchowej jej własnego środowiska, dzięki „promieniującemu" – jak to często wyraża Radlińska – oddziaływaniu „podniet" niesionych przez obiekty kulturowe, do których brak dostępu zostaje usunięty. Rzecz jasna, byłoby nieporozumieniem, gdyby tu, pod tą formułą „strażnika braku" przypisywać mi, a tym bardziej tak interpretowanej Radlińskiej jakieś skłonności oświeceniowe czy pozytywistyczne. Chodzi tu bowiem o humanistyczną postawę także samokrytyczną i samokształceniową, z zachętą do takiej u innych, bez jej wszakże narzucania ani egzekwowania, czy wypełniania gotową treścią. Pedagog społeczny także jest zakładnikiem przesądzeń wynikłych z jego „świata życia" i musi umieć być „strażnikiem braku" także wobec siebie samego.

Myślę, że dalsze relacje z moich lektur dobitniej pokażą, jak to się ma w stosunku do konkretnych rozważań Radlińskiej i jak to rzutuje na osłabianie i przetwarzanie aspektu normatywności jej programu pedagogiki społecznej, który jawi mi się jako otwarty na całość wyzwań pedagogicznych, czego się zwykle nie widzi. Posłanie Radlińskiej pozostaje także po dziś dzień pod wieloma względami nierozpoznane, jako niewidzialne nawet dla tych, którzy na kontakcie z nim mogliby najwięcej skorzystać, także spoza nominalnych pedagogów społecznych.

Gwoli rzetelności, odnotujmy trafną formułę wychodzącą naprzeciw postulowanemu ujęciu dwoistego przejawiania się „środowiska niewidzialnego" – w realnych odczuciach i potencjalnym wpływie – w dążeniach pedagogiki społecznej, w podejściu Stanisława Kawuli, który podaje następujące określenie, uwspółcześniające skojarzenia co do „urządzeń cywilizacyjnych":

> Są to składniki życia codziennego w postaci urządzeń cywilizacji technicznej, informatycznej lub gospodarczej oraz kulturalno-społecznej czy edukacyjnej itp. (np. wzorce i wzory bezpośredniego uczestnictwa w kulturze, rodzaj instytucji specjalistycznych w otoczeniu bliskim i szerszym przestrzennie, obyczaje idee, wierzenia, programy aktywizacji, media audiowizualne i elektroniczne) (Kawula 2012, s. 42).

Niewidzialność oznacza w ciągle modernizowanym ujęciu szczegółów skalę znaczeń, do których meliorowany dostęp wymaga możliwości przejęcia się nimi (także zresztą zderzenia polemicznego, w debacie, jako zdarzenia rozwojowego), niosącego w rezultacie bodźce (podniety) wpływające na samodzielne już działania, dzięki wysiłkom przetwarzającym duchowo wyjściowy materiał, jego przejawy i tryby traktowania. Najogólniej mówiąc, a zarazem budując tu wspólnotę tradycji pedagogicznej, wyrastającej z antynaturalistycznego (antypozytywistycznego) zwrotu w humanistyce przełomu XIX i XX wieku, można widzieć tu troskę o współdziałanie ze „zobiektywizowanymi przejawami ducha" ludzkiego, określane mianem „pedagogiki ludzkiej duchowości", dla której za wąska byłaby standardowa formuła „pedagogiki kultury", jak również zbyt ograniczona i ułomna jest rama „pedagogiki społecznej", mimo że i o aspekty kulturowe, i o procesy społeczne za każdym razem tu chodzi[45].

---

45 Wspólnota z tak rozumianym podejściem Sergiusza Hessena, o której piszą i Bogusław Milerski, i Alina Wróbel, jest warta tu podkreślenia (por. *Wokół idei...* 2013, s. 41–42), niezależnie od sarkazmu, jakim kwitował odniesienia do duchowości Józef Chałasiński, do czego odnoszę się dalej.

Rozdział II
Między recepcją historii i historią recepcji

Badanie naukowe wymaga rozległej kultury duchowej, na tle której formułują się pytania.

Helena Radlińska (1935, s. 73)

Najgroźniejsze dla przyszłości kultury byłoby uprawianie nauki w atmosferze cynizmu.

Józef Chałasiński (1968, s. 494)

Wstęp

Zajmujemy się dalej pod wieloma względami zjawiskami historycznymi, związanymi z dorobkiem Heleny Radlińskiej i choć rzecz tu nie polega na uprawianiu typowej historii myśli czy idei, to jakieś akcenty dotyczące świadomości historycznej autora pracującego na tym polu są tu niezbędne. Nie można bowiem manifestować postawy naiwnego wyobrażenia o niewinności własnego projektu, o jego nieskażeniu nastawieniami i wobec tego o nieskazaniu na efekt instrumentalizacji, niosący zarówno szanse, jak i zagrożenia. Czytane są na potrzeby tej pracy teksty mające już kilka co najmniej pokoleń odczytań i aplikacji, więc wpisanie się w przestrzeń recepcji pozostaje nie tylko prawem, lecz także obowiązkiem interpretatora, jeśli nie chce jedynie wyważać otwartych drzwi czy uzurpować sobie prawa pierwszeństwa. Musi on wiedzieć, o co toczy się gra, dlaczego ten wysiłek trzeba podjąć i w czym się on opłaci, jakie nowe spojrzenie niesie, jakim kosztem i komu trzeba wystawiać rachunki. A tym bardziej – w czym ta próba nie jest jedynie ucieczką w historię zamiast stawiania czoła aktualnym problemom, o których skali sam autor jest przekonany, jak to zaświadcza wielokrotnie. Na te i inne pytania na styku historii i metodologii trzeba najpierw odpowiedzieć, aby dało się zamiar ugruntować w jakiejś świadomej i samokrytycznej strategii budowania perspektywy niosącej coś, czemu w lekturze warto będzie dalej poświęcić czas nieznanego nam Czytelnika, świadomego co najwyżej ryzyka zmarnowanego trudu i niepewnego możliwych do odniesienia korzyści. Autor ma się nie tyle usprawiedliwiać, ile starać pokazać, że wciąga odbiorcę w pewną grę, podejmowaną na serio, w którą sam włożył już sporo wysiłku wielopiętrowej wędrówki po rozmaitych zakamarkach tego gmachu czy labiryntu wiedzy, który – jak się okaże – zwiedzić można, a nawet trzeba, na zupełnie inny sposób, niż oprowadzają zwykle przewodnicy, niż pokazują oswojeni z nim niektórzy „tubylcy" pedagogiki społecznej. Przyświecać tu musi zasada czujności, nieufności, ale także wnikliwego tropienia akcentów i ich zderzania z tymi, które by nie przyszły do głowy rekonstruowanym postaciom, a które jak reflektor odsłaniają głębiej osadzone wątki, czy takie, które widziane z dali wskazują odniesienie porównawcze pozwalające oceniać, jak daleko w drodze do celu był ktoś, kogo wysiłki właśnie śledzimy.

Nie możemy tu uniknąć zmierzenia się z tymi, którzy przed nami ten wysiłek podjęli, czy choćby tylko przypisali sobie prawo bycia w pełni wiarygodnymi rzecznikami tego, co samo już przemawiać nie może czy też czego zwichrowanej przez inne czasy narracji nie warto już drobiazgowo czytać. Zwykle traktuje się to jako naturalny proces dojrzewania, następstwa, kiedy później musiało się dziać lepiej bez odwrotów od postępu i bez powodu powrotu do źródeł. Tak się zwykle usprawiedliwia przemieszczanie kanonicznych lektur w postawie naukowej, mimo przestróg historyków i filozofów, że cena za to płacona może być zbyt duża. Pragmatyka badawcza zwykle nie jest tu gotowa do kompromisów, a tym bardziej do innej dojrzałości, historia nieczęsto wydaje się niezbędna teoretykom czy badaczom empirykom, zwłaszcza gdy są młodzi lub obrośli na starość pewnością uzyskanych przesądzeń, których by nie posądzali już o nadużycia wynikłe z niewiedzy. Nie są mi bliscy ani tacy młodzi, ani tacy starzy. Pozostaje więc dalej robić swoje, czego konieczność zostanie chyba wykazana dopiero z końcowym akcentem podjętych rozważań.

Aby przybliżyć nastawienie metodologiczne tej książki, warto, jak sądzę, skorzystać z sugestii wpisanej w rozważania Leszka Nowaka, gdy zajmował się twórczo i krytycznie jednocześnie „bogactwem i nędzą" przywoływanej przez siebie tradycji, budując zarazem perspektywę wyjaśniającą przyjętej przez siebie strategii. Pisał bowiem, że

> [...] warto szukać odniesień w tradycji, ale tylko dla czegoś nowego, co już się wymyśliło samemu. Wtedy takie odniesienia mogą dać wiele: ujawnić drogi rozwoju myśli społecznej, uwyraźnić przedziały, odkryć nieoczekiwane podobieństwa; bo w źródłach, jak to świadomi metodologicznie historycy wiedzą dobrze, znaleźć można tylko to, co już objęte zostało wyobraźnią poszukującego. Bezkoncepcyjne grzebanie w starociach służyć zaś może łacno jako pozór myślenia [...], pozwalając ukryć w uczonej formie brak myśli własnej i brak odwagi, by na myśl taką się zdobyć (Nowak 2011, s. 605)[1].

---

[1] Cytowana formuła pochodzi z tekstu publikowanego najpierw w 1985 roku.

Rozumiem tę formułę jako wskazanie na wymóg, by czytający był gotowy na spotkanie z myślą, której wagi inaczej nie zrozumie, a nawet samej tej myśli może nie zauważyć lub może ją zredukować do czegoś bez znaczenia. Stąd mamy tak wiele przywołań dotyczących tradycji o charakterze jedynie ilustracyjnym, erudycyjnie maskującym brak zdolności do ogarnięcia jej wagi, nawet wtedy kiedy relacjonujący posługuje się chwytem z *Ferdydurke* wmawiającym „wielkość" bez zdolności jej ukazania, wyzyskania i przedłużenia poprzez sprzężenie z nią własnej myśli. Radlińska nie była jedynym przypadkiem tak traktowanej myśli w tradycji pedagogiki. Historyk musi być teoretykiem, szukającym ważnych dla siebie tropów, a teoretyk musi być zdolny do pracy na materiale historycznym. Bez historii teoria jest pusta. Bez teorii historia jest ślepa.

O wartości historii wychowania dla twórczej mobilizacji pedagogiki

Na potrzeby tego wprowadzenia warto przypomnieć, że Helena Radlińska sama była wykształconym historykiem oraz prowadziła rekonstrukcje i analizy historyczne w zakresie oświaty i wychowania, w szczególności jako profesor teorii i historii oświaty pozaszkolnej, podkreślając potrzebę scalania takich perspektyw w całość dającą lepsze oparcie dla programowania wartościowych działań społecznych (pracy kulturalnej, oświatowej). Miałyby one sprzęgać wpływy środowiska i przeobrażanie ich siłami człowieka „w imię ideału", który trzeba umieć historycznie wskazać, uzasadnić, potraktować jako źródło i kierunek oddziaływania w dążeniu do tego, aby przenikając duchowo postawy społeczne, przebudził je do realnego kształtowania życia i świata. Historia miałaby przede wszystkim dostarczać przeglądu oraz odsłaniać genezę i sposoby funkcjonowania ideałów wychowawczych rozmaitych epok i sytuacji społecznych. W 1923 roku na łamach „Rocznika Pedagogicznego", w którego redakcji była sekretarzem, Radlińska podkreśliła we wprowadzeniu do obrazu dokonań z historii wychowania za 1921 rok sytuację nakazującą podejmowanie wysiłku, by „odzyskać" dorobek tradycji i dążenie do jego „wyzyskania", z powodu utraconej ciągłości rozwoju pod zaborami.

Zerwanie ciągłości pracy, zatarcie tradycji narodowej obcymi wpływami, różnorodność czynników, które kształtowały dzisiejsze typy psychiczne Polaków – nakazują wzmocnienie współczesnej polskiej myśli pedagogicznej [s]puścizną przeszłości. Straconą na przeciąg wieku niewoli „własność narodową" trzeba odtworzyć, by w pełni ją odzyskać (Orsza Radlińska 1921, s. 33).

Działania, nawet intensywne, związane z nowymi opracowaniami i gromadzeniem badań historycznych nie zawsze przynosiły tu spodziewany efekt, gdyż – jak podkreśla Radlińska – „[w]artość naukowa bardzo wielu prac jest nikła, dobór tematów przeważnie przypadkowy", a obok wskazania znakomitych dokonań, takich jak osiągnięcia Stanisława Kota, wyraźnie dystansuje się wobec twórczości Franciszka Majchrowicza (Orsza Radlińska 1921, s. 34, 39, 41). Oceniając „plon piśmienniczy" za 1921 rok w sferze historii wychowania, Radlińska wskazuje, że

> [z]upełny brak rozważań metodycznych o tej dziedzinie historii powoduje rozbieżności ujmowań, połączone z niedostatecznym wyzyskaniem i oświetleniem przerobionego materiału (Orsza Radlińska 1921, s. 37; por. s. 40).

Tylko w najlepszych przypadkach daje o sobie znać, jej zdaniem, „[u]miejętność perspektywicznego rzucenia [...] tematu na rozległe tło dziejowe" czy analizy procesów i zjawisk „na tle epoki" – czy też „na tle prądów umysłowych i zainteresowań codziennych epoki" – niosąca „pogłębione charakterystyki ludzi działających, ich ideałów, celów, zalet i słabości", wykorzystująca zarazem „związki duchowego życia Polski i Zachodu" oraz uwypuklająca „sprawy polityczne splątane z rozwojem szkolnictwa" (Orsza Radlińska 1921, s. 37, 40). Cytaty te i zwroty są tu przywołane z pełną premedytacją jako niosące znamienny rys postawy intelektualnej Heleny Radlińskiej, którą warto by odnosić przez analogię do tego, co dzieje się w polskiej pedagogice w kolejnym stuleciu, w tym obecnie, ponad półwiecze od śmierci wielkiej twórczyni pedagogiki społecznej i badacza historii oświaty w Polsce. Kategorie, jakimi posługuje się Radlińska, związane z postulowaniem analiz (por. Orsza Radlińska 1921, s. 38): „tła", „wpływów", „cech ideału", czy zarzuty o „niewyzyskanie" wartości spuścizny można wykorzystać nadal do krytycznej oceny najnowszych naszych publikacji, w tym wpisania się ich w dorobek samej Radlińskiej.

Znamienny jest sposób skomentowania przez nią podręcznika z historii wychowania Stanisława Kota (wydanie pierwsze z 1924 roku). Radlińska (1928) pochwalnie uwypukla elementy realizowanego przez autora programu, bezsprzecznie zbieżne z jej własnym nastawieniem badacza, teoretyka, historyka i praktyka zaangażowanego w kształcenie nauczycieli i bezpośrednie oddziaływanie na kręgi społeczne środkami wychowania. Zauważmy najpierw, dysponując drugim wydaniem tego podręcznika, że wprowadzenie do niego zostało przez S. Kota zbudowane z trzech części, określonych jako: „Istota i konieczność społeczna wychowania", „Zmienność ideałów i haseł wychowawczych" oraz „Zadania historji wychowania" (por. Kot 1928, s. 5, 7, 9). Radlińska podkreśla w swoim pochwalnym omówieniu dążenie historyka, by – co u Kota brzmi niemal jak wyjęte z rozważań jej własnej pedagogiki społecznej –

> [...] doszukać się związku między stanem społeczeństwa, jego urządzeniami społecznymi, politycznymi, gospodarczymi, jego pojęciami moralnymi i umysłowymi, a ideałem wychowawczym, praktyką i teorią pedagogiczną (Orsza Radlińska 1928, s. 387)[2].

---

2 Brakuje dokładnego odesłania do Kota, choć wobec drugiego wydania jego pracy ustaliliśmy dokładne miejsce cytatu (por. Kot 1928, s. 10).

Radlińska zwraca uwagę na unikanie przez Kota nadmiaru teoretyczności opisu historii, oderwanej od realnych dążeń społecznych, budzących się potrzeb czy podejmowanych reform, a jego mistrzostwo i staranność w „użytkowaniu materiału źródłowego" mają być w tym przypadku sprzężone z troską zwróconą na „zagadnienia i potrzeby dnia dzisiejszego" tak, aby „w ich świetle" dało się pokazać „spuściznę przeszłości" (por. Orsza Radlińska 1928, s. 387). Szczególnie cenne ma być pokazywanie faktów z rodzimej historii „na tle europejskim", sięgając bezpośrednio do wzorów, które u nas znajdowały swe odbicie (Orsza Radlińska 1928, s. 388). Tak charakteryzowana metoda ma wartość uczenia „perspektywy" i wskazywania na „związki kulturalne" (choć musi się troszczyć o uwzględnianie „podłoża dziejowego, zwłaszcza społecznego", i podkreślanie „znaczenia [...] dla życia" urządzeń kulturowych, jak uniwersytet w kontekście historycznych sporów o niego) oraz zwraca także uwagę na „rozbieżność ideałów wychowawczych świata kościelnego i świeckiego" (Orsza Radlińska 1928, s. 387–388). Musi się też wiązać z wydobywaniem „poglądów filozoficznych, które kształtowały ideał wychowawczy" (Orsza Radlińska 1928, s. 388) takiego czy innego systemu myślowego czy kultury. Historyk musi być zdolny wykazać się, tak jak Kot, „umiejętnością konstrukcji historycznej, przemyślaną oceną filiacji poglądów, wyborem postaci i instytucji o rozległym wpływie" (Orsza Radlińska 1928, s. 389). Śledzenie genezy ewolucji musi się wiązać z wyjaśnianiem różnic w asymilacji jednych „ideałów", a pomijaniu innych, celowe jest, znowu podobnie jak u Kota, „mistrzowskie wręcz nadawanie barwy epoce" przez pryzmat poszczególnych postaci, różnic czy „treści życiowej ideałów wychowawczych" (Orsza Radlińska 1928, s. 389). Motyw odniesienia do ideałów, tak bliski Radlińskiej, okazuje się wracać w jej opisie dokonania historycznego Kota, uwypuklającym wartość zjawisk mierzoną wpływem i skalą rozpowszechnienia „różnych ideałów wychowawczych" oraz ich oddziaływaniem na „rozwój szkolnictwa". Nie są niewłaściwe uwagi oceniające rozmaite postawy, jak u Kota widzącego np. „spóźnioną umysłowość", a także porównujące to, co dominuje, z tym, co bierze udział w ruchach umysłowych „szczytów" (Orsza Radlińska 1928, s. 389). W komentarzach historycznych Kota Radlińska wielokrotnie podkreśla wątki mówiące o skali „wpływów", o charakterze „przemian" czy związków z ich oceną z „»oddalenia« krytycznego", z próbami pełnej „charakterystyki" okresów i postaci oraz przejmowania („filiacji") ich poglądów w różnych krajach czy środowiskach, z troską o wydobywanie ich „podkładu filozoficznego". Uwypukla to realnie podejmowane prace społeczne w sferze szkolnictwa, z ich martyrologią i wpływem obcym oraz próbami oporu i walki. Pod wieloma względami Radlińska ocenia dokonanie Kota jako stawiające „nauczanie historii wychowania na wyżynie naukowej", a nie napisane tylko w trosce o efekty popularyzacji, i uznaje, że autor ten dokumentuje „wiele ze sztuki obiektywnego sądzenia, ściśle historycznej oceny wartości i wpływów" (Orsza Radlińska 1928, s. 391). Ta charakterystyka postawy badawczej w sferze historii wychowania u Kota jest, moim zdaniem, zbieżna z programem realizowanym w opisie historii oświaty przez samą Radlińską[3]. Warto przy okazji zauważyć, że krytykując z kolei podręczniki z historii wychowania autorstwa Franciszka Majchrowicza, jako jedną z ważnych wad jego podejścia Radlińska (jako H. Orsza Radlińska[4]) w 1921 roku wskazywała na to, że

> [r]ola nauki w życiu ludzkości [zostaje – L.W.] pominięta, szkolnictwo ukazane bez tła, bez związku ze stosunkami społecznymi i prądami duchowymi (Orsza Radlińska 1921, s. 41; także Wałęga 2011, s. 193 – w tym przypadku autorka dokonała błędnego zapisu nazwiska, stosując łącznik, co w oryginale nie ma miejsca).

Widać, jak bardzo podstawowe dla Radlińskiej w metodzie opisu historycznego jest uwzględnianie tła zjawisk, związków, wpływów i znaczenia w trybie rzetelnego opisu i oceny z punktu widzenia wartości dla współczesności i jej ideałów. Radlińska jest świadoma zarazem, że wszystko to musi być oparte na dojrzale przemyślanej „konstrukcji", która zamiast rozdzielać rozmaite perspektywy, będzie je wiązać w całość (por. Orsza Radlińska 1928, s. 193–194). W szczególności słabością Majchrowicza – którą przecież można by ilustrować na rozmaitych innych przykładach, także już nam współczesnym, np. w odniesieniach historycznych do pedagogiki społecznej – była nieznajomość „wszystkich źródeł drukowanych", na co nakładają się z jednej strony „brak tła dziejowego", a z drugiej strony „nadmiar obojętnych" wątków i treści (por. Orsza Radlińska 1921, s. 42). Radlińska krytykuje także brak „żywszej dyskusji" dotyczącej jakości nauczania historii wychowania, podkreśla rozbieżności interpretacyjne jako „nieuniknione" z powodu różnic w poziomie przygotowania badaczy, niepokoi ją „uboga literatura monograficzna" i choć wskazuje na „ogrom zadań na polu historii wychowania", to w podsumowaniu obrazu uznaje, że zapowiada się „poważne pomnożenie dorobku, który wzbogaci naszą myśl wychowawczą świetną [s]puścizną przeszłości narodowej i ogólnoludzkiej" (por. Orsza Radlińska 1921, s. 45–46).

Warto w związku z powyższym przywołać jeszcze myśl, jaką Radlińska nawiązuje do stanowiska Władysława Spasowskiego, którego marksistowskiej perspektywy przecież nie podzielała i potrafiła krytykować jego ujęcia, ale zarazem dodała znamienną uwagę, mającą dla nas obecnie kapitalne znaczenie. Oto bowiem, jej zdaniem, Spasowski w zakresie nauczania historii wychowania

> [r]adzi słusznie „ograniczać zakres a pogłębiać treść przedmiotu". [gdyż – L.W.] Dzięki studiom historyczno-pedagogicznym można się stać filozofem wychowania, a jednocześnie „głęboko uobywatelnić swój zawód". Klasyków pedagogicznych

---

[3] Pewne elementy poczynionej tu analizy znajduję także uwypuklone w: Wałęga 2011, s. 204–205.
[4] Muszę odnotować chaos w zapisach brzmienia samego autorstwa Radlińskiej; w jednym numerze „Rocznika Pedagogicznego" (tom I, 1921 – wydany w 1923) spotykamy w spisie treści aż trzy postaci zapisu nazwiska: Orsza, Radlińska, Orsza Radlińska, a przecież osobno występuje w dorobku (i w tym samym tomie) także wersja Orsza-Radlińska.

seminarzyści powinni dobrze znać nie w skrótach, lecz w całości, „wniknąć w ducha ich twórczości, zrozumieć psychologię ich wysiłków nad podźwignięciem na wyższy poziom duchowej kultury narodów" (por. Orsza Radlińska 1921, s. 43)[5].

Stawiam tezę, że profesjonalne środowisko pedagogiczne w Polsce mogłoby obecnie wiele skorzystać, gdyby potrafiło sięgnąć po dorobek Radlińskiej dla jego „wyzyskania", w tym gdyby jej uwagi o historii wychowania zostały odniesione do wartości jej własnego dokonania w ramach historii myśli pedagogicznej. Wówczas i troska, podzielana, jak było widać, także przez innych jej współczesnych pedagogów, nawet o odmiennej perspektywie badawczej, pozwoliłaby nam lepiej działać, aby „głęboko uobywatelnić swój zawód" oraz z pożytkiem dla nas i jakości studiów pedagogicznych wnikać w „klasyków pedagogicznych [...] w całości". Inaczej ciągle będzie się ziszczała groźba braku głębokiego kontaktu z tradycją oraz zatraty jej etosu i poziomu akademickiego, a wyzwania społeczne i historyczne jawią się współcześnie jako podobne, jeśli nie większe i bardziej dramatyczne, z powodu braku świadomości ich skali oraz zaniku dojrzałej pracy krytycznej i badawczej, której niedościgłe przykłady znajdujemy u Heleny Radlińskiej. W szczególności widać, że cytowane postulaty powinny znaleźć zastosowanie nie tylko na seminariach nauczycielskich, lecz także w warsztatach badawczych kadry profesorskiej, często pozostającej z tyłu za jakością etyczną, metodologiczną i zawodową własnej tradycji, nagminnie lekceważonej i zepchniętej na marginesy płytkiej i jałowej erudycji, przeznaczonej dla wąsko programowanych dyscyplin. Pora, za sprawą także refleksji historycznej, na powrót do postawy – społecznie, kulturowo, duchowo – kompletnej w pedagogice. Pozwala to przede wszystkim zrozumieć, że spory rozpalające wręcz do żywego strony opowiadające się za skrajnie odmiennymi stanowiskami są błędne i nie muszą oznaczać pełnej przestrzeni wyboru. Co więcej, da się w historii myśli docenić perspektywy, które nawet w tak zantagonizowanym obszarze potrafią dostrzec konieczność przezwyciężenia skrajności obu biegunów. Podkreślał to Ryszard Wroczyński we wprowadzeniu do *Pism pedagogicznych* Jana Władysława Dawida, odnoszącego się krytycznie do dwóch par alternatyw, historycznie walczących o palmę pierwszeństwa w programowaniu funkcjonowania szkół. Warto ten przykład przytoczyć, jako że w ostatnich latach jesteśmy zakładnikami kolejnego sporu, jednostronnie przesądzonego przez zwolenników afirmowania wizji uzawodowienia wykształcenia wyższego w Polsce i podporządkowania go absurdalnie pojmowanym zapotrzebowaniom rynku pracy, bo traktowanym jako jedyne kryterium sensowności oferty merytorycznej studiów wyższych. Tymczasem tam, gdzie się widzi skrajną antynomię, wymagającą eliminacji jednego z biegunów zderzenia, w grę może wchodzić jedynie problem proporcji i dynamiki w ich uelastycznianiu. Historycznych przykładów w tej kwestii aż nadto, w tym z przełomu XIX

---

[5] Autorka odsyła do pracy Władysława Spasowskiego pt. *Wzorowe seminaria nauczycielskie* z 1920 roku.

i XX wieku, dowodzących, jak sto lat później rozmaite kręgi decydenckie, w tym ministerialne, potrafią popełniać te same błędy.

Zabierając głos w sprawie wykształcenia ogólnego, Dawid musiał się przede wszystkim ustosunkować do trwających przez dziesięciolecia polemik między rzecznikami wykształcenia realnego i klasycznego. Spór ten w istocie uważał za błędny, oparty na niezrozumieniu zadań i funkcji szkoły, jako instytucji wychowania, i szkodliwy w tym, że zawężał całą problematykę reformy szkoły. [...] Rzecznicy realnej podstawy wykształcenia zawężają zadania szkoły do granic praktyczno--zawodowego przysposabiania, mylnie zresztą zakładając, że samo wyposażenie w wiadomości równoznaczne jest z umiejętnością ich praktycznego spożytkowania. Koncepcji szkoły utylitarnej, udzielającej uczniowi encyklopedycznego zakresu wiadomości dobranych pod kątem ich praktycznej ważności, przeciwstawia Dawid koncepcję szkoły jako instytucji wychowującej na szerokich podstawach wykształcenia ogólnego.

„Jądro zagadnienia – pisze w związku ze sporem o treść wykształcenia – tkwi nie wyborze między klasycyzmem a realizmem, które wyrażają tylko bardzo zewnętrzne i przez to historyczne warunki spowodowane różnicą systemów nauczania. Walkę staczają ze sobą bardziej istotne, bynajmniej z pojęciem klasycyzmu i realizmu nie pokrywające się zasady: z jednej strony zasada nauczania wychowującego i elementarnego [ogólnego – L.W.], z drugiej nauczania utylitarnego i encyklopedycznego" (Wroczyński 1961, s. XXXVII–XXXVIII)[6].

Nie bez znaczenia jest historyczna przestroga Dawida, przywołana przez Wroczyńskiego, że trzeba umieć jednocześnie przezwyciężyć słabości utylitaryzmu i encyklopedyzmu, bo alternatywa ta jest pułapką i to po obu jej stronach. Do odrzucenia jest zarówno jednostka wyposażona w wiedzę, z której nie umie zrobić wartościowego dla siebie użytku, jak i taka, która stała się dzięki praktycznym jedynie treściom fachowcem „bez inicjatywy i pomysłowości [...] człowiekiem zgoła lichym dla spraw ogólniejszych" (Wroczyński 1961, s. XXXVII–XXXVIII)[7]. W szczególności jednak widać, że nie ma tu żadnego automatyzmu w kwestii zasady, iż historia jest nauczycielką, gdyż staje się ona raczej dowodem, jak bardzo ludzie i systemy przez stulecia niczego się nie uczą, brnąc w te same absurdy w aureoli władczej. Zarazem jednak to dowód, jak z wielkimi oporami przenika do świadomości teoretyków oświatowych zrozumienie dla wypracowanych historycznie dojrzałych stanowisk i ich nastawienia metodologicznego. Badacze nie nauczyli się też wdrażać zasady przezwyciężania skrajnych sprzeczności, która już w przypadku Dawida wyrażała się sprzeciwem wobec dominacji jednostronności

---

6 Autor cytuje uwagę J.W. Dawida z 1890 roku.
7 Ostatnie sformułowania są autorstwa samego J.W. Dawida.

redukujących niezbędną złożoność kształcenia (Wroczyński 1961, s. XLI)[8]. Troska o realne wdrażanie dwoistości jako zdwojenia w trudnej jedności musi być jednocześnie czujna wobec historycznie uwarunkowanego nawyku kojarzenia terminu „dwoistość" z... rozdwojeniem, gdyż w tej drugiej konwencji „dwoistość" jest już zaprzeczeniem wewnętrznej zgodności i prawdziwości", stanowiąc jednocześnie skojarzenie z dualizmem (por. Dawid 1961, s. 173). Widać, że Dawid dużo zrobił dla faktycznego ugruntowania przełomu dwoistości mimo swoich skojarzeń z samym terminem temu przełomowi niesłużących. Wystarczy jednak, że pracował dla tego przełomu, pisząc *O duszy nauczycielstwa* zarówno przeciw czystej fachowości zawodowej, jak i przeciw samemu dobrotliwemu zaangażowaniu w afirmację niestawiającą wymagań. A to oznacza właśnie czujność i uważność o charakterze „dwujedni", jaką postulował jeszcze Trentowski. Przykład ten jest tu na miejscu o tyle, że Dawid współdziałał z Radlińską m.in. w tworzeniu w Krakowie Polskiego Instytutu Pedagogicznego w 1913 roku, w co ta ostatnia była istotnie zaangażowana[9].

Historyczne wyzwania dla teorii w humanistyce

Najważniejszy chyba paradoks historii idei czy historii myśli – a w tym wypadku chodzi o historię idei i myśli w obszarze tradycji pedagogicznej, widzianej z perspektywy trosk o jej stan współczesny w Polsce – zdaje się polegać na tym, że źródła obiektywnie istniejące (np. dorobek wybitnych autorów) przesiąknięte są ich indywidualnymi idiosynkrazjami, w tym ograniczeniami ich własnej, lokalnej czasoprzestrzennie perspektywy, jak też skazami własnej praktyki, np. w zakresie stosunku do innych autorów czy zjawisk znaczących pokoleniowo. Bywa także, że sami ci autorzy, postrzegani później jako zjawiska historyczne, twórcy idei czy uczestnicy ważnych procesów, nie mają jasności czy racji co do tego, jaką będą miały PRZYSZŁĄ wagę ich dokonania, czy jakie wpływy i znaczenie będą przypisywane ich ideom. Bywa również, że historycy zajmujący się potem takimi twórcami, ideami i procesami nie dysponują wystarczającą perspektywą teoretyczną i dystansem, aby rozumieć ich PRZESZŁĄ wagę jako wpisaną w procesy wymagające aż oglądu pokoleniowego i porównawczego. Stąd mamy w historii idei tyle wręcz „pereł myślowych" niezrozumianych w porę ani przez jakiś czas, czy też tyle pereł zgubionych lub okresowo zmarnowanych, zredukowanych w narracjach nierozpoznających ich cenności dla teorii najnowszej, bo tu historyk sam musiałby rozumieć

---

[8] Oznacza to w szczególności, że nie ma zasadnego wyboru między odniesieniem do społeczeństwa czy odniesieniem do kultury w zadaniu sprzyjania potrzebom rozwojowym jednostki w procesie kształcenia.
[9] Doskonałe tego świadectwo znajdujemy w notatce z „Ruchu Pedagogicznego" z 1913 roku, przywołanej przez J.W. Dawida (por. Dawid 1961, s. 158–160).

interes teorii. Na dodatek, badacze i kontynuatorzy jakiejś tradycji bywają w dodatkowo trudnej (acz nierozpoznanej) sytuacji, polegającej na tym, że często nie są w stanie sprostać wielkości intelektualnej poprzedników, choć muszą występować z pozycji już PO, co często wikła się w roszczenie, że również PONAD, a także POZA analizowanym dokonaniem, bez świadomości, że to często musi oznaczać PO-NIŻEJ przejętego dokonania.

Analizy i rekonstrukcje teoretyczne muszą się odwoływać do indywidualnego zaplecza myślowego i subiektywnych odczuć oraz kwalifikacji rozmaitych zjawisk występujących w indywidualnej percepcji głównych bohaterów takiej sceny wydarzeń intelektualnych, a zarazem trzeba stwierdzić, że z wielu powodów nie są oni w stanie zdać sprawy z dokonujących się także za ich pośrednictwem przeobrażeń i procesów, w jakich sami uczestniczą, a nawet takich, które sami inicjują. Nie widzą często zjawisk, które dopiero kiełkują, przebłyskują, uzyskują pierwsze postaci, daleko odbiegające od wersji dojrzałych, bywa, że wymagających aż pokoleniowego dystansu. A przynajmniej zmiany perspektywy. Stąd czytanie dokonań nawet wielkich umysłów wymaga w szczególności dysponowania perspektywą interpretacyjną, wypracowaną z jakiegoś dystansu, z jakiegoś teoretycznego zaplecza, stanowiącego co najmniej hipotezę roboczą i wyznaczającego strategię nastawień, procedur interpretacyjnych. Ich realną wartość weryfikuje się w trakcie prób ich stosowania i dalszej stopniowej korekty czy choćby intensywnego wystawienia ich na dalsze okoliczności, w tym mogące nawet sfalsyfikować przyjęte nastawienie. Każde czytanie przez to jest selektywne, widzące w tekście tylko niektóre jego warstwy, wymiary, miejsca czy tropy, uważne pod pewnym kątem czy czujne na jedynie pewną gamę bodźców.

W obszarze humanistyki czy jej części, jak chociażby pedagogika, pokutuje jeszcze dodatkowo ta okoliczność, że nie tylko adeptów wdraża się do pozornej oczywistości rozdzielenia zainteresowań badawczych, odniesionych empirycznie do danej współczesności, oraz dociekań teoretycznych od rzekomo pozostających bez związku wysiłków samokształceniowych odniesionych do historii idei, historii danych praktyk, czy wreszcie historii badania i jednych, i drugich. Stąd bardzo częstym zjawiskiem jest zadowalanie się wtórnym obiegiem informacji czy ich opracowania (podręcznikowego czy zastanego we wcześniejszych przywołaniach „stanu badań", bywa, że też odwołującego się do jakichś opracowań), bez skłonności do weryfikowania jakości takiego recyklingu wiedzy, już mielonej, preparowanej, pod wieloma względami „omówionej", choć często nie wiadomo, jak bardzo obmówionej czy uwikłanej w zmowę milczenia albo ignorowania, podszytego nierozpoznaną, acz pogłębianą i utrwalaną ignorancją, jednocześnie historyczną i teoretyczną. Wszystko to wymaga okresowego, bywa, że tworzącego nowe otwarcie, jeśli nie nową epokę, a przynajmniej kulturę myślową, powrotu do źródeł, w wysiłku nowego pokolenia czytelników, w trosce o ich zaistnienie na nowo i to od podstaw. Chodzi o to, aby ich autorzy zostali znowu potraktowani na serio, jako mówiący wprost do nieznanej im współczesności, w sposób, w którym bywają bardziej współcześni i znaczący od ich dominujących następców na katedrach, spadkobierców duchowych czy depozytariuszy myślowych. Rozmowa wtedy musi się dokonywać ponad głowami i wbrew stanowi często ułomnego, wtórnego przetworzenia ze strony części chociażby nominalnych kontynuatorów albo rzeczników.

Choć ten kolejny proces odnowy znaczenia i tak kiedyś będzie musiał się na nowo rozpocząć. Bo żadna lektura, nawet niniejszym sprawozdawana, nie zwalnia z uznania prawa do życia i do głosu dla etycznie zobowiązujących tekstów zamiast czasem martwo obowiązujących ich zastępczych wykładni. Na wiele sposobów można artykułować przewrotną tezę, że gdy tradycja jest niema, to jej... nie ma społecznie, a dokładniej jeszcze, jej się nie ma indywidualnie. A powrót do tradycji w celu odnowy jej znaczenia (poprzez selekcje i przetworzenia jakoś zawsze uwspółcześniające) to w istocie bitwa o współczesność, przeciw niemocy i przeciw niemocie. Bo i arcydzieło może być nieme, jak uczulał Zygmunt Mysłakowski (szerzej por. Jaworska-Witkowska 2009), jeśli czytelnik nie ma do niego klucza ani wyobraźni i wytrwałości, a to, co ma, nie nadaje się do odpowiedzialnego użycia. Pora zrobić coś takiego w uzupełnieniu rozpoczętych procesów transformacji ustrojowej w Polsce, dla otwarcia szans na XXI wiek, ciągle skazany na antyszambrowanie, skoro w gabinetach i na salach wykładowych hulają ciągle jeszcze wichry rozmaitych dekad minionego stulecia. A dotyczy to praktyk, ponuro wieńczonych wyrokami za niezależne myślenie w czasach stalinowskich i żałosnych w rytualizacji pozorów wolności w świecie pseudoliberalnym jako tolerancji dla dowolności i arbitralności. Mamy tu rozpasanie praktyk ustanawianych jako norma z pozycji tych, którzy mylą kapitał władzy z kapitałem symbolicznym i którym wystarcza wrastanie w układy lokalnie dominujące w otoczeniu zamiast wrastania w dziedzictwo symboliczne w układach tych nieobecne czy spaczone. Świat akademicki nie jest u nas od tych patologii wolny i to nie tylko wtedy, kiedy usiłuje się go wpisać w postmodernizm. Bo negacja nowoczesności może jej dotykać także od dołu, gdy nie jest się w stanie jej sprostać i wikłanie się w „pseudomodernizm" oznacza zarazem skandal premodernizmu w przebraniu w togi sędziów w pełni dojrzałych i nowoczesnych, uzbrojonych w dominację instytucjonalną, wręcz władzę mandaryńską, jak to bywało w czasach PRL-u.

Osobną sprawą jest to, czy potrafimy się zdystansować wobec prób syntezy historycznej, jaką ktoś z wielką starannością, poświęceniem usiłuje nam zaproponować, poświęcając temu lata i produkując całe tomy. Bezsprzecznie najpłodniejszy pisarz historyczny w Polsce, Józef Ignacy Kraszewski, okazał się dla historyków nie w pełni wiarygodnym świadkiem i narratorem opisywanych dziejów. A – jak zauważył Henryk Barycz – z czasem zrozumiano niektóre jego usiłowania jako

> [...] dyletanckie próby [...] tkwiące w przestarzałej metodzie i koncepcjach dziejowych, [...] dające szeroki, acz jednostronnie ujęty wyidealizowany przekrój [...] (Barycz 1949, s. 52–53).

Tymczasem konieczne stało się „[z]ejście ze starego szlaku badań", a „zerwanie z dotychczasowym szablonem" (Barycz 1949, s. 53), co wymagało prac nowych środowisk. Nie wolno tego przypadku przeoczyć, gdy zarazem chce się – jak niniejszy autor – stwierdzić, że dałoby się zapewne o wielu próbach, wpisanych w dyskurs akademickiej historii myśli pedagogicznej, powiedzieć to samo. Zarazem wyzwanie, jakie niniejszy tekst podejmuje, ma zrobić coś z owym szablonem czy często dającym o sobie znać brakiem nowoczesnego ujęcia, przynosząc alternatywę, w tym otwarcie nowej perspektywy badawczej, zarówno historycznej, jak i teoretycznej, z myślą o nowej jakości postulowanego myślenia dzięki odnowie znaczeń wpisanych w tradycję.

Mam nadzieję, że czytelnik zechce uznać, że taką perspektywą zawarte tutaj rozważania dysponują oraz jednocześnie testują ją na nowym materiale historycznym i teoretycznym. Śledząc losy indywidualnej myśli, w tym wypadku Heleny Radlińskiej, autor musi podchodzić do niej jako do zjawiska, które wymaga wpisania go w szersze konteksty historii, jak również teorii, zespolone w wysiłku rozumienia tego, co zostało tu nazwane przełomem pokoleniowym okresu międzywojennego. Ideą przełomu jako zjawiska w historii kultury zajmę się jeszcze na końcu tych rozważań wstępnych. Okazuje się, że przypadek Heleny Radlińskiej należy do tych, z historii myśli pedagogicznej, które WARTO BRONIĆ DLA PRZYSZŁOŚCI w trosce o jej znaczenie dla aktualnego stanu pedagogiki, ale za cenę zmiany perspektywy ROZUMIENIA PRZESZŁOŚCI. Są to więc rozważania podjęte w trosce o kulturę pedagogiczną czytania naszej własnej tradycji. Ratowanie pamięci to nie tylko obowiązek czy dług do spłacenia, ale szansa na to, że ślady ożywające w interpretacyjnej lekturze – mającej zawsze swoje ułomności i odmienności od czasu powstawania tekstu oraz wobec kontekstów wpisanych w jego tkankę przez autora – przyniosą efekty promieniujące na nasze aktualne zaangażowanie w świecie i rozumienie nas samych. Chodzi bowiem o „ślady prac [...] zagubione w niepamięci, lecz ożywające, gdy się je mozolnie odsłoni" (por. Radlińska 1948, s. 12). Zauważmy na marginesie, że Radlińska jest zarazem świadoma obecności śladów jako urazów, stanowiących przeszkody w oddziaływaniu, trudne do zneutralizowania, jak trauma rodząca blokady rozwojowe. Podkreślała, że okoliczności historyczne potrafiły na długo „radykalnie" rzutować np. na postawę „inteligencji" polskiej w okresie pozytywizmu, chcącej „związać ideę niepodległości z interesami ludu", co wyrażało się tym, że np. w Galicji „pracę oświatową krępowały jednak pewne fakty z przeszłości, które pozostawiły głęboki ślad w psychice" (por. Radlińska 1947, s. 84). Pozytywistyczna praca organiczna natrafiała na opór interesów grupowych. Jak pisała Radlińska o tym czasie:

> Przedstawiciele konserwatywnej większości ziemiańskiej uważają przymus szkolny za potworność, oświatę za rozbudzanie niebezpiecznego malkontentyzmu społecznego (Radlińska 1947, s. 85).

Część działań nie uzyskiwała zarazem poparcia mas. Także towarzystwa oświatowe stawały się „polem sporów o kierunek ściśle wyznaniowy" (Radlińska 1947, s. 85). Rozpoznawanie i neutralizowanie tych śladów, rzutujących na postawy społeczne w kwestii wartości oświaty, to ważne zadanie, wpływające na szanse powodzenia jej szerszych intencji programowych. Radlińska jako historyk zdolna jest uwypuklać złożoności w zakresie niejednoznacznych, dwubiegunowych rezultatów działań i śladów, jakie pozostawiają. Rozpoznawane zagrożenia splecione z pozytywnymi intencjami rodziły wręcz konieczność wyrazistych ideowo zaangażowań, na przykład w odniesieniu do zaboru pruskiego:

„Walka o kulturę", m.in. o prawa kościoła i o nadzór szkolny, splątała sprawę polskości i katolicyzmu, wciągnęła masy ludowe do obrony egzystencji narodowej. Równocześnie zbliżyła duchowieństwo z ludem i stworzyła pewne nowe niebezpieczeństwa: wpływu katolickiej prasy niemieckiej na treść i formy działania polskiego. [...] Konieczność oparcia bytu narodowego o siły ludu jest narzucona przez typ walki, w której najprawdziwszą twierdzą staje się „próg każdej chaty". Stąd wynika demokratyzm wszystkich prac kulturalnych zaboru pruskiego zwłaszcza śląskich (Radlińska 1947, s. 86).

Widać zatem, że postulowane wzory, kierunki i ideały działań, przenikające pedagogikę społeczną, istotnie musiały być zakorzenione w świadomości historycznej dotyczącej paradoksów walki o niepodległość narodową i społeczne wyzwolenie z nierówności pozbawiających dostępu do kultury i wpływu na własny los. Radlińska doskonale mogła uosabiać jakość sprzęgania historii oświaty i teorii pracy oświatowej. Tymczasem należy poczynić szereg mniej ogólnych uwag.

Problem relacji perspektyw Heleny Radlińskiej i Sergiusza Hessena

Z pewnością nie wolno, zbyt ograniczając perspektywę, traktować dorobku Radlińskiej, jak również jej samej, jako odosobnionych w przestrzeni elity kulturalnej jej czasu, skoro chociażby, jak podkreślał Andrzej Walicki w swoim studium o Sergiuszu Hessenie (w tomie jemu dedykowanym), ten ostatni – z którym filozof stykał się osobiście – od momentu osiedlenia się w Polsce w 1935 roku „był pod wielkim wrażeniem intelektualnych i moralnych przymiotów najlepszych przedstawicieli polskiej inteligencji, takich jak Helena Radlińska" (Walicki 1995, s. 427). Radlińska także wspomina pozytywne nastawienie Hessena do siebie i do własnej pracy, wskazując, że czasem był głównym wsparciem dla niej, gdy „odczuwała[m] boleśnie samotność" w pracach promujących problematykę pedagogiki społecznej na poziomie akademickim, i zdarzało się, że „[j]edynie Sergiusz Hessen zajął życzliwe stanowisko w stosunku do metod i osiągnięć pedagogiki społecznej" (por. Radlińska 1964, s. 433–434). Zauważmy, że niektóre pochwały Hessena mogły z czasem przysporzyć Radlińskiej sporo kłopotów, jak chociażby formuła wpisana w jego recenzję zamieszczoną na łamach „Chowanny" w 1936 roku, z pracy *Stosunek wychowawcy do środowiska społecznego* (Radlińska 1935), że oto „[p]edagogika społeczna Radlińskiej jest zupełnym przeciwieństwem pedagogiki o charakterze komunistycznym" (Hessen 1936, s. 42)[10]. Zwolennicy tej ostatniej zresztą nie tylko z tego powodu czuli się zwolnieni z doceniania dorobku przedwojennej badaczki oświatowej i działaczki społecznej. Zasługuje na odnotowanie fakt, że wątek ten podjął Bogdan Nawroczyński – cytując szerszy *passus* z recenzji Hessena dotyczącej postawy Radlińskiej wobec sporów z „pedagogiką narodową" w swojej próbie syntezy w tomie *Polska myśl pedagogiczna* z 1938 roku – jako kluczowy w rozumieniu społecznego wymiaru wychowania odniesionego do kultury debaty politycznej i sposobów budowy tożsamości narodowej. Podkreślając, że zaangażowanie społeczne i polityczne Radlińskiej wykracza istotnie „poza granice stanowiska klasowego", Nawroczyński uzasadniał to (por. Nawroczyński 1938, s. 263) odwołaniem do ujęcia tej kwestii przez Hessena w kontekście recenzji tego ostatniego, charakteryzującej podejście książki Radlińskiej *Stosunek wychowawcy do środowiska społecznego* – będącej „[n]ajlepszym tego dowodem" – w sposób następujący:

> Pedagogika społeczna Radlińskiej jest zupełnym przeciwieństwem pedagogiki o charakterze komunistycznym. Właśnie omawiana książka autorki podaje możliwość jak najlepszego wczucia się w to, co można by nazwać duchem pedagogiki społecznej i co jest niby światopoglądowym podłożem jej rozwoju. To jest **duch szlachetnego humanizmu**, dla którego osobowość człowieka jest bezwzględną wartością; **duch tolerancji**, dla którego wychowanie może oddziaływać tylko „ułatwiając znajdowanie swego »ja« i ukazując »ja« innych", „rozbudzając poczucie całości i odpowiedzialności, łagodząc nieuniknioną walkę ukazywaniem wartości wspólnych i wdrażaniem do lojalnej oceny »innych«, nawet przeciwników". Jest to duch „zbawienia upatrującego przyszłość nie w ofierze jednostkowej, lecz w wydobywaniu sił z »mnóstwa«: – w budzeniu śpiących" (Hessen 1936, s. 37, za: Nawroczyński 1938, s. 263–264; podkreślenie w tekście autorstwa Bogdana Nawroczyńskiego).

W przytaczanej tu recenzji Hessen uwypukla również cechę podejścia Radlińskiej, wpisaną w dążenie, jak to określa recenzent: „pedagogiki przeżywanej" czy

---

10 Z pomocą dr. Łukasza Michalskiego dotarłem do egzemplarza „Chowanny", z 1936 roku, zawierającego cytowany tekst Hessena. Numer czasopisma był jeszcze nierozcięty, mimo że pozostawał jedyny w pewnej bibliotece uniwersyteckiej dużego środowiska akademickiej pedagogiki. Najwidoczniej nikogo wcześniej nie zainteresował, co nasuwa niewesołe myśli dotyczące naszej staranności i wnikliwości środowiskowej w ogarnianiu spuścizny nawet w jej pomnikowych czy sztandarowych przejawach. Zauważmy, że uwagi krytyczne Radlińskiej, wskazujące np. na „karykaturalny wyraz w sowieckich" realiach interesujących ją zjawisk, powracają także osobno (por. Radlińska 1936, s. 23).

„pedagogiki przeżytej" (por. Hessen 1936, s. 38), co dziś należałoby wyrazić raczej terminem „pedagogika przeżycia", w ślad za późniejszym podkreślaniem przez Wincentego Okonia wagi „dydaktyki przeżycia". Dotyczy to u Radlińskiej zarówno troski o indywidualne przeżycia uczącego się czy działającego, związanej z pogłębianiem czy osiąganiem przeżyć z kontaktu z treściami kultury jako „podnietami", jak i dążenia do „wspólnych przeżyć", gdyż to wspólnota przeżyć staje się warunkiem jakości współżycia i porozumiewania się (por. Radlińska 1979, s. 203–204).

Odnotujmy zarazem podstawowy fakt dla rozwijanego w poniższych rozważaniach tropu dwoistości, spajającego moim zdaniem podejście omawianego pokolenia, w tym wpisanego w nie dokonania Radlińskiej interpretowanego przez mnie w tych kategoriach. Chodzi bowiem o to, że w recenzji Hessena znajdujemy uwypuklenie głównego akcentu wpisanego w pedagogikę społeczną znakomitej uczonej, związanego z dwustronnym sprzężeniem wzajemnie korygowanych wpływów, a to wyraża dwoistości właśnie:

> Środowisko społeczne i szkoła znajdują się więc w stosunku niby stałego wzajemnego napięcia. Z jednej strony szkoła, zamiast ignorować środowisko, bierze je za punkt wyjścia i podporządkowuje się jemu w swojej pracy nauczania i wychowania. Z drugiej jednak strony dąży do przezwyciężenia tego środowiska. [...] Ściślej byłoby mówić nie o szkole, lecz o wychowaniu obejmującym oprócz szkoły i oświatę pozaszkolną, pomoc kulturalną, nawet całą służbę społeczną [...]: jak wobec dzieci wychowanie ma za swój cel wyzwolić siły drzemiące w samym dziecku, tak samo i oddziaływanie na środowisko nie jest jego zwalczaniem, lecz jest przede wszystkim wyzwalaniem uśpionych sił, już istniejących w samym środowisku i tylko zahamowanych w swym rozwoju. [...] Takie połączenie wychowania i służby społecznej, pedagogiki i polityki społecznej, jest najbardziej charakterystyczną cechą całej działalności Radlińskiej: jej „pedagogika społeczna" stoi więc na skrzyżowaniu obu wymienionych powyżej dziedzin (Hessen 1936, s. 40–41).

W 1939 roku, pisząc już po polsku swoją książkę *O sprzecznościach i jedności wychowania*, Hessen istotnie nawiązał także do dokonania Radlińskiej i do własnej recenzji, wyżej tu przytoczonej. Wskazując na przydatność psychologii indywidualnej Alfreda Adlera do sprzęgania rozwoju jednostki z problematyką „kompensacji braków środowiska społecznego", Hessen przywołuje *Społeczne przyczyny powodzeń i niepowodzeń szkolnych* oraz operowanie przez Radlińską terminem „wiek społeczny" jednostki, podkreślając zwłaszcza postulowane w jej koncepcji istotne osadzenie wychowania w odniesieniu do kultury:

> Właśnie w Polsce idea podobnej „pedagogiki społecznej" znalazła swoje chyba najgłębsze i najdokładniejsze opracowanie w licznych pracach H. Radlińskiej. W pedagogice tej chodzi o kompensację braków środowiska społecznego hamujących normalny rozwój dzieci, w szczególności wywołujących niepowodzenia uczniów w szkole [...] pedagogika społeczna posiada swą złożoną technikę pracy opartą

na badaniach socjologicznych. [...] Ale zawsze jest ona tylko jednym składnikiem całego wychowania i powinna cała być przeniknięta jego pozytywnymi celami, wytkniętymi mu przez ogólną, czyli filozoficzną pedagogikę jako naukę o realizacji wartości kulturalnych w duchowym życiu człowieka i o wdrożeniu rosnącej osobowości człowieka w tradycję kulturalną (Hessen 1997, s. 242–243)[11].

W wydanej z kolei rok wcześniej, bo w 1938, książce *Szkoła i demokracja na przełomie* Hessen podkreślał wagę rozważań i dążeń praktycznych w ujęciu Heleny Radlińskiej w trosce o to, aby uwypuklone za Adlerem znaczenie przeszkód i hamulców psychologicznych w kondycji uczniów było rozpoznawane i uwzględniane przez szkołę. Ma to pomóc w szkolnych staraniach w zakresie sprzyjania osobowym procesom rozwojowym w jednostce, ale i w jej środowisku poprzez różnicowanie oddziaływań wychowawczych i nauczania zarówno indywidualnie, jak i w odniesieniu do kolejnych stopni kształcenia, w tym trzeciego poziomu dotyczącego kształcenia w liceum. Wskazując na „pracę społeczno-psychologiczną szkoły", dostosowującą się do zróżnicowania kondycji uczniów, np. w zakresie rozpoznającym przeszkody generowane przez adlerowski „kompleks mniejszej wartości" po to, by następnie szkolnictwo potrafiło „wchłania[ć] w siebie całość duchowej treści kultury społeczeństwa", Hessen zarazem podkreśli dobitnie w przypisie:

> Właśnie w Polsce ta społeczno-psychologiczna funkcja szkoły cieszy się szczególnym uznaniem. Zwłaszcza godna uwagi jest praca, jaką w tym kierunku prowadzi Helena Radlińska na studium Pracy Społeczno-Oświatowej w Wolnej Wszechnicy Polskiej w Warszawie. Dopiero kiedy tę pracę poznałem, zasada społeczna psychologicznego zróżnicowania stała się dla mnie jasna (Hessen 1997b, s. 326, przypis 19).

Ten ostatni akcent wyraźnie pokazuje zazębianie się postawy poznawczej i kulturowej Hessena i Radlińskiej, a nie tylko sugeruje powiązania i sympatie osobiste, w tym nie chodzi z pewnością jedynie o poczucie długu wdzięczności za pomoc, jaką Hessen otrzymał, organizując swoje funkcjonowanie w Polsce. Przypomnijmy, że Radlińska występuje we wspomnieniach Hessena jako „główna inicjatorka" jego zaproszenia do Polski w 1933 roku na cykl wykładów do Wolnej Wszechnicy Polskiej, w następstwie ich spotkania wcześniej w Cambridge na kongresie międzynarodowym Ligi Nowego Wychowania, oraz jako jeden z inicjatorów propozycji powołania Hessena na Katedrę Filozofii Wychowania WWP, do

---

11 Zauważmy zarazem, że podtytuł tomu wskazuje na „dydaktykę ogólną", a tymczasem wśród dydaktyków ogólnych kolejnych pokoleń trudno dostrzec wnikliwych czytelników tego podejścia. Nie dzieje się to bez straty dla jakości rozwoju dyscypliny i jej wpisania w dorobek tradycji tej myśli, szerszej niż przejęty przez dominujący obecnie styl. Świadectwem straty jest chociażby zgubienie idei „dydaktyki przeżycia", którą postulowana wcześniej, także przez Radlińską, pozostała nierozwinięta i niedoceniona.

czego ostatecznie doszło w 1935 roku (por. Hessen 1997a, s. 44–45). Oczywiście, nie wolno tej relacji lekceważyć ani tym bardziej kojarzyć jedynie z faktem, że Hessen ożenił się niebawem z Marią Niemyską, uczennicą Radlińskiej, która mu pomagała we wprowadzaniu się w arkana języka polskiego. Nieprzypadkowo zresztą mamy tu świadectwo poważnego długu intelektualnego Hessena w stosunku zarówno do Heleny Radlińskiej, jak i wobec Marii Grzegorzewskiej; ta ostatnia umożliwiła Hessenowi wykłady w swoim Instytucie Pedagogiki Specjalnej, jak to znajdujemy wybite we wspomnieniach Hessenowskich, gdy pedagog formułuje świadectwo ważnego tropu rozwoju jego własnego funkcjonowania w polskiej pedagogice:

> Współpraca z tą wybitną kobietą (autorką znakomitej *Psychologii niewidomych*) była dla mnie podobnie pouczająca, jak i wspólna praca z Heleną Radlińską [...]. Obydwu tym znakomitym działaczkom oświatowym zawdzięczam rozszerzenie widnokręgu nie tylko jako teoretyk pedagogiki, lecz także jako człowiek. Obie były dla mnie przykładem niewyczerpanej energii duchowej, przezwyciężającej niemoc fizyczną oraz wzorem wielkiej odwagi cywilnej. Ciężko chore potrafiły skupić wokół siebie i owiać żarem duchowym grono współpracowników naukowych i kilka studenckich pokoleń pracowników oświaty. Przyjaźń z tymi kobietami uważam za wyróżnienie, z którego nie mogę nie być dumny (Hessen 1997a, s. 47–48).

Powyższe akcenty przywołuję jako sygnały realności doświadczenia pokoleniowego, które pozwala wskazać na istnienie w polskiej pedagogice Wielkiego Pokolenia, integrującego wysiłek rozwijania zrębów nowoczesnej pedagogiki w okresie międzywojennym, zanim osiągnięty poziom nie został stłamszony próbami uzurpatorskiej dominacji ujęć marksizmu w wersji stalinowskiej, której sprzyjał ostatecznie, niestety, nawet sam Bogdan Suchodolski, pomimo swojej humanistycznej retoryki, w której sentymentalizm uwznioślenia ścigał się z doktrynalną pryncypialnością. Do końca najwidoczniej ten ostatni, jak również wielu odczytujących spuściznę Radlińskiej czy ją lekceważących nie rozumiało tego, na co już w 1938 roku zwracał uwagę Hessen, uwypuklający zwłaszcza sprzężenie funkcji społecznej i kulturowego zakorzenienia wychowania. Było to ujęte w terminach wrastania w kulturę jako glebę i ukazane jako niosące szansę na to, aby wychowanie nie było jedynie zakładnikiem warunków wyznaczanych przez jego otoczenie społeczne i doraźnie dominujące presje polityczno-ideologiczne. Chodziło o to, aby rozwijało sie także dzięki uznaniu i wykorzystaniu w jakimś stopniu chociażby „autonomii kultury duchowej", tak ważnej dla tradycji pedagogiki kultury i filozofii kultury. Spuścizna ta ma więcej wspólnego z pedagogiką społeczną, niż wynika to z późniejszych rozważań wokół niej rozmaitych jej krytyków czy apologetów. Jak czytamy u S. Hessena w artykule polemicznym z 1938 roku, nawiązującym do „niebezpieczeństwa socjologizmu" w podejściu Józefa Chałasińskiego i do groźby redukcji wychowania do sfery społecznej:

Że w procesie wychowania istnieje i strona społeczna, określona przez potrzeby i dążenia różnych grup społecznych, nie ulega wątpliwości. Stąd wynika nie tylko możliwość egzystencji socjologii wychowania, ale i jej konieczność dla całości wiedzy pedagogicznej [jako – L.W.] „socjologii wychowawczej" tak samo jak wiedza o wychowaniu nie może również obejść się bez „psychologii" i „fizjologii wychowawczej". Przykładem podobnej „socjologii wychowawczej" w literaturze polskiej jest „pedagogika społeczna" H. Radlińskiej. O ogromnym tak teoretycznym, jak i praktycznym znaczeniu tej pedagogiki społecznej już pisałem (Chowanna 1936, nr 1) i dlatego nie będę się tutaj powtarzał. Podkreślę tylko, że ta „pedagogika społeczna", którą wolałbym nazywać „socjologią wychowawczą" widzi w bycie społecznym nie c a ł e wychowanie, lecz raczej tylko „negatywne warunki wychowania", sprzyjające albo znacznie częściej przeszkadzające procesowi wychowania właściwego. Wychowanie nie jest tylko „funkcją" bytu społecznego, lecz posiada własną prawidłowość o charakterze ponadspołecznym, tkwiącą w prawidłowościach kultury duchowej, powstającej oczywiście na podłożu bytu społecznego (jak zresztą ten ostatni powstaje na podłożu bytu biologicznego), ale nie dającej się w swojej strukturze sprowadzić do praw społecznych. Byt społeczny więc nie „wytwarza" ani kultury duchowej, ani wychowania w jego całości, jeno ciągle zmniejsza i ogranicza proces wychowania, który pod jego wpływem ulega zniekształceniu a często i zupełnej deprawacji. Otóż praktycznym zadaniem socjologii wychowawczej jest badanie konkretnego środowiska społecznego, w którym odbywa się praca wychowawcza, w szczególności praca szkoły, i znalezienie tych środków i zabiegów, przy pomocy których można by usunąć albo kompensować negatywne warunki procesu wychowania, tkwiące w środowisku społecznym. Prawdziwa praca wychowawcza powinna więc łączyć się zawsze z pracą społeczną, chociaż z innej strony i praca społeczna powinna przyjmować charakter wychowawczy, jak zresztą i polityka, przynajmniej polityka cechująca rządy demokratyczne [...]. Wychowanie, które łączy się w ten sposób z pracą społeczną, opartą na socjologii wychowawczej, potrafi nie tylko przezwyciężyć środowisko społeczne i wyzwolić własną prawidłowość ze zniekształcających ją zależności od warunków społecznych, lecz stać się prawdziwym narzędziem przebudowy społecznej (Hessen 1938, s. 247–248; także 1997a, s. 191–192)[12].

Hessen dodaje, że takie idee rozwija sam w książce *Struktura i treść szkoły współczesnej*, zwłaszcza formułując w tej koncepcji twierdzenie, że

---

12 Widać w szczególności, że niezależnie od nazwy kluczowe jest w tej perspektywie widzenie wagi nakładania – na warunki społeczne i ich ograniczenia, reglamentacje i redukcje – potencjału wpisanego w szerszą i wymagającą przywołania „kulturę duchową", przekraczającą ramy czasowe, przestrzenne i instytucjonalne tego, co doraźnie preferowane czy przydatne z punktu widzenia dominujących sił, także politycznych. Marksiści, jak Suchodolski czy Chałasiński, nie potrafili bez sarkazmu (ten drugi) czy zdziwienia odnotowywać troski o duchowość, rozwój duchowy czy kulturę duchową, ponieważ były to dla nich obco brzmiące terminy, kojarzone z jakąś metafizyką niegodną uznania naukowego.

[...] wychowanie jest procesem nie tylko społecznym, ale i ponadspołecznym (duchowym), [przez co – L.W.] może ze swej strony oddziaływać na byt społeczny, przyczyniać się do jego przeobrażenia (Hessen 1938, s. 248).

Odnotujmy jeszcze, że znany jest ważny list Hessena do Radlińskiej, z okazji obchodzonego w 1947 roku jubileuszu pięćdziesięciolecia jej pracy, w którym choć przyznaje, że jej „system myśli" znacznie „rozszerzył" jego „własny horyzont pedagogiczny" oraz docenia jej „promieniowanie" wiedzą i postawą, to zarazem podkreśla „różnice w poglądach, które nieraz zaznaczały się", choć nie wpłynęły na „wspólnotę myśli i pracy" (por. list S. Hessena z 22 maja 1947 roku w: *Helena Radlińska. Człowiek...* 1994–1995, s. 190). Pozostaje żałować, że nie wiadomo, jakie różnice miał Hessen na myśli. Dalej wysunę pewne przypuszczenie w tej kwestii.

Warto jeszcze wspomnieć, że przy okazji ostatniego Zjazdu Pedagogiki Społecznej Wiesław Theiss, wielce zasłużony w stymulowaniu zainteresowania postacią i dokonaniami Heleny Radlińskiej, przytoczył, wart powtórzenia za nim, jeszcze jeden akcent z okolicznościowej wypowiedzi S. Hessena, z 1947 roku, na jubileusz pięćdziesięciolecia pracy nestorki polskiej pedagogiki społecznej. Znamionował on jakże dobitnie nie tylko jego osobisty stosunek do wielkiej uczonej. Było to także świadectwo mówiące coś o postrzeganiu jej jako osobowości ludzkiej i postaci nauczyciela oraz jej wpływu na spotykających ją na swojej drodze jeszcze przed wojną. Warto takie akcenty nagłaśniać możliwie szeroko, aby doszło do jakościowej zmiany w dominującej, poszatkowanej mentalności w środowisku akademickim pedagogów. Oto ten tekst, w postaci wzruszającego wyznania pełnego wdzięczności:

> Dziękuję losowi, że miałem szczęście poznać Panią, której tak dużo zawdzięczam. O *Pedagogice społecznej* nieraz już pisałem i mam zamiar jeszcze gruntowniej napisać o niej w szerszej całości. Chciałbym tylko dziś stwierdzić jak, jak bardzo system myśli Pani rozszerzył mój własny horyzont pedagogiczny, ale nie mniej Pani mi dała jako żywy wzór nauczyciela, bojownika o prawdę i sprawiedliwość, człowieka. Zwłaszcza podczas wojny podziwiałem hart ducha Pani, należąc do tych, którzy byli w zasięgu ciągle się szerzącego promieniowania osobowości Pani. Było to promieniowanie wiary, nadziei i miłości, które podtrzymywało na duchu zmęczonych i dawało siłę walczącym. Ale i przed wojną Pani promieniowała całą swoją postawą życiową na liczne rzesze swoich uczniów (za: Theiss 2013, s. 31)[13].

Jestem przekonany, że byłoby zgoła fascynujące i bardzo pouczające odtworzenie możliwie pełnej mapy kontaktów i współdziałania oraz współmyślenia uczest-

---

[13] Autor ten wykorzystał materiały z rozproszonego Archiwum Towarzystwa Wolnej Wszechnicy Polskiej w Warszawie. Zapewne dalsze poszukiwania archiwalne mogą przynieść jeszcze wiele ciekawych dokumentów, w tym rzucających światło na sytuację, życie i losy instytucjonalne nie tylko czołowych polskich pedagogów, lecz także środowiska pedagogicznego jako całości, zwłaszcza z okresu międzywojnia oraz czasów stalinizmu.

ników Wielkiego Pokolenia między sobą. Nie da się tego zrobić bez penetracji archiwaliów, w tym zwłaszcza korespondencji, o ile ta się zachowała. Tu jedynie podejmuję sygnalnie zadanie wydobycia pewnej wspólnoty horyzontu nastawień i to świadomie pomijając poziom zrozumienia dokonującego się – ciągle w stadium wstępnym – procesu budowy zrębów myślenia pedagogicznego, przygotowującego przełom, do dziś jeszcze słabo uświadomiony, a nawet spotykający się czasem z aktywnym oporem przed uznaniem go, mimo bogatej dokumentacji.

Zauważmy na marginesie, że takie akcenty, dotyczące także relacji Radlińskiej z postaciami uchodzącymi za podstawowe dla rozwoju i promocji perspektywy pedagogiki kultury, pokazują znacznie większą wspólnotę działań i dążeń między wchodzącymi tu w grę nastawieniami, stanowiąc o intensywnym splocie stosunku do wymiarów: społeczeństwa i kultury w tych dwóch biegunach dyscyplinarnych pedagogiki.

Warto także prześledzić odwrotną stronę relacji w zakresie tego, jakie tropy z perspektywy Hessena są realnie obecne w myśleniu Radlińskiej. Z jednej strony powraca wielokrotnie motyw nawiązujący do powinności w działaniu pedagogicznym odniesionych do dziedzictwa historycznego kultury, traktowanego jako – jeśli nie wręcz metafizycznie niezmienne i nienaruszalne, to jednak stanowiące skarby spuścizny – bezcenny dorobek zasługujący na udostępnienie ogółowi do własnych indywidualnych przetworzeń. Warto tu przytoczyć ten powracający motyw, zasadniczy dla kojarzenia niewidzialnego środowiska także z symbolicznym dziedzictwem kulturowym. Podkreślając, że „[n]ajistotniejszą cechę wychowania jako gałęzi twórczości kulturalnej stanowi wartościowanie i uczenie wyboru" w zgodzie z „właściwościami życia ludzkiego", w tym jakościami wszystkich faz jego cyklu, Radlińska zauważy, że chodzi w tym podejściu także o

> [...] konieczność świadomego wysiłku ludzi dojrzałych i starych dla spełnienia tego, co – zapożyczając wyrażenie Hessena – „przepaja byt powinnością". Inaczej mówiąc, co wskazuje, jak wprowadzać w życie codzienne wartości idealne (Radlińska 1961, s. 41; sformułowanie wyjściowo zawarte w pracy Radlińskiej z 1935 roku).

Akcent ten wynika stąd, że czytając *Podstawy pedagogiki* Hessena, Radlińska jako najważniejsze dla siebie przypomina to, że „[p]odstawowy rys zjawiska wychowania upatruje S. Hessen w przeniknięciu »środków celami, bytu powinnością«" (Radlińska 1961, s. 66).

Z drugiej jednak strony uderza to, że mówienie przez Radlińską o odniesieniach do ideału, czy wskazywanie na działania pedagogiczne „w imię ideału" w jej tekstach, rodzi pytania o to, czy zdawała sobie sprawę z konsekwencji dla pedagogiki społecznej, jeśli w jej myślenie o możliwościach oddziaływań włączy się zasadniczy przecież akcent u Hessena wpisany w kategorię anomii oraz w pionową sekwencję poziomów zaawansowania kompetencji moralnych człowieka. Jest to przecież nacisk na sposób myślenia, uczulający na rozmaite poziomy percepcji kulturowej i wrażliwości moralnej (kompetencji etycznych), w których nie tylko nie dochodzi do głosu żaden ideał – więc i idealnymi wezwaniami kierować się w oddziaływaniu nie można – lecz także nie ma miejsca ani na wartości, ani nawet na normy. A to ostatnie właśnie niesie termin „anomia", pochodzący od greckiego *nomos* i przedrostka a- zaprzeczającego, co łącznie daje określenie spolszczające ten zwrot na: beznormie.

Można zadać ważne pytanie, na które nie wydaje się, aby była odpowiedź u Radlińskiej, a tym bardziej nie podejmują go afirmatorzy rezonujący jedynie Radlińskiej swoim widzeniem wszędzie postulowanego działania „w imię ideału". Chodzi o pytanie dotyczące tego, jak pedagog społeczny ma działać w obliczu anomii jako poziomu nastawień odbiorcy do prób oddziaływań jego własnych i cudzych. Czy pedagog ma mówić wyłącznie w języku ideałów i wartości, apelując do sumienia i wrażliwości, gdy te są w stanie albo jeszcze zalążkowym, albo już zdegradowanym np. tzw. wtórną anomią jako efektem anomizujących[14] presji środowiska. Nie wydaje się, aby problem anomii był dostatecznie uwzględniony w myśleniu Radlińskiej, skoro jako zadanie dla „oświatowców" i ich kształcenia wskazuje ona dążenie, by „wdrażać w poszanowanie ludzi i ideałów kierujących ludźmi" (por. Radlińska 1947, s. 211). Ale w anomii – zwłaszcza wtórnej, pod presją społeczną – ludzie nie kierują się ideałami, wartościami czy normami. Zatem już nie bardzo wiadomo, co i jak ma być tu poszanowane. Pedagogika społeczna powinna umieć sobie poradzić z tą luką w uwzględnianiu przez Radlińską rozważań Hessena, czy szerzej w odnoszeniu się do złożoności interakcji w realiach społecznych kontaktu w świecie anomii i anomizacji[15]. Skoro kategoria anomii się nie pojawiła – z tego, co wiem, ani razu – w rozważaniach Radlińskiej, to trzeba spytać, dlaczego tak było, czy autorka czymś ten brak kompensowała, czy po prostu mamy tu do czynienia z błędem, który wymaga usunięcia w pedagogice społecznej, w świetle rozważań znanych nie tylko z Hessena, ale znacznie już później wpisanych w kanoniczne ustalenia z porządku triady rozwojowej Kohlberga i jej ujęcia w modelu Habermasa.

Tu jedynie tę kwestię sygnalizuję, powrócę do niej w rozdziale o problemach działania „w imię ideału". Dodam więc tylko, że kiedy Radlińska podkreśla, iż

> [w]śród oświatowców stanąć mogą z powodzeniem tylko ludzie, którzy sami rozwijają się i pracują duchowo [...] rozszerzając swoje poglądy wiedzą o załamaniach się światła w innych duszach (Radlińska 1979, s. 180),

---

14 Te, jak wiadomo, wdrażają do świata, w którym liczą się interesy, siła, uległość, egoizm, wzajemność świadczeń, unikanie kary, działanie dla świętego spokoju, bezwzględna rywalizacja, kalkulacja zysków.

15 Pomijam bogatą literaturę dotyczącą teorii anomii i jej wariantów, np. związanego z kryzysem tożsamości. Chodzi jedynie o pokreślenie tropu dostępnego w czasach Radlińskiej, zarazem ważnego dla praktyki pedagogiki społecznej, a pominiętego czy przeoczonego przez twórczynię zrębów dyscyplinarnych.

to można to interpretować jako w szczególności jednak wyczulenie na owe „załamania" jako wyraz wypaczania się w odbiorze efektów oddziaływań wychowawczych. Kompetencje oświatowe pracowników zatem muszą uwzględniać umiejętność radzenia sobie z tym również, co niesie niegotowość anomijna adresatów ich działań do kierowania się ideałami i wartościami czy zasadami w życiu jednostki. Rzecz jednak w tym, że zbyt może miejscami romantycznej – sentymentalnie uwznioślonej – retoryce Radlińskiej (przynajmniej jeszcze w latach 20. minionego wieku) przyświeca wskazanie na „[r]ozwój harmonijny każdej jednostki w promieniach dorobku ludzkości" (Radlińska 1979, s. 179–180) i pomnażanie sił zdolnych do przeobrażeń społecznych jako cel ogólny oświaty, gdy tymczasem chodzi tak naprawdę o pracę z osobami, w wypadku których owe promienie dorobku nie są w stanie poruszyć ich przeżyć i doprowadzić do przebudzenia duchowego bez szczególnych umiejętności radzenia sobie z kondycją i poziomem anomijnego uwikłania w życie społeczne.

Kolejny przykład jest kontynuacją próby przekonania do potrzeby wysiłku uruchomienia poważnej debaty w polskiej pedagogice wokół spuścizny, weryfikowanej krytycznie i analitycznie, rozmaitych czołowych postaci, bywa, że wręcz dominujących w rozmaitych zakresach życia akademickiego w pedagogice polskiej w PRL-u. Wiele z szans i jakości polskiej pedagogiki zostało zmarnowanych przez fakt niesprostania im przez czołowych reprezentantów pokoleń późniejszych niż Wielkie Pokolenie Heleny Radlińskiej. Uważam, że to jedna z ciemniejszych stron pedagogiki w PRL-u.

Przypadek Bogdana Suchodolskiego w podejściu do Heleny Radlińskiej

O tym, jak bardzo korekta recepcyjna – w tym oceny – twórczości międzywojennej w Polsce jest potrzebna i jak zderza się z rozmaitymi obrazami instytucjonalnie wpisywanymi w obieg myśli pedagogicznej, niech świadczy dość skrajny – ze względu na rangę postaci wchodzących tu w grę – przypadek Bogdana Suchodolskiego. Pamiętamy, że nie uznawał za stosowne, by wskazać na obecność i znaczenie dokonań Heleny Radlińskiej, już choćby w kontekście jej troski o oświatę na wsi, gdy bilansował dorobek pedagogiki polskiej z perspektywy pierwszego dziesięciolecia powojennego (por. Suchodolski 1956, s. 193–220). A i potem nie kwapił się do rewizji swojego nastawienia. Nie ulega dla mnie wątpliwości, że autor hasła (przecież nie idei) „wychowania dla przyszłości" nie tylko wyrządził krzywdę Radlińskiej, ale także tworzył ramy instytucjonalne dyskursu (w tym podręcznikowe), w których nie było dla niej miejsca. Jego okazjonalna wypowiedź z 1980 roku, jak pokażę, dowodzi, że Radlińskiej po prostu nie doczytał i nie doceniał. Nie pozostało to bez wpływu na znaczenie postaci na to niezasługującej.

Podkreślmy dla uwypuklenia dramaturgii sporu – jaki tu może, a nawet powinien się rozpocząć w pedagogice polskiej, w trosce o prawdę i rzetelność, nawet za cenę odwracania niektórych ocen i podręcznikowych opisów – że Bogdan Suchodolski NIE należał do tego samego pokolenia, będąc aż o dwadzieścia lat młodszy, a z czasem po wojnie – mimo początkowych zachwytów[16] – stał się tego pokolenia antagonistą, marginalizującym je, przemilczającym, bywało, że ostentacyjnie dystansującym się. Wyrządził wielu postaciom tego grona sporo krzywdy. Stał się bowiem liderem popieranym z pozycji nowej władzy i funkcjonował zorientowany ideologicznie w duchu, który nakazywał mu najwyraźniej nie czuć, nie kontynuować i nie afirmować (mimo pojedynczych uwag) więzi z dorobkiem międzywojennym, ani pedagogiki kultury, ani pedagogiki społecznej jako dwóch najżywszych nurtów myśli teoretycznej i kierunków wpisywania pedagogiki polskiej w ówczesny dorobek światowy najwyższego formatu. Jego relacja dotycząca Radlińskiej w referacie z 1980 roku najwyraźniej świadczy, że ten niezwykły pedagog do końca nie zdołał się uwolnić od ograniczeń własnej perspektywy oraz nie nadrobił zaległości własnych lektur i przemyśleń w kwestii rangi dokonań Wielkiego Pokolenia wcześniejszego od niego. Dokonania tego pokolenia zasługują na przywrócenie im blasku i znaczenia dla współczesnej pedagogiki, także wbrew ocenom i postawie samego Suchodolskiego.

Wspomniany już „przypadek Suchodolskiego", jeśli chodzi o stosunek do dorobku Radlińskiej, także warto bliżej ukazać w trosce o obraz recepcji, na tle którego usiłuję poniżej zbudować strategię własnej lektury. Po pierwsze zauważmy jednak, że w pełni podzielam jedną ważną tezę, postawioną przez Suchodolskiego w 1980 roku na sesji w Stulecie Urodzin twórczyni pedagogiki społecznej w Polsce, gdy ten dobitnie stwierdził potrzebę zmiany perspektywy czytania Radlińskiej – a rzecz to kapitalnej rangi i książką tą chcę wyjść jej naprzeciw:

---

16 Por. entuzjastyczne uwagi B. Suchodolskiego w dwóch krótkich notach recenzyjnych, jakie opublikował w 1936 roku w zeszytach „Nowa Książka", gdzie pisał m.in.: „Nie waham się wyznać, iż studium Heleny Radlińskiej o wychowaniu dorosłych uważam za najgłębsze i najpiękniejsze ze wszystkiego, co u nas na ten temat pisano, nie wyłączając dawnych szkiców samej autorki" (por. Suchodolski 1936, s. 335). Odnotujmy przy okazji, że Radlińska, pytana rok później o opinię w kwestii kandydatury Suchodolskiego na kierownika Katedry Pedagogiki na Uniwersytecie Jana Kazimierza we Lwowie, powiedziała, iż „obowiązek jej każe stwierdzić, że jest on najwybitniejszym z młodszego pokolenia pedagogów, utalentowany jako badacz, pisarz i nauczyciel" (za: Szmyd 2003, s. 363). Zauważmy, dla uwypuklenia różnicy pokoleniowej, że w tym czasie Suchodolski był trzydziestotrzyletnim autorem stopniowo dopiero pracującym na swoją identyfikację z pedagogiką, podczas gdy Radlińska to już o dwadzieścia cztery lata starsza, uznana postać o nieporównywalnym dorobku i udziale w kształtowaniu realiów polskiej oświaty. Wypada także podkreślić, że z kolei w okresie powojennym B. Suchodolski nie zdobywał się na takie pochwały Radlińskiej, a nawet albo jej postać przemilczał, albo przypisywał jej niekorzystne dążenia. Szczegóły przywołuję w innym miejscu tej książki.

[...] zamykanie działalności Heleny Radlińskiej wyłącznie w horyzontach pedagogiki społecznej nie jest wystarczające. Nie docenia się bowiem w ten sposób ważności pewnego nurtu myślowego, który występował w jej działalności od lat młodych, a zyskiwał natężenie w ostatnich latach życia, nurt szczególnie ważny dla teorii wychowania w ogóle, a nie tylko dla pedagogiki społecznej. Chodzi – mówiąc najogólniej – o pojęcie wychowania jako poszukiwania sił, jako inspiracji, jako pomocy w rozwoju człowieka, jako współdziałania z potrzebami i możliwościami twórczymi (Suchodolski 1980, s. 35).

Nie da się w istocie zanegować faktu, mimo redukcyjnych lektur, że Radlińska była formatu uczonej rozumiejącej najbardziej podstawowe życiowo i praktycznie – ale także najbardziej ogólne dla wyzwań oświatowych – zadania troski o kondycję każdego konkretnego dziecka, jak również o rozwój każdej jednostki w społeczeństwie w jej odniesieniach do kultury jako dziedzictwa, do własnego potencjału, a także do marzeń i zadań. Trzeba więc umieć[17] **odczytać Radlińską jako zabierającą głos w horyzoncie pytań pedagogiki ogólnej** oraz w nastawieniu ważnym dla kulturowej funkcji wychowania, dającej o sobie znać w tzw. pedagogice kultury, ale znowu – nie dla jakiegoś wąskiego pola i typu nastawienia, które mogłyby być inne. Wręcz odwrotnie, chodzi o potraktowanie jej jako fundamentalnego minimum niezbędnego dla nowoczesnej strategii budowania oświaty w Polsce od pierwszych lat jej istnienia, a nawet jeszcze w ramach ruchu narodowowyzwoleńczego. W świetle tego, co dzieje się w pedagogice współczesnej na świecie[18], można stwierdzić, że była uczoną formatu światowego, tyle tylko, że ten świat po dziś dzień nic o tym nie wie, także z winy jej nominalnych uczniów czy kontynuatorów, ale głównie tych, których obowiązkiem intelektualnym było ocalać najważniejsze dokonania z głębi tradycji, a nie tworzyć pozory własnej świetności. Nie tylko pedagogika ogólna w jej rozmaicie spłyconych ujęciach nie umiała Radlińskiej odczytać, jak łatwo się o tym przekonać, zaglądając do tego, co uchodzi za jej podręczniki czy przejawy stanu badań, zwane przeze mnie „pedogólią" (por. Witkowski 2009, s. 601–627).

Tymczasem w swoich dwuznacznych jednak dalej pochwałach Suchodolski najpierw pisze, że koncepcja ta jawi się mu jako „szczególnie bliska" wobec podkreślania napięcia między „kierowaniem" oraz „inspirowaniem" w procesie wychowania jako przedmiotu sporu o istotę tego procesu, ale zaraz doda, że wobec kontestacyjnych akcentów w najnowszej pedagogice przeciw dyrektywności działań wychowawczych:

---

17 Podkreślam, że nie twierdzę, iż jest to możliwe tylko na jeden sposób, ale uważam, że szereg „lektur" jest zbyt powierzchownych, fragmentarycznych, niedbałych, słabo przygotowanych i nieosadzonych w szerszych kontekstach interpretacyjnych.

18 Por. moje uwagi w sprawie „odkryć" pedagogiki ekologicznej chociażby w książce Shoshany Keiny (2002), którą tu analizuję w osobnym rozdziale.

[n]ie byłoby – oczywiście – słuszne ukazywanie Radlińskiej jako przynależnej do tego nowoczesnego obozu pedagogicznego niepokoju. Należy ona do innej tradycji i była zaangażowana w inną działalność społeczną (Suchodolski 1980, s. 39).

Suchodolski widzi tu, pomimo uznania mniejszego radykalizmu, wpisanie w perspektywę, którą prezentuje „Illichowska wizja społeczeństwa bez szkół" (Suchodolski 1980, s. 39), a także dążenie do „wyzwolenia człowieka z ucisku form organizacyjno-instytucjonalnych i z przymusu autorytetu oraz martwej tradycji" (Suchodolski 1980, s. 40)[19]. Rzecz w tym, że Radlińska troszczyła się także o tradycję jako stającą się żywą we właściwym, twórczym podejściu do niej oraz że ani przymusu, ani ucisku nie uznawała za żaden nieuchronny przejaw funkcjonowania szkoły, zwłaszcza sprzężonej w swoich funkcjach z innymi instytucjonalnymi „urządzeniami" praktyk społecznych i kulturowych. Sprzężenie to było ważne w zakresie pomocy i opieki z jednej strony, a promowania dostępu do tradycji, właśnie jako skarbnicy dokonań ludzkości poza światem lokalnych uwikłań, z drugiej. Wbrew sugestii Suchodolskiego nie spotkamy u Radlińskiej uwag postulujących zniesienie szkoły[20] mimo całego krytycyzmu jej pedagogiki społecznej wobec słabości reformowania szkoły, wymagającej głębszych i skuteczniejszych przeobrażeń niż możliwe środkami dydaktycznymi. W serii „Studiów Pedagogicznych" pod redakcją Suchodolskiego w artykule Heleny Izdebskiej znajduje się na przykład przypomnienie takiej uwagi Radlińskiej z 1934 roku:

> Bez znajomości więc warunków bytu dziecka niemożliwa jest skuteczna praca nauczyciela. Nieliczenie się z rzeczywistością znaną dziecku potęguje krzywdę dziecka, boleśnie odczuwającego swą obcość i nieporadność (Radlińska 1934a, s. 6, za: Izdebska 1963, s. 131).

Zauważmy, że Radlińska wskazuje na trzy zakresy zadania „rozbudzania" przez nauczyciela potencjału własnej postawy: własne zainteresowania psychologiczne wraz z troską o świadomość społeczną w kwestii rozumienia uwarunkowań kondycji i rozwoju dziecka, co złoży się na oddziaływanie „poprzez rozumną życzliwość, która rozbudzi w duszy dziecka najlepsze wartości" (por. Radlińska 1934a, s. 6). Wprowadzenie Radlińskiej uwypukla wagę badań, które podchodzą krytycznie do realnej funkcji szkoły, nie dość świadomej barier społecznych, z jakimi powinna się umieć zmierzyć, jako niszczących „stosunek dziecka do szkoły", jak głosi zamieszczony w książce artykuł Marii Grzywak-Kaczyńskiej, stwierdzającej:

---

19 To skojarzenie Suchodolskiego okazuje się całkowicie arbitralne i dowodzi braku zrozumienia idei Radlińskiej, preparując przywołane dzieło do stanu pozbawionego głębi i aktualności.
20 Dobitnych dowodów mamy u Radlińskiej aż nadto, np. „Szkoła ma być wrotami otwierającymi skarbnice nowych narzędzi. Musimy dbać o szkołę" (Radlińska 1979, s. 324–325; sformułowanie z referatu Radlińskiej z 1937 roku).

Mówi się tak wiele o przekształceniu starej szkoły – reformuje się programy i metody nauczania, a w istocie to wszystko jest rzeczą drugorzędną. Istotnym jest przekształcenie stosunku szkoły do dziecka. [...] Szkole dzisiejszej można uczynić wielki zarzut, że w nieświadomości sytuacji życiowych dzieci nie tylko nie leczy urazów, nie prostuje dróg życiowych, ale powiększa trudności wobec których dzieci stanęły, i pcha je przez to samo na złe drogi, robi z nich dzieci trudne, wykolejone. Liczba takich dzieci zwiększa się w sposób przerażający (Grzywak-Kaczyńska 1934, s. 22–23, za: Izdebska 1963, s. 131).

Formułowane pod adresem szkoły uwagi krytyczne ze strony Radlińskiej były od samego początku uzupełniane rozumieniem, a nawet uwypuklaniem przez nią wagi społecznej funkcji szkoły, mimo że widziała, iż funkcja ta wymaga sprzężenia z innymi urządzeniami społecznymi, a to nie ma nic wspólnego z (od)ruchem „deschoolingu". Nie darmo sprzęgała swoje wizje pedagogiczne z ideą „szkoły twórczej", promując ją wspólnie z Henrykiem Rowidem. Zresztą przywołajmy sformułowanie Radlińskiej z lat 30. minionego wieku, gdy wskazywała na trzy kluczowe terminy określające choćby funkcję szkoły rolniczej na wsi:

Zadania społeczne szkoły są wyraźne: ma ona uszlachetniać pracę gospodarczą przez uświadamianie jej związku z całością życia człowieka i przyrody, ojczyzny i świata. Ma doskonalić technikę, podnosząc równocześnie kulturę duchową i materialną (Radlińska 1979, s. 268).

Wraz z tezą o potrzebie szerokiego odczytania dorobku Radlińskiej spotykamy u Suchodolskiego dalej niektóre szczegóły jego percepcji omawianego stanowiska, rodzące kolejne poważne zastrzeżenia przy odniesieniu do analizowanego podejścia z perspektywy idei pokoleniowo wyprzedzających nastawienie krytyka. Osnową wspomnianej percepcji jest jego skłonność do widzenia tu głównie swoistości stanowiska, aż po dwuznaczność pochwały, gdy referent podkreśla ekwilibrystycznie, że daje tu o sobie znać nawet „swoista aktualność" (por. Suchodolski 1980, s. 40) myśli analizowanej autorki. Tym bardziej zdumiewającym nieporozumieniem jest u Suchodolskiego kojarzenie idei Radlińskiej jako wpisanych w wizję systemu wychowawczego zasadniczo

[...] przeciwstawnego wychowaniu jako działalności zinstytucjonalizowanej [...] kierowanej przez wyznaczone z góry cele, pochłoniętej realizowaniem określonych modeli człowieka (Suchodolski 1980, s. 36).

Puentą tej sugestii jest wpisanie dążeń w tym podejściu w analogię do ruchu krytyki szkoły aż po jej zanegowanie. Suchodolski stwierdza:

Trudno bez studiów specjalnych odpowiedzieć na pytanie, jaka była genealogia tej charakterystycznej dla Radlińskiej koncepcji wychowania. Miała ona liczne pokrewieństwa z prądami tzw. nowego wychowania, ale różniła się od nich znacznie (Suchodolski 1980, s. 34).

Najwyraźniej Suchodolski nie podjął takich studiów, choć miał ku temu całe dekady sposobności. Ignorowanie to tymczasem przyniosło efekty co najmniej kłopotliwe, czy nawet wymagające zanegowania w nowych lekturach. Twierdzę zresztą, że skala nieaktualności wątków stanowiska Suchodolskiego znacznie przekracza to, co krytycznego da się powiedzieć o rozważaniach Radlińskiej. Zachowała znacznie więcej dojrzałości intelektualnej i trzeźwości politycznej. Nie sposób w pełni tu tę tezę rozwijać. Tymczasem i tak szwankuje przygotowanie do jej dokumentacji związane z brakiem pełnego i kompleksowego odczytania spuścizny Radlińskiej.

Spróbuję tę lukę wypełnić poniżej[21]. Tymczasem jednak poczynię pewną uwagę, o charakterze hipotezy, choć wskazując dalej jej przesłankę. Chodzi bowiem o kwestię: co takiego w myśleniu Bogdana Suchodolskiego czyniło wysiłki Radlińskiej już nie tylko chybionymi ideologicznie (bez uznania dla marksizmu), ale wręcz błędnie pojmującymi wspólne dla nich obojga, choć odmiennie postrzegane, hasło „uspołecznienia kultury". Otóż sugeruję, że na postawie Suchodolskiego poza idiosynkrazją ideologiczną ciążyła jego wizja nadmiernie optymistyczna, dotycząca tworzenia przez realia ustroju warunków chłonięcia kultury, podczas gdy Radlińska widziała tu ogromne i trudne zadanie. Kluczowe sformułowanie, dowodzące – widocznej zwłaszcza w ostatnich latach – wielkiej iluzji Suchodolskiego, sformułowane wprawdzie już po śmierci Radlińskiej, brzmi następująco:

> Doświadczenia, które prowadzimy w Polsce i do których jako do faktów nowych wciąż się tu odwołujemy, pozwalają na sformułowanie programu nadziei. [....] Dostrzegamy wyraźnie, jak zanikają sprzeczności między kulturą a społeczeństwem. Kultura staje się własnością i potrzebą mas w ich powszednim życiu, a nie przywilejem elity w jej dniach świątecznych (Suchodolski 1970, s. 26).

Błędy widać u Suchodolskiego przynajmniej dwa. Po pierwsze – całkowicie nie potwierdziła się jego wizja zaniku przepaści między jakością zwrócenia się ludzi w ich masowych potrzebach w stronę kultury a potencjałem kulturowym, wpisanym choćby w treści, które mogłyby być przedmiotem takich potrzeb, a w świecie liberalnego afirmowania przeciętności są wypierane, redukowane, spychane na coraz niższy poziom aspiracji kulturowych i gotowości do wysiłku edukacyjnego. Po drugie – daje o sobie znać lekceważenie z jego strony, jako człowieka kultury w końcu, postawy kulturowej ludzi kulturą żyjących, skoro przypisuje im jedynie odświętne podejście. Z takim podwójnie manierycznym wyobrażeniem Suchodolski nie mógł docenić wizji kultury jako gleby, gdzie dziedzictwo symboliczne wymaga ogromnego wysiłku i schylania się, a funkcje społeczne kultury nie mogą się zadowalać masowymi imprezami, pod groźbą pozorowania obecności treści

---

21 Miło mi, że mogę podziękować prof. dr hab. Ewie Marynowicz-Hetce za użyczenie mi niektórych unikatowych publikacji Heleny Radlińskiej, zwłaszcza przedwojennych, co ułatwiło pracę nad możliwie pełnym obrazem dokonań twórczyni zrębów pedagogiki społecznej w Polsce.

kulturowych w życiu codziennym, tylko powinny się skupiać na głębokim docieraniu do jednostek. Suchodolski sugerował, że coraz bardziej skutecznie i z zaangażowaniem ludzi „tworzone przez nich »królestwo ludzkie« stawać się będzie coraz bardziej zgodne z zasadami i wartościami humanizmu". Przypomnijmy, że to rok 1970, rok strzelania do robotników na Wybrzeżu, przed całym ciągiem dalszych wydarzeń, które przekreśliły optymistyczne wizje Suchodolskiego jako fałszywe i naiwne, a nawet szkodliwe mrzonki. Działania im służące uwikłały pedagogikę polską w jej dominującej instytucjonalnie części po stronie „realnego socjalizmu" będącego zaprzeczeniem ideałów socjalistycznych, jakimi żyła Helena Radlińska. Ta właśnie dlatego, że kryteria realności socjalizmu widziała na poziomie jakości troski o jednostkę ludzką, była oskarżana o nastawienie liberalne, bo „prawdziwy" pedagog miał rzekomo obowiązek uznawać walkę klas i słuszne zwycięstwo sił postępu, wiedzących, jak ten postęp realizować. Suchodolski fałszywie pojmował służenie rozwojowi człowieka jako służenie „doskonaleniu »królestwa ludzkiego«" (Suchodolski 1970, s. 29), ziszczanego rzekomo w realiach socjalizmu. Jako herold fikcji ideologicznej musiał najwidoczniej wykorzeniać z myśli pedagogicznej Radlińską, jak długo się dało. Na szczęście nie nad wszystkim miał pieczę władczą, a nawet musiał z czasem przystać na gesty sprzeczne z jego strategią w czasie stalinizmu, jak wsparcie idei wydania trzech tomów dzieł Radlińskiej w Zakładzie Narodowym im. Ossolińskich w latach 60. XX wieku.

Pokazałem wyżej ułomności podejścia Suchodolskiego do dokonań Radlińskiej jeszcze w 1980 roku, więc tym bardziej nie zdziwi zapewne wskazanie na ułomności jego postawy z drugiej połowy lat 50. minionego wieku, gdy mógł się już wypowiadać bardziej swobodnie, a nadal był wojującym rzecznikiem wyjątkowości perspektywy marksistowskiej dla nauki. Obnosił się z wykładnią Marksowskiej filozofii społecznej, w różnych kwestiach mającej rzekomo głos jednoznacznie słuszny i przesądzający, skoro w przeciwieństwie do wszystkich błędnych „burżuazyjnych" koncepcji pedagogicznych w kwestii np. ideału wychowawczego twierdził, że „[j]akościowo odmienne wskazania daje tylko stanowisko komunistyczne" (por. Suchodolski 1957, s. 323). Pojmując kulturę jako „nadbudowę" (por. Suchodolski 1957, s. 352), nie mógł Suchodolski docenić idei kultury jako „podbudowy", jako podłoża i gleby procesów rozwojowych, a tym bardziej duchowych. Zdawkowe odniesienia do myśli Radlińskiej pojawiają się jedynie w przypisach, często nie wprost dezawuujących imputowane jej usytuowania bez przywoływania jej tez, a jedynie z przejawami (dys)kwalifikowania niemal mimochodem jej stanowiska. Suchodolski uwypuklał punkt widzenia „pedagogiki socjalistycznej" – nieważne teraz, jak finezyjnie i trafnie[22] – kiedy podkreślał, że „odcina" on wartościową pedagogikę od „tej całej pedagogiki społecznej, która opierając się na psychologii głębi, obiecywała usunąć wszelkie konflikty między ludźmi", czy gdy ogłaszał, iż „Marksowski

---

22 Tym bardziej nie wiadomo, dlaczego tam, gdzie mógł mieć rację, musiało chodzić o pedagogikę właśnie socjalistyczną, a nie po prostu wartościową z powodów znacznie bardziej uniwersalnych i podstawowych teoretycznie niż doktrynalna tożsamość.

punkt widzenia odcina nas równocześnie i od tej całej pedagogiki społecznej, która operowała pojęciem wspólnoty grupowej", tak jak gdyby samo operowanie tym pojęciem było niesłychaną zbrodnią intelektualną (por. Suchodolski 1957, s. 374–375). Intelektualny bilans dokonań B. Suchodolskiego za rozmaite okresy jego udziału w kreowaniu rzeczywistości naukowej pedagogiki w PRL-u przez takie „odcięcia" czy amputacje nie tylko się nie zakończył, ale nawet nie został podjęty na serio, poza pojedynczymi, acz jeszcze fragmentarycznymi próbami (np. Z. Kwiecińskiego 2003, 2005), już oprotestowanymi w niezbyt przekonującym stylu[23]. Wystarczy chociażby zauważyć, że gdy B. Suchodolski w 1957 roku ogłaszał, iż „[c]ała pedagogika S. Hessena opiera się na heglowskiej koncepcji dziejów i dialektyki" (Suchodolski 1957, s. 371), to wygłaszał tezę jawnie fałszywą, szkodliwą i krzywdzącą, a zarazem budującą aurę niszczącą możliwość poważnej debaty akademickiej. Nie da się dłużej przechodzić obojętnie wobec takich przejawów scholastycznego wymachiwania doktrynalną maczugą marksizmu[24], jedynie w przebraniu humanisty i intelektualisty. Pora bilansu zasług i finezji musi i tak jeszcze nadejść, jako warunek otwarcia się pedagogiki na wyzwania XXI wieku w duchu wyzwolenia spod doktrynalnej i sentymentalnej jednocześnie afirmacji marksizmu[25].

---

23 Por. reakcje Ireny Wojnarowej i jej kręgu na rzekomo niedopuszczalne naruszanie świetlanego imienia; są one tu znamienne. Historię polemik i dyskusji z lat 2003–2005 oraz ostatnie jej przejawy przynosi numer czasopisma „Teraźniejszość – Człowiek – Edukacja" (2005, numer 2(3), s. 105–116). Nie mogą one rzecz jasna zahamować procesu rzetelnego rozliczenia jakości traktowania tradycji pedagogicznej w tym gronie. Przyłączam się do przekonania Z. Kwiecińskiego, że z jednej strony „Profesor Bogdan Suchodolski był wielkim humanistą, profetycznym filozofem kultury i wychowania i zaangażowanym Europejczykiem", a z drugiej strony podejmował i stosował wpływowe „wykluczające operacje i poszerzanie listy »unieważnianych« pedagogów", z pozycji pryncypialnego, zaangażowanego marksisty (por. Kwieciński 2005, s. 113, 115).

24 Jeszcze jeden przykład, choć można ich podawać do woli albo udawać, że ich wcale nie ma. Tymczasem powołanie się na „krytykę Marksa" jako dyskwalifikację z jego pozycji ogłoszoną niejednokrotnie zamykało drogę do poważnego zajęcia się dyskwalifikowanym stanowiskiem. Przykładowo czytamy, że: „Krytyka Marksa [...] [k]westionuje teorię środowiskową, interpretowaną jako sprzyjające okoliczności dla »indywidualnego« rozwoju. Odrzuca ujmowanie uzdolnień z punktu widzenia współdziałania obu tych czynników, jak to później sprecyzuje tzw. teoria konwergencji" (Suchodolski 1957, s. 320).

25 Rzecz jasna, nie twierdzę, że to wyzwolenie ma całkowicie unieważnić wagę odniesienia do tradycji marksizmu, czy też przekreślić nadzieje i troski socjalistyczne, jakie przyświecały np. Radlińskiej (niemylone z mrzonkami komunistycznymi, jakie przenikały z kolei stanowisko Suchodolskiego).

W poszukiwaniu perspektywy rozumienia historii pedagogiki społecznej i jej teoretycznego osadzenia w całości myśli pedagogicznej

Generalnie zgadzam się z tezą Anny Przecławskiej i Wiesława Theissa włączających troskę o stan pedagogiki społecznej i jego odniesienia do najnowszej humanistyki. Pisali bowiem w 1996 roku: „Poszukiwanie współczesnego kształtu pedagogiki społecznej wymaga włączenia się w nurt dyskusji prowadzonych aktualnie w humanistyce" (Przecławska, Theiss 1996, s. 13). Podkreślmy jednak, że w świetle tych dyskusji – np. ze względu na roszczenia tzw. psychologii humanistycznej – nie jest oczywiste plasowanie przez tych autorów pedagogiki społecznej Radlińskiej w „kręgu pedagogiki humanistycznej" (Przecławska, Theiss 1996, s. 23)[26]. Jest to stanowczo zbyt jałowy i mylący adres, pozbawiony obecnie w pełni zadowalającego korelatu, dla którego występowanie w takim odniesieniu psychologicznym byłoby ze wszech miar nieadekwatne i krzywdzące wobec skali odwołań Radlińskiej do nurtu psychologii Gestalt czy psychoanalizy. Znacznie bardziej dla mnie czytelne i głębokie jest wpisywanie intencji i strategii programowych rozważań klasyka pedagogiki społecznej w nurt współczesny „pedagogiki krytycznej", na co już zresztą zwracano uwagę[27]. Ten trop z pewnością wyostrzałby rozumienie dążeń i oddziaływań pedagogicznych jako emancypacyjnych i zorientowanych na „uobywatelnienie" czy choćby tylko upodmiotowienie adresatów w zakresie odpowiedzialnej troski o własną egzystencję. Dodajmy, że niezwykle cenne – jak to przywołam dalej w szczegółach – jest wpisanie przez Przecławską i Theissa podejścia Radlińskiej w „konsekwentne ukierunkowanie na kategorię »pomiędzy«", widzianą w perspektywie filozofii dialogu, w świetle której „[k]ategoria pomiędzy nie jest kompromisem" czy stanem pośrednim, ale „nową wartością" (Żukiewicz 2009, s. 28). Twierdzę jednak, że niezbędne dla pełnego uwypuklenia tej wartości jest wpisanie owego „pomiędzy" w strukturalne napięcia dwubiegunowe, typowe dla relacji dwoistości, której rekonstrukcji jest poświęcona ta książka. Niesie to bowiem zupełnie inną ontologię, którą warto uwypuklać i uwzględniać[28]. W tym kontekście książka ta naświetla podłoże owej kategorii bycia „pomiędzy" w perspektywie dwoistości.

Zarazem jednak pragnę podkreślić, że nie mniej istotnym warunkiem jest podjęcie wysiłku, aby znajomość współczesnej humanistyki wygenerowała nowe

---

26 Wystarczy skojarzyć u źródeł pedagogiki humanistycznej (np. wersja Maslowa) odrzucenie psychoanalizy, aby widzieć, jak bardzo to nie przystaje do nastawienia Radlińskiej, uwzględniającego np. Alfreda Adlera. Wrócę do tego później w kontekście odniesień do psychologii biegu życia u Charlotte Bühler.
27 Por. ujęcie Arkadiusza Żukiewicza (2009).
28 Unaoczniła to dla pedagogiki zwłaszcza M. Jaworska-Witkowska (2009, s. 80–87).

rezultaty lektur tradycji pedagogiki społecznej i jej całościowego odniesienia do jej kontekstów i dążeń, wpisanych głęboko także w humanistykę jej czasu, a już zwiastujących zjawiska, jakie poza nią wykraczały. Czytając rozmaite podręczniki z pedagogiki społecznej czy odniesienia do tradycji wpisane w rozmaite teksty – choć przecież bywają i znakomite, jak analizy E. Marynowicz-Hetki czy uwagi W. Theissa – mam wrażenie, że część autorów nie dysponuje (nie wiedząc o tym) perspektywą niezbędną ani tym bardziej wystarczającą do tego, by móc docenić i potrafić zrozumieć wagę własnej tradycji dla dalszego rozwoju dyscypliny, jak też nie wie, jak ją uzyskać. Zwykle zresztą dorobek jest omawiany w kategoriach poglądów, przekonań czy propozycji już przestarzałych, czy historycznych, a nie dyskursu i kategorii o aktualnym znaczeniu ważnego dorobku. Wręcz unikatowe ciągle i niedościgłe dla większości środowiska pedagogów społecznych w Polsce są analizy Ewy Marynowicz-Hetki, wydobywające na jaw problematykę kategorii, założeń w strukturze dyskursu i tez[29], a nie opinii, poglądów czy przekonań choćby i autorstwa klasyków.

Uogólniając, w środowisku badaczy panuje zrozumienie dla potrzeby sięgania do źródeł tradycji pedagogiki społecznej. Jednak problematyczne pozostaje to, jaki użytek z tych źródeł się robi i w jaką perspektywę interpretacyjną się je wpisuje. Zbyt często brak tu ujęcia pedagogiki społecznej jako zjawiska obejmującego CAŁOŚĆ zagadnień pedagogicznych i jej wpisania w CAŁOŚĆ trosk intelektualnych, duchowych i praktycznych czasu, gdy zaczęła się rozwijać. Tymczasem to właśnie próby wpisania fenomenu Radlińskiej w szersze troski o kompletną pedagogikę – mimo że wydawało się jej, iż np. andragogika poza pedagogikę wykracza – jak też dostrzeżenie obecności odniesień porozrzucanych po całej pedagogice pozwalają dopiero zdać sobie sprawę z ujęcia i znaczenia tej całości dla pedagogiki społecznej

---

29 Zupełnie inną kulturę akademicką narracji w stosunku do omawiającej „poglądy" reprezentuje choćby taki akcent z rozważań najwybitniejszego obecnie, po Helenie Radlińskiej, polskiego pedagoga społecznego: „Instytucja nie istnieje jedynie w sensie realnym, lecz również może być stanem wyobrażonym i symbolicznym. Dopiero wzajemne ze sobą powiązanie w każdym organizmie tego, co realne, z tym, co wyobrażone i symboliczne, pokazuje bogactwo życia instytucjonalnego oraz umożliwia pełniejsze zrozumienie zachowań jednostek. [...] Podstawową kategorią analizy jest relacja społeczna, ponieważ to ludzie tworzą instytucje, dążąc do równowagi, czy choćby zrównoważenia, lub poddając się nierównowadze, tym samym relacje społeczne same w sobie są dynamiczne. Koncepcja porządku i nieporządku (ładu i chaosu), inspiruje wielu badaczy i może być użyteczna w analizie zmian, jakie dokonały się w obszarze edukacji i jakie stają się i będą się stawać. [...] Przyjęcie założenia, że brak równowagi może być źródłem porządku i powstania nowych struktur oraz że chaos, w wyniku ruchu wahadłowego, prowadzi do porządku, który z kolei rodzi nowe formy chaosu, jest bardzo atrakcyjne" (Marynowicz-Hetka 2000, s. 118, 121–122). Zdumiewa brak szerszego wysiłku włączenia się w teoretyczne rozwijanie dyskursu pedagogiki społecznej w Polsce ze strony innych przedstawicieli instytucjonalnego funkcjonowania pedagogiki społecznej, wyobrażanych często jako depozytariuszy jej tradycji, czego horyzont symboliczny ich rozważań nie potwierdza.

i jej miejsca w ewolucji samej tej dyscypliny. Historia pedagogiki społecznej odizolowana od historii dokonania pokoleniowego wielkich jej rówieśników nie przyniesie dobrych efektów, gdyż narracyjnie okrawa ją ze zrozumienia bardziej uniwersalnych wysiłków i dążeń, których nie wolno było lekceważyć przez dekady, jak to się zdarzało, jak chociażby związanych z dojrzałymi wariantami idei dwoistości. A tymczasem tak izolowana wizja zdaje się nagminnie dominująca w zakresie traktowania materiału źródłowego i odznacza się zasadniczą ułomnością poznawczą rozważań niektórych słabszych interpretatorów, zamykając dostęp do całości pedagogiki na tle rozwoju innych obszarów humanistyki i nauk społecznych, jak cybernetyka czy psychologia.

Czasem do głosu dochodzi lokalna i instytucjonalna perspektywa podziału na specyficzne szkoły, związane z poszczególnymi osobami i ich usytuowaniami (Radlińska w Łodzi, Wroczyński w Warszawie, Kowalski w Poznaniu), których odrębności zawsze można w czymś wskazać czy na czymś oprzeć. Mamy wówczas mapę odrębności, wręcz rzekomych równorzędności, bez wpisania ich w horyzont odniesień do całości doświadczenia pokoleniowego, albo też widzi się tu także mało dojrzale odrębności typu: Radlińska – dominacja zainteresowań narodowych, a Wroczyński – zainteresowanie kwestiami środowiskowymi. Co najwyżej u Radlińskiej zauważa się „echa" albo „reminiscencje" jakichś tropów czy nurtów, zwłaszcza z odniesień kulturowych, poza tym uznaje się tu sporą dozę eklektyzmu, swoistości, bez szerszego zrozumienia mechanizmów powtarzających się jako przesłanki wspólnoty dążeń i to jeszcze wpisanych w wysiłki szerszego pokolenia, a nie tylko jednej perspektywy czy dyscypliny.

Widząc tu wpływy „funkcjonalizmu" społecznego, nie poświęca się dość uwagi temu, na czym polegają ograniczenia tej perspektywy oraz jej źródła, ani temu, jak może czy powinna wyglądać pedagogika społeczna przekraczająca ograniczenia tej funkcjonalnej ramy. Okazuje się tymczasem, że sporo korzyści przynosi odsłonięcie horyzontu teoretycznego tzw. wychowania funkcjonalnego, którego perspektywę nadbudowaną na psychologii widział i rozwijał Édouard Claparède, stanowiący obok Charlotty Bühler[30] jedno z kluczowych odniesień dla Radlińskiej w sferze psychologicznego ujęcia rozwoju. Tej ostatniej, o czym dalej, Radlińska zawdzięczała w szczególności nowatorską na przełomie lat 20.–30. minionego

---

30 Dla przykładu odniesienie do Charlotte Bühler otwiera listę nazwisk, których dokonania są wykorzystane na wstępie rozważań o oświacie dorosłych (por. Radlińska 1947, s. 9); chodzi o uchylenie kojarzenia zaawansowania życia jednostki z wiekiem zamiast z fazą rozwojową. W zależności od warunków rozwoju młodość czy starość mogą przychodzić później albo wcześniej. Drugim psychologiem przywołanym w ramach troski o oświatę dorosłych jest z kolei Stefan Szuman, w zakresie charakterystyki kryteriów „psychiki dojrzałej" (por. Radlińska 1947, s. 11). Trzecim z kolei tropem psychologicznym jest Edward Thorndike, ze względu na spór o to, czy rozwój może się zatrzymać, czy zatem można mieć zablokowaną dorosłość jako dojrzałość (por. Radlińska 1947, s. 13).

wieku perspektywę badawczą podłużnie uwypuklającą "przebieg życia" dzieci i ich warunki środowiskowe jako rzutujące na jakość rozwoju i jego szans.

Dla wysiłku ogarniania całości rozwoju pedagogiki społecznej, z jej zahamowaniami, blokadami, ograniczeniami i cofnięciami, a także zwykłym dreptaniem w miejscu lub funkcjonowaniem na marginesach rozwoju humanistyki i nauk społecznych, niezbędne jest dysponowanie – jako hipotezą interpretacyjną – podejściem zewnętrznym, mającym odniesienie do całości czy szerszych kontekstów postaw twórczych. Konieczne jest także operowanie spojrzeniem retrospektywnym, które z jakiejś zaawansowanej intelektualnie (historycznie) pozycji czasu późniejszego podchodzi do przeszłości oraz jej usiłowań i dokonań. Można je wówczas analizować, mając na względzie z jednej strony antycypacje czy intuicje dopiero kiełkujące i znamionujące zalążki późniejszych w pełni już rozwiniętych stanowisk czy kategorii, a z drugiej – etapy dojrzewania tych ostatnich.

Niniejsze podejście rozwijające postulowane tu oparcie, pozwalające na ugruntowanie perspektywy interpretacyjnej, generuje sugestia istnienia pokoleniowych znamion **przełomu dwoistości**, w którego narastanie pedagogika społeczna u jej zarania, w wydaniu Heleny Radlińskiej wpisuje się w sposób istotny, mimo ograniczeń, które trzeba umieć dostrzec i zrozumieć. Owe znamiona wspomnianego "przełomu dwoistości" wymagają odsłony w horyzoncie analiz merytorycznych w rekonstruowanym dyskursie, gdyż ich obecność nie mogła być w wydaniu tej autorki podbudowana metanarracyjnie czy metakomunikacyjnie (czyli wiedzą o tym, czym jest i co z sobą niesie narracja jako taka, poza jej wewnętrznym kodem treściowym). Radlińska musiałaby się bardziej integralnie odnosić np. do równoległych dokonań Nawroczyńskiego, Mysłakowskiego czy Mirskiego, aby mogła zdać sobie sprawę, w czym wspólnym, wręcz pokoleniowym uczestniczy i na czym polega wspólnota środków pozwalająca na dodatkowy efekt synergii, wzmacniającej wymowę łączną jednoczesnych starań, ponad sumę siły poszczególnych składników, niezależnie wypracowanych przez uczestników tej wspólnoty. Mając wieloletnie problemy zdrowotne, a zarazem będąc niezwykle zaangażowaną społecznie, nie zdołała ogarnąć w pełni horyzontu myślowego jej współczesności, choć sama się w niego doskonale wpisywała własną wrażliwością, wyobraźnią czy intuicjami i inspiracjami. Nie ulega jednak wątpliwości, że zbudowała zręby – naturalnie zazębiające się z myśleniem najwybitniejszych przedstawicieli jej epoki w sferze działań oświatowych – dla nasycenia rozwoju całej pedagogiki (z preferowanymi obszarami, jak oświata dorosłych) ważną i pod wieloma względami niezbędną także dziś polityką wyobraźni, w rozumieniu, jakie dla funkcji pedagogicznych całej humanistyki zarysował ostatnio Michał Paweł Markowski w książce *Polityka wrażliwości*, stanowiącej *pendant* do tego, jak uprawiać współcześnie humanistykę (por. Markowski 2013)[31]. Do kwestii tej nawiązuję w *Posłowiu*.

---

31 Można by nawet powiedzieć, że postulat Markowskiego w kwestii "poszerzania egzystencji" człowieka – jako głównej funkcji polityki wrażliwości, możliwej dzięki humanistyce – przez

Przyjęty tu, postulowany i rozwijany **typ podejścia do historii myśli pedagogicznej** okazuje się pod jednym przynajmniej względem istotnie analogiczny do próby ogarnięcia historii pracy oświatowej w Polsce przez samą Radlińską w 1913 roku (jeszcze piszącą jako Halina Orsza, mającą wówczas 34 lata). Omawiając „początki pracy oświatowej", potrafiła bowiem wskazywać na rozmaite zjawiska i wydarzenia, a także zmiany jak na „zwiastuny nowej epoki" (por. Orsza 1913, s. 48). Rzecz jasna, sama możliwość widzenia tu zwiastowania jako zapowiedzi, sygnałów czy znamion tego, co nadchodzi później, wymaga patrzenia na te obiekty czy procesy z perspektywy późniejszej, gdy już potrafimy zrozumieć, co tak naprawdę nadchodziło, co z zalążka kiełkowało, co było zwiastowane, z prześwitem czego mieliśmy do czynienia. Możliwość wskazania, że oto gdzieś w historii „zachodzi zmiana doniosła", wymaga uwypuklenia rozumiejącego już to przejście, jak to robi Orsza, od oświeceniowych prac, uznających wieś i chłopstwo za przedmiot zabiegów podnoszących kulturę życia, w kierunku afirmacji postawy podmiotowego traktowania chłopstwa dzięki romantycznej idealizacji „życia duchowego ludu", co Orsza podkreśla przez przywoływanie „zwiastuna romantyzmu" jako przykładu świadczącego o dokonującym się procesie (por. Orsza 1913, s. 48–49)[32].

Zasadę uwypuklania „zwiastunów" stosuje się w niniejszej pracy także w odniesieniu do samej Heleny Radlińskiej, kontynuując ten sam wysiłek z poprzedniego tomu, w którym śledzone były rozmaite zwiastuny problematyki dwoistości w myśli wielkich postaci pokolenia końca lat 70. XIX wieku, którego uczestnikiem była także wielka matka polskiej pedagogiki społecznej. Dobrze byłoby także wykorzystać sformułowane jeszcze w 1930 roku rozumienie przez Radlińską procesów kulturowych i zjawisk w praktyce społecznej, które wyrażają „ciągłe przemiany przetwarzania form życia występujące w dziejach kultury" (Radlińska 1979, s. 191). Opisując tak dokonujące się przemiany, widzi ona nie tylko coś złego, lecz także korzyści, które można utrwalać, rozwijając „możliwości celowego oddziaływania na rozwój kultury" (Radlińska 1979, s. 191). Jest to szczególnie ważne dla niej tam, gdzie się pewne wieloletnie zaniedbania chce naprawiać, rozwijać i twórczo spożytkować, jak w przypadku jej troski o stan „kultury wiejskiej w Polsce". Ten akcent interesuje

---

dostęp do rozmaitych treści i obszarów humanistyki uzyskuje u Radlińskiej różnorakie uściślenia i uzupełnienia. Nie chodzi tylko o poszerzenia, lecz także o pogłębianie własnego projektu egzystencjalnego, włączanie go w dziedzictwo kulturowe ludzkości, i przede wszystkim o troskę o meliorację środowiska jednostki jako udrażnianie kanałów nasycania jej wyobraźni i wrażliwości różnicą lub też odwrotnie – pogłębianie jej wcześniejszych przywiązań i zakorzenień o impulsy jedynie stające się życiodajne dla samego wzrastania dzięki nim, bez szerszych transpozycji duchowych, ale zawsze z szansą na lepsze rozumienie drugiego człowieka i siebie samego.

32 Mowa jest o Towarzystwie Filomatów i jego oświeceniowym dążeniu uwypuklanym przez Mickiewicza oraz o Towarzystwie Przyjaciół Nauk i jego romantycznym zaangażowaniu oświatowym np. w 1921 roku.

mnie osobno jako otwierający perspektywę rozumienia przemian historycznych dotyczących stanu pedagogiki społecznej. Zasadniczy fragment rozważań Radlińskiej – w 1930 roku jeszcze połączony z nieświadomością późniejszych losów jej własnych dokonań – brzmi następująco, jako wyraz zainteresowania ogólniej tym, co ma miejsce

> [...] w dziejach kultury. Przy budowaniu nowych wartości lekceważony jest często dorobek wczorajszy, twórczość zwraca się w innym, nieraz przeciwstawnym kierunku, uzupełnia braki w danym dniu najdotkliwiej odczuwane.
>
> Później zjawia się świadomość, że dawne wartości nie zostały całkowicie spożytkowane – i powrót po skarby kulturalne, odrzucone, pozornie zamarłe. Przy powracaniu ku poniechanemu dorobkowi nie ma jednak powtarzania tej samej treści ani tych samych form. Powstają coraz to nowe zestawienia cech, coraz to nowe struktury.
>
> Dzieje się to za sprawą jednostek: osobistości „wielkich", znanych powszechnie i – bezimiennego zastępu „twórców", w nizinie odlewających w formy życia ideały, głoszone na szczytach i nieśmiało, często nieudolnie wyrażających nowe pragnienia i potrzeby, które w głośnym dziele skrystalizuje później ktoś inny. Od ilości i walorów tego zastępu zależy rozwój kultury w danym środowisku.
>
> Nie tylko jednak od nich. Są one kwiatem i plonem roli (zapożyczając wyrażenia Libelta). Rola – to masa ludu. Od jej budowy i jej uprawy zależy życie kwiatów i wschodzenie nasion, które owoc rozsiewa.
>
> Jednostka twórcza nie zawsze oddziałuje na przemiany w chwili swej twórczości. Wpływ jej uwidacznia się nieraz po dziesięcioleciach czy po wiekach: wówczas, gdy idea lub forma, przez twórcę nadana, odpowiada dążeniom ogółu czy pewnych grup, poszukujących dla siebie wyrazu (Radlińska 1979, s. 191–192)[33].

Narzucają się tu przynajmniej dwie uwagi. Najwyraźniej Radlińska w swoim optymizmie kulturowym, miejscami nawet nadmiernym, w tym kontekście występuje z pozycji afirmującej determinizm społeczny w sferze kultury, nie licząc się wystarczająco z możliwościami i skalą zakłóceń rozwoju wynikłych z presji stanowiących wpływ środowiska, ale sprzężonych z interwencjami politycznymi, cenzuralnymi, jednym słowem: patologią w zakresie codziennej i systemowej zarazem reglamentacji kultury, usuwania jej obecności, kierowania się interesem lub ze względu na zwykłe niekompetencje, zapóźnienia rozwojowe oraz stabilizowanie namiastek wartości i pozorowania znaczeń.

I druga uwaga, w nawiązaniu do akcentu odsyłającego do dorobku Karola Libelta, stanowiącego przecież dla niej jeden z istotnych obszarów inspiracji

---

[33] W tekście, uwspółcześniając nieco zapis w trakcie redakcji, zastąpiliśmy słowem „bezimienny" autorski zwrot Heleny Radlińskiej, będący w użyciu w latach 30. minionego wieku, „nieimienny" jako zbyt archaiczny. Fragmenty tego cytatu wykorzystuje także Lucjan Turos (por. *Helena Radlińska. Człowiek...* 1994/1995, s. 57–58).

historycznych w sferze filozofii społecznej i filozofii kultury. Mamy więcej miejsc, rzecz jasna, gdzie te historyczne odesłania obok innych ukazują genezę perspektywy pojmowania procesów kulturowych, ważnej dla Radlińskiej i niosącej zarazem akcenty interpretacyjne w kategoriach metafor rolniczych czy nawiązujących do ziemi: gleba, uprawa, melioracja, plon, zasiew. Ta metaforyczność jest – jak to zostanie pokazane dalej w tej książce – głęboko zakorzeniona w myśli rozwijanej dla pedagogiki społecznej i bynajmniej nie tylko dlatego, że konteksty wsi oraz troski o świat rolnictwa i kulturę na wsi były głównym przedmiotem zainteresowań i zaangażowania Radlińskiej jako badacza, teoretyka i działacza oświatowego. Tym bardziej – wbrew sugestii Ryszarda Wroczyńskiego – nie jest to doraźnym efektem uwikłania w role związkowe w środowisku organizacji wiejskich, jak w zarządzie głównym Centralnego Związku Kółek Rolniczych jeszcze przed wojną.

Spróbuję poniżej pokazać, że procesy kształtowania rzeczywistości myślowej jakiejś tradycji (tu: odniesionej do losów i rozwoju samej pedagogiki społecznej) mogą być uwikłane w błędy, przeoczenia, spłycenia, zaniechania, obciążające nawet bliskich współpracowników, uczniów i/czy następców w kontynuacji dzieła, jak to ma miejsce w przypadku działalności Aleksandra Kamińskiego, o innych pomniejszych postaciach tymczasem nie wspominając.

Spór z perspektywą Aleksandra Kamińskiego – pięć zarzutów

Dodam jeszcze, otwierając nowe pole dociekań, że budowa pełnej i dojrzałej teoretycznie perspektywy rozumienia zadań i programu pedagogiki społecznej jako PROFILU integralnych zadań całej pedagogiki wymaga, by sama rozumiała ograniczenia wpisywanych w nią postulatów i dążeń, pod wieloma względami stopniowo przezwyciężanych, pod warunkiem wszakże wykorzystywania perspektywy dwoistości i zaplecza przełomu, jaki wraz z nią się dokonuje. Książka ta wiele zawdzięcza Aleksandrowi Kamińskiemu jako słusznie niekwestionowanemu w swoich zasługach następcy Heleny Radlińskiej, choć już niesłusznie w związku tym widzianemu bezkrytycznie, z nierozpoznanymi wadami jego nastawień i tez. Obok bowiem genialnej sugestii Kamińskiego o analogii dokonań Radlińskiej do równolegle rodzącego się myślenia cybernetycznego, którą tu rozwijam, mamy sporo akcentów kłopotliwych, jawnie niezasługujących na uznanie czy zamykających szerszą perspektywę myślową. Wybitny uczeń Radlińskiej nie sprostał, nie mógł sprostać wielkości jej wysiłku, zwłaszcza niektórych intuicji i idei teoretycznych.

Widać to doskonale, kiedy śledzi się słabości komentarza Aleksandra Kamińskiego z początku lat 70. minionego wieku o sytuacji pedagogiki społecznej, co powielała również edycja jego podręcznika z 1980 roku (por. Kamiński 1972; 1980a), mimo że w szkicach pedagogicznych z 1978 roku czytamy już tezy zderzające się z tą starszą i później powieloną diagnozą, jak zaraz pokażę, których przy odrobinie refleksji także nie da się bezkrytycznie przyjąć. Wystarczy wymienić co najmniej pięć rzucających się w oczy słabości, które wskazuję w intencji poważnej dyskusji z trybem wpisania w tę tradycję jako przestrzeń naukową, mimo wielu znakomitych ze strony tego autora zasług innego rodzaju w sferze oddziaływań wychowawczych i uznanej pokoleniowo charyzmy. Dalej zresztą zostają uwypuklone elementy cennego dla nas widzenia przez Kamińskiego wątków złożoności wpisanej w strukturę dwoistości, jak też dyskutujemy jego osadzenie w tradycji psychologicznej[34].

Po pierwsze, mimo przywołań kontekstów historycznych całkowicie nieprawdziwie i ze szkodą dla zrozumienia trosk pedagogów społecznych okresu międzywojennego Kamiński napisał, wprowadzając „podstawowe pojęcia", że pedagogika społeczna jako dyscyplina funkcjonuje „w ramach pedagogiki ukierunkowanej filozoficznie przez marksizm-leninizm", a ponadto, że pedagogika społeczna jako nauka praktyczna wiąże się jedynie „ze swoistym pojmowaniem i ukierunkowaniem działań wychowawczych" (por. Kamiński 1972, s. 29; także 1980, s. 34)[35]. Oba zwroty są niestety jawnie i krzywdząco nieprawdziwe[36], a poza tym szkodliwie

---

34 Moja krytyka w tym zakresie już spotkała się z zastrzeżeniami B. Śliwerskiego w jego uwagach dyskusyjnych do wcześniejszej wersji tej pracy. Rzetelność jednak i konsekwencja warsztatowa nakazują mi podtrzymać większość moich sformułowań, choć jestem wdzięczny za wskazanie mi pola możliwego nieporozumienia i sporu. Nie negując zasług praktycznych i uznania środowiskowego, można, a nawet należy się zdobywać na rekonstrukcje horyzontu teoretycznego myśli naukowej badanych postaci. Niektórym się wydaje, niestety błędnie, że uznanie dla wielkości zasług albo tym bardziej współczucie dla prześladowań w okresie PRL-u czyni niektóre postaci immunizowanymi na zastrzeżenia i krytyki. Nie podzielam takiego punktu widzenia. Zresztą są już pierwsze sygnały dojrzewania podobnego podejścia, np. w formule: „Pomijając tu duży dorobek Aleksandra Kamińskiego, związany z jego działalnością jako wychowawcy i organizatora działań wychowawczych, szczególnie na gruncie harcerstwa, sprawa jego poglądów na temat pedagogiki społecznej ciągle czeka na źródłowe badania i reinterpretacje" (Cichosz 2006, s. 88). Pora wreszcie na zwykłą akademicką analizę dorobku pisarskiego, zwłaszcza gdy dotyczy to obszarów na różne sposoby niepoddanych dotąd rzetelności.

35 Rzecz jasna, nie mam tu zamiaru przypisywania Kamińskiemu, jednej ze znaczących postaci Szarych Szeregów i żołnierzowi Armii Krajowej, człowiekowi poszkodowanemu przez ustrój w jego mechanizmach stalinowskich, sympatii ani tym bardziej identyfikacji z takim ukierunkowaniem pedagogiki społecznej. Można tę formułę potraktować jako diagnozę dominującego trendu, bez związku z sympatiami go stwierdzającego, a nawet kryjącą nutę krytycyzmu wobec gorsetu ideologicznego obcego pedagogice społecznej jako takiej. Trudno się jednak nie powstrzymać od zdziwienia, że pedagodzy społeczni mało między sobą dyskutują krytycznie czy rzadko podejmują wysiłki budowy teorii, rozwijając wcześniejsze inspiracje w wyniku poważnej wokół nich refleksji i badań wychodzących poza ich ramy. Tym bardziej warto odnotować, że A. Kamiński, uchodzący za twórczego kontynuatora myśli Radlińskiej, „niekiedy nazywał siebie »poprawiaczem«, poszukiwaczem białych plam w pedagogice" (por. Lepalczyk, Marynowicz--Hetka 2002, s. 11).

36 Jak wskazuję tu wielokrotnie, przypisywanie Radlińskiej „swoistości" jest błędem typowym metodologicznie, gdyż pozornie tylko zwalnia z wymogu przeprowadzenia dowodu, natomiast podkreślmy, że presja na dominację „marksizmu-leninizmu" w pedagogice społecznej, nawet jeśli

wypaczają sens prawdziwego osadzenia genezy i funkcji pedagogiki społecznej, pomijając zakorzenienie w wysiłkach pokoleniowych wybitnych postaci roczników 70.–80. XIX wieku, przejętych w szczególności troską o możliwie uniwersalne rozumienie podstawowych ogniw i narzędzi działań pedagogicznych. Chodziło o głębokie i znacznie bardziej reprezentatywne dla dążeń pokoleniowych, a nie żadne „swoiste", działania w celu przygotowania zrębów systemu oświaty państwa, którego nadejście przeczuwano i na rzecz którego od początku XX wieku postaci te mobilizowały myślenie i działania oraz zespolenie środowisk marzących o polskiej szkole. Nie ma też tu mowy o tak chętnie również przez wielu innych interpretatorów nadużywanej w komentarzach „swoistości", a raczej przeciwnie, należy mówić o bardzo reprezentatywnym dla tego czasu i zachowującym sens współcześnie rozumieniu funkcji kultury duchowej w tworzeniu potencjału społecznego narodu przywracającego sobie stopniowo byt państwowy oraz utrwalającego tożsamość zbiorową i świadomość historyczną. Na powyższe zwroty u Kamińskiego zwracano już uwagę jako na podstawę do sygnalizowania pęknięcia poznawczego w stosunku do rzekomo odrębnego podejścia Radlińskiej[37]. Nadużywając wielokrotnie terminu „swoistość", Kamiński wręcz lokalizuje (więc i minimalizuje) zasługi Radlińskiej, a późniejszą wartość pedagogiki społecznej wpisuje – co zresztą unieważnia ukazanie się już po jego śmierci wyboru prac zasłużonej pedagog o kulturze i oświacie na wsi – w presję „frontu wychowania socjalistycznego", nie radząc sobie najwidoczniej z dominującymi w otoczeniu akcentami ideologicznymi. Jest to wbrew wartości tradycji pedagogiki społecznej, pomimo głębszej reprezentatywności ramy intelektualnej powstałej jeszcze w okresie międzywojennym. O powyższym nadużyciu świadczy choćby następujące podwójnie szkodliwe podsumowanie wartości pedagogiki społecznej, tylko pozornie niewinne i powierzchownie zgodne ze stanem historycznym:

---

była realna instytucjonalnie i jej wydobycie stanowiło rodzaj parasola ochronnego nad dyscypliną przywracaną do życia, nie musiała w wersji podręcznikowej uzyskiwać tak jednostronnie wypaczającego obrazu genezy dyscyplinarnej.

37 I tak, cytując powyższe sformułowanie o ukierunkowaniu pedagogiki społecznej przez „marksizm-leninizm", Arkadiusz Żukiewicz (2009, s. 115) pisał: „W stwierdzeniu tym cytowany autor nie pozostawia wątpliwości co do swej opozycji wobec Heleny Radlińskiej zarówno na płaszczyźnie ontologicznej, epistemologicznej, jak i aksjologicznej w spojrzeniu na polską pedagogikę społeczną". Uwaga ta wydaje się nietrafiona z tego względu, że autor wie, iż Kamiński nie wskazuje żadnych nazwisk tak budujących pedagogikę społeczną, a na dodatek mamy postulat rozwiania za pomocą badań historycznych tak rysujących się – jednak – „wątpliwości", których rzekomo miało nie być (por. Żukiewicz 2009). Postulat „dociekań historycznych", jako dopiero do podjęcia, powraca, gdy Żukiewicz wskazuje na spójność antropologiczną u Kamińskiego i Radlińskiej oraz źródłową „odrębność obu autorów" w sferze ontologii, epistemologii i aksjologii (por. Żukiewicz 2009, s. 119). Dalej jednak wbrew Żukiewiczowi podkreślam odmienność preferencji psychologicznych Radlińskiej i Kamińskiego, co sugeruje znacznie większe rozejście się wizji psychologicznych, niż można by sądzić.

[...] polska odmiana pedagogiki społecznej zrodziła się i zakorzeniła na rodzimej glebie całkowicie samodzielnie, w związku ze specyficzną polską sytuacją i potrzebami. [...] Podsumowując, stwierdzamy: pedagogika społeczna w Polsce jest swoistym ujmowaniem wychowania wyrosłym na gruncie rodzimym, samodzielnie, dla zaspokojenia szczególnych potrzeb naszego społeczeństwa w ostatnim sześćdziesięcioleciu. [...] W Polsce Ludowej, dokonując rewizji swych składników i ujęć – stała się członem frontu wychowania socjalistycznego (Kamiński 1978a, s. 11, 17–18; także Cichosz 2004, tom I, s. 119, 121)[38].

Oczywiście, co dokumentuję tą książką, ogólnoteoretyczna wartość i pokoleniowa reprezentatywność oraz jej szerszy charakter wpisania w troski kulturowe, aktualne do dziś, dokonań Heleny Radlińskiej były i pozostają zupełnie innego rodzaju, co w pełni świadomie stwierdzam, wiedząc, że narażam się bezkrytycznym czasem entuzjastom dokonań A. Kamińskiego. Pora jednak na bardziej wnikliwe dyskutowanie tego, co się pisało i rozumiało w czasach PRL-u. Trzeba skończyć z notorycznym i arbitralnym mówieniem o swoistości czy specyfice najważniejszych dokonań pedagogiki społecznej u jej zarania, jak też z myleniem presji okresowych jej wypaczeń i jej humanistyczno-kulturowego charakteru wykraczającego poza próby niszczenia tradycji w obliczu fikcyjnego automatyzmu postępu ustrojowego. Dość też zgody na zawłaszczanie dyscypliny przez kręgi, których wpływy mogły zakłócać jej jakość i blokować szanse jej rozwoju oraz osadzenia w zintegrowanej przestrzeni myśli i działań.

Po drugie – przezwyciężenia wymaga nadmierna skłonność Kamińskiego do kojarzenia zadań „koordynacji" w działaniach typowych dla pedagogiki społecznej z ich „harmonizowaniem", redukującym napięcia i wskazującym wspólny i sprawniej osiągany cel. Skłonność ta zderza się z koniecznością uwzględniania złożoności strukturalnej, nieniosącej w sobie – przez dwubiegunowe osadzenia zadań i celów – szansy na takie ukierunkowanie w obliczu nieustannego dylematu, a nawet antynomii czy antagonizmu, grożących ciągle ześlizgiwaniem się w jakąś redukcyjną i niebezpieczną, acz wygodną i pozorującą dobre efekty, jednostronność. Kamiński nie widzi tu na ogół wystarczająco wspomnianego zderzenia jako efektu strukturalnej złożoności, skoro zauważa tu jednocześnie „harmonizowanie" i postulat, by uwzględniać spłyconą przez to „dialektykę związku jednostki i środowiska" (Kamiński 1972, s. 40)[39]. Czasami jednak uczulenie na głęboką trudność

---

38 Nadużywając terminu „swoistość", Kamiński widzi w skrajnym przypadku wręcz „charakterystyczną swoistość" społecznych postaci uniwersytetu (np. ludowego) (por. Kamiński 1972, s. 171); z kolei Cichosz nieustannie stawia na porządku dnia sprawę „specyfiki" pedagogiki społecznej (por. Cichosz 2004, tom I). Tymczasem w punkcie wyjścia trzeba by najpierw zarysować całość, na tle której owe rzekome odrębności są rozpatrywane.

39 Podkreślam, że dalej uwypuklam przejawy już dojrzałych skojarzeń i sformułowań u Kamińskiego, znamionujące jego ewolucję w stronę opóźnionej percepcji zjawisk składających się na to, co wcześniej i niezależnie od niego zaczęło nosić znamiona „przełomu dwoistości". Już w wersji

ukrytą w tym związku daje o sobie znać, jak wtedy, kiedy dostrzegając dwa zadania placówek pozaszkolnych: „budzenie uzdolnień" i udzielanie „bardziej wytrawnej pomocy" oraz „opieka nad młodzieżą zagrożoną wykolejeniem", Kamiński szczerze pisał:

> Placówki, które usiłowały łączyć obydwa zadania, napotykały na wielkie trudności, wynikające z odmiennych zachowań i preferencji obydwu kategorii członków i uczestników, co nieraz prowadziło do sytuacji zagrażających normalnemu funkcjonowaniu placówki (Kamiński 1972, s. 284; także 1980, s. 338).

Zatem harmonizowanie czy „godzenie obydwu zadań" nie jest tu żadną miarą łatwe ani nawet zagwarantowane, wbrew ogólniejszym deklaracjom czy nadziejom. Nie można tu znaleźć także skutecznej równowagi, gdyż mechanizm równoważenia nie daje się rozpoznać ani zaprogramować, a źródła zaburzeń równowagi społecznej nie dają się w pełni neutralizować. Przyznajmy jedynie, że skłonność do nadziei na harmonię funkcjonowania to typowa historycznie cecha postaw teoretycznych, które z wielkimi oporami były przezwyciężane w myśleniu o wychowaniu aż po stopniowe zrozumienie dla jego antynomicznego charakteru.

Po trzecie, większej dojrzałości wymaga pełniejsze widzenie samych terminów dwoistości i dwubiegunowości, wbrew skojarzeniom z dualistycznym rozdarciem czy polaryzacją, a tym bardziej niezbędne jest uwolnienie się od nadziei na wskazanie miary stabilizującej sztywne rozwiązanie w postaci poszukiwanego „złotego środka"[40]. Zarazem niezbędne jest tu szersze rozumienie sytuacji z *Odysei*, którą w symbolicznym wyrazie pułapki Scylli i Charybdy[41] da się tu zastosować wielokrotnie jako nieustannie czyhającą strukturalną zasadę złożoności. Nie dysponując pełną perspektywą dwoistości, Kamiński skłonny jest sygnalizować jedynie „parę

---

podręcznikowej pedagogiki społecznej akcenty sygnalizujące elementy dwoistości są obecne, jak pokażę dalej. Tu tymczasem kładę nacisk na sformułowania rodzące zasadnicze wątpliwości, a nawet niezgodę, jako niewpisujące się w postulowane przeobrażenie horyzontu teoretycznego dyskursu pedagogiki społecznej.

40 Mamy oto wskazanie w odniesieniu do działań pracownika socjalnego w jego działaniu w społeczności lokalnej na „niebezpieczeństwo [które] grozi reorganizacyjnym poczynaniom, gdy pracownik socjalny nie utrafi w »złoty środek« równowagi między niezbędną samodzielnością, a koniecznymi aprobatami swych władz" (Kamiński 1972, s. 238; także 1980, s. 286). Jest kłopotliwie redukcyjne widzenie zadania ciągłego odtwarzania chwiejnej i sytuacyjnej równowagi w procesie równoważenia, kojarzonym ze wskazaniem złotego środka jako miejsca stabilizującego osiągany stan.

41 Przykład tej pułapki jest jedynie raz uwypuklony przez Kamińskiego, gdy wskazuje na zadania środków „masowego przekazu" jako mających „kapitalną szansę" wartościowego oddziaływania, „jeśli tylko opanują trudną i wymagającą odwagi (cywilnej) sztukę płynięcia między Scyllą wszelakiej postaci wulgarności postulowanych przez »największy wspólny mianownik« zainteresowań masowych audytoriów (gwałt, seks, luksus itp.) a Charybdą dydaktyzmu przesadnie interpretowanej polityki oświatowej" (por. Kamiński 1972, s. 302; por. także 1980, s. 356).

niebezpieczeństw grożących przy niewłaściwym interpretowaniu wzajemnych oddziaływań środowiska i jednostki" (Kamiński 1972, s. 38). Tymczasem tak naprawdę chodzi o całą serię par, jako dwubiegunowych struktur, właśnie na wzór wspomnianej Scylli i Charybdy, gdzie oddalanie jednej groźby przybliża drugą. Jest tak na przykład, gdy pozornie korzystne rozwiązania niosą przeoczone skutki niekorzystne, czy gdy ucieczka od nadmiaru i przesady pod jakimś względem może nieść przesadę i nadmiar pod innym, także ważnym względem. Zauważmy, że merytorycznie mamy i u Kamińskiego, jak u Radlińskiej, szereg przykładów wskazujących na takie zdwojenia zadań i niebezpieczeństw, biegunowo przeciwstawnych, choć brakuje świadomości co do typowego, modelowego charakteru takich sytuacji. Zresztą trzeba je sobie w taki sposób dodatkowo zinterpretować. Dla przykładu (por. Kamiński 1972, s. 234) z jednej strony chodzi o sprawność działania, która wymagałaby kierownictwa pracownika społecznego, gdyby nie to, że z drugiej chodzi o unikanie arbitralności decyzji i pozostawianie inicjatywy w rękach grona, na rzecz którego się działa w trosce o jego podmiotowość. Zatem mamy tu do czynienia z dwoistym napięciem między sprawnością koordynacji i podmiotowością uczestnictwa. Zarazem energia witalna społeczności, jaką się ma tu uzyskać, wiąże się ze wzrostem społecznej aktywności, zaradności i samodzielności.

Zauważmy dodatkowo, że w szkicach opublikowanych tuż po śmierci Kamińskiego mamy do czynienia z przywołaniem przez niego dwoistości tylko raz i to w błędnym kontekście dualizmu, czyli rozdarcia albo pęknięcia, gdy postuluje „[u]poranie się ze zbędną dwoistością pojęć: środowisko i środowisko społeczne". Zbędne jest tylko dokonywanie tu rozgraniczeń, utrudniających możliwość widzenia splotów, wzajemnych powiązań czy oddziaływań, gdzie dają o sobie znać „czynniki wzajemnie sprzężone" między jednostką i jej środowiskiem, rzutujące na dwustronność oddziaływania i jego efektów (por. Kamiński 1978a, s. 60–65). Kamiński opowiada się za bardziej wąsko obiektywistycznym rozumieniem środowiska, socjologicznie typowym, jak sam to deklaruje, wskazując tu na pedagogikę „socjologizującą" jako wymóg „użyteczności" kategorii środowiska (Kamiński 1978a, s. 65, por. także s. 7). Konsekwencją takiego podejścia czy „nachylenia", jak sam to określa, jest widzenie w przestrzeni działań pedagogicznych (oddziaływań wychowawczych) struktury (dwu)biegunowej jedynie w kategoriach *continuum*, gdyż kierunek wpływu „może się wahać między biegunami ze znakiem plus i minus, między wpływami moralnie aprobowanymi i nieaprobowanymi" (Kamiński 1978a, s. 76). Rozrzut w tym *continuum* może być między biegunami większy lub łagodniejszy (Kamiński 1978a, s. 93); ilustruje to rozrzut w skali dezorganizacji społecznej, stanowiącej

> [...] dramatyczny biegun niedostosowania społecznego. Jego mniej dramatyczne *continuum* stanowi ubóstwo życia kulturalnego ludzi bez szkoły podstawowej (Kamiński 1978a, s. 240).

Podobnie postrzega Aleksander Kamiński problem formalizacji zespołów amatorskich jako postaci samokształcenia społecznego, gdy widzi tu oba skrajne bieguny i spektrum postaci pośrednich: „Między dwoma biegunami formalizacji pełnej i żadnej układa się reszta zespołów amatorskich, w mniejszym lub większym stopniu sformalizowanych" (Kamiński 1978a, s. 313). To ujmowanie jedynie *continuum* pozycji pośrednich między skrajnie przeciwstawnymi biegunami odmiennych wartościowań nie dotyka głębi rozumienia złożoności sytuacji pedagogicznych, obecnego już u Mysłakowskiego, jak to zostało wcześniej przeze mnie zrekonstruowane (por. Witkowski 2013a). W narracji Kamińskiego dwubiegunowość nie oznacza napięcia sprzęgającego, ale właśnie odwrotnie – rozkład między skrajnościami, jak w kolejnym przypadku, gdy twierdzi słusznie, ale i banalnie:

> [...] można powiedzieć, iż prawie w każdym zespole mamy dwubiegunowy rozkład wiązania się z celami zespołu: czynne i bierne członkostwo. Między skrajnymi punktami istnieje oczywiście *continuum* aktywności słabnącej i wzmacniającej się bierności (Kamiński 1978a, s. 343).

Z mojej rekonstrukcji wynika, że myśl Radlińskiej była pod względem rozumienia złożoności obecnej w splocie dwubiegunowości głębsza. Oczywiście, nawet w takiej perspektywie są pewne pożytki poznawcze, gdyż pozwala ona Kamińskiemu czasem widzieć niebezpieczeństwa po obu stronach biegunów, np. w kwestii obojętności albo nadmiernej gorliwości instruktora prowadzącego działalność zespołu artystycznego jako zagrażającego samodzielności i samorządności zespołu lub pozostawiającego zespół sobie samemu (Kamiński 1978a, s. 340). Dostrzeganie pary niebezpieczeństw w przeciwstawnych biegunach postaw to już jest postęp w stosunku do groźby jednostronnych analiz i jednokierunkowych sugestii[42]. Kamiński jedynie po części sprostał zadaniu wnikliwego zdawania sprawy ze złożoności strukturalnej w działaniach pedagogicznych, widząc tu wielokrotnie przywoływaną „dwojakość" (Kamiński 1978a, s. 319) postaw w samokształceniu, choć już nie rozumie ich dwoistości, jak to pokazuję u Radlińskiej. Podobnie Kamiński docenia „mały dystans" w relacji przywódczej i krytykuje „duży dystans" (Kamiński 1978a,

---

42 Dobrym przykładem wskazującym dojrzewające zrozumienie konieczności znoszenia tych ograniczeń jest dostrzeganie przez Kamińskiego nawet sprzeczności dążeń, jakim trzeba sprostać, widząc trudności pedagogiczne po przeciwnych stronach continuum, tu – w kwestii oferty szkolnej uwzględniającej interes zarówno młodzieży zapóźnionej rozwojowo, jak i wybitnie zdolnej. Czytamy m.in., że oto autor skupi się „na jednym biegunie dotychczasowych kłopotów szkoły: na biegunie niepowodzeń szkolnych, nie dotykając bieguna przeciwległego, nie mniej doniosłego: uczniów o wyróżniających się uzdolnieniach, rozleniwianych przez wymagania programowe zaniżone wobec ich możliwości" (Kamiński 1978a, s. 112–113). Kamiński nie miał świadomości, że takie sytuacje biegunowo skontrastowanych wyzwań stanowią sedno metodologicznych wyzwań dla interwencji programujących działania wychowawcze, uwikłane w sprzeczne zadania, cele i powinności, niedające się łatwo zharmonizować.

s. 234), zamiast świadomości, że to gra dystansem stanowi zadanie pedagogiczne, a nie sama typologizacja postaw. Dojrzałe wymagają one raczej paradoksalnej (i oksymoronicznej) „zdystansowanej troskliwości"[43], jak to już wiemy za Robertem Mertonem i jego wizją „ambiwalencji socjologicznej" wpisanej w strukturę normatywną ról społecznych. W ujęciu Kamińskiego występuje zwykle troska o unikanie przesady i skrajności, choć czasem zapomina on o dwóch przeciwstawnych stronach i akcentuje konieczność unikania skrajności w jednej z nich, np. gdy uściśla, co znaczy być „życzliwym, opiekuńczym", i stwierdza:

> Nie oznacza to ani pobłażliwości, ani przesadnego liberalizmu, nie polega na sentymentalizowaniu ani na schlebianiu młodzieży. Życzliwość przejawia się najprościej w poważnym traktowaniu każdego ucznia, w respektowaniu jego poczucia własnej wartości, w gotowości pomocy, w postępowaniu takim, aby nie gasić, nie łamać, lecz zachęcać, dodawać – gdy trzeba – otuchy (Kamiński 1978a, s. 85).

Za Eriksonem wiemy, że trzeba umieć jednocześnie unikać skrajnego permisywizmu i liberalności oraz skrajnego autorytaryzmu z jego nadmiarem sztywnej dyscypliny. Mechanizm realizujący oba te wymogi nie ma prostego rozwiązania, a oksymoroniczne, w wersji Eriksonowskiej opartej na „delegowaniu uprawnień", w wersji bardziej socjologizującej, za Mertonem, wymagającej oscylowania i pokazywania naprzemiennie janusowego oblicza życzliwości odpowiedzialnie umiejącej pociągać do odpowiedzialności oraz odpowiedzialnie umiejącej wyznaczać ramy i granice zachowań. Przyznajmy jednak, że Kamiński szuka sformułowań uwzględniających podobne typy złożoności, które realizują się „na skrzyżowaniu" postaw i działań, np. w zakresie techniki wykładu i zaangażowania w wykładane treści jako warunku umożliwiającego „otwieranie oczu" na wartości i ich przejmowanie poprzez przejmowanie się nimi (Kamiński 1978a, s. 86).

Po czwarte, zwraca uwagę fakt opowiedzenia się przez Kamińskiego za psychologią humanistyczną Abrahama H. Maslowa, interpretowaną z podziałem na „potrzeby z niedostatku" i „potrzeby rozwoju", jako zapleczem dla pedagogiki społecznej (por. Kamiński 1972, s. 41–43), podczas gdy dojrzalszym strukturalnie tropem wydaje się wskazany przez Radlińską kierunek związany z Alfredem Adlerem

---

43 Godne podkreślenia jest, że Kamiński dysponuje momentami należytą intuicją, gdy widzi groźby nadmiaru „dydaktyzmu wychowawczego" w postawie nauczycieli, mających np. wspierać samorząd szkolny we własnym nadmiernym, bo „przesadnie rozwiniętym poczuciu autorytetu", stwierdzając zarazem: „Człowiek nadmiernie autorytatywny nie nadaje się do roli wychowawcy inicjującego i inspirującego samorządne poczynania młodzieży. Nawet jeśli to jest autorytatywność tego typu, jaki obserwujemy u trenerów sportowych – tj. postawa łącząca twardość z serdecznością" (por. Kamiński 1978a, s. 235). Tymczasem niezbędne okazuje się podejście wychowawcze, czytamy w innym miejscu, które „usiłuje przerzucać pomosty między »wiem« i »chcę«, między »mogę« i »powinienem«, między »spróbuję« i »opanuję«" (por. Kamiński 1978a, s. 172).

i fazową wizją rozwoju z psychoanalizy, w tym zwieńczony osobno podejściem Erika H. Eriksona do cyklu życia. Daje w nim o sobie znać dwoiste napięcie w każdej fazie rozwoju między potrzebą dynamizującą rozwój a potrzebą stabilizującą go w parze dominującej w danej fazie. Równoważenie napięcia w obrębie takiej pary wpływa dopiero na poziom energii witalnej, niezbędnej do wypełniania jednostki potencjałem dopełniającym jej zdolność radzenia sobie z życiem. Najwidoczniej Kamiński jako pedagog społeczny nie obejmował, mimo że postulował wykorzystanie, „dorobku światowej nauki, ułatwiającej zorientowanie się we właściwościach poszczególnych faz życia człowieka dorosłego" (Kamiński 1972, s. 277). W formule Kamińskiego, stwierdzającej, że „[k]ażda faza wieku ma swe walory i możliwości", gubi się zrozumienie przywołujące napięcia i pary niebezpieczeństw, typowych dla danej fazy. Na dodatek faza odnosi się do przedziału charakteryzowanego zaawansowaniem rozwojowym, w kontekście dominujących potrzeb, a nie wiekiem, nawet społecznie pojmowanym. W 1972 roku, krytykując szczątkowo inspiracje psychoanalityczne dla pedagogiki społecznej i zwracając się w stronę psychologii humanistycznej z jej „teorią potrzeb ludzkich trafnie wyrażoną przez A. Maslowa" (Kamiński 1972, s. 48; także 1980, s. 56), Kamiński nie tylko zmarnował sugestie Radlińskiej dotyczące tropu Gestalt, lecz także okazał się niezdolny do włączenia do pedagogiki społecznej teorii rozwoju cyklu życia, z jej strukturalnymi napięciami między dominującymi potrzebami w każdej fazie. Choć gwoli sprawiedliwości przyznajmy, że Kamiński zdawał sobie sprawę z przywoływania Adlera dla pedagogiki społecznej, czego być może nie podjął, będąc zarazem świadomym krytyki tej koncepcji. Pisał w końcu:

> O psychologii Alfreda Adlera mówiło się, że jest trudna do naukowej weryfikacji, lecz bardzo pomocna w praktyce wychowawczej i dydaktycznej. Jedno z Adlerowskich stwierdzeń głosiło, że nie ma dzieci niezdolnych – są natomiast bardzo zróżnicowane uzdolnienia oraz uzdolnienia niekiedy uśpione (Kamiński 1978a, s. 115).

Te słabości pozostają do nadrobienia. Wrócę do tego w części odniesionej do tropu psychologicznego w pedagogice społecznej, który wymaga osobnych rekonstrukcji.

Po piąte wreszcie, Kamiński tylko raz wpisuje analizę trudności działania interesującego pedagogikę społeczną w kategorię antynomii wymagającej rozwiązania – dotyczyła ona dwóch przeciwstawnych celów „uniwersytetu ludowego" w procesach rozwijania oświaty w okresie przedwojennym. Były one wyznaczane przez biegun troski o zbiorowość i przekazywanie jej wiedzy, mobilizującej do aktywności zespołowej na rzecz środowiska, z jednej strony, a zarazem wymagały wpisania w biegun respektujący „cele indywidualne, osobiste samokształcenie, użyteczność na rzecz jednostki ludzkiej" z drugiej strony (por. Kamiński 1972, s. 176). Miejsc dla rozpoznawania takich antynomii jest w polu dociekań pedagogiki społecznej oraz interesujących ją działań i instytucji znacznie więcej, jako że antynomia stanowi wręcz ich strukturalną zasadę organizacji. Kultura pedagogiczna oswojona z ideą dwoistości rozpoznaje je z wielką łatwością jako takie właśnie miejsca strukturalnej antynomii wpisanej w funkcje i cele działania. Wystarczy pamiętać, jak sam Kamiński to trafnie wyraża, że „[k]ażda zaleta – jeśli jest w nadmiarze – może stać się swoim przeciwieństwem: wadą" (Kamiński 1972, s. 204; także 1980, s. 251), a dostrzeżenie tego przeistoczenia wymaga wskazania przynajmniej jeszcze jednej zalety, z której zrezygnować nie wolno, a bywa ona zagrożona przez skupienie na tej pierwszej. Dla przykładu żywotność instytucji oferowanych jakiemuś środowisku nie może nie brać pod uwagę wymogu autentyczności potrzeb, którym miała służyć. Takie nienazwane antynomie są wpisane w tytułowe analizy Kamińskiego, obejmujące „dynamizmy instytucji realizujących opiekę i wspomagających rozwój kulturalny" (por. Kamiński 1972, s. 202; także 1980, s. 249). Żywotność doraźna to jedno, a funkcja rozwojowa na przyszłość to coś, co może istotnie kolidować z kryteriami zapewniania pierwszej. Z kolei troska o „równoważenie" w obrębie tak zantagonizowanych celów nie ma zwykle prostej recepty czy przepisu, stąd wystawia na rozmaite ryzyka przesady i niedostateczności jednocześnie, bez jednej prostej miary pośredniej, jak chociażby wspomniany już sławetny złoty środek. Kamiński przywołuje rozmaite przykłady wyrażane w terminach wskazujących na „dwustronne relacje" czy „dwubiegunowe zadania", a nawet raz pisze o „dwoistości" odnoszonej do faktu, że „modele zachowań, kultury, instytucji społecznych [są – L.W.] dwojako kształtowane: bądź jako wzory istniejącej rzeczywistości, bądź jako wzorce rzeczywistości pożądanej" (por. Kamiński 1972, s. 53–54, 94, 144)[44]. Trzeba się tylko postarać to wszystko jednak osadzić w nowej kulturze narracyjnej i zrozumieniu dla złożoności strukturalnej, która staje się naszym podstawowym wyzwaniem, reprezentując typową postać relacji czy stosunków, w jakie wikłamy się w działaniu i w myśleniu o jego uwarunkowaniach, celach i zakłóceniach. Podstawą projektowanego i rekonstruowanego zarazem dyskursu staje się tu widzenie postulatów dwustronności zamiast jednostronności, relacji dwubiegunowych, związanych ze wzajemnym oddziaływaniem w napięciu niedającym się – wbrew dążeniom – harmonizować czy redukować do jakichś jednoznacznych rozwiązań.

Przytoczę teraz zapowiedziany przykład diagnozy Kamińskiego, dotyczącej kondycji pedagogiki społecznej i jej miejsca w całej pedagogice, która formułowana w tomie esejów z 1978 roku zderza się z wyżej oprotestowaną przeze mnie sugestią wtopienia aktualnego stanu kontynuacji dziedzictwa Radlińskiej w marksizm-leninizm, choć alternatywie w postaci uznania „swoistości" dyscypliny też nie można

---

44 Dwoistość tymczasem Kamiński pojmuje w istocie jako rozdwojenie „struktur modelowych", zamiast ich... zdwojenia we wzajemnym otwarciu na siebie. Chodzi o struktury odpowiadające w tej dwoistości „teoretycznym i praktycznym potrzebom pedagogiki społecznej, mianowicie pojęciom wzoru i wzorca, z których pierwszy jest modelem rzeczywistości empirycznej, drugi – modelem rzeczywistości postulowanej" (por. Kamiński 1972, s. 54; także 1980, s. 62–63).

przyklasnąć, i to z powodów zasadniczych. Oto więc najwidoczniej lękając się nadmiernego afirmowania samej pedagogiki społecznej, w zaskakującym poczuciu jej ostatecznego sukcesu u końca jego drogi i wysiłku, Aleksander Kamiński boi się i dyfuzji, i instrumentalizacji, pisząc:

> Tak czy inaczej upowszechnianie się ostatnimi laty w pedagogice polskiej podstawowych pojęć i założeń pedagogiki społecznej – staje się jedną ze znamiennych cech rozwoju myśli pedagogicznej w PRL. Ale ten – korzystny z naszego punktu widzenia – kurs pedagogicznego okrętu wiedzie przez niebezpieczną cieśninę, u której przeciwległych brzegów czyhają na żeglarzy dwa groźne stwory morskie – Scylla i Charybda – wabiące podróżnych syrenimi głosami. Jeden z tych wabiących głosów zapowiada tryumf takiego upowszechniania się pedagogiki społecznej, iż wchłonięta przez pedagogikę ogólną stanie się zbyteczna jako zjawisko odrębne. Drugi głos wabiący nęci stawaniem się pedagogiki społecznej jednym z podstawowych instrumentów polityki oświatowej – zatajając niebezpieczeństwo tego powabu: obniżanie obiektywizmu badań i relacji z nich. Nie martwmy się jednak na zapas. Mądry przewidujący Ulisses przeprowadził swój statek bezpiecznie między Scyllą a Charybdą. Może i nam się to uda (za: Kawula 2005, s. 53)[45].

Uff, co zdanie to powód do merytorycznego sprzeciwu. Raz – nie widać, bo wystarczy się przyjrzeć podręcznikom z pedagogiki ogólnej, nie tylko wspomnianego upowszechnienia, ale nawet niezbędnego minimum śladów zrozumienia dla Radlińskiej czy dla ogólnego znaczenia jej kategorii dla całej pedagogiki. Dwa – odrębność pedagogiki społecznej jest posunięta aż do jej notorycznie powtarzanej „swoistości" i uwikłana jeszcze w poszatkowania badawcze, niedoczytanie całości spuścizny, przez co rozmaite „szkoły" w jej obrębie funkcjonują bez specjalnych względów dla największych dokonań Radlińskiej, uwikłane we własne preferencje, czasem wręcz cofające rozwój. Trzy – że nawet przy ostatnich debatach wokół obowiązku szkolnego dla sześciolatków raczej przekleństwem staje się elementarny brak zrozumienia dla wymogów troski o dzieci i ich diagnozowanie pod kątem fazy rozwoju z jednej strony, a monitorowanie jakości przygotowania szkół z drugiej. Zamiast dyfuzji mamy więc ignorancję i lekceważenie, zamiast instrumentalności mamy brak zdolności wykorzystania przestróg, nawet formułowanych przez samego Kamińskiego[46]. I wreszcie – ani nie było tego „mądrego Ulissesa", który by

---

45 Na powyższy cytat uwagę zwrócił Wiesław Ciczkowski, podkreślając zarazem, że dla niego brzmi on „[n]ie tryumfalistycznie, lecz z pewnymi obawami" Kamińskiego; ja z kolei zwracam uwagę przede wszystkim na merytoryczne nieadekwatności stanowiska wpisanego w cytowany fragment (por. *Pedagogika społeczna. Dokonania...* 2005, s. 53). Cytat pochodzi z pracy A. Kamińskiego z 1978 roku, pierwotnie opublikowanej „Biuletynie Towarzystwa Wolnej Wszechnicy Polskiej" (we fragmentach praca została przedrukowana w: Kamiński 2004, cyt. ze s. 135).

46 Por. uwagi S. Kawuli o roli opiekuńczo-wychowawczej wobec dzieci ze strony przedszkola i szkoły i krytyce A. Kamińskiego w sprawie postulatu *Raportu o stanie oświaty w PRL* sprzed czterdziestu lat (1973) dotyczącego objęcia wychowaniem przedszkolnym wszystkich dzieci

potrafił przeciwdziałać znacznie poważniejszym, jak się okazało, niebezpieczeństwom, ani takiego nie widać na horyzoncie. Zagrożenia w sumie, w czterdzieści lat od próby ich diagnozowania przez A. Kamińskiego, okazały się zupełnie innego charakteru. Osobno także kuleje jakość przyswojenia, przetworzenia i wykorzystania w środowisku samej pedagogiki społecznej zarówno jej własnej świetlanej tradycji związanej z Radlińską, jak i nowych impulsów teoretycznych, które dla całej dyscypliny z rozmaitych miejsc pobrzmiewają czy są sygnalizowane, jak chociażby w próbach Ewy Marynowicz-Hetki. Nieprzypadkowo też przebiła się do podręcznika z 2005 roku sugestia Mikołaja Winiarskiego, że pewne orientacje w zakresie uprawiania pedagogiki społecznej w Polsce wręcz „jakby zaprzepaszcza[ją] walory społeczno-humanistyczne opcji H. Radlińskiej", mimo podobieństw, a

> [...] kreacja środowiskowa jest tutaj nieco zubożona i jakby zamknięta w gorset organizacyjno-techniczny. Nie ma tego rozmachu i dalekosiężnej wizji „budowania nowego jutra", jest nastawiona bardziej „na dziś", przybiera postać praktyczną, metodyczno-instruktażową. Mniej liczy się z kontekstem środowiskowym, jego realnymi i potencjalnymi siłami społecznymi[47].

Tymczasem typowy komentator powie, że tu zawsze mają miejsce: kontynuacja, przejęcie, twórcze rozwinięcie, wierność ideom, wspólnota tożsamości, wzbogacenie, dalszy postęp poznawczy etc. Dalej przeanalizuję jeden z najnowszych przykładów rozmijania się czołowego zapewne przedstawiciela nowego pokolenia pedagogów społecznych z dokonaniami H. Radlińskiej.

I jeszcze jeden przykład sygnalizujący naszą niezgodę na wykładnie sytuacji dotyczącej myśli Radlińskiej w wydaniu Kamińskiego. Chodzi o problem „teoretyczności" jej koncepcji i relacji do myślenia S. Hessena. Przytoczę najpierw interesujący *passus* z wypowiedzi Kamińskiego z 1965 roku:

> Działalność pedagogiczna Radlińskiej w okresie krakowskim pokrywała się więc z Hessenowskim pojęciem pedagogiki „przeżywanej", jako czegoś odmiennego od pedagogiki teoretycznej. Jednakże już w tym czasie pojawia się pierwsza próba teoretyzowania, która znalazła wyraz w tomie zbiorowym *Praca oświatowa* (Kamiński 1978a, s. 46).

Otóż przejawem jawnego nieporozumienia jest sugerowane przez Kamińskiego przeciwstawienie, gdyż idea afirmacji „przebudzenia" w strategii oddziaływania pedagogicznego stanowi jak najbardziej głęboką ideę teoretyczną i dużej implikacji

---

sześcioletnich (patrz *Pedagogika społeczna. Dokonania...* 2005, s. 218–219). Wymogi kompensacyjne i przygotowanie do indywidualnego zdiagnozowania dzieci nie przebiły się najwidoczniej do mentalności decydentów ministerialnych.

47 Por. godne uwagi analizy Mikołaja Winiarskiego wokół typologii opcji w pedagogice społecznej, dotyczących „doskonalenia lokalnego środowiska wychowawczego" w rozdziale VI podręcznika pod redakcją Stanisława Kawuli (por. *Pedagogika społeczna. Dokonania...* 2005, s. 149–150).

praktycznej, towarzysząc Radlińskiej w całej jej koncepcji, nie stojąc w sprzeczności z żadnym teoretyzmem pojmowanym jako przywoływanie treści abstrakcyjnych oderwanych od troski o przeżycia odbiorcy. Ani Hessen, ani Radlińska nigdy nie teoretyzowali w tym sensie, a próby „teoretyzowania" nie mają żadnego charakteru zaprzeczającego trosce o wagę „pedagogiki »przeżywanej«". Kamiński, miejscami pedantyczny w drobiazgach, gubi siłę szerszej perspektywy myślenia Radlińskiej jako nie w pełni zdolny do dźwigania odpowiedzialności za nią. I nie jest to nic dziwnego, skoro format Radlińskiej okazał się i pozostał niedościgły w pedagogice społecznej w Polsce. Czas więc się z nim zmierzyć na nowo.

Powyższe uwagi nie mają rzecz jasna na celu negowania skądinąd oczywistych zasług A. Kamińskiego w wysiłku kontynuowania dzieła Radlińskiej w trudnym okresie presji politycznych. Jedynie uwypuklają dla dokładniejszej dyskusji trudności w realizacji zadania pełniejszego zdania sprawy z głębi treści fundujących zręby myślenia społecznego dla pedagogiki i w pedagogice. W dalszym ciągu zresztą podnoszę obecność także wartościowych akcentów w interpretacjach czołowego ucznia twórczyni pedagogiki społecznej i jej następcy pokoleniowego, a także uzupełniam moje lektury o inne wątki mojej niezgody interpretacyjnej. Twierdzę jedynie, że dzięki Helenie Radlińskiej oraz jej ogromnej intuicji i rozumieniu złożoności podjętej problematyki uzyskaliśmy dorobek, który w rozmaitych swoich aspektach mógł pchnąć CAŁĄ polską pedagogikę na nowe tory. Tymczasem nie doczekał się często, o dziwo, wręcz niezbędnego zrozumienia i wysiłku go rozwijającego w kręgach najbliższych i najwyższych środowiska współczesnego wielkiej uczonej i jej następców. Przykłady A. Kamińskiego czy B. Suchodolskiego, są tu niestety znamienne, choć gwoli sprawiedliwości podkreślmy, że także różne między sobą w ich stosunku do pedagogiki społecznej i do kwestii zasług dla jej rozwoju. Przejawy marginalizacji z jednej strony, a formalnego uznania z drugiej dotkliwie wytworzyły dwuznaczny i szkodliwy zarazem mechanizm psucia przestrzeni rozumienia aspektów społecznych całej pedagogiki i złożoności interesujących ją zjawisk; przestrzeni pokoleniowo zarysowanej już w postaci kolejnych ogniw dokonującego się stopniowo przełomu widzącego dwoistą strukturę zadań, sytuacji i procesów. Dwuznaczność postawy tak się ma do dwoistości jak dwulicowość moralna do dojrzałego janusowego oblicza. „Dwulicość" – nie mylona z banalną dwulicowością – wpisana w to oblicze stanowi wyraz dojrzałości do reagowania na świat w formie znacznie bardziej złożonej, rozumiejącej konieczność uwzględniania dwóch stron niebezpieczeństw, gdyby nie trzymać się jednie skupienia na pojedynczych aspektach działań pedagogicznych, a widzieć zawsze co najmniej ich parę czy całe gamy takich napiętych par, pełnych trudności w ich zharmonizowaniu w wyniku kosztów, jakie realizowanie jednych wartości niesie dla innych, także uznanych. Tym samym wkraczamy na drogę rozumienia odpowiedzialności w działaniu pedagogicznym, wymagającego zupełnie innych wyobrażeń o jego profesjonalizmie oraz jego zapleczu etycznym i filozoficznym. Na koniec dopowiem, narażając się znowu – a czyż można jeszcze bardziej? – bezkrytycznym apologetom postaci Aleksandra Kamińskiego, że zdecydowanie nie przekonuje epistemologicznie wyróżnienie przez niego rozmaitych „nachyleń" pedagogiki, zarazem traktowanych jako rozłączne: ku filozofii, ku psychologii, ku historii i wreszcie ku socjologii, ze wskazaniem, że „to ostatnie nachylenie cechuje pedagogikę społeczną", gdyż wielostronność kompetencji i podejść Radlińskiej znosi zasadność przyjętych jako wiadome opozycji (Kamiński 1978a, s. 22). Stąd nie odpowiada wrażliwości i praktyce badawczej Heleny Radlińskiej sugestia jej ucznia, że oto

> [...] pedagogiczną problematykę rodziny można badać za pomocą metod filozoficznych, historycznych, psychologicznych, socjologicznych – pedagogika społeczna jest w tym czwartym nurcie (Kamiński 1978a, s. 23).

Na szczęście łatwo się przekonać, że pedagogika społeczna wbrew wyobrażeniu Kamińskiego nie da się tak usytuować, a jej mistrzowska postać klasyczna tym bardziej. Własna skłonność wielkiego ucznia nie ma tu nic do rzeczy. Tym bardziej że owym zabiegiem redukcyjnym usiłował w istocie bronić słabego konstruktu w koncepcji Radlińskiej, jakim była sugestia istnienia rzekomo odrębnego „punktu widzenia pedagogiki społecznej" (Kamiński 1978a, s. 24). Uwrażliwienie społeczne dotyczyło bowiem całej dojrzałej części pedagogiki rozwijanej w jej pokoleniu i obowiązuje jako minimum każdą poważną perspektywę myślenia o działaniu pedagogicznym. Mylić mogło głównie to, że Radlińska dużą część własnych wysiłków musiała poświęcić procesowi instytucjonalizowania pedagogiki społecznej jako kursu nauczania i specjalności dyplomowej oraz środowiska badaczy i działaczy jako pracowników społecznych, oświatowych czy innych. Wszystko to tworzy rozmaite wymiary dokonań, między którymi przejścia nie zawsze bywają zrozumiałe, wymagając sporej machiny interpretacyjnej.

O szkodliwych mitach dotyczących pedagogiki społecznej

Czytanie prac Heleny Radlińskiej i widzenie ich na tle wysiłku pokoleniowego jej współczesnej czołówki pedagogicznej oraz na tle wysiłków jej czasu i późniejszych efektów rozwoju humanistyki i nauk społecznych (zwłaszcza socjologii i psychoanalizy) na świecie pozwala formułować tezy o pewnym ładunku polemicznym i znaczeniu wręcz dramatycznym, które moim zdaniem zasługują na uwagę. Zestawiam tu poniżej tezy, które jawią mi się jako szkodliwe i niemądre, a zarazem są powielane w pracach etatowych pedagogów społecznych w Polsce. Według mnie niniejsza książka dowodzi, że są one fałszywe i szkodliwe, a zarazem dosyć reprezentatywne dla wyobrażeń o pedagogice społecznej zarówno u samych nominalnych pedagogów społecznych, jak i u pedagogów reprezentujących nominalnie inne dyscypliny pedagogiczne. Tezy te układają się w pewną opowieść, którą tu potraktujemy łącznie, choć – jak twierdzę – każde zdanie tej metanarracji jest fałszywe. Oto ta **obiegowa metanarracja**, którą tu scalam w kilkunastozdaniową opowieść, ukonkretniając stopniowo odniesienia poszczególnych tez.

Pedagogika społeczna reprezentuje odrębną dyscyplinę naukową, w której bycie pedagogiem społecznym oznacza niezajmowanie się innymi dyscyplinami czy polami zainteresowań. Zarazem można być pedagogiem, nie będąc pedagogiem społecznym, gdyż ten ostatni zajmuje się wąskim polem zjawisk i doświadczeń. W szczególności można być pedagogiem ogólnym, nie będąc pedagogiem społecznym, tak jak pedagog społeczny nie musi się znać na pedagogice ogólnej czy pedagogice kultury. Między dyscyplinami pedagogicznymi, w tym pedagogiką społeczną i innymi, dobrze jest widzieć rozgraniczenia istotne dla ich tożsamości i ścisłości badawczej.

Pedagodzy społeczni w Polsce generalnie znają i rozwijają osiągnięcia własnej dyscypliny, w tym twórczo odnoszą się do dorobku Heleny Radlińskiej, któremu nie tylko oddają należny mu szacunek, lecz także umieją go rzetelnie i twórczo przedstawiać i rozwijać, a w procesie gruntowania własnej tożsamości znajomość tego dorobku stanowi istotną składową wyposażenia intelektualnego większości specjalistów kolejnych pokoleń. W publikacjach kontynuatorów wysiłków Heleny Radlińskiej jej dążenia są przedstawione w sposób rzetelny, wyczerpujący intelektualnie i wystarczający dla kontynuacji podjętych prac i zdefiniowanego pola badań oraz zaangażowań społecznych i kulturowych. Dowodem wysokiej oceny Heleny Radlińskiej jest obiegowe uznanie jej za klasyka dyscypliny i częste przywoływanie jej niektórych myśli czy zwrotów, np. dążenia „w imię ideału" jako kluczowego dla postawy pedagoga społecznego, a także usiłowanie definiowania pedagogiki społecznej. Można zarazem dawać odpór jej trosce o patologie wpisane w pewne dominujące postawy w praktyce społecznej, np. w zakresie ubezwłasnowolnienia w praktykach opieki społecznej. Tradycja Radlińskiej została w jej najcenniejszych aspektach już przyswojona i pozostaje dalsze dzieło badań, w którym odniesienia do niej nie są niezbędne, poza naturalną kurtuazją dla klasyka, którego myślenie już daleko nie wystarcza.

W polskiej pedagogice społecznej są obecne różne, acz w pełni równoprawne „szkoły" myślenia, a tradycja Heleny Radlińskiej stanowi jedną z takich szkół. Obok niej powstały równorzędne – pod względem dojrzałości propozycji teoretycznych i kierunków badań – szkoły myślenia i praktyki badawcze, wybierające różne wątki z pola tej tradycji bądź wątki zmieniające swoją pozycję w hierarchii i mające odmienne znaczenie, reprezentowane przez liderów organizacyjnych poszczególnych środowisk, widzianych przez instytucjonalny pryzmat katedr, zakładów czy instytutów pedagogiki społecznej.

W czasach PRL-u pedagogika społeczna mimo okresowych utrudnień (czasów stalinizmu) rozwijała się dynamicznie i kumulowała swoje dokonania, w ciągłości wysiłku pielęgnując wielkość wcześniejszych dokonań wpisanych w swoją tradycję. Ma tu miejsce ciągłość rozwoju i respektowania wartości podejścia Heleny Radlińskiej przez jej uczniów i współpracowników. Nazwiska autorów obiegowo reprezentujących dorobek pedagogiki społecznej mogą być traktowane jako równorzędne intelektualnie wobec twórczyni zrębów dyscyplinarnych i programowych oraz odpowiadające – na tym samym poziomie – jej wysiłkowi wyjściowemu, trudowi założycielskiemu i organizacyjnemu. W szczególności takimi wiernymi uczniami Radlińskiej, pielęgnującymi i udanie rozwijającymi wartość jej dokonań, byli Aleksander Kamiński czy Ryszard Wroczyński, jak też w pełni trafne są relacje z rozwoju pedagogiki społecznej zawarte w podejściu Edmunda Trempały czy jego ucznia Mariusza Cichosza. Przez te okoliczności nic się nie traci z powagi myślowej, gdy cytuje się tych właśnie autorów, którzy zdominowali scenę pedagogiczną po śmierci Heleny Radlińskiej (1954), bo to oni przejęli – w sposób w pełni kontynuujący wartość wcześniejszej wersji pedagogiki społecznej – pałeczkę w sztafecie pokoleń akademickich, dbając o ciągłość, dojrzałość i dynamikę rozwoju naukowego.

Zarazem dochodzi do słusznego naprawiania pewnych skrzywień typowych historycznie dla postaw okresu międzywojennego. Helena Radlińska była przeciw wychowaniu narodowemu, a Aleksander Kamiński skupił – w przeciwieństwie do niej oraz w trybie postępu poznawczego i badawczego wobec niej – zainteresowania pedagogiki społecznej wokół kategorii środowiska społecznego. Radlińską interesowały odniesienia pozaszkolne, tymczasem powrót „szkołocentryzmu" był uprawnioną zmianą w zróżnicowanym obrazie dyscypliny. Pedagogika opiekuńcza w wersji Zdzisława Dąbrowskiego słusznie się broni przed imputowaniem opiece sprawowanej przez Helenę Radlińską groźby popadania w skłonność do ubezwłasnowolnienia swoich podopiecznych.

Pedagogika społeczna w Polsce może być dumna ze swojego aktualnego stanu, a jej liderzy środowiskowi za każdym razem trafnie wskazują nowe obszary badań i kierunki rozwoju. W szczególności wpisują się równoprawnie w dokonania międzynarodowe, a tłumaczone prace są naturalnie przyswajane, dyskutowane i przetwarzane na ważne impulsy w środowisku żywo się rozwijającym i zintegrowanym twórczo.

Niniejsza książka powstaje między innymi dlatego, że **NIC A NIC z tez przytoczonych wyżej nie uważam za prawdziwe**, mimo że to właśnie fragmenty takiej konsekwentnej (opatrywanej mnóstwem przypisów) opowieści pokutują na kartach wielu opracowań. Kalają one pamięć Radlińskiej i zacierają ślady po tym, jak bardzo wysiłek osobisty tej wielkiej postaci oraz dorobek jej i całego jej pokolenia został zmarnowany za sprawą presji instytucjonalnych i dominacji personalnych w połączeniu z ułomnościami kompetencyjnymi części znaczących osób z kolejnych pokoleń, zwłaszcza w latach PRL-u. Podstawowa maniera manifestująca niezdolność do potraktowania dokonań Radlińskiej jako ważnego stopnia na drodze gruntowania obszaru refleksji i programowania przestrzeni działań pedagogicznych, dająca także o sobie znać w pochwalnych rekonstrukcjach i podręcznikowych odesłaniach, opiera się – jak w przypadku A. Kamińskiego – na odnoszeniu do tego, co Radlińska zrobiła w „swej pedagogice" (por. Kamiński 1980, s. 23), tak jak gdyby inne autorskie warianty były równoprawne, a nie wymagały uwzględnienia tego dokonania. Przez to rozmaici słabsi jej powierzchowni kontynuatorzy mogli także mieć „swoje" postaci pedagogiki społecznej, nie czując się zobowiązanymi do wskazania, co stanowi trzon obowiązujący, który dawałby podstawy obowiązujące nie tylko wszystkich pedagogów społecznych, ale wręcz całą pedagogikę, jeśli chce się ona mienić dojrzałą dyscypliną respektującą własne teoretyczne dziedzictwo. Pora skończyć ze „swojością" i swoistością dokonań w nauce, gdyż ich wartość jest zawsze bardziej zobowiązująca i uniwersalna, jeśli chcemy być godni miana nauki, niemylonej z zapisem rozmaitych poglądów czy przekonań, z których wartością nie można dyskutować z szerszej perspektywy. Oczywiście Aleksander Kamiński nie jest tu specjalnie winien jakiejś skrajnej postawy, jedynie wpisał się z całą jego wysoko cenioną wartością osobistą w typ narracji, który nie oczyszcza pola do dramatycznie bardziej doniosłego podejścia do dokonań największej postaci jego własnej dyscypliny czy czego tam bądź w całej pedagogice. Przypomnijmy jeszcze w tym kontekście, że upominając się o obecność pedagogiki społecznej w ramach organizacji życia intelektualnego pedagogów i kształcenia pedagogicznego na forum Komitetu Nauk Pedagogicznych PAN, jeszcze w 1985 roku (!) Irena Lepalczyk stwierdzała: „Nie mam wątpliwości że sytuacja »formalna«, »instytucjonalna« pedagogiki społecznej jest dramatyczna" (por. Lepalczyk 2003, s. 290). Ja stwierdzam dodatkowo, że nie miało to jedynie związku z zewnętrznymi presjami politycznymi, które spowodowały, że „[p]edagogika uniwersytecka była zepchnięta do funkcji instrumentalnej", a zarazem doprowadziły do „pogarszającego się stanu edukacji, jak również do obniżającego się udziału w niej myśli pedagogicznej" (Lepalczyk 2003, s. 291). Lepalczyk akcentowała także skonfliktowanie i podzielenie środowiska naukowego w pedagogice, a przywołana przez nią „[d]yrektywa H. Radlińskiej o przekształcaniu środowiska siłami tego środowiska" (Lepalczyk 2003, s. 293) przy zastosowaniu do samego środowiska pedagogicznego da się wykorzystać diagnostycznie do stwierdzenia, że potencjał takiego przekształcania nie został uruchomiony, a w dużym stopniu był zmarnowany i zredukowany, niestety także – dopowiedzmy to sarkastycznie w języku samej Radlińskiej – „siłami tego środowiska".

Jeszcze w 1988 roku, gdy pojawiła się inicjatywa I. Lepalczyk wydania trzech tomów pism Radlińskiej, ciągle „niepozbawionych pewnego nowatorstwa", inicjatorka musiała napisać nazbyt eufemistycznie: „czas historyczny jednak jej nie sprzyjał" (Lepalczyk 2003, s. 300). Czas ten bowiem ucieleśniały i psuły także rozmaite niesprzyjające, acz dominujące w środowisku pedagogicznym postaci.

Stąd moje przekonanie, że potrzebny jest **nowy ruch intelektualny odczytania i włączania** w nasz aktualny obieg myślowy zmarnowanej tradycji pedagogicznej (w jej największych dokonaniach, jak H. Radlińskiej), widzianej na tle możliwie najnowszych osiągnięć w humanistyce i naukach społecznych. Pedagogika społeczna w jej kluczowych ideach filozoficznych czy psychologicznych z lat międzywojennych da się zintegrować z impulsami, które na świecie doszły do głosu dopiero po wojnie, a u nas do dziś nie znalazły uznania, np. cybernetycznie widziana idea ekologii odniesionej do procesów umysłowych i praktyki poznania, sprzężona z perspektywą Gestalt w psychologii. Pedagodzy społeczni w dużym stopniu ulegli raczej modnym ukierunkowaniom alternatywnym, jak psychologia zwana „humanistyczną", a znakomity trop ugruntowany w intuicji Radlińskiej nie został podjęty, a tym bardziej nie był kontynuowany. Tymczasem w świetle późniejszych akcentów w rozwoju humanistyki, jak w cybernetycznej teorii komunikacji u Gregory'ego Batesona, waga tego tropu jest trudna do przecenienia. Wymaga to jednak czytania Radlińskiej w znacznie szerszej perspektywie odniesień dotyczących ewolucji samej humanistyki i dokonań w niej, które tylko błędnie można by uznać za „swoiste" dla pedagogiki społecznej. Jak się okazuje, „[w]ypracowana przez Radlińską dialektyka środowiska", jak to wyraża Aleksander Kamiński, jest znacznie bardziej reprezentatywna dla humanistyki, a kategoria kompensacji staje się uniwersalnym odniesieniem do problemów zarówno diagnozy, jak i profilaktyki społecznej (por. wstęp Kamińskiego w: Radlińska 1961, s. XXXIV–XXXY).

Wszystko to na porządku dnia stawia kwestię jakości naszego „czytania" jako operacji poznawczej, gdzie każdy akt jest znacznie bardziej obciążony nastawieniami i założeniami epistemologicznymi czytającego, niż to się mu zwykle wydaje. Żeby było jasne – **nikomu nie narzucam swojej lektury jako jedynie słusznej**, próbuję jedynie pokazać, co z niej wynika, co powoduje, że może jednak ma swoje walory, których z kolei rozmaite inne podejścia nawet nie podejrzewają. Na dodatek staram się na wiele sposobów **uprawomocnić swój sposób czytania** jako wartościowy, zarówno perspektywą historyczną, jak i teoretycznymi argumentami, gdy tymczasem wielu autorów kwestii odpowiedzialności za całość lektury w ogóle nie stawia.

Skupiłem się na dokonaniu Heleny Radlińskiej, podkreślając jego znaczenie, także filozoficzne, w myśleniu i krytyczne dla badań empirycznych, którego zmarnowania część pedagogów społecznych nie wydaje się świadoma. Bliżej mi w uzasadnieniach mojego stanowiska do krytyki dominującego stylu uprawiania pedagogiki społecznej, sformułowanej w latach 80. minionego wieku przez Krystynę Szafraniec, widzącą nawet w nim „zdradę" wyjściowych intencji i zasad (por. Szafraniec 1984). Zostało to oprotestowane przez Stanisława Kawulę na początku jego niedawnej książki, gdyż uznał to za „deprecjację" (z wykrzyknikiem) i atak na „podstawy i dokonania klasyków pedagogiki społecznej", dodatkowo jeszcze prowadzony z pozycji niosących „apologetyczny stosunek (sentymentalny) do ustroju socjalistycznego" (por. Kawula 2012, s. 15–16). Tymczasem Szafraniec jedynie nie utożsamiała wagi postawy „założycielskiej" dla pedagogiki społecznej, reprezentowanej przez Helenę Radlińską, z tym, co reprezentowali „klasycy" z późniejszych pokoleń już po Radlińskiej i poza nią, choć często z powołaniami na nią. Szafraniec widziała tu przepaść zaangażowania w krytycyzm, wskazując też wręcz „zdradę" i ostrzegając, że brak troski o „krytyczną teorię poznania" i podmiotowy udział w zmianie społecznej wiązał się i wiąże z groźbą, że dyscyplina „nie będzie krytyczną teorią społeczną" (por. Szafraniec 1984, s. 73). Kawula uspokajająco stwierdza (por. Kawula 2012, s. 20), że „imperatyw autorki spełnił się po części" już w procesie transformacji, a poza tym mamy syntetyczny, „najpełniejszy obraz" rozwoju dyscypliny, z myślami interpretatora adekwatnymi do realiów w pracach M. Cichosza[48]. Co więcej, są powody do zadowolenia, gdyż

> [...] zadanie, polegające na krytycznej analizie dokonań naszych i zagranicznej pedagogiki społecznej jest ustawicznie kontynuowane, toczy się debata rzeczowa. Niemal całe [sic! – L.W.] środowisko różnych polskich pokoleń to czyni. [...] nic już od strony rzeczowej, a zwłaszcza ideologicznej, naszemu środowisku nie zagraża (Kawula 2012, s. 20–21).

Warto zauważyć, że Stanisław Kawula zdobywa się jednocześnie na przytoczenie szerszych uwag Krystyny Szafraniec, stanowiących „refleksję krytyczną" wobec A. Kamińskiego i R. Wroczyńskiego za ich „»zielone światło« [dla – L.W.] orientacji »szkołocentrycznej«" i opieki środowiskowej, podkreślających przy tym, że zarazem działali jako czołowi przedstawiciele i twórcy szkół myślowych w pedagogice społecznej, „inne – daleko bardziej ważne społeczne i teoretyczne problemy pozostawiając na uboczu", przez co

> [...] liczne i młode pokolenie pedagogów społecznych przyjęło stanowiska teoretyczne i badawcze wskazane przez [tych – L.W.] mistrzów, gubiąc jednocześnie po drodze to, co stanowi (czy też stanowić powinno) równorzędny element, czy nawet istotę tej dyscypliny naukowej (Szafraniec 1984, s. 63, za: Kawula 2012, s. 17).

Niniejszych rozważań nie traktuję jako głównie oskarżycielskich czy rozliczeniowych, gdyż znacznie ważniejsze dla mnie jest podjęcie samodzielnego wysiłku nie tylko czytania całości dokonań Radlińskiej, ale przede wszystkim szukania wartościowej perspektywy dla takiej lektury, by w jej wyniku można było próbować wpisać rekonstruowaną tradycję we współczesność myśli humanistycznej ostatniego półwiecza. Mam nadzieję, że uzyskane przeze mnie rezultaty, niezależnie od krytyk, zostaną uznane w istotnym zakresie postulowanej „problematyki badawczej" za – jak to formułuje Kawula wobec Szafraniec – „konstruktywne i antycypacyjne" (por. Kawula 2012, s. 18). Interesuje mnie bowiem horyzont pozytywnej i twórczej perspektywy dla rozumienia wagi spuścizny Radlińskiej, która dopiero

---

48 Cytowana jest znana nam i dalej przywołana praca M. Cichosza (2006), której jednak Kawula wytyka (dobrze, że choć tyle) to, że ów autor „nazbyt szablonowo potraktował" niektóre „szkoły" w pedagogice społecznej (por. Kawula 2012, s. 20).

czeka na kolejnych swoich czytelników i partnerów zatroskania społecznego, wysiłku badawczego i dojrzałości teoretycznej. Jest tu miejsce dla każdego, kto się na taki trud poważy. Także dlatego, że znowu wbrew Kawuli w nauce nie ma żadnego automatyzmu czy naturalności rozwoju zdominowanego „ciągłością i [...] kumulacją" (Kawula 2012, s. 18). Żeby móc stanąć na ramionach „gigantów", a takim była Radlińska, trzeba się najpierw do nich zbliżyć, a potem w mozolnym trudzie wdrapać po nich, bez gwarancji, że to się powiedzie.

Dodajmy na marginesie, chcąc wskazać, że pedagogika społeczna nie wyróżnia się tu niczym *in minus*, że da się pokazać, jak niedawno to akcentował Piotr Stańczyk, iż „pedagogika pracy" w Polsce wyłączyła się w latach 80. i 90. XX wieku zarówno z własnej krytycznej tradycji (międzywojennej), jak i z międzynarodowego paradygmatu krytycznego i radykalnego w pedagogice współczesnej (por. Stańczyk 2013, s. 14). Co więcej, zadając pytanie o „tradycyjną pedagogikę pracy", trzeba umieć relatywizować odniesienie ze względu na różnicę między tradycją krytyczną dyscypliny a narastającą tradycją porzucania tego krytycyzmu. Nie darmo z czasem okazuje się, że „[p]edagogika pracy dysponuje nader skromnym repertuarem strategii krytyki" (Stańczyk 2013, s. 181) i to z powodu dwóch ułomności, na jakie sama się skazała: odcięła się nie tylko od dostępnej jej tradycji „radykalnej i krytycznej teorii", należącej do klasyki krytyki kapitalizmu, choćby z udziałem pierwszych pokoleń teoretyków marksizmu, lecz także od sobie współczesnych przejawów paradygmatu krytycznego od dwudziestu pięciu lat przyswajanego w części środowisk pedagogicznych, zainteresowanych wypracowaniem środków do krytyki „realnego socjalizmu"; przez to klasycy okazują się „nieznaczący", a aktualnie tworzący reprezentanci – po prostu „pominięci" (por. Stańczyk 2013, s. 197)[49].

To samo uwrażliwienie dotyczy pedagogiki społecznej w zakresie wymagających uwypuklenia różnic między klasykami jako założycielami skali krytycyzmu i głębi społecznej a „klasykami" jako mistrzami późniejszego porzucania krytycyzmu i zawężania pola badań w imię własnych „szkół" myślowych, tworzących tradycję szkodliwą, cofającą własną dyscyplinę. W pedagogice społecznej pora poważnie uznawać, że **jedynym jej klasykiem** wartym tego słowa i wymagającym zmiany nastawienia do niego jest Helena Radlińska, a kolejne pokolenia (obejmując także Bogdana Suchodolskiego), rodzą co najwyżej aspiracje „klasyczne" i błędne z nimi skojarzenia, jako dotyczące twórców takiej „tradycji", która okazała się naroślą na tradycji założycielskiej. Radlińska wiedziała, że narośle na historii potrafią zniszczyć jej życie i życiodajny potencjał. Pora, abyśmy i my o tym pamiętali oraz umieli ścierać rdzę myślową, pamiętając, że zżera i niszczy.

---

49 Stańczyk pokazuje przykłady pedagogów pracy, którzy pracują i publikują, „pomijając całkowicie wątki radykalnej teorii społecznej i teorii krytycznej", mimo że jako ozdobniki potrafią przywołać to i owo, bez związku z horyzontem własnej wrażliwości i teoretyczności narracyjnej (por. Stańczyk 2013, s. 186).

Jak czytać Radlińską – próba obramowania: w stronę ekologii jako paradygmatu dla całej humanistyki (uwagi epistemologiczne)

Wypada tu na początku stwierdzić, że w przypadku wybitnych postaci jak Helena Radlińska, jak też w odniesieniu do obszarów refleksji tak uwikłanych w styki analizy oraz obserwacji konkretu i refleksji ogólniejszej, budującej teoretyczne, modelowe rozwiązania czy syntetyczne podsumowania, poważna próba lektury natrafia od razu na niebagatelne wyzwania. Chodzi o to, co charakteryzowano także w przypadku Gregory'ego Batesona – antropologa kulturowego, teoretyka komunikacji i cybernetyki – jako typową dla sytuacji twórczych badaczy

> [...] ciekawą kombinację [...] kwestii obserwacji aż do gruntownych szczegółów z jednej strony i bardzo ogólnego wysokiego poziomu idei z drugiej (Lipset 1980, s. 177)[50].

Kombinacja ta oznacza wzajemne przenikanie się poziomów i typów rozważań, uwikłane w niemożność ich łatwego rozgraniczenia i w konieczność śledzenia ich jednocześnie w dwóch odmiennych kierunkach, często ukrytych wzajemnie[51]. Interesujący się konkretem mogą gubić jego sens widziany dopiero z szerszej perspektywy interpretacyjnej, z kolei znaczenie ogólniejszych kontekstów da się zilustrować i zweryfikować bardzo przyziemnymi rozważaniami i praktycznymi odniesieniami. A jeszcze chciałoby się na to wszystko nałożyć w trakcie czytania własne pytania, o charakterze filozoficznym, odniesione do zupełnie innych uwikłań, niż te, które chce nam pokazać czytany autor. W przypadku Radlińskiej nakłada się tu hipoteza czy bardziej dramatyczne podejrzenie, że jej rozważania mają sens znacznie przekraczający ramę, w jakiej są prowadzone, i bardziej doniosły dla całej pedagogiki, nawet w skali nieuświadomionej przez autorkę, czy wymagającej odwagi zdystansowania wobec niej, a nawet gotowości do polemiki z nią.

---

50 Wszystkie obcojęzyczne przywołania w moim tłumaczeniu, jeśli nie istnieje przekład drukowany.
51 Najbardziej inspirującą dla mnie okolicznością jest stwierdzenie faktu, że eseje Radlińskiej, często bardzo praktycznie motywowane i okazjonalnie adresowane, a zebrane już pośmiertnie na tom pod wydawałoby się bardzo wąsko zarysowanym tytułem *Oświata i kultura wsi polskiej*, stanowią w dużym stopniu kapitalne forum artykulacji wielu fundamentalnych tez i rozwinięć ogólnych idei kluczowych dla programowania strategii działań pedagogicznych o charakterze tworzącym **zręby zaawansowanej pedagogiki ogólnej** i osadzonych w kontekstach pedagogiki kultury, a nie tylko pedagogiki społecznej (por. Radlińska 1979). Nie znam tymczasem pedagoga ogólnego w Polsce, który by potrafił tę książkę wziąć do ręki – skoro tytuł „pożytku" teoretycznego nie zapowiada – a tym bardziej takiego, który umiałby skorzystać z niej dla podręcznikowego rozwijania czy rekonstruowania ogólnych idei w pedagogice. Tytuł zbioru wybranych tekstów Radlińskiej kryje ważną publikację o wielu genialnych intuicjach ogólnych. Słyszę wręcz zduszony śmiech wielkiej uczonej z psikusa, jaki ta pośmiertna publikacja zrobiła jej następcom jako pozornym depozytariuszom jej dokonań. Nie ma większego oskarżenia dla ułomności postaw poznawczych „specjalistów" fuszerujących swoją dyscyplinę.

Podkreślmy, że nie chodzi tu o odpowiedź na pytanie, co autorka nam pokazuje, we własnej jej perspektywie, ale jakie ma szerzej znaczenie to, co ostatecznie zrobiła w świetle sposobów rozumienia tego dokonania, do których sama mogła nie mieć (jeszcze) dostępu. Już te wstępne uwagi pokazują skazanie na pewną szamotaninę, czy choćby tylko oscylację między biegunami narracji, z którą mamy do czynienia, jak też wskazują na uwikłanie potencjalnej relacji z takiej lektury, podobnie, w dwoiste napięcia między ideami a ich praktycznym zapleczem czy między perspektywą teoretyczną a materiałem historycznym. A takie krzyżujące się pary dwoistych napięć spotykamy na porządku dnia w analizach Radlińskiej i metodologicznie stawiają one wysoką poprzeczkę śmiałkowi chcącemu się przedrzeć przez całość rozwijanego (i zapewne w ukryty sposób ewoluującego) dorobku, ogarnąć go i jeszcze zdać z tego jakąś sensowną relację o znaczeniu podobnie wielowymiarowym czy wielokierunkowym, jeśli ma ona sprostać wadze i złożoności ogarnianej narracji.

Czytanie zresztą, wbrew potocznym wyobrażeniom, jest trudną i złożoną operacją poznawczą, wymagającą analizy epistemologicznej czy wręcz fenomenologicznej[52], w każdej nasyconej znaczeniami sytuacji. Jest operacją głęboko uwikłaną w uwarunkowania (także przeszkody) o charakterze kulturowym czy szerzej: zewnętrznym, rzutującym na charakter relacji z obiektem, a także w okoliczności wewnętrzne, dotyczące tego, co jest wpisane zarówno w obiekt lektury, jak i w nastawienie możliwości odbioru u samego czytelnika. Czytanie jest tekstualizacją doświadczenia odbioru treści, rozproszonych w rozmaitych postaciach (miejscach, trybie, czasie, formach), które same mogą, ale nie muszą do nas docierać w postaci tekstu i to takiego, który sami w trakcie tego doświadczenia dopiero napiszemy, jak nie przymierzając relację z zaskakującej podróży po nieznanym lądzie, o skomplikowanej topografii, niosącej nieoczekiwane przygody. Czytanie jest więc paradoksalnie sprzężone z... pisaniem, którego uczestnik często nie jest świadomy, a nawet wydaje mu się naiwnie, że nic takiego nie robi jako rzekomo doskonały przewodnik energii odbieranej z przekaźnika. Czytanie w szczególności nie jest jedynie ustanawianiem obecności śladów jednego tylko tekstu: czytanego. Niesie w sobie bowiem także – w zależności od wspomnianych operacji poznawczych czytelnika – efekty dostępu do paradoksalnie... własnego tekstu, tj. tego, jaki jest dla niego czytelny. Wynika on bowiem z jego uwagi i chłonności, zdolności powiązywania wątków, rozumienia fragmentów, umiejętności ich scalania i nadawania im wagi we własnym myśleniu ze względu na tło własnych odniesień, podłoże ich idiosynkrazji i zwykłą motywację do wykonania trudnej, bo pracochłonnej i czasochłonnej pracy, zastępowanej zwykle podejściem na skróty[53]. Stąd bardzo często komuś się wydaje, że „czytał" jakiś tekst, czy wręcz ma do niego wystarczająco gotowy stosunek, gdyż go

---

52 Przykładowe analizy tego typu znajdują się w: Jaworska-Witkowska, 2009; Witkowski 2007b.
53 Por. moją charakterystykę ośmiu najczęstszych postaw czytelniczych w: Witkowski 2007b, s. 29–66.

przejrzał, zobaczył (np. film) czy doświadczył („wiem, bo byłem tam"). Przy różnicach w nastawieniu w tej samej sytuacji można „przeczytać" coś zupełnie innego, mimo że sama treść wcale się tego nie musi domagać i przy koordynacji wysiłków da się wygasić rozbieżności interpretacyjne. Postulat Radlińskiej w zakresie pedagogiki społecznej jako troszczącej się o warunki wrastania kulturowego jednostek da się wzmocnić racjonalnym memento, wpisanym w pytanie, którego sens niesie prowokacyjna formuła Marii Janion za Milanem Kunderą: „Czy będziesz wiedział, co przeżyłeś?". Każde bowiem przeżycia wymagają zrozumienia, czyli pojęcia, a zarazem „pojęcia" stanowią symboliczny kapitał wyrażania siebie wydobywany właśnie z wrastania w kulturę i stawania się pod wpływem aktywności przetwarzającej znaczenia na własne.

Stąd poza pytaniami typu: „co czytać?" i „po co czytać?" muszą padać pytania: „jak czytać?"; aby to nie kojarzyło się zbyt banalnie, w tle musi być jakieś rozstrzygnięcie dotyczące tego, czym jest czytanie jako sposób bycia i oddziaływania w dynamicznej relacji sprzężenia zwrotnego między czytającym a czytanym. Ważny wysiłek, jaki tu pozostaje do podjęcia, dotyczy po pierwsze dostrzeżenia, że w czytaniu do głosu dochodzi najpierw operacja epistemiczna, to jest samego poznawania jako rejestrowania treści poznawanych, która tylko pod pewnymi warunkami staje się relacją epistemologiczną[54], to jest rozpoznawania znaczenia tych treści jako wpisanego w szersze odniesienia sytuujące czytany tekst w kontekstach już uznanych przez czytelnika. W sumie więc kluczowe staje się doprowadzanie do operacji epistemologicznej w **czytaniu jako rozeznawaniu się przez czytającego w tym, co ważne**. Zatem – jak to staje się jasne w cybernetycznych analizach komunikacji Gregory'ego Batesona – chodzi o wpisywanie czytania w dwoiste odniesienie do tekstu (jako wyrazu tekstualizacji doświadczenia), jednocześnie uwzględniające biegun komunikacji (treści) oraz biegun metakomunikacji (kontekstów znaczących u czytającego), pozwalający na odbieranie znaczenia jako jego uznanie.

W przypadku treści wpisanych już w tradycję, mających swoje postaci interpretacyjne, a nawet skróty i wykładnie podręcznikowe, ważne jest śledzenie – z jednej strony – **horyzontu precepcji** u danego autora, tj. tego, z czego i z kogo on sam korzysta, od kogo się uczy, kogo i jak rozumianego i ważnego przywołuje czy wykorzystuje, jakie terminy czy tezy są dla niego podstawowe. Czytając, mamy zarazem

---

54 Przeciwstawienie poziomu epistemicznego i epistemologicznego uwypuklił najpełniej w swojej rekonstrukcji teorii wiedzy Johanna Gottlieba Fichtego w ważnej książce Marek J. Siemek (1977). Z rozwijanego w niniejszych rozważaniach podejścia przeciwstawienie to wskazuje na konieczność przestrzegania dwoistego statusu wiedzy, w napięciu dwubiegunowym zarówno rejestrującego jej treści, jak i krytycznie (refleksyjnie) odnoszącego do sposobu ich uzyskiwania i weryfikowania. Oznacza to sprzężenie między pytaniem: „co wiesz?" i pytaniem: „jak to wiesz", czy: „skąd wiesz, że jest tak, jak wiesz?". W tym sensie wiedza nie istnieje (chyba że epistemicznie, czy jako rejestracja mniemań) bez troski o jej status treści prawomocnych poznawczo, zamiast jedynie mocnych przekonań, usilnie perswadowanych.

dostęp do sposobu czytania samego autora, który o tym często pisze nie wprost. Z drugiej strony zaś z pewnością ważnym punktem odniesienia jest stan recepcji danego tekstu czy dokonań jego autora, co pozwala własne czytanie wpisać w przestrzeń owej recepcji, uczulając na naszą odrębność, albo przeciwnie – pozwala na wpisanie własnej tekstualizacji w jakiś typ recepcji przeciw innym. To nadaje czytaniu akcent nie tylko rekonstrukcyjny, lecz także polemiczny w rozmaitych wymiarach, gdyż w odniesieniu zarówno do precepcji, jak i do recepcji możemy być zmuszeni do czynienia uwag krytycznych. Szczególnie jednak ważny wydaje się akcent pozwalający z zewnątrz śledzić zjawisko tekstu na tle tekstów jego czasu oraz tekstów późniejszych, które budują perspektywę, dają ramę czasową, umożliwiającą zobaczenie tego, co autor/ka usiłuje robić w porównaniu z innymi postaciami, które wcale czytanego autora znać nie muszą, a nawet często nie mogłyby. Tekst zatem staje się pełniej osadzony w czytaniu, jeśli potrafimy go odnieść do rozmaitych kontekstów, wskazywać na ich podobieństwa, odmienności, rozmaite aspekty porównawcze, łącznie traktując je jako soczewki albo filtry pozwalające prześwietlać z zewnątrz dane fragmenty tekstu jak ciała poddanego rozmaitym (bywa niebezpiecznym dla obiektu i manipulującego nim) sposobom widzenia obiektu w różnym świetle. Nie darmo w humanistyce przebiła się formuła „dekonstrukcji", której warto, moim zdaniem, bronić przed zbędnym kojarzeniem jej z jakimś (wściekle atakowanym przez jednych, a ogłaszanym zbawiennym „izmem" przez drugich) oficjalnie etykietowanym „postmodernizmem". Tezą dekonstrukcji dla mnie jest między innymi, że żadna rekonstrukcja nie jest niewinna ani neutralna, czytelnik nie jest doskonałym przewodnikiem – jeśli użyć kategorii fizykalnej czy turystycznej, ale zarazem, że prześwietlanie różnymi sposobami i w różnych konstelacjach oraz kontekstach porównawczych ma sens i wartość, a nawet może reprezentować nowoczesny sposób troski o dostęp do wiedzy o czytanym zjawisku, jeśli potrafimy podejść do tego rzetelnie i na serio. Dekonstrukcja nie jest ani zabawą, ani nieodpowiedzialnym żonglowaniem skojarzeniami, może wymagać zarówno przystawiania rozmaitych luster czy ich strzępków, byle o nich nie zapominać, jak i prześwietlania w różnych światłach czy filtrach, dokonywania przekrojów rozmaitych profili czy rzutowania własnych idiosynkrazji współczynnika humanistycznego, jak by powiedział Florian Znaniecki, a co łącznie da się w skrajnym przypadku wpisywać aż w „grę szklanych paciorków", opisaną przez Hermanna Hessego w jego kanonicznym dziele o tym tytule (por. Hesse 1999)[55].

Radlińska rzecz jasna nie posługuje się terminem „dekonstrukcja" czy wskazanymi odniesieniami (choć prace Znanieckiego nie są jej obce, bywają cytowane, a ich autora znała osobiście), ani nie jest jeszcze na tym etapie kojarzenia funkcji operacji intelektualnych w nauce. Pisząc jednak o „historii wychowania" (por. Orsza

---

55 Patrz także rekonstrukcję zbieżnej z podejściem Radlińskiej idei rozwoju jako „przebudzenia" u Hessego w: Jaworska-Witkowska, Witkowski 2010.

Radlińska 1921), uczula na to, że trzeba najpierw, zwracając się do źródeł, próbować „odzyskać" utracony kontakt z dorobkiem i pamięcią o nim, co wymaga ogromnego wysiłku, by go „odtworzyć", co nie dzieje się automatycznie i na dowolne sposoby. Nie przypadkiem przekrojowe omówienia przez Radlińską rozmaitych prób pisania historii myśli pedagogicznej i działań oświatowych pełne są uwag krytycznych o błędach, lukach, sztucznych podziałach, nieuzasadnionych ocenach, wielokrotnie też wraca ważny w tym kontekście termin, postulujący starania o to, by „wyzyskać" wiedzę o przeszłości dla jakości myślenia i teraźniejszych działań. Postulowane „wyzyskiwanie" dorobku myślowego i dokonań historycznych, dla śledzenia także meandrów doświadczenia i wpisanych w nie iluzji, niespełnionych nadziei, zmarnowanych szans, nierozpoznanych zagrożeń – potencjalnie przynajmniej niesie w sobie zaproszenie do możliwie wielowymiarowej, wielopostaciowej pracy analitycznej, porównawczej i krytycznej, sprzęgającej wymiary, perspektywy czy zakresy odniesień, bez bycia zakładnikiem sztywno założonych z góry zamkniętych zestawów procedur.

Jednym z niewygodnych pytań, które uważam za fundamentalne dla potencjalnego badacza w humanistyce, jest kwestia tego, **co trzeba wiedzieć**, aby być w stanie sprostać trudnościom towarzyszącym czytaniu takiej czy innej koncepcji, fragmentu historii myśli czy historii idei. Postawa intelektualna i potencjał kulturowy w nią wpisany bywają warunkiem tego, aby tekst odsłaniał swoje rozmaite wymiary, umożliwiał dostęp do miejsc niosących ślady odsyłające gdzieś poza siebie, dokąd trzeba się przedrzeć samodzielnie, a gdzie był autor, czy gdzie warto być, aby go lepiej zrozumieć, bądź do takich miejsc, które pozwolą uzyskać tło, kontekst czy podłoże dla sytuowania albo „postaciowania" – jak można powiedzieć w ważnym dla Radlińskiej języku psychologii Gestalt, o czym będzie dalej mowa – treści inaczej pozbawionych odniesień czy zaplecza albo kształtu. Zarazem jednak ta szczególna **hermeneutyka śladów** wymaga kompetencji trapera, zdolnego ślady wyłapywać, odczytywać, doceniać je i podejmować wysiłek podążania ich tropem, albo też zastawiania na przyszłość pułapek dla pochwycenia (pojęcia) „znaczących" symbolicznie obiektów wychodzących na spotkanie czy tylko wchodzących w drogę. Takie znaczące „ślady myśli organizacyjnej i dorobku" mogą stanowić „ustawy, regulaminy, sprawozdania" wyłączane zwykle z bibliografii ważnego piśmiennictwa, a istotne dla odtwarzania prawdy historycznej (por. Radlińska 1961, s. 306).

Osobną sprawę stanowi to, czy jesteśmy świadomi własnego „współczynnika humanistycznego", jak powiedziałby Florian Znaniecki, i czy potrafimy się nim posłużyć w sposób, który zwiększa obiektywizm naszego podejścia przez unaocznienie własnej perspektywy subiektywnej, perspektywy, z której postrzegamy i opisujemy jakieś zjawisko.

Troska o uwzględnienie historii myśli w związku z czytaniem studiującym charakter dokonań Radlińskiej wymaga nie tylko odniesień do tego, co było jej znane czy przez nią wykorzystywane. Ocena poszczególnych pomysłów, postulatów czy podjętych rekonstrukcji wymaga także wyszukania – wobec badanego źródłowo materiału – treści sprawdzających, porównawczych, w zakresie rozwiązań pojawiających się równolegle w historii myśli, tym bardziej jeśli dalej wywarły one istotny wpływ już nie tyle na samą badaną postać, ile na rozwój idei w przestrzeni dla niej analogicznej czy niosącej impulsy nadal czekające na wykorzystanie. Dotyczy to zwłaszcza zrozumienia dla perspektywy „ekologicznej" w pedagogice jako całości, przy rozumieniu ekologii wychowania wymagającym narzędzi odsłaniających pokłady sprzężeń zwrotnych w rozmaitych wymiarach, zakresach i kierunkach oddziaływania komunikacyjnego[56].

Tak się dzieje w przypadku „ekologii umysłu" stanowiącej kierunek rozwoju cybernetycznego dziedzictwa Gregory'ego Batesona, którego konteksty antropologiczne z jednej strony, a psychiatryczne z drugiej były daleko rzecz jasna poza zainteresowaniami czy choćby skojarzeniami nie tylko samej Radlińskiej, lecz także wielu jej późniejszych czytelników. Jedną ze szczególnych cech niniejszej książki jest pokazanie, jakie pożytki są możliwe, jeśli pójdzie się tą drogą niestandardowego czy ponadwymiarowego skojarzenia i odniesienia.

Wypada podkreślić przy okazji, że wiedza merytoryczna o „ekologii umysłu" w ujęciu Batesona czy odniesienia do ekologii jako paradygmatu współczesnej humanistyki każą traktować jako nieaktualne nieporozumienie obraz tego, co ekologia miałaby oznaczać dla pedagogiki społecznej, nakreślony w podręczniku Ryszarda Wroczyńskiego (1976), nawet w jego wersji rozszerzonej z 1976 roku, która była opóźniona w stosunku do światowego bestsellera Batesona (por. Bateson 2000) z 1972 roku, wprowadzającego ideę „ekologii umysłu" (*Steps to an Ecology of Mind*). Całkowitym nieporozumieniem ze strony Wroczyńskiego jest przypisywanie skojarzeniom z ekologią „jednostronnej zależności człowieka od środowiska" czy sztywnego darwinowskiego determinizmu środowiskowego w postaci

---

56 Choć rozwijamy te idee za Batesonem, to dobrze jest zdać sobie sprawę, że postulaty dotyczące rozwijania „ekologii pedagogicznej" z wielką intuicją formułował w Polsce w latach 60. minionego wieku Zbigniew Kwieciński, co jednak, jak się okazuje, nie trafiło na podatny grunt w pedagogice polskiej, pozwalający na dalsze jej rozwijanie. Wysiłki podjęte w niniejszej książce można więc traktować jako wychodzące naprzeciw tej prekursorskiej perspektywie – przypomnijmy, że w tym samy okresie dopiero Bateson rozwijał swoją wizję „ekologii jaźni". W komentarz ten wpisany został, jak widać, ślad sygnalizujący skądinąd wagę odnoszenia się przez Radlińską do kultury jako do „gleby", którego jakość jako podłoża wrastania rozstrzyga o jakości wzrastania, ale najwyraźniej trzeba to widzieć w sprzężeniu dwukierunkowym, gdyż potencjał wzrastających rozstrzyga o ich zdolności do czerpania impulsów z tej gleby, w której gruntowanie swojego bycia, czyli w którą wrastanie wymaga wspomagania pedagoga społecznego. Niniejszy autor wykonuje zatem taką operację, postulowaną przez Radlińską, tym razem w odniesieniu do samych pedagogów społecznych czy ogólnych, choć znowu impuls ten może pozostać bez należytego echa. Mamy tu bowiem już od lat czekający do podjęcia dla pełnej pedagogiki postulat, który da się określić mianem testamentu ekologicznego, którego zręby tworzyli: Bateson w skali ogólnej dla humanistyki i Kwieciński w skali szczególnej w samej pedagogice.

„fatalistycznej teorii środowiska i kultury", którą Marks obalał wskazaniem „dialektycznej współzależności między człowiekiem i środowiskiem" (por. Wroczyński 1976, s. 93–94). Wykaże to bliżej sama, podjęta przeze mnie dalej, rekonstrukcja cybernetycznie zorientowanej wizji sprzężeń zwrotnych i wielu innych idei, rozwijanych przez Batesona, unieważniająca sugestie Wroczyńskiego – już w momencie gdy były formułowane – poprzez wyjście daleko poza trywializowanie idei ekologicznego sprzęgania (w ramach założeń epistemologii i ontologii odmiennych od potocznie kojarzonych z banalnym, jednostronnym oddziaływaniem). Tym bardziej okazuje się niedopuszczalne wrzucanie idei ekologii – w jej postaci krytycznej i odnoszonej jednocześnie do umysłu ludzkiego – do idei funkcjonujących społecznie i rozmaitych praktyk i ich znaczeń, uznanych za konserwatywne. Czymś niesłychanym (choć niestety praktykowanym przez część czołowych pedagogów polskich do lat 80. minionego wieku) jest widzenie w idei ekologii jakiegoś reakcyjnego nastawienia poza wzorcami myślenia, choćby deklaratywnie marksistowskiego rodowodu. Postulując strategię „ekologii krytycznej" i taką ją widząc w ujęciach środowiska u Heleny Radlińskiej, kiedy wskazuję na postać zaawansowaną analogii do rozważań Gregory'ego Batesona, stanowczo zaprzeczam zdumiewającej sugestii Ryszarda Wroczyńskiego, jakoby

> [t]eorie uzasadniające determinujący wpływ środowiska na rozwój społeczeństw wiązały się z pojmowaniem struktury społecznej jako stałej i niezmiennej. Służyły więc obronie istniejącego stanu rzeczy, dostarczały argumentów dla wszystkich wstecznych koncepcji, programów i systemów polityczno-społecznych (Wroczyński 1976, s. 94–95)[57].

Ten manieryczny sposób uprawiania nauki i wpisywania w niego pedagogiki społecznej wyrządził wiele szkód dyscyplinie i kulturze myślenia, a także istotnie osłabił, zahamował i spłycił zdolność sytuowania się tego nurtu refleksji o relacjach człowieka w jego środowisku i możliwościach ich zmiany na tle ewolucji współczesnej humanistyki i nauk społecznych.

Niniejsza książka zamierza definitywnie położyć kres wiarygodności takich tropów również w aktualnie wykorzystywanych podręcznikach i rozliczyć się z tą fatalną spuścizną pedagogiki „socjalistycznej" czy „marksistowskiej", harcującej w aurze naukowości jeszcze w późnym PRL-u. Już tylko „drobiazgiem" jest fakt, że dokonania Heleny Radlińskiej w podręczniku Ryszarda Wroczyńskiego funkcjonują jedynie w strzępkowych przywołaniach i skrawkach koncepcji, uznanej

---

57 Autor ten nie zadał sobie trudu poznania tych teorii, posługuje się jedynie odniesieniem do podręcznika socjologii Jana Szczepańskiego, z 1961 roku, czyli z czasu, gdy potępienia z pozycji słusznie marksistowskich były jeszcze bardziej na porządku dnia, a tzw. szkoła chicagowska była oczywiście na pozycjach z gruntu niesłusznych, mimo że jej metody i ustalenia „wniosły pewien wkład" do rozumienia „złożonych procesów zachodzących w wielkich zbiorowościach społecznych" (por. Wroczyński 1976, s. 92).

zarazem za „przedmiot żywego zainteresowania środowisk pedagogicznych" (Wroczyński 1976, s. 61), z racji wydania jej trzech prac w latach 60. XX wieku (por. Radlińska 1961 – ze wstępem R. Wroczyńskiego i A. Kamińskiego; 1961a; 1964), mimo że jakość czytania tych prac nie znajduje większego odbicia na kartach podręcznika. Odniesienia ekologiczne w kontekście analiz dorobku Radlińskiej są jedną z najsłabszych stron rozważań Wroczyńskiego, jak łatwo się przekonać, mimo jego niepodważalnych zasług w promocji obecności idei tej wielkiej postaci. Niestety, nadal pojawiają się w pedagogice społecznej prace, których autorzy podobnie nie wykazują efektów wnikliwych krytycznych studiów i szerszych interpretacyjnie analiz fundamentalnego dorobku, w tym nie podejmują nawet prób naświetlenia jego kontekstów i tła porównawczego powstałych czy okrzepłych już w pół wieku po śmierci Radlińskiej. Zadanie takiego ogarnięcia dokonań wielkiej twórczyni pedagogiki społecznej pozostaje zadaniem do podjęcia.

Nowe idee humanistyczne lat 20.–30. XX wieku jako tło ekologiczne dla czytania dokonań Heleny Radlińskiej

Czytanie dorobku z jakiegoś okresu może się wiązać z celowością wykonania pracy już nie tylko porównawczej. Może bowiem wymagać także odniesienia do tła procesów dokonujących się równolegle, stopniowo dochodzących do głosu i stanowiących jeśli nie wprost inspirujące podłoże dla analizowanych dzieł, to przynajmniej pokazujące pewną ramę, w której da się umiejscowić główne idee tych dzieł. Jest to niezbędne, zwłaszcza gdyby miało się okazać, że dokonania te stały się później znaczące w humanistyce także w świetle nowego kryterium oceny dojrzałości tego, co podlega rekonstrukcji wyjściowej. Lata 20. okresu międzywojennego były czasem pojawiania się i przenoszenia, również na grunt polskiej myśli pedagogicznej, takich idei, które później – zwłaszcza w fazie dominacji marksizmu w drugiej połowie XX wieku – zostały zmarginalizowane albo strywializowane ich gorszymi odpowiednikami (np. w kontekście idei dialektyki wpisanej w tzw. materializm dialektyczny). Zarazem jednak zaczęły tworzyć kontekst, jakiego nie da się pominąć w próbie rzetelnego wysiłku rozumienia wspomnianego dorobku. Dotyczy to też rozważań Heleny Radlińskiej i uzyskanych dzięki nim ustaleń dla **całej** pedagogiki.

Wśród ważnych akcentów, które w tym czasie dopiero zaistniały i zostały podjęte przez niektórych pedagogów w Polsce, na pierwszym miejscu warto wymienić istotne dla rozwoju finezji analitycznej dyskursu pedagogicznego idee Williama Sterna z jednej strony oraz klasyka semiotycznego podejścia w biologii Jakoba von Uexkülla z drugiej. O tym pierwszym i jego wpływie na polską pedagogikę międzywojenną już szerzej pisałem w tomie *Przełom dwoistości*, zwłaszcza wydobywając szeroki, wręcz podstawowy – i reprezentatywny pokoleniowo w latach

20. i 30. XX wieku w pedagogice polskiej – wpływ wówczas głośnej idei Sterna: *unitas multiplex* (por. Witkowski 2013a). Tu warto, jak się wydaje, przywołać przede wszystkim tryb dialektyzowania idei środowiska czy otoczenia społecznego jednostki. Działał on, uwzględniając rodzącą się świadomość semiotyczną, cybernetyczną czy podniesienie na nowy teoretyczny poziom teorii biologicznej w zakresie rozumienia funkcjonowania organizmów żywych w kontekście sprzęgania ich odniesień, zwykle oddzielanych od siebie. Ich „zewnętrzny" czy „obiektywny" charakter jest – przy głębszym jego naświetleniu – uwikłany w procesy uwewnętrznienia czy ich subiektywizacji. Zarazem stanowi pewien splot, strukturę o nowej złożoności integrującej w całość to, co wydawać by się mogło uwikłane jedynie w relacje zewnętrzne, a bywa, że i jednostronne oddziaływania, np. wymuszające adaptację. Kluczową zasługę Jakoba von Uexkülla upatruje się we wprowadzeniu do myślenia o organizmach kategorii *Umwelt* na oznaczenie paradoksalnego – wydawałoby się – zjawiska, że świat (*Welt*), w jakim organizm istnieje i funkcjonuje, jest w istocie jednocześnie światem samego tego organizmu, jemu przynależnym i z nim związanym, nie tylko sprzężeniem zwrotnym, lecz także jako swoista bańka mydlana, w której organizm tkwi; *Umwelt* jako jego świat jest jednocześnie jego wytworem wewnętrznym. Kategoria ta istotnie wpłynęła na rozważania z obszaru teorii tożsamości, w latach 50.–60. XX wieku, jak to pokazywałem, rekonstruując koncepcję Erika H. Eriksona (por. Witkowski 2009a, s. 173–174)[58].

Zauważmy, że jest to idea analogiczna do tego, co święci tryumf w teoretycznym myśleniu socjologii współczesnej za sprawą kategorii habitusu, upowszechnionej przez Pierre'a Bourdieu, choć znanej i stosowanej (także w polskiej pedagogice) już wcześniej. Chodzi nie tylko o „podłoże" czy zewnętrzne odniesienia, lecz także o to, co integralnie sprzęga się z samym życiem i nie da się bez tego sprzęgnięcia rozpatrywać bez groźby gubienia sedna procesów dających w tej relacji o sobie znać.

Metodologicznie rzecz biorąc, najbardziej fascynujące dla podjętych dotąd przeze mnie rekonstrukcji, dotyczących idei dwoistości, często nieobecnej wprost albo wikłanej w spłycone skojarzenia, było śledzenie tego, jak sobie poszczególni teoretycy wychowania w pedagogice międzywojennej w Polsce radzili **bez** tej kategorii, czym ją zastępowali i dlaczego poszukiwali, wręcz musieli poszukiwać jakiegoś jej odpowiednika. Zauważmy tymczasem, że w książce *Szkoła twórcza* Henryka Rowida (1931) znajduje się znamienny fragment dotyczący nowych akcentów wokół idei środowiska i otoczenia jednostki jako kluczowych dla rozważań pedagogicznych. Tu go przytoczę w szerszym zestawieniu jako tło dla dalszych odniesień do rozumienia złożoności środowiska przez Helenę Radlińską[59]. W 1931 roku można

---

58 Dodajmy, że doskonale wpisała się w szerszy program Eriksona, zmierzający do uwypuklenia idei „ekologii cyklu życia", co dla niniejszych rekonstrukcji jest niesamowicie znaczące (por. rozdział XIII w: Witkowski 2009a, s. 171–177).
59 Zasługuje na odnotowanie fakt, że Radlińska wraz z Rowidem opublikowali w 1928 roku na łamach „Ruchu Pedagogicznego" wspólny artykuł o idei i doświadczeniach międzynarodowych

wyczytać u Rowida uwypuklenie – nic, że nieco ułomne i redukujące znaczenie zasadniczej tu zmiany do czyichś informacji – konieczności widzenia złożonego powiązania adaptacji i asymilacji w odniesieniu do relacji łączącej wychowanka, kulturę i społeczeństwo; nie pada nazwisko niemieckiego teoretyka biologii, ale jego idea *Umwelt* (w powiązaniu z mechanizmem „postaciowania", ważnym dla Radlińskiej) jest obecna w innym ujęciu:

> Głębszą treść nadaje pojęciu środowiska dopiero wiek XX dzięki badaniom socjologicznym i psycho-pedagogicznym. Ujmujemy dziś środowisko ze stanowiska jednostki i jej stosunku do otoczenia. W wychowaniu chodzi nam o stwierdzenie, **jak środowisko** (np. osoby, rzeczy, zwyczaje, wartości kulturalne, znajdujące się w otoczeniu dziecka) **oddziaływa na jednostkę i w jaki sposób ona na wpływy te reaguje.** [...] dojrzewająca jednostka podlega nader różnorodnym wpływom swego otoczenia. **Ogół podniet zewnętrznych, oddziaływających na organizację psychiczną jednostki i wywołujących w niej pewne reakcje, stanowi środowisko.**

„szkoły twórczej", co jako rzadka forma publikacji współautorskiej w przypadku Radlińskiej dobitnie pokazuje zbieżność postaw i potrzebę współdziałania (por. Radlińska, Rowid 1928). Zauważmy także, że jako młodsza i uznająca pierwszeństwo tytułowej idei jako współautorka Radlińska odwróciła kolejność nazwisk w wydruku czasopisma i artykuł firmują wspólnie w odwrotnej kolejności. Zwraca uwagę w szczególności pozytywny akcent, wskazujący na wartość środowiskowego oddziaływania szkoły, zwłaszcza na gruncie amerykańskim: „Wartość szkoły mierzona bywa wedle wyników widocznych w życiu środowiska: frekwencji szkolnej, udziału rodziców w sprawach szkoły, głosowania ludności za »konsolidacją szkół« (tworzeniem sieci szkół wyżej zorganizowanych z dowożeniem do nich dzieci), czytelnictwa książek i czasopism, rozwoju stowarzyszeń śpiewackich, klubów młodzieży, ilości szczotek do zębów, kąpieli, wzrostu oszczędności, rozwoju pracy oświatowej i gospodarczej, poprawy urządzeń domowych, w ogóle podniesienia stopy życiowej" (Radlińska, Rowid 1928, s. 90). Mówiąc w języku Radlińskiej, chodziło o funkcję „promieniowania" szkoły jako „ośrodka życia kulturalnego" w zakresie przemian środowiska, zwrotnie rzutujących na jakość procesów rozwoju dzieci. Dawało to w konkluzji stwierdzenie, iż „[d]emokratyczny ruch [w]spółdziałania zmienił do gruntu stosunki wioskowe dzięki szkole" (Radlińska, Rowid 1928, s. 90). Przebudowa środowiska z udziałem szkoły jest tu strategiczna dla programowania szans zmiany życia i szans rozwojowych dzieci ze wsi. Autorzy wskazują na procesy ustanawiania nowych urządzeń kulturalnych, unowocześniających wykształcenie nauczycieli, jak biblioteki pedagogiczne. Jednocześnie podkreślają także wspólne zorientowanie pod tym względem w Austrii programu uspołecznienia szkoły, ożywionego „nowym duchem demokratycznym i republikańskim" (Radlińska, Rowid 1928, s. 91–92). Nie musi więc funkcjonować tu alternatywa: demokratyczny czy republikański. W świetle analizy skromnych prób wdrażania programu Rowida w zakresie „szkół twórczych" autorzy formułują w konkluzji tezę: „Wprowadzanie zasad szkoły twórczej jest możliwe tylko przy głębokiej reformie kształcenia nauczycieli. [...] do studiów nauczycielskich trzeba wprowadzić badanie środowisk" (Radlińska, Rowid 1928, s. 102). Służba społeczna nauczycieli przy takim podejściu obejmuje – i ten akcent kończy artykuł – „podnoszenie wzwyż całego życia środowiska, uczynienie z pracy szkolnej ogniwa w wielkim łańcuchu prac stwarzających przyszłość" (Radlińska, Rowid 1928, s. 102). Wszystko to dobitnie dowodzi, jak bardzo mylili się interpretujący pedagogikę społeczną Radlińskiej jako przeciwną szkole, jak również ci, którzy chcieli tworzyć odrębną „pedagogikę szkoły" jako enklawy środowiskowej.

Psycholog i filozof niemiecki W. Stern odróżnia środowisko (*Milieu*) od otoczenia (*Umwelt*). Według niego **otoczenie** stanowi świat współistniejący z daną jednostką, o ile on wchodzi z nią faktycznie w styczność i o ile oddziaływa na jej postawę. Przy współudziale jednostki dokonuje się selekcja i rozgraniczenie otoczenia, a zarazem jego kształtowanie, postaciowania, strukturyzacja. **Środowisko** zaś oznacza po prostu świat rzeczy, jak klimat, atmosferę, krajobraz, dom, warunki techniczne i gospodarcze życia. W pierwszym wypadku wchodzą w grę czynniki świadome, w drugim zaś czynniki pozbawione świadomości.

W rzeczywistości czynniki te przenikają się nawzajem; między otoczeniem i środowiskiem a jednostką istnieje **stosunek wzajemnego oddziaływania**. [...] Nie wszystkie rzeczy i zjawiska w otoczeniu jednostki wywierają na nią wpływ i nie na wszystkie ona reaguje. Ogół rzeczy i zjawisk, będących w styczności z daną jednostką, tworzy jej **środowisko obiektywne**. Przeżycia zaś wewnętrzne jednostki w związku z oddziaływaniem podniet zewnętrznych, między którymi dokonywa ona selekcji i wobec których zachowuje się aktywnie, wpływając na ich ukształtowanie i strukturę, stanowią jej **środowisko subiektywne**. To właśnie środowisko ma w wychowaniu i kształceniu jednostki znaczenie istotne. Proces tworzenia środowiska subiektywnego dokonywa się na skutek działania sił wewnętrznych jednostki, świat zaś zewnętrzny dostarcza jej tworzywa. Stąd więc wynika związek i zależność między dyspozycjami psychofizycznymi jednostki a środowiskiem. W ten sposób ujmujemy środowisko ze stanowiska pedagogicznego (por. Rowid 1931, s. 105–107)[60].

Ten dłuższy fragment został tu przywołany dla podkreślenia, że kategorie środowiska czy otoczenia należą do pedagogiki ogólnej oraz do myślenia o szkole i jej oddziaływaniu i nie są jedynie obecne w ramach jakoś programowanej „pedagogiki społecznej". Obowiązują bowiem w całej pedagogice i nie bez znaczenia jest sposób ich konceptualizacji, jak również dostrzegania ich uwikłania w procesy np. postaciowania uzależnionego od postawy odbiorcy jako aktywnego ich podmiotu. *Umwelt* jako świat wyrażający w istocie bycie-w-świecie jednostki to cel i przedmiot oddziaływania, bo to indywidualny sposób postrzegania i reagowania, a więc subiektywnego postaciowania (przedstawiania sobie) stanowi o tym, czym ten świat dla jednostki i w niej oraz wobec niej w istocie jest. Łatwo zatem zauważyć, że wiele ułomności rozważań (w tym podręczników) z pedagogiki ogólnej bierze się z niezdolności ich autorów do skorzystania dla własnej dyscypliny z ustaleń czy jakości dorobku wpisanego w nominalnie zupełnie inne pole narracji teoretycznej czy przestrzeń praktyki działania i doświadczenia przy tej okazji zbieranego i jego uogólnień.

---

60 Rowid odsyła zarazem do pracy Williama Sterna z 1930 roku, wydanej w Lipsku pt. *Studien zur Personenwissenschaft*. W sprawie polskiej recepcji tego ostatniego patrz: Witkowski 2013a. Ujęcie Rowida jest znaczące w świetle przytaczanych wyżej moich odesłań do „ekologii cyklu życia" u Eriksona i do wykorzystania przez tego ostatniego idei *Umwelt*, a zarazem daje odpór insynuacji Wroczyńskiego jakoby niemarksistowskie wizje ekologii niosły jednostronną wizję determinacji rozwoju, co już oprotestowałem. Akcenty tego typu w podręczniku z pedagogiki społecznej tego ostatniego są zwykłym nadużyciem i cofnięciem się w rozumieniu stanu badań.

Rozdział III
Zwiastuny i ograniczenia dwoistości w imię ideału pozytywizmu

> *Wychowywali nas ludzie, którzy wzrastali w cieniu klęski i byli, w większości kształtowani przez idee pozytywizmu. Ja również dojrzewałam w owym ostatnim dziesięcioleciu XIX wieku, w którym następował przełom [...]. Zanikało panowanie pozytywizmu, młodych pociągał romantyzm społeczny, który od dawnego romantyzmu różnił się tym wszystkim, co wziął ze zwalczanego pozytywizmu.*
>
> Helena Radlińska (1964, s. 334)

Wstęp

Problematyka odniesień perspektywy Heleny Radlińskiej do tradycji pozytywizmu jako strategii organicznej pracy społecznej jest ważna, ponieważ wpisuje się w jej dwoiste widzenie własnego osadzenia na styku, w zderzeniu czy w splocie wpływów romantycznych oraz właśnie pozytywistycznych. Daje się to także zilustrować dzięki ważnym ustaleniom badawczym i udostępnieniu kluczowych materiałów, zebranych i opracowanych przez Ryszarda Wroczyńskiego (por. Wroczyński 1948; 1958). To bodaj jedno z najtrwalszych jego dokonań, z którego też tu po części korzystam, wydobywając ważne dla nas akcenty strukturalne. Należy jednak zarazem odnotować odmienność postrzegania samej tej relacji: romantyzm – pozytywizm przez tego ostatniego w porównaniu do Radlińskiej. Ta bowiem przestrzegała chociażby, że

> [d]uch religijny romantyzmu, socjalizmu utopijnego, pracy społecznej nie pozwalają na upraszczanie charakterystyki XIX wieku jako czasów pozytywizmu. Jednym z najszkodliwszych błędów nauczania historii jest nadmierne podkreślanie przeciwieństw epok, bez zwracania uwagi na sposób dokonywania się przemian i na ciągłość w nich podstawowych wątków (Radlińska 1945, s. 67).

Swoją wizję pracy organicznej w zakresie społecznego oddziaływania kultury i upowszechniania dostępu do niej Radlińska wspierała wielokrotnie odniesieniami do ducha inspiracji romantycznych, w tym wykorzystując sformułowania poetyckie choćby Słowackiego i Mickiewicza. W nawiązaniu do pierwszego uczulała na groźbę sytuacji, gdy „słuch narodu jest zamknięty" na kulturę, powołując się na drugiego, podkreślała wagę ukazywania i dążenia do natchnienia ludzi nowym ideałem, „któryby zawierał w sobie całą przeszłość i mógł być wzorem przyszłości", a co łącznie uczulało na troskę o nasycanie przestrzeni duchowej spuścizną kulturową ludzkości w procesie jej twórczego przejmowania, przetwarzania i pomnażania (Radlińska 1945, s. 66).

Wroczyński podchodzi tymczasem do tej problematyki z perspektywy, która nakazuje mu bez niedomówień, ale i nie bez przesady stwierdzić, że w połowie XIX wieku w Polsce:

> Z jednej strony następuje całkowite bankructwo światopoglądu romantycznego, sugerowanego społeczeństwu przez wielkich jego poetów, z drugiej strony bieg wydarzeń wysuwa na porządek dzienny nowe elementy w zakresie życia społecznego i umysłowego, wzmożone przez przewrót dokonywający się na Zachodzie (Wroczyński 1948, s. 7).

Zarazem jednak badacz musi przyznać, że atmosfera klęski popowstaniowej była daleka od epokowej, a stopniowo „wśród pokolenia czołowych pozytywistów pojawiają się głosy czci dla tragicznego zrywu styczniowego", a zmianę kształtują także nowe okoliczności, jak „zniesienie poddaństwa chłopów w b. zaborze rosyjskim" (Wroczyński 1948, s. 8). Z udziałem czasopiśmiennictwa i publicystyki do głosu dochodzi „całkowicie nowy kierunek" w sferze twórczości naukowej, literackiej i postaw społecznych, zderzający się z istniejącymi wcześniej i uruchamiający duży ferment intelektualny, z udziałem nowego pokolenia, chcącego „zerwania ze splotem dziejowych błędów", w tym „demokratyzowania zasad i stosunków" społecznych (Wroczyński 1948, s. 17). Daje tu o sobie znać zaangażowanie kluczowych postaci, takich jak Aleksander Świętochowski czy Bolesław Prus, przy czym w przypadku tego ostatniego ujawnia się „najpełniejszy program społeczny" tego okresu (Wroczyński 1948, s. 22). Uaktywnia się też stopniowo nurt zrywający z tym, co niósł „liberalizm mieszczański", zwłaszcza jeśli chodzi o „ideał kupca i fabrykanta" zderzony z realiami życia proletariatu robotniczego (Wroczyński 1948, s. 24–25). Wroczyński podkreśla również ważną dla nas cechę pojawiającego się zwrotu, w postaci organicznej wizji dokonujących się procesów, a nagłaśnianego także za pośrednictwem czasopism, w tym z wykorzystaniem popularnej wówczas książki Henry'ego Thomasa Buckle'a o *Historii cywilizacji w Anglii*, wyrażanego tezą, że

[...] procesy cywilizacyjne i historyczne kształtują się na podstawie sił czysto materialnych, ale kultura duchowa i materialna są pojęciami nie przeciwstawnymi, ale organicznie ze sobą powiązanymi (Wroczyński 1948, s. 67).

Do głosu dochodzą zderzenia bądź próby łączenia biegunów perspektyw reprezentujących „dwie przeciwstawne teorie życia społecznego: ewolucjonizmu i pracy organicznej z teorią społecznego przewrotu" (Wroczyński 1948, s. 72), w tym nie bez wpływu na aurę jest wzmacnianie się idei socjalistycznych oraz aktywności ruchu ludowego. Trudno wręcz przecenić te elementy kształtowania się źródeł cywilizacyjnych inspiracji dla Heleny Radlińskiej, urodzonej w okresie, gdy procesy te nabierały swojego dojrzałego kształtu jako wyzwanie i przestrzeń do działania, w tym do przebudowy świata społecznego. Głębia myślenia teoretycznego oraz skala i ukierunkowanie radykalizmu społecznego u Radlińskiej wykuwały się w tym dwoistym splocie tendencji organicznych oraz nadziei i dążeń wręcz subwersywnych instytucjonalnie. Głęboka filozofia pedagogiki społecznej nie mogła żadnego z obu biegunów pominąć czy zlekceważyć, zwłaszcza że łącznym obramowaniem dla dojrzewającej tu pokoleniowo troski stała się dla Radlińskiej emancypacyjna wizja kultury jako dziedzictwa całej ludzkości. Po nie właśnie każdy ma prawo sięgnąć, by uwolnić się od ograniczeń swego miejsca i czasu, a czemu – jak się okaże – można i należy sprzyjać troską o „meliorację środowiska", jak to oryginalnie wskazała w perspektywie redefiniującej ideały zobowiązujące do działania. Daleko musiały one wychodzić poza ideały Prusa: użyteczności, doskonałości i szczęścia, przez co nie dziwi, że w tamtym czasie, jak pisze Wroczyński, „szeroko dyskutowane są ideały przyświecające życiu społecznemu", zarazem ma miejsce dojrzewanie perspektywy, w której rozpoznawane „jednostronności światopoglądu epoki romantycznej" są zderzane z pytaniami o groźbę jednostronności pochwały organiczności pozytywnej, choć rodzi się zrozumienie dla wagi wysiłku, by „[p]rzeorać do głębi odłogiem leżące tereny polskiej pracy" społecznej i jej urządzeń instytucjonalnych (Wroczyński 1948, s. 136–137, por. także s. 149). Dwoistość realizmu i romantyzmu daje o sobie znać w projektowaniu działania, które okaże się najbliższe Radlińskiej, a zarazem dla którego kluczowy staje się ideał człowieka jako dziedzica kultury, z której ma on prawo wybierać wyzwalające go impulsy, poszerzające jego przestrzeń uobywatelnienia społecznego i zakorzenienia w skarbnicy historycznej ludzkości.

Drogę do tego prześledzę, uwypuklając najważniejsze, jak się wydaje, akcenty i tropy, które Radlińska brała pod uwagę we własnej drodze życiowej w tym zakresie wpływów ją kształtujących. Wykorzystany zostanie zwłaszcza materiał udostępniony dzięki pracom Wroczyńskiego. Zauważmy jednak, że powracający u tego badacza dobitny akcent wskazujący na „zmierzch romantyzmu" w dobie dojrzewania postawy Radlińskiej wiąże on z próbą zniesienia opozycji, w której wcześniej „nauczyliśmy się wspaniale ginąć, ale nie umieliśmy nigdy rozumnie żyć", i zastąpienia jej troską o oksymoronicznie brzmiące „bohaterstwo umiejętnego życia", co może oznaczać konieczność trudnej syntezy w zakresie wskazywania i uruchamiania „nowych dróg polskiego życia" (Wroczyński 1948, s. 154). Wiemy, że takie dwoiste wyzwanie podjęła swoim wysiłkiem Helena Radlińska, zwłaszcza że – jak słusznie podkreśla Wroczyński – sama jednostronna wizja pozytywizmu by tu nie wystarczyła, gdyż trzeba było jego organiczność poddawać „gruntownemu przekształceniu", aby nie była widziana doraźnie i płytko (np. w kategoriach kupieckich i handlowych), ale w sposób wzniosły kulturowo, podkreślający „wagę czynników duchowych w życiu jednostkowym i społecznym", co dało zresztą o sobie znać w twórczości czołowych przedstawicieli środowisk literatury: u Prusa, Orzeszkowej czy Sienkiewicza (Wroczyński 1948, s. 156–157). W perspektywie Świętochowskiego mamy uwypukloną myśl, że w relacji społeczeństwa i literatury wprawdzie „dwa te organizmy swoimi wpływami na siebie oddziaływają", ale „inicjatywa w posuwaniu myśli naprzód leży zawsze po stronie literatury", prowadząc do promieniowania siły duchowej jednostek szerzej. Stąd wywodzi się wyzwanie do podjęcia, gdy literatura nie nadąża i nie wystarcza, a i społeczeństwo nie jest dostatecznie wykształcone, choć prześciga swoim potencjałem nieukierunkowanym duchowo wskazania i zorganizowanie, jakim samo podlega[1].

Taki duch przyświeca, jak się wydaje, nastawieniu Radlińskiej, rozumiejącej potrzebę dostarczania impulsów kulturowych z całego dziedzictwa symbolicznego ludzkości dla dobra społecznie uwikłanych jednostek, by miały siłę i zdolność wyobraźni oraz woli działania. To w szczególności oznacza, jak bardzo chybiają wizje pedagogiki ogólnej czy pedagogiki społecznej, które nie są zdolne do dostrzeżenia najpierw dwoistego sprzężenia społeczeństwa i kultury, a potem kluczowej roli edukacyjnego przetwarzania literatury jako obszaru pamięci symbolicznej oraz rezerwuaru impulsów dla wyobraźni i myśli, wyrażanych w języku zakorzenionym symbolicznie w dziełach. To jakże ważne uwrażliwienie Radlińskiej nie zostało w pełni docenione ani nawet zrozumiane w degradujących ją odczytaniach dla pedagogiki, prowadzących do jedynie subdyscyplinarnego podejścia i działania. Rekonstruowana tu tradycja może, przy poważnym jej potraktowaniu, zmienić kondycję intelektualną sporych obszarów polskiej pedagogiki współczesnej, dotąd rozmijających się z rangą dokonań pedagogiki społecznej w jej doniosłym nadal wydaniu autorstwa Heleny Radlińskiej.

Dwoistość genezy uwarunkowań wychowania epoki

Tytułem wprowadzenia do dalszych rozważań warto zauważyć trafne uwypuklenie przez Wiesława Theissa (por. Theiss 1994/1995, s. 17–18) tezy wskazującej w kontekście jej stosunku do pozytywizmu na „dwoistość podejścia badawczego"

---

[1] Por. sformułowania z fragmentów eseju *Pieśń społeczna i literacka* Świętochowskiego przytoczone przez Wroczyńskiego (1948, s. 169–170).

Radlińskiej i to nie jako wynik „braku konsekwencji" ani „pochwała kompromisu", ale przeciwnie – jako dojrzałe zaangażowanie w sytuację koniecznego dwubiegunowego odniesienia, potocznie pojmowanego antagonistycznie, a wymagającego głębszego podejścia. Mamy tu bowiem świadome wykorzystanie komplementarnie traktowanych impulsów z lat 20.–30. minionego wieku, uwikłanych w narastające napięcie „przełomu antypozytywistycznego" w humanistyce, związanego z akcentami na postawę rozumiejącą, z „wżywaniem się" badawczym (obserwacją „przeżywaną") z uwzględnieniem „zwrotnej relacji badawczej", co określa się jako zaangażowanie w „próby przezwyciężenia ahistoryzmu pozytywistycznego" (Theiss 1994/1995, s. 17–18, por. także s. 25–28). Jak jednocześnie podkreśla W. Theiss,

[j]ako przedstawicielka kręgu „antypozytywistów" była H. Radlińska zarazem „pozytywistką". Przyjmowała możliwość badania wyizolowanych elementów rzeczywistości, stanów wymiernych i powtarzalnych, oraz określania stosunków między nimi. Najpełniej świadczy o tym jej koncepcja pomiaru środowiska (Theiss 1994/1995, s. 18).

Przypomnę także, że Jan Szczepański tuż po śmierci Radlińskiej uwypuklał wychowawcze wpływy środowiska pozytywistów w jej domu rodzinnym, łącząc je ze spotkaniami w jej młodości osobiście z czołowymi postaciami pisarzy pozytywizmu polskiego u rodziców. Pisał też o zmianie pokoleniowej, która od lat 80.–90. XIX wieku się stopniowo dokonywała, czemu sama Radlińska dawała wyraz autobiograficzny, tu wart przywołania za socjologiem:

Wychowywali nas ludzie, którzy wzrastali w cieniu klęski i byli w większości kształtowani przez idee pozytywizmu. Ja również dojrzewałam w owym ostatnim dziesięcioleciu XIX wieku, w którym następował przełom... Zanikało panowanie pozytywizmu, młodych pociągał romantyzm społeczny, który od dawnego romantyzmu różnił się tym wszystkim, co wziął ze zwalczanego pozytywizmu (Szczepański 1954, s. 147)[2].

Nieprzypadkowo zatem sięgam teraz w swoich rozważaniach, wykorzystując ważne opracowanie Ryszarda Wroczyńskiego (1958), do przypadków historycznych dotyczących „pedagogiki pozytywizmu warszawskiego", którego omawiani i przedstawieni w antologii przedstawiciele, m.in.: Henryk Wernic, Aleksander Świętochowski oraz Bolesław Prus (Aleksander Głowacki), tworzyli swoje koncepcje

---

2 Skrót samego J. Szczepańskiego, zarazem autor ten nie podał miejsca cytatu, choć to tekst z: Radlińska 1964, s. 334. Końcówkę tego samego cytatu przytacza także, i to dwukrotnie, A. Kamiński, traktujący ją zarazem jako podstawę do uznania, że Radlińska wywodzi się z nurtu „nowego romantyzmu", przy czym ów „neoromantyzm" charakteryzuje „radykalizm społeczny w traktowaniu zagadnień oświatowych" (por. Kamiński 1978a, s. 32, 36). To dobre i ważne świadectwo tego, że mamy tu jedynie drugą stronę medalu w zakresie integralności i wspólnoty zamiast rozłączności i przepaści.

wtedy, gdy Wielkie Pokolenie Heleny Radlińskiej dopiero przychodziło na świat – chodzi bowiem o lata 70.–80. XIX wieku. Wartość odwołań do tych przykładów jest dla nas podwójna, czy lepiej by powiedzieć: dwoista, ze względu na występujące tu odniesienia i związki między nimi. Z jednej strony bowiem pokazują one to, jak wymienieni myśliciele pedagogiczni poprzedzający Wielkie Pokolenie przełomu dwoistości radzili sobie z problematyką nas interesującą, również w kwestii aspektów społecznych wychowania – mimo że swojej perspektywy nie upierali się nazywać pedagogiką społeczną. Z drugiej strony są ważne w stosunku do opisu złożoności relacji zwykle postulowanych w trybie harmonii, a tu stopniowo dojrzewających do rozumienia dwoistości i wyrażania jej jako takiej.

Dawały tu w szczególności o sobie znać napięcia między zwolennikami bardziej ugodowej – „realistycznej", jak sugerowali – polityki układania się z zaborcami a zdecydowaną walką o polską szkołę. Jak pisała w kontekście ograniczeń postawy pozytywistów sama Radlińska, reprezentująca w tym względzie bardziej radykalną postawę:

> Polityka realistów budziła w społeczeństwie oburzenie. Gromy spadały na głowę Prusa, który zawierzył naiwnie nadziejom ugody. [...] Gdy zaświtała nadzieja, że powstaną polskie instytucje społeczne, zawrzała walka o istniejące placówki, które mogłyby się rozwinąć (Radlińska 1967a, s. 37).

Radlińska dodaje, iż jednocześnie „przeciw pozytywistom zwraca się ideologia budząca ruch ludowy, zrazu radykalny", jako że podstawę tego ruchu stanowiła neoromantyczna i pobudzająca do nowych walk „wiara w utajone siły ludu wiejskiego, w odrębność wiejskiej kultury, w konieczność współżycia z ludem" (Radlińska 1967, s. 23).

Jednak przez uwypuklenie tropu pozytywistycznego uzyskujemy perspektywę zewnętrzną odniesień dla samej Heleny Radlińskiej, sięgając w sferę jej środowiskowych preceptorów[3], aktywnych w jej otoczeniu. Jest to ważne dodatkowo, ponieważ jej aktywność na niwie oświaty dokonywała się na skrzyżowaniu – jak sama przyznaje autobiograficznie – wpływów romantycznych i pozytywistycznych w pedagogice. Nie darmo podkreśla ona, pisząc o „pozytywizmie społecznym w Polsce", splatanie się tu wpływów, skoro „nawet w tym okresie nie niknie całkowicie dawny nurt życia, zasilający się ze źródeł romantyzmu. Pozornie zmienia wskazania", gdyż zarazem umacnia się przekonanie, że „narzędzia pracy organicznej trzeba przerobić na oręż", dla wyzwolenia i narodu, i społeczeństwa (por. Radlińska 1947, s. 83). Zauważmy w szczególności, że obecny wyżej termin „oręż", jak też wprost odwołania Radlińskiej do idei „emancypacji" społecznej jako „uobywatelnienia"

---

[3] Tworzenie listy lektur z preceptorów pozwala na budowanie mapy wpływów i tropów, ważnych genetycznie, funkcjonalnie i strukturalnie w rekonstruowanej myśli. Wobec np. G. Batesona por. Charlton 2008, s. 17.

i kompensacyjnego wyzwolenia z rozmaitych ograniczeń środowiska dowodzą, iż nie ma najwidoczniej racji W. Theiss, sugerując, że intencja emancypacji nie wpisuje się w tej perspektywie w „źródła" stanowiska Radlińskiej, zwłaszcza że jednocześnie badacz ten musi przyznać, iż działanie w jej rozumieniu oznacza w szczególności „»wkraczanie« krytycznej wiedzy do świadomości ludzi [...] dziś niekiedy nazywane »oświecaniem« (Jürgen Habermas)" (Theiss 1994/1995, s. 19), a to przecież w rozumieniu tego ostatniego oznacza działanie charakterystyczne dla „interesu emancypacyjnego". Zresztą mamy świadectwa pokazujące, że Radlińska własne, nawet bolesne doświadczenia życiowe potrafiła tak traktować, np. dyktując do wspomnień, że jej rozwód stanowił dla niej „najważniejszy skok ku wyzwoleniu własnej osobowości", gdyż zyskała dzięki niemu „warunki swobodnego rozwoju" (por. Czapska 2006, s. 17).

Dla unaocznienia wagi docenienia zasług oddziaływania z bieguna pozytywistycznego na formację Radlińskiej warto przytoczyć, moim zdaniem, cenne spostrzeżenie Ryszarda Wroczyńskiego sygnalizujące naturalne od połowy XIX wieku dojrzewanie idei złożoności procesów wychowawczych za sprawą nowej dynamiki rozwoju cywilizacyjnego w Europie. Można wręcz powiedzieć w moim języku, że idea sprzężenia biegunów nowej sytuacji w ich napięciu strukturalnym dwoistości wisiała w powietrzu, co znajdujemy wyrażone następująco:

> W nowym układzie stosunków, który na kontynencie europejskim zaczął się gwałtownie kształtować od czasu rewolucji francuskiej, pojęcie wychowania uległo zdynamizowaniu i rozszerzeniu. Nie mogło być pojmowane jako proces adaptacji do środowiska życia, gdyż jednostka wciągnięta w wir cywilizacyjnego rozwoju znalazła się w kręgu ciągłych zmian, wymagających znacznie bardziej wszechstronnego i głębokiego przygotowania, niż to, które wystarczało w dawnej strukturze życia. [...] Na tle rozwoju nauk o człowieku w całej pełni odsłoniła się złożoność procesu wychowawczego jako procesu integralnego, obejmującego zarówno indywidualny rozwój, jak i społeczne życie człowieka (Bibliografia cz. II – Wroczyński 1961, s. VII–VIII).

Rozumienie specyfiki tych wpływów w ich źródłowej postaci, także w wersji pozytywistycznej, poza dalszymi odniesieniami do samej autorki, wydaje się niezbędne dla rzetelnej próby wpisania dorobku Radlińskiej w szerszy kontekst wielopokoleniowych dokonań pedagogiki polskiej okresu wcześniejszego. Przypomnijmy jednak, że – jak to omawiam bliżej, dokumentując tu osobno – Radlińska była świadoma wpływów ją inspirujących na styku oddziaływań pozytywizmu oraz romantyzmu. To splot tych odniesień wytworzył nastawienie pokoleniowe, jakie było udziałem jej osobiście i innych postaci zaangażowanych w tworzenie zrębów systemu oświaty w Polsce jeszcze przed odzyskaniem niepodległości. Dawały one o sobie znać także wcześniej, w trakcie brania przez nią udziału w przygotowaniach i akcjach, po części tajnych i romantycznie wzniosłych, służących wypracowaniu strategii oraz wskazaniu jej praktycznego sposobu wdrażania w zakresie tworzenia polskiej szkoły, kształcenia nauczycieli, budowania wizji celów programowych i założeń ustrojowych. Chodziło w nich o umożliwienie oświaty wszystkim środowiskom i jednostkom niezależnie od ich losu społecznego, a dokładniej na przekór jego przytłaczającym i zniechęcającym wielu determinizmom historycznym i ich pozornym nieodwracalnościom. Zauważmy też w szczególności, że na przykładzie Henryka Wernica, którego perspektywę dalej w podstawowych akcentach przywołam, Wroczyński widzi sprzężenie bogatych wpływów nowych tendencji europejskich w zakresie odsłaniania złożoności procesu wychowania z kroczeniem

> [...] starą drogą dedukcji i formułowania ogólnych ideałów wychowawczych. Stare i nowe tendencje w wychowaniu kłócić się będą w tej epoce wielkich przeobrażeń jeszcze przez wiele lat (Bibliografia cz. II – Wroczyński 1961, s. XI).

Z jednej strony widać kojarzenie programowania wychowania „w imię ideału" ze starą drogą w pedagogice, a z drugiej – upatrywanie w tym obszarze jedynie kłótni, która miałaby się skończyć zastąpieniem „tradycyjnej refleksji o wychowaniu naukową analizą procesów wychowawczych" (Bibliografia cz. II – Wroczyński 1961, s. XI). Z pewnością można to wykorzystać do wskazania w kontekście naszych analiz, że odniesienie do ideałów w programowaniu pedagogiki społecznej przez Radlińską było o wiele bardziej tradycyjne, niż sama sądziła i niż oceniają ten trop bezrefleksyjnie przywołujący. Zarazem jednak błędna jest sugestia o wyparciu odniesień do ideału przez „naukową analizę", gdyż wystarczyło przezwyciężenie tradycyjnej opozycji między nauką i filozofią w stronę otwartą na bardziej antypozytywistyczną świadomość dla metodologii myślenia i działania pedagogicznego.

Ale najpierw warto zobaczyć, jak bardzo sam pozytywizm polski w kwestiach oświatowych dojrzewał już do rozumienia złożoności w postaci dwoistych napięć, daleko już nieprzystających do późniejszej wizji jedynie kłótni między tradycją a nowoczesnością. Bo i refleksja, i nowoczesność mogły się stać mniej tradycyjne, czyli pozytywistyczne z czasem, choć samo napięcie między historycznie reprezentowanymi przez nie biegunami napięcia pozostało jako immanentny składnik samej sytuacji i struktury oddziaływania wychowawczego czy działań oświatowych. Jako historyk, w tym mając za sobą studia nad historią polskiego ruchu oświatowego, zwłaszcza w sferze edukacji dorosłych, Radlińska doskonale była świadoma form i ograniczeń tychże oraz sporów wokół nich i miała własną wizję działania w splocie romantyzmu społecznego i pozytywizmu. Na przykład fakt, że Prus „prezesował Stowarzyszeniu Kursów dla Dorosłych Analfabetów"[4], był jednym z wielu impulsów do analizy i wyboru własnej drogi, w powiązaniu ze zrozumieniem, że

---

4 To informacja wśród wielu innych w nawiązaniu do polskiej tradycji oświaty dorosłych w: Półtrzycki 1991, s. 9. Szerszych odniesień do dokonań czy refleksji Radlińskiej w tym obszarze tu, niestety, nie spotkamy.

wąsko planowana działalność organiczna z pewnością nie wystarczy. Pozytywizm zatem stał się dla Radlińskiej dwoiście nasyconym doświadczeniem, o sile i słabości jako splocie, którego przezwyciężenie (bez jednostronnych odrzuceń) było jednym z podjętych dalej przez nią zadań. Spróbuję poniżej uwypuklić przejawy siły tego nurtu, które już były w stanie sprostać zadaniu dwoistego działania, mimo że pojmował on je w zbyt ograniczony sposób.

O postulacie „dwojakiego względu" w romantycznym pozytywizmie Henryka Wernica

Zauważmy na marginesie, że to, co się wie o losach wybranej idei – tu dwoistości – może wpływać na strategię lektury i rozumienie wartości namiastek tej idei, obecnych w cudzych koncepcjach. Warto to, jak sądzę, zilustrować, sięgając do innych przykładów niż przedstawiane tu jako materiał główny. Niech to więc będzie twórczość Henryka Wernica, traktowanego jako jednego z reprezentantów dziewiętnastowiecznego pozytywizmu pedagogicznego w Polsce, choć pozostałego pod dużym wpływem tradycji romantycznej, w tym klasycznych idei Bronisława Trentowskiego. Tymczasem Ryszard Wroczyński przypisuje Wernicowi stanowisko będące wyrazem „dualistycznej natury człowieka, zgodnej ze stanowiskiem religii" (por. Wernic 1958, s. 5), gdy tak naprawdę to jedynie dowód na to, że nawet pozytywizm musiał sobie radzić z problemem... dwoistości. W narracji Wernica spotykamy powracające wskazanie na konieczność rozpatrywania rozmaitych zjawisk „pod dwojakim względem" (por. np. Wernic 1958, s. 7, 12), przy czym strony, z których zjawiska są prezentowane, występują jako powiązane ze sobą nierozerwalnie. Mamy tu ważną dla przełomu dwoistości świadomość, że w dwubiegunowym układzie, kojarzonym zwykle właśnie jako przeciwieństwo w rozłączności i konflikcie typowym dla dualizmu, gdzie zwykle staje kwestia albo-albo, błędy mogą dotyczyć zarówno pomijania któregoś z biegunów, jak i nadmiernej ekspozycji któregoś, gdzie szkoda dotyczy nie tylko tego, który pomijamy, ale także tego, który jest w nadmiarze uwypuklany. Wernic – podkreślmy przy okazji, że pozostający pod dużym wpływem myślenia Trentowskiego i „Chowanny" – wyraża to w tekście z 1868 roku następująco:

> A gdy człowiek składa się z ciała i duszy, przeto nie zaniedbuj żadnej z tych części stanowiących jego istotę, lecz pamiętaj na to, że zbytnie popieranie rozwoju cielesnego przynosi szkodę nie tylko duchowi, lecz i samemu ciału, jak znów zbytnie rozwijanie ducha dzieje się kosztem rozwoju nie tylko ciała, zdrowia, lecz i samej siły duchowej. Jest to prawda stara jak świat, a pomimo tego jak rzadkimi są ci, którzy przeciwko niej nie wykraczają (Wernic 1958, s. 7; por. s. 12).

O tym, że Wroczyński znowu się myli, sądząc, iż da się tę relację widzieć jako dualizm, świadczy i to, że Wernic szerzej upomina się o widzenie tu powiązań niezbędnych do utrzymania w trudnej jedności, w duchu Trentowskiego, skoro w sytuacji „wychowańca"

> [...] kształcenie zależy od dwóch wielkich sił, od zdolności wewnętrznych, usposobienia jego duszy i od niezliczonych a najrozmaitszych wpływów, które na niego zewnątrz działają. Zadaniem wychowania jest uwzględnić i te wpływy zewnętrzne, a nawet użyć ich dla swych celów i nimi kierować, i połączyć tak to, co w duszy dziecka się mieści, jak i to, co wewnątrz przebywa, w jedną całość, aby odpowiadały one usposobieniu dziecka, a wtedy nastąpi i swobodne rozwinięcie się sił wrodzonych, które jest celem wychowania (Wernic 1958, s. 6).

Wszystko to jest wpisane zarówno w dwubiegunowe czy dwustronne widzenie samego istnienia człowieka w jego uwikłaniu w cechy gatunkowe i społeczne, odtwarzające rozmaite zbiorowe tożsamości, jak i w jego osobność jako wyjątkowość i jedyność osobową. Jednocześnie widzi się tu występowanie obu stron czy wymiarów egzystencji jako obu niezbędnych i sobie wzajemnie potrzebnych, mimo że sobie zaprzeczających i pozostających w konflikcie. W przeciwieństwie do jednostronnych powieleń pokoleniowych i gatunkowych u zwierząt Wernic – w duchu modelowania w istocie dwoistości, choć nie operuje takim terminem – szuka jednak tu swojego wyrazu, w zgodzie z wrażliwością i wyobraźnią swego czasu. Według niego pełna postawa wychowawcza wobec jednostki ludzkiej musi uwzględniać tę dwustronność ontologiczną sprzęgającą człowieka w całość tak złożoną:

> [j]eden tylko człowiek pod dwojakim względem może być uważany, raz bowiem ma te same przymioty co i inni ludzie – zdolności ogólne ludzkie, to znowu szczególne – barwa ducha jego różni się od jego współbraci, czyni osobą, której przeznaczeniem jest wypełnienie osobnego, to jest szczególnego swego posłannictwa dla dobra i pożytku ludzkości. Stąd to obowiązkiem wychowawcy wykształcać w wychowańcu swym przymioty, które go czynią człowiekiem społecznym, a więc przede wszystkim uczucia sympatyczne, jak to: miłość współbraci, wdzięczność, przyjaźń, życzliwość, usłużność, sprawiedliwość itd., i wtedy tylko zdoła go zbliżyć do ideału człowieka swego wieku. Z drugiej zaś strony winien uwzględnić jego szczególne zalety, takowe rozwinąć, wzmocnić, a tym sposobem z istoty biernej uczynić czynnie działającą na pożytek i chwałę społeczeństwa (Wernic 1958, s. 7).

Mamy tu ważne dla dwoistego podejścia w myśleniu pedagogicznym rozumienie, że alternatywa: indywidualizm czy kolektywizm jest sprzeczna z kondycją człowieka i interesem zarówno jednostki, jak i samego społeczeństwa.

Wśród ważnych idei, już u Wernica uwypuklonych, mamy rzecz jasna akcenty nadal cenne, jak również te wpisane jedynie w historyczne wyobrażenia i zbyt pozytywistyczne nastawienie. Z jednej strony pojawia się pochwała postawy nauczyciela, który jeśli ma prawdziwe przymioty, to działa tak, by czynić się zbędnym ("już niepotrzebnym"), bo puszczając pełnego człowieka w świat i przygotowując go do tego, jest "prawdziwym nauczycielem" (Wernic 1958, s. 5–6). Warto przy okazji zauważyć, że u Heleny Radlińskiej mamy ten sam motyw dotyczący pracowników społecznych jako "pomocników", którzy powinni się troszczyć o samodzielność adresatów własnego wsparcia i uznać, że

> [z]awodowy "pomocnik" działa do chwili, w której spostrzega, że jest już niepotrzebny. Wtedy uważa swą rolę za szczęśliwie zakończoną i idzie ku nowym zadaniom. Ci, z którymi pracował, radzą sobie sami (Radlińska 1961, s. 281).

Z drugiej strony, występując w duchu afirmacji siły prognostycznej wartościowej wiedzy (co uwypuklało nastawienie pozytywistyczne) w powiązaniu z romantycznym dążeniem, Wernic widzi sedno sztuki wychowania w praktycznym oparciu na wiedzy, polegającej

> [...] na zrozumieniu osobistości wychowańca, więcej nawet bo na przewidzeniu jego przyszłego rozwoju duchowego, gdyż wychowawca podobnie jak poeta powinien się zagłębić w duszy swego wychowańca, powinien niemal przeniknąć prędzę jego myśli i uczucia, objąć go gorącą swą miłością, a wtedy go już tak usidli moralnie, że wychowaniec powolny będzie każdej jego chęci, woli i żądaniu. Tak postępując, odgadnie nie tylko istotę swego ucznia we właściwym jego stanie, lecz i przyszły jego rozwój, ku któremu dziecię dąży, a cel ten winien być i jego celem (Wernic 1958, s. 7).

Pomijając skrajną nadzieję na możliwość pełnego wglądu esencjalnego i przewidywania przyszłego rozwoju, można uznać, że racjonalne jądro tego akcentu zda się tkwić w uwypukleniu wagi dochowywania wierności samemu rozwojowi dziecka w procesie oddziaływań wychowawczych. Godne docenienia jest też, że Wernic – mimo rozbudowanych skłonności, nie tylko jego czasów, do poszukiwania typologii postaw ludzkich według rozmaitych podziałów i rozróżnień – świadom jest potrzeby widzenia w człowieku naprzemienności dochodzenia do głosu odmiennych stron jego funkcjonowania i ich „falowania", co późniejsze refleksja teoretyczna nazywała oscylowaniem. Zarazem nie ma tu nie tylko łatwej harmonii czy syntezy, ale nawet możliwości pełnego równoważenia rozmaitych sił dających o sobie znać w człowieku. Świadczy o tym następujący fragment rozważań, przypomnijmy, że z 1868 roku, niuansujący kwestię typologii oraz złożoności strukturalnej rozmaitych cech i sił ludzkich między sobą:

> Za zasadę podziału bierzemy siły ducha ludzkiego, ich natężenie oraz wzajemny do siebie stosunek. Od tej rozmaitości sił, z których jedne przeważają nad drugimi, zależy nieskończona ilość różnic zachodząca między zdolnościami każdego człowieka. Każda istota, a przede wszystkim człowiek, cierpi, przyjmuje w siebie wrażenia i udziela takowych, to jest działa, otrzymuje i daje, przyjmuje i tworzy, jest biernym i czynnym.

Obu tym siłom pośredniczy zamiana wpływów zewnętrznych na korzyść ducha ludzkiego. Całe życie ludzkie jest tą ustawiczną zamianą i falowaniem pomiędzy wspomnianymi dwoma głównymi czynnikami władzy umysłowej tak dalece, że nie możemy sobie wystawić ani jednej chwili życia, w której by obie te siły nie były jednocześnie w ruchu, zawsze albowiem działają zewnętrzne wpływy na chwilowe usposobienie naszej istoty, a każdej chwili czynnymi jesteśmy duchowo, już to przez własne czyny, już też przez mowę, a choćby nawet czynność ta okazać się miała zmianą rysów twarzy naszej. Jeden z tych czynników ducha zawsze ma przewagę, bo albo wpływy zewnętrzne zapanują nad duchem, albo też duch poskromić zdoła wrażenie z zewnątrz otrzymane. W kobiecie i mężczyźnie, w starcu i młodzieńcu oba te czynniki nigdy nie znajdują się w równowadze, lecz jeden zawsze bierze górę nad drugim (Wernic 1958, s. 8).

Powyższe podejście, stabilizujące jednak możliwe relacje w jakieś odmienne typy „usposobień", jest efektem dążności do wypracowania wariantów pozwalających na widzenie tu modeli. Ale samo wskazanie na napięcia i powiązania już wychodzi naprzeciw oczekiwaniom postawy dwoistej, choć w wersji jeszcze zbyt pozytywistycznie typologizującej.

Osobny przykład „dwojakiego względu", jaki uwypukla Wernic, rozpoznając sytuację *de facto* dwoistej złożoności w sytuacji wychowawczej, dotyczy relacji między szkołą i rodziną w kontekście troski o zintegrowanie tej relacji przy napięciach między wpływami oraz postrzeganiem powagi i znaczenia obu biegunów oddziaływania na dzieci. Spotykamy tu wskazanie na asymetrię znaczenia tych odniesień, w której obie strony muszą współpracować we własnym i wspólnym interesie, zwłaszcza starając się uniknąć szkodliwego przerostu niepewności i chwiejności postępowania ze względu na zderzanie się wzorów, które jedynie pozornie są sobie przeciwstawne, mimo że trudne do zharmonizowania. Błędy w tej sytuacji może popełniać każda ze stron, nie widząc własnego interesu i dobra dziecka we współdziałaniu. Najpełniej powyższa synteza daje się zilustrować następującym fragmentem z rozważań Wernica, wpisujących się w model dwoistości, z uwypukleniem wzajemnych sprzężeń zwrotnych, w tym w szczególności takich, w których szkodzenie jakiemuś biegunowi jest zwrotnie niekorzystne dla samego... szkodzącego.

Pod dwojakim względem różni się szkoła od domu, raz przez surową karność, po wtóre przez większą samodzielność, jaką udziela dzieciom i jakiej im dozwala. Obie te zasady na pozór tak sobie przeciwne opierają się jednakże na tym, że większa liczba wychowańców korzysta z działalności szkoły. [...]
Różnica zachodząca pomiędzy pożyciem w domu rodzicielskim a pożyciem w szkole może bardzo źle wpłynąć na dziecko, jeśli rodzice nie postarają się różnicy tej mniej uczynić widoczną. Łatwiej tu bowiem zastosować się rodzicom do wymagań szkoły niż odwrotnie, gdyż szkoła może i powinna swą działalność prowadzić w zgodzie z ogólnymi zadaniami wychowania domowego, ale niepodobna jej zastosować się do wychowania każdej pojedynczej rodziny. Wychowanie szkolne

zostaje w tym samym stosunku do wychowania domowego jak działanie ojca do działania matki w wychowaniu rodzinnym. Dlatego też powaga szkoły nie powinna podkopywać powagi domu rodzicielskiego ani też dom rodzicielski nie powinien podkopywać powagi szkoły, lecz jedna drugą powinna wzmacniać i wspierać.

Niezawodnie zaś powaga szkoły wiele straci, a z nią i dobroczynny jej wpływ na dzieci się zmniejszy, jeśli rodzice nie będą się starali przejąć dzieci uszanowaniem dla powołania nauczycielskiego, jeśli nie będą uważać słuszności wymagań szkolnych. Wtedy tak szkoła, jak i nauczyciele stracą wpływ swój moralny, ponieważ na ucznia tak źle uprzedzonego względem siebie mogą tylko wpływać postrachem i groźbą. Więcej jeszcze na tym ucierpi powaga rodziców, skoro dziecię osądzi, że w pożyciu z rodzicami może zrzucić z siebie więzy przymusu moralnego i uległości, które przywykło zachowywać względem nauczycieli, albo też jeśli sami rodzice do tego go upoważnią.

Tym samym osłabi się w dziecku uszanowanie dla każdej powagi, a nawet, co gorzej, uczucie słuszności i niesłuszności (Wernic 1958, s. 12–13).

W świetle stwierdzenia, że rzeczywistość szkolna stawia przed dzieckiem konieczność kształcenia się wraz ze staraniem się o to, by „umieć się znaleźć w rozmaitych stosunkach" z nauczycielami oraz z koleżeństwem szkolnym, Wernic podkreśli, że

[t]aka wielka korzyść z pożycia szkolnego daje bezwarunkową wyższość wychowaniu ostatniemu nad domowym. Wprawdzie z tych rozmaitych wymagań, na jakie jeszcze dziecię niedojrzałe jest wystawione, powstaje częstokroć niepewność w postępowaniu, która może szkodzić jego zdrowemu rozwojowi. Będzie to miało miejsce szczególnie wtedy, jeśli wymagania te zupełnie będą sobie przeciwne, jak i wtedy, gdy z jednej strony będą to wymagali, co z drugiej zabraniają. Nie tak to bowiem łatwo, jak by się zdawało, utrzymać jednozgodność pomiędzy duchem panującym w szkole i tym, który w domu przewodniczy. Stąd wypada konieczny warunek wychowania, aby umysł dziecka ochronić od chwiejności w uczuciach, sądach i woli (Wernic 1958, s. 13).

Nie ulega więc wątpliwości, że formuła Wroczyńskiego przypisująca Wernicowi podejście dualistyczne w pedagogice rozmija się ze złożonością samych analiz i rozpoznawanych przez nie relacji. W tym zresztą omawiany reprezentant „pozytywizmu warszawskiego" nie był odosobniony, jak można się przekonać, śledząc w trybie przesłanek historycznych, dojrzewających w myśli pedagogicznej dla strategii programowej Radlińskiej, akcenty zawarte także w pracach Aleksandra Świętochowskiego czy Bolesława Prusa. Podkreślmy na marginesie, że w odniesieniu do analiz pierwszego z tej dwójki Wroczyński stwierdza, iż

[w]iernie obrazują ten wielki przełom, jaki dokonał się w dziedzinie wychowania w okresie gwałtownego kształtowania się w Królestwie Polskim układu kapitalistycznego (Wroczyński 1958, s. XXXVI).

Choć komentator ma na myśli głównie przełom w sferze postulatów społecznych, ja uzupełnię tę tezę o nim wskazaniem na ważne teoretycznie uczestnictwo Świętochowskiego w dojrzewaniu nierozpoznanego dotąd tak dobitnie „przełomu dwoistości". Zresztą we wstępie do *Pism pedagogicznych* Jana Władysława Dawida formułuje Wroczyński wyraźnie dowód swojego rozumienia tego kierunku dążeń, gdy pisze, że okazuje się, iż już w 1874 roku w swojej publicystyce oświatowej

> [...] daje Świętochowski nowoczesną definicję procesu wychowania jako procesu uwzględniającego zarówno psychofizyczny, jak i społeczny rozwój człowieka. „Zadaniem wychowania jest: rozwinąć do najwyższego natężenia wszystkie przyrodzone siły człowieka i przygotować je do umiejętnej działalności w warunkach życiowych" (Bibliografia cz. III – Wroczyński 1961, s. X–XI).

O złożoności społecznych zaangażowań pozytywistycznej pedagogiki według Aleksandra Świętochowskiego

W ramach swoich analiz z przełomu lat 70.–80. XIX wieku wybitny publicysta pedagogiczny wielokrotnie wskazywał na sprawy i złożoność kapitalnie ugruntowujące jakość myślenia pedagogicznego w stronę „nowych dróg", na których funkcjonowanie oświaty powinno się dokonywać. Głośnym i sztandarowym akcentem jest upominanie się o kształcenie, średnie i wyższe kobiet, o działanie na rzecz szkolnictwa koedukacyjnego, o oświatę zwaną ludową. Podkreślam tę okoliczność dla uwypuklenia i tego źródła dojrzewania trosk społecznych pedagogiki, w okresie gdy dopiero rodziło się pokolenie Radlińskiej. Chodzi bowiem o upomnienie się o paradoks polegający na tym, że wyróżnienie w późniejszej przestrzeni pedagogicznej miejsca dla „pedagogiki społecznej" wcale nie oznacza, że miała ona – czy powinna mieć – monopol na traktowanie na serio spraw społecznych w procesach edukacji i wychowania. Przez to też sama ta etykieta[5] odrębnej dyscypliny nie jest oczywista, ani historycznie, ani teoretycznie, z czego najwidoczniej zdawała sobie sprawę Helena Radlińska jako znakomity historyk oświaty i wychowania w Polsce, mimo subiektywnego do niej przywiązania. Zauważmy przy tym, że odniesienia do Świętochowskiego stanowią u Radlińskiej w jej charakterystyce „oświaty dorosłych" ważny przykład ilustracji „organicznego" programu oświatowego wpisanego w „hasła pozytywizmu" i jego postulaty „pracy u podstaw" przez zakładanie szkół, kształcenie zawodowe, usuwanie przesądów i analfabetyzmu, wchodzenie

---

[5] Zauważmy, że nawet skrótowo zarysowany przeze mnie na wstępie książki program badań „ekologii pedagogicznej" w wersji Zbigniewa Kwiecińskiego pod wieloma względami metodologicznie wypełniał nastawienia „pedagogiki społecznej", której etykieta socjologowi edukacji i jednocześnie zaangażowanemu działaczowi lewicy społecznej, krytycznemu wobec iluzji ideologicznych u decydentów, wcale nie była potrzebna.

„pomiędzy lud i zlanie się z nim" (por. Radlińska 1947, s. 91). Poniżej przytoczę wątki myśli Świętochowskiego wpisane w eseje zebrane i potraktowane jako reprezentatywne dla pozytywizmu polskiego (dokładniej: warszawskiego) przez Ryszarda Wroczyńskiego (1958).

Pisząc w 1874 roku swoje rozważania pt. *Nowe drogi*, Świętochowski wskazywał na postulaty dopiero przebijające się w praktyce działań wychowawczych, choć mające już swoje stare, jak również nowe ugruntowanie teoretyczne. Widząc zadania wychowawcze zorientowane w czterech kierunkach, na: ciało, rozum, wolę i uczucia, definiował ich cel nakazujący „rozwinąć do najwyższego natężenia wszystkie przyrodzone siły człowieka i przygotować je do umiejętnej działalności w warunkach życiowych" (por. Świętochowski 1958, s. 36–37). Zauważmy przy tym, że nie zostaje tu wyróżniona sfera kultury jako całościowego podłoża tych procesów, co będzie fundamentalne dla Radlińskiej i pedagogiki społecznej, niepostulującej redukowania „warunków życiowych" do czynników materialnych, umiejętności praktycznych i powodzenia na rynku pracy. Zarazem jednak spotkamy tu już – co warto podkreślić – wielokrotne odwołania do wagi pojęcia „pedagogicznej uprawy, która znowu jest ukształceniem wszechstronnym", przez co uruchomiona zostaje tradycja rozwijania pojęcia wychowania i wykształcenia w kategoriach „uprawy", dzięki której „zakiełkują" uczucia i pojęcia w rozwijanej kondycji człowieka (por. Świętochowski 1958, s. 40, 41, 46, por. także s. 56). Jak się okaże, myślenie o wychowaniu w kategoriach uprawy, gleby i wrastania w nią będzie kluczowym ukierunkowaniem metaforyki narracyjnej w pedagogice społecznej także u Radlińskiej. Żadną miarą nie stanowi to zatem o rzekomej swoistości tego stanowiska.

W omawianym przypadku najpełniej daje o sobie znać odniesienie do uprawy jako metafory kształcenia i wychowania w kontekście troski o „wychowanie etyczne", jak to nazywa Świętochowski na koniec *Nowych dróg*. Krytykując realia szkolne lat 70. XIX wieku, zauważy dobitnie, w sposób dający do myślenia w kontekście praktyk szkolnych o sto czterdzieści lat późniejszych:

> [...] wychowanie etyczne ma w naszym pedagogicznym systemacie swoją uprawę, ale uprawę nędzną. Dziecko bowiem o tyle tylko uczy się prawd moralnych, o ile mu je wykłada katechizm. [...] Tymczasem nie tylko wywody poważnych myślicieli, ale nawet proste zastanowienie wiedzie do wniosku, że etyka powinna być jedną z najważniejszych i najbardziej w wychowaniu uwzględnianych nauk, że powinna w nim występować samoistnie [...], że wreszcie powinna spocząć na gruncie życia, z niego swe prawdy i przykłady poczerpnąć (Świętochowski 1958, s. 72).

Wyobraźnia moralna zatem ma być zakorzeniana w trybie „uprawy" wykorzystującej myślenie w kulturze oraz realia życia jako warunek „gruntownego wychowania", prowadzonego w „starannej uprawie moralnych skłonności" (Świętochowski 1958, s. 72).

Pierwszy trop u Świętochowskiego, wart uwypuklenia, sytuuje się w zakresie rozpoznawania złożoności zadań pedagogicznych i wysiłków związanych z troską o to, by mimo zmian i pęknięć w trybie organizacji wychowania i edukacji[6] – najpierw w okresie bycia małego dziecka w rodzinie, a potem w kolejnych ośmiu latach już ze znaczącym udziałem szkoły. Chodzi o to, aby dało się podtrzymać zasadę, że organicznie nie ma tu rozpadu integralności rozwojowej. Widząc w wychowaniu „odmienne okresy i strony", a w nich – „doby" rozwojowe, Świętochowski stwierdza:

> Każdy z tych okresów ma swoje prawa i potrzeby, obie [„doby" – L.W.] wszakże są nieprzerwanym ciągiem jednego organicznego rozwoju.
> Tak zaś je z sobą połączyć, ażeby nie przeciwstawiały się i nie paraliżowały, lecz dopełniały wzajemnie, ażeby pierwszy był tylko niższym stopniem i poprzednikiem drugiego, ażeby drugi nie był nowym i różnym, lecz dalszym i pokrewnym procesem, w ogóle żeby cała epoka wychowania nie rozłamywała się na dwie luźne z sobą zestawione części, lecz stanowiła jednolitą całość, to jest wielki i nieubłagany poemat nowoczesnej pedagogiki (Świętochowski 1958, s. 37).

Niezgoda na rozdwojenie i rozpad struktury procesu rozwojowego idzie tu w parze z troską o rozumienie konieczności widzenia w nim zdwojenia odniesień, z których każde jest potrzebne, mimo że wikłające w napięcia i trudności w scalaniu jednej organicznej całości. Fascynacja perspektywą pozytywistyczną przyniosła tu wzbogacenie, ale i utrudnienie widzenia tej całości, chociażby w kontekście odniesień do zachowania możliwości postrzegania wartości wiedzy poza jej utylitarnym charakterem. To jest problem skali rozumienia „warunków życiowych", do których powinno się dostosować kształcenie. Jako pozytywista Świętochowski ma kłopot z pełniejszym, kulturowym rozumieniem programów edukacyjnych, postulowanych tymczasem w ramach „nowoczesnej" wizji pedagogiki jako takich, „które by wszechstronnie zdolne były ukształcić jednostkę do utrzymania się i działania w warunkach życiowych" (Świętochowski 1958, s. 38). Krytykuje z tej perspektywy „[n]admiernie zapóźniony sentymentalizm, marzycielskie iluzje" (Świętochowski 1958, s. 38) tradycyjnej edukacji i wychowania, biorące rozbrat, jego zdaniem, z potrzebą społecznego osadzania człowieka w jego świecie, by dało się w nim żyć. Stąd hamletowskie „być albo nie być" oznaczać ma „umieć lub nie umieć pracować", zwłaszcza w sytuacji, gdy „masa młodzieży nie przygotowanej do żadnych specjalnych zawodów ujrzała się w niebezpieczeństwie strasznym, bo rozkopującym przepaść w jej materialnym bycie" (Świętochowski 1958, s. 39). Świętochowski nie widzi tu jeszcze, jako przekonany pozytywista, niebezpieczeństwa zredukowania postulatu społeczeństwa wiedzy do świata, w którym praktyka wypiera teorię, zamiast ją pozyskiwać do celów pogłębienia działania społecznie użytecznego, w tym do głębszej refleksyjności, jaka powinna charakteryzować postawę afirmującą

---

6 Świętochowski odróżnia termin „wychowanie", jako zdominowane przez wpływy moralne, od „edukacji", jako wszechstronnego kształcenia, choć oba wpisuje w zwrot „uprawa" pedagogiczna (por. Świętochowski 1958, s. 41).

„obywatelskość" jako „szlachetny i głęboki patriotyzm", ale zarówno w myśli, jak i w działaniu (Świętochowski 1958, s. 45). Zauważmy, dla ścisłości odniesień do przywoływanego stanowiska, że spotykamy sformułowania, które można by interpretować jako bardziej zaangażowane w dwoiste sprzęganie teorii i praktyki, użyteczności i idealności. W końcu wskazanie na „podłożenie pod teoretyczną wiedzę praktycznego gruntu, ten realizm w wychowaniu [który – L.W.] jest głównym znamieniem najświeższego i, dodajmy, najwięcej korzyści zapewniającego zwrotu", kojarzonego z pozytywizmem, mogłoby oznaczać w istocie sprzężenie zwrotne między teorią i praktyką, co nakazywałyby wymogi dwoistości.

Postulowany jednak dalej „szacunek dla wiedzy" nie wydaje się potwierdzać tak daleko posuniętej życzliwości interpretacji. W końcu bowiem także czytamy, że „według nowoczesnych wymagań pedagogiki wychowanie powinno być praktyczno-realne w przeciwstawieniu do teoretyczno-idealnego" (Świętochowski 1958, s. 38). Owo przeciwstawienie zatem nie jest wystarczająco obudowane akcentami, które by doceniły praktyczne „gruntowanie" wiedzy zamiast jej redukowania i to niezależnie od tego, że spotykamy u Świętochowskiego uznanie, iż „literatura [jest – L.W.] skarbem naszych umysłowych zdobyczy" (Świętochowski 1958, s. 44). Wymogi użyteczności wiedzy są dość wąsko pojmowane i niosą dumę z odwrócenia wektora w relacji zamiast ustanowienia głębszego sprzężenia. Nie uczulają zarazem na sytuację, w której rezygnacja ze wspomnianych wyżej cech, wpisanych w „nadmiernie zapóźniony sentymentalizm i marzycielskie iluzje", nie musi oznaczać całkowitego wyrzekania się troski o kulturowe gruntowanie wiedzy w dziedzictwie symbolicznym, gdyż jego wartość wykracza poza jego doraźną użyteczność czy przydatność do spraw praktycznych życiowo. Trzeba było dopiero finezji społecznej i kulturowej u Heleny Radlińskiej, żeby umieć sobie poradzić z tą pułapką wylewania dziecka z kąpielą. Zresztą o trudności w sprostaniu temu zadaniu świadczy też bezradność obecnych rozwiązań forsowanych przez bezmyślne czołgi ministerialnych think tanków niezdolnych do dojrzałego podtrzymania dwoistego sprzężenia teorii ugruntowanej praktycznie i praktyki gruntowanej w głębokim rozpoznaniu teoretycznym wariantów działania, pułapek, złożoności i wyzwań. Postulaty Świętochowskiego (Świętochowski 1958, s. 42–44), takie jak „poszanowanie wiedzy", „poszanowanie pracy" czy „poszanowanie interesów społecznych", pozostają rzecz jasna uwikłane w wartości demokratyczne, o czym będzie jeszcze mowa. Padają jednak także twierdzenia ukazujące wiedzę naukową jako rodzaj przedmiotu nowego kultu, wszechmocny i zasługujący na uległość „wyroków" w jej imieniu dokonywanych, jak świadczy o tym choćby taki przykład:

> Poszanowaniem wiedzy jest uwielbienie dla niewiadomej, myślą zwanej siły i dla prawych jej kapłanów; każdy nawet najmniej oświecony uczestnik i wyznawca naszej cywilizacji obowiązany jest czcić wiedzę. Pokochać zatem losy ludzkiej myśli, z jednej strony ukorzyć się przed tą potęgą, z drugiej starać się jakąś jej cząstką zawładnąć, uznać wszechmoc nauki, uczcić przeszłe, poddać się obecnym i ufać

przyszłym jej wyrokom, z zapałem witać i sławić każdy jej tryumf – wszystko to jest poszanowaniem wiedzy, którą podstawą wychowania uczynić byśmy pragnęli (Świętochowski 1958, s. 42–43).

Widać, że współczesne hasło „społeczeństwa wiedzy", przy zaawansowaniu jej utylitarnego pojmowania i redukowania jej wartości staje się nieuchronnie próbą cofnięcia dojrzałości myśli o społeczeństwie (przy nagminnym milczeniu o kulturze) do czasów sprzed działania pokolenia Radlińskiej, rozumiejącego doskonale, że takiej redukcji robić nie wolno. Tak jak nie wystarczy uznanie, że „religia ma dla społeczeństw wielką utylitarną wartość, wartość etyczną", głównie osadzaną w ramach jej uznania za „etyczny kodeks", jak chce Świętochowski (Świętochowski 1958, s. 47–48).

A przecież pojawiły się w omawianym stanowisku akcenty w pełni zasługujące na uznanie i zwiastujące myślenie społeczne uwzględniające komplementarność powiązań wzajemnych, w odniesieniu do przenikających się idei, stanowiących dopełnienie zbyt jednostronnych rozwiązań czy wizji, i postulaty wyrażające – w dojrzałym ich rozumieniu – zaangażowanie postępowe. Mówiąc o procesie wpisanym w „nowe drogi" życia społecznego związane z afirmacją szacunku dla wiedzy, „swobody przekonań" czy „równouprawnienia wyznań i płci" (por. Świętochowski 1958, s. 44, 47), Świętochowski widzi i wspiera

[...] dwie wielkie i coraz szerzej w rodzinno-społeczne stosunki przenikające idee, a mianowicie: [...] poszanowania wzgardzonych dotąd gałęzi pracy i [...] samodzielności kobiecej

– idee te są według niego wpływowymi i „wydatnymi sprężynami w mechanizmie współczesnego nam życia" (Świętochowski 1958, s. 39). W szczególności poszanowanie pracy ma stymulować „wzajemne wspieranie się i oddziaływanie różnych podziałów", usuwając przez to „uparte nienawiści stanowe" i charakterystyczną dla nich „bezpłodną walkę" (Świętochowski 1958, s. 43) nieuchronnie jednostronnych fanatyzmów, wywołujących zderzenia wobec braku wzajemnie korzystnej relacji poznania się, przez co niosących

[...] kosztownymi moralnie skutkami kończące się katastrofy, owe gwałtowne starcia wrogich żywiołów, które istniejąc obok siebie, wcale się nie poznały i żadnym związkiem nie skojarzyły, owe niczym nie rozplątane powikłania stosunków religijnymi sprężynami do walki popchniętych, ową nienawiść i wzajemne krzywdzenie się partii interesem tego lub owego hasła wiary sfanatyzowanych (Świętochowski 1958, s. 49).

Mamy tu uwypuklenie zjawiska, które można określić mianem paradoksu dwoistości ekologicznej, polegającego na tym, że jeśli w jakimś środowisku nie ma tej dwoistości, czyli brakuje relacji wzajemnego otwarcia, to uczestnicy tej sytuacji szkodzą nie tylko sobie wzajemnie, lecz także sami stają się ofiarami własnego podejścia. Zasada tolerancji jest ważna, podkreśla Świętochowski, także dlatego, że

> [f]anatyk jest kaleką umysłowym. Skrępowany w swym duchowym rozwoju pętami systematu, który jego myśli nie pozwala zrobić żadnego swobodnego ruchu, kręci się w zaklętym i ściśle ograniczonym kole pojęć, nie może ani wznieść się ponad poziom swego ciasnego światka, ani obszarów wolnego okiem zmierzyć. Wyznanie, któremu się bez zastrzeżeń sprzedał, odliczyło mu i odważyło pewną gromadkę prawd, które mają mu na wyżywienie duszy przez cały czas jej istnienia wystarczyć (Świętochowski 1958, s. 49–50).

Nie dziwi zapewne, że w takim kontekście Świętochowski uznaje, iż „szkoły wyznaniowe" utraciły rację bytu, a zadaniem wychowawczym jest oswajanie się z odmiennością wraz z „wzajemnym na swe natury oddziaływaniem" w kierunku pojednania, w duchu braterstwa i tolerancji (Świętochowski 1958, s. 50). Podobny kierunek argumentacji znajduje zastosowanie dla uzasadnienia równouprawnienia płci w połączeniu z zasadą koedukacji, gdyż „ażeby różne religijne lub społeczne żywioły mogły się pogodzić, powinny się wcześnie z sobą oswoić i wzajemnie na siebie oddziaływać" (Świętochowski 1958, s. 51). W trosce z kolei o „wychowanie ludowe", którego zarówno waga, jak i ukierunkowanie stanowią przedmiot refleksji autora *Nowych dróg*, znajdujemy podkreślenie (Świętochowski 1958, s. 54), że „zadanie to ma dwie strony: kształcenie charakteru i umysłu", obie wymagające uwzględniania warunków społecznych dla ich urzeczywistnienia. Jedynie „środkami jego otoczenia" można się starać je wykonać, każdą stronę zadania traktując jako jego „etyczną połowę", przy czym celem oddziaływania muszą być nie tylko dzieci, lecz także rodzice. Wypada zauważyć, że troska o uniknięcie etycznej „połowiczności" kształcenia i wychowania znajduje u Świętochowskiego dobitny wyraz, po części kontrastujący z wyżej przytoczonym wyraźnym zachwalaniem „umiejętności realnych" w przeciwieństwie do wiedzy zbyt oderwanej od praktyki, gdyż autor odpowiada negatywnie na pytania co do zasadności przekonania, iż „z programu ukształcenia średniego nauka starożytnej filologii powinna być usunięta", a przynajmniej czyżby „nie lepiej było od początku ją kształcić jedynie w umiejętnościach złączonych z jej zawodem"? (Świętochowski 1958, s. 67) Świętochowski dopowie, w końcu jednak widząc tu pewną dwoistość faktyczną, choć nie dość zwerbalizowaną, że „rozwijając młody umysł tylko na podstawach realnych, można uformować go połowicznie", a zarazem wskaże na wniosek, że

> [...] wyłączenie z edukacyjnego programu tak zwanych umiejętności realnych nie może się powołać na żadną rację, kaleczy systemat [pedagogiczny] niczym nie naprawionymi szkodami, nie daje młodocianemu umysłowi żadnej trwałej opory w życiu teraźniejszym – praktycznym (Świętochowski 1958, s. 68–69).

Wyrażona tu zatem zostaje troska o etyczną połowiczność rozwiązań opartych na dominacji „czynników jednostronnych" pozbawionych możliwości zespalania ich w trosce o „wszechstronne rozwinięcie umysłu" (Świętochowski 1958, s. 69).

Niezwykle cenne wydaje się w ujęciu Świętochowskiego posłużenie się odniesieniem do szczególnej złożoności działania pedagogicznego, w kontekście edukacji kobiet, jako kryterium uznania jego wartości. Wskazując na konieczność tego, by wykształcenie średnie „rozwinęło władze duchowe, przygotowało do nauki wyższej życia", krytyk podkreśla, że można mieć do czynienia z „edukacją, którą by można nazwać fikcyjną", w wyniku której jego posiadaczka może być w kondycji lunatyczki, gdyż może pozostawać „w ciągłym letargu wobec życia i nauki" (Świętochowski 1958, s. 81). Inną słabością wykształcenia jest forma edukacji zwana przez autora „cząstkową", która pozwala na dysponowanie jedynie „niedołężnym zlepkiem wiadomości nie ułożonych podług żadnego systematycznego planu", uzyskanych w „bezmyślnym wyuczeniu się na pamięć ustępów" z wybranych kawałków tekstów (Świętochowski 1958, s. 81). W stosunku do całego kursu nauk, jeśli chodzi o typ ułomności czy wręcz rozmaite „kalectwa", jakie niesie,

> [t]rzecią formą jest wykształcenie niezupełne. [...] Program tych nauk w układzie swoim i wykonaniu ma dwie ułomności, naprzód – jest jednostronny, następnie powierzchowny. [...] Te dwa głębokie kalectwa systematu [w nauczaniu – L.W.], a mianowicie jego jednostronność i powierzchowność, najwyraźniej uwidaczniają się w skutkach (Świętochowski 1958, s. 84–85).

Ma to miejsce przez to chociażby, że inteligencja w ten sposób powstała „nie tworzy żadnego organicznego związku, lecz jest mechaniczną mieszaniną nie zrastających się z sobą wiadomostek", ponadto „nie wyrabia potęgi myśli, siły i głębi rozumowania" i jest pozbawiona „pierwiastków realnych", przez co w sumie „inteligencja taka nie rozwija należycie wszystkich władz duchowych, nie przygotowuje dostatecznie do nauki wyższej i życia" (Świętochowski 1958, s. 85). Mamy tu więc podkreślenie w kontekście postulowania wykształcenia dla kobiet, że jego różne wdrażane postaci mogą być dotknięte rozmaitymi zestawami „kalectw" (Świętochowski 1958, s. 85), w tym osoby wyróżnione nim mogą w stosunku do własnej wiedzy nie być w stanie „zrobić z niej prawie żadnego użytku" (Świętochowski 1958, s. 87), przez co system kształcenia kobiet, „nie uzdolniając ich do pracy, nie rozwijając myśli, a jedynie uczucia, narusza równowagę władz umysłowych i wytwarza nieuleczone kalectwo" (Świętochowski 1958, s. 87). Wskazanie na postulowaną „równowagę" niesie ukrytą w nim troskę o równoważenie tych władz, tymczasem nie wolno, zdaniem Świętochowskiego, zapominać, że

> [u]czucie bowiem w obu płciach jest tylko jedną władzą duszy, zatem i jego objawy muszą stanowić tylko jedną stronę życia. Nadając przewagę którejkolwiek, paraliżujemy inne, psujemy harmonię ustroju duchowego, w którym wtedy jeden żywioł rozrasta się kosztem drugich (Świętochowski 1958, s. 87–88).

Najszerszy argument wskazujący, dlaczego jest to szkodliwe, brzmi następująco, w uzupełnieniu tezy, że troska o „prawo swobodnego wyboru" musi być związana z wysiłkiem możliwie wszechstronnego uzdolniania, a ponadto specjalizacja wymaga rzetelnego gruntu jako ogólnego zaplecza:

> [...] wyłączne zajęcie jednym działem umiejętności bez żadnego uwzględnienia innych, choćby nawet pozornie oddalonych, nie daje umysłowi należytej podstawy naukowej. Każda bowiem specjalność potrzebuje koniecznie gruntu mieszczącego w sobie wszystkie zasadnicze pierwiastki wiedzy ludzkiej. Bez tego gruntu skarleje ona i uschnie, gdyż jakkolwiek ustrojem swym od niego różna, życiem wszakże jest bezpośrednio zależna. Są prawdy, od których nie jest zwolniony żaden specjalista (Świętochowski 1958, s. 77).

Z ważnych – z punktu widzenia dwoistości – miejsc w podejściu Świętochowskiego warto jeszcze odnotować wskazanie przez niego na fakt, że obie strony zantagonizowanego układu mogą być uwikłane w błąd, zatem, że błąd nie występuje jednostronnie, co ilustruje teza, iż

> [...] zarówno teza materialistycznego fatalizmu, jak i bliźniaczo podobny i ściśle z nim w tym względzie pokrewny klerykalny dogmatyzm tracą zupełnie swą moc i pretensje (Świętochowski 1958, s. 61).

Nie wystarczy w tej perspektywie oddalić negowany wariant myślenia, ale niezbędne jest, by zważać, czy samo to odrzucenie nie dokonuje się w trybie nie mniej błędnym, a nawet błędnym w sposób podobny, analogiczny czy „bliźniaczo podobny", jak to było wyrażone. Mamy więc zilustrowane na przykładzie odniesień do rozważań Świętochowskiego ograniczenia i próby otwarcia jego wizji złożoności sytuacji działania wychowawczego. Zarazem przez swoje wyczulenie na kwestie społeczne ten typ pozytywistycznego myślenia o odnowie oświaty w Polsce zrobił pierwsze kroki na drodze do ujmowania problemów pedagogicznych w kategoriach realnej dwoistości strukturalnej. Daje to o sobie znać w pewnej formie refleksji społecznej i dotyczącej filozofii człowieka w ujęciu Aleksandra Głowackiego, którego wizja idealna społeczeństwa, jako wygaszającego wewnętrzne antagonizmy w kierunku harmonii i równowagi, idzie w parze z pozostającą z nią w pewnym napięciu koncepcją doskonalenia człowieka, którego zwieńczenie idealne stanowi zestaw par zaprzeczających sobie cech, dopełniających się przez wzajemną komplementarność niezbędną do życia i w trosce o pełną użyteczność społeczną. Spróbuję to teraz pokazać bliżej.

Umysł jako dwoista spiżarnia w społeczeństwie równowagi i harmonii – o rozmaitych losach dwoistości w pozytywistycznym ideale Bolesława Prusa

W rozważaniach pedagogicznych Aleksandra Głowackiego (Bolesława Prusa) z początku lat 80. XIX wieku, ukazanych przez Ryszarda Wroczyńskiego (1958) w ramach źródeł do dziejów myśli pedagogicznej w zakresie dorobku „pedagogiki pozytywizmu warszawskiego", można znaleźć przynajmniej trzy tropy, w których twórca *Lalki* wypowiada się w sposób dowodzący zaawansowania – z pewną specyfiką – ważnej dla nas świadomości rozumienia dwoistych relacji w przestrzeni działań interesujących nie tylko pedagogikę społeczną, lecz także pedagogikę jako taką. Niech te zwiastuny z trzech krótkich esejów Prusa będą świadectwem tego, jak bardzo warto prześledzić dla zrozumienia zjawisk późniejszych, pełniej składających się na „przełom dwoistości" oraz uwzględniających dokonania Heleny Radlińskiej, to, w jakim stopniu rozumiano – w okresie gdy ta ostatnia była jeszcze małą dziewczynką – konieczność takiego uwzględniania złożoności strukturalnej dokonujących się procesów i zasadniczych relacji czy sytuacji społecznych, gdzie do głosu dochodziły rozmaite substytuty kategorii dwoistości, ostatecznie osłabiane wiarą w możliwą harmonię i równowagę przy pozytywistycznym podejściu do życia.

Po pierwsze, analizując relację jednostki i społeczeństwa, z punktu widzenia troski o doskonałość i szczęście oraz użyteczność w obu kierunkach Prus okazuje się zdolny do widzenia tu sprzężonej dwubiegunowości, choć osłabia to swoje widzenie optymistyczną wiarą w wygaszanie społecznych napięć i wahań oraz w ostateczności stabilizowanie się równowagi w zdrowym społeczeństwie. Oto bowiem w kwestii odniesień jednostki i społeczeństwa czytamy w jego szkicu programowym z 1883 roku, w duchu „organicznego" pojmowania występujących tu całości:

> [...] dwu tych organizmów nie można przeciwstawiać sobie. [...] „Zupełna harmonia interesów ogółu i jednostki" jest ideałem, do którego cywilizacja dąży, co prawda, wśród ciągłych wahań. Rytm bowiem historyczny składa się z dwu taktów: raz bierze przewagę zbiorowość nad osobistością, drugi raz osobistość nad zbiorowością. Wahania te jednak są coraz mniejsze i zbliżają się do równowagi (Prus 1958, s. 190).

W naszym języku mówiąc, Prus sugeruje wygaszanie oscylacji w układzie dwubiegunowym jednostka – społeczeństwo, zarazem mając wizję dojrzałej, wręcz doskonałej równowagi opartej na stabilizacji eliminującej potrzebę wahnięć i zmian. Sam przyznaje, że jego wizja jest efektem próby wykorzystania koncepcji organizmu i rozwoju u Herberta Spencera, a co więcej, widzi w zastosowaniu „pojęcia »organizmu« i »rozwoju« do stosunków społecznych" wręcz zmianę na miarę przewrotu kopernikańskiego (por. Prus 1958, s. 196). Także naród jest postrzegany przez Prusa jako „żyjący organizm", z czego wynikają typowe skojarzenia dla diagnozowania i proponowania środków zaradczych w odniesieniu do kondycji wskazującej na

„chorobliwy stan" jednostki czy społeczeństwa; wymaga to uwzględniania odniesień zarówno zewnętrznych, jak i wewnętrznych, ekonomicznych, jak i duchowych w ich wzajemnej relacji o charakterze powiązania czy wręcz sprzężenia. Zostaje to wyrażone wskazaniem na potrzebę widzenia przeciwnych stron i postaw „obok" siebie, bez zapominania jednych, przy trosce o drugie, gdyż

> [...] tylko zachowawczość obok postępu, miłość wszystkich ludzi obok polegania na własnych wyłącznie siłach, pokora w duchu obok zachowania godności charakteru zrobią nam to, że przy wszelkiej nędzy naszej nie stracimy i bez uszczerbku przekażemy następcom jedyny, najdroższy skarb każdego: honor... (Prus 1958, s. 189).

Mamy zatem wizję społeczeństwa (i jednostki) organiczną w podwójnym sensie: organizmu troszczącego się o własne zdrowie oraz podejmującego działania – na rzecz zbiorowości i jej członków – o charakterze organicznym, to jest podstawowym jako niezbędnym i ograniczonym do „codziennych stosunków" w zakresie zamiarów i dążeń. Organizm jest skupiony na tej trosce. To w szczególności Prus uwypukla przeciw romantyzmowi uniesień, uznając, że „jedną z klęsk, które nas dotknęły, był brak harmonii między siłami i zamiarami" (Prus 1958, s. 188). Widać, że dwoiste napięcie między tymi biegunami wymaga, zdaniem Prusa, redukcji w duchu pozytywistycznym, gdyż tylko „mężne pogodzenie się z losem przynajmniej godność naszą ocali" przy zachowaniu wysiłku pracy organicznej. Musimy działać „pokorni wobec siebie, zrezygnowani wobec konieczności", podejmując wysiłki tam, gdzie mogą przynieść efekty, budujące podstawy stabilizacji i normalności, gdyż

> [...] zahartowani w pracy, obeznani z wymaganiami praktycznego życia, zbliżeni pomiędzy sobą łatwiej oprzemy się złudzeniom, a wytrwalej i pewniej zdobywać będziemy cele do osiągnięcia możliwe, spokojni o naszą i naszego potomstwa przyszłość (Prus 1958, s. 188).

W tej dwubiegunowej dramaturgii relacji między siłami i zamiarami według Prusa trzeba przywrócić harmonię i równowagę. To z kolei jest możliwe za cenę obniżenia skali dążeń i oczekiwań, jak też przez zawężenie pola podejmowanych wysiłków: organizm musi się zajmować pracą organiczną w trosce o własne przetrwanie. Widać więc, że mamy tu dwoistość zredukowaną w imię ideału stabilizacji i utrwalania przyczółków życia w trosce o przetrwanie. Występowanie bowiem „w imię ideału" na gruncie pozytywistycznym znaczy jedynie: w odniesieniu do „szczęścia, doskonałości i użyteczności", gdy społeczeństwo zajęte jest zarazem pracą tworzącą wspólnotę „silną, pracowitą i oświeconą" (Prus 1958, s. 190). Sprzęga się tym samym wzajemnie uzyskiwane efekty, zwłaszcza w zakresie społecznej „użyteczności jednostek", gdzie z kolei „doskonałość zależy od powstawania nowych uzdolnień" (Prus 1958, s. 191), rozumianych jako kompetencje do działania bądź sprawności przydatne czy użyteczne życiowo. Prus uznaje tu konieczność pewnej asymetrii w zakresie zdrowia organicznego, kojarząc je z postulatem, aby organizm

„posiadał ów nadmiar sił niezbędny do nabycia doskonałości" (Prus 1958, s. 192). Do tego celu niezbędne jest przeciwdziałanie jałowości, powierzchowności, sfragmentaryzowaniu, pospolitości i fikcyjności edukacji oraz związanym z nią okrojonym kompetencjom i nawykom w działaniu, zbyt często uwikłanym w ograniczenia i oderwanie od jakości troski o życie przez jednostronne redukcje w sposobach myślenia (Prus 1958, s. 193). Dotyczy to także inteligencji, gdyż nawet

> [...] ludzie pracujący umysłowo grzęzną w swoich specjalnościach i nader rzadko wznoszą się do filozoficznego ogarnięcia całości natury. Pojęcia o człowieku są albo zacofane, albo grubo materialistyczne; wyraz „społeczeństwo" jest wprawdzie powszechnym hasłem klas oświeconych, lecz nie jest bliżej określonym i prędzej oznacza jakiś ideał aniżeli organizację żywych ludzi (Prus 1958, s. 193).

Mimo tej sugestii, pozornie niosącej alternatywę: abstrakcyjny ideał lub konkretne życie, Prus przyjmuje perspektywę dającą się określić mianem dwoistej, gdyż znoszącej, w sensie: przezwyciężającej sprzeczność między tymi biegunami. Postuluje ona zarazem – i to, jak słusznie podkreśla Wroczyński, wbrew tradycji utylitaryzmu według np. Johna Stuarta Milla – doskonalenie człowieka według dwubiegunowych określeń składających się na „ideał doskonałego człowieka" (Prus 1958, s. 192). Pod takim pojęciem występują „obok siebie", jako jednocześnie istotne, cechy sobie biegunowo przeciwstawne. Chronią się tym samym wzajemnie przed skrajnościami eliminującymi drugi biegun i dopiero łącznie oraz stopniowo składają się na pełnię, do której można jedynie dążyć przez troskę o wszechstronność i mistrzostwo choćby w niektórych sferach i kierunkach działania. Świadczy o tym następujące sformułowanie Prusa:

> Wyobraźmy sobie teraz ideał doskonałego człowieka. Karmi się on i pije dobrze, lecz nie wpada w ostateczności. Pracuje, ale nie wyczerpuje swoich sił, i na każdą nieprzewidzianą potrzebę ma do dyspozycji pewien nadmiar. Jest on silny i zręczny jak akrobata, potrafi walczyć jak żołnierz. Wszystkie jego zmysły i muskuły są wyrobione, jak u malarza, muzyka, tancerza. Dlatego, aby wygodnie istnieć i być użytecznym, wykonywa on jakąś specjalną gałązkę pracy, w której jest mistrzem, i zajmuje w społeczeństwie skromne stanowisko, na którym nikt go jednak nie zastąpi. Specjalność ta nie zagłusza w nim ludzkiej natury. On ma dość wykończone pojęcie o przyrodzie i jej prawach, o wszystkich rodzajach wytworów, o społeczeństwie, o własnościach człowieka, tak że znalazłszy się w nowych warunkach szybko potrafi je poznać i wśród nich pracować. Dba on o siebie, kocha siebie, bo inaczej być nie może, ale obok tego jest życzliwym dla ogółu ludzi, zbliża się do nich bez podejrzeń, a w razie potrzeby potrafi być cierpliwym i łagodnym jak zakonnica (Prus 1958, s. 194).

Przytoczone zestawienia cech doskonałości ludzkiej obrazują – pod formułą „obok", czyli pod ukrytym w niej zwrotem, że jest tak, „ale" zarazem cenne jest coś przeciwnego – współwystępowanie przeciwieństw jako cnotę w pełni idealnego bytu. Formuła o strukturze „tak, ale obok tego i przeciwnie" wpisuje to podejście w najlepszą tradycję filozoficznego zestawiania złożoności prowadzącej aż do pełni przez cenione bardzo w pokoleniu wielkich pedagogów, rodzącym się dopiero w tym czasie, filozoficzne i psychologiczne zestawienia zwrotów, jak *coincidentia oppositorum*, różnojednia czy *unitas multiplex*. Ich zaplecze teoretyczne i źródłowe przejawy obecności w pedagogice „przełomu dwoistości" zostały pokazane przeze mnie osobno (por. Witkowski 2013a).

O znaczeniu tego ustalenia niech świadczy chociażby fakt, że koryguje ono pewne sformułowania interpretacyjne w rozważaniach Ryszarda Wroczyńskiego dotyczących Prusa. Wprawdzie Wroczyński ma rację, że w tej perspektywie „[n]ajogólniejsze ideały życiowe są organicznie ze sobą zespolone", ale już błędem jest teza, iż „[s]truktura idealnej osobowości polega na ścisłej harmonii" (por. Wroczyński 1958, s. L–LI) w sferze czynników myśli, uczucia i woli. Rzecz bowiem w tym, że właśnie powyżej przytoczone klasyczne określenia Mikołaja z Kuzy, Bronisława Trentowskiego czy Williama Sterna, tak istotne dla kultury pedagogicznej końca XIX wieku w Polsce, afirmują trudną i złożoną całość, której jedność organiczna u Prusa nie oznacza silnej harmonii. Zresztą wartość tych terminów uczula na ideę jedności w złożoności czy współwystępowanie sprzeczności, a to także jest alternatywą wobec jednostronności rozwoju, np. woli, wikłającego w szereg anomalii, jak nadmierny indywidualizm czy skrajność odmiennych stanów (por. Wroczyński 1958, s. LI).

Ukonkretnieniem tego kierunku rozważań o człowieku jest u Prusa opis, podjęty przez niego w 1882 roku, rozwoju umysłu ludzkiego, przynoszący próbę widzenia w tym procesie powstawania dwubiegunowego magazynu współoddziałujących na siebie pokarmów – Radlińska mówiła w tym samym kontekście o podnietach duchowych. To czyni z umysłu rodzaj żywej „spiżarni", gromadzącej zapasy do wykorzystania w rozmaitych powiązaniach i konstelacjach. Prus, zastanawiając się nad oświatą i jej celem, stwierdza, w terminach sobie dostępnej narracji psychologicznej i filozoficznej, że pojawia się problem z brakiem harmonii w umyśle ludzkim w obliczu braku koordynacji między warstwą pojęciową, niosącą wyjaśnienia, i warstwą wyobrażeniową, rejestrującą jedynie pewne stany czy zjawiska bez ich pojmowania kategorialnego. W jego języku czytamy, że

> [w] umyśle ludzkim (obok wielu innych) znajdują się dwie bardzo ciekawe władze psychiczne: jedna z nich jest jakby składem obrazów, druga – składem, spiżarnią wyrazów. [...] Gdybyśmy mogli zajrzeć do wnętrza ludzkiej duszy, zobaczylibyśmy w niej panoramę świata, panoramę dziwnie ruchliwą, obejmującą widoki nie tylko tego, co jest, ale i tego, co było. Widzielibyśmy nie tylko zewnętrzne kształty przedmiotów, ale i więcej lub mniej dokładną ich budowę wewnętrzną; nie tylko zjawiska, ale i ich przyczyny; nie tylko powierzchowność człowieka, ale i jego charakter.

> Tak wygląda spiżarnia obrazów w duszy ludzkiej. Jest to naprawdę mikrokosmos. [...] Ale człowiek żyje w społeczeństwie, porozumiewa się z innymi. I otóż, obok spiżarni obrazów posiada i spiżarnię wyrazów. [...]
> Dwie umysłowe spiżarnie – obrazowa i wyrazowa – niekoniecznie są jednakowo napełniane. Znamy ludzi doskonale obeznanych z pewną grupą faktów (np. techników, lekarzy), którzy jednak nie potrafią opisywać tych faktów. Znaczy to, że ich spiżarnia obrazowa jest obfitsza od wyrazowej. Co jednak jest zabawniejsze. Znamy ludzi, którzy mówią o wszystkim, a naprawdę nic nie znają dokładnie. Znaczy to, że ich spiżarnia wyrazowa jest obfitsza od obrazowej (Prus 1958, s. 197).

Aż się prosi, aby na dalsze uszczegółowienia Prusa dotyczące trzech celów oświaty – wyrażonych w odniesieniu do tak zaznaczonych odmienności – połączyć z tym, jakie typy poziomów uczenia się wskazał osobno Gregory Bateson wraz ze swoją ideą „deutero-kształcenia", czym zajmę się dalej. Dla Prusa „pierwsze zadanie oświaty polega na tym, ażeby w umyśle dziecka czy starszego człowieka zapełnić istniejące braki lub poprawić niedokładności" w zakresie treści, jakie przechowuje „obrazowa spiżarnia umysłu" (Prus 1958, s. 198). Chodzi o poprawienie dostępu do faktów możliwie najprostszymi środkami obserwacji lub oddziaływania bezpośredniego na wyobraźnię przez operowanie obrazami pozwalającymi na nowe wyobrażenia. Wyobrażenia te mogą być niezharmonizowane z zapleczem wyrazów (kategorii, pojęć, języka opisu), choć kojarzenie słownego wyrazu z obrazami jest przy tym kluczowe, wobec czego należy uznać, że w kolejnym zakresie oświaty

> [...] brak i niedokładności w naszym umyśle możemy uzupełnić i poprawić za pomocą czytania lub słuchania, czyli za pośrednictwem spiżarni wyrazowej. Drugim więc celem oświaty jest zaprowadzić taką harmonię między naszą obrazową i wyrazową spiżarnią, aby każdemu usłyszanemu czy odczytanemu wyrazowi odpowiadał obraz psychiczny. Do zaprowadzenia tej harmonii „służą" wykłady poglądowe, muzea, gabinety, doświadczenia naukowe itd. (Prus 1958, s. 199).

W tym zakresie w edukacji chodzi według Prusa o sprzęganie ze sobą obu biegunów: obrazowego i wyrazowego, by oglądanie czy wyobrażanie sobie zjawisk i faktów wiązało się z opisem jakiegoś typu, pojmowaniem w koncepcji mającej środki narracyjne. Z pewnością uderza jednak wyraźna doza naiwności w postulowaniu realizmu pojęciowego odniesionego do wyobrażeń, podczas gdy duża część wiedzy, zwłaszcza symbolicznej, może być przecież przekładana na obrazy bardzo upraszczające treści aż po kiczowatość, np. w przypadku przedstawiania Boga jako dobrotliwego starca czy śmierci jako postaci z kosą. Prus w każdym razie jest świadom niewystarczalności tego zadania oświaty, stąd wskazuje na trzeci jego typ:

> Trzecim najważniejszym celem oświaty jest ten, ażeby człowiek sam umiał kształcić się, ażeby sam przez własną obserwację i doświadczenia umiał zapytywać naturę o jej sekrety i ażeby za pomocą rozumowania potrafił z jej obfitych i skomplikowanych odpowiedzi wydobyć to, co mu jest potrzebne. Trzeba bowiem pamiętać,

że człowiek nie tylko rozmawia z ludźmi i uczy się od ludzi, ale jeszcze może rozmawiać z naturą i od niej się uczyć. Ten zaś ostatni rodzaj dyskursów tworzy postęp ludzkości (Prus 1958, s. 199).

Sedno podejścia Prusa stanowi tu, przypomnijmy, wyróżnienie dwóch biegunów w strukturze umysłowości i wskazywanie na konieczność wiązania ich w relacji aż do harmonii między nimi. Zważmy jednak, że ten ostatni postulat harmonii długo jeszcze dawał o sobie znać w wizjach pożądanych relacji między rozmaitymi biegunowo kontrastowanymi zjawiskami w sferze oddziaływań pedagogicznych. Problem dwoistości został jednak już postawiony, a typologia poziomów relacji i zakresów oddziaływania dzięki niej także jest zarysowana. Jej wartość jest bezdyskusyjna, zwłaszcza że generowana przez słabą oświatę „opłakana dysharmonia" – jaka dawała zwykle o sobie znać „między wyrazową i obrazową spiżarnią umysłów" – rzutowała na poziom komunikacji społecznej oraz zdolność „rozmawiania z naturą" i radzenia sobie z powstającymi problemami (Prus 1958, s. 199). Prus dowodzi w konkluzji, że dokonujące się zmiany oznaczają, iż „cywilizacja i oświata wciąż jeszcze znajdują się w stanie przejściowym między idealizmem i realizmem", choć pełna wersja dwoistości wymagałaby tu widzenia nieustannego napięcia. Na dodatek później dopiero stanie się jasne, że postulowany realizm staje się zbyt płytkim definiowaniem problemu złożoności myślenia i działania edukacyjnego. W grę bowiem wchodzi przestrzeń idealnych odniesień do dziedzictwa kultury symbolicznej, co dla pozytywistycznej czci wobec nauk przyrodniczych przekraczało już granice wyobraźni. Umysłowa spiżarnia samego Prusa była jednak zbyt jednostronnie zdominowana obrazami potęgi nauki. Choć nie musimy iść tym tropem, to wskazanie na jego uwikłanie w ważne po części definiowanie zadań oświatowych i rozumienie funkcji społecznych oświaty, także w pozytywistycznym wydaniu, niesie pouczający przykład zmagania się z trudnościami w problematyzowaniu złożoności poznawczej o charakterze dwoistości. Zresztą w różnych miejscach dojrzałość jego opisu tej relacji była różna. W odniesieniu do bieguna oświecenia poznawczego i zaawansowania moralnego jednostek, grup i całych społeczeństw pod wpływem oświaty Prus podkreślał, że nie ma tu żadnego prostego automatyzmu, „[n]ie trzeba więc ani nie doceniać, ani przeceniać oświaty" (Prus 1958, s. 206). W sporze zatem o to, czy „wpływ oświaty na moralność" jest duży czy mały, a może nawet żaden, przeciwstawne obozy nie muszą mieć racji, gdyż taka rozłączność stanowisk sugeruje według Prusa, że „i ci, i tamci, z góry uprzedzili się do swoich tez, nie rachują się ani z argumentami przeciwników, ani z ogółem faktów" (Prus 1958, s. 205). Dwoistość w strukturze nakazuje się czujnie przyglądać obu biegunom, które wikłają się w groźbę jednoczesnego błędu po obu stronach relacji. W konsekwencji tego zrozumienie błędu obu skrajnych stanowisk pozwala znaleźć rozwiązanie łączące oba, w końcu „[c]złowiek światły jest jak dobrze wyostrzony topór" (Prus 1958, s. 205) i nie ma w sobie wpisanego charakteru użycia, które zależy od wielu okoliczności społecznych. Dobitnie to jest podkreślone także osobno przez Radlińską w wypowiedzi z 1928 roku, czyli niemal pół wieku późniejszej wobec Prusa, w kwestii statusu wiedzy naukowej: „Nauka jest jak topór. Można użyć topora do budowy domu, można nim niszczyć. Trzeba zastosować swoją wiedzę do budowania życia" (Radlińska 1979, s. 253).

Najwidoczniej jednak Prus uczestniczy już w procesie narastania ważnej świadomości metodologicznej i kulturowej, której charakteru jeszcze sam nie może ogarnąć, a i znaczenie jego nie zawsze jest czytelne dla jego późniejszych czytelników i badaczy.

Odniesienia najnowsze do rozwoju idei dwoistości
i ekologii w pedagogice, cybernetyce, zarządzaniu
i naukach społecznych

Rozdział IV
Warianty dwubiegunowego sprzężenia w najnowszej pedagogice społecznej w kontekście dokonań Heleny Radlińskiej

Wstęp

Wkraczanie do pedagogiki świadomości naturalnego występowania dwubiegunowych wyzwań, z którymi zwykle nie umiemy sobie radzić, dokonuje się w bólach, opornie, jako naruszające przyzwyczajenia, wyobrażenia. Nie wahajmy się też powiedzieć dobitnie i bez kamuflażu – zmiana ta okazuje się godzić w rozmaite interesy, cyniczne gry oraz przywiązanie do patologicznych mechanizmów środowiskowych i zwyczajów uprawiania dyscyplin. Ale dokonuje się to z oporami także dlatego, że w nauce współczesnej nadal nie ma wystarczającego przepływu informacji, a dokładniej **nie ma odpowiednio wysokiej kultury uczenia się** w poprzek podziałów dyscyplinarnych i okresowych dominant postaci oraz kanonów lektur, która by pozwoliła uzyskiwać efekt synergii czy symbiozy, aby nie wyważało się otwartych drzwi. Nie jest jednak wykluczone, że ten tryb dojrzewania pewnych idei w różnych miejscach, w różnym tempie i czasie ma nie tylko swoją cenę (gubienia pereł w porę przydatnych), lecz także wartość (nie można za nikogo dojrzeć), jak również paradoksy, z których najważniejszy wydaje się ten, że jak już jakaś idea (tu: dwoistość) się przebije i okrzepnie, to zostanie uznana za trywialną czy banalną, a przynajmniej już na tyle oczywistą, że nie będzie trzeba o nią kruszyć kopii. Zmiana więc, jeśli nastąpi, może się wydarzyć jedynie skokowo. Najpierw o dwoistości mówią filozofowie, potem niekonsekwentni humaniści, następnie szaleni lokalni odkrywcy, a potem nagle wszyscy. Stopniowo – i to ze wspomnianymi bólami i oporami – także dociera to do świadomości pedagogiki. Depozytariusze narastania tradycji nieprzyjmowania ich do wiadomości bronią beznadziejnych pozycji. Do głosu dochodzą przyczółki zmiany, po przerzuceniu pomostów do zdławionych tropów myśli oraz odsłanianych sprzymierzeńców w innych obszarach wiedzy. Tymczasem najczęściej wyobrażenia o dwubiegunowości kojarzą się głównie z patologiami (prowadząc do napiętnowania dwuznaczności i dwulicowości moralnej aż po stany schizofrenii). Co najwyżej, bywają sankcjonowane społecznie i w indywidualnych strategiach adaptacyjnych poprzez mechanizmy typowe dla tzw. gry o sumie zero (jeden wygrywa, a drugi przegrywa). Takie podejścia zwykle utrudniają zrozumienie, na czym tak naprawdę polega dwoistość i jak działa jako wyraz złożoności strukturalnej wpisanej w normalne procesy i zjawiska społeczne.

Chcąc te bóle porodowe dokonujących się zmian zilustrować, zacznę obecne rozważania i rekonstrukcje od znanej koncepcji ekologicznego rozwoju człowieka autorstwa Uriego Brofenbrennera, a dalej sięgnę do przypadków niemieckich pedagogów społecznych, Franza Hamburgera i Michaela Winklera, przyswojonych już w przekładach polskiej literaturze pedagogicznej, choć większych konsekwencji tego faktu nie widać. Jak wiele innych zjawisk intelektualnych nie zostali oni oswojeni w najbardziej podstawowych przejawach myślenia pedagogicznego. I to pomimo tego, że jak w przypadku Winklera mamy już przekład książki, a także kilku mniejszych tekstów.

Rzecz jasna tego typu akcentów w polemice z poziomem świadomości metodologicznej w Polsce można by wskazać więcej, np. w zakresie przyswojenia idei Jeana-Marie Barbiera czy Antonina Wagnera, które dla mnie mają ogromne znaczenie. Poczucie wspólnoty z horyzontem teoretycznym problematyzowania sytuacji działania w pracy socjalnej w kategoriach realnie wskazujących zjawisko dwoistości strukturalnej znajduję także w lekturze ujęcia szwajcarskiego teoretyka i badacza, dostępnego w Polsce już ponad dwadzieścia lat (por. *Pedagogika społeczna i praca socjalna...* 1998). Marc-Henry Soulet, bo o niego tu chodzi, opisuje „podwójną dynamikę" (Soulet 1998, s. 112) działania, obejmującą aspekty zawodowy, zdystansowany, i osobisty, pełen bliskości, co jawnie, choć *implicite*, wiąże się ze stosowaniem klasycznej już formuły Roberta Mertona gry dystansem w kontekście nasycenia ról społecznych „ambiwalencją socjologiczną", jak to określał, czyli dwoistością normatywną, co opisałem już osobno. U Souleta wyraża się to również zwróceniem uwagi na skazanie w pracy socjalnej na „działanie na podwójnym poziomie" (Soulet 1998, s. 107), łączenie pracy czysto formalnej, proceduralnej w rozwiązaniu problemu i pracy „pogłębionej", zwróconej na przetworzenie i dynamizację postawy podmiotu uwikłanego w problem. Czas skończyć z odmową uczenia się od autorów, którzy ustanowili już całą tradycję refleksji i jej dyskursu.

Przypadek diadycznej ekologii rozwoju człowieka u Uriego Bronfenbrennera

Warto poczynić kilka uwag podkreślających wspomniany wyżej przypadek upominania się o podejście ekologiczne dla pedagogiki z końca lat 70. XX wieku, aby rozumieć jego wagę dla ujmowania rozwoju ludzkiego, działań wychowawczych, struktury złożoności sytuacji wchodzących w grę, w tym nawet ekologicznej wizji ról społecznych, jak to wskażę. O to wszystko upomina się tytułowy autor, który sam o swoim dokonaniu mówi w kategoriach bliskich także Radlińskiej i diagnozowanemu przeze mnie przełomowi dwoistości, tworząc w analizach pięćdziesiąt hipotez ramy wykorzystanej dla budowania ekologii pedagogicznej. Poniżej przywołuję jedynie ogniwa całości wymowne dla wskazania aury zbieżnej z narracjami klasyki naszej rodzimej pedagogiki społecznej, powstałymi na innym gruncie i postulowanymi z perspektywy troski o strategię dla całej humanistyki, choć przez pryzmat troszczenia się o to, aby jakość relacji środowiskowej, w jaką jest uwikłany człowiek (dziecko i dorośli), sprzyjała jego rozwojowi. Prace takie jak Bronfenbrennera mogą być czytane i analizowane jako wyraz świadomości metodologicznej, jako program badań empirycznych oraz jako zaplecze dla decyzji wdrożeniowych, np. w zakresie polityki rodzinnej czy właśnie pedagogiki społecznej. Tu jednak ograniczam się jedynie do podkreślenia rysów szczególnie znamiennych dla przebijania się idei dwoistości i dla uwypuklania antycypacyjnej siły analiz Radlińskiej i jej osadzenia w dążeniach z lat 30. XX wieku Kurta Lewina i w latach 70. u samego Bronfenbrennera.

Zauważmy zatem, że jeden z ważniejszych tropów do podjęcia w celu rekonstruowania aury lat 20.–30. minionego wieku w naukach społecznych, istotnej dla rozwoju społecznej wrażliwości i modelu ekologicznego w rozumieniu procesów oddziaływania wychowawczego w pedagogice, byłby związany z zadaniem prześledzenia wpływów psychologii społecznej Kurta Lewina, którego zasługi dla powstania perspektywy ekologicznej dla humanistyki trudno przecenić. W przedmowie do książki Uriego Bronfenbrennera, mówiącej o „ekologii rozwoju ludzkiego", ogłaszanej jeszcze pod koniec lat 70. jako propozycja „nowej teoretycznej perspektywy dla badań" na tym polu, Michael Cole, podkreślał – co potwierdzał swoimi przywołaniami dalej sam autor omawianego tomu – że działał tu wpływ „Kurta Lewina sugerującego, że jeśli chcemy zmienić zachowanie, musimy dokonywać zmian w środowiskach" (por. Bronfenbrenner 1979, s. X) podmiotowych. Dokonania Kurta Lewina zasługują na analizy same w sobie. Tymczasem zajmijmy się samym Bronfenbrennerem, w świetle rozważań którego akcenty obecne u Radlińskiej nabierają nowego światła, wpisując się w ekologię idei, jakiej ciągle nie jesteśmy wystarczająco świadomi[1].

---

1 Po części brak zrozumienia dla strategii badań ekologicznych obciąża konto Ryszarda Wroczyńskiego, w latach 70. minionego wieku uporczywie wmawiającego w podręczniku z pedagogiki społecznej kojarzenie „teoretycznych założeń kierunku ekologicznego" z jednostronnymi koncepcjami „darwinizmu społecznego i determinizmu geograficznego", idąc wręcz w stronę „fatalistycznej teorii środowiska i kultury", czemu można się ponoć przeciwstawić, będąc marksistą (por. Wroczyński 1976, s. 91–95). Doprowadziło to do paradoksalnej sytuacji, w której mówienie o „środowisku" dla pedagogiki społecznej miało być poprawne poza wizją strategii ekologicznej. Jednym z ustaleń niniejszej książki, z wykorzystaniem pozycji powstających w tym samym czasie na świecie (U. Bronfenbrenner, G. Bateson), jest stwierdzenie, że sugestie Wroczyńskiego skazywały analizy środowiskowe w Polsce na marginalizację i rozmijanie się z głównym nurtem

Oto chociażby czytamy wyznanie autorskie tego ostatniego: „Ziarna koncepcji ekologicznych, jakie tu rozwijam, zostały posiane długo, zanim wstąpiłem do koledżu" (Bronfenbrenner 1979, s. XI)[2]. Wymienia na pierwszym miejscu Kurta Lewina wśród „gigantów", na których ramionach stajemy, „mylnie biorąc [tak] poszerzony widok za nasze własne dokonanie" (Bronfenbrenner 1979, s. XI)[3]. Wiele więc w nauce zależy od tego, w jakiej wspólnocie myślenia badacz sytuuje swoje odniesienia, mówiąc inaczej: jakiej ekologii idei jest poddany oraz jak w niej sam uczestniczy i ją kształtuje. Autor ten sugeruje potrzebę stosowania strategii fenomenologicznej, odniesionej do społecznych kontekstów obserwowanych zjawisk, w tym zwłaszcza zachowań ludzkich i rozwoju ich możliwości, jak również dyspozycji. W tym zakresie podejmowane badania muszą być zakorzenione w „twardym gruncie międzykulturowej rzeczywistości" (Bronfenbrenner 1979, s. XIII), z wykorzystaniem analiz porównawczych, pozwalających stopniowo „otwierać oczy" na realne procesy, w zakresie sprzyjającym „postępom teorii, zaawansowanym szkoleniom oraz badaniom w prawdziwych (*actual*) środowiskach życia i rozwoju ludzkiego" (Bronfenbrenner 1979, s. XIV). Muszą one ogarniać także zjawiska o charakterze relacji między poszczególnymi zakresami środowiskowych oddziaływań i uwarunkowań (*settings*), zwłaszcza że „prześwity" (*dawning*) takich związków dają o sobie znać już często na poziomie małego dziecka, jak Bronfenbrenner podkreśla za Kurtem Lewinem i Jeanem Piagetem (Bronfenbrenner 1979, s. 10). Zadania badawcze są tu znacznie szersze, gdyż możliwy jest cały układ kolejnych poziomów środowisk, np. poza „mikrosystemami" interakcyjnymi powiązań realnych osób daje o sobie znać poziom „mezosystemu" jako przestrzeni powiązań mikrosystemów (Bronfenbrenner 1979, s. 25). Ponadto dają o sobie znać działania z poziomu „egzosystemu", to jest „jednego lub więcej uwarunkowań (*settings*), które nie obejmują rozwijającej się osoby jako ich aktywnego uczestnika, ale w której mają miejsce zdarzenia wpływające na te uwarunkowania lub poddane ich wpływowi", mające zatem charakter „dwufazowy", stawiając „podwójne wymaganie" interakcyjne i badawcze (Bronfenbrenner 1979, s. 237). Wreszcie wymagane okazuje się odniesienie do „makrosystemu" powiązanego ze stałością i spójnością (*consistency*) „danej kultury lub subkultury" działającej poprzez wspomniane systemy niższego szczebla czy jako podłoże (zaplecze) ich systemów przekonań (Bronfenbrenner

---

procesu powstawania horyzontu humanistyki ekologicznej, wrażliwej na dwustronne, dwubiegunowe uwikłanie jednostki w środowisko.

2 To jeden z wielu przykładów, które dowodzą, że retoryka ziarna i siewu nie należy do żadnej swoistości ujęcia Radlińskiej ani tym bardziej nie musi wynikać z jej zaangażowań w działalność oświatową na wsi, jak to sugerował np. R. Wroczyński.

3 Autor przywołuje prace Lewina z lat 30. XX wieku, w tym jego *Dynamiczną teorię osobowości*, a nawet pracę z 1917 roku (por. Bronfenbrenner 1979, s. 9), uznając, że rozwija ich idee topologiczne dotyczące „pola". Odwołania do Kurta Lewina wielokrotnie dają o sobie znać w autorskiej rekonstrukcji myślenia ekologicznego o rozwoju człowieka u Uriego Bronfenbrennera.

1979, s. 258). Ogromną zasługą Radlińskiej było w tym kontekście wskazanie, od samego początku, w latach 20. i 30. XX wieku, że jakość troski o „meliorację" środowiska społecznego czy duchowości jednostek w nie uwikłanych zależy także od wykorzystania „niewidzialnego środowiska" kulturowych idei i innych przejawów dziedzictwa kulturowego, jakie mogą wpłynąć na skalę możliwego wyboru oraz kształtowania kompetencji poznawczych i moralnych.

Kluczowy metodologicznie motyw u Bronfenbrennera, wpisany w strategię rozwijanego stanowiska, ma charakter – w przyjętym w tej książce rozumieniu – dwoisty, określany przez wykroczenie poza badania oparte na pojedynczych zmiennych, a realizowany w trybie zwrócenia się w stronę systemowego odniesienia do zadań wpisanych w zwrot „dwoisty motyw" (*dual theme*), najpełniej ilustrowany rozmaitymi złożonościami zwrotnych sprzężeń i oddziaływań wzajemnych nadbudowanych nad „diadą" (*dyad*) czy „diadycznymi danymi" jako „strukturami charakteryzowanymi przez wzajemne relacje", gdzie podstawową jednostką jest relacja dwójki osób w odniesieniu do siebie (Bronfenbrenner 1979, s. 5)[4]. Zawiera to w sobie od razu zasadę triadyczności, dlatego że sama relacja „A *versus* B" jest także istotnym ogniwem sytuacji, poza samymi jej członami A i B, nawet uczestniczy w ich kształtowaniu i charakterystyce, co dobitnie pokazuje pełne zerwanie ze skojarzeniami wskazującymi jedynie na rozłączność czy samą zewnętrzność relacji. Osobno ta struktura ukazuje możliwość dokonywania analizy wobec „ekologicznych przejść" (*transitions*), gdy okoliczności stawiają uczestników sytuacji w obliczu nowych ról i napięć, wpisanych w szersze relacje, rzutują na ich procesy rozwojowe (Bronfenbrenner 1979, s. 6). Wraz z przejściem np. dziecka do szkoły wytwarzają się nowe powiązania, wymagające uznania i opisu jako „dwoistych" (*dual*) (Bronfenbrenner 1979, s. 211), wykraczających poza charakterystykę cech indywidualnych uczestników nowych sytuacji uwzględniającą jakości procesów akomodacji między jednostką i jej środowiskiem, co stanowi „jądro ekologii rozwoju ludzkiego" (Bronfenbrenner 1979, s. 39).

Podejście to pozwala charakteryzować „przeszkody" rozwojowe zastane w danych środowiskach, jak też służy uwzględnianiu „znacznego potencjału istot ludzkich" w odpowiadaniu na środowiskowe uwarunkowania, wobec czego uzyskuje się możliwość uwolnienia od zaślepiających okularów badawczych, które „skłonne są nie doceniać ludzkich zdolności i sił" współsprawczych w takich relacjach (Bronfenbrenner 1979, s. 7). Stąd ważne jest „budowanie teorii środowiskowych powiązań wzajemnych i ich wpływu na siły bezpośrednio rzutujące na jakość rozwoju psychicznego" (Bronfenbrenner 1979, s. 8) jednostek i stanowiące podstawę krytycznej charakterystyki funkcjonowania instytucji mających służyć rozwojowi (rodzina, szkoła, relacje między nimi). Genialne antycypacje u Radlińskiej tego, o co pod

---

4 Dotyczy to stopniowo większych całości jak typy środowisk związane nie tylko z poszerzaniem promienia interakcji, lecz także zapośredniczania wpływów.

koniec lat 70. minionego wieku usilnie zabiega Bronfenbrenner, dają się unaocznić taką chociażby definicją rozwoju w ujęciu tego ostatniego, świadomie wykraczającego poza formalne oznaki rozwojowe, podkreślającego zarazem wpływ Kurta Lewina w zakresie troski o jakość zaangażowania podmiotu w przekształcanie jego środowiska:

> Rozwój jest definiowany jako ewoluujące pojmowanie przez osobę jej ekologicznego środowiska i jej relacji z nim, jak też jako jej osobowy wzrost zdolności do odkrywania, podtrzymywania lub zmieniania jego właściwości (Bronfenbrenner 1979, s. 9).

Znacznie pełniejszą formułę zresztą przynosi definicja podsumowująca rozważania Bronfenbrennera, która uwypukla dodatkowe okoliczności, jakie ten wypracował w analizie uwzględniającej dla rozumienia ekologii rozwoju zjawisko „wzajemnej akomodacji między aktywnym, wzrastającym istnieniem ludzkim oraz zmieniającymi się własnościami bezpośrednich uwarunkowań (*settings*) oraz szerszych kontekstów, w jakich te uwarunkowania są osadzone" (Bronfenbrenner 1979, s. 21). Przez to też, jak sam podkreśla, podstawową okazuje się zdolność jednostki jako „dynamicznej całości do stopniowego włączania się i przetwarzania otoczenia (*milieu*), w którym jest umiejscowiona":

> Rozwój ludzki stanowi proces, poprzez który osoba wzrastająca uzyskuje znacznie bardziej rozbudowaną, zróżnicowaną i zasadną koncepcję środowiska ekologicznego i staje się zmotywowana oraz zdolna do zaangażowania się w działania odsłaniające, podtrzymujące lub dokonujące restrukturyzacji tego środowiska na poziomach o podobnej lub większej złożoności pod względem formy i treści (Bronfenbrenner 1979, s. 27)[5].

W ekologicznej perspektywie podkreśla się szczególnie jakość „doświadczania" oddziaływań środowiska, z których tylko niewiele „znacząco wpływa na zachowania", jako że wymaga uwzględniania „dwustronnej" interakcji o charakterze „wzajemności" i rozmaitym zakresie wpływu różnych odniesień (Bronfenbrenner 1979, s. 22), gdyż relacje między tymi zakresami, bliższymi i dalszymi (Bronfenbrenner 1979, s. 12–13), także rzutują na jakość ich oddziaływania. Dla wyjściowego mikrosystemu generującego takie doświadczenia kluczowe są: „aktywność, role i relacje" (Bronfenbrenner 1979, s. 33) – ta triada powraca w rozważaniach autora wielokrotnie. Jej człony mogą doprowadzać do „restrukturyzacji istniejących systemów ekologicznych, stawiając pod znakiem zapytania (*challenge*) formy organizacji społecznej, systemy przekonań czy style życia, dominujące w danej kulturze czy subkulturze" (Bronfenbrenner 1979, s. 41). Istotne doświadczenie niesie nie tyle uczenie **o** troskliwości i opiece, ile uczenie **samej** troskliwości i opiekuńczości,

---

5 Definicja powraca także na s. 288–289.

tj. kształtowanie zdolności do zaangażowania w nią. Bronfenbrenner podkreśla, że „program dla troskliwości" wymaga angażowania się w sytuacje tworzące okazje do niej, nie wdraża go natomiast ograniczanie się do relacjonowania cech tych sytuacji (Bronfenbrenner 1979, s. 53). Na tym w szczególności ma polegać odpowiedzialne działanie na rzecz „ekologii życia umysłowego" (Bronfenbrenner 1979, s. 47). Wymaga to rozumienia, że chodzi o czyny jako znaczące akty, tworzące okazje, nawet bez wpisanej w nie intencji, co jest w tej koncepcji rozwijane jako kontynuacja „psychologicznej ekologii" dzieciństwa w ślad za impulsami z Kurta Lewina. Chodzi bowiem o tworzenie możliwości rozwoju pod wpływem kontekstu sytuacji, a nie samych intencji oddziaływania, jako że niezamierzone skutki czy konsekwencje oddziaływań niosą nie mniej istotne doświadczenie wpływające na rozwój (Bronfenbrenner 1979, s. 48, 54). W szczególności mogą sytuacyjnie wytwarzać „zaburzenie ekologiczne" (*distortion*), podtrzymywane instytucjonalnie przez uszkodzone i szkodzące rozwojowo relacje (Bronfenbrenner 1979, s. 122–123). Stąd ważna okazuje się troska o badanie „ekologicznej ważności" (*validity*) środowiska, rozumianej jako dysponowanie niezbędnymi cechami oddziaływania z punktu widzenia badanej i oczekiwanej jakości jego funkcjonowania instytucjonalnego (Bronfenbrenner 1979, s. 29). Jest to kapitalny motyw krytyczny podejścia ekologicznego, gdyż pozwala stawiać pod lupę badawczą jakość relacji, możliwych w ramach organizowania sytuacji interakcyjnych w danej instytucji (np. szkole), odsłaniając także potencjał nieprawomocnych roszczeń i pozorowania funkcji wspierania rozwoju. Bronfenbrenner nie korzysta z podpowiedzi teorii krytycznej Jürgena Habermasa, która w punkcie „roszczeń ważnościowych" w komunikacji (*validity claims*) uczula na milczące ich zakładanie jako automatycznie spełnione, gdy tymczasem trzeba z powodów etycznych umieć je w komunikacji weryfikować.

Wspomniane wyżej wskazanie na „diadę" jako wyjściową jednostkę ekologiczną w strukturze oddziaływań rozwojowych wiąże się z uznaniem, że konstytuuje ją zawsze jakaś relacja dwustronna i dwukierunkowa, w której ma miejsce zwracanie uwagi na wzajemne działania czy branie w nich udziału (Bronfenbrenner 1979, s. 56). Mamy tu zamiast dwoistości mówienie o „relacji diadycznej", w której następuje wzajemne oddziaływanie na siebie, stanowiące podstawę dalszych złożoności procesów, w tym uczenia się i nauczania. Chodzi w niej o komplementarny i zintegrowany układ działania o charakterze wzajemności, stawiający na porządku dnia kwestię równoważenia władzy, afektów, czy uzyskiwania efektów rozwojowych (Bronfenbrenner 1979, s. 56–59). Pojawia się pytanie o to, kiedy diada jako kluczowy kontekst staje się „diadą rozwojową" i autor hipotetycznie wskazuje na potrzebę stopniowego uczestnictwa w coraz bardziej złożonych układach współdziałania, trwałych przywiązań emocjonalnych i przesuwania równoważonych sił władzy (sprawowania kontroli nad sobą) w stronę podmiotową rozwijającej się czy uczącej jednostki (Bronfenbrenner 1979, s. 60). Bronfenbrenner uwypukla zasadę wzajemności w interakcji diadycznej aż po sugestię, że impulsy realnie rozwojowe działają jednocześnie w diadzie w obu jej biegunach, jeśli są w pełni wartościowe (Bronfenbrenner 1979, s. 61). To akurat wydaje się przesadą w sytuacji, w której należy pamiętać nie tyle o automatycznym mechanizmie refleksywności, ile o indywidualizowanym procesie refleksyjnego odnoszenia się do doświadczanej sytuacji. Niemniej jednak zwrócenie uwagi na potrzebę tworzenia diad „wzajemnego (*reciprocal*) rozwoju" (Bronfenbrenner 1979, s. 61), a nie tylko wzajemnej interakcji, wydaje się ważne i potrzebne pedagogicznie, rzutując na jakość środowiska, w którym takie procesy mają miejsce, z punktu widzenia wymogów służących rozwojowi, a nie tylko mniej czy bardziej nieudanemu oddziaływaniu, uwikłanemu w efekty jałowe rozwojowo albo wręcz szkodliwe. Jedna z hipotez uwypuklających ekologiczny aspekt rozwoju mówi o potrzebie sprzęgania działania podstawowych diad (dziecko – matka, uczeń – nauczyciel) z działaniem mechanizmu szerszej diady, obejmującej kontekstowo taką wyjściową relację diadyczną; to szersze odniesienie dla samej tej relacji będzie podtrzymywało i wzmacniało rozwojowe rezultaty z pierwszego poziomu, gdyż brak takiego wsparcia może zwrotnie uszkadzać działanie i efekty wyjściowej relacji. Mówiąc inaczej, sama ta relacja musi mieć korzystne dla niej oddziaływania, w jakie jest uwikłana jako ogniwo diady wyższego stopnia czy szerszego zakresu (Bronfenbrenner 1979, s. 77)[6].

Osobno zasługuje na odnotowanie sposób rozumienia ról społecznych. Bronfenbrenner uwypukla także potrzebę „ekologicznego podejścia" do nich. Uwzględnia ono uwikłanie w diadę interakcji, co wymaga dostrzegania czegoś więcej niż „uogólnionego oczekiwania" przypisanego pozycji czy statusowi. Chodzi bowiem o branie pod uwagę również „oczekiwań co do wzajemnych działań i relacji", np. w rolę nauczyciela (żeby była wykonywana) wpisane jest także oczekiwanie wobec ucznia w zakresie uważności tego ostatniego, gdyż bez tej relacji wykonywanie roli jest pozorne; przez to w rolę wpisane są też oczekiwania wobec osób pozostających w relacji do tej, która rolę wykonuje (Bronfenbrenner 1979, s. 85). Wypada zaznaczyć, że autor nie wykorzystuje idei „ambiwalencji socjologicznej" w rolach społecznych, rozwiniętej dobrą dekadę wcześniej przez Roberta Mertona, nie wpisuje więc w swoje odniesienie do diady tego, co za Mertonem określam mianem dwoistości normatywnej w rolach, w postaci par norm i kontrnorm jednocześnie koniecznych do uwzględnienia. Bronfenbrenner próbuje funkcję tego ogniwa strukturalnego zastąpić odniesieniem do oczekiwań strony, na którą działania w roli są skierowane, gdyż oczekiwania rzutujące na sens roli obejmują nie tylko treść działania, „ale także relacje między dwiema stronami (*parties*) w terminach parametrów diady", przez które rozumie on: „stopień wzajemności, równoważenie władzy, stosunki emocjonalne", a czego zróżnicowanie uwypukla odmienność roli

---

6 W szczególności relacja matka – dziecko może być zakłócona albo wspomagana przez odniesienie rodzinne, z uwypukleniem wpływu w jego ramach diady ojciec *versus* matka w relacji, a tym bardziej z szerszymi uwikłaniami w inne sprzężenia zwrotne.

nauczyciela i rodzica ze względu na odmienne uwikłania samego dziecka (Bronfenbrenner 1979, s. 85). W tym też działają odmienne uwikłania ekologiczne z racji tego, że oczekiwania dające o sobie znać w roli są definiowane nie tylko na poziomie samego mikrosystemu interakcji, lecz także wobec odniesienia, które „ma swoje korzenie w makrosystemie wyższego rzędu, związanym z ideologią i strukturami instytucji", wpisując zatem rolę w szerszy kontekst wymagający uwzględnienia (Bronfenbrenner 1979, s. 86). Bronfenbrenner podkreśla zarazem, że najbardziej zasadnicza dla „ekologii ludzkiego rozwoju" jest kwestia tego, czy doświadczenia uwikłane choćby w najbardziej emocjonalne reakcje (jak te wyzwalane przez eksperymenty Stanleya Milgrama czy Philipa Zimbardo) wywierają jakiś długotrwały wpływ na zachowania i dyspozycje ich uczestników. Rzecz bowiem w tym, czy wpływy te dają się charakteryzować jako niosące efekt rozwojowy (Bronfenbrenner 1979, s. 98). Chodzi w sumie o przekształcanie dyspozycji jednostek i o ich potencjał skierowany na ich relacje środowiskowe (w kwestii podległości, uległości czy aktywnego przekształcania uwarunkowań). W szczególności, jak wiemy, interesowały go działania mogące służyć rozwijaniu dyspozycji osłabiających przejawy wrogości międzygrupowej.

Łatwo zauważyć, że takie wymagania dla perspektywy rozumienia oddziaływań z pozycji ról społecznych wpisanych w zadania oświatowe i kulturowe są w rozważaniach Heleny Radlińskiej uwzględniane, mimo że nie pada u niej termin „diada". Osobną kwestią utrudniającą szersze odczytywanie jej sugestii i postulatów było jedynie to, że – co określała jako wynikające z „punktu widzenia pedagogiki społecznej" – w istocie reprezentuje „perspektywę ekologiczną", której bardziej uniwersalnego charakteru mogła często nie być świadoma. Zadanie jednak interpretacji podejmującej znaczenie rozmaitych propozycji polega także na tym, aby ujmować je spoza ram subiektywnie dostępnych badaczowi, z uwzględnieniem tego, co pozwala usytuować jego myślenie w uwikłaniu pełniej i lepiej zdającym sprawę z ekologii idei, w jaką okazują się uwikłane. Można wówczas dostrzegać chociażby „wczesny prototyp modelu ekologicznego", uwzględniający „pierwotne diady" rzutujące na „kompleks działań, ról i relacji, charakteryzujących urządzenia społeczne", w jakich występują strony interakcji społecznych w rozmaitych zakresach praktyk (Bronfenbrenner 1979, s. 132–133).

Bronfenbrenner widzi przykłady takich prototypów, ze szczególnym uwzględnieniem rozważań Kurta Lewina w latach 30. i 40. XX wieku. To zatem oznacza, że w tym okresie Radlińska samodzielnie uczestniczyła w szerzej toczącym się procesie, rozwijając własne intuicje i nadając nowe, pedagogiczne znaczenie ideom spotykanym w szerokim środowisku wymiany naukowej, dzięki swoim rozlicznym kontaktom międzynarodowym z czołówką rozmaitych dyscyplin. Jako działacz oświatowy była natomiast szczególnie zainteresowana instytucjonalizacją przestrzeni myślenia, kształcenia kadr i ustanawianiem mechanizmów wpływających na kształt oddziaływań pedagogicznych. Bronfenbrenner tymczasem, w latach 70.

także zainteresowany działaniami „ułatwiającymi uczenie się i rozwój", widział tu przez pryzmat „pierwotnych diad" zadania o charakterze wpływającym na ekologię zaangażowanych w nie środowisk, instytucji i rozmaitych uwarunkowań, a nie zdominowane rozwojem teorii pedagogicznej. Nie zmienia to faktu, że „perspektywa ekologiczna" oraz „punkt widzenia pedagogiki społecznej" w wielu aspektach po prostu się pokrywają, mimo odmiennych akcentów wpisanych w deklarowane dążenia badaczy. Chodzi tu np. o zdolność zapobiegania regresywnym trendom rozwojowym i o umiejętność ich odwracania (Bronfenbrenner 1979, s. 138). Owe trendy wynikają z utrudnień wpisanych w rozmaite zakresy środowisk, sprzęgających swoje oddziaływanie z jednostkami w mikrointerakcjach, przekrojowych wpływach rozmaitych urządzeń o charakterze średniej skali (mezosystemu) i wreszcie niosących uwarunkowania najszerszego charakteru społecznego i kulturowego. Wspólne też musiało tu być **podejście demaskatorskie**, uwypuklające sytuacje, w których z winy „środowiska instytucjonalnego" dochodzi do „niszczenia rozwoju", np. dziecka, czy wskazujące na „zubożenie instytucjonalne" środków oddziaływania, „wpływające dezorganizująco" i nakazujące uwalnianie dziecka od presji deprywacji środowiskowej (Bronfenbrenner 1979, s. 143). Wyróżnia się w szczególności troskę o dokonywanie ustaleń obrazujących często niekorzystne „residualne efekty" instytucjonalizacji rozwojowej wczesnych faz, ich wpływ na późniejsze, np. okres dorastania uwikłany w skutki wcześniejszych deprywacji, zwłaszcza w zakresie dostępu do języka czy dorobku kulturowego (Bronfenbrenner 1979, s. 145–148). Wszystko, co może powodować „stygmatyzację" późniejszych procesów, wymaga krytycznego rozpoznawania i odwracania skutków działania, a nadto wysiłku usuwania źródeł samych mechanizmów w sferze „ról, działań i relacji", w tym relacji międzyśrodowiskowych (por. Bronfenbrenner 1979, s. 159). Bronfenbrenner wskazuje na przykłady instytucjonalizacji wdrukowującej poczucie bezradności czy beznadziei, przez co uwypukla ekologicznie ważne (nie nazywając tego rzecz jasna pedagogiką społeczną) rozpoznawanie barier jako czynników socjalizujących do świata niszczącego poczucie wartości, ambicje twórcze i siły pozwalające na upomnienie się o siebie (Bronfenbrenner 1979, s. 160–161). A kiedy w pracy z 1979 roku stwierdza, że

> [...] badacze społeczni muszą jeszcze zająć się wpływem na rozwój dorosłych, jaki wywierają urządzenia (*settings*), w których spędzają większość życia (Bronfenbrenner 1979, s. 162).

to czyżbyśmy byli daleko od trosk Radlińskiej z jej prac z lat 30. minionego stulecia prowadzących ją do uwypuklania wagi andragogiki? Podobnie, kiedy Bronfenbrenner przywołuje prace z końca lat 60., które podkreślają, jego zdaniem jak najbardziej słusznie, że

[...] klucz do zaawansowanej (*enhanced*) efektywności edukacji publicznej leży nie w ramach samej szkoły, ale w jej powiązaniach wzajemnych z innymi urządzeniami społecznymi (Bronfenbrenner 1979, s. 226)[7],

to widać, że mamy tu analogię do perspektywy istotnej dla podejścia budowanego przez Radlińską dla pedagogiki społecznej – a tu tymczasem to efekt ekologicznego myślenia o procesach kształcenia i warunkach powodzenia instytucji pedagogicznych. Mamy więc kolejny przejaw przystawania do siebie rozwijanych strategii poznawczych i punktu widzenia szans wartościowego działania społecznego.

W szczególności chodzi o łączenie troski o efekty szkolne z jakością brania odpowiedzialności za rozwój dziecka przez jego środowisko rodzinne, w tym wymaga się analizy jakości diady: nauczyciel – rodzic z punktu widzenia ich partnerstwa w procesie wspomagania wzajemnie swoich wysiłków w oddziaływaniu na dziecko i z możliwością weryfikowania jakości tej diady pod kątem podstawowych „parametrów jej funkcjonowania: wzajemności, równoważenia władzy, relacji afektywnej" (por. Bronfenbrenner 1979, s. 218)[8]. Dla myślenia i badań ekologicznych kluczowe jest – w trosce o ocenę potencjału rozwojowego podejmowanych działań czy oddziaływań – odnoszenie się do jakości ról oraz relacji diadycznych, w jakie są one wpisane. Musi się to łączyć z uwzględnianiem

[...] wzajemnego zaufania, pozytywnego nastawienia, zgody co do celu między różnymi odniesieniami (*settings*) i stopniowego równoważenia panowania

w obliczu działań rozwijającej się osoby oraz funkcjonowania wspierających ten wysiłek powiązań tworzących „diady transkontekstowe", z innych porządków odniesień (por. Bronfenbrenner 1979, s. 214). Dla tak rozwijanej wizji ekologicznej istotne staje się widzenie wyjściowych, pierwotnych diad wpisanych w jedno podstawowe odniesienie jako uwikłanych w rozmaite inne konteksty socjalizacyjne czy kulturowe, rodzące zmiany w dominantach i potencjałach oddziaływania rozwojowego. W rozwoju więc uczestniczą także wspomniane diady odnoszące do siebie rozmaite środowiska i uwarunkowania, wiążące konteksty wpływów (*transcontextual*), np. by dało się ograniczać konflikt ról w rodzinie i w pracy zawodowej (por. Bronfenbrenner 1979, s. 212–213). Rozwój dziecka może być zakłócony, wręcz opóźniony i spowolniony przez ułomność ekologiczną środowiska w zakresie „niskiej interakcji rodzinnej" (Bronfenbrenner 1979, s. 239) czy ograniczonego promienia interakcji z innymi osobami i rolami społecznymi. Jak głosi hipoteza czterdziesta szósta programowanej ekologii,

---

7 Zauważmy, że na takie związki kładli nacisk w latach 60. XX wieku w Polsce badacze promujący ideę „ekologii pedagogicznej" w zespole współpracowników Z. Kwiecińskiego, por. stosowny paragraf w niniejszej książce.
8 Tę ostatnią relację wiążę z oceną zaangażowania emocjonalnego.

[r]ozwojowi dziecka sprzyja jego wzrastające zaangażowanie od dzieciństwa dalej w odpowiedzialne, zadaniowe działania poza domem rodzinnym, prowadzące do kontaktowania się z innymi dorosłymi niż rodzice (Bronfenbrenner 1979, s. 282).

Jak uzupełnia z kolei hipoteza czterdziesta siódma, ważne jest poszerzanie zakresu „ról, aktywności i relacji", uruchamiających nowe pokłady „wzorów motywacji" w rozwijającej się jednostce, będące zalążkiem autotelicznie dalej działających sił własnych jednostki, najczęściej dających o sobie znać dopiero w nowym układzie środowiskowym, po ich uwolnieniu z uśpienia (Bronfenbrenner 1979, s. 285–286)[9].

Kluczowe, powtórzmy za Bronfenbrennerem, jest widzenie tu działań i relacji, które on określa jako „dwoiste" (*dual*), kładąc zarazem nacisk na konieczność dostrzegania tu wagi rozwojowej „dwoistych przejść" (*dual transition*) do nowych środowisk, które nie tylko wprowadzają trzecie odniesienie, ale samo ono w relacji do wcześniejszej diady zaczyna stanowić dwoiste ogniwo efektów „drugiego rzędu" (Bronfenbrenner 1979, s. 211) czy, jak to mówił Gregory Bateson, czym zajmuję się tu osobno, metakomunikacyjne, gdyż zmienia się poziom odniesień na taki, w którym całość relacji stanowi ogniwo nowego układu diady. Powiązania między nimi mogą być zwielokrotnione nie tylko ilością odniesień, lecz także stopniowaniem zapośredniczeń i charakteru oddziaływań na poziomie już między samymi uwarunkowaniami (*intersetting*) zwrotnie wpływającymi – a to też cecha ekologiczna – na jakość procesów rozwojowych (Bronfenbrenner 1979, s. 209–212).

Spotykamy także w omawianej książce – pisanej pod koniec lat 70. XX wieku – wskazanie na słabości nastawień badawczych w zakresie opiekuńczo-wychowawczym jako przykład wymagający podejścia ekologicznego w celu diagnozowania jakości procesów rozwojowych, umożliwianych albo już utrudnianych przez środowisko małego dziecka, z uwzględnieniem zarówno jego domu rodzinnego, jak i przedszkola. Bronfenbrenner zauważa dominujące jednostronności i zredukowane odniesienia do charakterystyki środowisk i różnic między nimi, które pozbawiają, przez zbyt wąsko postrzegane dane czy skupienie na samym dziecku, a nie na jego uwarunkowaniach wpisanych w odniesienia środowiskowe, zrozumienia źródeł zakłóceń rozwoju w zakresie dostępnych „działań, ról i relacji" (Bronfenbrenner 1979, s. 164–205, por. zwłaszcza s. 164–166). Chodzi w szczególności o badania nad tym, kiedy i dlaczego efekty oddziaływania mogą zostać „wypłukane" jako przedwczesne lub nietrwałe, a to wymaga badań o charakterze „komparatywnej ekologii", uwzględniającej różne środowiska i uwarunkowania z nimi związane (Bronfenbrenner 1979, s. 168–169). Podobnie chodzi o porównania – wykorzystujące „ekologicznie

---

9 Autor pisze tu o „efekcie śpiocha" (*sleeper*), oznaczającym stan uśpienia potencjału do momentu jego aktywacji w nowych uwarunkowaniach ekologicznych, co współbrzmi z troskami Radlińskiej wyrażanymi wielokrotnie sugestią o potrzebie „przebudzenia" motywacji i zdolności do działania poprzez duchową melioracje jednostki udrażniającą jej dostęp do impulsów środowiskowych spoza wcześniej dostępnych.

zorientowane pomiary" – pozwalające stwierdzać w badaniach nad różnymi systemami społecznymi, kiedy oddziaływania środowiskowe sprzyjają „agresywnemu indywidualizmowi", a kiedy „konformizmowi i współdziałaniu", zwłaszcza gdy zderzają się oddziaływania domu rodzinnego, szkoły i grup rówieśniczych (a osobną trudność stanowią badania nad dorosłymi) (Bronfenbrenner 1979, s. 180, 198, 236). Bronfenbrenner podaje także przykład konsekwencji ekologicznego podejścia do myślenia o oddziaływaniu telewizji na odbiorców, w tym zwłaszcza dzieci, zauważając, że – w przeciwieństwie do dominujących wyobrażeń –

> [...] podstawowe zagrożenie ze strony ekranu telewizyjnego nie tyle dotyczy zachowania, jakie wytwarza, ile zachowania, jakiemu przeciwdziała – rozmowom, grom, uroczystościom rodzinnym i sporom, poprzez które dokonuje się wiele z nauki dziecka i które kształtują jego charakter (Bronfenbrenner 1979, s. 242).

Zatem kluczowe staje się zakłócenie realności interakcji i obecności środowiskowej, a nie same charakterystyki wdrukowane w dyspozycje indywidualne. Dziecko zostaje pozbawione wielu podstawowych postaci interakcji, zdominowane swoim przywiązaniem do ekranu, który zakłóca jakość życia rodzinnego i realnych interakcji społecznych. Oddziaływanie to, co więcej, nie ma charakteru jedynie ani głównie bezpośredniego. Istotny jest też jego wpływ na zachowania rodziców zajętych oglądaniem telewizji. Zatem wpływy nie dotyczą jedynie mikrośrodowiska, ale uwikłań znacznie szerszych i głębiej oddziałujących mimo ich pośredniego charakteru. Analizy ekologiczne pozwalają tu wydobyć znacznie więcej charakterystyk zakłócenia interakcji i jakości rozwoju dzięki nim możliwego.

Zarazem Bronfenbrenner uczulał na pewien stopień nieoznaczoności i dwuznaczności oddziaływań wychowawczych, czego wyrazem była np. uwypuklana w tekście formuła, że „zarażanie przykładem społecznym przypomina ulicę dwukierunkową" (por. Bronfenbrenner 1970, s. 150), gdyż wpływ może być zorientowany w stronę zarówno pożądaną, jak i niepożądaną, czy sam zostać tak ukierunkowany przez odbiorcę, któremu nie sposób nakazać kierunku dążeń. Ponadto widać podkreślanie (Bronfenbrenner 1970, s. 151) wagi wskazywania w wychowaniu „celu wyższego rzędu", co mimo braku odniesień wprost do kategorii ideału, sugeruje troskę o odniesienia po części przynajmniej zbieżne z troskami Heleny Radlińskiej, ponieważ dla niej działanie „w imię ideału" zdaje się oznaczać także wychowawcze „operowanie celami nadrzędnymi", dla których można usiłować pozyskać i rozwinąć gotowość do współdziałania, choć bez gwarancji sukcesu.

To tylko niektóre z akcentów wydobytych w celu uwypuklenia starań z końca lat 70. XX wieku o rozwinięcie podejścia ekologicznego, którego zręby skądinąd były rozwinięte w polskiej pedagogice społecznej dzięki Helenie Radlińskiej już w latach 30. Jakość dokonania wielkiej twórczyni pedagogiki społecznej powinna była zyskać rezonans i uznanie na świecie[10] porównywalne, jeśli nie większe, z dokonaniami lwowsko-warszawskiej szkoły w filozofii. Najwyraźniej zabrakło determinacji i zdolności następców wielkiej uczonej, a także wsparcia i rozwinięcia jej wpisanej w pedagogikę społeczną idei ekologii pedagogicznej jako ekologii rozwoju ludzkiego[11]. Waga tej idei jako takiej zresztą dopiero się przebija, nie bez oporów i nieporozumień, w przestrzeni współczesnej humanistyki.

O dwoistości i ambiwalencji w pedagogice społecznej – dyskurs Franza Hamburgera

Nie widać dotąd specjalnych efektów przybliżenia polskiej pedagogice społecznej perspektywy narracyjnej wymienionego w tytule badacza, zaprezentowanej z trafną intuicją unaoczniania ważnych dokonań światowej pedagogiki w serii podręcznikowej Bogusława Śliwerskiego (por. Hamburger 2006)[12]. Tymczasem znamionuje ona typ ujęcia problematyki tej dyscypliny, jakiego brak ciągle wydaje się ciążyć nad jakością rozważań i programowania badań. Spróbujmy przywołać główne akcenty obecne w tym wciąż wyjątkowym wydaniu opisu pedagogiki społecznej, rekonstruującym zresztą zaawansowane tropy z aktualnego dorobku głównie badaczy niemieckich. Stanowi to, warto podkreślić, ważne podsumowanie obecnych i „pracujących" w nich intelektualnie akcentów, które w naszej rodzimej przestrzeni przebijają się z trudem, a nawet bywają dotąd nierozpoznane lub lekceważone, nie mówiąc o ich rozwijaniu[13]. Rekonstruowana perspektywa wyraźnie

---

10   Bogdan Nawroczyński stwierdza chociażby, że pochodząca z 1934 roku książka Radlińskiej *Dzieje oświaty pozaszkolnej* jest przełomowa jako „pierwsza próba w literaturze (nie tylko polskiej, ale i światowej) naszkicowania rozwoju oświaty pozaszkolnej w głównych państwach kulturalnych od jej początków aż po czasy ostatnie" (por. Nawroczyński 1938, s. 185). Por. Radlińska 1934.

11   Najwyższa pora nadrobić te zaległości. Wiem, że inicjatywę w tej sprawie podjęła już Ewa Marynowicz-Hetka, z czego wypada się bardzo cieszyć. Odda to sprawiedliwość wielkiej uczonej po całej epoce jej marginalizacji, a potem zbyt redukcyjnych i jednostronnych lektur.

12   Gwoli ścisłości wypada odnotować, że w niedawnej swojej książce S. Kawula we wprowadzeniu do niej wyróżnia odniesienie do przywołanego tu tekstu F. Hamburgera, a nawet opatruje swoje uwagi stwierdzeniem, że „ustalenia F. Hamburgera są bliskie" jego podejściu, przez co dodaje w przypisie: „Dlatego rekomenduję opracowanie Franza Hamburgera jako ważny tekst do studiowania pedagogiki społecznej" (por. Kawula 2012, s. 23). Z mojej perspektywy jednak „ślad" F. Hamburgera w tekście Kawuli nie ukazuje szerzej znaczenia tego stanowiska, wskazując jedynie na „podwójny wymiar" czy „podwójną tożsamość" pedagogiki społecznej (Kawula 2012, s. 22). Wykonana przeze mnie poniżej rekonstrukcja, mimo jej selektywności, ma głębszy sens teoretyczny, zobowiązujący dla podejść badawczych, pedagogiki społecznej jako całości, teorii pracy socjalnej, jak również ogólnej perspektywy metodologicznej pedagogiki jako całości.

13   Wyjątek w tym obrazie pedagogiki społecznej w Polsce stanowią usilne starania teoretyczne Ewy Marynowicz-Hetki, aż dziw, że niepodejmowane w trosce o dojrzałość dyskursu przez

ukazuje naturalność podejścia dojrzale operującego przesłankami nie tylko przydatnymi w wybranym zakresie pedagogiki społecznej i pracy socjalnej, ale ważnymi wręcz dla całej pedagogiki i jej świadomości metodologicznej. Ma znacznie szersze odniesienie teza Hamburgera, że to „[r]elacje pełne napięć stają się więc przedmiotem, a dialektyka metodą tworzenia teorii w pedagogice społecznej" (por. Hamburger 2006, s. 24). Jak się okaże, owe napięcia są wpisane w relacje dwubiegunowe, a dialektyka wymaga odsłaniania dwoistości opartej na mechanizmie balansowania. W innym tekście zresztą Hamburger dopowiada, że

> [p]edagogika społeczna zmierza raczej w kierunku udanego równoważenia żądań jednostek i społeczeństwa. Jednostka jest rozumiana przy tym jako kształtujący się podmiot, a społeczeństwo postrzegane jako struktura demokratyczna (Hamburger 1998, s. 27).

W takiej perspektywie nie dziwi, że analizy społeczno-pedagogiczne mogą diagnozować zakłócenia takiego równoważenia dwubiegunowo zorientowanych dążeń (podmiotowość jednostki *versus* demokratyzacja relacji społecznych), przez co nieprzypadkowo uzyskujemy sugestię, że „pedagogika społeczna dostarcza argumentów krytycznych całej pedagogice" (Hamburger 1998, s. 27). Autor wskazuje na dwubiegunowe wyzwania pedagogiczne typowe dla „społeczeństwa ryzyka", wyznaczone przez napięcie wpisane w relację „system i świat przeżywany" (Hamburger 1998, s. 30). W moim rozumieniu tej sytuacji jesteśmy w pułapce Scylli i Charybdy, gdyż z jednej strony grozi nam proces kolonizacji duchowej pod hasłem solidarności, jednolitości i porządku, z drugiej – mający własne totalizacje – splot mechanizmów dezintegracji, relatywizacji, arbitralności i liberalnej nieodpowiedzialności za drugiego oraz upadku norm. Stąd zadaniem okazują się „refleksyjna modernizacja", wymagająca jako strategia działania społeczno-pedagogicznego, i perspektywa myślowa zmiany podejścia całej pedagogiki, przy czym ten nowy paradygmat przez rozumienie tego podwójnego ryzyka „uwidacznia strukturalną ambiwalencję, właściwą pedagogice społecznej" (Hamburger 1998, s. 32).

Rozważania Franza Hamburgera ułatwiają zrozumienie trudności, jakie miała Helena Radlińska w przekonującym dla niej samej sformułowaniu definicji pedagogiki społecznej. Uwypuklone zostaje w tych analizach zadanie uwzględniania złożoności „rzeczywistości wychowawczej" i traktowania jej jako „układu wzajemnych oddziaływań", z jednoczesnym poddawaniem refleksji jej własnych „idei i roszczeń" z punktu widzenia troski o krytyczne rozpoznawanie i stymulowanie praktyki umożliwiającej dążenie do „uzyskania wolności" podmiotu społecznego; poprzez efekty „upełnomocnienia" (*empowerment*) umie się on zmagać ze swoim

---

innych. Omawiany tu tekst Franza Hamburgera dowodzi, jak bardzo sytuacja taka rozmija się z zaawansowaniem narracji teoretycznej i badawczej pedagogów niemieckich, przynajmniej od końca lat 90. XX wieku.

losem (por. Hamburger 2006, s. 55, 57, 62). Zarazem tym bardziej, w świetle ujęć w tradycji niemieckiej tej dyscypliny, można docenić głębię intuicji Radlińskiej, widzącej konieczność dążenia nie tylko do „uobywatelnienia" społecznego (narodowego, środowiskowego, państwowego) jednostek i grup społecznych, lecz także do bycia dziedzicami spuścizny kulturowej, przetwarzanej na własny potencjał emancypacyjny i twórczy. W przestrzeni pełnej nędzy, wykluczeń, stygmatów czy innych degradujących nierównoprawności oraz ich przeciwieństw w biegunie bogactwa, wyższości i odmowy troski o ten świat „miejsce pedagogiki społecznej nie znajduje się poza granicami owych przeciwieństw i opozycji, lecz dokładnie pośród nich" (Hamburger 2006, s. 62). Stąd integralnym zadaniem pedagogiki społecznej okazują się zajmowanie się „krytyczną empiryczną analizą społeczeństwa" (Hamburger 2006, s. 63) oraz rozpoznawanie obszarów i przejawów zjawisk wymagających dążenia do zmiany i mobilizowania dla niej potencjału społecznej zdolności upominania się o siebie.

F. Hamburger, podkreślając, że „interes poznawczy" pedagogiki społecznej wiąże się z „teorią konfliktu" (por. Hamburger 2006, s. 5), uwypukla nieustanne uwikłanie w zderzanie perspektyw i racji, potrzeb i roszczeń, kompetencji i struktury szans. Jednocześnie podstawową zasadą jest uznanie owych sprzeczności i napięć, wpisanych w te konflikty, za immanentne cechy sytuacji i relacji, które dotyczą pedagogiki społecznej. Dają one o sobie znać już na poziomie pojedynczej roli, co skądinąd znamy jako wyraz „ambiwalencji socjologicznej" w ujęciu Roberta Mertona, którego charakteryzowałem jako „normatywną dwoistość w strukturze roli", wyznaczoną przez dwubiegunowość norm niosących wymogi „bliskości" oraz przeciwnych im kontrnorm wymagających respektowania „dystansu" (por. Witkowski 2007a, s. 205–215)[14]. W wersji tu przytaczanej u Hamburgera czytamy, że

[w]ewnętrzny konflikt związany z wykonywaniem danej roli jest efektem sprzecznych oczekiwań względem danej pozycji (Hamburger 2006, s. 48).

Omawiany tekst kończy się wskazaniem na „dwoistość [która – L.W.] może być opracowana wyłącznie na podstawie rozszerzonej autorefleksji" w trakcie przygotowania i wypełniania ról zawodowych pedagoga społecznego (w tym pracownika socjalnego), gdzie do głosu musi zawsze dochodzić strukturalnie podstawowe napięcie dwubiegunowe (Hamburger 2006, s. 111). Ma ono miejsce między „funkcjonalnie uzasadnioną rolą a ludzkim spotkaniem", czyli między instytucją i życiem, między wymogami formalnymi, ustawowymi i proceduralnymi a skupieniem uwagi na „odwzajemnianiu duchowych uniesień, wzruszenia i działania w zmysłowo-emocjonalnej relacji, która powstaje w procesie niesienia pomocy"

---

14 Uwypukla to nieadekwatność obiegowych skojarzeń złożoności związanej z rolami jako wpisanej w ich niespójne wiązki. Złożoność strukturalna o charakterze dwoistości, powtórzmy, dotyczy pojedynczej roli oraz jej par norm i kontrnorm.

(Hamburger 2006, s. 111)¹⁵. Konieczność równoważenia napięć w działaniu profesjonalnym w sytuacjach pomocy czy opieki społecznej jest wskazywana w różnych przekrojach analizy. Wskazuje ona z jednej strony na wymóg możliwie w pełni uwzględniania kontekstów biograficznych adresata oddziaływań, a z drugiej strony na potrzebę skupienia na samej „sytuacji problemowej", w trosce o uniknięcie „całościowego" ataku na osobę klienta, gdyż

> [t]ak jak w przypadku każdego działania pedagogicznego, należy odnaleźć równowagę między instruowaniem i pokazywaniem sposobu wykonywania poszczególnych czynności a pokusą uczynienia z klienta osoby niesamodzielnej (Hamburger 2006, s. 110).

Zadanie to czeka, tak jak groźba ta czyha na każdym kroku oddziaływań, gdyż proces owego równoważenia nie ma w sobie trybu stabilizującego relację raz na zawsze. Wspomniana, postulowana równowaga jest zawsze chwiejna, tymczasowa i często trudno negocjowalna. I nie ma w tym nic dziwnego, skoro najogólniejszą ramę dla rozumienia trudności w profesjonalnym działaniu w ramach zadań pedagogiki społecznej niesie uznanie – uogólniane przez Hamburgera ze stanu literatury – że

> [...] profesjonalizm charakteryzuje się zapośredniczaniem sprzeczności, opozycyjnych wymagań, paradoksów, logik działania, form wiedzy i ambiwalencji (Hamburger 2006, s. 109).

W takich sytuacjach, gdy zderzają się biegunowo przeciwne wymagania, podkreśla F. Hamburger, częsta jest skłonność do redukcji istniejącej złożoności, tymczasem

> [l]ikwidacja sprzeczności poprzez wyeliminowanie jednego z jej biegunów sprawia, że znika szczególna produktywność relacji socjopedagogicznej (Hamburger 2006, s. 105),

której jakość wyraża się poprzez jednoczesne zmierzanie się z wymogiem „otwartości" w działaniu na „niejednorodny krąg adresatów i ich różnorodne problemy" oraz z „zamknięciem" w ramy metodycznej interakcji na problemach – mających swoje standardowe oblicza i proceduralne podejścia do nich – bez czego nie ma „»przymierza roboczego« między pedagogiem społecznym a klientem" (Hamburger 2006, s. 105).

Cennym tropem narracyjnym podsumowań Hamburgera okazuje się rozpoznawanie – zapewne nie tylko pod wpływem teorii działania komunikacyjnego Jürgena Habermasa – rozmaitych przejawów „roszczeń" obecnych w praktyce pedagogiki społecznej. Sytuacji działania, tak właśnie, z kwestią prawomocności

---

15 Autor przywołuje formułę i rozróżnienie Lothara Böhnischa.

i jakości roszczeń, najczęściej milcząco zgłaszanych jako oczywistych, a będących uzurpacjami i pęknięciami, rzutującymi na jakość komunikacji, zwykle się nie postrzega, nie analizuje i nie koryguje. Już powyższe akcenty wskazują na dwubiegunowość takich roszczeń, uwikłanie w ich kolizyjny charakter oraz zdarzającą się wobec tego ich problematyczność, ze względu na słabość ich umocowania, czy zakorzenienia w jakości wiedzy, jakości jej wykorzystania we własnej refleksji i profesjonalnym odnoszeniu się do partnera interakcji.

Refleksyjność i profesjonalizm są roszczeniami, które mogą być spełniane dzięki konkretnej formie wiedzy. [...] Podwójny kierunek refleksji ku temu, co własne, oraz ku temu, co inne, stanowi o szczególnym charakterze refleksyjności pedagogicznej (Hamburger 2006, s. 104).

Ma to swój aspekt praktyczny, uwypuklany przez niemieckiego pedagoga, ma to także zasadniczy dla świadomości metodologicznej aspekt teoretyczny złożoności. W tym zakresie bowiem wspomniana podwójność niesie ze sobą cechy charakterystyczne dla omawianej wyżej dwoistości, obejmującej potrzeby zarówno dystansu, jak i bliskości, zatem relacji, w której „sprzeczne wymagania bycia blisko świata codziennego i wzmożonej refleksyjności są ze sobą nierozerwalnie powiązane", wpisane w napięcie między humanitaryzmem i empatią w relacji z jednej strony a jej proceduralnością i pragmatyką z drugiej.

Są to akcenty wręcz podstawowe dla perspektywy rozumiejącej złożoność występującą w typach praktyki wpisanej w zadania pedagogiki społecznej. Nie darmo mówiąc o pracy społecznej (socjalnej), F. Hamburger podkreśla, że „jej strukturalna dwoistość jest typowa dla jednoczesnego występowania elementów systemowych i komunikacyjnych" (Hamburger 2006, s. 82), gdy do głosu dochodzą wymogi formalne i reguły wpisane w system pomocy, a zarazem przejawy oporu czy oczekiwań z innego porządku (codzienności egzystencjalnej). W sytuacji napięć dających tu o sobie znać kwestia racjonalności zachowań ze strony profesjonalnej także jawi się jako złożona. Działanie wówczas z konieczności „oscyluje między wzorcami strategicznymi a wzorcami ukierunkowanymi na porozumienie i pośredniczy między nimi", będąc po części przynajmniej w pułapce niemocy ich uzgodnienia (Hamburger 2006, s. 82). Z jednej strony w grę wchodzi presja nieredukowalnych wymagań formalnych wymagających przybliżenia (wyjaśnienia i pozyskania dla nich), z drugiej strony zaś ciążą uwarunkowania życia niedającego się dowolnie nagiąć do wymagań.

Autorefleksja jest w tych okolicznościach, które wymagają zarządzania dwoistością, warunkiem koniecznym, by uniknąć kolonizacji (Hamburger 2006, s. 82)[16].

---

16 Przypomnijmy, że z perspektywy krytycznej idea „kolonizacji życia codziennego" jest ważnym aspektem zagrożeń obecnych także w oddziaływaniach pedagogicznych.

Wszystko to jest u Hamburgera pokazane jako wpisane w uznanie ramowego znaczenia odniesień do złożoności wymagającej aż perspektywy operującej kategorią ambiwalencji. Służy ona do uwypuklania rozmaitych aspektów niejednoznaczności, nakładania się sprzecznych obrazów, oczekiwań, kierunków oddziaływania i zderzających się roszczeń – i to w jednej sytuacji problemowej. Nie chodzi w końcu jedynie o presję organizacyjną, ale i o pozyskiwanie gotowości do współpracy, poprzez uznanie znaczenia propozycji, a nie tylko respektowanie czy tolerowanie ich przymusowego charakteru. Stąd nie dziwi formuła, że „[r]elacje pełne napięć stają się więc przedmiotem, a dialektyka metodą tworzenia teorii w pedagogice społecznej" (Hamburger 2006, s. 24). Szczególnie ważne okazuje się unikanie kategoryzacji statusu społecznego, mogącej prowadzić aż do groźby stygmatyzacji, zarówno poprzedzającej „korzystanie z usług socjalnych", jak i wpisanej w same realia owego korzystania, np. ze względu na generowanie wstydu, co „obrazuje ambiwalencję procesu wchodzenia jako użytkownik w spektrum działań placówki socjopedagogicznej" (Hamburger 2006, s. 45). A takich aspektów komplikacji sytuacji i jej postrzegania jest rzecz jasna znacznie więcej. Dlatego nie budzi zdziwienia teza podsumowująca rozpoznane w latach 90. XX wieku wymogi narracyjne teorii pedagogiki społecznej:

> „Ambiwalencja" jest więc pojęciem wiodącym nie tylko w aspekcie badań nad pozycja pedagogiki społecznej, lecz również w aspekcie analizy klientów, użytkowników, producentów (Hamburger 2006, s. 45).

W nawiązaniu do analiz Kurta Lewina dotyczących działania w teorii organizacji Franz Hamburger podkreśla wagę odwoływania się do „ambiwalencji organizacji" jako złożoności wpisanej w jej wewnętrzne sprzeczności między misją i funkcjonowaniem. Wymienia wśród tychże takie jak: autonomizacja istnienia i troski o przetrwanie, funkcjonalne redukowanie kontekstów personalnych do ról, standaryzacja postępowania utrudniająca indywidualizację przypadków czy przejawy autorytarnego – w trosce o efektywność – wypaczania interakcji w ich strukturze i charakterze etc. (por. Hamburger 2006, s. 46, por. także s. 40). Zderza to sens podejmowanych działań organizacyjnych tworzących „kulturę organizacji", obejmującą „ukrytą cześć wzorów organizacyjnych", z ich znaczeniem dla poszczególnych osób, w tym uczestników i adresatów (Hamburger 2006, s. 46–47). Łącznie rzutuje to na jakość racjonalności działania organizacji, na sposoby jej postrzegania i gotowość do współdziałania w jej ramach. Obejmuje to także potencjał oporu interakcyjnego oraz możliwość legitymizowania czy choćby tylko egzekwowania podatności na uległość za pomocą kontroli lub poprzez budowę relacji autorytetu, możliwie wolnej od dominacji czy zakłóceń komunikacji w procesie podejmowania decyzji (Hamburger 2006, s. 48).

W tym kontekście nasuwają się dwie uwagi. O trudności wpisywania w dyskurs pedagogiki społecznej kategorii ambiwalencji (dwoistości) świadczy i to, że

Hamburger wikła się w pewien kłopot, gdy z jednej strony definiuje nowoczesność (modernę) jako opartą na wysiłku doprowadzania do ujednoznacznień, presję dwuznaczności widząc w ponowoczesności, a z drugiej strony przyznaje, że ułomności modernizacji same w sobie dotąd ambiwalencję i tak niosły. Pozostaje stwierdzić, że dość typowym błędem jest kojarzenie rozpoznawania złożoności strukturalnej o charakterze dwoistości z przekroczeniem ram nowoczesności, skoro stanowiło ono cechy dojrzałej troski o nowoczesność dyskursu pedagogicznego jeszcze w okresie międzywojennym w pedagogice polskiej. Warto udokumentować to spostrzeżenie. Najpierw pierwszy człon jego stanowiska, w kontekście którego czytamy – najwyraźniej pod wpływem rozważań Zygmunta Baumana oraz wprost z wykorzystaniem tekstu Heiko Kleve'a mającego po Baumanowsku brzmiący tytuł *Praca socjalna i ambiwalencja* – że:

> [...] w nowoczesnych społeczeństwach rodzi się ponowoczesność charakteryzująca się ambiwalencją. Modernę można określić mianem próby „stworzenia racjonalności, porządku, jednoznaczności i rozwiązań dotychczas nierozwiązanych problemów społecznych", próbą, która zrodziła jednocześnie irracjonalność, nieład i nowe problemy. [...] Jeżeli moderna może być uznawana za formę społeczeństwa, w której w racjonalny sposób powstają jednoznaczność i celowość, to ponowoczesność (jako model działania, nie zaś jako historyczna epoka) należy postrzegać jako system niejednoznaczności i ambiwalencji. Profesjonalizm socjopedagogiczny należałoby wówczas opisać jako formę działania w konfrontacji z ambiwalencją, która nie pomija paradoksów i wieloznaczności. [...] W aspekcie praktycznym refleksja może oderwać się więc od stałych znaczeń powstałych w społeczeństwie i determinować pozbawioną lęku konfrontację z ambiwalencją jako zadanie zawodowe (Hamburger 2006, s. 79)[17].

Mam w tej sprawie do powiedzenia choćby tyle, że nie tylko nowoczesność (kojarzona niepotrzebnie z „moderną") zajmuje się w dojrzałych postaciach złożonością o charakterze dwoistości, rozpoznając zarazem „porządek oscylacji", lecz także filozofia od swego historycznego zarania pracuje na materiale myślowym w stylu odsłaniającym paradoksy bycia w świecie i jego pojmowania (sprzeciwiając się stałym, obiegowym znaczeniom społecznym jako płytkim i złudnym). Zresztą dodajmy, że powołując się na Habermasa oraz przywołując stanowisko Kleve'a, dalej autor wskazuje na perspektywę, która

> [...] krytykuje jednostronną racjonalność procesu modernizacji i wprowadzając pojęcie ambiwalencji, formułuje specyficzne zadanie pracy społecznej polegające na pośredniczeniu między racjonalnością systemu a „innym" reprezentantem owej

---

17 Cytat przywołany w środku jest autorstwa H. Kleve'a i odsyła do wspomnianej pracy z 1999 roku, publikowanej w czasopiśmie „Neue Praxis" (tom 29). Nie spotkałem dotąd śladów zainteresowania tym tropem w polskiej pracy socjalnej.

logiki rozumowej. W tym względzie rozważania te ukierunkowane są na myślenie dialektyczne i analizę tego, co społeczne, która nie będzie determinowana wyłącznie jedną kategorią (Hamburger 2006, s. 80)[18].

Podejście to jest istotne i reprezentatywne dla ujęć pedagogiki społecznej w Niemczech, co autor unaocznia wskazaniem na Michaela Winklera, podkreślającego, że

> [m]odernę charakteryzują procesy przepełniające ją swą ambiwalencją polegającą na zerwaniu tradycyjnych powiązań i uwolnieniu od stosunków panowania przy jednoczesnym zniewoleniu ludzi „nowymi" wzorcami racjonalności (Hamburger 2006, s. 64).

Stąd konieczność zmagania się z napięciami rozmaitych roszczeń, np. między indywidualizmem i konformizmem, co najpełniej wyraża wskazanie na to, że

> [p]edagogika społeczna kieruje się roszczeniami, których aktualność jest zasługą samej nowoczesności i w pocie czoła boryka się ze sprzecznościami wiecznie niedoskonałej moderny (Hamburger 2006, s. 67).

Warto jednak wskazać na akcenty podnoszone przez Hamburgera jako ważne dla aktualnej fazy rozwoju dyskursu pedagogiki społecznej i jej świadomości w kwestii teorii i praktyki jej działania, a zarazem należące do horyzontu trosk Heleny Radlińskiej. Mam tu na myśli przede wszystkim *explicite* formułowaną tezę, która wskazuje na „ideę pedagogiczną mówiącą, że jednostka może się kształtować wyłącznie samodzielnie, a nie przez innych" (Hamburger 2006, s. 43), co ma szczególne odniesienie do praktyk uczenia (się) i rozmaitych strategii perswazji kulturowych.

Wariant teorii pedagogiki społecznej Michaela Winklera – w ramie dwoistości struktury relacji, sytuacji, miejsca i procesu wychowania

Przykład dokonania Winklera, stanowiący podręcznikową syntezę (sprzed ponad dwudziestu lat) rozwoju refleksji teoretycznej w niemieckiej pedagogice społecznej, jest bardzo pouczający – a dokładniej powinien być bardziej pouczający dla polskich pedagogów społecznych jako obraz dojrzałości, do której dochodzimy nie bez oporów i zahamowań, wynikłych po części przynajmniej z zupełnie innej kultury filozoficznej środowiska pedagogicznego. Co więcej, czytana wbrew nawykom traktowania pedagogiki społecznej jako jednej z wielu szufladek podziału

---

18 W sprawie odczytania J. Habermasa dla pedagogiki patrz mój tekst: Witkowski 2009a, s. 274–290.

dyscyplinarnego perspektywa zarysowana przez Winklera stanowi zaplecze poważnie pojmowanej metodologii ogólnopedagogicznej, do której z kolei polscy pedagodzy ogólni długo jeszcze nie są w stanie się dobić. Zresztą zapowiedzi tej metodologii, przebijające w moich wcześniejszych pracach dla pedagogiki, a także obecne rekonstrukcje zapewne znowu nie zostaną długo wykorzystane, a nawet przyjęte do wiadomości, jak to przez ostatnie dekady już ma miejsce. **Środowiskowa odmowa wiedzy** to jest pouczające zjawisko społeczne, dyktowane wzorami lokalnych koryfeuszy, nie tylko u nas. Danuta Urbaniak-Zając pisała o „nieumiejętności odbioru własnych teorii przez pedagogikę społeczną" także w Niemczech, podkreślając, że „[t]eoria Winklera [...] nie wywołała żadnej dyskusji", sam on podkreślał, że „prace teoretyczne nie wywołują żadnego rezonansu", nowe dyskursy nie są wykładane, a tacy autorzy „są po prostu ignorowani" (por. Urbaniak-Zając 2003, s. 256, 280). Osobną sprawą jest to, czy czytający takie rozważania jak Winklera zawsze są w stanie udźwignąć złożoność dyskursu i wydobyć jego istotne teoretycznie i brzemienne praktycznie wątki. Poniżej pokazuję własną wykładnię wagi tej koncepcji, różniąc się w strategii jej odczytania od wspomnianej Danuty Urbaniak-Zając (por. Urbaniak-Zając 2003, s. 256, 280, zwłaszcza podrozdział 5.4 „Teoria pedagogiki społecznej Michaela Winklera", s. 255–282, oraz uwagi autorki rozsiane w jej książce, wskazujące jednak na wyjątkowy status tej koncepcji wśród innych)[19]. W szczególności uznając, podobnie jak ona, za Winklerem za ważne „zrekonstruowanie zawartej w dyskursie struktury sensu", wskazuję poniżej, że nie da się tego zrobić u samego Winklera bez skupienia na aspekcie dwoistości jako dwubiegunowości, dwustronności. Podkreślam zarazem, że nie wystarczy ani w tym przypadku, ani w kontekście całej rekonstrukcji operowanie jedynie zdawkowymi przywołaniami akcentu uwypuklającego złożoności w terminach „dwojakości" aspektów czy zjawisk, jak to czyni wspomniana autorka. Termin „dwojakość" – mimo że często stosowany w polskiej tradycji, jak już było uwypuklone wcześniej – jest za płytki jako wskazanie na zdwojenie uwikłane w napięcia strukturalne, wiążące ze sobą dwie strony czy bieguny, co na szczęście pokazuje już inny, późniejszy przekład Winklera, który czynię tu podstawą analiz (por. Winkler 2009)[20]. W analizach

---

19 Moje odtworzenie akcentów w analizach Winklera, jako warunku realnego otworzenia polskiej pedagogiki społecznej na nie, przebiega wzdłuż odmiennej linii tropienia znaczeń.
20 Niewystarczający charakter formuły mówiącej o „dwojakim sensie" widać już np. w cytacie przytaczanym przez D. Urbaniak-Zając (2003, s. 264). Podobnie nie wystarcza wskazywanie na „dwojaką postać", „dwojaki obraz" czy „dwojakie rozumienie" (por. Urbaniak-Zając 2003, s. 60, 61, 259). Zauważmy, że kategoria dwoistości daje o sobie znać w przywołanych analizach cytowanej badaczki raz w ważnym wątku: „W tym początkowym okresie »racjonalizacji« rozdawnictwa środków publicznych zauważa się specyficzną dwoistość działań instytucjonalnych: łączenie pomocy z przymusem czy nawet represją. Owa dwoistość dotrwała do czasów nam współczesnych, a wynika ze spotkania się potencjalnie odmiennych interesów: interesu jednostki i interesu społeczności. Im bardziej odmienne były te interesy, tym w większym stopniu

pedagogiki społecznej nie chodzi bowiem jedynie np. o dwojaki obraz, podwójny opis czy dwojakie rozumienie. Ważniejszy jest kierunek odwrotny, dopełniający całości: obraz, opis i rozumienie owej... dwojakości strukturalnej jako dwoistości właśnie, co w filozofii często uwypukla się przez użycie terminu „dialektyczny charakter" zjawiska jako cecha ontologiczna, a nie jedynie narracyjna. Nie da się tego utożsamiać ani ze zwykłą sprzecznością czy rozdwojeniem, ani tym bardziej z niekonsekwencją i dwuznacznością jako skazą. Złożoność nie jest skazą, mimo że jest niewygodna, skazę niesie niezdolność do sprostania jej. Ułatwianie sobie życia, z maskowaniem skazy owej postawy epistemologicznie polega na tym, że złożoność zjawiska rozkłada się na czynniki proste, jednostronne, przez co rozmaite dyscypliny – jak podkreśla Winkler (por. Winkler 1998, s. 43) – działają wobec kompleksowości zagadnienia, „rozdzielając ją między różne resorty" specjalistyczne, np. w ekonomii, medycynie. Dla pedagoga społecznego taki unik wobec skali wyzwań bywa niezwykle kosztowny w działaniu i często uniemożliwia efekt, gdyż nie może on abstrahować od sprzęgania dwóch poziomów zobowiązujących dla teorii i dla praktyki: odniesienia do cech przedmiotowości, realnie dającej o sobie znać, jak również do nastawienia podmiotowego adresata oddziaływań, gdyż interakcja z nim nieuchronnie „następuje przez refleksyjną działalność uczestników", a ta nie podlega kontroli ani nawet uprzejrzystnieniu na poziomie relacji wobec przedmiotu (por. Winkler 1998, s. 42). W szczególności ta dwoistość uwikłania dotyczy przejścia między teoretycznymi receptami przedmiotowymi a warunkami ich recepcji podmiotowej.

Pedagogika społeczna nie tylko prosto przedstawia działanie socjalne, lecz wiąże je z określonym wyobrażeniem zadań i znaczeń tego działania, ciągle zatem kontaminowana jest przez pedagogiczno-społeczną semantykę. Mamy zatem przed sobą sytuację teoretyczną najtrudniejszą z możliwych. Teoria musi mianowicie tematyzować realność i pojęciowość, za pomocą której realność ta ujmowana jest jako szczególna – pedagogiczno-społeczna (Winkler 1998, s. 42).

Być może nie mniej ważnym akcentem jest dla mnie fakt, że rekonstrukcje Winklera zyskałyby dodatkową perspektywę, gdyby na serio były odniesione do dokonania Radlińskiej, o czym świadczy chociażby wprowadzona przez nią zmiana podejścia do wychowania, której ani dydaktyka ogólna, ani pedagogika ogólna nie powinny były zignorować. O wspólnocie – nierozpoznanej przez D. Urbaniak-Zając – obu podejść świadczy chociażby następujący fragment rekonstrukcji samego Winklera.

»pomoc« stawała się represją" (Urbaniak-Zając 2003, s. 34). Szerzej niewykorzystane pole dla opisu dwoistości można znaleźć w zakresie wskazującym na „»Podwójny mandat« pracownika społecznego – pomoc i kontrola" (Urbaniak-Zając 2003, s. 132–135, por. także s. 122).

Akt przyswajania, **czynienia swoim** (*aneignen*) nie jest prostym odtwarzaniem, dokonuje się w nim także zmiana tego, co przyswajane, przez indywidualny odbiór treści zawartych w dorobku, jest to więc specyficzna kontynuacja w zmianie. Jeżeli w najbardziej syntetyczny sposób opiszemy zjawisko wychowania jako relację zachodzącą między trzema czynnikami: przekazywaniem (*Vermitteln*) dorobku kulturowego, jego przyswajaniem (*Aneignen*) oraz dziedzictwem kulturowym, to tradycyjny problem pedagogiczny koncentrował się na optymalizacji przekazu (na tych zagadnieniach koncentruje się np. dydaktyka). Nowy wgląd w strukturę procesu stał się niezbędny, kiedy po pierwsze, okazało się, że społeczny dorobek nie jest dostępny znacznej części młodej generacji, po drugie, rozwój dziedzictwa kulturowego przestaje być równoległy z czasowym następstwem generacji, a po trzecie, jego wartość przestaje być oczywista (Urbaniak-Zając 2003, s. 267–268).

Rzecz jasna nie jest jedynie upominaniem się o pierwszeństwo wskazanie na to, że Radlińska dokładnie taki „nowy wgląd" ufundowała przeciw „tradycyjnemu problemowi pedagogicznemu", ale daje to szansę, wraz z wieloma innymi niezbędnymi porównaniami na odnoszenie meandrów rozwoju dyskursu, który pod jednymi względami nowatorski jeszcze w czasie międzywojnia pod innymi w aktualnie dominującej wersji pozostał „tradycyjny", żeby nie powiedzieć opóźniony, do dziś. W wykładni koncepcji Winklera przyswojenie treści przekazu pedagogicznego niesie wymóg takiego oswojenia tych treści, że przejęcie ich oznacza aż przejęcie się nimi, wpływające na wewnętrzną postawę w trybie, który u Radlińskiej wyraża triada przeżycia – przebudzenia – przemiany, jak to osobno pokażę w tej książce. To zarazem nie wyłącza perspektywy dydaktycznej, ale ją istotnie modyfikuje, czego sami dydaktycy ogólni nie zawsze są świadomi.

Los książki Winklera, przyswojonej czytelnikowi polskiemu już kilka lat temu, którą spotkało oficjalne milczenie środowiskowe (a powinien się wydarzyć wstrząs intelektualny), daje tu także do myślenia. Tymczasem przywołam jedynie tropy, które wpisują się w to, co nazwałem „przełomem dwoistości", a czego przecież, zdaniem niektórych liczących się postaci w polskiej pedagogice, po prostu nie było. Nie dość, że nie umiały tego same zauważyć, to jeszcze podprowadzone do wiedzy – udokumentowanej historycznie – skrupulatnie odmawiają zmierzenia się z własnym autyzmem teoretycznym. Pozostaje czynić swoją powinność, nie oglądając się na tę społeczną odmowę niewygodnej wiedzy. Pech chce, że przebija się ona niezależnie i już ugruntowała rozumienie społeczne sytuacji teoretycznej dla całej pedagogiki. Zresztą wystarczy zauważyć, że sama „sytuacja społeczno-pedagogiczna" jest już uwikłana w charakterystyki głęboko uwypuklające cechy ogólne i ważne w każdym obszarze społecznego osadzenia działań pedagogicznych, o charakterze splotów, napięć i dwoistości. Świadczy o tym chociażby następujące sformułowanie Winklera z rozdziału podsumowującego teorię pedagogiki społecznej:

> Sytuacje nie dadzą się oddzielić od działań, nie mają więc empirycznie jednolitego i statycznego charakteru: tworzą całość, która składa się z napięć i dynamicz-

nych zmian. Powodem takiego stanu rzeczy jest, po pierwsze, to, że określają je ambiwalencje, sprzeczności i antynomie sektora społecznego. Po drugie, podmioty o różnych doświadczeniach, oczekiwaniach i perspektywach spotykają się w nich w relacjach, które są równocześnie kształtowane asymetrycznie i symetrycznie. Mówiąc krótko, działanie sytuacyjne w pedagogice rozgrywa się przygodnie.

Główny powód wewnętrznego napięcia charakteryzującego sytuacje pedagogiczne leży jednak w tym, że mogą one zostać zdefiniowane jako jedność w toku przemian. Wyróżnia je – jako sytuacje pedagogiczne – fakt, że w trakcie trwania zmienia się ich struktura, a przede wszystkim pozycje osób w nie zaangażowanych (Winkler 2009, s. 279).

Nie wiem tymczasem, dlaczego taka charakterystyka ma obowiązywać jedynie w pedagogice społecznej, a nie w całej pedagogice, jeśli ta chce być dojrzała i odpowiedzialna. A takich sformułowań jest u Winklera o wiele więcej. Obecna w oddziaływaniach „chwiejna równowaga symetrii i asymetrii w relacjach" (Winkler 2009, s. 283) wymaga sprzęgania z warunkami relacji emocjonalnych, jak zaufanie, gotowość o współdziałania, choć tu dopiero otwiera się przestrzeń do dyskusji, a nawet polemiki z Winklerem, np. w kwestii tego, czy obowiązuje tu optymistyczne oczekiwanie na wzajemność i znoszenie asymetrii jako ostatecznie zbędnej, skoro to pedagog musi się z czasem umieć wycofać z własnym zaangażowaniem. Nie podzielam nadziei na dwustronność Erosa pedagogicznego, którego Winkler postuluje jako wzajemność relacji zaangażowania uczuciowego, uznania, szacunku i jeszcze na dodatek opieki między wychowankiem i wychowawcą (Winkler 2009, s. 284). Mam tu bardziej dramatyczną filozoficznie podpowiedź dla pedagogiki, zawieszającą prawo oczekiwania tu wzajemności czy nawet dążenia do niej w trybie wymiany gestów przywiązania. Rekonstruuję interesujące mnie wątki u Winklera, jak widać, nie po to, aby mu we wszystkim przyklaskiwać, mimo że stanowi ważny przykład wyjścia pod wieloma względami naprzeciw problematyce dwoistości i jej ogólnego znaczenia pedagogicznego.

Podobnie dla przykładu można widzieć w kategoriach ogólnych takie choćby uwypuklenie – współbrzmiącej z troskami Heleny Radlińskiej – sugestii Winklera, dotyczącej statusu podmiotowości uczestników oddziaływań pedagogicznych, mających sprzeczny (w istocie dwoisty) wewnętrznie charakter:

„Podmiot" i „podmiotowość" wyrażają ideę będącą jednocześnie nadzieją i zleceniem. Nadzieją na to, że ludzie poddani pełnym sprzeczności procesom społecznym działają jak podmioty; że stają się podmiotami tam, gdzie niepewna jest ich podmiotowość. I właśnie realizacja tego postulatu zostaje przekazana ich odpowiedzialności oraz im zlecona (Winkler 2009, s. 138).

Radlińska także była świadoma, że czyny i sytuacje, których okazje są tworzone czy tylko prowokowane, np. poprzez zabiegi melioracyjne w środowisku, stają się osobotwórcze, co znajduje osobne uwypuklenie w ogólnohumanistycznej analizie relacji osoby i czynu w personalizmie Karola Wojtyły. Ta złożoność jest podkreślana przez tezę Winklera, że „związek między sytuacją a podmiotami należy postrzegać wyłącznie jako związek dialektyczny" (Winkler 2009, s. 159), a dialektyka jest merytorycznie przez niego charakteryzowana w sposób nasycony skojarzeniami z dwustronnością, dwukierunkowością, zdwojeniem oddziaływań, dwoistym statusem warunkowania procesu i podlegania jego zmianie. Winkler charakteryzuje heurystykę, wpisaną w teorię społeczno-pedagogiczną faktycznie dwoiście, widząc tu „otwarty zbiór procedur, dialektycznie ze sobą powiązanych", gdzie do głosu dochodzi przede wszystkim

> [...] działanie w dwóch przeciwstawnych kierunkach, z dwóch sprzecznych stanowisk, względnie przeciwstawnymi środkami pojęciowymi lub progresywną negacją [...]. Wynikiem tego jest ruch oscylacyjny, progresja myślowa przypominająca ruch wahadła, manifestująca się na przykład w dialektycznych trzech krokach, obejmująca przerywanie, nowe podejścia, korygowanie, znoszenie i łączenie (Winkler 2009, s. 95).

Nie wystarczy tu projektowanie linearnej ciągłości metodycznej, ale niezbędne jest uwikłanie w hermeneutyczne wyczulenie i wysiłek stopniowego, powracającego zmagania z niejasnością i koniecznością nawrotów.

Nie ma więc tu mowy jedynie o szczególnym metodycznym wyposażeniu roli i zawodu pedagoga społecznego, czego ani nie są świadomi na ogół sami pedagodzy społeczni, ani ci, którzy nimi nie są, takich prac, jak Radlińskiej, Winklera czy Wojtyły, nie czytają, bo nie mieszczą się one w ich szufladzie wyobrażonej szkodliwie dyscypliny. Winkler rzecz jasna jest tu bardziej jeszcze przenikliwy, dysponując zarazem szerokimi odniesieniami, które na gruncie polskiej pedagogiki społecznej jeszcze się nie przebiły, np. do prac Norberta Eliasa, którego pierwsze szersze odczytanie dla pedagogiki niedawno podjąłem (por. Witkowski 2013a, s. 93–141)[21]. To pozwala w szczególności dostrzec, że „[n]owoczesność jest projektem w procesie", wymagając zarazem uwypuklania tego, że w jego ramach

> [...] jednostki są wciąż konfrontowane z niedającymi się ze sobą pogodzić wymaganiami, w których nie można doświadczalnie odnaleźć wspólnej zasady będącej gwarantem społeczeństwa (Winkler 2009, s. 121–122).

Radzenie sobie z tymi napięciami, jeśli nie ma być związane z typową dla socjalizacji adaptacją redukującą złożoność do absolutyzowanych jednoznaczności

---

21 Tam Czytelnik znajdzie uzasadnienie, dlaczego po lekturach Norberta Eliasa, jak w przypadku Winklera, a także moim, nie ma możliwości nierozumienia obecności zjawiska dwoistości relacyjnej i procesualnej w przestrzeni działań pedagogicznych. Zresztą, jak pokazałem szerzej w cytowanym tomie, wystarczyłaby głębsza znajomość dorobku pedagogiki międzywojennej w Polsce, gdyby została ona odczytana w takim kluczu interpretacyjnym, który tu tym razem wydobywam z ważnej perspektywy niemieckiej pedagogiki społecznej.

(niosących w istocie koszty jednostronności), wymaga tego, aby jednostka w swoich wyższych kompetencjach kulturowych (wrażliwości, wyobraźni – niemylonych z umiejętnościami technicznymi) oswajała wyższe poziomy tej złożoności w ich strukturze niosących wymóg tolerancji niejednoznaczności, ambiwalencji właśnie w głębszym sensie, poza płytkimi skojarzeniami psychologicznymi w ich skrajnej postaci prowadzącej do skojarzeń ze schizofrenią czy choćby dwulicowością moralną i chaosem poznawczym. Indywidualności jednostki, będącej „największym zyskiem" (Winkler 2009, s. 124) z wpisywania się w wyzwania nowoczesności z oswajaniem jej strukturalnej złożoności, nie da się uzyskać bez wysiłków uwzględniania okoliczności wyrażanych wprost, jak pokazuje Winkler, w terminach dwoistości i ambiwalencji, otwierających dostęp do dylematów niemających podręcznikowych rozwiązań ani kodeksowych uszeregowań.

Kluczowe staje się tu programowanie przekazu i przyswajania dziedzictwa kulturowego w procesach oddziaływań, czy choćby tylko spotkań, dających szansę na „wrastanie" w nie, jak to wyrażała Radlińska, dla zakorzeniania, gruntowania procesu, a dalej wzrostu w dążeniu do radzenia sobie z zadaniami. A jeśli nie ma to być tresura w uległości i pozorze przejęcia, to musi to być nasycone zmianą, w tym zmianą znaczeń wpisaną w przemianę wewnętrzną, duchową tego, kto na znaczenia pozostaje wystawiony. W końcu bowiem sprzężenie przyswajania z przetwarzaniem dziedzictwa wynika stąd, że

[...] przyczyna zmiany dziedzictwa wiąże się z jego podwójną funkcją, jako przesłanki życia i jego pożywki. Każde pokolenie nie tylko zaczyna życie na nowym poziomie, lecz może mu również nadawać – także tradycyjnymi środkami – nową postać. Zapewnienie ciągłości istoty gatunku obejmuje paradoksalnie stałą zmianę elementów, które w zasadzie dopiero ową ciągłość warunkują (Winkler 2009, s. 114).

Stąd pozostaje ważne podkreślanie, że instytucje i praktyki wychowawcze poprzez wytrwałe upieranie się przy jednej wizji wpływu przeszkadzają rozwojowi podmiotowości, która „z sukcesem przyswoi sobie te struktury i wyrośnie ponad nie" (Winkler 2009, s. 237), gdy tymczasem do głosu w dojrzałej wersji pedagogiki i jej ogólnych zasad w kwestii aktywności oddziaływania musi chodzić o „tendencję do stawania się zbędną" (Winkler 2009, s. 237). Ideę tę spotykamy u Radlińskiej (por. Radlińska 1961, s. 281), jak też upominałem się o nią osobno i przywołuję dalej. Uwzględnianie indywidualnej odmienności konkretnego wychowanka oraz jemu właściwego działania, w tym sił i zdolności do oporu jako aspektów rzutujących na jego odniesienie do interwencji wychowawczej, wymaga uznania, jak podkreśla Winkler, że „[p]aradoksalnie, działanie ukierunkowane na wspieranie i popieranie podmiotowości może okazać się udane, gdy aktualne intencje wychowawcy poniosą klęskę" (Winkler 2009, s. 239). Uwaga ta zwieńczona jest brzmiącym jak u Radlińskiej stwierdzeniem:

[...] jedynie sam wychowanek może uprawomocnić ukierunkowane na niego działanie. Pojęcie podmiotu stawia przed nami sprzeczną sytuację wyjściową: podmiot znajdujący się jeszcze w kryzysie musi być ujmowany jako podmiot (Winkler 2009, s. 240).

Istotne, jak się okazuje, „napięcie procesu uczenia się" wymaga rozwiązania dylematu dotyczącego tego, czy uznać podmiotowość za daną i tak ją traktować, mimo że się dopiero tworzy, czy za tworzącą się, mimo że musi być już dopuszczona do głosu (Winkler 2009, s. 240). Respektowanie konieczności obu biegunów tego dylematu stanowi warunek działania „społeczno-pedagogicznego", podkreśla Winkler, choć tak naprawdę dotyczy niezbędnych nastawień każdego procesu dydaktycznego i wysiłku wspierania rozwoju podmiotowości. Nie jest to więc jedynie „krytyczne obciążenie dla każdego pedagoga społecznego", by jego działania

[...] z jednej strony odpowiadały potencjalnym siłom podmiotu, a z drugiej tak je wykorzystywały, aby powiązanie jego [tj. podmiotu – L.W.] historii życia z modusem różnicy przestało mieć znaczenie (Winkler 2009, s. 240).

W języku Radlińskiej oznaczało to konieczność wykorzystania sił duchowych podmiotu, aby dało się je... zmienić i włączyć w przemianę ich własnego środowiska. Nie chodzi o nadzieję na samą zmianę (przemianę), ale o wpływanie na „niejasną jeszcze wolę zmiany" (Winkler 2009, s. 247) u podmiotu oddziaływania, przez co wymaga zrozumienia owa procesualna i relacyjna w dwubiegunowych uwikłaniach złożoność działań pedagogicznych, stanowiących „podwójną funkcjonalność", w jakiej działania te występują: własnego bieguna pedagoga oraz zdolności i woli do „samoorganizacji" po stronie wychowanka.

Złożoność pedagogiki społecznej wynika więc z faktu, że działanie społeczno-pedagogiczne w trakcie swej realizacji tworzy własne przesłanki i właściwy przedmiot przyswajania, jednocześnie jednak zależy od rzeczywistego czynnego przyswajania podmiotów (Winkler 2009, s. 247).

Zarazem mamy w tym ujęciu uwypukloną dynamikę oscylacji, wpisaną w przemieszczanie się między biegunami: możliwości wykorzystania treści udostępnianych działaniem pedagoga dla zmiany horyzontu percepcji i odniesienia do woli przemiany u adresata jako podmiotu takiego działania. Chodzi o korzyści rozwojowe z wyjścia z „rozsadzonej" (por. Winkler 2009, s. 273–274)[22] edukacyjnie ramy własnego usytuowania jednostki w jej świecie.

---

22 Autor nawiązuje do idei „rozsadzonej instytucji" Maud Mannoni jako mechanizmu otwierania się na miejsca poza ramą wyjściową życia (socjalizacji), w stronę tego, co Radlińska określa mianem urządzeń kulturowych. Te ostatnie umożliwiają pulsowanie, czy oscylowanie, jak zaraz przytoczymy, między miejscem życia, którego nie da się zakwestionować, a potencjalnym punktem odniesienia, który może przynieść doświadczenie poszerzania przestrzeni wydarzeń dla własnej subiektywnej tożsamości i dla jej odniesienia do jej środowiska wpisanego w świat

Podmiot, niewłączony w kolektywną praktykę społeczną, nie może zrezygnować z pierwotnego miejsca życia; jest na nie zdany jako na podstawę własnej egzystencji. Pozostaje więc tylko umożliwić mu **oscylację między tym, co wewnątrz, a tym, co na zewnątrz**; może on opuścić swoje miejsce, poszukiwać innego i odwiedzać je, a następnie wrócić do swego pierwotnego miejsca życia. Jego prawomocność nie jest kwestionowana, nawet jeśli zmienia się jego znaczenie. [...] Rozsadzenie miejsca nie stanowi negacji punktu wyjścia; ono wciąż trwa niezmiennie jako obiekt, który podmiot może wybrać, nie będąc do niego przykutym. Służy mu jako obszar powrotów i daje pozycyjną pewność w konfrontacji z wymogami stawianymi mu w świecie zewnętrznym. Jego subiektywność rozwija się w toku „alternacji pobytów", w oscylującym ruchu, w którym określi się przez pryzmat nowego wymiaru możliwej do przyswojenia obiektywności. Zyskując w ten sposób zmienioną biografię, podmiot przede wszystkim doświadcza siebie na nowo w refleksach świata zewnętrznego, nie musząc odczuwać tego procesu jako zagrożenia (Winkler 2009, s. 274).

Wspomniane „rozsadzanie miejsca" społecznego zadomowienia znakomicie współbrzmi z moim myśleniem o procesie wykorzystania „dydaktyki przeżycia" w kategoriach troski o efekt wybuchowy czy – jak u Radlińskiej – może obejmować dążenie do „przebudzenia" otwierającego oczy na efekty meliorowania środowiska. Widać ponadto, że relacja dotycząca środowiska jest u Radlińskiej dobitniej wrysowana w proces sprzęgania cybernetycznego, czyli dwoistego powiązania biegunów, które już dalej w relacji zewnętrzne – wewnętrzne nie występują, a dochodzi do procesu meliorowania duchowości poprzez otwarcie dostępu do nowych miejsc, obiektów i urządzeń kulturowych, dzięki którym podmiot ma szanse uczestniczyć z własnej woli w wysiłku spotkania ze znaczeniami mogącymi pomóc w „zdefiniowaniu samego siebie" (Winkler 2009, s. 275–276). Charakterystyka jednak tu przytoczona dobrze oddaje znacznie bardziej uniwersalny status wspomnianego mechanizmu „rozsadzania miejsca" w trosce o wzbogacanie więzi czy choćby tylko przejść do świata dziedzictwa kulturowego, poza wyjściowym obramowaniem socjalizacyjnym, gdyż to głównie „[w] wahaniu między jednym miejscem a drugim może powstać podmiot, który stawia sobie pytania o własną wolę" (Winkler 2009, s. 273 – sformułowanie M. Mannoni).

Zauważmy także, że obok wykorzystania przez Winklera odniesień do Eliasa, w skali nieporównywalnej w stosunku do polskiej pedagogiki społecznej, podobne budowanie nowej jakości teoretycznego zaplecza tej dyscypliny dokonuje się u tego autora poprzez wykorzystanie teorii działania komunikacyjnego Jürgena Habermasa, z uwypukleniem analiz przez pryzmat idei „roszczeń" strukturalnych oraz śledzenia „dyskursu" z punktu widzenia powiązań między pojęciami. Podobnie

---

obiektywny. Jürgen Habermas, przypomnijmy, nazywał to za Jeanem Piagetem mechanizmem decentracji jako generatora procesu rozwojowego.

Winkler wykorzystuje perspektywę filozoficzną Paula Natorpa dla podkreślenia, że jak u tego ostatniego i w jego słowach, zasługujących na podjęcie – a dodam, że także bliskich mojej strategii rozumienia tej sytuacji jako projektu filozoficznego i zaplecza teoretycznego programowanej dyscypliny –

> [...] pedagogika społeczna nie chce oznaczać części pedagogiki ogólnej, jednoczącej perspektywę społeczną i indywidualną, ani też jednostronnego oglądu problemów, lecz chce mieć charakter całościowej pedagogiki, wyrażający się w metodzie porządkowania i rozpatrywania wszystkich problemów pedagogiki z uwzględnieniem nadrzędnej perspektywy podstawowych stosunków między jednostkami w społeczeństwie. Wychowanie ma wprawdzie do czynienia z jednostkami, ale nie z jednostkami wyizolowanymi, lecz będącymi członkami wspólnoty (Winkler 2009, s. 55)[23].

Dla Radlińskiej kluczowe odniesienie dla pedagogiki społecznej od zarania jej projektu stanowi, moim zdaniem, fakt, że człowiek jest zawsze w dużym stopniu społecznie (poprzez własne środowisko i swój stosunek do niego) pozbawiony potencjału, jaki może zostać uruchomiony dzięki udrożnieniu jego dostępu do dziedzictwa kulturowego jako skarbnicy impulsów, mogących przeobrazić jego samego, w tym jego siły, którymi zwrotnie może przeobrażać to właśnie środowisko, a wraz z nim swój los społeczny i jakość wspólnoty rozmaitych zasięgów, nie wyłączając narodu. Stąd można tu z pewnością widzieć pewną zbieżność z perspektywą pedagogiki społecznej w ujęciu Radlińskiej a uwypuklanym stanowiskiem Winklera, stycznym w tym punkcie z Natorpem, wskazującym na „ogólny pogląd na jej [tj. pedagogiki społecznej – L.W.] ogólne zadanie", który podkreśla „podwójną relację między wychowaniem z jednej strony a wspólnotą i indywidualnością z drugiej strony, a mianowicie wpływ tego pierwszego zjawiska na drugie i odwrotnie" (por. Winkler 2009, s. 56, patrz przypis 21). Podobnie Winkler

---

23 Zauważmy, że Winkler uznaje to sformułowanie za ważny wkład Natorpa w stworzenie „podstaw myślenia o pedagogice społecznej", mimo że to nie oznacza uznania jego wkładu w „merytoryczne określenie dyscypliny" (Winkler 2009, s. 55). W przypadku Radlińskiej oba zakresy dokonań na rzecz pedagogiki społecznej się rzecz jasna zazębiają. Wygląda na to, że pedagogom niemieckim dokonanie Radlińskiej nie zostało dotąd uświadomione przez nikogo. Twierdzę także, że lektura koncepcji niemieckich, np. Winklera, w kontekście porównawczym z pracami Radlińskiej niesie pouczające akcenty, jak to ilustruję w tym fragmencie pracy, czym istotnie znowu różnię się od D. Urbaniak-Zając (2003). Powyższy cytat inaczej uwypukla relację między pedagogiką społeczną i pedagogiką ogólną w porównaniu z uwagami tamże, por. Urbaniak-Zając 2008, s. 256, 267. W szczególności pedagogika społeczna nasyca swoje rozważania odniesieniami dotyczącymi całości pedagogiki (i w tym sensie ogólnymi), ale wolnymi od pułapki widzenia procesów pedagogicznych „wyłącznie pojęciowo", co słusznie krytykował Winkler. Odpowiada to moim zastrzeżeniom wobec stylu uprawiania pedagogiki ogólnej w Polsce, określonego mianem „pedogóli" (por. Witkowski 2009, s. 601–627). Wartościowa pedagogika ogólna bez nasycenia wrażliwością pedagogiki społecznej nie ma szans powodzenia, przez co wartościowa pedagogika społeczna, np. w wydaniu Winklera czy Radlińskiej, staje się znacznie poważniej wartościową pedagogiką ogólną, niż to bywa uświadamiane.

znajduje dopowiedzenie, że z ujęcia Natorpa i wpisanych w nie związków filozofii i pedagogiki społecznej

> [...] wyniknąć musiałoby wychowanie oscylujące między pedagogiką kultury a pedagogiką osobowości, pośredni twór umożliwiający zarówno wzięcie pod uwagę osobliwości jednostki pod względem intelektualnym i emocjonalnym, jak i nadanie należytej wagi realizacji obiektywnych wartości wspólnotowych (Winkler 2009, s. 59)[24] –

wszystko to w wersji Radlińskiej oznaczało odniesienie do niewidzialnego środowiska kultury symbolicznej.

Jednym ze szczególnie cennych i filozoficznie dojrzale przywołanych dla pedagogiki społecznej wątków u Winklera jest odniesienie do dwuznaczności pracy w podejmowanych często oddziaływaniach w trosce o uruchamianie „energii duchowej" u wychowanków[25]. Nie darmo badacz podkreśla jako istotny akcent dla pedagogiki społecznej, że już „[u] Hegla widać wyraźnie, że status podmiotu i podmiotowość włączone są w dialektykę kształtowania i pracy" (Winkler 2009, s. 142).

Wiąże się to w szczególności z problematyką przyswajania sobie i przetwarzania treści kulturowych, stanowiącą wyzwanie społeczno-pedagogiczne, bo najczęściej „podmiot nie inicjuje ani procesu uczenia się, ani procesu rozwoju" (Winkler 2009, s. 164), albo też wystawia się na uzależniające lub ograniczone sytuacyjnie „dynamiki kryzysu" (Winkler 2009, s. 165) aż po rozmaite przejawy klęski nieadekwatności i „quasi-autystyczny stan" zdławienia wymiany z otoczeniem (Winkler 2009, s. 167). Dla Radlińskiej najpoważniejszy deficyt osobowy jako efekt ułomnej, uszkodzonej socjalizacji osobowej wyrażał się w braku praktyki i zdolności w zakresie wymiany jednostki z dziedzictwem kulturowym, niezdolnością do pracy na rzecz znalezienia do niego dostępu jako warunku kształtowania siebie i swojego losu, przez co kluczowe wyzwanie społeczno-pedagogiczne stanowiła „melioracja środowiska" jako punkt wyjścia procesu „melioracji duchowej", odzyskującej siły kształtowania osobowego, o czym piszę w stosownych partiach tej książki. Zarazem jednak podkreślam, że Radlińska była w pełni świadoma tezy, jaką stawia Winkler dla zrozumienia dramaturgii sytuacji społeczno-pedagogicznej, że należy uznać, iż wobec rozmaitych przejawów marginalizacji i wykluczenia

> [...] praca społeczna nie może już orientować się według tradycyjnych wyobrażeń normalności. Niemożliwe jest jej samookreślenie w oparciu o myśl o reintegracji. Musi wspierać procesy kształtowania bez możliwości decydowania o tym, w jakim kierunku one pójdą (Winkler 2009, s. 215).

---

24 Winkler przywołuje tu stanowisko Maxa Gritschnedera z 1921 roku, zatem czasowo wpisane w tę samą epokę jak ta, w której budowane były zręby myśli Radlińskiej.

25 Temu odniesieniu w dyskursie społeczno-pedagogicznym autor poświęca cały piętnasty rozdział swojej książki, tu przywoływanej ze względu na jej trop dwoistości (por. Winkler 2009, s. 216–232).

Winkler istotne uwagi poczynił w nawiązaniu do „miejsca pedagogicznego" z jego dwoistością, polegającą na „przecinaniu się" dróg wykluczenia i wychowania (dyscyplinowania i uruchamiania procesu uzyskiwania energii duchowej) – oto „pojawiła się ambiwalencja" w zakresie działań „socjalnych techników", którzy szczególną strategią działania mają przywrócić jednostki do funkcjonowania w zgodzie z roszczeniami i nadziejami życia społecznego, łącząc wartość dyscypliny z wartością wolności podmiotowej (Winkler 2009, s. 218–219). Niemiecki teoretyk pedagogiki społecznej wskazuje na immanentną złożoność miejsca i działania pedagogicznego, niosącą „[d]wuznaczność dyskursu społeczno-pedagogicznego" związaną z odniesieniami zarówno do wolności i podmiotowości z jednej strony, jak i do siły oczekiwań, nadziei i roszczeń społecznych z drugiej. Każde „miejsce pedagogiczne" jest więc nasycone sprzecznością strukturalną, wyrażaną owymi terminami dwuznaczności czy ambiwalencji, a wynikłą z dwóch biegunów, które muszą być w nim uwzględniane, grożąc jednostronnymi przerostami.

> Może w nim przebiegać uwalniające działanie, które daje podmiotowi siłę, by odnaleźć siebie samego, i formę aktywności zmieniającą jego samego oraz istniejące okoliczności. Ale w równym stopniu mogą w nim dominować kara i panowanie, przechowywanie, tresura i techniczne zarządzanie (Winkler 2009, s. 219).

U Radlińskiej nie występują rzecz jasna takie zwroty i określenia, które by dobitnie eksponowały „system pełen napięć" czy wskazywały na treści i procesy „wewnętrznie ambiwalentne i sprzeczne" w dyskursie i działaniach społeczno-pedagogicznych – jak to wyraża Winkler, mówiąc o kształtowaniu „duchowych energii" w procesie oddziaływań (Winkler 2009, s. 220) – ale przecież w praktyce Radlińska doskonale zdaje sobie sprawę ze złożoności i zagrożeń stojących przed pedagogiem społecznym. Ma to miejsce chociażby wówczas, gdy rozpoznaje groźbę ubezwłasnowolnienia w sytuacji opieki, a także wtedy, kiedy akcentuje troskę o wykorzystanie przekształcanych sił człowieka pozyskiwanych do przekształcania jego własnego środowiska.

Kapitalnym miejscem do wyzyskania i dalszego rozwoju dyskursu pedagogiki społecznej okazuje się, jak to uwypukla Winkler, jego stosunek do złożoności posługiwania się oddziaływaniem w kategoriach pracy czy sytuacji rodzących poczucie kary oraz niosących kryterium „uspołecznienia". W praktyce pedagogicznej bowiem

> [o]ddziaływanie jest podwójne – poprzez tworzenie realności pracy społecznej i jej form oraz poprzez korygowanie świadomości uczestników. [...] Praca i zdolność do pracy są wyznacznikami decydującymi o zaklasyfikowaniu do określonych miejsc wykluczenia.

W pojęciu „praca" mieści się nośny filar dyskursu społeczno-pedagogicznego. W nie mniejszym stopniu cechuje je oczywiście także ambiwalencja: myślenie o pracy można łączyć z umiejętnością autoreprodukcji, urzeczywistniania siebie, ale także z warunkiem społecznej wolności. Oznacza ono, że jednostka uzewnętrznia się w swym produktywnym działaniu, zmienia rzeczywistość, podporządkowuje własnym celom przyrodę i warunki życia, a wreszcie uspołecznia się w zbiorowych układach powiązań pracy. Ale jednocześnie pojęcie to obejmuje wyobcowanie i podporządkowanie oraz wyzysk i oddanie innym własnej produktywności. [...] Pojęcie pracy przenosi do dyskursu społeczno-pedagogicznego trwałe napięcie między wysiłkami ukierunkowanymi na wykształcenie w jednostkach zdolności do pracy w celu odkrycia drzemiących w nich potencjałów humanizacyjnych a staraniami zorientowanymi na wytresowanie ich do pracy, wystawianie na odzierające z człowieczeństwa oddziaływania [...] (Winkler 2009, s. 223–224).

Przytaczam te akcenty u Winklera także dlatego, że niosąc perspektywę pozwalającą na porównania z narracjami wpisanymi w prace Heleny Radlińskiej – które tu w tle pozostają niezmiennym punktem odniesienia – uruchamiają zwrotnie strategie badawcze dotyczące zarówno dokonań wielkiej twórczyni polskiej tradycji społeczno-pedagogicznej, jak i programowania rozwoju całego dyskursu i praktyki pedagogicznej. Zdumiewać już tylko może maniera środowiska polskiej pedagogiki, wyobrażającego sobie, że jest jeszcze wartościowa jakaś odrębna „pedagogika pracy", nie mówiąc o „pedagogice ogólnej" czy innych dyscyplinach, które nigdy nie zbliżyły się dotąd do takiego problematyzowania własnych kontekstów dyskursu i praktyki oraz nie umiały wykorzystać dorobku z innych porządków narracji pedagogicznej. Tymczasem rozważania Winklera czy Radlińskiej są osadzone w kwestiach tych sztywnych podziałów narracyjnych głębiej, niż ich rzecznicy są w stanie to odgadnąć czy sami to podjąć[26].

Podzielam w pełni tezę Winklera, że „pedagogika społeczna stanowi próbę wiodącą po prostu ku pedagogice", widzianej w kontekstach realnej praktyki i dramatów życiowych, bez zadowalania się jedynie porządkowaniami pojęciowymi (Winkler 2009, s. 104). Nie jest przypadkiem, że „pedagogika społeczna nie może być odkrywana w toku refleksji nad pedagogiką ogólną" (Winkler 2009, s. 104), a nawet jest odwrotnie. Pedagogika społeczna w najlepszych swoich postaciach wykonała więcej roboty pedagogicznej o charakterze ogólnym niż sama nominalna pedagogika ogólna, w wersji polskiej spłycona niemożliwie. Nie dziwi, że Winkler dopuszcza, iż

[...] pedagogika społeczna stanie się realną – w porównaniu z historyczną postacią pedagogiki w ogóle, a tym samym będzie rzeczowo identyczna z tym, co pedagogika ogólna próbuje rozpatrywać (Winkler 2009, s. 104).

---

26 Tezy te zasługują na odrębne rozważania i ilustracje, których tu rzecz jasna nie mogę podejmować. Niech wystarczy, że mam dla nich szereg rozwinięć i uzasadnień, które zamierzam przybliżyć osobno. Tymczasem jedynie zauważmy, że kategorie dwoistości, ambiwalencji, antynomii strukturalnych nie są zwykle w takich podejściach ani wykorzystane, ani nawet przeczuwane. A to jest kwestia głębokości dyskursu i jego osadzenia w zaawansowaniu współczesnej humanistyki oraz najlepiej rozwijających się narracji pedagogicznych. Wspomniane opóźnienia dyskursu i wiedzy są już irytujące i niedopuszczalne.

Żeby podkreślić wagę tego kontekstu, przytoczę w innym tłumaczeniu pełną wersję analogicznego sformułowania Winklera, przywołanego przez Heinza Sünkera w tekście, w którym odwołania do tego badacza są nader istotne dla obrazu ewolucji dyskursu pedagogiki społecznej w Niemczech:

[...] pedagogika społeczna staje się realną historyczną postacią pedagogiki w ogóle, tym samym staje się identyczna rzeczowo z tym, czego poszukuje pedagogika ogólna. Więcej nawet: w słowie o rzeczywistym zdarzeniu zaznacza się, iż w pedagogice społecznej stają się realnymi i konkretnymi nawet te momenty, które w pedagogice ogólnej ujmowane są tylko pojęciowo (za: *Pedagogika społeczna i praca socjalna...* 1998, s. 61).

Badacz niemiecki sam zresztą przyczynia się do takiego teoretycznego namysłu nad dyskursem społeczno-pedagogicznym, kiedy wskazuje na korzyść z troski o zachowanie niezbędnego minimum specyfiki pedagogiki społecznej, wychodząc z przekonania, że wprawdzie „każda pedagogika realizuje się w pewnych miejscach" (instytucjach czy urządzeniach kulturowych – jak by powiedziała Radlińska) i miejsce oraz podmiotowość stanowią ogólne kategorie każdej pedagogiki, ale zarazem

[c]echa wyróżniająca pedagogikę społeczną wiąże się nie tyle z refleksją dotyczącą podmiotu, ile ze zorientowaną teoretycznie i metodycznie świadomością znaczenia miejsca. W pojęciu miejsca odnajduje się punkt zaczepienia, dzięki któremu możliwa staje się odpowiedź na specyficzną postać problemu społeczno-pedagogicznego (Winkler 2009, s. 235–236).

I tu dochodzimy do miejsca, *nomen omen*, w samym dyskursie metapedagogicznym, gdzie podejście Radlińskiej okazuje całą swoją genialność humanistyczną, przenikliwość kulturową oraz ogólną wagę pedagogiczną, o głębi przekraczającej analizy Winklera. Chodzi bowiem o wyjątkowość teoretyczną i praktyczną owego „miejsca", która wymaga „melioracji środowiska" społecznego jednostki z wykorzystaniem „niewidzialnego środowiska" kulturowego dla odzyskania potencjału wpisanego w dziedzictwo kulturowe jako źródło powstawania sił człowieka i jego zdolności do postawy emancypacyjnej, zorientowanej dalej twórczo na przekształcanie owego miejsca. Ta filozofia miejsca w wydaniu Radlińskiej ma w swoim rozpisaniu wiele z tropów, jakie dopiero dekady po niej dochodzą do głosu albo i nie dochodzą, gdy brakuje zrozumienia i kontynuacji jej wysiłku. Powyższe analizy, jak również cała przedsięwzięta tu praca mają na celu uczynić wyłom w owym zapóźnieniu wobec Radlińskiej wielu z najnowszych dokonań w pedagogice społecznej, a także mają służyć posuwającemu sprawy do przodu rzuceniu nowego światła na wartość dzieła, jakiego nadal nie jesteśmy ani świadomi, ani godni jako jego nominalni spadkobiercy czy depozytariusze.

Winkler rzecz jasna dopowiada dobitnie uwagi, które pełniej odzwierciedlają przełom dwoistości, jak chociażby w stwierdzeniu, że „[c]entralne w pedagogiczno-społecznym dyskursie pojęcia »podmiot« i »miejsce« stoją wobec siebie w dialektycznym stosunku" (Winkler 1998, s. 50). Ów stosunek wskazuje na ich wzajemne powiązanie i niezbędność jednego dla drugiego, gdyż w szczególności chodzi o zdolność do diagnozowania, krytyki i przezwyciężania sytuacji, gdy jakieś „pedagogiczno-społeczne miejsce utrudnia rozwój podmiotu". Wówczas niezbędne mogą być zarówno nowe urządzenia i utorowanie dostępu do treści kulturowych, jakich dane miejsce jest pozbawione, co rzutuje na kompetencje podmiotowe jego uczestników, jak i konieczna może się okazać „deinstytucjonalizacja" w danym miejscu oddziaływania na podmiot (Winkler 1998, s. 50).

Dopowiem na marginesie, że uwagi Winklera są mi dodatkowo bliskie, ponieważ pozwalają na wspólne nam (por. Witkowski 2007b, por. rozdział „O paradoksach marginalizacji", s. 301–324), jak sądzę, postrzeganie np. kwestii marginalizacji społecznej jako nie tylko stanu pod presją deprywacji, jakiej podlega jednostka czy grupa, lecz także jako wyrazu podmiotowej decyzji dotyczącej skali wycofania, odmowy interakcji czy podmiotowej zmiany perspektywy wartościowania relacji i gestów. Łącznie może to stanowić wybraną „realność podmiotową", którą pracownik społeczny musi umieć wziąć pod uwagę. O skali trudności z tym związanej świadczy wskazanie przez Winklera wręcz na „fundamentalny przełom", jakiego taka nowa perspektywa wymagała np. w psychiatrii, jeśli chodzi o stan i postawę pacjenta, a dalej w odniesieniu do autyzmu, co warto przywołać.

Nowa perspektywa polega na tym, że można jego stan ujmować także jako formę subiektywnego kształtowania życia, która wymaga odczytania w jej indywidualnej logice. Jeszcze wyraźniej pokazuje to drugi przykład – problem pedagogicznej opieki i wspomagania autystów. „Laicy" spostrzegają ich jako nieaktywnych, pozbawionych stosunku do świata, jako uosobienie braku podmiotowości. Ale dzięki pedagogicznej teorii rozwijającej ujęcie podmiotowości, możliwe staje się postrzeganie także autyzmu jako formy subiektywnego stosunku do świata, którą wybrał podmiot (Winkler 1998, s. 49).

W szczególności da się zobaczyć napięcia interakcyjne w sytuacji niesienia pomocy czy proponowania rozwiązań kryzysowej sytuacji, polegające na odmowie współdziałania albo wręcz wrogości, jako wpisane w realnie istniejące uwarunkowania podmiotowości, a nie jako znamiona ich braku. Niezbędne okazuje się uruchamianie procesu „ewolucyjnego postępu", jak to nazywa Winkler (Winkler 1998, s. 44), polegającego głównie na paradoksie dwoistego efektu, wyrażającego się tym, że rozwiązanie problemu (czy jego podjęta próba) doprowadza jednocześnie do zmiany samego... rozwiązującego czy próbującego.

Na koniec tych przywołań myśli Winklera, wykorzystujących ich cyrkulację w formie dostępnej już w Polsce, zauważmy, że w ostatnim tekście publikowanym u nas wskazywał on na dwustronność działań w zakresie pracy socjalnej określaną mianem „dwulicowości", choć zapewne bardziej finezyjne tu skojarzenie wymaga dostrzeżenia stosowanego już przeze mnie terminu „dwulicość" na oznaczenie oblicza janusowego, jakie trzeba umieć pokazać jako emanację boskości, a nie cynicznego upadku. Winkler posługuje się wspomnianą „dwulicowością", aby zilustrować dwa oblicza sytuacji działania w warunkach kryzysu dotykającego jednostki i niosącego zagrożenie społeczne. Z jednej strony bowiem praca socjalna jest „związana z kontrolą społeczną, z monitoringiem osób niedostosowanych i formami ich dyscyplinowania", przez fakt, że jej podstawy, jak również założenia polityki opiekuńczej stanowiły „przesłanki *stricte* funkcjonalne", zdominowane troską o integrację społeczną, wymagającą przestrzegania norm i reguł (por. Winkler 2010, s. 14–15). Ale jest i druga strona medalu, druga twarz działania pracy socjalnej, bliska już misji pedagogiki społecznej stawiającej na „rozwój humanistyczny" podmiotowości podopiecznych, na wsparcie w warunkach kryzysu tożsamości; wsparcie oferujące pomoc „modyfikującą okoliczności kryzysu w taki sposób, aby ludzie mogli się rozwijać i ponownie odnaleźć swoją autonomiczność" (Winkler 2010, s. 14–15). To drugie oblicze działania wiąże się z misją, w ramach której

> [p]edagogika społeczna przejęła przede wszystkim idee uświadamiania tego, że ludziom należy się uznanie i godność, że mogą domagać się kształcenia i kultury, że przede wszystkim mają prawo do wolności i autonomii (Winkler 2010, s. 14–15).

Tak więc stawianie na prawa indywidualne, uzyskujące wsparcie, oraz na zobowiązania społeczne, za każdym razem egzekwowane instytucjonalnie, stanowi rodzaj dwustronności zaangażowania, które dla wielu ma charakter dylematu: „co wybrać?". Chęć ujednostronnienia tego wyboru jawi się jako groźne znamię kryzysu pracy socjalnej, podkreśla Winkler, pisząc, że praca socjalna coraz częściej:

> Zamiast kontynuować projekt krytyki społeczeństwa, zamiast humanizacji i wyzwolenia ludzi, zamiast forsowania wsparcia w walce o autonomię, staje się ośrodkiem zwierzchnictwa, zaczyna wykonywać władzę. Francuski socjolog Pierre Bourdieu już dawno przewidywał taką możliwość. Pisał, że można działać jako lewa lub prawa ręka państwa. Lewa ręka walczy o ludzi w potrzebie, chce im pomóc, prawa tymczasem wywiera przymus, poddaje ich ustalonemu porządkowi, „tresuje" ich w interesie kapitału. Kryzys pracy socjalnej polega na tym, że nie chce pozostawać lewą ręką, lecz że działa jak ręka prawa. Coraz częściej przejawia tendencję do występowania jako agencja kontroli i dyscyplinowania ludzi (Winkler 2010, s. 19).

Dokładnie, wydaje mi się, trzeba by nie tyle widzieć tu jedynie asymetrię zmieniającą proporcje, ile wręcz zapomnienie o podwójnej, dwubiegunowej i stąd dwoistej misji, jaka spada na pracę socjalną, która nie może zapomnieć o żadnym z tych dwóch biegunów swojej misji, ale ostatecznie swoje zadania musi realizować środkami społeczno-pedagogicznego wciągania jednostki w troskę o siebie i troskę o własne środowisko jako dwie strony jednego wyzwania. Z jednej strony mamy troskę o

> [...] podporządkowanie [...] względem procedur kontrolnych prowadzonych przez ekspertów, do grona których pracownicy socjalni sami się zaliczają,

podczas gdy z drugiej strony chodzi o postawę bliską utopijnie kojarzonej pedagogice społecznej, „która stawia w centrum uwagi podmiotowość człowieka, jego wolność i samostanowienie" i gdzie chodzi o

> [...] [w]zmacnianie podmiotowości tak, aby ludzie sami sobie radzili sobie z przemianami społecznymi, ale przede wszystkim, żeby je kształtowali (Winkler 2010, s. 23).

Czy o coś innego chodziło Radlińskiej w jej wizji pedagogiki społecznej? Najwyższa pora, aby posłanie programujące pedagogikę społeczną w Polsce było rozumiane w bliższej wspólnocie ze strategią, o którą upomina się omawiany tu Winkler. Jego wyczulenie na problematykę dwoistości jest nieosiągalne dla przeciętnego pedagoga społecznego w Polsce, a zatem i dla dojrzałej refleksyjnie (więc i krytycznej, i twórczej) wierności posłaniu Radlińskiej. Nie wydaje mi się przesadą wskazanie na wspólnotę wrażliwości Radlińskiej i Winklera, gdy ten ostatni sugeruje, że poważnie traktowana i rozwijana „pedagogika społeczna mogłaby stać się płaszczyzną dla etycznej debaty o teraźniejszości i przyszłości społeczeństwa"[27].

O paradoksie spóźnionego „nowego podejścia do edukacji"

Idee Heleny Radlińskiej, których zasadnicze ogniwa dojrzewały w okresie międzywojennym, mają, jak było widać na przykładzie Zygmunta Mysłakowskiego, równoległe swoje odpowiedniki, osobno wpisane w strategię metodologiczną uwzględniającą zadanie rozumienia oraz analitycznego i krytycznego wykorzystania w badaniach i praktyce edukacyjnej zjawiska sprzężenia zwrotnego między jednostką i jej środowiskiem. W rozmaitych ujęciach jest to wyrażane zgodnie z rozumieniem, że wartość i siła podmiotowa człowieka przejawiają się także tym, iż wraz ze swoim rozwojem może się on przyczyniać do kształtowania i przekształcania uwarunkowań środowiskowych dla siebie i kolejnych pokoleń. Narodziły się tym samym zręby perspektywy „ekologicznej" w pedagogice, równolegle do tego, co działo się w innych obszarach refleksji humanistycznej na świecie. W szczególności pozwala to postulować rozmaite konsekwencje dla dydaktyki ogólnej czy pedeutologii chociażby. Prace Radlińskiej są kopalnią podpowiedzi dla tych i wielu innych

---

27 Na ten akcent u Winklera zwraca uwagę D. Urbaniak-Zając (2003, s. 164).

dyscyplin, gdyby umiały się zdobyć na ich odczytywanie kształtujące zarówno inną kulturę interakcji, jak i inną interakcję z... kulturą humanistyczną. Wystarczyłoby, aby uczący innych umieli się bardziej systemowo uczyć... od innych, czerpiąc z istniejącego dorobku jako przedmiotu samokształcenia oraz podstawy budowania i rozwijania nowego organizmu społecznego w sferze społecznego sprzyjania rozwojowi podmiotowości nowych pokoleń, zainteresowanych ich „uobywatelnieniem" czy wykorzystaniem potencjału dziedziczonej kultury, jak to postulowała sama Radlińska.

O tym, że takie procesy nie przebiegają na podobieństwo stabilnego wzrostu drzewa czy gmachu wiedzy, tylko są uwikłane w bardziej skomplikowaną dramaturgię zaniechań, nieciągłości, ponownych odkryć, spóźnionej recepcji lub nieświadomości analogii, świadczy wiele przykładów, z których warto przywołać choćby jeden z niedawnych. Oto bowiem w 2002 roku ukazała się książka (por. Keiny 2002)[28] sugerująca pojawienie się „myślenia ekologicznego" jako „nowego podejścia do edukacyjnej zmiany", której szereg idei – mimo ich pełniejszego rozwinięcia o dokonania z lat 70. XX wieku – miało dojrzewać w kolejnych dwudziestu latach końca XX wieku. Tymczasem w istocie stanowi wyraz trosk przyświecających pół wieku wcześniej Helenie Radlińskiej w jej rozumieniu tego, jak jest możliwe doprowadzenie do oddziaływań oświatowych adresowanych także do dorosłych, dzięki którym „zmiana edukacyjna" będzie stanowiła nową jakość w indywidualnym życiu, w zakresie funkcjonowania całych środowisk i dynamiki rozwoju społecznego.

Autorka pracy, Soshana Keiny (2002), zostaje tu przywołana jako świadectwo tego, jak rozmaite tezy i ogniwa dawno zaistniałego sposobu myślenia Radlińskiej stają się dopiero w dyskursie pedagogiki na forum międzynarodowym znamieniem nowatorstwa i własnych odkryć. Zarazem unaoczniają one, że to, co dla wielu interpretatorów u nas uchodziło za przejawy „swoistości" myślenia wielkiej twórczyni pedagogiki społecznej, jako swoistości jej szkoły czy tradycji z niej się wywodzącej, ma tak naprawdę walor znacznie bardziej uniwersalny, dopiero stopniowo przebijający się jako „nowe podejście". Wskażę tu kilka przejawów tej rzekomej nowości, oczywiście bez intencji lekceważenia, wręcz przeciwnie, jak dowód na zazębianie się zjawisk w świecie idei w sposób wskazujący także na potrzebę „ekologicznego

---

28 Praca wydaje się pokłosiem „niedawnego" doktoratu autorki, która się do niego odwołuje (por. Keiny 2002, s. 31). Dziękuję Z. Kwiecińskiemu za zwrócenie mi uwagi na tę pozycję i umożliwienie zapoznania się z książką oraz wspólne dyskusje wokół niej. Omawiana praca jest dla nas głównie świadectwem opóźnionego dojrzewania, także wśród młodego pokolenia badaczy w innych krajach (tu w Izraelu), idei mających swoje głębokie rozwinięcie już w dorobku Heleny Radlińskiej. Nieobecność tego dorobku w świadomości pedagogiki na świecie opóźnia dynamikę rozwoju dyscypliny i zakłóca jakość „ekologii idei" w jej obszarze, gdyż wspomniana autorka skłonna jest pisać o promowanych ideach jako własnym dokonaniu („*my paradigm*" czy „*my conception*") (por. Keiny 2002, s. 26, 177). Najwyraźniej zatem nadużywa terminu „paradygmat", przypisując go sobie, wbrew wymogowi ujmowania go jako przejawu wspólnoty środowiskowej.

myślenia" w sferze losu samych idei. Wystarczy zauważyć, że podsumowując efekty swojej wizji praktyki edukacyjnej, wyłaniającej się z „ekologicznego myślenia" jako podstawy „nowego" ujęcia pedagogiki, Keiny wskazuje, iż istotne jest tu uwypuklenie teorii „przeżycia" w edukacji, by była to „żywa edukacja", w której chodzi o „życie" treściami czy o „doświadczanie wartości edukacyjnych", a nie jedynie o eksponowanie ich (Keiny 2002, s. 203); tu przyjmowanie treści ma być sprzęgane z ich uczeniem, co da się ująć jako przejście od przejmowania treści do przejmowania... się nimi w efekcie oddziaływań, gdyż „rozwój" intelektualny czy zawodowy ma być traktowany jako „część osobistego wzrostu, tworzenia własnego programu, tak jak życie oznacza tworzenie własnych form życia" (Keiny 2002, s. 203). Wiemy doskonale, jak ważne dla Radlińskiej było wskazywanie na taki sposób widzenia kryterium docierania treści do odbiorcy w procesie oddziaływań pedagogicznych. W związku z tym można spokojnie orzec, że „pedagogika przeżycia" w teorii nie jest wynalazkiem początku XXI wieku, i to jeszcze osobistym Keiny, jak się wydaje samej tej autorce, cytującej w tej kwestii inspiracje z lat 90. XX wieku. Łącznie jednak widzi ona tu radykalną nowość pedagogiczną, „otwierającą dyskurs" na nowe pytania (Keiny 2002, s. 205). Jak czytamy w jej najnowszej wersji przykrawającej to myślenie głównie do realiów szkolnych:

> Oparte na sprzężeniu zwrotnym (*circular causality*), refleksyjności i samoorganizacji myślenie ekologiczne oznacza nowe pojęcie uczenia się, nauczania, programu i roli nauczyciela, jak też nową koncepcję zmiany edukacyjnej (Keiny 2002, s. 177)[29].

W przedmowie do wspomnianej książki John Elliott podkreśla, że chodzi tu o zastąpienie podejściem ekologicznym dominacji „linearnego myślenia" o efektach edukacji, a zarazem o wykroczenie poza zawężające ujęcia „badania w działaniu" w pedagogice w stronę uwzględniającą poważniejsze „problemy przekształcania doświadczeń programowych" uczniów i studentów w ich edukacji (por. Keiny 2002, *Przedmowa*) niż związane z efektywnością (w tym dyscypliną) nauczania. Niezbędna okazuje się zasadnicza „rekonceptualizacja relacji" edukacyjnych, biorąca pod uwagę także „modele epistemologiczne" i stosunek do treści programowanych dla kształcenia. W szczególności koniecznością staje się **odchodzenie od sztywnej ramy sylabusa dla programu edukacyjnego** (por. Keiny 2002, druga strona „przedmowy", nienumerowana)[30], jeśli edukacja ma realnie służyć doświadczeniu

---

29 Jak się dalej okaże, ten sposób skupienia się na środowisku szkolnym niesie w sobie istotne ograniczenia, których nie ma perspektywa Heleny Radlińskiej.
30 Jest to kapitalne w obliczu tendencji do terroryzowania edukacji w Polsce naiwnym i szkodliwym parametryzowaniem i zapisywaniem w postaci efektów kształcenia niemal wszystkich działań programowych, znamionującym narastające szaleństwo formalizmu i biurokracji w zarządzaniu procesami kształcenia. Nie pierwszy to raz, gdy spóźnieni ustanawiamy skrajność normy, której patologiczny charakter zostaje już rozpoznany gdzie indziej. Tu nie likwiduje się, podkreślmy, wagi oceniania efektów kształcenia, a jedynie podkreśla się potrzebę wypracowania

rozwoju, a nie egzekwowaniu zgodności z mniej czy bardziej ułomną jego parametryzacją. Sylabusy tak jak standaryzacja okazują się obosiecznymi środkami kształtowania działań edukacyjnych, najważniejsze staje się (daleko to od Radlińskiej?) wciąganie uczniów w działania samokształceniowe z dużą dozą zachęty do samodzielności wysiłku i brania odpowiedzialności za własne wybory. Czyni to zatem normatywność programową edukacji bardziej subtelną, ale nie usuwa jej całkowicie, nakładając obowiązek troski w zakresie sprzężenia zwrotnego między jakością refleksji w działaniu edukacyjnym a możliwościami uruchamiania „samoorganizacji" procesu kształcenia z programowym wsparciem aktywnego nauczyciela, ale bez sztywnego gorsetu egzekwowanego sylabusa. Zakładnikami bowiem takiej sztywności jednokierunkowego dostosowania do miar i ewaluacji według parametrów sylabusa są zarówno nauczyciel, uczeń, jak i sama edukacja, niszcząca w tym trybie przestrzeń do sprzyjania procesom samoregulacji strukturalnej doświadczenia edukacyjnego jego uczestnikom (Keiny 2002, trzecia strona „przedmowy", nienumerowana). Osłabiając nieco sugestię Elliotta, widzącego tu rozłączną alternatywę, można stwierdzić, że nie chodzi tu o pęknięcie i rozłam między dwoma biegunami, ale o dostrzeżenie ich napięcia i skonfliktowania. Występuje ono między pracą edukacyjną, stymulowaną pedagogicznie w trosce o szeroki rozwój osobowy, oraz tą sterowaną standardami w trosce o wąskie efekty programowe w zakresie wiedzy czy umiejętności praktycznych. Wobec tego kluczowe okazuje się dążenie do tworzenia „wspólnot uczących się" (Keiny 2002, trzecia strona „przedmowy", nienumerowana), mających prawo do dokonywania restrukturyzacji zadań programowych poza ich sztywnymi przejawami w postaci osiągania celów i poziomów, w poprzek podziałów oraz poza wąskimi i zafiksowanymi kryteriami.

We wstępie do książki S. Keiny stwierdza konieczność poczuwania się do odpowiedzialności za jakość edukacji także w warunkach utraty możliwości kontroli nad nowym pokoleniem, co wymaga skupienia na trosce o jakość interakcji w procesach pedagogicznych. Jednym z kapitalnych sformułowań, postulowanych dla nowej, ekologicznej wizji edukacji, jest kojarzenie osoby „edukatora" z rolą bardziej rolnika niż polityka, gdyż oddziaływanie bardziej przypomina „»sianie na

---

„nowych kryteriów ewaluacji", zdolnych do wartościowania i stymulowania perspektywy ekologicznej w rozumieniu rozwoju poznawczego i jakości procesu kształcenia. Biurokratyczne kryteria mogą równie dobrze patologizować tryb ewaluacji działań edukacyjnych. Wspomniany postulat nowych kryteriów ewaluacji formułuje Keiny w trosce o nową jakość „praktyki ewaluacji", z udziałem wspólnoty, której to dotyczy (por. Keiny 2002, s. 21–22). Ewaluacja wpisana w proces kształcenia nie tylko ma obejmować ocenę zgodności efektów z sylabusem, lecz także zwrotnie musi umieć się odnieść do wartości samego sylabusa jako ramy organizacji rozwoju poznawczego, na którym może zależeć twórcom programu. Ewaluacja procesu kształcenia nie może być oceną samych kształcących się, musi się sprzęgać z krytycznym podejściem do samej ekologii uruchomionego procesu (por. Keiny 2002, s. 25). W szczególności bowiem chodzi nie tylko ani nie tyle o to, aby kształcenie było efektywne, ile o to, by było znaczące dla uczącego się (por. Keiny 2002, s. 39).

wietrze« z oczekiwaniem kiełkowania jednych ziaren o czasie, innych z opóźnieniem, a innych zupełnie nie [dających plonu]", co niesie – jak czytamy – „obraz jakże odmienny od dominującej idei edukacji jako procesu manipulacji i kontroli" (por. Keiny 2002, *Przedmowa*). Genezę idei własnej książki autora wyraża także w terminach „kiełkowania" przez lata „nowej perspektywy" widzenia własnych doświadczeń (Keiny 2002, trzecia i czwarta strona wstępu, nienumerowane) oraz stopniowego rozpoznawania „możliwości uśpionych (*dormant*) w środowiskach społeczno-kulturowych i technologicznych jako zasobów uczenia się" (por. Keiny 2002, s. 140). Takie pojęcia, jak: „sianie", „kiełkowanie", „uśpienie", „budzenie", były wpisane, jak wiadomo, w strategię narracji Heleny Radlińskiej, często traktowaną jako jej swoistość.

Interesująca jest tu również analogia specyfiki kontekstu politycznego rodzenia się idei podmiotowości, uzyskiwanej dzięki edukacji w zakresie zdolności do zmiany własnego środowiska i nabywania pełnych praw obywatelskich, między Keiny, jako autorką oswojoną z losem diaspory żydowskiej i jej potrzebami, a Radlińską, która odnosiła się do przezwyciężania losu narodu pozbawionego swej państwowości i poczucia pełnoprawności obywatelskiej pod zaborami. Zarazem czytamy formułę kluczową dla pedagogiki społecznej w rozumieniu Radlińskiej oraz podstawową dla pedagogiki ekologicznej w ujęciu Keiny:

> Jako jednostki ludzkie (*humans*) mamy zdolność przetwarzania naszego świata, rekonstrukcji naszego społeczeństwa i kultury, które z drugiej strony stanowią podstawę naszej tożsamości,

a wszystko to jest możliwe dzięki temu, że – jak to rozpoznaje „myślenie dialektyczne" – funkcjonujemy w

> [...] pejzażu [...] dialektycznych relacji między jednostką i jej grupą odniesienia, wzajemnością [oddziaływań – L.W.] między osobą i jej wspólnotą, kulturą i wiarą (Keiny 2002, *Przedmowa*)[31].

Osobnym doświadczeniem pedagogicznym, którego nie wolno lekceważyć, jest stwierdzenie, jak podkreśla Keiny, „pęknięcia między jawnym zachowaniem uczniów w klasie" w obliczu niezrozumiałych dla nich treści i procedur w trybie ich uczenia a „skrywanym poziomem realnego [nie]rozumienia", o którym zwykle nauczyciele nie mają pojęcia, niezdolni do zrozumienia środowiska uczenia się, które sami tworzą, i do ogarnięcia własnego doświadczenia, mimo zwykle dużego potencjału profesjonalnego (Keiny 2002, trzecia strona wstępu, nienumerowane).

---

31 Jak się okaże, nazwane dialektycznym postulowane myślenie uwzględnia przede wszystkim powiązania o charakterze dwoistym, czy – jaka daje temu wyraz autorka – wymaga widzenia tu mechanizmów cybernetycznych, zresztą pod wpływem G. Batesona, którego ujęcie ekologii uwzględniam tu w odrębnym rozdziale książki.

Niezbędne okazuje się zatem wydobywanie ukrytej "wiedzy milczącej" (*tacit*) nauczycieli.

Autorka podkreśla, że środowisko uczące, zbudowane hierarchicznie i mające za zadanie przekazywanie wiedzy i wdrażanie kompetencji, musi ulec zmianie i stać się "wspólnotą uczących się", zaangażowanych w możliwie niehierarchiczne współdziałanie w wytwarzaniu aktywnego stosunku do ukierunkowania programu kształcenia, z dawaniem sobie prawa do wpływania na niego (por. Keiny 2002, s. 5). W nowej perspektywie istotne staje się dążenie do tego, aby działania tej wspólnoty nie były zinstrumentalizowane, by nie były zdominowane zadaniami formalnymi, tylko stanowiły wyraz troski o jakość relacji między uczestnikami, o wartość ich motywacji podmiotowej i partnerstwa w działaniu oraz dynamiki rozwojowej. Mówiąc w języku Habermasa, do którego autorka się jednak nie odnosi, a tu okazuje się przydatny, chodzi o to, aby wspólnota uczących się była "postkonwencjonalną wspólnotą jako zadaniem", a "nie konwencjonalną wspólnotą zadań", co charakteryzowałem osobno (por. Witkowski 2010a, s. 166–167)[32]. Tę ostatnią, jako blokującą rozwój indywidualny członków tej wspólnoty do ćwiczenia zadań, narzuca podporządkowanie sytuacji uczenia się wymogom dyktowanym przez sztywny sylabus efektów i formalnej sprawdzalności ich krótkoterminowego (modułowego) osiągania. Stosunek do zadań, do podmiotowości relacji oraz skali wolności i równości uczestników ma tu wyznaczać sekwencję wymiarów określających odmienności na skali wysokie – niskie, choć dodam od razu, z pewną dozą krytycyzmu, że wbrew takim standardowym opozycjom można tu widzieć znacznie głębszą dynamikę napięć i oscylacji między biegunami niż przechodzenia od modelu np. z niskim partnerstwem do modelu o ustalonej wysokiej dozie równości we współdziałaniu. Sugeruję tym samym, że promowanie takiej wspólnoty nie musi zawieszać wartości sztywnych reguł, jeśli potrafi się je poddać uzgodnieniom i przetworzeniom. Postkonwencjonalny charakter odniesień jednostka – wspólnota wyznaczają zarówno indywidualna troska o wspólnotę jako zadanie, jak i wspólnotowe dążenie do afirmacji podmiotowości jednostek jako starających się "być sobą" – respektowanie wartości obu biegunów jest warunkiem realizacji poziomu "wspólnoty uczących się", w którym "role, pozycje i statusy stają się latentne i nie rzutują (*affect*) na stosunki wzajemne" (por. Keiny 2002, s. 7). Mamy tu także sprzężnie wzajemne między poszukiwaniem wiedzy i dążeniem do wzajemnego rozumienia przez ustanawianie nowych związków między treściami oraz między podmiotowością uczestników,

---

32 Intuicja ta jest zgodna z formułą autorki, że chodzi o taką wspólnotę, która "staje się warunkiem [pełnej – L.W.] indywidualności", gdyż we "wspólnocie uczących się" chodzi o "wzajemną zależność [która – L.W.] istnieje między indywidualnym uczącym się jako podmiotem i ekologią sytuacji uczenia się jako kontekstem; [o] dialektyczną relację między zindywidualizowanym procesem uczenia się i procesem [dotyczącym] grupy czy wspólnoty" (por. Keiny 2002, s. 213). Są to określenia typowe dla poziomu postkonwencjonalnego relacji między jednostką i wspólnotą.

poza sztywnymi procedurami w stronę aktywności konstruującej wiedzę, a nie opartej na podawaniu i sprawdzaniu (por. Keiny 2002, s. 7).

Przytaczam te określenia postulowanych w 2002 roku działań i modelowania relacji w kształceniu, aby uwypuklić, że to podejście, ograniczające proceduralność, dyscyplinę czy systemowość oddziaływań społecznych, staje się podłożem zarówno postawy dydaktycznej, jak i wizji etycznego uwzględniania podmiotowości uczestników. Na ten ostatni, etyczny rys postawy pracownika społecznego, jak wiadomo, Radlińska zwracała szczególną uwagę i to w stopniu, jakiego zainteresowani skutecznością oddziaływania (aż po manipulację) nie są w stanie ani docenić, ani nawet potraktować na serio. Tymczasem kluczowe stają się tu wciąganie w wysiłek refleksji (przez dostarczanie jej materiału) oraz troska o jakość komunikacji, łącznie przekształcając nie tylko osobiste kompetencje uczestników, lecz także profesjonalny charakter tak tworzonej wiedzy (Keiny 2002, s. 8). To otwiera drogę, jak podkreśla Keiny, do rozpoznania trzech poziomów (porządków, stopni) uczenia się, w nawiązaniu do typologii G. Batesona: uczenia się samych treści, uczenia się kształtowania tego pierwszego poziomu i wreszcie metapoziomu w stosunku do tego drugiego, w zakresie rozumienia procesu uczenia się (Keiny 2002, s. 8)[33]. Model przyjęty przez Keiny jest określony poprzez „podwójne odniesienie" czy „podwójne umiejscowienie" (*double locus*) uczenia się, co obejmuje powiązaną wzajemnie dwubiegunowość, dwoistość, tak naprawdę sprzęgającą odwrotne kierunki refleksji i działania oraz pary odniesień: praktycznego (co i jak się robi?) i społecznego (kto i dlaczego to robi?) (por. Keiny 2002, s. 10–11). Jedną z konsekwencji takiego ujęcia jest podkreślenie wagi kształtowania motywacji do podejmowania działań i do poszukiwania adekwatnych do nich przesłanek i podstaw w obszarze wiedzy, uwypuklającego wielość perspektyw do wykorzystania, także w celu poszerzania puli możliwych wyborów, zaczynając od zakresu zainteresowań. Jakość społeczna niezbędnych działań do podjęcia ze strony nauczycieli obejmuje wyzwania, jakie stanowią bierność uczniów i ich brak zaangażowania oraz radzenie sobie z pokusą sterowania nimi i sprawowania kontroli, a także szukaniem środków pedagogicznych do pokonywania trudności interakcyjnych w budowaniu wspólnoty uczenia się (por. Keiny 2002, s. 12)[34]. Wszystko to, łatwo zauważyć, można by wpisać w troski pedagoga społecznego, a nawet odpowiedniki takich uwag znajdujemy u samej Radlińskiej, gdzie troska nie dotyczy jakości indywidualnego oddziaływania na wychowanka (ucznia), ale kształtowania – w języku Keiny – „nowego obramowania" w ramach

---

33 Wrócę do tego w rozdziale poświęconym samej ekologii komunikacji, jaźni i uczenia się w ujęciu G. Batesona.

34 Odnotujmy na plus tej koncepcji, że nie jest naiwnie sentymentalna z zawieszaniem wszelkich przejawów asymetrii, gdyż doskonale rozumie, iż czasem „niedyrektywne" działanie nauczyciela może nie tylko nie pomagać w uczeniu się, ale być dla niego wręcz „szkodliwe"; proces musi być sprzężony i różnicujący skalę oraz typ oddziaływań między doświadczeniem nauczycieli a prawem do ekspresji ze strony uczniów (por. Keiny 2002, s. 50).

tworzonego czy przekształcanego środowiska, sprzyjającego wspólnotowo podejmowaniu indywidualnego samokształcenia, wbrew tradycyjnym wyobrażeniom o procesach uczenia (Keiny 2002, s. 13). Kluczowa okazuje się troska o budowanie środowiska otwartego i uruchamiającego różne poziomy kształcenia aż po „*meta--learning*" w sensie Batesona (Keiny 2002, s. 17).

Oczywiście, spotykamy tu częściej niż u Radlińskiej przejawy głębszej i bardziej *explicite* wyrażanej świadomości epistemologicznej, która przecież jednak zaczęła dochodzić do głosu dopiero po jej śmierci w drugiej połowie XX wieku. Przy czym u Keiny, nawet uwzględniającej główne dokonania epistemologii XX wieku (m.in. J. Piaget, T. Kuhn, I. Lakatos, S. Toulmin), pokutuje jeszcze miejscami chyba zbyt tradycyjne i słabo historycznie osadzone widzenie prostej alternatywy: myślenie „pozytywistyczne" kontra myślenie „ekologiczne", co dowodzi, że mamy tu do czynienia ze zbyt słabym jednak dostrzeganiem złożoności, napięć i różnorodności postaci dojrzewania „przełomu antypozytywistycznego" w metodologii humanistyki (Keiny 2002, s. 17–19)[35]. Tym bardziej jednak warto odnotować rozumienie przez Keiny wagi wykorzystania jednocześnie komplementarnych wizji „konstruktywizmu poznawczego", odnoszących zmiany konceptualne bądź „radykalnie" do indywidualnego umysłu, bądź „socjokulturowo" do jednostki w działaniu społecznym i to jeszcze w interakcji wspólnotowej (Keiny 2002, s. 21). Można więc powiedzieć, że Keiny nie tyle tworzy, z punktu widzenia pedagogiki społecznej Radlińskiej, jakiś nowy paradygmat, na miarę XXI wieku, ile wykorzystuje środki konceptualizacji zwrotnie jedynie pełniej wyrażające troski formułowane już przez wielką twórczynię polską w latach 30. ubiegłego wieku. Zarówno charakterystyka „paradygmatu ekologicznego" w wersji, którą podaje Keiny, jak i postulaty pedagogiki społecznej Radlińskiej dają się tu traktować jako współbieżne, zjednoczone analogicznymi troskami. Są wyrażane jedynie odmiennymi środkami, zważywszy na różnicę pół wieku między momentem artykulacji, co jak najlepsze świadectwo wystawia Radlińskiej i uczula na to, jaką krzywdę czyni się wadze jej dorobku, jak też całej pedagogice społecznej, gdy nie umie się na jej dokonania patrzeć inaczej jak na swoiste, zamknięte w jakąś „szkołę" czy dyscyplinę. Typowy, czyli przeciętny pedagog społeczny nie ma wręcz „prawa" rozumieć dokonania Radlińskiej, gdy nie dysponuje perspektywą wobec niej zewnętrzną, dającą możliwość rozumienia jej wielkości „postaciowanej" na tle dokonań innych, w tym późniejszych wobec jej czasu. Nie jest winą Radlińskiej, że sama nie miała tej perspektywy, choć jest już niewybaczalnym błędem brak jej u tych, którzy nie wykonali niezbędnej roboty samokształceniowej w pół wieku później. Oczywiście, mamy znakomite przykłady

---

35 W ujęciu G. Batesona mamy do czynienia ze wskazaniem na ułomność (*fallacy*) epistemologiczną zachodniego myślenia, zdominowanego skłonnością do dychotomizacji i rozłącznego zatem traktowania opozycji, a wbrew S. Keiny cybernetyczne myślenie nie jest myśleniem eliminującym któryś z członów opozycji, a odsłaniającym obecne choć ukryte sprzężenia zwrotne.

poszerzania ram teoretycznego odnoszenia zadań i problemów pedagogiki społecznej w środowisku polskich pedagogów społecznych[36]. Bez takiej perspektywy trudno o troskę afirmującą „praktyczną mądrość" określaną klasycznie w filozofii mianem Arystolesowskiej *phronesis*[37].

Ułomności propozycji Keiny są wpisane w jej skupienie głównie na odnowie realiów szkolnych – to tak naprawdę eksperyment dydaktyczny, poszerzający świadomość oddziaływania szkoły w trosce o innowacyjną zmianę jej efektów na poziomie uczenia się. Tak więc Keiny traci z pola widzenia kluczowe odniesienia szerszej ekologii, mimo podkreślania wagi obecności i współdziałania rodziców mających na względzie jakość szkoły i mimo dalszego postulowania wersji „szkoły wspólnotowej" jako szkoły środowiskowej, która „zamiast odgrodzenia od swojego otoczenia (*surroundings*) przesuwa swoje granice dla włączenia [w ramy działania – L.W.] swojego środowiska przyrodniczego i społeczno-kulturowego" jako zasobów edukacyjnych (*learning resources*) (Keiny 2002, s. 117). Keiny w komentarzu do własnego odkrycia tej formuły pisze w 2002 roku, że to „nowy sposób myślenia o szkole, o przedmiotach nauczania, strategiach kształcenia i procesie uczenia się" (Keiny 2002, s. 117). Tymczasem świadomość społecznych uwikłań troski o efektywność funkcjonowania szkoły u Radlińskiej pozostaje wręcz niedościgła, a nawet poza horyzontem percepcji problemów pedagogicznych w uchodzących za nowość niektórych produktach (amerykańskiej publikacji badaczki z Izraela), jak widać. W terminach samej praktyki szkoły jako instytucji czy systemu wartość ujęcia Keiny polega jednak na tym, że uczula ono na konieczność odrzucenia mentalności ewaluacyjnej, która u nas dopiero zaczyna święcić biurokratyczne tryumfy, zwłaszcza na poziomie szkolnictwa wyższego, co jeszcze bardziej pogrąża troskę o zarządzanie procesami kształcenia na niższych szczeblach oświaty. Ewaluacja dydaktyki wymaga kultury pedagogicznej na poziomie myślenia ekologicznego, na co naszych decydentów i biurokratów zarządzania procesami dydaktycznymi najwidoczniej nie stać.

Keiny stopniowo w tekście odsłania napięcia typowe dla dwubiegunowych sytuacji, ważnych dla dwoistego wpływania na jakość procesu uczenia i na profesjonalną kompetencję nauczycieli, w tym wybija się para: badacz *versus* animator (*facilitator*) w ramach współpracy z grupą nauczycielską, uczestniczącą w omawianym eksperymencie, pracującą w średniej szkole zawodowej o niskim poziomie wyników (Keiny 2002, s. 65–66). Podstawowym celem oddziaływań stało się tworzenie środowiska, wspólnoty, współdziałania, gdzie proces kształcenia okaże się przede wszystkim bardziej „znaczący" (*meaningful*) dla jego uczestników, wyzwalając ich

---

36 Znakomicie wyróżniają się tu pod względem naukowym, na tle innych, dokonania Ewy Marynowicz-Hetki i jej odniesienia międzynarodowe, zarówno co do literatury, jak i w rozmaitych gremiach współdziałania, czego niedościgłą mistrzynią była Helena Radlińska, zanim mechanizmy PRL-u nie uniemożliwiły jej tego.
37 Uwypukla to także S. Keiny (por. Keiny 2002, s. 26).

większą aktywność, zaangażowanie, chęć sięgania np. po książki (Keiny 2002, s. 66–67). Dodatkowym aspektem zadań była troska o zmianę sposobów traktowania „norm i wartości edukacyjnych" (Keiny 2002, s. 67), dla których należy pozyskiwać zrozumienie i uznanie w postawie praktycznej, przezwyciężając typowe ograniczenia standardowej dydaktyki w zakresie wiedzy jako informacji, których przyswojenie następnie się sprawdza intelektualnie, gubiąc troskę o stosunek afektywny do nich, istotny dla znaczenia rozwojowego przyswojonych treści. Jednym ze sposobów okazało się wiązanie procesu uczenia się jakichś treści przez jedne osoby w klasie szkolnej z uczeniem przez nie innych członków grupy: proces uczenia się był sprzęgany z procesem uczenia innych (Keiny 2002, s. 71–72). Inne zjawiska wymagały łączenia wiedzy teoretycznej z kontekstami praktycznymi, w trybie „oscylacji", która mogłaby wpływać na jakość działania zarówno w sferze symbolicznej, jak i w sferze przedmiotowej (Keiny 2002, s. 75). Wreszcie, chodziło o troskę o to, aby uczniowie stopniowo nie odwracali się od przedmiotu, nawet go z winy nauczyciela coraz bardziej nienawidząc, bywa, że zniechęcani do szkoły i samego uczenia się (Keiny 2002, s. 75). Uczenie ma nie tylko przekazywać wiedzę czy ją sprawdzać, ale sprawiać, by dało się pozyskiwać uczniów do uznania wartości wiedzy i znaczenia samej postawy angażowania w nią, co wymaga tworzenia środowiska wartościującego taki wysiłek.

Bywają oczywiście nauczyciele, którzy nie tylko tego nie potrafią, lecz także działają ze szkodą dla takiego ukierunkowania zadań edukacyjnych i przyczyniają się do destrukcji realnej funkcji szkoły. Warto dopowiedzieć, że wobec fikcyjnego zwykle, martwego charakteru bytu określanego mianem ciała pedagogicznego wydaje się, iż ekologiczna troska o refleksyjność tego bytu jest warunkiem przywracania go do życia i etycznej odpowiedzialności za procesy toczące się w szkole, mające na względzie profesjonalne jej funkcjonowanie jako instytucji społecznej i kulturowej zarazem. W istocie, wykonawcza część eksperymentu Keiny polegała na tworzeniu grupy nauczycielskiej poważnie ze sobą – a także z uczniami – rozmawiającej o procesach dotyczących poszczególnych przedmiotów, klas i studentów.

Stawiam przy okazji tezę, że pedagogika społeczna jak każda inna powinna przez lupę obserwować jakość ekologiczną funkcjonowania mitycznego „ciała pedagogicznego" w typowej polskiej szkole. Żadne biurokratyczne ewaluacje parametryczne i standaryzujące nie uwzględnią tego, w jakim stopniu kształcenie okazuje się jakościowo „znaczące" dla uczniów, czyli angażujące intelektualnie i emocjonalnie, dostosowane do tempa rozwoju poszczególnych jednostek i „twórcze w sensie wytwarzania wartościowego produktu" (Keiny 2002, s. 75). Może tu być kluczowe wskazanie na stworzenie grupy refleksyjnej, przed jakimkolwiek innym efektem, co ma służyć powiązaniu profesjonalnego rozwoju nauczycieli z jakością ich wrażliwości jako osób, skoro i od uczniów oczekuje się powiązania wiedzy i ich duchowości (Keiny 2002, s. 84–86). Wśród kwestii dotyczących jakości rozwojowej środowiska tworzonego w szkole można wyróżnić pytanie o to, czy klasy mieszane pod względem poziomu uczniów, choć oceniane według jednolitych standardów (raz dostosowanych do słabszych uczniów, a osobno do bardziej wymagających reguł), czy też klasy jednorodne, jeśli chodzi o zdolności, są ekologicznie lepsze dla rozwoju (Keiny 2002, s. 95). Wskazanie na te sprawy ma unaoczniać charakter problemów ekologicznych wymagających jakościowych badań daleko wykraczających poza mechanizmy ewaluacji efektów kształcenia, przewidziane bezrefleksyjnie w standardowych podejściach diagnostycznych jakości szkoły. Refleksyjność ewaluacji nie może abstrahować, czytamy, od jakości „klimatu klasowego" pod względem demokracji, równości, sprawiedliwości ocen, a te cechy ekologii najtrudniej ująć w zasadne procedury ewaluacji, wymagające zresztą dialogu między praktykami i badaczami (Keiny 2002, s. 105). Oznacza to także przekształcenie problematyki badawczej na bardziej ekologicznie zorientowaną w zakresie troski o jakość środowiska uczestniczącego w kształtowaniu jakości oddziaływań programowych szkoły, a ta wymaga praktyki refleksji w dialogu, a nie sztywnego dyktatu parametrów.

Niezbędne staje się programowanie „dynamicznie ewoluującego procesu" z partnerskim zaangażowaniem jego uczestników w odpowiedzialne działanie, pomimo rozmaitych interesów i poziomów kompetencji (Keiny 2002, s. 107–108). Przebijający z tych akcentów problem ekologicznej ewaluacji środowiska w trosce o jakość jego oddziaływania rozwojowego jest kapitalnie antycypowany przez Helenę Radlińską w jej idei troski o „meliorację" środowiska, co analizuję tu osobno. Wśród ustaleń, jakie przedstawia Keiny, jest także wskazanie, że najlepiej do rozwoju uczniów o najwyższym potencjale przyczynia się dawanie im okazji do tego, aby ucząc się sami, mogli zarazem uczyć innych kolegów, o niższym potencjale rozwojowym czy z wyższymi trudnościami adaptacji do sytuacji zadaniowych (Keiny 2002, s. 112). Tym samym jakość dotyczyła zarówno poziomu wiedzy, jak i jakości środowiska uczącego się współpracy, pomocy, życzliwości – oba te wymiary pozostawały ze sobą ściśle powiązane. Radlińska podobne uwagi formułowała w kontekście mobilizowania środowisk w szerszym kontekście społecznym, także poza odniesieniem do samej instytucji szkoły, choć i wobec szkoły jej oczekiwania były wyraźne, np. w kwestii otwierania szans dzięki dostępowi do możliwie szerokiej palety postaw i profili zaangażowania poznawczego o charakterze ogólnym.

Keiny interesująco zauważa, że badani przez nią nauczyciele, współdziałający w eksperymencie, nie mieli takiej perspektywy widzenia funkcji szkoły (jako otwierania możliwości) (Keiny 2002, s. 112). Głównym kierunkiem wprowadzanej zmiany innowacyjnej miało być przejście od „instrumentalnej" do „rozwojowej" orientacji dydaktycznej, poprzez uczynienie z roli nauczyciela źródła stymulującego u uczniów powstawanie autonomicznej postawy w zakresie uczenia się, zorientowanej bardziej na „generowanie teorii", wypracowywanie sobie wiedzy, a nie jedynie stosowanie jej (Keiny 2002, s. 118–119). Autorka łączy typy (poziomy) uczenia się według Batesona z zakresami i jakością zmiany, jaką można wraz z nimi wprowadzać do funkcjonowania szkoły przez redefinicję roli nauczyciela i sposobów postrzegania przez niego własnych zadań. Wymaga to w szczególności wejścia na najwyższy poziom refleksji, na którym własne działania i relacje w stosunku do wiedzy, studentów i własnego doświadczenia są także przedmiotem obserwacji i analizy krytycznej, zwrotnie stymulując jakość działania poza instrumentalizację relacji dydaktycznych w stronę nadawania im znaczącego charakteru rozwojowego (Keiny 2002, s. 120–122)[38]. Da się to oczywiście rekonstruować dla dydaktyki ogólnej, czym jednak nie będę się tu zajmować. Kluczowe, o znacznie szerszym znaczeniu społecznym i praktycznym okazuje się wpisane w ten zakres działań dążenie do zwiększania zainteresowania, zaangażowania poznawczego, dociekliwości i motywacji badawczej zespolonej z własną postawą w działaniu, zarówno uczniów, jak i nauczycieli w zakresie poczucia odpowiedzialności za swoją wiedzę oraz programowania i projektowania własnych zadań i dążeń (Keiny 2002, s. 131–133).

Jest to droga do budowania ogniw o charakterze sprzężeń cybernetycznych, rozmaitych stopni złożoności, osadzonych w dwubiegunowej ramie (*double-locus framework*) działań praktycznych i zespołowo przetwarzającej je refleksji (Keiny 2002, s. 135). Tu „cybernetyczne odniesienie" obejmuje także relację środowisko – szkoła, choć ciągle w tym przypadku z nachyleniem na innowacje rozwojowe w zakresie procesów dokonujących się w samej szkole (Keiny 2002, s. 136–137). Nauczyciele w takiej perspektywie stawiali się, jak czytamy, „cybernetykami drugiego stopnia", biorąc odpowiedzialność za jakość wiedzy generowanej przez własne zaangażowanie i interakcję, uwalniając się od pozytywistycznej wizji bycia jedynie przekaźnikami i odtwórcami gotowej wiedzy (Keiny 2002, s. 137–139). Warunkiem tej przemiany była praktyka łączenia nauczania z procesem własnego uczenia się dzięki postępującej refleksyjnie wspólnocie doświadczenia, która dopracowuje się wiedzy czy ją nieustannie przetwarza, a nie zakłada ją gotową jako wyposażenie eksperckie, zwalniające z dalszych dociekań (Keiny 2002, s. 141 i nast.). Tymczasem zmiana konceptualizacji wymaga często rozpoznania i przezwyciężenia milcząco założonych (*tacit*) przekonań czy „ukrytych założeń", rzutujących na sposób postrzegania własnych doświadczeń jako źródła własnych relacji ze światem, w tym obecnych w interakcjach (Keiny 2002, s. 147, por. także s. 157). Nie bez wpływu jest tu sposób odnoszenia „znaczenia wiedzy" do własnego życia, w tym do możliwości postrzegania jego uwikłania w procesy je uzależniające czy choćby wikłające w trudności i bariery. Wartość wiedzy wyznacza zatem nie tylko tekst informacji, lecz także jej „kontekst, postrzegany jako integralny aspekt zdarzeń poznawczych" (Keiny 2002, s. 147, por. także s. 157). Niezbędna okazuje się wizja oparta na „cybernetycznym czy ekologicznym paradygmacie", wbrew podejściu „pozytywistycznemu" (Keiny 2002, s. 148). Przekształceniom podlegają zarówno wiedza przedmiotowa, jak i koncepcja własnych ról uczestników procesu wspólnotowego uczenia się oraz tryb wypracowania nowej ramy programowej mającej służyć rozwojowi. Zarazem wspólnego

---

38 Autorka nazywa to „dialektycznym procesem refleksji" (Keiny 2002, s. 122).

przepracowania wymaga dyskurs, jakim się posługują, odnosząc się także do własnego uczenia się i profesjonalizmu (w przypadku nauczycieli i badaczy) (Keiny 2002, s. 150–153). Przedmiotem troski staje się budzenie motywacji do aktywnego zaangażowania poznawczego i gotowości do innowacyjnej postawy ze strony uczniów (studentów). Autorka używa tu określenia „rozmrażanie" (*unfreezing*) nastawień, opisując je jako realizowane m.in. poprzez udostępnianie nowych „obszarów zainteresowań" oraz źródeł informacji, samodzielnie zgłębianych czy szczególnie znaczących doświadczeń z kontaktu z dziełami czy twórcami lub zaskakującymi okazjami (Keiny 2002, s. 155–158). Ma to być uruchamianie poziomu „*meta-learning*" (Keiny 2002, s. 159), problematyzującego sam charakter tego, co może być kształcące, w jakich okolicznościach i pod jakimi warunkami.

Zadaniem wartościowego programu okazuje się dopuszczanie tego poziomu uczenia się, naruszającego założone ramy i kryteria ewaluacji działające na niższych szczeblach wizji efektów uczenia się, których nie daje się ujmować funkcjonalnie (Keiny 2002, s. 161), np. w kategoriach mierzalnych efektów ulubionych przez biurokratów rozwoju. Tymczasem zostaje uwypuklone, że może dojść do szokujących dla nauczycieli rozbieżności ewaluacyjnych, „niekongruencji" (*incongruities*), czyli nieprzystawania wyobrażeń o tym, jakie sytuacje były rozwojowe dla uczniów, do tego, jak oni sami je postrzegali. Dla przykładu, brak nadzoru (superwizji) niósł według nauczycieli przestrzeń wolności twórczej, według uczniów – przy braku wskazówek... stratę czasu dla nich, utrudniającą zaangażowanie, mimo że owa wolność miała temu zaangażowaniu służyć (Keiny 2002, s. 163)[39]. Paradoksalnie okazało się, że motywowanie do zaangażowania nie oznacza jedynie wycofania się z aktywnej interakcji i wpływu, przeciwnie – trzeba postawić na odpowiedzialną pracę z własnym udziałem dającym do myślenia, wyzwalającym impulsy do refleksji, bywa, że boleśnie rozmijającej się z oczekiwaniami. Równoprawność nie ma tu oznaczać wycofania ze strony nauczycieli czy badaczy. Odnotujmy w tym kontekście odniesienie autorki do rozważań Kurta Lewina, w zakresie schematu działania – badania (por. Keiny 2002, s. 164).

Z perspektywy podkreślającej dojrzałość rozpoznawania dwoistości w strukturze problemów, np. w kwestii dylematów czy napięć dwubiegunowych, Keiny uwypukla trzy pary biegunów, wyznaczających zadania równoważenia czy dostrzegania sprzężonych przeciwieństw. Raz chodzi o wysiłek tworzenia „równowagi między uczeniem się jako procesem wzrastania (*growth*) oraz krytyczną refleksją", w którym widzi się „indywidualność" jako niepodzielną (*indivi-*) dwoistość (*duality*)

---

[39] Akcent ten przypomina osobne obnażenie przez Eriksona iluzoryczności sprzyjania rozwojowi przez zwykłe zawieszanie inicjatywy i ingerencji ze strony nauczycieli, absolutyzujących swobodę przedsięwzięć poznawczych w szkole. Przytaczał on bowiem znamienne pytanie-oskarżenie uczniowskie w formule: czy dziś znów musimy robić to, co chcemy? W języku modelu cyklu życia przymus dowolności nie służy potrzebie adekwatności w czwartej fazie rozwoju (por. Witkowski 2009a).

otwartą na innych (Keiny 2002, s. 166). Autorka wskazuje, że samo zderzenie perspektyw, nawet błędnych, może być impulsem wyzwalającym szanse na nowe uczenie się, jeśli zostanie ono poddane refleksji, a dokładniej cyklom refleksji odniesionym do działań, i działań po refleksji, i.... w trybie ciągle przesuwającym konteksty uwzględniane w kolejnym cyklu sprzężenia działania i refleksji i to jeszcze w odniesieniu do udziału w tym wysiłku wspólnoty uczących się wzajemnie, zgodnie z modelem dwubiegunowości (*double locus*), która uruchamia oddziaływanie czy napięcie między biegunami, konfrontujące dialogicznie wśród uczestników różne perspektywy wiedzy czy refleksji o działaniu, w zakresie rozmaitych kontekstów i „komponentów" uczenia się na doświadczeniu (Keiny 2002, s. 166). Oznacza to obecność „napięcia dialektycznego" między biegunem „konkretności" a biegunem „teoretycznej konceptualizacji" czy abstrakcyjnej interpretacji, a ponadto pozwala na wskazanie drugiej pary uwikłanej w napięcie: „aktywnego eksperymentowania" **wobec** „refleksyjnej obserwacji" (Keiny 2002, s. 167–168). Obie osie pozwalają także wyróżnić cztery style uczenia się w zależności od tego, która ćwiartka krzyżowego podziału obu osi jest bardziej reprezentatywna. Jednak kluczowe wydaje się samo zarysowanie owych napięć skazujących na konieczność naprzemiennego brania pod uwagę różnych biegunów tych par, z okresową dominacją któregoś z członów tych napięć, np. w zakresie potrzeby konkretności i aktywności, innym razem abstrakcji w refleksji. Najważniejsze to stwierdzenie konieczności „oscylowania między" (Keiny 2002, s. 172) różnymi typami uczenia się i obecności doświadczenia, refleksji i wiedzy (teoretycznej i praktycznej) w uczeniu się, co jest wyrazem uwypuklenia obecności „dialektycznego napięcia", jakie daje tu o sobie znać (Keiny 2002, s. 173). Oznacza to, jak wyraża Keiny, że program szkolny powinien być traktowany bardziej „jako proces niż jako treść" (Keiny 2002, s. 175), w tym jako proces wzajemnego uczenia się, a nie jako pakunek wiedzy służącej transmisji. Refleksyjność staje się tu przeciwwagą rozstrzygnięć dydaktycznych, ustalonych metodycznie i tematycznie, pozostając uwikłaną w dwubiegunową ramę osadzenia procesu uczenia się w intencji zespalania we wspólnocie uczących się postaw nauczyciela i ucznia, wymagających zarazem uczenia i uczenia się, w tym uczenia się od innych w trybie refleksyjnego przetwarzania doświadczenia interakcji (Keiny 2002, s. 176).

Stąd też w opisie „ekologicznego myślenia" akcentowane są przez Keiny odniesienia do podejścia „systemowego", do „cybernetyki" czy „cybernetyki drugiego rzędu", co dopiero w jej wypadku pozwoliło wypracować ideę paradygmatu ekologicznego dla pedagogiki (Keiny 2002, s. 177)[40]. Zauważmy, że ekologia pedagogiczna w Polsce wyłaniała się z impulsów poprzedzających wiedzę cybernetyczną, także dlatego, że rozwijała się niemal równolegle (lata 30. XX wieku u Radlińskiej), ale przez to szybciej dojrzała do myślenia o uwikłaniach społecznych i innych aspektach

---

40 Wspomniana „cybernetyka drugiego stopnia" jest tu definiowana jako perspektywa „włączająca do czyichś obserwacji także siebie samego jako obserwującego" (Keiny 2002, s. 178).

funkcjonowania edukacji niż obecnie pedagogika zachodnia (w wypadku Keiny – izraelska i obecna na rynku amerykańskim publikacji). Ważne jest tu uwypuklanie „dwoistej roli" (*double role*) człowieka w systemowej relacji środowiskowej, wpisanej w bieguny działania i refleksji, jako zarówno „aktora", jak i reflektora" (Keiny 2002, s. 177), który musi umieć łączyć „konkret obserwacji" w oscylacji i napięciu z „teoretycznymi rozważaniami" (Keiny 2002, s. 178). W edukacji wymaga to szczególnego typu programu, którego celem jest „rozwijanie świadomości uczniów o wzajemnym powiązaniu między ludźmi i ich środowiskiem oraz ich odpowiedzialności za mądre działanie" (Keiny 2002, s. 178). Praktykowanie „badania w działaniu" wymagało tu uwikłania w „dwubiegunowość" perspektyw (*double locus*), obejmującą to, co dzieje się w klasie szkolnej, oraz to, co wynika z refleksji między nauczycielami, odnoszącymi się krytycznie do efektów prób interakcji z uczniami, zwłaszcza gdy mimo najlepszych chęci ze strony tych pierwszych nie były one wolne od bierności i apatii, a nawet znudzenia, braku zainteresowania i gotowości do współpracy ze strony tych drugich (Keiny 2002, s. 179).

Okazuje się, że czasem twórcze programowanie oferty edukacyjnej może natrafić na opór strony wygodnie nastawionej na „krótkoterminowe osiągnięcia, zwykle testowane", i słabo tolerującej „niejednoznaczność, niepewność" czy niejasność oczekiwań wymuszających postawę bardziej otwartą, projektującą dociekliwe pytania samodzielnie rozpoznające złożoność, poza konwencjonalną socjalizacją szkolną, zwykle opartą na transmisji gotowych i jedynie poprawnych odpowiedzi (Keiny 2002, s. 180–182)[41]. Poznanie jakiegoś fragmentu rzeczywistości społecznej (np. wielkiej galerii handlowej) wymaga potraktowania jej jako systemu ekologicznego, uwikłanego w interakcje między poszczególnymi podsystemami i ich odniesieniami, a proces tego poznania wymaga rozmaitych postaci zaangażowania badawczego w formie wspólnotowej, do zaistnienia którego niezbędna jest praca pedagogiczna oraz uczenie się przez nauczycieli jej podejmowania i aranżowania (Keiny 2002, s. 185). W tym celu trzeba rozwijać i wzajemnie wspierać „zdolności do działania jako autonomiczne i odpowiedzialne" w zakresie uczenia się, zarówno działania, jak i refleksji wokół niego i jego rozmaitych aspektów, w tym trudności i porażek oraz uczenia się na nich (co wyznacza idea *meta-learning*) (Keiny 2002, s. 187). Najwidoczniej nauczyciel musi umieć działać zgodnie z postulatami pedagogiki... społecznej, której otwarty charakter, jak również oczekiwania w zakresie przekształceń środowiska mogą się kojarzyć, jak opisuje jeden z eksperymentów Keiny, w kategoriach widzących „postęp jako napięcie między błogosławieństwem i przekleństwem", wobec nieustannego bycia w obliczu dylematów, także moralnych, dotyczących tego, jak postępować, przy jednoczesnym uznaniu, że konwencjonalne ocenianie i ewaluacja nie mają wartościowego zastosowania przy pełnym zaangażowaniu w rozwój uczniów w szkole, jako ogniwo postępu społecznego, gdy

---

41 Wygoda ta dotyczy zarówno strony uczniów, jak i bieguna postaw nauczycielskich.

chodzi o stymulowanie zdolności do formułowania projektów niepodpadających pod gotowe schematy (Keiny 2002, s. 187–189). Stąd kluczowa dla jakości ekologicznej funkcjonowania szkoły jest troska o jakość ewaluacji w obszarze dokonującej się zmiany poprzez uczenie się, bez jedynie zewnętrznej i sformalizowanej perspektywy oceny produktu, a także obecności przy procesie krystalizacji i ewolucji projektu w uwikłaniu wewnętrznym w proces jego powstawania i realizacji. Keiny odnotowuje interesujący paradoks, polegający na tym, że uczniowie bardzo często wolą standardowe ocenianie produktu niż niestandardową ewaluację ich procesu programowania własnego projektu, do którego bywają za mało zmotywowani i przygotowani (Keiny 2002, s. 189). Ekologiczne podejście w pedagogice bywa niewygodne jako wymagające zbyt dużo własnej innowacyjności i radzenia sobie z niejednoznacznością ze strony uczestników sytuacji uczenia się i nauczania.

W języku ważnym dla pedagogiki społecznej okazuje się, że główną przeszkodą w kształtowaniu postaw społecznych uczestników takiej sytuacji może się okazać „kultura szkolna", do jakiej uczniowie oraz nauczyciele są socjalizowani; można ją pokonywać jedynie sięganiem po naruszające ją działania i jej odniesienia programujące, których wartość w nowej sytuacji nie podlega natychmiastowemu ocenianiu (Keiny 2002, s. 189). Radzenie sobie z wyzwaniami ekologicznymi wymaga „praktykowania nowej pedagogiki", podkreśla Keiny, zainteresowanej troską o jakość procesu uczenia się jako interakcji zmieniającej perspektywy, a nie jako wymuszania gotowego i wystandaryzowanego produktu, zgodnie z kryteriami doraźnej efektywności działań, podlegającego automatycznie ocenie w krótkiej perspektywie czasowej (Keiny 2002, s. 190)[42]. Praktyka uczenia się może być, jak czytamy, obrazowo ilustrowana odniesieniem do „labiryntu", w którym trzeba umieć sobie poradzić, szukając wyjść, a nie będąc prowadzonym jednym znaczonym szlakiem programującym kolejne kroki (Keiny 2002, s. 190). Tak pojmowana praktyka odnosi się, inaczej niż konwencjonalne pojmowanie szkoły, do „poziomu znaczenia" uczenia się oraz jego udziału w zmianie i rozwoju człowieka jako „procesie, którego efekty są nieprzewidywalne", a także niesie pojmowanie wartości programu (curriculum) uczenia się jako zdolnego do „inicjowania rozmaitych procesów i efektów" (Keiny 2002, s. 191), w tym inicjacji w postawę badawczą i refleksyjność wokół spotykanych różnic, również wśród samych nauczycieli (Keiny 2002, s. 192). W grę wchodzi też nowa wizja pracy zespołowej czy grupowej (Keiny 2002, s. 195), co było – przypomnijmy – także przedmiotem szczególnej troski Heleny Radlińskiej – z uwypukleniem trybu uzgadniania zakresu i charakteru działań oraz interakcyjnym, refleksyjnym odnoszeniem się do horyzontu wspólnotowo wypracowywanego zaplecza myślowego dla dalszych działań, bez jednej koordynacji ani formalnego nadzoru dydaktycznego, z troską o zaangażowanie, w tym emocjonalne, w wagę

---

42 Dalej mówi się wręcz o „kompletnie nowej pedagogice", w której nauczyciel nie jest przekaźnikiem wiedzy ani nie wiąże z nią jedynej prawdy (por. Keiny 2002, s. 192).

programowanych działań. Nie każde zbiorowe współdziałanie buduje wspólnotę badawczą czy uczącą się – to Radlińska doskonale wiedziała. Zapewne da się odnaleźć sformułowania podkreślające, jak to robi Keiny, że warunkiem tej nowej jakości bycia wspólnotowego jest to, by „zadanie było widziane raczej jako środek niż jako cel" (Keiny 2002, s. 196) sam w sobie, gdyż wówczas działania nie są tak instrumentalnie redukowane i wąsko pojmowane, a przestrzeń inspiracji może być znacznie bardziej otwarta, uwikłana w trzy główne kryteria sprzyjania tej otwartości: „relacyjność" powstawania wiedzy, „równość" w jej poszukiwaniu oraz „wolność" własnego myślenia i ekspresji z obniżeniem presji różnic statusowych i formalnych pozycji (Keiny 2002, s. 197).

Myślenie ekologicznie stymulowane nie podlega ani odgórnemu, ani oddolnemu kierunkowi, wiąże się ze sprzężonym zwrotnie współdziałaniem i interakcją w trakcie uczenia się przez uczestników danej przestrzeni społecznej. Zwraca się w niej uwagę na sam proces, a nie tylko na produkt finalny, oraz uwypukla dwustronne, bo zdwojone (*double*) role działających i dokonujących refleksji w każdej postaci udziału tym procesie: nauczycieli, uczniów, badaczy (Keiny 2002, s. 197). Jego syntetyczną charakterystykę, kojarzoną z impulsami jednocześnie obecnymi w teorii systemów, cybernetyce, teorii uczenia się organizacji oraz zarządzania pełną jakością i badań operacyjnych, wyznacza osiem następujących składowych nastawienia ekologicznego, zebranych przez Keiny z literatury wspomnianych zakresów badań (Keiny 2002, s. 198): samoorganizacja, samoobserwacja, refleksyjność, indeterminizm, kontekst środowiskowy, sprzężenie zwrotne (*circular causality*), holizm powiązań, relacyjność jako przedmiot analiz. Jestem przekonany, że można powyższe punkty zilustrować (w prostym ćwiczeniu seminaryjnym) przytaczanymi odniesieniami do analiz z pedagogiki społecznej Heleny Radlińskiej, unaoczniając dodatkowo tezę moich rozważań, że „punkt widzenia pedagogiki społecznej" jest znacznie bardziej uniwersalny niż swoisty, wbrew temu, co zwykli podkreślać interpretatorzy dzieła Radlińskiej. Keiny tymczasem przywołuje tu znacznie późniejsze dokonania zaawansowanej humanistyki, m.in. z odniesieniem do tego, co stworzył Ilya Prigogine czy Fritjof Capra, a osobno dwaj chilijscy neurolodzy, Humberto Maturana i Francisco Varela, analizujący cechy żywych systemów w kategoriach „autopoietyczności" (Keiny 2002, s. 199). Keiny uwypukla tu aspekt „semiotyczności" związków w przypadku systemów społecznych, który wymaga otwartości komunikacyjnej, a nie dominacji celów redukujących ją instrumentalnie (Keiny 2002, s. 199). Podkreśla także – jako ważną dla myślenia ekologicznego – „dwoistość" (*duality*) jednostki jako osoby oraz jako członka grupy, w której działa i dokonuje refleksji, wpływając na innych, ale też w swojej tożsamości uwikłanej w to ekologiczne odniesienie w „organicznej" całości (Keiny 2002, s. 201). Do takiej „organicznej" całości trzeba dążyć w edukacji, jeśli ma być istotna życiowo i rozwojowo dla jej uczestników, a nie jedynie podporządkowana celom i zadaniom instrumentalizującym ich udział do formalnego wypełniania kryteriów niemających dla nich znaczenia, w sensie bycia znaczącymi rozwojowo, duchowo, egzystencjalnie (Keiny 2002, s. 201). W nawiązaniu do podejścia Maturany, pod wpływem Batesona, jest tu uwypuklona wizja poznania jako obejmującego także „postrzeganie, emocje i działanie", a nie tylko myślenie o czymś (Keiny 2002, s. 204). Mówiąc inaczej, poznanie nie oznacza myślenia o czymś, ale myślenie... czymś, rzutujące na realnie osobiste sposoby postrzegania, świadomości i dyspozycji w samym działaniu, co sprzęga ujęcie ekologiczne dla pedagogiki ze wspomnianym ujęciem F. Capry (Keiny 2002, s. 204). W takim też podejściu system edukacji nie oznacza jedynie „zewnętrznego ograniczenia", ale „medium i wynik praktyki" edukacyjnej, w które jednostki, zbiorowości, jak również instytucje są uwikłane w sposób niosący sprzężenia zwrotne nie w sensie instrumentalnej relacji śrubki do wielkiej machiny, ale jako „dialektycznej relacji", w której uczestnik może mieć istotny wpływ na całość poprzez wagę procesu wiążącego teorię i praktykę, otwierającego przestrzeń nowych pytań i stanowiącego „trampolinę dla nowych dociekań", zmieniających rozumienie i jego efekty (Keiny 2002, s. 204–205). Wyznacza to zadanie „pracy z oporem", jaki może spotkać intencje motywujące do działania i do zmiany, które muszą stanowić ogniwa procesu wielokierunkowego, wielopostaciowego sprzężenia, a nie jedynie odgórnej siły nacisku i kontroli (Keiny 2002, s. 205–206). Wiedza ma tu podlegać nieustannemu przetwarzaniu i zaangażowanemu przejmowaniu, a nie jedynie odtwarzaniu i przekazowi, ale zanim to stanie się możliwe w szkole, musi najpierw przejść proces włączenia programowego w postaci kształcenia nauczycieli, poza wzorzec roli instrumentalnej i instrumentalizującej zarówno wiedzę, jak i jej odbiorców (Keiny 2002, s. 207).

Formuła „refleksyjnego nauczyciela" u Keiny wiele by zyskała, gdyby autorka potrafiła włączyć w jej charakterystykę figurę „transformatywnego intelektualisty" za Henrym A. Giroux czy „strażnika progu" za Peterem L. McLarenem i ich pedagogiką krytyczną. Nie chodzi tu jedynie o osłabianie czy odraczanie albo oddalanie kontroli ze strony nauczyciela, ale o zmianę charakteru jego zaangażowania w procesy rozwojowe, twórcze i emancypacyjne, stymulującego złożoną wymianę punktów widzenia, sprzężeń między nimi i interakcję wzajemnych wkładów w myślenie, z osłabianiem postaw obronnych i poczucia wyższości, a także o sprzyjanie uczestnictwu we wspólnym przekształcaniu praktyki (Keiny 2002, s. 208). Oznacza to **etykę komunikacji** inną od zdominowanej przez postawę oceniającą i sterującą z pozycji bezwzględnie wyższej racji i jednostronności wpływu, bez uwzględniania racji innej perspektywy.

Co więcej – a to też jest bliskie widzeniu Radlińskiej w znacznie szerszej perspektywie naruszania norm społecznych aż po przestępczość – tzw. problemy z dyscypliną i łamaniem porządku czy oporu są tu traktowane nie jako wewnętrzne deficyty łamiących, ale jako konsekwencja porażki nauczycielskiej w zakresie „docierania do, motywowania czy zainteresowania niektórych z uczniów", co można zmienić samą postawą oddziaływania na bardziej atrakcyjną czy angażującą dla uczniów (Keiny 2002, s. 208–209). Stąd ewaluacja ma być raczej formą demokratycznego dialogu, a nie represywnego monologu, gdyż dodatkowo sposób postrzegania nauczycieli przez uczniów może istotnie rzutować na ich zachowanie jako uczniów właśnie (Keiny 2002, s. 209). Jego źródłem bowiem mogą być same zachowania nauczycieli, czego bez ekologicznej perspektywy nie jest się w stanie zobaczyć ani nawet dopuścić jako ewentualności (Keiny 2002, s. 209). Można więc powiedzieć, że ekologiczna perspektywa dostarcza narzędzi do krytycznej diagnozy jakości działań z wykorzystaniem ich uwikłania w relacyjne uwikłania i powikłania, ze względu na stopień uznania podmiotowości uczestników danego typu doświadczenia (tu: klasowego z interakcją szkolną). Wymaga to przełamania „tabu" w zakresie „nagłaśniania poglądów uczniów o ich nauczycielach" (Keiny 2002, s. 209), a także wysiłku rozwijania praktyki „demokratycznej ewaluacji", opartej na „wzajemnym zaufaniu", z udziałem badaczy praktyki szkolnej w trosce o możliwie pełne rozpoznanie i „odsłonięcie złożoności" ocenianej sytuacji, bywa, że poza obrazem biało-czarnym (Keiny 2002, s. 210). Poprawność i wartość takiej ewaluacji w dużym stopniu zależy od uwypuklania potrzeby rozwoju osobistej postawy profesjonalnej samych nauczycieli, zwłaszcza w świetle ich porażek pedagogicznych w obliczu oporu uczniów (studentów) (Keiny 2002, s. 210). Wymaga to podejścia dopuszczającego „komplementarność nierównych partnerów", choć z troską o równoprawność ich perspektyw, traktowanych jako wewnętrznie uwikłane, z możliwie jasnym uwzględnianiem sposobów wartościowania zderzających swoje przesłanki wypracowania możliwej zmiany w ramach modelu dwubiegunowego uwikłania (*double locus*) sytuacji nauczycieli w napięcia typowe dla budowy wspominanej już wcześniej „wspólnoty uczących się" jako przykładu „samoorganizacji" grupowej (Keiny 2002, s. 211–213). Keiny podkreśla, że troska o „równowagę" środowiskową nie musi oznaczać zachowania nienaruszalnego odniesienia, a raczej wypracowanie mechanizmów równoważenia wraz z dopuszczeniem skali interwencji opartej na poczuciu odpowiedzialności za uwikłanie w „otwarty system" interakcji, kluczowy dla „nowoczesnego" myślenia ekologicznego (Keiny 2002, s. 212). To ostatnie, czytamy, kładzie nacisk na zdwojenie roli uczestników sytuacji ekologicznej, którzy występują zarówno jako jej aktorzy, podmioty działające, jak i źródła refleksji (*reflectors*), wewnętrznej oraz relacyjnej, „wpływającej na odpowiedzialność, rozumienie, konstruowanie wiedzy i działania" we wzajemnym napędzaniu się swoim sprzężeniem, z możliwym poszerzaniem dla nich odniesień (Keiny 2002, s. 213). Podstawą dla tego wszystkiego są

> [...] wzajemność albo dialektyka [zależności jako sprzężeń i napięć – L.W.] między jednostką uczącą się a jej kontekstem, między procesem i produktem, strukturą i funkcją oraz między udziałem oraz nabywaniem jako metaforami uczenia się; wszystko to konstytuuje „nowe myślenie", które uważam za konieczne dla zmiany edukacyjnej (Keiny 2002, s. 213)[43].

---

43 Dodajmy, że autorka nie wykorzystuje częstego w takich sytuacjach dwubiegunowego operatora *versus* wskazującego na wzajemne odniesienia o nieredukowalnej złożoności.

Można zatem z pewnością stwierdzić, że to nie tyle nowa idea, ile próba konstruowania zaawansowanego opisu metodologicznego znanej strategii sprzęgania działania, refleksji i interakcji w ramach doświadczenia zorientowanego na wypracowanie ekologicznie strukturyzowanej wymiany budującej wspólnotę uczenia się, dzięki łączeniu oddziałujących na siebie perspektywy osobistego i zaangażowanego w tę wymianę postrzegania problemów w działaniu i krytycznej autorefleksji podmiotów poszukujących intersubiektywnej perspektywy. Keiny uwypukla tu także wartość skojarzeń z teorią dialogu Martina Bubera oraz Michaiła Bachtina, co – jak wiem z własnych rekonstrukcji (por. Witkowski 2000) – niesie w tym ostatnim przypadku uruchomienie „efektu pogranicza", wynikającego ze zmiany perspektywy pozwalającej patrzeć na siebie i swoje problemy oczyma innego, zarazem wzbogacającej własne rozumienie sytuacji, w jakiej przyszło działać, i siebie samego.

Wszystko to oznacza powiązanie między ideą ekologicznego myślenia a praktyką budowy wspólnoty uczących się, która sama staje się przestrzenią uczącą się dzięki sprzężeniom semiotycznym wpisanym w proces wymiany i wzajemnego przenikania perspektyw postrzegania siebie jako działającego podmiotu ze strony każdego uczestnika sytuacji takiego społecznego kształtowania relacji i dynamiki rozwojowej. Funkcja analogiczna do roli pedagoga społecznego jest tu wyrażana przez Keiny częstym terminem *facilitator*, odnoszącym się do roli katalizatora procesów wymiany, udrażniającego kanały komunikacji i jakość przepływów impulsów, jakie służą budowie wspólnoty. Taki „udrażniacz" procesów komunikacji i rozwoju wikła swoją rolę w oscylację między obiektywnym i neutralnym obserwatorem a zaangażowaną w pełni osobą podejmującą zadanie ciągłej dyskursywnej rekonceptualizacji rozwijającej się sytuacji i jej kontekstów, wspierając proces rozumienia i refleksji (por. Keiny 2002, s. 222).

Perspektywa nakładania na interesującą dla nas w kontekście rozważań Heleny Radlińskiej figurę pedagoga społecznego akcentów ukazujących dwoistość postawy udrażniacza (*facilitator*) pozwala w terminach ekologii i wspólnoty uczącej się, jako jej ramy społecznej, zdawać sprawę z procesów, których uruchamianie i opis miały stanowić sedno myślenia „z punktu widzenia pedagogiki społecznej". Teraz widać, że ten punkt widzenia ma wiele zazębiających się czy dookreślających go odniesień, wykluczających możliwość widzenia tu jakiejś szeroko ustanowionej „swoistości". Wpisuje się on w rozpoznawanie w pół wieku po Radlińskiej znacznie bardziej uniwersalnego zjawiska, zarazem społecznego i pedagogicznego, otwartego na procesy rozwojowe dotyczące zarówno jednostek, jak i wspólnot, działania, jak również refleksji wokół niego oraz badania jego ograniczeń i możliwości dla ich przekraczania, otwierającego dostęp do możliwie szerokiego zaplecza dla uczestników rodzących się wspólnot interakcji znaczących egzystencjalnie dla ich uczestników, niosących w procesie edukacji przeżywanie wartości, przebudzenie do ich wdrażania i przemianę wewnętrzną. Radlińskiej zależało w pewnym stopniu i w kontekście jej historycznie dostępnych okoliczności na widzeniu tu zrębów pedagogiki społecznej, tak jak komuś innemu może zależeć, jak się okazuje, na budowie ekologicznej perspektywy dla myślenia i działania dydaktycznego w szkole, ze świadomością i aplikacją idei z cybernetyki czy teorii systemów. Kluczowa jest tu zawsze troska o to, aby działania i myślenie w nie uwikłane nie były podporządkowane „racjonalności instrumentalnej", którą Keiny nazywa „techniczną" (por. Keiny 2002, s. 223), jako redukcyjną, ustanawiającą relacje podporządkowane ewaluacji w kategoriach efektywności, produktywności i kontroli, zamiast etyce i odpowiedzialności za podmiotowy i twórczy rozwój (por. Keiny 2002, s. 223). Autorka uwypukla formułę, w myśl której „jeśli istnieje jakiś proces wzrostu, którego nie da się podzielić na z góry określone, sztywne (*rigid predetermined*) kroki, to jest nim edukacja", ponieważ dotyczy „organicznej" całości o charakterze „wielopoziomowych sieci", a nie jakiegoś typowego oraz dającego się kontrolować i mierzyć „przedsięwzięcia produktywnego w kategoriach technologicznych" (por. Keiny 2002, s. 223). Organicznym systemem jest także ludzki umysł, funkcjonujący w „wielowymiarowych interakcjach" oraz „wielopoziomowych sieciach", obejmując doświadczenia osobowe w odniesieniach grupowych i interakcjach, takie jak „uczucia, wrażenia, fantazje, pragnienia, intelektualne idee, rozumowanie, działania etc." (por. Keiny 2002, s. 223–224)[44]. Wszystko to wymaga uwzględnienia, gdy programuje się strategię „zmiany edukacyjnej" w trosce o podmiotowość jej uczestników i jakość procesu – w tym jakość jego dyskursywnej obudowy i obsługi oraz kulturowego zanurzenia – z dążeniem do uruchomienia możliwie wszystkich sił mogących się tu przyczyniać do pomyślności jednostek i społeczeństwa (por. Keiny 2002, s. 224).

Cała ta rekonstrukcja miała na celu pokazanie, jak bardzo zmienia się perspektywa traktowania dokonania Heleny Radlińskiej, gdy widzi się je przez pryzmat tego, co uchodząc za nowość, jednocześnie w sposób naturalny korzysta z tropów rozwiniętych w humanistyce już po śmierci wielkiej twórczyni „pedagogiki społecznej", a tak naprawdę postaci znacznie bardziej uniwersalnej, wyprzedzającej swój czas i ciągle pozostającej poza zasięgiem wielu jej interpretatorów, co najwyżej jej doraźnie rezonujących, a nie rozumiejących tego, jak bardzo „nieswoistą" wizję zbudowała, jak głęboko rozpoznającą intuicyjnie choćby procesy, które dopiero później uzyskały dojrzalszą postać intelektualną. Przytoczony wyżej przykład świadczy z kolei o tym, jak bardzo brak wiedzy o dokonaniu Radlińskiej – tu w przypadku izraelskiej badaczki i jej niedawnej amerykańskiej publikacji – ciąży na jakości, dopiero w ostatnich latach samodzielnie wypracowywanych, intuicji o wiele głębiej i szerzej rozpracowanych już w klasyce pedagogiki społecznej w Polsce. Zdumiewa ciągły brak troski o upowszechnienie dokonań Radlińskiej na forum międzynarodowym.

---

44 Autorka przywołuje tu także klasyczne ustalenia Ludwiga von Bertalanffy'ego z lat 60. XX wieku.

Rozdział V
Ekologia umysłu według Gregory'ego Batesona

> [...] *filozoficzny grunt cybernetyki całkowicie zmieniłby naszą filozofię społeczną i etykę.*
>
> Gregory Bateson (1967)[1]

Wstęp

Kontynuuję tu rozważania wpisane w tom *Przełom dwoistości*, chcąc zarazem poszerzyć ich odniesienie i pogłębić wątki w sposób odkryty przeze mnie jako niezbędny dla pedagogiki dopiero niedawno. Kluczową intencją jest odsłonięcie możliwości widzenia tu dążeń, często szczątkowych, fragmentarycznych, nie w pełni jeszcze świadomych w kwestii głęboko ukrytych odniesień, wspólnie dojrzewających w latach 30 i 40. minionego wieku u twórców cybernetyki oraz pobrzmiewających u Heleny Radlińskiej. Oczywiście absolutnie nie chodzi o to, aby robić z niej postać antycypującą ten poziom myślenia, ale o wskazanie przynajmniej analogii i częściowo rozwiniętych kontekstów, odsłaniających nowe oblicze jej rozważań, bywa, że posługujących się formułami zastępczymi, niecałkowicie osadzonymi teoretycznie, np. nie dość świadomymi epistemologicznie. Jest to zarazem próba zaprogramowania perspektywy, jaką warto się posługiwać w pedagogice, gdy chce się osiągnąć poziom zdolności do rozumienia złożoności komunikacji wpisanej w relacje człowieka z sprzężonym z nim środowiskiem społecznym jako wymiarem jego własnego istnienia i zdolności do interakcji. Nie da się, moim zdaniem, uprawiać rozmaitych dyscyplin szerszych, jak kognitywistyka, czy pedagogicznych, jak pedagogika społeczna czy dydaktyka ogólna, bez wsparcia refleksji i perspektyw badawczych o narzędzia, kategorie i tezy wypracowane na gruncie dającym szanse nowego humanistycznego zakorzenienia. Chodzi o to, co wydarzyło się w cybernetyce jako nowej przestrzeni epistemologicznej i nowej, a już mającej tradycje

---

1 Cytat z listu Gregory'ego Batesona do Lity Osmundsen z 27 lipca 1967 roku, za: Lipset 1980, s. 260.

badawcze, perspektywie rozumienia złożoności komunikacyjnych, o charakterze dwoistym, niechby i zwanym dwubiegunowym czy dwukierunkowym, ze szczególnym uwzględnieniem pułapek, jakie Gregory Bateson uwypuklił, używając słynnego określenia „podwójne związanie" (*double bind*), które ma swój francuskojęzyczny odpowiednik w formule „podwójnego przymusu" (*double contrainte*). Zawsze należy przy tym pamiętać, że chodzi tu o sprzężenia zwrotne, które w skrajnych przypadkach nieradzenia sobie z nimi niosą groźbę „schizmogenezy", grożącej katastrofą typowym praktykom komunikacyjnym, prowadząc np. do schizofrenii, a nawet podtrzymując w patologii komunikacyjnej z powodu ułomności samych praktyk terapeutycznych (więc i pedagogicznych) jako komunikacyjnych właśnie.

Zauważmy tymczasem raz jeszcze, że Aleksander Kamiński, następca Radlińskiej na jej Katedrze podkreślał, że warto pamiętać, iż „[p]olska pedagogika społeczna kształtowała się przed narodzinami cybernetyki" (Kamiński 1980a, s. 107). Sam jednak o tym dalej nie pamiętał, a przynajmniej żadnych wniosków z tej zastanawiającej tezy nie wyciągnął. Ten ważny trop skojarzeń porównawczych nie został zresztą dotąd, o dziwo, szerzej podjęty w Polsce bodaj przez nikogo, podobnie jak przeoczona i nierozwinięta została inna cenna teza Kamińskiego, że

> [...] pedagogiczno-społeczna teoria powiązań zwrotnych między jednostką i środowiskiem czuje się swojsko wśród tendencji filozoficznych nowoczesnych nauk przyrodniczych, w których przyczyna i skutek warunkują się wzajemnie (Kamiński 1980a, s. 105).

Wartość tego skojarzenia z pewnością nie polega jedynie na podkreśleniu rangi intuicji H. Radlińskiej, wychodzących naprzeciw wspomnianych „tendencji filozoficznych nowoczesnych nauk przyrodniczych", a nawet częściowo je antycypujących w latach 20.–40. XX wieku, gdy idea cybernetyki dopiero nabierała blasku w wysiłku przekuwania intuicji o złożoności procesów uwikłanych w sprzężenia zwrotne na analizy strukturalne i model uniwersalizujący rozumienie świata. Zarazem zauważmy chociażby, że skojarzenie Kamińskiego pozwoliłoby, gdyby zostało potraktowane na serio, wzmocnić naukową stronę samej pedagogiki społecznej o efekty późniejszego rozwoju wspomnianych nauk, nie wyłączając treści składających się na obraz ujęć cybernetycznych. Ich rozmaite aspekty bowiem miejscami pogłębiają rekonstruowane tu intuicje i pierwsze modelowe rozwiązania w obrębie problematyki pedagogiczno--społecznej. Naturalność takiego skojarzenia i rozwinięcia związków jest o tyle łatwiejsza do uznania, że wątki dotyczące kategorii „sprzężenia zwrotnego" w myśleniu o strukturze procesów wychowawczych stanowią istotny trop analiz pedagogicznych, zarówno w sensie opisowym, jak i postulowanym normatywnie dla perspektywy projektującej strategię działania uwzględniającą złożoność i integralność tych procesów. Trop ten uruchamia myślenie uwypuklające współzależności czynników, nawet działających w odmiennych kierunkach lub z odmiennych źródeł. Wskazywanie na „sprzężone układy" czy postulowanie, by „planowe działania wychowawcze najściślej sprzęgać z całością wpływów działających na wychowanka", albo też uznanie, że „dwa rodzaje wpływów [...] – planowe i środowiskowe – działają równolegle i są ze sobą ściśle sprzężone", stanowią (por. Wroczyński 1963, s. 9, 17, 18) uzasadnienie niezgody na podejścia jednostronne, zwykle kojarzone z „psychologizmem" oraz „socjologizmem". Gubią one, zdaniem Ryszarda Wroczyńskiego, zjawisko „sprzężonego działania" czynników wewnętrznych, immanentnych psychice człowieka, jak również społecznych i kulturowych o charakterze środowiskowym, które łącznie traktowane „nie działają w izolacji, ale są jak najściślej ze sobą powiązane" (Wroczyński 1963, s. 9, 17, 18, por. także s. 23). Co więcej, Wroczyński wskazuje i tu na istotne znaczenie patrzenia na strukturę procesów wychowawczych jako taką, w której

> [...] poszczególne elementy organizmu społecznego wzajemnie się przenikają, jakkolwiek to przenikanie się może mieć charakter współdziałania lub przeciwstawności (Wroczyński 1963, s. 18).

Mogą więc się wzajemnie wzmacniać albo osłabiać, generując efekty o złożoności trudnej do przewidzenia aż po zapętlenia i uwikłania w pułapki interakcyjne.

Już takie skojarzenia nakazywałyby podjąć wysiłek... łączenia rozwoju samej pedagogiki z dokonaniami teorii zajmującej się procesami uwikłanymi w zjawiska rozmaicie analizowanego sprzężenia zwrotnego, np. wpisanymi w dokonania cybernetyki czy jej szczegółowych ukierunkowań, jak „ekologia umysłu", wyrosła z zainteresowań antropologicznych i psychiatrycznych pogłębianych przez pryzmat podejścia do praktyki komunikacji społecznej u Batesona i innych. Jest tu ważna dla nas sugestia, że to, co wiąże się zwykle z pedagogiką społeczną jako jej cechą „swoistą", stanowi odbicie znacznie szerszych zjawisk i procesów, jeśli spojrzeć na to z perspektywy pozwalającej zwrócić uwagę na takie podobieństwa. Żeby coś zobaczyć, trzeba czasem wręcz zmienić sam sposób patrzenia, gdyż źródłem niewidzenia może być samo to spojrzenie i jego ułomności w zakresie poznawczego ukierunkowania uwagi.

Zainteresowanie klasycznymi już rozważaniami G. Batesona, dotyczącymi paradoksów i trudności komunikacyjnych, nie osiągnęło w Polsce znaczącego poziomu, choć są pierwsze oznaki tego otwarcia w ślad za próbami europejskimi, zwłaszcza w kontekście komunikacji w sytuacjach tzw. pomocy narzuconej w trakcie interwencji w pracy socjalnej (por. Rurka, Hardy, Defays 2013)[2]. Stosowane

---

2 Wyróżnia się tu zwłaszcza nieduży rozdział sygnalizujący nawiązania do Batesona, pt. „Teoria podwójnego wiązania (*double bind*) Gregory'ego Batesona" (Rurka, Hardy, Defays 2013, s. 19–25). Poza tym w pedagogice polskiej nie spotkałem dotąd poważniejszych prób wykorzystania czy choćby odesłania do tej koncepcji. Ufam, że czytelnicy skorygują moją wiedzę w tej kwestii. Tymczasem podjąłem w ostatnich miesiącach samodzielną lekturę prac (wokół) klasyka koncepcji *double bind*. Rzecz jasna wymagają one pogłębień i kontynuacji. To jednak, że są podstawowe, wydaje mi się rzeczą bezdyskusyjną dla każdego, kto zechce się o tym przekonać w trybie samokształcenia, jak piszący te słowa. Z prac dostępnych w języku polskim por. Walker 2001, rozdział III.

są tu analizy „podwójnego wiązania" jako wewnętrznie sprzecznej sytuacji, kiedy daje o sobie znać nieznośne uwikłanie, którego jednocześnie nie można przerwać, np. gdy jednostka „musi wypełnić nakaz, którego nie może jednak zrealizować z własnej woli" (por. Rurka, Hardy, Defays 2013, s. 7). Stąd między innymi wiadomo, że „pomoc jest skuteczna tylko wówczas, gdy występuje wola jej przyjęcia ze strony klienta" (Rurka, Hardy, Defays 2013, s. 14). Tym bardziej zasadne wydaje się przywołanie tego sposobu problematyzacji sytuacji komunikacyjnych w pedagogice społecznej i pracy socjalnej, gdyż często na porządku dnia pojawia się w nich pytanie: „jak pomóc osobie, która przyjmuje pomoc dlatego, że wisi nad nią groźba, nakaz lub korzyści osoby trzeciej" (Rurka, Hardy, Defays 2013, s. 14). Jak się okazuje, żeby móc podjąć takie kwestie, trzeba dysponować szerszą teorią dotyczącą normalnej praktyki komunikacyjnej. Takiej teorii dostarczają rozważania Batesona, mimo że pierwotnie były skupione na sytuacjach prowadzących do schizofrenii, odnoszące się najogólniej do sytuacji uwikłanych w „emocjonalne znaczenie oraz w konieczność rozróżniania porządków przekazu" (Bateson 2000, s. 222).

Trop „ekologii świata wewnętrznego" Geoffreya Vickersa

Z punktu widzenia jakości jego inspiracji oraz późniejszych aplikacji początkowe skupienie się przez G. Batesona na schizofrenii było po części szkodliwe, jak sam przyznaje, dla rozwoju jego dalszej refleksji, jak również znacznie ograniczające dla szerszych zjawisk składających się na źródłową dla niego strategię „ekologii idei" autorstwa Geoffreya Vickersa, którego praca z 1968 roku stanowiła ugruntowanie dalszych rozważań i stała się klasycznym odniesieniem programującym myślenie ekologiczne jako typ nastawienia humanistycznego dotyczącego samego człowieka i jego własnej postawy w świecie. Główny kryzys oznacza dla niego uwikłanie w „ekologiczną pułapkę i fiasko komunikacji między narodami, rządzącymi i rządzonymi, i między pokoleniami", z powodu braku troski o „wspólnie podzielane systemy interpretacji" i ich rozwijanie zamiast doprowadzania do ich erozji (por. Vickers 1968, s. XII–XIII).

Tu też pojawiały się akcenty wcześniej znane z tekstów Radlińskiej. Dotyczyło to np. idei, że dziedzictwo wpisane w środowisko, instytucje i kulturę nie podlega – ani nie polega na – biernej akceptacji, a nawet wymaga „nieustannego przetwarzania na nowo" (*constantly be made anew*), gdyż

> [...] jesteśmy w stanie podtrzymać to, co wartościujemy w naszym dziedzictwie, jedynie przetwarzając (*re-making*) to, nawet radykalniej i szybciej niż nasi poprzednicy (Vickers 1968, s. 62–63; por. s. 65).

Dla „ekologii idei" podstawowe okazuje się rozumienie wagi oscylacji i równoważeń, balansowania w obszarze napięć, co wymaga zmiany perspektywy podchodzenia do samej idei „postępu", wiązanego zwykle tylko z doskonaleniem jakiegoś jednego stanu, uznanego za pożądany, czy jego poprawą, widzianą jednostronnie. Tymczasem

> [...] jednym z najbardziej dobitnych wytworów perspektywy ekologicznej jest [uznanie – L.W.], że każdy wybór niesie ze sobą koszty, gdyż każde podejście wyklucza setki innych (Vickers 1968, s. 62–63; por. s. 65; por. także s. 9–10; por. s. 44).

Odkrycie „wzajemnie dopasowujących się systemów ilustruje dynamiczną równowagę", jaką trzeba umieć wpisywać w procesy widziane w perspektywie ekologicznej, uwzględniającej istniejące ograniczenia w zakresie troski równoważącej stabilizację i ekspansję zmiany (Vickers 1968, s. 19–21). Dominuje waga umiejętności balansowania, dotycząca nie tylko łyżwiarza, rowerzysty czy żonglera na linie i do ich sytuacji analogiczna, jako warunek „lepszego rozumienia procesu ludzkiej interakcji" (por. Vickers 1968, s. 19, 24). Chodzi przy tym o „podtrzymywanie dynamicznej równowagi", jak również o „optymalizowanie relacji" w ten sposób równoważonych, co wymaga – wystawionego na napięcia – uczenia się dopuszczającego zmianę i zgodę na korygowalną tymczasowość uzyskiwanych efektów (por. Vickers 1968, s. 194). G. Vickers mówi w takim kontekście o procesie zdwojonym czy dwoistym (*double*), na styku biegunów optymalizowanie/balansowanie, z jednoczesnym uwzględnianiem splotu aspektów oraz czynników wewnętrznych i zewnętrznych w ich metabolicznym oddziaływaniu na siebie, stawiającym przed „wielowartościowym wyborem" zamiast zwykłej alternatywy (Vickers 1968, s. 112, 115)[3]. Zwraca także uwagę na niezbędność uwzględniania „twórczej oryginalności" ludzkiej jako wyrazu obecności „agentów", których znaczenie wyjaśnia „przynajmniej częściowa autonomia ich świata wewnętrznego, poddanego strukturze i energii wartości ludzkich" (Vickers 1968, s. 50). Na dodatek to stało się źródłem paradoksalności efektów działania ludzkiego z tego powodu, że na przestrzeni stuleci

> [...] ludzie zdobyli wiedzę i władzę, które znacznie zwiększyły ich zdolność do przewidywania i kontroli [rozmaitych zjawisk – L.W.]; jednocześnie wykorzystali te moce do tego, aby czynić świat coraz bardziej nieprzewidywalnym i wymykającym się spod kontroli (Vickers 1968, s. 41).

Ten postęp utrudnił w szczególności dalszą możliwość kojarzenia go z jednokierunkowością, gdyż pozwalał uruchamiać procesy przerastające swoją skalą, tempem i zakresem wszelkie zdolności ich kontroli i paradoksalne w swoich uwikłaniach. Nie nastąpiło odpowiednie przyspieszenie zdolności reagowania przez

---

[3] Ów „zdwojony proces" dotyczy równoważenia „metabolicznych relacji" oraz ich optymalizacji, co stawia przed koniecznością regulowania aspektów wewnętrznych i zewnętrznych odniesień jako wzajemnie i nierozdzielnie powiązanych (Vickers 1968, s. 115). Wystawia to na napięcia dwubiegunowe między aspektem metabolizmu oraz funkcjonalności (por. Vickers 1968, s. 117).

człowieka na uruchamiane procesy i ich akcelerację, a nawet okazało się, że po przekroczeniu pewnych progów kontrola uwikłania w procesy przestaje być możliwa (Vickers 1968, s. 42). Pojawiła się tymczasem wręcz konieczność uwzględniania ekologicznych powiązań człowieka i przestrzeni jego oddziaływań, z nim ściśle związanej, łącznie z odkryciem nieadekwatności wcześniejszej wizji postępu, teraz wymagającej znacznie więcej troski o równoważenie ogniw obejmujących cechy i progi tolerancji jego współuczestników, z jednoczesnym szukaniem optymalizacji relacji wchodzących w grę, także w interesie zwykłego przetrwania, chroniąc się np. przed postawą pasożytniczą czy wysiłkami wymagającymi aż krwawej rywalizacji (Vickers 1968, s. 43). Rysuje to obraz regulacji społecznych, np. w sferze polityki społecznej, jako regulacji w sferze relacji, przy czym standardy ocenne nie są traktowane jako jedyne i stałe, nie stanowią ponadto celu (nie chodzi tu o zwykłą działalność celowo-racjonalną), ale są na podobieństwo kursu jachtu morskiego (Vickers 1968, s. 116)[4], ciągle korygowanego i odzyskującego równowagę w trosce o jakość przemieszczania się, przy czym nie tyle pod presją obowiązującego standardu, w zakresie „kolejnych redefinicji" i unikania tego, co „nieakceptowalne", ile w dynamicznym uwikłaniu między zmianami tego, co pożądane, a tego, co wymaga odrzucenia (Vickers 1968, s. 116).

Ekologiczne podejście wymaga przez to włączenia w obręb idei nowych terminów, w których postrzega się człowieka w jego świecie, takich jak: powiązania wzajemne jako „współzależność", wzory „rekurencyjne", powracające okresowo, wraz ze stanami „stałości" i ich trwania, przy jednoczesnej wadze zmiany stawiającej problem „samoograniczeń" oraz „oscylacji" i fluktuacji, z pojawianiem się przerostów albo deficytów; łącznie uwypukla to zadanie troski o jakość „regulacji", także jako „samoregulacji", wymagających uwzględniania „sprzężeń zwrotnych" w ramach dynamiki pola społecznego, w którym „współzależności" – jako podstawowy przedmiot ekologii – wykraczają znacznie poza wcześniejsze pojęcia poprawy, wzrostu wartości czy samego wyboru (Vickers 1968, s. 34–37). Okazało się – przy wzroście tak ukierunkowanej świadomości ekologicznej – że efekty pozytywne w jednym zakresie niosą zarazem negatywne skutki w innych i nie wolno tego lekceważyć w trakcie wartościowania pozbawionego zdolności uchwycenia całej złożoności procesów, których nieodłącznym ogniwem jest – zarówno świadome, jak i nieuświadamiane – wartościowanie. Wszystko to składa się na „zasadniczą dwoistość świata, w którym żyjemy" (*essential duality*), poprzez którą wcześniejsze sukcesy mogą przejść w swoje zaprzeczenie w obliczu interakcji konfliktu, rywalizacji i współpracy, wymagających nowych konfiguracji i form (Vickers 1968, s. 33).

Dla tej książki i jej strategii intelektualnej, jak też dla perspektywy, w jaką wpisuje się G. Bateson w proponowanym ujęciu, ważny jest zwłaszcza trop G. Vickersa

---

4 W innym miejscu w tekście „statek na morzu" jest przykładem „systemu dynamicznego" jako modelu uwikłania w napięcia, oscylacje i równoważenia (por. Vickers 1968, s. 163).

łączący odniesienia do ekologii w kontekście „wspólnoty umysłów" jako wytwarzającej – paradoksalnie – „świat wewnętrzny" jej uczestników i to niezależnie od tego, czy kiedyś się fizycznie, realnie spotkali. Najbardziej liczy się wpisanie we wspólny horyzont doświadczenia tych samych czy analogicznych tekstów, kategorii, schematów interpretacyjnych i ocennych. Rzecz bowiem najpierw we wspólnym podzielaniu problemów oraz związanej z nimi „ekscytacji poszukiwania znaczenia" i ich rozumienia, a co więcej dzięki wspólnocie tekstów

> [...] w moim wewnętrznym, niekomunikowalnym świecie podtrzymuje mnie doświadczenie podzielania z innymi ich myśli, jak też odbierania od nich sygnałów, że moje sygnały do nich docierają [jako nam wspólne – L.W.]. Myśli te ucieleśniają główną ramę pojęciową, jaką ich teksty pozostawiają w moim umyśle (Vickers 1968, s. 29–30).

Dojrzewa w tym podejściu sugestia, jeśli dobrze rozumiem, że **świat indywidualnego umysłu ma swoją własną ekologię**, gdyż w grę wchodzą tu treści napływające od innych i przetwarzane bądź nie, które – analogicznie do świata fizycznych form życia –

> [...] rozprzestrzeniają się i kolonizują ten indywidualny świat wewnętrzny, walczą ze sobą, ekscytują się sobą, ulegają modyfikacji, wzajemnie się niszczą lub też zachowują swoją stabilność przez dziwne dopasowania się do swoich rywali (Vickers 1968, s. 32).

Stąd waga „ekologii świata wewnętrznego", w którym tak jak w potocznie kojarzonym środowisku zewnętrznym mają miejsce interakcje w postaci „konfliktów, rywalizacji i współpracy" w nowych formach, w nowej skali i o nowym charakterze (Vickers 1968, s. 33), przeciw tradycyjnej skłonności do jego indywidualistycznego wypreparowania z relacji, w jakie jest nieuchronnie uwikłany. Częściowo zostało to już wskazane wyżej w postaci kategorii niezbędnych dla tej nowej świadomości ekologicznej, oswajającej na nowo wymiary „ekspansji, poprawiania i równoważenia" w procesie samorealizacji zorientowanej na „aktualizowanie tak wielu potencjalności jak to możliwe, bez zatracania [bycia sobą – L.W.] w rozkładzie i chaosie" z udziałem innych we własnym, także wewnętrznym świecie (Vickers 1968, s. 26).

Vickers, chcąc podkreślić wagę i trudność przejścia na nowy sposób ekologicznego kojarzenia komunikacji i relacji człowieka do jego świata, jako świata jego życia i komunikacji z innymi, zauważy nawet, że przeszkodą jest sam termin „umysł", w typowych skojarzeniach „zatruty przerostami, duchowymi, filozoficznymi, atomistycznymi czy indywidualistycznymi", zasługującymi na odesłanie do muzeum idei wraz z chybionym flogistonem (Vickers 1968, s. 131). W komunikacji bowiem trzeba widzieć miejsce na zawsze uwikłany w nieusuwalne związki (*indissoluble association*) „system oceny" (*appreciative*), pozwalający odróżniać i oceniać, zawsze „specyficzny, ograniczony, niekompletny i otwarty na zmianę", a ta niemająca dobrej nazwy „władza ludzka" (*faculty*) jest warunkiem i przedmiotem kształtowania „zdolności rozumienia", wykraczających poza tradycyjne „stare, zaślepione, nawet szczere bitwy ideologiczne" (Vickers 1968, s. 131–132). Bez tego nie da się rozpoznać ani przezwyciężyć głębokiego kryzysu komunikacji, uwikłanego w anomię i alienację, któremu nie pomagają, będąc „tak bardzo nadmiarowymi", techniczne środki komunikacji (Vickers 1968, s. 130) – uwaga była formułowana jeszcze w czasie niedostępności medium internetu.

Wszystko to wymaga uwypuklenia na nowo kwestii wartościowania i normatywności – Vickers mówi tu o normatywności jako procesie[5]. Mamy tu podkreślaną dla ekologii idei (Vickers 1968, s. 37) wagę przede wszystkim powściągania wartościowania samego procesu ludzkiego rozwoju, w jego świadomych i nieświadomych składowych, choć wraz z tym nie da się zlekceważyć okoliczności, że trzeba umieć się odnosić do faktu wartościowania przez samych ludzi, który wymaga opisywania i diagnozowania. Niezbędne staje się dostrzeżenie

[...] wzajemnego przenikania się sądów dotyczących faktów i wartości (*interpenetration of fact-and value judgement*). Proces normatywny nie ma zastosowania jedynie do ustanawiania tego, co zwykle postrzegamy jako normy. Nawet podstawowy sąd rozpoznawczy („to jest tym") nie jest zwykłym ustalaniem faktu. Jest to bowiem decyzja upodobnienia (*assimilation*) pewnego przedmiotu uwagi – wykrojonego z tkaniny wszystkiego, co dostępne – do pewnej kategorii, którą nauczyliśmy się, słusznie czy błędnie [traktować – L.W.] jako przydatną dla oswojenia takich rzeczy (Vickers 1968, s. 128).

W grę wchodzi tu zawsze „spektrum stopni inwencji" i siły normatywności, od bieguna stwierdzeń typu „to jest krowa", poprzez wskazanie „taka jest przyjęta konwencja (*contract*)" aż po „to jest grzech", co zawsze jest uwikłane w proces socjalizacji jako jego produkt, „w powiązaniu z doświadczeniem społecznym i zapośredniczeniu komunikacyjnym" (Vickers 1968, s. 128). Socjalizacja zarazem stanowi proces „humanizacji" (Vickers 1968, s. 129) jako społecznie uwikłany lokalnie dominujący tryb wypełniania przestrzeni oceniania i rozróżniania, co w rozmaitych historycznie funkcjonujących kulturach przebiega w odmienny sposób pod względem stopnia samodzielności i odpowiedzialności jednostek za ich własne myślenie, jego odkrywczość i innowacyjny charakter w stosunku do tradycji i zastanej grupy społecznej.

Zasadniczym ugruntowaniem tej perspektywy jest podkreślenie – które kiedyś już przywoływałem za semiotyką kultury Michaiła Bachtina (por. Witkowski 2000) – że człowiek wartościuje w podstawowych swoich odniesieniach egzystencjalnych i to samo w sobie stanowi niezbywalny składnik także obiektywnego świata, który wymaga opisania i zrozumienia. Zauważmy, że to fundamentalny

---

5 Poświęca temu zjawisku nawet osobny rozdział (Vickers 1968, s. 159–175) poza uwagami rozrzuconymi w tekście. Zajmę się tym rozdziałem poniżej.

i klasyczny problem, podnoszony np. przez Maxa Webera: jak się obiektywnie odnosić do świata pełnego subiektywnego wartościowania, czyli jak opisywać, charakteryzować wartościowanie, samemu się w nie nie wikłając? Stąd szerszy problem praktyczny także dla pedagogiki społecznej: co można z wartościowaniem w świecie ludzkim robić, kiedy widać, że prowadzi ono do niszczenia tego świata czy nasycania go sprzecznymi, w tym szkodliwymi dla niego samego i dla pojedynczych jednostek impulsami destrukcji i degradacji?

Potwierdza się, moim zdaniem, intuicja Radlińskiej o celowości włączenia perspektywy Gestalt do tego problemu, co Vickers wyraża wskazaniem na znaczenie „rozwijania schematów (dla) klasyfikacji doświadczenia", i to nie tylko zmysłowego, w tym wizualnego, lecz każdego, a na dodatek „wielowartościowy wybór zawsze obejmuje odmienne sposoby **widzenia** tej samej sytuacji, sposoby do których przypisane są rozmaite wartości" (i wartościowania), przez analogię do „dwuznacznych figur" znanych psychologom, na odmienne sposoby dającym się widzieć i oceniać. Nie darmo autor podkreśla, że „pojęcia **są** schematami (dla) klasyfikacji przedmiotów uwagi wszelkiego typu", łącznie ze zdolnością do ich percepcji i nastawienia do nich (por. Vickers 1968, s. 148).

W tym kontekście okazuje się, że tekst G. Vickersa, tu omawiany, pozwala w szczególności odkryć, że to on ugruntował przesłanki zaprogramowania trzech poziomów uczenia się, zwykle dalej przypisywanych G. Batesonowi. Vickers buduje przesłanki jednocześnie teorii komunikacji i teorii uczenia się, wykorzystując podejście psychologiczne, oparte najwyraźniej na idei „postaci" wpisanej w schematy interpretacji i wartościowania, oraz stopniując „fazy uczenia się", jak pisze. Zarazem podkreśla, że

> [...] multiplikowanie schematów mających zastosowanie (*relevant*) do tej samej sytuacji w znacznym stopniu obciąża umysłowość decydującą i spotyka się zawsze z oporem (Vickers 1968, s. 123).

Ponadto pojawiają się dwa typy wartościowania i dwa poziomy uczenia się oraz zakresów normatywności, wyznaczone przez z jednej strony samo posługiwanie się jakimiś kryteriami jako standardami, a z drugiej strony przez sytuację, gdy wysiłek wartościowania dotyczy samej „zmiany standardów", co wymaga prześledzenia ich różnicy w teorii komunikacji (Vickers 1968, s. 117) – zatem Bateson podjął program rozpisania typów uczenia się zaprojektowany już przez omawianego autora. Ocena na poziomie słuszności czy poprawności samej informacji łączy się z poziomem oceny posługującej się standardem dotyczącym tego, czy to, co jest, jest tym, co być powinno, a to wymaga także dostrzeżenia konieczności dysponowania „selektorem wybierania »właściwej« (»*right*«) odpowiedzi dotyczącej samego standardu" (Vickers 1968, s. 118). Poziomy te pozostają sprzężone ze sobą, mimo że oznaczają odmienne zakresy „fazy czy zakresy cyklu regulacji", wymagające innego typu uczenia się (w aspekcie i psychologicznym, i jakości komunikacji), z uwzględnieniem wymogu uporządkowania relacji w obrębie hierarchii systemów dynamicznych (Vickers 1968, s. 118–121, por. także s. 165)[6].

Vickers podkreśla dalej (por. Vickers 1968, s. 123–124), że w procesie perswadowania słuszności, jako wskazywaniu na to, co właściwe, nie wystarczy „podnoszenie wagi wartości wpisanej w nowy schemat" interpretacyjny, który może zostać odrzucony, na co nie ma rady, gdyż jest to efekt kierowania się innym schematem przez odrzucających, którym takie perswadowanie odmienności widzenia i rozumienia spraw samo w sobie nie wystarcza jako kłócące się z podstawowym wyposażeniem postrzegania i myślenia, które stanowiąc „ocenne urządzenie jednostki czy społeczeństwa musi być zawsze latentne" (Vickers 1968, s. 149)[7]. Ta jednak druga „forma opowiadania się" (*advocacy*) za wartościami może wpłynąć na zmianę, mimo że polega na próbie ważenia racji, a nie ich nowego ustanowienia. Stąd potrzebna jest „trzecia procedura", gdy „rzecznik wartościowania może się podjąć stworzenia nowego schematu, odpowiadającego nowej wartości", gdy w grę wchodzi postawa „adwokata zmiany" na rzecz racji z nowego poziomu widzenia spraw, np. uznania wartości na mocy bardziej uniwersalnych praw ludzkich. Zmiana dokonuje się nie poprzez pojedyncze przykłady, ale poprzez nowy poziom ustanawiania norm, względem których mierzony jest zarówno proces ważenia racji, jak i ich optymalizacji, i to sam ten nowy poziom, a nie racje adwokata zmiany (jego autorytet), powinien tu mieć znaczenie (Vickers 1968, s. 124). Chodzi zatem o warunek otwierający na postawę dialogu, „gdy każdy uczestnik pozostaje otwarty na wpływy ze strony innych", ucząc się w kwestii własnych wartościowań nowego ich typu (Vickers 1968, s. 125). Kontakt z innymi ma w warunkach częściowej autonomii prowadzić do uruchomienia procesu, dzięki któremu rozwijają się i zmieniają schematy składające się na widzenie i wartościowanie. Kluczowe okazuje się doprowadzenie do sytuacji, gdy możliwy staje się „wybór wielowartościowy" o nowej złożoności, z nowym podmiotowym udziałem uczestników, dzięki konfrontacji z wieloma schematami myślenia z wykorzystaniem także porównań międzykulturowych (Vickers 1968, s. 126).

Uważam, że analogiczne intuicje przyświecały Radlińskiej, gdy postulowała „meliorację środowiska", przywołującą nieobecne w nim treści kulturowe, jako warunek dalszej „melioracji umysłu". Chodziło jej bowiem o nasycanie miejsca społecznego i samych jego uczestników treściami z niewidzialnego środowiska, by jego dostępność pozwalała poszerzyć i jakościowo przetwarzać wyobraźnię i pulę wyboru, a także własne pragnienia i potrzeby oraz jakość działania, w tym

---

6 Wszystkie trzy zakresy ocen występują, jak pokazuje Vickers, np. w debacie na temat słuszności postulatu przeznaczania „więcej pieniędzy na edukację" (Vickers 1968, s. 121).

7 Najczęściej w dyskursie dotyczącym tego aspektu wyposażenia postawy poznawczej i nastawienia normatywnego człowieka mówi się o przesądzeniach dominujących, a zarazem milczących, przezroczystych, nieuświadamianych, wyłączonych z refleksyjności, ukrytych, przejętych w podstawie rozumienia i nazywania jako sposób istnienia jednostki czy obszaru społecznego. Latencja może oznaczać także stan niedopełniony, namiastkowy, w zalążku.

stosunku do innych. A to dokładnie mówi Vickers, postulując „uczenie się sztuki wartościowania" (Vickers 1968, s. 127) i dalej akcentując aspekty teorii komunikacji z tym postulatem związane, w zakresie właśnie „procesu uczenia się generowania wartości" (Vickers 1968, s. 128) w postawach ludzkich, co później musiało przykuć uwagę i zaangażowanie Batesona. Tak też samo podkreśla, że ekologiczne podejście do zachowań „przestępczych" nakazuje zaliczyć je do kategorii podobnej jak odnoszona do „poszkodowanych" przez „upośledzenia" z młodości (Vickers 1968, s. 123). Wiąże się to u Vickersa z ogólniejszą tezą epistemologiczną, wskazującą na powiązania sądów dotyczących jednocześnie faktów i wartości, iż

> [o]pracowanie systemu rzeczywistości oraz systemu wartości dokonuje się wspólnie. Fakty są relewantne jedynie dla określonego standardu wartości; wartości są stosowalne jedynie do określonych konfiguracji faktu (Vickers 1968, s. 122).

I nie chodzi tu jedynie o ocenianie wagi, ale o dostrzeganie znaczenia. Nie darmo pojawia się w jego analizach wskazanie na to, co niewidzialne, jako „nieobserwowalne" w świetle nastawienia samego obserwującego czy oceniającego (Vickers 1968, s. 138). Vickers wskazuje w szczególności na „dwoistą (*dual*) skalę" (Vickers 1968, s. 138) racjonalności dotyczącej np. decyzji wyborczych, kiedy w grę wchodzi uznanie programu, ale także zaufanie do zdolności oczekiwanego działania, a wspomniany splot uznania faktów i uznania ich znaczenia wyraża ich dwoistość (*duality*) jako „nierozerwalność składowych oceniania (*appreciation*)" (Vickers 1968, s. 139, por. także s. 146) tego, co jest, jako takiego właśnie, a co w ramach „aktywności umysłu" niesie efekty „nieobserwowalnych" czynników, mimo to działających, np. zainteresowania, jako sposób selektywnego odnotowania (Vickers 1968, s. 146–147). Łącznie spotykamy tu uwypuklenie par odniesień, wpisanych w system oceny jako spostrzeżeniowy i doceniający, takich jak: „waga – brak znaczenia", „pewność – niepewność" czy „spójność – niespójność" albo „dopasowanie – niedopasowanie" (Vickers 1968, s. 154–155). Są to uszczegółowienia szerszej tezy, że poznanie jest uwikłane w rozmaite aspekty uznania (*all cognition depends on recognition*), sprzężonego ze stosowanymi schematami czy standardami już na poziomie opisu (Vickers 1968, s. 186, por. także s. 196).

W rozdziale o „procesie normatywności" czy dokładniej: procesie normatywnym w komunikacji G. Vickers wyodrębnia trzy wymiary normatywności dające się wyróżnić w kulturze: odróżnienia przedmiotowego (*discrimination*), ewaluacji znaczenia i ukierunkowania działania, z jego orientacją na zmianę, z uwzględnieniem standardów sukcesu poznania, oceny i działania (Vickers 1968, s. 168–169). W grę za każdym razem wchodzi wymóg oceniania, doceniania, szacowania, uznania i to na każdym poziomie gestów normatywnych, uwikłanych w zmianę („przeprogramowanie") pod wpływem doświadczenia i opartych na aspektach wykorzystywanego systemu oceniania (*appreciative system*), częściowo tylko autonomicznego: „najprostszego odróżnienia" („to jest tym"), „najprostszego wartościowania" („to powinno być takie") i najprostszej decyzji działania ("w takich okolicznościach należałoby zrobić to a to") (por. Vickers 1968, s. 169–170). Ukoronowaniem tego podejścia jest uznanie potrzeby „ekologii świata konceptualnego", który żyje po swojemu w stosunku do realiów społecznych, wymagając wykorzystania interakcji między „systemami oceniania" (Vickers 1968, s. 173). W trosce o zaawansowaną etyczność, niezdominowaną rywalizacjami międzygrupowymi, niezbędne okazuje się umożliwienie w trybie uczenia się nowego poziomu komunikacji w społeczeństwie, który nie pojawia się automatycznie w ślad za środkami technicznymi, tylko tkwi w jakości owych systemów oceny, jakimi się sami posługujemy, a które wymagają wejścia na nowy poziom refleksji i troski o własny rozwój (Vickers 1968, s. 174–175).

Otwarcie metakomunikacyjne jako zmiana perspektywy epistemologicznej u Gregory'ego Batesona

Zauważmy najpierw, że zajmując się komunikacją i relacjami w nią wpisanymi oraz dynamiką (i przyczynami patologii) oddziaływań z nią związanych, przywoływany tu klasyk – wyjściowo zajmujący się antropologią kulturową – podkreślał, że uprawia... epistemologię i postuluje nową perspektywę dla problematyki tejże, przeciw „epistemologicznym ułomnościom cywilizacji Zachodu" (por. Bateson 2000, s. 491). G. Bateson podkreślał, że warto pamiętać, iż niektóre cechy podejścia rozmaitych tradycji i zjawisk kulturowych (nie wyłączając religii) dopiero „stają się czytelne (*intelligible*) w świetle teorii cybernetycznej i podobnych postępów w epistemologii" (por. Bateson, Bateson 2005, s. 142). Raz, że zrozumiałe stają się ich waga i reprezentatywność, a nie jakaś „swoistość", dwa – także dlatego, że uzyskujemy sposób „postaciowania" zjawisk poza dominacją rozmaitych „śmieci" (*trash*) narracyjnych, jak pisze Bateson. Chodzi o uwolnienie się od ujęć spychających znaczenie nowych idei, związanych z tym naświetleniem cybernetycznym wychodzącym poza horyzont wcześniejszych kształtów widoczności i zrozumienia. Mam wrażenie, że takimi ideami były „dwoistość" (*duality*) oraz trop wskazujący na uniwersalny sens ekologicznych sprzężeń w relacjach kulturowych między jednostką i jej społecznym otoczeniem. W dostrzeżeniu bowiem, że stało się coś ważnego, nie wystarczy odnotować różnicę, ale zarazem ta „różnica musi zostać przetworzona na wydarzenie w ramach systemu postrzegania" (Bateson, Bateson 2005, s. 122). Musi wręcz przekroczyć próg oswojenia wcześniejszych wartości. Warunkiem „zdarzenia" kulturowego jest nie tylko zderzenie z wcześniejszą perspektywą, lecz także poczucie, że różnica ta jest istotna, znacząca. To, co się wydarza, musi wręcz „czynić różnicę" dla stanu wiedzy, jak wielokrotnie powtarza Bateson. Chodzi o to, że różnica może dać o sobie znać, będąc nie tylko komunikatem, lecz także „metakomunikatem". W tej nowej relacji nie chodzi jedynie o znaczenie w obrębie systemu znaczeń, ale o zamianę samego tego odniesienia, o przekroczenie jego progu widzialności, jego ramy projektującej mechanizmy selekcji ważności i czytelności. Nastąpiło bowiem często wraz z różnicą to, że robi ona coś więcej, czego system nie potrafi ogarnąć, bo „różnica przekracza [jego – L.W.] próg" wartości (Bateson, Bateson 2005, s. 122). Różnica może robić więcej, niż tylko dawać o sobie znać w znanym układzie odniesienia, może być istotnym jego przekroczeniem. Późniejsze odniesienia poznawcze pozwalają na wpisanie tej różnicy w odmienny system, a naruszenie wcześniejszego wzoru może ustanowić „metawzór" (*meta-pattern*). Mamy tu ważne uściślenie sensu postulatu związanego z zadaniem rozumienia, w którego realizacji nie chodzi jedynie o dotarcie do znaczenia wpisanego w kontekst wyjściowy. Nowa sytuacja czasem także wymaga odnalezienia kontekstu, dzięki któremu pojawi się metakomunikacyjny poziom rozumienia, tj. wskazujący, o co tu ważnego chodzi i to ważnego w sensie rozpoznanym przez odbiorcę komunikatu jako dla niego znaczącym. Pytanie, dlaczego coś jest ważne, to pytanie skierowane nie do wnętrza poziomu znaczeń, tylko funkcjonujące w odniesieniu do jego uwikłań zewnętrznych. Zrozumieć w tym aspekcie oznacza pojąć wagę (znaczenie w sensie: rangę ważności) dzięki kontekstowi, który to pozwoli dostrzec, niezależnie od tego, czy taki kontekst był w zasięgu autora, czy też źródła treści i ich własnego kontekstu.

Tu znowu do głosu dochodzi odniesienie do rozmaitych *gestalten* (por. Bateson 1991, s. 152), czyli możliwości postaciowania rozumianego znaczenia poprzez ukazanie go na tle, jakiego samo to znaczenie mogło nie mieć w swojej genezie (tak jak późniejsze odkrycia pozwalają lepiej zrozumieć to, co wydarzyło się wcześniej). Stąd teza, że możliwa jest cała hierarchia kolejnych szczebli kontekstów przez wymóg odsłaniania także kolejnego „metakontekstu" (Bateson 1991, s. 143). Nie dziwi zarazem, że Bateson podkreśla swoją troskę o **budowanie nowej epistemologii**, której funkcją jest zawsze rozwijanie „przesłanek dotyczących badanych obiektów" i ich systemów oraz kryteriów dotyczących „typu wiedzy, którą można w sposób właściwy nazwać rozumieniem tych systemów" (Bateson 1991, s. 110). Jak słusznie zauważa Rodney E. Donaldson (Bateson 1991, s. XVI–XVII), wydawca pośmiertnie opublikowanego tomu Batesona (1991), ten ostatni był szczególnie wyczulony na błąd epistemologiczny polegający na nakładaniu na różnice w sferze zjawisk kulturowych mechanizmu je uskrajniającego i rozrywającego na strzępki. Najpierw bowiem różnicę wpisuje się w relację odróżnienia jako oddzielenia (separacji), gdzie inne staje się osobne, obce, bo wyobcowane samą tą procedurą (wręcz procederem), i nie przystaje do wyjściowego odniesienia już żadną istotną miarą. Następnie mechanizm ten polega na dokonywaniu tu przeciwstawienia prowadzącego do sztywnej, wręcz zamrożonej opozycji i skrajnego przeciwieństwa. Zabiegi takie służą wzrostowi nastawień nakazujących tym samym budowanie rozłącznej alternatywy, silnie dychotomizującej badane przedmioty czy zjawiska i opisywane pole różnic, które ich dotyczą. Dzieje się to w sposób wskazujący na dualizmy, które gubią leżące u podłoża różnicy rozmaite interakcje czy współzależności.

W takim wydaniu różnice są uskrajniane, jako pozornie rozdzielające, niczym niepołączone, wręcz zdominowane przez – rozrywające całości – mechanizmy niszczące przejawy wzajemnych odniesień i powiązań czy wspólnoty głębszego podłoża, wskazującego na „wzorzec, który łączy", a który przez to jest „metawzorcem" (por. Bateson 1979, s. 23). Ważnym przykładem jest tu kwestia różnic między religiami, które mimo dominacji antagonizmów, w jakie są wpychane, w ich naturalnej relacji powinna jednak łączyć troska o „religijność" w sensie podtrzymującym za każdym razem jednoczącą więź ze świętością. Mówiąc inaczej, pełna religijność jest metawzorem łączenia religii, które mogą mieć jedynie wewnętrzny wzór więzi ze świętością. Mamy bowiem potwierdzającą to wyjściową formułę wpisaną w termin *religare* jako wskazujący na łączenie (i łączenie się w świętości tej całości), przez co dobitnie brzmi tu teza, choć często poza świadomością tych, którzy posługują się terminem „religia", że „jednoczyć znaczy uświęcać" (por. Bateson 1991, s. XVI). To ważne także dla myślenia ekologicznego, jeśli nie jest trywializowane, gdyż daje w nim o sobie znać „dążenie do zjednoczenia – a przez to do uświęcenia – całego świata przyrody, z którego jesteśmy" (por. Bateson 1979, s. 33).

Ponieważ, jak już wskazano, kluczowa inspiracja nadająca ramę myślową dla tych rozważań jest wyznaczona przez skojarzenie z cybernetyką i jej ewolucją oraz procesami jej recepcji – przynajmniej w latach 40.–60. minionego wieku – to nie zdziwi zapewne, że główny akcent tu przywoływany dotyczy sugestii wskazujących na wagę „sprzężenia zwrotnego" między biegunami czy ogniwami jakiegoś układu bądź relacji. Mamy tu do czynienia z wątkami opisowo wskazującymi na stan takiego sprzężenia zwrotnego, jako dynamiki wzajemnego powiązania, która działa tak czy inaczej, jak również w grę wchodzą postulaty normatywne. Nakazują one nastawienia uczulające na wagę i potrzebę dostrzegania i podtrzymywania takiego sprzężenia zwrotnego, zarówno w teoretycznym myśleniu o relacjach między ich członami, jak i w działaniu praktycznym. Normatywność praktyczna może być związana choćby ze wskazywaniem wagi troski o uruchamianie „funkcji fatycznej" w komunikacji, zwłaszcza dydaktycznej, zorientowanej zatem na podtrzymywanie więzi, uwagi, wręcz obecności w danej sytuacji komunikacyjnej, gdzie obecność jest rozumiana jako „gotowość do zaangażowania w spotkanie" (za Gabrielem Marcelem[8]). Gdy w edukacji zabiegamy środkami komunikacyjnymi o uwagę czy weryfikujemy spełnienie warunków podtrzymania komunikacji (por. „uniwersalne roszczenia ważności mowy według Jürgena Habermasa"), wówczas mamy do czynienia z rodzajem „funkcji sprzężenia zwrotnego pomiędzy nauczycielem – nadawcą komunikatu a odbiorcą tego komunikatu – uczniem" (por. Skrzypczak 1996, s. 156–157). Problematyka sprzężeń zwrotnych obejmuje z czasem także (i wreszcie dopuszcza, wbrew potocznym skojarzeniom jedynie z jawnymi intencjami, stronę

---

8 Zwrócenie mojej uwagi na tę formułę zawdzięczam rozważaniom prof. Andrzeja Wojciechowskiego (2012).

tzw. programu ukrytego) dostrzeganie **sprzężeń negatywnych**, odwracających sens działań, nie pomimo wysiłków w nie włożonych, ale przeciwnie – z winy np. nieudolnego zabiegania w nich o coś wartościowego i nadawania mu znaczenia faktycznie niszczonego w kontekście metakomunikacyjnym[9].

Powyższy akcent traktuję jedynie jako sygnał – sam w sobie wart szeroko rozwiniętych i pogłębionych studiów – tego, jak bardzo ważne dla porządkowania spraw pedagogiki mogłyby się okazać wyjściowe założenia i ujęcia typowe dla widzenia przestrzeni powiązań czy układów o relacjach cybernetycznych. Dotyczy to np. postaci sprzężeń zwrotnych i to różnych ich wariantów, w tym tzw. symetrycznych albo komplementarnych. Sięgniemy do nich w nawiązaniu do klasycznych już analiz Gregory'ego Batesona z przełomu lat 50.–60. XX wieku, idąc również tropem jego słynnej sugestii kojarzącej myślenie cybernetyczne z „ekologią umysłu", co też legło u podstaw przyjętej tu perspektywy interpretacyjnej w odniesieniu do pedagogiki społecznej Heleny Radlińskiej. Co więcej, tak często postulowane przez nią metodologicznie **budowanie i ukazywanie tła** dla rozmaitych procesów historycznych daje się w naszym przypadku zarysować poprzez przywołanie dokonującego się zasadniczego przeorientowania świadomości humanistycznej nauk przyrodniczych i społecznych, sztuki i humanistyki w trybie procesu coraz częściej określanego jako **powstawanie humanistyki ekologicznej**. W jej ramach sprzężenia zwrotne między jednostką i jej środowiskiem, w tym między środowiskiem a interweniującymi w nim i w nie, są zasadnicze dla perspektywy ujmowania wchodzących w grę relacji oraz powodują przewrót poznawczy i etyczny, także jako wyzwanie techniczne. Na takim tle okaże się, jak bardzo pedagogika społeczna w wydaniu pełnym (!), a nie redukowanym i retuszowanym ujęciu niektórych z jej uczniów, uczestniczyła w antycypacji czy dojrzewaniu tego procesu.

Jak czytamy w artykule Deborah Bird Rose i Libby'ego Robina (2004), można mówić o wytworzeniu się już całej tradycji widzenia zadań dla humanistyki w kategoriach ekologii przezwyciężającej rozmaite podziały i uprzedzenia:

> Humanistyka ekologiczna pracuje w poprzek wielkich opozycji (*binaries*) w myśli zachodniej. [...] W obliczu szybkich zmian jesteśmy zobowiązani do przezwyciężania (*cross-cutting*) podziałów, które przeszkadzają naszemu rozumieniu i działaniu (Rose, Robin 2004).

Dokonuje się to wraz z przywołaniem wymogu przekraczania praktyk rozdzielania nauki i humanistyki i często w nawiązaniu do jednego z inicjatorów tego poznawczego dążenia zespalającego, Gregory'ego Batesona, który będąc najpierw antropologiem kulturowym – prowadzącym badania m.in. z Margaret Mead – działał w poprzek tej opozycji. Co więcej, wraz ze wskazaniem na Ilyę Prigogina

---

9 Świetnie to ilustruje zjawisko „tożsamości negatywnej" w opisie procesów oddziaływania wychowawczego u Erika H. Eriksona, co osobno pokazałem (por. Witkowski 2009a).

i jego tezę o konieczności twórczej postawy „w warunkach niepewności" uzyskujemy kluczowe dla ekologicznie dojrzałej humanistyki sformułowanie, że

> [...] nowa ekologia wychodzi z następującego podstawowego stwierdzenia: jednostką przeżycia nie jest indywiduum czy rodzaj, ale organizm-i-jego-środowisko, z czego wynika, że jednostka niszcząca swoje środowisko popełnia samobójstwo. Dalszą tego implikację stanowi to, że bycie jest immanentnie w sposób niezbywalny i konieczny relacyjne. Ontologia powiązań pociąga wzajemną przyczynowość: organizm i jego środowisko wzajemnie się modyfikują. Relacje między organizmem i środowiskiem są rekursywne w takim znaczeniu, że „zdarzenia nieustannie wkraczają w, splatają się z, i ponownie oddziałują na uniwersum, które opisują" (Rose, Robin 2004).

Oznacza to dokonującą się współcześnie w nowej postawie epistemologicznej istotną rewolucję myślową, jak podkreślają cytowani autorzy. Chodzi bowiem o zmianę wskazującą na konieczność działania oraz troski o przetrwanie i rozwój w warunkach nieustannie powracającego niezrównoważenia, nieuchronności uwzględniania intersubiektywności zamiast bezpodmiotowej obiektywności. Podnosi się wagę rozumienia i liczenia się ze skalą niepewności w miejsce wcześniej widzianych silnych i jednokierunkowych determinacji oraz ze „zdecentrowaniem" naukowca czy innego podmiotu działającego w ramach znacznie bardziej złożonych relacji. Ich pozycje, środki działania i cele nie są już centralnym punktem odniesienia, sztywno mającym przewagę hierarchiczną, a złożoność tego zdecentrowania może przekraczać zdolność naszej percepcji i przewidywalności. Zarazem wiedza, jaką dysponujemy zmuszeni do działania, jest z konieczności nieustannie niepewna, niepełna i zwrotnie korygowana, a taki jej charakter jest typowy dla wszelkich żywych organizmów i ich relacji. Kluczowe staje się widzenie dwustronnych uwarunkowań, wpisanych w przestrzenie i relacje komunikacyjne, w których odniesienia środowiskowe oraz wzajemne interakcje i sprzężenia stają się istotne w rozmaitych dyscyplinach humanistycznych i w naukach społecznych.

Warto tymczasem odnotować wcześniejsze już akcenty w rekonstrukcjach stanowiska rozpracowywanego pokoleniowo w ramach pedagogiki międzywojennej w Polsce, pozwalające na uwypuklenie naturalności skojarzeń z podejściem, szerzej i niezależnie wpisywanym w modele relacji o charakterze sprzężeń zwrotnych. Dobrym przykładem jest uwypuklenie idei „środowiska sprzężonego" (obok środowiska potencjalnego czy neutralnego) w opisie rozwoju człowieka i oddziaływań zewnętrznych, które muszą się w części przynajmniej zintegrować z naszym Ja, co znajdujemy rozwijane w kontekstach dwoistej relacji między osobowością i społeczeństwem w ujęciu Zygmunta Mysłakowskiego oraz w analogicznych wariantach opisanych przeze mnie w obrazie przełomu dwoistości (por. Witkowski 2013a)[10].

---

10 Dobitne akcenty w kwestii pojęcia środowiska sprzężonego u Z. Mysłakowskiego niesie m.in. tekst Lidii Jastrzębskiej-Majer (1999).

Osobno też tu wskazuję na wpisanie wizji struktury procesów wychowania w modele sprzężeń zwrotnych czyniące dalsze widzenie i uruchomienie pożytków z odniesień do cybernetyki nader pożądanym.

Uwagi ogólne – przegląd tropów

Nie jest możliwe, abym w tym miejscu dokonał zadowalającego mnie samego, a tym bardziej wyczerpującego wprowadzenia do dokonań Gregory'ego Batesona. Zasługiwałyby one z pewnością na odrębne opracowanie, aby dało się przełamać i to opóźnienie recepcyjne wśród pedagogów, dla których zaawansowana refleksja teoretyczna o działaniach komunikacyjnych i ich złożoności powinna być szczególnie ważna. Zwłaszcza że ma już zastosowania w terapiach rodzinnych, a nadto radzi sobie z tak skomplikowanymi sytuacjami, jak wyznaczone przez schizofrenię i rozmaite zaburzenia zwane chorobą afektywną dwubiegunową. Tu chcę jedynie przywołać akcenty pozwalające zbudować uzasadnienie wagi podjęcia tej pracy rekonstrukcyjno-aplikacyjnej, która ciągle czeka na swego autora.

We wprowadzeniu do numeru specjalnego „Australian Humanities Review", dedykowanego G. Batesonowi w stulecie jego urodzin, Peter Harries-Jones stwierdzał, że był to

> [...] jeden z najbardziej oryginalnych pisarzy XX wieku w humanistyce i naukach społecznych, piszący syntetycznie, obejmując kilka dyscyplin, łącząc estetykę, antropologię, biologię, nauki o komunikacji, cybernetykę, ekologię, terapię rodzinną, ogólną teorię systemów, psychologię społeczną i zoosemiotykę. [...] wniósł do nich trwały wkład, który zwykł określać jako „epistemologiczny" (Harries-Jones 2005)[11].

Nie byłbym sobą, gdybym od razu nie zauważył, mając tu zawsze na myśli odniesienia do Heleny Radlińskiej, że więcej pożytków przyniosłyby komentarze jej dotyczące, gdyby utrwaliło się przekonanie o jej zasługach na analogicznie rozwidlonym obszarze dyscyplin, choćby tylko pedagogicznych, niezależnie od subiektywnie preferowanej przez nią dyscypliny i osobistej skłonności (idiosynkrazji) do podkreślania swoich sympatii do pedagogiki społecznej czy andragogiki. Mogłoby to działać podobnie zresztą jak u Batesona, który przypisywał sobie z kolei zasługi i ukierunkowanie zainteresowań głównie epistemologiczne, a został odczytany i włączony w myślenie znacznie szerzej. Rzecz jasna w przypadku Radlińskiej lista obszarów jej wartościowych dokonań byłaby istotnie odmienna, choć także imponująca: pedagogika społeczna, andragogika, oświata pozaszkolna, teoria wychowania, historia oświaty, teoria opieki społecznej, pedeutologia, filozofia kultury etc. Na dodatek ustalenia rekonstrukcyjne niniejszej książki zarysowują

---

11 Dalej pozycję przywołuję jako AHR.

wspólny obszar i kierunek dążeń, sprzężonych z odniesieniami środowiskowymi i troską o jakość komunikacji w relacji jednostka – środowisko, obejmującymi także rozmaite dążenia do uruchamiania procesu uczenia się i zmian we wchodzących tu w grę relacjach.

Punktem wyjścia uwag redaktora tomu AHR na jubileusz Batesona jest podkreślenie, że badacz ten wraz ze swoimi współpracownikami „w przeciwieństwie do indywidualistycznych technik terapeutycznych psychiatrii wprowadził alternatywę w postaci systemowej terapii rodzinnej", możliwą w wyniku rozumienia odkrycia, że problemy psychiczne często są wpisane w dwubiegunowe napięcia w komunikacji rodzinnej. Wspomniany redaktor tomu AHR uwypukla zwłaszcza sławę idei podwójnego wiązania (*double bind*), a obok niej ideę „ekologii umysłu". Tę ostatnią omawia jako opartą na idei komunikacyjnych powiązań wzajemnych między kulturami ludzkimi i przyrodą oraz uwypuklającą dylematy wyrastające ze sprzężeń zwrotnych, jakie mają miejsce w ewolucji. Są one widziane przeciw determinizmowi adaptacji rodem z Karola Darwina, ale i w niezgodzie z fundamentalizmem religijnym, zarazem w duchu modelowego wykorzystania wielopoziomowych interakcji w sferze schematu powiązań wzajemnych i relacji komunikacyjnych (Harries-Jones 2005). Już te pobieżne sygnały niechby wystarczyły dla uzasadnienia wagi przyjrzenia się dokonaniom Batesona, które w Polsce wśród pedagogów nie doczekały się dotąd[12], o ile się nie mylę, poważniejszej uwagi czy rekonstrukcji.

Do tej pory w Polsce najpełniej, choć w pewnym ograniczonym dwuwątkowym zakresie, ideami G. Batesona – który był z rocznika 1904, to więc niemal rówieśnik B. Suchodolskiego, autora słynnego pojęcia podwójnego wiązania (*double bind*)[13] – dla socjologii w jej aspektach kulturowych zainteresował się Zygmunt

---

12 Nawet w ostatnio wydanej książce z „pedagogiki kognitywistycznej" mamy tylko, o dziwo, oderwany sygnał przywołania, bez istotnych informacji merytorycznych, o dokonaniu G. Batesona (por. Siemieniecki 2013, s. 145). Mam nadzieję wypełnić tu teoretyczną lukę i nadrobić zaległości środowiskowe tzw. kognitywistów. Zresztą perspektywa dwoistości, jaką tu stosuję, daje wygodną podstawę do odczytywania dorobku i Radlińskiej, i Batesona jako ważnego dla zainteresowań kognitywistycznych w pedagogice, zbieżną z osiągnięciami cybernetyki i humanistyki ekologicznej. Dokonania poszczególnych osób są jednak zwykle zamykane w zbyt wąskich ramach, pozbawiających je możliwości naturalnych odniesień i tworzenia wspólnego dla nich tła dla ich pełniejszego rozumienia i szerszego wykorzystania, tu: dla pedagogiki.

13 Idea była rozwijana na podłożu antropologicznym i prowadziła dalej do sformułowania modelu zakłócenia prowadzącego do schizofrenii, stąd wpisany w analizy Batesona mechanizm „schizogeniczny". Nieporozumienia wokół wagi idei podwójnego wiązania mogły się wiązać z tym, że jej autor sam najpierw określał ją mianem „błędu", a jedynie z czasem pojawiło się zrozumienie dla uniwersalnego charakteru dwoistości. Pisząc o swoim pierwszym okresie badań, Bateson przyznał: „doszedłem do przekonania, iż pewne objawy ludzkiej patologii zwane schizofrenią są w rzeczywistości również skutkiem błędnego posługiwania się typami logicznymi; błąd ten nazwaliśmy »podwójnym wiązaniem«" (Bateson 1996, s. 169). Zauważmy na marginesie, że podobne wyjściowo zawężenie funkcji dotyczyło kategorii „ambiwalencji" wprowadzonej najpierw do psychiatrii i psychoanalizy za sprawą odsłaniania mechanizmu schizofrenii przez

Bauman. Ten ostatni już w latach 60. XX wieku włączył niektóre akcenty do własnych rozważań socjologicznych, z kolei w ostatniej dekadzie uwypuklił wagę typologii strategii uczenia się, która z jakichś powodów nie doczekała się dotąd szerszej uwagi dydaktyków czy pedagogów ogólnych[14]. Najważniejsza jednak idea i dokonanie Batesona w postaci modelu podwójnego związania, nie tylko wpisana w stany patologiczne, zwane chorobą afektywną dwubiegunową, lecz także leżąca u podstaw cybernetycznej teorii komunikacji określanej przez jej autora terminem „ekologia umysłu" – który zainspirował nas do tytułu niniejszej książki – nie została dotychczas rozwinięta w rekonstrukcjach w Polsce, choć wydaje się najcenniejsza. Zarazem najpełniej tworzy podstawę i kryterium porównań dla jakości intuicji i dążeń niezależnych od niej, w tym dla podejścia Radlińskiej.

Osobno ważne jest uwypuklanie przez Batesona konieczności widzenia – w poznawczym wysiłku sprostania złożonościom mającym charakter dwoisty – jednocześnie miejsca na **nową epistemologię**, zrywającą z typowymi skłonnościami do operowania dualizmami czy dychotomiami. Dualizm dla niego manifestuje się zawsze pęknięciem (*split*), rozdwojeniem, rozdarciem, którego modelem ma być według niego kartezjańskie podejście do problemu relacji między ciałem i umysłem (*mind/body problem*), wymagające współcześnie, z jego perspektywy, wręcz zasadniczego przezwyciężenia. Podobnie Bateson artykułuje konieczność zniesienia modnego i niebezpiecznego dualizmu rozdzielającego materię i ducha czy formę i substancję poprzez wysiłek przezwyciężenia w humanistyce skrajności opozycji biegunów, skazujących badacza na zmagania

> [...] między Scyllą ustanowionego materializmu, z jego ilościowym myśleniem, nauki stosowanej i „kontrolowanych" eksperymentów, a Charybdą romantycznego nadnaturalizmu (Bateson, Bateson 2005, s. 63–64),

typowego zwłaszcza dla fundamentalizmu religijnego. Jeden biegun afirmuje dominację ilościowych charakterystyk, drugi odnosi się do wyższych mocy tajemnych, sił i energii, gdy tymczasem żadne z tych skrajnych „uprzedzeń" nie jest zasadne epistemologicznie, wzajemnie się napędzając, karmiąc się swoimi błędami (Bateson, Bateson 2005, s. 51, 59–61). Ramowe odniesienie kluczowe dla alternatywnego sposobu myślenia, znoszącego tę opozycję, wiąże się z wyartykułowanym przez Carla

---

Eugene'a Bleulera, a następnie przez Zygmunta Freuda. Tymczasem stopniowo okazało się, że w obu przypadkach mamy do czynienia z mechanizmami i relacjami znacznie bardziej uniwersalnymi, które jedynie w pewnych skrajnych przypadkach stają się wsparciem dla patologii, jako niosące złożoność przekraczającą próg tolerancji jednostki czy powodujące uszkodzenia ważnych procesów rozwojowych, niszcząc stabilność stanów i rzutując drastycznie na kondycję egzystencji jednostki i stan jej relacji ze światem, ze sobą i z własnym życiem.

14 Ostatnio motyw Batesona powraca kilkakrotnie w rozmowach wydanych w Dolnośląską Szkołę Wyższą (por. Bauman 2012, s. 17–21, 30).

Gustava Junga (Bateson, Bateson 2005, s. 16, 50)[15] napięciem, a nie opozycją, między porządkiem fizycznym (*Pleroma*) i ludzkim (*Creatura*), między którymi pomostem jest organizacja dynamiki oddziaływań z różnicą, jaką wywołuje sprzęganie efektów poznania i stanu poznawanego w obszarze zjawisk kulturowych. Nie jest bez znaczenia i zasługuje na osobne rozważania fakt, że zarówno Radlińska – wbrew swoim następcom – jak i Bateson rozumieli wagę odniesień poznawczych (postulowanej epistemologii w rozumieniu tego ostatniego) do perspektywy Gestalt. Bateson postuluje wręcz „epistemologię psychologii Gestalt", której zarysy wymagają uznania, w postaci uwzględniającej perspektywę oddziaływań cybernetycznych, z wykorzystaniem różnicy przekazywanej impulsami zerojedynkowymi (jest impuls albo nie ma impulsu), ze sprzężeniami zwrotnymi i nawrotami (rekursywnością), oraz że „umysł operuje hierarchiami i sieciami różnic w tworzeniu postaci (*gestalen*)" (por. Bateson 1991, s. 221).

Akcent dotyczący perspektywy Gestalt w psychologii rozwija Bateson już w klasycznym tekście z 1942 roku, zapowiadającym dopiero ideę „podwójnego wiązania" (*double bind*), w dyskusji z Margaret Mead, gdzie zamiast podstaw nawyków percepcji opartej na „postrzeganiu sekwencji zachowań" można w „nowszym żargonie psychologii Gestalt" powiedzieć, że w uczeniu się chodzi o „nawyki doszukiwania się takiej lub innej ramy kontekstualnej zachowania" (por. Bateson 2000, s. 162)[16]. Oznacza to w tej frazeologii, że na poziomie podstawowym prostego uczenia się „podmiot uczy się orientować według pewnych typów kontekstów czy przez uzyskiwanie »wglądu« w konteksty rozwiązywania problemów", poprzez stan, w którym nabył

> [...] nawyku poszukiwania kontekstów i sekwencji jednego typu, a nie innego, nawyku uwypuklania (*punctuating*) strumienia zdarzeń dla przydania powtarzalności pewnemu typowi znaczącego ciągu (Bateson 2000, s. 166).

Uściślenie dla psychologicznej charakteryzacji tego podejścia do opisu uczenia się wymaga wykorzystania kategorii „ramy" (*frame*), mimo jej „nadmiernie konkretnego" skojarzenia przez analogię do ramy obrazu, gdyż to pojęcie oddaje wkład jednostki w jej postrzeganie dające takie a nie inne cechy odbieranego aspektu uniwersum fizycznego (Bateson 2000, s. 187). Cechy podstawowe takich ram to według Batesona ich jednoczesna ekskluzywność i inkluzywność, zatem ich dwoistość, chciałoby się powiedzieć. Jedne bowiem treści odbierane (czyli znaczące działania) dopuszczają, a inne wykluczają, uwypuklając to, co mieści się w ramie, z zasadniczym rozróżnieniem „kształtu i podłoża" w sensie używanym przez psychologów Gestalt, a także z pozytywnym uwypuklaniem figury na tle podłoża. Jest ono

---

15 Jak zauważa Noel G. Charlton (2008, s. 234), to przeciwstawienie Jungowskie zostało wykorzystane przez Batesona dopiero około 1965 roku, zatem w późnej fazie jego twórczości (gdy miał już 61 lat).
16 Jest to cytat z pracy *Social Planning and the Concept od Deutero-Learning* (Bateson 2000, s. 159–176).

traktowane jako pozostające w tle, a rama dla niego jest konstytutywna, tworząc wraz z nią „przesłanki systemu" postrzegania (Bateson 2000, s. 187–188). Daje to związek między „psychologiczną ramą i percepcyjnym Gestalt", z uwypukleniem figury przedstawianej na tle podłoża usytuowanego i postrzeganego dzięki danej ramie. Takie ujęcie charakteryzuje procesy mentalne wymagające „zewnętrznej ramy dla wyznaczenia granic podłoża, na którego tle mają być postrzegane kształty (*Figures*)" (Bateson 2000, s. 188). Rama ma w stosunku do postrzeganych kształtów na obrazie status analogiczny do kategorii wyższego typu logicznego w nomenklaturze Bertranda Russella, w jego analizach teoriomnogościowych, przeciwdziałających paradoksowi prowadzącemu do sprzeczności, jeśli tego odróżnienia się nie wprowadza (Bateson 2000, s. 189). Kategorie ramy, podłoża i postrzeganych figur (kształtów, postaci, bytów) w tym odniesieniu służą dalej za główną inspirację dla teorii komunikacji, jaką buduje Bateson w stronę wykorzystującą pary sprzężonych biegunów ustanawiających „podwójne wiązanie".

Szereg intuicji składających się na dojrzewający w polskiej pedagogice „przełom dwoistości" niesie znamiona takiej właśnie **nowej epistemologii**. Zatem pełniejszy jej obraz może ułatwić zwrotnie rozumienie takich zjawisk jak rozważania Heleny Radlińskiej. W końcu mówimy o postawie łączącej dla pedagogiki społecznej troskę o jakość uczenia się na styku oddziaływań środowiskowych i troskę o nie z jednej strony oraz zmiany w umysłowości jednostek i jakości ich wpływów na środowisko z drugiej. Nie ma tu więc mowy, wbrew notorycznym uwagom interpretatorów, o jakiejś swoistości, gdyż trzeba tu dostrzec reprezentatywność wysiłku i dążeń dla ważnego, jeśli wręcz nie zasadniczego kierunku ewolucji świadomości metodologicznej z punktu widzenia rozwoju humanistyki. Żeby się uwolnić od tych gestów niedoceniania Radlińskiej, trzeba dysponować nie tylko ramą dla jej wewnętrznej rekonstrukcji (by widzieć rozmaite elementy obrazu inaczej niedostrzegane), ale także ważnym drugim obramowaniem, o charakterze metaramy, dla wpisania jej wysiłku w przestrzeń zmian w otoczeniu innych dyscyplin. Czytanie Radlińskiej poprzez odniesienie jej wrażliwości do cybernetycznych idei Batesona daje podstawę do widzenia tu ekologicznego wariantu myślenia o uwikłaniu jednostki i jej komunikacji.

Wbrew spotykanym nagminnie skłonnościom do banalizowania idei ekologicznych Bateson podkreśla, że ekologia traktowana na serio, gdy jej nie „trywializujemy" płytkimi skojarzeniami, operuje „wzorcem, który łączy" i który jest wręcz „metawzorcem" (por. Bateson 1996, s. 23, por. także s. 33) wydobywającym mechanizm, jakiego nie wolno lekceważyć, pod groźbą wpadania w proces rozpadu systemowego spajania myśli, działań czy ewolucji. Dojrzałe ekologicznie działanie operuje ważnym dla nich mechanizmem sprzężenia zwrotnego, przejawiającym się wręcz całymi łańcuchami takich sprzężeń (tzw. sprzężeń „rekurencyjnych"), co wymaga innych wyobrażeń o funkcjonowaniu „umysłu" w jego relacji ze środowiskiem. A mowa tu o relacji uwikłanej w „kształtowanie kontekstowe" (Bateson 1996, s. 32) jako podstawowe dla uczenia się i dla praktyki komunikacyjnej. Podejście to komplikuje relację między przyczyną i skutkiem, widząc tu powracające sprzężenia, zmieniające (się) kierunki oddziaływania, wykraczające poza prostą logikę jednokierunkowego powiązania. Uwzględniane są zarówno odniesienia wewnętrzne, jak i relacje zewnętrzne. To ma na myśli Bateson, podkreślając:

> Jeśli chce się myśleć rzetelnie, trzeba oczekiwać, że wszystkie cechy jakościowe oraz atrybuty, przymiotniki i tak dalej, będą się odnosić do co najmniej dwóch zbiorów wzajemnych oddziaływań jednocześnie. [...] Język, za pomocą składni podmiotu i orzeczenia, nieustannie stwierdza, że rzeczy jakoś „mają" cechy jakościowe i atrybuty. Precyzyjniejszy sposób myślenia podkreślałby, że „rzeczy" są produkowane, są postrzegane jako oddzielone od innych „rzeczy" i stają się „rzeczywiste" na mocy swoich relacji wewnętrznych oraz zachowania w stosunku do innych rzeczy i do mówiącego. [...] do świata komunikacji i znaczeń mogą wejść jedynie dzięki swoim nazwom, cechom jakościowym i atrybutom (tj. poprzez odniesienie do ich wewnętrznych i zewnętrznych relacji i wzajemnych oddziaływań (Bateson 1996, s. 87–88).

Mamy tu więc zarazem podejście epistemologiczne, przynoszące ontologię uwypuklającą relacje zewnętrzne i „cały system sprzężeń" – ten ostatni nieuwzględniany w standardowych skojarzeniach poznawczych. Podejście stanowi tu sposób definiowania przedmiotowego, dla nietrywializowanej ekologii zgoła podstawowe. Główne akcenty epistemologiczne dotyczą u Batesona sprzężeń wzajemnych między materiałem wyjściowym badań, jego heurystycznym traktowaniem i troską o odnoszenie się do podstawowych odniesień ogólnych (*fundamentals*), które trzeba umieć tu wypracować jako zasady czy szersze schematy postępowania (*patterns*). Miał tu także na myśli, mówiąc w innym języku, sprzężenia między przesłankami, postulatami i pojęciami, jakimi łącznie w ich powiązaniu trzeba umieć się posługiwać i to bez naiwnego poczucia niewinności poznawczej (por. Bateson 2000, s. 73–87, por. także s. 86–87). Oznaczało to, że jako antropolog był świadom rozmaitych trudności i uwikłań postawy poznawczej, daleko odbiegających od pozytywistycznych wyobrażeń o nauce. Choć nie pisał o pedagogice, to i do niej można odnieść w tym kontekście jego krytykę sposobów uprawniania nauki w innych dyscyplinach, sformułowaną w 1971 roku we wstępie do *Steps to an Ecology of Mind*:

> [...] większość pojęć współczesnej psychologii, psychiatrii, antropologii, socjologii i ekonomii jest całkowicie oderwana od sieci naukowych ogniw podstawowych (*fundamentals*) (Bateson 2000, s. XXVII).

Wyjaśnienia rozmaitych zjawisk Bateson nazywa „usypiającymi", ponieważ są pozbawione szerszych odniesień i powiązań oraz zadowalają się bardzo lokalnym wpisaniem, zapominającym o szerszych kontekstach, odniesieniach czy dynamicznych uwikłaniach. Warunkiem dojrzałej filozofii nauki, którą Bateson postulował jeszcze przed wojną, była perspektywa rozumiejąca dwubiegunowość napięcia i oscylacje między indukcją, dedukcją i abdukcją (o mechanizmie analogii), między poziomem nieostrych skojarzeń i ścisłego wyrażania, ścisłości i luźności myślenia, w nieustannie „alternującym procesie". W tym to procesie postęp wiedzy dokonuje się także poprzez korektę podstaw, przy czym ta „dwoista (*dual*) natura myśli naukowej" wymaga sprzęgania dojrzewających intuicji i ukierunkowań z gotowymi strukturami, czasem będącymi nawet przeszkodą poznawczą, gdy trzeba przezwyciężyć opór istniejącego już gmachu i jego fundamentów (Bateson 2000, s. 86). Ta dwoistość daje o sobie znać w zakresie pojęć, postulatów i przesłanek, które łącznie dopiero stopniowo uzyskują, poprzez tę „alternującą jakość postępu nauki", zdolność umacnianą poprzez kształcenie naukowe do szukania analogii interpretacyjnych w rozmaitych obszarach, tradycjach i etapach myśli, z rzetelnością przyznania się do braku pełnej wiedzy o rozmaitych zjawiskach (Bateson 2000, s. 87). Mamy tu więc napięcie między pragmatycznym i strukturalnym uwikłaniem wiedzy, które wymaga nieustannego otwarcia na doświadczenie interakcji jako sprzężeń zwrotnych korygujących uczestniczące w tych relacjach ogniwa, jak też samą relację, na której to uczestnictwo jest oparte. Bez zdolności budowania na splocie tych dwóch biegunów myślenia, tworzącym „podwójny (*double*) nawyk myślowy", można utracić, podkreśla Bateson, „zdolność myślenia nowych idei (*thoughts*)", mówiąc o nadmiernym formalizmie czy rygoryzmie (logicznym, symbolicznym), utrudniającym badaczowi uwolnienie się od bycia zakładnikiem założonej przedwcześnie struktury myślowej (Bateson 2000, s. 75).

Podkreślam to jako wyraz świadomości, że wprawdzie u Radlińskiej nie mamy tak dojrzałego ani rozbudowanego rozwijania modelu epistemologicznego, ale da się go zrekonstruować jako analogicznie w pewnym zakresie wyczulony w jej postulatach dotyczących postawy poznawczej pedagoga społecznego w jego działaniach i doświadczeniach, jakie te przynoszą. Analogia do doświadczenia poznawczego antropologii i do jej świadomości epistemologicznej, tu dla pedagogiki społecznej, wydaje się nie do przecenienia, mimo że ma rzecz jasna swoje ograniczenia, choćby związane z gotowością pedagoga do tworzenia przesłanek zmieniających charakter świata podopiecznego przez dawanie mu nowych szans dostępu do zdobyczy cywilizacyjnych czy dziedzictwa kulturowego, czego antropolog nie zakłada.

Drugi wątek, kluczowy dla myślenia zanurzonego w „ekologię umysłu" Batesona, dotyczy kwestii relacji między stabilnością i zmianą, wpisanych w zadanie stałej troski o równoważenie procesów i stanów, w obliczu chwiejności występującej w „samokorygujących się sprzężeniach" (Bateson 1996, s. 89), stanowiącej sposób istnienia sytuacji czy ich uwikłania w jakąś dynamikę przemian. Podstawowy model to

[a]krobata na linie [który – L.W.] zachowuje stabilność dzięki nieustannym korektom swojej nierównowagi. [...] Stwierdzenie „akrobata jest na linie" pozostaje

prawdziwe pod działaniem słabych powiewów i wibracji liny. Ta „stabilność" stanowi rezultat ciągłych zmian w opisie pozycji akrobaty oraz położenia jego tyczki (Bateson 1996, s. 88–89)[17].

Motyw ten jest ważny dla Batesona i powraca w książce *Steps to an Ecology of Mind* w końcowym eseju (por. Bateson 1972, s. 502–513, por. także s. 506). Wykorzystuje go także Thomas Hylland Eriksen (por. Bateson 2005, s. 51), uwypuklając dzięki niemu dwoiste napięcie między elastycznością i sztywnością w zakresie paradoksalnego uzyskiwania stabilności poprzez balansowanie swobodą niestabilności. Co więcej, wskazuje za Batesonem na szerszy paradoks z tym związany, mianowicie że uzyskiwanie elastyczności w jednym zakresie może powodować jej utratę w drugim jako skutek uboczny i odwrotnie: usztywnienie jakiegoś wzorca może przynieść efekt uelastycznienia w obszarze uwolnionym dzięki temu. Za Richardem Sennettem (por. Sennett 2006, s. 7)[18] jest tu ilustrowana szersza cecha funkcjonowania społecznego człowieka w kapitalizmie, gdzie oferta większej elastyczności miejsca pracy okazuje się w sposób ukryty nieść dla pracowników... mniejszą elastyczność funkcjonowania i większą zależność czasową; technologia komunikacji czyni pracownika dostępnym cały czas niezależnie od miejsca pobytu.

T.H. Eriksen uwypukla wizję Batesona, w której człowiek znacznie częściej, niż się wydaje, funkcjonuje jak akrobata na linie, usiłujący utrzymać stabilność, kontrolując balansowaniem stan własnych niestabilności. I dzieje się to w warunkach „zdrowego systemu" (por. Bateson 2005, s. 51). Model, który ma także odniesienia do problemu stabilności poprzez równoważenie odchyleń, daje o sobie znać – z mojej perspektywy – w przypadku jachtu na morzu, w porywach wiatru wymagającego stabilizowania w relacji siły dynamizującej żagla oraz siły stabilizującej kila czy wspomagania jego oddziaływań przez wychylenia równoważące załogantów.

W kategoriach ogólnych mówiąc, Bateson wskazuje, że treści opisu jakiegoś organizmu muszą być

> [...] ze sobą powiązane w sprzężenia i obwody wzajemnych zależności. I każde zdanie opisowe będzie dla organizmu do pewnego stopnia normatywne; to znaczy, że będzie istniał poziom maksymalny i minimalny, a jeśli opisywana zmienna przekroczy któryś z nich, stanie się toksyczna (Bateson 1996, s. 208).

---

17 Model wskazujący na niezbędną elastyczność w operowaniu parametrami zmiennej pozycji, jako warunek jej podtrzymania w trybie balansowania, oparty na sytuacji akrobaty na linie, powraca w rozmaitych miejscach (por. np. Bateson 1991, s. 286; por. także Bateson, Bateson 2005, s. 119). Mówiąc ogólniej, uczula to na oscylację jako sposób na stabilizowanie.

18 Sennett łączy sytuację „podwójnego uwiązania" analizowaną przez Batesona z pojęciem dysonansu poznawczego w psychologii społecznej Leona Festingera (por. Sennett 2006, s. 121).

Nadmiary są równie szkodliwe jak niedomiary, a stany poszczególnych zmiennych oddziałują na siebie jako „wzajemnie powiązane w sprzężenia i obwody", dysponując zarazem „metawartością", tj. sugerowanym poziomem czy zakresem tolerancji zmiennej jako sprzyjającym zarówno elastyczności, jak i przetrwaniu (Bateson 1996, s. 209). W grę zawsze wchodzi zadanie (wręcz wyzwanie) równoważenia biegunów, pod groźbą zakłócenia dalszego rozwoju i jakości funkcjonowania całości.

Zauważmy z kolei, że Bateson kojarzy dwoistość z pewną skłonnością cywilizacyjną, polegającą na tym, że ma miejsce sprzężenie zjawisk, mimo że nagminnie uruchamia się w praktyce myślenia o różnicach skrajnie „przerysowane karykatury", rozrywające powiązania i nakazujące wybór jednej z nich, co wpycha działanie w pary „monstrualnych" opozycji narzucających wizję dualistycznego rozdarcia (Bateson 1996, s. 286). Tymczasem żaden z tak wytwarzanych ekstremalnych biegunów sam w sobie nie jest w stanie dostarczyć racjonalnego sposobu podejścia do problemów; co więcej ekscesy takich skrajności są „epistemologicznie naiwne, epistemologicznie błędne i politycznie niebezpieczne", także – jak podkreśla Bateson – dla „zdrowia psychicznego" (*mental health*) (por. Bateson, Bateson 2005, s. 52–53). Najszerszą ramę dla sugestii o przeciwdziałaniu takim rozdarciom niesie tytuł głośnej książki Batesona (1996) *Umysł i przyroda. Jedność konieczna*. Szczegółowego przypadku takiego rozdarcia dostarcza ustanawianie opozycji między wyobraźnią a dyscypliną działania. „Sama dyscyplina to śmierć w paraliżu, ale sama wyobraźnia to szaleństwo" (por. Bateson 1996, s. 287). Tymczasem, żebyśmy mogli być „mądrymi nauczycielami", trzeba by umieć zwłaszcza na uniwersytecie, podkreśla Bateson, „kształtować szersze perspektywy, które przywrócą naszemu systemowi właściwą synchronizację lub harmonię między rygorem a wyobraźnią" (Bateson 1996, s. 295). To tylko jeden z sygnałów pokazujących konieczność „synchronizacji" tego, co zwykle w postawie „dualistycznego pragmatyzmu" – kierującej się zasadą doraźnej, indywidualnej wygody (por. Bateson 1996, s. 293–294) – jest rozdzielane dla łatwiejszej, bo sztucznie ujednoznaczniającej postaci. Pozwala ona zachowywać iluzję pełnej racji, a nie splecionej, ryzykownej złożoności, wymagającej troski o „chwiejną równowagę" (Bateson 1996, s. 288) (niezbędną nie tylko w jeździe na rowerze). Tymczasem „wygodnie" zajmując się jednym biegunem, nie tylko stajemy się niezdolni do uwzględniania drugiej strony sytuacji, ale eskalując jednostronną perspektywę, także z nią samą przestajemy sobie radzić.

Na tę stronę analiz Batesona zwracają uwagę również inni autorzy, jak Frederick Steier, uwypuklając tezę, że osiągnięcie adaptacji do jakiegoś systemu czy środowiska dokonuje się za cenę utraty pewnego potencjału różnorodności (*variety*). Zarazem właśnie jakość tego potencjału rozmaitości rozstrzyga o szansach powodzenia wysiłku adaptacyjnego systemu do jego środowiska w przyszłości (za: Bateson 2005, s. 36–49, zob. s. 45), zwłaszcza w warunkach niestabilności samego środowiska. Nadmierna więc aktualna adaptacja może się zwrócić przeciw zdolności do niej w przyszłości, tak jak redukcja potencjału dostępnej różnorodności może być źródłem działania przeciw temu potencjałowi i jego wartości na przyszłość. Łącznie oznacza to konieczność nieustannej „oscylacji między ideami i praktyką", skoro troska o idee (ich bogactwo) utrudnia praktykę, a dążenie do efektywności praktyki powoduje zawężenie idei, jakimi ta się posługuje (Bateson 2005, s. 36), z uwypukleniem troski o „ekonomię elastyczności" (*flexibility*), której obramowanie nie może być zbyt sztywne.

Potrzebna jest tu, podkreśla Bateson, zupełnie inna epistemologia, która ugruntuje zrozumienie, że rozcięcia złożoności, jako reakcje ułatwiające doraźną adaptację przez eliminowanie któregoś z ogniw złożonej sytuacji, bywają w istocie źródłem nowych trudności. Minimum odpowiedzialności i dojrzałości wymaga bowiem najpierw poznawczego oswojenia z koniecznością sprostania komplikacjom immanentnie wpisanym w zjawiska, bez wygodnego redukowania splotu czynników w dualistycznym ich odrywaniu od siebie. Jest to ważne, gdyż

> [...] dzielące ludzi biegunowe przeciwieństwa są w rzeczywistości dialektycznymi koniecznościami świata żyjącego. [...] Problemem praktycznym jest połączenie. Jak powinniśmy postępować, skoro zdajemy sobie sprawę z dialektycznej relacji między tymi biegunami? (Bateson 1996, s. 292–293)

Wygodne doraźnie zachowania są zwykle oparte, jak wskazuje Bateson, na fałszywych przesłankach światopoglądowo wyostrzonych postaw, choć wszystkie one są ułomne i przestarzałe w swojej jednostronności sięgającej aż po dualistyczne operowanie „monstrualnymi ideologiami"; tymczasem można się od nich uwolnić pod warunkiem zrozumienia i wykorzystania nowych okoliczności poznawczych, np. tego, że

> [...] teoria systemów [...], cybernetyka, medycyna holistyczna, ekologia, psychologia Gestalt dostarczają wyraźnie lepszych sposobów rozumienia świata biologii i zachowania (Bateson 1996, s. 286, por. także s. 285–286).

Powyższa lista wskazanych przez Batesona miejsc wzbogacających i korygujących epistemologię, jaką należy się posłużyć w przestrzeni dwoistych procesów dotyczących cywilizacji oraz każdego człowieka z osobna, zasługuje na wnikliwe rekonstruowanie promowanych przez nie przesłanek działania oraz myślenia o procesach i zjawiskach. Nowa epistemologia wiąże się z tzw. teorią podwójnego wiązania u Batesona, szczególnie zaś jest ilustrowana w procesach dotyczących działań i relacji komunikacyjnych odróżnieniem – ale zarazem powiązaniem między sobą – działania w kontekście oraz działania kontekst definiującego; to ostatnie jest traktowane jako „metakomunikacyjne" (Bateson 1996, s. 156–157).

Mówiąc w kategoriach teorii uczenia się, warto zasugerować, że wobec każdej wiedzy potrzebna jest także wiedza drugiego stopnia, która tą pierwszą czyni znaczącą, umożliwia poznanie jej kontekstowej ważności. Uczenie się nie jest jedynie przyswajaniem wiedzy, ale również oswajaniem jej znaczeń metakomunikacyjnych, w sensie poza jej własnymi treściami odszukującym jej znaczący charakter wobec kontekstów zewnętrznych wobec jej litery. Dodatkowym problemem, niosącym zadania komunikacyjne, jest jednocześnie uzgodnienie podstawowego kontekstu metakomunikacyjnego między nadawcą i odbiorcą. Uczeń może przejąć wiedzę (nawet okresowo zapamiętać), nie przejmując się nią, czyli nie uznając zarazem kontekstu czyniącego ją znaczącą czy ważną. Tak jest np. wówczas, gdy odnosi się do niej z lekceważeniem czy brakiem zrozumienia jej funkcji albo nie dysponując kontekstem, który pozwoliłby na podejście do odbioru tej wiedzy z innego poziomu niż sam jej przekaz, ale w zgodzie z kontekstem działającym w tle wiedzy przekazywanej. Stąd nawet treści poważne w intencji przekazującego je mogą być odebrane jako śmieszne czy bez znaczenia ze strony adresata, co skądinąd powinno zwrotnie rzutować na gesty metakomunikacyjne ze strony nadawcy, jeśli potrafi funkcjonować w sprzężeniu zwrotnym z odbiorcą, pracując nad odbiorem wewnętrznego sensu i sprzężonej z nim zewnętrznej wagi, zwrotnie naświetlającej ten pierwszy. Przekazywanie treści wymaga jednocześnie unaoczniania ich znaczenia jako funkcji czy miejsca w szerszej i wyższej całości. Czym innym jest uczenie się pewnych treści jako podstawy działania, a czym innym uczenie się kontekstu pozwalającego treściom nadawać znaczenie i odsłaniać charakter ich kodowania przez nadawcę, zgodnie z jego intencją, dla utrzymania relacji współdziałania w poczuciu wspólnoty, np. bez rozbieżności i pęknięć typowych dla schizofrenii. Bateson odróżnia szerzej uczenie się konkretu od uczenia się zasady ogólnej (Bateson 1996, s. 167–168), podkreślając, że mamy tu zupełnie inne poziomy odniesień i typy logiczne, których nie wolno mieszać, gdyż

> [...] istnieje gruntowna różnica między poważną próbą zmiany stanu charakterologicznego organizmu a próbą zmiany konkretnych działań tego organizmu. To drugie jest względnie łatwe; pierwsze – bardzo i zasadniczo trudne (Bateson 1996, s. 168).

Ta różnica, jak podkreśla badacz, jest zasadnicza jako różnica „typów logicznych" odniesień, a nie uwzględnia się jej w typowych oddziaływaniach. Dla przykładu, nie rozumie się jej, twierdzi krytyk, np. w ustanawianiu mechanizmów resocjalizacji, w ramach których oddziaływanie powinno wpływać na kontekst działań; uwagi Batesona są tu pouczające:

> „Przestępstwo" [...] to ściślej rzecz biorąc nazwa sposobu organizowania działania. Jest zatem nieprawdopodobne, by karanie [samego – L.W.] działania wypleniło przestępstwa. Nawet nauka zwana kryminologią nie wydobyła się ze zwykłego mylenia typów logicznych. [...] przestępca zaś cierpi z powodu konkretnych działań, podczas gdy powinien cierpieć za konkretny sposób organizowania swojego działania (Bateson 1996, s. 168–169).

Tu tymczasem odtwarzamy elementy uzasadnień i ilustracji, wybranych z rozważań Batesona, sugerując zarazem ten punkt odniesienia jako nadmiarowe tło dla wydobywania na jaw ważnych akcentów w rozważaniach samej Heleny Radlińskiej, idących w tę stronę. Są one traktowane jako przesłanki pedagogiki społecznej, zbieżne miejscami z intuicjami i pierwszymi postulatami u twórczyni tej dyscypliny. Warto przypomnieć, że dla pedagogiki społecznej wskazywała ona właśnie na psychologię Gestalt jako niezbędne zaplecze analiz złożoności interakcyjnej. Sugestii tej nie znajdujemy podjętej w literaturze społeczno-pedagogicznej w Polsce. Podobnie, podkreślmy, trafnie Aleksander Kamiński uwypuklił fakt, że jej idee były rozwijane niezależnie od rozwoju zbieżnych pod wieloma względami idei cybernetycznych. Znowu jednak nie wpłynęło to na dojrzałość zainteresowań badaczy. Te dwa akcenty niech będą sygnałami o celowości bliższego przyjrzenia się możliwym tu pożytkom rozwojowym dla aktualnego stanu pedagogiki społecznej, w tym dla korekty jej uwikłania w inne konteksty, które rozminęły się z tym kierunkiem ewolucji współczesnej humanistyki.

Bateson prowadzi rozważania, podkreślając, w nawiązaniu do par: „struktura i proces" czy „zmiana i przetrwanie" albo „wyobraźnia i dyscyplina", że niezbędne jest uznanie, iż „proces ewolucyjny ma dwa składniki, a podobnie dwoistą strukturę ma proces umysłowy" (Bateson 1996, s. 289)[19] i dotyczy to zarówno odniesień biologicznych, społecznych kulturowych, jak i samego procesu uczenia się. Ogólne stwierdzenie z tym związane – operujące kanonicznym dla problematyki dwoistości odniesieniem do janusowego oblicza[20] – brzmi następująco:

> Ewolucja musi zawsze jak Janus patrzeć jednocześnie w dwóch kierunkach: do środka, na prawidłowości rozwojowe i fizjologię żywego stworzenia, oraz na zewnątrz, na kaprysy i wymagania środowiska. Te dwa niezbędne składniki życia tworzą interesujący kontrast: rozwój wewnętrzny [...] jest konserwatywny i wymaga, by każda nowa rzecz była zgodna lub dopasowana do prawidłowości *status quo ante*. [...] W przeciwieństwie do tego świat zewnętrzny ciągle się zmienia i szykuje do przyjęcia stworzeń, które podlegają zmianie, niemal nalega na zmianę (Bateson 1996, s. 289).

To nieustannie powracające zderzenie między presją adaptacyjną a wymogami asymilacyjnymi – opisane w psychologii i socjologii już na wiele sposobów – unaocznia trudność, jeśli nie wręcz niemożliwość stosowania tu jednostronnych mechanizmów, mimo skłonności do wygodnych, choć zdradliwych dążeń na skróty czy do rozmaitych postaw redukcyjnych. W przestrzeni organizmów żywych jest

---

19 Pełniejsza formuła wymaga tu widzenia nie tyle spójnika, ile łącznika „wobec" (*versus*), choć Bateson podkreśla, że nie może on sugerować przeciwstawienia, ale sprzężenie w złożoną całość.
20 Trop ten rekonstruowałem szerzej w międzywojennej tradycji pedagogiki polskiej (por. Witkowski 2013a).

bariera ochronna przed nadmiarem zmiany w postaci systemu genetycznego, podkreślał Bateson, mówiąc zarazem do studentów pod koniec lat 70. XX wieku:

> Ale w kulturach, w systemach społecznych i na wielkich uniwersytetach nie istnieje równoważna bariera. Innowacje wciela się nieodwracalnie do funkcjonującego systemu bez sprawdzenia ich zdolności przetrwania; a rdzeń złożony z konserwatywnych jednostek stawia opór koniecznym zmianom bez żadnej pewności, że właśnie tym konkretnym zmianom należy się opierać (Bateson 1996, s. 293–294).

Przykładem takiej sytuacji ma być dążenie do eliminowania chorób epidemicznych, co przynosi zagrożenie nadmiernym rozrostem populacji. Ustanowienie „dobrego" celu nie eliminuje odsłony drugiej jego strony, pozostałej w tle czy w cieniu, niosącej kolejne niewygody. Inny przykład to ekspansja produkcji przemysłowej w ramach marzenia o dobroczynnej industrializacji bez należytej troski o niszczone tym samym środowisko i szanse dalszej poprawy jakości życia dla kolejnych pokoleń. Bateson widzi tu skrajne zabiegi niszczące zdolność rozumienia złożoności, z jaką mamy do czynienia, i wikłające nas w wybory szkodliwe z uwagi na swoją jednostronność. Tymczasem:

> Każdy aspekt naszej cywilizacji jest – z konieczności – głęboko dwoisty. W dziedzinie ekonomii napotykamy dwie przerysowane karykatury życia – kapitalistę i komunistę – i powiada nam się, że **musimy** się opowiedzieć po którejś stronie w walce między tymi dwiema monstrualnymi ideologiami (Bateson 1996, s. 286).

Rzecz jasna uwaga ta, formułowana pod koniec lat 70., dzisiaj może – a nawet powinna – mieć swoje uaktualnione egzemplifikacje, włączające w **pułapki fikcyjnych wyborów** liberalizm i upaństwowienie czy globalizację i całkowity brak światowej koordynacji procesami pozornie tylko lokalnymi. System, żeby był racjonalny czy aż rozumny w swoim działaniu, musi mieć swój wewnętrzny mechanizm, wręcz organ koordynujący namysł decyzyjny, w obliczu złożoności przynajmniej dwubiegunowej, i to na wiele zróżnicowanych postaci i na różnych poziomach odniesień. Tymczasem umysł systemowo działający, jako niezbędny dla sprostania poziomowi oraz skali złożoności i zagrożeń, musi wykraczać poza takie skrajne opozycje. Nie wolno bowiem zapominać, podkreśla Bateson, że „»Umysł« jest immanentny [jedynie – L.W.] pewnym rodzajom organizacji części", a relacje wzajemne, np. w zakresie przyczyn i skutków, „tworzą łańcuchy zamknięte w obwody", np. sprzężeń zwrotnych, przy czym energia, wchodząc w grę, bywa wpisana w sam sposób i podmiot reagowania oraz możliwego wraz z nimi uruchamiania „metabolizmu" (Bateson 1996, s. 279). Wpisany jest w tę wizję wymóg „podwójnego opisu", związanego np. ze śledzeniem „informacji zwrotnej" czy więzi między »"dyscypliną i wyobraźnią« albo »myślą i działaniem«" (Bateson 1996, s. 279–280). W grę wchodzą tu nieustannie, jak pisze Bateson, „łańcuchy [...] immanentnej wymiany informacji", bez której nie ma świata „działań przystosowawczych" o charakterze żywej i systemowej całości (Bateson 1996, s. 266). Ta bowiem wymaga rozmaitych operacji myślowych i decyzyjnych. I to takich, w których występują „cybernetyczne sekwencje samokorygujące", dające się postrzegać jako „konteksty uczenia się" (Bateson 1996, s. 264), gdzie nakładają się różne poziomy informacji „po cybernetycznym obwodzie" (Bateson 1996, s. 265). Płynąć muszą jednocześnie wieloźródłowo, z podjętych działań i z efektów tych działań, jak również z dodatkowych okoliczności, w trybie „informacji zwrotnej" (Bateson 1996, s. 261).

Wspomniany przez G. Batesona postulat dotyczy sprzęgania ze sobą „podwójnego opisu", uwzględniającego przeciwstawne, choć powiązane ze sobą, strony zjawisk i procesów, niosące podwójne określenie wymogów, mających stronę konserwującą i biegun presji na rzecz przemiany, przy czym ich kryteria wymagają także nieustannej czujności i uważności, aby na dłuższą metę nie przechodziły w swoje zaprzeczenie.

By nastąpiła zmiana, na nową rzecz nakłada się podwójne wymaganie. Ta nowa rzecz musi pasować do wewnętrznych warunków spójności organizmu oraz do wymagań, jakie stawia otoczenie zewnętrzne (Bateson 1996, s. 193).

W szczególności widać, że opór w rozmaitych sytuacjach działania może być podwójnie umiejscowiony: może być generowany przez nadmiar skłonności konserwatywnej lub też przeciwnie – przez nadmiar presji na zmianę.

Do języka teorii nawiązującej do tych uwarunkowań Bateson wprowadza, za Charlesem Sandersem Peircem i jego semiotyką, kategorię „abdukcji" jako operacji przenoszącej na nowe zjawiska, zatem odwzorowującej działanie „abstrakcyjnych składników opisu", w tym reguły; dotyczy to jednak operacji opartej na uznaniu natury „stochastycznego" procesu jako łączącego pewne aspekty przypadkowe, nakładane na istniejący skądinąd „nieprzypadkowy proces selekcji" (por. Bateson 1996, s. 191–193, 197–198, por. także s. 117). A to daje o sobie znać zarówno w trybie uczenia się, jak i poprzez zmiany genetyczne, chociaż nawyk bywa uwikłany w presje środowiska: „procesy umysłowe stwarzają większą liczbę możliwości alternatywnych, a dobór spośród nich zależy od czegoś w rodzaju wzmocnienia" (Bateson 1996, s. 117). Mechanizmy pozostają tu splątane na różne sposoby, ponadto grożą im dodatkowe komplikacje, powodujące „patologie właściwe wszelkim obwodom cybernetycznym: nadmierną oscylację i proces lawinowy" (Bateson 1996, s. 198). Nadmiar przyczynia się w tych zakresach do patologii w sytuacji, w której pewne dawki zmiany i przypadkowości, choć bez jakiejś jednej miary, pod taką ocenę nie podpadają, zresztą występując często w „splątanej relacji" (Bateson 1996, s. 200) między ich biegunami.

Dziś myśl i uczenie się (a być może również: zmianę somatyczną) widzimy jako stochastyczne. [...] Stoimy zatem wobec dwóch wielkich systemów stochastycznych, które częściowo wzajemnie na siebie oddziałują, a częściowo są wzajemnie odizolowane. Jeden system mieści się w obrębie jednostki i nazywamy go **uczeniem się**; drugi jest immanentny dziedziczności oraz populacjom i nosi nazwę **ewolucji**. Jeden to sprawa jednostkowego życia; drugi – sprawa licznych pokoleń wielu jednostek (Bateson 1996, s. 199).

Powyższy akcent pozwala na przywołanie teraz odniesienia do trzeciego znaczącego wątku w rozważaniach Batesona, z powodu którego zresztą stał się sławny na świecie, choć nie w polskiej pedagogice. Rzecz dotyczy **typologii poziomów uczenia się**, pozwalającej mówić o „hierarchii uczenia się, gdzie proto-uczenie się dotyczy wąskiego faktu i działania, podczas gdy deutero-uczenie się dotyczy kontekstów i klas kontekstów" (Bateson 1996, s. 208). Uczenie się jako zdolność doprowadzenia do zmiany to inny poziom złożoności tego procesu w stosunku do procesu, w którym to sama „zdolność realizowania pewnych zmian [...] jest przedmiotem uczenia się"; a to oznacza przejście od zdolności do zmiany do zdolności do „metazmiany", czyli „zmiany zdolności do zmiany", co w kategoriach uczenia się ma swoje trzy poziomy złożoności, których zdaniem Batesona nie da się dalej stopniować (Bateson 1996, s. 215–216).

Zanim odniosę się do problematyki typów uczenia się, warto jeszcze uwypuklić najszerzej omawianą ideę Batesona związaną ze zjawiskiem, które określił mianem „schizmogenezy". Polega ono na eskalacji charakteru wymiany w sferze zachowań czy efektów oddziaływań uwikłanych w relację, która może prowadzić do jednej z dwóch typów wymiany. Może być „symetryczna", w której równolegle rośnie ta sama postać zachowania bądź mamy do czynienia z przypadkiem wymiany „komplementarnej", w której narasta zachowanie dokładnie odwrotne. W takim ujęciu schizmogeneza stanowi eskalację relacji, która może „doprowadzić do procesu lawinowego i załamania się systemu" (Bateson 1996, s. 143), jeśli system nie będzie dysponował mechanizmami samokorygującymi. Muszą one jednak należeć do innych poziomów działania, stanowiąc swoiste „przełączniki", wpływające na pożądaną zmianę przez reagowanie na informację o charakterze „metakomunikacyjnym", z porządku pozwalającego się odnosić do samego przebiegu komunikacji i jej kodowania, rzutującego na stan rzeczy (Bateson 1996, s. 147–148, por. także s. 155).

O pojęciu środowiska w ujęciu cybernetycznym: język i komunikacja

Zauważmy najpierw, że na wstępie do swojej sztandarowej książki *Steps to an Ecology of Mind* jej autor charakteryzuje „pytania [...] ekologiczne" dotyczące idei i „agregatów idei", zwanych umysłami, wskazując na ich przykłady wyznaczające przestrzeń problemową tak sygnalizowanej ekologii dla humanistyki. Stanowią je np. takie kwestie:

Jak możliwa jest interakcja idei (*how ideas interact*) między sobą? Czy istnieje rodzaj selekcji naturalnej, który determinuje przeżycie niektórych idei oraz zanik lub śmierć innych? Jakiego typu ekonomia ogranicza wielość idei w danym regionie umysłu? Jakie są konieczne warunki dla stabilności (czy przetrwania takiego systemu lub podsystemu? (Bateson 2000, s. XXIII).

Najważniejsze jednak, jak podkreśla Bateson, jest znalezienie perspektywy pozwalającej na uwypuklenie znaczenia takich pytań na tle rozmaitych odniesień. Stąd, choć pytania te najpierw zadaje na styku antropologii i cybernetyki (Bateson 2000, s. XX, XXIV), to następnie wykorzystuje je do budowy komunikacyjnego paradygmatu w analizie i diagnozie zjawisk wiązanych ze schizofrenicznymi zakłóceniami funkcjonowania człowieka. Okazują się one ostatecznie wpisane nie tyle w indywidualną kondycję jednostki, ile w jej środowiskowe uwikłanie rodzinne i związaną z tym uwikłaniem zakłóconą jakość komunikacji. Widać zatem naturalność oczekiwania przedłużeń takiej analizy na obszar pedagogiki rodziny, a twierdzę, że i całej pedagogiki, skoro w każdej postaci jest ona uwikłana w rozmaite aspekty „działania komunikacyjnego" i wymagałaby możliwie rozbudowanych odniesień do teorii takiego działania. Dlatego też są dla nas zrozumiałe naturalność i waga prób wykorzystania oraz przetwarzania tropów takich usiłowań, jak teorii krytycznej Habermasa, hermeneutyki Gadamera czy obecnie ekologii umysłu rozwijanej przez Batesona.

Najważniejsze dla nas akcenty dotyczą rzecz jasna w pierwszej kolejności kategorii środowiska w relacji do jego podmiotów, jednostkowych, jak też grupowych. Tu dobitnie daje o sobie znać zasada powiązania wzajemnego i to w stopniu, który uniemożliwia hipostazowanie (rozdzielanie na gotowe i odrębne całości) biegunów relacji między umysłem i jego środowiskiem. Zarazem dominuje tu odniesienie nie do obiektów, ale do dotyczących ich relacji bycia „między", bycia o charakterze *interface*, miejsc spotkania czy styku, interakcji, spojonych pomostowo w swojej istocie takiego konstytuowania się. Bateson podkreśla najpierw, że już sam język nas zwodzi, jeśli jest traktowany w sposób czy na wzór „szkolny". Wówczas bowiem jest postrzegany głównie jako zorientowany na obiekty, co nakłada na świat życia, świat żywych organizmów, żywo oddziałujących na siebie w serii rekurencyjnych odniesień, fałszywą reifikację przedmiotową, typową dla przedmiotów martwych, ze świata fizykalnego. Jak uwypuklał, pisząc o tej szkolnej przywarze szkodliwie ograniczonej i mylącej perspektywy:

[...] większość z nas była uczona w szkole, że rzeczownik to nazwa osoby, miejsca lub rzeczy, ale powinniśmy byli być uczeni, że rzeczownik może występować w różnych relacjach do innych części zdania, tak aby cała gramatyka była określana jako relacyjność (*relationship*), a nie w terminach rzeczy. Ta aktywność nazywania, której prawdopodobnie inne organizmy się nie imają, jest w rzeczywistości rodzajem Pleromatyzowania świata ożywionego (Bateson 2005, s. 29)[21].

Interpretatorzy wskazują na ten akcent u Batesona jako przeciwstawienie się groźbie nadużywania języka, wygodnego w obszarze zjawisk fizykalnych, w trybie scjentystycznego myślenia o przedmiotach badania jako obiektach, które prowadzi do „fałszywej reifikacji" nawet w przypadku „idei, obrazów czy klasterów abstrakcyjnych relacji", wypełniających świat ożywiony, w którym działają „istoty przetwarzające informacje" w procesach uwikłanych rozmaitymi pętlami w rekursywność i efekty uczenia się[22].

Bateson uczula na wagę operowania w komunikacji odniesieniami metaforycznymi, a tym bardziej podkreśla wagę umiejętności odczytywania ich jako takich zwłaszcza tam, gdzie dają o sobie znać, aby nie wpadać w pułapkę dosłowności. Gubi ona bowiem niezbędny dystans, a nawet prowadzi do rozmaicie brzemiennych nieporozumień, w tym czasem wręcz trwałych stanów, typowych dla schizofrenii. Komunikacyjna charakterystyka schorzenia w terminach „podwójnego wiązania" (*double bind*) jest najsłynniejszym dokonaniem badacza. Zarazem u Batesona jako epistemologa, pod wpływem doświadczeń z badań antropologicznych, m.in. z Margaret Mead na wyspie Bali, wykształciło się przekonanie, rzutujące na całość projektowanej postawy dla nauk społecznych, że „w celu rozumienia organizmów, trzeba je pojmować etnograficznie" (Bateson, Bateson 2005, s. 186). Ma to je osadzać w ramach ich własnych kulturowych uwarunkowań, jako całości, od których nie wolno abstrahować pod groźbą braku niezbędnych kontekstów i metakontekstów interpretacyjnych. Osobny trop, wart tu choćby zasygnalizowania, dotyczy kojarzenia dwóch odmiennych typów reagowania poznawczego, wynikających ze specyfiki procesowania informacji przez półkule mózgowe człowieka.

Zasadą ekologii widzianej cybernetycznie w ujęciu Batesona jest rozumienie systemu jako całości „człowiek-i-środowisko", gdzie działają rozmaite obwody sprzężeń, a nie ma miejsca jednostronna kontrola czy determinacja, przez co w człowieku myśli „mózg, który jest częścią systemu obejmującego środowisko" (por. Bateson 1991, s. 202). Dzięki temu „umysł" działa jako zorganizowana całość, której części istnieją poprzez relacje między nimi i która wykorzystuje impulsy różnicy poprzez obwody przyczynowo-skutkowe. Są one odtwarzalne, samokorygujące się i oscylujące także poza odniesienia do zjawisk wewnętrznych w procesie tworzenia

---

21 Sam termin „Pleromatyzowanie" odsyła do Jungowskiej opozycji między Pleroma i Creatura jako dwoma światami, z których pierwszy jest zdominowany zjawiskami nieożywionymi, nieorganicznymi, dającymi się opisywać fizykalnie, przez co analogie między tymi światami nie są w pełni uprawnione, chociażby ze względu na naturalność opisów ilościowych wobec pierwszego, a metaforycznych wobec drugiego. Pleromatyzowanie zatem oznacza zarazem urzeczowienie jako reifikację i objektyfikację jako widzenie obiektów w miejsce procesów.
22 Podkreśla to także Mary Catherine Bateson (por. Bateson, Bateson 2005, s. 186–188).

odmiennych poziomów i hierarchii „typów logicznych" różnic dających o sobie znać w procesach działania (por. Bateson 1991, s. 199–202). Wspomniane typy logiczne w swojej odmienności są tu pojmowane w ślad za Bertrandem Russelem, a także za Alfredem Korzybskim, ze słynnym przykładem tego ostatniego w kwestii wspomnianej różnicy na drabinie typów, uwypuklającym to, że mapa należy logicznie do innego porządku niż terytorium, które opisuje[23].

W takiej perspektywie – wbrew ujęciom banalizującym w ekologii relacje między jednostką oraz jej środowiskiem – bytem, którego przetrwanie staje się wyzwaniem, jest „organizm w środowisku", a nie organizm przeciw środowisku czy samo środowisko bez względu na organizm. Bateson zastrzega się, że formuła „organizm *versus* środowisko" (Bateson 1991, s. 171)[24] bywa często traktowana niewłaściwie, a nawet jest za sztywna, gdyż gubi to, że w tej relacji oba człony mają być postrzegane jako nie tyle „wobec" siebie w sensie: jako naprzeciw siebie, ile jako części składowe szerszego systemu, do którego obie należą i który jako całość ma być uwikłany w zadanie przetrwania, nawet za cenę wewnętrznych przeobrażeń, korekt, oscylacji. Niezbędne jest zarazem widzenie „ekologii części i poziomów procesów mentalnych" (Bateson 1991, s. XV), gdzie mają miejsce rozmaite powiązania i przejścia, zwrotnie na siebie oddziałujące, o charakterze typowym dla przebiegów organicznych, bynajmniej niedokonujących się zasadniczo na poziomie świadomości, ale poprzez działania mechanizmów i wzorców ukrytych, łączących poziom jednostki i jej środowiska oraz uwikłanych w trudności w uzyskiwaniu elastyczności (*flexibility*). Dowodem na to, że mimo akcentowania ostrego odcięcia od zwrotu *versus*, jako zbyt antagonizującego uczestniczące w tej relacji człony, Bateson widzi tu przede wszystkim potrzebę powiązań, może być inne miejsce, gdzie właśnie w tych kategoriach i w takim nastawieniu to wyraża. Jest to ważny akcent wpisany w charakterystykę modelu, postulowanego przez badacza dla opisu „świata procesów mentalnych", w którym uwypukla w formule „struktura *versus* proces" uznanie konieczności interakcji między tymi dwoma składnikami wpisanymi w rozmaite postaci życia; w nich struktura odnosi się do formy, a proces do przepływów i zmian (*flux*) (por. Bateson, Bateson 2005, s. 36–37). Doskonale odpowiada to postulowanemu tu widzeniu problematyki, i Batesona, i Radlińskiej, w terminach napięcia obecnego w relacji dwoistości.

---

23 Zaplecze tych odniesień, klasycznych w humanistyce, zwykle nie wpisuje się w wyposażenie intelektualne pedagogiki ani ujęć teorii komunikacji.

24 Kojarząc formułę *versus* w istocie jako *adversus* uzyskuje się rzeczywiście wszystkie negatywne skutki, o których pisze Bateson, odrzucając samą formułę. W moim rozumieniu, pod wpływem interpretacji cyklu życia u Erika H. Eriksona, operator „*versus*" jest uwikłany w mechanizm integrujący w napiętą całość budującą system czy jego ośrodkowe ogniwo, podobnie jak jacht mający żagiel i kil oraz jeszcze sternika wpływającego na zachowanie całego takiego systemu jako jego ogniwo, które z poprzednimi musi wejść w interakcję zorientowaną na przetrwanie w sytuacji zadaniowej.

Rozmaite zjawiska w kulturze (traktowane jako np. dewiacje) wymagają odniesienia do pojęcia postaciowania, podkreśla Bateson, gdyż – jak to uzasadnia –

[...] teorie budowane są bardziej na poziomie Gestalt, jeśli chodzi o abstrahowanie, a nie poprzez pojęcia prostej przyczyny i skutku. Zakładają one, że jednostka ludzka nieustannie upraszcza i generalizuje swój ogląd własnego środowiska; że stale narzuca na to środowisko własne konstrukcje i znaczenia (Bateson 1991, s. 13).

W szczególności myślenie „o ważnych kwestiach dotyczących człowieka ma się dokonywać w terminach raczej złożonych (*gestalten*)" (Bateson 1991, s. 14), a co więcej, związane z tym praktyki „postaciowania" (*configuration*) przebiegają na różnych poziomach, zderzających się ze sobą, czasem mylonych, przez co wywołują śmiech w wypadku żartu, płacz, tworzą dzieło sztuki albo wpychają w poczucie schizofrenii (Bateson 1991, s. 280). Stąd stała i kluczowa rada metodologiczna Batesona brzmi: „jeśli chcesz zdefiniować części [czegoś – L.W.], to definiuj je przez relacje" (Bateson 1991, s. 301).

W przypadku badań nad rodziną w kontekście zjawisk schizofrenii Bateson uczulał, że operator *versus* ustanawia relację jednego członu naprzeciw drugiego, jak w kwestii schizofrenika wobec jego rodziny, tymczasem chodzi zawsze o widzenie tu relacji bycia częścią szerszego systemu, gdyż w takiej sytuacji „niezbędne jest widzenie każdej jednostki jako części systemu, który jako całość źle funkcjonuje" (Bateson 1991, s. 259). To jeden z przykładów uczulających na to, że źródło schorzenia odczuwanego przez jednostkę nie musi być usytuowane w niej samej, ale w relacjach środowiskowych, w jakie jest uwikłana. One bowiem wysyłają sygnały generujące kondycję o określonych przejawach. Kluczowe jest więc podkreślenie, że ilekroć dostrzega się napięcie między członami jakiejś relacji, to trzeba w niej widzieć część znacznie szerszego zjawiska, wymagającego nadania mu zupełnie innej postaci niż powierzchowne ujęcia sytuujące źródło w którymś z nich. Może się okazać, że sama relacja jest uwikłana w pułapkę, wpisaną w obwody przenoszące bodźce w danej relacji, z której nikt z uczestników tej szerszej całości nie zdaje sobie sprawy. Myślenie więc ani obieg bodźców nie mogą być postrzegane w ramach jednej podskórnej realności jakiegoś organizmu (paradoksalnie rzecz biorąc, umysł człowieka nie jest pod jego skórą), gdyż organiczność systemowa jest znacznie szersza niż ciało któregoś z uczestników danej sytuacji (por. Bateson 1991, s. 260–261). Podejście to, ekologiczne w swojej charakterystyce, dzięki nastawieniu wobec umysłu stanowiło istotne *novum* w terapii rodzinnej oraz jej zastosowaniu do diagnozowania i leczenia zjawisk schizofrenii. Pewne uwagi na ten temat zostaną poczynione dalej.

W przeciwieństwie do wizji afirmujących pęknięcie (*split*) w obrębie relacji Bateson operuje często obrazem pomostu (*bridge*), który łącząc strony, uniemożliwia swoim istnieniem traktowanie ich jako oddzielonych od siebie. Zmienia to obraz relacji i ontologii stron w nią uwikłanych. Dotyczy to także klasycznych opozycji poznawczych między przedmiotem i podmiotem percepcji, wobec których Bateson zajmuje stanowisko ekologiczne poznawczo. Uznaje mianowicie za

> [...] bardzo głębokie i nieodparte odkrycie, że prawa i procesy naszej percepcji są (po)mostem, który związuje nas nierozerwalnie z tym, co postrzegamy – mostem, który łączy podmiot i przedmiot (Bateson 1991, s. 245).

Przez to poznanie świata jest sposobem na uwypuklanie nowej wiedzy o nas samych, jako będących tym, czym jesteśmy w relacji do świata. Metafora (po)mostu (*bridge*) dotyczy samej epistemologii jako „wielkiego pomostu między wszystkimi gałęziami świata doświadczenia" (Bateson 1991, s. 232). Dostępność świata zależy od „wzorców przeszukiwania" samego podmiotu, gdyż „[ż]aden wzorzec (*pattern*) universum, który nie może być odkryty przez te wzorce, nie może istnieć dla tego organizmu" (Bateson 1991, s. 141). Niezbędna jest umiejętność „wglądu we właściwe miejsca, we właściwej kolejności i we właściwy rodzaj informacji" (Bateson 1991, s. 141). Na marginesie warto podkreślić, że – jak pokazywałem osobno – ten typ ujęcia zjawisk kultury jest charakterystyczny dla polskiej pedagogiki okresu międzywojennego, także jako generator troski uwypuklanej przez Helenę Radlińską. Chodzi w niej o to, aby owe wzorce przeszukiwania kultury stawały się dostępne i czyniły dostępnymi treści inaczej wykluczone z percepcji. W przeciwnym razie jednostka będzie z konieczności ślepa, jako badacz, na pewne schematy i wzorce badanego *universum*; badacz staje się „zaślepiony" przez nie na aspekty badanej rzeczywistości inne niż dopuszczone przez sam dominujący wzorzec (Bateson 1991, s. 141).

Szczególnie ważny jest przytaczany tu sposób myślenia, gdy potraktować go jako uwikłany w ekologiczne, w sensie cybernetycznym, pojmowanie umysłu. Wspomniane wyżej odniesienia do różnicy, widzianej komunikacyjnie (wobec kontekstu wewnętrznego) i metakomunikacyjnie (o znaczeniu wskazującym „co tu się dzieje", co wymaga widzenia kontekstów z różnych pięter czy porządków myślenia), znajdują u Batesona rozwinięcie warte przytoczenia jako sedno tego ujęcia. Jest ono ważne także dla oddziaływań pedagogicznych i jako jedno z nielicznych ujęć nawiązuje do kwestii „energii", jakiej różnica może pozbawiać lub jakiej może dostarczać, gdzie zarazem wkład energii jako nośnik różnicy może nie przynieść spodziewanego efektu. Źródłem energii uruchamiającej działanie nie musi być jej impuls czy dawka, jako że często wystarcza również **informacja** o jej braku. Chodzi bowiem o to, czy ta różnica jest istotna, czyli czy „sama czyni różnicę" dla organizmu, nawet tak banalnego jak ameba pozbawiona pokarmu (Bateson 1991, s. 162).

Bateson podkreśla konieczność widzenia różnicy w komunikacji zawsze jako będącej zasadniczo

> [...] różnicą w obwodzie (*circuit*), [gdzie – L.W.] dostarczenie energii do następnego kroku w tym obwodzie zawsze ma miejsce z udziałem samego tego kroku. Różnica

sama z siebie nie zaopatrza w energię, jedynie wyzwala (*triggers*) wydatek energii. Mówimy zatem o różnicach i o **transformach** energii (Bateson 1991, s. 164–165).

Bateson wskazuje tu na odmienności impulsów neuronalnych oraz „różnic w świetle" jakiegoś odniesienia czy różnic w temperaturze wpływających na organizm, a są one zawsze uwikłane w ścieżki neuronalne, hormonalne czy inne, przenoszące i przetwarzające stany organizmu. Uwzględnienie tych uwag prowadzi do uznania, że w obliczu takiego systemu działania „umysł staje się bardzo złożoną siecią ścieżek (*pathways*)", wymagającą integralnego sprzężenia jego operacji z ogniwami, które w tej sieci działają i bez których sieć ta nie działa, jak w przypadku niewidomego, którego umysłowość posługuje się w trakcie jego poruszania się informacjami płynącymi z jego... białej laski jako jego organu (Bateson 1991, s. 165). To pozwala Batesonowi sformułować dobitne zdania, wręcz sztandarowe dla takiej perspektywy, o zasięgu umysłu przekraczającym wnętrze człowieka pod jego skórą, obejmującym także oddziaływanie impulsów korygujących myślenie dzięki odniesieniu do kolejnych efektów działania, np. w przypadku drwala ścinającego drzewo:

> Zatem jeśli umysł jest systemem ścieżek, wzdłuż których mogą się dokonywać przeniesienia transform różnicy, to oczywiście umysł nie zatrzymuje się w obrębie skóry. Stanowią go także ścieżki poza skórą, uczestniczące w zjawisku, z jakiego chce się zdawać sprawę. Umysł nie zatrzymuje się także na ścieżkach, na których wydarzenia jakoś dają o sobie znać poprzez świadomość, czymkolwiek by ona nie była. Trzeba tu także włączyć podłoża świadomego umysłu, to „nieświadome", aż po hormony jako część sieci ścieżek, wzdłuż których mogą być przenoszone transformy różnicy.
>
> A zarazem najwyraźniej trzeba do niego włączyć także działania. [...] System „umysłowy" uwikłany w ścinanie drzewa nie jest umysłem **w** drwalu, ale to umysł, który obejmuje różnice w rozmaitych charakterystykach drzewa, w zachowaniu topora i innych, wszystko w ramach obwodu, który w istocie jest [dopiero – L.W.] obwodem dopełnionym (Bateson 1991, s. 165).

Widać, że aby obraz umysłu był pełny, musi być dopełniony w sposób uwzględniający w nim wpisanie w działanie tego organu" uwarunkowań i odniesień, jakich zwykle w jedną całość się nie kojarzy. Wspomniane „transformy różnicy", jak się wydaje, mają dla Batesona charakter ilustrowany szerzej przez idee, przez postaciowanie w pewien sposób, czyli nadawanie kształtu temu, z czym mamy do czynienia. Wiąże się to z wykorzystaniem operacji logicznych, pozwalających na umysłowe autokorekty w produkcie działania, a nie sprowadza jedynie do sumowania jakiejś bezpośrednio dostarczonej energii, postrzeganej fizykalnie jako siła działająca na ciała. Bateson podkreśla, że nie chodzi tu o tak pojmowaną energię, ale o sposób patrzenia komunikacyjnego i dostrzegania tu źródła... informacji, która podlega przetworzeniu, przyjmowana na dodatek selektywnie i tylko w takiej przetworzonej postaci różnic włączana w obieg w obwodzie. Epistemologicznie Bateson interpretuje to odniesieniem do transcendentalizmu Kanta w kontekście stwierdzenia (Bateson 1991, s. 165–166), że „rzecz sama w sobie" tu nie dochodzi do głosu, a jedynie efekty jej odbierania na poziomie różnic w komunikacji, stwierdzanych przez odbiorcę czy uczestnika danej sytuacji, uwzględniających jeszcze konteksty, jakimi ten podmiotowo może się posługiwać (obejmuje to zatem i kategorialne uwarunkowanie postrzegania, co wyraża w psychologii trop uwypuklający mechanizm Gestalt, czyli postaciowania w postrzeganiu). Kluczowe okazuje się rozpoznawanie tego, w jakie ramy (kontekst) wpisywany jest dany materiał komunikacyjny, jak jest odczytywany, bo właśnie ta niezdolność sprzęgania treści komunikowanych z ich ramami metakomunikacji (wyznaczonymi przez pytania: co jest grane?, o co chodzi?, co się dzieje?) staje się zaczynem problemów ze schizofrenią, podkreśla Bateson (Bateson 1991, s. 166).

Zauważmy przy tym na marginesie, że wyobrażenie o wręcz przepaści między twardym podejściem fizykalnym (kojarzonym z siłami, obiektami, działaniem przyczynowym bezpośrednim) a ujęciem komunikacyjnym, jakie daje o sobie znać w pracach Batesona, może być przekroczone, jeśli – jak podkreśla się w literaturze późniejszej – uwzględnić rewolucję poznawczą w obrębie fizyki uprawianej w perspektywie kwantowej. Jest to zgodne z formułą, w myśl której – jak czytamy – „systemowe czy ekologiczne podejście do przyrody miałoby jako swoją przesłankę włączenie poznającego w poznawane" (por. Berman 1981, s. 149). Nie jest możliwe dualistyczne rozgraniczanie przedmiotu i podmiotu w poznaniu w kulturze, skoro nawet w przyrodoznawstwie taki podział zaczął tracić w złożonych sytuacjach badania swoją zasadność ze względu na kwantową odsłonę indeterminizmu. Jak pisze Morris Berman:

> [p]owinno być jasne, że ma miejsce ogromne podobieństwo między tym, co sugeruje Bateson, a wizją przyrody, która wyłania się z mechaniki kwantowej (Berman 1981, s. 147).

Tymczasem zajmie nas jedna z najciekawszych konfrontacji perspektyw myślowych, stawiających problem nastawienia teoretycznego w humanistyce w zderzeniu klasyków podejścia systemowego i humanistycznego w komunikacji.

Konfrontacja Gregory Bateson – Carl Rogers i jej implikacje dla rozumienia Heleny Radlińskiej

W 1975 roku doszło do publicznej debaty w obecności prawie tysiąca pięciuset osób (sprzedawano na nią bilety) konfrontującej słynnych autorów, z jednej strony psychologii humanistycznej, przyjmującej pozycję „trzeciej drogi" u Carla

Rogersa, a z drugiej strony podejścia ekologii umysłu u Gregory'ego Batesona[25]. Zderzenia, jakie tu dały o sobie znać, wyznaczają raczej przestrzeń napięć niż alternatyw, w których można odnaleźć dążenia Heleny Radlińskiej na różne sposoby przezwyciężającej nieustannie pojawiające się rozłączne, dychotomiczne wybory, także z tych uwypuklonych w omawianej tu debacie. Zderzenie Rogers – Bateson w pierwszej swojej płaszczyźnie dało o sobie znać w konfrontacji mającej bieguny z jednej strony w idei „całego człowieka", z drugiej strony w odniesieniu do „pełni idei", co prowadzi do odmiennych uwypukleń tego, co ma oznaczać wspólny postulat „znaczącego uczenia się" w procesie edukacyjnym. Dylemat dotyczy napięcia w zderzeniu biegunów wyboru: uczucia czy idee. Zatem przede wszystkim stawia w obliczu alternatywy odnoszenia się do człowieka z jego uczuciami i emocjami jako subiektywnego punktu wyjścia z osobistymi znaczeniami adresata oddziaływań, wobec bieguna obiektywizowanych kontekstów idei w przekazie przez nadawcę treści w toku kształcenia, oddziaływania w sytuacji komunikacyjnego wpływania na stan jednostki w trybie pomocy czy każdego innego przekazu kulturowego. Idea „znaczącego uczenia się" po stronie Rogersa ma główne odniesienie do nastawienia odbiorcy, z jego osobistymi preferencjami, które muszą być uwzględniane i respektowane jako zintegrowana całość organiczna, uczestnicząca w komunikacji w sposób podstawowy. Natomiast z punktu widzenia Batesona chodzi o pokazanie możliwych kontekstów znaczeń prezentowanych idei, także w charakterze metakomunikacyjnego odsłaniania implikacji i odniesień, pozwalających zrozumieć, co się w takim przekazie dzieje i dlaczego ma to takie a nie inne konsekwencje. Dochodzi tu również kwestia: jakie to ma zatem znaczenie i jak jest ono postrzegane – pod względem jego głębi czy wzniosłości – jeśli ma ono wzywać do uwzględnienia i jeśli sama treść przekazu ma się okazać znacząca? Batesonowi nie chodzi przy tym o wybór jednego z biegunów alternatywy, ale o uwypuklenie ich współzależności, uniemożliwiającej zaczynanie od uwzniośnionej integralności samego człowieka, a związanej z odniesieniami do kontekstów możliwych tu doświadczeń, także emocjonalnych, dających razem ekologiczną przestrzeń dla idei. „Dokonywanie wyboru wzmacniałoby jedynie błąd" każdej z jednostronności wchodzących tu w grę (por. Bateson 2005, s. 127).

Stąd w istocie uzyskujemy tu pary napięć, a nie alternatyw, stanowiących dwoiste układy odniesień, stopniowo ukonkretniające zaistniałe wyzwania komunikacyjne, które da się przedstawić w sekwencji par w ich uwikłaniu w „podwójne uwiązanie", jak można by powiedzieć w języku Batesona; oto one: Rogers – Bateson, pełna osoba – pełny kontekst, emocje odbiorcy – idee nadawcy, znaczenie subiektywne – znaczenie kontekstowe. Dowodem zaś na to, że Bateson dystansuje się wobec afirmacji jednostki w punkcie wyjścia jest jego nieco sarkastyczny sprzeciw

---

25 Wykorzystujemy tu wnikliwą analizę wydarzenia, której autorami są Kenneth N. Cissna i Rob Anderson (por. Bateson 2005, s. 120–136).

wobec „świętej krowy zwanej osobą. Czy jeszcze bardziej świętą »pełną osobą«" (Bateson 2005, s. 128).

Rogers z kolei widzi tu groźbę przeintelektualizowania odniesienia do człowieka poprzez skupienie na samych ideach i ich kontekstach, na co Bateson odpowiada znamiennie, że właśnie dlatego trzeba pokazywać możliwie pełne konteksty znaczeń idei, że pozbawione ich

> [...] idee błędne będą zwykle zabijały ludzi, prowadziły ich do zabijania się między sobą, zatruwania wody pitnej. Ale chodzi tu o ideę, że samo to zabijanie (czy dawanie życia) ma znaczenie. I nie mówcie, że to jest „tylko" idea. Bo czymże bardziej [znaczącym] mogłoby to być? (Bateson 2005, s. 128)

Zauważmy, że tak jak Bateson stara się pokazać emocjonalną stronę swoich idei, tak Rogers usiłuje wskazać na swoje „teoretyzowanie" o człowieku i własne idee. Ten ostatni widzi opozycję między dominacją pozycji nauczyciela, którą przypisuje Batesonowi, a swoim nastawieniem na „wyjściowe zaufanie" do ucznia, z troską o to, aby „nie przeceniać" funkcji nauczania w stosunku do wartości uczenia się upatrywanej przede wszystkim w zaproszeniu do poszukiwania (Bateson 2005, s. 128). Na to Bateson odpowiedział, że uczy się, sięgając po ważnych dla siebie nauczycieli, co z kolei Rogers interpretuje jako wyjściowo zawierające osobowe nastawienie na uczenie się, o które mu właśnie chodzi („bo to **ty** chcesz się uczyć").

Odnotować warto na marginesie, jak finezyjnie Radlińska przezwycięża to zderzenie w swojej wizji melioracji środowiska z jednej strony oraz pozostawienia decyzji sięgania po znaczenia kulturowe w nowo udostępnionej glebie samemu wychowankowi z drugiej. W tym sensie byłoby błędem zarówno personalistyczne widzenie dominującego odniesienia do osobistych preferencji, jak i jednostronne wskazywanie obowiązujących znaczeń. Uczenie się wymaga, by po wiedzę przyszedł „ten, kto szuka", nie chodzi jednak o narzucanie wiedzy, ale o czynienie jej dostępną, czyli jej aktywne udostępnianie przez znającego ją. Taką perspektywę przyjmuje Bateson, sugerując, że nie chodzi mu o czysto intelektualny przekaz, ale o udostępnianie istotnie znaczące dla odbiorcy, przy czym musi ono nieść znaczenia z wnętrza kontekstów samej treści przedstawianej. Rogers dystansuje się tu wobec założenia, że można wiedzieć, co się przyda uczniowi. Chce przez to jedynie pomagać w samodzielnym definiowaniu celów i sposobów poszukiwania przydatnej wiedzy. Bateson uważa, że większość uczniów nie wykazuje samodzielnej gotowości, zdolności czy motywacji do takich poszukiwań, choć obaj się zgadzają, że może to być skutek wcześniejszego działania systemu edukacji, wymagający procesu „przebudzenia" wyłączonych już pragnień; Rogers upiera się przy tym, aby tym bardziej punktem wyjścia czynić osobę przebudzanego do powrotu do swojego potencjału uczenia się przez poszukiwania. Z kolei Bateson deklaruje swoją ufność w potencjał umysłu mającego dostęp do idei, które będą go przebudzały poprzez pobudzanie do myślenia, także ścisłego o nieznanych sprawach, a nie oferowały jedynie wychodzenie od tego, co jest znane i już poszukiwane, oraz od tego, co uwikłane jest w zbyt płytkie, „zaślepiające i zwodzące języki" (Bateson 2005, s. 129). Z jednej strony można chcieć, mówi Bateson, błaznować i rozweselać, szukając znanych sobie tropów, z drugiej wolno preferować pedantyczną jakość myślenia w obrębie rzeczy trudnych i jeszcze nieznanych, ale wyzwalających wyobraźnię i twórczość. Uczenie się potrzebuje z perspektywy Batesona strawy duchowej, musi być treściwe w możliwie najwartościowsze impulsy, a to oznacza nie tylko ich zróżnicowanie, lecz także jakość ich wnikliwej prezentacji w pełni kontekstów. Rogers wskazuje na troskę o ufanie „najgłębszej jaźni" człowieka, podczas gdy Bateson apeluje o możliwie szerokie dyskutowanie problemów, których nie załatwi się powierzchownymi zbitkami (*clichés*) czy przybliżeniami (Bateson 2005, s. 130). Dlatego mamy w tym punkcie kolejne napięcie między członami dwubiegunowego układu: głębia jaźni – skala problemów. Dwoistość nakazuje uniknięcie wyboru między nimi jako rozłącznymi członami alternatywy, przy jednoczesnym staraniu się o to, aby unikać spłyconego rozumienia każdego z biegunów, inaczej będących nie do przyjęcia. Dla Batesona jaźń (*self*) może być „epistemologicznym potworem" albo też przy pewnym rozumieniu „heurystycznym konceptem, użyteczną drabiną we wspinaniu się, ale możliwą do odrzucenia czy pozostawienia na kolejnym etapie" (Bateson 2005, s. 130). Odnotujmy zarazem cenną sugestię Kennetha N. Cissny i Roba Andersona, że „Rogersa pojęcie jaźni (*self*) jest bardziej relacyjne i bardziej zorientowane na proces, niż to się mu zwykle przypisuje" (za: Bateson 2005, s. 130), gdyż oznacza ona, że część polemik z Rogersem (jak też zachwytów nad nim) może wynikać z ułomnych odczytań i interpretacji. Przez to, warto podkreślić, i zderzenie jego perspektywy z podejściem Batesona nie musi tu być pojmowane jako prowadzące do rozłączności. Zresztą w ujęciu przez Radlińską wskazywanych tu napięć widać dojrzałe – zarówno dydaktycznie, jak i epistemologicznie – wyjście teoretycznie i dla praktyki społecznej przezwyciężające to zderzenie, co pokazuję na kartach tej książki. Warto przy okazji zauważyć, że ciekawy jest także akcent wskazujący na możliwe ułomności własnych koncepcji obu dyskutantów. Chodzi o rysę samokrytycyzmu, o jaki obu interlokutorów poproszono na zakończenie debaty. Rogers widzi groźbę nadmiernego skupienia na „technikach" oddziaływania, Bateson przyznaje, że chyba przedwcześnie opublikował esej o podwójnym związaniu (*double bind*), zawężając jego znaczenie i ukierunkowanie. Ogólnie jednak łączy ich najwidoczniej przekonanie, że w procesie tworzenia sytuacji uczenia się dla kogoś do głosu może dochodzić impuls

> [...] służący czemuś przedwcześnie, tendencja do opakowania, do konkretyzowania, czy technicznego przeciążenia wiedzy na sposoby, które nie uwzględnią jej całej złożoności,

przez co wiedza może być „zbyt pochopnie reifikowana, przedwcześnie »zamarynowana«, prowadząc czytelników na manowce" (Bateson 2005, s. 131). Najwidoczniej przedwczesne artykulacje wypaczają sens dojrzewających idei.

Wobec takich gróźb Rogers jest skłonny, jak było widać, skupić się bardziej na podmiotowości podopiecznego, Bateson zaś – na jakości odsłaniania kontekstów przeciwdziałających tym groźbom. Radlińska sytuuje się w tym napięciu – w mojej interpretacji – w asymetrycznej skłonności w stronę Batesona, stawiając na wdrażanie nie do idei, ale do… ideałów, które stają się tu wzorcami działań i ramami dla ich ukierunkowania. Zawsze jednak dzieje się to w trosce o pozyskiwanie dla nich zaangażowania, przy jednoczesnym odsłanianiu bogactwa gleby kultury nasycanej nowymi impulsami zmieniającymi samo podłoże – opierając się na nim, jednostka może spróbować zmieniać swe życie, swoje myślenie, swoje środowisko. Jednostka jako taka ani nie ma podlegać perswazji, ani nie ma być pozostawiona sama sobie, co więcej, nie jest bez znaczenia, jak wielka skala i jakość inspiracji będą dostępne w środowisku funkcjonowania jednostki, gdyż jedna sytuacja może sprzyjać rozwijaniu postawy artystów i/lub obywateli o demokratycznym usposobieniu, a inna jako trwała cecha środowiska może produkować „hitlerków" (Bateson 2005, s. 134). W szczególności konieczne okazuje się poddawanie refleksji jakości środków przewidzianych dla podjętych celów i ich ukrytych możliwości, zwłaszcza w zakresie manipulacji, oraz skłonności antydemokratycznych, wpisywanych nieświadomie czy w sensie ukrytym w umysłowe skłonności i nawyki, mogących stanowić „produkt uboczny procesu uczenia się" (Bateson 2005, s. 134). Stąd znany postulat Batesona, aby uczenie się jakichś treści dało się dopełnić i przenieść także na poziom metauczenia się, tj. refleksyjnego podejścia do tego pierwszego procesu, z uwzględnieniem rozmaitych kontekstów niosących dodatkową perspektywę pozwalającą na odnoszenie się do tego procesu. Chodzi o to, by nie być zakładnikiem jego także ubocznych efektów, a stawać się zdolnym do elastycznego reagowania na ich niekontrolowane pojawianie się (Bateson 2005, s. 135). Jednym z kluczowych przejawów takich niekontrolowanych efektów może być niezdolność do uwolnienia się od narastającej skłonności do traktowania różnic jako dzielących, w sensie: rozdzielających, a samego ich podziału jako opozycji, radykalizującej zdarzenie spotkania jako zderzenie, wymagające wyboru jednej przeciw drugiemu, w wyniku reifikacji czy rozmaitych podstawień (Bateson 2005, s. 135). Przekleństwem poznania okazuje się kojarzenie różnic jako podstaw automatycznych przeciwstawień aż do pełnej rozłączności ogniw w nich uczestniczących.

Alternatywą groźby pojawiania się takich (d)efektów jest zaangażowanie w dialog, afirmujący różnicę i będący okazją do zaskakującego efektu, który dając do myślenia dzięki różnicy, odsłania możliwość zobaczenia czy sformułowania czegoś, co wcześniej mogło być niemożliwe bez takiego impulsu. Wysiłek „dawania do myślenia" wiąże się z troską o „znaczące" spotkanie, które stwarza możliwość uczenia się dzięki samemu temu spotkaniu, ale i dzięki uczynieniu z niego przez zainteresowanych znaczącej dla nich okazji do uczenia się. Stąd trafna wydaje się formuła autorów rekonstruowanej tu analizy w zakresie troski o „ducha dialogicznego zaskoczenia" w komunikacji, dzięki któremu pojawia się nowość, będąca wynikiem tego, że „ważne idee zostają przeniesione w nowe kształty i obszary, a zarazem uwzględniane są ważne odróżnienia idei" (Cissna, Anderson, za: Bateson 2005, s. 121). Różnice jako ważne nie muszą być eskalowane nierozważnymi uskrajnieniami, zrywającymi możliwość budowania więzi i podejmowania prób przezwyciężania przepaści.

U źródeł schizmogenezy

Gregory Bateson zauważa, że pisząc na przełomie lat 30. i 40. XX wieku swoją antropologiczną książkę *Naven*, był już „na samym progu tego, co później zostało nazwane cybernetyką", a brakowało mu zwłaszcza pojęcia „negatywnego sprzężenia zwrotnego" (por. Bateson 2000, s. XIX)[26]. Podkreśla także, że podejście to, skupione na strukturze relacji, przezwycięża perspektywę zdominowaną wskazywaniem na indywidualnie ulokowaną „energię" jako źródło siły oddziaływania (Bateson 2000, s. XXIX). Systemowe myślenie wymaga uwzględnienia i tej okoliczności, że źródłem „energetyzowania" może być „udział respondenta" w wydarzaniu się relacji, a nie siła energii samego nadawcy (Bateson 2000, s. 490). Energia bowiem może być zainwestowana w chybiony sposób, gdyż nie sama siła, ale realna funkcja tej siły staje się kluczowa dla analiz w sferze komunikacji. Mówiąc inaczej, w komunikacji usilność przekonywania nie przybliża automatycznie efektu samego przekonania, gdyż może wręcz go utrudniać albo nawet przeistaczać w jego zaprzeczenie, co osobno wyraża idea tożsamości negatywnej u Erika H. Eriksona. Tymczasem w błąd wprowadza samo wyobrażenie o braku energii w jednym tylko miejscu jako głównym źródle niemocy skutecznego działania, gdyż to relacja ma być energetyzująca z udziałem współdziałających stron całości obejmującej układ powiązany dwubiegunową relacją jako zdwojeniem (pełnym dwukierunkowych przebiegów), a nie rozdwojeniem czy jednostronnością oddziaływania i kontroli (Bateson, 2000, por. także s. 316–317).

W jego analizach ważne jest uznanie, że w komunikacji, zarówno typowej społecznie, jak i uwikłanej w patologie, np. w przypadku zaburzeń psychiatrycznych, to nie siła ani treść oddziaływania są kluczowe, ale forma i związane z nią relacje, w tym to, jak uczestnicy sobie owe relacje i formy definiują i je postrzegają. Oznacza to, że tradycyjna „dychotomia między formą i treścią" była uwikłana epistemologicznie w podwójny błąd: raz – oba człony były zwykle postrzegane osobno, podczas gdy trzeba umieć przerzucać między nimi pomosty, a po drugie – w tym rozgraniczeniu zbyt dużą i zbyt jednostronną wagę nadawano biegunowi treści, co trzeba zderzyć z następującym stwierdzeniem otwierającym klasyczne już rozważania:

---

26 Nie mam tu miejsca na rozwijanie wątków antropologicznych wyżej wymienionej pracy, choć są warte odrębnej uwagi.

„Lecz procesy umysłowe, idee, komunikacja, organizacja, różnicowanie, wzorce i tak dalej są bardziej kwestią formy niż treści" (Bateson 2000, s. XXXII).

Pouczający pedagogicznie przykład oddziaływań i rozmaitych inspiracji poznawczych przynoszą próbki tzw. metalogu, jaki Bateson praktykuje w rozmowach z własną córką, gdzie zajmowanie się wybranym problemem dotyczy również „struktury" komunikacji jako całości, traktowanej jako ważna dla samych rozważań o problemie; jest to więc dialog na dwóch piętrach z odniesieniem także metanarracyjnym czy metaproblemowym, mającym więc „dwoisty format" (Bateson 2000, s. 1). Na pytanie dziecka, co znaczy słowo „obiektywny", metalogiczna rozmowa wydobywa na jaw to, jak powstaje „efekt obiektywności" w postawach ludzkich, który wynika z myślowego „cięcia wszystkiego na plastry (*slices*)" wiedzy, a wiąże się z tym, że „świat" zostaje rozszczepiony (*split*) na „pomocne" poznającemu rzeczy i takie, które mu przeszkadzają (Bateson 2000, s. 49). Zasada owych rozdzieleń, którą posługują się poznający i jego umysł, jest następnie przenoszona na świat, w którym widzi się już tylko takie „obiektywne" przeciwstawienia, gdy tymczasem to „intelekt klasyfikuje i rozdziela rzeczy" (Bateson 2000, s. 50).

Ta przyrodzona skłonność do obiektywizującego i zarazem dychotomizującego poznania legła u podstaw idei „schizmogenezy", którą Bateson rozwijał od lat 30. minionego wieku w kontekście komunikacji kulturowej i badań antropologicznych (Bateson 2000, s. 61). Niewystarczające okazały się, jego zdaniem, związane z nią podziały na oddziaływanie pod przymusem i na dobrowolność uznania presji akulturacyjnej, redukujące różnice z jednej strony, a budujące dychotomiczne podziały, które uruchamiają procesy metodycznej typologizacji usztywniające podziały w kulturze, z drugiej (Bateson 2000, s. 62). Tymczasem nie mają one „realnego" znaczenia, stanowią jedynie wygodne abstrakcje, etykiety, występując jako przejawy chybionej i iluzorycznej konkretności (Bateson 2000, s. 64). Bateson wskazuje na „procesy schizmogenezy", które pozwalają wydobywać zachowania „odszczepieńcze" czy dewiacyjne w społeczeństwie, ale również dają o sobie znać w „asymilowaniu normalnej jednostki do jej grupy", co zarazem utrudnia radzenie sobie z sytuacjami bardziej złożonymi, nasyconymi kryzysami i „stanami rozchwiania równowagi" (Bateson 2000, s. 64–65). Mimo to sam badacz wprowadza na metapoziomie narracji takie podziały, np. wskazując, że w warunkach „dynamicznego *equilibrium*" kulturowego kontaktów grupowych procesy różnicowania się dokonują się albo w trybie „symetrycznym" – gdy dochodzi do schizmogenezy równoległej według tych samych kryteriów – albo w trybie „komplementarnym", gdy wzmacniane są efekty przeciwne w stosunku do uzyskiwanych w jednym biegunie (Bateson 2000, s. 67–68, por. szerzej także s. 109). Tylko w szczególnych i trudnych do stworzenia okolicznościach do głosu ma dochodzić wzajemność oddziaływań w trybie „kompensacji" i „równoważenia", co nie prowadzi do efektu schizmogenezy (Bateson 2000, s. 69). Ten trzeci typ jest najtrudniejszy, gdyż niesie złożoność, jakiej często uczestnicy komunikacji nie są w stanie sprostać. Jednocześnie narastająca wrogość między stronami stanowi przykład schizmogenezy symetrycznej, podczas gdy wzrost bogactwa jednych kosztem wzrostu biedy innych jest przykładem pogłębiania podziału komplementarnego. Tymczasem podstawowym zadaniem staje się wysiłek kontrolowania procesów schizmogenezy jako pogłębiania się podziałów, polaryzacji i sztywnych stratyfikacji (Bateson 2000, s. 70–71). Chodzi o „ustanowienie systemu, w którym możliwości schizmogenezy będą właściwie kompensowane czy równoważone między sobą" (Bateson 2000, s. 72). Zauważmy na marginesie, że Radlińska w swoim języku (choć idea kompensacji też jest jej bliska) miała rozwinięte intuicje wskazujące na analogiczne zadania dla pedagogiki społecznej i pracy kulturalnej w zakresie, jak to nazywała, melioracji środowiska.

Bateson uczula na potrzebę uwikłania myślenia w jednoczesne „połączenie luźnego i ścisłego myślenia", tworzące wartościowy „dwoisty (*dual*) nawyk umysłu", pozwalający na dojrzewanie i wytwarzanie nowych idei czy ich stopniowy rozwój, a nie tylko dopuszczający „surową konkretność" czy „ścisłe formuły"; nawyk korzystający także ze zdolności do „transwersalnego" dzielenia, w poprzek zwykłych, wydawałoby się, podziałów, a zarazem do dostrzegania zjawiska homologii jako podobieństwa strukturalnego w zakresie wchodzących w grę relacji w różnych kontekstach (Bateson 2000, s. 75–76, 80–81). Kluczowe okazało się rozwijanie myślenia strukturalnego w zakresie relacji i ich wzajemnych powiązań oraz uwikłania co najmniej w dwukierunkowe i różnopoziomowe oddziaływania. Ważne stało się widzenie w tych relacjach dynamiki „fluktuacji" czy „alternacji" jako wyrazu „dwoistej natury myśli naukowej" w jej postępie w rozumieniu świata, gdzie zmiany dotyczą w tym trybie zarówno „pojęć, postulatów, jak i przesłanek" (Bateson 2000, s. 86–87).

Sytuacja kontaktu z nowym doświadczeniem czy nowym obszarem i gronem społecznym wymaga wypracowania form przystosowania, gdy wcześniejsze mogą zacząć zawodzić jako niezdolne do sprostania nowej złożoności relacji. Typowe polaryzacje dwubiegunowe, takie jak dominacja – podporządkowanie czy ekshibicjonizm – voyeryzm, albo opozycje, np. lewica – prawica, Bóg – szatan, męski – żeński, nie wystarczają, gdy pojawiają się złożoności włączające trzecie ogniwo, jak w układzie rodzice – opiekunka – dziecko czy król – ministrowie – obywatele, gdy nie chodzi tu ani o hierarchię, ani o potrójny układ, a o całą serię złożonych napięć i zapośredniczeń w ramach relacji między biegunami (Bateson 2000, s. 95–96). Śledzenie jakości owych zapośredniczeń relacyjnych staje się tu często kluczem do opisu tego, co się dzieje między stronami takiej relacji, z czego mogą sobie one nie zdawać sprawy, zwłaszcza gdy w grę wchodzą zaburzenia relacji wynikające np. ze stosowania rozróżnień i gradacji oraz z uruchamiania różnych a nierozpoznanych dynamik oddziaływania (Bateson 2000, s. 104–105).

Dla opisu wysiłku utrzymywania równowagi w procesie interakcji, gdy konieczne jest dopuszczanie naprzemienności zmiennych, Bateson, jak wielu innych, posługuje się obrazem sytuacji – już raz przywołanej wyżej – chodzenia po linie, wymagającej wspomagania szans utrzymania równowagi w trybie balansowania za pomocą długiej tyczki (Bateson 2000, s. 125). Zaletą tego modelu jest podkreślenie, że troska o równowagę bywa w warunkach takiej chybotliwości uzależniona od przeciwdziałania „maksymalizacji którejkolwiek ze zmiennych, jako że nadmierny wzrost mógłby wytworzyć nieodwracalną zmianę" (Bateson 2000, s. 125). Dalej pojawia się wręcz uznanie, wieńczące jego klasyczny zbiór esejów, że „zdrowy system" da się porównać z „akrobatą wysoko na linie", gdzie ważne są możliwości elastycznego przemieszczania między stanami, pozycjami... niestabilności jako paradoksalnego warunku „utrzymania stabilności bardziej podstawowej i ogólnej" (Bateson 2000, s. 506). Jest to model sytuacji, gdy „stabilny stan jest zapewniany przez nieustanną, ale niepostępującą zmianę", o charakterze oscylacji (Bateson 2000, s. 125). Niezbędne okazuje się uczenie się przeciwdziałania przeistaczaniu się systemu zorientowanego na równowagę w „system schizmogeniczny" (Bateson 2000, s. 126), przy czym dodajmy od razu zadanie dla pedagogiki, wymagające rozpoznania okoliczności społecznych (komunikacyjnych), które takiemu przeistaczaniu sprzyjają, jak również określenia działań zdolnych do przeciwdziałania mu. Nie darmo idea kompensacji była tak ważna w języku Radlińskiej, choć tak jak u Batesona (Bateson 2000, s. 497) nie wolno jej kojarzyć z przynoszeniem ulgi bez usuwania przyczyn stanu chorobowego w wyniku diagnozy kryzysowych zaburzeń w postaci deficytów czy nadmiarów zakłócających możliwości rozwoju. Tymczasem istnieją realia społeczne i kulturowe przejawiające „negatywne podejście do tej trudnej integracji", które wyrażają się poprzez „unikanie złożoności" i pozostają stronnicze pod jakimś względem, odwołując się np. do totalizowanych stanów świadomości albo też dając upust instynktom nieświadomości, unikając tym samym integrowania racji serca oraz racji rozumu[27]. Przejawem niezbędnej złożoności, której odbiorca komunikatu (dzieła sztuki, tekstu czy aktu edukacji) może nie być w stanie sprostać, jest odróżnienie poziomu treści przekazu od jego... znaczenia, jako wzorca, który niesie, stanowiącego podstawę jego podjęcia i stosowania dalej w zakresie treści jeszcze nieudostępnionych. Tak rozumiane znaczenie oznacza sytuację „redundancji", czyli nadmiarowej zawartości, którą trzeba umieć uchwycić i przenieść w inne zakresy przejawiania się jej wpływu jako „pracy pojęcia" czy jej oddziaływania (Bateson 2000, s. 130–131). Podsumowanie tych uwag zawiera, jak się wydaje, następujące stwierdzenie Batesona:

> Istotą i racją bycia komunikacji jest tworzenie redundancji, znaczenia, wzorca, przewidywalności, informacji, i/lub redukcja przypadkowości poprzez „ograniczenie". Jest pierwszorzędnej wagi, jak sądzę, aby [można było – L.W.] dysponować systemem pojęciowym, który zmusi nas do zobaczenia *message* (np. dzieła sztuki),

---

[27] Wykorzystuję tu idee wpisane przez Batesona w kontekst dotyczący sztuki (por. Bateson 2000, s. 128–129).

zarówno jako wyposażonego w wewnętrzną treść, **jak i** jako będącego częścią szerzej ukształtowanej całości (*universe*) – kultury lub jej części (Bateson 2000, s. 131–132).

Ta dwoistość trudności w zakresie rozumienia komunikatu, np. tekstu, a w moim przypadku prac Radlińskiej, umyka często z pola widzenia interpretatorów. Nie chodzi jedynie o rozumienie wewnętrznego sensu treści i jego odtworzenie, ale o odsłonięcie wymiaru wymagającego dodatkowych odniesień sensów składających się na znaczenie (funkcję, wagę, stosowalność, wartość wpływu, efekt odniesienia do nowych treści). To po części wyjaśnia, dlaczego z takim uporem odczytuję Radlińską, pokazując, z jakiej perspektywy i jakimi oczami na nią patrzę, a co zarazem stanowi **ramę interpretacyjną** owego znaczenia pozostającego w tym uwikłaniu. Relacja ta działa w dwie strony, pokazuje bowiem zarówno to, w jaki kontekst późniejszego rozwoju humanistyki Radlińska daje się wpisać, jak i to, co w jej artykulacjach jest ważne wagą odniesień, których sama autorka jeszcze mieć nie mogła.

Przerywam tu wysiłek odczytywań i konfrontowania koncepcji rozwiniętej przez G. Batesona, traktując zadanie jako jedynie zasygnalizowane do dalszych studiów i rekonstrukcji. Wystarczy przypomnieć świadomość znawców, np. Wolfganga Walkera, że uczony starał się o „przeniesienie w zmodyfikowanej formie zasad cybernetycznych do nauk humanistycznych", a nadto chodziło mu o „stworzenie ujednoliconych ram teoretycznych dla nauk społecznych", w tym o rozwinięcie „ujednoliconej teorii komunikacji ludzkiej" (por. Walker 2001, s. 70–71). Zadanie zmierzenia się z taką próbą, w celu jej ogarnięcia, przymierzenia do kontekstów pedagogiki społecznej, nie może się odbyć *en passant*.

Rozdział VI
Inne konteksty dwubiegunowego sprzężenia: filozofii z socjologią komunitaryzmu, teorii z praktyką zarządzania, psychiatrii z psychologią

Wstęp

Przywołam najpierw koncepcję autora chronologicznie najpóźniejszego, czyli z lat 90. XX wieku, wybitnej i głośnej postaci Amitaia Etzioniego, socjologa i ekonomisty, rzecznika „nowej ekonomii", występującego także na kartach istotnych rozważań z teorii działania komunikacyjnego u Jürgena Habermasa. Etzioni niespodziewanie dla siebie odkrywa, że promowana przez niego idea dwoistości, którą nazywa „inwersją symbiotyczną", jest, o dziwo, podobna do wcześniejszej i głośnej (na co Etzioni nie zwracał jednak uwagi) idei procesów „schizmogenezy" w wersji Gregory'ego Batesona. Pokażę również, co ważnego dla pedagogiki (nie tylko społecznej) może na serio wynikać z teorio-komunikacyjnego zaawansowania praktyki terapeutycznej w sytuacjach, gdy normalne dwoiste uwikłanie relacji uzyskuje rozmaite skrajne postaci, w tym uwikłanie w chorobę afektywną dwubiegunową. Podejmę także pierwsze kroki na drodze do sprzężenia trosk pedagogiki społecznej Radlińskiej z dążeniami w zakresie ewolucji teatralności lat 60. minionego wieku poprzez nasycanie dwoistości ontologicznej w relacji aktor – widz impulsami znakomicie pozwalającymi widzieć współzbieżność, tu pod pewnymi przynajmniej względami, reformy pedagogiki z Drugą Reformą Teatru wiązaną z dokonaniami Jerzego Grotowskiego, Józefa Szajny i Tadeusza Kantora.

Osobną przeszkodą w szybszym otwieraniu się badaczy w naukach społecznych na problematykę dwoistości jest okoliczność polegająca na tym, że najgłośniejsze przejawy odpowiedników tej problematyki są zarazem historycznie osadzone w wąskich kontekstach odsłaniających je najpierw głównie w odniesieniu do patologii schorzeń – tak było z kategorią ambiwalencji u Eugene'a Bleulera, jak również z głośnym za sprawą Gregory'ego Batesona terminem „dwubiegunowość", jako wpisanymi źródłowo w charakterystyki i hipotezy dotyczące genezy schizofrenii. Dopiero z czasem okazuje się, że chodzi tu o konteksty chorobowe generowane przez nadmiary stanów z nimi związanych, przy jednocześnie stopniowo odsłanianych przejawach normalności, a nawet pożądanego charakteru jakiejś postaci ich obecności, wyrażającej normalny stan złożoności. Jak wiadomo, głośno zrobiło się za sprawą Batesona o chorobie afektywnej dwubiegunowej, potocznie kojarzonej z zaburzeniem psychicznym mającym postać psychozy maniakalno-depresyjnej, związanej z oscylacją naprzemienną między fazą (biegunem) manii a przejawami depresji. Poza tym do dziś w płytkich słownikach odniesienia do ambiwalencji kojarzą ją jedynie z psychologicznymi zakłóceniami i niepełnością zdolności odnoszenia się do zjawisk, podczas gdy obecnie musi to już nosić znamiona wręcz bliskie analfabetyzmowi w humanistyce, w rozumieniu Heleny Radlińskiej, jako „niezdolności do spożytkowania literatury". Przykłady zapóźnień w radzeniu sobie z dwoistością w dyskursie pedagogicznym podawałem już wcześniej (por. Witkowski 2013a). Tu interesują mnie jedynie przykłady pozytywne, unaoczniające konieczność nadgonienia zaległości w odczytywaniu dorobku pedagogicznego w kategoriach „przełomu dwoistości". Tymczasem mimo niezrozumienia tego przełomu w jednych miejscach w innych funkcjonuje on w postaci już zaawansowanej obecności kategorii z nimi związanych (dwoistość, ambiwalencja, oscylacje, dwubiegunowość etc.). Są one ogniwami naturalnego wyposażenia intelektualnego, które pozwala na widzenie zjawisk bez tych kategorii wręcz niemożliwych do artykulacji. Okazują się bowiem fundamentalne dla opisu złożoności procesów, w jakie są uwikłane poszczególne praktyki społeczne, nie tylko zresztą w kontekstach pedagogicznych.

O „dualnych cnotach" i groźbie „inwersji symbiozy" według „komunitaryzmu" Amitaia Etzioniego

Myślenie reprezentujące ducha pedagogiki społecznej wcale nie musi się uważać za samą pedagogikę, pracując na jej rzecz z wnętrza problematyki filozoficznej, socjologicznej czy rozważając strategie polityczne budowy „dobrego społeczeństwa". Stąd sensowne podejście do klasycznego zwrotu „punkt widzenia pedagogiki społecznej" wymaga raczej dostrzeżenia tu miejsca nasyconego rozmaitymi perspektywami, inspiracjami, a nie tylko jednego sposobu patrzenia o gotowym jego oprzyrządowaniu narracyjnym. To raczej samo miejsce, z którego można patrzeć w różne strony i które z różnych stron może być postrzegane, niż jeden sposób oglądu i jeśli to miejsce jest żywe, otwiera się na rozmaite inspiracje, a nie te, które są mu narzucane czy przypisywane.

Trop analiz Etzioniego pozwala wskazać perspektywę, w świetle której wysiłki i dążenia Heleny Radlińskiej dadzą się w szczególności głęboko powiązać z osobno artykułowanymi zwykle dążeniami „komunitaryzmu"[1], w zaawansowanej wersji

---

[1] Zbyt rzadko jeszcze myślenie społeczno-pedagogiczne wpisuje się w dojrzałą filozofię komunitaryzmu, choć są zaczątki zmiany w tym zakresie (por. Sroczyński 2011, s. 254–255).

oznaczającego troskę o symbiotyczne sprzężenie interesu jednostek z interesem wspólnoty, w duchu dbania o minimalizowanie sfer oraz roszczeń antagonistycznych i agonistycznych zorientowanych na wyniszczenie. Najpełniej wyrażałoby, jak sądzę, to dążenie choćby wskazanie na poziom postkonwencjonalny wspólnoty traktowanej jako zadanie, obejmujące troskę o pełnię indywidualności zaangażowanych w to zadanie dla własnego dobra. Błędy w rozumieniu stanowiska Radlińskiej wobec „kwestii narodowej" czy „kwestii państwa" – w debatach z początków odrodzonej państwowości polskiej i potem w krytykach komunistycznych – brały się najwyraźniej z niezdolności do widzenia jej postawy jako wykraczającej poza dychotomie w stronę budowy wspólnotowego myślenia nadbudowanego na trosce o jednostkę i jej podmiotowość społeczną, trosce zakorzenianej w procesie „meliorowania środowiska" poprzez kulturowe wzmacnianie jego potencjału społecznego, wspomaganie sił indywidualnych i ich „uobywatelnienie". Stąd narodowi konserwatyści widzieli tu nadmiar perspektywy liberalnej, a marksiści – zbyt „burżuazyjne" przywiązanie do wartości i podmiotowości, gdy tymczasem chodziło o zespalanie romantycznej tradycji socjalizmu z demokratycznym jej ucieleśnianiem, likwidującym zarazem historyczne niesprawiedliwości i pęknięcia pod zaborami. Wersja komunitaryzmu amerykańskiego z kolei polegała głównie na tym, żeby wskazać, iż

> [m]iędzy indywidualistami walczącymi o autonomię oraz społecznymi konserwatystami opowiadającymi się za porządkiem społecznym leży myślenie komunitarne, które charakteryzuje dobre społeczeństwo jako takie, które osiąga równowagę między porządkiem społecznym i autonomią (Etzioni 1997, s. 9).

Rzecz jasna ta skrótowa formuła jest tylko zapowiedzią poważniejszych analiz, gdyż ta „trzecia" perspektywa niesie coś więcej niż bycie „między", a przynajmniej wymaga dostrzeżenia konieczności zniesienia przeciwieństwa między nimi i przeciwdziałania narastaniu ich antagonizmu, gdy zbyt jednostronnie i płytko rozumieją swoje ideały. Stąd wraz z sugestią „trzeciej filozofii społecznej" chodzi o wskazywanie płaszczyzn napięć objętych relacją „wobec" (*versus*), między innymi w parach: państwowe *versus* prywatne, władza *versus* autorytet, a zwłaszcza jednostka wobec wspólnoty oraz wolność wobec porządku. Potrzeba jednoczesnego uwzględniania obu biegunów stawia na porządku dnia problem ich relacji, podnosząc zarazem kwestię różnorodnych wariantów konserwatyzmu, jak też liberalizmu zarówno w przekroju mapy postaw intelektualnych, jak i politycznych (por. Etzioni 1997, s. 7). Etzioni zastanawia się nad przydatnością do opisu postulowanego „dobrego społeczeństwa" takich metafor, jak: tygiel, roztapiający różnice „asymilowane w jeden homogeniczny amalgamat", tęcza, zachowująca ścisłą odrębność kolorów jako nienaruszalne terytoria, oraz mozaika, wpisującą swoje fragmenty jako składowe w całościowy wzorzec, na wartość którego pracują. Opowiada się za tą ostatnią jako niosącą pożądaną „konstrukcję ograniczonej autonomii właściwej dla społeczeństwa komunitarystycznego", jak choćby amerykańskiego w jego wieloetniczności, gdyż to składniki wzbogacają całość, która je obejmuje i jest przedmiotem także zróżnicowanego zaangażowania w całe to obramowanie (Etzioni 1997, s. 191–193). W szczególności podkreśla wagę „wielości w jedności", sprzeciwiając się skłonnościom do uruchamiania presji asymilacyjnej, by wielość nie stawała się samą jednością, niepozostawiającą miejsca na różnice (Etzioni 1997, s. 196–197).

Tytułowe określenia tego fragmentu rekonstrukcji dominują w pracy o „nowej złotej zasadzie", zarazem wyróżniającej relację między autonomią i porządkiem społecznym, traktowaną jako unikatową (por. Etzioni 1997, s. 35–37), dokładniej „specyficzną" czy „niezwykłą", mimo że jej opis, jak łatwo pokazać, podpada pod ogólną charakterystykę dwoistości w naszym tu rozumieniu. Chodzi o relację inną niż o sumie „zerowej" (gdzie wzrost jednego bieguna niesie ubytek w drugim), o charakterze „zero-plus" (gdzie komplementarność niesie wspomaganie się wzajemne) czy antagonistyczną (zorientowaną na wzajemne wyniszczenie). Symbiotyczna relacja podlegająca odwróceniu oznacza takie uwikłanie pary czynników we wspólny interes, wzajemne wspomaganie, zrównoważenie, które jednak po przekroczeniu pewnego poziomu intensywności któregoś z biegunów zakłóca możliwość ich dalszego równoważenia, a sama relacja zaczyna się stawać antagonistyczna o coraz szerszej „strefie antagonizmu" tworzonej przez jednostronność (por. Etzioni 1997, s. 35–36, por. także s. 38). Dotyczy to w szczególności „praw indywidualnych" oraz „społecznych odpowiedzialności", które się „wzajemnie wspierają" dopóty, dopóki poziom roszczeń którejś ze stron nie przekracza progu „nadmiaru", po którym stają się antagonistyczne wobec siebie (Etzioni 1997, s. 44). Stąd troska o „równoważenie" dążeń regulacyjnych i „deregulacji" w celu szukania sposobów, aby była możliwa wspólnota jednocześnie z autonomią mimo nieuchronności występowania „napiętych stosunków" między nimi (Etzioni 1997, s. 45).

Zanim przywołam dalsze wybrane wątki analiz wybitnego socjologa i ekonomisty, stwierdzam, że sam nie podjął on rozważań nad relacją swoich idei do ustaleń Gregory'ego Batesona, przywołanych wyżej, a jedynie odnotował mimochodem w przypisie sugerowane mu podobieństwo do nich (Etzioni 1997, s. 267, przypis 4). Uważne zestawienie natomiast pozwala podkreślić elementy istotnie różniące obie koncepcje. Wspólna z pewnością jest jednak dbałość o jakość komunikacji, obejmująca postulat dialogu jako uważnego słuchania innych w ich uzasadnieniach, wzajemnie pozwalających na balansowanie własnych reakcji i normatywnych zaangażowań, w trosce o unikanie jednostronności, zaślepienia, w tym niezdolności do „społecznie zabezpieczanej autonomii" (Etzioni 1997, s. 256–257) jednostek i ich miejsca we wspólnocie komunikacji.

Warto się tymczasem przyjrzeć rozważaniom Etzioniego dotyczącym podstawowych „dwoistych cnót" (*dual virtues*) wpisanych w napięcie dwubiegunowe między „wolnością" i „porządkiem", czyli autonomią jednostki wobec porządku społecznego (Etzioni 1997, s. 5), które są uwikłane w relację wymagającą jednoczesnego uwzględniania obu jej członów pozostających wobec siebie w trybie *versus*, zakładającym wzajemną konieczność, a nie wykluczania i zwykłego przeciwieństwa (*adversus*) czy tylko drugiej strony medalu (*reversus*). Kluczowa dla tego myślenia jest „zasada dwoistości" (czy „zasada dualności"), określona przez jej autora mianem nowej „złotej reguły", wyrażonej postulatem: „szanuj i podtrzymuj społeczny porządek moralny tak, jakby społeczeństwo szanowało i podtrzymywało twoją autonomię" (Etzioni 1997, s. XVIII). Bieguny te bowiem okazują się przy wnikliwej analizie wzajemnie powiązane i potrzebują wzajemnie wsparcia dla ich równoważenia przeciw szkodliwym dla nich samych ich jednostronnym maksymalizacjom. Wszystko to Etzioni wpisuje w perspektywę czy paradygmat „komunitaryzmu", który w dojrzałej postaci nie neguje troski o autonomię jednostek, widząc ją wspartą istotnymi rozwiązaniami w sferze społecznej, wręcz wymagającą wskazania na „społeczną konstrukcję autonomii" (Etzioni 1997, s. 23), co w wersji kulturowej u Radlińskiej znajdowało dopełnienie w kulturowym budowaniu autonomii jednostek w społeczeństwie.

Czołowy rzecznik komunitaryzmu – znoszący mylące, dychotomiczne widzenie „cnót republikańskich" oraz „indywidualizmu" demokratycznego jako oba stanowiska jednostronne (Etzioni 1997, s. 37) – kształtuje swoją filozoficzną wizję w trybie opartym na tym samym typie analizy, jaki podjął jeszcze przed wojną Bogdan Nawroczyński w kwestii relacji między wolnością i przymusem w kontekście wychowania, gdyż w obu wypadkach ideałem jest „dobrowolny porządek" (Etzioni 1997, s. 13)[2]. Wspólne dla takiej filozofii wychowania, podejścia komunitarystów czy – jak to określała Radlińska – „punktu widzenia pedagogiki społecznej" okazuje się uznanie, że „dobre społeczeństwo wymaga równoważenia autonomii i porządku" (por. Etzioni 1997, s. 28) czy w tradycyjnym języku: wolności i przymusu. Indywidualnie badacze mają własne powody dla wpisywania się w ramy jakiejś etykiety, gdy tymczasem można, a nawet należy się doszukiwać wspólnoty, analogii czy równoważności mimo poszczególnych skłonności do widzenia jedynie specyfiki czy odrębności. Etzioni rzecz jasna da się krytykować przez pryzmat swojego języka, gdy mówi często o równowadze, zamiast o elastyczniej widzianym równoważeniu, czy gdy pomija konieczność oscylacji, przywiązany do swojego wskazywania na „złoty środek" lub odpowiednio komponowaną mieszaninę (*blend*). Zawsze jednak w przypadku wolności i porządku ostatecznie – przyznaję – do głosu dochodzi wymóg „służenia ostrożnemu równoważeniu tych dualnych cnót społecznych"; równowaga (*balance*) i (z)równoważenie (*equilibrium*) powracają naprzemiennie z akcentem na ich chwiejność i wysiłek nieustannego ponawiania prób ich uzyskania, ze względu na ich wzajemnie korzystne odnoszenie się do siebie, gdy się wzajemnie wzbogacają i uszlachetniają (Etzioni 1997, s. 27), podnosząc zarazem jakość komunikacji między sobą i indywidualnej artykulacji na „wyższy poziom" kultury dialogu i „megalogu". W takim podejściu autonomia jest pojęta jako

---

2 Analizy dotyczące B. Nawroczyńskiego były przeze mnie podjęte w: Witkowski 2013a.

[...] obejmująca zarówno to, co zwykle jest uważane za wolność indywidualną i potrzeby autoekspresji, innowacji, twórczości i samorządności, jak i uprawomocnienia ekspresji różnic międzygrupowych (Etzioni 1997, s. 24).

Dla Radlińskiej autonomia obejmowała w jej języku, jak wiemy, przede wszystkim „uobywatelnienie", stawanie się prawdziwym „dziedzicem kultury", umiejącym wykorzystać zawartość skarbca dzieł, a dokonywała się w trybie „melioracji duszy", obejmującym także jej uszlachetnienie i wzbogacenie dzięki przeżyciom możliwym w kontakcie z dziełami i cudzym myśleniem. Zarazem, aby uwypuklić wpisaną w jej postawę wizję zaangażowania w wersję komunitarystycznego podejścia, warto podkreślić, że Etzioni wskazuje na potrzebę „systematycznych wysiłków" przenoszenia wizji teoretycznej (ze świata myśli akademickiej) do „szerszych kręgów wpływających na opinię, do liderów politycznych i środowiskowych oraz całej [sfery – L.W.] publicznej" dla kształtowania „filozofii publicznej i przede wszystkim dla powstawania czegoś w rodzaju ruchu społecznego" (Etzioni 1997, s. 40). U Radlińskiej w tym samym zakresie chodziło o uruchomienie „pedagogiki społecznej" jako teorii i praktyki ruchu oświatowego, wyzwalającego siły jednostkowe i ich potencjał na rzecz tworzenia i przetwarzania środowiska kształtującej się wspólnoty odradzającego się państwa i narodu w przestrzeni wolności mającej takiej wspólnocie służyć. Etzioni operuje porównaniem do jazdy na rowerze, która wymaga balansowania w celu utrzymania równowagi jako jedynego sposobu radzenia sobie z zadaniem jazdy, co prowadzi do uwypuklenia paradoksu, że społeczeństwa i ich kręgi mniej umieją od doświadczonych... rowerzystów (Etzioni 1997, s. 79). Jednak kojarzenie sytuacji społecznych z jazdą na rowerze wydaje się mniej trafne niż odniesienie do modelu jachtu, który wymaga jeszcze uzależniania skali niezbędnych wychyleń i korekt w sterowaniu od dodatkowych okoliczności, np. siły wiatru i wielkości fal. Chyba żeby pamiętać, że np. jazda pod górę wymaga innej techniki, np. z naciskaniem na pedały w pozycji stojącej, ale i jazda pod wiatr wymaga innej siły balansowania, bywa, że jednostronnie opierającego się bocznym podmuchom. Znaczyłoby to jednak, że postulowany „punkt równowagi" czy „złoty środek" mogą być widziane jedynie sytuacyjnie, podlegając przesunięciom w zależności od uwikłania w czynniki zmuszające do innych przemieszczeń niż trzymanie się pozycji dającej równowagę bez ich wpływu. Z kolei przykład Republiki Weimarskiej stanowi dowód na to, jak skrajny wariant myślenia wspólnotowego może wyzwolić najgorszy przykład postaw indywidualistycznych i konserwatywnych, z eskalacją agresji także wobec wspólnot (Etzioni 1997, s. 45).

Etzioni w swoim ujęciu uwypukla groźbę „nadmiernego porządku" z jednej strony oraz „nieograniczonej wolności" z drugiej. W wypadku tej ostatniej „jednostki są pozbawione stabilnych i pozytywnych afektywnie przywiązań" oraz zdolności do bycia „rozumnymi i rozumującymi członkami społeczeństwa" (Etzioni 1997, s. 25). Daje o sobie znać także teza, że ludzie są „społecznie konstytuowani i nieustannie przenika ich kultura, społeczne i moralne wpływy oraz [oddziaływania – L.W.]

wzajemne między sobą", choć zarazem nie wolno zapominać, że „społeczne więzy pętają (*tug*) ludzi nieświadomie", podobnie jak inne „społeczne i kulturowe czynniki" (Etzioni 1997, s. 21). Sednem jego postulatów jest unikanie jednostronności widzenia relacji i uwikłań, sprzeciwianie się „niedostatecznej uwadze wobec kontekstów historycznych i kulturowych", skazującej na „fałszywy normatywnie nacisk" albo na sam porządek, albo na „liberalne ideały świeckie" bez zdolności ich wzajemnego równoważenia (Etzioni 1997, s. XIX). Niezbędne okazuje się „moderowanie" (Etzioni 1997, s. 80) wzajemnych roszczeń i uzgadnianie możliwości korekt w skali tych roszczeń, aby nie przekraczały poziomu, który w danych okolicznościach musiałby przynieść eskalację agresji i konfliktu zorientowanego na wyniszczenia. Może zaistnieć sytuacja, gdy do głosu dojdzie „legalistyczna odpowiedź ślepa moralnie", gdy nadmiar formalizmu weźmie górę nad wrażliwością, wyrażając roszczenie wyzwalające agresję (Etzioni 1997, s. 22).

Uwypuklana przez Etzioniego troska o „społecznie konstruowaną autonomię" oznacza uznanie tej ostatniej za „metastabilną", tzn. wymagającą nieustannego przetwarzania dla przywracania warunków możliwej stabilności, co może oznaczać potrzebę restrukturyzacji i sposobów wyrażania kluczowych „dwoistych cnót społecznych" jak porządek i wolność (Etzioni 1997, s. 23)[3]. Mówiąc inaczej, dążenie do równowagi wymaga nieustannego równoważenia jako efektu uznania samej tej troski o równoważenie tych cnót jako warunku troski o same te cnoty, w tym niesie ze sobą wymóg troski o dwoistość tego, co narzucane, i tego, co dobrowolne, gdyż muszą stawać wobec siebie, czyli być w relacji „narzucane *versus* dobrowolne" (Etzioni 1997, s. 16 i nast.), umożliwiającej unikanie „pułapki myślowej", która oznacza popadnięcie w perspektywę pozwalającą na widzenie tu jedynie antagonizmu i niosącą rezygnację z wysiłku służącego ich sprzężeniu symbiotycznemu (Etzioni 1997, s. 34). Obecność działań „dośrodkowych" oraz „odśrodkowych" w społeczeństwie wymaga ich równoważenia czy tworzenia ich mieszaniny (*blend*) dla utrzymania wzorca sprzęgania wolności z porządkiem w duchu komunitarnym (Etzioni 1997, s. 50). Odpowiednikiem tej metastabilnej dążności, warunkującej branie odpowiedzialności za jakość podejścia do stabilności jako zadanie społeczne, jest tu wyróżnienie za Harrym Frankfurtem „pragnień drugiego stopnia", będących przejawem i efektem ludzkiej zdolności do „ewaluacji własnych wyborów i pragnień", która niesie ze sobą „pragnienia dotyczące tego, czego pragnąć", czy co powinno być przedmiotem woli i dążeń (Etzioni 1997, s. 170–171). Napięcie między tymi poziomami pragnień wiąże się z różnicami w „zdolności do refleksyjnej samooceny", która może rzutować na jakość kontroli i korekty dokonywane przez jednostki oraz grupy społeczne w ich własnych reakcjach emocjonalnych, nie tylko jako efektów

---

[3] Idea „metastabilności" powraca dla podkreślenia, że można zmienić sposób wdrażania wzorca społecznego przy zachowaniu samego wzorca (por. Etzioni 1997, s. 46).

socjalizacji, lecz także jako następstw konfliktu odmiennych stron (sił, popędów) duchowości ludzkiej (Etzioni 1997, s. 171).

Zarówno autorytaryzm, jak i anarchizm są dwoma przeciwstawnymi sposobami naruszania, wręcz gwałcenia „podstawowych cnót społecznych", jakie w postaci „bliźniaczego" związku stanowią „dwoiste pojęcia pierwotne (*dual primary*)" porządku moralnego i autonomii, obejmujące z jednej strony wagę dobrowolności w sferze porządku, a z drugiej strony poczucie wartości samoograniczanej autonomii, indywidualnej i grupowej, podtrzymywane w trosce o ich równoważenie, zgodnie z wyżej przytoczoną „nową złotą regułą" (Etzioni 1997, s. 244–245).

O „dwoistych imperatywach" przywództwa – przypadek interwencji kryzysowej w zarządzaniu

Jest znamiennym paradoksem, że w ostatnich książkach o przywództwie w pedagogice idea dwoistości nie przebiła się dotąd dostatecznie, choć jest już traktowana jako oczywista w czasopiśmiennictwie. Chcę tu pokazać przykład tego przebiegu, traktując go jako uzasadnienie uznania wartości akcentów wpisanych w prace Radlińskiej, a rekonstruowanych przeze mnie w kategoriach dwoistych wymagań wobec pracowników społecznych (oświatowych czy kulturalnych), skoro po dziś dzień mogą należeć do nowatorskich i z trudnością torujących sobie drogę wśród zapóźnionych pod tym względem opracowań. Dotyczy to także akcentów obecnych w rozważaniach znakomitej mistrzyni pedagogiki społecznej, uczulających na to, że „społeczny" charakter funkcjonowania np. zespołów badawczych wymaga pewnej normatywnej wizji i praktyki owej „zespołowości", co pozostaje kapitalną lekcją dla potocznych wyobrażeń, że działanie społeczne dzieje się automatycznie tam, gdzie się zbierze jakaś zbiorowość.

Autorski zespół analityków „Harvard Business Review" (Rashid, Edmondson, Leonard 2013), prześwietlając badawczo sposoby kierowania akcją ratowania górników zasypanych w chilijskiej kopalni w 2010 roku, uwypuklił dobitnie interesujące nas cechy struktury wyzwań, jakim przywództwo powinno umieć sprostać. Kluczowa kwestia dotyczy tego, czy w grę wchodzą tu rozrywające, stawiające w obliczu konieczności wyboru jednego z biegunowo przeciwnych wariantów decyzje kierownictwa akcji. Chodzi więc o to, czy kierujących działaniem (tu: akcją ratunkową) obowiązywały – w dramatycznych okolicznościach, gdy w grę wchodziło życie górników i gdy akcja przykuwała uwagę szerokiej opinii światowej – biegunowo sobie przeciwstawne wymogi działania dyrektywnego, silnie monitorującego efekty, czy wręcz odwrotnie – upełnomocniającego do poszerzania inicjatywy, innowacji i eksperymentu (por. Rashid, Edmondson, Leonard 2013, s. 114). Tymczasem, jak się okazuje, przywołany tu „wybór przedstawia sobą fałszywą dychotomię", gdyż oba człony alternatywy zachowują swoją wagę i pozostają w mocy, nie podlegając odrzuceniu w odpowiedzialnej i dojrzałej postawie przywódczej (Rashid, Edmondson, Leonard 2013, s. 114). Poprawne podejście do tej sytuacji wymaga, przy rozumieniu złożoności jej wyzwań, wypracowania pojęcia dwoistości (*duality*) przywództwa. Przywódcy podejmujący szczególne zadania związane z taką postawą

> [...] muszą sprostać skonfliktowanym między sobą (*conflicting*) wymaganiom: przywódcy muszą oscylować (*alternate*) między ukierunkowaniem akcji i umożliwianiem innowacji. Czasami muszą być rozstrzygający, wydający polecenia i okresowo zamykający dyskusje, aby zespół mógł przystąpić do podjęcia działań. Ale czasami też muszą tworzyć przestrzeń dla nowych pomysłów, zachęcać do niezgody, zadawać pytania, promować eksperymentowanie. Przywódcy, którzy skłaniają się za bardzo do nieustannego komenderowania albo przeciwnie, do niesprawdzonej pomysłowości, robią to na własne zgubne ryzyko (*peril*) (Rashid, Edmondson, Leonard 2013, s. 114).

Autorzy przytaczanych analiz podkreślają wagę rozpracowania pojęcia dwoistości w przywództwie", jako cechy zarówno sytuacji działania, jak i typu organizacji, wychodzącej naprzeciw złożoności, wymagającej – pod ciśnieniem trudnych okoliczności – „integrowania szybkiej innowacyjności z pilnym wdrażaniem" działań (Rashid, Edmondson, Leonard 2013, s. 114). Niesie to w sobie jedynie „pozorną sprzeczność: kontroli i upełnomocnienia" do działań innych; przy tym każde z działań i każdy z ich kierunków ma składowe „dyrektywności" i „podmiotowości" (Rashid, Edmondson, Leonard 2013, s. 114), związane z biegunem „kierowania" oraz biegunem „wzmacniania", w zakresie istniejącego potencjału działań. Nie chodzi więc jedynie o kolejność podejmowanych kroków, ale o nieustanne sprzężenie dwustronności każdego z nich. Waga każdego z ukierunkowań ma podlegać nawracająco zmianie, zgodnie z przemieszczaniem się sytuacyjnym i w odniesieniu do odsłaniania się nowych złożoności samego środowiska działania. W celu sprzyjania koordynacji równoważącej te działania „przywódcy muszą nieustannie analizować sytuację i środowisko" (Rashid, Edmondson, Leonard 2013, s. 114–115) jako dwa sprzężone człony swoich odniesień.

Niezbędna okazuje się przede wszystkim wizja samego działania, uwikłana w dwubiegunowe napięcie w kierowaniu między „realistycznym ocenianiem" sytuacji a zachowaniem „możliwości nadziei"; a to wiąże się z „dwoistym wymogiem nadziei i pragmatyzmu", tak aby przepaść, postrzegana między aktualnymi okolicznościami a pożądanym efektem, nie przytłaczała psychologicznie swoim ogromem (Rashid, Edmondson, Leonard 2013, s. 115). Zarazem samo „pęknięcie" (*gap*) między tymi biegunami nie może pozostawać nieartykułowane. Wręcz przeciwnie, wymaga wyrazistego uwzględnienia, obejmującego wskazanie zadania zobowiązującego do realizacji konkretnych posunięć w trybie uwzględniającym – na wysokim poziomie rozumienia złożoności sytuacyjnej – „krytyczne elementy kompleksowego środowiska", z jednoczesnym wykorzystaniem rozmaitych perspektyw specjalistycznych (Rashid, Edmondson, Leonard 2013, s. 115). W takim podejściu chodzi o wizję niosącą „racjonalną podstawę nadziei" bez ukrywania trudnej prawdy i – jak czytamy – ważniejsze okazują się świadectwa „determinacji działania" niż gesty obiecywania „pomyślnego efektu" (Rashid, Edmondson, Leonard 2013, s. 116). Wizja dwoistości przywództwa wymaga, jak widać, oparcia na zarządzaniu niepewnością i ryzykiem, nie zaś tworzenia sekwencji błędnie przypisującej osobom kierującym aprioryczną wyższość, pewność i rację, łącznie: nienaruszalną i niepodważalną jakość ich przywództwa. W szczególności wymaga to podejmowania pozornie tylko rozdwojonych (gdyż dokładniej mówiąc: zdwojonych[4] kierunkowo) działań, zorientowanych zarówno na próby kroków doraźnych, niosących ograniczone skutki – ale przedstawiających sobą inną skalę trudności niż działania zasadnicze dla powodzenia operacji. Takie równoległe i równoczesne procedowanie niesie sprzężone ze sobą efekty, dające rozmaite szanse powodzenia, których nie wolno lekceważyć w wielotorowym podejściu uwzględniającym rozmaite opcje. Dwoistość w urzeczywistnianiu przywództwa dojrzałego społecznie w tym aspekcie oznacza jednoczesność obowiązywania bieguna wskazywania kierunku oraz bieguna dopuszczania innowacji i odstępstw w sferze poszukiwania kierunku. Dookreśla to drugi człon tej analizy.

Równolegle bowiem z dwoistą wizją takiej sytuacji niezbędne jest tworzenie – znowu uwikłane w dwoistość – warunków „brzegowych" (*boundary*), wypracowywanych w ramach przygotowań w trybie efektu pogranicza, integrującego ujęcia z rozmaitych, wzajemnie przeciwstawnych stron. Ma się to dokonywać poprzez udział w złożonych, choć płynnych konstelacjach, zmieniających się układach, nie w trybie współpracy potocznie kojarzonej ze strategią interdyscyplinarności, ale poprzez tworzenie nowych typów wspólnot działania, uczących się od siebie wzajemnie i wspólnie rozwiązujących poszczególne zadania; zarazem poszukujących innowacyjnych pomysłów i oryginalnych procedur ich wdrażania.

Ta **postulowana postać zespołowości** ma nową normatywnie postać[5], nie dając się zredukować do żadnych banalnych narad czy konsultacji ani też jednorodności czy sztywności podejścia i trybu podejmowania decyzji. Oznacza to nie tylko

---

4 Mylenie stanu „rozdwojenia" oraz „zdwojenia" jest typowym błędem nieodróżniania dualizmu (rozpadu całości na części) od dwoistości (niosącej trudną jedność) i ma zwykle daleko idące konsekwencje praktyczne.
5 Teoria komunikacji Jürgena Habermasa niesie, jak wiadomo, pouczające przykłady odmiennych poziomów zaawansowania złożoności wspólnot, od wersji anomijnej aż po jedność postkonwencjonalną. Ale i to nie wystarcza, gdy w grę wchodzi operowanie bardziej sytuacyjnie reagujące na potrzeby nowej konstelacji współdziałania. Niezbędne staje się tu stosowanie racjonalności decentracji, dającej szanse na istotne przeorganizowanie rozmaitych składowych kształtu działającego zespołu (w zakresie składu, koncepcji, stylu, środków, strategii), przynajmniej w trybie równolegle wypróbowywanej alternatywy.

umiejętność powołania zespołu czy ich szeregu, lecz także – z drugiej strony tej napiętej relacji w zakresie tworzenia warunków brzegowych w pogranicznie zespolonych wspólnotach – stopniowanie skali ich wpływu, hierarchizowanie dostępu, ograniczanie czasu i trybu działania, zmienianie ustalonych mechanizmów i zestawów, by nie być ich zakładnikiem. Nie wszędzie mogą się okazać przydatne formy działania i zaangażowanie nawet spontaniczne, często bardziej utrudniające i spowalniające działania niż niosące dla nich jakiś pożytek. Niezbędna jest orientacja z jednej strony na konsekwencję w formułowaniu oczekiwań, a z drugiej strony na elastyczność w doborze środków i zasobów umożliwiających ich podejmowanie.

Tworzenie warunków brzegowych ma tu iść w parze z koniecznym okresowo ich naruszaniem i modyfikowaniem, przesuwaniem czy przekraczaniem granicy albo progu dopuszczanych interwencji czy udziału, z dbałością o nową jakość interakcji i współdziałania, niosących nową dynamikę czy synergię. Obejmuje to także zdolność do okresowego powierzania koordynacji odcinków działań osobom sytuacyjnie, a zatem i *ad hoc* wyłaniającym się w danym środowisku czy dzięki jego sprzężeniom i stykom pogranicznym z innymi zespołami. Niesie to także wymóg zdolności przeciwstawiania się kontynuacji wcześniejszych struktur, układów czy konstelacji, uznanych najpierw za przydatne, w celu dania szansy nowym, wcześniej nierozpoznanym czy niewyłonionym. Zarazem niezbędne jest na bieżąco śledzenie efektów takich nowych pogranicznych prób działania, by możliwa była dalsza zmiana uruchamianych warunków brzegowych, tworząca nową przestrzeń dla „myśli, organizacji, eksperymentu i refleksji", w trosce o jakość środowiska psychologicznego działań, w którym dokonywana jest trudna i ryzykowna operacja, angażująca emocje, wymagająca silnej motywacji, jak również odporności na stres i okresową porażkę (Rashid, Edmondson, Leonard 2013, s. 117).

W wymiarze wreszcie zaangażowania w działanie, wdrażającego podjęte ustalenia, w grę wchodzi „dwuznaczne, dynamiczne środowisko", wymagające jednocześnie dyscypliny i innowacji w trosce o zwiększanie na bieżąco szans powodzenia (Rashid, Edmondson, Leonard 2013, s. 118). Przywództwo wymaga uruchamiania możliwie dostosowanych do specyfiki działań krótkich cykli oceny zaawansowania działań. Mają one być podejmowane w odniesieniu do ewentualności kontynuacji lub zmiany realizacji planów pod jakimś względem i w trybie dopuszczającym jednocześnie elementy centralizacji i decentralizacji mimo ich napięcia, a bywa, że kolizji, choć kluczowa jest ich komplementarna relacja względem siebie. Chodzi tu o możliwość równoważenia oceny całości z jednoczesną troską o szanse postępów lokalnych czy wycinkowych i świadomością wagi konkretnych detali na tle pełnego projektu w realizacji (Rashid, Edmondson, Leonard 2013, s. 118). Umożliwia to dopuszczanie jednocześnie działań w różnych zakresach i płaszczyznach z szansą na szybsze uczenie się na błędach, aby nieuniknione porażki dało się naprawiać, a nie jedynie tolerować, czy – co gorsza – traktować jako niemające racji bytu i przekreślające wartość wysiłku czy zaangażowanych w nim uczestników. Konsekwencja i dyscyplina w zaangażowaniu mają tu jednocześnie dopuszczać przemieszczenia działania poprzez biegun zmiany kierunku koncentracji wysiłków i wymianę ogniska skupienia myślenia programującego i wdrażanego.

Analitycy, wydobywający odtwarzany **model dwoistości w przywództwie** pedagogicznym, podkreślają zarazem, że niezbędne jest unikanie wadliwego wyobrażenia o linearności następstwa takich trzech zakresów działań (na które składają się: wizja, ustalenia brzegowe, wdrażanie[6]) w trosce o to, aby wewnętrzną dwoistość każdego z tych pól zadań powiązać w trzy dwoiste napięcia zewnętrzne przy traktowaniu ich jako jednoczesnych wierzchołków trójkąta, wymagających w każdym momencie działań równoważenia ich między sobą. Uzyskiwanie nowej wiedzy, nowych doświadczeń wymaga nieustannego sprzężenia zwrotnego, rzutującego swoje efekty na każdy ze wskazanych wymiarów czy zakresów działań. Dwoistość przedstawionych relacji, w jakie działanie jest uwikłane, staje się tu warunkiem i wyrazem uczenia się w działaniu. Oznacza to w szczególności, że przyjęte z góry (aprioryczne) wyobrażenie o uporządkowanych, zaplanowanych procesach sekwencyjnych musi być zastąpione relacjami dynamicznymi o interaktywności uwikłanej w sprzężenia zwrotne, zarówno wewnętrzne w obrębie czynników wpływających na jakość (potencjał) pojedynczego zakresu działania, jak i między samymi zakresami tych działań (Rashid, Edmondson, Leonard 2013, s. 119). Dwoisty charakter przywództwa społecznego oznacza w szczególności jego interakcyjny charakter, uwikłany w wysoki poziom i złożony charakter uczenia się w działaniu. W tym dotyczy on kultury działania pozwalającej na korygowanie przesłanek tego działania w każdym momencie realizacji, opartej nie tylko na aspektach technicznych wdrażania wcześniej ustalonych celów i metod[7]. Wiele z nich okazuje się dwuznacznymi i wymagającymi uwzględniania sprzężeń zwrotnych z czynnikami i okolicznościami wcześniej niebranymi pod uwagę czy wręcz powstającymi jako przeszkody w reakcji na podjęte działania. Zarówno troska o dyscyplinę, jak i troska o innowację, czyli nacisk na kierunek, cel albo ideał, w powiązaniu z nowymi uwarunkowaniami, wymagają współdziałania na rzecz nowej jakości i jedności, dwoiście łączącej zakładaną realizację i jej bieżące innowacje. Ma to przeciwdziałać jednostronnemu widzeniu przywództwa, jednocześnie redukującemu jego jakość i szkodliwemu dla jakości tak koordynowanych działań i projektów (Rashid, Edmondson, Leonard 2013, s. 119). Oznacza to zarazem zupełnie inny sens terminu „działanie społeczne".

---

[6] W oryginalnej angielskiej wersji autorzy, określając zakresy tych działań, operują trzema terminami: *envisage, enroll, engage*.

[7] Dotyczy to zatem także troski o jakość racjonalności, by np. nie była zdominowana podejściem jednostronnie technokratycznym. Zauważmy także, że formuła korygowania przesłanek działania pozwala postulat jakości postawy wpisać w antypozytywistyczną wizję sprzęgania wiedzy z działaniem, gdzie rewidowalność (falsyfikowalność) przesłanek podejmowanych decyzji wypiera perspektywę opierania działań na przewidywalności, często niemożliwej do uzyskania.

Pod wieloma względami taki zrekonstruowany obraz jest zgodny z intencjami i intuicjami pedagogiki społecznej Heleny Radlińskiej. Zarówno łatwe popadanie w nadmiar ukierunkowania działania, jak i niedomiar refleksyjności wobec jego alternatyw mogą w obliczu zmieniających się okoliczności działania negatywnie wpłynąć na jego jakość. Stąd autorzy swój artykuł kończą tezą:

> Przywódcy powinni rozwinąć w sobie zdrową tolerancję na porażkę i dwuznaczność, jeśli mieliby efektywnie zastosować dwoiste podejście do swojego przywództwa (Rashid, Edmondson, Leonard 2013, s. 119).

Absolutnie nie wychodzi temu naprzeciw wizja przywództwa przytaczana przez Józefa Kargula, w której w kontekście przywództwa animatora jako wychowawcy grupy twierdzi się, że

> [l]ider musi nakłaniać członków grupy do podejmowania i rozwiązywania problemów. Jeżeli jego wizja wyprzedza wizję grupy, musi przekonać do niej członków i wykształcić jednomyślność w stosunku do celów i podjętych akcji (Kargul 1976, s. 160).

Z pewnością zarazem ogólna teza, że „przywództwo w społeczności lokalnej jest procesem złożonym" (Kargul 1976, s. 160), wymaga opisu uwzględniającego strukturalne napięcia wpisane w model uwypuklający czytelnie rozmaite dwoistości i ambiwalencje z tą złożonością związane. Dotyczy to zwłaszcza dwoistości wpisanych w troskę o jakość działania animacyjnego w środowisku, w którym animator ma za zadanie wyzwalać duchowo, ale jednocześnie jego powinnością jest ograniczać własny wpływ i rolę, aby ukierunkowanie przywódcze nie zamykało drogi. Tej ambiwalencji zdają się nie dostrzegać ci, którzy w polemice z Radlińską, jak J. Kargul, za „dyskusyjne" uważają „poglądy tych autorów, którzy twierdzą, że animator nie może być liderem w społeczności lokalnej" (Kargul 1976, s. 159)[8]. Jednak dojrzałe podejście nie może abstrahować od zagrożeń wpisanych w to dwoiste uwikłanie relacji animacji i przywództwa w dwa bieguny: stymulowania otwarcia i zamykającego kierowania. Stąd niezbędne okazuje się unikanie zbyt jednostronnej i ujednoznaczniającej wizji przywództwa zbyt pozytywistycznie pojmowanego w przestrzeni wystawiającej na humanistycznie trudne dylematy i dwoistości z nimi związane a wpisane w sytuacje działania i decyzji.

---

8 J. Kargul odsyła tu do *Pedagogiki społecznej* H. Radlińskiej.

Dwubiegunowość w chorobie afektywnej i jako stan normalny oraz idea terapii dialektycznej

Takie zjawiska, jak „osobowość z pogranicza" (*borderline*) czy schizofrenia z silnymi stanami ambiwalencji albo choroba afektywna dwubiegunowa, wydają się wielu osobom pod znakiem zapytania stawiać możliwość pozytywnych czy choćby tylko niezakłóconych, niepatologicznych stanów z tymi terminami związanych. Tymczasem powyższe skojarzenia z wpisaną w te zjawiska patologią dały o sobie znać głównie ze względu na dostrzeżenie skali efektów chorobowych w obliczu nadmiaru tego, co wspomniane zjawiska niosą: pogranicza, ambiwalencji czy dwubiegunowości, widzianych przez pryzmat zaburzenia odbieranego jako stan wymagający interwencji medycznej, a nawet długotrwałego leczenia, z którym wiążą się duże trudności diagnostyczne i dotyczące wyboru stosownej terapii. Skupię się na ostatnim przypadku wspomnianych zjawisk, odnoszącym się do dwubiegunowości, chcąc wskazać wyjście z sygnalizowanej pułapki z wykorzystaniem dostępnej literatury w zakresie jedynie niezbędnym dla naszych celów. Na końcu nawiążę do idei „dylematów dialektycznych" stosowanej w warunkach terapii rodzinnej czy penitencjarnej.

Rozdział ten uczestniczy – przypomnijmy – w procesie możliwie szerokiego gruntowania zasadności patrzenia na sytuacje pedagogiczne przez pryzmat dwoistości czy dwubiegunowego uwikłania oddziaływań. Dla programu rozwijania pedagogiki oznacza to w szczególności sugestię, że zaawansowanie dyskursu terapeutycznego (w wersji „dialektycznej" i behawioralnej jednocześnie, z jej zanurzeniem komunikacyjnym) jest znakomitym odniesieniem, a nawet oparciem dla przyspieszonej roboty przekładu teoretycznego na szersze i mniej skrajnie naznaczone sytuacje uczenia (się) radzenia sobie z rozmaitymi przeszkodami rozwojowymi. Zwrotnie wreszcie mogłoby to stanowić świetną perspektywę rekonstruowania podobnej świadomości w poszczególnych zakresach i przypadkach u Radlińskiej czy niezbędnych dla pedagogiki społecznej. Ale to wszystko trzeba jeszcze dopiero zrobić.

Mowa o „dwubiegunowych zaburzeniach" wydaje się mieć miejsce, wbrew potocznym wyobrażeniom laików, nie wtedy, kiedy do głosu dochodzi sama złożoność o charakterze dwubiegunów odniesień – co miałoby być automatycznym źródłem i znamieniem patologii. Pojawiają się one wówczas, gdy konkretna osoba (z czasem pacjent) sobie z tą złożonością nie radzi albo usiłuje sobie radzić w sposób wpychający ją w (zwykle pogłębiane) stany, po części jedynie mające podłoże organiczne, związane np. z procesami mózgowymi czy podłożem biologicznym, albo też indywidualne, ale w dużym stopniu mające związek z uwikłaniami sytuacyjnymi, relacyjnymi, środowiskowymi warunkującymi wymagania, jakim nie jest się w stanie sprostać. Rzutują one na nastrój, bywa, że chybotliwy, uskrajniany na ciągi epizodów uwikłanych w stany przewlekłe takich zmian, w których usiłuje się znaleźć jakiś „złoty środek", zwłaszcza farmakologiczny, choć może on być nader iluzoryczny, nawet gdy okresowo można go uznać za skuteczne rozwiązanie. Najogólniejszy model wyznacza z jednej strony biegun stanów i zachowań depresyjnych, melancholii, skłonności samobójczych, poczucia bezsensu, a z drugiej strony biegun maniakalny, z przejawami natręctw, manii, ekscytacji, nadmiernego pobudzenia, słowotoku, pretensjonalności, nadaktywności jakiegoś typu, mimo braku widomych i racjonalnych, czyli adekwatnych do sytuacji powodów składających się na takie stany. Trudności w podejściu do takich uwikłań wiążą się m.in. z tym, że neutralizowanie jednego bieguna okresowo zdaje się wpychać w skłonności typowe dla drugiego, a nawet przyspieszać zmianę faz. Nieprzypadkowo wyjściową postać diagnozy wyznaczało określenie „psychoza maniakalno-depresyjna", związane z naprzemiennością epizodów o przeciwstawnej formie i różnym tempie zmiany, mającej zawsze postać urojeń, od nihilistycznych po wielkościowe.

Rzecz w tym jednak, powtórzmy, że stwierdzenie istnienia choroby afektywnej dwubiegunowej (CHAD) nie oznacza, że każda dwubiegunowość znamionuje stan chorobowy. Trudność odróżnienia tych dwóch zakresów pojęciowych dwubiegunowości (patologicznej i normalnej) jest dopiero stopniowo pokonywana, a bierze się zwykle stąd, że nieradzenie sobie z dwubiegunowością dopiero zwraca uwagę na fakt jej istnienia i działania wpływającego na kondycję i jakość funkcjonowania człowieka. Znane są przykłady świadczące o tym, że może mieć miejsce „współistnienie tego zaburzenia z wybitnymi osiągnięciami twórczymi i artystycznymi" (Rybakowski 2009, s. 8). Problematyka CHAD może się już niedługo stać także generatorem zadań dla pedagogiki społecznej wobec pojawienia się podejścia, które „próbuje z choroby maniakalno-depresyjnej uczynić swego rodzaju metaforę funkcjonowania współczesnego społeczeństwa amerykańskiego" (Rybakowski 2009, s. 133–134). Stało się tak w następstwie ogromnej popularności przeciwdepresyjnego leku nowej generacji znanego pod nazwą *Prozac* (i innych leków psychotropowych) w świetle „bezprecedensowej oprawy medialnej" jego pojawienia się oraz mody na połączenie leczenia psychoterapeutycznego i farmakologicznego – jak podkreśla Janusz Rybakowski – co łącznie doprowadziło do uznania owej „pigułki roku 1990 za »zjawisko wręcz kulturowe«", a nawet pojawiła się bestsellerowa formuła opisu społeczeństwa amerykańskiego jako *Prosac Nation* (Rybakowski 2009, s. 135–136). Chodziło o wskazanie na upowszechnienie się „stylu życia niebezpiecznego pod względem fizycznym i psychicznym" (Rybakowski 2009, s. 133), z narastającymi lękami, złym samopoczuciem, wyścigiem i rywalizacją jako dominującym typem programowania postaw życiowych w szerokich kręgach społecznych.

Warto też przypomnieć możliwość odwracania kryteriów wskazujących na to, kiedy człowiek wymaga specjalistycznej pomocy (psychiatrycznej, psychoanalizy, zwłaszcza w wersji terapii klinicznej, w tym wspartej silnie farmakologicznie), a kiedy nie ma do tego podstaw. Może to oznaczać także dwubiegunowe uwikłanie relacji, w której stany nadmiaru oraz niedomiaru po obu stronach zwykle polaryzowanych wydają się przeszkodą w utrzymaniu zrównoważonej normy w jakimś przedziale dobrego funkcjonowania jednostki w jej środowisku i w stosunku do siebie samej. Nadmiar nieradzenia sobie z własnymi „problemami", realnymi czy urojonymi albo mającymi podłoże urojeniowe, to jeden biegun, a drugi to stan eskalacji narcyzmu, pychy, pozbawienia samokrytycyzmu, dystansu, nadmiar zaadaptowania do warunków, niezależnie od ich charakteru. Nieprzypadkowo mówi się czasem o tej chorobie jako chorobie przeciwstawnych nadmiarów.

Nie darmo w duchu psychoanalizy lacanowskiej bardziej poprawna może się jawić sugestia, że do psychoanalityka powinien iść nie tylko ten, kto ma problemy ze sobą i własną adaptacją, lecz także ten, kto utrzymuje, że wszystko z nim jest w najlepszym porządku, a gorsi to... inni. Znana jest jednak sugestia w duchu eriksonowskim, że kiedy dorośli nie radzą sobie ze sobą, wtedy powinni iść do psychoanalityka, ale jeśli stan taki dotyka ludzi młodych, jest to sygnał, że coś złego dzieje się nie z nimi, ale z całym społeczeństwem jako generatorem pokoleniowego kryzysu tożsamości. Podobnie nie sam opór staje się źródłem diagnozy problemu, ale niezdolność do oporu jako sposobu manifestowania własnej odrębnej realności i upominania się o siebie.

W eriksonowskim modelu cyklu życia dwubiegunowość daje o sobie znać w każdej fazie poprzez napięcia równoważące wobec presji środowiskowych energię między biegunami, które obrazują potrzeby dynamizujące jednostkę w jej rozwoju (jak żagiel jachtu pozwalający chwytać wiatr), a zdolnościami do jej stabilizowania (będącego odpowiednikiem kila). Oba bieguny są tu naturalnymi ogniwami dwubiegunowych napięć, gdzie zakłócenia dają o sobie znać w postaci przerostów lub deficytów w każdym z możliwych miejsc i każdej postaci ich wypełnienia. Pisałem o tym już niejednokrotnie, więc pozostańmy jedynie przy sygnale wskazującym na sytuacje dwubiegunowe, same w sobie niestanowiące źródła patologii, choć niosące świadectwo niebezpieczeństw po obu stronach takich układów. Osobno znaczy uwypuklenie przez Roberta Mertona zjawiska „socjologicznej ambiwalencji" w rolach społecznych jako wyrazu normatywnej struktury dwubiegunowej w sferze charakteryzującej pojedyncze role (np. lekarza, polityka, naukowca), o czym już pisałem (por. Witkowski 2007b, por. rozdział o „ambiwalencji socjologicznej" w rolach społecznych).

Problem odróżniania wariantów dwubiegunowych relacji o statusie normy strukturalnej w przeciwieństwie do jej zakłócenia daje się dodatkowo ilustrować uczuleniem na procesy narastania antagonizmu w miejscu napięcia aż po zjawiska radykalnej polaryzacji skrajności. W „dialektycznej terapii behawioralnej", którą chcę tu z kolei przywołać ilustracyjnie, do głosu dochodzi wysiłek, którego głównym, strategicznym celem jest „niwelowanie polaryzacji przeciwieństw" w działaniu komunikacyjnym, które „równoważy akceptację i zmianę" w odniesieniu do stanu pacjenta (por. *Dialektyczna terapia behawioralna...* 2012, s. 17). Formuła dialektyki jest tu wpisana w ujęcie holistyczne, gdyż – jak się podkreśla – „[z] perspektywy dialektyki nie można zrozumieć wybranych elementów bez zajmowania się całością", co oznacza także uwzględnianie relacji między nimi (*Dialektyczna terapia behawioralna...* 2012, s. 14–15). Oznacza to w szczególności troskę o to, aby rama symboliczna, w jakiej dokonuje się interpretacji poszczególnych ogniw badanego procesu, nie przeszkadzała w rozumieniu całości zjawisk. Odnosi się to zwłaszcza do terapii dotyczącej sytuacji, gdy „problemy pacjentów z zaburzeniami osobowości typu *borderline* obejmują sztywne, dychotomiczne myślenie oraz skrajne emocje i zachowania", często związane z silnym „bólem emocjonalnym", poczuciem bycia w pułapce (*Dialektyczna terapia behawioralna...* 2012, s. 3–5). Zadanie polega na wysiłku równoważenia, przywracania syntezy, umożliwienia poprzez uczenie postawy tego, by dało się pogodzić sprzeczności, np. między wymogami spełniania oczekiwań innych a koniecznością zmiany własnych nastawień i to wówczas, gdy jednostka żyje w „permanentnie unieważniającym środowisku", komunikującym jej nieprzystosowanie, nieprawidłowości oraz nieakceptację i to pomimo starań własnych (por. *Dialektyczna terapia behawioralna...* 2012, s. 3–5). Formuła „unieważniającego środowiska" dotyczy także tego, co znamy pod postacią zjawiska „tożsamości negatywnej", a co bywa dokładnie tak opisane bez tej nazwy, obejmując zjawiska „zaburzonej troski" (w następstwie kar za życzliwość) i wzmacniania przymusem zachowań antyspołecznych (*Dialektyczna terapia behawioralna...* 2012, s. 152–153). Podkreśla się (por. *Dialektyczna terapia behawioralna...* 2012, s. 97), że zarówno w opiece szpitalnej, jak i w relacjach rodzinnych może dochodzić do działań tworzących „unieważniające środowisko", uruchamiające zamknięty krąg lawinowego wzmacniania efektów, które tymi działaniami miały być eliminowane, a co daje się ująć w analitycznym śledzeniu mechanizmów transakcyjnych między pacjentem i personelem czy dzieckiem i rodzicem. W wypadku np. zachowań samobójczych (choć problem jest szerszy) chodzi w szczególności o „odpowiednie zachowanie [...] bez niezamierzonego wzmacniania" tych zachowań, co staje się w praktyce „prawdziwym wyzwaniem" dla personelu (*Dialektyczna terapia behawioralna...* 2012, s. 168). A wszystko jest wynikiem istnienia sprzężeń zwrotnych, których przebiegu nie da się kontrolować czy ograniczać, zwłaszcza gdy ma miejsce tzw. sprzężenie negatywne. Nie darmo podkreśla się jego obecność w sytuacjach trudnych terapeutycznie czy wychowawczo, np. „[n]a oddziałach psychiatrii sądowej, w zakładach karnych i poprawczych leczenie oraz względy bezpieczeństwa często tworzą niedobraną parę" (*Dialektyczna terapia behawioralna...* 2012, s. 172). Rzecz jednak w tym, aby rozumieć, że trudności uzgadniania oddziaływań uwzględniających oba przeciwstawne biegunowo wyzwania są znacznie bardziej uniwersalne i naturalne, z ich wersjami także w typowych sytuacjach oddziaływania.

Już sama sytuacja związana z zadaniem terapeutycznym jest nasycona dylematem, dwubiegunowym napięciem niedającym się rozwiązać w warunkach konfliktu celów i sprzeczności szans powodzenia, które uniemożliwiają jednoczesne uwzględnianie obu biegunów, choć jest ono postrzegane jako konieczne.

Na tym polega główny dylemat terapii. Gdy terapeuta skupia się na akceptowaniu podatności i ograniczeń, pojawia się rozpacz, że nigdy nie dojdzie do rozwiązania problemów. Kiedy zaś koncentruje się na zmianach, może wywołać panikę u pacjenta, który już wcześniej borykał się z dysregulacją emocjonalną i wie, że konsekwentne spełnianie oczekiwań terapeuty jest niemożliwe (*Dialektyczna terapia behawioralna...* 2012, s. 5).

Mówiąc inaczej, rozpacz jest kojarzona z nadmiarem adaptacji, panika powstaje w nadmiarze oczekiwań na zmianę, w sytuacji gdy najważniejsze i najtrudniejsze, pozbawione możliwości zdiagnozowania (czy wręcz istnienia) złotego środka, jest „umiejętne, elastyczne poszukiwanie syntezy między dwoma spolaryzowanymi podejściami" (*Dialektyczna terapia behawioralna...* 2012, s. 96) w każdej ze swoich radykalnych wersji niosących zagrożenie szans na taką syntezę.

Problemy terapeutyczne dotyczą tu zwykle tzw. osobowości z pogranicza. Trudności dają o sobie znać w sferze zderzenia zdolności do regulowania emocji i zdolności do radzenia sobie z dyskomfortem psychicznym w trybie jego tolerowania, a oddziaływanie ma doprowadzić do tego, by dało się „zredukować chwiejność afektu i silną złość", które z kolei wyrażają się np. gestami „uciekania się do wymierzania sobie kary" czy zachowaniami samobójczymi lub tzw. objawami psychotycznymi (por. *Dialektyczna terapia behawioralna...* 2012, s. 4–7). Istnieje jednak, jak wiadomo, normatywna afirmacja „efektu pogranicza" w myśleniu o tym, aby przełamując sztywność zafiksowań poznawczych (kulturowych), umożliwiać człowiekowi patrzenie na siebie oczami innego, z przyjęciem perspektywy uwzględniającej inny punkt widzenia. Rzecz tylko w tym, iż z powodu zaburzeń strukturalnych bywa, że taka perspektywa jest niemożliwa bądź niezwykle bolesna i rodząca opór, a nawet agresję. Tak czy inaczej pozostaje zadanie pracy np. psychoedukacji na tak zarysowanej przestrzeni nieustannego uwikłania w dwubiegunowe relacje, stawiającego problem równoważenia „wspierania i akceptacji z konfrontacyjnymi strategiami zmiany" (*Dialektyczna terapia behawioralna...* 2012, s. 5). Kluczowe staje się nieustanne zmaganie z „wyzwaniem polaryzacji" dotyczącym zarówno zachowań pacjenta, jak i dylematów terapeuty. W przypadku tego ostatniego daje o sobie znać dwoiste, wpisane w operator *versus*, „[n]apięcie między opcjami: »musimy przejmować *vs.* musimy modyfikować«, w sytuacji gdy „obydwa stwierdzenia są równoprawne. Te pozorne przeciwieństwa się równoważą" (*Dialektyczna terapia behawioralna...* 2012, s. 26). Problemem pozostaje uwzględnienie owej równowagi w działaniu, otwartym na „nieustanny dialog między dwoma biegunami: przejmowaniem i modyfikowaniem" z nadzieją na doprowadzenie do pragmatycznej syntezy, trudnej zwłaszcza w obliczu nieustannych zagrożeń samobójczych u pacjenta.

Szczególnie dobrze i wnikliwie rozpracowane w ramach psychoedukacji są tzw. dylematy dialektyczne, jakie muszą podejmować terapeuci w obliczu groźby łatwego popadania przez pacjentów w skrajności w trudno dającym się kontrolować i korygować procesie oscylowania. Znowu, zauważmy, byłoby błędem traktowanie samej oscylacji jako źródła patologii, zamiast skupiania się na skali rozpiętości amplitudy dającej sobie w nich o sobie znać w postaci skrajności. Pedagogika społeczna dużo by, moim zdaniem, skorzystała, gdyby umiała wykorzystać dokonania w tym zakresie uzyskane w ramach psychopedagogicznej pracy np. „nad dylematami dialektycznymi typowymi dla relacji nastolatek – rodzice" (*Dialektyczna terapia behawioralna*... 2012, s. 322), w których trzeba by umieć zobaczyć serię napięć uskrajnionych, choć zarazem mających bardzo typowe uwikłania, wymagające sprzęgania operatorem *versus* w trosce o ich równoważenie. I tak dylemat dialektyczny określony jako „nadmierna pobłażliwość i autorytarna kontrola" (*Dialektyczna terapia behawioralna*... 2012, s. 322) ma odpowiednik ogólnopedagogiczny w relacji dwubiegunowej: permisywizm *versus* dyscyplina; z kolei problem „patologizowania zachowań normalnych i normalizowania zachowań patologicznych" (*Dialektyczna terapia behawioralna*... 2012, s. 323) stawia wobec napięcia: norma *versus* patologia jako niosącego konieczność rozumienia biegunów i czujności w odniesieniu do ich granic i wzajemnych relacji. Troska o „psychoedukację" stanowi tu ukierunkowanie refleksji na przemieszczanie znaczeń i funkcji oraz na pogłębianie analizy tego, jak się zachować w obliczu zachowań trudnych do akceptacji i stawiających wobec groźby popadania w pułapki nieintencjonalnych efektów. Trzecią parę dylematyczną stanowi „wspomaganie zależności i zmuszanie do samodzielności" (*Dialektyczna terapia behawioralna*... 2012, s. 324), gdy wersja ogólna napięcia obejmuje relację: pomoc *versus* samodzielność w zderzeniu pary: opieka *versus* autonomia, gdzie szkodliwa jest zarówno postawa nadmiaru, jak i deficytu w każdym z tych biegunów. Jak słusznie się podkreśla, kluczowe staje się „regulowanie dystansu" (*Dialektyczna terapia behawioralna*... 2012, s. 324) oraz kształtowanie jakości komunikacji, uwzględniające poziomy tolerancji i niezbędnego uczenia się dostosowania do nich oraz dostosowywania tych poziomów do złożoności wymagającej równoważenia przezwyciężającego sprzeczności dla myślenia i działania. Omawiany podręcznik sugeruje tu istnienie „pośredniej drogi" czy „środkowej ścieżki" (*Dialektyczna terapia behawioralna*... 2012, s. 324–325), co może sygnalizować nadmierny optymizm co do możliwości wypracowania podejść dających się niemal ukonkretniać metodycznie.

Niezależnie od tego spornego punktu warto odnotować także serię kolejnych „dylematów dialektycznych", rozumianych jako stawiające przed zadaniem przezwyciężania sprzeczności, w obrębie dwubiegunowych układów, ukonkretnianych odmiennie w zależności od tego, czy dotyczą np. zaburzeń typu *borderline*, narcystycznych czy paranoicznych, czy też typu obsesyjno-kompulsyjnego (por. *Dialektyczna terapia behawioralna*... 2012, s. 357–367). W trosce o skrótowość wywodu dokonam tym razem jedynie przeglądu wybranych par, które w psychoterapii są uwikłane w oscylacje między skrajnościami z niemożnością ich równoważenia czy syntezy. Traktowane jako ogniwa strukturalne, wystawione na siebie w naturalnych procesach i sytuacjach działań pedagogicznych, generują one napięcia dwubiegunowe, wyznaczające dwoistość zadań do podjęcia w trybie uczenia się radzenia sobie

z taką złożonością, którą ich współobecność niesie. Chodzi o to, aby działać w tej płaszczyźnie, zanim dojdzie do zaburzeń i poza nimi, w kształcie niewymagającym jeszcze interwencji klinicznej. Każdy z biegunów bez skrajności nadmiaru lub braku znamionuje naturalne i niezbędne kompetencje i sytuacje zadaniowe, które w wariantach skrajnych oznaczają przejawy zaburzeń w rozmaitych konstelacjach diagnostycznych. Przykładowe pary takich napięć („dylematów dialektycznych") można przedstawić – w wersji zaadaptowanej[9] i przetworzonej na nasze potrzeby – następująco (w nawiasach skrajne warianty bądź ich nieobecność wskazują na naturalną groźbę nadmiaru lub braku):
– krytycyzm (obwinianie) wobec innych *versus* samokrytycyzm (zdolność poczuwania się do winy);
– opór (nietolerancja) wobec zmian *versus* zmiany (pozorowane) stabilizujące;
– podejmowanie (roztrząsanie, sztywność podejścia wobec) problemów *versus* minimalizowanie (unikanie, ucieczka od) problemów;
– manifestowanie (pozorowanie) autonomii działania *versus* podmiotowa marginalizacja (aktywna bierność);
– zaradność (pozorowanie kompetencji) *versus* otwartość (oczekiwanie) na pomoc;
– asertywność (wysoka samoocena) *versus* zdolność do dystansu (nienawiść) wobec siebie;
– stanowczość (wygłaszanie skrajnych) osądów *versus* zawieszanie (powstrzymywanie) ocen;
– zdolność do żałowania (przywiązanie do żalu) *versus* bezrefleksyjność (bezmyślność) pogodzenia;
– empatia *versus* potrzeba uznania (domaganie się współczucia lub podziwu);
– wrażliwość (podatność na zranienie emocji) *versus* wyrozumiałość (unieważnianie gestów);
– otwartość na kryzysy (uznanie ich nieuchronności) *versus* nieprzejmowanie się kryzysami (powstrzymywanie żałoby);
– samokontrola *versus* spontaniczność (impulsywność gestów) reakcji.

W przeglądzie płaszczyzn, w jakich te dylematy się sytuują, omawiani autorzy zwracają uwagę na to, że wyrażają one „cztery kategorie napięć dialektycznych" (por. *Dialektyczna terapia behawioralna...* 2012, s. 357–358) poprzez układy dwubiegunowe odnoszące się do: (a) stylu akceptowania rzeczywistości, (b) stylu otwarcia na zmiany i podejścia do problemów, (c) zdolności do relacji interpersonalnych, zwłaszcza w sytuacjach trudnych, (d) stylu uprawomocniania własnych zachowań. Podkreślam raz jeszcze – w każdej z tych płaszczyzn mamy napięcia między biegunowo uwikłanymi profilami, które znamionują zaburzenia zarówno poprzez ich skrajne postaci (braku bądź nadmiaru), jak i gwałtowne przemieszczenia między nimi. Normalność kompetencyjna jest wyznaczona zrównoważeniem między ni-

---

9 Podstawą czynimy zestawienia, por. *Dialektyczna terapia behawioralna...* 2012, s. 245, 358, 362, 367.

mi, wraz z okresowymi oscylacjami, jednak nierodzącymi problemów ani dla poddanej im jednostki, ani dla jej otoczenia i jakości adaptacji, interakcji i działania oraz myślenia. Wszystko to wymaga oswajania poznawczego, uwzględniającego wysoki poziom złożoności, któremu w warunkach trudności może sprostać jedynie psychoedukacja otwarta na dwoistość strukturalną procesów, jakie tu zachodzą. Wymaga to odnoszenia się zarówno do charakteru biegunów dających tu o sobie znać rozmaitymi „epizodami", czyli dominacją jednostronnych przebiegów, jak i do relacji między nimi. Celem tak projektowanej psychoedukacji nie jest rozwiązanie problemów, ale uczynienie uczestnika procesu (pacjenta) gotowym do współdziałania i podejmowania niezbędnych wysiłków, bez których uzyskanie „zamierzonych efektów terapeutycznych" (por. *Choroba afektywna dwubiegunowa...* 2012, s. 249) nie będzie możliwe.

Dodam na koniec, że nie jest niczym niezwykłym, że także w takiej perspektywie widzi się zadania psychoedukacyjne czy terapeutyczne jako stawiające terapeutę w obliczu konieczności balansowania nad przepaścią, by sam „umiał »przejść na linie«, czyli zachęcić pacjenta do nowych zachowań w sytuacji kryzysowej", obejmującej tendencje samobójcze, a nawet „zachowania samobójcze wysokiego ryzyka" (*Choroba afektywna dwubiegunowa...* 2012, s. 35). Konkluzywny dylemat interwencji polega na tym, aby pomagając, nie uzależniać od pomocy, by funkcjonowanie w ramach systemu opieki zdrowotnej nie niosło przyzwyczajenia „aż po grób", zwalniającego z poczucia konieczności podejmowania własnego wysiłku (*Choroba afektywna dwubiegunowa...* 2012, s. 50). A nie jest to jedyna przecież analogia między problematyką terapeutyczną i praktyką socjalną czy przestrzenią działań pedagogicznych, wpisanych w role społeczne, a zorientowanych na opiekę, pomoc, interwencję czy wspomaganie rozwoju. Brak dostrzegania tej analogii, a tym bardziej brak zdolności jej wykorzystania, powoduje słabość i zapóźnienie teoretyczne pedagogiki społecznej i innych dyscyplin, jak chociażby pedagogika opiekuńczo-wychowawcza, o czym będzie dalej mowa. Nawiązania do świadomości dotyczącej wagi doświadczeń z medycyny i sytuacji terapeutycznych, postulowane przez Radlińską, kolejny raz będące przykładem idei niepodjętych wśród jej kontynuatorów, tu aż domagają się potraktowania na serio.

Wyzwanie dwoistości w kontekście teatralnego pragnienia „spełnienia niemożliwego"

Problem relacji między sceną teatralną i widownią, między aktorem i widzem, jest dobrą ilustracją ewolucji skojarzeń z dwoistością w postaci przejścia od wizji dychotomicznego podziału i rozłączności do wizji znoszącej to rozdwojenie. Zaczyna się dostrzegać nowe struktury sytuacyjne poprzez rozmaite próby budowania zupełnie innej relacji między dwoma biegunami skazanymi na siebie, ze sobą współgrającymi pomimo napięć – czy raczej właśnie poprzez te napięcia, stanowiące zarazem mechanizm tzw. dookreśleń ontologicznych, konstytutywnie dopełniających znaczenia każdego z członów takiej relacji. Wspomniana ewolucja dobrze uwypukla to, że nie mamy tu żadnych sztywnych hipostaz ani jedynie wyobrażenia o prostej opozycji czy jednostronności komunikacyjnej, typowo kojarzonej w relacji nadawca – odbiorca, która – jak wiemy – może się komplikować i swoją złożoność rzutować na jakość samej sytuacji komunikacyjnej. W teatrze ontologiczna relacja aktor – widz uruchamiała zawsze problem dwoistości, a nawet w wyjściowej ostrej opozycji „[d]woistość owa była przecież konieczna jako warunek istnienia gry", której sens, komplikujący jednostronność oddziaływania, był ukryty w tradycyjnym sformułowaniu o „bezpośrednim żywym kontakcie – poprzez udział (czynny lub bierny)" – i manifestował się w różnych estetykach oddziaływania i interakcji (por. Brzoza 1988, s. 51) jako *de facto* rozmaitych ontologiach teatralnych. Dwubiegunowość relacji, będąca zawsze podstawą rozpoznawania podłoża dla występowania dwoistości w przypadku teatru – ale przecież ma to swój naturalny odpowiednik w sytuacjach komunikacji edukacyjnej – przejawia się na różne sposoby, obejmując sobą „dwupozycyjność definicji znaku (znaczące/znaczone)" oraz odmiennie zarysowaną relację w przekroju ważnej dla tradycji teatru z jej „dwudzielnością przestrzeni dramatycznej" czy dodatkowo zderzania treści komunikowanych bezpośrednio i tzw. wypowiedzi metakomunikatywnych (Brzoza 1988, s. 53). W tym ostatnim przypadku poczynione już zostały przez nas odniesienia do ujęcia problematyki kontekstów metakomunikacyjnych przez Gregory'ego Batesona w jego cybernetycznych analizach komunikacji.

Analiza typów estetyk teatralnych pokazuje, że „sztywny podział przestrzeni teatralnej" nie jest potrzebny, a nawet staje się przeszkodą – chyba że jest przeformułowany praktycznie w swojej estetyce przywołującej np. wnętrze nieświadomości odbiorcy – w realizacji zadań wpisanych w formułę gry i ontologii sytuacji samej komunikacji. Podobnie też widać, że „teatralność" przestrzeni nie musi mieć sztywno zarysowanej konwencji w jej odgraniczeniu od rozmaitych innych postaci konwencji kulturowego zgromadzenia (od spektaklu, poprzez obrzęd, wiec czy manifestację, spotkanie czy dyskusję aż po *happening*, jak podkreśla Halina Brzoza) (Brzoza 1988, s. 54, por. także s. 56).

Pełny sens tak przetworzonej dwoistości ontologicznej dochodzi do głosu, gdy – jak w przypadku „awangardy teatralnej" – ma miejsce „dążenie do łączenia tego, co się wzajemnie wyklucza, lub – do burzenia czegoś, co znamy tradycyjnie jako nierozerwalną i spójną całość" (Brzoza 1988, s. 54, por. także s. 56). Zauważmy, z punktu widzenie ogólniejszego odniesienia do problematyki dwoistości, że ważnym aktem poznawczym i twórczym może być odkrycie wcześniej nierozpoznanej dwubiegunowości, niosącej zarzewie konfliktu czy rozdarcia, a stanowiącej przynajmniej podstawę znacznej komplikacji ontologicznej. Może się ona posunąć aż po odkrycie – jak w przypadku np. nieświadomości – że świat wcześniej widziany jako harmonijny lub spójny niesie w sobie ukryte skomplikowane gry sprzężeń zwrotnych czy splotów. Są one uwikłane w rozmaite odniesienia do tego, co „niemożliwe", np. w wypadku chęci pełnego poradzenia sobie z symboliką śmierci, która skazuje na zmaganie się z pułapką „nienasycenia formą", co w kontekście teatralnym Brzoza przywołuje za Witkacym (Brzoza 1988, s. 54, por. także s. 56). Działania reformatorskie szły tu przede wszystkim „w kierunku rozszerzenia i pogłębienia wnętrza **człowieka** oraz **przestrzeni międzyludzkiej**" (Brzoza 1988, s. 55). W odniesieniu do ogólnej relacji dwoistości chodzi o głębszy sens uczestniczących w niej biegunów oraz o ich dynamiczne ontologiczne uwarunkowania, jak również o charakter samej tej relacji w jej potencjale oddziaływań, sprzężeń, skrzyżowań i wzajemności. Za Kazimierzem Braunem i jego opisem Drugiej Reformy Teatru można tu przywołać stwierdzenie o pojawieniu się postaci teatralności „społecznej", w ważnym niebanalnym sensie – który warto by brać pod uwagę, starając się rozumieć strategię funkcji pedagogiki **społecznej** u Radlińskiej, także przeciw banalności skojarzeń – „[n]owy teatr »otworzył się« na najrozmaitsze formy i funkcje życia, a jego przestrzeń przestała być tylko przestrzenią »teatralną« i stała się – społeczną" (Brzoza 1988, s. 55).

W grę wchodziło także „balansowanie" między „pozycjami" na trudnej do utrzymania „krawędzi kontaktu między sceną a widownią" (Brzoza 1988, s. 56). Działo się to w sytuacji, gdy coraz bardziej chodziło o wspólną celebrację albo odwrotnie – o pogłębienie odmienności światów poprzez ostrzejsze zarysowanie sytuacji biegunów i operowanie rozmaitymi technikami estetyzacji pola gry, np. poprzez idee i ontologiczny potencjał kolażu (Brzoza 1988, s. 57), z wyjściem poza konwencjonalne formy komunikacyjne. Najważniejsze zaczyna się dziać na zarysowanych pograniczach, miejscach styku, krawędziach.

Zarazem jednak wbrew pochopnemu sformułowaniu Brzozy nie chodzi tu o samo „odrzucenie", ale o przewartościowanie, przezwyciężenie tego, co zwykle wpisywano w

> [...] dwupozycyjność i dwufunkcyjność strukturalną w teatrze, wypływającą z opozycyjności pojęć aktora i widza oraz z podziału przestrzeni teatralnej na miejsce dla grających i miejsce dla oglądających (Brzoza 1988, s. 57).

Odrzucenie dualizmu nie dokonuje się tu w trybie zapominającym o potrzebie zrobienia czegoś z postacią wyjściową tradycyjnych biegunów. Bieguny te się przetwarza, a nie eliminuje, tak zresztą jak w przypadku granic, niezbędnych do działania transgresyjnego. Żeby bowiem móc przekraczać granice, to jako punkty odniesienia trzeba je mieć zachowane i wtedy dopiero dokonywać przewartościowań na nich i wobec nich właśnie, zmieniając ich status, a nie je eliminując. Widzenie „odrzucenia" tam, gdzie w grę wchodzi przezwyciężenie albo przewartościowanie, przetwarzające samą relację, ale o niej niezapominające, jest zresztą częstym i typowym błędem, analitycznym i retorycznym, wynikającym z poślizgu semantycznego skojarzeń. Bo odrzucenie skrajnych poglądów na temat jakiejś kwestii nie jest odrzuceniem samej tej kwestii ani pozytywów wziętych pod uwagę przy okazji błędów, pod jakimś innym względem. Przeciwstawne skrajności, których roszczenia zostają zawieszone, mogą służyć jednocześnie na rzecz pouczającego przezwyciężenia ograniczeń ich obu.

Halina Brzoza pokazuje dalej, w świetnej syntezie omawiającej odmienności rozwiązań teatralnych u Jerzego Grotowskiego, Józefa Szajny i Tadeusza Kantora, jak dokonywała się realizacja reformy teatru społecznego jako „teatru uczłowieczonego", skupionego – jeśli to wyrazić, porzucając błędnie redukcyjne skojarzenie przez Brzozę dwoistości z dualizmem – na dwoistym sprzęganiu par: bliskości z obcością, poprzez zarazem dokopywanie się gubionej przez człowieka w jego codzienności, przytłaczającej „tragiczny obraz człowieka", złożonej dwoistości jego kondycji w trzech wariantach tych wielkich postaci teatru „stawiającego ludzkie Ja w kluczowych relacjach: do Innego (Innych), do świata oraz – do wieczności" (Brzoza 1988, s. 58). Jest do podjęcia, tu jedynie sygnalizowane, fascynujące zadanie spojrzenia na zreformowane teatry: Grotowskiego, Szajny i Kantora jako na realizację ważnych aspektów trosk pedagogiki społecznej w głębokim jej sensie kulturowym. Teoria działania społeczno-pedagogicznego mogłaby skorzystać na analizach teatrologicznych, jak widać, zaawansowanych w rozumieniu relacji dwoistości, jakie należy uwzględniać czy wręcz wdrażać w przestrzeni oddziaływań wciągających odbiorcę w grę teatralną czy parateatralną. Teatralność może oznaczać istotne inspiracje dla budowy interakcji i świadomości uczestników w relacjach życia codziennego, zwłaszcza gdy w grę wchodzi troska o „efekt obcości" Bertolda Brechta, choć to wątek do podjęcia na inną okazję.

Poniżej nie będę analizować ani omawiać wszystkich szczegółów tej przemiany teatru za H. Brzozą, chcę jedynie uwypuklić z nich, które pozwalają nam oświetlić interesujące nas aspekty dwoistości w strategii działania pedagogiki społecznej Radlińskiej. Będzie to dalej czynione od strony akcentującej te same (czy analogiczne) wątki w „teatrze społecznym" wielkich polskich reformatorów kulturowej postaci i funkcji oddziaływania teatralnego, nadających nowy sens oprzyrządowaniu i estetyzacji środków składających się na urządzenie kulturowe, jakim jest teatr. Warto tu podkreślić, wbrew zdarzającym się spłyceniom odbioru Radlińskiej, że jej także chodziło – stąd waga tego uwypuklonego tu podobieństwa – o istotną reformę kulturowej postaci i funkcji społecznej oddziaływania... wychowawczego poprzez troskę o nowe oblicze urządzeń kultury w ich relacji do szkoły oraz inne estetyki oddziaływania i wciągania odbiorców do gry o swoje możliwości widzenia siebie i programowania dalszej przemiany własnego otoczenia.

Paradoks „uspołecznienia" teatru poprzez jego „uczłowieczenie" dokonujący się w trybie nasycania samej relacji dochodzącej w praktyce teatralnej nowymi środkami wyrazu przejawia się tu w różnych estetykach, czyli tak naprawdę ontologiach, umożliwiających dostęp do świata wręcz „niemożliwego", np. obcowania ze śmiercią, pokładami nieświadomości czy z archetypową pamięcią. Widz ma tu zawsze wiedzieć, że „idzie do teatru", choć sama teatralność ma go zaskoczyć, poruszyć, wciągnąć, przetworzyć – bo ma otworzyć pokłady jego zablokowanych, zastygłych, zagubionych „śladów" własnego człowieczeństwa, np. pod kątem jego wrażliwości, wyobraźni czy czujności na pochopne przesądzenia. Zauważmy na marginesie, że nie darmo historię teatru da się włączyć w historię literatury traktowanej jako „laboratorium ludzkiej egzystencji", jak o funkcji powieści wypowiadał się w głośnym na świecie eseju Milan Kundera (por. Kundera 2004). W wersji Grotowskiego działania teatralnego zorientowanego na potencjał, jaki niesie dwoista (w poważnym sensie) „relacja ja – Inni poprzez Drugiego", do głosu dochodzi przede wszystkim troska o budowanie „wspólnoty przeżyć i uzdrawiającej emocji", stopniowo idąc w stronę, jak mówi Brzoza, „wychowania estetycznego odbiorców zbiorowych" (por. Brzoza 1988, s. 59). Mamy tu wysiłek nawiązania do „źródeł teatru – a więc widowiska jarmarcznego i ludowego" obok najlepszych jego współczesnych „tradycji reżysersko-aktorskich", dzięki czemu najważniejszy okazał się w jego działaniach „żywy ludzki kontakt, więź między aktorem i widzem", eliminujący zbędne sztuczności i ozdobniki; w takim ujęciu

> Grotowski stał się wielkim reżyserem-humanistą, dążącym do moralnego odrodzenia jednostki ludzkiej nawet za cenę rezygnacji z doświadczenia i eksperymentu formalnego, tj. głównego sprawdzianu miary własnego talentu teatralnego (Brzoza 1988, s. 59).

Główny paradoks estetyczny polega w tej dwoistej grze na sprzężeniu aż do „wchłonięcia" w Tetrze Laboratorium sfery widowni przez sferę sceny, co także unieważnia odrębność „przedstawienia" od jego prób na sceno-widowni (Brzoza 1988, s. 60).

W odniesieniu z kolei do teatru Józefa Szajny mamy wskazanie przez Brzozę – znowu porzucę jej niepotrzebnie spłycone skojarzenie z kategorią dwoistości, pomyloną od samego początku z dualizmem – kolejnych napięć dwoistego sprzęgania biegunów, zwykle rozdzielanych czy radykalnie sobie przeciwstawianych, jak słowo – obraz, podmiot – przedmiot czy człowiek – rzeczy, gdyż to praca środkami teatralnego przetworzenia, w nowej konstelacji narzędzi redefiniujących funkcję i tryb działania teatru, ma doprowadzać do sytuacji zdolnych „pobudzać wyobraźnię widza" (Brzoza 1988, s. 64).

> Podstawowym problemem tak pojmowanego teatru jest więc nie tylko współistnienie, lecz i walka indywidualnej siły duchowej człowieka, jego „podmiotowości" z osaczającą go ciągle „przedmiotowością świata" (Brzoza 1988, s. 62).

Kapitalnym elementem pedagogiki społecznej sprzężonej nie wprost (realizacją, a nie manifestem programowym) z teatrem Szajny jest wspieranie człowieka w zdobywaniu się na walkę z popadaniem w pułapkę rzeczy, ze skłonnością do zapośredniczania nawet myślenia o sobie przez wpisanie się w relację określaną głównie wobec rzeczy. Przywołując myśli Szajny, H. Brzoza pisze:

> Człowiek – jak podkreśla Szajna – odznacza się silnym przywiązaniem do przedmiotu. I dlatego, posługując się tym przedmiotem na co dzień, uprzedmiatawiając nieustannie swoje myśli i idee, cały swój świat, człowiek popadł sam w niewolę przedmiotów (Brzoza 1988, s. 62, bez miejsca cytatu z Szajny).

Dlatego walka z tym redukcyjnym oswojeniem, zlewaniem się ze światem dominacji rzeczy, dokonuje się w trybie odtwarzającym dwoistość – w sensie dawania szansy na dystans, na demontaż, na takie zabiegi manipulacji, zestawień i fragmentaryzacji czy gry cytatami. Chodzi o to, aby efekt dominacji jakiejś przedmiotowej całości, nawet samego obrazu, „uległ formalnemu **rozkładowi** na znaczenia", dając się na nowo składać, zestawiać, przetwarzać, degradować czy poddawać ironii albo parodii, nie mówiąc nawet o samozaprzeczeniu. Powstaje tym samym całość uległa wobec krytycznych i eksperymentalnych gier montażu, kolażu, ambalażu (Brzoza 1988, s. 62–64). Działania te, zgodnie z troską o przywrócenie ontologicznej złożoności świata, przeciw redukcji naturalnych zagęszczeń dwoistości do prostych dualizmów,

> [...] zasadzają się na łączeniu, wiązaniu ze sobą elementów o różnorakim, często kontrowersyjnym pochodzeniu, które w obrębie całości strukturalnej tworzonego dzieła podlegają wewnętrznej integracji (Brzoza 1988, s. 62).

Z pewnością kapitalna to lekcja dla budowania podmiotowości panującej nad swoim przedmiotowym i zwykle urzeczowiającym podmiotowość ludzką środowiskiem, które zaczyna być przetwarzane siłami człowieka. Czyż jesteśmy daleko od posłania pedagogiki społecznej u Radlińskiej?

Pozwolę sobie jeszcze wydobyć kilka akcentów i sformułowań Haliny Brzozy w odniesieniu do teatru Kantora, choć całość jej opisu nie wydaje mi się – poprzez operowanie np. terminem „swoistość" – oddawać sprawiedliwości tej jakże odkrywczej postawie artystycznej. Jej wielki twórca zdołał przecież najbardziej uniwersalne treści doświadczenia ludzkiego przekazywać środkami odniesionymi do bardzo trudnego – wręcz „niemożliwego" – repertuaru sytuacji, zachowań i konwencji, które stały się znakiem rozpoznawczym oswajania śmierci, nieświadomości, fantomów pamięci, wieczności, wiary. A zarazem dokonuje się to z wykorzystaniem indywidualnej wyjątkowości biografii i lokalności narracji historycznej. Ta propozycja artystyczna w porównaniu z Grotowskim i Szajną uzyskała u Brzozy najsłabszą interpretację swojej funkcji oddziaływania społecznego. Trafne natomiast wydają się uwagi wskazujące na paradoksalne dążenie Kantora do „uczłowieczenia życia" środkami teatralnymi, poprzez przekroczenie jego granic w kierunku śmierci, w trybie próby (z wykorzystaniem zamkniętego estetyką zestawu sposobów) „rozwiązania konfliktu, w jaki uwikłany jest współczesny człowiek, konfliktu zrodzonego przez relacje przeciwstawienia, konfrontacji, fałszu i trywialności" (Brzoza 1988, s. 70). Wraz z pozostałymi twórcami awangardowymi Kantor ma oddziaływać, uwypuklając i „oswajając paradoks" w doświadczeniu ludzkim, zarazem inscenizacyjnie „przenikając w »sfery zakazane« praktyki społeczno-kulturowej", z wykorzystaniem transgresji i oscylacji „między krańcowymi przeciwieństwami, wykluczającymi się wzajemnie pojęciami i zasadami" (Brzoza 1988, s. 69–70, por. także s. 65, 68). Napięcia na styku wieczność – śmierć, uniwersalność – jednostkowość czy życie – sztuczność w istocie stanowią wysiłek budowania w dwoistym uwikłaniu pełni prawdy o autentycznym tragizmie życia ludzkiego, poprzez paradoksalne stopniowanie wyrazu martwoty, która w życiu ludzkim działa jako „osaczająca i niszcząca żywego oraz broniącego swych praw do życia człowieka" (Brzoza 1988, s. 66).

Pozostają w każdym razie do pełniejszego rozpoznania funkcje społeczna i pedagogiczna zarazem tego oddziaływania teatralnego dzięki powołaniu do życia przez Kantora „świata scenicznego, pełnego napięć, paradoksów i samozaprzeczeń", w trybie, który „balansuje na krawędziach możliwego i niemożliwego, oscylując między »realnością najniższej rangi« i etyczno-estetyczną »realnością wyższego rzędu«" (Brzoza 1988, s. 66). Najważniejsze w tych strzępkach rozważań tu przywołanych są tony uwypuklające aspekty dwoistości jako sprzężeń i paradoksalnych powiązań symbolicznych, które – mimo ich wyjątkowych osadzeń historycznych i biograficznych – przejmująco docierają do widowni, nawet o odmiennych doświadczeniach osobistych, kulturowych i społecznych, jako wręcz uniwersalne i żadną miarą nie do uznania za swoiste.

Wysuńmy tu hipotezę interpretacyjną, że dokonania przywołanych wyżej wielkich twórców sztuki teatralnej wychodzą doskonale naprzeciw postulatom Radlińskiej. Chodzi zwłaszcza o te, które dotyczą wykorzystywania w pracy kulturowej, oświatowej i społecznej funkcji sztuki w zakresie budzenia wyobraźni, poszerzania wrażliwości na odmienności przeżyć, oswajania wagi wymiarów niskich codzienności, upadłych aspektów losu ludzkiego, a zarazem chłonięcia dorobku kultury jako dziedzictwa poruszającego każdego, kto potrafi się na nie otworzyć. Warto bowiem śledzić tragizm i inne przejawy paradoksalności, łącznie: dwoistości losu „człowieka przez ślady, które pozostawia on w sztuce", jak to wyraziła Jolanta Brach-Czaina (por. Brach-Czaina 1988, s. 5) we wstępie do analiz z „estetyki pragnienia", obejmujących także przytoczone rozważania H. Brzozy. Autorka wstępu dodaje zarazem, że „pragnienia w sztuce wyrażone okazują się być stale umykającym celem, a utrzymywanie ich – trwałym zadaniem" (Brach-Czaina 1988, s. 5).

Nie jest zadaniem dla niniejszego studium pełniejsze śledzenie dwoistych sposobów wyrażania tego **niezniszczalnego i niziszczalnego** zarazem wyzwania dla sztuki, w obliczu tak złożonych sposobów dynamizowania życia społecznego za sprawą teatralnego wyrażania oraz tłumaczenia złożoności kondycji ludzkiej i konstytucji świata. Na potrzeby tego studium wystarczy wskazanie np., że takie dokonania oraz ich interpretacje w sztuce teatralnej i w teatrologii poprzez rozważania z obszaru antropologii filozoficznej już się pojawiły. Choć podkreślam, że byłoby takim samym błędem wpisywanie ich jedynie w tę ostatnią perspektywę czy jakiś jej tylko przysługujący punkt widzenia, jak upieranie się przy wyjątkowości i odrębności, nie tylko w tym zakresie, postawy „pedagogiki społecznej".

Część II
Próba zarysowania obrazu tożsamości z badań wokół Heleny Radlińskiej

Odniesienia pokoleniowe

Rozdział VII
Działanie Wielkiego Pokolenia lat 80. XIX wieku w Polsce

> *Analfabetyzm – w znaczeniu nieumiejętności użytkowania literatury – jest niezmiernie częsty w środowiskach, które byłoby stać na książkę. [...]*
> *Wśród posiadaczy matur i dyplomów spotykamy często niechęć do czytania i brak wyrobienia czytelniczego.*
> Helena Radlińska (1946a, s. 126; por. także 1961a, s. 27–28)

Wstęp

W tym rozdziale chcę z całą powagą potraktować zjawisko ważne i niezwykłe (co nie oznacza swoiste[1]) na mapie dokonań pedagogiki polskiej okresu międzywojennego, wpisane w **dorobek Heleny Radlińskiej widziany pokoleniowo**, jako efekt zbiorowego wysiłku. Wobec tego trzeba było znaleźć i zastosować sposób czytania tego dorobku i rozumienia jego znaczenia poprzez sytuowanie go na tle procesów znacznie szerszych i pełniej zarysowujących konteksty inaczej nieczytelne (skoro zwykle niedoczytane). Pozwoliło to lepiej ogarnąć znaczenie, którym moglibyśmy się posłużyć w nadziei uzyskania impulsów sprzyjających także dalszemu rozwojowi refleksji pedagogicznej, badań i dojrzałości szerszych środowisk do zmierzenia się z jakością życia akademickiego i pracy oświatowej różnych

---

[1] Uczulam w tej książce wielokrotnie na nadużycia związane z terminem „swoistość", który zbyt mocno sugeruje bardzo indywidualną odrębność, niemającą w związku z tym cech uniwersalnych, należącą do swoistego (*sic!*) odrębnego rodzaju, czyli wpisanego w to, co wyraża termin *sui generis* jako swój rodzaj. Tymczasem wskazywanie na specyfikę jest dopiero zadaniem poznawczym, wymagającym charakteryzacji jego stopnia... szczególności, której w punkcie wyjścia ani w diagnozach podsumowujących nieodpowiedzialnie wskazywać nie sposób, bo może to być najzwyczajniej fałszywe. Tezą tej książki jest, że uchodzące za swoiste rozmaite akcenty u Heleny Radlińskiej w znacznie większym stopniu, niż to się wydaje, stanowią postulaty uniwersalne dla całej pedagogiki, a dopiero na tym tle można wskazywać specyficzne uwikłania aż po swoistość jej rozważań. Najkrócej mówiąc, w sporze z jałowym poznawczo widzeniem swoistości postuluję pogłębiane analizy... dwoistości. Zmiana jest tu fundamentalna.

szczebli i zakresów. Radlińska i jej dokonania zasługują już na traktowanie ich jako sztandarowego (i głęboko nadal znaczącego, choć słabo wykorzystanego, a nawet ogarniętego) zjawiska w historii myśli pedagogicznej. Tym bardziej dają one okazję do programowania wysiłku kontynuacji osiągniętego przez nią etapu myślenia oraz jego włączenia do najnowszych prób budowania całościowej wizji zadań i powinności w postawie pedagogicznie kompletnej. Chodzi w niej bowiem o konieczność ogarnięcia rozmaitych sfer życia społecznego na tle procesów kulturowych je przenikających i znaczących dla ich rozwoju. Zwykle najtrudniej jest dostrzec **wymiar pokoleniowy** takich procesów oraz rozpoznać symptomy przesilenia czy wręcz przełomu, stanowiące wyraz wyczerpania się jednej epoki oraz narodzin epoki nowej i to pod wieloma względami. W 1917 roku, a więc w przededniu pokoleniowo oczekiwanego odrodzenia państwa polskiego, Radlińska pisała dobitnie w czasopiśmie „Kultura Polski": „Otwiera się nowa era wychowania narodowego" (Radlińska 1979, s. 164). Nie wszystkie jednak przełomowe dokonania czy wyzwania mogły być w pełni ogarnięte i zrelacjonowane, gdyż w „czasach przełomu" (Radlińska 1979, s. 167), jak pisała, wiele zjawisk dopiero dojrzewa i prześwituje, choć część przełomowo nowych wymagań wychodzi na jaw, w tym wysiłek ogarniania całości, a nie zadowalanie się „strzępkami wiedzy" czy obiegowymi opowieściami o przeszłości (Radlińska 1979, s. 167).

W obliczu takiego wyzwania trzeba wskazać na **odnowienie projekcji znaczeń** z przeszłości, z tradycji, i to w ich sprzężeniu z dążeniami otwartymi na przyszłość. Niezwykły umysł, jakim niewątpliwie dysponowała Radlińska, pokazuje, czym i kim duchowo żyje, do kogo widzi konieczność nawiązywania, co jawi się jako ważne, mimo że nie zyskało uznania ogółu czy choćby tylko elity jej czasu. Taka sytuacja zresztą wydaje się wręcz paradygmatyczna dla zadań wpisanych w wizję programowania przełomu, za którym współczesność może nie nadążać ani nie jest do niego przygotowana, ale który zaczyna się sam domagać uznania jako źródło nowego doświadczenia pokoleniowego.

Zauważmy najpierw, że coś takiego przeżyła sama Radlińska już na samym początku drogi naukowej, gdy dominowały w jej nastawieniu kompetencje i zainteresowania historyka pracy oświatowej w Polsce. Pisząc w szczególności o Wydziale Rozszerzania Oświaty Towarzystwa Naukowego Krakowskiego i jego aktywności w połowie XIX wieku, Radlińska podkreśli, że mimo swoich zainteresowań „członkowie Wydziału nie zwrócili uwagi na dzieła Karola Fryderyka Libelta", w tym na jego zebrane *Pisma pomniejsze*, publikowane w latach 1849–1851. Okazuje się natomiast, że

> [z] punktu widzenia historyka oświaty *Pomysły o wychowaniu ludów* Libelta są – pomimo swych drobnych rozmiarów – „epokowe" w dziejach myśli oświatowej. W skali światowej można je porównać z pismami Grundtviga. Dlaczego w Krakowie nie zwrócono na nie uwagi? Libelt był osobiście znany części członków Wydziału z działalności rewolucyjnej. Może wydawał się wcieleniem minionej epoki?

[...] Spojrzenie Libelta na lud nie mogło w całej rozciągłości trafić do działaczy przygnębionych poczuciem klęski (Radlińska 1964, s. 130–132)[2].

Stosując ten przypadek do samej Radlińskiej, można zaryzykować twierdzenie, że jej spojrzenie na oświatę, w tym na oświatę i kulturę na wsi, spotkał podobny los. Nie mogło ono trafić do działaczy ani badaczy przepojonych z kolei poczuciem sukcesu w powojennym inicjowaniu przestrzeni społecznej. Jej myślenie musiało popaść w niełaskę w warunkach dominacji marksizmu-leninizmu i układów odsuwających na dalszy plan myślenie narodowe i socjalistyczne (w sensie odmiennym od komunistycznego), a także uwalniających się od troski o wieś polską w sytuacji tryumfalnie przejmowanej idei kolektywizacji wsi i podejrzliwości wobec gospodarstw indywidualnych. Epokowo ważne dokonania mogą, jak się okazuje, być zablokowane przez alternatywny porządek rzeczy, wprowadzany do rzeczywistości jako jej okresowa narośl, niszcząca szanse na odsłonięcie realnej wartości propozycji z tym alternatywnym porządkiem sprzecznych. Na straży takiej marginalizacji stali zresztą sami intelektualiści, pilnujący interesu dominacji własnego pokolenia, zasłużonego doraźnie, przeciw dokonaniom z innej epoki.

Osobno znajdujemy w ostatnim przytoczonym cytacie uwypuklenie zjawiska polegającego na tym, że nie ma automatycznego przejścia od znajomości z postacią myśliciela czy twórcy do zrozumienia i uznania wagi tego, co ten robi, co sobą reprezentuje, a nawet narastania motywacji do śledzenia tego, co robi. Tu Radlińska bywała ofiarą tych mechanizmów, ale również sama je naturalnie stosowała, gdyż z faktu znajomości, a nawet bliskości z Sergiuszem Hessenem, Bogdanem Nawroczyńskim czy z Zygmuntem Mysłakowskim nie wynikała głębsza znajomość ich prac, nawet w ich wątkach najbliższych i najbardziej sprzężonych z jej własnym myśleniem. Mechanizmy powstawania doświadczenia pokoleniowego, zwłaszcza w szerszym agregacie, który Radlińska nazywała „pokoleniem historycznym", nie obejmują procesu uzgodnień jako podstawowego dla integracji intelektualnej jego uczestników i scalania ich dorobku w jednym horyzoncie. Wynikają głównie ze wspólnoty losów i zadań, jakie dotyczą jednostek reagujących na te losy i zadania także w mniej skoordynowany sposób, mniej świadomy wspólnej tożsamości podejścia do nich. Proces dokonuje się kongenialnie z mniejszym udziałem elementów zespołowych jako realny, choć zarazem niedostatecznie zespolony.

---

2 Zauważmy ponadto, że analizując w innym miejscu koncepcję „ludu" u Libelta, autorka w tym samym kontekście napisała: „W apoteozie wiary, ideałów, sprawiedliwości i dynamizującego życie wpływu historii Libelt zbliża się do Grundtviga, którego, zdaje się, nie znał, bardziej niż do St. Simona, na którego się powołuje" (Radlińska 1947, s. 68). Metodologicznie uwagi te dobitnie pokazują konieczność analizy horyzontów teoretycznych, a nie jedynie deklaracji czy dominujących odniesień.

Przeszkoda z dominacji pokoleń następców

Troska o uwypuklanie wspólnoty pokoleniowej nie może abstrahować od licznych trudności w jej artykułowaniu, powstających także z winy tych, którzy nominalnie mogliby do tej wspólnoty należeć, a nawet bywają automatycznie do niej zaliczani, np. z racji realnego współdziałania, choć z pozycji uczniów, jak w przypadku Aleksandra Kamińskiego (rówieśnika Bogdana Suchodolskiego, obaj rocznik 1903) czy Ryszarda Wroczyńskiego (rocznik 1909). Nie negując rozmaitych zasług ani faktów instytucjonalnych, trzeba umieć je oddzielić od poziomu, kierunku i jakości realnie podjętych prac badawczych i interpretacji oraz ustanawiania obowiązujących na lata wykładni podręcznikowych, w tym – nie bójmy się tego stwierdzenia – umacniania własnej dominacji środowiskowej. Nie jest niczym niezwykłym w nauce, zwłaszcza w obszarach dotyczących dyscyplin społecznych i humanistyki, że następcy nie są w stanie sprostać roli „depozytariusza" tradycji, choć robią wszystko (pozytywnie, ale także szkodząc pod innymi względami), aby z tej roli nie wypaść i wszelkie zmiany tłumaczyć zawsze na swoją korzyść, czasem finezyjnie dystansując się wobec rozwiązań traktowanych jako należące do innego czasu, więc przysługuje im chwała, ale nie do przesady. Dodatkową okolicznością utrudniającą obiektywizacje ocen dotyczących postaw pokolenia następców wobec wielkich nawet poprzedników jest i to, że ułomności młodszych traktuje się jako konieczne taktyczne ustępstwa wobec presji nowego czasu, więc przemilczenia zasług pokolenia starszych bywają widziane jako uniki dla przetrwania, a nie jako zwykła nierzetelność nielojalność czy zdrada. Na fali odwilży – i po części przynajmniej zapominając o własnej wcześniejszej postawie np. wobec Nawroczyńskiego czy wobec Radlińskiej – Bogdan Suchodolski pisał w 1957 roku jako jeden z nielicznych o groźbie „zdrady klerków" diagnozowanej u intelektualistów:

> Przed laty J. Benda w swej słynnej książce *La trahison des clercs* pokazywał różnorakie formy „zdrady" ogólnoludzkich ideałów, dokonywanej przez intelektualistów. [...] poczynamy rozumieć, jak wielkiej wagi sprawą jest obrona ogólnoludzkiego dziedzictwa humanizmu i przeciwstawienie się zarówno tej jawnej zdradzie, jaką jest faszyzm i próby jego odrodzenia, jak i tej zdradzie niejawnej, która, okrywając się pozorami obrony wolności, próbuje podcinać pewność intelektualistów, iż bronią słusznej sprawy (Suchodolski 2014, s. 141)[3].

Okresowo w Polsce mieliśmy do czynienia z zakrętami historii czy przestojami i wymianą elit nie zawsze służącą sprawiedliwości, postępowi i wolności nauki. Nie dotyczy to jedynie stalinizmu, nie prześwietliliśmy bowiem wystarczająco w pedagogice skutków zwrotu w latach 70. XX wieku, gdy wyjeżdżały z kraju ofiary

---

[3] W sprawie słynnego oskarżenia klerków przez Juliena Bendę patrz moją analizę w: Witkowski 2011.

marca '68, a także – nie zapominajmy – wymierali jeden po drugim wielcy pokolenia lat 70–80. XIX wieku, nie licząc tych, którzy jak Radlińska nie dożyli krótkiej odwilży postalinowskiej. Mając na myśli tych pierwszych i zderzając „pokolenie sprawiedliwych" z kolejnymi pokoleniami „ludzi organizacji", Zbigniew Kwieciński już w 1979 roku pisał m.in., że:

> [...] w latach siedemdziesiątych zaczął się exodus z czynnego życia akademickiego uczonych pokolenia o gruntownym przygotowaniu filozoficznym i metodologicznym, pokolenia świadomego dotychczasowej ewolucji i potrzeb pedagogiki na tle historii całej niepodległej Polski, pokolenia, dla którego identyfikacja z socjalistycznymi ideami humanizmu była tym głębsza, że dochodziło do nich po trudach albo po długiej o te idee walce. Kto wchodził na miejsce tego pokolenia „sprawiedliwych" oprócz świeżo wykształconych absolwentów, adeptów?

Do kierownictw mnóstwa instytutów i zakładów pedagogiki weszły dwa pokolenia „ludzi organizacji", ludzi o orientacji na karierę, awans, status, władzę (Kwieciński 1982, s. 226–227).

Nie kontynuuję tego frapującego cytatu, zasługującego na przedłużenie zwłaszcza w badaniach socjopatologii środowiska akademickiej pedagogiki wytworzonych przez fakt długotrwałej potem dominacji tych pokoleń, także – dodajmy – w powstających podręcznikach, w kolejnych reprodukcjach swoich klonów, mających upodobanie przez kolejne dekady ustrojowe do „magii i demagogii" (Kwieciński 1982, s. 226–227), degradujących pedagogikę – jej badania i dyskurs – z uczuciem wyższości wobec burżuazyjnego międzywojnia i powtarzających jak mantrę tezę o sukcesach „realnego" z nazwy socjalizmu biurokracji partyjnej. To stąd się wzięło m.in. to, że części pism wielce zasłużonego Bogdana Suchodolskiego (o innych postaciach nie mówiąc) nie można traktować inaczej niż jako dokumenty jego czasu, i to jeszcze w latach 80. XX wieku, a jego postawa w latach poprzedzających datę śmierci Radlińskiej nie pozwala postrzegać go jedynie jako ofiary represji politycznych i nagonki ideologicznej, skoro sam ferował skrajne oceny.

Ale jest jeszcze gorzej, gdy rzecznicy nowych idoli ustanawiają cezurę sugerującą, że wszystko, co najważniejsze, dokonuje się wraz z nimi, a ci co najwyżej, mimo trudności, byli niestrudzonymi kontynuatorami tradycji wcześniejszego czasu. Głosi się to czasem nawet na przekór faktom, datom, dokonując naciąganej interpretacji. Tymczasem, w ramach zaklinania rzeczywistości i podobnego traktowania przeszłości, nagle znów się okazuje, że wraz z Bogdanem Suchodolskim mamy rzekomo do czynienia z przedstawicielem „pierwszego pokolenia pedagogów, których działalność wpisuje się w misję pełnienia roli intelektualisty", czy też

> [...] pierwszego pokolenia, którego zadaniem było wprowadzenie pedagogiki w struktury uniwersyteckie oraz wykorzystanie jej do lepszego kształcenia nauczycieli, jak również doskonalenia praktyki edukacyjnej przez przeprowadzenie stosownych reform,

albo „pierwszego pokolenia pedagogów, dla których wyzwaniem było zmierzenie się ze zmianą kulturową" (Hejnicka-Bezwińska 2014, s. 7, 13, 16 – podaję strony wydruku autorskiego). Co więcej, przytaczając przykłady wznowień publikacji powojennych takich autorów, jak Józef Chałasiński, Sergiusz Hessen, Bogdan Nawroczyński, Kazimierz Sośnicki i Bogdan Suchodolski, autorka wspomnianych pochwał „pierwszego pokolenia" stawia założycielską tezę nowego mitu: „polska pedagogika po II wojnie światowej była kontynuacją tradycji zapoczątkowanej w II Rzeczpospolitej" (Hejnicka-Bezwińska 2014, s. 16, wydruk). Na dodatek, po dołączeniu do B. Suchodolskiego (rocznik 1903) Karola Kotłowskiego (rocznik 1910), obok trójki ponad dwadzieścia lat starszej (Zygmunt Mysłakowski, Bogdan Nawroczyński, Kazimierz Sośnicki), następuje ogłoszenie (Hejnicka-Bezwińska 2014, s. 19, wydruk) ich wszystkich reprezentantami jednego „pokolenia sprawiedliwych", o którym w zupełnie innym sensie mówił wyżej przytoczony Z. Kwieciński. Ponadto ostatnia wspomniana wyżej trójka nie mogła liczyć na sprawiedliwość ze strony rzekomego założyciela owego „pierwszego pokolenia", którego nagłaśnianie i mieszanie z postaciami starszymi o dwadzieścia lat ma zatrzeć pamięć o Wielkim Pokoleniu, o którym właśnie piszę drugą już książkę, dokumentując powody, dla których wspomniane wyżej operacje mityczne wokół pokolenia B. Suchodolskiego jako „pierwszego" upadają pod własnym ciężarem absurdu i nadużycia.

Odkładając na bok te i tym podobne zabiegi[4], pozostaje na serio śledzić to, jak następcy traktowali oraz jak rzekomo wiernie kontynuowali i twórczo rozwijali własne tradycje. A materiału po temu do krytyki jest sporo.

Kamiński potrafił mówić i pisać podręcznikowo o „czasach Radlińskiej" (por. Kamiński 1980, s. 63) jako innym świecie niż jego własny, a na dodatek formułował nieprawdziwą i uderzającą w dokonania jego wcześniejszej mentorki – i całego Wielkiego Pokolenia, o którym pisałem już szerzej (Witkowski 2013a) – sugestię, jakoby „krytykę pajdocentryzmu zapoczątkowała pedagogika socjalistyczna" (por. Kamiński 1980, s. 332). Ponadto twierdził, że ów pajdocentryzm był sednem idei „nowego wychowania" w jego rzekomo przesadnych wersjach. Nie wiemy, kogo dokładnie miał na myśli, choć jednocześnie ideę tę kojarzył w Polsce z ujęciami Rowida, Nawroczyńskiego i Hessena (Kamiński 1980, s. 331). Ponieważ wymieniona trójka wielkich pedagogów swoimi publikacjami poprzedzała przejawy (i była niezależna od) pedagogiki socjalistycznej, więc z pewnością nie im Kamiński przypisuje zdolność do krytyki pajdocentryzmu, choć zarazem przecież uznaje tu pewien postęp. Ten mianowicie, że udało się nowemu wychowaniu skruszyć „obręcz intelektualizmu źle interpretowanego" (Kamiński 1980, s. 331). Warto odnotować,

---

4 Wyróżnia się tu ujęcie Ireny Wojnar, dobierającej uczestników sentymentalnych wspomnień wokół postaci Bogdana Suchodolskiego na zasadzie, jak pisze, osób zjednoczonych „kręgiem przyjaznej pamięci", pełnych wierności i serdeczności uczniów, współpracowników, a także grona tworzonego przez „sojuszników" (por. *Bogdan Suchodolski...* 2014, s. 14).

że w 1948 roku Radlińska, wbrew pajdocentrycznym wykładniom stanowiska Janusza Korczaka, podkreślała jego świadomość w kwestii niebezpieczeństw związanych z samorządem dziecięcym, np. wynikających z nadmiaru przedwczesnej odpowiedzialności „nie na miarę dziecka". Zauważała, że skrajną reakcją na przymus w dawnym wychowaniu jest głoszona „(często nadmiernie) swoboda dzieci" (Radlińska 1961, s. 86)[5].

Co więcej, a nawet co gorsza, Kamiński wbrew podejściu Radlińskiej i zaprzeczając tradycji, zupełnie zdumiewająco twierdził, że „[p]olska pedagogika społeczna jest dyscypliną funkcjonującą w ramach pedagogiki ukierunkowanej filozoficznie przez marksizm-leninizm" (Kamiński 1980, s. 34)[6]. Obie tezy są krzywdzące i jawnie fałszywe oraz nie powinny były się ukazywać podręcznikowo, a nadto szkodliwie ustanawiają dominację fikcji dla kolejnych pokoleń adeptów pedagogiki społecznej, w tym jeszcze wobec roczników studentów z lat 80. minionego wieku, zamykając im drogę do pełniejszego rozumienia humanistycznych zakorzenień pedagogiki społecznej w Polsce i jej źródeł z okresu międzywojennego. Kamiński tu najwidoczniej wyłącza się albo jedynie nieświadomie dokumentuje fakt rozmijania się swoich preferencji i kręgów intelektualnych (mocno skądinąd akcentując – być może tylko taktycznie – zasługi Heliodora Muszyńskiego) ze wspólnotą twórców pedagogiki społecznej i głębią polskiej pedagogiki międzywojennej, w czym ostatecznie i może mimochodem współbrzmi również, niestety, z Bogdanem Suchodolskim. Biorąc wspomniane cytaty pod uwagę, obok innych kwestii krytycznych,

---

5 Cenną próbę nakreślenia obrazu myśli Korczaka w odniesieniu do szerszego kontekstu „pokolenia niepokornych" w polskiej pedagogice, ze szczególnym uwzględnieniem równoległego zestawienia biografii Starego Doktora i Heleny Radlińskiej przyniosła książka Barbary Smolińskiej-Theiss (Bibliografia cz. III – Smolińska-Theiss 2013), w szczególności jej szósty rozdział (por. Bibliografia cz. II – Smolińska-Theiss 2013).

6 Oczywiście NIE przypisuję Kamińskiemu identyfikacji z tą optyką, a jedynie wyrażenie, być może zrezygnowane i subiektywnie trafne, skali dominacji tej perspektywy w realiach powojennych PRL-u. Nie oznacza to także braku mojego uznania dla wielu wartościowych dokonań Aleksandra Kamińskiego – do czego jeszcze się odwołam, wskazując na tropy wpisane w perspektywę dwoistości – jako okresowo wręcz lidera środowiska pedagogiki społecznej, otoczonego zasłużonym z wielu powodów szacunkiem, mimo że jednocześnie spotykającego się z przejawami wrogości instytucjonalnej i utrudnieniami pracy ze strony oficjalnie dominującej politycznie. Nie było przypadkiem, że ten były harcerz i członek AK miał utrudnioną drogę funkcjonowania akademickiego z okresowymi odsunięciami od dydaktyki, publikacji i badań. Mimo tego uważam, że warto poważnie rozmawiać o poszczególnych jego analizach i horyzoncie percepcji teoretycznej dla pedagogiki społecznej, choćby po to, aby nie tworzyło się wrażenie pełnej adekwatności poznawczej tego, co w tych niesprzyjających warunkach dało się sformułować dla całej dyscypliny. Oczywiście równoważy mój krytycyzm choćby to, że – jak pokazuję – nie sprostał zadaniu wpisania się w spuściznę Radlińskiej nawet sam Bogdan Suchodolski, dla którego byłoby to łatwiejsze i który mógł był tu rozciągnąć parasol ochronny nad tą myślą, gdyby go na to było stać. Jednak nawet marksista Łukasz Kurdybacha pokazał, że można docenić nurt „liberalno-demokratyczny" w oświatowej myśli międzywojennej, a nawet jego radykalizm społeczny, jak pokażę dalej.

jak problem odniesień do kultury, nie sposób zgodzić się w całości z Ireną Lepalczyk, gdy ta uznaje, że A. Kamiński „był najbliższy poglądom naukowym H. Radlińskiej", a ponadto, że jego podręcznik z 1972 roku ma „cechy charakterystyczne będące potwierdzeniem wysokiej tożsamości naukowej A. Kamińskiego z pedagogiką społeczną H. Radlińskiej"[7]. Mój sprzeciw wobec tezy Lepalczyk uzasadniam, formułując zarzuty wobec teoretycznej postawy Kamińskiego jako odbiegającej miejscami od etosu i strategii wyjściowej koncepcji wielkiej twórczyni pedagogiki społecznej. Podobnie nie podzielam, konkurencyjnej zresztą wobec I. Lepalczyk, tezy Wiesława Theissa, przypisującego status najbliższego ucznia i kontynuatora dzieła Radlińskiej z kolei Ryszardowi Wroczyńskiemu, który – jak czytamy –

[b]ył najbliższym uczniem i współpracownikiem H. Radlińskiej. Kontynuując jej dzieło rozwinął koncepcję pedagogiki społecznej [...]. Pozostał wierny temu dziedzictwu [...] (*Korespondencja Heleny Radlińskiej z Ryszardem Wroczyńskim...* 2003, s. 105).

Właśnie analizy horyzontu teoretycznego dokonań wprowadzają tu wiele powodów do wątpliwości i niezgody, mimo oczywiście konieczności uznania ogromnych zasług, i Kamińskiego, i Wroczyńskiego, np. w przywróceniu dostępu do kanonu prac wielkiej ich poprzedniczki w postaci tomów wydanych w Ossolineum w latach 1961–1964. Zresztą kontrowersje wokół idei tzw. szkołocentryzmu zasługują na poważniejszą uwagę przy zderzeniu dojrzałości i poziomów myśli społeczno-pedagogicznej, gdy chce się tu widzieć kontynuację i wierność, a tym bardziej dalszy rozwój, a nie np. regres i niedocenienie.

O tym, że wcale nie trzeba było aż tak ulegać w opisie sytuacji presji na dominację ujęć marksizmu-leninizmu – mimo zresztą własnej odrębnej postawy i jej wręcz heroizmu – świadczy paradoksalnie przypadek marksisty, historyka wychowania, Łukasza Kurdybachy, który nawet pisząc w latach 60. XX wieku o wadze wpływów rewolucji październikowej na myśl oświatową w Polsce międzywojennej, nie wahał się uwypuklać „zradykalizowania" tej myśli u Heleny Radlińskiej i innych działaczy „liberalno-demokratycznych, ludzi wrażliwych na krzywdę społeczną i szukających na nią środków zaradczych" (por. Kurdybacha 1967, s. 283). Przywołując pracę pod redakcją tej ostatniej z 1937 roku, *Społeczne przyczyny powodzeń i niepowodzeń szkolnych*, Kurdybacha uznaje ją za „niedocenianą może należycie" jako przesiąkniętą „głębokim humanizmem" i przynoszącą analizy krytycznie diagnozujące stan oświaty międzywojennej w Polsce (por. Kurdybacha 1967, s. 283). Rzecz jasna dziś kuriozalnie brzmi sugestia, że Radlińska dokonywała tego wraz ze swoimi uczniami z pozycji „niezaangażowanych pod względem ideowym", co miało oznaczać, że

---

[7] Por. rozważania I. Lepalczyk na temat „genezy i rozwoju pedagogiki społecznej" w tomie *Pedagogika społeczna. Człowiek...* 1995, s. 15, 17.

pozbawionych trafności i postępowości marksistowskiej (Kurdybacha 1967, s. 299). Cień takiej retoryki przesłania i wypacza wartość dokonania Radlińskiej.

Zasygnalizuję tu do dalszych analiz choćby taką tezę, że studia zorientowane na śledzenie losu, zaangażowań, typu pracy badawczej np. Władysława Grabskiego (1974–1938) (por. Wojnarowski 1987), w jego walce o oświatę na wsi polskiej czy o wizję pedagogiki otwartej na aspekty środowiskowe oraz na inspiracje z młodzieńczych lektur prac Edwarda Abramowskiego czy Ludwika Krzywickiego, pozwalają stwierdzić pod wieloma względami jego wspólnotę historyczno-pokoleniową z Radlińską, niezależnie od odmiennych uwikłań politycznych i skali funkcjonowania politycznego. Wspólnoty tej nie umiał dostrzec chociażby Józef Chałasiński, jak pokażę dalej w książce.

Warto jednak uwypuklić, że nawet osoby światłe i cieszące się długo po śmierci Radlińskiej uznaniem akademickim dawały rozmaite świadectwa odsuwania jej na boczny tor myśli akademickiej i negowania wartości postawy z powodu rzekomo trzymania się „błędnych założeń" (por. Szczepański 1954, s. 149), jak sugerował to w artykule podsumowującym jej dokonania Jan Szczepański, który zresztą w 1950 roku przejął zastępczo kierowanie [dokładnie „opiekę nad" (por. Lepalczyk, Skibińska 1974, s. 400)] Katedrą Pedagogiki Społecznej po dramatycznym odsunięciu z życia akademickiego jego wielkiej poprzedniczki. Ta z pewnością wiązała ze Szczepańskim wiele nadziei, wskazując go w 1945 roku – jak zaświadcza notatką w swoim dzienniku socjolog – na „spadkobiercę" jej działań[8].

Stosunek Szczepańskiego do Radlińskiej był jednak długo utrudniony przez okresowo przynajmniej upubliczniane stanowcze krytyki. Uznając jej zasługi we wskazywaniu na „społeczne korzenie wychowania" i humanistyczne definiowanie zadań wychowawców, stwierdził zarazem w nocie pośmiertnej na łamach „Życia Szkoły Wyższej", w sposób brzmiący dziś niegodnie rangi zarówno przedmiotu, jak i podmiotu tej wypowiedzi:

> Radlińska nie rozumiała głębi i doniosłości rewolucji dokonanej w Polsce Ludowej. Zawsze sądziła, że walki klasowe można „załagodzić" odpowiednio zorganizowaną służbą społeczną. Nie chciała uznać klasowych źródeł zła społecznego i sądziła, że można je przezwyciężyć, aktywizując immanentne siły środowisk ludzkich – bez walki klasowej. Na tych założeniach opierała swój system pedagogiki i działalność społeczno-polityczną. Starą liberalną niechęć do instytucji państwowych przenosiła na państwo ludowe (Szczepański 1954, s. 149).

Warto by osobno sprawdzić, czy robiący przez kolejne pół wieku karierę wybitnego socjologa i działacza w najwyższych władzach PAN, uczony i czołowa

---

8 Pod datą 9 grudnia 1945 roku czytamy: „We wtorek ciekawa rozmowa z Heleną Radlińską, która wygłosiła mi swój »testament«, naznaczając mnie swoim spadkobiercą i wykonawcą. Innymi słowy, mam zostać kierownikiem Studium Społeczno-Oświatowego przy WSGW [Wyższej Szkole Gospodarstwa Wiejskiego w Łodzi – L.W.]" (Szczepański 2013, s. 21).

postać, zasłużona w kwestiach troski o edukację i reformę oświaty, J. Szczepański kiedykolwiek odwołał swoją krytykę Radlińskiej[9]. Wprawdzie można by nawet mu ją darować, jako socjologowi długo identyfikującemu się z ortodoksyjną wizją „walki klasowej", ale jest ona przecież krzyczącym fałszem i czyni krzywdę znakomitej uczonej, która w duchu tradycji romantyczno-socjalistycznej i pochwały pracy organicznej walczyła o nowe rozwiązania instytucjonalne w tworzeniu zrębów oświaty państwowej w Polsce międzywojennej. Intelektualnie po prostu nie godziło się absurdalnie przypisywać jej wspomnianą „[s]tarą liberalną niechęć do instytucji państwowych".

Pamiętajmy, że Jan Szczepański był wśród polskich socjologów, analogicznie do Bogdana Suchodolskiego wśród pedagogów, centralną i dominującą postacią o ogromnej instytucjonalnie sile ustanawiania presji ocen, hierarchii wartościowania i wpływu na proces myślenia oświatowego oraz tworzenia założeń reform edukacyjnych. Widać wyraźnie, jak bardzo z udziałem obu tych postaci waga merytoryczna dokonań Radlińskiej została na pół wieku zablokowana w jej oddziaływaniu kulturowym. Tylko częściowo mogły temu przeciwdziałać kolejne okolicznościowe (rocznicowe) konferencje i inicjatywy wydawnicze. Paradoksalnie, obaj wielcy tego czasu brali w nich udział, jak gdyby nigdy nic.

Oczywiście, nie przeczę tym samym, że obaj eksponenci intelektualni swoich środowisk potrafili wykonywać pojedyncze gesty życzliwości czy uznania, podkreślam jedynie, że nie składały się one na postawę wspólnoty ani kontynuacji. Znam jeden przypadek, w którym w 1961 roku Jan Szczepański wykonał gest nawet dalej idący niż u Bogdana Suchodolskiego, który tego jeszcze nie potrafił w 1980 roku. Podczas gdy ten ostatni pisał i mówił jedynie o „swoistej aktualności" Radlińskiej dla pedagogiki, wielki socjolog podkreślał „aktualność" bezprzymiotnikowo,

---

9 W dziennikach socjologa śladu takiej zmiany nie ma, poza znamienną notką z datą 21 stycznia 1967 roku, gdy komentując „uczczenie pamięci Heleny Radlińskiej" na okolicznościowej konferencji, napisał: „Wydaje mi się, że ta konferencja jest dowodem surrealistyczności naszego państwa ludowego i komunistycznego. Organizatorem konferencji jest Towarzystwo Wolnej Wszechnicy Polskiej, skupiające gromadę starszych panów, wspominających chętnie młode lata. Konferencja była rehabilitacją Heleny Radlińskiej. Jedni ją atakowali, inni bronili, dawne uczennice trochę histeryzowały, słowem, widowisko. Dzisiaj będzie się mówiło o polityce społecznej, w niedzielę będą obrady w sekcjach, sprawy będą już oderwane od kontrowersyjnej pedagogiki społecznej i postaci babci Radlińskiej. Dla tych kilkuset ludzi, którzy przyjechali z całego kraju, konferencja ma zupełnie inny wymiar niż dla rozplotkowanych grupek warszawskich" (Szczepański 2013, s. 324). Wypada jedynie zauważyć, że ten uczony – z zupełnie innego pokolenia, bo młodszy od Radlińskiej o dwadzieścia lat, a od Suchodolskiego o dziesięć – nie ma najwyraźniej żadnego poczucia wspólnoty duchowej z ową gromadą z innego wymiaru, nie ma też śladu realnego uznania dla dokonania Radlińskiej. Jedyny dodatkowy akcent w zapiskach (obejmując także lata 1935–1945, czyli całość) dotyczący tej ostatniej niesie wskazanie (pod datą 19 stycznia 1947 roku) na powstałą właśnie recenzję z jej przedwojennej pracy *Książka wśród ludzi*, ale nie ma jej śladu w dostępnych bibliografiach prac socjologa (por. Szczepański 2013, s. 50).

a nawet wskazywał dwadzieścia lat wcześniej na zobowiązujący charakter publikacji jej prac, widząc tu „wielkie zobowiązania dla uczniów i kontynuatorów":

> Wielkość Radlińskiej polega na sformułowaniu idei ogólnych, nieodpartych i przekonujących. Stworzyła ogólną koncepcję pracy społecznej [...]. Ta koncepcja jest punktem wyjścia pedagogiki społecznej [...]. Zadaniem kontynuatorów Radlińskiej jest wypracowanie technik działania wyzwalających pożądaną aktywność w imię ideału szczęśliwego życia dla wszystkich. [...] Niech więc wznowiony tom prac Heleny Radlińskiej posłuży dla uświadomienia sobie aktualności jej idei i dla wzmożenia pracy tłumaczącej te idee na program konkretnego działania w zmienionym społeczeństwie (Szczepański 1961, s. 6).

Byłoby zadaniem zgoła fascynującym i bilansującym recepcję myśli Radlińskiej zebranie wszelkich okruchów odnoszenia się do niej w poszczególnych dekadach powojennego rozwoju w pedagogice polskiej. Dopełniłoby to próby, jak niniejsza, samodzielnego zmierzenia się z jej dorobkiem jako warunku dalszego rozwoju wyrosłego z tradycji. Zadanie odczytania tej spuścizny pozostaje do podjęcia u progu XX wieku, jeśli nie mamy w to stulecie przenieść mechanizmów rodem z PRL-owskich, marksistowsko-leninowskich salonów oraz gabinetów władczych i to wśród eleganckiej elity intelektualnej. W szczególności widać, że wiele szkód dla jakości życia akademickiego wyrządzali w PRL nie tyle niewykształceni aparatczycy partyjni, ile trzon elity intelektualnej, prowadzącej często z pozycji kolejnego pokolenia (Suchodolski – rocznik 1903, Szczepański – rocznik 1914) grę, a nawet walkę o własne pozycje oraz hegemonię i to jeszcze czasem środkami nieczystymi intelektualnie i chwytami ideologicznymi, bez niezbędnej troski o kontynuację najświatlejszych nawet dokonań tradycji przedwojennej i wcześniejszych. Dotyczy to niestety także postaci o uznanej pozycji międzynarodowej wśród krytyków.

A przecież mieliśmy wcześniej reakcje entuzjastyczne na dokonanie Radlińskiej, zwłaszcza jeszcze przed wojną, jak to przytacza Stanisław Michalski z recenzji autorstwa Stanisława Skrzeszewskiego ze *Społecznych przyczyn niepowodzeń szkolnych*, gdzie recenzent podkreślał w 1937 roku wyjątkowy status tego dokonania, prognozując, iż

> [p]edagogika społeczna jako kierunek naukowy będzie miała prawdopodobnie inne losy aniżeli jakikolwiek inny prąd w pedagogice. Istotną cechą tego kierunku jest – jak się zdaje – to, że nie mieści się w ramach pracowni naukowych [...], a wkracza na pole działania każdego nauczyciela, wychowawcy, pracownika w służbie społecznej [...]. Kierunek ten będzie zyskiwał prawdopodobnie nie zwolenników, lecz wyznawców (*Helena Radlińska. Człowiek...* 1994/1995, s. 70–71)[10].

---

10 Cytat dotyczy recenzji zamieszczonej w „Chowannie" w 1937 roku. Skróty pochodzą od S. Michalskiego. Przedmiotem recenzji była praca: *Społeczne przyczyny powodzeń i niepowodzeń szkolnych...* 1937; por. Skrzeszewski 1937, s. 414–415.

Prognoza, niestety, się nie potwierdziła, ale jej waga polega raczej na zrozumieniu dla konieczności odniesienia tego dokonania Radlińskiej do wszystkich aspektów działań pedagogicznych, w poprzek podziałów dyscyplinarnych, choć dziwnie to wiąże się z terminem „kierunek", skoro to raczej nastawienie bezkierunkowe. Taka perspektywa także przyświeca podjętej tu lekturze i prezentacji jej kompletnych efektów jako uzasadniających postulat, by Helena Radlińska była na serio traktowana w przekroju całej pedagogiki jako nadal żywa inspiracja, a nie jedynie jako pomnikowo przywoływany klasyk pedagogiki społecznej. Zauważmy w szczególności, że Skrzeszewski jako recenzent i prognosta argumentuje, iż szanse na szerokie uznanie pedagogika społeczna miała zyskać, jego zdaniem, zwłaszcza wśród nauczycieli, rzekomo duszących się „w ciasnym kręgu płytkiego dydaktyzmu", gdyż zwrócona na „wzajemne oddziaływanie wpływów środowiska i przekształcających środowisko sił jednostek" miałaby pozwolić im na poczucie „pogłębienia swego stosunku do szkoły i środowiska" (por. Skrzeszewski 1937, s. 415)[11]. Nie ulega jednak wątpliwości, że ani praktyka, ani teoria dydaktyki nie otwarły się na impulsy stąd płynące, jak też ich kodyfikacja nie miała miejsca w dydaktyce ogólnej.

Cytowany tu Stanisław Michalski podkreślał „pionierski charakter" rozważań Radlińskiej o wychowaniu w odniesieniu zwłaszcza do środowiska wiejskiego. Jego zdaniem nie zostało to należycie docenione ani uwzględnione w literaturze pedagogicznej, łącznie ze zmarnowaniem formuły ujmującej „środowisko i jednostkę w dialektycznym związku", widzianym w postaci uwypuklającej – mówiąc słowami Radlińskiej – „wzajemne oddziaływanie wpływów środowiska i przekształcających środowisko sił jednostki" (por. *Helena Radlińska. Człowiek...* 1994/1995, s. 71). Przy tym związki te zarówno stanowiły kontekst dla charakterystyki celów, jak i „w ich świetle" trzeba było widzieć i oceniać stosowane pedagogicznie środki (por. *Helena Radlińska. Człowiek...* 1994/1995, s. 71). Zauważmy jednak, że właśnie wspomniana i przywołana idea dialektycznego związku w tym pedagogicznym odniesieniu jednostki i środowiska należała – na różne sposoby – do dojrzewającej i artykułowanej idei wręcz pokoleniowo charakteryzującej rozumienie złożoności relacji wychowawczych. Nie tylko bowiem pedagogika społeczna w wersji Radlińskiej przywraca dla całej pedagogiki tło społeczne jej funkcjonowania i złożoności relacji, w jakie jej działania są z konieczności uwikłane. To ilustruje podjęta już przeze mnie rekonstrukcja „przełomu dwoistości", w który ustalenia Radlińskiej się wpisują, choć go ani nie wypełniają, ani nie antycypują, gdyż była to praca pokoleniowa w procesie dojrzewania, dopiero prześwitującego i nierozpoznanego jako taki.

---

11 Autor ten, nie zaznaczając tego, wykorzystuje tu sformułowania samej Radlińskiej (por. Lepalczyk, Skibińska 1974, s. 64).

Kategorie pedagogiki społecznej Heleny Radlińskiej jako rama dla rozumienia historii i projektowania nowego kształtu myśli pedagogicznej w Polsce

Najpierw pragnę zauważyć, nie bez satysfakcji zresztą, że podjęta tu lektura prac Radlińskiej, w tym klasycznego *Stosunku wychowawcy do środowiska społecznego* z 1935 roku, dostarcza kategorii pozwalających zinterpretować efekty analiz, jakie przeprowadziłem w książce *Przełom dwoistości w pedagogice polskiej. Historia, teoria, krytyka* (2013a). Spróbuję teraz w tych kategoriach nazwać te ustalenia. Jest to możliwe choćby dlatego, że Radlińska potrafi – jak sama pisze i postuluje w latach międzywojennych, a nawet już w pierwszej dekadzie XX wieku – „spoglądać na sprawy wychowania z punktu widzenia historii kultury" (por. Radlińska 1935, s. 21). Wiąże się to z wyraźnym uwypukleniem dwóch procesów historycznych, których teoria wychowania nie powinna, jej zdaniem, lekceważyć. Chodzi jej o wskazanie procesu poszukiwania „coraz to nowego kształtu dla wartości w istocie swej tych samych", a ponadto o podkreślenie, że zwłaszcza w okresie przewrotu „[s]iły młode zaczynają zawsze od początku, nawet w przejmowaniu dorobku" (Radlińska 1935, s. 22). Jakość tego przejmowania może być różna, choćby dlatego, że często „żywotne wartości przechowują się w przeżytkach potępionych przez nową etykę" (Radlińska 1935, s. 22). Historia kultury jako kontekst instytucjonalny pokazuje, że nawet odrzucając czy zwalczając pewne treści, w tym dobra kulturowe, przenosi się je „do innego splotu form", a szerzej mówiąc, „[h]istoria pokazuje, jak przy obalaniu istniejących systemów nowe urzeczywistniają niejeden z dawnych postulatów" (Radlińska 1935, s. 22). Zarazem jednak powrót dokonuje się często pomimo odrzucenia jego przedmiotu i treści przez wcześniej dominujące pokolenie. Przez to dochodzi do procesów, w których „przejmowanie dorobku ludzkości odbywa się przez powrót do źródeł, z których już czerpano" (Radlińska 1935, s. 22), a które następnie mogły być porzucone czy zlekceważone.

Wychowankowie mogą zlekceważyć nauki swoich wychowawców, ale kolejne pokolenie potrafi oddać im sprawiedliwość, czytamy wraz z przywołaniem smutnej świadomości Cypriana Kamila Norwida, że będzie musiał czekać na sprawiedliwie go czytających (Radlińska 1935, s. 23). Jednocześnie pojawia się dobitne stwierdzenie (Radlińska 1935, s. 24), że „poczucie odpowiedzialności za otrzymane dziedzictwo" wymaga uznania, iż jego wartościowe „oddziaływanie jest możliwe tylko dzięki własnej twórczości" tego, kto się do niego zwraca. Dziedzictwo to musi zarazem być przetworzone przez uwypuklenie tego, co mogło w nim pozostawać jeszcze ukryte, czy nie dość rozpoznane. Cenne jest także podkreślenie przez Radlińską, że wielkość ludzi w ich pracy dla przyszłości jako „służbie nieznanemu" znaczy zawsze warunkowo, bo bywa i tak, że „wyrodnieje w odświętnej paradzie" (Radlińska 1935, s. 25; także 1961, s. 28). Nawet w intencji afirmacji wartościowych celów kulturowych może dojść do „zwyrodnienia instytutów" (por. Radlińska 1947, s. 59), zaprojektowanych na ich rzecz w sferze oświatowej. W szczególności jest tak, że nie powinno dochodzić do ograniczania jakości życia kulturalnego poprzez instytucjonalną selekcję dostępu do dzieł czy zastępowanie ich źródłowego głosu jakimiś namiastkami, jak wykładnie czy wykładnie... wykładni albo streszczenie streszczeń.

Zasadnicze zatem wydają się jednocześnie dwa zderzające się procesy w historii kultury. Jeden z nich wyznacza mniej czy bardziej głęboka i zaangażowana ODNOWA, jako biegun twórczego sięgania do źródeł i przeszłości wpisanej w tradycje, drugi zaś stanowi mniej czy bardziej dramatyczna ODMOWA udziału w przeszłości z dyktowaniem jej nowych warunków władczych. Łącznie zaś napięcie między tymi biegunami wyznacza charakter ODMIANY, której kulturowego znaczenia nie da się jednoznacznie określić przy nieustannej dynamice presji, jakim teraźniejszość podlega w trybie chwilowo dominujących układów sił. Nie darmo w kontekście tradycji kształcenia pracowników oświaty w Polsce Radlińska stwierdziła coś znacznie bardziej ogólnie prawdziwego, w odniesieniu do rozmaitych tradycji, nie przeczuwając zapewne, że będzie to dotyczyło za jakiś czas także tradycji ustanowionej prze nią samą. Oto czytamy w kontekście historii oświaty:

> Tradycja ta niestety nie wszystkim jest znana w całej rozciągłości; przerywana i usilnie niweczona, odradzała się i odradza fragmentarycznie (Radlińska 1947, s. 195).

Diagnozę tę można by i należy zapewne pogłębić w nawiązaniu do losów pedagogiki społecznej i prawdopodobnie każdej subdyscypliny pedagogicznej, gdzie można odnaleźć przejawy takich zjawisk, a ponadto przeinaczeń, marginalizacji, szkodliwych ukierunkowań, fałszywych reprezentacji i wykładni. Praca na materiale każdej tradycji musi się zapewne splatać także z wysiłkiem odsiania ziarna od plew, czyli wartości od nieporozumień w tradycji także jej recepcji, w tradycji jej kontynuacji, często niewiele mających wspólnego z rzetelną i twórczo stymulującą kontynuacją samej wyjściowej tradycji.

Radlińska inspiruje mnie do przeniesienia tego ogólnego obrazu na poziom rozważań pozwalających na efektywne odniesienia do kategorii związanych z zachowaniem samych środowisk wychowawczych, w tym samych kręgów pedagogów akademickich w ich stosunku do własnej spuścizny. W tym przypadku daje to możliwość odnoszenia tego, co społecznie funkcjonuje, do tego, co zaistniało obiektywnie w dorobku, a co mogło okresowo i środowiskowo być zaprzepaszczone w dominującym typie lektur, zainteresowań i potrzeb – jednym słowem: „czynników duchowych"[12] dopuszczanych do głosu.

---

[12] Definicyjne kojarzenie środowiska z charakterystyką „czynników duchowych" (por. Radlińska 1979, s. 94) w nim czynnych stanowi dla Radlińskiej główny akcent definicyjny dla tego terminu, uwypuklający mechanizmy aktywnie oddziałujące, a nie tylko obecne; ten ostatni przypadek odnosi się do otoczenia, w którym może coś być obecne, ale zarazem może nie wpływać.

Istotne okazują się rozważania na temat przeciwstawienia kategorii „środowisko" oraz otoczenie z jednej strony, a z drugiej uściślenia dotyczące samego rozumienia środowiska, odróżniającego nie tylko już wspomniany jego wariant obiektywny od subiektywnego, lecz także środowisko bliskie od dalekiego. Niezbędne jest również wyróżnienie „środowiska niewidzialnego", które oddziałuje w sposób nierozpoznany świadomie, a kluczowy dla mechanizmów kulturowych przejętych socjalizacyjnie w rodzaju wzorów i przekonań, respektowanych bezwiednie, milcząco i będących przezroczystymi. Zarazem jakość dostępu treści z horyzontu tego środowiska może być uszkodzona, zniekształcona, ograniczona.

Podkreślam niezwykłość i głębię kulturowej intuicji umysłu Radlińskiej, zapowiadającą w istocie znacznie późniejsze, bo z lat 60. XX wieku, wskazanie przez Gregory'ego Batesona (por. Bateson 2000) (w zakresie epistemologii i jej rozumienia procesów komunikacji) i Geoffreya Vickersa (por. Vickers 1968) (w zakresie złożoności oddziaływania wartości na procesy społeczne) na potrzebę włączenia w rozważania kategorii „ekologii idei", gdyż dostępność dotycząca idei, obecnych w książkach czy innych dziełach kulturowych, stanowi zaplecze symboliczne dla stymulowania przeżyć, wyobrażeń, dążeń i ideałów. Sprzężenie troski o jakość realnego środowiska społecznego z wysiłkiem udrażniania dostępu do dziedzictwa kulturowego w jego zakresie symbolicznym stanowi u Radlińskiej próbę wyartykułowania głębokiej intuicji, że emancypacja społeczna wymaga przebudowy potencjału kulturowego jednostki dzięki trosce o potencjał kulturowy jej środowiska życia. To podstawowa idea filozofii społecznej Radlińskiej i jej styku z pedagogiką kultury, którą dodatkowo wzmacniała ideą „melioracji" jako udrażniania kanałów dostępu do treści symbolicznych i nasycania warunków życia treściami owego „środowiska niewidzialnego", a ukrytego np. w książkach, od kontaktu z którym zależy los każdej jednostki. Z tej perspektywy można powiedzieć, że dla Radlińskiej pedagogika społeczna okazuje się takim oddziaływaniem pedagogicznym, które bierze odpowiedzialność za rozwój jednostki w trybie troski o nasycanie kulturowymi impulsami jej środowiska życia, stymulując zdolność do czerpania z dziedzictwa tych impulsów. Główny zaś mechanizm oddziaływania tego „niewidzialnego środowiska" polega na przebudzaniu wyobraźni i kształtowaniu zdolności do wskazywania dla samego siebie wartości, celów, ideałów własnych dążeń.

W środowisku niewidzialnym dokonuje się wymiana wartości duchowych, w nim rodzą się idee i koncepcje ustrojów społecznych. Tu tkwią najgłębsze źródła sił ludzkich (Radlińska 2003, s. 67).

Sugestia ta kryje w sobie odniesienie do kultury, którego pedagogika społeczna nie może w pełnym swoim programie lekceważyć, jak również uwypukla potencjalną funkcję rozwojową medium, jakim jest książka, będącego nośnikiem dla tych sił, gdyż nawet „[k]siążka na pozór przypadkowo przeczytana może stać się, staje się nieraz epokową w życiu czytelnika" (Radlińska 2003, s. 65). Dramaturgia rozwoju osobowego i dynamika rozwoju społecznego mogą zatem razem mieć charakter skokowy, którego źródłem staje się zawartość udostępniona dzięki nasycaniu środowiska życia życiodajnością impulsów spoza jego ram i uwarunkowań, z przestrzeni w nim niewidzialnej, a także często niedostępnej i niewyobrażanej pod wpływem ograniczających mechanizmów lokalnych lub niezdolności do wykonania niezbędnej pracy dla ich przysposobienia. Nie darmo Radlińska kojarzy czytanie książki jako połączone z pracą, gdyż jakość efektów czytania – szerzej: odniesienia do obrazów czy innych dzieł kultury – zależy od pracy, jaką przy tym odbiorca potrafi wykonać. Książki same nie mówią, gdyż to praca wydobywająca z nich ukryte w niej skarby myśli czy idee, sugestie zaklęte w formuły symboliczne, rozstrzyga o tym, czy się ich dokopiemy, czy po nie potrafimy zanurkować w gęstwinę tropów. Dowiedzieć się można jedynie „własną pracą z książek, z obrazów" (Radlińska 2003, s. 239), z obiektów jako śladów kulturowych, które przemówią jedynie do tego, kto zna ich język. Inaczej będą „nieme kulturowo", nawet będąc arcydziełami w odbiorze wielu innych osób czy nawet pokoleń.

Zanim przytoczę dalsze niezbędne ustalenia definicyjne, spróbuję nazwać w tym języku ramę, jaka tu zadziałała w kolejnych ustaleniach.

Po pierwsze okazało się, że mamy środowisko subiektywne w pedagogice, dominujące akademicko jako zarazem najwyraźniej uszkodzone w stosunku do środowiska obiektywnego, tj. realnie istniejącego zaplecza w postaci źródłowych tekstów, które mogły być (a nie były) dostatecznie przyswojone jako kanon wyjściowy do budowania wspólnoty rozumienia własnej genezy subiektywnej.

W otoczeniu Bogdana Suchodolskiego i – co więcej – w wyniku dominacji tego otoczenia w kształtowaniu środowiska subiektywnego polskiej pedagogiki powojennej nastąpiło **uszkodzenie jakości odniesień** do zaplecza źródłowego okresu międzywojennego. Do głosu doszło osłabienie i wypaczenie dostępu do przeszłości, co wpływało na degradację jakości spożytkowania literatury źródłowej czy jej tradycji rozmaitych przetworzeń, powstałych zwłaszcza za sprawą Wielkiego Pokolenia, wspomnianego tu przeze mnie na wstępie. Moja poprzednia książka o „przełomie dwoistości" pokazuje, na czym to uszkodzenie polegało, skąd się brało i kto jest za nie w sposób zasadniczy odpowiedzialny. Pokazuję w niej proces zaniechania poważnego podejścia do tradycji i jej dorobku jako rzekomo przebrzmiałego, niewartego wysiłku, jako wymagającego przezwyciężenia, jeśli nie odrzucenia z racji jego błędnego rzekomo rodowodu czy nie dość postępowego zaangażowania. Był to proces, który przekreślając przydatność tej części obiektywnego dokonania pokoleniowego w polskiej pedagogice, zmusił do całkowicie nowego ukształtowania podstaw myślenia pedagogicznego, z koniecznym porzuceniem czy marginalizacją, a co najwyżej nic nieznaczącym odczytywaniem tej tradycji jako rzekomo znanej, ale już nieuznanej poza deklaratywnością w ramach ogólnego subiektywnego przyzwolenia, wyznaczonego przez dominujące subiektywnie w przestrzeni akademickiej (jako jej środowisko subiektywne) otoczenie B. Suchodolskiego.

Punktem wyjścia tych tez może być wskazanie na istotnie znaczące w myśleniu Radlińskiej o zadaniach pedagogiki społecznej (a zarazem zbieżne z wrażliwością pedagogiki kultury i wpisaniem w historię kultury) odniesienia do takich kwestii, jak: istniejący dorobek, przejęte czy raczej otrzymane dziedzictwo, źródłowa spuścizna, postrzegana jako obiektywne dobra, wręcz skarby, wpisane w skarbnicę kultury, z której można czerpać, do której można uzyskiwać i torować sobie dostęp jako do źródła podniet duchowych. Ma się to wiązać z troską o to, aby w sposób twórczy dało się tu uzyskać możliwość spożytkowania, uzyskania poczucia wartości poprzez przeżywanie, które prowadzi do przebudzenia i uczestniczy w „odnajdywaniu źródeł sił ludzkich", które działają integrująco na ludzi, zarazem „pozwalając każdemu na stawanie się sobą" (por. Radlińska 1935, s. 29). Uznanie wagi wykorzystania potencjału kultury w oddziaływaniu na „przebieg życia dzieci" wymagało – w trybie istotnie generowanego sprzężenia czy powiązania ze sobą – badań monitorujących zmiany rozwojowe w powracających cyklach dla tych samych grup i jednostek, pozwalając na „śledzenie losów jednostek i rodzin w ciągu szeregu lat" (por. *Społeczne przyczyny powodzeń i niepowodzeń szkolnych...* 1937, s. 3). Interesującą kwestią w szerszej perspektywie wydaje się zatem organizowanie i uruchamianie społecznych warunków niezbędnych do tego, aby dawało się **odblokować potencjał bodźców kulturowych** dla rozwoju jednostek i mobilizacji grup do poprawiania jednych i pomnażania siły działania drugich. Najwyraźniej widać, że pedagogika społeczna w takim nastawieniu nie da się oderwać od rozumienia w niej funkcji bodźców kulturowych i odniesienia do skarbnicy tychże, możliwej do uruchomienia poza i przeciw lokalnie w otoczeniu jednostki dominującemu charakterowi jej ograniczonego zasięgu i repertuaru. Pozwala to bowiem podnosić „wagę warunków społecznych w kształtowaniu oddziaływań wychowawczych" (por. *Społeczne przyczyny powodzeń i niepowodzeń szkolnych...* 1937, s. 23), a wśród tych ostatnich wyróżniać troskę o bodźce kulturowo nasycone. Kultura z tego punktu widzenia jest istotną kategorią pedagogiki społecznej, ukonkretnianą dalej przez pytania szczegółowe, np. o dostępność książek, o organizowanie czytelnictwa, kształtowanie zainteresowań, o przeciwdziałanie analfabetyzmowi funkcjonalnemu, w tym samej nawet niezdolności do jego dostrzegania przy formalnych przejawach operowania rozmaitymi treściami poniżej poziomu ich znaczeń kulturowych.

Ten ostatni termin, „analfabetyzm", dotyczy u Radlińskiej zjawiska znacznie bardziej zniuansowanego i mającego rozmaite poziomy zaawansowania, zawsze odnosząc się do niezdolności do „spożytkowania" czy „użytkowania" literatury, zarówno indywidualnego, jak i zbiorowego. Nie jest to więc kwestia samej technicznej umiejętności czytania, ale zdolności wyczytywania życiodajnych impulsów dla rozwoju oraz skali zagrożenia... analfabetyzmem kulturowym jako postawą duchową, bywa, że ostentacyjną i pewną siebie przy braku świadomości własnej degradacji.

Pojawia się tu pytanie o to, czy i jak da się czynić dostępnymi treści stanowiące dorobek, wręcz skarbiec dóbr kultury, który mógłby być dostępny dla każdego, a nie jest, dodatkowo instytucjonalny charakter tego dostępu może utrudniać ogarnięcie jego bogactwa w pełni. Można nawet czynić ten dostęp niemożliwym dla całego „pokolenia historycznego" danego czasu, z powodu ograniczeń tych, którzy po dziedzictwo tu ukryte sięgają, czy wobec ograniczeń samych sposobów tego sięgania. Tym bardziej ciążyć mogą ułomności społecznego funkcjonowania urządzeń, jakie w tym procesie uczestniczą. Dotyczy to zwłaszcza siły przeszkód, wręcz blokad wmontowanych w uwarunkowania ich otoczenia, np. rekrutacji kadr (oświatowych) czy presji wymagań politycznych i reglamentacji ideowych. Nie darmo w zestawie trzonu wiedzy z pedagogiki społecznej Radlińska podkreślała dla studentów to, że

> [...] wartości poszczególnych okresów życia są w znacznym stopniu wartościami utajonymi. Ujawnienie ich w pełni i spożytkowanie zależy od warunków społecznych. Przekształcenie tych warunków wymaga świadomości roli generacji dojrzewających i dojrzałych (Radlińska 1961, s. 367).

Owa pełnia jawności, dostępu i spożytkowania nie musi być zakładana jako realna, wystarczy, że stanowi warunek graniczny, w postaci konstruktu idealnego, wskazującego na kierunek dążenia. On to pozwala dociekać charakteru przeszkód, skali szkód i niezbędnych ukierunkowań kompensacji czy rozwiązań projektujących większy potencjał owego ujawnienia i udostępnienia do spożytkowania w trybie wrastania w niego, wzrastania dzięki niemu, wyrastania do nowych możliwości działania i zadań. Maria Czapska przytacza następujący zapis, podyktowany przez Radlińską w trakcie ich rozmów z początku II wojny światowej, który dowodzi, jak bardzo jej narracja, nawet w trybie głośnego myślenia, była przesiąknięta perspektywą rozpisaną na rozmaite wątki kategorialne, które tu próbuję zbierać i rozbierać na czynniki proste czy wpisywać w dwubiegunowe sploty, w jakie i tak są uwikłane, a zarazem, jak wielkie pokłady nadziei czy ufności w moc sprawczą człowieka dawały tu o sobie znać:

> Zagadnienie przyszłości: rozpoznanie spraw społecznych odbywa się na tle danej rzeczywistości, układu sił, stanu urządzeń, sposobu ich zużytkowania, dążeń do przebudowy i form, w których się wyrażają. Rzeczywistość nie jest bynajmniej jednoznaczna z teraźniejszością; mieści w sobie tradycje i dążności, wczoraj i jutro splatają się w niej, tworząc warunki dnia dzisiejszego. Każdy splot przybliża jakąś odmianę. Dziś zapada się w przeszłość, jutro wyrasta. Wyrasta nie tylko z okoliczności, które przez chwilę były dzisiejsze, lecz również z tego, co zasiały dawne zamierzenia. Wzrost tych odmian zapewniają siły żywotne, na miarę ludzką niezniszczalne. W ludziach wzmacnia [się – L.W.] i odradza to, co w rzeczywistości jest składnikiem twórczym i długowiecznym, choćby teraźniejszość miniona lub w danej chwili przeżywana odrzucała ten składnik, nie spożytkowując go (Czapska 2006, s. 29–30).

W nawiązaniu do rekonstrukcji z mojej ostatniej książki, pt. *Przełom dwoistości w pedagogice polskiej*, okazuje się, że postawę Heleny Radlińskiej w zakresie jej stosunku do kultury – stanowiącej medium oddziaływań społecznych oraz programowania działań wychowawczych w trosce o sprzyjanie rozwojowi duchowemu jednostek i całego społeczeństwa – można wpisać w pokoleniowe uwrażliwienie zwykle wąsko kojarzone z tzw. pedagogiką kultury. To zresztą Radlińska sytuuje, np. śladem Edwarda Abramowskiego (czy osobno także Hugona Kołłątaja czy Karola Fryderyka Libelta), w historii myśli, wskazując na opieranie się na „tradycjach polskiej myśli wychowawczej" i starając się – jak sama pisze we wprowadzeniu do *Oświaty dorosłych* w 1947 roku – „je rozwinąć" (Radlińska 1947, s. 17). Ten wspólny motyw, rozwijany i odnoszony do realiów odzyskiwania przez Polskę niepodległości i do wyzwań tego czasu, da się w ślad za uwypukleniem Radlińskiej wskazać w następującym sformułowaniu, dobitnie programującym sprzężenie funkcji społecznej procesów edukacji z jej kulturowymi nośnikami:

> [...] każdy człowiek jest współtwórcą życia własnego i życia innych, nie tylko przez udział w twórczości, lecz i przez sposób korzystania z ogólnego dorobku.
> Dobra, po które sięgają jednostki i rzesze ludzkie, rozwijają się, żyją w pożytku, są rozmnażane. Dobra pomijane przy wyborze, często bywają zgubione. Spożycie dóbr duchowych odbywać się przy tym może jedynie poprzez odtwarzanie ich w sobie.
> Wobec rozbieżności wpływów, krzyżujących się wokół jednostki w chaosie skomplikowanych przemian zachodzących w środowisku, każdy musi wybierać spośród coraz liczniejszych dóbr i ich namiastek. Powstrzymywanie się od wyboru odbija się również na życiu jednostki i narodu. [...]
> Przy biernym uleganiu przypadkowym wpływom [jednostki – L.W.] bywają ofiarą warunków [...]. Wychowywanie dorosłych, twórców i spożywców dóbr, obywateli utrzymujących lub przekształcających istniejący ustrój, jest jednym z najważniejszych zagadnień kultury (Radlińska 1947, s. 17).

Na koniec tych roboczych uwag warto wskazać na jeszcze jedną równoległość narzędzi interpretacji procesów wychowania, rozwoju i włączania w przestrzeń społeczną zadań dla nowych pokoleń. Pozwala ona uwypuklić ścisłe dopełnianie się opisów i normatywnych wizji zaangażowania pedagogicznego w powstawanie jednostek i całego społeczeństwa. Ma ono być zdolne czerpać z dziedzictwa kulturowego impulsy dla nadawania nowego oblicza tworzonemu z własnym udziałem światu. Z jednej strony mamy triadę opisującą dynamikę niezbędnych jakości wpływu w postaci: przeżycia – przebudzenia – przemiany, której każdy człon ma swoje głębokie i rozwinięte osadzenie w postulatach charakterystycznych zwłaszcza dla idei „pedagogiki kultury", niefortunnie tak nazywanej, kojarzonej i klasyfikowanej jako coś wąskiego i szkodliwego – jak chciał potem Suchodolski – wobec historycznie „słusznych" idei marksizmu w jego rozumieniu. Z drugiej strony równoległą triadę zaproponowała Radlińska, pokazując obszary jej trosk i odpowiedzialności oraz inicjowania niezbędnych procesów, z perspektywy tego, co określiła „pedagogiką społeczną". Nazwa ta niesie więcej blokad i utrudnień dla pełni rozumienia wagi postulatów, niż znosi, bardziej utrudnia, niż ułatwia wykorzystanie. A chodzi o ciąg sytuujący procesy społeczne w kulturze jako życiodajnym podłożu poprzez sekwencję: wrastanie – wzrastanie – wyrastanie jako uwypuklenie trzech jednocześnie zakresów działań pedagogicznych, dających się opisywać w zespoleniu z powyżej sygnalizowaną triadą inicjacji[13]:

– **wrastania** w głębę kultury, którego wartość wymaga powstawania przeżycia więzi i przejmowania się treściami tak uzyskanymi;
– **wzrastania** dzięki temu do nowej kondycji, rozwojowo niosącego przebudzenie nowych energii, wyobraźni, woli działania;
– **wyrastania** do nowych działań podejmujących zadania znaczące społecznie, także w procesie przeobrażania i pomnażania dóbr wpisanych w środowisko, stające się źródłem nowego cyklu mechanizmów obu triad.

Te dwie sekwencje procesów, przeżycie – przebudzenie – przemiana oraz wrastanie – wzrastania – wyrastanie, stanowią mechanizm wyznaczający przekroje zadań, nie zaś tylko jakichś izolowanych od siebie fragmentów pola badań i działań pedagogicznych, np. wąsko pojmowanych pedagogiki kultury i pedagogiki społecznej, ale pedagogiki jako CAŁOŚCI. Jestem przekonany, że zrozumienie tego splotu czy zespolenia – jako ugruntowanego już w dokonaniach polskiej pedagogiki międzywojennej za sprawą jej Wielkiego Pokolenia – może nadać naszym obecnym dociekaniom i dążeniom pedagogicznym nową jakość, tak bardzo potrzebną w trosce o przyszłość edukacji i rozwoju duchowego Polaków. Podkreślam także, dla zarysowania kierunku i jakości oddziaływania na ten rozwój, że zawsze tu chodzi o proces energetyzowania w postaci „promieniowania" impulsów uwikłanych w „sploty", gdyż „w życiu wszystkie dziedziny działalności społecznej przenikają się i splatają wzajemnie" (por. Orsza-Radlińska 1925, s. 9).

Zauważmy, że metodologiczną stronę podejścia Radlińskiej charakteryzuje m.in. wyczulenie na to, aby – zresztą zgodnie z duchem wspólnym rekonstruowanego horyzontu wrażliwości i wyobraźni pedagogicznej – nie absolutyzować żadnego z tych członów czy jakiejkolwiek innej relacji, gdyż niesie to zawsze ogromne niebezpieczeństwa. W szczególności wielka twórczyni „pedagogiki społecznej" przypominała każdemu o „obowiązku uprawy swego umysłu", podkreślając na przykładzie barbarzyńskich uwzniośleń hitleryzmu, „do czego prowadzi organizacja siły zbiorowej przez »przeżywanie« raczej niż myślenie, przez przecenianie woli kierowniczej" (por. Radlińska 1947, s. 33). Jest to skądinąd akcent typowy dla trosk wpisanych w „przełom dwoistości", wyczulonych na to, że postaci nadmiarowe, wyjaskrawione, skrajne czy jednostronnie absolutyzujące jakieś pozytywne treści czy siły stają się zalążkiem niebezpieczeństw i zupełnie odmiennych skutków

---

13 Najszerzej była ona rekonstruowana w: Jaworska-Witkowska, Witkowski 2010.

własnych oddziaływań, przechodząc w swoje przeciwieństwo. Jednostronne nadmiary bowiem prowadzą nie tylko do niedostatku czy wręcz degradacji wartości, dopełniających je pod jakimś istotnym względem, lecz także do wypaczeń i w ostateczności pozornego charakteru oraz upadku własnych ambicji i roszczeń. Z kolei cierpliwość i wytrwałość postawy i zaangażowań są wyrażane formułą działania wymagającego starań pozwalających następnie „doczekać żniwa, doczekać plonu rzuconych ziar[e]n" (za: Czapska 2006, s. 27). Tymczasem wartość przedstawiana z zapomnieniem o jej sprzężeniach z innymi, jako uwikłaniach w napięcia dylematów, sama uczestniczy w degradacji własnego potencjału symbolicznego z winy przykrawających ją do wygodnej redukcji złożoności jej rzeczników.

O intelektualnej, kulturowej i społecznej postawie Heleny Radlińskiej

Nie ulega dla mnie wątpliwości, że wiele cech postawy Radlińskiej bardzo by się nam dziś przydało. Okres odrodzenia państwowości polskiej po latach niewoli rozbiorowej ma przecież wiele wspólnego z próbą zasadniczej transformacji ustrojowej i jej wyzwaniami obecnie. Co więcej, okazuje się, o dziwo, że w międzywojniu były one lepiej rozumiane niż teraz i warto by ten **radykalny społecznie etos zaangażowania kulturowego** w budowaniu systemu oświaty i tworzeniu jego pedagogicznych podstaw przypomnieć. Wbrew najnowszej tendencji do nadawania edukacji wąskiego, utylitarnego charakteru, zredukowanego zresztą głównie do sfery zawodowej i rynku pracy, warto przypomnieć taką choćby uwagę Radlińskiej:

> Słusznie zauważył Chałasiński, że w chwili całkowitej demokratyzacji szczególne znaczenie posiada przejmowanie przez lud[zi] całości [s]puścizny kulturalnej. [...] interes wspólny narzuca konieczność ukazywania wartości ogólniejszych (Radlińska 1961, s. 40–41),

w celu wytwarzania „więzi szerszej" (Radlińska 1961, s. 40), głębszej i pełniejszej oraz bardziej dynamizującej możliwości wspólnego działania. Idea ta ma swoje rozwinięcie w programie Radlińskiej odwoływania się do środowiska „niewidzialnego", tworzonego przez pełnię dziedzictwa kultury, poza zakres tego, co doraźnie przydatne czy lokalnie dostępne. Tylko takie wychowanie czy wykształcenie realizuje stan umysłów, który – jak to znajdujemy zapożyczone od Hessena w sposób ważny dla Radlińskiej – „przepaja byt powinnością", czyli „wskazuje, jak wprowadzać w życie codzienne wartości idealne" (Radlińska 1961, s. 41).

W 1936 roku Radlińska postuluje „wprowadzanie bezinteresowności zatracanej tak często w szkołach wyższych", w której chodzi – jak podkreśla, zgodnie z perspektywą pielęgnowaną w jej formacji myślowej – o rozumienie funkcji kształcenia jako zanurzanie się w atmosferze studiowania i przejmowania (się) nią dla własnego życia i jego stylu „nie w celach wejścia do nowego zawodu, tylko w imię radości służenia nauce" (Radlińska 1936, s. 22).

Zbyt wąski zakres szkolenia powoduje, że skutek bywa częściowy i nietrwały, co zwraca uwagę wychowawców na znaczenie kultury ogólnej dla każdej sprawy zawodowej (Radlińska 1936, s. 11).

Mamy więc tu poczucie, że radykalność przeobrażeń oraz troska o ich głębię i przyszłość jednocześnie muszą przywracać zakorzenienie w przestrzeni wolnej od koniunkturalizmu wobec doraźnych sił i prób sprawowania przez nie władzy nad całością życia, w tym nad przeszłością (w stosunku do tradycji) i nad przyszłością (w ustanawianiu selekcjonowanych kanałów promocji określonych treści i blokowania innych). Dobitnie brzmi sformułowanie Radlińskiej, że „[w]ychowanie dla przyszłości nie powinno się liczyć z koniunkturami chwili" (por. Radlińska 1964, s. 412). Chodzi w nim bowiem o uruchomienie potencjału całości spuścizny, jakiej wartość może zacząć pracować w przestrzeni odzyskanej wolności twórczej i obywatelskiej odpowiedzialności za własne państwo, własny naród i przyszłe pokolenia.

Postawę tę można obserwować w rozmaitych jej przejawach i sposobach dokumentacji w przekroju wszystkich zachowanych form i świadectw zaangażowania Heleny Radlińskiej jako teoretyka, badacza, działaczki i obywatela.

Obejmuje to także jej listy, udostępnione dotąd częściowo z cennej inicjatywy Wiesława Theissa. W jednym z nich, pisanych do Ireny Lepalczyk, wyraźnie deklarowała świadomość przynależności do wyjątkowego pokolenia, z jego wyjątkowymi zadaniami i szansami. „Generacja, do której należę, była uczestnikiem i przeżywała wielkie zmiany" (por. Radlińska 1964, s. 438). W takim kontekście Radlińska była szczególnie pochłonięta pytaniem o to, „jak następuje przemiana" (por. Radlińska 1964, s. 438), jakie czynniki w niej działają i jakie oraz dzięki czemu mogą odnosić zwycięstwa nad innymi, jak wpływają tu czynniki nawet utajone czy niejawne z jednej strony, a intencjonalne i społecznie osadzone z drugiej. Łącznie narastało zrozumienie znaczenia pytania o to, jak doprowadzić do bardziej istotnego udziału w przemianie (zwłaszcza o charakterze historycznym i zasadniczym biograficznie dla człowieka) środkami oddziaływania pedagogicznego w zakresie wychowania oraz kształcenia. Podobnie rzecz dotyczyła udziału w badaniach i organizacji życia społecznego, w tym zwłaszcza takiej przemiany otoczenia społecznego jednostki, aby rzutowało to na jej potencjał rozwojowy oraz jakość i dynamikę przemiany. Stąd nie dziwi dobitne wyznanie Radlińskiej: „Najżywszym moim pragnieniem było rozbudzać wolę przetwarzania środowisk »sennej mgły«" (Radlińska 1964, s. 436); wyznanie dopełniane jednoczesnym jej wskazaniem na **niebezpieczeństwo pokusy sprawowania władzy** w ramach takiego oddziaływania i stawania się samemu źródłem wartości.

Jako wykształcony na Uniwersytecie Jagiellońskim historyk, pozostając pod wpływem Stanisława Krzyżanowskiego i jego warsztatu badań historycznych (na przykładzie średniowiecza), Radlińska stopniowo otwierała się na problematykę pedagogiczną poprzez historię społeczną, osadzoną w ramach troski o historię oświaty i historię pracy społecznej. Jak pisała do Ireny Lepalczyk:

> Nie zapomniałam ani na chwilę, że nauką macierzystą jest dla mnie historia, zdawałam sobie sprawę z tego, ile należałoby dokonać w niemal pustej dziedzinie historii działalności oświatowej i społecznej. [...] Równolegle z badaniami historycznymi opracowywałam podstawy teoretyczne oświaty dorosłych (Radlińska 1964, s. 441)[14].

Radlińska miała poczucie, że stopniowo dopiero przejmowała treści i przejmowała się wagą oddziaływań wychowawczych. Jak sama deklaruje:

> Stawałam się coraz gorętszą zwolenniczką autonomii wychowania jako funkcji społecznej nastawionej na przyszłość oraz wychowania dorosłych, które przemienia teraźniejszość (Radlińska 1964, s. 424).

Wcześniej formułowała pogląd, że „[w]ychowywanie jest częścią rozległej pracy kulturalnej", przy czym wyróżniała tu od początku dominujące w tych oddziaływaniach „procesy autonomiczne: wzrostu (rozwoju osobniczego) oraz wrastania w społeczność i kulturę" (Radlińska 1947, s. 20).

Znamy osobiste świadectwo Radlińskiej dotyczące jej stosunku do andragogiki jako ulubionego obszaru refleksji i działań, które dodatkowo rzuca światło na sposób pojmowania przez nią pedagogiki społecznej, o czym jeszcze będzie mowa. Pod koniec życia deklarowała, że uznaje „dziedzinę oświaty dorosłych" za „najbliższą" sobie w perspektywie czasu („nie tylko niegdyś") (por. Radlińska 1964, s. 470).

Wykładając np. na kursach ministerialnych z początku lat 20. XX wieku historię wychowania dla nauczycieli i działaczy oświatowych, pochodzących z obszarów Polski należących do różnych zaborów, Radlińska – jak sama pisze – uświadamiała sobie boleśnie przeszkody w tym oddziaływaniu, wpisane w pojęcia będące udziałem osób o odmiennych doświadczeniach.

> Ciężkie rozczarowanie nakazało zastanowić się nad sposobem przygotowania nauczycieli do oświaty pozaszkolnej. Zdałam sobie sprawę, że pedagogiczne nauki normatywne nie wystarczą. Trzeba uczyć, jak poznawać stosunki, język, pojęcia (Radlińska 1964, s. 376).

Za podobnie niezbędne uznawała wskazywanie kursantom na „rozbudzenie w sobie zainteresowania jakąkolwiek dziedziną życia" i to tak głęboko i na serio,

---

14 Warto przypomnieć, że po habilitacji pierwszą katedrą Radlińskiej była katedra „teorii i historii oświaty, pierwsza z tego zakresu w Polsce" (Radlińska 1964, s. 440).

aby pozwalało to „na twórczy do niej stosunek" (Radlińska 1964, s. 377)[15]. W innym miejscu znajdujemy podkreślenie, jak ważne było to, aby owe zainteresowania były prawdziwe, a nie powierzchowne i deklaratywne. Jakże inaczej wyglądałaby dziś edukacja różnych szczebli, nie wyłączając studiów wyższych, gdyby ta wrażliwość Radlińskiej była udziałem znacznej części nauczających. Mamy wiele świadectw wskazujących na to, że takie zainteresowania, a także ich rozbudzanie i rozwijanie oraz pielęgnowanie stanowiły istotny warunek **realnego procesu samokształcenia**. Jak zaświadczał o tym Stefan Baley, wpisane w nie było głębokie i wszechstronne zaangażowanie i skupienie integrujące aspekty wybranego przedmiotu; rozważając „psychologiczne podstawy samokształcenia", pisał:

> Wspomnę tu jeszcze o pewnym szczególe, który w rozmowie ze mną na temat samokształcenia podkreśla p. Radlińska. Samouk, który poza sferą swego zawodu zainteresuje się pewnym zagadnieniem, pragnie z reguły ogarnąć je wszechstronnie, nie oglądając się na rozdzielenie różnych jego aspektów pomiędzy różne aspekty wiedzy (Baley 1965, s. 205).

Zorientowanie zatem na integralność zainteresowań i ich wszechstronne uzupełnianie stanowi o realności, a nie deklaratywności zainteresowań i wysiłków samokształceniowych, do jakich ma przygotować oddziaływanie wychowawcze. Zresztą powołując się na wyniki psychologii rozwojowej, bliskiej Radlińskiej, z odniesieniem na pierwszym miejscu do Charlotte Bühler (obok m.in. Jeana Piageta i Stefana Szumana), Baley stwierdza, że uzyskało wsparcie przekonanie, iż „[k]ażdy człowiek rozwijający się normalnie jest w zaraniu swego bytu zawsze samoukiem, nawet w środowisku najbardziej sprzyjającym jego wychowaniu" (Baley 1965, s. 193). A to oznacza uświadomienie nam, że ten rys wyczuleń społeczno-pedagogicznych Radlińskiej na dostarczanie podniet rozwojowych jednostce przez meliorację środowiska w istocie był oparty na psychologicznym uwypuklaniu zadania wspomagania rozwoju przez kształtowanie zdolności i siły samokształcenia jednostki.

Omawiając własne „doświadczenia i przemyślenia czasu pierwszej wojny", Radlińska podkreśla również rysy postawy, które wpisują się w interesującą dla nas wrażliwość na złożoność sytuacji i procesów, w jej ujęciu kojarzoną ze splotami; jak to deklaruje:

> Zdobywałam wiedzę o nieznanych mi dziedzinach życia, zakresach myśli, wzajemnych związkach wielu spraw i o znaczeniu – nie przewidzianego. Widziałam i wypróbowywałam możliwości rozbudzania sił utajonych, rozrastanie się lekceważonych zapoczątkowań. Poznawałam znaczenie tradycji i niebezpieczeństwa bierności, siłę dążeń, straszliwość nieporozumień i głębię różnic, które były ich podłożem, bezmiar poświęcenia i podłość rozbratu etyki prywatnej i politycznej.

---

15 Zwracam uwagę, że określenie „zainteresowania" występuje tu w ontologicznie głębokim i znaczącym kulturowo skojarzeniu, wiązane z utajonymi siłami budującymi potencjał zmiany.

Na sposób przyglądania się faktom i zjawiskom wpłynęły niewątpliwie dawne doświadczenia i studia. Warunki pozwoliły mi na postrzeganie z dwóch punktów widzenia, w pewnej mierze dwojako: z sekretariatu łącznikowego ruchu niepodległościowego, który otrzymywał liczne wiadomości zza całego kraju i zza zagranicy oraz z bezpośrednich zetknięć z ludźmi i udziału w wydarzeniach (Radlińska 1964, s. 359).

Pracę w sferze oświaty na wiele sposobów kojarzyła Radlińska od samego początku z troską o kulturę narodową, gdyż to podejmowana „na większą skalę praca kulturalna" była sednem troski o odrodzenie narodowe, jak pisała w 1915 roku na fali entuzjazmu w budowie zrębów przyszłego państwa polskiego; z kolei wśród działań wyróżniała „zakładanie bibliotek" (por. Radlińska, Kamiński, Uziembło 1997, s. 17). Dalej, jak wiemy, podkreślała troskę o jakość ich oddziaływania i organizowania czytelnictwa. Rys kulturowego zaangażowania przenika społeczną postawę Radlińskiej na wiele sposobów, a w liście do Jana Paderewskiego z 1919 roku kojarzyła go z wysiłkami zorientowanymi „ku dźwiganiu kultury", sama należąc wraz z adresatem do tych, jak pisze, „co budują kulturę Polski lub marzą o niej" (por. Radlińska, Kamiński, Uziembło 1997, s. 18). Wskazanie na „pracę kulturalną" oznaczało, w wielu miejscach i na wiele sposobów, zarówno przedmiot działań, jak i ich charakter, zwłaszcza istotny wobec środowisk społecznych, z różnych powodów i na wiele sposobów upośledzonych w dostępie do kultury jako dziedzictwa powszechnie wartościowego i niezbędnego dla dźwigania w rozwoju duchowym jednostek i całego społeczeństwa.

W 1930 roku w liście do Józefa Mirskiego podkreślała w swojej intencji wykorzystania prac adresata: „Niezmiernie pragnęłabym przyczynić się do spożytkowania dla celów kształcenia nauczycieli – spostrzeżeń i cennych przemyśleń Pana" (por. Radlińska, Kamiński, Uziembło 1997, s. 21). Wysiłek i troska na rzecz pożytku „dla celów kształcenia nauczycieli" dziś bardziej niż kiedykolwiek pozostają w cenie i nie występują w dawce mogącej stanowić rękojmię promocji idei kojarzącej edukację z „pracą kulturalną", na której tak zależało Radlińskiej (Radlińska, Kamiński, Uziembło 1997, s. 20). W zapisie z 1948 roku, gdy odwaga sprzeciwiania się władzy nie należała do normy w środowisku akademickim, Radlińska nie wahała się w liście do Wandy Wyrobkowej-Pawłowskiej wskazać na – przedłożony przez władze do „wypowiedzenia się", czyli w trybie ówczesnej konsultacji – jak to nazywa Radlińska, „zupełnie opaczny, niezrozumiały i błędny projekt studiów ekonomicznych" (por. Radlińska, Kamiński, Uziembło 1997, s. 81). Ileż by dziś warto było dać za odwagę uznania, jak bardzo rozmaite ustalenia ministerialne są wpisane w „zupełnie opaczny, niezrozumiały i błędny projekt", podobnie w różnych zakresach konsultowany, z prawem do „wypowiedzenia się", a następnie zatwierdzany w postaci wywołującej zdziwienie, choć nie dość wyraziste i skuteczne protesty. Widać, jak bardzo dobitne zwroty w ocenach Radlińskiej pozostają adekwatne i aktualne w stosunku do zderzania się dojrzałości myślenia nauki z uporczywością i szkodliwością działania władzy.

Radlińska pozostaje do dziś unikatowym przykładem w jednej osobie badacza, działaczki i humanisty, historyka i teoretyka badań społecznych – postaci, która usiłowała podejmować zawsze działania i studia przynoszące w rezultacie wiele tekstów „gruntownie opracowanych", zwłaszcza historycznie i filozoficznie. Świadczą o tym choćby jej rozmaite ambitne zamiary, jak „przygotowanie encyklopedii pracy społecznej", czy przemyślenia „na temat podstaw filozoficznych pedagogiki społecznej" (por. Radlińska, Kamiński, Uziembło 1997, s. 123, 137, 141). W obliczu nieustannego zalewania rynku wydawniczego przez rozmaite płytkie, popularyzatorskie jedynie słowniki, warto przypomnieć troskę Radlińskiej o bronienie dojrzałego i trudnego, a zarazem głębiej opracowywanego słownictwa naukowego, gdy deklarowała: „[c]hcemy zrobić robotę naukową, a nie podręczny słowniczek dla urzędników" (Radlińska, Kamiński, Uziembło 1997, s. 116). Do dziś chyba niedostatecznie przejmujemy się postulatem kojarzenia prac leksykograficznych z wymaganiami poważnej pracy naukowej, także w pedagogice, skoro tyle jest propozycji popularnych w złym tego słowa znaczeniu, zwalniających się z odpowiedzialności za osadzenie w możliwie dojrzałym stanie wiedzy.

Radlińska była świadoma niedostatków własnych prac i postępów, jakie czyniła w badaniach, np. gdy stwierdzała w liście z 1946 roku: „Kończę skorowidze do nowej książki *Praca oświatowa wśród dorosłych*, która będzie dużo lepsza od *Książki wśród ludzi*, pomimo b. wielu niedociągnięć" (Radlińska, Kamiński, Uziembło 1997, s. 44). W jednym z listów do Ireny Lepalczyk Radlińska pisała: „Z opracowania pisarskiego wyjątkowo tylko bywam zadowolona, dlatego we wznowieniach przeprowadzam surową korektę konstrukcji i wysłowienia" (Radlińska 1964, s. 477). A to tylko niektóre z przejawów wymagań autorki wobec samej siebie i własnego warsztatu badawczego.

Szczególnie zasługuje na uwypuklenie zjawisko narastania dojrzałości metodologicznej autorki i jej świadomość wagi przemian związanych z tym procesem. Przejawiało się to w postaci wskazującej na niejednoznaczność i niezgodę na wyłączność jakiegoś typu zaangażowania, które by nie było czujne wobec pułapek, w jakie wpada się z powodu braku dystansu myślowego. A przypomnijmy, że bliskość i dystans czy zaangażowanie i neutralność to dwa sposoby wskazywania na pary napięć, jakie charakteryzują **wymogi dwoistego bycia** w działaniu i w postawie poznawczej (a tak uczulali w socjologii Max Weber, Norbert Elias czy Robert K. Merton). Radlińska podkreśla świadomość trudności godzenia postawy walki z wrogiem w zaborze rosyjskim w latach poprzedzających odrodzenie państwa polskiego oraz postawy organizowania nowej rzeczywistości społecznej. Jak to sama obrazowo wyraża, wcześniej bowiem

> [...] była[m] częścią płomienia, teraz musiała[m] się zastanawiać, czym jest ten płomień, co strawi, co ogrzeje. Zrozumiała[m] różnice pomiędzy przygotowywaniem dalekiej przyszłości w propagandzie ideologicznej a budowaniem teraźniejszości z materiału, który jest do rozporządzenia w chwili bieżącej. Zanim siły utajone

mogły się ujawnić, wynikła konieczność działania za nie, ukrywania swego uczestnictwa. Było to trudniejsze niż konspiracja przed wrogiem (Radlińska 1964, s. 368).

W kontekście ogólnospołecznym oznaczało to świadomość tego, jak „niełatwo było uruchamiać siły narodu" (Radlińska 1964, s. 373) po odzyskaniu niepodległości, a w poszczególnych zakresach działań pedagogicznych – świadomość tego, jak trudno było pomagać w budowie sił zdolnych do autonomicznego działania w zakresie prac oświatowych i szerszych projektów z nimi związanych. Dotyczyło to zwłaszcza zaangażowania w sprawy oświaty na wsi, niejednokrotnie narażonej na niepowodzenie, opór, przeszkody lub brak gotowości do współdziałania i zrozumienia, a tym bardziej dojrzewania potrzeb związanych ze sferą kultury.

Zarazem za Zygmuntem Mysłakowskim i Florianem Znanieckim spotykamy u Radlińskiej podkreślanie, że niezbędna jest „[b]ezinteresowność, czyli oderwanie swych zainteresowań od pożądania natychmiastowych korzyści", stanowi ona „warunek twórczości kulturalnej" (Radlińska 1961, s. 70). Mamy tu więc powiązanie zrozumienia dla pracy organicznej z przejawami romantyzmu zaangażowania, w uwikłaniu w dużą dozę wytrwałości, samokrytycyzmu, gotowości do współdziałania na rzecz uruchamiania procesów rozwojowych, w których najważniejszy będzie autentyczny udział możliwie szerokich kręgów społecznych. Tylko tak pomoże się im w podejmowaniu wysiłków samokształceniowych w szukaniu dostępu do najcenniejszych skarbów dziedzictwa, które można dalej sprzęgnąć z własnymi dążeniami i marzeniami oraz rozwojem potrzeb duchowych. Emancypacja i upełnomocnienie wymagają tu działań społecznych wykorzystujących podłoże kulturowe w procesach przetworzeń stanowiących źródło rozwoju indywidualnego i przekształceń środowiskowych, otwierających nadzieję na lepszą przyszłość.

Warto dla zarysowania dojrzałości myślenia Radlińskiej wskazać na jeszcze jeden trop w jej świadomości społecznej. Odnosi się ona jednocześnie do złożonej kwestii kulturowej, związanej z trudnościami docierania z treściami symbolicznymi dziedzictwa do uczących się w sposób przekształcający istotne elementy ich tożsamości. Dotyka tu kwestii trudnej i kontrowersyjnej wobec jednoczesnej konieczności uznawania i respektowania prawa do żywienia silnych przekonań i przywiązań, wręcz zakorzenień wpisanych w identyfikacje grupowe, także polityczne czy światopoglądowe. Wiąże się to z zadaniami oświaty pozaszkolnej, adresowanej do osób dorosłych. Radlińska doskonale rozumie kondycję człowieka umęczonego ciężarem nużącej pracy zarobkowej i problemami dnia codziennego, dodając, że wszystko to „przysypuje dusze pyłem takiego zmęczenia, że trzeba wielkiego wysiłku, by utorować przezeń drogę do uśpionych zainteresowań" (Radlińska 1961, s. 224–225). To jedynie stawia dodatkowe zadania przed działaniem oświatowym, a zarazem nie daje podstaw do dyskwalifikacji aspiracji oświatowych tych, którzy mimo tej okoliczności próbują dać sobie szanse. Utorowanie drogi do nich leży po stronie oświaty, gdyż każdemu można starać się pokazać, tj. dokładniej: pomóc odczuć i przeżyć, że jest „dziedzicem kultury", mającym prawo i potencjał do aktywnego uczestnictwa, spożytkowania wpisanych w nią dóbr i pomnażania zawartości jej skarbca.

> Trzeba szukać sposobów pobudzających czynność umysłu, działających na wolę, umożliwiających samodzielny trud duchowy, zapewniających radość pełniejszego, piękniejszego życia (Radlińska 1961, s. 225).

Zarazem w przeciwieństwie do postawy intelektualnej i kulturowej, skłonnej do „teoretyzowania szkodliwości wyraźnego podłoża ideowego" wyborów, dokonywanych przez człowieka jako obywatela, członka ugrupowań politycznych czy wyznaniowych, Radlińska podkreśla ważną kwestię, poniekąd w duchu Isaiaha Berlina, wagi żywienia silnych przekonań. Ten ostatni wskazywał, że tylko barbarzyńca kulturowy nie wie, że jego prawdy nie są obowiązujące dla innych, bądź wie, ale jednocześnie uznaje, że pogodzenie się z tym niszczyłoby wartość jego własnych przywiązań. Tymczasem „[s]zkodliwa dla oświaty jest tylko gra na nieporozumieniach myślowych, rozmyślne usypianie wrażliwości lub wyłącznie jednostronne jej nastawianie" (Radlińska 1961, s. 225). Można i warto uczyć „samodzielnie wybierać" własne postaci tożsamości poprzez „ukazywanie różnostronnych związków spraw życia i nauki, wartości odmiennych dusz ludzkich" (Radlińska 1961, s. 225). Praca oświatowa ma zatem – mówiąc innym językiem – być decentracją i dekonstrukcją, a nie destrukcją wybieranych tożsamości czy identyfikacji, którym się mniej czy bardziej bezwolnie ulega.

Zanim odniosę się do szerszej, pokoleniowej perspektywy trosk i zaangażowań Heleny Radlińskiej, chciałbym pokazać nieporozumienia, jakie narosły wokół niej samej i tego odniesienia do zadań jej pokolenia historycznego. Stanowiły one wyraz nieradzenia sobie niektórych jej czytelników i interpretatorów z jej finezyjną postawą pedagoga i obywatela. Dobrym przykładem takiego miejsca jest, wspomniany już wielokrotnie powyżej, jej stosunek do „narodu", do „wychowania narodowego", jako kontekstu dla jej dokonań także teoretycznych. Jedni byliby skłonni widzieć tu wręcz nadmierne przechylenie w stronę afirmacji narodu w kontekście problematyki niepodległości i narodowej tożsamości. Stąd łatwo było rzecz jasna widzieć tu akcenty niewłaściwe, a z czasem i przestarzałe. Przez to można było dalej ogłaszać pochwalnie, że „z tym narodowym podłożem pedagogiki społecznej zrywała koncepcja budowana przez Wroczyńskiego", któremu skądinąd przypisuje się rzekomo „poszerzony, środowiskowy sposób rozumienia" wychowania, czym rzekomo ma się posuwać dalej (lepiej?) niż Radlińska, a zarazem wraca się do „centralnej roli i pozycji szkoły" (por. Cichosz 2007, s. 30) (i to ma być postęp?). Nawiasem mówiąc, idea kompensacji wpisana jest w tym obrazie w ujęcie właśnie Wroczyńskiego, podobnie jak przypisuje się mu tropy psychologii indywidualnej Alfreda Adlera czy funkcjonalizm społeczny. Z kolei sam Wroczyński, który rzekomo aż „zrywa" z tropem narodowym w pedagogice społecznej, przypominał na Zjeździe Pedagogicznym o zderzeniu między opcją narodową a stanowiskiem troski o sprawiedliwość społeczną, to drugie wiążąc z podejściem Radlińskiej właśnie. Tymczasem obie perspektywy interpretacji i komentarza (Cichosza i Wroczyńskiego) gubią oczywistość polegającą na tym, że Radlińska nie wpisywała się w dychotomicznie traktowaną kwestię: za czy przeciw idei narodu i wychowania narodowego. Sytuowała ją za to w całej gamie napięć i zadań niedających się ustawić w żaden sposób w jednostronnej afirmacji czy tym bardziej dokonując jednostronnego „zerwania". Każda taka perspektywa redukowałaby bowiem złożoność zadań w zakresie rozwijania świadomości historycznej i tożsamości zbiorowej[16]. Ponadto dla Radlińskiej było jasne, że zamykałoby to drogę do łączenia troski o kondycję i przyszłość narodową Polaków z innymi dla niej istotnymi aspektami rozwoju, jak chociażby zdolnością do pomnażania i spożytkowania najszerzej pojmowanej spuścizny kulturowej. A miejsc, w których nie dostrzega się bądź nie rozumie takiego zwielokrotnionego dwubiegunowego odniesienia jako naturalnie wpisanego w podejście Radlińskiej, reprezentatywne dla całości jej pokolenia, jest więcej, o czym będzie mowa dalej. Spróbuję teraz zasygnalizować wątki składające się na szerszy obraz formacji pokoleniowej, uwikłanej z powodów historycznych w splot wydarzeń i wyzwań o wadze daleko przekraczającej losy jemu współczesnych. Na szczęście w ostatnich latach okazuje się, że powraca uznanie dla społeczno-pedagogicznej refleksji i badań wokół problemów tożsamości, także narodowej, w kontekstach wielokulturowości i procesów oddziaływania międzykulturowego tygla globalizacji[17]. Nieprzypadkowo przecież ważą dramatyczne nadużycia symboliki narodowej w spektakularnych, rasistowskich zachowaniach kibolskich, dających o sobie znać na polskich stadionach. Przykład Wielkiej Brytanii pokazuje, jak można sobie z tym dawać radę, jeśli nie będzie się zamykać oczu na ich obecność.

---

16   Trudno mi się powstrzymać od uwagi, że owe „zerwania" z kontekstami narodowymi pedagogiki społecznej nie anulują aktualności problemu tożsamości społecznej w jej odniesieniach narodowych i patriotycznych, wobec narastającego dramatyzmu manifestacji nacjonalistycznych w Polsce ze strony skrajnych grup.

17   Świadczą o tym chociażby ostatnie książki pod redakcją Jerzego Nikitorowicza (2013), autorstwa Zbyszko Melosika (1996, 2006) czy pod współredakcją Agnieszki Gromkowskiej-Melosik i Zbyszko Melosika (*Tożsamość w społeczeństwie współczesnym...* 2012). W przypadku tego pierwszego, co warto podkreślić, już sam tytuł książki formułuje fundamentalny problem Radlińskiej, który pozostaje aktualny także dziś: *Patriotyzm i nacjonalizm. Ku jakiej tożsamości kulturowej*; aż żal jednak, że ani redaktor tomu, ani nikt z autorów obszernej książki nie miał świadomości takiej ciągłości (por. *Patriotyzm i nacjonalizm...* 2013). Ten brak daje o sobie znać notorycznie w polskiej pedagogice, rzutując na jakość rozważań i poziom zarówno w kontekście recepcji dzieła H. Radlińskiej, jak i w odniesieniu do merytorycznego traktowania społeczno-pedagogicznych i kulturowych aspektów problemu tożsamości. Co więcej, gdyby problem „tożsamości kulturowej" i jakości odniesień narodowych uczynić kryterium zaawansowania refleksji pedagogicznej, to łatwo można by się przekonać, jak wielki regres nastąpił wraz z zapomnieniem tej problematyki w pedagogice społecznej pod wpływem dominacji „szkołocentrycznych" ukierunkowań u Ryszarda Wroczyńskiego. Radlińska pozostała tu niedościgłą i niedoczytaną, a pedagogika jako całość – zubożona. Przy braku takiego kryterium oczywiście się tego nie dostrzega.

Z pewnością też jest tu potrzebne sprzężenie perspektyw pedagogiki społecznej z kulturowymi i politycznymi aspektami rozważań, obecnych choćby w pedagogice międzykulturowej czy pedagogice krytycznej, bez traktowania ich rozłącznie.

O przedwojennej formacji intelektualnej z udziałem Heleny Radlińskiej

Wspólnota pokoleniowa w myśleniu o wychowaniu i teorii pedagogicznej postaci, z którymi Radlińska utrzymywała najczęściej bliski kontakt, obejmowała szczególne wyczulenie na jednostronności podejścia do zadań i problemów oświatowych. Podobnie wiązała się z poczuciem, że lata międzywojenne (a później i początek lat 40.) to okres, w którym ograniczanie źródeł wpływu wychowawczego, przy narastającym zróżnicowaniu doświadczenia i odmiennych podmiotowości, także środowiskowych, nie da się już dłużej utrzymać. Stało się zrozumiałe, również w obliczu dramatów wojny i postępów w rozmaitych sferach nauk społecznych i humanistyki, że – jak pisała Radlińska – „Przeżycia ostatnich lat nakazują poddać rewizji niejedno z dotychczasowych pojęć" (za: Theiss 1984, s. 136). Zwłaszcza w gruzach musiały legnąć takie dominujące wcześniej praktyki oświatowe, jak stosowanie przemocy, formalizm dydaktyczny czy wyłączanie całych środowisk z dostępu do kultury jako dorobku ludzkości. Nie chodziło tu jedynie o alternatywę podejścia, ale o całkowitą zmianę dominanty jako wyraz dojrzałości do współczesnych wyzwań.

Przez to całe pokolenie poszukiwało możliwie pełnego podejścia, oświeconego mądrością także najnowszych dokonań, np. związanych z nowymi zjawiskami w humanistyce, jakie przynosiły: filozofia kultury, socjologia kultury czy pedagogika kultury z jednej strony, a psychoanaliza (zwłaszcza Adlera czy Junga) z drugiej. Czołowi pedagodzy polscy rozumieli, że „[o]dnowa poglądów wymaga znalezienia nowego punktu widzenia" (Theiss 1984, s. 137) i taki był w podstawowych studiach autorskich wykuwany. Co więcej – co jest tu paradoksalną okolicznością – ponieważ jednak nie do końca wnikliwie się od siebie wzajemnie uczyli, za mało siebie czytali, więc wiele sformułowań było przez nich odkrywanych kongenialnie, bez pełnej świadomości tego, co i jak tworzyło zwolna powstający już szerszy horyzont. Radlińska należała do tych, którzy widzieli i akcentowali niewystarczalność nawet dominujących podejść czy interpretacji zjawisk społecznych i diagnozy sposobów ich eliminacji czy naprawiania. Jak pisała w 1935 roku, dla przykładu:

> Konieczne wydaje się rozerwanie mocno splątanego w poglądach dotychczasowej literatury psychologicznej i pedagogicznej związku nędzy z niskim poziomem inteligencji (*Społeczne przyczyny powodzeń i niepowodzeń szkolnych...* 1937, s. 28).

Zarazem postulowała zastąpienie tej perspektywy tropem rozpoznającym zahamowania i blokady rozwojowe, wymagające systemowo zaprogramowanych działań kompensacyjnych (wyrównawczych) i zmiany jakości środowiska pielęgnacyjnego. Stąd przywoływała perspektywę rozumienia sytuacji, rzutujących na charakter oddziaływania wychowawczego, jak też na charakter badań pedagogicznych, w której to perspektywie do głosu dochodzą „[k]ręgi kulturowe zamiast warstw społecznych" (por. *Społeczne przyczyny powodzeń i niepowodzeń szkolnych...* 1937, s. 461). Ich charakterystyki okazują się kluczowe do uwzględnienia diagnostycznego. Sama jednak kategorią warstw się posługiwała, ale w kontekście troski o „prace nad przebudową kulturalną" (por. *Społeczne przyczyny powodzeń i niepowodzeń szkolnych...* 1937, s. 24, 26) ich warunków życia.

Zastanawiając się nad swoim doświadczeniem i jego wpływem na dalsze jej losy i własną postawę życiową, Radlińska wskazuje na chłonięcie ważnych impulsów z intensywnych kontaktów międzynarodowych i spotkań z wielkimi ludźmi, ze sfer nauki, jak również szerokiej kultury, a zwłaszcza z kręgów literatury. Przede wszystkim jednak podkreśli:

> To lata udziału w rządach Polski podziemnej nastawiły spojrzenie na związki wzajemne różnych dziedzin życia: szeroka i nieokreślona odpowiedzialność przyuczyła do uwzględniania wszystkiego, co zapowiada rozwój (Radlińska 1964, s. 405).

Wśród istotnych wpływów autorskich wskaże także na znaczenie dla siebie pism „Abramowskiego, apoteozującego współdziałanie społeczne" (Radlińska 1964, s. 409). To jeden z wpływów sprzed I wojny, rzutujących na „zainteresowania dziesięciolecia, w którym przygotowywano się do przeczuwanej zmiany" (Radlińska 1964, s. 353) we współdziałaniu osób pokoleniowo upatrujących swoje zadania w służbie przyszłej oświacie.

Z odniesień do śladów pozostawionych w tradycji międzywojennej co do ówczesnej roli i zaangażowań Heleny Radlińskiej wynika, że nie tyle chciała budować zamkniętą i odrębną („wyodrębnioną") pedagogikę, czy dokładniej jej subdyscyplinę, oddzieloną od innych, ile pragnęła nasycić dojrzałym rozumieniem aspektów społecznych **całość** perspektywy pedagogicznej. Chodziło o promocję wizji rozwijanej w pełnym przekroju działań wychowawczych. Miały być jedynie wnikliwiej rozpatrywane (i badane oczywiście) pod kątem znaczenia bieguna społecznego odniesień, ale bez unieważniania wagi drugiego bieguna w postaci punktu widzenia jednostki. Napięcie między nimi ponadto wpisane było w odniesienia do kultury jako dziedzictwa symbolicznego („skarbnicy" przynoszącej „podniety" duchowe, jak wielokrotnie to podkreślała Radlińska). Wrócę do tej kwestii szerzej w kontekście jej odniesienia do problematyki dwoistości jako podstawowej teoretycznie dla wychowania, na co wskazywała już Ewa Marynowicz-Hetka (2010).

W równym stopniu, jak się okaże, można ją odczytywać jako pracującą u podstaw teorii wychowania z uwzględnieniem oddziaływania pozaszkolnego, za co był jej szczególnie wdzięczny Henryk Rowid, korzystający z jej dokonań równolegle z odniesieniami do pozostałych osób ze wspólnego pokolenia, spojonego wspólnymi troskami pedagogicznymi i wspólnie je artykułującego, np. na łamach „Chowanny", którą redagował.

Podstawowy sposób rekonstrukcji obecności formacji intelektualnej wymaga wskazania na wspólnotę lektur, a przynajmniej na obecność dorobku jednej postaci u drugiej, nawet gdyby w grę wchodziła pewna asymetria czy kierunek ewolucji albo wręcz dojrzewania paradygmatu, rozumianego jako wzorzec problematyzowania ważnych kwestii. Tak się działo w istocie, jeśli zajrzeć pod tym względem do prac Henryka Rowida, u którego Radlińska występuje pośród najczęstszych przywołań, będących zapleczem dla wielu odniesień do badań Rowidowi współczesnych i bliskich duchowo. Bliskość dorobku i podejścia Heleny Radlińskiej dawała o sobie znać u Rowida z powodów wspólnego obojgu wyczulenia na wagę społecznego, środowiskowego wymiaru obecnego w praktyce wychowania. Dlatego chociażby był on postrzegany jako niezbywalny w refleksji pedagogicznej jako takiej i to bez kwalifikowania jej w zakresie jakiejś ramy dyscyplinarnej. Zresztą Radlińska wspomina w listach do Ireny Lepalczyk (por. Radlińska 1964, s. 358) o swoim udziale wraz z Henrykiem Rowidem, a także Janem Władysławem Dawidem, w tzw. uniwersyteckich kursach wakacyjnych w początkowych latach drugiej dekady stulecia.

Wskazując w 1931 roku na „konieczność wniknięcia w psychologię i technikę czytania oraz należytego rozumienia roli książki, jako dzieła sztuki, w nauczaniu i wychowaniu", autor koncepcji „szkoły twórczej" oddaje sprawiedliwość Helenie Radlińskiej, stwierdzając:

> Zagadnieniu temu poświęca swe prace **H. Radlińska**, w których szczegółowo omawia prądy zagraniczne w dziedzinie czytelnictwa w szkole i w oświatowej pracy pozaszkolnej, organizację czytelnictwa i jego podstawy psychologiczne (por. Rowid 1931, s. 282)[18].

Osobno znajdujemy u Rowida także wskazanie na pracę Heleny Orszy *Na ziemi polskiej przed wielu laty*, umieszczoną na liście książek, które „mogą być nauczycielowi pomocne przy nauce rzeczy ojczystych" (Rowid 1931, s. 268–269). Analizując z kolei w innym miejscu „środowisko i jego funkcję wychowawczą", Rowid wyraźnie odsyła, obok Floriana Znanieckiego, Zygmunta Mysłakowskiego,

---

18 Autor przywołuje tu w przypisie prace pisane pod nazwiskiem Helena Orsza-Radlińska (1924, 1928). Rowid odsyła także do pracy cenionego przez Radlińską Mikołaja Rubakina. Ponieważ pierwsze wydanie *Szkoły twórczej* ukazało się w 1926 roku, widać, że Rowid dokonał tu aktualizacyjnych uzupełnień dotyczących wspomnianych prac przy kolejnych wydaniach jego sztandarowej książki (tu: trzecim).

Sergiusza Hessena czy Stanisława Ossowskiego, również do pracy Radlińskiej *Stosunek wychowawczy do środowiska społecznego*, z 1935 roku, wskazując na jej przydatność w analizie roli szkoły i nauczyciela w zakresie „przetwarzania środowiska" (por. Rowid 1946, s. 231). Z kolei Radlińska przywołuje wielokrotnie swoją pracę napisaną wspólnie z Rowidem i opublikowaną w „Roczniku Pedagogicznym" (por. Radlińska 1979, s. 235). Nie był też bez znaczenia fakt, że pod kierunkiem Rowida – jako redaktora naczelnego „Chowanny" – działał trzon pokoleniowy czołowych pedagogów, w tym Helena Radlińska, Bogdan Nawroczyński oraz Stefan Szuman, żeby wskazać choćby tę trójkę, na dowód bliskości kontaktów i zdolności współpracy w horyzoncie wykładania wspólnej intencji i postulatów w zakresie rozwijania pedagogiki jako takiej. Zobowiązujący charakter nazwy czasopisma, w kontekście zawartości dzieła Bronisława Ferdynanda Trentowskiego o tym tytule, nie zatarł się był jeszcze wówczas w świadomości pokoleniowej polskiej pedagogiki[19].

Z pewnością na postawę Heleny Radlińskiej jako twórczyni pedagogiki złożyły się doświadczenia z jej zaangażowania w działalność w ruchu niepodległościowym w zaborze rosyjskim, zwłaszcza przeciw presji i dominacji szkoły rosyjskiej. W tej postawie szczególnie się wybija gotowość Radlińskiej do radykalizacji odmowy uległości wobec władz carskich. Nieprzypadkowo jeszcze w 1909 roku Radlińska zapisała: „Szkoła rosyjska wrzynała się w nasze życie dlatego, że nie napotykała dostatecznego oporu" (Radlińska 1979, s. 47).

Drugi więc rys tej formacji z pewnością wiąże się z powracającym w pismach Radlińskiej akcentem romantycznym z tego samego okresu. Wskazuje on dobitnie na potrzebę takiego wychowania kolejnych pokoleń, aby były godnymi następcami wcześniejszych pokoleń, które nie zginały karku, chroniły godność i tożsamość narodową w zrywach niepodległościowych oraz tajnym nauczaniu i kultywowaniu polskości pod zaborami. To właśnie nastawienie wyraziło się potem w patetycznym sformułowaniu, gdy czas niepodległości już nadszedł: „Sami tworzymy szkołę polską, którą pragnęliśmy przygotować, z myślą o twórczości »ojczyzny następców«" (Radlińska 1979, s. 66). Radlińska wykorzystuje tu zresztą szereg podniosłych sformułowań, nie stroniąc od przywołań poetów romantycznych (głównie Słowackiego), poprzez które wskazuje na pożądany zasięg wychowania, sięgającego zarazem do zadań „nie tyle przeciwstawnych, co uzupełniających się wzajemnie" – w tym wspomniane

---

19 Zadanie odzyskania tego poczucia jest o tyle trudne, że – jak mogłem się wielokrotnie przekonać – tekst klasycznego dzieła Trentowskiego jest traktowany, zwłaszcza przez historyków wychowania, jedynie jako dokument czasów, a z kolei teoretycy nie sięgają do niego, zagubiwszy zrozumienie dla wagi historii jako rezerwuaru inspiracji. Są tymczasem oznaki zmiany tej sytuacji, o czym świadczy praca Wiesława Andrukowicza (2006) czy powstanie towarzystwa noszącego imię Trentowskiego w kontekście wagi pedagogiki filozoficznej.

[...] przygotowanie „ojczyźnie następców" do podjęcia przekazywanych im zadań, nazwane inaczej „rozkrzewianiem społeczeństwa w czasie", lub też „przepajanie bytu powinnością", czy też „kształcenie harmonijnej struktury duchowej w służbie wartości" (Radlińska 1979, s. 153).

Zauważmy na marginesie, że wyobrażenie o wadze harmonii jest tu istotne, ale też występuje jako znaczące ograniczenie tego etapu pokoleniowego wyobrażenia o złożoności, jaką trzeba oswoić w strukturze myślenia pedagogicznego. Radlińska nadal uznaje za punkt wyjścia „poszukiwanie harmonii, uznanej za jedno z podstawowych praw życia, które zmusza do uzupełniania braków i niedomiarów" (por. Radlińska 1947, s. 39), podczas gdy uzupełnianie niedomiarów wymaga odniesienia nie tyle do harmonii, ile raczej do... procesu równoważenia. To równowaga, ciągle chybotliwa i od nowa odzyskiwana, staje się mechanizmem generującym zmaganie się z niedomiarami i nadmiarami. Zasada równoważenia biegunów struktury napięć przebija się dopiero powoli i stopniowo, także zresztą w znanej Radlińskiej wersji psychologii lat 20. i 30. minionego wieku, autorstwa chociażby Charlotte Bühler i Édouarda Claparède'a.

O wspólnocie zaangażowań świadczy również fakt, że przedstawiciele omawianego pokolenia spotykali się często na forum inicjatyw programowych i kursów doskonalenia nauczycieli. Ich troska o kształcenie nauczycieli i próby wciągania tego środowiska w procesy podnoszenia świadomości dotyczącej wagi edukacji i dostępu do kultury – także poprzez formy oświaty pozaszkolnej – były istotnym obszarem działania Heleny Radlińskiej i jej odniesień do zaprzyjaźnionych osób, wciąganych przez nią do jej własnych inicjatyw programowych. Pozostaje się teraz zastanowić, na czym dokładnie polegała ich sytuacja problemowa związana z zadaniami historycznie wymuszającymi wyrastanie do nich ze strony całego pokolenia społecznie zaangażowanej czołówki pedagogicznej.

Dziesięć organicznych i romantycznych zadań pokolenia historycznego okresu międzywojnia i ich aktualność oraz dziesięć słabości ich realizacji

Narastający przełom w pedagogice polskiej miał swoje uwarunkowania i sprzyjające mu wyzwania. Twierdzę na dodatek, co zwiększa wagę analizowania okresu – w którym lawinowo ruszyła aktywność Wielkiego Pokolenia pedagogicznego, z istotnym udziałem w nim Heleny Radlińskiej – że analogiczne wyzwania stoją przed pedagogiką polską obecnie. Zatem prześledzenie zakresów działań wyzwalających energię najlepszych postaci tamtego czasu przynajmniej może pomóc w uświadomieniu, z czym sami dziś musimy się zmierzyć. Pytając zatem o to, co skupiło energię w okresie międzywojennym w polskiej pedagogice, i zestawiając odpowiedzi oraz ich ukierunkowanie, mamy szansę uzyskać pewne wyobrażenie, a przede wszystkim kryterium porównania jakości ówczesnej mobilizacji ze stanem najnowszym. We wszystkich tych zadaniach dokonania Radlińskiej były istotne, ale każdy z członków Wielkiego Pokolenia ma tu swoje zasługi. Wszystkie te zadania dają się ustawić w kole hermeneutycznym, splatającym je ze sobą w nierozerwalną całość, wzajemnie wymagającą poszczególnych składowych, jak również im służącą z innymi powiązanymi ogniwami.

Po pierwsze zatem, chodziło o **stworzenie nowego systemu oświaty**, z wykorzystaniem dostępnych inspiracji, z wizją sprzężenia jego zadań z budzeniem i rozwijaniem postaw obywatelskich. Wówczas głośno było o modelach „szkoły pracy", czy „szkoły twórczej", z odniesieniem także do idei „nowego wychowania". W przekonaniu twórców chodziło o próbę dania Polsce szansy na najlepszy możliwy system, zbierający doświadczenia innych, w tym najbardziej aktualne i innowacyjne. Najlepsi stawali się pracownikami instytucji rządowych i koordynowali nowe formy tworzącej się sieci oświatowej i różnych struktur w jej ramach. Nieprzypadkowo B. Suchodolski był pracownikiem ministerialnym, H. Radlińska okresowo doradcą ministra i kierowała oświatowym programem w ruchu ludowym. Dominującą ideą mobilizującą do zaangażowania było dramatyczne wezwanie do walki o nowoczesną polską szkołę.

Obecnie nie mamy nawet cienia takiego wspólnego udziału kadr intelektualnie przygotowanych w procesach programowania i organizacji systemu oświaty. Ministerialny świat oświaty wyobcował się z przestrzeni myśli pedagogicznej, czego dopełnieniem są braki kultury pedagogicznej nauczycieli. Większość bywa jedynie przyuczana do zawodu, wykształcona pod kątem poszczególnych przedmiotów, a nie wiedzy pedagogicznej (więc i psychologicznej) o podmiotach ich oddziaływań.

Po drugie, w obliczu takiego zadania kluczowe stało się uruchomienie form i mobilizowanie działań środowiskowych na rzecz **zaawansowanego kształcenia nauczycieli** do tak projektowanej funkcji systemu oświaty. Stąd ważne okazały się powstawanie płaszczyzn debat, kongresy i zjazdy oświatowe, próby integrowania nauczycieli, administracji oświatowej i środowisk akademickiej pedagogiki wokół uzgadnianych celów wpisywanych w decyzje programowe szczebla ministerialnego i samorządowego oraz uruchamianie środków z ramienia państwa. Rozprzestrzeniał się ruch czasopiśmiennictwa pedagogicznego, na którego czele także stawali najlepsi. Dominująca stawała się tu funkcja łącznika kulturowego i animatora, mobilizującego inicjatywę i samodzielność, poprzez zdolność do diagnoz krytycznych i uruchamiania działań kompensacyjnych, podejmowanych także w trosce o przywracanie kontaktu z utraconymi sferami tradycji i współczesności.

Nie udało się nam tymczasem zablokować oderwania studiów pedagogicznych i poziomu myśli profesjonalnej od kształcenia kadr i funkcjonowania instytucji przygotowujących nauczycieli w podziałach branżowych dydaktyk i metodyk. Bardzo często pokutuje to także na poziomie (do)kształcania podyplomowego, wyobcowanego organizacyjnie i niezdolnego do łączenia oferty z aktualną wiedzą, a jedynie najczęściej rozdającego uprawnienia praktyczne. Konflikty lokalnych interesów uniemożliwiają tu odpowiedzialne rozwiązania programowe i strukturalne.

Po trzecie, podstawowe działania pedagogiczne i procesy poznawcze służyły **sprzęganiu wymiarów kultury z wymiarami życia społecznego** w trosce o poziom jednostek i dynamikę ich rozwoju. Chodziło o takie ukierunkowanie trosk oraz mobilizacji myślenia i działania oświatowego, które by prowadziło do wieloaspektowego sprzyjania jednostkom w widzeniu ich zadań i uwarunkowań społecznych z jednej strony, a z odniesieniem do szans rozwojowych i wspomagających je procesów kulturowych z drugiej. To w szczególności zaowocowało odkryciem wagi przejmowania idei kojarzonych z tzw. pedagogiką kultury oraz analogicznych, wpisywanych w tzw. pedagogikę społeczną. Dawało to mechanizmy łączenia trosk o dzieci i dorosłych, o instytucje kulturalne w miastach i na wsiach, czy w szerszych kategoriach mówiąc: miało swoje odniesienia do konkretnej teraźniejszości społecznej (z jej ułomnościami i patologiami) oraz do rzeczywistości symbolicznej o charakterze dziedzictwa służącego zakorzenianiu się w obszarach bardziej uniwersalnych i bardziej ponadczasowych.

Tymczasem nastąpiła daleko posunięta fragmentaryzacja doświadczenia i rozbicia owych sprzężeń i splotów na wygodne, ale ułomne obszary poznawcze, zresztą i tak przez to słabo oswajane. Kultura została neoliberalnie podporządkowana wyobrażeniom o relatywizmie albo lokalnych presjach dominujących światopoglądowo (np. w kwestii religii, sztuki, literatury) i prymitywnemu rynkowo zawodowemu upraktycznieniu, tyle zresztą szkodliwemu co iluzorycznemu. Szkodząc zarazem postrzeganiu życia społecznego w kategoriach troski o poziom myślenia i zaangażowania obywatelskiego, duchowego i cywilizacyjnego.

Po czwarte, wobec takiej perspektywy naturalne stało się działanie na rzecz **powoływania do życia i promocji „urządzeń"** mających podstawowe funkcje kulturowe i oświatowe, dających zarazem ramę do wzbogacania doświadczeń społecznych i kontaktu z dziedzictwem kultury. Poza szkołami, kursami, kołami, towarzystwami i zrzeszeniami do głosu dochodziły starania o biblioteki, muzea, wystawy, galerie, wszechnice, uniwersytety ludowe, a także troska o takie rozwiązania (np. spółdzielcze), które by funkcjonowanie społeczne potrafiły wiązać z zadaniami w sferze kultury, rozumianymi w kategoriach jakości odbioru i przeżycia oraz rozwijania potrzeb duchowych.

U nas obecnie oddolny ruch obywatelski jest niewydolny, a sprzyjanie jego poczynaniom, chociażby przez władze samorządowe, jest nieudolne, a nawet niezdolne do brania za te sfery odpowiedzialności. Ostatnio radni sejmiku samorządowego jednego w województw przegłosowali likwidację bibliotek publicznych argumentem, że spada czytelnictwo, tak jak gdyby to był świetny sposób na jego... podniesienie z upadku. Ale najprawdopodobniej z powodu mentalności typowej dla *homo oeconomicus* troska o czytelnictwo nie zagnieździła się w głowach lokalnych włodarzy, z których większość też zapewne nie czyta i nie ma świadomości własnej ułomności kulturowej i szkodzenia ludziom.

Po piąte, wszystko to wymagało głębokiego namysłu w **poszukiwaniu i rozwijaniu nowej pedagogiki**, poprzez śledzenie najnowszych koncepcji w niej, wraz z odczytaniami najważniejszych dokonań z – także jeszcze wówczas nieodległej – tradycji myśli pedagogicznej, społecznej i filozoficznej, wyznaczonej nazwiskami chociażby Bronisława Ferdynanda Trentowskiego, Hugona Kołłątaja, Stanisława Staszica, Edwarda Abramowskiego, Karola Fryderyka Libelta czy Ludwika Krzywickiego. Wielcy uczestnicy przeobrażeń jej pokolenia czuli, że muszą się uczyć od największych z tradycji i stanu najnowszego myślenia o wychowaniu i życiu społecznym.

W Polsce, niestety, największą atrakcją stała się formuła sprzyjania antypedagogice oraz tzw. pedagogice alternatywnej, która nie mierzy się wystarczająco z patologiami nurtu dominującego, oficjalnego i uchodzącego za normę w codzienności oświatowej ani nie jest głębiej osadzona w rodzimej tradycji myślowej, a nawet zapoznała dorobek przezwyciężania sentymentalizmu spłyconego humanistycznie i jego wizji rozwoju. Tymczasem zapominamy, że – jak to wiedzieli już nasi wielcy – dojrzałą alternatywą dla autorytaryzmu nie jest skrajny permisywizm.

Po szóste, wszystko to wymagało angażowania się w przyswajanie i upowszechnianie (w tłumaczeniach, w dyskutowaniu, w przetwarzaniu pedagogicznym) treści składających się na **najnowsze dokonania światowe w humanistyce i naukach społecznych**, z wykorzystaniem ruchu psychoanalizy (Alfred Adler, Carl Gustav Jung), nowych impulsów w psychologii (Charlotte Bühler, Édouard Claparède, młody Jean Piaget) pragmatyzmu amerykańskiego (John Dewey, William James) czy filozofii i socjologii kultury (Eduard Spranger, Georg Simmel). Wymagało to także aktywnego udziału w szerokim ruchu międzynarodowym oraz inicjowaniu jego działań i form instytucjonalnych, jak kongresy światowe, wizyty czołowych postaci także w Polsce. Dokonania Radlińskiej były tu wręcz niezwykłe.

U nas tymczasem nastąpiła degradacja wyobrażeń o konferencjach międzynarodowych albo eksponuje się relacje zupełnie drugorzędne poznawczo, z rzadka jedynie nasi przedstawiciele są w ciałach kolegialnych za granicą.

Po siódme, w takiej sytuacji musiało chodzić o podejmowanie wysiłku na rzecz prób **syntezy obejmującej całość dostępnego dorobku** oraz budowania jedności całej pedagogiki w jej wielowątkowo zespalanym wysiłku. Pedagodzy tej miary co Bogdan Nawroczyński, Zygmunt Mysłakowski czy Kazimierz Sośnicki podejmowali próby opisania stanu całej pedagogiki polskiej czy dominujących procesów w całej przestrzeni myślenia o wychowaniu i rozwiązań oświatowych na świecie. Próbowali także szukać wspólnych ram myślowych dla rozmaitych form działania oświatowego i popularyzacyjnego, obejmując zakresy historii myśli i najważniejszych sporów współczesnych w szerokich przekrojach myślowych w poprzek dyscyplin.

U nas tymczasem dominuje zasada wąskich opłotków, minimalizowania ram, zamykania się w kręgach rzekomo specjalistycznych, z osłabieniem dynamiki rozwoju badawczego na tle dokonań światowych. Środowiska nie mają autentycznych liderów naukowych o szerszej randze oraz zdolności do syntez i przekrojów badawczych.

Po ósme, wielowymiarowa troska o głębokie wniknięcie w realne procesy, prawdziwe ograniczenia oraz próby wysiłku docierania do konkretnych kręgów i środowisk wymagały postawienia na **podejmowanie serii nowych badań i diagnoz społecznych** o charakterze krytycznym i postulatywnym, z pogłębioną metodologią oraz możliwie dojrzałym zaangażowaniem przeciw krzywdzie, wykorzenieniu kulturowemu i marnowaniu szans. To obejmowało w szczególności badania nad czytelnictwem, nad uwarunkowaniami oświaty na wsi, nad oświatą pozaszkolną i nad kształceniem dorosłych.

Nasze badania z kolei w ich alarmistycznych diagnozach nie przejmują się ani nie przebijają. Nagminnie też zapomina się o kulturze, biurokratycznie czy pragmatycznie niszczy zrozumienie dla kultury humanistycznej, epatując płytko i tanio pojmowanym przygotowaniem do rynku pracy. Nawet nie umie się, badając ten rynek, rozpoznać patologii przykrawania edukacji do jego zapotrzebowań, doraźnie artykułowanych także przez część pracodawców, którzy nie są w stanie funkcjonować poza wąskim pojmowaniem zysku i biznesu.

Po dziewiąte, chodziło – w takiej sytuacji skumulowania wyzwań – o **integrowanie nowych dyscyplin i rozwijanie nowych elit środowiskowych**, z troską o tworzenie ich instytucjonalnych miejsc i oparć, przedłużonych na typy kursów kształcenia profesjonalnego w danych zakresach, jak też zaawansowanych w przestrzeni akademickiej, jak zakłady i katedry oraz cykle studiowania, serie publikacyjne i podręczniki.

U nas rzekoma specjalizacja oznacza alibi na fragmentaryzację wiedzy i jest dopełniana płytkim pojmowaniem interdyscyplinarności. Obniżono też poziom i aktualność teoretycznego zaplecza studiów podyplomowych, kojarzonych już z II stopniem dyplomów oraz z blokadą stymulowania ambicji rozwojowych, zastępując rozwój wypełnianiem biurokratycznych wymagań awansowych. Nie powstają przez to elity, a często jedynie wypalone, zdemoralizowane brakiem realnych kryteriów uznania wartości wysiłku i poziomu pracy pedagogicznej kręgi nauczycielskie czy absolwentów uczelni wyższych o niskim poziomie wykształcenia i niezdolnych do rozwoju.

Po dziesiąte wreszcie, najbardziej podstawową troską reprezentatywną dla pracy organicznej i romantycznej mobilizacji w zakresie wspomnianej walki o nowoczesną szkołę i jej bogate kulturowo obudowanie środowiskowych inicjatyw i stylu działania było **pozyskiwanie szerokich kręgów i instytucji dla kwestii wychowania** (edukacji) z oczekiwaniem uznania jej za palącą i kluczową kwestię społeczną, od której zależy przyszłość kolejnych pokoleń i tożsamości narodowej oraz dynamiki nowoczesnego przeobrażania państwa.

U nas tymczasem obserwuje się spadek rozumienia i uznania wagi edukacji, w sferze publicznej zaś daje się odczuć brak udanego odporu panoszącym się i najgorzej rokującym pseudoliberalnym praktykom oraz strategiom instytucjonalnym. Wszystko to zdaje się możliwe wobec tego, że na straży instytucji misyjnych coraz częściej staje myślenie je redukujące, spłycające, zastępujące racjonalnością instrumentalną, wąskim ekonomizmem. Ofiary złej edukacji same stają się strażnikami jej dalszego pogrążania i degradacji kolejnych pokoleń.

* * *

Wszystkie te poważne, wręcz dramatyczne zadania były postrzegane i w różnym stopniu realizowane. Można by napisać biografię intelektualną każdego z wybitnych autorów, badaczy, teoretyków i praktyków, ukazując konkretne formy zaangażowania w te wymiary dokonującego się przełomu. Dotyczy to także samej Heleny Radlińskiej. Na temat jej postawy, w tej ramie dziesięciu wyzwań, czynię na kartach tej książki szereg spostrzeżeń. Tymczasem warto by się zastanowić, na czym polegały **największe słabości** działań środowiskowych tamtego czasu, które powielane w naszych realiach mogą się składać na niezdolność naszych obecnych elit do sprostania oczekującym je wyzwaniom analogicznym do wspomnianych, jak i mającym specyficzne przejawy. Wiele słabości jest tu jednak wspólnych. Co więcej, wydają się one w znacznie większej skali pokutować w ostatnich dekadach i rzutować na kondycję środowisk pedagogicznych i jakości troski o edukację, zwłaszcza humanistyczną.

Wielokrotnie pokazywałem (choćby na przykładzie Szumana, a teraz Radlińskiej), że słabością wielopokoleniowych działań było – i jest po dziś dzień w naszym środowisku, traktującym te zachowania niestety jako wygodną normę – to, że ich autorzy i promotorzy wzajemnie swoich dokonań generalnie **nie czytali**. Znali się, a nie znali swoich prac.

Jeśli już w jakimś zakresie je czytali, a więc mieli dostęp do wiedzy, to się na siebie wzajemnie zwykle **nie powoływali**.

Z kolei gdy dochodziło do powołań, wówczas były one zwykle wyrywkowe i ilustracyjne, a zatem wzajemnie się **nie inspirowali**.

Kiedy zaś dochodziło do uznanych i sygnalizowanych inspiracji, wtedy były one zwykle wyrywkowe czy śladowe, gdyż się wzajemnie **nie rozumieli** w swoich całościowych usiłowaniach i zakresach ich zbieżności.

Jak już rozumienie wspólnoty miało miejsce, to zwykle się wzajemnie wyodrębniali, podkreślając różnice i krytykując się za nie, czyli **nie identyfikowali** się ze wspólną etykietą czy zakresem dyscyplinarnym.

Jeśli ta identyfikacja czy gesty zgody na dostrzeganie podobieństwa miały jednak miejsce, to na różne sposoby się **nie uznawali** pod względem wagi dokonań, których wzmacnianie, zespalanie i rozwijanie mogłyby przynieść korzyści wielorakie i wzajemne.

Gdy już się uznawali, nawet podkreślając przewrotnie swoją „swoistą aktualność" czy choćby aktywność godną odnotowania, wówczas się wzajemnie osłabiali, poprzez to chociażby, że nie respektowali swoich zasług ani się **nie wspomagali** we wspólnym podejmowaniu sygnalizowanych zadań w celu pokonywania trudności i przezwyciężania słabości proponowanych rozwiązań.

Z kolei przejawy wspomagania swoich postaw czy podejść do zadań przekładały się jedynie na proces, w którym się wspólnie **nie rozwijali** dla stworzenia silnej zintegrowanej dyscypliny badawczej.

Jeśli już mieliśmy przejawy rozwoju intelektualnego i badawczego, na rzecz całej dyscypliny, to zwykle pokutowało to, że ich uczestnicy **nie otwierali się** na impulsy spoza własnych środowisk czy tradycji, przywiązani do jednorodnych zadań i tropów, do dominujących lokalnie postaci.

Kiedy wreszcie się już udawało otwierać i przywoływać rozmaite nowe tropy i inspiracje oraz dokumentować wagę zaangażowania, wtedy uczestnicy tego procesu zwykle – i to z konieczności – **nie dojrzewali** do przełomu. Albo nie mieli jego poczucia, albo zbyt wcześnie umierali, jak chora Radlińska, bądź zostawali wyeliminowani przez słabszych i młodszych rywali czy przez sprzyjające układy i gry sił politycznych, bądź też nie uzyskali dojrzałej kontynuacji ze strony swoich uczniów czy współpracowników. Chorą, marginalizowaną i osamotnioną ostatecznie Radlińską dotknęły wszystkie te przypadłości losowe. A przecież o stanach depresji, beznadziei i bezsensu wegetacji duchowej pisał w swoim rękopisie „pamiętnika starego pedagoga" także Bogdan Nawroczyński, ponad dwadzieścia lat po śmierci Radlińskiej.

* * *

Pojawiła się tym sposobem seria dziesięciu nakazów warunkujących jakość działań akademickich służących przełomowej mobilizacji w dyscyplinie naukowej – w tym przypadku pedagogice. Chodzi więc o to, by w strukturze koła hermeneutycznego dostrzec, że trzeba się wzajemnie: czytać – powoływać – inspirować – rozumieć – utożsamiać – uznawać – wspomagać – rozwijać – otwierać – dojrzewać do pełni. Tych dziesięć warunków wartościowej postawy naukowej z rzadka jest spełnianych w postawach reprezentantów dyscyplin w humanistyce, w tym w pedagogice.

Widać, że to zestawienie wskazuje na sekwencję wymagań wpisanych w postawy intelektualne, które po części były udziałem i Heleny Radlińskiej, i jej Wielkiego Pokolenia, a już z dużymi oporami dawały o sobie znać chociażby w postawie Bogdana Suchodolskiego. Uczniowie i akolici Suchodolskiego przejęli od niego szereg zachowań, w których dają o sobie znać także strony negatywne, godne krytyki. Daleko tu do dojrzałej odpowiedzialności za jakość rozwoju całej dyscypliny i do troski o synergię wzmacniającą efekty najwartościowszych działań indywidualnych. Nie ma nawet jedności w sferze kryteriów owej wartości. Nie darmo Radlińska podkreślała, że „działacz społeczny czy naukowy" uczestniczący w zespołowym wysiłku badawczym

> [w]łasną również pracą musi zdobywać niezbędne dlań cechy dojrzałości, wyrażające się w zainteresowaniu pracą innych członków zespołu, nie tylko własną, w gotowości życzliwej pomocy współpracownikom w szukaniu chluby w tym, co będzie uzyskane przez współdziałającą grupę (Radlińska 1948, s. 16).

Doskonale widać, jak przytoczone tu kryterium dojrzałości obnaża skalę niedojrzałości całych środowisk, kręgów i dyscyplin w pedagogice.

Wiele powodów do dumy z rodzimej tradycji pedagogicznej zostało zmarnowanych i zatartych w świadomości nowych pokoleń w konsekwencji braku udziału kluczowych postaci w kole hermeneutycznym dojrzałości akademickiej. Nie tylko w sensie wskazanym przez Radlińską typowym postawom pedagogów w naszym środowisku akademickim brakuje dojrzałości społecznej, pozwalającej na realne zespalanie wysiłków czy na przejmowanie kolejnych kamyków myślenia, jeśli nie pereł duchowego rozwoju, do wspólnego skarbca znaczących impulsów, integrujących nasze wysiłki i podnoszących ich wartość.

Odniesienia kulturowe

Rozdział VIII
Kultura jako gleba, podłoże i oręż dla działań społecznych w wychowaniu

> *Za nikogo nie można się rozwijać, za nikogo – wrastać. Można tylko pielęgnować wzrost poprzez usuwanie przeszkód, które go hamują, i wyrównywanie skrzywień. Można uprawiać glebę wrastania, wzbogacając ją cennymi składnikami.*
>
> Helena Radlińska (1947, s. 20)

Wstęp

Rozdział ten ma dla niniejszej książki zasadnicze znaczenie, ponieważ uczula na to, że **pedagogika społeczna od swojego zarania była ufundowana na rozumieniu wagi odniesień do kultury symbolicznej** jako dziedzictwa, skarbnicy i źródła wyzwalającego duchowość. Rezultatem tych rozważań wydaje mi się zwrócenie uwagi na konieczność widzenia sprzężenia, a nawet przenikania się tego, co zwykle kojarzy się z zawężoną ramą pedagogiki społecznej, z tym wszystkim, co z kolei wpisuje się bardziej abstrakcyjnie w odniesienia do tradycji tzw. pedagogiki kultury. Nie ma tu, jak się okazuje, ani dualizmu, ani antagonizmu, natomiast jest wzajemne, dwoiste sprzęganie uwarunkowań z przejawami zjawisk towarzyszących człowiekowi, gdy chce zrobić coś ze sobą, z własnym życiem i własnym światem i gdy szuka dla tego wysiłku środków, narzędzi i sił, które uczyniłyby z niego podmiot, a nie uzależniały jedynie od determinacji spoza jego własnych możliwości. Obie tradycje myślowe powinny umieć się sobą żywić i na siebie otwierać w ogólnym i uniwersalnym (kulturowo i społecznie) posłaniu pedagogiki. Helena Radlińska zbudowała podwaliny tego procesu, choć nie zostały one w pełni wykorzystane ani nawet dostrzeżone.

Czerpanie z kultury jako tego aspektu „rzeczywistości", który bywa w wielkim stopniu niedostępny, nieprzejrzysty, a nawet niewidzialny, nieprzeczuwany, pozwala na rozwijanie jednostek i wspólnot, aby nie były nieświadomie zakładnikami tego, co teraźniejsze, czy tego, co w teraźniejszości lokalnie dominujące. Kultura bowiem staje się zasadniczym źródłowym generatorem rozwijania i pomnażania sił społecznych do upominania się przez jednostki o siebie w przestrzeni społecznej i do przemian tej ostatniej w sposób osadzony w pragnieniach, marzeniach i dążeniach emancypacyjnych. Pisząc o roli „pracownika społecznego", w 1948 roku Radlińska zwracała uwagę na wielopostaciowy i niespójny charakter tego, co „rzeczywiste" i z czego można czerpać oraz do czego trzeba umieć się odwołać. Nie używając takich terminów, jak „palimpsest" i „polimorfizm", autorka w istocie uczula na powstawanie w rzeczywistości wielowarstwowych splotów na wzór tkaniny, splatającej momenty historyczne i ich przejawy jako podniety do działania między przeszłością i przyszłością. Nie wolno zapominać, że rzeczywistość nie jest zamknięta w teraźniejszych relacjach, gdyż niezależnie od tego, co dostępne czy dominujące, „[r]zeczywisty jest dorobek minionych pokoleń, który dostarcza narzędzi twórczości, rzeczywiste są dążenia, które nową twórczością kierują" (Radlińska 1948a, s. 175). Czas przebiega momentami teraźniejszości, mijającymi „wczoraj i jutro, jak nitki na warsztacie tkackim, stwarzając coraz to nowe sploty" (Radlińska 1948a, s. 175). Ten aspekt rzeczywistości jest dla Radlińskiej zasadniczy dla podkreślenia, że człowiek nie musi być zakładnikiem determinującego go „środowiska społecznego", nie musi „poddawać się biernie", gdyż jeśli zrozumie on, że kultura jest rzeczywistością, po którą można sięgnąć, „[m]oże, poznając rzeczywistość, wybierać z niej to, z czego uczyni oręż obrony i narzędzie przebudowy" (Radlińska 1948a, s. 175). Ten potencjał kultury bywa najczęściej niedostępny, nieuświadomiony, niewykorzystany, a wręcz, jak czytamy, utracony, czego dramat rozpoznał jeszcze „Kołłątaj [który] nazywał własnością utraconą narodu wartości, których ludzie nie znają i dlatego nie użytkują" (Radlińska 1948a, s. 176). Nie trzeba tu Radlińskiej przypisywać intelektualizmu etycznego, gdy się zrozumie, że całość jej rozważań przenika poczucie odpowiedzialności etycznej – i nie bójmy się powiedzieć: także politycznej – tego, co nazywa „pedagogiką społeczną", za zdolność do działań, które dopiero umożliwią społeczne spożytkowanie takich kulturowych podniet dla rozwoju, emancypacji i przemian. Książka niedostępna nie przemówi, ale książka dostępna także może nic nie powiedzieć bez wysiłku, by uczynić z niej oręż własnego przebudzenia i metamorfozy społecznej. Zadaniem pracowników społecznych jest przez to praca „w rozległych dziedzinach kultury" w celu ułatwiania i udrażniania procesu wydobywania, pomnażania i usprawniania sił ludzkich dla realizacji ideału jako nośnika marzeń (Radlińska 1948a, s. 176).

Ludzie są dla Radlińskiej nie materiałem do obróbki, ale „żywiołem" (Radlińska 1948a, s. 177) do społecznego przetwarzania za pomocą bodźców kulturowych w celu okiełznania społecznego potencjału destrukcyjnego i otwarcia dostępu do sił twórczych w jednostkach drzemiących, a dających się pobudzić dzięki ich wrastaniu w kulturę jako życiodajne podłoże. Definicyjnie bowiem, jak podkreśla autorka, konieczna jest charakterystyka: „żywioł – element niezniszczalny, który daje się tylko w pewnej mierze opanowywać bez przemiany jego właściwości", przy czym w przypadku człowieka najważniejsze są „pierwiastki duchowe, które nadają temu żywiołowi swoistą moc i nieuchwytność, czyniąc go potężniejszym od żywiołów przyrody" (por. Radlińska 1946, s. 557). Żywioł ten ma zdolność do odmładzania się i odradzania poprzez przejawy przetwarzania kultury wraz z jej przyswajaniem.

Cechą żywiołu ludzkiego jest możliwość doskonalenia się przez skierowywanie instynktów, uszlachetnianie treści dążeń w pracy nad sobą, podejmowaną w imię tego, co przerasta sprawy natury. [...] Dlatego w działalności kulturalnej doniosłą rolę odgrywa uprawa dusz ludzkich, wychowanie [...] w jego właściwym znaczeniu: czynności zamierzonej, która rozpoznaje cechy jednostek, odszukuje siły utajone, wzmacnia je przez ukazywanie spuścizny, nauczanie prawd już znanych, wskazywanie drogi w dal, wdrażanie w potrzebne sprawności (Radlińska 1946, s. 563).

Radlińska, ceniąc spuściznę kulturową, przestrzegała zarazem przed sytuacją społeczną, w której dominują utrwalane „przerosty form dzisiejszych", tłamszące to, co jest „zadatkiem przeszłości" (Radlińska 1946, s. 563). Tymczasem wychowanie, jako zwrócone ku przyszłości, musi umieć adaptować – po części wręcz instrumentalnie – dziedzictwo poprzez sposób, który „przekazuje dorobek jako narzędzie, którym mają być wykonywane nowe zadania", bywa jeszcze nieznane, przez co zarazem wychowanie jest „»służbą nieznanemu«: twórczości nowych sił" (Radlińska 1946, s. 563). Zamykając tekst z 1946 roku niezgodą na „przerosty form", Radlińska przywołuje poetyckie świadectwo wieszcza, pisząc: „Niewola dla Norwida to »formy postawienie na miejscu celu«, wolność zaś – »jest to celem przetrawienia doczesnej formy«" (Radlińska 1946, s. 565).

Pedagogika społeczna w ramie kulturowej

Wyjdźmy teraz od najogólniejszej formuły, wiążącej, czyli zobowiązującej, moim zdaniem, nie tylko dla pedagogiki kultury ani nawet dla samej pedagogiki społecznej tu problematyzowanej, ale dla całej pedagogiki, widzianej w jej możliwie kompletnym uwikłaniu strukturalnym, jeśli zadać pytanie o podstawową i obiektywną funkcję działań pedagogicznych. Chodzi więc o właściwe pedagogice (I) działania, ich jakość i charakter, (II) odniesienie do adresatów tych działań i wizji efektów tych działań w sferze projektowania postaw tych adresatów oraz (III) podstawowe odniesienie dla działań z obu zakresów w realnym świecie społecznym z jego kulturowym zapleczem. Taką formułą wydaje mi się stwierdzenie, że obiektywną funkcją wszelkich działań pedagogicznych jest... **wdrażanie do uczestnictwa w kulturze**. Trzy słowa tu użyte – „wdrażanie", „uczestnictwo", „kultura" – stają się źródłem rozpoznania tych trzech zakresów czy sfer analiz. Przy takiej charakterystyce bowiem od razu uruchamiamy widzenie trzech pięter analiz, jakie stają się tu niezbędne: muszą one dotyczyć (a) odniesienia do możliwości i jakości samego wdrażania, (b) następnie rozpoznania typów i zakresów wyobrażanej, utrudnianej czy postulowanej wizji owego uczestnictwa, na które wdrażanie jest nakierowane, oraz związanych z tym niezbędnych kompetencji, i wreszcie (c) tego, jak się ową kulturę widzi, sytuuje i programuje. Można rzecz jasna zadania związane z tą z formułą postrzegać w innym przekroju, mianowicie dotyczącym (i) troski o czynienie dorobku kultury dostępnym, (ii) wysiłku, by wraz z tą dostępnością uruchamiany był proces spożycia, użycia, wykorzystania wzbogacającego uczestnika jako odbiorcę, by wreszcie osiągnąć poziom wdrożenia (iii) udziału w twórczym pomnażaniu samego dorobku kultury i jego wzbogacaniu dla innych uczestników tego procesu wdrażania.

Gdyby komuś to otwarcie wydawało się zbyt abstrakcyjne i zarazem zbyt oderwane od podejścia Heleny Radlińskiej, a zarazem całej pedagogiki społecznej, to warto poczynić w punkcie wyjścia następujące kroki rekonstrukcyjne, wprowadzające to podejście jako naturalne i pożądane. Pisząc bowiem w 1912 roku o „początkach pracy oświatowej w Polsce", Radlińska wyróżniała „[d]ziałalność, która wciąga masy do udziału w życiu kulturalnym" (por. Orsza 1913, s. 5; przedruk także w: Radlińska 1964, s. 37), jako zarazem „wykładnik" funkcji oświecenia, a „charakter tej działalności" miał dalej stanowić lustro dążeń i oczekiwań społecznych, jak też miał być „świadectwem stopnia demokratyzacji narodu" i sprzyjania jego rozwojowi (Orsza 1913, s. 5; przedruk także w: Radlińska 1964, s. 37). Ten obraz podstawowego i kompletnego jednocześnie zadania „pracy oświatowej" uzyskuje rys odniesiony zarówno społecznie, jak i kulturowo, w tle pozostawiając zdolność do troski o jednostki w narodzie, w ramach „podnoszenia jego nizin" i uszlachetniania relacji międzyosobowych w kierunku demokracji (Orsza 1913, s. 5; przedruk także w: Radlińska 1964, s. 37). Widać, że wspomniana troska o „udział" da się zawrzeć w pytaniu o jakość uczestnictwa, samo „wciąganie" w ramach prac oświatowych jest odpowiednikiem wdrażania, a życie „kulturalne" oraz widzenie jego nizin i stopniowania rozwoju jest osadzone w tle jakiegoś wyobrażenia o kulturze i o tym, co też takiego istotnego ona może robić z jednostką i ich masami, jeśli pokusić się o „demokratyzację" dostępu. Wspomniana „praca oświatowa" jest tu pojmowana jako „związana z całością życia narodu, od wszystkich jego drgnień zależna", wymagając perspektywy historycznej dla śledzenia jej ewolucji i dla rozeznania w rozmaitych jej postaciach, jak też programowania i organizowania możliwych działań, użytecznych narzędzi i urządzeń oraz przygotowania kadr „ofiarnych pracowników" zdolnych do podejmowania niewdzięcznego trudu (Orsza 1913, s. 5; przedruk także w: Radlińska 1964, s. 37). Historia konieczna dla rozumienia dokonujących się procesów i ich programowania staje się tu zarazem źródłem przekleństwa dziejowego, jeśli nie powracającej nieustannie niemożliwości, skoro „[w]strząśnienia, które kształtowały nasze dzieje, zrywały ciągle łączność prób i usiłowań, nieraz niweczyły ich rezultaty" (Orsza 1913, s. 5; przedruk także w: Radlińska 1964, s. 37). W sto lat po napisaniu przez Radlińską tego ostatniego zdania wiemy, jak bardzo pozostaje ono aktualne, także w odniesieniu do ostatniche dekad i najnowszych transformacji.

W 1910 roku Radlińska opublikowała tekst swojego wystąpienia, który przedstawiła na Polskim Kongresie Pedagogicznym we Lwowie rok wcześniej (dokładnie 1 lutego 1909 roku). Postawiła w nim tezy „w sprawie polskiego dorobku wychowawczego", podkreślając pokutujący „brak znajomości całokształtu pracy polskiej" w sferze oświaty i wychowania jako jedną z przyczyn tego, że – jak stwierdzała – co słusznie brzmi także dziś,

> [w]iele spośród naszej działalności nie odpowiada najpierwszemu wymogowi pracy narodowej – współpracy wszystkich w budowie kultury (Radlińska 1964, s. 3–4)[1].

Oto, jakim programowaniem i obramowaniem strategii pedagogiki społecznej u jej zarania posługiwała się jej największa w Polsce twórczyni, uściślając „społeczny teren działania" koniecznego do podjęcia (por. Radlińska 1964, s. 4). Staje przy tym w tle kwestia, czy porzucanie tej ramy – typowe dla zawężeń wyobraźni pedagogów społecznych z kolejnych dekad – to postęp czy regres, choć ja wątpliwości w tej kwestii nie mam, widząc nagminną degradację samego myślenia o „społecznym" wymiarze działań, oderwanym od zanurzenia w kulturze symbolicznej. Stąd bowiem, z takiej motywacji i na takim tle dopiero miały się wyłaniać, jako konieczne do przedsięwzięcia, „studia nad naszą sprawnością życiową i jej brakami" czy nad drogami „rozwoju duchowego Polski, w poglądach na świat i w aspiracjach warstw społecznych", w tym też, by dało się „wyprowadzić związki pomiędzy rozmieszczeniem szkół i instytucji oświatowych a stanem kultury, pomiędzy kulturą materialną a duchową" (Radlińska 1964, s. 4). Nie ma więc cienia wątpliwości, jak bardzo u źródeł programu pedagogiki społecznej Radlińskiej znaczące było wpisanie badań i zaangażowań organizacyjnych powstającej perspektywy, a z czasem i dyscypliny myślowej w troski o sprawy kultury i ich instytucjonalny wyraz oraz społeczne ich odniesienie. Tymczasem w rozmaitych rekonstrukcjach myślenia Radlińskiej albo odniesień do kultury nie ma wcale, albo jest mało, albo mało i do tego banalizują one sens lub wypaczają funkcję kultury, choćby tylko w kontekście trosk o melioryzację środowisk i duchowości jednostek w nie uwikłanych.

Śledząc opis „początków pracy oświatowej w Polsce", Radlińska (wówczas jeszcze jako Orsza) odtwarza źródła normatywnego nastawienia tej pracy, po części już tu wskazane. Są one związane z ukierunkowaniem na dążenie do „uznawania równych praw do udziału w kulturze i wychowaniu" (por. Orsza 1913, s. 6). Jako proces zaangażowany w troskę o „uobywatelnienie ludu" (Orsza 1913, s. 84) poprzez wysiłek „budzenia samodzielności włościan" (Orsza 1913, s. 45) ma on działać, rozwijając poczucie przynależności do „narodu i przez niego do ludzkości", co wymaga organizacji działań, by można było „każdemu udostępnić skarbnicę kultury

---

1 Całość tekstu pierwotnie w: „Przewodniku Oświatowym" 1910, rocznik X, zeszyt 1, s. 25–29.

i w każdym budzić potrzebę twórczości na jakimkolwiek polu" (por. Orsza et. al. 1913, s. 145).

Wypada od samego początku tej części rozważań podkreślić, że Radlińska nie pozostawia cienia wątpliwości co do tego, że dla pedagogiki społecznej – zwłaszcza gdy odnosiła się do problemu „wychowania narodowego" w kontekście wymagań przygotowania do demokracji – odniesienia kulturowe były pierwszorzędnej wagi. Nie wystarczą tu troska o „wychowanie indywidualistyczne" ani jego wizja urabiania do walki w jakimś ideologicznym kierunku. Otwierając swoją podstawową książkę, z 1935 roku, tekstem o wychowaniu narodowym (pochodzącym z wystąpienia z 1909 roku), nieprzypadkowo Radlińska widzi wagę odniesienia do „zagadnienia naczelnego" formułowanego ogólnie jako „poszukiwania i wspomagania sił, które budują dzień jutrzejszy", czy wymagającego pracy „nad poszukiwaniem wspólnych źródeł mocy duchowej" (por. Radlińska 1935, s. 5). Jest znamienne, że autorka w newralgicznym dla siebie punkcie programującym nastawienie pedagogiki społecznej wobec tego zadania przywołuje następującą uwagę Fryderyka Nietzschego:

> Postępy nauki nie są bezpośrednio postępami ludzkości – byłyby nimi, gdyby wraz ze wzrostem plonu prawdy wzrastał udział w nim ludu, gdyby wiedza o niej przedostawała się do wszystkich i jasność jej poglądów stawała się wszystkich udziałem (Nietzsche) (Radlińska 1935, s. 9; brak ścisłego przypisu do Nietzschego).

Radlińska sięga zatem do filozofii Fryderyka Nietzschego dla uzasadnienia wagi jak najszerszego dostępu do wiedzy. Nawiązuje też do francuskiego filozofa Gabriela Séalilles'a, do którego odsyła, stwierdzając:

> [...] ustrój demokratyczny wymaga wykształcenia rozbudzającego w każdym człowieku świadomość człowieczeństwa, które stanowi jego wartość i godność, które obdziela go jednocześnie obowiązkami i prawami, „które go przerasta, łączy z czymś większym niż on sam, pozwala uczestniczyć w dobrach wyższych, z których inaczej nie może korzystać, jeno pod warunkiem, że włoży w nie wysiłek osobisty" (Séalilles) (Radlińska 1935, s. 9; por. także Radlińska 1961, s. 5; cytat z 1910 roku).

Ten akcent wiąże się z zasadniczym wpisaniem w pedagogikę społeczną zadań kulturowych, w brzmieniu programowo znaczącym dla całości dążeń Radlińskiej:

> Pedagogika społeczna w każdej jednostce widzi dziecię swego narodu i czasu, spadkobiercę całej kultury i współtwórcę jej przyszłości. Kształtuje się w walce z panującą w końcu XIX wieku pedagogiką indywidualistyczną. Hasła pedagogiki indywidualistycznej: „dążenie do ideału człowieczeństwa, rozwój wszystkich przyrodzonych właściwości jednostki, zapewnienie jej szczęścia przez harmonię wewnętrzną" – okazały się niewystarczające i dziś niziszczalne (Radlińska 1935, s. 8).

Zauważmy przy tym, że metodologicznie jest znamienne, iż nie chodzi tutaj o zwykłe odrzucenie indywidualizmu i zastąpienie go czymś skrajnie przeciwnym.

W duchu powstającej praktycznie strategii dwoistości chodzi bowiem przede wszystkim o przezwyciężenie jednostronności stawiania na jednostkę, z zapomnieniem o wadze jej uwikłań i zadań rozwojowych. Chodzi więc o przezwyciężenie podejścia przynoszącego nawet samej tej jednostce szkodę w postaci braku pełni zrozumienia oraz uwzględnienia jej interesu i niezdolności do rozwijania potencjału niezbędnego dla realnego upominania się o nią, o jakość jej bycia sobą i zarazem bycia kulturowego. Pełnia bycia sobą widziana tu jest przez pryzmat szans na spożytkowanie potencjału niesionego przez całe dziedzictwo kulturowe, którego spadkobiercą jest każdy człowiek w swoim niezbywalnym prawie społecznym, mimo że bywa najczęściej przez okoliczności społeczne jego pozbawiany, a przynajmniej w dostępie do niego ograniczany lokalnie (przez czas i przestrzeń). Stąd Radlińska, wskazując na „nowe Odrodzenie" – związane z ruchem otwarcia na wymiar społeczny istnienia człowieka, w który to ruch pedagogika społeczna się wpisuje – widzi tu paradoksalnie zadanie rozwinięcia wręcz indywidualizmu... pełniejszego, głębszego, bo dopełnionego o uwzględniane marzeń i świadomość krzywd wyrządzanych człowiekowi, przeciw tradycyjnym redukcjom do sentymentalnych albo drapieżnych wyobrażeń.

To miejsce jest metodologicznie kluczowe. Pokazuje, że deklarowana obrona pewnych wartości czy ideałów może się dokonywać w sposób im zagrażający, podobnie jak odrzucenie tej obrony (tu: wobec indywidualizmu) nie oznacza przekreślenia samej wartości jednostki tylko jej przewartościowanie, przywracające jej utracony wymiar wpisany w dwubiegunowe napięcie z jej społecznymi odniesieniami i zakorzenieniem kulturowym.

Mówiąc o pedagogice społecznej jako wpisującej się w taki ruch społeczny „nowego Odrodzenia", autorka pokazuje dobitnie, co ma oznaczać owa walka z indywidualizmem o jego pełniejszą społecznie postać. Chodzi o ruch szczególny, gdyż jako swój program działania

> [n]aprzeciwko wypaczeniom indywidualizmu stawia on indywidualizm „logiczny", „zupełny" – „uspołecznienie", które jest naturalnym i koniecznym następstwem życia indywidualnego, urzeczywistnia prawo każdej jednostki (Radlińska 1935, s. 9).

Podkreślmy wręcz błyskotliwy filozoficznie charakter tej formuły, widzącej „uspołecznienie" w kategoriach indywidualizmu zupełnego w jego logice rozwojowej. Zgodne jest to też z intuicją, że egoizm znamionuje brak... rozwiniętego ego, a nie jego nadmiar, jak już to nadmiar niedorozwoju, niedorośnięcia do poziomu ego zdolnego radzić sobie ze złożonością świata znaczeń i symboli kulturowych.

Radlińska wspiera przytoczoną uwagę tezą o wadze odniesień w wychowaniu i kształceniu do treści kulturowych, jednocześnie wskazując wysoki cel i niezgodę na jego zbyt płytkie, pragmatyczne pojmowanie.

Wprowadzenie młodzieży w zagadnienia kulturalne chroni od politykowania i przygotowuje do realnej pracy społecznej i świadomego wyboru ideałów politycznych. Szkoła narodowa nie może się odgradzać od życia (Radlińska 1961, s. 17).

Dzięki takiemu podejściu edukacja nie jest jedynie socjalizacją ani zarazem głównie wdrażaniem do bycia stronnikami już toczącej się walki na sztywno ustalonych frontach ideowych, antagonizujących myślenie i postawy wcześniejszych pokoleń. Pełniej bowiem rozumiana

[...] działalność wychowawcza [...] przenosi wpływy ideałów poprzez granice epok i narodów, dzięki ukazywaniu istniejącego dorobku i zamierzonych poczynań, które oczekują na nowe siły młodzieży (Radlińska 1961, s. 27)[2].

Radlińska jest wielką optymistką w kwestii efektu, który „harmonizuje pokolenia historyczne", ale nawet odrzucając ten optymizm, tym bardziej trzeba widzieć dramatyzm takiego wyzwania, bez podjęcia którego rośnie „groza nadmiernego antagonizmu" w stosunku do wartości, do których poprzez jakieś mechanizmy „wzniecono niechęć", niosącą kolosalne „[n]iebezpieczeństwo dla przyszłości" (Radlińska 1961, s. 27). Wpisując się w latach międzywojennych w dyskusję nad mobilizowaniem oświaty i wychowania dla demokracji w rodzącym się państwie i społeczeństwie odzyskującym wolność, spójność i własny integralny byt narodowy, Radlińska potrafi – wbrew wielu innym i wbrew narastającym nawykom marginalizowania jej – przywoływać cudze racje, by stwierdzić chociażby, iż

[s]łusznie zauważył Chałasiński, że w chwili całkowitej demokratyzacji szczególne znaczenie posiada przejmowanie przez lud całości [s]puścizny kulturalnej,

widzianej także przez pryzmat „wartości ogólniejszych" uczestniczących w tworzeniu „bogatych struktur duchowych" (Radlińska 1961, s. 41). Wskazując na wagę odniesień kulturowych w pedagogice społecznej, warto jeszcze przywołać zdanie, po części brutalnie uczulające na dodatkowy warunek konieczny dla jakości postawy naukowej, co trzeba przypomnieć, ponieważ pozwala zrozumieć, skąd się bierze tyle jałowej postawy badawczej w naukach społecznych. Stanowi ono w istocie kryterium dojrzałości z trudem spełniane w środowiskach naukowych, a brzmi następująco: „Badanie naukowe wymaga rozległej kultury duchowej, na tle której formułują się pytania" (Radlińska 1961, s. 63). Zresztą, jak pokażę dalej, poziom kultury ogólnej jest ściśle przez Radlińską wiązany także z jakością postawy zawodowej w obszarach, wydawałoby się, czysto praktycznych.

Jeszcze jeden akcent wydaje się zasadny na otwarcie tej części rozważań, dotyczących wagi wątku kultury w pedagogice społecznej, a tak naprawdę w całej pedagogice, jako jej ogólnego i fundamentalnego zarazem wyzwania. Kategoria kultury

---

2 Cytat dotyczy pracy z 1935 roku o stosunku wychowawcy do środowiska społecznego.

może być rozpatrywana jako odniesiona rzecz jasna do jakiejś lokalnej sytuacji w zakresie środowiska czy typu działania albo jakiegoś okresu, zwłaszcza okresowego dostępu w teraźniejszości społecznej. Nie darmo, polemizując z podejściami do kultury wśród działaczy oświatowych w 1939 roku, Radlińska podkreślała, sygnalizując własną preferencję, że ostre spory biorą się stąd, że

> [...] jedni, mówiąc o kulturze, myślą o istniejącym dziś jej stanie; inni, używając tych samych wyrazów, marzą o nowej twórczości wyzwalającej uśpione siły, nadającej inną treść istniejącym formom (Radlińska 1979, s. 191).

Otóż godne najwyższego uznania, tym bardziej że umyka wielu pedagogom, jest podkreślanie przez Radlińską, iż nie głównie w takim pierwszym z powyższych, lokalnym sensie dostępności posługuje się ona terminem „kultura" jako zasadniczym. Oczywiście ten ograniczony sens zna i stosuje wielokrotnie, np. gdy uwypukla wagę np. „kultury rolnej" (Radlińska 1979, s. 180), „kultury narodowej" (Radlińska 1979, s. 163) czy „kultury badań"; operuje także „prywatną kulturą gospodarczą, kulturą zrzeszania się dla spraw drobnych" (Radlińska 1979, s. 162), jak również odnosi się do kultury określonych sfer i środowisk, jak „kultura wsi" (Radlińska 1979, s. 218)[3], czy też do kultury jako jakości pewnych zachowań, np. wskazuje na „kulturę uczucia" matki do dziecka (por. Radlińska 1979, s. 309). Mamy tu zarazem wskazanie na złożoność tych obszarów czy zakresów kultury, związane z występowaniem w nich napięć, zderzeń, splotów czy sprzeczności.

Oddziaływania w tym zakresie wpływów są ważne i stanowią istotne wyzwanie pedagogiczne[4], ale nie wyczerpują ukierunkowania postaw programowanych przez nią dla pracowników oświaty, a tym bardziej dla całej pedagogiki społecznej. Ten ograniczony typ terminu „kultura" nie może ugruntować pedagogiki społecznej z uwagi na zbyt płytkie i lokalne pojmowanie funkcji, także społecznej, z nim

---

[3] W tym ostatnim przypadku znajdujemy podkreślenie – pochodzące z 1946 roku – znamiennej cechy takiej kultury, polegającej na uwikłaniu w splot treści wartościowych i niekorzystnych. „Żywotne cechy kultury wsi są splątane z obumierającymi. Wydobyć je z tego splotu, spożytkować dla przyszłości można tylko w związku z rozległą przebudową kultury. To, co się na wsi dzieje, jest współzależne ze sprawami miasta i szerszego świata" (Radlińska 1979, s. 218).

[4] Aleksander Kamiński (1972) wskazuje w pedagogice społecznej na trzy zasadnicze zakresy takich wydzielonych perspektyw kulturowych: kulturę **ludową**, kulturę **reprezentacyjną** i kulturę **masową**, podkreślając, że mają one zarówno swój potencjał, jak i ograniczenia, wobec czego trzeba umieć się nimi posługiwać pedagogicznie, bez ich jednoznacznej afirmacji czy negacji (por. Kamiński 1972, s. 50). W ramach upowszechnienia i demokratyzacji kultury chodzi o to, aby kultura stawała się „potrzebą dnia codziennego", ale by zarazem oddziaływała, rzutując na jakość zachowań codziennych, wpływając na „pragnienia kulturalne ludzi prostych" w ich zachowaniach życiowych, co oznacza zarazem „likwidację luk kulturalnych i stopniową likwidację dystansu kulturalnego między poszczególnymi warstwami społeczeństw" (Kamiński 1972, s. 51). Mamy tu więc uwypuklenie, czytelnego z punktu widzenia dwoistości, dwukierunkowego efektu kultury: zorientowanego na jej wartość autoteliczną, jak też na jej pożyteczność i wpływ w codzienności.

wiązanej. Czasem taką zubożoną i spłyconą wersję obecności kultury w procesach wychowawczych przypisuje się samej Radlińskiej, uznając ją za zdezaktualizowaną przez zmianę ustrojową w Polsce powojennej[5]. Trudno tutaj o większe nieporozumienie.

W grę wchodzi tu według Radlińskiej zupełnie inna filozofia społeczna i filozofia rozwoju duchowego, o innej randze kulturowej i odpowiedzialności etycznej. Dla niej ważne jest z perspektywy rozwijanej dla pedagogiki społecznej – i to w stopniu podstawowym – odniesienie do spuścizny dziejowej, do treści stanowiących dziedzictwo zasługujące na bycie udziałem wszystkich jako ich prawo i szansa rozwojowa. Chodzi o potencjał, którym nasycanie lokalnych miejsc może wpływać na ich „meliorację", na tworzenie warunków rozwoju dla kolejnych pokoleń. Kluczowym zdaniem dla wyrażenia tego kierunku skojarzeń Radlińskiej z terminem „kultura", niech będzie jej stwierdzenie z 1947 roku, że „zawodowi pracownicy oświatowi [...] służą jedności kultury wiążącej i przerastającej pokolenia" (Radlińska 1961, s. 250). Skuteczność oddziaływania wychowawczego, jak podkreśla Radlińska w tym samym czasie, zależy w szczególności od tego, czy „bie-

---

5 To sugeruje np. M. Cichosz (2006), przypisując Radlińskiej koncepcję kultury widzianą „zwłaszcza w wymiarze dóbr kultury realnie funkcjonujących w życiu narodu" jako podstawę wychowania zorientowanego na „wspomaganie twórczej aktywności" (por. Cichosz 2006, s. 170). Krytyk myli się podwójnie – raz zapominając o „niewidzialnym" wymiarze treści dziedzictwa spoza realnie dostępnych treści, a dwa – stwierdzając: „słabością powyższej koncepcji wychowania są zbyt ogólnie stanowione cele, co zdaje się należałoby tłumaczyć dość powierzchowną koncepcją kultury, sprowadzoną głównie do rozważań nad jej funkcjonowaniem w realnym – rzeczywistym wymiarze społecznym. Nie bez znaczenia były tu przemiany warunków społeczno-politycznych, na tle których koncepcja ta była tworzona. W pierwszym okresie swojej twórczości autorka wyraźniej i ostrzej identyfikowała się z wychowaniem narodowym, co wiązało się również z jej oświatową działalnością niepodległościową. [...] Natomiast w okresie przed II wojną światową, a zwłaszcza po jej zakończeniu, w klimacie odmiennych stosunków społeczno-politycznych, aktualność wielu aspektów wypracowanej koncepcji straciła swą moc" (Cichosz 2006, s. 170–171). Jeśli spojrzeć na analizy potencjału kultury jako przestrzeni symbolicznej w przekroju dziedzictwa, którym trzeba umieć się posłużyć, a czemu ma służyć wysiłek „melioracji" środowiska jednostki, to ta koncepcja nie jest powierzchowna czy ogólnikowa, a jeśli unieważniała ją indoktrynacyjna strategia działań ustroju, to tylko dowodziło cofnięcia się doktryny ustrojowej. Podobnie z sugestią identyfikacji z wyzwaniami narodowymi, rzekomo nieaktualnymi, co zresztą bywało także interpretowane jako postawa odrzucająca strategię narodową wychowania. Problemy z definiowaniem patriotyzmu i ze współczesnymi ekscesami nacjonalistycznymi na porządku dnia stawiają problem społecznej pedagogiki odniesionej do tożsamości narodowej, czego niektórzy pedagodzy nie są absolutnie świadomi. Całkowitym nieporozumieniem jest pochwała ze strony Cichosza tego, że z tym „ideologiczno-narodowym podłożem pedagogiki społecznej zrywała koncepcja budowana przez Ryszarda Wroczyńskiego", zwana skądinąd szkołocentryzmem (por. Cichosz 2006, s. 181). Wiadomo, że urzędowy marksizm miał problemy z radzeniem sobie z wyzwaniami narodowymi, kojarząc je od razu z wstecznictwem i prawicowym zaangażowaniem, a w najlepszym przypadku z ich nieaktualnością. Nic bardziej niemądrego w stosunku do myśli Radlińskiej, także gdy chciało jej się przypisać brak wrażliwości społecznej czy troski o wartościowy kulturowo postęp, jak to się zdarzało.

rze narzędzia z odwiecznej spuścizny i ze współczesnej twórczości [czy – L.W.] [p]rzekazuje i uruchamia istniejące wartości" (Radlińska 1961, s. 76). Co więcej, sięganie po narzędzia z jak najszerszego pola odniesień kulturowych jest zasadą postawy twórczej także w badaniach pedagogicznych, a nie tylko w samej postawie praktycznej. „Kultura wzmagająca twórczość własną wymaga narzędzi branych spoza kręgu zainteresowań bezpośrednich" (Radlińska 1961, s. 143)[6].

Kultura w jej całości jest więc rezerwuarem, „podłożem" dla „podniet" duchowych, z którego pedagogika społeczna postuluje czerpanie dla jakości oddziaływań mających odniesienie społeczne. Trzeba to umieć i starać się to robić, ale to właśnie wymaga wpisywania własnego osadzenia w możliwie jak najszerszym odniesieniu do kultury jako spuścizny, której spożytkowanie wymaga i jest zależne od jakości zagłębiania się w jej znaczenia i symbole mogące pełnić rolę narzędzi rodzących przeżycia, stymulujące rozwój („wzrost" duchowy). W ślad za nimi, jako generującymi przebudzenia pokładów wyobraźni i woli działania, następować mają w konsekwencji przemiany samego działającego oraz wpływy na jego środowisko, mogące tym samym, poprzez nasycenie nowymi impulsami, służyć nimi jako podnietami dla innych adresatów. Ta wizja kultury jest integralnie skojarzona u Radlińskiej z wyobrażeniem o warunkach dostarczających poczucia pełni wartości człowieka, także w przypadku rolnika – jak podkreśla wyczulona na deprywacje wiejskie – i brzmi następująco:

> Każdy człowiek, by czuć swoją wartość, godność, by radować się pełnią życia kulturalnego, musi rozszerzać swój widnokrąg duchowy: nauczyć się patrzeć wokoło – w przyrodę, w społeczeństwo i w siebie samego (Radlińska 1979, s. 228–229).

---

6 Warto podkreślić ten akcent wraz z powyższymi u Radlińskiej, gdyż najwyraźniej nie jest w stanie dochować im wierności Aleksander Kamiński, gdy bezceremonialnie komentuje postawę muzyków martwiących się, że są ludzie niewiedzący, kim był dla kultury Jan Sebastian Bach. „Muzycy są w rozpaczy, mówią o przepaści między kulturą a codziennością życiową mas ludzkich i jak ślepcy nie dostrzegają, iż ograniczyli pojęcie kultury i sztuki do ich form szczytowych i wąskiego zakresu" (Kamiński 1978a, s. 311). Radlińska z pewnością miałaby tu więcej zrozumienia dla postawy skwitowanej sarkastycznie, widząc jedną z misji społecznego zaangażowania pedagogiki w przybliżaniu czy ułatwianiu dostępu do treści z rozmaitych powodów pozostających poza dostępem czasem całych środowisk czy pokoleń. Taki był sens melioryzacji czy troski o jakość dostępu do środków przenoszenia i treści przenoszonych przez nie w kulturze. Radlińska stosuje obraz troski o naczynia przenoszące wyborne wody, w polemice ze Stanisławem Konarskim, pisząc w znanym liście: „Chcemy oczyścić zamulone naczynia, naprawić pęknięte, przenieść bliżej bieg wód leżących na uboczu" (Radlińska 1964, s. 447). Przesłanie Radlińskiej pozostaje w mocy, mimo szyderstwa Kamińskiego, jako kulturowe i społeczne wyzwanie edukacji. I nie chodzi o narzucanie czy zawężanie uznania czegoś za warte propagowania, ale o troskę o dostęp do dziedzictwa kulturowego, którego nikogo bezkarnie pozbawiać nie wolno i wobec którego istnieje obowiązek troski o to, aby brak dostępu nie przekreślał wartości ani potencjału rozwojowego. Najwidoczniej wrażliwość kulturowa Radlińskiej, ważna szczególnie w dobie ekscesów liberalnej dowolności w kulturze, jest tu do podjęcia i nie do pojęcia, zarówno wbrew sztywnemu konserwatyzmowi, jak i populistycznym zachwytom nad równorzędnością postaw masowych i wbrew nierozumieniu wartości trosk o kulturę wysoką i jej dziedzictwie historycznym.

Tej właśnie wizji człowieka i tworzenia warunków do szerokości postrzegania siebie i świata, jako odniesień służących pełni duchowej, ma służyć bogata formuła wychowania, doskonale pokazująca kompletny charakter jej wymiarów dla każdego zakresu działań pedagogicznych. Wychowanie bowiem, we

> [...] właściwym znaczeniu: czynności zamierzonej [...] rozpoznaje cechy jednostek, odszukuje siły utajone, wzmacnia je przez ukazywanie spuścizny, nauczanie prawd już znanych, wskazywanie drogi w dal, wdrażanie w potrzebne sprawności (Radlińska 1979, s. 206–207).

Dla naszych celów najważniejsze jest w tym zestawie funkcji kojarzenie wychowania z przybliżaniem spuścizny kulturowej, mającym zadanie wzmacniać siły indywidualne dzięki takiemu dostarczeniu podniet rozwojowych i impulsów tworzących nową moc własnego działania. Domagając się reformy kształcenia nauczycieli, szczególnie w zakresie uwzględniającym potrzeby działania oświatowego na wsi, Radlińska w 1925 roku tak sformułowała wizję funkcji nauczyciela, uwzględniającą konieczność poznawania środowiska, w którym przyjdzie mu działać:

> Nauczyciel może się jednak zacieśniać w jednym okręgu interesów, gdyż rola jego, to rola łącznika przeszłości z przyszłością, wsi z miastem, marzeń i pracy najskromniejszego zakątka z wielkimi poczynaniami ludzkości (Radlińska 1979, s. 236–237).

Jest więc nauczycielowi przypisana rola łącznika między pokoleniem zakorzenionym w lokalnej kulturze i życiu społecznym a ponadpokoleniowym dziedzictwem kultury jako spuścizną obejmującą wszystkie czasy i miejsca. Połączenie to ma służyć wykorzystaniu na rzecz „uobywatelnienia" każdej jednostki, czyli uczynieniu każdego człowieka nie tylko członkiem jego lokalnej społeczności, lecz także obywatelem równoprawnym w narodzie i pełnoprawnym uczestnikiem kultury w każdym możliwym jej przejawie. Ma to się wyrażać zarówno w zakresie dostępu do niej, jej spożytkowania, jak też jej pomnażania i wzbogacania o własne osobiste siły, lokalne specyficzne rysy i zdolność wnoszenia wartości uniwersalnych. Będzie to możliwe dzięki własnej, bardzo osobistej jakości przeżywania, postrzegania życia i przebudzania do jego wyjątkowych aspektów także innych osób, żyjących w innych światach, w tym mogących dopiero nadejść w przyszłości w życiu innych pokoleń.

Przesłanką historycznie wywodzoną z ducha romantycznego dla troski o ustrój społeczny i o jakość działań wychowawczych jest w tym podejściu „liczenie się z potrzebami rozwoju" duchowego i dojrzałości społecznej, z tworzeniem przestrzeni dla nieujawnionych jeszcze potrzeb, łącznie zatem dbanie „o zadania, które (używając określenia Słowackiego) przymuszają ducha – rosnąć" (por. Radlińska 1947, s. 14). Dla pedagogiki społecznej, w kontekście oświaty dorosłych, liczy się wiązanie postulatu przebudowy społecznej „z przebudową kulturalną", otwierającą dla działań przestrzeń „niewypowiadanych dążeń" i niewdrażanych, utajonych możliwości, zasługujących na przebudzenie i zastosowanie (Radlińska 1947, s. 15). Oznacza to otwieranie przestrzeni kultury daleko poza modą czy innymi doraźnymi ograniczeniami twórczości, poza posłuszeństwem, w stronę wolności myśli i dojrzałości w kreowaniu wspólnego świata społecznego. Ma to się dokonywać z pozycji jego pełnoprawnego członka, dysponującego całością środków i inspiracji kulturowych, z wykorzystaniem różnorodnych uzdolnień i bogactwa „narodów i ludzkości"; oświata ma działać na rzecz pielęgnowania tych dóbr, z uzupełnianiem lokalnej jednostronności o brakujące jej ogniwa spoza jej redukcyjnego wiru socjalizacji (Radlińska 1947, s. 14). Łącznie chodzi o działania i nauczanie „stwarzające podłoże porozumienia" i przygotowujące do zadań stawianych przez życie, uwzględniające zarazem – i oddziałujące na – „odczucie potrzeby i gotowości podjęcia trudu uczynienia jej zadość" (Radlińska 1947, s. 13). Jakość „kultury ogólnej", osiągniętej na konkretnym etapie, sprzyja sięganiu do „wspólnych, najgłębszych źródeł" z dorobku ludzkiego dla dobra „rozwoju duchowego" i jakości tworzonej wspólnoty społecznej o charakterze wzmacniającym „pokolenie historyczne" danego czasu (Radlińska 1947, s. 13). Radlińska nie tylko widzi zjawiska składające się na sprzężenie zwrotne między tym, co się wychowawczo daje, a tym, co się otrzymuje. Zarazem nie tylko tu jej wizja jest nader optymistyczna – i optymizm ten nie wydaje się zasadnie należeć do wartości spuścizny pozostawionej przez nią dla pedagogiki społecznej. Do kwestii nadmiernego optymizmu wrócę osobno.

Tymczasem warto się przyjrzeć odniesieniom do kultury traktowanej jako wymiar symbolicznych impulsów dla działań na rzecz jakości środowiska społecznego i rozwoju duchowego obecnych w nim jednostek. Trudno się tu zarazem zgodzić, aby Radlińskiej chodziło jedynie o „instrumentalne" traktowanie kultury w odniesieniu do społecznego jej funkcjonowania, poprzez realne w niej uczestnictwo, redukowane do funkcji sprzęganych z eksponowaniem jedynie, czy choćby tylko głównie „wartości dorobku kultury narodowej"[7]. Kultura była przez Radlińską zawsze pojmowana dla pedagogiki społecznej jako uniwersalnie dostępne dziedzictwo symboliczne, o nieograniczonym zasięgu, z którego człowiek może wybierać bez presji na wąskie interesy instrumentalizujące ją do ideologii, interesów czy historycznych racji. Stąd funkcją „melioracji środowiska" nie była żadną miarą indoktrynacja czy socjalizacja ani wpływ dyktujący gotowe treści do identyfikacji, wyznaczające ograniczoną ramę oferty. Była nią jedynie troska o czynienie dostępną – i zarazem uczynnianie – życiodajnej przestrzeni dziedzictwa historycznego, ciągle twórczo przetwarzanego i pomnażanego. Miało być ono więc uczynniane, w sensie aktywacji jako oddziaływania na wyobraźnię, wrażliwość, motywacje i pragnienia oraz jakość działania, a nie czynione na jakiś jeden tylko sposób programowanym i z góry celowo wykorzystywanym.

---

7 To kolejne miejsce mojej zasadniczej niezgody z M. Cichoszem (por. Cichosz 2006, s. 168).

Kategoria kultury jako „gleby" – w strategii teorii i praktyki wychowania jako „pracy kulturalnej"

Trudno zrozumieć inaczej niż poprzez hipotezę braku wnikliwego czytania i przemyślenia w recepcji myśli Radlińskiej okoliczność polegającą na głębszej nieobecności konsekwencji pedagogiki społecznej dla CAŁOŚCI myślenia pedagogicznego ostatnich dekad w Polsce i dla jego ogólnego obramowania teoretycznego (w teorii wychowania czy w pedagogice ogólnej). Chodzi o konsekwencje związane z perspektywą ujmowania kultury w kategoriach „gleby", nie tyle jako swoistą propozycją, ale wręcz uniwersalnie znaczącą i otwierającą kapitalną strategię programowania wychowania i edukacji. W takim podejściu do kultury zatem nie ma odwołania do „nadbudowy", bliskiej obiegowym wersjom marksizmu, w tym ujęciu B. Suchodolskiego; nie chodzi też o odesłanie do zaplecza obowiązujących treści, w ramach którego autorytet oznacza zwolnienie z samodzielności myślenia; kultura nie jest też wpisana w przestrzeni gdzieś w dali erudycyjnej, martwej wiedzy bez znaczenia dla życia, którą należy przyswajać z racji jej wpisania w programy nauczania i wymogi szkolne. Chodzi bowiem o przywołanie znaczenia tego, co jest lub co można uczynić obecnym na wyciągnięcie dłoni, u stóp, co łatwo zadeptać, zlekceważyć, przeoczyć, nie być gotowym do schylenia się w wysiłku poznawczym, a tym bardziej dla zaczerpnięcia soków ożywczych, a co w żywej relacji może do głębi przejąć, przebudzić do nowego myślenia i uruchomić przemianę wewnętrzną.

Potwierdza to, moim zdaniem, częstość występowania w rozważaniach Radlińskiej terminów stojących w opozycji metanarracyjnej do perspektywy widzenia „nadbudowy". Słownikowo to właśnie kategorie: „gleba", „podłoże", „tło", „grunt", w powiązaniu z dążeniem do „głębi", „głębokości" oddziaływań. Wiążą się one z generowaniem przeżyć stanowiących „podniety" służące „przebudzeniu". Osobno też dowodzi tej perspektywy i to, że oddziaływanie wychowawcze nie ma polegać jedynie na aktach przekazywania treści, wprowadzania wzorców, bez troski o skalę dotarcia do odbiorcy i realność wpływu, co Radlińska znowu wielokrotnie uwypukla terminem „nasycanie". Jest on rozumiany mocno w duchu skojarzeń chemicznych z troską o roztwór nasycony, w którym musi dojść do reakcji chemicznej, bez której nie ma interakcji, a jedynie pozór – główne schorzenie działań pedagogicznych. W takim duchu jest utrzymana wypowiedź Radlińskiej zanotowana przy okazji jej jubileuszu pięćdziesięciolecia pracy w 1947 roku:

> Trudno jest wyrobić metody wychowania masowego, bo wierzymy zanadto technice wychowawczej, a za mało myślimy o uprawie gleby wrastania. Wprowadzamy – nie nasycamy. Stąd pozorność wielu robót. Polskę odróżnia od wielu krajów to, że [na – L.W.] skutek zaborów gleba jest niewyrównana, są ogromne różnice w różnych kręgach kulturalnych. Dadzą się one wyrównać zmianą warunków wrastania. Poszukiwanie dróg może się odbywać na drodze oderwania się od techniki działania, a pomyślenia o ich podstawach. Działanie na mniejszą grupę,

ale dogłębne, ma znacznie większy wpływ niż działanie na masy (za: *Helena Radlińska. Człowiek...* 1994/1995, s. 177–178).

W szczególności widać, że chodzi aż o „nasycanie" w głąb – jako warunek melioracji, czyli wpływania na jakość oddziaływania „gleby" środowiska kulturowego, w którym dostępne treści tworzą warunki wrastania i wpływają na wzrost w zakresie potencjału duchowego, dającego się łączyć z działaniem przeobrażającym realia dla kolejnych pokoleń, które można tym samym uchronić od zgubnych skutków funkcjonowania w świecie znacznie mniej przyjaznym ich rozwojowi. Perspektywa ta jest u Radlińskiej silnie obudowana rozeznaniem w historii działań oświatowych, w której efekty dało się uzyskać mimo braku państwowości czy wystarczającej wcześniej tradycji. Tradycję bowiem można ustanawiać w wysiłku otwierania nowej epoki nowoczesności, jak również nowoczesność można tworzyć, nawiązując do najświetniejszych tropów z tradycji. Nie ma tu alternatywy ani następstwa. Jest natomiast duch sprzężenia zwrotnego o rozmaitych okresowo oscylacjach o zmiennym profilu asymetrii: raz dyktowanej wymogami przyszłości, a w innym wypadku wymagającej opierania się doraźnym presjom w trosce o wartości przenoszone z przeszłości jako glebę, na której mogą dopiero wyrastać nowe czyny nadchodzącej epoki. To Radlińska doskonale rozumiała i ukazywała w swoich rozważaniach historycznych, które będę tu dalej śledzić.

Zwrócenie się „ku dźwiganiu kultury" (por. Orsza 1913, s. 5)[8] jako proces pracy kulturalnej w kręgach ludowych z końcem XVIII wieku w Polsce stanowi dla Radlińskiej podstawową cechę tradycji oświeceniowej, artykułowaną zwłaszcza w pismach i działaniach Stanisława Staszica i promowaną przez Komisję Edukacji Narodowej. Jest to tradycja, która w powszechnej oświacie widzi szansę na przetrwanie oraz rozwój społeczny i kulturowy narodu, wbrew ograniczeniom i podziałom stanowym. Stopniowo w rozmaitych miejscach w wyniku pracy kulturalnej następowały zmiany, gdyż

> [c]i, w których niegdyś prócz duszy i postawy nic prawie nie było ludzkiego, stali się zdolnymi do uczuć najwznioślejszych (Orsza 1913, s. 16).

W grę wchodziły m.in.: propagowanie zasad higieny, obyczajów, troska o kulturę rolniczą i rękodzieło, jakość stosunku do religii, podejmowanie kwestii reform społecznych, zakładanie szkół; podejmowane były pierwsze próby rozwijania postaw obywatelskich, np. w legionach. Wszystko było uwikłane w różne ograniczenia i niekonsekwencje oraz sprzeczności interesów, w tym w kwestiach agrarnych, choć pojawiały się także wiodące inicjatywy, jak Hugona Kołłątaja troska o podnoszenie

---

8 Zauważmy, że w takich pracach badawczych Orszy (Radlińskiej) niezwykle przydatne okazały się jej kompetencje i zainteresowania historyczne, rozwinięte na studiach na Uniwersytecie Jagiellońskim, w tym dzięki udziałowi w seminarium prof. Stanisława Krzyżanowskiego, jak to sama przyznawała.

wykształcenia „nauczyciela ludowego" (Orsza 1913, s. 32). Wszystko to spowodowało, że w pierwszych dekadach XIX wieku, mimo historycznych fal trudności i przeszkód oraz mimo wszystkich braków, „stworzone zostało polskie szkolnictwo ludowe", ożywione „duchem obywatelskim" (Orsza 1913, s. 33) i nasycone inicjatywami wydawniczymi. Jego tradycja i rozwój dalej stały się podstawą wizji społecznych i kulturowych dominujących w elicie pokolenia Radlińskiej. Służyły one trosce o odrodzenie Rzeczypospolitej, łącznie ze zrozumieniem wagi oświaty oraz funkcji książki i powoływania organizacji zorientowanych na pracę kulturalną, zaczynając od walki z analfabetyzmem. „Wzrost kultury" miał być przeciwwagą dla rzeczywistości zniewolenia, która mimo najlepszych zadatków społecznych „wkorzenia w duszę ludu obojętność na wszystko i niemoralność" (Orsza 1913, s. 42–43). Stąd uruchamiano działania o charakterze splotu inspiracji romantycznych z dalszymi programami pozytywistycznymi, organicznymi, z rozmaitymi akcentami ukierunkowanymi na radykalizm społecznej równości, afirmującymi stopniowo krzepnącą „tradycję Polski ludowej" (Orsza 1913, s. 53)[9], zorientowaną na to, „żeby ogół obojętny i ospały budzić i organizować" (Orsza 1913, s. 63). W tej nowej formule „[o]światа ma się stać już nie tylko dźwignią rolniczego postępu, lecz przede wszystkim orężem" (Orsza 1913, s. 54). Uwagę zwraca z pewnością przytoczona za Karolem Fryderykiem Libeltem, mającym duży wpływ na perspektywę rozumienia spraw kultury i oświaty przez Radlińską, formuła, że

> [...] naród każdy w łonie swoim mieści nasiona duchowej swojej potęgi i wielkości, ale [...] masa ludu, będą jako niwa dziko porastająca, okrywa się chwastem i mchem, z pod którego przygniecione ziarno talentu nie wzejdzie (za: Orsza *et al.* 1913, s. 62).

Pisząc w szczególności w 1925 roku o niezmiernie chlubnych tradycjach „polskiej pracy oświatowej" czasów rozbiorowych, Radlińska (jako Orsza-Radlińska) zauważa: „Ale ogrom pracy i przemyśleń padał w zachwaszczaną, wciąż wyjaławianą glebę, nie mógł rozkorzenić się szeroko" (Orsza-Radlińska 1925, s. 6). Mówiąc o dawaniu „podstaw ideowych pracy" w kształceniu „oświatowców" jako fachowców zajmujących się „pracą kulturalną", w trosce zarazem o ich „gruntowną wiedzę w wybranej dyscyplinie", jako dopełnienie tego, co niesie „[p]odbudowa wspólna, rozważanie podstaw, dziejów, stanu i kierunku rozwoju prac kulturalnych", Orsza- -Radlińska uznawała, że „[d]opiero na tym podłożu następować może skuteczne kształcenie pedagogiczne" (Orsza-Radlińska 1925, s. 14).

---

9 Rzecz jasna mała litera w tym zwrocie dobitnie pokazuje sens tej tradycji wbrew późniejszej jej mutacji w czasach Polski Ludowej. Z pewnością, nie tylko dla pedagogiki, nie wolno tych postaci tradycji mieszać, choć dominujący nurt pedagogiki socjalistycznej, z wypływem B. Suchodolskiego, nie ułatwiał tu tego zadania. Afirmacja „ludowego" zamiast „Ludowego" charakteru państwa była traktowana jako uwikłana w iluzje, agrarne, burżuazyjne czy liberalne, zamiast jedynie słusznych i postępowych po marksistowsku.

Jak się okaże, owo gruntowanie wiedzy odnosiło się do terminu „gleba" w potrójnym rozumieniu: obejmującym zarówno stan umysłowy adresatów oddziaływania wychowującego, w tym ich chłonność i gotowość czy zdolność do „zbiorowego czynu", kondycję otoczenia społecznego, w którym próbuje się dokonywać „głębokiego przetworzenia dusz" określanego mianem „melioracji", a przede wszystkim odniesienia do kluczowej dla takich oddziaływań gleby w rozumieniu kulturowym „spuścizny" czy „dziedzictwa" największych dokonań ludzkości, mogących się stać własnością ogółu, możliwą do „spożytkowania" w wysiłkach indywidualnych i zbiorowych (por. Orsza-Radlińska 1925, s. 5). Nie darmo, podsumowując stan oświaty na wsi, mimo wielkich tradycji ludowych, Radlińska (Orsza) napisze w 1913 roku w podręczniku pracy oświatowej: „dziś nawet działacz w swe zadania wpatrzony z rozpaczą dojrzy, ile jeszcze siewnej trzeba pracy, by plony wzeszły bujnie" (por. Orsza et. al. 1913, s. 60).

Zresztą warto odnotować, że „gleba" jako odniesienie dotyczące procesów rozwoju człowieka ma dla Radlińskiej kontekst społeczny, w którym może być ona lokalnie i okresowo jałowa ze względu na ubóstwo i trudne warunki, uniemożliwiające prawidłowe odżywianie chociażby, dominację brudu, chłodu czy niosące nadmiar cierpienia i upokorzenia, a także zdziczenia społecznego. A przecież może to być także odniesienie do całościowej gleby spuścizny kulturowej, jak świadczy o tym następujący cytat, odnoszący się do rodzin „nie użytkujący[ch] dóbr kultury", gdyż w nich to „[d]zieci [...] wyrastają jak dziczki na jałowej glebie i rodzina nie może im zapewnić normalnego rozwoju ani wrastania w glebę dorobku kultury" (por. *Źródła do pedagogiki opiekuńczej* 1988, tom II, s. 522). Pomoc społeczna i praca opiekuńcza w takich warunkach bywają „beznadziejne z powodu ogromu zadań", muszą się odbywać „w warunkach walki z nadmiarem trudności, wynikających z niedostatecznego oddziaływania najważniejszych czynników rozwoju" (por. *Źródła do pedagogiki opiekuńczej* 1988, tom II, s. 522). Jakość gleby społecznej i jakość dostępu do gleby kulturowej są tu podstawowe. Radlińska jest świadoma, że „zahamowania rozwoju [...] często wynikają z zacieśnienia kręgu życia, z »zadomowienia«" (por. *Źródła do pedagogiki opiekuńczej* 1988, tom II, s. 527), co w innym języku sugeruje troskę o to, aby świat dziecka nie był zamknięty w ramach lokalnej socjalizacji tylko otwarty na maksimum dostępu do spuścizny kultury, z której czerpanie może go wyprowadzić poza sposób funkcjonowania otoczenia społecznego. Choć zarazem relacje między światem społecznym i kulturowym mogą się zmieniać, zaczynając od wartości, jaką dla dziecka w wieku przedszkolnym będą miały „małe ogniska sąsiedzkie", tworzące bezpieczne i przyjazne, dobrze znane otoczenie.

Dotyczy to także działalności kulturalnej wśród dorosłych, wymagającej pracy, która „iść powinna naprzeciw budzącym się potrzebom, umożliwiać każdemu pełny, nieskrępowany rozwój, dbając równocześnie o danie gruntownych podstaw, ułatwiających wszelkie formy działalności" (Orsza-Radlińska 1925, s. 21). Sprzyjanie takiemu rozwojowi jednostek, a zatem i jakości życia społecznego wymaga skupienia na pracy kulturalnej, „wokół wartości kultury »ogólnej«, stanowiącej podstawę rozwoju każdej jednostki, bez względu na zawód czy stanowisko" (Orsza--Radlińska 1925, s. 10).

Ogólnie rzecz biorąc, oznacza to, że odpowiedzialność pedagogiczna za wychowanie musi obejmować troskę o całość oświatowego przekroju życia poprzez wpływ na jakość owej gleby społecznej i kulturowej będącej głównym generatorem efektów oddziaływań wychowawczych, przy czym

> [z]a nikogo nie można się rozwijać, za nikogo – wrastać. Można tylko pielęgnować wzrost poprzez usuwanie przeszkód, które go hamują, i wyrównywanie skrzywień. Można uprawiać glebę wrastania, wzbogacając ją cennymi składnikami (Radlińska 1947, s. 20)[10].

Ten kierunek myślenia o związkach kultury i oświaty oraz sposobach oddziaływania, jakie wchodzą tu w grę, jest uwikłany w trójzakresowe widzenie przejawiania się kultury, w której mają występować: „uprawa i równocześnie jej plony oraz sposób korzystania z plonów", będące „wytworem życia zbiorowego, lecz równocześnie dziełem indywidualnym twórcy i przejmującego", przez co upowszechnieniu mają podlegać zarówno dorobek, jak i samo „uczestnictwo w twórczości kulturalnej" (Radlińska 1947, s. 234)[11].

O glebie społecznej i glebie kulturowej w wychowaniu

Zauważmy, że samo podejście do kultury w kategoriach gleby było przez Radlińską egzekwowane także na poziomie egzaminów z pedagogiki społecznej dla studentów, o czym świadczy zapis w skrypcie z 1951 roku dotyczący podstawowego poglądu na wychowanie:

> Pojęcie wychowania w pedagogice społecznej obejmuje wspomaganie autonomicznych przebiegów rozwoju i wrastania, nasycanie gleby wrastania wartościami dorobku dotychczasowego oraz wprowadzanie w istniejący dorobek myśli i pracy, uczenie umiejętności wyboru, stawianie celów życia i pracy, budowanie dróg do nich wiodących, usprawnianie w korzystaniu z narzędzi i sposobów dalszej twórczości. Wychowanie tak pojęte opiera zamierzoną działalność wychowawczą na spożytkowaniu wszystkich dziedzin twórczości (Radlińska 1961, s. 362–363).

---

10 Wagę pierwszego zdania z tego fragmentu uwypukla także Olga Czerniawska (2007, s. 89), podkreślając zarazem zbieżność podejścia Radlińskiej z „genewską szkołą biografii życia", którą sama autorka, jak pisze, „stara się uprawiać" w andragogice (por. Czerniawska 2007, s. 89).

11 Uwagi te wynikają z komentarzy do Projektu ustawy o upowszechnianiu dorobku kultury i oświacie pozaszkolnej autorstwa Radlińskiej. Te same zwroty mamy w: Radlińska 1945, s. 65.

W samym tym punkcie wyjścia jednak tkwi już pułapka, w jaką się wpada, nie odnosząc myślenia Radlińskiej do szerszej perspektywy filozoficznej i dorobku jej własnego pokolenia. Trzeba bowiem tu upatrywać trzonu myślowego programującego zmianę w dążeniu do stworzenia przestrzeni oświatowej w odradzającym się bycie państwa polskiego i w okresie otwarcia przestrzeni powojennej, zanim nie uruchomiono procesów blokad niszczących z trudem rodzące się urządzenia w kulturze akademickiej. Takie urządzenie stanowiło samo integralne środowisko Radlińskiej (jej uczniów i współpracowników) wraz z jego inicjatywami społecznymi. Spojone było troską o badanie i rozwijanie oświaty także w wersji pozaszkolnej, ale opartej na rozumieniu jej odniesień do funkcjonowania szkoły i możliwości wpływania na jakość procesów rozwojowych u jednostek poprzez przeobrażanie środowiska, w jakim przyszło im funkcjonować. Otóż – mimo że bez takiego zakorzenienia w metaforach rolniczych jak u Radlińskiej – przyjęta szerzej wizja kultury była już dojrzała czy zaawansowana w procesach dojrzewania w tym, co dosyć ułomnie, jak to pokazałem, było i bywa kojarzone z formułą programową „pedagogiki kultury". Uchodzi ona za odrębną perspektywę, swoiście funkcjonującą jako enklawa nadmiarowej troski o rzekomo zbyt oderwane od procesów historyczno-społecznych widzenie kultury i jej wartości jako ponadczasowych czy uniwersalnych. Zbyt często pedagodzy społeczni nie są w stanie kojarzyć sprzężenia wymiaru tego, co społeczne, z tym, co kulturowe, podczas gdy to sprzężenie stanowiło dowód (zmarnowanej dziś przez wielu) dojrzałości myślowej Heleny Radlińskiej, którą cierpliwie tłumaczyła od pierwszych chwil po wojnie, np. w takim znamiennym określeniu – zamykającym jeden z tekstów i to rozstrzelonym drukiem, co tu pomijam:

> Istotne dla kultury, dla życia jednostek jak i zbiorowości jest to, co się dzieje na tle [s]puścizny, w imię dóbr wiekuistych – siłami człowieka (Radlińska 1945, s. 72).

Upieranie się, że trzeba aż zgody na etykietę „pedagogiki społecznej", by możliwe było przyjęcie formuły „kultury jako gleby wrastania", gubi to, że idea ta jest znacznie bardziej ogólną i szeroką ramą myślową dla pedagogiki. Chodzi tymczasem o antidotum na programowanie jakiejś szczególnej enklawy twórczości i postaw wychowawczych wpisanych w rozwiązania instytucjonalne o charakterze „urządzeń" firmowanych przez „pracowników społecznych". Chodzi o wyjście poza zadania przypisywane jedynie odrębnej dyscyplinie, budującej swoją odrębność i zarazem autonomię, mimo częściowego otwarcia na strefy pograniczne z socjologią wychowania, historią oświaty czy filozofią wychowania. Radlińska, mimo sugestii Nawroczyńskiego, nie przystawała chętnie na widzenie tu wspólnoty zaangażowania, choć jej horyzont treściowy dawał tu o sobie dobitnie znać. Po części zarazem miała tu rację, głównie przez zwracanie uwagi na szczególne zaangażowanie w sferę realnego życia całego „pokolenia historycznego", jak pisała, w trosce o nadawanie mu nowej jakości, nowych szans rozwojowych i miejsca w całości życia społecznego.

Wyróżniały się dla niej z jednej strony losy wsi polskiej, a z drugiej – losy dzieci skazanych na ubóstwo i przeszkody rozwojowe, z którymi ani one, ani ich rodziny nie mogły same sobie radzić. Rzecz tylko w tym, że zamiast wskazywać tu jedynie na „punkt widzenia pedagogiki społecznej", równie dobrze, jeśli nie lepiej, można tu widzieć historycznie uwarunkowaną wrażliwość społeczną, zobowiązującą dla **całej** pedagogiki.

W recepcji kultury oraz w trosce o jej wychowawczy i rozwijający efekt, jak podkreśla Radlińska, chodzi o poszerzany „krąg wzajemnych oddziaływań" (por. Radlińska 1936, s. 26) między jednostką i jej środowiskiem, w tym o zdolność wykorzystania samej gleby treści kulturowych, w którą się wrasta, np. przez kontakt z twórcą lub twórcami tych treści. Siła oddziaływania może tu być jednak niekorzystna – jak sama Radlińska nie pozostawiała złudzeń w wypadku, gdy oddziaływanie zamyka dostęp do szerszego środowiska czy blokuje postawę twórczą. „Przy panowaniu autorytetu zakres twórczości indywidualnej się zmniejsza" (Radlińska 1936, s. 8), tymczasem „bez twórczości indywidualnej wychowanie jest bezpłodne" (Radlińska 1936, s. 25).

Można to odnieść, zauważmy, także do sposobów ustosunkowywania się do dzieła twórczyni pedagogiki społecznej w Polsce. Nie chodzi bowiem o to, aby autorytet Radlińskiej panował oraz wyznaczał horyzont recepcji i sposoby aplikacji. Zresztą autorytet nie jest od panowania[12]. Jego dokonanie trzeba także widzieć jako wchodzące w głębię życiodajnych odniesień, z których możemy czerpać, jeśli potrafimy na nie spojrzeć jako na dzieło należące już do kultury jako dziedzictwa, zasługujące na włączenie w ważne dla nas operacje myślowe, w tym przetworzenia. Inaczej dzieło nie istnieje dla odbiorcy jako ważny kontekst, bo „w pojęciu istnienia mieści się jednak również spożytkowanie urządzeń" (por. Radlińska 1936, s. 18), a więc i treści przez nie udostępnianych. W przypadku lektury dzieła (czy jakiegoś fragmentu spuścizny) troska o efekt wychowawczy może być związana z troską o to, aby efekt czytania był istotny egzystencjalnie, a to oznacza także: duchowo ważny dla odbiorcy, przejmujący go i przekształcający. Zarazem chodzi o to, aby wpływało to na stan gleby, w którą dalej dokonuje się zasiewów, czy z której mają wyrastać kolejne owoce takich starań.

> Kultura duchowa, będąca wynikiem wychowania, da się porównać z głęboką uprawą, wyrównującą glebę, stwarzającą pomyślne warunki wzrostu (Radlińska 1936, s. 10; także Radlińska 1947, s. 26).

W deklaracji autobiograficznej z listu do Ireny Lepalczyk znajdujemy wskazanie, że swoją wizję kultury Radlińska wypracowała [dokładniej pisze: „sformułowała[m] pojęcie kultury" (Radlińska 1964, s. 456)], zajmując się problematyką „kultury wsi", wobec której powinno się podejmować „służbę", w rozumieniu

---

12 Pisałem o tym w tekście *Autorytet i wartości u stóp* (Witkowski 2013).

opartym na uznaniu konieczności „polityki kulturalnej, wzbogacającej glebę, na której rozwija się samorzutnie życie ludzi i wartości" (por. Radlińska 1964, s. 457). Odniesienie do „gleby" staje się tu podstawowe. Wiąże się ono w wizję funkcji wychowania, w której znaczenie przypisuje się „autonomii wzrostu (rozwoju) i wrastania (w społeczeństwo, naród, wartości kultury)" czy też wskazuje się na wagę troski o „urządzenia" kulturowe służące do „wprowadzania w dorobek wspomagania twórczości" (por. Radlińska 1964, s. 454). Troskę o kulturę w działaniu społecznym i pedagogicznym zarazem widzi Radlińska jako „uprawianie gleby wrastania", rozumiejąc przez to trudny proces budzenia odpowiedzialności za

> [...] najszersze rozpowszechnianie wartości środowiska obiektywnego, aby ułatwić autonomiczny przebieg przejmowania ich na własność, wchłaniania (Radlińska 1964, s. 454).

Odniesienia w myśleniu o kulturze do wyobraźni wyniesionej z praktyki uprawy gleby są w narracjach Radlińskiej częste i typowe. Ważne jest też uznanie konieczności odwołania się do takiego pojęcia kultury w pedagogice społecznej, dla której jest to „jednocześnie uprawa i jej plon", jako że dba ona o należyte spożytkowanie dóbr kultury, bywa, że leżących odłogiem, a nawet niszczejących i przez to niemogących ratować jakości wrastania w kulturę nowych pokoleń ani wyrastania z niej nowych jakości zdolnych sprostać wyzwaniom czasu.

> Życie i ciągłość kultury zależą od spożytkowania plonu dla nowych zasiewów przy bezustannym ponawianiu uprawy. [...] Dalszy rozwój kultury odbywa się w rozszerzaniu i pogłębianiu uprawy, w meliorowaniu gleby, co symbolizuje pracę przejmowania i przekształcania. Wypracowane formy dorobku coraz to wyrodnieją w powszechnym użyciu z powodu oplątujących je przerostów. Oczyszczają się przez głębokie ujęcie wartości podstawowych, w istocie swej niezmiennych choć zarastających chwastami. [...] Pedagogika społeczna zajmuje się zagadnieniami życia i odnowy kultury w związku z odnajdywaniem sił duchowych oraz najskuteczniejszych dróg pracy kulturalnej: sposobów uprawy gleby możliwości ludzkich, rozkrzewiania wartości, wytwarzania narzędzi (Radlińska 1961a, s. 364–365)[13].

---

13 Wybrane wątki z tego cytatu przywołuje także A. Kamiński, widząc tu jednak jedynie treści „metaforycznie" znaczące, a zarazem forsuje swoje – w faktycznym choć maskowanym rozbracie z wrażliwością Radlińskiej – sugestie, że chodzi tu o „zwężenie pojęcia kultury do wartości aprobowanych przez przodujące grupy społeczne" jako rzekomo „niezbędne ze względu na to, że nie wystarcza nam stwierdzenie integralnych związków między osobowością i kulturą" (por. Kamiński 1972, s. 47; także 1980a, s. 54–55). Przeciwstawienie treści afirmowanych przez „przodujące grupy", oraz zwyczajów panujących w „zbiorowościach pijackich" nie wydaje się głębokim sposobem na przywoływanie wyobrażeń lansujących w tym czasie obiegową perspektywę klasowo marksistowską – choć nie chcę ich przypisywać myśleniu samego A. Kamińskiego – jako sedno trosk Heleny Radlińskiej. Tak czy inaczej argument z podręcznika Kamińskiego zdumiewa swoim rozmijaniem się i z nastawieniem jego autora, i krytykowanej autorki. Trudno

Pojawia się tu dalej aspekt wychowawczy i programujący funkcję wychowania chociażby poprzez wskazanie na rozmaite przejawy „osobistej odpowiedzialności za pielęgnowanie rzuconego siewu" przez pracowników oświatowych w trybie „pracy kulturalnej na wsi" (por. Radlińska 1964, s. 399–400). Mając dostęp do kursów rolniczych prowadzonych w latach 20. XX wieku w ramach Centralnego Związku Kółek Rolniczych, Radlińska wspomina ich funkcję inspiratorską dla niej.

> Szczególnie cenne dla ustalania pojęć pedagogiki społecznej stało się poznawanie struktury gleby i melioracji oraz przyjrzenie się wytwarzaniu nowych odmian roślin. Wiązałam je z opowieściami [...] o doskonaleniu. Zakiełkowało we mnie podówczas pojęcie kultury jako uprawy, plonu i spożytkowania tego plonu (Radlińska 1964, s. 384).

Praca kulturalna jako postawa społeczna wobec ograniczeń poszczególnych środowisk musiała zarazem dostrzegać konieczność „przezwyciężania ciasnoty *homines oeconomici*" w świadomości gospodarskiej na wsi (Radlińska 1964, s. 399; zob. także 1961, s. 79)[14].

Wskazując na wagę „wzrostu", w znaczeniu rozwoju osobowego w ramach potencjału jednostki możliwego do aktualizacji z udziałem ram dziedzictwa, zwłaszcza genetycznego, Radlińska w tekście z 1917 roku – przedrukowanym ćwierć wieku po jej śmierci w tomie (por. Radlińska 1979)[15] o kulturze i oświacie na wsi – uwypuklała swój sposób myślenia, który do dziś, moim zdaniem, pozostaje ważny i inspirujący dla całej pedagogiki. Ma on wiele wspólnego z otwarciem się jej pokolenia pedagogicznego na pedagogikę kultury jako sposób na kulturowe dodefiniowanie funkcji wychowania w nowoczesnym świecie. Wskazując na wymóg wiązania wzrostu z wrastaniem w kulturę poprzez odnajdywanie dla siebie spuścizny wzmacniającej siły tego, kto do niej nawiąże, i zarazem wzmacnianej przez tę więź, Radlińska napisze:

> Wrastanie wymaga czasu na zakorzenianie i rozkrzewianie właściwe dla danego okresu wzrostu. Jest głębokie i mocne tylko w glebie wartości trwałych. [...] Pielęgnowanie wzrostu jest najściślej związane z przetwarzaniem środowiska wrastania. Wymaga wyrównywania szansy społecznej młodych, przemian wzajemnych w stosunkach generacji, zabezpieczenia udziału w twórczości i spożyciu. Niezbędną jest ku temu uprawa gleby, w którą wrastają nowe generacje, czyli nasycenia wszystkich środowisk wybranymi, najcenniejszymi wartościami. Od ich istnienia

---

odgadywać, jaką rolę miał pełnić. A nie jedyny przecież to zgrzyt w rozmaitych próbach poprawiania Radlińskiej przez jej uczniów i współpracowników.

14　Dla pedagogiki społecznej, jak uwypuklała Radlińska, mentalność, jaką przedstawia *homo oeconomicus*, stanowiła przeszkodę w niezbędnym podnoszeniu kultury myślowej środowisk wiejskich.

15　Tom ten, zbierając porozrzucane teksty, w mniejszych formach dokumentuje dojrzały program dla pedagogiki ogólnej, czego rzecz jasna pedagodzy ogólni w Polsce nawet nie podejrzewają.

zależy również przebieg wprowadzania, kierującego nie tylko wrastaniem, lecz i przetwarzaniem środowiska wrastania (Radlińska 1979, s. 156–157; także Theiss 1984, s. 139–140).

Do dyskusji pozostaje tu charakter owego „wyboru" i kryteria uznania za „najcenniejsze" wartości, co z pewnością musi pozostać otwarte, w sytuacji, w której Radlińska dobitnie przeciwstawiała się nadmiernej normatywności i ograniczeniom pedagogiki, szukając raczej otwarcia na cały potencjał potencjalnie dostępnego dziedzictwa. Podkreślmy jednak, że kojarzenie kultury z „glebą", a nie np. z nadbudową, co postuluje pewien typ myślenia w pedagogice marksistowskiej (nie wyłączając B. Suchodolskiego), staje się ważnym, wręcz podstawowym kierunkiem widzenia odniesień wychowawczych, pozwalając w szczególności na paradoksalne widzenie „autorytetu u stóp", co rozwinąłem w mojej analizie bilansującej dwa tomy rozważań (por. Witkowski 2013, s. 44–69)[16].

Filozofia kultury, w której kultura jako skarbnica i dziedzictwo symboliczne ujmowana jest w kategoriach „gleby" staje się, moim zdaniem, perspektywą bardzo inspirującą i twórczo otwierającą potencjał projektu działań zakorzeniających i życiodajnych, pozwalających na szukanie dla siebie przez jednostkę indywidualnie odczuwanych i wręcz przeżywanych „skarbów", o których wadze zaświadcza jakość przejęcia się nimi i efekty wysiłku ich „spożytkowania". Najpełniejszą formułę wskazującą na wagę myślenia o kulturze w kategoriach „gleby", wymagającej aktywnego, współsprawczego stosunku, wydaje się ilustrować u Radlińskiej następujący cytat, pochodzący z 1936 roku, a przypomniany w tomie z 1979:

> Gleba dusz ludzkich jest podobna do gleby ziemi. Żeby ziarno w niej wzrosło, musi być gleba uprawna, czyli jak mówimy z łacińska: w kulturze; trzeba jednak, żeby gleba z siebie dała pożywienie i ochronę rozwijającemu się ziarnu. Podobna to wcale nie znaczy: jednakowa. Glebę duszy mogę uprawiać tylko sama: ci, co do mnie przychodzą z pomocą, nie mogą nic zmienić we mnie bez mojej woli, bez mojego świadomego wysiłku. [...] Oświata nie może być mi dana. Może być tylko przeze mnie wzięta. Nikt nie może mnie nauczyć niczego, jeśli ja się uczyć nie zechcę. Nauczanie jest bezpłodne bez uczenia się. [...] Praca oświatowa ma mi dopomóc w zrozumieniu celu, sposobów jego osiągnięcia, ulepszyć moje własne narzędzia duchowe: dać kulturę myśli i uczucia. [...] największy urok pracy nad sobą jest w tym, że ciągle się ona przemienia i nigdy nie kończy (Radlińska 1979, s. 317).

Kultura zatem jako gleba wymaga nawiązania z nią bardzo osobistego stosunku. Trzeba się w niej zakorzeniać, by czerpać soki odżywcze, trzeba w nią wrastać, by dzięki niej wzrastać i z niej twórczo wyrastać. Ontologicznie oznacza to, że nie ma okazji do kontaktu, nawet szans na spotkanie z ideami, wiedzą, myślą, jeśli nie ma otwarcia na taką relację w rozumieniu aktywnej postawy i potencjału

---

16 Wskazany artykuł stanowi podsumowanie tomów Witkowski 2009a i 2011.

chłonności, które w innych miejscach rozważań u Radlińskiej znajdują wyraz w postaci odniesień do takich terminów, jak: „przebudzenie", „głód wiedzy", „Eros poznania", „pragnienie dostępu do kultury"... Bliski jej był potencjał bycia ludzkiego obejmujący dwa porządki: serca i głowy jako źródła dwóch zaangażowań i dwóch mądrości (Radlińska 1979, s. 317) w duchu Blaise'a Pascala.

Zarazem mamy tu ważne uściślenie wskazujące na konieczność troski o całą glebę, a nie jakieś wybrane w niej miejsca (idee, poglądy, przekonania).

> Istoty ludzkie zakorzeniają się w glebie społecznej inaczej niż rośliny w ziemi, trudno przewidzieć, co odnajdą i co przyswoją. Należy uprawiać całą glebę wrastania i rozpowszechniać najcenniejsze wartości (Radlińska 1961, s. 325).

Wspomniana „uprawa gleby wrastania" ma w szczególności polegać na opiece, współdziałającej z wychowaniem w trybie kompensującym braki „zagrażające rozwojowi nędzą i zniechęceniem" (Radlińska 1961, s. 325).

Zauważmy także, że gleba ta, w kulturze przeniknięta wartościami, może być źle uprawiana, źle wykorzystana, przytłoczona namiastkami. Radlińska wielokrotnie podkreśla, że wartości, stanowiące sedno zawartości tej gleby, mogą być okresowo (i to na losy mierzone całymi pokoleniami) marnotrawione, lekceważone czy gubione; mowa tu także o „wartościach odbieżanych przez wychowawców", czyli porzuconych czy pominiętych. Spotykamy tu także zwroty mówiące o dobrach kulturowych będących „własnością utraconą" czy wyrażających „wartości bliskie, lecz nierozpoznane", czy inaczej jeszcze skazane na okresowy niebyt jako „wartości pominięte", jako nieprzydatne z perspektywy definiującej cele kształtowania nowego pokolenia „w sposób krótkowzroczny" (por. Radlińska 1961, s. 26, 38). Sięganie po pełny potencjał kultury jako gleby to zadanie wychowania i kształtowania nowych pokoleń jako „Służba Nieznanemu", którego nie da się za nikogo wskazać, zdefiniować ani tym bardziej zrealizować, gdyż „dawanie nie zastępuje szukania", a wychowawcy „mogą jedynie pomóc", jeśli w porę rozpoznają, jaka pomoc jest tu konieczna (por. Radlińska 1961, s. 26–27). Jako pedagoga społecznego Radlińską interesuje głównie „byt pojęć i uczuć, które żyją w ludziach, dóbr stwarzanych i utrzymywanych przez ludzi. [Bo – L.W.] Kołłątaj nazwał własnością utraconą narodu wartości, których ludzie nie znają i dlatego nie użytkują", a można by je „uczynić wartościami żywymi" poprzez ich „wprowadzenie między ludzi" (za: *Źródła do pedagogiki opiekuńczej* 1988, tom II, s. 544–545; bezpośrednio patrz: Radlińska 1979, s. 205–206; także 1948a, s. 176).

Sfera utraconych wartości jako nieobecnych w życiu społecznym ma tu podlegać szczególnej trosce oświatowej, gubienie ich bowiem osłabia życiodajność gleby wychowania w postaci treści kulturowych mogących stanowić impulsy rozwojowe dla woli, wyobraźni oraz tożsamości jednostek i wspólnot społecznych aż po całość narodową. Zarazem jednak nie wolno zapominać, że Radlińska wielokrotnie uczula na to, że wychowanie „jest w znacznej mierze służbą nieznanemu. Gdy wprowadza w świat wartości – nie wie, które z nich zostaną trwale przyswojone" (Radlińska 1947, s. 20)[17]. Ich przyswojenie może być płytkie, dające powierzchowny i pozorny kontakt z wartościami, albo wręcz niektóre mogą zostać odrzucone, uruchamiając skłonności do zaprzeczania im.

Choć Radlińska nie zna jeszcze kategorii „tożsamości negatywnej" czy „ukrytego programu", to jest zdolna opisać przejawy mechanizmu tu działającego, często uruchamianego przez procesy instytucjonalnego oddziaływania i odwracającego jego założone cele i efekty. Przy sztywnym narzucaniu ideałów wcześniejszych pokoleń zdarzało się w historii, że

[...] młodzież szła swoją drogą i odwracała się nawet od istotnych wartości, których część narzucano. Zjawiała się wówczas groza nadmiernego antagonizmu młodych i starych, która rozprzęga twórczość pokolenia działającego, i groza odbieżenia na zbyt długo wartości, do których wzniecono niechęć. Niebezpieczeństwo dla przyszłości bywało tym większe, im bardziej małostkowo były ukrywane przed młodzieżą różne drogi, którymi można się dostać do źródeł, im mniej było zaprawy w samodzielnym poszukiwaniu (Radlińska 1961, s. 27).

Zachowanie zatem możliwości czerpania z gleby kulturowej jako źródła, na różne sposoby udostępnianego przez rozmaite formy i postaci instytucji i praktyk (jednym słowem: urządzeń kulturowych), staje się tu warunkiem programowania troski o źródła mające dostarczać okazji do nabywania nowej energii życiowej i sił duchowych. Jest tu potrzebne zachowanie możliwości dostępu do pełni dorobku jako dziedzictwa, z którego nie wiadomo, co będzie trzeba brać i czym się żywić, żeby ożywić energię duchową nowego pokolenia i jego „sił wystawionych na jakieś nieuniknione, ciężkie próby" (Radlińska 1961, s. 27). Formuła „służby nieznanemu" nie jest sentymentalnym uwzniośleniem retoryki, ale wręcz przeciwnie, nazwaniem

---

17 Przyznajmy, gwoli rzetelności, że tę stronę oddziaływania uwag Radlińskiej mamy wpisaną w szersze wskazanie na „dyrektywy i techniki wychowawcze" w pedagogice społecznej, które – jak to podręcznikowo wyraża A. Kamiński – „zachęcają do »nasycania gleby wrastania« kulturalnego jednostek ludzkich wszelkiego rodzaju wartościami kultury; nie wiemy, jakie wartości staną się potrzebą danej jednostki w danym środowisku – jutro i w dalszej przyszłości. Dlatego im bardziej różnorodne są wartości, którymi nasycamy środowisko – tym większe prawdopodobieństwo, iż każda jednostka napotka w nich wartości jej bliskie i jej odpowiadające" (Kamiński 1972, s. 51). Zauważmy jednak, że wbrew temu sformułowaniu dynamika oddziaływania nie sprowadza się do „napotykania" wartości ani tym bardziej potykania się o nie, ale ma dopiero spowodować, że wyzwolą potrzebę ich dotykania, aż po tykanie jako bardzo osobisty stosunek. Przy nieumiejętności dostarczania tych treści może wbrew Kamińskiemu dojść do wzrostu... prawdopodobieństwa ich odrzucenia, z winy spłyconego ich ukazania i odbioru, jak to się dzieje z kanonem treści kulturowych w szkole. Formuła Kamińskiego zbyt spłyca społeczny proces sprzężenia zwrotnego między treściami odbioru i ich odbiorcą, choć sam w innym miejscu wskazuje na „budzenie »apetytów« kulturalnych" (Kamiński 1972, s. 49). Radlińska jest tu jednak znacznie bardziej przenikliwa, mówiąc o szansach „wzrostu" jako rozwoju duchowego dzięki wrastaniu w taką glebę.

bardzo przyziemnie i konkretnie skali niepewności i nieoznaczoności efektów procesu, który nie ma w sobie wielkiej możliwości programowania wyniku oddziaływań. Jest tak z powodu nieprzejrzystości i nieprzewidywalności historii, jak również z racji wolności człowieka, w tym jego indywidualnej zdolności do opierania się próbom oddziaływania na niego. Nie darmo zdolność do oporu bywa wyróżniana filozoficznie jako kryterium ontologicznej realności w interakcjach społecznych.

Nienazwany jeszcze mechanizm „tożsamości negatywnej"[18] jest ilustrowany kulturowo przez Radlińską na różne sposoby. Dotyczy to w szczególności efektów awansu oświatowego osób wyrywających się ze wsi do miasta i usiłujących walczyć, by zająć w nowej przestrzeni społecznej miejsce wśród elity czy choćby mieć takie poczucie. Stąd dokumentowane są zjawiska wypierania się własnego pochodzenia, kultywowania poczucia wstydu i reagowania zgodnie z nim, a także pogłębiana jest odrębność tożsamości manifestująca się wrogim odcinaniem się i nieżyczliwością wobec „starego" świata i jego reprezentantów łącznie z własną rodziną. Obniża to wartość kulturową takich postaw, pozbawiając zdolności wnoszenia jakiegoś wkładu zarówno w nowe, jak i w stare odniesienie społeczne. Radlińska określa niejednokrotnie to zjawisko mianem „wysferzania" (por. np. Radlińska 1947, s. 34–35)[19] czy skażenia postawą „mieszczańską", charakteryzując tę sytuację chociażby następująco:

> Większość odchodzi od spraw wsi, odrzucając to, czym gardzi moda wielkomiejska, [choć – L.W.] kultury ogólnej nie zdołali w sobie wypracować. Są kulturalnie na uboczu, niejako „na marginesie" życia społecznego (nawet należąc wedle koniunktury do zrzeszeń, partii, obozów). Nie było ich stać – z nielicznymi wyjątkami – na tworzenie nowych wartości lub chociażby zajęcie miejsca w szeregu świadomych pracowników kultury. [...] Wśród tych, którzy wracają na wieś, nie brak objawów wzgardy dla bezpośredniej chłopskiej pracy. Zdarzało się, że inżynier, syn drobnego rolnika wstydził się jako nauczyciel szkoły rolniczej nastawiać pług na polu, pokazać uczniom własnymi rękami chwyty robocze (Radlińska 1979, s. 349–350; patrz także s. 348).

Patrząc na przedstawione zjawiska w kategoriach procesu wrastania w glebę kulturową, Radlińska uogólnia je, podkreślając grożące tu pozory i przerosty gubiące wartościowe powiązania czy przenikania się wzajemne. Działają one pod wpływem rozmaitych przeszkód rozwojowych, zarówno w mechanizmach środowiskowych, jak i w postawach indywidualnych, podlegających wypaczeniu,

---

18 Mechanizm ten został szerzej opisany przeze mnie w monografii poświęconej cyklowi życia w modelu Erika H. Eriksona (por. Witkowski 2009a, s. 61–72).

19 Stan ten niesie zarówno alienację wobec wartości, które się porzuca, jak i podobną obcość (powierzchowność, pozorność) wobec treści, w które się usiłuje wrastać, zwykle bez powodzenia, a nawet obrastając w zdwojoną pogardę i demoralizację.

blokadzie czy rezygnacji, co skutkuje brakiem „współżycia nawiązującego nić tradycji wysiłków, dążeń i marzeń":

> Życie **młodzieży chłopskiej**, uczącej się lub studiującej w mieście, bywa na ogół bardzo ciężkie, wrastanie jej w glebę kultury doznaje wielu przeszkód. Jest to sprawa doniosła dla przyszłości, aż groźna. [...] Młodzież chłopska obraca się wśród drobnomieszczaństwa, poznaje urzędników – w kulturę innych kręgów nie wrasta. Szukając do niej drogi, natrafia raczej na przerosty i pozory (Radlińska 1979, s. 348–349).

Proces wrastania w kulturę jako glebę nie dokonuje się, jak podkreśla Radlińska, ani automatycznie, ani bez efektów odwrotnych wobec zamierzonych, nie uruchamia bez wsparcia i samozaparcia w sferze samokształcenia mechanizmów wzrostu nowej tożsamości, mogącej w sposób wartościowy wzbogacać siłę jednostki, a także jej oddziaływanie w nowym i starym jej sprzężeniu środowiskowym. Nie dziwi więc, że widząc groźbę odcinania się od wyjściowego zakorzeniania wiejskiego, pedagog społeczny opowiada się za nasycaniem przestrzeni wiejskiej potencjałem kulturowym bez konieczności wyrzekania się więzi i rezygnacji z mechanizmów oddziaływania międzypokoleniowego. Stąd „[p]rzenoszenie na wieś najbardziej cennych zdobyczy kultury [...] wiąże się z głębokimi przemianami kulturalnymi, które przeinaczają sposoby bytowania" (Radlińska 1979, s. 352). Oczywiście, znowu byłoby błędem widzieć tu automatyzm czy jednokierunkowość, bez wysiłku sprzęgania obecności owych „cennych zdobyczy kultury" z motywacją i zdolnością do ich spożytkowania, przetworzenia czy częściowego choćby przyswojenia, dla lepszego wyrażania siebie na tle także językowych doświadczeń możliwych dzięki takiemu kontaktowi. Trzeba tu umieć pomóc procesom przynoszenia pożytku z wrastania w glebę kultury, w zakresie wzrastania nowego potencjału zdolnego do wyrośnięcia na nowy styl oraz jakość działań zawodowych i życia.

Tymczasem dominujący mechanizm adaptacji, poprzez który ułomnie realizuje się „przenikanie się wsi i miasta" – pisała Radlińska w 1948 roku (por. Radlińska 1979, s. 345) – jest związany z powierzchownością wrażeń jako sposobu postrzegania rzeczywistości, z którą ma się do czynienia, i pozorowaniem bycia w niej, a „to, co najłatwiej rzuca się w oczy", nie przybliża do istoty, nie mówiąc o „tajemnicy" wartości czy potęgi nowego świata (Radlińska 1979, s. 346). Stąd wielu jest skazanych na „wtłoczenie w rojowisko najniższej sfery", a najubożsi „żyją poza zasięgiem kultury" nowego miejsca, „[m]ało korzystają z urządzeń dobra publicznego, gdyż ich nie znają i nie są dosyć pewni swojego do nich prawa" (Radlińska 1979, s. 347). Wrastanie w kulturę wymaga także wrastania w urządzenia kulturowe i życie społeczne nowego miejsca, bez czego może nastąpić także degradacja moralna cofająca poniżej jakości życia w świecie, z którego się uciekło. Choć Radlińska pisze głównie, mając w tle przykłady nieudanych migracji ze wsi do miasta, to łatwo zauważyć, jak najnowsza pedagogika społeczna musiałaby umieć rozwinąć badania podobnie wyczulone na pułapki w odniesieniu chociażby do emigracji zarobkowej, jaka ma miejsce w ostatnich latach dzięki otwarciu granic Unii Europejskiej dla Polaków, a co wcześniej dotyczyło fenomenu tzw. gastarbeiterów.

Nie tylko w tym kontekście znaczenia nabiera krytyczna perspektywa rozważań Radlińskiej dotycząca instytucjonalizacji życia społecznego.

W trosce o szkołę i inne „urządzenia" kulturowe: przeciw pozorowi istnienia, w trosce o jego dwoistość

Zauważmy najpierw, że pojęcie urządzeń wprowadziła Radlińska w projekt ustawy, przygotowanej przez siebie w okresie międzywojennym, gdy tymczasem niektórzy młodzi badacze wśród pedagogów czasem odkrywają tę kategorię dopiero w pracach Michela Foucault. Tymczasem była ona w znacznie szerszym użyciu badawczym, jak świadczą choćby uwagi Józefa Chałasińskiego, krytykującego w kontekście przedwojennej wsi polskiej „zaniedbywanie sieci urządzeń społeczno--kulturalnych" (por. Chałasiński 1938, tom I, s. 162).

Jest to z pewnością kategoria ważna dla pedagogiki społecznej, zwłaszcza w zakresie oświaty pozaszkolnej i andragogiki, co najkrócej wyrażała formuła Radlińskiej o ich funkcji: „urządzenia publiczne uprzystępniają ogółowi skarby środowiska obiektywnego. Należą do nich w pierwszym rzędzie muzea i biblioteki" (Radlińska 1935, s. 61). Definicyjnie (por. Radlińska 1936, s. 18) „urządzenia wychowawcze", odróżniane np. od zorientowanych na „zysk", ma charakteryzować według Radlińskiej bezpośrednio działanie, dzięki któremu „gromadzą i udostępniają dorobek kulturalny, stanowiąc równocześnie skarbnice i składnice narzędzi pracy duchowej", z których dóbr i narzędzi odbiorcy mają korzystać, umiejąc je „spożytkować", jeśli będzie miało miejsce „rozbudzanie świadomości" bycia spadkobiercą i użytkownikiem ich potencjału, łącznie prowadzące do stanu „rozbudzenia duchowego" (Radlińska 1936, s. 20). Kluczowa okazuje się tu różnorodnie artykułowana funkcja mediacyjna, zdolność do przetwarzania, jak w teatrze, treści ze środowiska niewidzialnego dorobku symbolicznego, służąca uruchamianiu, poruszaniu i przemianie wrażliwości, wiedzy i wyobraźni odbiorców, w tym w szczególności mająca za cel „rozbudzanie świadomości, nastawianie woli", obejmując zdolność do sięgania po treści środowiska niewidzialnego spoza lokalnych i codziennych oddziaływań socjalizacyjnych, dzięki np. poradnictwu, przykładom i zbiorowym inicjatywom (Radlińska 1936, s. 19). Ma to umożliwić „wzmaganie sił jednostek" i potencjału zespołowego, przerastając w nową jakość oddziaływania przejmowanych treści, w tym ideału przyświecającego i przeświecającego w tym działaniu, zarazem przezwyciężając groźbę niebezpieczeństw wyradzania się w pychę zaangażowania lub pozór wspólnoty i więzi, np. poprzez „pozorne tylko utrzymywanie bytu zrzeszenia" z pozycji obserwatora i jego obojętności (Radlińska 1936, s. 19).

Szczególnie ważna okazuje się troska o „[s]pożytkowanie tych urządzeń przez jednostki" (Radlińska 1935, s. 62), czemu same te urządzenia powinny być w stanie praktycznie sprzyjać swoim działaniem. Ważne są także widzenie ich funkcji jako uzupełniającej, korygującej i kompensującej braki „wynikające ze sztywności ustrojów szkolnych", a w odniesieniu do dorosłych – tworzenie okazji dla twórczości i przeżyć „kompensujących monotonię pracy i szarzyznę bytu" (Radlińska 1935, s. 62).

Najogólniejsza charakterystyka zjawiska objętego terminem urządzeń jest w ujęciu Radlińskiej następująca:

> Wszystkie rodzaje działalności kulturalnej potrzebują urządzeń: miejsca i narzędzi działania. Rozmieszczenie w kraju bibliotek, muzeów, teatrów, boisk, ognisk kultury jest miernikiem demokratyzacji. [...] Zmienia się charakter dawnych urządzeń. [...] Wszelkie urządzenia wprowadzały od lat kilkunastu działalność instrukcyjną [...]. Urządzenia bywają skarbcami obiektywnych wartości niezależnych od chwilowych potrzeb i zainteresowań. Urządzenia byłyby martwe, gdyby nie ożywiały ich ruchy społeczne. Obiektywne wartości urządzeń pozwalają na opieranie ruchów na najtrwalszych podstawach dorobku. Ruchom groziłoby spłycenie i zanik, gdyby nie sięgały po walory przechowywane przez urządzenia. Samotnicy nie mogliby brać udziału w kulturze narodowej i wnosić swego wkładu, gdyby nie mieli szeroko rozwartego dostępu do urządzeń (Radlińska 1961a, s. 290; także Theiss 1984, s. 213–214).

Napięcia uwypuklane w perspektywie dwoistości dają się w przypadku urządzeń kulturowych ilustrować na różne sposoby. Bywa, że w trosce o samokształcenie w powiązaniu z potrzebą wolności jednostka może świadomie pomijać rozmaite instytucje (np. organizacje społeczne), gdy przypisuje im np. nacisk zbyt bezpośrednio perswazyjny, doktrynalny czy oczekujący zbyt wąsko i sztywno widzianych zachowań. Samodzielność jednak nie powinna, podkreśli Radlińska (por. Radlińska 1947, s. 190–191), prowadzić do osamotnienia i izolacji, związanej z brakiem kontroli nad postępami, czy do ograniczenia współdziałania oraz zaniku satysfakcji i radości z udziału w realizacji czy poszukiwaniu wartości, np. prawdy w służbie nauce. Nawet afirmując wolność, człowiek znajduje oparcie „w urządzeniach kulturalnych, bez nich byłby bezradny. Jeśli jednak pracuje zbyt samotnie, brak mu czynnika kontroli", a także zapomina się o niezbędnym „wspomaganiu twórczości indywidualnej", opartym na współdziałaniu, mającym także przeciwny efekt polegający na tym, że poprzez autentyczny udział twórczych jednostek „wzmacniane są podstawy istnienia instytucji", np. naukowych czy innych urządzeń kultury, co pozwala na pogłębianie i rozwój pracy oświatowej (por. Radlińska 1947, s. 191; także 1961, s. 274). Obejmuje to również funkcjonowanie szkół w całości przestrzeni urządzeń uczestniczących w wychowaniu. W całym podejściu Radlińskiej przebija wizja konieczności współdziałania szkoły i otaczających ją urządzeń kultury, dających szanse na oświatę pozaszkolną, choć zarazem niezbędne jest uznanie dla kulturowej funkcji samej szkoły. Jeszcze w 1910 roku podkreślała w debacie o wychowaniu narodowym, że „[s]zkoła narodowa, o ile odpowiada swemu zadaniu, uzdalniać pragnie nowe pokolenie do podejmowania spuścizny kultury" (Radlińska 1961, s. 18) i tego zadania nikt za nią nie wykona, choć wiele urządzeń trzeba, aby ją w tym wesprzeć.

Tego zresztą zdawał się nie rozumieć nawet sam Bogdan Suchodolski. Jak już pisałem, również tak wybitny pedagog był, jak łatwo się przekonać, najwyraźniej skłonny jeszcze w 1980 roku zaliczać podejście Radlińskiej do ujęć tak indywidualizujących troskę o rozwój jednostki, że miało to sugerować wręcz podobieństwo do antyszkolnej perspektywy Ivana Illicha z pamiętnej formuły „społeczeństwa bez szkoły" (por. Suchodolski 1980, s. 37–38). Tymczasem jest wiele miejsc w rozważaniach Radlińskiej, które oddalają takie skojarzenie jako bezpodstawne i zdumiewające. Już w 1924 roku znajdujemy wskazanie na ważność urządzeń oświaty pozaszkolnej, ale jednocześnie uznanie wagi troski o poziom szkoły dla kształtowania gotowości do korzystania z tej pierwszej.

> Najważniejsze z urządzeń oświatowych ukazały już swoją użyteczność jako podstawy do wszystkich dalszych poczynań: biblioteki, muzea, kursy elementarne dla młodzieży i dorosłych, koncerty i przedstawienia arcydzieł. Istnienie ich i rozwój winno zapewnić państwo łącznie z samorządem. [...] Nie wystarczy [...] tworzyć najpotrzebniejsze instytucje – trzeba do nich wprowadzać coraz nowe rzesze, zaludnić je uczestnikami, których przyciągnie tylko życie promieniujące z instytucji.

Niektóre urządzenia oświatowe, związane ściśle z ideałami grup społecznych, są i winny być przez nie powoływane (uniwersytety ludowe, koła samokształcenia itp.) (Radlińska 1961, s. 229).

Gdyby komuś wydawało się, że to oznacza postawę antyszkolną i uznanie szkoły za instytucję zbędną czy z konieczności szkodliwą, można mu zadedykować końcowe sformułowania cytowanego właśnie artykułu o „najważniejszych zagadnieniach" pedagogicznych, zdominowanego szczególnym odniesieniem do oświaty pozaszkolnej i działań popularyzujących naukę, w kontekście funkcjonowania szkoły i pedagogiki dorosłych. Oto czytamy:

> [...] związek ze szkołą jest niezbędny dla pracy oświatowej, której poziom zależny jest od poziomu szkoły. Szkoła również potrzebuje tego związku, nie zdoła się bowiem rozwijać i spełniać swego zadania, jeśli nie zetknie się z działalnością oświatową, która jej wychowankowi zapewni możność dalszego rozwoju (Radlińska 1961, s. 231).

W 1937 roku została sformułowana znowu ta myśl, w kontekście urządzeń kulturowych jako skarbnic, którą można przeczytać w tekście wznowionym w 1979 roku, a więc na rok przed wspomnianym ujęciem Suchodolskiego, a brzmi ona następująco: „Szkoła ma być wrotami otwierającymi skarbnice nowych narzędzi. Musimy dbać o szkoły" (Radlińska 1961, s. 219; także 1979, s. 326–327). Radlińska doda, że „krzywda dzieje się dzieciom wsi, przy obniżaniu poziomu szkolnictwa powszechnego, w przepełnionych klasach" (Radlińska 1979, s. 327). Nie zmienia to zarazem przekonania pedagoga społecznego, że zarówno w szkole, jak i w szerszym środowisku niezbędna jest „meliorowana biblioteka", a domaganie się np. „melioracji katalogu" na ma celu lepsze pełnienie funkcji przez oba urządzenia kulturowe, wbrew częstym pozorom życia i oddziaływania (por. Radlińska 1961a, s. 175–180).

Rzecz jasna nie stoi to w sprzeczności z charakterystycznym dla Radlińskiej przekonaniem, że szkoła nie jest samodzielnie wystarczającym miejscem dla uzyskania właściwych wysiłków wychowawczych wobec nowego pokolenia, nawet na poziomie eliminacji analfabetyzmu czy przeciwdziałania jego powrotowi. Nie wolno, moim zdaniem, uważać za antyszkolne takiego chociażby sformułowania, znowu z 1924 roku, które *de facto* określa jedynie ramę niezbędnych dopełnień w zakresie usiłowań programowych wpisanych w strategie szkolne.

> Urządzenia oświatowe przetwarzają środowisko, w którym się wychowuje nowe pokolenie; bez użycia metod oświaty pozaszkolnej dzieło wychowania narodowego jest niewykonalne, działanie szkoły bezpłodne[20].

Radlińska wskazuje, że powyższy pogląd ilustruje stan i poziom wiedzy szkolnej, a zarazem

> [...] uzasadnia to nauka wychowania, która coraz dobitniej podkreśla znaczenie środowiska, wagę samodzielnego wysiłku duchowego i harmonijnego współdziałania grup (Theiss 1984, s. 181).

W tej perspektywie wychowanie różnych grup „splata się ze sobą", a zarazem wymaga unikania w szkole „werbalizmu", o czym wielokrotnie jest mowa w rozważaniach znakomitej twórczyni pedagogiki społecznej. Chodzi o troskę o to, by nie dochodziło do zadowalania się „pozorem wiedzy" (por. Radlińska 1961, s. 54) i zerwania więzi między życiem i funkcjami szkoły, gdy te są zakłócone formalizmem, wzniosłością i sztywnością. W takiej perspektywie krytyka szkoły jest zarazem obroną jej potencjału kulturowego i świadomości warunków, w których sama nie niszczy wartości swojego istnienia społecznego i w których ma szanse być przydatna.

> Szkoły kierowane z góry, skrępowane programem i szczegółowymi instrukcjami, są nieraz skłonne do wyrabiania postawy biernej wobec życia, poprzez narzucanie pojęć, wprowadzanie w świat sztuczny i nieprawdziwy. Przedstawiając życie takim, jakim „powinno być", wytwarzają szkodliwą rozbieżność pomiędzy prawdą życia a wiedzą o nim „słowną", czyli pozorem wiedzy. Wynikiem bywa nie tylko lekceważenie praw szkolnych, lecz również zrywanie więzi jednostki z jej środowiskiem, wysuszające źródła twórczości bez otwarcia dostępu do innych źródeł (Radlińska 1961, s. 54).

---

20 H. Radlińska sformułowała to zdanie w 1924 roku (cyt. za: Theiss 1984, s. 181).

Co więcej, pedagogika znajduje w nastawieniu Radlińskiej ważne impulsy, zgodnie z jej radykalnym zaangażowaniem w realizację celów demokracji i pełnego rozwoju jednostek oraz ich twórczego korzystania ze skarbnic kultury w życiu społecznym. Są to postulaty czujności, aby nie dawała o sobie znać „[p]ozorność istnienia urządzeń kulturalnych", zwłaszcza że ich funkcja istotnie rzutuje na jakość „oświaty pozaszkolnej" oraz charakter „organizacji społeczeństwa", z punktu widzenia realności i wartości oddziaływania (patrz Radlińska 1961, s. 114)[21]. Trzeba je umieć badać krytycznie poprzez stosowanie wobec nich właściwych mierników ich wychowawczego funkcjonowania i zysku społecznego, jaki mogą pomnażać u ich adresatów. Jak to tymczasem wyraża Radlińska, wskazując wprost na kryterium tego, czy urządzenie kulturalne potrafi „wolę rozbudzić i nastawić" w sposób i w kierunkach bez niego niemożliwych:

> Sprawa miernika nabiera szczególnej wagi wobec nadużywania przymiotnika „społeczny" i przymiotnika „wychowawczy" przy charakteryzowaniu oddziaływań innego typu organizacji politycznej, rządzenia reklamy spożytkowującej słabostki i nieporozumienia [...]. W zakresie działań, które niezbyt szczęśliwie przywykliśmy określać jako oświatę pozaszkolną, miernikiem najbardziej charakterystycznym jest ochotniczy charakter udziału w podejmowanych pracach i wpływ otrzymywanych podniet na wolę, zmuszający do ochotniczego wprowadzania przemian w życiu, do pokonywania trudności radosnego i odważnego w imię ideału przyjętego jako własny (Theiss 1984, s. 252; także Cichosz 2004, tom I, s. 271).

Maksymalizm i optymistyczny charakter ujęcia Radlińskiej daje tu o sobie znać w wiązaniu wpływu na wolę aż na poziomie przejmowania ideału, a nie tylko gotowości czy motywacji do działania w ramach możliwości stworzonej przez urządzenie. Obecność ideału wydaje się nadmiarowa, gdy chodzi o to, że działanie wychowawcze ma dać ostatecznie impuls, który „[r]ozbudzi potrzeby, wprowadzi w istniejące zdobycze. Wskaże konieczność przemian i technikę ich zdobycia" (Theiss 1984, s. 253).

Jeśli jednak szukać jakiegoś oparcia dla ideału, to można je odnaleźć – wpisane zgodnie z późniejszym oksymoronicznym zaleceniem R.K. Mertona w dwubiegunowe ustawienie zadań osób obsługujących urządzenia kulturowe – w języku Trentowskiego mającym wyraz uszlachetnianego pożytku czy pożytecznej szlachetności (szerzej o tym por. Andrukowicz 2006). W przypadku muzeów, bibliotek, ogrodów botanicznych czy wystaw kluczowe jest wskazanie konieczności dwukierunkowego działania: troski o same te urządzenia jako skarbce oraz troski o ich spożytkowanie jako źródła zaspokajania potrzeb z nich korzystających. Mają więc być sprawne funkcjonalnie, ale i żywe w odbiorze, użyteczne, a zarazem służące

---

21 Sformułowania Radlińskiej z 1935 roku, przytoczone także przez Wiesława Theissa (1984, s. 251); także Cichosz 2004, tom I, s. 271.

wysoko postawionym celom kulturowym (wartościom), zatem ich życie musi iść w parze z ich życiodajnością, o którą trzeba się dodatkowo starać, troszcząc się w działaniu o organizacyjne sprzyjanie ich funkcji i jej doskonalenie. Ich obsługa i wykorzystanie mają być związane z przejawami „doniosłości uruchomienia tych skarbów", jako że ich pracownicy

> [b]ędąc w służbie skarbców i twierdz dorobku duchowego, mają w rozgwar interesów chwili, w zainteresowania koniunkturalne, wnosić wartości nieprzemijające, wzbogacać nimi nadchodzące jutro (Radlińska 1947, s. 139; także 1961, s. 240).

Wobec konieczności troski o widzów, czytelników, słuchaczy czy zwiedzających pojawiają się tu zadania spoza sfery konserwowania tych urządzeń, mające na celu aktywne ich pozyskiwanie oraz nawiązywanie kontaktu i poprawianie jakości oddziaływania.

> Życie urządzeń rozwija się w miarę narastania potrzeb, uszlachetniania głodu wrażeń, rozbudzania poczucia własnej godności i praw obywatelskich, zrzeszania ludzi (Radlińska 1947, s. 139; także 1961, s. 240).

W optymistycznym ujęciu Radlińskiej mamy uznanie, że urządzenia kulturowe ułatwiają wyposażenie w „rynsztunek duchowy" odbiorców, budząc nowe potrzeby, a „rozbudzenie duchowe doprowadza do głodu oświaty" (por. Radlińska 1961, s. 241; por. także 1947, s. 141). Wypada się zgodzić z tym, że rozbudzanie „głodu duchowego" stanowi warunek udanego oddziaływania treści obecnych w skarbnicach dorobku ludzkości. Można tę formułę, choć opisowo zredagowaną, potraktować jako normatywny warunek „życia urządzeń", jak również dookreślenia tego, co znaczy „rozbudzenie duchowe" z ich udziałem. Urządzenia publiczne mają realnie (a nie płytko i pozornie) dążyć do „upowszechnienia istniejącego dorobku kulturalnego", co ma się wyrażać poprzez „objęcie możliwie najbogatszej treści, najlepszych środków pomocniczych", które doprowadzą do „głodu oświaty", rozbudzanego przez „skarby" ogólnego dziedzictwa, mogącego być udziałem jak najszerszych kręgów społecznych[22].

Zauważmy, że znowu spotykamy sytuację, w której bez operowania kategorią dwoistości Radlińska potrafi dopełnić konstruowany tu obraz wskazaniem na dwukierunkowe zorientowanie funkcji urządzeń publicznych, pośredniczących między kulturą a jednostkami i ich zaangażowaniem społecznym w danym czasie. Mamy tu nie tylko przerzucanie pomostów, lecz także funkcje interwencji sprawczej w dwóch sferach: praktycznej działalności oraz w sferze nastawień podmiotowych;

---

22 Wątki te są obecne z pewnym niuansowaniem redakcyjnym także w: Radlińska 1937–1939, s. 612–113, np. że „życie urządzeń wymaga narastania potrzeb", nie zaś w późniejszej formule, że „rozwija się w miarę narastania potrzeb", przytoczonej przeze mnie wyżej.

funkcja urządzeń więc i ich potencjału kulturowego jest dwoista, o dwóch wzajemnie sprzężonych postaciach.

Zasoby urządzeń publicznych rozszerzają i pogłębiają prace bieżące, ukazując wartości wiekuiste, ożywiając zapomniane poczynania, sublimując namiętności (Radlińska 1937–1939, s. 616; także 1947, s. 155).

Patrzenie na zadania i sens pracy społecznej przez pryzmat starań w sferze „urządzeń", a nie tylko wobec zachowań wychowanków, wydaje się podstawowe, w tym uderza w szereg wyobrażeń o stanowisku Radlińskiej. Bardzo symptomatyczne dla niej i jej postulatów jest wskazanie na wagę efektywności starań w tym zakresie, gdy stwierdzała w 1932 roku:

Mielibyśmy poczucie bezpłodności naszej pracy, gdyby nie to, że współdziałamy w tworzeniu nowych form, **nowych urządzeń**, które są w dniu dzisiejszym zapowiedzią jutra (Radlińska 1979, s. 306).

Radlińska podkreśla jeszcze jeden aspekt zazębiania się, splatania czy wzajemnego uzupełniania funkcji urządzeń kulturowych – służenie wysokim wartościom z dorobku ludzkości wpisanego w tradycję oraz potrzebom aktualnie odczuwanym przez nowych odbiorców. Zatem pojawia się pytanie o „wzajemny stosunek urządzeń" zorientowanych na dorobek tradycji i oddziałujących także na jednostki oraz ich form organizujących nowe siły społeczne w ich działaniu i podmiotowości, takie jak zrzeszenia czy stowarzyszenia.

W ogólnym ruchu oświatowym dwa prądy, których rozbieżności były uwidocznione, uzupełniają się wzajemnie. Przenikając się, zapobiegają wielu niebezpieczeństwom. Żądania i potrzeby nowych uczestników kultury zmuszają do wydobywania skarbów tradycji spod osłaniających je niepotrzebnie naleciałości. Zasoby urządzeń publicznych rozszerzają i pogłębiają prace bieżące, ukazując wartości odwieczne, ożywiając zapomniane poczynania, sublimując namiętności (Radlińska 1937–1939, s. 616; także 1961, s. 251; 1947, s. 155).

Nie ulega wątpliwości, że Radlińska z całą powagą etyczną podchodzi do warunków, których spełnienie przez szkołę i jej powiązania z innymi instytucjami czy urządzeniami służącymi wychowaniu powoduje, że „praca szkoły przestaje być pozorna, więc często – nieuczciwa" (Radlińska 1935, s. 153; także 1961, s. 179). Niezbędne jest w szczególności pomaganie szkole w tym, aby sama była w stanie nieść pomoc uczniom, co stwarza „szansę społeczną" na „zaspokojenie potrzeb elementarnych" i umożliwia dostęp do „narzędzi pracy umysłowej i fizycznej na miarę dziecka" (Radlińska 1935, s. 153; także 1961, s. 179). Kluczowa teza wskazuje na „brak wyobraźni" (Radlińska 1935, s. 153–154) ze strony pracujących na rzecz szkoły jako główną przeszkodę w rozpoznawaniu i eliminowaniu źródeł niepowodzeń szkolnych u dzieci. Wspomniany brak wyobraźni dotyczy w szczególności tego, że nie dostrzega się (ani nie rozumie potrzeby tego stanu), że „organizacja sieci szkolnej jest spleciona z całością życia organizacyjnego wsi" (Radlińska 1935, s. 140), co daje o sobie znać np. w obliczu zjawisk komasacji szkół, wymagając np. sieci dowożenia. To szczególna okoliczność, która wskazuje na to, że szkoła jest ogniwem w łańcuchu urządzeń kulturowych: „Szkoła staje się ogniwem w łańcuchu różnorodnych poczynań społecznych, uzyskuje moc dzięki innym ogniwom" (Radlińska 1935, s. 140).

Wśród urządzeń kulturowych, o których mówi Radlińska, poza szkołą czy instytucjami takimi jak biblioteki czy muzea są także rozmaite formy organizacyjne, stymulujące aktywność społeczną, ułatwiające dostęp do kultury oraz tworzące forum dla manifestowania się inicjatywy i podmiotowości uczestników, m.in. stowarzyszenia czy organizacje, których działalność jest adresowana do konkretnych środowisk, np. wiejskich. Zarówno w badaniach, jak i w tworzeniu organizacji ważne okazuje się poznawanie „dziejów, typów dorobku i zmagania się z przeszkodami", ponieważ staje się to warunkiem troski o jakość rozumienia i funkcjonowania, uczenia się na błędach i kontynuowania pewnej historii, bez oderwania od realiów (Radlińska 1961, s. 73). a na dodatek „przy poznawaniu organizacji należy zwracać uwagę na rodzaj więzi społecznej, którą zadzierzgiwała" (Radlińska 1961, s. 73). W szczególności Radlińska podkreśli, że „tworzenie urządzeń publicznych" wymaga organizowania wokół nich zrzeszeń ich ochotniczych kadr wsparcia, współdziałania i identyfikacji, stających się dopełnieniem potencjału działania i wpływu oraz nośnikiem bezpośredniości oddziaływania kulturowego. Chodzi tu bowiem o

[...] zadanie kompensowania braku urządzeń trwałych budowaniem zaczątków tych urządzeń, równolegle z rozbudzaniem potrzeb i jak najpełniejszym spożytkowaniem istniejących pomocy (Radlińska 1961, s. 251).

Zauważmy przy tym, że na przykładzie zrzeszeń jako postaci urządzeń publicznych spotykamy u Radlińskiej opis, który merytorycznie ilustruje aspekt dwoistości dający o sobie znać w postaci dwubiegunowo występujących niebezpieczeństw związanych z nadmiarami czy brakami niezbędnych działań czy postaw związanych z przejawami skupiania sił społecznych w ich nadmiar lub przeciwnie niedomiar, co w każdym ze skrajnych przypadków prowadzi do zniszczenia potencjału struktury. Wspomniane tu niebezpieczeństwa dają o sobie znać jako mechanizm dwoisty, mimo że tak nienazwany, gdyż chodzi o

[...] wyradzanie się usprawiedliwionej dumy ze swej przynależności do twórczego zespołu w pychę wynoszenia się ponad otoczenie, lub też niweczenie mocy wewnętrznej poprzez zaprzestanie wysiłków i pozorne tylko utrzymywanie bytu zrzeszenia (Radlińska 1947, s. 140).

Zauważmy także, że w szczególności rzutuje to na status ideałów, jakie tu wchodzą w grę, jako że Radlińska poprzedzi ten przykład tezą, iż „[s]iła zrzeszenia tkwi w stosunku jego uczestników do ideału, który ma być wprowadzony w życie"

(Radlińska 1947, s. 140), a zatem zapowiada to łącznie wyczulenie na to, aby ideał nie był postrzegany ani jako pozwalający na wyniosłość, ani jako dopuszczający brak zaangażowania w jego wcielanie w życie.

Jedną z postaci integrowania funkcji szkoły i urządzeń oświaty pozaszkolnej, znowu wbrew wyobrażeniu B. Suchodolskiego, jest dla Radlińskiej programowanie i odbywanie w nich praktyk w trakcie studiów, co korzystnie wpływa na jakość aktywności pracowników etatowych, m.in. bibliotek, archiwów, muzeów, szkół, szpitali. Dodajmy w szerszej perspektywie, że da się to przełożyć na doświadczenia z promocją wolontariatu wobec takiego choćby spostrzeżenia Radlińskiej z listu do Ireny Lepalczyk:

> Ileż cennej spuścizny nie są w stanie uruchomić skarbnice dorobku kultury. Ileż nie podejmowanych czynności mogłoby wzmóc działalność instytucji dobra publicznego (Radlińska 1964, s. 460).

Niepokoi natomiast zbyt jednostronne, entuzjastyczne podejście Radlińskiej do funkcji praktyk, których odbycie rzekomo „wzmaga twórczość i zadowolenie z pracy" (Radlińska 1964, s. 460), podczas gdy mogą one także zniechęcać. Sama Radlińska wspominała w innym miejscu swoich rozważań, że wystawiała na próbę swoich studentów, testując ich odporność psychiczną na pracę w bibliotece w warunkach pełnych kurzu. Zjawisko „przedwypalenia zawodowego", o którym znacznie później pisał Z. Kwieciński (por. Kwieciński 2000, s. 298, 310)[23], nie może się znaleźć poza horyzontem rozpoznawania złożoności praktyk i przygotowania do zawodu przez pedagogikę społeczną. Doświadczenia takie nie muszą bowiem jedynie oznaczać wrastania w pozytywnie widzianą „kulturę pracy umysłowej" czy służyć „wzmożonemu życiu duchowemu" bądź „kształceniu wyobraźni społecznej"[24] i jej rozwojowi, niosąc zamiast tego przejawy demoralizującego oswajania z nudą, biurokracją, formalizmem i zobojętnieniem.

Zakłócenia w sferze efektów pozytywnie programowanych działań mogą mieć inną naturę, gdy wiążą się z pozorną realizacją wartościowych celów – zagraża to wówczas licznym działaniom w dziedzinie oświaty i wychowania. Radlińska dystansowała się wobec zbyt jednostronnie „użytkowym" kursom i szkoleniom, zwłaszcza krótkoterminowym. „Słuchacze takich kursów są nadmiernie pewni uzyskanej wiedzy, często – jej pozorów", bez zrozumienia podstaw i założeń oraz trudności i przeszkód (por. Radlińska 1964, s. 430). Zarazem przy pewnych warunkach kursy takie „bywają potrzebne i ważne dla rozbudzenia zainteresowań lub

---

23 Jest to zaangażowanie pedagogiki społecznej tym bardziej niezbędne, że zjawisko dotyczy „ukrytej socjalizacji prowadzącej już w trakcie studiów do zespołu zniechęcenia do podjęcia pracy nauczycielskiej, do swoistego syndromu »przedwypalenia zawodowego«" (Kwieciński 2000, s. 298).
24 Zwroty H. Radlińskiej (por. Radlińska 1964, s. 460–461).

przeszkolenia w określonym rodzaju czynności" (Radlińska 1964, s. 430). Widać więc, że Helena Radlińska usiłuje zdać sprawę z napięcia między tzw. potrzebą adekwatności a zdolnością poczuwania się do niższego stopnia wglądu w jakiś obszar fachowości, co jest jednym z napięć w strukturze fazowego ujmowania par biegunów w cyklu życia, rozwiniętego w późniejszym i pełniejszym modelu Erika H. Eriksona. Podobnym aspektem złożoności sytuacji łączącej poznanie i działanie jest napięcie między pragnieniem głębokości wglądu i zaangażowania a szerokością zainteresowań i działań. Pisząc o 1925 roku i swoich decyzjach w kwestii pracy społeczno-oświatowej, Radlińska wyznała:

> Zdawałam sobie sprawę z niebezpieczeństwa zbytniego rozszerzania swoich zainteresowań. Trzeba się było skupić w działaniu, któremu rozległość doświadczeń i przemyśleń mogłaby służyć najpełniej. Wybór padł na wychowanie nauczycieli dorosłych, zwłaszcza instruktorów, tj. tych, którzy dopomagają swoją wiedzą i doświadczeniem w rozwiązywaniu stojących przed ludźmi zadań (Radlińska 1964, s. 429–430).

Mamy tu zatem wskazanie aż na dwa jednoczesne niebezpieczeństwa, z których oba mogą wystąpić przy nadmiarze skali i przy zbytnim jej ograniczeniu, a zarazem mówi się o paradoksie wartości szerokiego doświadczenia dla wysiłku głębszego podejścia do zadań wymagających lokalnego skupienia. Analiza uwypuklająca jednocześnie parę niebezpieczeństw usytuowanych po przeciwnych stronach – wręcz biegunach – jakiejś relacji jest wzorcowym przejawem troski o odsłanianie dwoistego charakteru wyzwania, z jakim ma się do czynienia.

W stronę wrażliwości „pedagogiki kultury" jako kluczowej dla „pedagogiki społecznej"

Prace Heleny Radlińskiej były już wielokrotnie kojarzone z horyzontem myśli wpisanym w pedagogikę kultury, jednak trzeba podkreślić, że nie chodzi tu o tę ostatnią jako osobną dyscyplinę, ale – w zgodzie z tym, co uwypukliłem już we wcześniejszych analizach (Witkowski 2013a) – wiąże się to odniesienie ze świadomością kulturową niezbędną dla **całej** pedagogiki. Do wielu szkód i nieporozumień wśród pedagogów przyczynia się kojarzenie obu obszarów – pedagogiki kultury i pedagogiki społecznej – jako zamkniętych, mających odrębne przedmioty rozważań, niezwiązane ze sobą metody czy troski i cele. Odwrócenie tego trendu wymaga zmian w naszym rozumieniu zarówno historii myśli pedagogicznej, jak i jej etycznych powinności, które legły u podstaw jej postaci odbiegającej od zredukowanych jej wariantów. Pisząc w latach 30. XX wieku o oświacie pozaszkolnej jako w istocie „pracy oświatowej", Radlińska formułowała jej zadania w kategoriach jej funkcji kulturowej.

Mówiąc najogólniej, wypada przypomnieć, że działalność oświatowa pozaszkolna wyrasta z dążenia ku uczynieniu dorobku kulturalnego narodu i ludzkości własnością powszechną (Radlińska 1937–1939, s. 611).

Nie ma więc programowania funkcji pedagogiki społecznej jako działania – a za chwilę pokażę, że i badania naukowego – bez osadzenia jej w kontekście uwypuklania trosk o demokrację, poprzez „wyrównanie stanu kultury, tym samym zjednoczenie obywateli wokół spraw wspólnych" jako służące także „pełni życia duchowego" i twórczości (Radlińska 1937–1939, s. 611).

Warto tu przywołać następujący wyraz świadomości Radlińskiej w kwestii wymagań, jakie stają się tu warunkiem jakości zaangażowania.

Badanie naukowe wymaga rozległej kultury duchowej, na tle której formułują się pytania. Dla celów nauk stosowanych w skład tej kultury wchodzi również doświadczenie życiowe, wspomagane przez sztukę obserwowania. [...] Z punktu widzenia pedagogiki społecznej najważniejszym zagadnieniem jest poszukiwanie czynników rozbudzających siły ludzkie, rozpoznawanie ich oddziaływań jako bodźców postępowania (Radlińska 1961, s. 63).

Sama Radlińska podkreślała także wagę budowania „teorii pracy kulturalnej" (por. Radlińska 1979, s. 203) jako niezbędnej dla pedagogiki społecznej oraz pojmowanych przez autorkę jej funkcji i zadań. Wymagana jest tu perspektywa odnoszenia się znacznie szerzej do kultury, niż by sugerował typ praktyki, do jakiego odniesienie ma miejsce przy skojarzeniach wąsko społecznych. Ukonkretnia to przytoczona niżej ważna teza metodologiczna, obecna w tekście z 1946 roku, uwypuklona również w tomie pośmiertnym Radlińskiej zbierającym najważniejsze akcenty dla pedagogiki społecznej:

Jednym z najczęstszych błędów popełnianych przez fachowców jest interesowanie się tylko określoną dziedziną pracy, niezwracanie uwagi na jej związki z całością kultury, z życiem duchowym. Działacze tacy, nie poznając całości stosunków ani przebiegu zjawisk, lekceważą sprawy ludzkie. Działanie ich przynosi obok zamierzonego pożytku nieobliczalne szkody (Radlińska 1961, s. 72).

Widać w tym sformułowaniu zarazem ważny sygnał uczulający na aspekt niedopowiedzianej okoliczności, wpisującej się skądinąd w perspektywę dwoistości. Okolicznością tą jest wskazany przejaw tego, że realizując jednostronnie jakieś pozytywne cele (wartości), można jednocześnie przeoczyć uwikłanie biegunowo przeciwne w równoczesną konieczność troski o inne wartości i cele, pod groźbą wyrządzenia im szkody. Minimum takich wartości w złożonych realiach stanowi para niełatwo dających się uzgodnić celów, których nierespektowanie w całości ich dwubiegunowego napięcia może przynosić wspomniane szkody. Stąd argument, że udane realizowanie celów społecznych może szkodzić jakości życia wspólnoty i jej więzi kulturowej, co Radlińska ilustruje m.in. przykładem zakładanych na wsi spółdzielni mleczarskich i zbyt jednostronnej ekonomii tym procesem kierującej:

> [...] jednostronne propagowanie spółdzielczości mleczarskiej może zubożać wieś, której daje pieniądze, poprawia hodowlę i łąki. Gdy brak jednocześnie oświecania uczuć rodzicielskich powoduje odbieranie mleka dzieciom, pociąga za sobą niszczenie najcenniejszych sił ludzkich. Istnieją przykłady pracy wszechstronnej [...] np. są spółdzielnie mleczarskie obracające część zysków na wychowanie dzieci, zakładające piekarnie, organizujące rozrywki (szlachetniejsze od podniet, których dostarczało targowisko miejskie). [...] Rzadkie jest, niestety, rozmiłowanie się poza swoją specjalnością w ukrytych źródłach mocy i w zewnętrznej urodzie życia (Radlińska 1961a, s. 72).

Sprawa wiązania w jedną całość celów społecznych i kulturowych jest tu niezwykle ważna, o czym świadczy dobitnie także przykład Radlińskiej, który wskazuje, że nawet jeśli kursy dla początkujących czy szkoły zrealizowały wymóg nauczenia czytania, to w istocie

> [n]ie wypełniły zadania, jeśli nie rozbudziły potrzeby dalszego kształcenia się, jeśli zamiast nich nie powstały koła samokształcenia, biblioteki, uniwersytety ludowe, jeśli nie wzrosło czytelnictwo (Radlińska 1961a, s. 73).

Takie jednostronne cele praktyczne, gubiące szerszy sens i odniesienie do wartości kulturowych, są przez Radlińską wytykane wielokrotnie i aż żal, że nie umiemy iść jej tropem w trosce o to, by nie ograniczać edukacji, zwłaszcza wyższej, jedynie do przygotowania zawodowego. Radlińska podawała przykłady np. „skutków jednostronnego nauczania techniki rolnictwa", bez uwzględniania kultury ogólnej i jakości życia duchowego (Radlińska 1961a, s. 74).

Organizacja dostępu do kultury, troska o meliorowanie dróg umożliwiających docieranie wartości i ich kulturowych nośników staje się zarówno celem praktycznym, jak i kryterium kulturowej oceny działań społecznych. Nasi pseudoliberalni współcześnie decydenci mogliby pod wieloma względami ograniczyć swój analfabetyzm kulturowy, gdyby skorzystali z rad dotyczących jakości badań nad postawami wobec dóbr kultury. Pewne treści czy obiekty kulturowe, nie wyłączając wartościowych książek czy arcydzieł, są niecenione z racji oczywistego braku głębszego i twórczego kontaktu z nimi, bywa, że z winy, tych, którzy mają „misję publiczną", jak media czy szkoły, działania na rzecz ich realnego udostępnienia. Metodologicznie bezcenne są takie uwagi, które można by wykorzystać dla uwolnienia myślenia decydentów np. od tyranii współczynników oglądalności w mediach, przynajmniej tam, gdzie misja kulturowa nie jest oderwana od zysków z transmisji:

> Mierniki należy ustalać nie tylko wedle tego, co zastajemy w danym środowisku. Trzeba się zorientować, co tutaj dociera ze środowiska szerszego, jakimi idzie drogami. Co jest wynikiem działań zamierzonych, co zaś wpływów przypadkowych. Czemu należy przypisać siłę oddziaływania poszczególnych czynników,

jak określić drogi kultury. Należy przy tym zwracać uwagę na to, co do danego środowiska nie dotarło, dotrzeć zaś mogłoby i powinno. Rozumowanie np. o tym, jakie książki się podobają, bez zdawania sobie sprawy, jakie książki tu nie krążyły, prowadzi do zupełnie fałszywych wniosków (Radlińska 1961a, s. 75; patrz także 1979, s. 152).

Jeszcze bardziej fałszywe wnioski są tu wyciągane, gdy nie uwzględnia się poziomu torowania drogi do realnego spotkania z udostępnionymi książkami czy treściami kulturowymi, gdy zamiast osiągnięcia stopnia przeżycia i przejęcia się danym obiektem czy jego symboliczna zawartością, efektem jest spłycony, nawet martwy odbiór bez znaczenia duchowego, a nawet zniechęcający i tworzący fałszywą aurę bezproduktywności. A to wszystko może być skutkiem naszych błędnych wyobrażeń i szkodliwych działań, prowadzących do niezamierzonych efektów ubocznych i szkodliwych zarazem. Przykładowo jakość szkolnictwa może oznaczać w istocie głównie poziom... szkodnictwa w zakresie przygotowania uczniów do korzystania z dóbr kultury wymagających wysiłku na rzecz głębszego kontaktu z nimi.

Stąd zaangażowanie krytyczne pedagogiki społecznej obejmuje dwa aspekty, bez których jej funkcje poznawcze byłyby „bezpłodne", jak to dobitnie stwierdza Radlińska, podkreślając, że „poszukiwanie prawdy, choćby była ona sprzeczna z życzeniami działacza", oznacza także – i to w sposób niemniej konieczny dla badań – „zainteresowanie splątaniami, w jakich występują zjawiska życia społecznego (nieraz na przekór obmyślanemu programowi)", a na dodatek oznacza to wymóg, by starać się wbrew niebezpiecznym schematom i ograniczonym kwestionariuszom „uchwycić wzajemne związki wielu zjawisk. To daje tylko wżycie się w środowisko" badane (por. Radlińska 1961, s. 71).

Oczywiście, takie programowanie wrażliwości kulturowej jako podstawowej dla rozwijania programu pedagogiki społecznej od jej podstaw nie byłoby możliwe, gdyby Radlińska nie wpisała go w szerszy ruch myślenia kulturowego dla pedagogiki jako całości, a co zwykle jest kojarzone jedynie z nurtem zawężanej etykiety pedagogiki kultury. Jako pedagog społeczny w funkcji koordynatora badań Radlińska wielokrotnie przywołuje prace postaci, które zostały wskazane przeze mnie jako najważniejsze dla wspólnoty pedagogicznej jej pokolenia upominającego się o docenienie funkcji kultury dla nowo powstającego systemu oświaty w Polsce. W relacji z zaplecza teoretycznego badań (por. *Społeczne przyczyny powodzeń i niepowodzeń szkolnych...* 1937) i jako wskazówki samokształceniowe występują odniesienia do prac S. Hessena, Z. Mysłakowskiego, B. Nawroczyńskiego, J.W. Dawida czy S. Szumana, a także mamy tropy odsyłające do nazwisk badaczy ze świata, sytuowanych u podstaw kulturowej odnowy pedagogiki polskiej, jak A. Adler, Ch. Bühler, J. Dewey, P. Natorp, W. Stern czy O. Spengler (por. spis literatury w: *Społeczne przyczyny powodzeń i niepowodzeń szkolnych...* 1937, s. 484–489).

Na wiele sposobów spotykamy tu w szczególności afirmację wagi przeżycia w procesie wychowania. Afirmując wartość samokształcenia w tym procesie,

Radlińska zarazem podkreśla wspólnotę ujęcia ze strony bliskiego jej Mikołaja Rubakina i polskich działaczy oświatowych w kierunku postulowania dydaktyki przeżycia:

> Cała sztuka samokształcenia polega na tym, żeby przeżywać uzyskiwaną wiedzę, przepoić nowymi pojęciami swe życie wewnętrzne, kształcić swą sprawność, umiejętność pracy (Radlińska 1979, s. 252).

Zauważmy, że u Radlińskiej wielokrotnie pojawia się powołanie na nazwisko Trentowskiego (por. Radlińska 1979, s. 207)[25], ale szczególnie częstym motywem, choć bez powoływania się na niego, jest akcentowanie troski o „uszlachetnienie" dążeń czy treści – czy jak to brzmi w formule specyficznej, gdy mówi o „melioracji duszy" – dążeń w pracy nad sobą, gdyż „w działalności kulturalnej doniosłą rolę odgrywa uprawa dusz ludzkich: wychowanie" (por. Radlińska 1979, s. 206)[26]. Motyw „melioracji dusz" spotykamy także w kontekście jej entuzjazmu dla sto lat wcześniejszych od jej pokolenia idei N.F.S. Grundtviga, duńskiego genialnego założyciela i propagatora idei uniwersytetu ludowego, zaangażowanego w dzieło „przekształcenia stosunków, które nazwano »melioracją dusz«, pociągającą za sobą meliorację gospodarstw i życia społecznego" (Radlińska 1947, s. 62–63). Ten trop odniesień, wart szerszych przywołań, dobitniej wskazuje na pozostawanie Radlińskiej pod większym wpływem duńskiego pastora, niż sugeruje to próba zdania z tego sprawy w późniejszej literaturze[27]. Nie ulega wątpliwości, że Radlińska znała i stosowała zasadę duńskiego pomysłodawcy „uniwersytetu ludowego", w myśl której chodziło o to, by „»oddziaływanie wzajemne«, interakcja między nauczycielem a uczniem i między samymi uczniami", było zasadnicze we wszelkim działaniu oświatowym, stanowiąc zarazem „najważniejszą metodę Grundtvigowskiej oświaty", wraz z postulatem dostępności dla wszystkich tej wizji ludowego uniwersytetu (por. Bron-Wojciechowska 1986, s. 121).

Ważny akcent u wielkiej twórczyni pedagogiki społecznej polega zarazem na zauważeniu, że z powodów presji na społeczny wybór z kultury „pewnych tylko

---

25 Przy okazji wypada podkreślić, że nie wszystkie z nich są związane z uznaniem stanowiska zajmowanego przez twórcę „Chowanny". Dla przykładu, H. Radlińska, wskazując na historycznie „niechętny stosunek inteligencji do dążeń oświatowych" w historii Polski, zauważa, że nawet „[n]ajwybitniejszy teoretyk pedagogiki B. Trentowski oddaje w »Chowannie« wychowanie młodzieży wiejskiej – proboszczowi" (Radlińska 1947, s. 69).

26 Warto odnotować, że w liście do Ryszarda Wroczyńskiego z grudnia 1951 roku Helena Radlińska przywołuje zamysł wydania książki pt. *Melioracja dusz*, która jednak nie ujrzała światła dziennego (por. *Korespondencja...* 2003, por. list 23, s. 126–127).

27 Analizująca recepcję myśli Grundtviga w Polsce autorka wprawdzie przyznaje w kontekście powstania instytucji „uniwersytetu ludowego" pod wpływem tego wielkiego pedagoga, że ta „idea Grundtviga wywarła również wpływ na oświatę dorosłych w Polsce", ale zarazem widzi ona u Radlińskiej jedynie „krótkie wzmianki", minimalizując znaczenie wpływu duńskiego twórcy na myśl wielkiej uczonej (por. Bron-Wojciechowska 1986, s. 7, 96, 100).

dróg uznanych za korzystne w danej koniunkturze" następuje zubożenie obecności dziedzictwa, którego duża część zostaje nawet na długi okres utracona, gdyż:

> W ten sposób ubożeje dorobek elity pracy, talentu i poświęcenia, przeciwstawnej elicie uprawnień i spożycia. Kurczy się środowisko, ponieważ znaczna część zarówno dóbr, jak i sił nie jest użyta, mówiąc słowami Kołłątaja, staje się własnością utraconą. Obniża to siłę narodów, choć ich nie niweczy (Radlińska 1947, s. 206; por. także 1961a, s. 38; 1979, s. 206).

Powyższy fragment wskazuje nie tylko na dochodzenie do głosu prób zastępowania elity o kapitale symbolicznym przez elitę o kapitale władzy, lecz także na koniunkturalne usuwanie znaczenia i oddziaływania części dorobku ludzkiego. Radlińska potwierdza słuszność uznania wręcz za „tragedię narodową" sytuacji, w których daje o sobie znać

> [...] niedostępność wielkiej spuścizny kulturalnej, panoszenie się jednodniowych ich namiastek lub tworów pasożytniczych. Ratunek jest wskazywany przez właściwości żywiołu ludzkiego. Przynosi go postawa twórcza – sięganie do środowiska szerszego po wartości w nim utajone. Do uczynienia z nich narzędzia własnej twórczości życiowej potrzebne jest uznanie ich za skarb, którego warto bronić (Radlińska 1979, s. 205; także 1946, s. 561–562).

Obok wspomnianej presji na selekcję koniunkturalną Radlińska widzi tu naturalne procesy społeczne, które modernizując stosunek do tradycji, ani jej nie przekreślają, ani jej nie traktują integralnie jako nienaruszalnej. Można jednak sądzić, że tu **Radlińska przejawia nadmiar optymizmu**, sądząc, iż zwykle zaniki z tradycji dotyczą głównie obiektywnie ocenianych „przeżytków". W kontekście sytuacji wsi czytaliśmy w szczególności w tekście z 1946 roku obronę tradycji, choć jednocześnie uspokajanie, że mechanizmy tu uruchomione w selekcji są na ogół racjonalne.

> Żywotne cechy wsi są splatane z obumierającymi. Wydobyć je z tego splotu, spożytkować dla przyszłości można tylko w związku z rozległą przebudową kultury. [...]
> W budowaniu przyszłości siły społeczne wprowadzające przemiany spożytkowują w znacznej mierze tradycje. „Dawność" wbrew utartym mniemaniom nie jest jednoznaczna z przeżytkiem, z zabobonem, z ciemnotą. Jest częstokroć świadectwem kultury, wypracowanej zbiorowo, ułatwiającej nowa twórczość.
> To, co zanika w miarę przemian społecznych, należy zazwyczaj do przerostów form, które zniekształciły dawne twory kultury. To, co pozostaje, stanowi istotę ich treści, doskonały wyraz zarówno doświadczeń, jak i dążeń. Pozbywanie się przeżytków nie wyklucza utrzymywania lub nawet nawrotów do tradycji. W rzeczywistości społecznej zachodzą obok zjawisk zaniku przestarzałych form – zjawiska ich odnowy, nadawania im innego znaczenia przez włączanie do współczesnego kształtu stosunków (Radlińska 1979, s. 218–219).

Zauważmy, że ten nadmiar optymizmu dziejowego u Radlińskiej zderzał się z inaczej postawionym nadmiarem optymizmu u Suchodolskiego, w sensie wskazującym z kolei na to, że nowoczesność czy „postęp", ucieleśniane przez nowe siły narodu, mogą sobie poradzić bez istotnego nacisku na tradycję. Osobno warto zderzyć optymizm Radlińskiej ze znacznie bardziej społecznie realistycznym stanowiskiem Zygmunta Mysłakowskiego. U tej pierwszej czytamy w szczególności nader nieuprawnione w swoim optymizmie przekonanie, że: „Arcydzieła literatury dawnej nie przestaną być czytane, choćby życie oddaliło się od nich jeszcze bardziej niż obecnie" (Radlińska 2003, s. 53). Tymczasem poważny problem dla pedagogiki społecznej zauważa dopiero Mysłakowski, przestrzegając, że i arcydzieła mogą się stać „obiektami niemymi kulturowo" dla kolejnych pokoleń, jak to wydobyła na jaw Monika Jaworska-Witkowska (2009). Stanowisko Radlińskiej w tej kwestii było czasami zupełnie pozbawione czujności i wrażliwości pedagogiki społecznej, którą sama budowała, wskazując na wyzwanie dotyczące statusu książki jako obiektu czy narzędzia kulturowego w życiu społecznym. Zwróćmy jednak uwagę, gwoli ścisłości, że brak tu u twórczyni pedagogiki społecznej niezbędnej konsekwencji. W innym miejscu zauważała z kolei, że „[a]rcydzieła beletrystyki i poezji są nie dość dostępne z powodu ubóstwa języka czytelników" (Radlińska 2003, s. 151). Tymczasem przytoczona wyżej wizja stałości lektury arcydzieł zderza się z takim chociażby sformułowaniem wpisanym także w tom *Książka wśród ludzi*:

> Przyczyny uboczne sprawiają, że literatura „wielka" nie zawsze jednak jest czytana. Po części dlatego, że jest naprawdę dostępna tylko dla czytelnika, który do niej dorósł, po części z powodu odstręczającej formy wydawniczej, w której się zazwyczaj pojawia. Nie bez wpływu jest fakt, że najbardziej cenione dzieła literatury przedstawiane są w szkole zbyt wcześnie i zbyt uroczyście, dlatego nie mogą być przyswojone. Przymus zachwycania się nimi rodzi niechęć, ciekawość jest pozornie zaspokojona, to, co nie było zrozumiałe – wydaje się znane, dlatego nie pociąga w odpowiedniej chwili (Radlińska 1947, s. 251; patrz także 1961a, s. 166; por. 2003, s. 190).

Ubocznym aspektem powyższego sformułowania jest wskazanie, że wyczulenie Gombrowicza z jego *Ferdydurke* można uznać za wiszące w powietrzu społecznych odczuć u wrażliwych obserwatorów, wśród których bez wątpienia była Radlińska. Wrażliwość ta, jak się wydaje, była jednak u tej ostatniej nieco zakłócona tym, co Stanisław Kowalski określił jako

> [...] utopijny optymizm Radlińskiej co do możliwości „naprawy społeczeństwa" na drodze mobilizacji i koordynacji sprzyjających jej sił oraz podniesienia kultury duchowej i oświaty (Kowalski 1980, s. 76).

Nie ulega w związku z tym wątpliwości, że podobny optymizm nie obowiązuje badaczy ani teoretyków pedagogiki społecznej, mimo że strona krytyczna analiz Radlińskiej, wielokrotnie trafnie i głęboko rozpoznając patologie, diagnozowała zadania do podjęcia przez poważny namysł oraz wysiłek pedagogiczny i społeczny. Wiąże się z tym problem realności zła jako wymiaru ludzkiej egzystencji oraz realności widzianej aksjologicznie. W pierwszym zakresie warto pamiętać, że mamy tu zawsze u Radlińskiej odniesienie do zła społecznego, wpisanego w warunki w środowisku ludzi czyniące ich głównie ofiarami, jak to ilustruję dalej. W tej perspektywie pedagogika społeczna ma za zadanie pomoc w wyciąganiu ich z takiej matni społecznej, zarówno przez oddziaływanie indywidualne, adresowane do nich samych, jak i przez „meliorację gleby", czyli warunków społeczno-kulturowych, bez czego nie ma szans na zmianę ich sytuacji. W kwestii statusu aksjologicznego zła wydaje się jednak, że stanowisko Radlińskiej sugeruje, iż – przez analogię do problematyki chorób – zło wpisane w zachowania ludzkie, mając podłoże społeczne, jest zarazem konsekwencją złego jedynie troszczenia się o własne... zdrowie, tak jak gdyby choroby były głównie następstwami złego odżywiania się, złych warunków życia i zakłócenia rozwoju duchowego. Tu więc napięcie w wymiarze zdrowie – choroba wydaje się za mało organicznie interpretowane, z dużą dozą optymizmu, że da się w kontekstach społecznych wyprowadzić jednostki z ich kondycji. Najwyraźniej nie mamy u Radlińskiej w jej myśleniu społecznym o pedagogice odpowiedników zrakowacenia czy degradacji strukturalnej, której nawet głęboka operacja może nie pomóc.

Można by się starać dociekać podłoża takiego nastawienia, które sprawia wrażenie nadmiernie optymistycznego. Jedną z możliwych odpowiedzi nasuwa osobiste świadectwo Stanisława Reymonta, spośród jej przedwojennych studentów, który stwierdza:

> Wszystkie wypowiedzi prof. Radlińskiej, jakie pamiętam, przepojone były głębokim humanizmem – wiarą w wartości duchowe człowieka i nieprzemijającą moc dobra. Niejeden raz wypowiadała zdanie, że zło jako wartość samoistna nie istnieje, zjawia się tam, gdzie powstaje duchowa próżnia, skąd przedtem usunięto dobro (*Helena Radlińska. Człowiek...* 1994/1995, s. 104).

Podkreślmy, że taka perspektywa aksjologiczna z pewnością zaważyła na tym, że zjawiska patologii czy marginesu społecznego, określane przez Radlińską mianem wykolejenia, były interpretowane przez nią głównie jako przejawy krzywdy, czyniącej z postaci dotkniętych takim stanem ofiary patologii środowiskowych, którym należy pomóc, wyciągając je dostępnymi społecznie i pedagogicznie środkami z takich determinacji. Wrócę do tego przy okazji wątków resocjalizacyjnych tych rekonstrukcji.

Zauważmy na marginesie, że nawet nieprzyjęcie tej silnej perspektywy aksjologicznej w pedagogice społecznej nie niweluje, tylko wyostrza problem pedagogicznego pozyskiwania ludzi do postaw wartościowych kulturowo i humanistycznych, w duchu solidaryzmu i otwarcia na dorobek kultury, przebudzenia do postawy zaangażowania w wartości, takie jak wolność, tolerancja i szacunek dla drugiego, łącznie ułatwiające budowanie przestrzeni demokracji i humanizmu. Możliwe jest uznanie z kolei realności konfliktu interesów, nawet gdyby nie miało to prowadzić do przyjęcia tezy o walce klasowej, na co tak nalegali marksiści, czy do opowiedzenia się za zasadnością obecności w pedagogice społecznej samej filozofii realności zła, wpisanego w rozmaite typy realiów społecznych, z których nie można łatwo wydostać ludzi do przestrzeni wolnej od przemocy, gwałtu, nienawiści i pogardy dla innego. Tym bardziej jednak wymaga to próby głębokiego wejścia w świat jednostki czy grupy społecznej jako nośników owego realnego zła, dla zmobilizowania dalszych prób przeorganizowania sytuacji tych podmiotów, by mogły się odrodzić do zupełnie innego życia. Siły środowiska, które chce się pomnożyć i podźwignąć do innego zaangażowania niż agresja, nienawiść czy destrukcja, muszą być uwikłane w dramatycznie bardziej rozumiejące ich uwikłania próby pedagoga społecznego czy programowanie reprezentowanych przez niego instytucji jako urządzeń kulturowych, które muszą być zdolne do zmiany środków oddziaływania kształcącego, resocjalizacji czy dawania zupełnie nowych szans egzystencjalnych.

Zdarzają się typologie wymiarów kultury nieuwzględniające literatury nawet w pedagogice ogólnej, nagminne jest również rozdzielanie zainteresowań pedagogiki społecznej i pedagogiki kultury. Aby unaocznić związane z tym błędy i nieporozumienia oraz przygotować przejście do następnego pola rekonstrukcji, warto przywołać aspekt w podejściu Heleny Radlińskiej kluczowy z rozwijanej tu perspektywy, zarówno jeśli chodzi o funkcję książek, o misję i zadania bibliotekarzy, jak i o społeczne funkcje bibliotek jako „urządzeń kulturalnych", w kontekście odniesień do „środowiska obiektywnego", jakie stanowi gleba kultury, w sposób wykraczający poza lokalnie dominujące w socjalizacji treści wąsko funkcjonalne społecznie, zgodne z nawykami i praktykami.

Zaznajamianie z literaturą jest rozszerzaniem widnokręgu, wprowadzaniem w wartości środowiska obiektywnego. Równocześnie przyczynia się ono do wzmocnienia ogólnej więzi kulturalnej, gdyż książki przeniosą wartości dotychczas leżące poza zasięgiem zainteresowań: nieznane, więc tu nie istniejące (Radlińska 1947, s. 223; także 1961a, s. 207).

Niezbędna okazuje się tu postawa bibliotekarza przejętego skromnie, z radością i ambicją w roli „dobrego przewodnika prądów duchowych" (Radlińska 1947, s. 223; także 1961a, s. 207), praktycznie ożywiającego swoim oddziaływaniem funkcjonowanie biblioteki jako ważnego urządzenia kulturowego, które ma sprzyjać realnej, więc przeżywanej obecności treści kulturowych w życiu jednostki i jej otoczenia. Zauważmy, że termin „przewodnik" w tym ujęciu nie oznacza banalizowanej formuły wskazywania, dokąd należy pójść czy co trzeba zobaczyć w trybie ograniczającego ukierunkowania, ale przeciwnie – zarówno bibliotekarz, jak i każdy inny pracownik społeczny, nie tylko nauczyciel, ma być przewodnikiem na wzór fizycznie obecnego medium, łącznika, który jest pomostem mającym ułatwiać i ograniczać własne ingerencje, pozostawiając wiele swobody decyzyjnej. Przewodnik ma działać, jedynie stymulując możliwe zainteresowanie spoza zasięgu dotychczas odczuwanego przez czytelnika czy ucznia. W takim podejściu przewodnik służy nawiązywaniu więzi, a nie ukierunkowaniu obowiązującego dążenia. Ten trop pozwala z kolei skojarzyć, że tak jak w fizyce, trudno o doskonałe przewodniki, a ich własna „oporność" może powodować straty energii przy okazji jej przenoszenia także w kontekście kulturowym. W odniesieniu do pedagogiki społecznej teza, że typowe działanie nie ma charakteru doskonałego przewodnictwa energetycznego, wpisuje się w szerszą troskę Radlińskiej o jakość zawodowego, a zatem i etycznego funkcjonowania rozmaitych form tych działań, z opieką, pomocą i animacją kulturową[28] włącznie.

Warto podkreślić lekceważoną po dziś dzień, także w środowiskach akademickich, nie tylko pedagogiki, wartość – podnoszoną przez Radlińską w celu nadawania realnego charakteru społecznemu współdziałaniu – jaką niosą „dyskusje o książkach przeczytanych przez wszystkich uczestników" (Radlińska 1947, s. 223, także 1961a, s. 207). Nie wystarczy – w trosce o funkcję społeczną książki – doprowadzenie do jej indywidualnego i indywidualizowanego odbioru, bez włączania jego efektów w komunikację społeczną porównującą rezultaty. Można by nawet zaryzykować stwierdzenie, że warunkiem funkcjonowania wspólnoty akademickiej byłoby ustanawianie takich wspólnotowych praktyk ogarniania i ożywiania interakcyjnego choćby kanonicznych treści mających budować taką wspólnotę jako kulturowo zakorzenioną rzeczywistość społeczną. W tym sensie, przy braku takich praktyk społecznego ugruntowania treści kulturowych nawet środowiska pedagogiki społecznej nie są często wspólnotami społecznymi, nie umieją się troszczyć o wspólną, komunikacyjną meliorację gleby kulturowego zaplecza własnych działań. Pedagogika ogólna nie jest w stanie wskazać tego zadania, gdy nie potrafi określić funkcji społecznej dostępu do literatury jako pomostu kulturowego do świata i do rozwoju każdego człowieka. Ta dwoista funkcja literatury – na styku kultury i mechanizmów społecznych – nakazuje widzieć nierozerwalną więź między troskami i kompetencjami pedagogiki społecznej oraz pedagogiki kultury, przy dodatkowym staraniu o to, aby nie były to relacje w banalnym sensie obiegowej interdyscyplinarności, ale w rozumieniu sprzężenia zwrotnego, tworzącego

---

28 Zauważmy, że w teorii „animacji społeczno-kulturalnej" już jakiś czas przebijają się zjawiska wyrażane terminami „ambiwalencja" i „dylematy", traktowanymi zarazem jako wyraz pozytywnej strony postaw odbiegających od jednoznaczności, jednokierunkowości oraz jednostronności działań i podejść (por. Kopczyńska 1993, s. 36–37, 52, 95–96, 150, 171–175). Paradoksalny w tej sytuacji cel animatora wyraża dobitnie formuła: „pozwolić się zabić" (Kopczyńska 1993, s. 194–195), w rozumieniu: uczynić się zbędnym, co także wyrażała Radlińska. W zwrocie M. Kopczyńskiej brzmi to wyraźnie: „Animator musi być zatem silną osobowością, akceptującą dochodzenie do autonomii przez grupę, lub pobudzającą »własne zabójstwo«" (Kopczyńska 1993, s. 195).

mechanizmy wzajemnego wspomagania, określania i rozwijania w złożoną całość troski o człowieka i jego duchowy świat. Prowadzi to wszystko to naturalnego uwypuklenia myślenia pedagogiki społecznej o diagnozach ułomności środowiskowych w zakresie chociażby tego, czy i w jakim stopniu „warunki życia nie sprzyjają kulturze", a jednym z kryteriów jest stwierdzenie, że jako medium kulturowe i źródło inspiracji w danych warunkach życia „książka nie może spełnić swej roli dostatecznie szeroko" (por. Radlińska 2003, s. 49). Ten brak warunków do funkcjonowania tego źródła wsparcia mechanizmów wrastania w kulturę zarazem zwrotnie, jak podkreśla Radlińska (Radlińska 2003, s. 49), „uboży kulturę", także poprzez to, że „niweczy wartości" w sensie ich potencjalnej obecności w życiu ludzkim, pozwalającej na rozwiązywanie problemów życiowych, czynienie życia zdominowanym troskami codzienności, a nie sycącym się szerszą perspektywą duchową.

Kulturowe wyzwanie książki jako medium rozwoju ku pełni duchowej

> *Książka jest istotą żyjącą, więcej nawet, jakimś niewidzialnym duchem potężnym, który wśród nas obcuje. Książka żyje życiem podwójnym: twórcy, co ją przemyślał, i czytelnika, w duszy którego budzić będzie wrażenia i stwarzać pojęcia.*
>
> Helena Orsza (1913, s. 233)

> *Granice literatury rozszerzają się poza pismo i druk.*
>
> Helena Radlińska (1946a, s. 214)

Działalność oświatowa i organizatorska Radlińskiej w okresie międzywojennym była przeniknięta ważną wizją (meta)normatywną, zarazem romantyczną i organiczną, postulowanej zmiany społecznej. Dotyczyła ona podstawowego wykorzystania przestrzeni kultury jako dziedzictwa do rozwoju duchowego wszystkich, całego społeczeństwa, poprzez wrastanie w kulturę i wyrastanie na dojrzałego jej spadkobiercę, czerpiącego z niej impulsy do wyrastania dla przyszłości i twórczego w nią wkraczania. Jako historyk ruchów oświatowych Radlińska była świadoma skali trudności i przeszkód, a także wymogu niezwykłych kompetencji w codziennej pracy i wysiłku; nieprzypadkowo uwypuklała przypadek czołowego niemieckiego aktywisty związkowego Ferdinanda Lassalle'a, uznanego wręcz za „wirtuoza popularyzacji" kultury, zwanego także tym, który robotnikom „dał miecze w czarne dłonie" w postaci argumentów, celów intelektualnych i motywacji do upominania się o siebie w wyniku pracy oświatowej zaangażowanych socjalistów (por. Radlińska 1947, s. 79).

Przypomnijmy na marginesie, że dla programu radykalnej alfabetyzacji społeczeństwa (w duchu Paolo Freirego) w ujęciu Petera L. McLarena kluczowe było oświatowe hasło historycznego ruchu socjalistów „Książka to broń", zgodnie z przytoczonym przez Radlińską oświatowym hasłem socjalistów XIX wieku: „Wiedza to potęga" (Radlińska 1947, s. 79). Zauważmy tymczasem, że podkreślając kulturową i emancypacyjną funkcję książki, w jednym przynajmniej wypadku Radlińska jest świadoma pewnego dramatu książki: gdy pada sformułowanie, iż książka „żyje często w »diasporze«, w rozsianiu, zależnym od rozsiania typów i skupień ludzkich, ich zajęć i ideologii" (por. Radlińska 1961, s. 257; także 1935, s. 15). Można by szerzej powiedzieć, posługując się tym zwrotem jako kapitalną intuicją Radlińskiej, że książki jako materialne nośniki pamięci symbolicznej, a więc i sama ta pamięć, są obecne w „diasporze", bo środowiska, które powinny ich obecność pielęgnować, bywają w rozsypce lub są niezdolne do sprostania wymogom bezpośredniego i głębokiego obcowania z treściami wpisanymi w daną książkę, nie ma wspólnoty przeżycia, które by zespalało jakieś środowisko. Można także dobitnie powiedzieć, że zbyt często treści stanowiące spuściznę kulturową w jakimś zakresie, także jako treść klasyczna, są skazane na życie w diasporze. Sama Radlińska także została skazana na takie rozproszenie, z rozsianiem jej śladów, odprysków jej myśli, w zaniku więzi intelektualnych pełni wspólnych przeżyć. Podkreślała, że niezbędne jest, by w oddziaływaniu na „rozproszone jednostki", można było wywierać wpływ kulturowy na dwóch poziomach, w trybie uwzględniającym różnorodność „potrzeb czytelników, usiłując wychowywać nie tylko przez książkę, lecz również dla książki" (por. Radlińska 1936, s. 20). Książka jako medium ma szanse oddziaływania wówczas, gdy do korzystania z niej jednostki zostaną wdrożone w sposób wytwarzający, rozwijający i utrwalający ich wewnętrzną dyspozycję (ich własne „dążenia") do czytania. Nie widać, aby praktyka szkolna była świadomym realizowaniem tej dwoistej struktury wychowania... do książki. Kulturowa funkcja książki jest przez Radlińską opisywana w terminach „dostarczania podniet" rozwojowych, wynikłych z

> [...] przenoszenia w jakiś świat inny, w którym można ćwiczyć uśpione zdolności twórcze, wyzwalać się z zahamowań rozwoju, skąpać w ożywczych krajobrazach i krynicach (Radlińska 1936, s. 20)

– książka ma być więc źródłem doświadczenia niosącego nowe przeżycia, przebudzające impulsy i efekty przemiany wewnętrznej, wykraczając poza horyzont codzienności, aktualności i dostępności lokalnej danego środowiska jednostki. Mają tu do głosu dochodzić efekty zanurzone „w wartościach odwiecznych", a dostępne w ich ciągle nowych realizacjach i ucieleśnieniach artystycznych, służąc „uśpionym siłom i utajonym zainteresowaniom", poprzez uwewnętrznienie wartości w przeżyciach, nawet gdyby one „nieprędko uwewnętrzniły się w czynach" i dyspozycji do nich (Radlińska 1936, s. 21).

Afirmując funkcję domu ludowego jako kulturowego urządzenia na wsi, Radlińska pisała w 1928 roku w tonie marzycielskim, ale i ze zrozumieniem zadań organizatorskich:

> Wszystko, co piękne, co wielkie, co radosne, musi stać się własnością wszystkich. Trzeba koniecznie rozszerzać granice naszych dusz i umysłów, wprowadzać w życie mas nie tylko więcej światła, lecz i więcej szczęścia. [...] Niechaj nic z dorobku ludzkości nie będzie obojętne dla mnie – oto hasło samokształcenia. Chcę być spadkobiercą pokoleń przeszłych i współtwórcą przyszłości (Radlińska 1979, s. 249, 251).

Oczywiście, mamy tu też przerosty optymistycznego uniesienia, niemal rewolucyjnej mobilizacji, gdy czytamy dalej o tym, by „świadomie uczestniczyć w wielkim pochodzie ludzkości ku ideałom" (Radlińska 1979, s. 251). Rzecz jednak w tym, aby dostrzec w tej emocjonalności głębsze i bardziej strategicznie stabilne, niewymagające aż patosu rewolucyjnego zaangażowania, widzenie możliwości sprzęgania życia jednostek w różnych pokoleniach i środowiskach z dziedzictwem symbolicznym kultury. Niesie ono bowiem sporo bogactwa do przetworzenia i spożytkowania dla siebie przez zdolne do tego jednostki, nieprzytłoczone skazą analfabetyzmu kulturowego, wyznaczonego przez to, że nie są one w stanie spożytkować dostępnej dla siebie literatury ani szukać do niej dostępu czy rozwijać w sobie zdolność jej połączenia z własnym rozwojem. Nieprzypadkowo to dziedzictwo symboliczne Radlińska opisuje w terminach troski o „kulturę duchową" i w ślad za tym postuluje wychowanie „duchowe", co rodziło u niektórych krytyków podejrzenie o idealizm, czy nieadekwatność wobec właściwej perspektywy pedagogicznej, wolnej od takiej terminologii (B. Suchodolski).

Kluczowa jest tu strategia pedagogiczna oparta na idei samokształcenia, jedynie wspomaganego, a nie sterowanego czy kontrolowanego z jakiejś wysokości władczej, co Radlińska znajduje w pracach Mikołaja Rubakina, z taką wykładnią wpisanych w nie rad:

> Cała sztuka samokształcenia polega na tym, żeby przeżywać uzyskiwaną wiedzę, przepoić nowymi pojęciami swe życie wewnętrzne, kształcić swą sprawność, umiejętność pracy. [...] Trzeba pamiętać, że każdy z nas posiada wiele sił niejako „utajonych", które dopiero praca nad sobą wydobywa na jaw. Gdy tej pracy zabraknie, siły te przepadają bez pożytku. Siły nasze wypróbować i wzmacniać można tylko przez czyny. [...]
>
> Książki, słowa innych, podniety zewnętrzne to tylko iskierki, które rozpalają własne nasze zasoby duchowe. Trzeba liczyć przede wszystkim na siebie, kierować się własnymi potrzebami duchowymi, odszukać w sobie to, co najlepsze,

najszlachetniejsze i starać się to właśnie rozwijać dla dobra powszechnego (Radlińska 1979, s. 252–253).

Znowu nie wolno zapomnieć, że dopełnieniem tej górnolotnej wizji jest obecny także u Radlińskiej akcent z drugiego bieguna, wskazujący na potrzebę przebudzenia człowieka do czynu i wysiłku, także samokształceniowego, a nawet do troski o własne życie i jego duchowość, jak również budzenie i rozwijanie potrzeb, których wcześniej człowiek może nie odczuwać, np. w zakresie kontaktu z książką jako medium dostępu do skarbów kultury i do głębi własnego potencjału. Dojrzale zarazem brzmi sugestia o tym, że w tym procesie nieuniknione są trudności, przeszkody, ograniczenia i opory oraz brak niezbędnych sił i wytrwałości, trzeba jednak starać się je najpierw zrozumieć, aby następnie możliwe było ich przekraczanie i pokonywanie. Pomocne w tym impulsy działają jedynie wtedy, kiedy „poruszą do głębi, zamącą senny spokój codziennego życia" (Radlińska 1979, s. 253–254). Spotkania budzące muszą wpierw być poruszającymi wydarzeniami, zgodnie z ideą niezbędności przeżycia w relacji z dobrami kultury jako warunku ich przemieniającej siły twórczej.

Skupienie wokół książki jako nośnika treści kulturowych, kluczowego dla wychowania i rozwoju duchowego społeczeństwa, to ważny rys rozważań i badań podejmowanych przez Radlińską, tym bardziej że – jak sama to podkreśla – trzeba „wychowywać nie tylko przez książkę, lecz również dla książki" (por. Radlińska 1936, s. 20). Jej kulturowa funkcja bowiem nie jest uruchamiana automatycznie, a poprzez organizację czytelnictwa i dążenia do ożywiania urządzeń kulturowych, jak biblioteki; zacząć działać może dopiero wówczas, gdy odbiorcy książek będą do niej przygotowywani, a zarazem będą mieli okazje spotykania na swej drodze takich książek, które wyzwolą w nich impulsy rozwijające wyobraźnię i wrażliwość przez dostarczenie treści generujących przeżycia ważnego spotkania z nowymi światami i wydarzeniami.

> Wychowanie czytelnika odbywa się przez rozszerzenie zasięgu zainteresowań życiowych, przez potęgowanie wrażliwości drogą przeżyć (Radlińska 1961a, s. 261 – sformułowanie z 1947 roku).

Kierowanie się w wychowaniu „ku uśpionym siłom i utajonym zainteresowaniom" (por. Radlińska 1936, s. 21) poszczególnych jednostek wymaga wsparcia za pomocą książki, gdyż odpowiednio dobrana do potencjału czytelnika może w nim obudzić, wraz z przeżyciami związanymi z lekturą, nowe energie pozwalające mu na głębsze czerpanie z dziedzictwa kultury w kolejnych miejscach, wpisanych w kolejne tomy. Dobitne zdanie Radlińskiej, że „[k]siążki trzeba uruchomić", i to nie tylko przez organizację czytelnictwa, lecz także przez „rozbudowanie duchowe czytelników" (por. Radlińska 1979, s. 259), wskazuje na wymóg traktowania potencjału relacji czytelniczej jako niepodlegającego żadnym automatycznym gwarancjom wynikającym z prób dostępu do książki. Książka może nie dać się „uruchomić", jeśli w relację z nią nie wkroczą przeżycia związane z jej spotkaniem, a dalej „rozbudzenie duchowe" (por. Radlińska 1979, s. 259) prowadzące do wewnętrznej przemiany. Żeby książka realnie pomagała, trzeba podjąć działalność kulturalną, która by najpierw książce jako medium rozbudzenia duchowego w tej jej funkcji pomogła.

> Skuteczniejszej pomocy udzielają nieraz książce inne podniety rozbudzające życie duchowe, wywołujące nowe pragnienia i potrzeby, uzdolniające do korzystania z książki (Radlińska 1961a, s. 10).

Takie sformułowania, łączące przeżycie, przebudzenie i przemianę, wystarczająco często dają o sobie znać w rozważaniach Radlińskiej, aby dało się dostrzec jej wpisanie w wizję dynamizmu egzystencjalnego w rozwoju człowieka, który został opisany w prozie Hermanna Hessego pod wpływem inspiracji z Carla Gustava Junga (por. Jaworska-Witkowska, Witkowski 2010). W szczególności oznacza to wpisane wysiłku nawiązywania kontaktu z książką w trybie wymagającym „dydaktyki przeżycia" w procesach kształcenia. W szerszym zaś kontekście czyni niezbędnymi szereg nowych urządzeń kulturowych, zdaniem Radlińskiej, jak konkursy czytelnicze, a zarazem z punktu widzenia pedagogiki społecznej wymaga to traktowania czytania jako „pracy nad książką" (por. Radlińska 1979, s. 261), stawiającą przed koniecznością zadawania jej (jak również sobie) wielu pytań otwierających dopiero do niej drogę i organizujących wysiłek testowania rozmaitych podejść. Książka staje się z tej perspektywy obiektem kulturowym i pośrednikiem, uruchamianym sporym wysiłkiem odbiorcy, niezbędnym, by stał się źródłem energetyzowania, czyli ładowania energii duchowej i promieniowania jako jej przekazywania w relacji społecznej (pedagogicznej) z innymi, wymagając stałego zaangażowania i pracy samokształcenia. „Promieniując, trzeba dbać o dalsze wytwarzanie energii promieniotwórczej" (Radlińska 1979, s. 296), co w przypadku nauczycieli wymaga „usilnej pracy nad sobą, by promieniować ciepło ożywczej kultury dnia codziennego", co warunkuje czynienie np. szkoły, jako jednego z urządzeń kulturowych, „ośrodkiem rozległej twórczości" wspomagającym inne sfery życia środowisk społecznych, także poprzez pokonywanie przeszkód, w tym obojętności jako nieprzygotowania do spożytkowania nowego potencjału działań i wyobraźni (Radlińska 1979, s. 293). Powierzchownie przygotowani nauczyciele nie mają zdolności przekładającej się na „promieniowanie szkoły" poprzez działania, które „rozsiewają wzory [...], budzą myśl, nastawiają wolę", przez co np. na wsi, podkreślała Radlińska w 1935 roku, szkoły rolnicze potrafią tradycyjnie stanowić „ogniska kultury nie tylko rolnej, lecz ludzkiej i obywatelskiej" (Radlińska 1979, s. 264).

Bez takiego sprzężonego wysiłku i wykorzystania szkoły nie ma często dojścia do „skarbca kultury ogólnej" (Radlińska 1979, s. 274), którego nośnikami są w szczególności książki, wymagające nie pojedynczych zaklęć, ale wytrwałego wysiłku wdzierania się w ich przestrzeń myślową. Czytanie jako „sztuka korzystania z książek" czyni z nich „narzędzia pracy duchowej" (Radlińska 1979, s. 256)[29] pozwalające uzyskiwać uszlachetniony pożytek i radość wzbogacania siebie o dobro wytworzone przez innych. W tle oczywiście staje niebagatelne zadanie pedagogiczne sprzyjania wyborowi książek wychodzącemu naprzeciw fazie rozwoju duchowego i sposobom dotychczasowego jego ukierunkowania w doświadczeniu społecznym potencjalnego czytelnika, zarówno ucznia w szkole, jak i człowieka dorosłego. Niezbędne jest tu doradztwo, jak również zdolność pokazywania na własnym przykładzie jakości efektów rekomendowanych lektur, zwłaszcza pod kątem podniesienia „kultury duchowej" dla postawy twórczej w sferach: postrzegania świata, jego wartościowania i działania w nim.

> Droga do książki prowadzi poprzez pracę nad sobą i poznawanie innych, poprzez opanowywanie form wypowiadania się, dostrzeganie treści w zjawiskach życia (Radlińska 2003, s. 138).

Autorka uczula (Radlińska 2003, s. 134) jednak na sytuacje, w których „księgozbiór byłby martwy", a wyznaczają je braki zdolności doradzania tego, co czytać, czy „rozbudzania nowych potrzeb", warunkujących powstawanie zainteresowań i motywacji sięgania po książkę w celu jej zgłębiania. Zarazem podkreśla, że „[k]siążka żyje naprawdę tylko w duszach czytelników" (Radlińska 1979, s. 259), jeśli ci potrafią z niej skorzystać we własnym myśleniu, odczuwaniu i działaniu.

Z punktu widzenia pedagogiki społecznej w ujęciu Radlińskiej osoby nieczytające książek nie są powodem do lamentu i krytyki, ale do troski o to, by znaleźć sposób na dotarcie do nich z przekazem kulturowym o duchowej wartości czytania. Dokładniej chodzi o uaktywnienie społecznego wpływu tych obiektów na duchowe bogactwo czytelnika. Po części nawet można przyczyny takiej postawy widzieć w uprzednim braku wystarczającej pracy wychowawczej i braku kontaktu z właściwymi przykładami książek wartościowych dla konkretnego odbiorcy, co może być obciążone winą samego środowiska wychowawczego, w tym szkoły, nauczycieli i nawyków rodzinnych z ograniczeniami dostępu do kultury wpisanymi w proces socjalizacji. Trop ten wydaje się dziś nie do przecenienia. Szkoła najwidoczniej nie umie być miejscem pracy rozbudzającej motywację do interakcji z obiektami i urządzeniami kulturowymi, nie tylko wymagającymi sięgania po książki.

---

29 Powracające akcenty, mówiące o „uszlachetnianiu" w trybie kontaktu z książką oraz jednocześnie o „pożytku" czy „spożytkowaniu", prowadzą w stronę kluczowego motywu z „Chowanny" Bronisława Ferdynanda Trentowskiego, który w oksymoronie „szlachetny pożytek" widział sedno troski o wychowanie (por. Andrukowicz 2006). W tym sensie daje tu o sobie znać „pamięć symboliczna" tradycji romantycznej polskiej pedagogiki, mimo że w narracji Radlińskiej szerszych odniesień do niej nie spotkamy. Zauważmy, że postulat, by ludzie byli w stanie „[u]żywać książki jako narzędzia pracy duchowej, jako sposobu obcowania z przeszłością i kształtowania marzeń o jutrze, jako źródła radości i rozrywki", obejmuje u Radlińskiej także „przebudowanie od podwalin – nauczania czytania na różnych szczeblach rozwoju czytelnika" (por. Radlińska 1932, s. 6).

Dla człowieka, który czytuje niewiele, potrzebna jest książka jak najlepsza i jak najlepiej dobrana. [...] Książka dobra to przede wszystkim taka, która dopomaga do zrozumienia siebie i innego człowieka, która wydobywa na jaw, z jakichś niewiadomych głębi, moje własne myśli i uczucia, daje im wyraz, nastawia moją wolę (Radlińska 1979, s. 257)[30].

Pisząc o szkodach, jakie ponosi „zakres życia kulturalnego", gdy jest jednostronnie redukowany czy zawężany, Radlińska – w zgodzie z duchem podobnej troski przejawianej przez część jej pokolenia, kojarzonej z pedagogiką kultury – podkreśli, że dokonuje się tu szkoda, wręcz wyrwa ontologiczna, gdyż to, co **naprawdę istnieje w zasięgu używalności, co ma istotne znaczenie w życiu danych jednostek czy grup społecznych**" (por. Radlińska 1979, s. 96), ogromnie różni się jako środowisko subiektywne", ustanowione przez to, co realnie oddziałuje, od środowiska „obiektywnego", wyznaczonego skalą możliwości w zakresie tego dostępu, zwykle nawet nieuświadamianą, zapomnianą, zlekceważoną czy zmarginalizowaną, a nawet uznaną już za martwą. Podkreślanie wagi dochodzenia treści książek do głosu w przeżyciach pokolenia, jako warunku uznania ich istnienia, zbyt radykalnie – jak to już krytykowałem w postawie jej pokolenia – może ułatwiać ich negację zamiast podnoszenia zarzutów przeciw tak selektywnej rzeczywistości i jej mechanizmom wręcz niedopuszczania do głosu treści z jakiegoś powodu uznanych za szkodliwe czy nieaktualne. Brakuje tu najwidoczniej zdolności do wartościowania horyzontu wpisanego w środowisko obiektywne, ciągle oczekujące włączenia w obieg myśli. Ginie tu analogia do fragmentów gleby leżącej odłogiem czy porzuconej do uprawy, bo przecież stan taki nie oznacza nieistnienia tego obszaru jako potencjalnie żyznego. Tymczasem Radlińska twierdzi:

Skarby książek żyją jedynie życiem czytelników. Książka – narzędzie musi być używana, ażeby swą rolę spełniać. Skarb nie odkryty lub zapomniany nie istnieje. Biada współczesnej Rzeczypospolitej, „dobru powszechnemu narodu", gdy jego skarby przepadają – nieczynne. Biada skarbom, które tylko szczupłej garstce są drogie. [...] Przeżycie przez wszystkich tych samych wielkich dzieł literatury – to danie podstawy do zrozumienia się (Radlińska 1961a, s. 5; także 2003, s. 26–27).

Kapitalny akcent kulturowy spotykamy w podejściu Radlińskiej do wizji tożsamości narodowej, wpisujący w jej troski pedagogiczne gruntowanie poczucia wspólnotowego w kulturze, już w fazie odzyskiwania niepodległości spod zaborów i potem w latach 30. XX wieku. Wiąże się on z oparciem tej tożsamości i mechanizmu budowania wspólnoty na... książce jako nośniku wspólnej pamięci symbolicznej. Z tradycji teorii oświaty niemieckiej wydobywa Radlińska tezę, że „nie ma mowy o istnieniu narodu dopóty, dopóki te same wielkie dzieła pisarzy narodowych

---

30 W publikacji z 2003 roku pierwsze zdanie brzmi: „Dla człowieka, który czytuje niewiele, potrzebna jest książka możliwie najlepsza" (Radlińska 2003, s. 121).

nie staną się naprawdę własnością ogółu" (Radlińska 1979, s. 195). Z tej perspektywy można stwierdzić dobitniej, bez wyróżniania nastawienia samych pisarzy wchodzących tu w grę, że naród to całość oparta na wspólnocie dzieł, przejmowanych w procesie oświatowym i prowadzących do przejmowania się treściami i losami, przeżycia wspólnie dostrzeganych i pojmowanych wydarzeń historycznych, postaci i symboli jako fundujących przynależność do takiej wspólnoty. Za Karolem Fryderykiem Libeltem Radlińska uzna, że

> [w]iedza narodu o sobie – o swojej przeszłości i drogach przyszłego rozwoju stanowi [...] istotę mądrości narodu. Tę wiedzę daje świadomy udział w życiu publicznym i poznanie wspólnej przeszłości (Radlińska 1979, s. 195).

Zaznacza się tutaj profil wykształcenia i nastawienia zawodowego Radlińskiej oparty na studiach historycznych i zrozumieniu wagi historii dla kształtowania siły zakorzenienia wysiłku zorientowanego w przyszłość. „Świat książki zaspokaja pragnienia lub – co ważniejsze – przemienia je w siły, które marzenia urzeczywistniają" (Radlińska 1979, s. 197). Zarazem staje się pomostem sprzyjającym „duchowej łączności pokoleń" (Radlińska 1979, s. 312) – zwłaszcza istotnym społecznie, w ujęciu Radlińskiej, dla oświaty adresowanej do kobiet i na wsi w międzywojennych warunkach troski o jakość życia w odniesieniu do dostępności kultury. Tradycja i współczesność muszą się tu splatać, mimo napięć i antagonizmów, gdyż to w ramach jednej historyczności współżycia pokoleniowego „[w]ychowanie różnych grup wieku współżyjących w pokoleniu historycznym splata się ze sobą" (Radlińska 1979, s. 314).

Odniesienie do książki staje się dla pracy oświatowej kluczowe jako sposób na kształtowanie oraz przekształcanie potencjału woli działania i jego ukierunkowania, zwłaszcza tam, gdzie – jako nośnik symboliczny, którego treści duchowe należą do „niewidzialnego środowiska" – książka występuje w trudniejszych warunkach dla wypełniania swojej funkcji. Tym bardziej uwypuklona zostaje funkcja działań oświatowych jako zorientowanych na organizowanie warunków, w których „czynniki postaciujące" – jak Radlińska mówi za psychologią Gestalt – przyniosą niezbędne impulsy i dotrą dzięki tym warunkom do odbiorcy. Tu jest w szczególności miejsce dla organizowania czytelnictwa i troski o to, aby je ożywiać tam, gdzie nie ma ku temu jeszcze warunków lub skłonności. Tymczasem jest to zgodne z wizją powieści jako „laboratorium ludzkiej egzystencji", jak to uwypuklał znacznie później Milan Kundera.

> Książki i dzieła sztuki (tradycyjnie zamykane w miastach) iść muszą w większej liczbie i lepszym doborze na wieś. Nie jako wzory do naśladowania czy dawcy jedynej mądrości, lecz jako narzędzia rozbudzania zainteresowań, bodźca nowych przeżyć, rozszerzających widnokrąg, pobudzających wolę. Żeby spełniły to właśnie zadanie, muszą trafić w dobrą chwilę. Wiemy, że te same „czynniki postaciujące" oddziałują silniej w pewnych warunkach. Na umiejętnym stwarzaniu tych

warunków polega w znacznym stopniu „intensyfikacja" pracy oświatowej (Radlińska 1979, s. 199).

Radlińska bardzo dobitnie sprzęga tu interes kultury z działaniem społecznym, a jakość pracy oświatowej widzi nie w tradycyjnym kojarzeniu dostarczania autorytetu, ale w tym, co za Eriksonem moglibyśmy nazwać „rewitalizacją", a co ona sama określa wielokrotnie mianem „melioracji ducha", do czego jeszcze powrócę osobno. Niezbędna jest troska o to, aby młodzież mogła się spotykać z nauczycielami czy działaczami oświatowymi mającymi już „przygotowanie umysłowe" oraz przejawiającymi „uparte dążenie" zorientowane na „rozbudzenie twórczości" (Radlińska 1937–1939, s. 616). Warunkiem takiej postawy (dążności) jest wypracowana „zdolność do promieniowania" własnym przykładem, własnymi inspiracjami, służenie wspomaganiu samodzielności twórczej w działaniu i dynamice rozwoju duchowego (Radlińska 1937–1939, s. 616). Już projektując w latach 30. XX wieku, stosunek wychowawcy do środowiska społecznego, w jakim przychodzi mu działać, Radlińska była świadoma niezwykłej dramaturgii rozwojowej okresu dorastania młodzieży. Przypominała wprost, że należy na ten proces patrzeć jako „czas »nowych narodzin«", w którym może być uruchamiana „groza zahamowania rozwoju", z pomijaniem czy niezrozumieniem wyzwań, jakie niosą „potrzeby wieku przełomowego" (por. Radlińska 1935, s. 50). Podkreślmy, że taka dramaturgia narracji pedagogicznej uzyskała swoje pełne rozwinięcie psychologiczne dopiero w modelu cyklu życia u Eriksona, tu antycypowanego pod wieloma względami. Ma to miejsce np. w jego postulatach (ciągle zmarginalizowanych w najnowszych publikacjach pedagogicznych) dotyczących głębszego rozumienia konieczności „rewitalizacji" człowieka w każdej fazie jego cyklu życia, poprzez diagnozę zakłóceń rozwojowych i kryzysów lub blokad wymagających aż ponownych narodzin, jak pokazywałem w cytowanej już monografii (por. Witkowski 2009a).

Na wiele sposobów jednak w całej twórczości Radlińskiej do głosu dochodzi nie tyle zawieszanie wartościowania w procesie tego wspomagania, ile – szczególnie ważne i wyraziste z punktu widzenia wymagań respektowania dwoistości perspektywy – występowanie „przeciw jednostronności kryteriów wartości", np. artystycznej książek czy upodobań literackich czytelników, w trosce o istotne wzbogacanie środków i sposobów oddziaływania społecznego, kształtującego dopiero możliwości dojrzałego i „dobrego czytelnictwa" (por. Radlińska 1961a, s. 162–163). Niektóre akcenty z tym związane zostaną podjęte dalej.

Tymczasem warto zilustrować sprzeciw Radlińskiej wobec jednostronności wartościowań, postulujący zarazem to, co nazywamy tu postawą dwoistą, uznaną przez nas za paradygmatyczną dla rozwijanej filozofii społecznej jej pedagogiki. Oto bowiem wypowiada się w kwestii tego, co ma zrobić pedagog społeczny czy bibliotekarz albo nauczyciel jako pedagog w obliczu zderzenia kryteriów: z jednej strony krytycznego wartościowania oferty kulturowej (np. książek) przez specjalistów, a z drugiej strony odniesienia do gustów i upodobań czytelniczych w danym środowisku. Radlińska zajmuje stanowisko właśnie dwoiste, a więc ani jednostronne, ani statycznie pośrednie, tylko kierujące się odniesieniem do dynamiki rozwojowej, w jaką są uwikłane kondycja i rozwój konkretnego czytelnika, widziane zarówno przez pryzmat psychiki, jak i gotowości do mierzenia się z rozmaitymi tematami i trudnościami. Autorka widzi „dwie teorie zwalczające się wzajemnie", z których jedna (Mikołaja Rubakina) przyjmuje, że „nie ma książek złych", gdyż „wartość nadaje książce dopiero spojrzenie czytelnika", drugą teorię zaś reprezentują podejścia (Waltera Hofmanna i Henryka Wolgasta) postulujące dostarczanie czytelnikom „tylko książki dobrej, możliwie najlepszej", według kryteriów szerszych niż gust czytelniczy (por. Radlińska 1961a, s. 189). Przeciwdziałanie jednostronności obu biegunów w celu nadania swojemu stanowisku dwoistego charakteru dokonuje się u Radlińskiej poprzez wskazanie konieczności przezwyciężenia ich skrajności i dlatego mamy u niej dwie komplementarne tezy, tworzące antynomiczną całość. Z jednej strony autorka uznaje, że bywa słuszne podejście, które usuwa „książki zdyskwalifikowane przez krytyków, choć »ulubione«. [gdyż – L.W.] Może się to przyczynić do poprawy gustu czytelników", czego jej zdaniem nie wolno bagatelizować przy wybieraniu „książek zasługujących na rozpowszechnianie" (Radlińska 1961a, s. 189). Z drugiej strony nie wolno w jej opinii zapominać i o tym, że w sposób naturalny i konieczny

> [w] praktyce bibliotecznej – nawet w bibliotekach Hofmannowskich – sięga się często po książkę „słabszą", przez nią się wychowuje czytelnika dla książki mocnej, wymagającej przygotowania duchowego. Książka słabsza bywa konieczna, jeśli porusza zagadnienia żywo interesujące czytelnika, nie poruszane przez inne książki.
> Dlatego oceny książek powinny się liczyć nie tylko z właściwościami psychiki czytelnika, lecz również z jego pożądaniem tematu. Powinny ponadto stawiać książki na tle książek analogicznych, traktować je porównawczo. [...] konieczna jest współpraca nauczycieli, bibliotekarzy, krytyków i pisarzy (Radlińska 1961a, s. 189–190).

Widać więc doskonale, że opozycja: dobra – zła w odniesieniu do książki czy zderzenie kryteriów: zewnętrzne, obiektywne – wewnętrzne, psychiczne nie stanowią podstawy wyboru jednego z członów kosztem drugiego, odrzucanego, ale uczestniczą w bardziej skomplikowanym, dwubiegunowym podejściu, szukającym przezwyciężenia sztywnej, rozłącznej alternatywy w kierunku uwypuklającym odpowiedzialne widzenie złożoności sytuacji, nakazującej wieloaspektowe i naprzemienne stosowanie perspektywy wartościowania. Ma się to dokonywać w trosce o maksymalne wykorzystanie potencjałów wpisanych w napięcia relacji jednostka – kultura – społeczeństwo – książka, w każdym członie niosące sprzężenia zwrotne. Już od małego dziecka, poprzez człowieka dorosłego celowe jest, jak się okazuje, łączenie wysiłków w zakresie „kształtowania stosunku" (Radlińska 1961a, s. 191) do książki jako podstawy sprzyjania rozwojowi jakości rozbudzenia duchowego i otwarcia na świat dostępnej skarbnicy dziedzictwa dającego się przywołać, przetworzyć i spożytkować dla dobra jednostki i ogółu.

Problem normatywności w postawie pedagoga społecznego

Tytułowy problem tego fragmentu rozważań zasługuje na dobitne postawienie w obliczu rozmaitych nieporozumień, w tym po części wywoływanych przez niektóre sformułowania samej Radlińskiej, ułatwiające jednostronne interpretacje, wobec zagubienia przez nią we własnej narracji akcentów dotyczących wprost idei dwoistości, które przecież – jak pokazywałem osobno (Witkowski, 2013a) – w jej własnym środowisku i pokoleniu stopniowo już dochodziły do głosu. Z jednej strony bowiem spotykamy u niej jawne i wielokrotne odcięcia od silnej normatywności pedagogiki, reglamentującej swoim programem i stylem działania dostęp do treści kulturowych, a z drugiej strony często występują w jej tekstach mocne akcenty dotyczące tego, co „powinno" (lub „nie powinno") się dziać, co i jak powinno się robić w praktyce trosk pracowników oświatowych, społecznych czy kultury. Zarazem, co warto podkreślić, była świadoma potrzeby poznania w celu interwencji „meliorującej" środowisko społeczne i występując w listopadzie 1935 roku na II Zjeździe Socjologów w Warszawie, stwierdzała „doniosłą rolę pedagogiki społecznej, która »jedyna wśród nauk zajmuje się tym, aby było lepiej«" (por. Lepalczyk, Skibińska 1974, s. 62–63). Musi więc mieć zarówno projekt normatywny, jak i kryteria uzupełnione miernikami dokonującego się postępu czy skali zagrożenia wymagającego zmiany. Chodziło tu jednak nie o normatywność ideologicznie podbudowaną, ale nawiązującą do misji troski o optymalizację warunków dla życia i zdrowia na wzór troski medycyny, o czym będzie mowa dalej.

Osobno zauważmy, że normatywność daje u Radlińskiej o sobie znać także w trybie postulowania znaczenia rozmaitych terminów, które pozwala uniknąć „pozoru" w zakresie jakości działania pedagogicznego. Pokażę to w przekroju całej książki, doceniając ten filozoficzny aspekt dyskursu budowanego dla pedagogiki społecznej. Podkreślam, że Radlińska wiele kwestii postuluje, zarazem uzasadniając wagę przedkładanych postulatów przez wskazanie na to, co ważnego z nimi się wiąże, jakie konsekwencje niosą. Mamy nie tylko wskazania normatywne, lecz także rozmaicie zaawansowane narracyjnie i poznawczo próby uzasadnień. W narracji omawianego ujęcia wątek normatywny jest wpisany we wskazywane cele oraz formuły mówiące o tym, czego „nie wolno" robić, albo występuje on w postaci bardziej ukrywającej normatywność, gdy autorka zastanawia się, w jaki sposób coś „ma" się dziać, bądź gdy jedynie wskazuje coś określanego mianem konieczności, uznanej w trybie programowania działalności. Jednym słowem, postaci normatywności, jak to zwykle się dzieje, dają o sobie znać w różnorodnych konwencjach i dobrze będzie się temu przyjrzeć bliżej.

Zarazem, podkreślmy, Radlińska nie zapomina, że nie można wskazywać powinności bezpośrednio adresatowi oddziaływań jako wiążących dla niego czy zamykających mu drogę do własnych wyborów, nie można ich wprost perswadować, ani w sensie przekonywania, ani zobowiązywania. Poza tym zauważmy, że powinności pedagoga społecznego są zwrócone często nie bezpośrednio w stronę jednostki, ale w stronę jej środowiska czy jego podłoża, które wymaga „melioracji", dzięki której jednostka będzie miała szanse lepiej wzrastać, o ile uda się jej pomóc we wrastaniu w daną glebę kulturową. Normatywność w pedagogice społecznej musi zatem działać i być obecna w niezwykle subtelny sposób, pełen rozmaitych mediacji oraz poziomów pośrednich, które osłabiają bezpośredniość, a nawet czynią ją niemożliwą, niecelową czy wręcz szkodliwą. Jest tak, zważywszy chociażby na możliwość oporu adresata oddziaływań, a tym bardziej wobec konieczności szanowania jego podmiotowości w procesie jej emancypacji i uobywatelnienia. To kłopotliwy paradoks postawy wychowawczej, która sprzyja autonomii jednostki w jej rozwoju: dopuszczając autonomię, musisz dopuszczać także sprzeciw wobec twoich starań o tę autonomię. W takim uwidocznieniu dwóch sprzężonych ze sobą kierunków nie wolno traktować normatywności dyskursu pedagogiki społecznej jako jednorodnej czy jednowymiarowej, a raczej jako wielopiętrową czy działającą na różnych poziomach i stopniach zaangażowania oraz siły oddziaływania. Zwłaszcza że siła oddziaływania ma mieć sens, jeśli wyzwoli siły w samym adresacie oddziaływań, co – jak zostało już wskazane – może wyrażać się siłą... oporu i determinacji. Stąd nie wydaje mi się, aby można było przyjąć sformułowania spłycające, a przynajmniej spłaszczające problem normatywności w pedagogice społecznej, jak w przypadku sugestii Bohdana Cyrańskiego, który w odniesieniu do tej dyscypliny stwierdza:

> Radlińska, uznając ją za naukę normatywną, prezentuje zbiór celów wychowania i oczekiwanych cech osobowości człowieka, które należy jej zdaniem – opisywać i odczytywać w sposób normatywny (Cyrański 2012, s. 42–43).

To wypowiedzenie miałoby większy sens, jak się wydaje, gdyby określenie „normatywny" zastąpić przymiotnikiem „metanormatywny", mimo że o normatywności mówi cytowane dalej przez Cyrańskiego zdanie Radlińskiej:

> Pedagogika normatywna upatruje cele wychowania w ułatwianiu rozwoju uzdolnień, w dopomaganiu wzrostowi i nabywaniu sprawności oraz we wdrażaniu do współdziałania, w rozbudzaniu w każdej jednostce przynależności do społeczeństwa, współodpowiedzialności za prawdę. Najgłębszą podstawą jest przy tym wiara w moc idealnych wzorców życia (Radlińska 1935, s. 18, za: Cyrański 2012, s. 43).

Oczywiście trzeba umieć zauważyć, że taki sposób określania „normatywności" nie jest tożsamy z wyznaczaniem celów rozwojowi tylko z postępowaniem, w myśl którego sam rozwój jest celem, co najpełniej – jak wiadomo – w kontekstach psychologicznych formułowała znacznie późniejsza szkoła Lawrence'a Kohlberga.

W obliczu współczesnych skłonności do radykalnego przeciwstawiania w pedagogice porównawczej postawy „normatywnej" temu, co żadną miarą nią nie jest, chcąc być np. naukową, postawa Radlińskiej jest znacznie bardziej dojrzale zniuansowana i głęboko przejęta kwestią tego, jak działać, nie ograniczając, jak wyzwalać, nie wpędzając w zniewolenie od własnych szczytnych celów i chęci.

Osobno warto by dokonać analizy porównawczej podejścia Radlińskiej i rozwinięcia idei „obiektywności" badawczej w humanistycznej wersji socjologii Floriana Znanieckiego, którego wpływ na jej świadomość metodologiczną wydaje się istotny. Daje on o sobie znać zarówno w częstych odesłaniach do autora „czynnika humanistycznego", jak i w sformułowaniach, chociażby takich, które podkreślają, że w postawie badawczej i oddziaływaniu

> [o]biektywizacja nie oznacza jednak bynajmniej zatracania własnych ukochań. Prowadzi jedynie do unikania przemocy i gwałtu, do umiejętności spoglądania nie tylko własnymi oczyma, lecz i oczyma innych „ja" ludzkich, do radowania się pracą i dorobkiem innych (Radlińska 1935, s. 67).

Zarazem troska Radlińskiej o obiektywizację postawy daje o sobie znać – co uwypuklała jako historyk w latach 30. minionego wieku na zjeździe historycznym – w zmaganiu się z „przeszkodami" w dotarciu do prawdy, szczególnie istotnymi i częstymi w sferze zjawisk historycznych, w których naświetlaniu trzeba umieć się zdobyć na organizację „kultury historycznej" inną niż u „ideologów oraz działaczy praktycznych", gdyż zbyt często „prawda historyczna bywa zatajana, okrawana, przeinaczana" (za: *Helena Radlińska. Człowiek...* 1994/1995, s. 41). Najwyraźniej Radlińska uważała, że prawdę historyczną da się obiektywizować i ustalać na sposób oczyszczony z jej zakłóceń interpretacyjnych, w czym wydaje się pozostawać ciągle w niedopełnieniu przełomu antypozytywistycznego, do którego odnosił jej humanistyczne podejście do badań W. Theiss (por. Theiss 1994/1995, s. 17–18).

Idąc dalej, przytoczę najpierw jeden cytat z Radlińskiej, niosący pewien rys obecności rozstrzygnięć normatywnie zorientowanych w tej programowo „nienormatywnej" pedagogice, powściągającej wąskie ukierunkowania obowiązującej treści, zastępowane dążeniem do uznania w jej oddziaływaniu, a zarazem lokującej cele, zadania i konieczności na poziomie postulatów pod adresem urządzeń kulturowych jako instytucjonalnej ramy działania.

> Szkoła nie powinna mieć ambicji stania się wyłącznym ogniskiem kulturalnym, gdyż daleko skuteczniej spełnia swoje zadanie, stając się ogniwem w łańcuchu licznych poczynań [...] niezbędna jest koordynacja działalności szkoły i odpowiednich instytucji. Takie postawienie sprawy odpowiada jednemu z podstawowych postulatów: odnajdywania sił duchowych w środowisku. Uczniowie mogą niezmiernie wiele skorzystać, zapoznając się nie tylko z urządzeniami, lecz i z ludźmi z różnych sfer i stanowisk. Wpływ środowiska „osobowego", najmocniej kształtujący ideały, oddziaływający na wolę, będzie mógł być spożytkowany przy równoczesnym

zdobywaniu ogłady, swobody, zrozumienia swego miejsca wśród ludzi (Radlińska 1979, s. 130).

Nie jest to jedyny przykład, raczej odwrotnie, wydaje się w pełni reprezentatywny dla prób wpisywania normatywności, w której postulowane powinności lub ich zakazy wpisane są w język starannie opisowy, sugerujący oczywistość pewnych efektów jako wartych zachodu, skoro „uczniowie mogą... skorzystać", w sensie: nikt im tym krzywdy nie robi, a zarazem pewna umiejętność czy doświadczenie mogą się przydać. Najogólniejszym pęknięciem, które Radlińska dobitnie jednak akcentuje, jest wskazanie dwóch odmiennych strategii programowania szkoły, np. na wsi, których skrajna opozycja wymaga przezwyciężenia. Tak oto „[z]walczają się dwa kierunki", przy czym według jednej szkoła „powinna dać podstawy wykształcenia ogólnego, otwierać wszystkie drogi na świat, ułatwiać każdej jednostce rozkwit jej zdolności, zużytkowanie jej zamiłowań"; drugi zaś widzi wystarczalność swoiście lokalnie zorientowanego, niższego i węższego zakresu oddziaływania, wystarczającego do funkcjonowania życiowego i zawodowego uczniów na wsi (Radlińska 1979, s. 132–133). Przezwyciężenie tej sprzeczności, samo w sobie także postulowane jako strategia przecież normatywnie zorientowana (gdyż **należy** przekroczyć ograniczenia każdego z biegunów tej opozycji), wymaga „umiejętnego sięgania po skarby kulturalne wsi" jako wzbogacające np. szerszą kulturę o afirmację współżycia z przyrodą czy trud troski o ziemię (Radlińska 1979, s. 134–135). Nie wystarczy tu widzieć jedynie różnic normatywności w skali (zakresie) celów, ale trzeba dostrzegać odmienne poziomy artykulacji i sytuowania powinności niedające się do siebie sprowadzić.

W kwestii normatywności najogólniejsze jest pytanie o to, czy normatywności da się uniknąć całkowicie oraz czy są możliwe i w jakim sensie „pedagogiki nienormatywne". Z kolei podstawowe pytanie w odniesieniu do normatywności u Radlińskiej dotyczy tego, czy mamy u niej sprzeczność albo niekonsekwencję, czy też może złożoną dwoistą głębię, dającą się zrozumieć i opisać, niosącą zarazem rozwiązanie problemu normatywności, którego ogólny sens jest niezwykle ważny i znakomicie służy nowej świadomości metodologicznej. Choć Radlińska nie potrafiła tej świadomości nazwać[31], to dała wystarczające przesłanki do jej rekonstrukcji we własnej praktyce narracyjnej, trzeba było tylko chcieć jej dokonać i mieć jak to zrobić oraz dysponować perspektywą wskazującą, że to ma ważne odniesienia. Uprzedzając analizy i ilustracje, możemy już zapowiedzieć, że podstawą tej interpretacji jest rozpoznanie w sytuacjach działania komunikacyjnego przez Gregory'ego Batesona

---

31 Mówiła tu najczęściej o „punkcie widzenia pedagogiki społecznej", co zarazem wtłaczało tę świadomość w zbyt wąsko instytucjonalizowane ramy dyscyplinarne, bez skojarzenia, że chodzi o szerszą zdolność widzenia dwoistości czy podejścia później zwanego cybernetycznym, którego cechy antycypowała, jak słusznie sugerował Aleksander Kamiński, co tu już kilkakrotnie zostało przywołane.

kluczowej dwoistości między biegunem treści przekazu komunikacyjnego (tego, co bezpośrednio komunikujemy) oraz biegunem założeń metakomunikacyjnych (tego, o co w przekazie pośrednio chodzi, jakie ma znaczenie, czemu ma służyć). Można nie być normatywnym komunikacyjnie (zwłaszcza silnie normatywnym i roszczeniowym w tej postawie) w sensie: powinieneś robić to i to, bo to jest dla Twojego dobra, bo wiem, że tak należy, i masz mnie słuchać, a zarazem być normatywnym w sensie metakomunikacyjnym (wskazującym pewien kierunek wartych podjęcia działań do jego weryfikacji we własnym doświadczeniu tego, kto działa) w sensie: chodzi o to, abyś czegoś spróbował, gdyż jest szansa, że sam się przekonasz, iż warto z tego skorzystać. W pośrednim więc oddziaływaniu liczą się konsekwencje normatywne w sensie uprawomocnienia pewnej praktyki działania ukierunkowanego na jakieś dobra, ale takie, które dla siebie odkryje i zweryfikuje sam działający, a nie jego wychowawca jako nadzorca, kontroler czy strażnik nakazowy. Każde działanie komunikacyjne, przypomnijmy za Batesonem, jest uwikłane w takie podwójne wiązanie (dwoistość w naszym rozumieniu) między treścią przekazu i jej kontekstem, między sensem działania (czego on ode mnie chce, co ja mam zrobić?) a jego znaczeniem (po co ja mam to robić i jakie to ma mieć dla mnie znaczenie, o co tu chodzi?).

Teza, którą chcę tu dalej ilustrować, jest taka, że Radlińska chciała uwolnić pedagogikę społeczną od normatywności bezpośrednio komunikacyjnej, ale wraz z tym zbudowała dla niej szeroko zakorzeniony historycznie i troszczący się o dobrostan psychiczny i podmiotowy społecznie sposób oddziaływania normatywnego w warstwie metakomunikacyjnej. Jest to sposób oparty na oddziaływaniu urządzeń kulturowych jako instytucji samą swoją obecnością i poprzez swoją ofertę programową zachęcających do działania sprzyjającego rozwojowi (odwiedzenia muzeum czy przeczytania książki i porozmawiania o niej, jak w przypadku biblioteki). Podsumowując zapowiedziany obraz, można powiedzieć, że normatywność u Radlińskiej – jako program pedagogiczny i jego realizacja – jest metakomunikacyjna, a nie bezpośrednio komunikacyjna, a zatem można ją nazwać pedagogiką o metanormatywności społecznej. Sens tej ostatniej polega na sprzężeniu działania (oddziaływania społecznego) w budowaniu sytuacji (w tym „gleby kulturowej" poprzez społeczne udostępnianie urządzeń kultury jako skarbnicy dóbr), które mają zachęcać do nowych doświadczeń. Ich charakter i kierunek są poza kontrolą oraz przewidywaniem. Mają one mieć postać przeżyć w trakcie interakcji, przebudzeń kompetencji w świetle nowych zetknięć ze znaczeniami, przemian własnego nastawienia do siebie, otoczenia i życia, w zakresie własnych marzeń, potrzeb i dynamiki działań na ich rzecz. Wychodzi to, moim zdaniem, naprzeciw głośnemu, tzw. progresywistycznemu ujmowaniu celów wychowania w formule „rozwój jako cel wychowania", bez konieczności sztywnego wyznaczania zakresu tego, co ma być rozwijane, poza ogólną formułą wartościowania sytuacji społecznych sprzyjających rozwojowi.

Pedagog społeczny w tym sensie nie jest jawnie i silnie normatywny, ale też nie dokonuje odcięcia się od normatywności w ogóle, nie jest naiwnym pozytywistą ani uległym zachciankom drugiej strony oddziaływania. Społeczne działanie, jakie podejmuje z przekonaniami normatywnymi, jest zorientowane na profesjonalność, która ma dopiero budować przestrzeń, instytucje, okazje, mechanizmy, tworzyć szanse i możliwości, aby doszło do próby, do podjęcia działania, do doprowadzenia do spotkania, do zmiany. Chodzi o efekty, które mają dać do myślenia zgodnie z potencjałem i tempem rozwojowym odbiorcy, ale służąc temu, że stanie się z nim coś dla niego samego ważnego, czego normatywne konsekwencje przejmą go na tyle, że wbuduje po swojemu (z konieczności) przekształcone ich źródło w przestrzeń własnych normatywnych nastawień do świata, dających mu podstawy własnego wartościowania i wymagania... od siebie samego. Jest tu zawsze rzecz jasna miejsce na ukryte manipulacje, stąd kluczowa staje się waga odpowiedzialności etycznej, czuwającej nad tym, aby nie doszło do ubezwłasnowolnienia, do uzależnienia, do zamknięcia dostępu do alternatyw, do ograniczenia przestrzeni wyboru[32]. Zarazem kluczowe jest dostrzeganie zagrożeń wpisanych w wąskie strategie przetrwania, obrazowo ilustrowane retoryką odnoszoną do ziemi i gleby, zgodnie z takim pojmowaniem kultury.

> Postawa wobec środowiska jest przeważnie bierna: skarby ziemi nie są w pełni uruchomione, wady gleby nie są dostatecznie usuwane melioracjami. Brak rozbudzenia duchowego utrudnia twórczość zbiorową w nowych formach. Ograniczanie potrzeb jako główna metoda przetrwania – uboży cały kraj. Małe spożytkowanie dóbr kultury duchowej jest groźne dla narodowego dorobku (Radlińska 1979, s. 136).

Taka sytuacja wymaga od pedagogiki społecznej gotowości, by „przełamać opory, wynikające ze sztywności struktur, obalać zastarzałe przesądy, przełamywać zarówno ciasne sobkostwo, jak i nieufność" (Radlińska 1979, s. 136). Widać więc, że problem normatywności dyskursu Radlińskiej nie da się sprowadzić do prostego tak lub nie w kwestii zgody na niego czy jego rozwiązania poprzez eliminację wszelkiej normatywności.

Tymczasem warto rozważyć problem szerszego odniesienia do normatywności w dyskursie pedagogicznym Radlińskiej. Najpierw dwa przykłady, pierwsze z brzegu, odniesione do stosunku Radlińskiej do książek, a dokładniej jej podejście do stosunku do książek stwierdzanego u innych. W 1937 roku chociażby w referacie wygłaszanym na kongresie oświatowym w Paryżu, oponując wobec perspektyw ustanawiania normatywności jako operujących jednym gotowym wzorem tego, co właściwe i pożądane, i przestrzegając przed nadmiarem silnej normy, stwierdzała:

---

32 Szczególnie ważne staje się niemylenie dobrowolności zgody z bezwolną uległością.

Działacz społeczny, bibliotekarz, wychowawca nie mogą zbyt wyłącznie ulegać urokowi nauki o literaturze, będącej wędrówką po szczytach piśmiennictwa, ani sądzić o czytelnictwie ogółu na podstawie szczęścia swych własnych spotkań z najpiękniejszymi książkami. Muszą wyzwolić się spod wpływu myśli normatywnej, zwróconej ku temu, co być „powinno", posiąść odwagę poznawania rzeczywistości.

Książka bywa narzędziem nie tylko dobra, lecz i zła. Drukiem posługuje się zarówno głoszenie prawdy, jak i niesumienna reklama, propaganda najszlachetniejszych haseł i przemoc. [...] Wielu autorom trzeba pokazać drogi ich służby społecznej, ale niejedną książkę, niedostatecznie zużytkowaną, znajdziemy i posłać będziemy mogli w nieznane jej dawniej wędrówki (Radlińska 1961a, s. 7).

Z pewnością, chodzi Radlińskiej o to, aby nie pozbawiać się prawa do wartościowania potencjału wpływania na odbiorcę przez książki, ale też upomina się o to, aby nie reglamentować ściśle charakteru tego, co dopuszczane, mimo niezgody na funkcjonowanie krytycznie widzianych książek, gdy stają się uwikłane w mechanizmy redukujące je do towaru jak każdy; to mechanizmy włączające we wszelkie interesy i wojny ideologiczne czy w niszczenie wartości kulturowych (autorka wskazuje tu przykład pornografii). Dominuje w tej perspektywie pewna idealizacja potencjalnej kulturowo funkcji książki, zawarta w stwierdzeniu: „Książka jest powołana do przezwyciężania zła, które niesie bierne poddawanie się oddziaływaniu prasy, radia, kina" (Radlińska 1961a, s. 7). Oznacza to wyróżniony charakter książki jako warunku „odrodzenia" duchowości jednostkowej lub zbiorowej, zagubionej historycznie, zahamowanej w rozwoju czy pozbawionej dostępu do przeżyć i przemyśleń zmieniających jej własne osadzenie w świecie symbolicznym. Wiąże się on z dostarczaniem przez książkę – a dokładniej przez jej tekst – sposobów widzenia, nazywania i wyrażania siebie, swojego stosunku do świata i samego świata. Zauważmy, że w obecnej narracji humanistycznej dałoby się to określić mianem tekstualizacji doświadczenia, co w szczególności Radlińska nazywa wzbogacaniem i kształtowaniem „języka wewnętrznego" (Radlińska 1961a, s. 23) człowieka; języka, który stanowi medium rozumienia siebie i innych, wpływa na charakter „mowy wewnętrznej" ogarniającej komunikacyjnie „całokształt przeżyć i doświadczeń życiowych, środowisko, warunki chwili" (Radlińska 1961a, s. 25). Książek jednak nie można, jej zdaniem, zakazywać ani narzucać, a jedynie trzeba dawać okazję do spotkania ich na swojej drodze. „Gdy warunki życia nie sprzyjają kulturze [...] książka staje się potężnym czynnikiem wyrównawczym" (Radlińska 1961a, s. 13), czego pedagogika społeczne nie może zlekceważyć, gdyż właśnie

[o]gromne znaczenie społeczne posiada wyrównywanie szansy świadomego udziału w kulturze przez uzupełnianie czytelnictwem braków środowiskowych, przez udostępnianie dorobku wiedzy, przejawów piękna, zaszczepianie dążeń, sublimację uczuć (Radlińska 1961a, s. 57–58).

Stąd teza postulująca funkcję biblioteki szkolnej: „Biblioteka szkolna ma zawierać najlepsze dzieła, które człowiek powinien spotkać na drodze swojego rozwoju" (Radlińska 1961a, s. 69) w trosce o to, aby przez zakres swoich lektur jednostka nie była zakładnikiem własnego otoczenia, niemającym szans na przekraczanie ograniczeń jego kontaktów ze światem i własnego potencjału otwierania się na ten kontakt. Zarazem jest tu uwypuklona troska o wychowawcze występowanie nauczyciela „[p]rzeciwko »nadmiernemu a złemu czytaniu«", w którym do głosu może dochodzić także „analfabetyzm" jako niezdolność do spożytkowania bogactwa książki, związany z tym, że nawet „arcydzieła beletrystyki i poezji są nie dość dostępne z powodu ubóstwa języka czytelników" (Radlińska 1961a, s. 70, por. także s. 73). Książka może nic nie mówić albo niewiele mówić swojemu czytelnikowi, gdyż jej kody kulturowe i zaplecze symboliczne mogą być nieme z powodu bariery tkwiącej w potencjale odbiorczym.

Radlińska była jednak w pełni zdeklarowanym, zdecydowanym przeciwnikiem „dydaktyzmu" i „werbalizmu" w zakresie funkcji książki i roli bibliotekarzy jako otwierających i rozszerzających horyzont dostępnych zjawisk w sposób, w ramach którego afirmujący książki „nie posiada nad czytelnikiem żadnej władzy, z góry nadanej", będąc ochotniczym pomocnikiem i nienarzucającym się doradcą, w tym ani nie należy do „prześladowców" jakiegoś typu literatury, ani nie występuje jako ideolog „wśród jednostronnych propagatorów książki" (Radlińska 1961a, s. 76, por. także s. 56–67). Na potrzeby pedagogiki społecznej definiowała już w 1907 roku „dydaktyzm" oświatowy jako „ukazywanie świata, jakim być powinien, nieliczenie się ani z doświadczeniem życiowym, ani z fazą wieku i właściwymi jej zainteresowaniami" (Radlińska 1961a, s. 55), a zarazem w dydaktyzmie krytykowała stosowanie „morałów i innych chwytów" (Radlińska 1961a, s. 57). Już chociażby ten motyw uwypukla lekceważoną nagminnie cechę tej strony pedagogiki społecznej, która wymaga dla jakości rozważań wypracowania stanowiska o charakterze dydaktyki ogólnej, np. w tym kontekście stwierdzającego, iż „[w] dydaktyzmie społecznym trzeba się obawiać wprowadzania przedwczesnych pojęć i werbalizmu przesłaniającego żywe treści" (Radlińska 1961a, s. 56). I rzecz jasna u Radlińskiej mamy szereg innych tez dydaktycznych, natomiast nie są tego często świadomi sami dydaktycy, nieposługujący się jej pracami. Przykładowo w kwestii werbalizmu znajdujemy w innym miejscu następującą uwagę: „[z]nane wszystkim wychowawcom niebezpieczeństwa werbalizmu płyną nie z używania słów, lecz z niedostatku przeżyć i skojarzeń, wywoływanych przez słowo" (Radlińska 1935, s. 15). Stąd powraca wymóg budowania wspólnoty przeżyć w sytuacji komunikacyjnej, zwłaszcza o charakterze dydaktycznym czy oświatowym, szczególnie w odniesieniu do dorosłych.

Warto zwrócić uwagę, że w rozważaniach dotyczących postaw promujących znaczenie książek dla procesu rozwijania zainteresowań i potrzeb poznawczych czytelników Radlińska wyróżnia cztery walczące postawy w strategii wydawniczej; główna opozycja dotyczy tzw. polityków i wychowawców.

Politycy są skłonni do narzucania czytelnictwu obowiązku propagandy, do zwężania zasięgu zainteresowań. Wychowawcy usiłują go rozszerzać – nie nadmiernie jednak, prowadząc w głąb. Obok nich – spekulanci wyzyskują przyzwyczajenia i podniecają ciekawość (Radlińska 1961a, s. 164).

Czwartą postawę reprezentują w proponowanym ujęciu pedagodzy społeczni, występujący bez presji ani władzy, ale i bez sankcjonowania płytkości i zasięgu zastanych skłonności – w duchu koncepcji M. Rubakina, bliskiej Radlińskiej – w symbiozie z bibliotekarzami, którzy starają się, by „czytelnictwo współdziałało w rozwoju osobowości" (Radlińska 1961a, s. 161). Dla tej ostatniej stanowi to niezbędny warunek troski o jakość wrastania w kulturę i wyrastania do zadań społecznych w środowisku, w tym do jego przeobrażania w podmiotowej postawie wobec całości możliwych działań.

Ten etap przywołań dotyczących podejścia do normatywności wymaga przedłużenia o odniesienia do problemu ideału albo ideałów, w imię których ma, chce lub powinna funkcjonować pedagogika społeczna w ujęciu Radlińskiej i w rozumieniu jej interpretatorów. Tu tylko zauważmy, że jej stosunek do normatywności daje się ująć jako dwoisty, a nie jednostronny, mimo deklaracji, jakie spotykamy, zarówno korzystnych dla zwolenników skojarzeń nadmiarowych normatywnie, jak i sugerujących usuwanie normatywności. Tymczasem zgodnie z ideą dwoistości mamy tu jednocześnie dążenie do unikania nadmiaru, jak również niedomiaru normatywności, w uwikłaniu w napięcia między obydwoma biegunami, w powiązaniu z troską o to, aby nie popadać w jednostronną emfazę czy nie kierować się naiwną wiarą w możliwość, a tym bardziej słuszność, jednoznacznego tu zredukowania normatywności albo jednokierunkowego jej zaprogramowania. Zmierzmy się więc dalej, w dopełnieniu tej kwestii z problemem działań „w imię ideału".

Problem dwoistości przywództwa

Przedtem jednak warto zweryfikować problem normatywnego ugruntowania postawy i działań pedagoga społecznego czy wizji kierownictwa, jakie może w takim kontekście dochodzić do głosu w świetle stanowiska Radlińskiej. W dwoistym napięciu między nadmiarem i niedomiarem siły perswazji kulturowej i społecznej zarazem musi ona szukać specyfiki programowanego modelu oddziaływań. Część akcentów była już przywołana. Wśród nowych wątków podkreślmy uczulanie przez Radlińską pedagogów społecznych na to, że ich przywódczy charakter musi być finezyjnie rozumiany, w sposób różny od kierownictwa administracyjnego czy technicznego, choć nie oznacza to zgody na brak zdolności organizacyjnych, gdyby te były potrzebne. Dziwić może, że prace pedagogiczne w ostatnim czasie podejmujące w Polsce kwestię przywództwa pedagogicznego nie mają za sobą wglądu w dorobek

Radlińskiej, nie mówiąc o innych w tradycji kierowniczego modelowania edukacji. Teza pozytywna, otwierająca ten wątek, brzmi tymczasem u Radlińskiej następująco:

> Do zadań wychowania społecznego należy ukazywanie właściwej roli kierownictwa. Przewodzenie duchowe wymaga wielkiego wysiłku myśli i uczucia, wyrabiania w sobie czy w swojej grupie charakteru, świadczenia własnym życiem o wartości głoszonych haseł (Radlińska 1947, s. 32).

Wyjątkowość przywództwa w wychowaniu polega w perspektywie Radlińskiej na jednoczesnej konieczności uznania „prawa każdego z nas do własnego życia duchowego i obowiązku uprawy swego umysłu", ale zarazem na tym, by w ramach „przeżywania" wybranych treści nie dominowało „przecenianie woli kierowniczej" jako pożądanej, grożącej relacjami autorytarnymi związanymi z siłą przywódczą i z dobrowolną uległością wobec niej (por. Radlińska 1947, s. 33). Mamy tu ponadto uczulanie na troskę o typ przywódczy postaw – Radlińska wprowadza tu termin „typ przodowniczy" – w zakresie wspólnoty organizowanej i kierowanej, którego charakter ma się wiązać z wysiłkiem intelektualnego podchodzenia do problemów, przedstawiania racji, zgłębiania złożoności, studiowania zagadnień, troski o podnoszenie poziomu kultury i wiedzy współuczestników działania zespołowego (por. Radlińska 1947, s. 46). Pożądane w takim podejściu przywództwo zainteresowane jest czymś innym niż własna władza czy uznanie niepodważalności i elitarne wywyższenie, a nawet jest ono niebezpieczne i szkodliwe dla tak pojmujących swoją kierowniczą rolę. To jest ważna cecha podejścia Radlińskiej, dającego się ujmować w modelu dwoistości relacji między biegunami postaw jej uczestników, zwrotnie niszczącej prowadzoną wspólnotę, gdy relację tę redukuje się jednostronnie. Pedagog społeczny, jak również każdy wychowawczy przywódca powinien pamiętać, podkreśla Radlińska w tekście wydanym w 1947 roku, że

> [w]yniesienie się osobiste w warunkach powierzchownej kultury lub zaniedbania kulturalnego ogółu może demoralizować wybijające się jednostki, które czują swą samotność, wyjątkowość, działają bez kontroli i bez dostatecznych podniet (Radlińska 1947, s. 46).

Mamy zatem dwa miejsca, dwa bieguny, w których do głosu dochodzą pułapki fałszywego i szkodliwego modelu przywództwa. Zarazem spotkamy rzecz jasna odwołania do wielowątkowości zadań pozytywnych przywództwa pedagogicznego, niedających się łatwo harmonizować, ale możliwych do sprawdzania pod względem jakości postaw przywódczych, o czym świadczy stwierdzenie, iż

> [...] w pojęciu wychowania mieści się pielęgnowanie zadatków uzdolnień, skierowywanie pędu twórczego, wdrażanie do samodzielności, dopomaganie rozwojowi sprawności.
> Najpewniejszym wskaźnikiem roli wychowawczej jakiegoś poczynania jest, czy zmierza ono do zagarnięcia istniejącego dorobku, spożytkowania koniunktury

lub człowieka, skupienia ludzi dla celów doraźnych czy też – do rozbudzenia sił twórczych (Radlińska 1947, s. 27).

To jedno z ważnych miejsc, które uświadamiają, jak bardzo pedagogika społeczna nie może abstrahować od wspierania własnych starań odnoszeniem się do kultury, postrzeganej jako gleba warunkująca poziom twórczości, dojrzałości oraz głębokości rozumienia podejmowanych spraw i kwestii, jak również jako troska o jakość indywidualnych zachowań. Są one pojmowane jako typ uprawy związanej z zaangażowaniem w rozwiązywanie problemów, porozumiewanie się zespalające do wspólnego wysiłku czy budowanie przestrzeni komunikacyjnej, służącej lepszemu rozumieniu się i otwieraniu na siebie wzajemnie, podnoszącemu świadomość i powołującemu do życia nowe fakty, urządzenia i podmioty. Przywódcze postaci nie mogą być tu w pełni wystarczającymi nośnikami niezbędnych impulsów rozwojowych, gdyż „sztuka wychowywania polega w znacznej mierze na dopomaganiu jednostce do odnalezienia sił i wartości tkwiących w środowisku", poprzez sprzyjanie jej indywidualności i pozyskiwaniu wartości dzięki wzmacnianiu przeżyć wspólnoty i czerpaniu z dziedzictwa kulturowego, dającego się sprzęgać z lokalnym potencjałem twórczym (Radlińska 1947, s. 28).

Przywódczy charakter działania w wychowaniu ma polegać na wspieraniu odnajdywania sił i wartości, wzmaganiu ich potencjału, upowszechnianiu i umożliwianiu ich spożytkowania oraz dalszego twórczego przetwarzania i zespalania z innymi wartościami, stanowiącymi podmiotowy wkład w dziedzictwo, jakość środowiska i zdolność działania w nim tak wspieranej jednostki, zdolnej do samodzielności i nadawania sensu wspólnotowym relacjom. To wyraża i tę okoliczność, że przywódcy czy „przodownicy", obecni „na wszystkich placówkach, w różnych warstwach kultury", mają postawę życiodajną dla środowiska, ale także środowisko swego działania rewitalizują w jego własnym potencjale. Nie mają przez to charakteru elitarnego, ale potrafią się zajmować „sublimowaniem zainteresowań, potrzeb i form ich zaspokajania", przez co „rozbudzają" na nowo ich postaci, wraz z tym jak „przełamują różnorodne opory psychiczne" i przeszkody, stając się „duszą zespołów" (por. Radlińska 1935, s. 55). Zauważmy zarazem, że Radlińska uczula tu na to, że nie można poprzestać na wskazaniu na postawy przywódcze o charakterze kierowniczym, „w pewnym stopniu oderwane od środowiska" jako ustanowione władzą ponad nim, oraz na inną postać tego oderwania, którą reprezentują „samotni twórcy i myśliciele" (Radlińska 1935, s. 56). Dla pracy oświatowej bowiem kluczowe są typ działania, które poszerza maksymalnie perspektywę definiowania potrzeb i szerszych interesów, oraz „wskazywanie hierarchii potrzeb" poprzez „rozpatrywanie całokształtu potrzeb na tle całości życia i sięgania do środowiska obiektywnego, najszerszego", pozwalającego swoim potencjałem wiedzy i refleksji dostrzegać zarówno zagrożenia, jak i skalę możliwości oraz chroniącego przed zbyt sztywnym podejściem, np. do planowania i działania z otwieraniem na siły twórcze, zdolne wprowadzić istotną zmianę (Radlińska 1935, s. 56–57).

Ostatecznie najbardziej charakterystyczne stanowisko Radlińskiej wyraża, moim zdaniem, jej uwaga dotycząca jakości oddziaływania na wybór książek do czytania, co jest symptomem jej szerszej postawy:

> W stosunku do czytelników unikamy wszystkiego, co mogłoby z pomocy i pośrednictwa uczynić narzędzie przewagi, wszystkiego, co ogranicza możność wyboru spośród istniejącego dorobku (Radlińska 2003, s. 100).

Powinność zatem dotyczy otwierania bibliotek i pomnażania przez nie dostępu do dziedzictwa, a nie jego sztywne ograniczanie czy selekcję. Normatywność realizuje się na poziomie metanarracji strategicznej, a nie na poziomie wskazywania adresu narracyjnego, jaki miałby obowiązywać.

Przejść teraz należy do sygnalizowanego już problemu odniesień do ideału w myśleniu o wychowaniu, którego mechanizm miałby działać najlepiej „w imię ideału". Kwestia ta wymaga szerokiego naświetlenia historycznego i analizy.

Rozdział IX
Problem wychowania „w imię ideału" – między nadmiarem uniwersalności i nadmiarem manipulacji

> *Z punktu widzenia pedagogiki społecznej najważniejszym zagadnieniem jest poszukiwanie czynników rozbudzających siły ludzkie, rozpoznawanie ich oddziaływań jako bodźców postępowania.*
> Helena Radlińska (1935, s. 73)

Wstęp

W obszarze dokonań Heleny Radlińskiej jest jedno miejsce należące do najczęściej cytowanych i zarazem najrzadziej uczynione przedmiotem refleksji. Tymczasem na nią zdaje się zasługiwać już choćby z faktu wytwarzania istotnego napięcia wewnętrznego i groźby nieporozumienia, jeśli nie mówić o sprzeczności i wprost dezinterpretacji, spłycającej sens postulowanego stanowiska. Chodzi o sprzęganie działań i teorii pedagogiki społecznej z kategorią ideału i normatywnością, jaką taki ideał musi ze sobą nieść. Pojawia się więc kwestia treści takiego ideału, jego genezy i uzasadnienia. Wielu komentatorów albo tylko przywołujących Radlińską czy sam ten motyw u niej nie widzi tu problemu, a tym bardziej problematyczności, ale często bierze się to z narzucania w tej kwestii własnego wyobrażenia, bywa, że ewidentnie chybionego, choć tej ewentualności nie bierze się pod uwagę, skoro sprawa ma być łatwa i oczywista. Tymczasem wcale taka nie jest, a nawet wydaje się jedną z takich, których wbrew typowym podejściom interpretatorów nie da się osadzić jedynie w kontekście społecznym i funkcjonalnym, bez odniesienia wręcz metakulturowego, czyli filozoficznego w ostatecznym rachunku. Wspomniane dwie kategorie – ideał i normatywność – zasługują na odrębną uwagę, mimo że pozostają ze sobą powiązane, a nawet da się w narracji Radlińskiej dostrzec odmienność dwóch dążeń. Z jednej strony mamy liczne przejawy afirmowania obecności nastawienia „w imię ideału" w pracy społecznej, a z drugiej strony wielokrotnie dochodzi do odcinania się w wyobrażeniach i postulatach autorki, dotyczących pedagogiki społecznej, od roszczeń postawy „normatywnej". Tymczasem nie ma tu ani sprzeczności, ani łatwych uzgodnień, a jedynie niedostateczne refleksyjnie rozpoznanie czy uwzględnianie dwoistości sytuacji, w której pedagog musi umieć się znaleźć. Choć merytoryczne akcenty, otwierające perspektywę dwoistego widzenia złożonego charakteru uwikłań aksjologicznych w działaniu pedagogicznym, przeciw jednostronnym przesądzeniom oczywiście znajdujemy. Mamy więc do czynienia z narastającą dojrzałością narracji, jedynie nie dość zdystansowaną metodologicznie dla jej oglądu z perspektywy, którą zresztą dopiero dostrzeżenie „przełomu dwoistości" pozwoliłoby nazwać i zrekonstruować.

Ale wartość merytoryczna wpisania w tak dojrzewający przełom już jest. O tym, że jest to zjawisko dokonujące się w procesie przemian, świadczy i to, jak wprost wyraża się Radlińska o normatywności, a jak się z nią usiłuje praktycznie mierzyć, rozpoznając czasem jeszcze intuicyjnie jej dwoistości, czyli napięcia między koniecznymi do jednoczesnego uwzględnienia biegunami niebezpiecznych (zarówno w nadmiarze, jak i w ich lekceważeniu) przeciwstawnych nastawień. Osobną sprawą jest z jednej strony częste widzenie sytuacji pedagogiki społecznej w odniesieniu do ideałów w liczbie mnogiej, a z drugiej strony akcentowanie ideału w trybie jednostkowym, czego nawet sugestia o metanarracyjnym charakterze tego ostatniego zwrotu nie wyjaśnia dostatecznie, mimo że zwraca uwagę na komplikację. Jeśli bowiem kojarzyć normatywność z porządkiem dyskursu wskazującego na to, co „powinno się robić", to jest możliwa, a nawet konieczna często dwupiętrowa narracja mówiąca o tym, że powinno się starać nie pokazywać, nie postulować ani tym bardziej nie narzucać zbyt sztywnych... powinności, gdyż powinnością jest troska o wspomaganie podmiotowości i wolności, co nie oznacza zarazem zgody na wszystko i zaniechania oddziaływań. Powinność może oznaczać tu także osiągnięcie zdolności służenia czemuś wartościowemu. Jak to wyrażała Radlińska w swojej redakcji uzasadnienia projektu ustawy „o upowszechnianiu dorobku kultury i oświacie pozaszkolnej":

> Organizacja pracy kulturalnej powinna umożliwić najszerszy współudział, związanie różnych dziedzin kultury, dostępność narzędzi, dostarczanie podniet, wolność inicjatyw i fachową pomoc w ich urzeczywistnianiu (Radlińska 1947, s. 217).

W tle znajdujemy podkreślanie odpowiedzialności państwa nie na poziomie przekazywanych treści, ale w zakresie tworzenia warunków realnego, samodzielnego określania swoich celów przez obywateli zaangażowanych także w działania zbiorowe. Powinnością nie jest wskazywanie... powinności innym, a współudział w pomocy czy w sprzyjaniu procesowi brania odpowiedzialności za własne funkcjonowanie, w świetle możliwych impulsów kulturowych z dorobku historycznego ludzkości, nieustannie pomnażanego i reinterpretowanego. Wolność widzianą w oświacie pozaszkolnej definiowała Radlińska jako dobrowolność, prawo do inicjatywy i samodzielności, a zwłaszcza istotny „brak programów ogólnie obowiązujących" (Radlińska 1947, s. 220). Powinności mają być więc ramowe, strukturalnie mobilizując do współudziału w nadawaniu przestrzeni działań charakteru podmiotowego. Dotyczy to zwłaszcza urządzeń, jakie znowu „powinny" być powoływane do życia w poważnym sensie ich żywotności, czyli przeciwdziałania pozorowaniu bycia i zwykłemu werbalizmowi.

> Urządzenia bywają skarbcami obiektywnych wartości, niezależnych od chwilowych potrzeb i zainteresowań. [...] Urządzenia byłyby martwe, gdyby nie ożywiały ich ruchy społeczne. Obiektywne wartości urządzeń pozwalają na opieranie ruchów na najtrwalszych podstawach dorobku (Radlińska 1947, s. 218–219, por. także s. 222).

Zauważmy tu dla uwypuklenia naturalności zajęcia się tytułowym tematem tego rozdziału, że „ideał w oddziaływaniu wychowawczym" jest ważnym i wyróżnianym terminem w indeksie rzeczowym Radlińskiej (por. Radlińska 1947, s. 261), choć zarazem niepokoi, że autorka nie nakłada na tę kategorię jej zderzeń z ograniczeniami jej uniwersalnego zasięgu, np. w kontekście analiz dotyczących rozwoju duchowego człowieka u Sergiusza Hessena. Na plus autorce zapiszmy, że w 1947 roku przywołuje przedwojenne prace autorskie i redagowane przez Bogdana Suchodolskiego, w tym *Ideały kultury a prądy społeczne* (1933), *Kultura i osobowość* (1935) czy *Uspołecznienie kultury* (1937). Zastanawia fakt, że B. Suchodolski długo nie umiał czy nie chciał w okresie powojennym odnosić się do twórczości Radlińskiej, ze szkodą dla całej polskiej pedagogiki i jej aspektów społecznych. Elementów wątpliwych w postawie Suchodolskiego jest więcej, ale akurat nie tym się teraz zajmujemy[1]. Nie tylko zresztą jego podejście do tradycji międzywojennej i do spuścizny Radlińskiej w szczególności rodzi konieczność ponownego zmierzenia się z tym dorobkiem polskiej pedagogiki. Odczytania pełni spuścizny – poza pojedynczymi przypadkami – albo się nie dokonały, albo nie są wiarygodne merytorycznie, bywają fragmentaryczne lub brak im najbardziej zaawansowanej perspektywy porównawczej jako tła kulturowego.

Jak dokonują się przemiany działania? Ideał jako marzenie

Nawet w tekstach adresowanych praktycznie (*Przodownikom pracy oświatowej na wsi* w „Poradniku Gospodarstw Wiejskich" nr 45 z 1926 roku) Radlińska formułowała ważne uwagi, brzemienne teoretycznie i rozwijające jej perspektywę budowaną dla pedagogiki społecznej (por. Radlińska 1979, s. 187–189). Nie mogą więc on być lekceważone, ponieważ pozwalają uwypuklić rozmaite przesłanki, na których oparte były rady czy sugestie zaangażowania w stymulowanie przemian

---

[1] Odsyłam do paragrafu o tym w niniejszej książce (por. Rozdział II, s. 140–147).

myślenia i postaw na wsi. Zawsze formułowane one były w trosce o przeobrażenie oświatowe i w sferze kultury, służące przemianie społecznej i demokratycznej w młodej państwowości polskiej. Tekst tu omawiany pokazuje dobitnie przekonanie Radlińskiej, pozwala rozszyfrować sens zwrotu „działanie w imię ideału" jako działanie z wnętrza ideału, a dokładniej: z perspektywy marzenia porywającego do czynu jednych, a zarazem tworzącego okazje do nieśmiałych prób naśladowania przez innych. Zauważmy najpierw, że Radlińska usiłuje się asekurować przed groźbą narzucania ideału, zapominania o podmiotowości tych, na rzecz których podejmowana jest praca oświatowa. A mówiąc jeszcze poważniej – usiłuje nie wprost chronić działania pedagogiczne przed groźbą wpisania ich w utopię, która stawałaby się celem usprawiedliwiającym wszelkie środki i działania, w tym przemoc i przymus, nieliczące się ze sprzeciwem czy oporem – jednym słowem z podmiotową odmiennością. Stąd jej zastrzeżenie dotyczące ograniczania poczucia prawomocności działań mających za sobą „siłę organizacji" oddziaływania społecznego: „Siła organizacji nie polega na tym, by połączyła wszystkich bez względu na to, co stanowi ich cele, ku czemu chcą iść i prowadzić" (Radlińska 1979, s. 189). Przekonanie o racji i wyższości celów także nie wystarczy ani nie może kierować działaniem, gdyż w odpowiedzi na pytanie (normatywne) o to, „jakimi być powinni wszelcy przodownicy" w działalności oświatowej, Radlińska widzi dwuczłonowy obraz tych, którzy są „oddani sprawie" – mianowicie jednocześnie „miłujący ideał i człowieka" (Radlińska 1979, s. 189).

Ta aż do przesady skrótowa formuła w zalążku niesie ogrom dramatyzmu czasów, jakie jeszcze miały nadejść w Polsce (powtórzmy: to 1926 rok). Dwoistość tej formuły uwypukla skojarzenie potencjalnego konfliktu i nieuchronnego napięcia między jej biegunami, wyraża się także w uwadze, że ciężar pracy pedagogicznej nie na tym polega, że trzeba mieć ideał i w jego imię postępować, ale że trzeba się starać mozolnie do niego pozyskiwać bez narzucania; w przypadku oświatowego „przodownika": „nie tylko musi on mieć ideał. Musi umieć go pokazać", świadom przeszkód, trudności, oporów i walki (Radlińska 1979, s. 188). Złowieszczo brzmiące militarne słowo „walka", powracające często w narracji Radlińskiej, wymaga tego dwoistego odniesienia do ideału i człowieka – w szczególności zaś troski o to, aby walka DLA człowieka czy O człowieka nie dokonywała się PRZECIW niemu, a tym bardziej jego kosztem. Ten humanistyczny akcent jest trudny do przecenienia w sytuacji, gdy szybko miało się okazać, że system komunistyczny sprzyja coraz bardziej bezwzględnie postępowaniu w imię utopii abstrakcyjnego człowieka przyszłości, a nie w imię szczęścia człowieka z krwi i kości, żyjącego w teraźniejszości. Imię ideału nie mogłoby dla Radlińskiej nigdy oznaczać imienia utopii, imienia prawa do przemocy i tyranii systemu nad człowiekiem. Ideał dla niej ma „przetworzyć życie" (Radlińska 1979, s. 189), z udziałem tego, kogo dotyczy, a nie je unicestwić czy zdegradować. Jak to ma się dokonać i jak to pokazać w odniesieniu do tych, którzy mają na rzecz tej przemiany pracować? Radlińska proponuje

„przodownikom" oświatowym w 1926 roku następujące rozwiązanie, które najpierw warto przytoczyć, by poczynić dalej kilka uwag krytycznych i zastrzeżeń:

> Kto chce dla przyszłości pracować, musi tę jasną przyszłość zobaczyć własnymi oczyma i ludziom innym umieć pokazać. [...]
> Wszelka przemiana przychodzi w taki sposób, że ktoś pokaże nowy wzór postępowania i pracy przez siebie wymyślony lub przeniesiony w życie z książek czy ze wzorów gdzieś widzianych. Naśladować go poczynają inni. Nie od razu, ostrożnie, biorąc tylko coś niecoś, aż rzecz nowa stanie się powszechną własnością. [...]
> Większość ludzi nie lubi wielkiego wysiłku i ryzyka. Chcą w spokoju pracować tak, jak umieją, i spożywać chleb czarny, bo czarny, ale bez zawodu. Zawsze jednak znajdą się tacy, których prowadzi gorączka czynu, którzy chcą przemian, prób – przodownicy. Ci tworzą swoją myśl i pracą zaczyn na nowe życie.
> W sobie znajdują siły, jakich inni nie mają. Daje im te siły – marzenie o tym, jak powinno być, ideał. Kieruje nimi w pracy żądza sprowadzenia w życie tego marzenia, czyli urzeczywistnienia ideału. Radością jest dla nich, że ukochane w myśli obrazy można oglądać na jawie (Radlińska 1979, s. 187).

Widać tu, że tymczasem pobrzmiewają u Radlińskiej rzecz jasna akcenty utopijne (mieć wizję jasnej przyszłości) oraz tony widzenia zmiany konserwatyzmu poprzez naśladowanie na próbę. Nie ma tu także niestety zrozumienia dla rozmaitych poziomów motywacji ludzkiej, mimo uznania dla niektórych źródeł oporu (wygodnictwo i lęk przed niepewnością) – ludzie mają najpierw ideału nie rozumieć, a potem w trybie naśladownictwa przejąć go na własność. Działający ma być cierpliwy wobec niepowodzeń, kierując się znajomością „dobrych stron natury ludzkiej" (Radlińska 1979, s. 189). Ten optymizm jest oczywiście ułomny teoretycznie i etycznie, gdyż sugeruje, że tak czy inaczej człowiek zrozumie i uzna oferowany mu „postęp" jako istniejący dla jego dobra czy choćby interesu. Nie jest to finezyjna psychologia ani nawet świadomość, którą można było wyprowadzać dalej z rozważań S. Hessena o anomii i heteronomii (wrócę do tego dalej). Podałem ten przykład, aby pokazać, że ujęcie Radlińskiej nie jest oczywiste dla pedagogiki społecznej, a już z pewnością nie wystarczy przywoływanie jej afirmacji działania „w imię ideału". Problematyka jest tu bardziej złożona, a nawet kłopotliwa, jak się dalej okaże. Można mieć także przekonanie, że doszło tu do ewolucji stanowiska Radlińskiej, zwłaszcza gdy podkreślała później, iż wychowanie dokonuje się w stronę przyszłości, której nie sposób przewidzieć i do której nie sposób się przygotować, więc to nie głównie oświeceni przodownicy pracy oświatowej, ale ruch szerokiego otwierania wyobraźni i tworzenia szans na podmiotowość wszystkich w trybie uobywatelnienia społecznego stanowi źródło wypracowywania zrębów przyszłości niedającej się najpierw zobaczyć. W szczególności nie wystarczą tu żadne programowanie ani instytucjonalizacja. Niezbędny jest bowiem szeroki wysiłek budowania zdolności do brania odpowiedzialności za własne życie, w połączeniu z troską o życie innych dla ich dobra i z ich udziałem, bez gotowej dla nich normatywnej recepty, ale z dbałością o spełnianie metanormatywnych (bo „metakomunikacyjnych", w sensie Gregory'ego Batesona, o czym już była mowa) warunków porozumiewania się w kwestii znaczenia działań, które warto spróbować podjąć, szukając dla siebie szans i możliwości.

O przeoczanej w bezrefleksyjnych odniesieniach do Radlińskiej złożoności problemu występowania „w imię ideału" w działaniach pedagogów społecznych świadczy, moim zdaniem, to, że i to miejsce jest uwikłane w dostrzegane przez autorkę napięcie typowe dla konieczności respektowania dwoistości strukturalnej, w rozumieniu jednoczesnego dwubiegunowego odniesienia, stanowiącego skonfliktowaną wewnętrznie ramę działania, która zmusza do szukania syntezy, symbiozy, wręcz harmonii, mimo że nie ma szans nawet na kompromis jako dojrzałą postawę. Oto bowiem, analizując w 1935 roku „postawę wychowawcy" w kontekście środowiskowym, Radlińska zauważyła:

> Z punktu widzenia pedagogiki społecznej zarówno ideał, jak i sprzeczna z nim powszechność są składnikami środowiska. Konsekwencją tego ujęcia jest rozpatrywanie stosunków charakterystycznych dla danej epoki, ustroju, cywilizacji na tle zarówno ideału, jak i możliwości jego urzeczywistnienia (Radlińska 1961, s. 42–43).

Sprawa jest dramatycznie poważna, jeśli spojrzeć na nią z perspektywy dwóch wpisujących się w tę dwoistość analogicznie skontrastowanych pojęć: normatywnie nasyconego i opartego na pełniejszym ideale „wzorca" oraz dających się rozpoznawać w codzienności środowiskowej, dominujących w niej społecznie i dających się opisowo odtwarzać „wzorów". Dwubiegunowe napięcie między porządkiem wzorca i porządkiem wzoru wyznacza relację, której nie wolno lekceważyć ani redukować. Nie wolno tego robić zwłaszcza w imię jednostronnie widzianego wzorca, gdyż wtedy ideał staje się bezwzględną utopią, a w relacji wiążącej cele i środki te ostatnie zaczynają niszczyć wartość celu, bo absolutyzując go, zwalniają z poczucia odpowiedzialności za konieczność negocjowania i sprowadzają oddziaływanie do niszczenia oporu, do usuwania wzorów jako narośli zamiast ich stopniowego przezwyciężania we współpracy i dialogu. Nie wolno tak czynić również z pozycji uległości wobec społecznej rzeczywistości dominujących w niej wzorów, gdyż wtedy miejsca na oddziaływanie społeczne o sile emancypacyjnej, sprzyjającej dalszemu wzrostowi duchowemu nie ma.

Uogólniając, pedagogika społeczna, mówiąc o ideale, w imię którego występuje, nie może nie uwzględniać dwoistości jego społecznego – a w rozumieniu Radlińskiej oznacza to także: dojrzałego etycznie – odniesienia do realiów środowiska, w którym przychodzi działać, i losu jednostek, uwikłanych w dwoiste sytuacyjnie oddziaływanie pedagoga i ich dotychczasowej biografii.

Warto tymczasem dopowiedzieć jeszcze jedną uwagę o charakterze odniesień Radlińskiej do ideału i jego funkcji w sprzyjaniu rozwojowi człowieka poprzez jego udział w przekształcaniu środowiska i własnego losu. Wśród (zbyt) rzadko pojawiających się uwag metanarracyjnych w analizowanej koncepcji występują jednak czasem dobitne podsumowania czy wyostrzenia w zakresie rozumienia własnych strategii: poznawczej i praktycznej u samej ich autorki. Oto bowiem troska o sprzyjanie inicjatywom społecznym poprzez wsparcie pedagogiczne jest zorientowana na

> [...] budzenie nowych potrzeb, które może dopiero po latach będą powszechniej rozumiane, skupianie jednostek ożywionych tym samym pragnieniem, zaspokajających swą potrzebę twórczości w próbach realizacji ideału, który ich rozpłomienił (Radlińska 1936, s. 23).

Zauważmy, że powołanie na funkcję „ideału, który... rozpłomienił" kierujące się nim działanie, Radlińska widzi szczególnie w kontekście andragogiki, która tym samym ma być przeniknięta – oto wspomniana metanarracyjna charakterystyka – „mocnym powiewem idealizmu", związanego w wychowaniu z postawami wychowawców, którzy poprzez nie „z powołania wnoszą otuchę w spoglądaniu na rzeczywistość, wiarę w przebudowującą moc ideału, intuicję w odnajdywaniu sił ludzkich" (Radlińska 1936, s. 23). Zaznaczam, że Radlińska jest świadoma konieczności wykraczania poza idealizm... ideologów poprzez troskę o „czynnik ludzki: dbałość o zadośćuczynienie potrzebom rozwoju i szczęście człowieka" (Radlińska 1936, s. 23). Przyjmowany za Karolem Fryderykiem Libeltem, jak podkreśla, „głęboki szacunek sił i wartości, utajonych w każdej najskromniejszej nawet istocie ludzkiej", ma fundamentalne znaczenie dla kształtowania postawy pedagogicznej w jej niezbędnym minimum czujności humanistycznej:

> Przy wprowadzaniu hierarchii wartości to właśnie poczucie chroni przed niebezpieczeństwem wywierania przemocy intelektualnej i przed przecenianiem własnej roli (Radlińska 1936, s. 24).

Pozostaje jeszcze do podjęcia pytanie, czy tak zasygnalizowany „idealizm" jest wpisany z konieczności w ideę działania „w imię ideału" i czy stanowi niezbędne podłoże dla teorii i praktyki pedagogiki społecznej czy pedagogiki jako całości. Nie jestem co do tego przekonany, tak jak nie uważam „optymizmu" za podstawę działań pedagogicznych, z konieczności pełnych determinacji i wytrwałości na przekór trudnościom i degradującym je okolicznościom (niechęci, niegotowości, blokad rozwojowych etc.) i bez gwarancji ani nawet widoków na sukces. Z tej perspektywy „ideałem" pedagoga byłby ten, kto nie poddając się przeciwieństwom, choćby w minimalnym zakresie doprowadzi do stworzenia warunków do przemian wewnętrznych, duchowych jednostek oraz strukturalnych w ich środowiskach. Tworzenie tych warunków musi się w pierwszej kolejności łączyć z troską o „niewidzialne środowisko", w tym jego kulturowe zaplecze ugruntowujące potencjał przemiany kształtującej siłę duchową jako motywację i wolę oraz jej narzędzia i symboliczne ich oprzyrządowanie. W grę wchodzi także niepewność etyczna (jak również ryzyko błędu etycznego) w zakresie ulegania oporowi adresatów oddziaływań czy tylko prób ich podejmowania jak wówczas, gdy ten opór usiłuje się przezwyciężać, nawet niekoniecznie go przełamując jako upór, ale usiłując przekształcić potrzeby leżące u jego podłoża. Ryzyko błędu etycznego, a więc i krzywdy wyrządzanej wychowankowi, jest trwale wpisane w każdy aspekt działania pedagogicznego, skazując pedagoga, z powodu uwikłania w dwoistość, dwuznaczność oraz ambiwalencję jakości środków i celów (jak też przyświecającego ideału), na brak prawa do poczucia niewinności i czystego sumienia – pod groźbą naiwnego harcowania po polu minowym, gdzie na każdym kroku czyha możliwość pomylenia się jak w przypadku sapera. Wspominam o tym, aby było jasne, że śledzenie rekonstrukcyjne rozważań Radlińskiej w tym wydaniu ma na celu czynienie z niej partnera namysłu nad realiami praktyk, jakie i tak na nas czekają (a może i na nas czyhają).

O ograniczaniu miejsca ideału dla działania społecznego

W literaturze funkcjonują obok siebie odmienne w swoim ukierunkowaniu, a także niezbyt określone wyobrażenia o tym, co postuluje dyskurs pedagogiczny Heleny Radlińskiej. Najpierw zacznijmy od tezy, że nie ma tu jednego silnego postulatu normatywnego, który wystarczyłoby wdrażać dzięki rzekomo możliwej pełnej wiedzy pedagoga. Taką wiedzą i takim postulatem pedagogika społeczna nie dysponuje, a pedagog społeczny posługiwać się nie może, gdyż niosłoby to ryzyko manipulacji, uzurpacji i zaprzeczenia jego własnym wartościom oraz zadaniom sprzyjania wolności i demokracji, a także rozwojowi duchowemu i samorealizacji życiowej.

Wiadomo bowiem skądinąd, że Radlińskiej nie można przypisać żadnej intencji indoktrynacji ani propagowania wąskiej ideologii ruchu politycznego, który ma na celu narzucanie czy jednostronną perswazję w kierunku jakiejś gotowej i jednoznacznej, z premedytacją podjętej ścieżki rozwojowej, dopuszczającej jedynie takie a nie inne myślenie. Pedagog społeczny nie ma być kimś, kto wie lepiej (i z góry, i pod każdym względem) niż sami jego podopieczni, co oni mają myśleć, jak i czym żyć, czego się uczyć i czego pragnąć w życiu, w co się angażować. Nie ma im programować życia, nie jest źródłem ani instrumentem reglamentacji dostępu do treści kulturowych czy ich egzekwowania, czy choćby tylko dokonywania ich obowiązującej albo najlepszej wykładni. Ma się jedynie troszczyć o maksymalne udrożnienie dostępu, eliminując rozpoznawane przeszkody i ograniczenia poprzez uruchamianie urządzeń jako kanałów komunikacyjnych czy narzędzi pozwalających na nową operatywność w działaniu. W końcu też chodzi o udostępnianie obiektów kulturowych i ich treści, które mogą wzbogacić perspektywę rozumienia siebie i świata oraz zwiększają zdolność dokonywania wyborów i podejmowania odpowiedzialnych działań. To udostępnianie stanowi rodzaj „melioracji" środowiska jako „gleby kulturowej", w której jednostka czy grupa rośnie, a więc w którą ma wrastać, by dzięki niej wzrastać, aby z niej wyrastać do zadań, które czekają na podjęcie czy postawienie w otoczeniu społecznym.

Tymczasem spotykamy interpretacje jawnie przypisujące pedagogom społecznym moc wskazywania takich treści w kontekście chociażby funkcji, jakie ma, przykładowo zdaniem Józefa Kargula, „animacja społeczno-kulturalna w społecznościach lokalnych". Kargul sugeruje wprost, że Radlińska, uznając istnienie sił społecznych w takim środowisku, podkreśla, iż „uruchomienie tych sił tkwiących w środowisku i zwrócenie ich we właściwym kierunku, to znaczy takim, którego wizję zarysują działacze społeczni, kulturalni, lokalni politycy, pedagodzy, może życie danej społeczności przekształcić lub ulepszyć" (Kargul 1995, s. 275)[2]. Zastrzeżenie rodzi tu przede wszystkim zwrot „we właściwym kierunku" i skojarzenie go z funkcją działaczy oraz odnajdywaniem owych właściwych treści w samym takim środowisku. Całkowicie gubi się tu bowiem troskę Radlińskiej o nasycanie takiego środowiska impulsami, które w nim nie tkwią, których jest ono pozbawione, a co można starać się zmienić z wykorzystaniem kultury jako dziedzictwa, do którego całe takie lokalne środowisko może nie mieć dostępu – z braku urządzeń i nawyków bądź zdolności i motywacji do odmiennego projektowania swego życia. Maksymalizm ukierunkowań we „właściwy sposób" jest jawnym nieporozumieniem z perspektywy rozwijanej dla pedagogiki społecznej przez Radlińską[3].

Pedagog społeczny tymczasem nie ma być minimalistycznym animatorem, zadowalającym się podaniem gotowych do naśladowania wzorów i zainteresowanym

---

[2] Osobno dziwi uwaga J. Kargula, że „poglądy H. Radlińskiej przeżywają swego rodzaju renesans w naszym społeczeństwie podlegającym procesowi transformacji" (Kargul 1995, s. 275). Renesansu „swego rodzaju" czy cudzego nie widać ani w społeczeństwie, ani nawet w środowisku pedagogów, nie wyłączając pedagogów społecznych czy teoretyków animacji społeczno-kulturowej. Właśnie brak tego renesansu zmusza do upomnienia się tą książką o powagę odniesienia akademickiego.

[3] Aleksander W. Nocuń (2003, s. 124) uważa formuły dotyczące kultury u Radlińskiej za „szerokie" i chwali dążenie do „zawężania" pojęcia kultury, przypisując zarazem Aleksandrowi Kamińskiemu w jego podręczniku z pedagogiki społecznej uznanie, że „pedagogice niezbędne jest zawężenie kultury do wartości, które chcemy w społeczeństwie krzewić w dążeniu do realizacji ideału wychowawczego". Nie znalazłem potwierdzenia tej tezy u Kamińskiego, a gdyby się znalazła, to trzeba by go za nią ganić, a nie chwalić. Tymczasem zapomina się, że owo chwalone zawężanie zakresu krzewionej kultury oznacza wzrost roszczeń ze strony zawężającego aż po uzurpację, że wie, czego należy kogoś nauczyć, aby mu się poprawiło życie. W dobie nieograniczonego dostępu przez media elektroniczne do treści kultury takie wyobrażenie jest jawnym anachronizmem, podczas gdy oryginalne stanowisko Radlińskiej broni się dodatkowo, wyczulając na to, aby pomóc jednostce jedynie w zakresie umiejętności twórczego wykorzystywania treści, które i tak sama będzie wykorzystywała. Świadczy o tym w szczególności, przypomnijmy, genialne poszerzenie przez Radlińską rozumienia pojęcia analfabetyzmu – poza formalną umiejętność czytania – o niezdolność do spożytkowania czytanego tekstu (np. literatury). Walka z tak pojmowanym analfabetyzmem nie ma się dokonywać na jedynie „słusznych" tekstach, nie tylko dlatego że nie ma już możliwości do ich wyznaczania i egzekwowania.

taką uległością. Funkcją wychowania miała być bowiem w szczególności jak najgłębsza „melioracja gruntu", w jaki człowiek wrasta, zarówno w sensie dostępnych treści kulturowych jak i dominujących lokalnie wzorów społecznych, otwierających pełnię dostępu do samodzielności wyborów w przeżyciach i przetworzeniach, których nie da się ani przewidzieć, ani zaprogramować, ani tym bardziej kontrolować czy narzucać. Co więc ma znaczyć w tym procesie melioracji ideał i dlaczego ma być niezbędny? A przecież w najsłynniejszej i najczęściej przywoływanej formule mamy silny akcent odsyłający do ideału. Dla przykładu czytamy:

> Wszechstronny rozwój, pomyślność, nasycanie gleby wrastania wartościami – te i zbliżone pojęcia silnie wiążą się z pojęciem wychowania jako „przetwarzaniem środowiska w imię ideału siłami człowieka" (Mazurkiewicz 1980, s. 118).

Wspomniane „imię ideału" funkcjonuje w wielu komentarzach jak wytrych i nie wiadomo, czy to przekleństwo, czy sprzeczność wewnętrzna, czy też może nieznaczące ustępstwo normatywne, nieszkodliwe albo niewymagające wyjaśnień, a zatem bez znaczenia, a zadowalające swoją górnolotnością. Ta ostatnia uwaga sygnalizuje w szczególności zgłaszaną już przeze mnie wątpliwość co do tego, czy Radlińska uwzględniała w swoim rozumieniu poziomów działania, możliwych do podjęcia przez pedagoga społecznego, złożoność dotyczącą okoliczności tego działania sygnalizowaną przez S. Hessena w jego triadzie zaawansowania rozwoju: anomia – heteronomia – autonomia. Warto przypomnieć, że na poziomie anomii, czyli beznormia, nie ma miejsca na komunikowanie się nie tylko „w imię ideału", lecz także wartości, zasad czy samych norm i reguł postępowania, stanowiących ramę porządku zobowiązującego człowieka ponad doraźne interesy, zyski, lęki czy dominujące siły i układy. Zastanawia nieprzypadkowo, że w rozważaniach Radlińskiej nie spotkamy nawet pojedynczych odniesień do anomii, podczas gdy termin ten na różne sposoby (także obnażając groźby tzw. anomizacji w działaniu) odsłania złożoności, których w swojej refleksji i wypracowywaniu narzędzi pedagogika społeczna pominąć nie powinna. A to, że Hessen jest kojarzony jako pedagog kultury czy że został bezpardonowo potraktowany w 1936 roku przez Chałasińskiego, nie ma tu nic do rzeczy. Zauważmy też, że choć nie wiemy, co miał na myśli Hessen, mówiąc o obszarach niezgody z Radlińską, mimo wielkiego dla niej uznania, to brak uwzględniania poziomu anomii przez tę ostatnią mógł być jednym z takich miejsc.

W ujęciu Radlińskiej spotykamy skłonność do zbyt częstych chyba i nadmiernie uniwersalizowanych odniesień do obecności ideału w procesach oddziaływania wychowawczego. Interpretuję owe odniesienia jako najpoważniejszą słabość jej podejścia do zjawisk społecznych, którymi ma się przejmować pedagogika społeczna i które mają być przetwarzane dla dobra jednostek, środowisk oraz całego społeczeństwa. Mimo bezkrytycznego często powtarzania haseł dotyczących ideału przez pedagogów społecznych, wiemy właśnie dzięki dokonaniu Hessena, którego najwidoczniej Radlińska nie przemyślała, oraz w świetle dalszego rozwoju perspektywy problematyzującej poziomy zaawansowania kompetencji moralnych i poznawczych, że pedagogika społeczna nie może operować odniesieniem do ideału w warunkach, w których podmioty oddziaływania nie są zdolne do współdziałania na takiej płaszczyźnie symbolicznej czy motywującej do działania. Pedagogika społeczna, wbrew Radlińskiej, musi umieć działać, operując także wobec odbiorcy będącego na poziomie anomii, jak też musi umieć rozpoznawać anomizację – wpisywaną w rozmaite wpływy i presje redukujące poziom zaangażowania i refleksyjności podległych jej oddziaływaniu – oraz przeciwstawiać się składającym się na nią zjawiskom. O tym, że Helena Radlińska nie jest gotowa do takiej perspektywy rozumienia złożoności wyzwań społecznych, która by z anomią się liczyła, świadczy, moim zdaniem, w szczególności taka, w pełni reprezentatywna dla jej myślenia, formuła, stawiająca nadmiarowo na uniwersalność odniesień do ideału w wychowaniu:

> [...] wychowanie dorosłych obejmuje kształcenie umysłowe i poddawanie uczuć, ułatwia wartościowanie, wprowadza w istniejący dorobek, uświadamia i rozbudza siły, ukazuje sposoby zaspokajania potrzeb, stosowania powściągów i dopomaga do zdobycia osobistej sprawności.
>
> Jest to możliwe tylko w imię idealnego wzoru, który jednostki i grupy zapragną wprowadzić w życie. Na wyżynach ideału bije źródło sił duchowych, wzniesienie się ku temu, co przekracza interesy dnia dzisiejszego, rozstrzyga równocześnie o wzmaganiu sił i o postawie wobec spraw bieżących. **Stosunek do ideału** jest dlatego głównym tematem oddziaływań wychowawczych. Odbywają się one przede wszystkim w tak zwanym środowisku niewidzialnym, obejmującym wartości, które istnieją jedynie w przeżyciach ludzkich. Działalność wychowawcza usiłuje znaleźć sposoby wzbudzania owych przeżyć, wprowadzania do świadomości jednostki walorów, które istnieją poza nią. Celem wychowawczym jest oddziaływanie na wolę, nastawienie ku twórczości, wcielającej ideał w życie indywidualne i gromadne.
>
> Siłami człowieka w imię ideału przekształcana jest rzeczywistość społeczna. Każda przyszłość pojawia się najsamprzód w koncepcji myślowej, zstępuje w życie przez twórczość jednostek i zespołów ludzkich, toruje sobie drogi przez zjednywanie zwolenników (Radlińska 1947, s. 18–19).

Dziś wydaje się oczywiste, że Radlińska nie ma racji w uniwersalizacji odniesień do ideału, chociażby w świetle relacji nie tylko Hessenowskiego odniesienia do anomii, lecz także wobec rozpoznania zróżnicowania jakości kondycji i kompetencji jednostek oraz poziomów interakcji między nimi czy ich z instytucjami społecznymi, jak w modelu Habermasa–Kohlberga (szerzej por. Witkowski 2010a). W każdym obrazie tego zróżnicowania, w zakresie zarówno indywidualnych motywacji, jak i mechanizmów instytucjonalnych, kluczowe znaczenie mają odniesienia do takich impulsów, jak: zysk lub strata, lęk, wygoda, cynizm, kara i nagroda, kupowanie efektów, uległość wobec siły, bezrefleksyjne nawyki, ograniczenie wyobraźni i zdolności przeżywania wartości, a tym bardziej gotowości respektowania norm jako prawomocnej ramy działań. Przytoczony wyżej cytat był przez Radlińską wpisany w skojarzenia dotyczące obecności ideałów w wychowaniu czy działaniach oświatowych adresowanych do osób dorosłych, ale i w świecie dorosłych, jak wiadomo, odniesienia do ideałów czy wartości mogą nie natrafiać na niezbędną dojrzałość moralną (autonomię) i gotowość do kierowania się nimi w działaniu. Muszę przyznać, że ustalenie, iż formuła Radlińskiej dotycząca „imienia ideału" gubi problematykę anomii i heteronomii oraz górnolotnie generalizuje odniesienia ambitnie apelujące do wyżyn wrażliwości, zamiast pracowania na nizinach jej braku czy ułomności, było dla mnie samego ogromnym zaskoczeniem. Znając wiele sformułowań Radlińskiej, wskazujących na jej zrozumienie dla przeszkód, jakie może napotkać pedagog społeczny w nastawieniach zastanych w środowiskach, w których przychodzi działać, nie sądziłem, że zarazem nie znajdę w jej pismach wnikliwego odniesienia do poziomu strukturalnie wymagającego dostosowania się do języka zrozumiałego dla odbiorcy, z poziomu anomii.

Powodem tej sytuacji wydaje się zbyt optymistyczne przypisanie przez Radlińską człowiekowi dorosłemu potrzeby ideału jako istotnej potrzeby duchowej, o czym może świadczyć następujące sformułowanie:

> **Potrzeby duchowe** uogólnić by można, nazywając je potrzebą wypowiedzenia siebie i wiązania siebie z tym, co mnie przekracza. Dorosły czyni to, poszukując stanowiska, stosunków towarzyskich, miłości, sposobów wcielania swych ideałów (Radlińska 1947, s. 29).

Zastanawiające jest to, że u Radlińskiej często spotykamy odniesienia do ideałów zamiast do interesów, intryg, ingerencji i zabiegów o wspomniane stanowiska czy stosunki, do których nazywania i symbolicznego przetwarzania wystarczą niskie pobudki, motywacje czy chęci duchowej więzi z przekraczającym jednostkę odniesieniem niekoniecznie aż do aksjologicznego uniwersum zasad czy wartości. Wystarczy zwracanie się do symbolicznego ucieleśnienia siły, wyższości, pewności racji. Jeśli pamiętać, że substytutami ideałów, a nawet idei są często idole ogarniające przeżycia duchowe jednostki czy jej środowiska, to mamy do czynienia ze zdegradowanym charakterem potrzeb duchowych, w których nie ma miejsca np. na obcowanie z filozoficzną refleksyjnością czy wyrafinowaną twórczością kulturalną w sztuce, teatrze czy literaturze. Trudno dociec, dlaczego pedagogika społeczna miałaby na to zamykać oczy, głosząc pochwałę obecności odniesień do ideałów, z którymi rzekomo ma się do czynienia w świecie dorosłych.

Tymczasem mamy całą serię sformułowań Radlińskiej, które wydawałyby się iść w kierunku znacznie bardziej reglamentującym i usztywniającym „w imię ideału" procesy rozwojowe i wychowanie jedynie na wysokim poziomie skojarzeń dotyczących „wyżyn ideału", jak czytaliśmy w poprzednim cytacie. Znamy ponadto choćby następujące stwierdzenia:

> Praca społeczna nie może przetwarzać życia inaczej – jak w imię ideału, siłami człowieka. Użyć sił człowieka można tylko poprzez rozbudzenie duchowe (Radlińska 1947, s. 202).

Sformułowania tego typu powracają u Radlińskiej, a tym bardziej u odtwarzających ją czytelników, zwłaszcza gdy nie zadają jej dodatkowych pytań, przywołując idee bez śledzenia ich problematyczności. Oto kolejny przykład obiegowo funkcjonującego zwrotu, którego oczywistość wydaje mi się jednak pozorna – gdyż zmiany w imię ideału wydają się rzadkie i wręcz unikatowe, ponieważ wymagają zupełnie innego poziomu gotowości do działania:

> Jeśli chcemy przetwarzać stosunki, musimy sięgnąć po pomoc [...] żywych sił, które tkwią w tym właśnie środowisku. Nie możemy zmieniać sposobu życia inaczej, niż w imię ideału, ale siłami człowieka (za: Mazurkiewicz 1980, s. 130, bez odesłania do miejsca cytowanego, skrót w cytacie).

Chciałoby się zapytać: no to „siłami człowieka" czy „w imię ideału", skoro siły także obejmują zdolność działania motywowaną niższymi rozwojowo odniesieniami, jak doraźna korzyść czy nawyk działania.

Natomiast zaangażowanie w bezpośrednią więź z realiami wsi polskiej wyrażało się taką deklaracją, w której powinnością inteligenta było – jak to stwierdzało pismo redagowane przez Radlińską: „iść pomiędzy lud, wsłuchiwać się w jego potrzeby i ideały" (za: Kowalik 1980, s. 82)[4]. Zestawianie ideałów i potrzeb nie wydaje się poprawnym zabiegiem dla diagnostyki pedagogicznej, bo mogą je dzielić, i to rażąco, możliwości kierowania się wartościami, dyscyplinującymi regułami czy normami.

Pojawia się pytanie o to, jak traktować ideały obecne społecznie w różnych obszarach rzeczywistości, jak podkreślała badaczka, w nawiązaniu do duńskich uniwersytetów ludowych, choćby na przykładzie Mikołaja Fryderyka Severina Grundtviga, u którego nauczanie zostaje zorientowane „ku ideałom wychowawczym, [a] umiejętność życia, pełnego i harmonijnego, postawiona jest ponad posiadanie wiedzy. Do tej umiejętności należy również uznanie poczucia wartości własnej i wartości swego środowiska" (za: Kowalik 1980, s. 94; por. Radlińska 1947, s. 184). Ani sama Radlińska, ani cytująca ją Krystyna Kowalik nie podejmują kwestii tego, jak te ideały mają się wyrażać i rekrutować w obliczu zderzenia z możliwymi ideałami im przeciwnymi czy wobec podatności na manipulację, zwłaszcza młodzieżą, w sytuacji gdy – jak pisała Radlińska – „Przeżycia młodości najsilniej kształtują ideały, rozbudzają wolę, nadają kierunek dążeniom" (za: Kowalik 1980, s. 101–102). Jeśli już, to spotykamy dosyć kłopotliwą sugestię K. Kowalik, która widzi tu pole do naśladowania, wskazując zarazem, że inicjatywy i ukierunkowania mają się wyłaniać oddolnie oraz mogą mieć bardzo lokalny i ograniczony charakter, zdominowany wpływem tworzącym ramy dla inicjatywy i samodzielności.

---

4 Cytat Radlińskiej pochodzi z artykułu wstępnego pt. *Rola inteligencji* z pisma „Kultura Polski" (1918, nr 22–23, s. 339).

W każdej placówce społecznej potrzebni są przodownicy, odgrywają oni większą rolę od instruktorów, gdyż dążąc do urzeczywistnienia ideału, jaki dostrzegli, skupiają wokół siebie naśladowców i współpracowników, stają się duszą zespołów (Kowalik 1980, s. 101).

A przecież mamy tu także przypomnienie przestrogi Radlińskiej, by „wychowanie, tworząc dla przyszłości", nie liczyło się „z koniunkturami chwili" (por. Kowalik 1980, s. 92). Na dodatek chodzi o przejmowanie, przy poszanowaniu kultury ludowej na wsi, wręcz „całej spuścizny kulturalnej", jaką można uczynić dostępną w trosce o demokratyzację dostępu do kultury i uczestnictwa w niej, wraz z rozbudzaniem potrzeb duchowych i związanego z nimi głodu kontaktu z szerokim dziedzictwem (Kowalik 1980, s. 90–91). Ma to się zarazem łączyć z dbałością o to, aby owo wyjście poza ramę lokalną nie prowadziło do szkód „wysferzenia się"[5], zdrady własnych przywiązań i wzorców, wykorzenienia w świat obcy, oferujący jedynie możliwość płytkiego i demoralizującego w nim funkcjonowania na marginesie wartości. Stąd wyrwanie się do środowiska potencjalnie niosącego szanse rozwojowe może generować degradację, a nawet przyczyniać się do degeneracji społecznej.

Leon Chmaj z kolei dla przykładu zestawia, także bez dostrzegania tu specjalnego problemu, następujące sformułowania w podejściu Radlińskiej, rozumianym jako godzenie wierności „dla zadań konkretnych i bezpośrednich z dążnością do przebudowy według wymagań idealnych rzeczywistości ludzkiej", w kontekście nie tyle przystosowania do warunków, ile „służby nieznanemu" (por. Chmaj 1962, s. 316):

Praca społeczna, pojęta jako wychowanie, powinna obejmować równocześnie budzenie potrzeb, uświadamianie ideałów, organizowanie sił, uczenie się techniki (Chmaj 1962, s. 318)[6].

Krystyna Kowalik dodaje, że dla Radlińskiej „wychowawcami są nie tylko ci, którzy pracują w szkole, w roli tej występują wszyscy, którzy według określonego ideału kształtują rzeczywistość społeczną" (Kowalik 1980, s. 100). Znowu brakuje wyjaśnienia, jak ten „określony ideał" ma się do przestrzeni kultury oraz do rozmaitych intencji ideologicznych lokalnego środowiska w sytuacji, w której dodatkowo chodzi o to, by urzeczywistniał się „ideał działalności swobodnej" (sformułowania Radlińskiej za: Kowalik 1980, s. 100).

---

5 Termin ten powraca u Radlińskiej jako oznaczenie sytuacji, w której ma miejsce odcięcie się od własnego środowiska przy jednoczesnym braku oswojenia się z nową sferą społeczną, co skazuje na marginalizację.
6 Autor odsyła do pracy Orszy-Radlińskiej (1935, s. 63). O identycznie brzmiącym sformułowaniu pisze K. Kowalik (1980, s. 99), odsyłając do sformułowania Radlińskiej z 1920 roku, które pojawiło się w 1932 roku w tekście *Badania społeczne i praktyka pracy społecznej* („Oświata i Wychowanie" 1932, s. 999).

Chmaj widzi tu wyraz wiązania „haseł pracy organicznej" z przejmującymi Radlińską równocześnie „ideałami społecznymi poezji romantycznej" (por. Chmaj 1962, s. 316; zobacz odesłanie tamże).

W ujęciu Aleksandra Kamińskiego także nie znajdujemy zadowalającej formuły wyjaśniającej sens stanowiska Radlińskiej, gdy jej następca na Katedrze Pedagogiki Społecznej pisał:

> Jak wiadomo, fundamentalna dyrektywa pedagogiki społecznej ujawnia swoistą dialektykę między aktywizowanymi jednostkami i grupami społecznymi (aktywizowanymi w imię jakiegoś ideału) a ich środowiskiem życia: uruchomione siły ludzkie – jednostkowe i grupowe – polepszają sytuacje i warunki życia swego środowiska, z kolei zaś owe ulepszone środowisko oddziałuje korzystniej i pobudzająco na te same i inne jednostki (Kamiński 1980a, s. 104–105).

Podstawowy problem tkwi tutaj, jak łatwo zauważyć, w zwrocie „aktywizowani w imię jakiegoś ideału", bo pytanie brzmi, czy ma to być ideał dowolny czy przypadkowy, czy też reprezentujący jakiś wąski interes, skoro wiąże się to z „fundamentalną dyrektywą". Najwyraźniej jest ona wyrażona nie dość refleksyjnie i czujnie, także w sensie kulturowym.

Warto podać jeszcze jeden przykład, jaki daje tu o sobie znać, na dowód ułomności odnoszenia się do tego wątku w rozważaniach Radlińskiej. Najpierw, jak zwykle, bezrefleksyjnie się powtarza, za Radlińską, że „główną ideą np. pedagogiki społecznej jest »przekształcanie rzeczywistości w imię ideału«", bo potem już tylko czytamy – rzecz niezgodną z Radlińską i jej niegodną, jeśli pamiętać o kulturowej melioracji środowiska bez dyktowania treści identyfikacji czy wyznaczania kierunku zaangażowania i orientowania działań:

> Właśnie ów ideał jako konstrukt zewnętrzny tworzony przez środowisko pedagogów w pewnym stopniu kwestionuje interpretatywny porządek świata, wnosi do potocznej rzeczywistości zewnętrzne wartości (Granosik 2013, s. 53).

Takie maksymalizowanie sprawczej, stanowiącej, decyzyjnej funkcji mechanizmów pracy socjalnej gubi dylemat dotyczący uzasadnienia takiego wskazania w kwestii: czyj ideał ma być stosowany w pracy socjalnej i dlaczego – pracownika socjalnego, jego przełożonych czy firmy, a może klienta bądź kogoś innego, wydobywanego z ducha humanizmu, demokracji i autonomii? A może nie ma zastosowania żaden gotowy i skończony ideał, zwłaszcza gdy praca przebiega w konflikcie wymagającym odnoszenia się do całego splotu dylematów, gdzie pojawia się kwestia problematyzowania orientacji wyznaczającej realny i konkretny kierunek oddziaływań pedagogicznych. No i uwypuklana przez Radlińską troska o podmiotowy udział samego zainteresowanego i to jeszcze poprzez udostępnianie mu możliwie całości dziedzictwa kulturowego, z którego będzie sam sobie wybierał treści, jakimi będzie w stanie żyć i się przejmować w obliczu innych, zakorzenionych taką troską o pełnię perspektywy poszanowania innych i ich światów w kulturze.

Przypomnijmy także, że pisząc o młodzieży wiejskiej i jej ruchu społecznym w latach 30. XX wieku, Józef Chałasiński podkreślał, iż w swoich najgłębszych pokładach ruch ten jest narodowy i demokratyczny, a oznacza to, że „[p]rzyświeca mu **ideał narodu**, dla którego **człowiek** stanowi **najwyższą wartość narodową**" (Chałasiński 1938, tom I, s. 164). Widać więc, że tego ideału nie muszą wprowadzać żaden pedagog ani jego program wychowawczy. Był on bowiem wynikiem tego, że dominowały problemy tożsamościowe, wpisane zarazem w „proces zbiorowego samopoznania", wyrażający się w chłopskim ruchu młodzieżowym poprzez „proces kształtowania swojej nowej roli społecznej w narodzie", a dzięki pamiętnikom *Młodego pokolenia chłopów* okazało się, że

> [i]m bardziej ten proces postępuje, tym bardziej dążenia młodzieży różnych wsi spotykają się w jednym wspólnym dążeniu przebudowy społecznej narodu i państwa polskiego w demokratycznym duchu (Chałasiński 1938, tom I, s. 163).

Zatem ideał społeczny nie musi być w żaden sposób wymyślany czy manipulacyjnie wdrażany, wystarczy, że da się mu przestrzeń do wyrośnięcia z gleby kulturowej, dzięki afirmacji jej potencjału otwarcia na impulsy budzące do pełni życia duchowego w obliczu procesów zachodzących „w pewnej przestrzeni, w której dokonują się zmiany o wyraźnie określonym kierunku: od lokalnej społeczności wiejskiej do ponadlokalnej społeczności narodowej" (Chałasiński 1938, tom I, s. 121). Dlaczego wydaje się niektórym, że Radlińska nie mogła tego wiedzieć? I dlaczego do dziś niektórzy sądzą, że taki kierunek musi być dopiero wymyślany, określany, propagowany i manipulatorsko zawłaszczany jako sedno jakiejś sztucznej ideologii?

Zarazem podkreślmy, imienia ideału nie można zostawić sobie od tak, domyślnie, chociażby pamiętając, że pedagogika początku XX wieku (w kontekście ewolucji pozytywizmu warszawskiego) też wskazywała na najogólniejsze „ideały życiowe", takie jak ideał doskonałości czy ideał szczęścia, jak podkreśla Ryszard Wroczyński, przytaczając rozprawę Bolesława Prusa z 1901 roku na ten temat (por. Wroczyński 1958, s. XLVIII–XLIX)[7].

Akcenty historyczne dotyczące ideału u Heleny Radlińskiej

Obawiam się, że nikt z wypowiadających się o idei funkcjonowania pracy społecznej „w imię ideału" w dorobku Radlińskiej nie zadał sobie niezbędnego trudu wykonania podstawowej pracy rekonstrukcyjnej i analitycznej w odniesieniu do

---

7 Uwagi na ten temat szerzej formułuję w rozdziale o pozytywizmie warszawskim.

korpusu jej tekstów, ani w porządku historycznym, ani w teoretycznym. Stąd tak łatwo, jak pokazałem wyżej, przypisywać tej koncepcji najbardziej dowolne i rozbieżne wizje obecności ideału w pedagogice społecznej. Temat zasługiwałby na pracę doktorską, więc poczynię tu jedynie pewne kroki sygnalizujące wartość podjęcia takiego wysiłku. Rekonstrukcja akcentów historycznych jest tu prowadzona z uwypukleniem przede wszystkim kluczowych miejsc w narracji pod nazwiskiem Heleny Orszy, reprezentujących w szczególności język, jakim rozwijała przez kolejnych 40 lat idee i zadania dla pedagogiki społecznej oraz ugruntowywała często niedopowiadany sens działania „w imię ideału", który miał tymczasem głębokie zakorzenienie historyczne. Ukazanie tego zakorzenienia jest głównym celem poniższych przywołań.

Zauważmy najpierw, że akcenty historyczne wielokrotnie powracają w twórczości Heleny Radlińskiej, wykształconej zresztą na studiach historycznych i obdarzonej najpierw stanowiskiem profesorskim w zakresie historii oświaty. Stanowią one zarazem przejawy wpisywania się jej postawy w postulowany przez nią zresztą „łańcuch pokoleniowy", służący dostarczaniu przesłanek prawomocności dążeń oświatowych jako nie tyle wymyślanych, ile przenoszących szczytne – i wymagające odpowiedzialnej kontynuacji – zobowiązujące dziedzictwo z przeszłości. Pisząc „zarys dziejów" oświaty dorosłych, Radlińska w trosce o jego współczesny charakter nie waha się widzieć tego dziedzictwa jako wyrosłego z „najdawniejszych tradycji", w tym wpisanego w średniowieczne uniwersytety, a potem związanego zwłaszcza z zasługą reformacji w zakresie pochwały czytania jako źródła zmiany świadomości i rozwoju duchowego.

> Pierwsze hasła zapalania pochodni dla „wszystkich" wypowiedziały uniwersytety średniowiecza, pierwsze stwierdzenie konieczności sztuki czytania dla życia duchowego każdego chrześcijanina uczyniła Reformacja (Radlińska 1947, s. 52; pierwszy raz w: Radlińska 1934, s. 661).

Zarazem jednak już jako historyk Radlińska jest w pełni świadoma presji mechanizmów społecznych, mogących utrudniać wartościowe oddziaływanie, które trzeba umieć rozpoznawać i przezwyciężać. Dodawała bowiem, choćby w przywołanym kontekście reformacyjnym:

> Rozpowszechnienie druków znajdowało zaporę nie tylko w nieumiejętności czytania, lecz również w różnicy pojęć, zainteresowań i sposobów wyrażania się poszczególnych warstw społecznych. Możność świadomego udziału w jednej cywilizacji świtała wraz z myślą o obaleniu murów przesądu i wzajemnej nieznajomości (Radlińska 1947, s. 52; także 1934, s. 662).

Drugie ogniwo źródeł oświaty dorosłych, jakie się tu wyróżnia w perspektywie Radlińskiej – mimo ograniczonych jego efektów historycznych – wyrażał potencjał upominania się o realną zmianę społeczną w zakresie pozaszkolnej

„potrzeby »oświecania« dla życia społecznego" (Radlińska 1947, s. 53; także 1934, s. 662). Został on przyniesiony przez Wielką Rewolucję Francuską, ze szczególnym uznaniem dla ideologii „fizjokratów", afirmujących oświecenie na wsi, w powiązaniu z dążeniami wpisanymi w szersze hasła wieku Oświecenia (Radlińska 1947, s. 53; także 1934, s. 662). To tylko sygnał ukazujący naturalność dalszego widzenia historii tych dążeń w połączeniu z historią „prądów rewolucyjnych" w historii społecznej Europy, z dalszym uwypukleniem romantyzmu oświeceniowego jako filozofii społecznej czy kolejno także pozytywistycznej pracy u podstaw o charakterze organicznym. Wyróżniającym się przykładem dla splotu tych tendencji, w tym w wiązaniu dążeń społecznych, kulturalnych i narodowych, był dla Radlińskiej casus duńskiego „uniwersytetu ludowego", którego programowym twórcą duchowym był N.F.S. Grundtvig, uruchamiający swoimi pismami wysiłek oświatowego przeobrażania stosunków na wsi i w jej relacji do reszty społeczeństwa. Już za jego sprawą działanie to „określano jako »meliorację dusz« pociągającą za sobą meliorację gospodarstw i życia społecznego" (Radlińska 1947, s. 62–63; także 1934, s. 666)[8].

Zauważmy zarazem doskonałą świadomość Radlińskiej, że same hasła czy programy rewolucyjne nie wystarczają, a nawet czasem niosą skutki odwrotne do zamierzonych, gdy nie liczą się w działaniu z poziomem zastanej oświaty, co według niej dało o sobie znać choćby w czasie Wiosny Ludów. Pedagogika społeczna nie mogła takich doświadczeń historycznych zignorować.

> Propaganda rewolucyjna lat 1845–1848 ujawniła w sposób tragiczny trudności porozumienia się ludzi z odmiennych kręgów kultury, będących w innej sytuacji społecznej. Hasła demokratyczne pobudzały do walki o wyzwolenie tylko tam, gdzie stan oświaty był najwyższy, lub gdzie praca kulturalna była prowadzona najdawniej przez ludzi zżytych ze środowiskiem. W ciemnych i nieufnych okolicach wywoływała skutek przeciwny, wpływając na rozbudzanie rozgoryczenia, lecz nie skierowując go ku zamierzonym czynom (Radlińska 1947, s. 67).

Widać więc, że historia rewolucyjnych wysiłków przebudzenia, przebudowy oraz melioracji duchowej i środowiskowej niesie sporo przestróg o normatywnych konsekwencjach dla programowania działań pedagogiki społecznej. W szczególności ukazuje błędy, odsłania wielowiekowość ważnych zadań, a także skalę trudności i pułapek, z jakimi należy (metanormatywność) się zmierzyć w trosce o przyszłość.

Analizując w 1913 roku „początki pracy oświatowej w Polsce", Radlińska (jeszcze jako Helena Orsza) zaczyna od wskazania na „ideały oświatowe literatury postępowej" i ich powiązanie półtora wieku wcześniej z „najgórniejszymi marzeniami" tego

---

8 Zauważmy na marginesie, że jakość recepcji przez Radlińską idei Grundtviga nie doczekała się właściwego odzwierciedlenia w syntezie fenomenu genialnego duńskiego reformatora oświaty w głównej próbie Agnieszki Bron-Wojciechowskiej (por. Bron-Wojciechowska 1986). Uwagi rekonstruktorki recepcji Grundtviga w pedagogice społecznej Radlińskiej są nader skromne i niepełne.

czasu, których emanację najwidoczniej dostrzega w podejściu Stanisława Staszica zwracającego uwagę wszystkim obywatelom na konieczność „uznawania równych praw do udziału w kulturze i wychowaniu" (por. Orsza 1913, s. 6, 12). Wskazywanie pedagogice społecznej na demokratyzację dostępu do kultury jest fundamentalne, co warto zauważyć w późniejszych odniesieniach, jak pokazałem wyżej, a czego rozmaite redukcjonizmy społeczne nie chwytają.

Kolejnym krokiem w rozważaniach odniesionych do historycznej obecności ideałów (nie jedynie: ideału) w pracy oświatowej jest zwrócenie uwagi na „ideały oświatowe", które podjęła i wdrażała „organizacja szkolnictwa w Księstwie Warszawskim" (Orsza 1913, s. 23). Zarówno w przypadku Komisji Edukacji Narodowej, jak i w kolejnym okresie Orsza wskazuje na rozwiązania praktyczne, służące intencjonalnie artykułowanym dążeniom, widząc także ich słabości (np. w przypadku rozwiązania w postaci „szkółek parafialnych" na wsi) czy rozmaite funkcje (m.in. „szkółek obozowych" w szeregach legionowych). Docenia również „[p]omysły Kołłątaja [które] podnoszą wykształcenie nauczyciela ludowego i usiłują im zapewnić szanowne stanowisko" (Orsza 1913, s. 32), ale i uwypukla opory oraz nieżyczliwość w „najbardziej reakcyjnych prowincjach" w kwestii „podniesienia kulturalnego" w stosunku do włościan u dziedziców włości ziemskich, którzy „zabraniali dzieci oddawać do szkółek" (Orsza 1913, s. 33). Orsza akcentuje, według stanu na początek XIX wieku, istnienie jednak pewnych podstaw organizacyjnych oświaty na wsi, jak też początków szerszej działalności „na polu wydawnictw ludowych", mimo że dokonania tego czasu zwykle nie przechodzą „do skarbca literatury wiejskiej", chociaż usiłują wprowadzać czytelnika wiejskiego „do skarbnicy wspomnień dziejowych" (Orsza 1913, s. 34–35, 40). Przywołanie tutaj zwrotów odsyłających do skarbnicy czy skarbca o wadze kulturowej jest świadomym uwypukleniem tropu, którego wpisanie w zaplecze „imienia ideału", jakim Radlińska będzie dalej w swojej twórczości i działalności się posługiwała, staje się warunkiem, jak się wydaje, dobrego rozumienia tego idealnego odniesienia.

Orsza uwypukla zjawiska, które stanowiły antyoświatową reakcję w Księstwie Warszawskim, np. związane ze zniesieniem w 1821 roku „obowiązkowej składki na szkołę", przez co „[w] ciągu paru lat ilość szkół w Królestwie zmniejsza się w dwójnasób" (Orsza 1913, s. 42).

Główny akcent w historii troski o oświatę i dostęp do kultury wiąże się z kolei z odniesieniem do zaangażowania Towarzystwa Filomatów oraz samego Adama Mickiewicza w prace nad „podniesieniem kultury" ludności w trybie zwiastującym działania romantyczne, choć przed powstaniem w 1830 roku „[u]czucia romantyków względem ludu nie promienieją jeszcze szeroko" ani nie naruszają dominującego szlacheckiego egoizmu stanowego, jak to formułuje Orsza (Orsza 1913, s. 46–47). Podkreślmy jednak ważny rys tego akcentu jako wiążący *de facto* późniejszą wizję ideału z romantycznym widzeniem podmiotowości ludu i troski o „uobywatelnienie". To ostatnie jest postrzegane przez pryzmat duchowej emancypacji, jaką umożliwia dostęp do kultury, mimo okresowego opadania społecznej afirmacji dla „stanisławowskiej idei narodu", pozostającej jednak trwałą podwaliną dążenia do artykulacji działań społecznych „w imię ideału". Wspomniany wątek historyczny ma dla niniejszych rozważań kapitalną wagę, ponieważ wskazuje na to, że w swoich podstawach i źródłach inspiracji pedagogika społeczna wyrasta z historycznego zrozumienia, dzięki pracom Radlińskiej, źródeł wpisanych w polską tradycję pedagogiki kultury. Mamy więc dyscyplinę kształtującą się nie pod wpływem głównie późniejszych impulsów z niemieckiej humanistyki – co było krzywdząco imputowane[9] przedstawicielom Wielkiego Pokolenia, o którym tu w tle piszemy – ale zakorzenioną w splocie oświeceniowych, romantycznych i pozytywistycznych (organicznych) uwarunkowań naszej rodzimej historii i w jej dążeniach oświatowych, artykułowanych jeszcze w mrokach zaborów. Ta odmienność podstawowych źródeł nie niweluje możliwości widzenia uniwersalnego charakteru ich wpływu, zważywszy na wiele analogicznych procesów w innych obszarach Europy, np. w zakresie rodzenia się kapitalizmu.

Kolejny wątek Orszy, w kontekście historycznych korzeni ideałów dla pedagogiki społecznej, pojawia się w przywołaniu „ideału książki ludowej według Libelta", jak głosi jeden z kluczowych fragmentów trzeciej części rozważań autorki o historycznych początkach pracy oświatowej w Polsce (Orsza 1913, s. 48, 66–67). W tej części punktem wyjścia jest przywołanie marzeń, jakie formułowali „[r]omantycy polityczni", rozumiejący wagę troski o „umiejętność ludu" oraz jej pozyskanie dla demokracji i losów narodu, „ideały romantyzmu" zaś w tej postawie były wpisane w uwznioślenie potencjału „ludowego", wraz ze wskazaniem na „pracę oświatową w myśl zasad demokracji", w tym z uwzględnieniem idei, przywołanej przez Orszę za *Katechizmem demokratycznym*, iż:

> Do wolności dochodzi się – oświatą. Kiedy stanie się światło dla ludu, stanie się zarazem i wolność. Główną oświatą, potrzebną dla zwycięstwa demokracji: pojmowanie praw człowieka (Orsza 1913, s. 51–52).

W tej perspektywie afirmowano „»cenne skarby« duszy ludu", wskazywano „»równość między stanami«" i „[t]worzono tradycję Polski ludowej" (podkreślmy – ludowej przez małe „l", choć niezależnie uwznioślanej) w dążeniach mających się przyczyniać jednocześnie do „budzenia ducha narodowego" (Orsza 1913, s. 53–54). Warto zauważyć, że motyw „budzenia ducha" jest stałym akcentem w piśmiennictwie Radlińskiej także w późniejszym okresie. Tuż po powstaniu najpierw miało to przecierać ślady dla działalności spiskowej czy '"obalania przesądów", także wśród szlachty, której postawa wobec postulatów równości stanów byłaby

---

9 Szczególnie nieuprawniony obraz przynoszą rekonstrukcje A. Ciążeli, budującego zarazem zdumiewający pomnik marksizmowi B. Suchodolskiego, co już osobno oprotestowałem w krytycznej recenzji w „Kwartalniku Pedagogicznym".

kluczowa (Orsza 1913, s. 54). Orsza zauważa krytycznie, że w parze z takim typem oddziaływania nie idzie jeszcze jakość wydawnictw ludowych tego czasu, a wręcz „[u]bożuchna jest treść tych pisemek" (Orsza 1913, s. 57; także Radlińska 1964, s. 72), pozbawionych kwestii społecznych, a zdominowanych akcentami moralizatorskimi, poradami i zagadnieniami dotyczącymi sumiennej religijności. Troska o opłakany na ogół „stan szkolnictwa" była jednak w tym okresie dobitnie odczuwana, np. w Rzeczpospolitej Krakowskiej w ramach reformy 1834 roku zwrócono się „ku tradycjom Izby edukacyjnej, rozszerzono program, kształcono nauczycieli. Istniały (ubogie wprawdzie) biblioteki szkolne" (Orsza 1913, s. 59). Znowu widać, że ważne zadania wskazywane dla pedagogiki społecznej, mające na uwadze dbałość o jakość oświaty szkolnej i pozaszkolnej, nie tylko na wsi, były wpisane w dziedzictwo historyczne, które Radlińska jako badacz historii oświaty doskonale rozumiała. Dotyczyło to także jego słabości i ułomności, w tym obejmowało słabości oświatowego oddziaływania kręgów kościelnych tego czasu aż po lamenty i rezygnację z dążeń do ożywienia kulturowego niższych warstw ówczesnego społeczeństwa. Orsza doda jednak ważne zastrzeżenie, warte tu przywołania, raz – że to 1913 rok, dwa – że mamy tu nacisk na kojarzenie działalności społecznej na polu oświatowym z zasiewami.

> Nie należy jednak zapominać, że tętno pracy dla ludu osłabło wówczas w całej, objętej reakcją Europie, że wszędzie życie intelektualne wąskim płynęło korytem – i że dziś nawet, działacz w swe zadania wpatrzony, z rozpaczą dojrzy, ile jeszcze siewnej trzeba pracy, by plony wzeszły bujnie (Orsza 1913, s. 60).

Przechodząc w opisach historycznych działań oświatowych do lat 40. XIX wieku, Orsza wyróżnia Wielkopolskę oraz inicjatywy „polskiego ruchu umysłowego i społecznego" dążące do „rozbudzenia opinii narodowej", w warunkach uwłaszczenia i demokratyzacji, także z pielęgnowaniem „dziejów oświaty polskiej", dzięki czemu szerzej „budzi się zainteresowanie dziejami Polski" (Orsza 1913, s. 61). Wyróżniają się tu aktywność Karola Fryderyka Libelta oraz troska o to, by naród był w stanie pielęgnować i rozwijać „nasiona duchowej swej potęgi i wielkości", rozwija się „duch stowarzyszeń" w postaci zakładanych towarzystw: naukowych, społecznych, powstają czytelnie i biblioteki przy szkołach oraz publiczne, wszystko, „żeby ogół obojętny i ospały budzić i organizować" (Orsza 1913, s. 63). Piszący także dla nauczycieli, jak – słynny z nawiązań do Trentowskiego i współtwórca Towarzystwa Pedagogicznego – Ewaryst Estkowski, czy inni tworzą „artykuły wzbudzające i rozwijające miłość ku ludowi", uczulają działaczy społecznych na „szukanie drogi do duszy chłopskiej", mówią o historii narodowej i niesprawiedliwościach społecznych, afirmują „skarb wiedzy", domagają się posługiwania żywymi obrazami zdolnymi „obudzić uczucia religijne i moralne" (Orsza 1913, s. 64–66). To prowadzi do kwestii, jak to najlepiej robić, także w książkach. „Zastanawiając się jak stworzyć literaturę popularną, Libelt snuje **ideał książki ludowej**", by była dobrze przyjęta jako przystosowana do poziomu odbiorcy i jednocześnie by wpływała kształcąco (Orsza 1913, s. 67; wyróżnienie – H.O.). Widać przy okazji, jak bardzo problem ten jest dwoisty: być dostosowanym i przekraczać poziom. Podsumowując prace tego typu, w tym czasopisma lokalne na Śląsku i na Mazurach, oraz okres piętnastolecia popowstaniowego, Orsza wskazuje na rozmaite trudności i przeszkody (np. bieda i głód w 1844 roku obniżały skalę odbioru i podważały istnienie inicjatyw oświatowych), na specyfikę wymagającą ostrożności konspiracyjnej przed zaborcami, przez co niektóre inicjatywy i siły szły na marne „w zacieraniu rozmyślnym śladów", skutkiem czego zostało po nich niewiele danych (Orsza 1913, s. 70). Przez to też spotykamy następujące sformułowanie, kończące ten fragment rozważań oceniających działalność oświatową w terminach typowego dla narracji Radlińskiej widzenia tu procesu siewu i zbierania plonów:

> Siew tego piętnastolecia w wypadkach 46 roku plonuje tylko gdzieniegdzie, bujniej wzejdzie już w dwa lata później, gdy warunki polityczne stworzą na przeważnej przestrzeni ziem polskich inną atmosferę, przyjazną pracy oświatowej (Orsza 1913, s. 71).

W związku z tym dookreślanie ideału przenikającego działalność oświatową Helena Orsza łączy dalej z przeobrażeniami rewolucyjnego wrzenia roku 1848, który – jak czytamy –"poruszył serca, utajone siły", a wraz z tym procesem ugruntował ideę, iż – jak autorka cytuje za artykułem Estkowskiego – „czas opiekuństwa uchodzić powinien przed następującą erą samodzielności ducha" (Orsza 1913, s. 73). Wraz z tą erą nastała zasada równouprawnienia stanów społecznych, a także dojrzało uznanie konieczności „wciągnięcia mas ludowych do życia narodowego" (Orsza 1913, s. 73). W takim kontekście spotykamy dalej analizy, których celem jest wskazanie na „natężenie pracy kulturalnej w Poznańskim" (Orsza 1913, s. 73), jako – przypomnijmy – przywoływane tu w trybie historycznych generatorów impulsów tworzących zręby ideałów dla także późniejszej wizji pracy społecznej i strategii zaangażowania pedagogiki społecznej jako misji... aż kulturalnej.

Historyczne konteksty analiz przytaczane przez Radlińską (Orszę) stanowią dowód, moim zdaniem, że więzi pedagogiki społecznej i pedagogiki kultury obramowane historią pracy oświatowej są znacznie bardziej integralne, niż się może wydawać czy może wynikać z gubiących te tropy ujęć zbyt wąskich w pedagogice społecznej dominującej już po śmierci Radlińskiej. Uważam, że te dominujące, a szkodliwe trendy należy odwrócić, a przynajmniej trzeba ukazać ich wykorzeniający charakter, redukujący kulturowy (kulturalny w poważnym sensie) wymiar zaangażowań społecznych w reformy oświatowe. Sprawa jest fundamentalna, gdyż – jak się wydaje – żadna reforma oświaty czy działalność społeczna nie mają sensu, jeśli gubi się ich kulturowe znaczenie w kontekście traktowania ich adresatów jako bytów społecznych, a nie podmiotów kulturowych. Te ostatnie w imię ideału dostępu do dziedzictwa ludzkości mają pełne prawo do udziału (dostępu, zaangażowania, korzystania) w sferze zjawisk kultury, traktowanych jako skarbnica nazywana często kulturą duchową, przekraczającą ramy doraźnych potrzeb i interesów chwili czy etapu życia. W grę bowiem wchodzą „interes" człowieczeństwa, jakości życia społecznego i sens demokracji. W takim rozumieniu misja pedagogiki społecznej jest sprzężona z misją kulturową, a troska o obecność kultury w życiu społecznym, poprzez udostępnianie impulsów rozwojowych, jest sednem posłania pedagogicznego w zaangażowaniu oświatowym.

Wszystko to wymaga budowania przestrzeni zaangażowań także dla najbardziej światłych i dojrzałych uczestników pracy społecznej w zakresie działań oświatowych i wobec tego różnych form „pracy kulturalnej", jak czytaliśmy. Znowu rozwinięta zostaje świadomość wagi pism ludowych, czytelni dla mas, nawet bibliotek parafialnych, rozpowszechniania wydawnictw politycznych oraz formy integrowania wysiłku – jednym słowem: tworzenia przestrzeni publicznej dla obecności kultury i oświaty, z angażowaniem do działania w tej przestrzeni także nauczycieli. Gwoli poruszenia dzisiejszej świadomości działaczy pedagogicznych warto przypomnieć znamienną opinię Orszy.

> Największy wpływ na szkolnictwo wywarła organizacja nauczycieli: **Towarzystwo Pedagogiczne**, zawiązane jesienią 1848. Założycielem i głównym, najgorliwszym działaczem – kierownikiem Towarzystwa, był Ewaryst Estkowski, który już w r. 1845 podejmował [...] inicjatywę zszeregowania nauczycieli do pracy społecznej (Orsza 1913, s. 74).

Doprawdy fascynuje lista działań, jakie podejmowali członkowie towarzystwa w połowie XIX wieku, by „tchnąć w szkolnictwo ducha polskiego" oraz by ożywić zainteresowania kulturalne i „związać szkołę z życiem" (Orsza 1913, s. 75), pobudzając czytelnictwo. Chodziło również o to, żeby na spotkaniach „pobudzać słuchaczy do stawiania pytań", choć efekty starań podlegały fluktuacji, a dwa lata później dawało o sobie znać nawet „cofanie się reakcyjne, zmniejszanie czynności na polu szkolnictwa", osłabianie wpływu na szkoły i rzeczywistość oświatową, także z powodu braku współpracy ze strony „plebanów i dziedziców względem oświaty" (Orsza 1913, s. 76). Było to często podszyte lękiem o radykalizację społeczną mas uświadamianych co do ich praw, możliwości i siły (Orsza 1913, s. 76). W tej sytuacji „coraz powszechniejsze są obawy rozbudzania ludu, [...] »panowie« usuwają się od pracy oświatowej" (Orsza 1913, s. 77). Orsza uwypukla narastającą po 1850 roku „apatię społeczeństwa" w Poznańskiem, a znamienne – jak to określa – „zatraty" ukierunkowania na ideał polegają na tym, że prawie każdy zagubił „cel swój w społeczeństwie" (Orsza 1913, s. 78). Na Górnym Śląsku jednak trwała w tym samym czasie zdumiewająca rozległością praca na rzecz polskości, zakładano prywatne czytelnie, listonosze pośredniczyli w nabywaniu książek, a zarazem „[k]siążki wydawano w 3–4 tysiącach egzemplarzy, sprzedawano na odpustach i jarmarkach. Redagowano pisma ludowe" (Orsza 1913, s. 80–81). Z kolei w Prusach Zachodnich nastąpił „rozkwit pracy kulturalnej", której przejawy „rozniecily budzące się już wprzód życie narodowe", pielęgnując język i zainteresowania historyczne losami narodowymi, wydawnictwa wnosiły świadomość historyczną, choć i te dokonania podlegały fluktuacji aż po zanik, także pod wpływem represji w Galicji (Orsza 1913, s. 82–83). Orsza zauważa, że część oddziaływań kościelnych zastępowała hasła społeczne nadzieją na wieczną szczęśliwość, choć procesy zorientowane „[n]a oświatę i uobywatelnienie ludu" nie dały się już całkowicie zahamować (Orsza 1913, s. 84).

Wątek „uobywatelnienia" pojawia się tu ponownie w moich rekonstrukcjach, gdyż dla ideału, w imię którego miałaby działać tak ugruntowana pedagogika społeczna, ma on znaczenie kapitalne i wyrosłe historycznie oraz utrwalone tendencjami emancypacyjnymi. „Powstało Towarzystwo Naukowej Pomocy dla ludu" (słowo "ludu" Orsza przytacza z małej litery), którego program działań obejmuje

> [...] badanie stanu istniejących szkółek i zakładanie nowych, przygotowanie i rozpowszechnianie odpowiednich książek, założenie czasopisma dla ludu i o ludzie w języku polskim i ruskim,

a nadto "[p]iśmiennictwo popularne rozwija się gorączkowo" (Orsza 1913, s. 85). Podkreślane są tendencje „szczerze demokratyczne", mimo że „[a]ntagonizmów społecznych nie wyrównały hasła w uniesieniu głoszone" (Orsza 1913, s. 88). Pojawiają się powiązania organizacji zaangażowanych oświatowo, np. połączone zostało w Wydział Szerzenia Oświaty działanie oświatowe Towarzystwa Naukowego Krakowskiego i Uniwersytetu Jagiellońskiego, skupione na sferze wydawniczej i trosce o dostępność oddziaływań (Orsza 1913, s. 89, 91). Mieszają się tu w różnych regionach, np. we Lwowie, postawy wskazywania na „zdrowe ziarno oświaty", jako wnoszone z góry w ustalonym kierunku, czy uznania, że „ideałem książki ludowej [jest – L.W.] nauka obyczajowa »z punktu widzenia katolickiego«" (Orsza 1913, s. 92–93). Wszystko to było, mimo ograniczeń, jak podkreśla Orsza, dopiero „brzaskiem nowej epoki: politycznego odradzania się Galicji" (Orsza 1913, s. 92–95). Pełniejsza działalność oświatowa, np. na Śląsku Cieszyńskim, miała za zadanie ośmielać i rozszerzać ruch narodowy (Orsza 1913, s. 95). Ale przykład Królestwa Polskiego miał pokazywać radykalną zmianę w jakości działań, polegającą na tym, że

> [...] o ile w pierwszych dziesiątkach XIX wieku było widownią najbardziej ożywionej i płodnej pracy oświatowej, połowa stulecia zastała bezczynność niemal zupełną (Orsza 1913, s. 97).

Ideałem stawało się okresowo przejście „do idealizowania przeszłości w powieści i poezji", co obejmowało pańszczyznę i relacje patriarchalne, a to z kolei nie sprzyjało pracy oświatowej (Orsza 1913, s. 97). Została także zainicjowana działalność oświatowa na wsi, np. Towarzystwo Rolnicze, powstałe w 1858 roku, które natrafiało na sprzeczności interesów, co utrudniało „rozbudzanie postępu wśród włościan" (Orsza 1913, s. 99–100). Pisząc o ówczesnych „ideałach oświatowych",

Orsza pokazuje również ich wersje redukujące oddziaływania do troski o samo rolnictwo, gdyż zdarza się, że „[i]deałem nawet tych, co pragną uwłaszczenia", jest taka oświata, która „przede wszystkim rolnictwo powinna podnosić" (Orsza 1913, s. 101). Tymczasem Towarzystwo Rolnicze angażowało się w promowanie praw obywatelskich i walkę z ciemnotą w sferze oświaty ogólnej i, mimo rozwiązania, przyczyniło się do postępu. „Siew jego nie idzie na marne" – w latach 60. XIX wieku praca oświatowa się zintensyfikowała. Powstały szkoły, biblioteki, czytelnie, także wiejskie, z udziałem księży, dziedziców, dzierżawców, nieraz można było zauważyć inicjatywy „gromad wiejskich" i tworzone przez nie „urządzenia", mimo że nie wszyscy byli zainteresowani tym, by „ducha podnieść" (Orsza 1913, s. 102, 104). „Podnoszenie ducha" oznaczało w szczególności walkę „z towarzyszem ciemnoty – pijaństwem", w literaturze ludowej – troskę o siły moralne narodu, oświatę zaś w tym wypadku wiązano coraz częściej nie tylko z krzewieniem czytelnictwa, lecz także z prowadzeniem do obywatelstwa, w sensie poczucia równości i rozumienia związanych z tym praw i obowiązków (np. pracy, trzeźwości, „porządku i oszczędności") (Orsza 1913, s. 104–106). Dobitną konkluzją jest stwierdzenie, że chodziło tu o długotrwałe „próby stworzenia tradycji ludowej Polski", obejmującej poglądy społeczne, choć nie było tu jednomyślności w interpretacji historycznej ani poziomu i wspólnej staranności wydawniczej (Orsza 1913, s. 106). Stopniowo jednak mnożyły się „wydawnictwa ludowe", ukazywały rozliczne czasopisma, choć odnajdywano w nich „wiele sprzecznych kierunków" (Orsza 1913, s. 113).

Niezbędne dla zrozumienia stanowiska Radlińskiej (Orszy) w jej odniesieniu do pokazanego tu w zarysie materiału z początków pracy oświatowej w Polsce, jako ramy dla myślenia o genezie tego, co oznacza występowanie w pracy społecznej „w imieniu ideału", jest, moim zdaniem, uważne prześledzenie dwóch ostatnich stron omawianego tekstu. Można tu znaleźć kapitalne sformułowania zarówno uogólniające, jak i uczulające na oceny autorki.

Czasem Orsza widzi u działaczy oświatowych odwołania do „tradycji narodowych" w celach zachowawczych, choć zarazem wskazuje na powstawanie nowej tradycji „uobywatelnienia", która ustanawia nową epokę usiłowań „w imię swych [tzn. jej – L.W.] potrzeb i ideałów" tworzenia nowych środków zdolnych sprostać nowym zadaniom epoki. Tu, w tych sformułowaniach wydają się tkwić zalążki formuły działania pedagogiki społecznej „w imię ideału" jej czasu w dalszych pracach nad jej krystalizacją aż do śmierci Radlińskiej. Warto przytoczyć w całości to znakomite świadectwo genezy historycznej tej formuły, skoro tylu nominalnych znawców dokonań wielkiej mistrzyni pedagogiki społecznej nie ma jego wrażliwości przed oczami. A jest to jeden z najbardziej skondensowanych i po mistrzowsku sformułowanych fragmentów rozważań młodej jeszcze badaczki i działaczki oświatowej, uczulonej na konserwatyzm i nieposzanowanie demokracji, a przede wszystkim **zbuntowanej przeciw przeszkodom w pełnym: kulturowym, społecznym i politycznym, „uobywatelnieniu" ludu, a więc i każdego człowieka.** Według mnie przytoczone rekonstrukcje wraz z poniższym cytatem nie pozostawiają wątpliwości, że dla pedagogiki społecznej występowanie w imieniu ideału oznacza u Heleny Radlińskiej właśnie owo potrójne, czyli pełne uobywatelnienie każdego człowieka: jako dziedzica kultury i członka ludzkości, jako członka społeczności i jej równoprawnego uczestnika oraz jako obywatela zakorzenionego w tożsamości, więc i w tradycji narodowej; wszystko to łącznie wymaga otwarcia na równoprawność demokratycznych relacji społecznych, na wielość inspiracji kulturowych i na aktywny udział w kształtowaniu własnego losu.

Przytoczmy więc zapowiedziane podsumowanie, pokazujące wręcz genialnie, moim zdaniem, za czym Orsza się opowiada i przeciw czemu protestuje, w imię wypracowanego historycznie ideału czy w istocie aż metaideału zorientowanego na uświadomienie, ustanowienie i stopniowe ucieleśnienia, na które pracowały przeszłe – i muszą nieustannie pracować przyszłe – pokolenia, przejęte pełną misją kultury, oświaty, nauki i wychowania.

[D]o tradycji narodowych odwołują się nieraz działacze. Czynią to zwłaszcza, gdy idzie o usprawiedliwienie zasad z potrzebami dzisiejszego dnia niezgodnych. [S]puściznę przeszłości kamieniem nieodwalonym usiłują kłaść na drodze postępu. Mamy we wspomnieniach wraz z poddaństwem chłopa poglądy na cel oświaty jako na kształcenie wyłącznie „rolniczej sztuki instrumentów", mamy wraz z lekceważącą pogardą dla „chama" – niechęć i obawę, by umiał pisać, wraz z wyrzekaniem się wszelkiej myśli politycznej – zwracanie umysłów ludu jedynie ku szczęśliwości wiecznej. Mamy wzory rozróżniania zadań oświaty szlachcica i chłopa i naginania prawdy, by „młodszą brać" oświecić w pożądanym kierunku.

Nie te wspomnienia są tradycją czynu, tradycją życia – „arką przymierza między dawnymi i młodszymi laty". To tradycja przeżytków, odradzająca się z ciasnym samolubstwem stanowym, z gnuśną bezwładnością ducha.

Tradycja życia budzi zawsze nowe potrzeby, stwarza nowe zadania.

W końcem XVIII wieku przemawia do przyszłości jako uznanie potęgi oświaty, wysławienie ofiarności na jej cele. Z brzaskiem nowego stulecia jako konieczne jej następstwo wytwarza się nowa tradycja: uobywatelnienia ludu, uznawania równych prac do tego, co Polak „już zdobył, już przemyślał". Budzi ona pracę ofiarną, rozświetlającą „ludu ciemnicę" najszlachetniejszymi marzeniami wieku, wciągającą braci siermiężnych do twórczości kultury jako siłę samodzielną, największą.

W powtarzanych wciąż usiłowaniach, które podejmowała każda epoka w imię swych potrzeb i ideałów, przekazuje nam tradycja nie gotowe wzory do naśladowania, lecz wytrwałe dążenie do stwarzania nowych środków działania, odpowiadających nowym zadaniom.

Tradycję pracy powinniśmy znać, by nie tracić sił na szukanie dróg już wytkniętych. Ale by stwarzać świadomie nową tradycję, musimy wejrzeć nie tylko w [s]puściznę przeszłości, lecz – przede wszystkim – w potrzeby dnia dzisiejszego, w drogi, którymi kroczy życie naszego pokolenia, w zadania, które pracy oświatowej stwarza chwila obecna (Orsza 1913, s. 113–115).

Nie wolno w pedagogice społecznej ani w postawach adeptów, ani tym bardziej w postawach nominalnych kontynuatorów czy rzeczników tradycji i dorobku Heleny Radlińskiej abstrahować od tych sformułowań, które rzecz jasna dopiero zostawiają zadanie, by uniknąć pułapki przytłoczenia „chwilą obecną" jako konstelacją wymagań władzy czy dominujących lokalnie zwłaszcza poglądów i oczekiwań. „Imię ideału" tu odtworzonego u jego zarania jest znacznie bardziej zobowiązujące. Wystarczy skojarzyć, że „chwila obecna" może oznaczać epokę, nasze miejsce w tej epoce, którego znaczeń nie wolno przytłaczać konformizmem politycznym ani doraźnym wyznaczaniem celów, ustalaniem hierarchii wartości, autorytetów i zadań. Radlińska okazała się zbyt wielkim człowiekiem kultury, historykiem, obywatelem, demokratą i działaczem oświatowym, aby dać się wpisać w rozmaite redukcyjne wyobrażenia o funkcji pedagogiki społecznej, pokutujące nie tylko po opłotkach dyscypliny, lecz także buńczucznie wpisywane w rozmaite rozważania pozornie tylko oddające jej sprawiedliwość. Z jednej strony pedagog społeczny musi być w perspektywie Radlińskiej kulturowo humanistą, demokratą, działaczem i badaczem, a z drugiej strony każdy pedagog musi być pedagogiem społecznym rozumiejącym sprzężenia zwrotne między jednostką, kulturą i społeczeństwem, między rozmaitymi parami napięć wymagających odsłonięcia rozmaitych relacji dwoistych.

Zanim jednak przybliżę ten problem, warto zauważyć, że w tomie Orsza et al. (1913) znajdują się jeszcze trzy mniejsze, ale równie ważne teksty Radlińskiej, które poruszają kwestię „imienia ideału" **dla** pedagogiki społecznej. Najkrócej mówiąc, dobitnie jest najpierw dopowiadana teza, że ideał ten wiąże się z zadaniem, by kulturowo uruchomić społeczeństwo poprzez organizację oświaty, w interesie każdej jednostki i całego społeczeństwa, a to wymaga udostępnienia każdemu całej spuścizny kulturowej i doprowadzenia do poczucia wspólnoty narodowej. Nieprzypadkowo ów problem pojawia się w szkicu *Praca oświatowa wobec zadania wychowania narodowego* (Orsza et al. 1913, s. 143–152). Znamienne, że tekst ten zaczyna się od poniżej przytaczanego przeze mnie szerszego akcentu, który stanowi oś tez powracających w późniejszych pracach Radlińskiej, i jako taki jest bardzo dla niej reprezentatywny[10] oraz wzbudza podziw dla dojrzałej już świadomości kulturowej zaledwie 34-letniej autorki. Podkreślę jeszcze dla uwypuklenia horyzontu słownika rodzącej się pedagogiki społecznej, że jego wyjściowe ogniwa stanowią terminy pozwalające na przerzucanie pomostów w stronę pedagogiki kultury, pod warunkiem oczywiście że tej ostatniej nie pojmuje się w zbyt redukcyjny sposób, jak to robili jej wybitni skądinąd krytycy czy rekonstruktorzy, w tym Bogdan Suchodolski czy Józef Chałasiński, żeby na nich poprzestać.

---

10 Moim zdaniem powinien go znać i na serio przemyśleć każdy usiłujący poznać podwaliny pedagogiki społecznej w rozumieniu Radlińskiej. Tymczasem jego wymowa wydaje się notorycznie ignorowana.

Warto, moim zdaniem, przytoczyć fragmenty rozważań, które pozwalają zilustrować niezwykłą wyjściową perspektywę Radlińskiej. Ów zestaw fragmentów zostanie dalej skomentowany i uzupełniony.

Zadaniem wychowania narodowego jest wydobyć z narodu wszystkie siły, skierować je ku świadomej pracy nad budowaniem kultury rodzimej.

Ma ono przygotować pokolenia do podejmowania zadań kulturalnych, które przekazali [s]puściznę poprzedni pracownicy.

Ma każdemu człowiekowi [...] uświadomić „że jest cząstką większej, potężnej całości: narodu i przez niego ludzkości".

Powinno udostępnić każdemu skarbnicę kultury i w każdym budzić potrzebę twórczości na jakimkolwiek polu: nauki czy sztuki, rzemiosła czy działalności publicznej.

Wychowanie narodowe nie jest jakimś kultem specjalnym. Jest jedną z czynności rozwijającego się narodu, współdziałają z nim wszystkie siły w przyszłość wiodące, utrudniają je wszystkie przeszkody, tamujące życie kulturalne.

Wychowawcami narodowymi są wieszcze i bohaterowie, wynalazcy i pracownicy, organizatorowie i trybuni – wszyscy, którzy rozszerzają łożysko życia narodowego.

Instytucjami wychowawczymi nie tylko są szkoły: szerzej niż one działają inne urządzenia społeczne, wciągające masy w wir życia kulturalnego.

Nauka, którą określić by można jako teorię wychowania narodowego – pedagogika społeczna, wykazuje coraz dobitniej, jak rozliczne związki zachodzą między jednostką i społeczeństwem, jak każdy – świadomie lub nieświadomie – jest duszą w swoją ojczyznę wcielony. [...] Bieżące życie narodowe kształtuje nowe pokolenie: szkoła zyskuje przemożne znaczenie wychowawcze tylko wówczas, gdy jest zespolona z potrzebami życia, gdy podejmuje tkwiące w nim zagadnienia. [...] Ustrój demokratyczny rozbudza w każdym człowieku świadomość człowieczeństwa, „które stanowi jego wartość i godność, obdziela go jednocześnie obowiązkami i prawami, które go przerasta i łączy z czymś większym niż on sam, pozwala mu uczestniczyć w dobrach wyższych, pod warunkiem że włoży w nie wysiłek osobisty". Dzisiejszy ruch społeczny, który żąda dla wszystkich prawa do kultury i dla każdego udziału w życiu publicznym, wprowadza w życie postulaty wychowania narodowego (Orsza et al. 1913, s. 146).

Widać, że jednostka jest rozpięta między wspólnotą i środowiskiem narodowym a ludzkością, pojawia się wizja kultury jako wiru, łożyska, a dalej – jak pokażę – gleby, o czym była już mowa na początku rozdziału. Człowiekowi trzeba pomóc w byciu realnym spadkobiercą całego uniwersum dziedzictwa kulturowego, ale też trzeba zrozumieć warunkowo możliwą funkcję wychowawczą szkoły, zwłaszcza że oświata sama z siebie nie „dokona cudu" (Orsza et al. 1913, s. 147)[11] prze-

---

11 W tej sprawie czytamy ponadto dalej pouczające także dziś spostrzeżenie: „»Oświatowcy« ulegają łatwo złudzeniu, że dosyć jest rozpalić ogniska oświaty, by zbiegły się do nich rzesze, światła

obrażenia życia i społeczeństwa. Niezbędne jest wiązanie życia duchowego z poziomem życia materialnego poprzez troskę o realne działania organizacyjne w zakresie urządzeń społecznych i dostępu do ich potencjału kulturowego. Radlińska zarazem podpisuje się pod poglądem – który warto by dziś dedykować decydentom w kwestiach edukacji w szkolnictwie wyższym, niszczonej zwłaszcza naciskami na jej uzawodowienie i dostosowanie głównie do rynku pracy – że

> [...] jest w tym wstrętne faryzeuszostwo ogłaszać wykształcenie za niezbędne, a czynić je niemożliwym, zachowując taki ustrój społeczny, który wyłącza z życia ludzkiego znaczną większość ludzi (Orsza *et al.* 1913, s. 148; także Radlińska 1935, s. 12).

Warto podkreślić, że owo wyłączanie może się dokonywać perfidnie przez poszerzanie dostępu do edukacji, a zarazem takie jej spłycanie, że degradacji ulega nawet kulturowa funkcja edukacji uniwersyteckiej (czy każdej wyższej). Imię ideału w oświacie jako działaniu społecznym o niezbędnym rysie kulturowym nie dopuszcza takiej degradacji.

Dla rozumienia ideału, w imię którego ma działać pedagogika społeczna, według Radlińskiej ważne jest podkreślenie, że demokracja jako system i demokratyzacja jako kierunek działań nie są wolne od kryterium weryfikacji tego, czy mamy z nimi realnie do czynienia. Ich zaplecze aksjologiczne wpisane w definicję normatywną, podaną w powyższym cytacie, łączy w sobie troskę o pielęgnowanie wartości człowieczeństwa z rozwijaniem podmiotowości obywatelskiej (co sama Radlińska nazywa uobywatelnieniem, jak już wspomniano) oraz zdolnością do identyfikacji (przez wysiłek dostępu i udziału) z narodem i kulturą ludzkości poprzez działania organizacyjne w trybie ruchów społecznych i tworzenia urządzeń stanowiących realne źródła uruchamiania oświatowych procesów dostępu, oddziaływania i przetwarzania zgodnie z uniwersalnym prawem do kultury.

Zauważmy też, że odszukiwane tu i rekonstruowane znaczenie zwrotu programującego „imię ideału" dla pedagogiki społecznej to nie jest – co znajdujemy dobitnie podkreślone – „imię państwa lub wyznania", które miałyby wyznaczać jedną miarę, niwelującą różnice wpisane w „kulturę ludzkości" (por. Orsza *et al.* 1913, s. 146). W tym sensie „imię ideału" dla pedagogiki społecznej jest wpisane „w nową epokę uniwersalizmu, odmiennego od dawnego", zatem już nie takiego, którego sens wcześniej wyznaczało roszczenie do uniwersalizowania słuszności jednego tylko kulturowego obramowania wynikłego z jakiejś tradycji czy instytucji (władzy). Nowy uniwersalizm[12] nie wiąże się z uniwersalizowaniem jakiegoś jednego punktu

---

łaknące, dosyć jest urządzać obchody, uroczystości, wycieczki, by duszom kształt narodowy nadawać. [...] Hasło: »Oświata ludu dokona cudu« o ile zastępuje hasła społeczne jest usypianiem sumień" (Orsza *et al.* 1913, s. 148).

12 Warto nie zapominać o rozmaitych normatywnie skojarzeniach z tym terminem, por. ideę „uniwersalizmu pogranicza", jako sytuacji nasyconej różnicą, w sensie kultury, która „żyje na granicach" u Michaiła Bachtina, jak to charakteryzowałem w: Witkowski 2000.

widzenia. Jest on pojmowany jako troska o dostęp do jak najszerszego horyzontu takich punktów widzenia, do ich dalszego przetwarzania i brania pod uwagę. Stąd pożądane jest tylko państwo otwierające dostęp do kultury, w którym wychowanie polega na wdrażaniu do uczestnictwa w najszerzej pojętej kulturze (jako dziedzictwie całej ludzkości). Stąd pożądane jest kolejne normatywne kryterium do uwzględnienia w projekcie „imienia ideału", wskazujące na „państwo [które – L.W.] zbliża się do Kulturstaatu, tj. [które – L.W.] bardziej celowo dąży do wspomagania rozwoju kultury" (por. Orsza et al. 1913, s. 147), gdzie jest ona pojmowana jako „kultura ludzkości", w stosunku do której każdy człowiek ma prawo do bycia jej pełnoprawnym i równoprawnym spadkobiercą. Z tego ujęcia wynika następne kryterium normatywne pełni pracy oświatowej jako takiej, która

> [...] rozpala tęsknotę do udziału w życiu kulturalnym w biernych warstwach społeczeństwa, stwarza nowe wartości kulturalne [....] ma zadanie [...] sięgania do głębin życia narodowego i powoływania nowych sił twórczych (Orsza et al. 1913, s. 147).

Rezultatem tego w szczególności jest możliwość krytycznego odnoszenia się do rozmaitych praktyk pozornie i płytko jedynie realizujących idee oświaty, np. poprzez naukę szkolną wtedy, kiedy owej tęsknoty nie rozpala. W innym miejscu przywołujemy analogiczny warunek normatywny prawdziwej pracy oświatowej w postaci rozwijania głodu wiedzy i głodu dostępu do kultury. Radlińska najwyraźniej od samego początku wskazując na ideał, w imię którego niezbędna jest praca oświatowa, buduje zarazem narzędzia badawcze i rozwija sprzężone z nimi kryteria normatywne pozwalające na obnażanie pozoru działań, a nawet zaprzeczania przez nie ich kulturowemu posłaniu poprzez jego redukcję.

Metodologicznie znowu warto podkreślić, że nie chodzi jej o odrzucenie uniwersalizmu, ale o jego... odrodzenie w nowej postaci, lepiej rozumiejącej osadzenie człowieka poprzez realia społeczne w uniwersum kultury i sprzyjającej pełniejszej trosce o wielowymiarową jakość życia człowieka jako jednostki, członka wspólnoty narodowej czy uczestnika rozmaitych środowisk i wreszcie jako uczestnika ludzkości i prawowitego dziedzica jej dokonań. Stąd mamy „dawny uniwersalizm", ustanawiający jedną miarę człowieczeństwa, przeciwstawiony temu, co się „odradza jako spadkobierca odmiennych pojmowań", afirmujących wartość pełni życia i swobodnego rozwoju, gdzie uniwersalne staje się podejmowanie wysiłku

> [...] wspólnej pracy dla rozwoju życia i [by] wszystkim dać pełny udział w kulturze ludzkości. [...] Naczelnym zjawiskiem w życiu społecznym jest rozwój kultury, powołaniem człowieka – tworzenie i doskonalenie kultury swego narodu, rolą narodów – wnoszenie zdobyczy kulturalnych w życie ludzkości. Każda praca, każde usiłowanie, by jakiś ideał kulturalny w czyn wcielić, sprzyja rozwojowi ludzkości. [...] Nieśmiertelność i wielkość człowieka leży w tym, że ze wszystkich zdobyczy ducha ludzkiego może korzystać, dziedziczy rezultaty wszystkich prac przez poprzednie pokolenia podejmowanych i jest twórcą nowych dóbr dla swego narodu i dla ludzkości (Radlińska 1935, s. 10).

Zauważmy na marginesie, że normatywny charakter tego nowego uniwersalizmu jest odmienny od dominujących wyobrażeń o normatywności pedagogiki. Upominanie się o dostęp i umiejętność spożytkowania całości uniwersum symbolicznego kultury nie prowadzi do narzucania jednostce żadnego wyselekcjonowanego w nim obszaru treści zobowiązujących do ich afirmowania. Jednostka ma być wyzwolona i upełnomocniona w swoim czerpaniu z całości tego dziedzictwa. Pedagogika ma jej w tym pomagać, ma dawać szansę i działać na rzecz tej szansy, w trosce o bogactwo kulturowe środowiska społecznego, w jakim człowiek funkcjonuje. W zakresie odpowiedzialności za te szanse pedagogika społeczna ma śledzić i naprawiać związki jednostki w jej życiu z rozmaitymi wymiarami jej odniesień: do lokalnego środowiska, do narodu, do ludzkości i całego uniwersum kultury, bo to sam ten związek w tych trzech różnych obszarach jest przedmiotem dociekań i interwencji.

> Pedagogika społeczna rozpatruje wychowanie jednostki w związku z życiem grupy społecznej, której jest dzieckiem – w związku z życiem narodu (Radlińska 1935, s. 11).

Zwraca także uwagę zrozumienie przez Radlińską dla złożoności sytuacji, w jakiej przychodzi działać w oświacie, co pozwala widzieć dwoistość uwikłania pracy społecznej, jako pracy kulturalnej w trosce o dobro jednostki i narodu, w dążenia oświeceniowe i emancypacyjne zarazem. Mówi tu w szczególności o podwójnej walce jako walce na dwóch sprzężonych ze sobą frontach. przy czym z żadnego nie wolno zrezygnować.

> W życiu narodu żadna czynność nie da się sztucznie wyodrębnić ze splotu wzajemnej zależności i wpływu. Praca oświatowa jest nierozłączna z walką, podwójną walką: z czynnikami, co światło zasłaniają w obawie, by nie rozświeciło ono zbyt jaskrawo nędzy ludowej, i walką z przesądami, biernością, śpiączką mas ciemnych, które światła nie dostrzegają, często dostrzec nie mogą. Przemożny wpływ wywierają na nią stosunki społeczne. Z instytucji oświatowych korzystają te warstwy ludowe, którym stopa bytu materialnego pozwala na życie duchowe (Orsza et al. 1913, s. 148)[13].

Troska o jakość „życia duchowego" jest tu, jak widać, fundamentalna, w dwoistym uwikłaniu walki zarówno z przeszkodami zewnętrznymi, jak i z wewnętrznymi ograniczeniami, niedającymi się rozgraniczyć, a uwikłanymi w splot zależności czy wzajemne sprzężenie, osłabiającymi łącznie zdolność do postawy kulturowej i obywatelskiej wobec spraw wspólnoty narodowej jako istotnego odniesienia tożsamościowego. Kluczowe są tu braki w sferze głębokich zainteresowań obywatelskich

---

13 Pierwsze zdanie tego cytatu pojawia się także w: Radlińska 1935, s. 12. Na znaczenie tego samego cytatu zwraca uwagę również Aleksander Kamiński (por. Kamiński 1978a, s. 40).

i wiedzy o sprawach zasadniczych dla przestrzeni publicznej, mówiąc w obecnym języku, co Orsza wyraziła – w 1913 roku – następująco:

> Najgroźniejszym objawem w życiu umysłowym był do niedawna i dziś jest jeszcze brak interesu dla własnych najżywotniejszych spraw narodowych, zupełna nieznajomość naszych sił i środków.
> Książka, rozważająca zagadnienia z dzisiejszego życia kraju, jest [...] błyskawicą, rozdzierającą zupełnie ciemności. Ogół „inteligentny" przywykł spoglądać na najżywotniejsze sprawy ze stanowiska ciasnych interesów chwili.
> Nie wiemy nic prawie o ziemi polskiej [...] o jej skarbach i nieużytkach [...].
> Praca oświatowa opierać się winna na wszystkim, co rozszerzyło łożysko życia narodu [...] Nie wolno jej iść w życiu z samymi tylko blaskami cnót praojców i korną modlitwą [...]
> Nowe siły żywotne, które budują przyszłość, ma praca oświatowa wspierać, im drogę rozjaśniać. Ma budować mosty nad przepaściami różnic wykształcenia [...] zbliżać się do każdego ruchu, odnajdywać jego siły twórcze, pomnażać je i umacniać. Ma przekazywać [s]puściznę przeszłości, ale pamiętać przy tym, że nie można zasiewać przyszłości na ściernisku dawnych żniw, lecz na glebie uznojonej trudem żniwiarzy, nie ziarnem wszelkim z dawnego plonu, lecz tylko tym, co ma moc dalszego plonowania.
> Takie ujęcie zadań pracy oświatowej prowadzi do doniosłych wskazań metodycznych i organizacyjnych. Oświata jest rozpowszechnianiem kultury duchowej narodu, nie ma miejsca na gatunek „ludowy". [...] Wiedza jest jedna, nie ma kategorii prawd dla ludu i dla wybranych trafem fortuny. [...] zasłanianie potrzeb żywych chwili dzisiejszej przed budzonymi ze śpiączki warstwami ludowymi [...] przeczy naczelnej zasadzie wychowania narodowego, które ma przygotować naród do rozwiązania zagadnień leżących na drodze jego rozwoju (Orsza et al. 1913, s. 149–151).

Zmierzając do podsumowania rozważań, Radlińska wskazuje na wyłaniający się w takim kontekście „ideał organizacyjny" (Orsza et al. 1913, s. 151), który realizuje wartości, w imię których należy występować w pracy oświatowej. Wiąże się ten ideał z uznaniem, jak czytamy w końcowym akordzie omawianego tu tekstu, że praca ta

> [m]a uruchomić społeczeństwo – nie może więc tworzyć patronatów, lecz powinna stawać się dziełem organizacyjnym tych, którym służy. [...]
> Praca oświatowa jednoczyć winna wysiłki myśli tych, co światło posiedli, i tych, co go szukają. W potężne organizacje karne, przypominające urządzenia państwowe, ująć się nie da i nie powinna. Wolna, mimo wszelkie przeszkody, stwarza i – niechaj stwarza rozmaite, coraz nowe formy, by odpowiadać potrzebom – by „budzić senne" i moc uświadamiać w narodzie, który mógłby mieć miliony synów, gdyby ludzie w nim ludźmi się poczuli (Orsza et al. 1913, s. 152).

Wypada zauważyć, że bardziej nowoczesne podejście do tych sformułowań pozwala na osłabienie opozycji między tymi, co „światło posiedli", i tymi, co „go szukają", gdzie owo ich jednoczenie może faktycznie oznaczać tworzenie wspólnoty w najlepszym sensie *universitas* w kontekście wiedzy oraz *societas* w kategoriach zbiorowości obywatelskiej równych i wolnych obywateli wspólnie zatroskanych i rozprawiających o własnym losie i jego, dokonywanych wspólnym wysiłkiem, przeobrażeniach. Ostatecznie widać, jak działa formuła społeczeństwa „uruchamianego" kulturowo i obywatelsko, poprzez oddziaływanie na rzecz pozyskania jednostek do udziału w kreowaniu własnego losu nie pod dyktando, a pod wpływem dziedzictwa kulturowego i śmiałego definiowania zadań na przyszłość. Skalę ich współdziałania ma powiększać potencjał zdolnych do przeżywania sensu i wagi wyzwań, przebudzenia własnego myślenia dla sprostania im oraz do podjęcia działań na rzecz niezbędnych przekształceń dla ich realizacji, w solidarnej współpracy.

Warunek realizacji tego celu był pojmowany, jak czytamy na otwarcie kolejnego tekstu Orszy w omawianym tomie, jako staranie o to, by „wciągnąć szerokie masy do kręgu ideałów warstw czynnych w życiu publicznym", co nie wystarcza w obliczu „obniżenia dążeń społecznych", polegającego na degradacji wyobrażeń o tradycji pożądanych relacji społecznych, przez co masy były infantylizowane, zamiast występować w postaci „mocarza sił swych nieświadomego" (por. Orsza et al. 1913, s. 175). Widać, że pojawiające się tu ideały (w liczbie mnogiej) w realnej sferze społecznej danego czasu historycznego i miejsca mogą nie być wystarczającym punktem odniesienia, gdy np. dojdą w nich do głosu głównie wątki tradycji, „co wedle wiekowego przyzwyczajenia ukazywały w ludzie brać młodszą, duchowe i społeczne dziecko" (Orsza et al. 1913, s. 175). Istotne jednak pozostaje zawsze staranie o to, aby – chcąc, by jakakolwiek „[p]rzepaść kulturalna" czy braki wiedzy i wykształcenia nie stanowiły przeszkody nie do przebycia – docierać nie tylko do środowisk („pod strzechę chłopską lub poddasz robotnicze") jako takich, „lecz także do głów i serc ludu" (Orsza et al. 1913, s. 175). Stąd przedmiotem refleksji Orszy jest „piśmiennictwo popularne w Polsce", gdyż książka jest widziana jako dostarczyciel „strawy", która temu może służyć i to na różne sposoby: obok książeczek „szablonowych", praktycznych poradników czy „literatury »z góry« tworzonej dla ludu", w postaci „wydawnictw groszowych", nawet ze spłyceniami i błędami, np. historycznymi, rozmaite wydawnictwa „spełniają służbę doniosłą" (Orsza et al. 1913, s. 178). Zarazem wskazując na „modlitewniki" lub inne „wydawnictwa dewocyjne" czy też na „kolportaż literatury agitacyjnej, zwłaszcza klerykalnej", Orsza podkreśla „[k]onieczność walki z literaturą tandetną, coraz umiejętniej reklamowaną" (Orsza et al. 1913, s. 189). W sferze działania prowadzonego przez „wydawnictwa agitacyjne" Orsza wydziela „trzy główne kierunki [...]: nacjonalistyczny, socjalistyczny i klerykalny" oraz zaznacza, że zwykle takie wydawnictwo „razi jednostronnością", przy czym „posiada jednak (wyjąwszy klerykalną znaczenie ogromne: elektryzuje, budzi zdobywa koła czytelników, rzuca niepokojąco tysiące zagadnień", co ma ten plus także, że zrywa z wyobrażeniami sielankowości społecznej, pokutującymi we wcześniejszych formach piśmiennictwa ludowego (Orsza et al. 1913, s. 184).

W kontekście kultury i troski o to, by przemawiać „w imię ideału" demokracji, mamy tu sprzeciw wobec błędnego pojmowania i organizowania tu starań. Należy się stosować do

> [...] naczelnej zasady, która głosi, że demokratyzacja wiedzy i kultury polega nie na obniżaniu ich na poziom zaścianka lub przedpokoju, lecz na podnoszeniu ku nim wszystkich, co żyją na nizinach. Popularyzacja dotrzeć winna wszędzie, musi znajdować drogi w zaułki najciemniejsze, ale wchodzić tam wolno jej tylko z pochodnią jasno gorejącą. Umyślne przysłanianie światła, pozornie po to, by do jego widoku przyzwyczaić, do celu nie doprowadzi (Orsza *et al.* 1913, s. 190).

Przypomnę w tym kontekście, że w narracji Radlińskiej, w pełnej wersji jej dalszych rozważań o pedagogice społecznej, metafora podnoszenia przez kulturę zawiera w sobie wyzwalanie i zaspokajanie głodu wiedzy i wiąże się z przebudzeniem, wpisanym w trzy etapy procesu: wrastania w kulturę jako glebę, wzrastania jako rozwoju osobowego potencjału i wyrastania z niej do nowych wyzwań (zebrany zostaje plon), co staje się źródłem nowego zasiewu o charakterze twórczego podejmowania zadań własnej epoki (czasu) i sytuacji (miejsca) w życiu społecznym, tu: w ramach losu narodu. Stąd waga wysiłku, by z pomocą demokratyzowanej oświaty „otworzyć skarbiec myśli polskiej" jako prawowicie przynależne wszystkim „dziedzictwo [...] kultury narodowej" (Orsza *et al.* 1913, s. 184). Jego podstawową funkcję – w ramach owego podnoszenia jako wkraczania na coraz wyższy poziom albo sięgania „w głąb, ku istocie" spraw społecznych, także z pomocą „oświetlenie filozoficznego" (Orsza *et al.* 1913, s. 186) – wyraża stopniowo ziszczający się paradoksalny los każdej wartościowej książki, w tym szerzej kolportowanej „książeczki ludowej". Polega on na tym, że choć wcześniej jest przydatna czy pomocna, to z czasem „[z]aczyna się święcić największy jej trumf: **staje się niepotrzebnym przeżytkiem**" (Orsza *et al.* 1913, s. 187, wyróżnienie – H.O.; także Radlińska 1961a, s. 52). Sugestię tę znajdujemy w tekście rozwiniętą wcześniej z wykorzystaniem przez Orszę autocytatu z 1902 roku w następującej postaci:

> Póki trzeba zastępować szkołę i wykłady popularne, „wiązać mosty nad przepaściami różnic duchowych", mozolnie „budować ścieżki na szczyty myśli" – póty potrzebne są specjalne książeczki ludowe. „Wiele trudów, wiele życia muszą jeszcze pochłonąć, by spełnić do końca swą służbę – przygotować swój świat czytelniczy do literatury ogólnonarodowej, stać się anachronizmem" (Orsza *et al.* 1913, s. 181)[14].

Wraz z „walką o budzące się dusze" chodzi o „obowiązek liczenia się z publiczną, obywatelską stroną życia naszego ludu" – tu Orsza przytacza sformułowania ze sprawozdania Macierzy Polskiej za 1894 rok, najwyraźniej podzielając ich ducha,

---

14 Autorka odsyła w cytatach wewnętrznych do swojej publikacji pt. *Piśmiennictwo ludowe* (Wydawnictwo „Książka", b.m.w., 1902). Ten sam cytat w: Radlińska 1961, s. 49.

choć widzi tu ewolucję w zakresie możliwości docierania do przeciętnych odbiorców, a w ślad za tym narastający krytycyzm (nawet „coraz powszechniejsze słychać potępienie literatury ludowej" – Orsza et al. 1913, s. 185). Autorka zauważa bowiem:

> Tanie wydania Sienkiewicza, Orzeszkowej, Prusa, Mickiewicza wskazują, że lud – masy czytające – garnie się chętnie do arcydzieł literatury, że w dziale powieściowym nie potrzeba tworzyć specjalnego typu (Orsza et al. 1913, s. 185).

Z punktu widzenia wysiłku zmierzającego do rekonstrukcji rozmaitych aspektów rozumienia „ideału", w imię którego ma działać pedagogika społeczna, staje się jasne, że forma literatury ludowej i jej rozmaite treści składające się na zawartość merytoryczną (kulturową, społeczną czy uobywatelniającą) funkcjonują wobec pracy oświatowej w sposób obosieczny (mogą pomagać, ale i przeszkadzać w przebudzeniu i rozwoju duchowym), pozostając zatem w dwoistym uwikłaniu niosącym zarówno szanse, jak i zagrożenia i to nie tylko w przypadku nadmiernego kolportażu i zastosowań, lecz także w sytuacji zbyt słabego ich wykorzystania.

O ideałach biblioteki publicznej i uniwersytetu ludowego

Rozważania Orszy o bibliotekach są przez nią podejmowane ze świadomością, że ruch na rzecz upowszechniania kultury w społeczeństwie polskim pierwszej dekady XX wieku, zdolny działać na rzecz wspólnoty narodowej „w imię wspólnych skarbów" (Orsza et al. 1913, s. 214) kultury, nie został wciąż należycie rozwinięty ani nawet uznany za konieczny. Owo „imię wspólnych skarbów" to podstawowa postać „ideału", w imię którego podjęta działalność ma otwierać sieć dróg i szans samopomocy oświatowej „wiodących ku ideałowi" społeczeństwa zdolnego do namysłu nad własnym losem i rozwojem „po zawiłych drogach" historii (Orsza et al. 1913, s. 214–215). Niezbędne stają się tu konkretne instytucje, ale także szeroki front oddolnych inicjatyw i form zespalania dążeń społecznych zwłaszcza w towarzystwa oświatowe. Nieprzypadkowo dla relacji historycznej rodzącego się procesu niezbędne okazuje się w podejściu autorki krytyczne omawianie szeregu przykładów takich towarzystw, czasem nawet wąsko ukierunkowujących cel, jakim jest „podniesienie oświaty i moralności", bywa, że widziany głównie „w duchu katolickim" (Orsza et al. 1913, s. 217–218). Rzutuje to, jak podkreśla Orsza, na zbytnie zawężenie i spłycenie zadań kulturowych, dalekie od stosowania w doborze książek „zasady powszechności i bezstronności" (Orsza et al. 1913, s. 221), w tym „bez różnicy wyznania, wieku, płci i stopnia wykształcenia" (Orsza et al. 1913, s. 223). Widać, jak głęboko kulturowo i demokratycznie zarazem jest postrzegany ideał, w imię którego mają być podejmowane zadania oświatowe, rozpoznawane i uzasadniane przez rodzącą się pedagogikę społeczną, definiującą swoje narodowe zadania w tworzeniu projektu „pracy oświatowej", której podręcznikowo wskazuje się tytułowe „zadania, metody, organizację" (por. tytuł tomu Orsza et al. 1913). Jak podkreśla Orsza, rozmaitym inicjatywom – jak towarzystwa otwierające bezpłatne (lub oparte na samopomocy) czytelnie i integrujące środowiska bibliotek publicznych – „przyświecał ideał biblioteki publicznej", obejmujący postaci czyniące taką instytucję „skarbnicą dobytku kultury umysłowej polskiej i obcej", łączącą funkcje muzeum narodowego i pracowni naukowej (Orsza et al. 1913, s. 224–225).

Wbrew potocznym wyobrażeniom w oświacie nie chodzi o przekazywanie jedynie wiedzy czy wdrażanie do przydatnych umiejętności. Chodzi bowiem w ujęciu już zrozumiałym dla Orszy i jej pokolenia o coś znacznie bardziej głębokiego i fundamentalnego dla jakości życia społecznego, o czym świadczą fragmenty otwierające rozważania o bibliotekach i o wadze kontaktu z książką pochodzące z tego samego tomu z 1913 roku. Mówią one zwłaszcza o wadze czynienia tego kontaktu powszechnie dostępnym źródłem samokształcenia. Chodzi o oświatowe oddziaływanie urządzeń społecznych, które stanowią maksymalnie otwarte ideowo i pozbawione cenzury generatory impulsów wspierających rozwój jednostek, ale także szerzej będących w stanie „dopomóc pełnemu, wszechstronnemu rozwojowi narodu" (Orsza et al. 1913, s. 211). Niezbędna staje się tu troska o udrożnianie jak najszerszego dostępu do skarbów kultury jako uniwersalnie respektowanego dziedzictwa wiedzy, przynoszącego impulsy, których chłonięcie „wszystkich podnosi na wyższy poziom obywatelskości i uduchowienia" (Orsza et al. 1913, s. 212).

> Jednym z najważniejszych objawów demokratyzacji kultury jest udostępnienie ogółowi jej skarbów przez biblioteki publiczne. [...] Umiejętna organizacja biblioteki ułatwia każdemu korzystanie z książek, usiłuje dotrzeć do wszystkich zakątków, uczynić książkę niezbędną dla życia – jak powietrze i woda (Orsza et al. 1913, s. 211).

Nie chodzi tu Orszy, za przykładami amerykańskimi, jedynie o dystrybucję książek do czytania ani o tworzenie środowisk profilowanego dostępu do treści czy to naukowych, czy popularnych. Bliższy jej jest styl praktykowany przez niektóre biblioteki europejskie, które organizują osobne wydarzenia i sytuacje realnego oddziaływania: „wywiady, czytania zbiorowe, pogadanki", często wspólnie z uniwersytetami ludowymi (Orsza et al. 1913, s. 213). Szczególne znaczenie miałyby tu, jak podkreśla Orsza, zmienne katalogi biblioteczne, zdolne do ukierunkowania i podsycania zainteresowań czytelniczych, słabo jeszcze w owym czasie wykorzystywane (Orsza et al. 1913, s. 235). Mamy tu więc wskazanie na realne inwestowanie energii w działania o charakterze pracy kulturalnej z nadzieją na energetyzujący wpływ wywierany na uczestników takich okazji i form, podejmowanych i urządzanych z myślą o tworzeniu przestrzeni realnego dyskursu społecznego (por. Orsza et al. 1913, s. 212). Nieprzypadkowo takich działaczy społecznych Orsza określa mianem „kulturalników" (Orsza et al. 1913, s. 226), którym w podejmowaniu rozmaitych „zapoczątkowań kulturalnych" nie zawsze udziela się należytego wsparcia finansowego i których nie zawsze obdarza się zrozumieniem, jak w przypadku rajców miejskich Krakowa, opóźniających, jak czytamy, działania mimo uchwały o stworzeniu biblioteki miejskiej z 1908 roku (Orsza et al. 1913, s. 229).

Orsza zauważy, nie tylko ze względu na „brak przygotowania do lektury poważniejszej", np. w przypadku czytelnictwa kobiet (Orsza et al. 1913, s. 246), że funkcją bibliotek nie może być „bezwzględne zwalczanie owego pędu ku książce łatwej i zajmującej", chociaż ich głównym zadaniem pozostaje wdrażanie do lektury innych pozycji, poprzez rozmaite formy „podsuwania książek jak najlepszych, utworów wysokiej wartości artystycznej i etycznej" zamiast obiegowych „lichot" czy sensacji (Orsza et al. 1913, s. 242) albo dominującej czasem książki religijnej (Orsza et al. 1913, s. 243). Ważne okazuje się wykorzystywanie rozmaitych rocznic czy wydarzeń do proponowania książek o charakterze „aktualności" także naukowych i historycznych (Orsza et al. 1913, s. 242). Orsza podkreśla, że szkoła zbyt często skupia się jedynie na trosce o czytelnictwo literatury, zamiast wdrażać do „czytelnictwa w innych dziedzinach" (Orsza et al. 1913, s. 241). Biblioteki także mogą mieć wady i ułomności, np. może na ich jakości ciążyć „brak lub wadliwe urządzenie czytelń", przez co „ogół nie umie obchodzić się z wydawnictwem podręcznym" (Orsza et al. 1913, s. 244). Jako medium i urządzenie społeczne biblioteka publiczna wikła się zatem w wady wewnętrznej natury, wady funkcjonowania otoczenia społecznego i wady w zakresie myślenia o jej funkcjach oświatowych i możliwościach przekształcania środowiska wychowawczego, co tworzy łącznie „splot przyczyn" (Orsza et al. 1913, s. 251) jej niewykorzystania kulturowego przez różne kręgi, w tym młodzież niemającą rozwiniętego stosunku do książki. Praca nad stosunkiem do książki pozostaje więc zadaniem zarówno ważnym społecznie, jak i trudnym pedagogicznie.

W podejściu Orszy widać już uczulenie na warunkowy charakter jakości funkcjonowania instytucji kultury oraz wskazanie na konieczność ich krytyki pod kątem spełniania warunków niezbędnych dla ich wartości. W tym też celu formułowane są względy nawet techniczne i organizacyjne (np. godziny otwarcia), aby można było mieć do czynienia z „ideałem" (Orsza et al. 1913, s. 261) biblioteki. Stąd pojawia się ważne pytania o to, kiedy biblioteka jest żywa i adekwatna jako urządzenie kultury, gdyż „ma być nie tylko martwym składem książek, lecz instytucją żywą, wyczuwającą potrzeby umysłowe ogółu, instytucją kształcącą, »skarbnicą lekarstw duszy«" – jednym z nich jest przygotowanie specjalnego typu „pracownika kulturalnego", który zamiast pełnić funkcję strażnika książek czy urzędnika, musi się stać wręcz „misjonarzem czytelnictwa" (Orsza et al. 1913, s. 252–253). Ideał biblioteki wymaga pewnej wyobraźni o kulturze i o szansach rozwoju społecznego, w tym o „łączności" międzypokoleniowej jako „doniosłej dla wychowawczej roli biblioteki" (Orsza et al. 1913, s. 264), gdyż – jak podkreśla Orsza – kończąc rozważania o tym typie urządzeń kultury,

> [...] zapominać nie można, że biblioteka jest nie tylko wykwitem oświaty, dobrobytu i wolności – lecz ogniwem wielkiego łańcucha ciągnącego się w przyszłość, siłą twórczą.

„Naród bez bibliotek – to twierdza bez broni" (Orsza *et al.* 1913, s. 267 – miejsce przytoczonego na końcu cytatu nie jest podane).

Nie mogą więc wystarczyć (por. Orsza *et al.* 1913, s. 259–260) ani dary jako tryb pozyskiwania zbiorów, ani zaangażowanie wolontariuszy w promowanie czytelnictwa. Co więcej, zyski związane z biblioteką oraz specyficzny tryb jej oddziaływania wymagają dojrzałości myślenia o kulturze jako warunku inwestowania w urządzenia oświatowe i zrozumienia dla ich funkcji, gdyż

> [...] biblioteka zysków materialnych nie daje i dawać nie powinna. Zysk jej nie jest uchwytny, nie może być objęty ścisłą statystyką, kryje się bowiem w głowach i sercach tej, nieraz trudnej do zliczenia rzeszy osób [...] przy wędrówce książki bibliotecznej [...] książka żyje w niej krótko, zadaniem jej jest „zginąć w pożytku". [...] służyć ma przyszłości [...] tym, co [...] w dusze zasieje (Orsza *et al.* 1913, s. 256).

Dlatego pojawia się paradoksalny akcent dotyczący tego, że można wyrokować, iż nic w książce nie ma albo że w bibliotece nie ma nic wartościowego, wręcz „nie ma książek", gdy to, co jest, „nie może zaspokoić żądań czytelników" (Orsza *et al.* 1913, s. 257). Praca więc i funkcja wychowawcza biblioteki wymagają gry z tymi żądaniami, aby dało się zarazem budzić potrzeby i rozwijać zdolność sięgania po całą spuściznę, a nie tylko po to, co jest w zasięgu kompetencji, bez niezbędnego wysiłku wzbogacenia przez kontakt z trudniejszymi skarbami kultury. Chodzi więc o jednoczesną meliorację duchowości ludzkiej i gleby, na której to może się rozwijać. Stąd dopełnieniem tych rozważań staje się naturalnie wskazanie na znaczenie działalności „uniwersytetów ludowych" i na ich zadania (por. Orsza *et al.* 1913, s. 329–345).

W ostatnim tekście w serii wprowadzającej w *Pracę oświatową, jej zadania metody i organizację* Orsza rozpoznaje (autorsko w 1908 roku) jako wyzwanie fakt, że potencjalny adresat takich oddziaływań „nie przywykł korzystać z urządzeń publicznych" (Orsza *et al.* 1913, s. 344), a to jest warunkiem wydobywania się przez niego z ograniczeń własnego świata, przez co uniwersytet ludowy musi być zdolny przyjść do niego, nie czekając na gotowość do sięgnięcia po jego ofertę, która nie polega na scholastycznym prezentowaniu wiedzy, ale na tworzeniu okazji i sprzyjaniu motywacji do własnego rozwoju (Orsza *et al.* 1913, s. 342). Co więcej, uruchamiając w swojej postawie własne „ideały życiowe" uczestnicy takich spotkań powodują, że sama taka sytuacja także „oddziaływa na uczonych" (Orsza *et al.* 1913, s. 340), zaangażowanych w tego typu działalność i wzbogaca ich zdolność, by innych „wieść po drogach kultury" (Orsza *et al.* 1913, s. 335), jak w przypadku słynnego Uniwersytetu Ludowego im. Adama Mickiewicza, powstałego w 1898 roku, i szeregu innych podobnych inicjatyw z tego samego czasu przełomu stulecia.

Orsza podkreśla – jako ważną okoliczność takich inicjatyw kulturalnych – fakt, że są to „instytucje oświatowe dla dorosłych", adresowane głównie do tych, „którym dola nie pozwoliła rozwinąć w sobie godności ludzkiej i potrzeby pełnego życia ludzkiego", przez co jako urządzenia społeczne negują okoliczność, iż „[d]ostęp do wiedzy jest jeszcze częścią przywileju tych, co posiadają i inne przywileje" (Orsza et al. 1913, s. 332–333). Takie podejście łącznie autorka określa mianem „uspołecznienia kultury" (Orsza et al. 1913, s. 331), pokazując tą formułą z 1908 roku, że nie musiała ona czekać na marksistowsko inspirowane postulaty o całe pokolenia późniejszej formuły Bogdana Suchodolskiego (rocznik 1903).

Fakt, że ten ostatni nie umiał wpisać swoich ambicji w kontynuowanie tej znacznie wcześniejszej strategii, jest kolejną rysą na uwznioślanym obrazie snutym przez jego akolitów, budujących mit świetlanej postawy. Bogdan Suchodolski nie okazał się godny naszej tradycji pedagogicznej nie tylko dlatego, że nie widział w niej godnego partnera. Sankcjonowane przez niego i wzmacniane wyroki zakrętu historii, zdominowanego mrzonkami zaprzysięgłych marksistów, wymagają unieważnienia, a zlekceważony dorobek dopiero zwolna zaśni pełniejszym blaskiem.

Ideały w ruchu oświatowym – dalsze odniesienia historyczne

Lista wątków, którymi posługuje się Radlińska w porządkowaniu podstaw i źródeł działalności oświatowej traktowanej jako przedmiot analiz historycznych i przesłanek projektowania spraw państwowości odzyskującej niepodległość po latach zniewolenia i losów rozbiorowych, jest bardzo rozbudowana i szersza, niż by sugerowały przykłady omówione powyżej. Temat zasługuje na kontynuację, gdyż pozwala na głębszy wgląd w nastawienia reprezentatywne dla całego pokolenia. Radlińska przy tym relacjonuje zjawiska wydobyte za pomocą własnych kategorii opisowych. Tak jest chociażby z kojarzeniem kultury i sposobu jej obecności społecznej w warunkach zniewolenia poprzez operowanie kategorią „środowiska niewidzialnego", o czym świadczy następujące sformułowanie:

> Polska niepodległa żyła w „środowisku niewidzialnym", w którym przeważnie działa praca oświatowa, jako oczekiwane, konieczne ziszczenie ideału narodowego i społecznego (Radlińska 1947, s. 128).

Budowanie nowego systemu oddziaływań wymagało doprowadzenia – poprzez nowe nadzieje i zrywanie więzów wcześniejszego uzależnienia od obcej władzy – do „upadku hierarchii syconej pozorami" (Radlińska 1947, s. 128) poprzez sięganie po nową literaturę i wzory w nią wpisywane i to w trybie „otwierania wszystkim wrót do dorobku kultury" (Radlińska 1947, s. 130). Podstawy ruchu oświatowego w okresie tworzenia zrębów systemu w warunkach powstawania niepodległego państwa stanowiły sposoby organizacji ruchu nauczycielskiego, pracowników kolei oraz działaczy i uczestników kółek rolniczych, a także związków młodzieży wiejskiej. Łączyło się to z promocją świetlic, z wykorzystaniem rozwiązania w postaci – w najbardziej rozwiniętej wersji – uniwersytetu ludowego, czerpiącego ze znanych Orszy doświadczeń duńskich, w tym myśli Grundtviga, a w działalności najbardziej podstawowej wiązało się z zaangażowaniem oświatowym na rzecz eliminacji analfabetyzmu wśród żołnierzy w wojsku.

Odniesienia do programowania form działań oświatowych miały także w relacji Radlińskiej doświadczenia międzynarodowe, przynoszące rozmaite sposoby upominania się o „niejeden ideał ogólnoludzki", w tym szeroko oddziałujące prądy, takie jak socjalizm i „katolicyzm socjalny", oraz takie, które obejmowały braterstwo międzynarodowe, walkę wyzwoleńczą, rozwój indywidualny, wspólne „podstawy w niejednej dziedzinie życia duchowego", pomimo nawet zantagonizowanych form, jak w nurcie liberalnym i w marksizmie (por. Radlińska 1947, s. 104–105). Radlińska zarazem dystansuje się wobec popularności wcześniejszego sloganu głoszącego, że „oświata ludu dokona cudu", wskazując w szczególności w tym punkcie na „bankructwo haseł pozytywizmu", pozbawionych zrozumienia dla konieczności przeobrażeń instytucjonalnych w sposobie organizacji życia społecznego czy zdominowanych ideą kultywowania „wiary w wartość spuścizny dziejowej" (Radlińska 1947, s. 109). Rzecz jasna nie oznaczało to lekceważenia oświaty zakazanej pod zaborami, np. w rosyjskim, a nawet wiązało się z uwypukleniem zasług „tajnych kursów zwanych »Uniwersytetem latającym«" i innych form „rozległej pracy oświatowej, dążącej w głąb", z wykorzystaniem kolportowania książek, których rola „musiała zastępować szkołę i oddziaływanie żywym słowem" (Radlińska 1947, s. 110–111). Zapewne nie ułatwiły obecności pism Radlińskiej po wojnie przykłady niewygodne dla władz komunistycznych, np. udział w takiej oświacie samego Józefa Piłsudskiego (Radlińska 1947, s. 111)[15].

Znaczące jest, jak się wydaje, wpisanie przez Radlińską postulowanego odniesienia do ideału w pracy oświatowej przez pryzmat postawy „kulturalników", co najpełniej wyrażają następujące uwagi, unaoczniające odejście od pozytywizmu w stronę afirmowaną przez Edwarda Abramowskiego, co miało dla autorki znaczenie; jak pisała, ujmując ideał w kategoriach zerwania z rzeczywistością:

---

15 Nie pomogły nawet sygnały o wymuszonej działaniami Piłsudskiego ewolucji postawy Radlińskiej wobec postaci tak jednoznacznie negowanej w doktrynalnej perspektywie władz PRL-u; jak wiedzieli to nawet jej studenci, „kochała Komendanta, szanowała Naczelnika, ale nienawidziła Marszałka", por. świadectwo Władysława Sali w: *Helena Radlińska. Człowiek...* 1994/1995, s. 113. Z kolei jak zaświadcza Stanisław Reymont, omawiając epizod z życia Radlińskiej, gdy ta wypełniała zadanie zlecone jej przez Piłsudskiego jako „[e]misariuszka Komendanta" w sprawie utworzenia rządu, można wprost przytoczyć jej późniejsze wyznanie: „Wcale nie taję – mówiła bez cienia emocji w głosie – że podziwiałam Komendanta, po prostu Komendanta kochałam. Nie byłam w tym odosobniona. Gdy został marszałkiem – ceniłam i szanowałam. Wielkiego Marszałka nie lubiłam" (*Helena Radlińska. Człowiek...* 1994/1995, s. 94–95). Fakt, że Radlińska była wcześniej emisariuszką Piłsudskiego, zdawał się w oczach władz komunistycznych ciążyć nad nią już bezpowrotnie.

Ideologia oświatowa Polski końca XIX i początku XX stulecia odeszła daleko od pozytywizmu, zatrzymawszy jednak niejedną ze zdobyczy metodycznych (w zakresie popularyzacji nauk przyrodniczych i społecznych. [...] Zwyciężył pogląd [...], że celem nie może być dostosowanie się do rzeczywistości. Praca oświatowa wszystkich obozów pragnie przetwarzać rzeczywistość w imię ideału. Przy określaniu ideału uwidocznia się wśród przeciwstawnych kierunków pewna wspólność „kulturalników". Tak określano ludzi, odróżniających się od „społeczników" zainteresowaniem przede wszystkim podstawami duchowymi współżycia ludzi i wartościami człowieka. Na kształtowanie ideologii „kulturalników" duży wpływ wywarł E. Abramowski. Jego formuła: „[za]rodnikiem świata społecznego jest sumienie człowieka" wyznaczała punkt widzenia we wszystkich sprawach przebudowy (Radlińska 1947, s. 117).

Byłoby z pewnością fascynujące – przerzucające pomosty między historią myśli społecznej i filozofii a pedagogiką społeczną i ruchem oświatowym – prześledzenie pełni wątków dotyczących prac Edwarda Abramowskiego w podejściu Radlińskiej, podobnie jak odnoszących się chociażby do Karola Fryderyka Libelta, Ludwika Krzywickiego czy Stanisława Karpowicza. W przypadku tego ostatniego, zauważmy, Radlińska podnosi ideę wskazującą na „cel »ogólnospołeczny«, ideał ponadklasowy, ku któremu zmierza postępowy ruch ludzkości" (Radlińska 1947, s. 118), ale zarazem jest świadoma, że w okresie międzywojennym okoliczności społeczne (np. kryzys ekonomiczny) nakazywały na nowo – bo w nowych kontekstach społecznych – przemyśleć powiązanie wychowania „z całością organizacji życia społecznego" (Radlińska 1947, s. 122).

Śledząc rozwiązania oświatowe w krajach Europy lat 20. i 30. XX wieku (w tym w Austrii czy w Niemczech, przy szerokim zainteresowaniu dorobkiem Danii), Radlińska poświęca także uwagę Rosji, wskazując interesujące dla nas przejawy uwypuklania przez pedagoga społecznego postawy oświatowej w postaci odróżnienia dwóch kierunków pracy oświatowej, zwanych „rozsiewającym" oraz „kształtującym", przy czym podkreśla, że tam „wytworzyło się swoiste splątanie" obu kierunków jako „wprzęgniętych" w realizację „ogólnego planu przebudowy" (Radlińska 1947, s. 127). Mamy tu więc włączanie oddziaływania w praktykę „rozsiewania" idei bądź „kształtowania" ich odbiorców, głównie robotników, co Radlińska zderza z inaczej ukierunkowaną strategią agraryzmu w Europie Środkowej, gdzie chce się „związać przebudowę kulturalną z tradycjami twórczości ludowej", by wzmocnić tożsamość, poczucie siły i wartości świata kultury wiejskiej pracy na roli, co było przedmiotem troski zwłaszcza środowisk w Niemczech i w Stanach Zjednoczonych (Radlińska 1947, s. 127).

Zauważmy – choć wątek ten pojawia się w niniejszej książce także w innym kontekście – że znamienne dla narracji pedagogicznej i postawy Radlińskiej jest również ogólniejsze uwypuklanie napięcia programowego w działalności oświatowej i jej zorientowania na ideały między działaniem zwanym przez nią

„rozkrzewianiem", czy typem oddziaływań określanych mianem „rozsiewania", a dążeniem do głębokiego „kształtowania" indywidualnego. Spór na początku XX wieku dotyczył głównego kierunku oddziaływania: czy ma być szerokie i ekstensywne, czy głębokie i intensywne w charakterze śladów pozostawianych w psychice? Radlińska najwidoczniej widzi tu konieczność łączenia tych biegunów, wskazując na troskę o działanie, które „rozkrzewia ideał" (Radlińska 1947, s. 45), przyczyniając się do przejmowania go, jak również przejmowania się nim przez szersze grona, które dzięki niemu stają się wspólnotami o nowym typie przeżyć i zdolności do działania, wykraczając zatem poza potencjał i tożsamość tłumów czy przypadkowych zgromadzeń jednostek nieczujących wspólnoty doświadczenia i więzi twórczej. A chodzi tu aż o trzy cele: „wdrażanie do czynności", „rozbudzanie świadomości" oraz „nastawianie woli" poprzez docieranie do jednostek mogących głęboko zespalać (np. swoim potencjałem przywódczym) działania innych, w trybie wzajemnej troski o „więź moralną" powstającą „w imię spraw wspólnych", głęboko pojmowanych i przeżywanych jako odniesione do wartości i podejmowane także z zadaniem ich „rozsiewania" (Radlińska 1947, s. 46). Pedagog społeczny jest tu widziany jako zainteresowany i wręcz przejęty działaniem zarówno wyzwalającym poszczególne jednostki, jak i zespalającym je w szerzej adresowanym wysiłku, zakorzenianym społecznie. Dokonuje się ono w trybie instytucjonalizowania poprzez „tworzenie urządzeń" stanowiących nośniki i miejsca obecności, dostępu i „promieniowania" wartości, łącznie służących głębokiemu „rozkrzewianiu ideału" (Radlińska 1947, s. 46). Metodologicznie kluczowa jest tu deklaracja Radlińskiej wskazująca na rozumienie dwoistego sprzężenia między wchodzącymi tu w grę biegunami, z odrzuceniem ulegania aurze ich rywalizacji czy alternatywności. „Spór obu kierunków" obnażył jedynie słabość każdej ze stron i uwypuklił wagę ich wzajemnego uzupełniania się:

> Doświadczenie pokazało, że pomijano w nim nieraz zagadnienie w życiu społecznym rozstrzygające. Oto – dopiero na tle pracy szeroko rozsiewającej wspólne wartości, odbywa się rekrutacja nowych sił [...]. „Kształtowanie" jednostek bez zasilania gleby, z której wyrastają, zawodzi. Ekstensywność i intensywność, jako kierunki działalności, nie wykluczają się, lecz uzupełniają. Sposoby „ekstensywne" dopomagają często do zharmonizowania życia jednostki i życia społecznego, do korzystania z dorobku ogólnego, jako tła własnej twórczości (Radlińska 1947, s. 47).

Dodam na marginesie, że sformułowanie wycięte z powyższego cytatu dotyczyło już zbyt archaicznie brzmiącego akcentu wskazującego jednocześnie (w 1947 roku) na troskę Radlińskiej uwypuklającą „możność porozumienia szeregów przodowniczych z masami" (Radlińska 1947, s. 47) jako zadanie w procesie rozsiewania wartości składających się na ideał – w tym zakresie sugestie dla pedagogiki społecznej wydają się już nieaktualne, choć pozostają zrozumiałe w odniesieniu do czasu, w którym były formułowane. Racjonalne jądro takich trosk wiąże się w podejściu Radlińskiej z pedagogicznym poszukiwaniem „podniet dla twórczości" dla szerszego grona, a nie tylko w oddziaływaniu indywidualnym, choć z jednej strony z wykorzystaniem wyróżniających się jednostek, a z drugiej strony z udostępnianiem „wzorów urządzeń" (Radlińska 1947, s. 42–43). Łącznie to „konkretyzuje ideały, nastawia wolę, wskazuje metody", jako że – a zbyt rzadko się na to zwraca uwagę – w rozumieniu autorki konkretyzacja ta wyraża się także „powściągami ideału" (Radlińska 1947, s. 42–43), który ten ze sobą przynosi, unaocznia i wdraża.

Pozwolę sobie poczynić jeszcze jedną uwagę w ramach dodatkowego wzmocnienia zgłoszonych w tej książce przeze mnie dwóch typów zastrzeżeń. Chodzi o sprzeciw wobec tych, którzy sądzą, że można ustalać typ zaangażowania pedagoga społecznego w imieniu ideału wybranego przez niego, jak również wobec samej Radlińskiej, widzącej oddziaływanie w imieniu ideału jako jedyne i zawsze możliwe dla pedagogiki społecznej. Warto, moim zdaniem, przywołać jeszcze jeden argument, tym razem wykorzystujący spostrzeżenie autorki, że typ recepcji tego oddziaływania jest nieprzewidywalny oraz podlega oporowi i selektywności samego adresata w zakresie pozostającym poza kontrolą oddziałującego na niego. Sformułowanie to jest jak najbardziej aktualne i uniwersalne pod względem pedagogicznym:

> [...] nie tylko wychowanie dzieci, lecz również dorosłych jest w znacznej mierze służbą nieznanemu. Gdy wprowadza w świat wartości – nie wie, które z nich zostaną trwale przyswojone (Radlińska 1947, s. 20).

A przecież pokazuję tu dalej, że Radlińska nie dysponując jeszcze pojęciem tożsamości negatywnej, w pełni zdaje sobie sprawę, że efekt oddziaływania wychowawczego może być wręcz odwrotny wobec zamierzonego i to z winy samego oddziałującego.

Ideał i osobowość – podsumowanie interpretacyjne za Hanną Świdą

Na stosunek do problemu ideału w pedagogice, w kontekście rozważań Heleny Radlińskiej, dobrze jest, moim zdaniem, spojrzeć z perspektywy rozwiniętej w znakomitych analizach monograficznych Hanny Świdy (1970). Choć sama autorka nie pisze o interesującej mnie tu wizji, to przygotowała narzędzia, które mimo zastrzeżeń, jakie można by zgłosić[16], pozwalają na podsumowanie uzyskanego wglądu

---

16 Absolutnie nie do przyjęcia jest nadużywanie zwrotów wskazujących na „swoistość" rozmaitych przywoływanych w opisach zjawisk, istotną skazę całości stanowi też brak odniesień do Radlińskiej, nie jestem również w stanie się zgodzić ze wszystkimi akcentami dotyczącymi B. Suchodolskiego czy S. Hessena (por. Świda 1970). W całości jednak tekst jest znakomity

w stanowisko Radlińskiej. Perspektywa ta z jednej strony pozwala wejrzeć głębiej w niezwykle ważne intuicje tej klasycznej wizji rozwiniętej w pedagogice społecznej, a mającej znacznie szerszy walor, a z drugiej strony umożliwia lepsze zrozumienie zarówno oporów samej Radlińskiej wobec jednoznacznego wskazywania treści, kryjących się za jej fundamentalnym zwrotem, wskazującym na potrzebę działania pedagogicznego „w imię ideału", jak i pewnych ograniczeń samej ramy interpretacji typowej sytuacji, w jakiej to działanie może zachodzić. Okazuje się, że najważniejsze staje się sprzężenie ideału z osobowością, nie tylko dla teorii pedagogicznej, lecz także dla rozumienia mechanizmów i procesów działających w obrębie relacji między tymi biegunami uwikłanymi w rozpoznawane trudności, a nawet przeszkody dla strategii wychowania.

Świda, wychodząc z przekonania, że „[n]adrzędnym pojęciem pedagogiki jest pojęcie ideału wychowawczego", dowodzi, że gdy wnikliwie zająć się „relacją pojęcia osobowości do ideału wychowawczego", wówczas okazuje się, że mimo typowych nastawień teoretycznych i praktycznych nie wolno konstruować ideału, wskazując dla niego jednocześnie jednostronną „pozycję nadrzędną i w gruncie rzeczy zewnętrzną" względem osobowości, której dany ideał chciałoby się przekazać do uwewnętrznienia (Świda 1970, s. 10–11). Przy różnych treściach ideału może dochodzić do tego samego zakłócenia tej relacji na poziomie indywidualnej „percepcji ideału" aż do jego odrzucenia i odwrócenia motywacji identyfikacyjnej w stronę przeciwną. Nie znając jeszcze kategorii tożsamości negatywnej, wpisanej chociażby w model cyklu życia Eriksona, Świda pokazuje znakomicie przykłady reakcji na działania wychowawcze (np. resocjalizacyjne w więzieniu, por. Świda 1970, s. 24–25[17]), gdy efekt oddziaływań poprzez osobowy stosunek do nich ich adresata staje się czymś daleko odbiegającym od założeń czy intencji wychowawczych. Zarazem zderzenie ideału i indywidualnej percepcji ideału staje się zasadą metodologicznego podejścia w celu przygotowania gruntu do postulowania innej relacji między ideałem i osobowością niż opartej na wdrażaniu do treści nadrzędnych i gotowych w kanonicznej postaci do przejęcia i stosowania. Tymczasem ideał staje się realnym odniesieniem motywacyjnym tylko wtedy, kiedy da się go uzgodnić z uwikłaniami osobowości w jej własne doświadczenia i emocje, z perspektywy których promowany ideał może nie mieć niezbędnej wartości ani siły oddziaływania. Stąd Hanna Świda akcentuje potrzebę obalenia wizji pedagogiki, „wedle której pojęcie osobowości jest podrzędne w stosunku do pojęcia ideału" (Świda 1970, s. 19). Podkreślam tu, że przytaczane zostają aspekty wpisane w rozważania autorki, które traktuję jako składniki przybliżające wgląd w stanowisko Heleny Radlińskiej, Świda bowiem

---

i zasługuje na poważne przestudiowanie przez każdego pedagoga społecznego czy pedagoga ogólnego w Polsce.

17 Dla przykładu w nawiązaniu do ideału wychowawczego „praworządnego życia" okazuje się często, że „[w] percepcji więźnia wewnętrzna akceptacja prezentowanych wartości jest absurdalna i z gruntu niemożliwa" (Świda 1970, s. 24–25).

programuje perspektywę, która mimo że pozbawiona odniesień do klasyka pedagogiki społecznej pozwala zrozumieć istotne niuanse stanowiska tej ostatniej. Ta zaznaczała przecież, że nigdy nie wiadomo, jaki użytek z przekazywanych treści wychowawczych zrobi odbiorca ani które z nich i jak wpłyną na jego postawę. Stąd teza, że „nadrzędność" ideału staje się naturalną przeszkodą w jego podjęciu, jeśli nie ma tu odniesienia do wymiaru osobowego, nad którym trzeba umieć pracować. Rzecz jasna najważniejsze jest to, jak ma wyglądać owa postulowana alternatywa relacji ideału do osobowości, w tym zwłaszcza samego statusu działań „w imię ideału", na czym tak bardzo zależało Radlińskiej. Jej czujność pedagoga społecznego zbiegała się z takim chociażby podsumowaniem ważnego rysu stanowiska Świdy, uzasadniającym powyższe tezy:

> W procesie wychowawczym bowiem mamy przecież do czynienia zawsze ze zderzeniem i penetracją dwóch rodzajów rzeczywistości, ideału wychowawczego i treści osobowej wychowanka. Trzeba wszak pamiętać, że proces pedagogiczny nie odbywa się w próżni i nie stanowi dla wychowanka jedynego i wyizolowanego rodzaju doświadczenia, lecz zostaje wmontowany w całość doświadczeń, składających się na indywidualną biografię człowieka. [...] każdy ideał oferowany przez świat zewnętrzny podlega swoistej percepcji wychowanka, jest przez niego w charakterystyczny sposób przeżyty i interpretowany. [...] percepcja ideału przez wychowanka może być bardzo różna i niekiedy zgoła nieoczekiwana, zależnie od tego, w jakim stopniu ideał koresponduje z treściami osobowymi, w jakim stopniu do nich nawiązuje i z nimi się wiąże (Świda 1970, s. 21).

Uwagi te zbiegają się ze świadomością uwarunkowań oddziaływania wychowawczego u Radlińskiej, a stanowią mocne zaprzeczenie rozmaitych powierzchownych wyobrażeń pedagogicznych sugerujących, że wychowanie to kwestia usilności, konsekwencji, wręcz przymusu, czy stanowczości perswazji. Radlińska wielokrotnie podkreślała, że w imię ideału nie wolno zapominać o osobistej sytuacji, doświadczeniu i perspektywie postrzegania siebie i świata przez wychowanka (także albo i tym bardziej w oświacie dorosłych), bo to uwzględnienie – w promowanym tu języku – w pracy wychowawczej (oświatowej) dwoistego[18] napięcia między ideałem i osobowością staje się kluczem do jakości oddziaływania poprzez budowanie wartościowej więzi czy choćby tylko interakcji wyzwalającej potencjał

---

18 Na marginesie warto zauważyć, że u Hanny Świdy spotykamy odniesienia do złożoności strukturalnej sytuacji działania pedagogicznego w kategoriach dwoistości, wpisanej najpierw w wymiary egzystencjalne człowieka w rozmaitych koncepcjach filozoficznych, a także odniesienie do koncepcji Leona Festingera zwracającej uwagę na mechanizm „dysonansu poznawczego". Jednak dla potrzeb pedagogiki społecznej musimy tu już być dalej, podobnie jak w nawiązaniach do Roberta K. Mertona, gdzie niewykorzystana przez Świdę pozostaje idea „ambiwalencji socjologicznej", ciągle słabo przyswojona przez pedagogów i socjologów w Polsce. W sprawie odwołań do idei dwoistości u Świdy, zwykle uwypuklających rozdwojenie z pewną nadrzędnością któregoś z biegunów, por. Świda 1970, s. 12, 19, 381, 389.

działania. Wzgląd na „słuszność" ideału musi być dwustronny i uwikłany w wysiłek przepracowania obu stron włączonych w proces oddziaływania – zarówno postaci ideału, jak i kondycji samej postaci odbiorcy tych oddziaływań.

Myślę, że zgodne z intuicjami Radlińskiej i jej zniuansowaniem roli pedagoga społecznego jest stwierdzenie Świdy, iż

> [...] ideał „sam w sobie" w ogóle nie funkcjonuje w osobowości. Aby stał się on ludzki i żywotny, zawsze połączyć się musi z treściami osobowymi, musi stać się częścią motywacyjnego układu człowieka (Świda 1970, s. 34).

Wobec tego pedagog społeczny musi umieć pracować także w takim indywidualnym trybie, choć nie tylko. Pamiętamy, jak ważne dla Radlińskiej było wpisanie w zadania pedagogiki społecznej „meliorowania środowiska" pod kątem oddziaływania i poszerzenia jego kulturowego potencjału. Świda przywołuje również przykład kolonii Makarenki, na której pedagog działał, „zaszokowując swych wychowanków urokiem całkiem nie znanego im świata kultury, literatury, teatru, nauki" (Świda 1970, s. 46). Stąd ważna teza Świdy, zgodna także z duchem Radlińskiej, że wartości (choćby i uznane za najbardziej słuszne)

> [...] nie powinny być formułowane w kategoriach sztywnych wymagań o charakterze nadrzędnym, ale w kategoriach życia osobowego. Tak więc ideał stanowić powinien syntezę tendencji osobowych oraz aspektów życia ponadindywidualnego. [...] Wtedy właśnie istnieje możliwość przeformowania osobowości na kształt ideału, który może początkowo pozornie stanowić antytezę aktualnych nastawień wychowanka (Świda 1970, s. 42).

Niedojrzałe pedagogicznie występowanie „w imię ideału" może przynosić efekty niemające nic wspólnego z zamierzonym kształtem ideału. Świda wskazuje w szczególności na konieczność zanegowania „podziału osobowości na warstwę skłonnościową i warstwę powinności", a zarazem – choć nie sądzę, aby trafnie odnosiła się do Sergiusza Hessena – podkreśla, że w postulowanej syntezie czy symbiozie ideał nie musi – wręcz nie może – być dominujący, ale powinien być równoważony „osobistymi potrzebami i tendencjami", choć znowu nie sądzę, aby dało się to wyrażać terminem „w równej mierze", gdyż skala tej miary może się sytuacyjnie zmieniać, oscylując w zależności od skali przeciwieństw, jakie trzeba pokonywać, czy blokad nawykowych, wyniesionych np. ze środowiska życia, w stosunku do ukierunkowania ukazanej treści (por. Świda 1970, s. 38–39). Dwoiste sprzęganie ideału z osobowością w całość uwzględniające to, jak osobowo wychowanek może zareagować na występowanie w imię ideału, ma dobitne uzasadnienie u Świdy, współbrzmiące z troskami Radlińskiej, mimo że tych w pracy autorka wprost nie przywołuje (nie zakładam zarazem, że ich nie zna):

> [...] formułując ideał bez poznania tendencji osobowych, nie mamy w gruncie rzeczy pojęcia, co naprawdę stanie się z człowiekiem poddanym takiemu procesowi

oddziaływania wychowawczego. [...] Ideał – będący czynnikiem kierującym dla wychowawców – podlega percepcji indywidualnej do tego stopnia, że będąc sprzecznym z treścią osobową wychowanków, nie zostaje zaakceptowany, i choć uwewnętrzniony, deformuje się gruntownie, zmieniając się w system motywacyjny całkiem odmienny od pedagogicznych zamierzeń (Świda 1970, s. 41).

Stąd pozornie paradoksalna teza Świdy, ukazująca, moim zdaniem, właściwy kierunek dla rozumienia stanowiska uwypuklanego, może nie zawsze tak dobitnie, przez samą Helenę Radlińską, przenikającego jej sugestie dla pedagogów społecznych. Chodzi o to, że nie wystarcza, a nawet jest szkodliwe „wysnuwanie ideału wychowawczego z jakichkolwiek czynników nadrzędnych" dla nich samych, bez uwzględnienia specyfiki doświadczeń oraz przeżyć jednostek i całych środowisk czy pokoleń w kategoriach opisu ich osobowości (uprzedzeń) czy braku gotowości do współdziałania (Świda 1970, s. 51). Zatem – jak to czytamy u Świdy –

[...] błąd wielu pedagogów w naszym kraju nie na tym polega, że formułują ideał ogólny w oparciu o tendencje rozwoju społecznego, lecz na tym, że nie wypełniają go żywą ludzką treścią, która jest odzwierciedleniem tendencji osobowych współczesnego pokolenia (Świda 1970, s. 51).

W imię ideału zatem niezbędne jest uzgadnianie przede wszystkim celu, który wychowanek ma osiągnąć – poprzez „formę ludzkiego życia, formę, która wyrasta z poprzednich etapów rozwojowych" jednostki czy jej faz cyklu życia – z wglądem w istotę dominujących, także ukrytych „tendencji dynamicznych" w aktualnych okolicznościach tego rozwoju (Świda 1970, s. 52). Wspólna teza Świdy i Radlińskiej wydaje się tu dla pedagogiki społecznej i jej sugestii dla profesjonalnego działania w obszarach jej zainteresowań następująca, mając walory zarówno praktyczne, jak i teoretyczne:

[...] budujemy ideał nie przez określanie wyabstrahowanego „wzoru człowieka", koncypując go w sposób sztywny z zewnętrznych wymogów świata zewnętrznego i ideologii, lecz przez odkrywanie niezliczonych, nieprzewidywalnych, zindywidualizowanych wariantów życia osobowego, w których te same wartości ideologiczne wyrażają się w formie nieskończenie różnorakiej. Idzie tu więc o sformułowanie zupełnie innych kategorii opisu. [...] immanentna budowa ideału wychowawczego w oparciu o źródła nadrzędne jest pedagogicznie nieprzydatna nawet w sensie pomocniczym. Ideał wychowawczy powinien stanowić kształt ludzkiej egzystencji i być formułowany w kategoriach osobowych. [...] ideał wychowawczy to koncepcja żywego człowieka najbardziej słuszna z punktu widzenia tendencji rozwojowej cywilizacji, lecz nosząca nieuniknione piętno jego rzeczywistości osobowej, a nie „wyabstrahowane wymagania cywilizacji" przybierające kształt wzoru do urzeczywistnienia. Budując ideał, wychodzimy więc od aktualnego kształtu osobowego wychowanka, i określając bardzo ogólnie kierunek rozwojowy, tworzymy najbliższą rzeczywistość wychowawczą, badając następnie, jakie zmiany w osobowości wychowanków dzięki tej rzeczywistości zaszły, jaką strukturę osobową reprezentują oni na danym etapie. Ta nowa struktura (przy ciągłej świadomości kierunku naczelnego) staje się podstawą do ustalenia dalszego etapu wychowawczego (Świda 1970, s. 54, por. także s. 55–56)[19].

W przytoczonych sformułowaniach Świdy przebijają się – i pobrzmiewają jako ważne – troski Heleny Radlińskiej, które wpisała w zalecenia dotyczące sposobów oddziaływania i komunikowania się przez pedagogów społecznych z adresatami w poszczególnych środowiskach. Wbrew akcentom u niektórych pedagogów społecznych nie chodzi tu o żadne odgórne ani zaangażowane perswazyjnie przekonywanie, zadawanie czy wskazywanie kierunku rozwoju i postawy jako wymogu zewnętrznego, mającego jedynie jakąś sankcję obowiązywania niezależną od stosunku do niego wychowanka, a wskazywaną mocą jakiegoś autorytetu. Jak pisze Świda, „sensowność tworzenia »ideałów zewnętrznych«" upada wobec faktu, że i tak będą zderzały się w ramach procesu uwewnętrznienia „z przemianą ich kształtu i treści" (Świda 1970, s. 390). Ważne jest rozpoznanie, odkrycie rozmaitych „typów idealnych" postaw jako „uogólnień potrzebnych w pedagogice", choć – jak podkreśla H. Świda – chodzi tu nie o konstrukcje narzucane czy konstruowane uprzednio idealnie jak w sensie Weberowskim, ale wydobywane jako „zawarte w indywidualnościach" (Świda 1970, s. 140, 145, 153–154) i w tym sensie stające się ogólnymi czy nadrzędnymi, zwłaszcza gdy da się je widzieć w dążeniach pokoleniowych. To, zdaniem Świdy, pozwala

> [...] zaprojektować rozwój osobowy dla określonego typu idealnego, jest w tym sensie więc w stanie zaprojektować wychowawcze kształcenie osobowości, ujmując to w kategoriach bardziej ogólnych (Świda 1970, s. 154).

O tym, że wychodzi to naprzeciw myśleniu Radlińskiej, niech świadczy sugestia Świdy o potrzebie studiów historycznych w pedagogice wokół typów idealnych stanowiących odniesienia dla wychowania, co właśnie powyżej starałem się zrekonstruować. Podkreślając, że odmienne typy osobowe wyznaczają inne uwarunkowania dla działań pedagogicznych, autorka stwierdza:

> [...] im mniejszy zasięg posiadać będzie typ idealny wychowanka, tym bogatszy będzie w treść i tym większa będzie jego wartość teoretyczna i praktyczna. Pedagogika jest więc nauką historyczną w tym znaczeniu, że powinna na bieżąco szkicować konkretne typy ludzkie określonych okresów, podkultur, środowisk i w stosunku do tych ludzi programować pracę wychowawczą (Świda 1970, s. 155).

Ta konkretna wiedza jest niezbędna dlatego, że chodzi o możliwość trafienia do wychowanków z oddziaływaniem uwzględniającym ich specyfikę, gdyż

---

19 Rzecz jasna wiemy, że Radlińska mówiłaby o wzorcu, a nie o wzorze, ten ostatni rezerwując dla treści zastanych w środowisku, a nie na nie rzutowanych.

[...] nie chodzi o to np., by młodzież umiała przeżywać, lecz by przeżywała określone treści, nie tylko by przyswajała wiedzę, lecz aby z tą wiedzą wiązały się określone emocje o sile napędowej (Świda 1970, s. 357–358).

Radlińska jednak była tu mniej skłonna do określeń programujących działania wobec podopiecznych.

Zauważmy wreszcie na koniec, że mamy także u H. Świdy treści mówiące pośrednio o wadze kojarzenia ideału wychowawczego w rozważaniach Radlińskiej z doświadczeniem „pokolenia historycznego". Może o tym świadczyć wątek kończący monografię Świdy, zatytułowaną *Osobowość jako problem pedagogiki*, a związany z analogicznym uwikłaniem ideału widzianego w kategoriach osobowości uogólnianej historycznie za Karolem Marksem – zarazem rozważanej przez pryzmat korelacji dynamizmu świata i różnorodności postaw ludzkich (Świda 1970, s. 419). Mamy bowiem do czynienia z tezą, że „w relacji człowieka i cywilizacji zawarty jest kierunek rozwoju osobowości, inaczej właściwy ideał wychowawczy", ponieważ wymaga uznania, iż

[...] współdziałanie jednostki z rozwojem świata w tej samej epoce ma indywidualny kształt osobowy, a zatem może być nieskończenie różnorakie, a co więcej, nabiera swoistego podmiotowego kształtu „pokolenia", które układa się w nieprzewidywalny „typ idealny" osobowości (Świda 1970, s. 419–420).

Dla pedagogiki, w jej trosce o realność pojmowania społecznego odniesienia, niezbędne staje się „maksymalnie konkretne, zindywidualizowane ujęcie życia ludzkiego", ale zarazem stanowiące podejście rozumiejące „w kategoriach osobowych zadania wynikające z historycznego rozwoju", gdyż tylko to pozwala na adekwatność „ustosunkowania jednostki do historycznego świata, w którym ona żyje i działa" (Świda 1970, s. 422). A jest to ważne, gdy uznaje się, że niezbędna pedagogiczna koncepcja osobowości

[...] winna równocześnie obejmować pełny nurt życia podmiotowego i umożliwić sformułowanie ideału, w którym ujęte by zostały przedmiotowe zadania historycznego rozwoju (Świda 1970, s. 422).

To zarazem wiąże się z uznaniem, że konieczna okazuje się taka perspektywa, w której – jak to czytamy w ostatnich uwagach monografii Świdy –

[...] proces życia rozumieć będziemy jako twórczą realizację wewnętrznej struktury sensów, która równocześnie jest wyjściem ku światu i włączeniem dzięki temu nowych treści, posiadających moc przeobrażającą wobec struktury (Świda 1970, s. 422).

W pełni zbieżne z myśleniem Radlińskiej jest tu wskazanie na dążenie do wprowadzania treści „posiadających moc przeobrażającą wobec struktury" świata oraz samego człowieka, przy czym „właściwą drogą do zmiany człowieka jest zmiana jego »świata« stanowiącego teren jego działania" (Świda 1970, s. 421). Wychowanie więc musi być odniesione osobowo, środowiskowo i historycznie, aby dysponowało perspektywą łącznie wskazującą na to, na czym ma polegać działanie „w imię ideału", jaki ma przyświecać mobilizowaniu jednostki do uzyskiwania siły przetwarzania własnego świata życia. W te odniesienia wpisane jest operowanie „kryterium ideału wychowawczego", powodujące, że wychowanie nie jest wówczas ani narzucaniem zewnętrznej wizji, ani budowaniem sztucznej ahistorycznej konstrukcji, ani też uleganiem subiektywnej wygodzie wychowanków bądź ich wychowawców czy ich ślepocie na wyzwania danego czasu jako wzywające do przebudzenia do czynu, który tworzy jednocześnie i człowieka, i jego świat. Stawianie problemu ideału w wychowaniu otwiera drogę do poważnego namysłu i publicznej debaty nad jego charakterem i zasadnością, by działalność kształtująca przyszłe pokolenia nie była nieodpowiedzialna i to na dwa sposoby: zarówno gdy narzuca zbyt wąskie ramy dla przyszłości, jak i gdy skazuje tę ostatnią na żywioł i brak refleksyjnej troski o sprzyjanie jej zapleczu duchowemu.

Zakończenie – o wielopostaciowości występowania w imię ideału

Przegląd zebranych powyżej wątków i ilustracji odniesień do ideału u Radlińskiej i innych autorów miał na celu ukazanie, że żadne banalne przywołania zwrotu „w imię ideału" jako rzekomej oczywistości nie pozwalają na zrozumienie trudności, jakie stają przed pedagogiem społecznym w konkretnej sytuacji wychowawczej interakcji. Ponadto mamy tu szerokie tło pozwalające zrozumieć, dlaczego idealne odniesienie wcale nie musi być bez skazy ani nie musi być traktowane jako takie w kategoriach obiektywnej, wyższej i zewnętrznej, obcej zatem i wzniosłej wizji, której należy sprostać bezwarunkowo, a przynajmniej się podporządkować jako zobowiązującej i nadrzędnej. W imię ideału łatwiej występować byłemu narkomanowi czy alkoholikowi w stosunku do obecnie uzależnionego, niż komuś, kto nie może zaświadczyć własną biografią, że wie, co czuje ten, któremu chce się pomóc. Dodatkowo mamy tu przynajmniej trzy możliwe poziomy odniesienia do ideału, w zależności od tego, czy adresat oddziaływań zdoła pojąć konwencjonalną absolutyzację ideału, czy tylko ulegnie jego postaci anomijnej, zatem odnoszącej się do poziomu kompetencji przedkonwencjonalnych; czy też wreszcie – a na tym zdaje się Radlińskiej zależeć najbardziej – czy potrafi uczestniczyć w dookreślaniu ideału dla siebie, poprzez penetrowanie rozmaitych obszarów wartości czy zasad dla wybrania czegoś (jako celu własnych dążeń) na poziomie działania (jako) autonomicznego podmiotu i motywacji do działania na rzecz ideału. Nieprzypadkowo więc pedagogika społeczna pozostaje po części pod presją uwodzącej siły tropu psychologii humanistycznej w wariancie Abrahama H. Maslowa, o czym świadczy podejście Aleksandra Kamińskiego. Po części też dopuszcza rozumienie szczebli zaawansowania rozwoju w perspektywie ujmującej poziomy zaawansowania poznawczego i moralnego w duchu szkoły Lawrence'a Kohlberga i jego wykładni w teorii krytycznej przez Jürgena Habermasa. Wprawdzie Radlińska opowiadała się za psychologią Gestalt, a nie tzw. humanistyczną, ale sugerując, że motywacja do działania musi być związana z ideałem, najwyraźniej nie uwzględniała poziomu motywacji, który żadnej postaci ideału nie sięga, ponieważ jest zdominowany anomijnie unikaniem kary i wzajemnością świadczeń, gdzie poszukuje się egoistycznie pojmowanych bodźców. Natomiast z pewnością wpisała się w postulowany przez analizy Świdy typ postawy nakazującej wysiłek wypracowania horyzontu motywacji jednostki w sposób uwzględniający jej własne doświadczenia i skłonności osobowe, choć z ich przetworzeniem dzięki otwarciu nowych horyzontów poprzez efekty melioracji kulturowej zarówno samej jednostki, jak i jej środowiska. Ostatecznie więc pozyskanie jednostki do działań w ramach dostosowanej do niej wizji ideału leży u podstaw standardów funkcjonowania pedagogiki społecznej.

I jeszcze jedna uwaga, możliwa dzięki sformułowaniu Radlińskiej z 1945 roku, w którym zwrot „w imię ideału" został zastąpiony określeniem „w imię dóbr wiekuistych"[20]. Oznacza to bowiem, moim zdaniem, że nie tylko „ideał" wiąże się z odniesieniami wpisanymi w historyczną spuściznę kulturową, której przyswajanie i przetwarzanie nie ma końca, lecz także że owa ponadczasowa, społecznie widziana perspektywa jest ważnym uzupełnieniem zanurzenia w społecznej teraźniejszości i doraźności odniesień. Nie ma zatem pełnego działania społecznego bez troski o to, aby lokalna gleba społeczna była nasycana, meliorowana treściami z dziedzictwa kulturowego, ale też aby duchowość zanurzonych w środowisku społecznym była otwierana poza to, co lokalne i doraźne, by miała przedłużaną perspektywę rozumienia i tworzenia siebie o dorobek przeszłości w imię szans przyszłości. Ideał więc, w imię którego ma działać pedagog społeczny, wyznacza troska o szanse zmieniania teraźniejszości (w jej ograniczeniach, czyniących jednostki zakładnikami ich środowisk społecznych), z wykorzystaniem wszelkiego możliwego dorobku kulturowego, stanowiącego spuściznę historyczną, poprzez udrożnianie dostępu do niego. A to z kolei wymaga wnikliwego rozpoznawania trudności, przeszkód i złożoności, jakim trzeba umieć podołać, nie mając zarazem możliwości narzucenia tu czegokolwiek, przesądzenia czy ukierunkowania. Zarazem jednak podkreślmy, że sprzęganie ideału z troską o siły człowieka wpływające na przekształcanie środowiska nie jest kojarzone przez Radlińską jedynie z jednostkami przywódczymi czy wybijającymi się. Nie podzielam tym samym podręcznikowej sugestii Andrzeja

---

20 Pełne sformułowanie warto przytoczyć raz jeszcze, mimo że już było wykorzystane: „Istotne dla kultury, dla życia zarówno jednostek, jak i zbiorowości jest to, co się staje na tle [s]puścizny, w imię dóbr wiekuistych – siłami człowieka" (Radlińska 1945, s. 72).

Radziewicza-Winnickiego, jakoby Radlińską interesowały przede wszystkim „osobowości wybitne" jako mogące się przeobrazić w „znaczące siły aktywizujące całe środowisko" (Radziewicz-Winnicki 2008, s. 532). Takie skupienie uwagi podważałoby sens pedagogiki społecznej jako takiej, gdyż jej adresatami mają się w ujęciu Radlińskiej stawać wszelkie jednostki, których siła może być wspierana a zdolność wzrostu rozwijana poprzez „wrastanie" w intensywnie meliorowane środowisko w trosce o jakość życia duchowego, które się z niego wyłania. Radlińskiej nie interesowały głównie jednostki wybitnie zdolne ani mające już ukształtowaną siłę, które można by uczynić elitą aktywizującą innych „zorganizowanym działaniem" (Radziewicz-Winnicki 2008, s. 532)[21]. Oddziaływanie w trosce o siłę jednostek musi dotyczyć przede wszystkim osób słabych, zagubionych, w kryzysie, nieświadomych własnego potencjału ani tym bardziej potencjału „niewidzialnego środowiska", po które mogą sięgnąć, zachęcone czy choćby tylko ośmielone. Wzmacnianie siły słabych, a nie wybitnych staje się humanistycznym wyzwaniem dla pedagogiki społecznej czy jej odpowiednika w obszarze pracy socjalnej. Klasycznie nazwana „melioracja" środowiska, a za nią melioracja ducha mają dotyczyć głównie tych, którzy nie uczestniczą w rozwijaniu i wykorzystaniu możliwego dla nich i dającego się spożytkować potencjału własnej emancypacji.

---

21 Zauważmy na marginesie, że autor podręcznika wcześniej cytował słuszne spostrzeżenie Wiesława Theissa, iż podejście Radlińskiej zakładało, że siły ludzkie są dostępne i dane wszelkim jednostkom, grupom i środowiskom, należy jedynie je rozwijać, kompensować, aktywizować i to niezależnie od ich wybitności (por. Radziewicz-Winnicki 2008, s. 138).

Odniesienia strukturalne
(dwoistości)

Rozdział X
O splotach i „melioracji"
Umysł i środowisko w podwójnym związaniu

Wstęp

Choć termin „dwoistość", poza jednym znanym mi przypadkiem, o czym niżej, nie należy do słownika narracji Heleny Radlińskiej, to zgodnie z przyjętą w pracy metodą rekonstrukcji merytorycznych nie zwalnia nas to z obowiązku i prawa do śledzenia charakteru analiz znakomitej twórczyni pedagogiki społecznej i ich rekonstrukcji w zakresie wydobywającym realne opisy uwypuklające złożoność procesów, relacji czy sytuacji pod tę kategorię podpadających w najnowszej humanistyce i naukach społecznych. Do głosu, jak pokażę, dochodzi w jej rozważaniach słownik alternatywny, co zresztą było w dużym stopniu udziałem innych uczestników pokoleniowego wysiłku, który rekonstruowałem pod wspólnym mianem „przełomu dwoistości", ukazywanego w procesie jego dojrzewania i krystalizacji, w różnym stopniu zaawansowanej u poszczególnych autorów z Wielkiego Pokolenia. Zresztą, jak się okazuje, dotyczy to także innych pedagogów społecznych, w tym z pokolenia znacznie młodszego, jak Aleksander Kamiński (rocznik 1903), rówieśnik Bogdana Suchodolskiego. Gdyby Radlińska była w stanie uważniej śledzić akcenty wpisane w ewolucję dyskursu pedagogicznego, np. u Zygmunta Mysłakowskiego czy u Bogdana Nawroczyńskiego, to jej narracje byłyby bardziej dobitne słownikowo i aktualne z punktu widzenia stanu rozwoju pedagogiki wokół niej samej, w jej własnym otoczeniu intelektualnym. Ale – jak podkreślałem na wstępie książki – uczestnicy dojrzewających przełomów czy przesileń nie zawsze bywają (wręcz nie mogą być) w pełni świadomi procesów dokonujących się z ich udziałem, o co nie można zresztą mieć do nich pretensji. Ekologia idei pracuje w końcu w środowisku niewidzialnym i to jeszcze w procesie wyłaniania się dopiero z rozmaitych intuicji. Co więcej, Radlińska po dziś dzień jest niedościgłym przykładem tego, ile można zrobić dla nauki, pomimo złego i ciągle pogarszającego się stanu zdrowia, pomimo lat utrudnień instytucjonalnych oraz pomimo braku uczniów i współpracowników zdolnych w pełni rozumieć, przejąć i kontynuować jej dzieło. Kolejny raz okazuje się w nauce, że klasyka zepchnięta na margines przez później dominujące postaci i tryby uprawiania dyscypliny niesie w sobie potencjał wart odsłonięcia i czekający na swój czas, mimo że wyprzedzała potomność o całe dekady, a przynajmniej współbrzmiała z dojrzewającymi dopiero impulsami zmiany najbardziej brzemiennej dla przyszłości w myśleniu o świecie i jego poznawaniu.

W drugiej części tego rozdziału zilustruję perspektywę unaoczniającą wagę splotów w strukturalnym powiązaniu w całość na przykładzie relacji umysłu i środowiska, podkreślając zarazem, że mamy tu wręcz podejście paradygmatyczne pedagogicznie w sensie przekroczenia progu teoretyczności rozważań, do którego dochodzi poprzez odsłonięcie mechanizmu powiązań, zwykle niewidzianych czy lekceważonych.

Słynna formuła Radlińskiej[1], definiująca dla niektórych odbiorców jedynie zakres zadań i ukierunkowanie pedagogiki społecznej, jest w istocie programem dla całej pedagogiki. Dowodzi ona zaawansowania rozwoju intuicji o mechanizmach rządzących relacjami między jednostką a jej – więc i sprzężonym z nią, jej przyległym, ją przenikającym, a nawet wypełniającym i wpływającym na jej działanie, a nie jedynie na postrzeganie siebie jako jednostki w tej relacji – światem, jedynie umownie dającym się traktować jako odniesienie „zewnętrzne". Formuła Radlińskiej jest intuicyjnie rozwiniętym odpowiednikiem tego, co z jednej strony niesie termin *habitus*, a z drugiej – semiotyczny *Umwelt*. Te dwa terminy, a zarazem perspektywy interpretacyjne z nimi związane, zewnętrzne wobec narracji samej Radlińskiej, pozwalają, moim zdaniem, lepiej uwypuklić dojrzałość jej strategii myślowej, rozwijanej, jak trafnie podkreślał Aleksander Kamiński, zanim rozwinęła swoje idee teoria cybernetyczna. Wspomniane ujęcie stanowi zatem nie tyle ich pewną antycypację, ile kongenialne wyczucie i zastosowanie dla nowoczesnej wizji uprawiania refleksji pedagogicznej. To zresztą zostało zbagatelizowane przez samych pedagogów, upatrujących alibi dla tego nastawienia w wyjściowym (niefortunnym, ale i na szczęście nie konsekwentnym) definiowaniu zakresu tych idei przez Radlińską jako związanego z „pedagogiką społeczną", czyli rzekomym jedynie fragmentem całości myślenia pedagogicznego. Podejście to zresztą przyczyniło się do obniżenia poziomu refleksji zarówno pedagogiki ogólnej, jak i dydaktyki ogólnej, np. w andragogice.

Podjęte tu lektury i próba zdania z nich sprawy – z myślą o pożytkach dla całości pedagogiki, jak też w trosce o nową jakość recepcji specjalistycznej na różnych poziomach analizy w rozmaitych zakresach dyscyplinarnych – są wynikiem nie tylko wysiłku zmierzenia się z całością spuścizny Radlińskiej, lecz także dążenia do wypracowania perspektywy zewnętrznej wobec niej, pozwalającej na nowe prześwietlenia i rekonstrukcje.

---

[1] Wypracowana w 1935 roku pod wpływem inspiracji myślą Stanisława Staszica, powracająca wielokrotnie w następującym brzmieniu: „wychowanie przetwarza środowisko w imię ideału siłami człowieka" (Radlińska 1961, s. 100).

Można wskazać sprzężenie, jakie pozostaje podstawą rozważań Radlińskiej i jednocześnie stanowi tezę niezbędną dla każdej pedagogiki godnej miana dojrzałej do rozumienia splotów czy sprzężeń zwrotnych między jednostką a jej uwikłaniami społecznymi czy kulturowymi. Wyraża je następujące sformułowanie, które dotyczy osobowości jednostkowej, a pochodzi z książki *Oświata dorosłych* z 1947 roku:

> Osobowości dorabia się człowiek własnym wysiłkiem dzięki swojej postawie twórczej, tj. czerpaniu wybranych podniet ze środowiska i wcielaniu przez własne życie wybranego wzorca. Osobowość kształtuje się na tle społecznym i równocześnie staje się czynnikiem przetwarzania tego tła (Radlińska 1961, s. 76).

Widać zatem, że „tło" staje się przedmiotem oddziaływania wysuwającym się na pierwszy plan w trybie przemieniającym funkcję i odwracającym kierunek wpływów, co najlepiej zaświadcza o sprzężeniu zwrotnym. Dodajmy, że nie trzeba być zdeklarowanym marksistą ani pozostawać pod wpływem marksizmu, żeby dostrzegać takie sprzężenie zwrotne kierunków tych procesów. Postulaty tego typu są znacznie bardziej uniwersalne we współczesnej myśli społecznej, wiążąc się z koniecznością mówienia o „dwoistym charakterze zachowań ludzkich"[2], w sensie uznającym kreatywny i sprawczy charakter działania wobec jego obiektywnych uwarunkowań zewnętrznych, dających się w pewnym zakresie przekształcać, a jednocześnie sam ten zakres też może podlegać przetworzeniom. Ponadto uzyskiwany efekt nie wyczerpuje się programem związanym ze świadomym, intencjonalnym charakterem podejmowanych w jego ramach działań, ale jest wypadkową sprzężeń zwrotnych. Uznając, że wychowanie zmierza do rozwinięcia zdolności do przekształcania środowiska siłami ludzkimi w imię ideału, Radlińska skupiała swoje rozumienie zadań do podjęcia przez pedagogikę społeczną – jeśli już komuś trzeba było instytucjonalnie przypisać to dążenie – na trosce o dostarczanie przesłanek powstawania nowych warunków pozwalających na przekształcanie w pierwszej kolejności potencjału owych „sił ludzkich". Nieprzypadkowo przecież w latach 30. XX wieku podkreślała, że „[c]entralnym zagadnieniem" było tu zawsze to, jak doprowadzić do „kompensacji świadomie uzupełniającej procesy selekcji społecznej i biologicznej"

---

2 Przypomnijmy, że przywołując charakterystykę „marksowskiego kreatywizmu" dokonaną przez Jerzego Topolskiego, Barbara Smolińska-Theiss podkreślała, iż „pedagogika społeczna w pełni zaakceptowała tezę o dwoistym charakterze zachowań ludzkich", w sensie powiązań dwukierunkowych między intencjonalnością czy subiektywnością – w tym świadomością – dążeń a dodatkowymi uwarunkowaniami o charakterze pozostającym poza indywidualnym wpływem, które rzutują na efekty uruchamiane w takim sprzężeniu (por. Smolińska-Theiss 2004, s. 247). Oczywiście byłoby nieporozumieniem widzieć tu następstwo wpływu, gdyż Radlińska go nie potrzebowała. Co więcej, idea dwoistości, uwzględniana przez Radlińską, ciągle nie jest szerzej uświadomiona w pedagogice.

(por. Radlińska 2004, s. 259)[3]. Szczególnie ważne i trudne przy powierzchownej lekturze jest dostrzeżenie, że nie chodzi tu o oddziaływanie bezpośrednio na psychikę, ale o troskę o „środowisko niewidzialne" jako przestrzeń potencjału, która może oddziaływać dalej na indywidualne psychiki, jeśli te ku czemuś zwrócą uwagę, swoje emocje, zainteresowania, wysiłek, przeżycia, wreszcie skłonności i dążenia. Radlińska jest tu świadoma ogromnych wyzwań i trudności w realizacji podejmowanych zadań, zwłaszcza że jedyne, co można realnie uzyskiwać, to starać się „pozostawić ślady" (por. Radlińska 1979, s. 288)[4] ze zetknięcia jednostek z wartościami, a dokładniej z ich jakimiś nośnikami, w postaci przeżyć i treści działających na wyobraźnię. Stają się one bardziej dostępne jedynie za cenę zwielokrotnionego nieraz wysiłku i zwykłej pracy duchowej, mającej doprowadzić do przeobrażenia wewnętrznego.

Helena Radlińska i „sploty" – perspektywa odsłaniania dwoistości

Mimo że – jak w przypadku pozostałych rekonstruowanych przeze mnie osobno uczestników formacji intelektualnej pokolenia lat 70. XIX wieku – u Radlińskiej kategoria dwoistości na ogół nie występuje, to jednak często strukturalną złożoność odnoszoną obecnie do dwoistości spotykamy również u niej. Typowe dla uczonych z tego pokolenia jest to, że artykułowali dwustronność wpisaną w analizowane procesy rozwoju, wychowania i nauczania często bez zaawansowanej terminologii, choć odpowiednio pod względem merytorycznym. Bywa to widziane także szerzej. Radlińska podnosi wręcz do rangi „przełomu" pokoleniowego uznanie, że zamiast rozdarcia i alternatywnego przeciwstawiania sobie romantyzmu i pozytywizmu w rozłącznej opozycji nastąpiło ustanowienie nowego typu relacji pod koniec XIX wieku. Przejście z dualizmu na dwoistość wymaga zmian w obrębie członów uczestniczących w takiej relacji, otwarcia się ich na siebie wzajemnie, pozostawania pod swoim wpływem. Zasadą staje się trudne łączenie, a nie łatwe rozdzielanie, dostrzeganie przenikania się wzajemnie, wikłania w sploty mimo walki.

Jak rówieśni[cy] dojrzewałam w owym ostatnim dziesięcioleciu XIX wieku, w którym uwydatnił się przyrost sił [...]. Następował przełom. Zanikało panowanie pozytywizmu, młodych pociągał romantyzm społeczny, który od dawnego

---

3 Zauważmy na marginesie, że zdarzające się sugestie, widzące głównie „swoistość" koncepcji Radlińskiej, związane z wykorzystaniem terminu „kompensacja" są całkowicie nieadekwatne w świetle ich standardowej obecności w literaturze psychologicznej lat 20. i 30. XX wieku, o czym świadczą znane twórczyni pedagogiki społecznej tego czasu przykłady Charlotte Bühler czy Édouarda Claparède'a.
4 Kategoria „śladu" jako efektu oddziaływania jest brzemienna w znaczenia dla myślenia pedagogicznego. Wrócę do niej osobno w tej pracy.

romantyzmu znanego z literatury różnił się tym wszystkim, co wziął ze zwalczanego [wcześniej] pozytywizmu (Radlińska 1964, s. 334).

Nie oznacza to rzecz jasna braku zrozumienia dla ostrej (dwu)biegunowości w doświadczeniach społecznych. Radlińska wspomina o „rozdźwięku między pokoleniami", potrafi wprost stwierdzić, że świat dorosłych „różnił się biegunowo" od świata młodych, gdy ci ostatni poszukiwali „sposobów wcielania marzeń. [...] nowych wzorów", a napięcia odmiennych źródeł inspiracji znaczyły się „bolesną rozterką ideową" w młodości (Radlińska 1964, s. 335–336). Pamięta, jak jej starszy nauczyciel „[w]prowadzał w poglądy antyklerykalne, czyniąc jezuitów odpowiedzialnymi za wszystkie nieszczęścia Polski" (Radlińska 1964, s. 335).

Radlińska podkreśla, że świat dorosłych jej młodości także nie był jednorodny, bo jedni byli „ukształtowani przez idee pozytywizmu", inni byli raczej „przenosicielami romantyzmu" (Radlińska 1964, s. 334). Trzeba było aż „przełomu", jak widzieliśmy, aby zmienić antagonizm w dynamikę wzajemnej ewolucji, starającej się „zharmonizować nowe pojęcia z dawnymi" (Radlińska 1964, s. 336). Zgodnie z podejściem najbardziej nawet światłych myślicieli i działaczy tego czasu Radlińska wielokrotnie podkreśla wagę dążenia do harmonii czy choćby harmonizacji odsłanianych napięć i przeciwieństw. Zarazem jednak czasem przeciwstawia się jednostronności racji, wskazując jedynie – co traktuje zarazem jako ważną cechę swojego podejścia w wykładach – na „współistnienie i przenikanie się wielu prądów i pozorność całkowitych zwycięstw jednego z nich. Byłoby ono zahamowaniem życia" (Radlińska 1964, s. 337). W retrospekcji dotyczącej swego podejścia dydaktycznego, jaką Radlińska podjęła w niezwykłych listach do Ireny Lepalczyk, podkreśla dodatkowo swoją troskę o fakty „i dążność do ukazywania ich sprzężeń" po to, aby słuchacze „zrozumieli sploty spraw, ze skrzyżowania których powstaje jutro" (Radlińska 1964, s. 340). Sploty są w rozumieniu Radlińskiej podstawową cechą zjawisk społecznych, w rozumieniu wzajemnych powiązań, jako że „w życiu wszystkie dziedziny działalności społecznej przenikają się i splatają wzajemnie" (Orsza-Radlińska 1925, s. 9). Nawet z czasem „[d]wie tendencje, na pozór sprzeczne, spotykają się ze sobą", dopełniając swoje funkcje, dostarczając sobie podniet i wiążąc się tym samym w większą całość (Orsza-Radlińska 1925, s. 16). Dla nas szczególnie ważne okażą się sploty łączące bieguny postrzegane jako rozłączne, antagonistyczne i wykluczające wzajemność oddziaływania. Przesłanie metodologicznie wiążące dla całości dalszych rozważań, a osadzone w kontekście dopracowywania strategii wyjątkowego podejścia DLA pedagogiki, które tu określam mianem przełomu dwoistości, szerzej wyraziła, moim zdaniem, Radlińska już w książce z 1935 roku w kontekście troski o rozpoznawanie, pozyskiwanie i rozwijanie sił społecznych dla starań o nowe oblicze oświaty w Polsce. Brzmi ono w skrócie następująco: „[w] życiu narodu żadna akcja nie da się sztucznie wyodrębnić ze splotu wzajemnych zależności i wpływu. [...] wyzwalać i rozbudzać trzeba siły wszystkie" (Radlińska 1935, s. 12). Formuła ta jest wpisana w „uspołecznienie wychowania", rozumiane najpierw jako jego powszechne skierowanie do wszystkich, z wykorzystaniem wszystkich dostępnych mocy twórczych i budzących sił, widzianych w ich wzajemnych powiązaniach i sprzężeniach. Dotyczy to zarówno tych ułatwiających rozwój, jak i tych, które temu rozwojowi zagrażają, stanowią przeszkody, a także przejawy choroby społecznej, wymagającej diagnozy i interwencji nie tylko bezpośredniej, lecz także mającej sens profilaktyczny. Wówczas możliwe są działania usuwające w zarodku źródła degradacji mocy społecznej poprzez „meliorację" jednocześnie duchowości i środowiska, w którym jest ona społecznie zanurzona.

Najważniejsze dokonania wymagają odsłaniania rozmaitych złożoności struktury – działania, sytuacji, w jakiej się działa, i ducha, który działanie podejmuje albo wobec którego jest ono podjęte – których obecność nie może zejść ani z badawczego, ani z interwencyjnego (w sensie opieki, pomocy, wychowania, mobilizacji czy motywacji) pola widzenia. Na liście terminów, jakimi posługuje się Radlińska w celu wyrażenia pełni złożoności interesującej i w istocie konstytuującej pedagogikę społeczną, jest wiele określeń i zwrotów, którymi autorka się posługuje, nie dysponując osobno utrwalanymi w literaturze pojęciami, takimi jak: „dwoistość", „dwubiegunowość", „dwujednia"[5]. Jej zestaw jest także wymowny i sprawnie wprowadza w niuanse analogicznej złożoności: sploty, związki, stosunki, sprzężenia, współzależności, wpływy wzajemne, wzajemne oddziaływanie, krzyżowanie się wpływów, występowanie w parze, uzupełnianie się wzajemne, sploty zależności. W ślad za tym idzie, znaczące dla metodologii wykorzystywania takiej perspektywy, widzenie złożoności sytuacji, w których dochodzi do jednoczesnego występowania błędów po zaprzeczających sobie stronach czy ma miejsce wskazanie na konieczność jednoczesnego uwzględniania odmiennych czy skonfliktowanych perspektyw jako komplementarnych. Zarazem to przeciwstawianie się słabości czy błędom nie polega na odrzucaniu całości jakiejś postawy postrzeganej jako nie do przyjęcia, ale na przezwyciężaniu jej słabych stron czy jednostronności jej podejścia w celu pokonania jakiejś sprzeczności, w której nie chodzi o wybór jednej kosztem drugiej. Stanowi to przewartościowanie samego antagonizmu czy przekształcenie rozłącznej dychotomii w relację zachowującą w nowej konstelacji swoje wcześniej ułomnie artykułowane intuicje i racje. Mówiąc dobitnie, zarówno przeciw np. Aleksandrowi Kamińskiemu, jak i w trosce o uwypuklanie dojrzałości normatywnej projektu pedagogiki społecznej, której kluczowe sensy są nasycone znaczeniami często odbiegającymi od potocznych skojarzeń, **odrzucanie nie jest gestem dojrzałego pedagoga społecznego**. Jest nim natomiast podjęcie próby przezwyciężania słabości poprzez wykorzystanie w twórczym zespoleniu pozytywnych stron przezwyciężanego. To też znamionuje różnicę między jednostronnymi ujęciami a strategią dwoistą, w jaką pedagog społeczny powinien umieć się zaangażować, starając się pozyskać siły sprzymierzeńców wszędzie tam, gdzie

---

5 Analogicznie do terminu „różnojednia" Bronisława Ferdynanda Trentowskiego z jego „Chowanny".

to możliwe, w tym usiłując pokonać słabości, np. zaangażowanie w bezrefleksyjną autodegradację lub fanatyczną degradację innych na rzecz głębszego zakorzeniania w glebie kulturowej. Ma to doprowadzić do sytuacji pozwalającej na impulsy wyciągające człowieka z takiej postawy, które jeśli do niego dotrą, wyzwolą w nim moce twórcze, których sam nie podejrzewa.

Społeczne przejawy i wymogi łączenia pozornie rozbieżnych celów

Odnotujmy najpierw, że Radlińska przywołuje w 1936 roku w artykule encyklopedycznym głośny, jej zdaniem, z początkiem XX wieku spór w dziedzinie wychowania i oświaty, promocji ideałów i wiedzy, dotyczący wyboru jednego właściwego w tym obszarze kierunku pracy: „»ekstensywnej« (rozsiewającej szeroko) czy »intensywnej« (kształtującej)" (Radlińska 1936, s. 15; także 1947, s. 45). Zatem spór ten był związany z rzekomym wyborem, traktowanym jako rozłączny, między rozległością wpływu, widzianą liczbowo, a jego głębią, postrzeganą w kategoriach przeżycia i jakości spożytkowania udostępnianych treści. Tymczasem według Radlińskiej niezbędna jest, jak się okazuje przy głębszym namyśle, dwoistość jako jednoczesna troska o oba kierunki, na styku i w trybie wzajemnego ich uzupełniania się oraz wzmacniania zarówno intensywności, jak i ekstensywności oddziaływań wychowawczych jako wzajemnie siebie potrzebujących, gdyż – jak czytamy:

[...] dopiero na tle pracy szeroko rozsiewającej wspólne wartości, odbywa się skutecznie rekrutacja nowych sił, zjawia się możność porozumienia szeregów pionierskich z masami. „Kształtowanie" jednostek bez zasilania gleby, z której wyrastają, zawodzi. Ekstensywność i intensywność jako kierunki działalności, nie wykluczają się, lecz uzupełniają (Radlińska 1936, s. 15; także 1947, s. 47)[6].

Szczególnie wymowne jest wskazanie na dwubiegunowe uwikłanie roli nauczyciela, który w wielu przekrojach swojej funkcji występuje w charakterze „łącznika" tego, co zwykle bywa postrzegane rozłącznie, a nawet kojarzone z nieuchronnym antagonizmem nakazującym jakieś jednostronne rozwiązania redukcyjne. Ten wątek znajdujemy w książce Radlińskiej z 1935 roku.

Nauczyciel ze wsi czy z miasta nie może się jednak zacieśniać w jednym kręgu interesów, gdyż rola jego to rola łącznika przeszłości z przyszłością, wsi z miastem, marzeń i pracy najskromniejszego zakątka z wielkimi poczynaniami ludzkości (Radlińska 1935, s. 143).

---

6 Odnotujmy, że w drugiej wersji cytatu mamy redakcyjną zmianę – zamiast przymiotnika „pionierskich" wprowadzono „przodowniczych".

Wskazanie na rolę nauczyciela jako łącznika między pozornie zaprzeczającymi sobie biegunami brzmi już niezwykle nowocześnie, antycypując rozwiązania znacznie późniejsze (np. dotyczące ambiwalencji socjologicznej w rolach społecznych u Roberta K. Mertona). Mamy tu jednocześnie miejsce na dostrzeganie niezbędnej asymetrii, a nawet uznania jej za istotną, jak w przypadku presji interesów i potrzeb lokalnego otoczenia, mniej ważących niż potencjał dorobku ludzkości, jako skarbnicy dziejów do wykorzystania w „melioracji" środowiska. W kontekście napięć między miastem i wsią Radlińska pisała: „Wbrew głoszonym z dawna poglądom nauczyciel wiejski potrzebuje wykształcenia i wyrobienia w wyższym stopniu niż jego kolega pracujący w mieście" (Radlińska 1935, s. 141).

Wspomnianą funkcję łącznika Radlińska podkreśla także w odniesieniu do pracownika społecznego obecnego w szkole w charakterze współczesnego „pedagoga szkolnego", który miałby łączyć i koordynować oddziaływania wobec dzieci znajdujących się w trudnej sytuacji czy mających trudności w rozwoju, bądź nawet stających się „trudnymi przypadkami":

> Rola doradcy-łącznika w samej szkole powinna obejmować koordynacje poczynań nauczycielstwa i pracowników przychodzących z zewnątrz, psychologa, lekarza, higienistki (Radlińska 1935, s. 156).

Pisząc w liście do Ireny Lepalczyk o rozwijaniu przez siebie „teorii i praktyki służby społecznej", w okresie 1908 roku i po I wojnie światowej, Helena Radlińska podkreśla, że starała się w swojej postawie wykładowcy na kursach z pedagogiki społecznej „być łącznikiem pomiędzy oświatowcami i społecznikami" (por. Radlińska 1964, s. 444). Robiła to w trosce o łączenie pojęć z teorii z potrzebami praktycznego zaangażowania, w tym aby unikać grożących tu niebezpieczeństw, np. w sytuacji gdy w postawach „»społeczników«, często nierozsądnie ofiarnych", brakowało przygotowania „nie tylko do twórczości społecznej i naukowej, lecz również do znoszenia szarzyzny codziennego trudu, pokonywania rozlicznych oporów" (Radlińska 1964, s. 436). Niebezpieczeństwa polegają jednak na pokusie, by w ramach pełnienia „służby społecznej" i sięgania po przymus prawny „nadużywać haseł dla celów panowania" (por. Radlińska 1935, s. 66). Tymczasem nie wolno zapominać, że jest to także „[s]łużba rozwojowi", która żadną miarą indywidualności „nie może łamać ani gasić. Ma dopomagać do prostowania i rozświetlania od wewnątrz", maksymalnie powściągając przekraczanie granicy, poza którą zaczyna się „przemoc duchowa" (Radlińska 1935, s. 66). Jest to zgodne z zasadniczą ideą Radlińskiej uwypuklającą sens działania społecznego, nie tylko za inspiracją Stanisława Wyspiańskiego „w budzeniu śpiących"; zarazem ten rys animacyjny ma zastosowanie również do zbiorowości, a nie tylko do jednostki. W postawie pracownika społecznego bowiem „wartość jego pracy mierzy się nie tym, co uczyni sam, lecz tym, co potrafi wydobyć z gromady, wśród której i z którą pracuje" (Radlińska 1935, s. 69). Zarazem ideologicznym wypaczeniem byłoby ustanowienie przy tej okazji relacji władzy nakazującej zamiast troski o pozyskiwanie do współdziałania i własnej inicjatywy. Funkcja animacyjna nie może być tu zdominowana postawą przywódczą czy choćby tylko koordynacyjną.

Dostrzeganie „splotów" zjawisk jest postulatem wyrażającym w języku Radlińskiej staranie o widzenie tego, co znamionuje dwoistość, czyli dwubiegunowość, dwustronność powiązanych w całość aspektów sytuacji tworzącej złożoną całość. Analizując rolę kobiet w życiu społecznym, w tym środowiskach wiejskich, w 1934 roku autorka pisała o rozmaitych zmianach, podkreślając, że „[n]iektóre z tych zmian, na pozór najkorzystniejsze", znosząc jakieś negatywne zjawiska mogą jednocześnie same negatywnie ingerować w sferę praktyk kulturowych, likwidując jakiś ich aspekt, nie dając dostatecznie nic w zamian. Oto bowiem bez należytej dbałości o drugą stronę zjawisk, widzianą w kontekście wcześniejszej podmiotowości kobiet wiejskich w organizacji form cyrkulacji towarów (jak mleko czy jaja), wprowadzane mleczarnie spółdzielcze na wsi, jako

> [...] nowe formy produkcji, doskonalsze technicznie i społecznie, przyniosą pewne niebezpieczeństwo, nie tylko zniweczą zło, czy niedomiary dawnych sposobów sprzedaży produktów, lecz również mogą zniszczyć splątane z dawnymi sposobami wartości życiowe, wytworzyć szkodliwą pustkę (Radlińska 1979, s. 311).

Wiązały się one z możliwościami wkraczania w przestrzeń społecznej interakcji na targu, stanowiąc tylko jeden z wielu problemów splecionych ze sobą, czyli – powtórzmy – występujących w napięciach dwubiegunowych.

Jedną z kluczowych cech dydaktycznego nastawienia Radlińskiej było łączenie teoretycznych i praktycznych aspektów nauczania oraz odniesienia do jego przedmiotu w jego społecznych przejawach, związanych zwłaszcza z nastawieniem praktycznym, w tym zawodowym, i uczestników, i samych kursów, co w sumie

> [...] zmuszało do ścisłego wiązania zagadnień kultury ogólnej i zawodowej. Pokazywałam, jak – w człowieku i grupie ludzkiej – przenikają się wzajemnie sprawy na pozór obce sobie i ile błędów popełniamy, wyodrębniając czynniki kultury z ich zespołu (Radlińska 1964, s. 384).

Sformułowania te w istocie merytorycznie potwierdzają przywiązanie Radlińskiej do odsłaniania dwoistości zjawisk, sytuacji i problemów jako wymagającej ujawniania, zrozumienia i pielęgnowania wbrew łatwym skłonnościom do „wyodrębniania", czyli w jej języku – przeciwstawiania ich sobie jako obcych. Chodzi przy okazji o to, że można tu wskazywać przejawy zazębiania się, które zarazem „trudno doprowadzić do harmonijnego współdziałania" (Radlińska 1964, s. 385).

U Radlińskiej mamy często wskazanie na „dwojakość", uwypuklanie „splotu" czy „zespolenia", „sprzężeń" czy „skrzyżowań" albo „przenikania się wzajemnie", a także podkreślanie szkodliwości ujęć rozdzielających strony na odrębne i podejść „jednostronnych" oraz wskazywanie szeregu przykładów merytorycznych ilustrujących, dlaczego niezbędne jest widzenie tu dwustronnej złożoności jako wymogu także metodologicznego. Zarazem jednak nie jest ona aż tak bardzo świadoma nowej jakości analiz pedagogicznych wskazujących na taką dwustronność, jak chociażby rozważań Bogdana Nawroczyńskiego. W książce pod redakcją tego ostatniego, dotyczącej walki o polską szkołę (tom I – 1932, tom II – 1934, z wieloma tekstami Radlińskiej), spotykamy u Radlińskiej wpisanie tej charakterystyki postulowanej analizy w odniesienia do materiału historycznego. W tekście, który zawiera informacje Radlińskiej o Kole Wychowawców i jego programie edukacyjnym, znajdujemy zarazem przykład postulatu brzmiącego w duchu Bronisława Ferdynanda Trentowskiego, akcentującego – jak wiemy – w „Chowannie" potrzebę zespalania w wychowaniu troski o pożytek z troską o szlachetność. Tymczasem tu mamy podkreślenie nieco inaczej ustawionej dwubiegunowości: „Całe wychowanie ma zmierzać do rozbudzania samodzielności myśli i szlachetności uczuć" (Radlińska 1964, s. 281).

W odniesieniu do programu Stanisława Karpowicza i kierowanego przez niego Towarzystwa Pedagogicznego (powstałego w 1903 roku) Radlińska wskaże na konieczność uwzględniania dwustronności rozwijania motywacji do działania. Tymczasem o postawie samego twórcy towarzystwa napisze krytycznie: „Przemawiał wyłącznie do rozumu, co w okresie walki nie mogło zadowolić tych, którzy pragnęli i umieli oddziaływać na wolę" (Radlińska 1964, s. 296).

Widać, że w pedagogice kształtowanie woli musi uwzględniać dwoistość rozumianą jeszcze za Pascalem i jego siedemnastowiecznym upominaniem się o widzenie dwoistości dwóch porządków: serca i rozumu, z których żaden nie może wystarczyć. Z kolei w nawiązaniu do postawy działaczy Związku Towarzystw Samopomocy Społecznej, szczególnie aktywnych w latach 1905–1906 i pozostających zwłaszcza pod wpływami Stanisława Karpowicza i Edwarda Abramowskiego, Radlińska napisała w kwestii wyboru między staraniami o „twórczość społeczną" a zaangażowaniem bezpośrednim w walkę powstańczą przez zwrócenie się „ku szeregom bojowym": „Niektórzy próbowali łączyć [te] dwa przeciwstawne rodzaje działania" (Radlińska 1964, s. 317). Uwypuklanie przejawów dążeń do tego, by – powtórzmy – „łączyć... przeciwstawne", stanowi ważny i częsty rys analiz Radlińskiej, reprezentujący rodzący się sposób wiedzenia wartościowej, acz trudnej złożoności postaw i dążeń, które w jej przypadku jako badacza miały wyrażać „ciągłe próby syntezy" (Radlińska 1964, s. 367). Dojrzewanie zdolności do syntezy wymaga wzniesienia się ponad różnice i antagonizmy.

> Po latach widzi się harmonizację, scalanie sprzecznych poczynań, wspólność motywów, nawet – łączenie na pozór wrogich żywiołów dla wspólnego celu (Radlińska 1964, s. 367; także 1979, s. 71).

Na jeden z nielicznych przykładów obecności tej kategorii zwracałem już uwagę w publikacji *Przełom dwoistości* (Witkowski 2013a). Ponieważ wielokrotnie we wspomnianej książce sygnalizowałem obecność Heleny Radlińskiej w mającym miejsce przełomie dwoistości oraz jej aktywny udział w integrowaniu pokolenia dokonującego tego przełomu i ponieważ z żalem musiałem zrezygnować z włączania do tego tomu rekonstrukcji poświęconych jej osobie, nie mogłem się oprzeć temu, by przytoczyć choćby jeden cytat, który świadczy o tym, że wpisuje się ona doskonale w analizowaną przestrzeń z dojrzewającym w niej przełomem. Oto bowiem w rozważaniach Radlińskiej zamieszczonych w *Encyklopedii wychowania* w 1939 roku i wznowionych w 1947 roku w *Oświacie dorosłych* czytamy:

> **Dwoistość** roli pracy oświatowej pozaszkolnej (1) w budowaniu jedności kultury i (2) we wzmacnianiu sił, wprowadzających przemiany, wywołuje różnice, które wynikają z tendencji, bądź utrzymania i upowszechnienia istniejącego dorobku, bądź też rozbudzenia nowej twórczości. Dwa odmienne (choć uzupełniające się) zadania podejmują instytucje różne celem, zasięgiem i metodami działania (Radlińska 1937–1939, s. 612; także 1947, s. 136; por. także 1961, s. 238)[7].

Niech to więc będzie dodatkowy sygnał wskazujący na to, jak bardzo rodzima tradycja pedagogiczna obliguje nas do istotnej korekty naszego do niej odniesienia i dzięki niemu do modyfikacji naszych własnych narządzi analitycznych i zdolności opisu złożoności strukturalnej przestrzeni działań pedagogicznych oraz funkcji tych działań i związanych z nimi instytucji. Postrzeganie przeciwstawnych tendencji czy ukierunkowań w działaniu pedagogicznym jako wzajemnie komplementarnych i z zachowaniem ich obecności jako dopełniającej, z której zatem zrezygnować nie sposób, to postulat tyle metodologiczny, co etyczny i praktyczny.

Tym bardziej cenne są wszelkie próby wnikliwej lektury i interpretacji wskazującej na trop tej złożoności. Jak podkreśla Ewa Marynowicz-Hetka (2010) w swojej rekonstrukcji podstaw filozoficznych Heleny Radlińskiej, w jej dążeniach do budowania pedagogiki społecznej obecne były akcenty dwubiegunowo odniesione do problematyki pedagogicznej „między indywidualizmem a komunitaryzmem":

> W pedagogice społecznej Radlińskiej oba stanowiska są obecne. Wyrażała z jednej strony dążenie do indywidualnego, niepowtarzalnego rozwoju, a z drugiej zaś powinność dostrzegania walorów społecznych i znaczenia działania dla wspólnego dobra. [...] Ta właśnie idea, uzupełniania i wzajemności między jednostką i społecznością, stanowi jedną z konstytutywnych koncepcji pedagogiki społecznej Radlińskiej (Marynowicz-Hetka 2010, s. 307).

W okresie międzywojennym mamy przykłady zaangażowania się Radlińskiej przeciw jednostronności redukcyjnego widzenia wychowania narodowego

---

[7] Zauważmy, że jest to bodaj jedyne miejsce, w którym Radlińska wprost operuje kategorią dwoistości, choć – jak podkreślałem – często daje pełny merytorycznie opis tego zjawiska bez tej nazwy, także w cytowanych tu tekstach.

jako „urabiania"; współdziałała tu z innymi członkami swojego pokolenia w tym kierunku, łącznie afirmując, kontrowersyjną dla niektórych, a także poddawaną krytyce, filozofię edukacji dla pedagogiki, w której wybija się „dwoistość koncepcji edukacji społecznej z jednej strony ku **autonomii jednostki**, z drugiej ku jej **odpowiedzialności za społeczeństwo**", przez co przesłanką programu działania jest tu mimo krytyk „dwoistość równoczesnej orientacji na jednostkę i [na] społeczeństwo" (Marynowicz-Hetka 2010, s. 307). Chodziło tu bowiem – podkreślmy, że w zgodzie i współdziałaniu z rozwijanym w pokoleniu lat 80. XIX wieku dwoistym widzeniem problematyki pedagogicznej – o analizę

> [...] warunków życia jednostek, w celu wzmacniania możliwości ich pełnego rozwoju [...] w szerszym kontekście społecznym. Celem analizy warunków życia jest emancypacja i twórczy rozwój jednostki, nie zaś jedynie adaptacja jednostki do środowiska (Marynowicz-Hetka 2010, s. 308–309).

Dobrym przykładem na takie rozpoznawanie współwystępowania biegunów przeciwstawnie zorientowanych dążeń, niedających się zastąpić ani odrzucić, a skazanych na wzajemne dookreślanie się, co chroniąc przed groźbą hipostazowania czy szukania jedynie kompromisów, tworzy przestrzeń energetycznego zespolenia, jest wskazanie przez Radlińską na napięcie wpisane wręcz w walkę, wymagającą ostatecznie przenikania się w trybie uzupełniania swoich zalet i unikania swoich wad. Tam, gdzie w późniejszych narracjach mówiło się o biegunach, mamy tymczasem mowę o walce dwóch „prądów" dążeń, co zostaje wskazane w latach 30. minionego wieku na przykładzie działalności młodzieży wiejskiej. Zderzenie tych prądów polega na tym, że

> [d]ążenie do samodzielności, do prawa szukania własnej drogi, choćby przez popełnianie błędów, spotyka się z zasadą regulowania lotów przez opiekę wychowawczą lub nadzór (Radlińska 1937–1939, s. 616; także 1947, s. 152).

Sformułowanie to uzyskuje w *Oświacie dorosłych* dopisek o niebezpieczeństwie nadmiaru opieki: „zbyt czujna opieka z zewnątrz hamuje wyrobienie się przodowników" (Radlińska 1947, s. 153), czyli utrudnia rozwój najbardziej samodzielnych w twórczym dążeniu jednostek, mogących stawać się przykładem dla innych. W pożądanym wariancie oba te prądy wzajemnie się uzupełniają, „przenikając się, zapobiegają wielu niebezpieczeństwom", np. chronią przed zbędnymi naleciałościami utrudniającymi bardziej bezpośredni dostęp uczestników kultury z nowego pokolenia do „skarbów tradycji", wobec której opieka jest przeszkodą (Radlińska 1947, s. 153).

Jak pisałem w *Przełomie dwoistości*, ta kategoria nie jest potrzebna w sytuacji, gdy tak czy inaczej dojrzewa dyskurs uwzględniający związaną z nią złożoność, pomimo braku stosownego terminu. W podstawowym dla swojego dorobku tomie z 1935 roku Radlińska pokazuje, że jest zdolna do rozumienia takiej złożoności, jednocześnie nie mając na podoręcziu terminu, który ułatwiłby jej bardziej dobitne wskazanie na omawiane zjawiska. Chociażby na pierwszych pięćdziesięciu stronach potrzeba takiego terminu daje o sobie znać co najmniej ze trzy razy. Okazuje się, że przeciwstawiający się sobie „teoretycy wychowania" i „praktyka oświatowa" grzeszą jednostronnością własnych nastawień. Pojawiają się tu odmienne błędy, które stanowią „przeszkodę rozwoju duchowego", gdy z jednej strony gubi się zadanie odnajdywania „źródeł sił ludzkich", a z drugiej strony można zaobserwować „brak związania tego, co daje szkoła, z życiem młodzieży" (por. Radlińska 1935, s. 29). Kluczowe zdanie sygnalizujące tu jednostronność brzmi: „Zakres życia kulturalnego jest przez dzisiejszą organizację wychowania sztucznie zawężany, siły społeczne otrzymują pomoc jednostronną" (Radlińska 1935, s. 29). W postawach ludzi młodych dają o sobie znać „[ł]ączenie się i walka", czyli „burzycielstwo i potrzeba budowania", jako stałe napięcia i antagonizmy, utrudniające w szczególności niesienie pomocy i wciąganie do współpracy, a szerzej w kontekstach społecznych w grę wchodzi dwustronność wyzwań, jakim musi sprostać intencja pomocy Tymczasem okazuje się, że „[p]omoc społeczna w zaspokajaniu potrzeb elementarnych nie liczy się niemal nigdy z potrzebą wykazania swej wartości" (Radlińska 1935, s. 51) ze strony jej adresatów. Zapominając o tym, pomoc może wyrządzać krzywdę, upokarzać, rodzić opór i wrogość. Tym samym Radlińska jest świadoma tego, dlaczego niosący pomoc nie mogą liczyć na automatyczną wdzięczność czy gotowość do współdziałania. Mówiąc w szczególności o opiece, jako sytuacji, w której w pewnym stopniu musi być brana odpowiedzialność za losy podopiecznego, Radlińska uwypukla tu obecność podwójnego aż niebezpieczeństwa szkodliwego odniesienia do potrzeby brania odpowiedzialności przez dwie strony znajdujące się w sytuacji opieki.

Opieka – rodzicielska czy społeczne – ubezwłasnowolnia. Ta cecha opieki nakłada wielką odpowiedzialność na jej wykonawców i pociąga za sobą podwójne niebezpieczeństwo: przemocy opiekuna oraz zabijania zaradności i odpowiedzialności podlegającego opiece (Radlińska 1961, s. 341; por. *Źródła do pedagogiki opiekuńczej* 1988, tom II, s. 531; patrz także Theiss 1984, s. 239)[8].

Najszerzej jednak daje o sobie znać nienazwana relacja dwoistości w głęboko rozumianych i opisanych przez Radlińską napięciach między dwubiegunowymi układami, które wyznaczają pary: wpływy środowiska wobec sił jednostek, struktura urządzeń społecznych wobec woli i potencjału jednostek czy przekształcanie współczesności wobec skłonności ciągłego powrotu do źródeł nieurzeczywistnionych postulatów i ideałów (Radlińska 1935, s. 15–16, 21–23). Szkodliwe formy

---

8 Teza o tym dwoistym w istocie uwikłaniu opieki w niebezpieczeństwa jest ważna dla Radlińskiej i najczęściej doceniona w literaturze, z wyjątkiem uwag Zdzisława Dąbrowskiego w jego podręczniku z pedagogiki opiekuńczej, do czego wrócę. Na ogół jednak nawet uznaniu wagi tezy o groźbie ubezwłasnowolnienia w opiece i pomocy społecznej nie towarzyszy zrozumienie pozwalające na wpisanie jej w model dwoistości strukturalnej.

wdrażania pewnych postaw pomocowych, np. zasiłków, odbieranych przez niektórych rodziców jako degradujące, upokarzające lub okazujących się chybionymi, wymagają – jak to podkreśla Radlińska już w analizach z lat 30. XX wieku – szukania przez „urządzenia zastępcze" (Radlińska 1935, s. 152) innych form czy instytucji wspomagających rodzinę w jej zadaniach wychowawczych, np. przez bezpośrednie dożywianie dzieci w szkole zamiast dawania pieniędzy rodzicom. Tworzy to warunki pozwalające na „rozumne pielęgnowanie", kierujące się „miarą dziecka" oraz podnoszące poziom i skuteczność oddziaływania w bezpośredniej opiece nad dzieckiem.

> Pomoc otrzymywana w tym celu nie upokarza i nie osłabia. Wśród rodzin bezrobotnych, które uważają pójście po zasiłek z „Opieki" za degradację społeczną, pomoc udzielana dziecku jest traktowana jako zrozumiała: po prostu dziecko się wypłaca rozwojem swych sił, wrastaniem w społeczność (Radlińska 1935, s. 152).

Widać u Radlińskiej uwrażliwienie na dwubiegunowość sytuacji pomocy, gdzie z jednej strony występują powód i forma pomocy eliminującej zło, a z drugiej pojawia się groźba tworzenia nowego zła z powodu braku troski o inne dobro, które wymaga respektowania, takie jak poczucie własnej wartości. Aspektów nienazwanej dwoistości tej sytuacji jest więcej, np. dbałość o wspomnianą „miarę dziecka", czyli liczenie się z jego możliwościami, jest tylko jednostronną perspektywą, skoro pełne i doniosłe zagadnienie wyraża dylemat: „czy dostosowywać nauczanie do dziecka danego środowiska, czy też działając na środowisko, doprowadzić do podniesienia miary" (Radlińska 1935, s. 151). Oba bieguny miary wymagają jednoczesnego uwzględniania w promowanym tu podejściu. Można zauważyć, że pajdocentryzm, traktowany jako jedno z haseł „pedagogiki współczesnej", nie oznacza tu pajdokracji. Nie chodzi więc o sentymentalizowanie troski o dziecko, ale o traktowanie jej na serio, czyli tak, że

> [p]oziom wymagań się podnosi. Wyraźnie widać różnice osobnicze, stąd pomoc indywidualna może być skierowana wcześniej, wszechstronniej i skuteczniej (Radlińska 1935, s. 153).

Podobnie w tomie zebranych tekstów, wydanym dopiero w 1979 roku, choć zbierającym fragmenty także z lat 30. XX wieku, można znaleźć wiele akcentów mówiących o dwoistości. Jeden z nich jest wyrażany jako dwojakość w kontekście oświaty i kultury wsi polskiej.

> Obyczaje wiejskie przetwarzane są dwojako. Najsilniejszy jest pęd ku przerywaniu przerostu dawnych form, porzucaniu „dawnego zwyku". Obok niego pojawia się dążenie ku uszanowaniu tradycji z równoczesnym uszlachetnianiem jej nowymi wartościami (Radlińska 1979, s. 218).

Widać, że samo wskazanie na dwojakość – jako swoistą dwubiegunową odmienność – gubi odniesienie do wzajemnej relacji między tymi sposobami przetwarzania, zwłaszcza że mogą występować jako efekt działania tej samej sytuacji czy struktury. Co więcej, konieczne okazuje się w takiej sytuacji jednoczesne unikanie błędów polegających na nadmiarach ulokowanych w obu przeciwstawnych miejscach. Wspomniana dwojakość oznacza jednak także dwojakość błędów jednocześnie tu popełnianych. Jak to Radlińska wyraża w innym miejscu:

> Wiązanie pracy szkolnej ze środowiskiem wymaga dokładnego rozważenia, jakie czynniki środowiska uwzględnić. Strzec się wypadnie apoteozy przeżytków, lecz również pochopnego obniżania tradycji (Radlińska 1979, s. 141; por. także 1935, s. 136).

Zarówno nadmiar, jak i niedomiar obecności tradycji staje się tu przeszkodą. Radlińska w różnych miejscach, merytorycznie opisanych jako sytuacje dwoistości, zadowala się formułą „dwojakości", gdy w istocie wskazuje na konieczność jednoczesnego unikania pułapek wpisanych w obie dwojakie postaci zachowań kulturowych. W sobie właściwym języku Radlińska wzmocni odniesienia do dwojakości, wskazując wielokrotnie w takich sytuacjach na „sploty", jakie przy tej okazji dają o sobie znać. Tu tymczasem podkreśla potrzebę modyfikowania znaczenia biegunów w świetle wymagań przeciwstawnych, co stanowi skądinąd o sednie relacji dwoistości i to jeszcze z ważnym zrozumieniem koniecznej tu asymetrii w sytuacji dylematu: czy i jak pokonywać opór, na jaki szkoła może natrafić.

> Czy szkoła wiejska ma się przystosować do cech umysłowości i do warunków życia „przeciętnego" dziecka wiejskiego, czy w konsekwencji ma obniżać ogólnopolski program, zwężać lub gruntownie zmieniać krąg zainteresowań, używać gwary? Czy też przeciwnie – ma przełamywać przeszkody, kompensować braki, wnosząc uzupełnienia wrażeń i podniety, których jest w życiu wiejskim zbyt mało. Poprzednie rozważania wskazują tę drugą drogę. Przystosowanie szkoły do potrzeb staje się niebezpieczne, gdy potrzeby są oceniane zbyt powierzchownie i bez przemyślenia potrzeb przyszłych. [...] Dostosowanie się do psychiki dziecka wiejskiego powinno dotyczyć nie treści pojęć, lecz sposobu ich podawania, doboru przykładów, tempa pracy (Radlińska 1979, s. 140).

Widać, że wypowiedź sugeruje najpierw wybór jednej drogi, a potem okazuje się, mimo symbolicznego wyrazu, że to sytuacja między Scyllą a Charybdą – co w literaturze pedagogicznej znanej Radlińskiej było obecne. Nie należy zatem sugerować wyboru jednej z dwóch przeciwstawnych dróg, ale je wzajemnie relacyjnie niuansować, gdyż każdy biegun zmusza drugi do tego, aby sam swoją obecnością go uszlachetniał, a nie był wykluczany. Radlińska podkreśla zarazem (Radlińska 1979, s. 132–133), że w tej sytuacji „zwalczają się wzajemnie dwa kierunki", tymczasem niezbędne jest głębsze wejrzenie w „sprzeczności obu tych kierunków", kojarzone z opozycją miasto – wieś czy kultura ogólna – „agraryzm", a potrzebny jest tu typ podejścia charakterystyczny dla tego, o co upominało się myślenie uwzględniające dwoistość jako strukturalną złożoność ważną społecznie i kluczową pedagogicznie.

Jednocześnie mamy tu dowody na finezyjną czujność Radlińskiej wobec groźby jednoznacznego kwalifikowania wspomnianego agraryzmu jako ruchu kulturalnego na wsi w kategoriach konserwatyzmu, gdyż miał przeciwdziałać poczuciu niższości i zahamowaniu rozwoju, odwołując się do przykładów tradycji oraz okolic zamożnych i cieszących się dobrą kondycją duchową (Radlińska 1979, s. 134). Tu zatem także działa dwubiegunowe napięcie między konserwatyzmem a przekształcaniem środowisk wiejskich, z dylematem dotyczącym tego, jakimi środkami ma się to dokonywać, aby nie było w szczególności ani degradującym wykorzenianiem, ani zamykaniem w wąskich ramach. W duchu dwoistości w grę wchodzą więc rzadki, bo trudny, wysiłek prowadzący do „umiejętnego sięgania po skarby kulturalne wsi", a zarazem dążenie, by „otwierać wszystkie drogi w świat" (Radlińska 1979, s. 133, 135).

W nawiązaniu do idei „wzajemnego przenikania się wsi i miasta" Radlińska wskazuje na wzajemnie dopełniające się troski i rozwiązania w działaniu wiejskich uniwersytetów ludowych, pozostające w relacji „wiązania", podpadającej pod charakterystyki interesującej nas dwoistości, choć bez stosowania takiej nazwy. Kluczowy jest przykład ilustrujący powiązanie prostoty i wykwintności w urządzaniu wnętrz pokoi dla uczniów oraz w podejściu do ich własnej wartości.

> Wszystko cechuje prostota, lecz nie prostactwo, ubóstwo. Prostota, która ma stanowić czynnik wychowawczy, wiązać się musi z wykwintem wykończenia, z celowością użytkową, z trwałością. [...] Nauczanie jasnego mówienia iść tu musi w parze z wprowadzaniem w rozumienie słów innych ludzi, z budzeniem szacunku dla każdej jednostki ludzkiej i dorobku kultury. Budzenie poczucia własnej wartości łączy się z uczeniem pokory wobec rzeczy wielkich, zwłaszcza wobec bohaterstwa, twórczości i pracy (Radlińska 1979, s. 332, 337, 338–339).

Radlińska, podkreślając, że zawsze musi tu „iść w parze" jakieś ukierunkowanie dążenia, a także jemu przeciwne czy należące do przeciwległego bieguna dążeń, zdaje w narracji sprawę z tego, co wyraża nieobecna kategoria dwoistości. Chodzi tu o sytuacje, w których „przenikać się będą cechy kultury wytworzonej przez wieś i miasto", przez co wieczorami często by słuchano „na przemian arcydzieł wieszczów narodu i ludzkości, pieśni ludowych, opowieści o widzianych i przeżytych wydarzeniach [...]" (Radlińska 1979, s. 340). Powyższe sformułowania wyrażają troskę o naprzemienne występowanie w parach stron wzajemnie przeciwstawnych, co dokładnie charakteryzuje sytuacje dwoistości normatywnej, jako ambiwalencji strukturalnej, o której czytamy dopiero w dyskursie nauk społecznych, w tym socjologii niezależnie później. To tylko niektóre z przykładów „przenikania się wzajemnego różnych kręgów kultury" (Radlińska 1979, s. 351), które dodatkowo wiążą się z narastaniem ambiwalencji w relacjach między mieszkańcami miast (jako letnikami na wakacjach) a przyjmującymi ich na kwaterach mieszkańcami wsi. Tę złożoność relacyjną między letnikami i wieśniakami dobrze wyraża sama Radlińska:

Są pożądani ze względów pieniężnych, ale obcowanie z nimi wytwarza miastu najgorszą opinię. Letnicy chcą użyć wczasów, są rozleniwieni, właśnie w tym czasie, gdy wieśniak zapomniał o zimowym odpoczynku i pracuje najciężej. Letnicy wnoszą formy zabawy, wydające się wieśniakom rozprzężeniem. Egoistyczne używanie uroków wsi jest zmieszane z pogardą rolnika (Radlińska 1979, s. 350).

Zarazem jest tu podkreślana pewna asymetria relacyjna, gdyż – jak pisze Radlińska – a to sformułowanie, jak również ostatnie trzy cytaty, pochodzi z 1927 roku: „[m]iasto ciągnie ku sobie wieśniaka w wyższym jeszcze stopniu niż wieś mieszczucha" (Radlińska 1979, s. 332).

Dobrym przykładem narastającego w narracji Radlińskiej rozumienia niewerbalizowanej dwoistości strukturalnej, związanej z dynamiką relacji wychowania, jest wskazanie na konieczność uznania dynamicznej złożoności „splotów prawd", wymagającego zgoła innej epistemologii, niż potocznie wskazująca na niesprzeczność postulatów, jakie dotyczą postaw wychowawczych, w tym jakości miłości rodzicielskiej. Źródłem tej złożoności ma być konieczność dostosowywania się do dynamiki zmiany rozwojowej dziecka przez uczestniczących w relacji rodziców. Tu Radlińska mocno wyprzedza szersze zrozumienie tego warunku jako sprzężonego z troską o zmianę także postaw rodziców jako warunku sprostania przemianom fazowym, o których piszę tu osobno. Z jednej strony bowiem chodzi o maksymalną opiekuńczość czy pielęgnację, chroniące od niebezpieczeństw, z drugiej zaś – o czym Radlińska pisze w 1937 roku:

[g]dy tę najprostszą prawdę wychowania rozpatrzymy, od razu uderza druga prawda z tamtą tak splątana, że tworzą nierozerwalną jedność. Nie można dobrze wychować swojego dziecka, nie przemieniając równocześnie własnego postępowania, własnych przyzwyczajeń i stosunków z ludźmi (Radlińska 1979, s. 325).

Da się to szerzej odnosić do zmian widzianych „fazowo", co także stanowi wyraźny przejaw dojrzałości podejścia Radlińskiej. Inny trop tego ujęcia stanowi troska o samą dojrzałość miłości matczynej, gdyż „nie jeden sobek wyrósł wskutek zaślepienia matki" (Radlińska 1979, s. 328). Szerzej wyraża to następująca uwaga z lat 30. XX wieku: „jeśli się matka nie troszczy o inne dzieci, o pracę opieki szkolnej, o dobro szkoły – nie przyczyni się do stworzenia dobrych warunków dla własnego dziecka" (Radlińska 1979, s. 320). Uwaga ta w pełni zgadza się z późniejszym odróżnieniem przez Eriksona fazy wczesnej dorosłości, zdominowanej intymną troskliwością o własny świat miłości wyłączonej, wydzielonej z całości, od pełnej dorosłości, niosącej przejawy postawy twórczej, otwartej pokoleniowo i afirmującej w szczególności stosunek do szerszego świata (tu: wszystkich dzieci, a nie jedynie mojego dziecka). W szczególności twórca adresuje swoje działania do całego pokolenia, a nie do grona, którego aplauz usiłowałby zdobywać czy którego wymogom i kryteriom sukcesu chciałby się podporządkowywać. Innym przykładem przenikliwości psychologicznej opisów Radlińskiej jest uwypuklanie dramaturgii i dynamiki interakcji międzypokoleniowych, np. między dorastaniem i związanym z nim stosunkiem do kultury a fazą starości. Rozwój bywa przez autorkę widziany w kategoriach dochodzenia do głosu „żywiołu ludzkiego", który poprzez nowe pokolenia „rozstrzyga o zmienności kultury", co jest o tyle dramatyczne, że „[m]łodzi poszukują miejsca dla siebie i nadają swój własny wyraz prawdom wiecznym. Istnieje dla nich to tylko, co oswoili" (Radlińska 1979, s. 200). Zarazem jednak nie wolno zapominać, czytamy, że „[w]rastanie w kulturę w okresie dojrzewania jest splątane z przekornym przeciwstawianiem się istniejącemu porządkowi, zapowiadającym konieczność odnowy" (Radlińska 1979, s. 201). Jak widać, antycypując wyczulenie Eriksona, autorka podkreśla, że gdy starzy ludzie „są silni duchowo", stają się atrakcyjni rozwojowo dla młodych, gdyż „wnoszą nie znany młodzieży spokój, zwracają się ku rzeczom nieśmiertelnym", choć zwykle te cechy interakcji, niemożliwej z jeszcze pracującymi dorosłymi, zajętymi doczesnością obowiązków i trosk, nie dochodzą do głosu jako „często wykrzywione, niweczone przez warunki zewnętrzne, tamujące rozwój, przez niedostateczny wysiłek własny, przez brak sprawności" (Radlińska 1979, s. 201). Żywioł więc ludzkiego reagowania na kulturę i starość bywa autodestrukcyjny, a i podłoże międzypokoleniowego wrastania w kulturę – nie dość gotowe do sprostania wyzwaniu mówienia do nowych reprezentantów młodości, niegotowej na to, aby przejmować, a tym bardziej przejmować się tym, co zastaje, gdy brakuje im wsparcia w rozwijaniu w sobie twórczej zdolności przetworzeń i nowych powiązań.

Warto też zaznaczyć, że podkreślanie wagi widzenia człowieka w kategoriach „żywiołu" – zamiast np. „materiału" podlegającego technicznie sprawnej obróbce – stanowi istotny postulat Radlińskiej jako zarazem „czynnik ludzki" w faktycznie ekologicznym myśleniu o samym człowieku. Żywioł jako kategoria ekologiczna, obejmująca siły, które bywają nieobliczalne, nieokiełznane, skrajne w swoich postaciach, a jednocześnie spełniają rozmaite funkcje (np. elektrownie wodne, wiatrowe), może je także pozyskiwać, a nawet rozwijać (np. poprzez tamy i zapory spiętrzające moc dalszego przejawiania się) dla dobra ustanawianego jako cel dążeń. Żywioł więc, jako kategoria niosąca dynamizm istnienia, sam wskazuje na potrzebę dynamicznych działań i to dwukierunkowych w swym dążeniu, aby siła tego żywiołu, jakim jest człowiek, mogła być rozwijana i potęgowana dla dobra, które będzie służyło jemu samemu. Mówiąc najkrócej, żywioł jest dwoisty w swoim byciu i przejawianiu się. Zadaniem mierzącego się z nim jest tę jego dwoistą charakterystykę umieć pozyskać i przetworzyć na działanie sprzęgające go w splocie z innymi siłami w środowiskowe – wysiłku na rzecz nowego bogactwa i szans.

Dwoistość w wątkach metodologicznych

U Radlińskiej na uwypuklenie zasługuje trop metodologicznie rozpracowany jeszcze w latach 30. XX wieku, który merytorycznie zdaje sprawę z konieczności respektowania nienazwanej w tym ujęciu dwoistości, wystarczająco jednak opisanej przez autorkę jako postulowany poziom świadomości metodologicznej, niezbędnej w badaniach „społecznych przyczyn powodzeń i niepowodzeń szkolnych"[9]. Radlińska wyróżnia w „obserwacji planowej, połączonej z systematycznym gromadzeniem materiałów", wariant obserwacji przeżywanej od wewnątrz, z przejęciem się zastanym punktem widzenia, oraz wariant obserwacji zdystansowanej, z zachowaniem aspektu obcości badanej zbiorowości wobec przyjmowanych treści. Radlińska wskaże, że oba warianty są ważne i potrzebne, choć mają zarówno swoje pozytywy, jak i w każdym przypadku niosą niebezpieczeństwa. Nie są więc jednoznaczne, ale także nie są wystarczające, wymagając komplementarności w dążeniu do uzyskania niezbędnych pożytków poznawczych, które miałyby zwłaszcza służyć pomocy.

Oba rodzaje obserwacji posiadają swoiste wartości i niebezpieczeństwa. Pierwszy pozwala na zrozumienie doniosłości zaobserwowanych zjawisk w życiu jednostek, na ocenę ich z punktu widzenia danego środowiska. Groźne natomiast bywa niebezpieczeństwo przeceniania szczegółów wtórnych, pomijania zaś spraw ważkich, o ile uchodzą one uwadze otoczenia. Badacz przychodzący z zewnątrz łatwiej nieraz dostrzega związki różnych stron życia, rozległość zachodzących zjawisk, nawet, dzięki świeżości spojrzenia, bywa bardziej twórczy przy szukaniu środków ratunku.

Doświadczenie wykazało, że niezmiernie ważne jest przyglądanie się badanym stosunkom zarówno „od wewnątrz", ze spożytkowaniem własnych przeżyć i rozświetleniem trudnych do rozpoznania spraw uczuciem wyzwalającym intuicję, jak i „od zewnątrz", ze spożytkowaniem walorów obiektywizacji spojrzenia (*Społeczne przyczyny powodzeń i niepowodzeń szkolnych...* 1937, s. 6–7; por. z pewnymi modyfikacjami redakcyjnymi także Radlińska 1964, s. 102).

Radlińska wskazuje na konieczność współwystępowania celu badań o charakterze zadania naukowego, pozwalającego na ustalenia poznawcze, jak i celu wyznaczonego przez „nakaz moralny", związany „z niesieniem pomocy", poznane „tajemnice osobiste" bowiem miałyby stanowić bodziec zobowiązujący do działania (por. *Społeczne przyczyny powodzeń i niepowodzeń szkolnych...* 1937, s. 7). Mamy więc dodatkowe napięcie dwubiegunowe w ramach relacji: poznanie *versus* pomoc. Kolejny wariant napięć tworzy para systematyczność *versus* schematyzacja. „Obserwacja systematyczna wymaga pewnej schematyzacji", podkreśla Radlińska, ale jednocześnie zauważa, że

---

[9] Tak brzmi tytuł pracy w której autorka sformułowała zasadnicze „uwagi o metodzie przeprowadzanych badań" (*Społeczne przyczyny powodzeń i niepowodzeń szkolnych...* 1937, s. 6–39).

[...] większość schematów charakterystyk dzieci i warunków bytu, które wypróbowywano, chcąc uzyskać materiał porównawczy, okazywała się nieprzydatna z powodu nadmiaru szczegółów często nieistotnych i zbytniej sztywności układu (*Społeczne przyczyny powodzeń i niepowodzeń szkolnych...* 1937, s. 8).

Widać znowu stwierdzenie ważne dla relacji dwoistych, że cecha przydatna staje się zarazem nieprzydatna w nadmiarze. Stąd podkreślenie metodologicznej potrzeby łączenia wysiłku zbierania materiałów z ich krytyką w celu uniknięcia jednostronności podejścia, które byłoby pozbawione świadomości uznającej konieczność nastawienia krytycznego, czy które nie byłoby gotowe do jej stosowania w praktyce własnych operacji poznawczych. Podsumowując przeprowadzone badania, Radlińska pisała:

Największym niebezpieczeństwem dla badań jest jednostronność materiałów, wynikająca z niedostatecznej znajomości stosunków lub z powzięcia pewnych założeń, czysto uczuciowych lub ideologicznych, z góry przesądzających wynik. Najskuteczniej zapobiega temu niebezpieczeństwu zdawanie sobie sprawy z charakterystycznych cech materiałów od pierwszych chwil ich gromadzenia i bezustanne uprzytamnianie sobie uzyskanego już obrazu, który ma się uzupełniać i kontrolować. W pracach zespołowych temu celowi służyły dyskusje: odsłaniały one wymownie fakt popełniania przez wielu początkujących badaczy niemal tych samych błędów. Do nich należą: dążność do uogólnień, zacieranie indywidualnych rysów charakterystycznych, niechęć do podejmowania przeróbki planu (*Społeczne przyczyny powodzeń i niepowodzeń szkolnych...* 1937, s. 9).

Zauważmy przy tym, że ostatni postulat autorki da się zinterpretować w kategoriach koła hermeneutycznego (relacji między częścią i całością), z tym że Radlińska nie dopowiada, jak bardzo postulowane podejście jest trudne czy wewnętrznie sprzeczne: zdawanie sobie sprawy z cech charakterystycznych już wymaga jakiegoś uogólnionego odniesienia do całości, jednak dysponowanie wizją całości od razu grozi schematyzmem i sztywnością nie do przezwyciężenia. Stąd uczulanie na potrzebę korygowania wyjściowego planu jako podstawy przesłanek własnego działania, co wymaga aż – znowu niewysłowionej czy nienazwanej – perspektywy antypozytywistycznej świadomości badawczej, dla której fundamentem jest zdolność do krytycznego odniesienia do własnych działań poznawczych i korygowanie ich założeń wyjściowych. Wspomniana groźba błędów wręcz automatycznie jest wpisana w postulowany biegun szukania cech charakterystycznych – zatem uogólnień, wyjścia poza swoistość i trzymania się jakiegoś schematu interpretacyjnego. Widać, że mamy tu dwubiegunowe napięcie, które dramatyzuje sytuację badawczą, nawet ujętą w koło hermeneutyczne procesu poznawczego.

Radlińska zwraca tu uwagę na potrzebę uzyskiwania wiedzy o genezie materiałów i o warunkach ich społecznego funkcjonowania, łącznie z tym, aby „w miarę możliwości sięgać do ich pra-źródeł" oraz umieć „indywidualizować wyniki badań" na każdym ich etapie, szukając rozmaitych ich powiązań „w różnorodnych zestawieniach" (*Społeczne przyczyny powodzeń i niepowodzeń szkolnych...* 1937, s. 9). Ta ostatnia uwaga zostaje ukonkretniona wskazaniem na potrzebę troski o

> [...] odnajdywanie utajonych (nie tylko przewidzianych) współzależności między składnikami badanych zjawisk czy procesów [...]. Zjawiska sprzężone w życiu, nie zaś wyodrębnione sztucznie ich rezultaty, są interesujące w rozumowaniach, które mają dawać podstawę do działania. Zasięg możliwych współzależności jest bardzo wielki i gromadzony materiał powinien ułatwiać przeprowadzenie poszukiwań w wielu kierunkach (*Społeczne przyczyny powodzeń i niepowodzeń szkolnych...* 1937, s. 9).

Wśród błędów popełnianych w badaniach Radlińska wyróżnia kategorię błędów „organicznych", tj. takich, które popełnione na jakimś etapie badań, w tym na początku, „nie mogą być naprawione w drodze jakichkolwiek zastosowanych później metod opracowania", ze względu na ułomności w zakresie respektowania złożoności sytuacji badawczej w gromadzeniu materiałów wyjściowych. Stąd, dla przykładu, w odniesieniu do metody kwestionariuszy czy ankiet, które powinny, jej zdaniem, mieć funkcję jedynie pomocniczą, Radlińska zwraca uwagę – w trybie merytorycznie reprezentującym zrozumienie pułapek po różnych stronach biegunowych typów nastawień, co jest ważne dla rozwijania perspektywy dwoistości – by choćby przy badaniu dzieci „unikać nadmiaru kwestii, zwłaszcza formalnych", jak również pamiętać, że „nadmierne zwężenie kwestionariusza nie jest wskazane" (*Społeczne przyczyny powodzeń i niepowodzeń szkolnych...* 1937, s. 11, por. także s. 10). Mamy więc wskazanie na groźbę nadmiaru po dwóch przeciwnych stronach postulatów wobec ankietera.

U Radlińskiej mamy także inny przykład, niż wyżej omówione, także wskazujący na jej dojrzałą świadomość metodologiczną dotyczącą współwystępowania niebezpieczeństw badawczych po przeciwnych stronach postępowania, gdzie dwie przeciwstawne skrajności są jednocześnie szkodliwe, a gdzie łatwo jest w nie popadać z powodu jednostronności i nadmiaru. To typowe ujęcie zjawisk, dające się symbolicznie wpisywać w sytuację Scylli i Charybdy, czego jednak formalnego śladu nie spotkałem w pracach Radlińskiej. Merytoryczny opis jest jednak w pełni adekwatny do takiego skojarzenia.

Chodzi oto o dwubiegunowy problem „korzystania z literatury" w prowadzeniu badań pedagogicznych, który warto uświadamiać podejmującym je zwłaszcza zespołowo, przy zróżnicowaniu przygotowania do nich, gdyż w podsumowaniu u Radlińskiej czytamy uwagi warte przytoczenia jako podpowiedź dotycząca postulowanej kultury przygotowania (się do) badań:

> Spożytkowanie piśmiennictwa przy pracach badawczych omawianego typu bywa dla początkujących trudne. Nieraz pojawiają się niebezpieczeństwa dwu odmiennych rodzajów: niewolniczego naśladownictwa lub zlekceważenia literatury.

Przed naśladownictwem ratuje wszechstronne poznawanie różnych prac, zawierających surowe materiały, opracowania fragmentaryczne, uogólnienia wyników i szersze syntezy. [...] pomimo wspólnego referowania książek, wspomniane trudności nie zostały całkowicie przezwyciężone.

Znacznej kultury, więc niezbędnego przy uprawie trudu i czasu, wymaga ocena tego, co w badaniach obcych i opartych na nich uogólnieniach posiada znaczenie lokalne, co – szersze, co może być ważne jako przykład metody, co dostarcza materiału do porównań. Kultura, umożliwiająca twórczość własną, wymaga[ła] narzędzi, branych spoza kręgu zainteresowań bezpośrednich. [...] najwięcej uzyskiwano na drogach, które nieraz wydawały się wędrowcom zbyt dalekimi i zbyt okólnymi. Dzieła z zakresu socjologii i jej zastosowań, ekonomii, psychologii, pedagogiki, bywały ważniejsze przy wdrażaniu się w dostrzeganie i rozumienie zjawisk od monografii na tematy odpowiadające ściśle treścią zakresowi podejmowanych badań. Należało jednak strzec się starannie powtarzania na wiarę autorytetów naukowych słów, których wagi nie rozumiano dostatecznie, dlatego czytelnictwo szło równolegle z bezpośrednim poznawaniem zjawisk (*Społeczne przyczyny powodzeń i niepowodzeń szkolnych...* 1937, s. 38)[10].

W innym przekroju trudności badawczych Radlińska wskazuje na dwa bieguny typowych pułapek, w jakie wpadają referenci badań, zawężający obiektywność oglądu badanych zjawisk albo do płytko rozumianej perspektywy cudzej, albo do silnie normatywnie żywionych przekonań własnych.

Walka z werbalizmem, będącym plagą referatów [...], była jednocześnie walką ze spoglądaniem na rzeczywistość przez szkiełko norm, odpowiadających ideałom patrzącego,

tymczasem kluczowa pomoc badawcza dla pedagogiki ma mieć na celu „ukazanie możliwie obiektywnej rzeczywistości" z uwzględnieniem różnych perspektyw i doświadczeń (por. *Społeczne przyczyny powodzeń i niepowodzeń szkolnych...* 1937, s. 38–39). Poszukiwanie terminologii interpretacyjnej wymaga tu zdolności do powściągania czyhającego na skrajnych polach aplikacji języka „przeładowanego" technicznością albo przytłoczonego podejściem ukazującym „w nadmiarze materiał surowy", bez głębszego zaplecza teoretycznego dla niezbędnych interpretacji (por. *Społeczne przyczyny powodzeń i niepowodzeń szkolnych...* 1937, s. 39).

Wspomniane wyżej dwoistości podejścia metodologicznego dają o sobie znać w relacjach między każdą parą wierzchołków trójkąta relacji: jednostka – społeczeństwo – kultura, wprowadzając napięcia między trzy analogiczne odniesienia

---

10 Pewien aspekt tej postawy wydobywa także Stanisław Kawula, pisząc: „H. Radlińska wskazuje na dwa podstawowe niebezpieczeństwa przy korzystaniu z literatury, tj. na bezkrytyczne naśladownictwo lub też zlekceważenie zawartych w niej wiadomości" (Kawula 1980, s. 232). Kluczowe pozostaje dostrzeżenie dwubiegunowego napięcia między wykorzystaniem czy spożytkowaniem literatury a zachowaniem wobec niej krytycyzmu i niezależności.

oddziaływań wychowawczych, które wyznaczają: uzdolnienia – dziedzictwo kulturowe – zadania społeczne. Pojawiają się w związku z tym w opisie wychowania u Radlińskiej określenia wskazujące na konieczność widzenia „równoległości" dokonujących się tu procesów, z jednoczesną troską o ich równoważenie, a jak trzeba, to i tworzenie przeciwwagi, gdy niektóre okazują się szkodliwe rozwojowo. Zasługuje także na uznanie troska o to, aby mimo konfliktów w tych relacjach nie widzieć tu miejsca głównie do sprawowania władzy i egzekwowania posłuszeństwa, gdyż wbrew postawie jednostki nie da się tu osiągnąć istotnych efektów rozwojowych. W ogólnej postaci sama Radlińska ujęła to w 1935 roku następująco:

> Cechą najistotniejszą wychowania (różniącą je od rządzenia) jest pielęgnowanie zadatków uzdolnień, wprowadzanie w dorobek ogólny, wdrażanie do sprawności. Cechą skutecznej opieki jest przeciwważenie czynników hamujących normalny rozwój. Oddziałuje tu przy tym nie tylko zmiana warunków, lecz również, czasem głównie, wzmaganie sił ludzkich przeciwstawiających się niekorzystnym wpływom. Oddziaływanie wzajemne sił jednostek i ustroju będącego wyrazem siły zbiorowej bywa równoległe. Tę równoległość coraz to burzą, zmieniając linię rozwoju, wpływy czynnika silniejszego. Sformułowanie w ten sposób istoty wychowania zmusza do precyzowania celów nie inaczej, jak w związku z odnajdywaniem sił do prób uchwycenia współzależności potrzeb i zainteresowań, do zajęcia się rolą poszczególnych czynników, które przetwarzają środowisko (Radlińska 1964, s. 100–101).

Można by próbować w kontekście innego sformułowania Radlińskiej wskazać tu dokładnie cztery zadania czy funkcje, wobec podobnego stwierdzenia, że

> [...] w pojęciu wychowania mieści się pielęgnowanie zadatków uzdolnień, skierowanie pędu twórczego, dopomaganie rozwojowi i przenoszenie istniejących dóbr duchowych[11].

Ważne byłoby jednak widzenie w tym ramowym kwadracie (funkcji: pielęgnacji – ukierunkowania – wsparcia rozwojowego – dostarczania bodźców kulturowych) przestrzeni do pojawiania się naturalnych, jeśli nie wręcz nieuniknionych napięć i konfliktów.

Zauważmy, że taka koncepcja teoretyczna wychowania przyświecała, jak podkreśla Radlińska, metodom i badaniom „nad wpływem środowiska na losy szkolne" uczniów, prowadzonym z perspektywy pedagogiki społecznej. Tu właśnie musiały być uwzględniane fazy, napięcia międzyfazowe i wewnątrzfazowe w procesach ustanawiających sploty czynników uczestniczących w wychowaniu i rozwoju.

---

11 Na to sformułowanie zwróciła Radlińskiej uwagę Krystyna Kowalik (1980, s. 88).

Dwoistości kultury i wychowania

Zanim podejmiemy próbę kolejnych rekonstrukcji, zauważmy jeszcze, że staje przed nami spór dodatkowy, zwykle kojarzony z alternatywą w kwestii: czy kultura ma wartość autoteliczną, najlepiej związaną z ponadczasową spuścizną wartości, czy też przeciwnie, mamy tu głównie funkcję instrumentalizującą aż po utylitaryzm aplikacyjny? Warto, moim zdaniem, już na wstępie podkreślić, że Radlińska uzyskuje to rozstrzygnięcie utrwalające dwoistość napięcia między wskazanymi biegunami, co wydaje się zarazem najtrudniejsze i najważniejsze dla filozofii edukacji. Jak się okaże, akcenty instrumentalizujące funkcję kultury w jej życiodajności są niezbędne dla odniesienia do kultury jako gleby, o którą w wychowaniu czy edukacji trzeba dbać, jako warunek udanej kolejnej próby uprawy czy posiania, zasiania z nadzieją na plony, na które nie ma się pełnego wpływu ani tym bardziej nad którymi nie ma pełnej kontroli. Do głosu dochodzi odwieczna wartość ziemi jako rodzącej życie, jako wydającej plony, jeśli się dla nich odpowiednio mocno natrudzimy.

Dodajmy jeszcze, że pedagogicznym odpowiednikiem tego sporu i jego rozstrzygnięcia jest kwestia autonomii wychowania zderzona z pytaniem: czy może pozostaje ono jedynie wpisane w funkcje społeczne, zadania historyczne i obowiązki poszczególnych instytucji, w tym szkoły, rodziny czy państwa? Wydaje się, że da się przeprowadzić tezę o dwoistości jako dwubiegunowym sprzężeniu w nierozerwalnej relacji pozornie zaprzeczających sobie postaci, a żywiących się sobą wzajemnie. Bo znowu między autonomiczną troską o wartość życia, każdego życia i prawa każdego do własnego życia, a zapobiegliwością o utrzymanie wartości życiodajnej gleby – na której można wzrastać, jeśli ma się warunki by w nią wrastać – nie ma miejsca na rozłączny wybór, ale zrozumienie wspólnego losu i paradoksalnego wspierania się. Bo właśnie troska o uniwersalną rozległość całości gleby kulturowej jako podłoża, którego nie wolno ograniczać ani podporządkowywać celom zewnętrznym wobec troski o pełnię **przeżycia, przebudzenia i przemiany**, staje się drugą stroną triady Radlińskiej, wskazującej na **wrastanie, wzrastanie i wyrastanie** ponad oczekiwania i zewnętrzne wymagania jako sedno dwoistego napięcia między wychowaniem i życiem. Po obu stronach bowiem stają wartości, których nikt nie może ograniczyć, wypreparować ani podporządkować własnym preferencjom i celom. Ta dwoistość także wydaje się fundamentalna dla pedagogiki jako całości, a nie tylko dla jej postaci zwanej pedagogiką społeczną, pedagogiką kultury, pedagogiką ogólną, andragogiką czy też filozofią wychowania albo teorią wychowania. Tak bowiem może dawać o sobie znać, jak się wydaje jedynie **pedagogika kompletna**, zdolna do dokonywania rozmaitych przekrojów czy profilowania własnych sytuacji działania i wyzwań myślowych z wnętrza swoich zainteresowań na całość dążeń i uwarunkowań pedagogicznych, wpisanych w rozmaite wymiary i przejawy funkcjonowania odniesień dla praktyki wychowawczej, opiekuńczej i edukacyjnej.

O dwoistym zadaniu „melioracji duszy" w sprzężeniu z „melioracją środowiska"

Przywołane zadanie jako podstawowa formuła pedagogicznego przekładania wizji ideału człowieka – afirmowanego jako pełnoprawny i równoprawny obywatel, twórczy uczestnik i użytkownik kultury oraz szczęśliwa i spełniająca się osoba – niesie na każdym swoim piętrze złożoności i w każdym zakresie zorientowanych na niego oddziaływań konieczność odnoszenia jego uwarunkowań i niezbędnych sił do uruchamiania mechanizmów ze wspomnianą ideą związanych, a wpisanych w całość określaną mianem „niewidzialnego środowiska" i jego uwikłania w wysiłki „melioryzacji". Poniżej poczyniono kilka uwag prowadzących w stronę niezbędnej tu rekonstrukcji i interpretacji zarówno filozoficznej, jak i pedagogicznej.

Najpełniejsza formuła owego „niewidzialnego środowiska" dotyczy u Radlińskiej, w moim jej odczytaniu, dziedzictwa kulturowego, którego spadkobiercą nominalnie jest każdy, nawet jeśli o tym nic nie wie czy nie umie z niego skorzystać. Najczęstszą perspektywą widzenia tego „niewidzialnego" odniesienia wydaje się jego redukcyjne odczytanie w sferze treści dominujących socjalizacyjnie. Jak określa to B. Smolińska-Theiss, chodziło w nim o wskazanie obszaru wyznaczonego przez „idee, obyczaje, postawy psychiczne, wartości kultury duchowej", których z kolei „prospektywny charakter" polega na tym, że wprawdzie przetwarzają one teraźniejszość, ale i „krępują przyszłość" (por. Smolińska-Theiss 2004, s. 249). Radlińska jest świadoma, że zwykle owo „niewidzialne środowisko" działa w wersji okrojonej do efektów socjalizacji i tradycji dominującej w danej grupie. Nieprzypadkowo, pisząc o dziejach oświaty pozaszkolnej na przykładzie amerykańskim, stwierdzała w roku 1934: „Szukając początków instytucji amerykańskich, znajdujemy je przeważnie we wzorach i ideałach europejskich, w »środowisku niewidzialnym« wychodźców" (Radlińska 1934, s. 677).

Tymczasem w pełnym zakresie kultura symboliczna występuje jako pole niewidzialne, z którego czerpanie daje nowe impulsy czy bodźce, mające wyzwalać, budzić, motywować, uruchamiać proces transgresji, wykraczania poza skalę własnych i lokalnie dostępnych treści składających się na wyobraźnię czy na źródła określające identyfikację. Słuszne jest utrzymywanie, że przy węższym, lokalnym widzeniu „niewidzialnego środowiska" siły wchodzące dzięki niemu w grę, kształtując jednostkę, „podtrzymują jej siły lub ograniczają, gaszą jej dążenia" (Radlińska 1961, s. 33, za: Smolińska-Theiss 2004, s. 249). Jednak nie możemy zapomnieć, że w przypadku starań, które klasycznie już Radlińska nazywała melioracją (melioryzacją[12]), chodziło przede wszystkim o udostępnianie sił będących poza wcześniejszym zasięgiem nie tylko jednostki, lecz także jej środowiska. Dla pedagogiki społecznej kluczowe staje się dostrzeganie sprzężenia między siłami materialnymi

---

12 Oba terminy stosuję zamiennie.

a tym, co wymaga aż „ekologii idei", tj. widzenia sprzężeń, które zachodząc w wyniku poszerzania powiązań w horyzoncie wiedzy, pojęć, idei, wartości, mogą dalej przeniknąć jako siły sprawcze do potencjału realnie wpisanego w kondycję, koncepcję siebie i kompetencje do działania jednostki. Jednym słowem, potencjał ten wpisuje się w tożsamość jednostki dzięki kulturze jako „niewidzianemu środowisku" uczynionemu jej własnym, czyli **uczynnionemu** dla niej, stającej się innym bytem społecznym.

Wysiłek „przedstawienia wartości wkładu jednostki do skarbca kultury ogólnej" w trybie kształcenia wymaga zarazem doprowadzenia do realnego, zatem osobistego „poznania »niewidzialnych« czynników środowiska bezpośredniego", czego jednym ze sposobów testowania może być rozwijanie skojarzeń dotyczących dokonań wpisanych w „nazwiska wielkich, zasłużonych, sławnych ludzi", które wywoływane jako bodźce mogą stanowić istotne impulsy rozwojowe w zakresie osobistego stosunku do tych dokonań (por. Radlińska 1979, s. 274, 115).

Moim zdaniem, na problematykę „niewidzialnego środowiska" należy patrzeć w dwubiegunowym uwikłaniu, analogicznym do dwoistego funkcjonowania postulatu dotyczącego „melioryzacji". Jak wiemy, Radlińska wielokrotnie mówi o zadaniu „melioracji duszy" w sprzężeniu z „melioracją środowiska". Zresztą nie jedyny to raz, gdy analiza pozwala pokazać na każdym kroku wyłaniające się dwoistości w każdym z biegunów.

To pierwsze zadanie w dużym stopniu wymaga oddziaływania na kompetencje, potrzeby i jakość woli działania. Idąc krok dalej, znowu widziane wnikliwiej, zadanie to okazuje się uwikłane w tworzące się napięcie między tym, co „własnymi siłami" jednostka jest w stanie już zrobić, przy jej dalszej mobilizacji i poparciu, a tym, co te siły własne dopiero przebudzi, ukształtuje, uzupełni, przetworzy dzięki impulsom wydobytym z nieuświadamianych sobie jeszcze bodźców czy – jak często mówi Radlińska – „podniet" dla ducha. Z kolei to drugie zadanie, wpisane w troskę o biegun środowiskowy, oznacza zabieganie o powoływanie do życia urządzeń kulturowych, które mają umożliwiać dostęp do takich, dających do myślenia podniet. Chodzi też o umożliwianie obecności, dawanie szans na spotkanie z ideami, wartościami, projektami działania, pomysłami i wyobrażeniami, zawartymi w samych dziełach kulturowych, z którymi trzeba umieć wejść w realny kontakt i w wysiłku pracy odbiorczej na ich materii (materiale i symbolice ich treści) – z konieczności je przetwarzającej – uzyskać dostęp do potencjału pracy nad sobą, nad własną wrażliwością i kompetencjami, jednym słowem: nad własnymi siłami duchowymi. Efektem takich wysiłków jest „[c]złowiek o rozbudzonej duszy" (por. Radlińska 1979, s. 239), zdolny do sięgania po najlepsze urządzenia i dokonania kulturowe czy gospodarcze, dla ich spożytkowania we własnych dążeniach, przy czym sprzyjanie tej zdolności nie jest łatwe, pomimo optymistycznego postrzegania przez Radlińską dorastania jako okresu „największego rozbudzenia duchowego, gdy umysły rwą się do wiedzy, ręce – do czynu" (Radlińska 1979, s. 238).

Jeśli uwagi te mogą się wydawać zbyt abstrakcyjne, to zważmy, że o potrzebie, uwarunkowaniach i charakterze melioracji Radlińska potrafiła pisać i mówić wprost do przeciętnych odbiorców, np. uczniów szkół rolniczych czy ich nauczycieli, chcąc ich przebudzić i zmobilizować, wykorzystując nawet takie formy komunikacji jak „Kalendarz Kółek Rolniczych na rok 1926" (Radlińska 1979, s. 243–246). Tłumaczyła chociażby potrzebę oddziaływania, które „[r]ozbudza nowe potrzeby i wpaja zasady ich uczciwego, pożytecznego zaspokajania" jako warunek także „postępu gospodarczego" (Radlińska 1979, s. 243). Pisała w tymże kalendarzu, iż

> [...] już spostrzeżono, że bez melioracji dusz niepodobna przeprowadzić przemian w gospodarstwie narodowym. Człowiek może wykonywać dobrze i z ochotą to tylko, co zrozumiał, polubił, uznał za „swoją" sprawę. Nauczenie jakiejś roboty bez ukazania jej doniosłości, bez wpojenia zamiłowań i silnego pobudzenia woli – nie doprowadziłoby do niczego. Owszem, na odwrót! Jeśli człowiek zapragnie wznieść swą gospodarkę i całe swoje życie na wyższy poziom – nie stanie mu na zawadzie brak tej czy innej wiadomości. Sam ją zdobędzie, byle miał wolę czynu i wytrwałość (Radlińska 1979, s. 243).

Oddziaływanie zewnętrzne musi tu iść w parze z wysiłkiem uruchamiającym „systematyczną pracę nad sobą", w postaci samokształcenia (Radlińska 1979, s. 249), a dokładniej kształtowania własnych pasji i zdolności ich pogłębiania, spełniania i skupiania na nich własnego myślenia i dążeń. Dotyczy to zarówno uczniów, jak i nauczycieli, a ściślej rzecz biorąc: obu biegunów relacji szkolnej czy wychowania w trosce o samą tę relację, która także musi podlegać owej pracy nad sobą. Wskazywanie bowiem na „meliorację gospodarczą" musi być postrzegane przez pryzmat niezbędnych działań kształtujących uczestniczące w procesach społecznych jednostki. Rozwijają się one także w obliczu zadań praktycznych poprzez „związane z nimi zagadnienia etyczne: meliorację dusz, zmianę stosunku człowiek do człowieka", możliwą w trybie uzyskiwania dostępu do „panowania nad popędami, oceny sytuacji, wyboru drogi, wykonywania postanowień" (Radlińska 1979, s. 338). Wszystko to razem wymaga zdolności do wartościowania potencjalnego zaplecza kulturowego dla własnej życiowej gotowości do zaangażowania w pracę nad jego pozyskiwaniem (Radlińska 1979, s. 338). Praca nad sobą oraz nad dostępem do kultury i do jakości wspierania własnych wyborów i decyzji są ze sobą sprzężone, gdyż łącznie oba jej zakresy rzutują na siły własne jednostki, jej wspólnot i potencjał jej środowiska dla innych.

Stąd pada kapitalna teza Radlińskiej, porównywalna jedynie z wizją Kurta Lewina, wiążącego jakość tożsamości (wzrost poczucia wartości) z osłabianiem siły przekonań: „Budzenie poczucia własnej wartości łączy się z uczeniem pokory wobec rzeczy wielkich, zwłaszcza wobec bohaterstwa, twórczości i pracy" (Radlińska 1979, s. 338–339). Bez tego ludzie będą się skazywali na kondycję, w której „kulturalnie są na uboczu", zmarginalizowani i pozbawieni możliwych podniet do działania na rzecz samych siebie i swojego świata (Radlińska 1979, s. 349). Kontakt z wartościami staje się sposobem na troskę o wartości we własnym działaniu i wartość samego działania, a w rezultacie rzutuje także na wartość samego działającego. Ten zaś zwrotnie pomnaża wartości dla innych, będąc taką wartością nie tylko w sobie czy dla siebie, lecz także dla innych dzięki sobie i swojej zdolności otwierania się na innych dla siebie. Bez tego procesu jednostki – nawet poszukując szans w świecie społecznym, np. uciekając z beznadziei do nowych możliwości (choćby ze wsi do miasta) – mogą się skazywać na „wtłoczenie w rojowisko najniższej sfery, wpadającej w nędzę" (Radlińska 1979, s. 346–347)[13] zarówno materialną, jak i duchową. Człowiek okazuje się żyć „poza zasięgiem kultury", w tym będąc w mieście – poza kulturą miasta (por. Radlińska 1979, s. 347), nawet usiłując się zlewać czy zrastać z dostępnymi mu jej fragmentami czy środowiskami, celebrującymi często własną zamkniętą na innych, nawet wojowniczą tożsamość. Pragnę jedynie zasugerować, że ten wątek rozważań Radlińskiej mógłby być dla aktualnej pedagogiki społecznej i polityki oświatowej państwa kapitalnym odniesieniem, przy głębszych analizach źródeł agresji społecznej, w tym fenomenu kiboli, żebractwa czy innych postaci patologii społecznej. Najwidoczniej rzecz w tym, że część agresji ma podłoże w bezradności wobec własnego wykorzenienia kulturowego rzutującego na ubóstwo repertuaru dostępnych środków. Z nich nie da się budować własnej tożsamości człowieka, który czuje się pełnoprawnym uczestnikiem życia społecznego, umie czerpać podniety do życia z interakcji wartościowych w szerszych kontekstach. Stąd problematyka wartości u Radlińskiej, wymagająca odrębnych rozważań, musi się tutaj pojawić choćby w podstawowym zakresie, który mogę jedynie zasygnalizować.

Wiedza o wartościach i sposoby jej oddziaływania

Radlińska, świadoma konieczności tej refleksji, podejmuje także kwestie filozoficzne dotyczące epistemologii oraz ontologii aksjologicznej, choć wcale nie musi operować takimi agregatami problematyki, skupiona na projekcie widzianym jako rozwijanie pedagogiki społecznej. Wie jednak, że powinna wykorzystać „nauki o działaniu społecznym", ze świadomością dodatkowych wymagań, jakim musi sprostać działanie wychowawcze. Stąd formułuje chociażby takie tezy, kluczowe dla rozumienia złożoności procesów oddziaływania społecznego oraz wymagające łączenia wiedzy psychologicznej i dydaktycznej:

---

13 Zauważmy cenne określenie charakteru zbiorowego istnienia w terminach „rojowiska", co oznacza metamorfozę uwikłania w degradację zdominowaną przez brak systematycznego oparcia w wartościach własnego życia. Stanem roju jako kondycji ludzkiej posługiwał się także niedawno Zygmunt Bauman, co pokazałem osobno.

Pedagogika społeczna zajmuje się przede wszystkim wpływem uświadomienia potrzeb na ich wartościowanie, rolą sprawności w ich zaspokajaniu. Przejmowanie wartości nie tylko jako wiedzy o skarbach, które gdzieś dla kogoś istnieją, lecz również jako prawdziwej użytkowej własności, jako podniety do czynu, jest możliwe tylko wtedy, gdy te wartości są pożądane, gdy ich utrzymanie lub ich zdobywanie stało się koniecznością duchową (Radlińska 1935, s. 43).

Radlińska nieustannie i na wiele sposobów podkreśla wagę troski o to, co osobno w dydaktyce ogólnej nazywa się współcześnie „dydaktyką przeżycia", a co wymaga budowania więzi między udostępnianą wiedzą a „minimum potrzeb obiektywnie ocenionych" (Radlińska 1935, s. 42), gdyż inaczej wzorce postaw z tą wiedzą związane nie będą przejmowane w działaniu ani uznawane za godne zaangażowania. Łącznie – nie będą znaczące w kształtowaniu tożsamości i kompetencji odbiorców.

Dla pełnego obrazu pedagogicznych zadań do podjęcia niezbędne okazuje się dostrzeganie wagi wiązania przeżyć subiektywnych odbiorców rozmaitych treści i adresatów działań oświatowych z tym, co Radlińska akcentuje jako „wartości obiektywne", co jest zatem ogólniejsze niż treści i znaczenia wpisane w jakieś lokalne środowisko bezpośrednio oddziałujące socjalizacyjnie. Sięganie do możliwie szerokiego „dorobku" jednocześnie „współdziała w budowaniu bogatszych struktur duchowych", co obejmuje rozwijanie umiejętności „korzystania ze spuścizny wielkich twórców i współdziałania w twórczości zbiorowej" (Radlińska 1935, s. 41). Zarazem pomaga w budowie własnej tożsamości i podnosi kulturę społeczną interakcji w konfliktach, gdyż pozwala „łagodzić nieuniknioną walkę ukazywaniem wartości wspólnych i wdrażaniem do lojalnej oceny »innych«, nawet przeciwników" (Radlińska 1935, s. 41). Najważniejszą tezą, tutaj wyrażoną w terminach ogólnych, jest to, że „kultura społeczna", rozumiana jako kultura interakcji, sporów, a nawet walk, istotnie zależy od głębi i rozległości otwarcia się ich uczestników na wartości wspólne, rozbudzające i poszerzające „poczucie całości i odpowiedzialności" (Radlińska 1935, s. 41), przy poszanowaniu odrębności w szerszej wspólnocie wraz z licznymi różnicami. Skala dostępności dorobku kultury niosącego różnice umożliwia „zrozumienie się i świadome współdziałanie" (Radlińska 1935, s. 40), bez roszczenia sobie praw do narzucania jednego sztywnego rozwiązania. W tle zatem mamy wizję dialogu, który nie służy przekonywaniu do jednej racji czy słuszności, efekt oddziaływania kultury nie musi być uzgodniony z pośredniczącym w jego przekazywaniu.

Przywołajmy też ważną ideę Radlińskiej z lat 30. XX wieku, związaną z troską o „zagadnienia etyczne: meliorację dusz, zmianę człowieka do człowieka", co badaczka łączy „z budzeniem szacunku dla każdej jednostki ludzkiej i dorobku kultury" (por. Radlińska 1979, s. 338). Dodaje jednocześnie kapitalną uwagę, bliską – jak pokażę za chwilę – stanowisku Kurta Lewina. Chodzi o sformułowanie Radlińskiej, że „[b]udzenie poczucia własnej wartości łączy się z uczeniem pokory wobec rzeczy wielkich, zwłaszcza wobec bohaterstwa, twórczości i pracy" (por. Radlińska

1979, s. 339). U Lewina tymczasem spotykamy w eseju z 1947 roku wiązanie postępu w relacjach międzyludzkich – zwłaszcza w sytuacji grup mniejszościowych, uwikłanych w antagonizmy nie tylko wobec większości, lecz także w stosunku do własnej grupy – z warunkiem postulującym „podniesienie poczucia własnej wartości" uczestników tych mniejszości, przy czym rozwijanie „ogólnego poziomu poczucia wartości i lojalności grup" wymaga dążenia do zasadniczego obniżenia „nadmiernej pewności siebie" (por. Lewin 2010, s. 16). Lewin mówi, że podnoszenie poczucia wartości wymaga zarazem obniżania poczucia pewności, a Radlińska widzi potrzebę pokory, czyli poczuwania się do niższego poziomu zdolności w jakimś zakresie, co dobitnie uwypuklał później w swojej teorii tożsamości Erikson. Wskazywał – w mojej interpretacji jego ujęcia – na dwoistość wyrastającą z czwartej fazy cyklu życia, gdzie troska o potrzebę adekwatności, jako dynamizującą rozwój, musi być stabilizowana (równoważona zatem) zdolnością do poczuwania się do niższości w jakichś zakresach, choć bez poziomu charakteryzującego kompleks niższości, a z uznaniem dla innych, mających kompetencje przekraczające daną jednostkę. Chodzi o adekwatne poczucie tego, że jest się w czymś naprawdę dobrym, w odróżnieniu od zakresów, w których owej fachowości i przedsiębiorczości nie wystarcza w działaniu. Groźne są tu przerosty w obie strony, związane zarówno z nadmiarem pewności, jak i nadmiarem zakompleksienia.

Bywa, że w takie poczucie nieadekwatności, programujące ograniczone trajektorie życiowe – łącznie z nadmierną i szkodliwą pokorą[14] – wpycha sama strategia szkoły, czemu Radlińska usiłuje przeciwdziałać już na poziomie szkoły wiejskiej, domagając się dla niej formuły otwartej kulturowo i ogólnokształcącej. Zgodnie z dostrzeganą tendencją, traktowaną jako fundamentalna dla międzywojennych realiów w Polsce (lata 20. XX wieku), autorka stwierdza na rozmaitych forach debaty i różnych formach narracji (od referatów po zapiski kalendarzowe), że szkoła powszechna także na wsi ma otwierać uczniom „wszystkie drogi życiowe, ułatwiać każdej jednostce rozkwit jej zdolności, zużytkowanie jej zamiłowań" (por. Radlińska 1979, s. 234–235). Nie da się tego uzyskać bez sięgania po rezerwuar duchowych „podniet" z zakresu lokalnie niedostępnego w socjalizacji, z „niewidzialnego środowiska" zatem, bez melioracji jako udrażniania przepływów i wzbogacania dostępnych treści, łącznie sprzyjających rozbudzaniu także w sensie rozpalania motywacji

---

14 Radlińska podkreśla – zgodnie z rozpoznawanym, choć nienazwanym mechanizmem dwoistości – że pożądana pokora, sprzyjająca jakości interakcji, w nadmiarze staje się przeszkodą rozwojową, sama będąc konsekwencją zbyt słabego oddziaływania w zakresie kształcenia kompetencji, także ludzi dorosłych, którzy przez brak intelektualnego zaplecza do radzenia sobie ze złożonościami i trudnościami interakcji „stają się zbyt nieśmiali i pokorni nawet przy dochodzeniu swych najsłuszniejszych praw", np. by „uzasadnić swój sprzeciw"; autorka operuje tu metaforą ptaków, które „nie mogą rozwinąć skrzydeł" w ograniczającej je przestrzeni (por. Radlińska 1979, s. 228).

i pragnień twórczych, wpisujących się w narastające poczucie „głodu wiedzy"[15]. W różnych miejscach bowiem u Radlińskiej uwypuklona jest idea wiążąca szkołę nie tyle z przekazywaniem wiedzy, ile właśnie z rozbudzaniem głodu wiedzy, pragnienia i w związku z tym motywacji do jej zdobywania w rozwijanych głębiej zainteresowaniach. Wartością wiedzy czy może funkcją wiedzy wartościowej jest bycie podnietą rozwojową, a nie źródłem usypiania i rozleniwiania. Można sobie doskonale zdać sprawę, jak ważne to zalecenia dla praktyki dydaktycznej, postawy nauczycieli nie tylko wobec uczniów, lecz także we własnym życiu zawodowym, ze względu na wymóg bycia istotnym wsparciem, stymulatorem, katalizatorem i świadectwem wartości takiej postawy.

Tymczasem warto zauważyć i to dobitnie, że w Polsce w ostatnich dekadach nastąpiła jakaś straszliwa degrengolada praktyki i polityki szkolnictwa, gdyż rozpanoszyła się retoryka przygotowania do zawodu i do zaspokajania mitycznych oczekiwań rynku pracy (a te są zwykle bardzo niskorozwojowe, żeby nie powiedzieć prymitywne kulturowo i wąskokompetencyjne). Tymczasem już w latach 20. minionego wieku, w wysiłku ambitnego definiowania zadań dla szkolnictwa i działalności oświatowej w odradzającym się społeczeństwie Radlińska mocno upominała się przez przykłady skandynawskie – reprezentujące „chłopskie demokracje najkulturalniejszych krajów: Danii, Norwegii, Szwecji" – o dążenia meliorujące dostęp do niewidzialnego środowiska kultury (Radlińska 1979, s. 230). Było to ważne zwłaszcza dla kręgów wiejskich, najbardziej poszkodowanych w dostępie do dziedzictwa kulturowego przez skazy ich lokalnych środowisk społecznych. Radlińska afirmuje w szczególności „uniwersytet chłopski", który swoimi ogólnokształcącymi impulsami „przygotowuje do życia społecznego, pomnaża szczęście jednostki przez wciągnięcie jej do udziału w skarbach kultury" (Radlińska 1979, s. 230). Widać wielokrotnie w dorobku tak orientowanej pedagogiki społecznej, że doskonale uzasadnia to przekonanie, iż funkcji społecznej kształcenia (także w zakresie „uobywatelnienia" jednostek i całych środowisk) nie da się osiągnąć strategią wąsko zawodową. Niezbędne według niej – a to stanowi ideę uniwersalną – jest rozwijanie i umożliwianie kontaktu ze sferą wartości duchowo kształtujących w sensie rozbudzania „sił społecznych" i nadawania im charakteru z jednej strony emancypacyjnego, a z drugiej rzutującego na jakość interakcji społecznych w zakresie wyrażania siebie i komunikowania z innymi w trosce o budowę wartościowej wspólnoty. Dodajmy przy tym, że normatywność wpisana w silne postulaty społeczne Radlińskiej jest tu wyrażana nie w terminach jakiejś ideologii grupowej, ale troski o dysponowanie przez człowieka zdolnością do rozumienia własnego interesu, kształtowania własnego działania i brania odpowiedzialności za los własny i społeczeństwa. Człowiek ma być wykształcony dla **swojego** dobra i o jego

---

15 Motyw ten jest kanoniczny dla całego pokolenia pedagogów, zwieńczony ideą Erosa poznania, związanego z pożądliwością wiedzy.

dobru się dyskutuje, wzywa do definiowania go w terminach kulturowych zadań do podjęcia. Radlińska nie łudziła się, że będzie to łatwe ani że wytworzą się skuteczne mechanizmy, np. niwelujące „przepaść" między rozmaitymi ogniwami życia społecznego – w tym między branymi w cudzysłów „inteligencją" i „ludem" jako wyrazem sztucznego, historycznie wymuszonego, choć arbitralnego kulturowo podziału. W 1924 roku pisała w formie niemal odezwy czy manifestu programowego:

> Coraz więcej myśli i umiejętności pracy wymaga od nas życie społeczne i gospodarcze. Każdy rolnik na swej zagrodzie musi rozumieć wielkie przemiany, które się dokonują w gospodarce światowej – inaczej zmarnuje swoją krwawicę. Każdy obywatel w sprawach gminnych, powiatowych czy państwowych musi umieć rozpoznać interes ogółu i własny (nie tylko na dziś obliczony) od prywaty. Jeśli nie zmiarkuje w porę – poniewczasie będzie żałował głosowania czy uchwały. Każdy człowiek, by czuć swą wartość, godność, by radować się pełnią życia kulturalnego musi rozszerzyć swój widnokrąg duchowy: nauczyć się patrzeć wokoło – w przyrodę, w społeczeństwo, w siebie samego (Radlińska 1979, s. 228–229).

Wspomniane konieczności mają w tej narracji wręcz status powiązań wzajemnych, jako dwustronnych związków przyczynowo-skutkowych, czyli sprzężeń zależności, w myśl zasady: musisz to, jeśli chcesz tamto, gdyż „inteligencja to nie zawód. To zdolność rozumienia życia i umiejętność twórczej pracy", przy wszystkich możliwych różnicach (Radlińska 1979, s. 229). Współczesna pedagogika społeczna nie jest powołana do formułowania jednej ideologii, jednego światopoglądu czy jednego modelu udanego życia. Jedynie na wzór postawy melioracyjnej ma się troszczyć o warunki umożliwiające łatwiejszy wybór, mniej iluzji i złudzeń, przeciwdziałając pozorowaniu zaangażowań, wpychaniu w ślepe uliczki i blokady rozwojowe, czyniące ludzi zakładnikami ich wrzucenia w świat społeczny, braku zdolności do upominania się o siebie. Daje tu, najkrócej mówiąc, o sobie znać **postawa pedagogiki krytycznej**[16]. Dla niej, jak wiadomo, książka to broń, to oręż emancypacji, to źródło otwierające dostęp do skarbca, szyfr odsłaniający możliwości, których wybór należy do każdego człowieka, ale których samo udostępnienie, czy stworzenie pedagogicznych okazji, aby dały o sobie znać, należy już do odpowiedzialnych za pielęgnowanie szans, którymi wartościowe i szczęśliwe życie jednostek przepaja całe społeczeństwo dla kolejnych pokoleń. Dynamika wartościowych – kulturowo i społecznie – zmian, jak doskonale zdawała sobie sprawę Radlińska, wymaga coraz większego wciągania jednostki do współdecydowania o sobie i do współdefiniowania celów i wartości, jakimi sama chce się zajmować i przejmować oraz jakimi będzie chciała nasycać własne środowisko. Celem pedagogiki społecznej jest głównie troska o to, aby przesłanki takich decyzji i definicji nie były nadmiernie ograni-

---

16 Ideę tej pedagogiki rozwijamy w: Giroux, Witkowski 2010, rekonstruując 25 lat jej recepcji w Polsce.

czone, a przez to arbitralne kulturowo, z powodów rozmaitych uszkodzeń społecznych, mimo że wynikłych z historycznych konieczności, jakie dopadły minione pokolenia czy poszczególne jednostki i środowiska. Stąd są możliwe obiektywnie rozpoznawalne błędy, takie jak niskie i zbyt powierzchowne kształcenie nauczycieli, którzy dalej nie umieją przyciągać uczniów do wartościowych treści i zadań, gdy sami nie stanowią wartościowych przykładów postaw otwartych twórczo.

Dziś jesteśmy w sytuacji jeszcze trudniejszej niż u zarania niepodległości pozaborowej. Nie możemy już, jak Radlińska w 1935 roku, z pewnością pisać, że „[w]iększość szkół spełnia swoje zadania dobrze i wszechstronnie" (por. Radlińska 1979, s. 262). Pedagogika społeczna początku XXI wieku musi być jeszcze bardziej krytyczna i czujna niż kiedyś, a przy tym wobec siebie samej zastosować postulaty oddziaływania kształcącego i budującego przesłanki rozwoju duchowego. Sama musi się otworzyć na bogactwo impulsów, jakimi może się nasycić, by sprostać wyzwaniom, by sprostać także swemu dziedzictwu. Dziś dominuje presja na tezę, że oświata wymaga standaryzacji, gdy zapominamy jednocześnie, iż – jak to akcentowała Radlińska w 1935 roku – „standaryzacja wymaga oświaty" (por. Radlińska 1979, s. 264), ale także w sensie tego, by wysokie standardy uzyskały zrozumienie poprzez podnoszenie poziomu kultury i oświaty, a nie by były dostosowywane do niskich jakości funkcjonowania przestrzeni społecznej pozbawionej dostępu do życiodajnych impulsów i potencjału rozwojowego.

Rozdział XI
Kontynuacje i zagubienia perspektywy dwoistości dla pedagogiki społecznej

Wstęp

Pokuszę się w tym rozdziale o postawienie kwestii jakości kontynuowania wysiłku Radlińskiej na tle tego, co spotyka się w literaturze zarówno deklarowanej czy uchodzącej za jego przedłużenie, jak i tej z obszaru prób najnowszych, chcących uchodzić za nową jakość rozwoju dyscypliny dzięki korzystaniu z najnowszych inspiracji zewnętrznych w stosunku do tradycji, nie zawsze jednak wystarczająco głęboko przyswojonej i przemyślanej. Zostaną omówione dwa przykłady narracji: jeden starszy, podręcznikowy, i drugi najnowszy w przestrzeni poszukiwań nowego dyskursu dla pedagogiki społecznej. W jednym przypadku znajdujemy postać kontynuacji idei, mimo że wyrażanej w odmiennym aparacie myślowym – chodzi tu o dialektyczność, o której wprost H. Radlińska nie pisała, a która okazuje się kluczowa w narracjach A. Kamińskiego. W drugim przypadku mamy odmienność stanowiącą wręcz przeszkodę w rozumieniu dorobku wyjściowego dyscypliny i nakładającą na niego gorset wekslujący jej przejawy zaangażowania w obręb etykiet, które stają się balastem, mimo że uwikłanym w nowoczesność oprzyrządowania narracyjnego. Najwyraźniej wbrew staraniom żaden z dwóch przypadków nie uwzględnia w pełni uzyskanych już nie tylko za sprawą Radlińskiej, choć z jej istotnym udziałem, efektów tego, co nazwałem przełomem dwoistości w pedagogice społecznej. Niezbędna jest tu korekta w zakresie zarówno jakości procesów samokształceniowych i badawczego nawiązywania do tradycji, jak i umiejętności prowadzenia analiz w trybie uwzględniającym dwubiegunową złożoność strukturalną zjawisk.

Przypomnijmy, że w innych partiach tej książki pokazuję, jak bardzo w tradycję myślową niemieckiej pedagogiki społecznej i jej syntetyczne rekonstrukcje najnowsze wpisane są akcenty traktujące odkrycie ambiwalencji, oscylacji, dwoistości czy dwubiegunowości jako naturalnie, a wręcz konieczne w narracji teoretycznej nawet wokół pracy socjalnej jako, wydawałoby się, niezwykle praktycznie zorientowanej refleksji. Zadanie kruszenia muru nieporozumień czy zapóźnienia rozwojowego w tym zakresie jest w realiach naszych środowisk pedagogicznych dosyć niewdzięczne, ale pedagog nie ma prawa liczyć ani oczekiwać na wdzięczność czy gotowość do współdziałania. Czyńmy więc swoją powinność na przekór oporom, choć i w intencji pozyskiwania sprzymierzeńców.

Dialektyczne tropy w ujęciu Aleksandra Kamińskiego

Na Aleksandra Kamińskiego powołuję się tu w celu podkreślenia, że świadomość merytorycznej obecności dwoistych relacji w kontekstach pedagogicznych, mimo rzadkiego bądź niedostatecznie głębokiego stosowania samego terminu „dwoistość", rozwijała się jednak w pedagogice społecznej z powodzeniem. Kamiński wskazywał na nią, nie tylko u Radlińskiej, jako na związaną ze stosowaniem alternatywnych terminów wyrażających złożoność, wydobywaną w analizach omawianej autorki np. w zwrotach: „dialektyczność", „jedność dialektyczna", „dwubiegunowe zadania", „dwustronne stosunki", „dwukierunkowe sprzężenie", „wzajemne przenikanie się" czy „wzajemnie przenikająca się jedność". Pojęcia te po części zdawały sprawę z rozumienia złożoności strukturalnej, jaka najpełniej da się wyrazić ideą dwoistości, pod warunkiem niemylenia jej z dualizmem czy polaryzacją albo rozdwojeniem. Ma to świadczyć o tym, że troski Radlińskiej były ukierunkowane na złożoność, opisywaną i rozpoznawaną potem także już samodzielnie przez niektórych kolejnych twórców pedagogiki społecznej. Podkreślenie tego faktu jest tym ważniejsze, że nie wydaje się, aby narastały świadomość i rozumienie wagi tego aspektu narracji badawczej i teoretycznej w pedagogice społecznej (z wyjątkiem syntez podręcznikowych u Ewy Marynowicz-Hetki[1]). Przeciwieństwo skazywało na nierozpoznawanie zagrożeń związanych z nierównowagą rozwojową, jednostronnością czy powierzchownością. Zresztą zdolność do uwypuklania dwustronnej złożoności zjawisk i działań pedagogicznych pojawia się tu często jako niezbędna cecha narracji, w którą się wrasta bez potrzeby przypisywania jakiejś koncepcji. Chodzi bowiem o naturalną dojrzałość analityczną.

Najczęściej u samego Kamińskiego dwoistość jest kojarzona wprost z sytuacjami, gdy do głosu dochodzą rozmaite wątki „dwojako" ujmowane, przejawiające się, „dwojako kształtowane" (por. Kamiński 1980, s. 61) czy charakteryzowane, jak widać to na przykładzie odmienności modelowych wzorów i wzorców, ważnych dla różnych postaci praktyk (oddziaływań) i stadiów badań społecznych (por. Kamiński 1980, s. 61). Wyodrębniając „fakty rzeczywistości **istniejącej** aktualnie oraz fakty rzeczywistości **pożądanej**, możliwej do ukształtowania przy korzystnym układzie rzeczy i stosunków", Kamiński wskaże na „dwoistość struktur modelowych"

---

[1] Odsyłam do nich w wykazie bibliograficznym na końcu książki.

w znaczeniu dwóch odmiennych modeli, stanowiących obraz którejś z powyższych rzeczywistości: stwierdzalnej (wzoru) bądź postulowanej (wzorca) (Kamiński 1980, s. 62–63). Ukryty jest tu postulat, aby wzory i wzorce mogły być do siebie wzajemnie odnoszone, a nie funkcjonowały w oderwaniu od siebie, a ponadto, aby dodatkowo dało się tu kojarzyć odmienne odniesienia dla „ideału wychowawczego" (Kamiński 1980, s. 64). Problemem ideału zajmę się jeszcze w dalszych rozważaniach. Tymczasem zauważmy, że podobna sytuacja rozdwojenia z zatratą niezbędnego odnoszenia do siebie biegunów takiego układu ma miejsce, gdy dochodzi do „dwojakiego wartościowania w ocenie potrzeb przez pracowników i działaczy społecznych z jednej strony oraz przez użytkowników z drugiej" w kontekście – przytoczonym przez Kamińskiego – podejścia do potrzeb mieszkaniowych rodzin, które znamionuje zanik konsultacji i kontaktów ułatwiających porozumienie (por. Kamiński 1980, s. 52). Inny przykład stanowią instytucje sądowe, w tym sąd dla nieletnich, jak podkreśla Kamiński w podręczniku, widząc tu stronę litery prawa, ale i stronę niezbędnej elastyczności etycznej jako pozostające wzajemnie w konflikcie i uwikłane w groźby atrofii bądź hipertrofii, skoro instytucja ta

> [...] wymaga nade wszystko ochrony przed niebezpieczeństwem zrutynizowania i sformalizowania, wymaga ciągłego czuwania nad zachowaniem wrażliwości i wyobraźni, cechujących pionierów sądownictwa dla nieletnich (Kamiński 1980, s. 384).

Nie tylko w tym przypadku mogą dawać o sobie znać przerosty formalizmu czy postawy technokratycznej, nawet autorytarnej, zamiast troski o rozumienie czy dawanie szans bez skazywania na nieodwracalność procesów odrzucenia czy napiętnowania.

Najogólniejszą formułę uczulającą na wartość dostrzegania relacji, w której zachodzi „wzajemność oddziaływań", wydaje się nieść przytoczone niżej znaczące spostrzeżenie Aleksandra Kamińskiego, w nawiązaniu do dokonania Heleny Radlińskiej oraz wobec wyróżnienia trzech metod pracy socjalnej: odniesionych do indywidualnych przypadków, pracy grupowej oraz organizacji wspólnot wsparcia:

> Gdy polska pedagogika społeczne rozszerzyła zakres swoich zainteresowań i kompetencji na pracę opiekuńczo-wychowawczą oraz socjalną, i – wskutek tego – zajęła się praktyką i teorią pracy socjalnej, stwierdzono z niejakim zaskoczeniem, iż fundamentalne dyrektywy pedagogiki społecznej (na czele z teorią powiązania zwrotnego między jednostką i środowiskiem) stanowić mogą podłoże zespalające trzy metody w trójjedyny system teoretyczny (Kamiński 1980a, s. 106).

Symbioza między pracą socjalną i pedagogiką społeczną miałaby nieść jednocześnie mechanizm wiązania, podbudowy i motywacji w działaniu. Zarazem Kamiński jako jeden z nielicznych podkreśla, że nie należy w tej symbiozie widzieć łatwej harmonii ani nawet porozumienia. Przywołując przykład ujęć Gordona Hearne'ego, który „urzeczony cybernetycznymi schematami" widział relację między „systemem ludzkim" a środowiskiem w kategoriach „pojedynku", następca Radlińskiej na jej katedrze wskazywał, że warto pamiętać, iż „[p]olska pedagogika społeczna kształtowała się przed narodzinami cybernetyki" (por. Kamiński 1980a, s. 107). Ten dla mnie inspirujący i niezwykle **ważny trop cybernetycznych skojarzeń** porównawczych nie został jednak szerzej podjęty w Polsce bodaj przez nikogo, podobnie jak teza, że „pedagogiczno-społeczna teoria powiązań zwrotnych między jednostką i środowiskiem czuje się swojsko wśród tendencji filozoficznych nowoczesnych nauk przyrodniczych, w których przyczyna i skutek warunkują się wzajemnie" (Kamiński 1980a, s. 105). Niniejszą książkę w jej jednej z warstw można traktować, moim zdaniem, jako próbę wypełnienia tej luki, a przynajmniej przygotowania gruntu do jej usunięcia.

Dla Kamińskiego słuszne jest wskazywanie na ważną dla całej pedagogiki społecznej „wzajemnie przenikającą się jedność" trzech zespolonych, mimo ich odrębności, sfer osobowych człowieka, czyniącą z niego istotę „bio-socjo-kulturalną" (Kamiński 1972, s. 29). Zupełnie jednak niezrozumiałe jest widzenie – dziesiątki razy powracające w podręczniku – „swoistości" tego podejścia do wychowania w kontekście działań praktycznych. Jest bowiem dokładnie odwrotnie: ta przenikająca się jedność jest zobowiązująca uniwersalnie i stanowi immanentną cechę ontologiczną człowieka, od której nie wolno abstrahować, jeśli nie chce się jego istoty rozrywać i rozdwajać, a ma się na celu pokazywanie trudnej jedności, pełnej napięć i przemieszczeń znaczenia czy fazowej dominacji poszczególnych aspektów obecnych tu zjawisk. Mimo powracających sugestii o rzekomej „swoistości" podejścia założycielskiego dla dyskursu Kamiński trafnie zauważa, że w przypadku pedagogiki jego poprzedniczki daje o sobie znać (choć znacznie bardziej uniwersalnie zobowiązujący, niż sądził)

> [...] syntetyczny kształt dwuaspektowej, usiłującej wzajemnie przenikać się, teorii pracy kulturalno-oświatowej i teorii pracy opiekuńczej, z tendencją do historycznej analizy zjawisk i instytucji, do wiązania poczynań realizacyjnych z „siłami społecznymi", środowiska oraz do akcentowania poczynań kompensacyjnych i zapobiegawczych, wspierających rozwój szerokich mas (Kamiński 1972, s. 19–20; także 1980, s. 23)[2].

---

2 Aleksander Kamiński pisze tam, że są to cechy, jakie Helena Radlińska nadała „swojej pedagogice", a zatem powstaje pytanie, w czym te postulaty nie mają obowiązywać szerzej i na czym ma polegać „jego" pedagogika, jeśli ma być pełna i na serio pojmowana. Która pedagogika ma się żymać na zdolność do „historycznej analizy zjawisk"? Żeby pokazać, że nie „czepiam się" tylko znakomitego autora jako wybranego, to podobnie zdumiewa mnie, jako pozornie tylko niewinne, zdanie na otwarcie rozprawy habilitacyjnej Ireny Lepalczyk, iż: „H. Radlińska w swej pedagogice społecznej posługuje się pojęciem wykolejenie lub degradacja społeczna" (Lepalczyk 1972, s. 5). Owa „swoistość" propozycji godzi w perspektywę, w której należałoby się zastanawiać, na czym polega kanon języka całej pedagogiki społecznej jako podstawowy język dla dyscypliny. Nie jest to sprawa błaha, której skalę łatwo zrozumieć, gdyby zgodzić się na sugestię, że grawitacja to termin

Najwidoczniej owa rzekoma swoistość wynikała z tego, że typowe i uznane za normalne podejścia w pedagogice nie były tak kompletne, tak świadomie dwoiste w dopełnianiu się o aspekty wskazujące dwustronność rozmaitych zjawisk i zależności czy dwubiegunowość oddziaływań. Na plus Kamińskiemu warto natomiast zapisać to, że w rozmaitych innych kontekstach zjawisk interesujących pedagogikę społeczną wskazywał na „niebezpieczeństwo jednostronnego i powierzchownego podejścia" (Kamiński 1972, s. 109), co wymaga przecież zrozumienia dla wagi głębokiego, bo co najmniej dwustronnego oglądu złożoności tych zjawisk. Podobnie cenne jest też sugerowanie dwukierunkowego zbiegania się zjawisk „przy skrzyżowaniu" ze sobą ich oddziaływań, dających w takim spotkaniu nasycenie złożonością, jednocześnie niebędących zwykłym rozdrożem. Samo „rozdroże", ulubiony, acz ułomny teoretycznie termin pedagogiczny u Bogdana Suchodolskiego[3], nie uwzględnia tego aspektu skrzyżowania jako spotkania, zespolenia, dokładnie tak samo jak pojęcie dualizmu, mówiące o rozdwojeniu, nie uwzględnia cechy dwoistości jako wskazującej przeciwnie na zdwojenie pewnej całości.

Podkreślając z kolei, że Radlińska „korygowała jednostronność psychologizowania" (por. Kamiński 1980, s. 259) podejścia obecnego w metodzie studium przypadku, Kamiński zarazem stwierdza, iż – w ślad za Mary Richmond – chodziło tu, w kontekście relacji jednostki i środowiska, o stymulowanie „wzajemnego przystosowania się", choć w wariancie amerykańskim – w przeciwieństwie do polskiego, jak czytamy – nie ma tu mowy o wiązaniu oddziaływań i ich efektów „z dialektycznym pojmowaniem przystosowania" (por. Kamiński 1972, s. 212, 214–215), charakterystycznym dla podejścia, które

> [...] nadaje pojęciu przystosowania sens dwukierunkowego sprzężenia, pozbawia je [bowiem – L.W.] kłopotliwego i przykrego niedomówienia: postulat przystosowania się społecznego podopiecznych dotyczy obudzenia w nich wysiłków identyfikacyjnych z wartościowymi składnikami środowiska, a zarazem woli uchylania i sprzeciwu wobec składników szkodliwych (Kamiński 1972, s. 215; także 1980, s. 262).

Podobną dwustronność wskazuje Kamiński jako wymagającą uchronienia przed jej redukcją do jednego bieguna w przypadku pracownika socjalnego, gdy wykonywanie przez niego obowiązków „przeobraża się z powołania w zatrudnienie, tzn. gdy zanika wyższa motywacja" w tym działaniu (por. Kamiński 1972, s. 220), gdyż wówczas dochodzi do

---

jedynie Newtona, bo to jego fizyka coś w tych terminach mówi. Tymczasem jego osiągnięcie jest dokonaniem całej fizyki, ważnym i reprezentatywnym dla dyscypliny i należącym do kanonu wiedzy ogólnej, a nie jakiejś "swoistej" koncepcji. Nie tylko w takim zestawieniu trudno się nie zżymać na nasze bezrefleksyjne nawyki retoryczne.

3 Wyjaśniałem to w stosownych rekonstrukcjach (por. Witkowski 2013a, rozdział o B. Suchodolskim).

[...] schematyzacji procedur diagnozowania i terapii, wywiady realizowane są szablonowo. Metoda formalizuje się, ulatuje z niej życie, przestaje być użyteczna (Kamiński 1972, s. 221).

Jednostronność zatem uskrajnia redukcyjnie środki i tryby działania, które jedynie w dwubiegunowej, zatem pełnej humanistycznej postawie wobec adresata działań mają szansę realnej i wartościowej interwencji, analogicznie do relacji lekarza i pacjenta (Kamiński 1972, s. 219).

Poza wspomnianym problemem dwustronnego sprzężenia odniesionego do przystosowania, podobnie merytorycznie typowy dla relacji dwoistości opis ważnych zjawisk i działań w pedagogice społecznej dotyczy w ujęciu Kamińskiego także problematyki kontroli wychowawczej i swobody działania jednostek, zwłaszcza w odniesieniu do chęci oddziaływania grupowego. Grupa nie może ustanawiać nadmiernej kontroli nad jednostkami, gdyż

[...] nadmierna gorliwość w tym zakresie źle bywa znoszona przez jednostki nonkonformistyczne; [przez co – L.W.] należy być wrażliwym na **przesadną nietolerancję zespołu**, mogącą spowodować wyjałowienie grupy z „odmieńców", wśród których zdarzają się ludzie o nieprzeciętnych zdolnościach (Kamiński 1972, s. 224–225; także 1980, s. 272).

Problem kontroli jednak pojawia się w relacji wychowawcy w stosunku do grupy, zespołu dziecięcego czy młodzieżowego (por. Kamiński 1972, s. 290), zwłaszcza w ich aktywności pozalekcyjnej i pozaszkolnej, gdzie niebezpieczeństwa występują jednocześnie po dwóch przeciwstawnych stronach. Raz chodzi o groźbę wykolejenia czy ześlizgnięcia w sferę przejawów patologii, „[j]eśli grupy te znajdują się poza wszelką kontrolą dorosłych", ale i przeciwnie, grupa „współżycia rówieśniczego" pozbawiona swojej funkcji zamiera, „jeżeli kontrola dorosłych jest natrętna i niewyrozumiała", przez co ani kontrola, ani wolność od niej nie mogą być zbyt skrajne i natrętne, gdyż „natręctwo wychowawcze może zniszczyć" twórczą i ożywczą „iluzję ważności wykonywanych zadań" (Kamiński 1972, s. 290).

W tej perspektywie czasem daje o sobie znać iluzja możliwości harmonii między skrajnościami, wpisana w postawy samych pedagogów społecznych. Jest tak choćby wtedy, kiedy mówiąc o „stylu kultury masowej – bawiącej i zarazem kształcącej" – Kamiński stwierdza w odniesieniu do funkcji radia, że

[...] umiało najkorzystniej ze wszystkich środków masowego przekazu zharmonizować tendencje polityki kulturalnej oraz zainteresowań i potrzeb indywidualnych różnych kategorii słuchaczy (Kamiński 1972, s. 288).

W podobnych kontekstach ma chodzić o wyważanie jako równoważenie ocen dotyczących funkcji mediów, co ilustruje pochwała wobec Ryszarda Wroczyńskiego, że

[...] trafnie wyważył wielki wkład (i jeszcze większe możliwości) telewizji w upowszechnianiu oświaty i kultury, a zarazem poważne niebezpieczeństwa, jakie towarzyszą jej niekontrolowanemu przez rodziców i wychowawców odbiorowi (Kamiński 1972, s. 289).

W tym świetle dwoistość niesie w sobie dwuznaczność jako obosieczność funkcji. Kamiński jednak, widząc trudności związane z „delikatną sprawą równowagi" w zakresie z jednej strony aktywności i inicjatywy środowisk młodzieżowych, a z drugiej strony instytucji oficjalnych państwa, „ponoszących odpowiedzialność za przebudowę kraju", stwierdza dosyć uspokajająco i bałamutnie, że nad tą „delikatną sprawą [...] czuwają najwyższe czynniki polityczne" (Kamiński 1972, s. 286)[4]. Widać, że pedagog społeczny może być także zakładnikiem iluzji swego czasu, skoro dziś wiadomo, że problem czuwania nad delikatną sprawą równowagi w dwoistych napięciach ważnych pedagogicznie nie ma żadnego dobrego, instytucjonalnego rozwiązania, a już na pewno nie zbliżą się do niego „czynniki polityczne", czuwające na inicjatywą obywatelską.

W kontekście troski o jakość funkcjonowania szkoły Aleksander Kamiński uwypukla konieczność sprostania „dwubiegunowym zadaniom", z których jeden biegun odnosi się do rozwoju dzieci zdolnych, wręcz wybitnie odkrywczych, utalentowanych w rozmaitych sferach, a drugi biegun dotyczy pomocy i opieki wobec dzieci z rodzin w szczególnie trudnych sytuacjach życiowych. Zdaniem Kamińskiego mamy tu sytuację dwubiegunowości, która „coraz ostrzej wyłania się" i dotyczy potrzeb „kołatających do bram dzisiejszych szkół" (por. Kamiński 1980, s. 113; także 1972, s. 93)[5]. Typowy błąd w obliczu takiej sytuacji niesie ze sobą chociażby

[s]ztywność programów w ich nastawieniu na przeciętność, utrudniająca ich dostosowanie do potrzeb dwubiegunowej mniejszości każdej klasy szkolnej. Taka absolutyzacja zasady równości w jednakowym dla wszystkich programie szkoły podstawowej powodowała niejedną krzywdę społeczną dzieci polaryzujących ku jednemu z dwóch biegunów: nienadążania za programem przedmiotów teoretycznych lub przerastania wymagań programowych (Kamiński 1980, s. 114: także 1972, s. 94).

Kamiński, widząc tu dwubiegunowość ciążącą w stronę polaryzacji, nie dość wnikliwie, moim zdaniem, rozpoznaje złożoność współwystępowania jednocześnie

---

4 Doprawdy, trudno dociec powodów takich kuriozalnych sugestii. Chyba żeby zdobyć się na szczyty interpretacyjne widzenia tu ukrytego sarkazmu, czytelnego bez niedomówień dla wspólnoty opozycyjnego ducha. Nie wiem, czy taką głębię skojarzy współczesny student. Tak czy inaczej, to nie są z pewnością zwroty podręcznikowo dojrzałe.
5 Podkreślmy, że widzenie sytuacji czy zadań w terminach „dwubiegunowości" jest ważne dla perspektywy dojrzałego widzenia dwoistości strukturalnej działań pedagogicznych, a nader rzadko pojawia się w analizach Kamińskiego i innych autorów w pedagogice społecznej, mimo że to kanon dojrzałej perspektywy myślowej, wpisanej w dorobek pokolenia Radlińskiej. Nie wolno powielać ograniczeń jego percepcji i stosowania w dyscyplinie kontynuującej ten wysiłek.

zadań adresowanych do każdego ucznia o charakterze dwustronnego zorientowania, np. na inicjatywę i samodzielność twórczą oraz na przyswajanie sobie kanonu. Szerzej trzeba by uwypuklać w takich sytuacjach groźby jednostronności postaw, co zresztą czasami Kamiński potrafi, gdy np. wskazuje na „niebezpieczeństwo jednostronnego i powierzchownego podejścia do wychowawczych wartości" w kontekście np. kontroli społecznej zwracającej się w stronę patologii, a jednocześnie związanej troską o respektowanie prywatności, mimo przeciwdziałania anonimowości i atomizacji relacji w środowiskach, np. ze zniszczoną więzią sąsiedzką (por. Kamiński 1980, s. 129).

W kontekście funkcjonowania stowarzyszeń społecznych także spotykamy u Kamińskiego staranie o stopniowe uwypuklanie konieczności uwzględniania dwustronności zadań, jakie tu trzeba umieć dostrzegać i uwzględniać, w sytuacji, w której krzyżują się one ze sobą w pewnym konflikcie.

> Dynamizowanie podstawowych komórek stowarzyszenia, jeśli ma być owocne, nie bywa procesem jednostronnym. Nie wystarczy ani autonomiczna samorzutność danej grupy społecznej, ani organizacyjne inspiracje instancji nadrzędnych stowarzyszenia. Dopiero przy skrzyżowaniu obydwu nurtów uformować się może zespół wychowawczo czynny, godzący kształtowane w zespole normy, poglądy, zwyczaje z wzorcem statutowym stowarzyszenia (Kamiński 1980, s. 164; także 1972, s. 141).

Zatem mamy tu sugestię o potrzebie uwzględniania dwukierunkowości dążeń poprzez ich „skrzyżowanie", które stawia w obliczu konieczności podejmowania „dwukierunkowej refleksji", zdolnej – w przypadku dużych organizmów społecznych (w domyśle: także partii politycznych, czego jawnie autor nie dopowiadał z powodów cenzuralnych) – do wiązania troski o „swobodę samookreślenia i działania" z wysiłkiem otwierania się na „wartki strumień znów życiodajnych idei, informacji, sugestii, wzorców" (Kamiński 1980, s. 166). Przestrzeń zaangażowań musi być więc dwustronna, obejmować z jednej strony „gorliwość dobrych ochotniczych działaczy społecznych", a z drugiej działanie kwalifikowanych, etatowych pracowników organizacji społecznych (Kamiński 1980, s. 167). Stąd wymóg troski o dialektyczną jedność obu stron:

> Zaangażowanie emocjonalne w cele i zadania stowarzyszenia rzadko kiedy bywa procesem jednostronnym (kiedy działacz tylko „przyjmuje" wartości stowarzyszenia). Zaangażowanie polega z reguły na dwustronności stosunku: działacz (pracownik) „przyjmuje" wartości stowarzyszenia, ale jednocześnie ma poczucie uprawnień do „współtworzenia" (korygowania i dopełniania) tych wartości. Tylko dialektyczna jedność stosunku oddanego zwolennika i czynnego współtwórcy nasyca zaangażowanie emocjami promieniującymi na członków stowarzyszenia (Kamiński 1980, s. 167–168; także 1972, s. 144).

Widać, że formuła, w której do głosu dochodzi „dialektyczna jedność", w istocie stanowi jedynie nazwę złożoności relacji, której pełny opis wymaga osobnej charakterystyki, nie zaś, jak to zwykle sądzili marksiści, przytoczenia stosownej nazwy. Kamiński w swoich deklarowanych skłonnościach, na podobieństwo (choćby i na wyrost) do retoryki marksisty, nie zdawał sobie najwidoczniej sprawy z tego, że dwoistość, jaka tu wchodzi w grę, nie musi ciągnąć za sobą całego bagażu skojarzeń marksistowskich. I tak jest w każdym przypadku, gdy „pragnie się zorganizować środowisko korzystne dla rozwijania się osobowości ludzkiej" (Kamiński 1980, s. 154) czy realizowania idei wspólnoty w trosce o jakość środowiska wychowawczego. Za mało też widział tu napięć i zderzeń, w sytuacjach gdy obowiązuje, np. mistrza brygady robotniczej, jak sam pisał (Kamiński 1980, por. s. 152–153), „podwójna lojalność: wobec swoich ludzi, ale i wobec swoich przełożonych", a źródeł rozmaitych „skaz" upatrywał w uwarunkowaniach psychofizycznych lub społecznych, a nie w patologii mechanizmu systemowego sprawowania władzy. Dostrzegał co najwyżej procesy społeczne, w których dawało o sobie znać „ześlizgiwanie się grup na pół formalnych ku wzorowi kliki", choć nie uważam, aby było to zadowalająco rozpoznane i opisane (Kamiński 1980, s. 151; także 1972, s. 128).

Odnotujmy jednak z uznaniem, że merytorycznie A. Kamiński rozpoznawał zderzanie się pozytywnych funkcji i negatywnych ich przerostów, jakie mogą tu wystąpić, jak to widać na wspomnianym przykładzie stowarzyszeń społecznych, które mając trzy zadania: afiliacyjne, pomostowe i ekspresyjne, realizują je w różnym stopniu nasilenia, zagrożone zarazem zjawiskiem „spaczeń", określonym jako „olbrzymienie i biurokratyzowanie się stowarzyszeń", z dominacją potrzebnego im, lecz często szkodzącego własną arbitralnością aparatu zarządzającego (por. Kamiński 1972, s. 132–137). W przywołanej formule, wskazującej na potrzebę, by „wzmacniać i korygować" pojawiające się „mechanizmy obronne" wartości stowarzyszeń, pobrzmiewa zbyt nieśmiało zrozumienie ich obosiecznej natury (spontaniczne są często autodestrukcyjne), jak też za mało mamy, w podręcznikowej narracji, czujności w kwestii wskazania groźby zderzania się sposobów realizacji wspomnianych trzech funkcji, np. przerost funkcji afiliacyjnej może osłabiać funkcję integrującą, pomostową między rodziną a środowiskiem, przerzucając ciężar ekspresji w jeden koniec tej dwubiegunowej struktury. Stąd Kamiński, pisząc w podręczniku normatywnie, że „mechanizmy obronne [...] nie mogą przeciwstawiać się postępowi" (Kamiński 1972, s. 138), zapomina, że ważniejsze dla pedagogiki społecznej jest odsłanianie faktu, iż opisowo rzecz biorąc, właśnie najczęściej „mogą przeciwstawiać się" pozytywnym dążeniom. Zadaniem poznawczym jest wówczas opisanie mechanizmów, które do tego prowadzą, by dało się tworzyć mechanizmy, które potrafią temu przeciwdziałać. Bo to tak, jak gdyby lekarz mówił, że pacjent „nie może" być chory, w sytuacji gdy przesłanką poważnego działania jest właśnie to, że może, a nawet czasem wręcz musi popaść w chorobę w pewnych okolicznościach. Mamy tu doskonały przykład bezradności narracji pedagogicznej, która nie potrafi respektować minimum racjonalności dyskursu medycznego, przez co pedagogika społeczna zakłóca własną jakość diagnostyczną i profilaktyczną. Pora o tym wszystkim rozmawiać na serio i bez kamuflażu, choć nie wiem, czy znajdą się chętni.

O spóźnionych i ułomnych substytutach dwoistości

Warto odnotować na koniec tej części rozważań, że nieobecność kategorii dwoistości czy nieznajomość kontekstów, w których wcześniej się pojawiały jej odpowiedniki w naukach społecznych, takich jak socjologia, filozofia, a wreszcie i sama polska pedagogika, np. okresu międzywojennego (por. Witkowski 2013), powoduje, że niektórzy autorzy odnajdują substytuty tych sytuacji w znacznie późniejszych kontekstach, sugerując zarazem czasami, że oto mamy do czynienia z jakąś szczególną nowością. Dobrze ilustrują to pozbawione takich wcześniejszych odniesień rozważania o pracy socjalnej autorstwa Mariusza Granosika (2013, 2006), który dopiero w tzw. analizie konwersacyjnej u Fritza Schützego dostrzega w pracach z lat 90. XX wieku narzędzia pozwalające mu rozumieć – znaną już tymczasem chociażby za Robertem K. Mertonem z lat 60. i jego kategorią *sociological ambivalence*, o której pisałem dla pedagogiki (socjologii edukacji) w 1994 roku – strukturalną dwoistość normatywną w rolach i sytuacjach profesjonalnego działania pracowników socjalnych w kategoriach dylematów ujmowanych jako paradoksy. W tym świetle tzw. dylematyczność pracy socjalnej (por. Granosik 2013, s. 116–121), jako merytoryczny odpowiednik dwoistości normatywnej (ambiwalencji socjologicznej) w rolach i sytuacjach profesjonalnego działania, jest niezależnie i wcześniej opisana oraz wdrożona do myślenia pedagogicznego, bez potrzeby jej nowego odkrywania. Zresztą w wersji podanej przez Granosika ujęcie wchodzącej tu w grę złożoności ma istotne ułomności w stosunku do analiz niezależnych i wcześniejszych od niej, w tym nawet wobec pedagogiki okresu międzywojennego, a w szczególności Heleny Radlińskiej, mimo że miejscami sygnalizuje bliskie im uwikłania w „podwójne zakotwiczenie" czy w „mechanizm sprzężenia zwrotnego" albo powiązania „wzajemnych odniesień", które „przeplatają się wzajemnie" (por. Granosik 2013, s. 188–189, 195). Należy zresztą widzieć to jako znacznie bardziej uniwersalnie wpisane w teorię komunikacji, niż świadczą o tym przykłady podawane przez autora. Mając dla tych relacji szerszą perspektywę, da się ich przypadki rozumieć bez zachłystywania się rzekomą nowością ujęć, jeszcze na dodatek spłycających ważne dla pedagogiki społecznej akcenty, dotyczące jakości interakcji profesjonalnych, w jakich ta uczestniczy.

Pora zatem, aby w całej pedagogice (nie tylko w pedagogice społecznej) uporządkować dostęp do kategorii i narzędzi rozwijających ideę dwoistości i pozwalających na głębszą świadomość metodologiczną oraz odniesienia do tradycji myślowej samej pedagogiki społecznej (łącznie z Radlińską). Dotyczy to zaplecza z innych dyscyplin, m.in. socjologii, gdzie Robert K. Merton czy Norbert Elias wypracowali perspektywy interpretacyjne, z którymi badacze w naszym środowisku akademickim nie umieli się dotąd oswoić, ze stratą dla jakości rozważań pedagogicznych. Przede wszystkim zobowiązuje nas do tego tradycja, także pedagogiki społecznej, poupychana dotąd w rozmaite „teoretyczne i metodologiczne zakamarki" (por. Granosik 2013, s. 9), słabo poznane i uznane. Trzeba włączyć te „zakamarki" w główny nurt dociekań, abyśmy nie wyważali otwartych drzwi z lekceważeniem własnego – i to fundamentalnego poznawczo – dziedzictwa naukowego. Zwłaszcza że grozi nam popełnianie błędów (por. Granosik 2013, s. 119), takich jak postulowanie „godzenia" albo „synchronizacji" stron uwikłanych w działanie, a nawet opierania się na „metodycznym postępowaniu" czy trosce o „równy udział" np. emocji i wiedzy, w sytuacji gdy nie ma ani metody, ani możliwości uzgodnień czy umiarowienia. Jest za to już od dawna zrozumiany wymóg nieustannego równoważenia, w przestrzeni dwubiegunowego napięcia, bez stałej równowagi, a w zamian z uznaniem za niezbędne oscylowania, naprzemiennego uwzględniania i balansowania w obliczu chwiejności uzyskiwanych stanów chwilowych. Oczywiście, wbrew miejscami zbyt bezrefleksyjnej rekonstrukcji Granosika (por. Granosik 2013, s. 118–119), nie chodzi tu o żadne „kontinua" ani tym bardziej ich „syntezę", uwikłaną jeszcze w oparcie na „metodycznym postępowaniu" (Granosik 2013, s. 118). O żadnej bowiem syntezie i metodzie mowy tu być nie może, a dwubiegunowość odpowiada temu, co Merton nazywał parami norm i kontrnorm, a nie temu, co się powierzchownie kojarzy z „wariantami zmiennej wzoru Parsonsa" (Granosik 2013, s. 118), dającego typy sytuacji, a nie strukturalną złożoność napięć. Wystarczyłoby znać porządnie analizy dotyczące „ambiwalencji socjologicznej" w rolach społecznych, aby to stało się jasne.

Wypada jednak docenić próbę wykorzystania formuły „dylematyczności" w strukturze sytuacji działania w pracy socjalnej, ponieważ nadal w polskiej pedagogice (także niestety społecznej) obserwuje się brak zrozumienia dla tej dwoistości strukturalnej, czemu usiłuje istotnie przeciwdziałać także Ewa Marynowicz-Hetka (2006). Przytoczmy więc trafną charakterystykę tego, co na dylemat się składa, ze względu choćby na wagę upomnienia się o to, że „dylematyczności nie można pokonać przez akceptację stanowiska pośredniego (kompromisowego)" (Granosik 2013, s. 101), co zresztą szerzej podkreślano dobitnie w pedagogice międzywojennej w Polsce, jak pokazałem osobno (por. Witkowski 2013a). Rozstrzygnięcia są zawsze jednorazowe, sytuacyjne, nie polegają na trzymaniu się „jednej strategii czy metody, ale na zachowaniu refleksyjnej (argumentacyjnej) ciągłości postępowania" (Granosik 2013, s. 102)[6]. Mówiąc inaczej, dwubiegunowość wpisana w dylematy nie

---

[6] Wbrew zapowiedzi (Granosik 2013, por. s. 101) autor nie pokusił się dalej o głębsze skojarzenie dylematyczności z dwoistością, a nawet najwyraźniej manifestuje brak oczytania w literaturze na taką analogię wskazującej, zarówno w socjologii (R.K. Merton, N. Elias), jak i w pedagogice oraz filozofii (por. Witkowski 2013a). Odnotujmy jednak u wspomnianego autora równoległe skojarzenie dylematu w działaniu z postacią „trwale nierozstrzygalnej aporii" (por. Granosik 2006, s. 496).

daje się zredukować do jednoznaczności i stabilności wyboru, gubiącego obecność drugiego członu napięcia. Dylemat nie ma uniwersalnego ani nawet trwale dobrego rozwiązania, nie stosuje się do niego tym bardziej często uniwersalizowana klasyczna Arystotelesowska zasada „złotego środka", mimo że w świadomości potocznej praktyków pokutuje bezrefleksyjnie nadzieja na możliwość dysponowania taką miarą poprawności[7]. I znowu nie chodzi bynajmniej o rozwiązanie powtarzane przez Granosika za F. Schützem, w którym możliwa jest sztuczka interakcyjna w kwestii tego, jak zastosować „utajnienie przewagi" wiedzy i władzy poprzez „zastępczą interpretację" sytuacji, w której profesjonalista „podsuwa rozwiązanie problemu", przez co klient ma poczucie podmiotowości, w której nie jest rzekomo żadną miarą ograniczany (por. Granosik 2006, s. 492). Nie najlepiej świadczy o specjalistach od „perspektywy konwersacyjnej" sugestia, że „[m]oże się więc okazać, że np. pedagog społeczny będzie musiał relacje władzy czy swoją wiedzę utajnić poprzez stosowanie środków ukrytych" (por. Granosik 2013, s. 117), bo te sztuczki z zakresu psychotechniki niewiele mają wspólnego z jakością profesjonalizmu, mimo sugestii, jaką jesteśmy obdarowani, że najważniejsze to sprawne (więc i cyniczne) postawienie na „minimalizację poczucia podległości klienta – kontrolę dynamiki trajektorii cierpienia" (Granosik 2013, s. 116–117). Rozwiązania proponowane przez Granosika są spóźnione także w sensie praktycznego nienadążania za rozpoznanymi pułapkami cynizmu, manipulacji, zwykłych gierek żerujących na naiwności albo słabości kondycji czy kompetencji uczestników rzekomej konwersacji. Pójście tym tropem wpychałoby pedagogikę społeczną w ślepą uliczkę bezwartościowych rytualizacji pozoru, fikcji i maskowanego autorytaryzmu. I dajmy sobie z tym spokój.

Takie postulowane „pokonywanie nierozwiązywalnych dylematów" (por. Granosik 2006, s. 492) niewiele ma wspólnego z profesjonalnym (więc i etycznym[8]) uwzględnianiem dwubiegunowej złożoności strukturalnej, której nie wolno redukować do jakiejś metodycznej procedury czy maniery, a tym bardziej manipulacji w myśl zasady: sprawuj władzę i realizuj swoje cele, byle klient się nie zorientował, a nawet by był święcie przekonany, dzięki czyjejś pseudofinezji komunikacyjnej

---

7 Świadectwo przynosi jedna z wypowiedzi pracownika socjalnego przytoczona w: Granosik 2002, s. 27.

8 Dodajmy znowu na marginesie w opozycji do sugestii Granosika, że w – poważnym filozoficznie i respektującym dylematyczność sytuacyjną – rozumieniu złożoności wpisanej w etyczność nie chodzi o posługiwanie się gotowym kodeksem etycznym, co ten sugeruje za Ernestem Greenwoodem (por. Granosik 2006, s. 490), ale przeciwnie, o ciągłą refleksyjność etyczną na poziomie jednostkowego działania i każdorazowej sytuacji, co – gdy się nie zna idei dwoistości strukturalnej – wymaga podejścia, jakie uzasadniał Leszek Kołakowski (2000) w tekście *Etyka bez kodeksu* w tomie *Kultura i fetysze*. Wskazana dla postawy profesjonalnej (nie tylko w sferze pracy socjalnej) „wysoka dylematyczność", którą się uznaje (por. Granosik 2006, s. 494), nakłada na działającego odpowiedzialność (więc i ryzyko błędu) niedającą się zredukować żadnym kodeksem etycznym ani jednostronnymi rozwiązaniami, ani tym bardziej sztuczkami tworzącymi rzekomą „synchronizację" działań, pożądaną profesjonalnie.

(manipulacyjnej w istocie), że nic mu takiego nie grozi. Zarówno instrumentalizacja relacji, jak i jej sztywne proceduralnie sformalizowanie nie stanowią instytucjonalnie wystarczającego sposobu na nieustanne „równoważenie" napięcia w przestrzeni zderzających się perspektyw (także interesów) i postaw strukturalnie wpisanych w sytuacje działania w pracy socjalnej. Respektowania „wymogu tworzenia jedności w wielości" nie daje się osiągać ani jakąś metodą, ani ustanawianiem mechanizmów łatwej wymiany, wbrew zdarzającym się sugestiom. To – co najwyżej – otwiera dopiero zadanie rozwijania „kultury profesjonalnej" zorientowanej na „stwarzanie warunków do wymiany" (por. Marynowicz-Hetka 2006, s. 502).

Jednocześnie podkreślmy swój sprzeciw, znowu wbrew zdarzającym się sugestiom, że jakoby należało uznać za normę, iż np. „każdy wyraz wdzięczności ze strony klienta, dostrzeżenie wysiłku wkładanego w jego sprawę, każde »dziękuję« mobilizuje do dalszych działań", a brak takich gestów może zasadnie wpływać na biurokratyzację postawy pracownika socjalnego", gdy klient nie spełnia oczekiwań pracownika w zakresie wzajemnej współpracy" (por. Granosik 2013, s. 132). Helena Radlińska była tu o wiele bardziej przenikliwa, rozumiejąc wiele ze sfery odniesień do analogii do postawy lekarza ratującego życie, bez względu na to, czy ktoś mu dziękuje albo jest wdzięczny i gotów do współpracy. **Ontologia wdzięczności**, którą sam postuluję w wartościowych interakcjach (por. Witkowski 2011), niewiele ma wspólnego z gestami czy deklaracjami, a gratyfikacja w działaniu profesjonalnym najwyższe przejawy uzyskuje, gdy działającego nagradza sama wartość czynu, a nie uznanie, z jakim czyn ten mógłby się spotkać. Widzenie pracy socjalnej przez pryzmat pedagogiki społecznej, a tej – w integralnym kontekście etycznej odpowiedzialności, wpisanej w każdą działalność pedagogiczną, pozwala stwierdzić dobitnie, że taka zasada wymiany, jak wyżej sugerowana, nie nadaje się do budowania zrębów profesjonalizmu pedagogicznego. Pedagog musi umieć wkroczyć także tam (może zwłaszcza tam), gdzie nie ma dojrzałej gotowości do współdziałania i od wymiany w kategoriach wdzięczności nie może uzależniać żadnych swoich działań profesjonalnych, nie tylko w sytuacji klientów przeżywających sytuacje graniczne czy kryzysowe. To jest ten niewygodny aspekt asymetrii wpisanej w **dylematyczność pracy socjalnej**, związaną z kwestią: co robić, gdy adresat oddziaływania nie jest gotowy do wdzięcznego współdziałania. Tu być może dopiero mogłaby wkroczyć z pomocą postulowana przez Granosika analiza konwersacyjna. Wszystkie inne kwestie dylematyczne pedagogika społeczna zna i rozumie znacznie wcześniej i niezależnie od rzekomych nowych mistrzów dla tej ostatniej, którzy muszą postulować aż „sztuczki interakcyjne" dla łatwiejszej manipulacji.

Zresztą dodajmy, że perspektywa dwoistości czy dylematyczności, gdyby była konsekwentnie i głęboko rozumiana oraz stosowana, uchroniłaby niektóre analizy przed jednostronnymi spłyceniami, np. w odniesieniach do obecności „mistrza" czy autorytetu nauczyciela i superwizora. Pozwoliłyby dostrzec obosieczność odniesień do postaci, która „zapewnia poczucie bezpieczeństwa, rozładowuje zbędne emocje, uspokaja, doradza" (por. Granosik 2002, s. 29, 33), zwłaszcza że może ona w bezrefleksyjnej relacji zabierać także niezbędne emocje, zwalniać z poczucia odpowiedzialności i czujności etycznej, ustanawiać zredukowany obraz złożoności sytuacji profesjonalnego działania. Właśnie cała trudność oddziaływań w kształceniu do profesjonalnego wypełniania zawodu, np. pracownika socjalnego, polega na tym, że nie ma tu automatyzmu refleksyjności ani tym bardziej „metarefleksyjności" w zaangażowaniu zawodowym. Postulowana „rozbudowana refleksja nad społeczną rolą własnej aktywności" (por. Granosik 2002, s. 30) wymaga wysokich kompetencji etycznych i profesjonalnych, inaczej dylematyczność byłaby dostępna łatwo, a nie jest. Jest ona cechą strukturalną pracy socjalnej, uwikłaną w złożoność między dwoma biegunami, w których typowy pracownik dokonuje redukcji własnej refleksyjności do gotowych podpowiedzi jednostronnie pragmatycznych, w tym proceduralnych, aż po biurokratyczne, w tym uwikłane w anomijne nienarażanie się przełożonym. To znowu da się błędnie kojarzyć z rzekomo wartościową „lojalnością wobec przełożonych" (Granosik 2002, s. 30), utrudniającą dostrzeżenie dylematu w kwestii: wobec kogo (i czego) lojalność ma tu (sytuacyjnie) większe znaczenie oraz wyższą wartość profesjonalną i etyczną w szczególności.

Wszystko to się wie, jak się umie do opisu sytuacji profesjonalnego działania stosować zasadę dylematyczności znacznie bardziej kompleksowo, niż to wynika z zakresu podpowiedzi jakiejś jednej koncepcji (tu Fritza Schützego). W świetle pełniejszego odczytania myśli Heleny Radlińskiej, wraz z refleksyjnością czołowych postaci jej pokolenia z tradycji międzywojennej, rozumianej przez pryzmat rozważań przedstawicieli współczesnej socjologii (Anthony Giddens, Robert K. Merton, Norbert Elias) i w kontekście kategorii z historii filozofii, jak antynomia czy aporia, można problematykę złożoności profesjonalizmu w pracy socjalnej widzieć w sposób chyba pełniej uwzględniający troskę o jakość działania zawodowego i kształcenia do niego. Kolejny raz się okazuje, że bez głębokiego przyswojenia sobie dorobku klasyki dyscyplinarnej będziemy albo wyważać otwarte drzwi, albo dreptać w miejscu niegodni dziedzictwa, które sami upychamy po zakamarkach i marginesach własnych kompetencji i wyobrażeń o tychże. Bez tej zmiany instytucjonalne „elity profesji" będą zdominowane instytucjonalną pozycją wynikłą z „walk statusowych" i z rytualizowania pozoru w zbyt płytkich odczytaniach i wykładniach nawet kluczowych idei. Tak jest chociażby wtedy, kiedy bezrefleksyjnie powtarza się, za Radlińską, że „główną ideą np. pedagogiki społecznej jest »przekształcanie rzeczywistości w imię ideału«", bo potem już tylko czytamy – rzecz już niezgodną z Radlińską i jej niegodną, jeśli pamiętać o kulturowej melioracji środowiska bez dyktowania treści identyfikacji czy wyznaczania kierunku zaangażowania i orientowania działań:

> Właśnie ów ideał jako konstrukt zewnętrzny tworzony przez środowisko pedagogów w pewnym stopniu kwestionuje interpretatywny porządek świata, wnosi do potocznej rzeczywistości zewnętrzne wartości (Granosik 2013, s. 53).

Pedagogika społeczna i jej reprezentanci nie są od konstruowania ideału czy wskazywania treści, jakie mają podlegać procesom oddziaływania pedagogicznego, bo nie są typowymi prawodawcami ani tym bardziej ideologami i strażnikami obowiązującej poprawności.

W innym miejscu tej książki podejmuję szerzej namysł nad tą nadużywaną na różne zresztą sposoby ideą kojarzenia działań pedagogicznych jako podejmowanych „w imię ideału". Pozostawmy tę sprawę tu otwartą, uwypuklając kolejne miejsce dylematyczności w pracy socjalnej, unieważniające rozstrzygnięcie M. Granosika w kwestii: czyj ideał ma być stosowany w pracy socjalnej – pracownika socjalnego, jego przełożonych czy firmy, a może klienta bądź w ogóle kogoś innego, a może ten wydobywany z ducha humanizmu, demokracji i autonomii? Czy może wreszcie nie ma być wykorzystywany żaden gotowy i skończony ideał, zwłaszcza gdy staje się w konflikcie wymagającym odnoszenia się do całego splotu dylematów, gdzie dramatycznie jawi się kwestia problematyzowania orientacji wyznaczającej realny i konkretny kierunek oddziaływań pedagogicznych? Dylematyczność nie daje się tu zredukować do listy F. Schützego.

Dodajmy na koniec tej części, że dylematyczność w rozumieniu struktury dwoistej, o nieredukowalnej złożoności jest zarazem znacznie głębiej osadzona w pracy socjalnej, niż sugerowałaby lista czterech dylematów F. Schützego. W szczególności tzw. formalne ramowanie pracy socjalnej (por. Granosik 2013, s. 278) w istocie polega na wydobywaniu tej dwoistości, a przecież wskazanie na dwoiste ramowanie niesie znacznie większy kaliber informacji niż odniesienie do strony formalnej, którą Granosik wyraża w mniej dramatycznych sformułowaniach, mówiąc zwykle o „podwójności" organizacyjnej czy poprzez wskazania na „dwa oblicza" instytucjonalne (por. Granosik 2013, s. 278–285). Tymczasem już choćby skojarzenie klasycznego symbolu janusowego oblicza – szeroko stosowanego w opisie dwoistej złożoności już np. w pedagogice międzywojennej (por. Witkowski 2013a) – pozwoliłoby zrozumieć, że nie o to chodzi, iż praca socjalna występuje jako „dyskurs zawieszony pomiędzy dwoma wymiarami życia społecznego" (por. Granosik 2013, s. 285)[9] i ma przez to „dwa oblicza", ale o to, że jest to dyskurs praktycznie wpisany w to dwubiegunowe profilowanie. Przez to granie profilami owo janusowe oblicze występuje naprzemiennie, będąc „dwulicym", choć nie dwulicowym, jak to od dawna podkreślam w analizach za znakomitym Robertem K. Mertonem, którego opis dwoistej normatywności w rolach społecznych („ambiwalencji socjologicznej")

---

9 Chodzi tu wspomnianemu autorowi o wskazanie na „dyskurs zewnętrzny, korespondujący z publicznym, oraz wewnętrzny, zwykle bardziej techniczny, któremu bliżej do codziennej zaradności niż politycznego wysublimowania" (Granosik 2013, s. 285). Tymczasem poprawny, pełny dyskurs w istocie nie może się zadowalać takimi jednostronnościami. Musi oscylować między nimi z nieustannym nakładaniem na siebie (wobec skłonności do wygodnego cynizmu pragmatycznego) akcentów o charakterze sublimacji – jak już – to etycznej.

najwidoczniej umyka Granosikowi tak jak wielu socjologom, niechwytającym tego ciągle niedoścignego rysu współczesnej socjologii.

Pozostaje się zgodzić z badaczem, że wątki te są „słabo zakotwiczone w dyskusji teoretycznej i metodologicznej" (Granosik 2013, s. 289) wokół pracy socjalnej. Rzecz jedynie w tym, że ta słabość zakotwiczenia jest wynikiem braku wykonania pracy wpisania ich w szersze i głębsze tło dokonań znacznie dojrzalej tu sobie radzącej pedagogiki (w tym pedagogiki społecznej Heleny Radlińskiej). Ma rację Granosik, że zrozumienie tego wymagałoby „znacznie poszerzonych studiów" (a kto zabronił je podjąć?), natomiast nie ma racji co do tego, że bez nich da się jego odniesienia do Schützego traktować jako „nowatorskie" (por. Granosik 2013, s. 283, 289). Na dodatek nie wiadomo, czyja to słabość analizy powoduje, że „podwójna organizacja wewnętrzna" instytucji, związana z powstawaniem „instytucji podziemnej" albo „świata podziemnego" instytucji, jest ogłoszona często

> [...] jedynym efektywnym sposobem rozwiązania dylematu np. wysokich standardów humanistyczno-moralnych w dyskursach ogólnospołecznych i konieczności skutecznego radzenia sobie z zadaniami, które społeczeństwo „zleca" danej instytucji (Granosik 2013, s. 281).

Nie wiadomo, dlaczego rozdwojenie „jaźni" instytucyjnej (np. w więzieniu na życie oficjalne i to ukryte) ma być przejawem... zdwojenia niezbędnych wymiarów działań „zlecanych" instytucji, dlaczego to ma być „skuteczny" sposób działania, a tym bardziej „rozwiązanie dylematu" strukturalnego. Analizy konwersacyjne w wersji Granosika, zastosowane do pracy socjalnej, gubią tę zasadniczą różnicę między rozdwojeniem a zdwojeniem złożoności, wpisanej w przestrzeń działań instytucjonalnych i dylematów strukturalnych z nią immanentnie związanych. Żeby sobie z tą różnicą radzić, trzeba najpierw oczyścić sobie pole dostępu do niej, poprzez wpisanie refleksji w znacznie głębsze widzenie problematyki dwoistości w przestrzeni działań profesjonalnych. Bez niej badacz jest skazany na wysoce wątpliwe rozpoznanie warunków, w jakich jest możliwa „instytucjonalizacja profesjonalna", wśród których za podstawowe uznaje konieczność

> [...] równoległego rozwijania dwóch systemów reguł, jednego, uproszczonego, ale skutecznego w sensie administracyjnym, oraz drugiego, zakotwiczonego w skomplikowanych, specjalistycznych kontekstach i ideologiach, czasochłonnych strukturach narracyjnych, ale niemającego mocy sprawczej w sensie ekonomiczno-organizacyjnym (Granosik 2013, s. 275).

No to dopowiedzmy dobitnie, żeby postawić kropkę nad „i", że wszystko, co wiem dzięki studiom nad dwoistością, niemyloną z dualizmem, uczula na to, aby taką równoległość światów widzieć jako zaprzeczenie profesjonalizmu. Trzeba bowiem umieć ją zastępować intensywnym działaniem na rzecz ich równoważenia, sprzęgania, aby środki pragmatyczne czy „sztuczki interakcyjne" ostatecznie służyły celom, bez których sens „ekonomiczno-organizacyjny" pozostaje wypraniem działalności z jej sensu czy misji. Nie jest przejawem profesjonalizmu instytucjonalnego, a wręcz przeciwnie, stanowi jego zaprzeczenie, odwoływanie się do „podwójnej gry" (por. Granosik 2013, s. 267–268), w której następuje „rozdwojenie" również pracowników socjalnych, niezdolnych już do respektowania dylematów, skoro wymogi biurokratyczne i wygody mają zawieszać, a nawet unieważniać liczenie się z wymogami sensu instytucji. Profesjonalizm wymaga nieustannie równoważonego, trudnego zdwojenia, wpisanego w nową ekonomię organizacji, a nie równoległego i wygodnego rozdwojenia i to jeszcze asymetrycznie ustanawiającego dominację pragmatyzmu, administracji i sztuczek interakcyjnych. Do zrozumienia tego wyzwania nie jest potrzebna nagle odkrywana „analiza konwersacyjna", a tym bardziej ta ostatnia nie powinna utrudniać dostrzeżenia wymogu równoważenia zaprzeczających sobie biegunów w obliczu celów, których sens etyczny, humanistyczny nie może pozostać zanegowany pod groźbą absurdu i fikcji powstającego świata instytucjonalnego[10]. To między innymi miała na myśli Radlińska, gdy upominała się o kulturową meliorację świata społecznego wokół jednostki i w trosce o nią oraz gdy podkreślała niezbędność etycznego podejścia w trosce o jednostkę postrzeganą jako potencjalny uczestnik przestrzeni dziedzictwa kulturowego wartości jako skarbów. Niech nikogo nie dziwi, że ciągle wolę czytać Radlińską niż Granosika, gdy ten ostatni zaczytuje się dokonaniami niedającymi się wartościowo zestawić z osiągnięciem polskiej klasyki społeczno-pedagogicznej.

Na dodatek, jest jeszcze jeden „kłopot" z postawą M. Granosika, związany z jego wiedzą historyczną o naukach społecznych, w tym skłonnością do wpisywania się w spłycone i wynaturzające obraz już nie dylematy czy napięcia, ale wręcz ostro ogłaszane podziały w podejściach teoretycznych, wykorzystujące nader wątpliwe ustalenia funkcjonujące jako oczywistości. Oto bowiem spotykamy się tu ze skłonnością do rozłącznego i ostro przeciwstawionego sobie traktowania spraw pracy socjalnej układu dwóch podejść, składających się rzekomo na dualizm paradygmatów określanych jako: „normatywny i interpretatywny" (por. Granosik

---

10 Tymczasem w rekonstrukcjach M. Granosika znajdujemy wręcz uznanie rozdwojenia, np. między dyskursem nieformalnym a formalnym czy między wymogami administracyjnymi (biurokratycznymi) a profesjonalnymi, za konieczne i pożądane. Warto przytoczyć jeszcze jeden cytat dokumentujący tę kwestię: „Co więcej, te dwa typy przestrzeni muszą być efektywnie odizolowane, a dokładniej, nieformalna musi być ukrywana przed niewtajemniczonymi współtwórcami przestrzeni formalnej, jako że ujawnienie tego podwójnego porządku może zniweczyć cele, dla których został on podjęty i jest podtrzymywany. Zatem swoisty filtr komunikacyjny, jak i rozdwojenie przestrzeni są kluczowymi elementami instytucjonalizacji strategicznej" (Granosik 2013, s. 263). Wszystko to najwyraźniej mieści się w nieartykułowanej przez Granosika perspektywie cynizmu w działaniu instytucjonalnym. Jeśli takie konsekwencje mają wynikać z tzw. analizy konwersatoryjnej jako zalecenia dla strategii „instytucjonalizacji profesjonalnej", to rzecz jasna nie nadaje się to do uwzględniania dylematyczności czy dwoistości strukturalnej w polu tego działania. I nie dotyczy to jedynie pracy socjalnej.

2013a, s. 7). Pierwszy jest przestrzały, a drugi jako jego alternatywa słuszny. Zastanawia rzecz jasna już nie tyle to, gdzie by autor ten umieszczał stanowisko Heleny Radlińskiej, ile to, czy mieści się ono w takiej opozycji. Otóż o tym, że ta opozycja jest sztuczna, fikcyjna i groźna poznawczo, świadczy choćby sugestia Granosika, że niezbędne jest wskazywanie na „świat przeżywany zamiast środowiska" w myśleniu i działaniu społeczno-pedagogicznym, w tym w pracy socjalnej, a kluczowy tu argument na rzecz odrzucenia terminu „środowisko" ma być następujący:

> Termin ten zwykle oznacza zespół czynników oddziałujących na jednostkę długotrwale lub ze znaczną siłą, które układają się w koncentryczne kręgi otaczające jednostkę. Oddziaływanie to jest zwykle jednokierunkowe, tzn. środowisko wpływa na jednostkę.
> Ta bardzo normatywna, a przy okazji dosyć mechanistyczna, statyczna i obiektywizująca koncepcja została zastąpiona w paradygmacie interpretatywnym kategorią świata przeżywanego [...] (Granosik 2013a, s. 11).

Najwidoczniej w „świecie przeżywanym" Granosika dominuje, przy braku wiedzy o dokonaniu Radlińskiej, jak też o dokonaniach w historii idei (także dla pracy socjalnej) dotyczących terminu „środowisko", wyobrażenie epistemologicznie ułomne i powtarzające obiegowe, podręcznikowe opozycje i fikcje, wygodnie konstruowane dla studentów w ułatwianiu im prostymi opozycjami zdawania egzaminów, ale niegodne poważnego traktowania w refleksji naukowej. Całą niniejszą książką obalam takie artefakty i ułomności poznawcze związane z wyłączeniem dokonania Radlińskiej z wiedzy wpisanej w rozważania dla pracy socjalnej. Nie mają większej wartości takie sztuczne dualizmy umysłowe, jak bałamutnie wykorzystane w podejściu Granosika, gdzie oto z jednej strony mają występować „interakcjonizm, konstrukcjonizm, fenomenologia i perspektywa konwersacyjna jako teoretyczne podstawy pracy socjalnej", stanowiąc skrajną przeciwwagę drugiej perspektywy, w jej dualistycznym (nie mylić z dwoistym), ostrym przeciwstawieniu i już potępieniu jako przeżytku „ujęć funkcjonalnych i strukturalnych pracy socjalnej, w tym bardzo popularnej teorii systemów" (Granosik 2013a, s. 10). Pokutuje tu najwidoczniej po raz kolejny niezdolność do widzenia napięć, wymagających sytuacyjnie przemieszczania akcentów i dominant analitycznych, oraz jakaś zdumiewająca epistemologicznie wizja ciągle kryptopozytywistyczna w dążeniu do dokonywania wspomnianych opozycji jako iluzorycznych cięć epistemologicznych. Tak się dzieje, gdy aplikacje „interpretatywne" grzeszą słabą kulturą interpretacji tradycji myślowej, której znajomość byłaby warunkiem stawania na wysokości jej wrażliwości poznawczej, a nie wykluczania jej, czyli siebie, z dorobku dyscypliny. Fakt, że taka nonszalancja wobec tradycji jest obecna w rozmaitych innych miejscach w „środowisku" – czy „świecie życia" – pedagogów w Polsce, także reprezentujących „młode wilki" nowego pokolenia badaczy, nie jest tu okolicznością żadną miarą osłabiającą wymowę tego przypadku.

Zamiast zakończenia: zderzanie wizji racjonalności

Szczególnie ważne wydaje się prześwietlanie rozmaitych koncepcji teoretycznych i strategii działania w pedagogice społecznej przez pryzmat nastawień epistemologicznych w nich przeświecających, czy wprost wręcz przyjmowanych, jak również w kontekście postulowanej wizji racjonalności postawy i związanego z nią typu oddziaływania. Wydaje się, że za mało mamy wśród pedagogów tego typu samoświadomej weryfikacji własnych nastawień oraz diagnozowania zagrożeń wpisanych w rozmaite dominujące wersje racjonalności, wpisane nawet w programy i strategie kształcenia zawodowego w obszarze profesji społecznych. Gdy się spojrzy, chociażby za Ewą Marynowicz-Hetką, na groźby wpisane w promowanie racjonalności widzianej przez pryzmat „nadmiernej dbałości o dyscyplinę, porządek, systematyzacje, formalizację, rutynizację, stałość, metodyczność zachowań", wówczas naturalną konsekwencją jest dostrzeganie przejawów patologizacji życia społecznego, którą stymuluje „dehumanizacja stosunków społecznych i relacji międzyludzkich", z udziałem tak sytuowanej jakości działań także w obszarze pedagogiki społecznej (por. Marynowicz-Hetka 2002, s. 145–146). Wielokrotnie przed taką perspektywą przestrzegała Helena Radlińska, jak pokazywałem już w tej książce. Dokładniej uświadamia to zwrócenie uwagi na „paradoks racjonalności" opisany przez E. Marynowicz-Hetkę, *de facto* wskazujący na pułapkę, w jaką wpada dominacja *homo oeconomicus*[11]:

> Dla problematyki kształcenia szczególnego znaczenia nabiera podkreślanie paradoksu racjonalności: wizja społeczeństwa nastawionego na ilość, na pozorną obfitość, na kalkulacyjność, na przewidywalność i efektywność, powoduje eliminację zachowań twórczych, nietypowych, nie schematycznych, nie opłacalnych. Kryterium eliminacji jest racjonalność, czyli wybór tego, co się opłaca według schematu analizy kosztów i zysku. W konsekwencji jednak takie, z pozoru racjonalne, postępowanie staje się stopniowo nieracjonalne, bo opracowane schematy powodują w konsekwencji nieefektywność. Najbardziej niebezpieczne dla zachowania równowagi jest bycie poddanym złudzeniu rzeczywistości, któremu sprzyja dehumanizacja relacji społecznych, ich iluzoryczność i pozorność (Marynowicz-Hetka 2002, s 146).

Stąd znaczenia nabierają rozmaite odniesienia transwersalne, rozpoznania dwoistości strukturalnej zadań i sytuacji z nimi związanych, a także widzenie epistemologii zrywającej z pozytywistycznymi wzorcami pewności i przewidywalności jako cechami wartościowej wiedzy. O tym, jak trudno jest wprowadzać dojrzałość myślenia i działania, łączące się z takimi postulatami, świadczy z jednej strony pozytywny przykład wspomnianej autorki, wychodzącej tu zresztą naprzeciw

---

11 Bezcenna dla problematyzowania trudności interwencji z pozycji pracy socjalnej jest rozwinięta przez Antonina Wagnera wizja *homo disoeconomicus*. Pisałem o niej w: Witkowski 2010a.

wrażliwości Radlińskiej (choćby w zakresie uznania nieprzewidywalności sposobu odniesienia się do działań wychowawczych przez ich adresatów), z drugiej zaś negatywny przykład zatrzymania świadomości na poziomie skojarzeń z epistemologicznym posłaniem pozytywizmu Comte'a, w jego obiegowym skojarzeniu. Chodzi o postulat Ryszarda Wroczyńskiego jeszcze z lat 70. XX wieku, przywołany w zestawieniu wartościowych – jak należy rozumieć – impulsów z dorobku pedagogiki społecznej w 2004 roku, całkowicie rozmijający się z dojrzewającą przez kolejne dekady świadomością antypozytywistyczną współczesnej humanistyki, a związaną z postulowaniem racjonalizmu krytycznego, czy tym bardziej krytycznej teorii społecznej, zdolnej demistyfikować nie tylko naiwności, lecz także ukryte przesądzenia. Oto bowiem czytamy u Wroczyńskiego brzmiące niepokojąco sugestie metodologiczne, jakoby

> [...] [z]adanie sformułowane w połowie ubiegłego [XIX – L.W.] wieku przez Augusta Comte'a, by nauka przewidywała przyszłość (*savoir pour prévoir*), nigdy nie było tak aktualne dla pedagogiki jak współcześnie. [...] Wiadomo bowiem, iż postęp nauki dokona gruntownych przeobrażeń w warunkach życia najbliższych generacji. [...] Wydaje się, że pedagog nie tylko winien snuć przed młodzieżą wizje rozwojowego życia, ale zarazem mieć pełną świadomość, iż przygotowuje młodą generację do warunków najbliższych dziesięcioleci. Uświadomienie sobie tego faktu pozwoli bowiem realnie i konkretnie widzieć cele i zadania wychowania (Cichosz 2004, s. 296; także *Metodologia pedagogiki społecznej* 1974, s. 29).

Epistemologicznie jest to nie do przyjęcia, ponieważ znamionuje brak zrozumienia, że w takich warunkach wiedza silnie prognostyczna oraz pełna świadomość i konkretność wzorców dla przyszłych czasów, a tym bardziej postulowana dalej przez Wroczyńskiego dla pedagogiki dążność do „rekonstrukcji tej rzeczywistości", nie są możliwe. Epistemologia w duchu rozmaicie uwypuklanego antypozytywizmu podkreślała przez ostatnie pół wieku, że nie tyle da się przewidywać (*prévoir*), ile trzeba umieć rewidować (*révoir*) wiedzę, w świetle głębokiej wizji hipotetyczności wiedzy, jej sprzężenia z działaniem odbiorców przetwarzających jej funkcje czy innymi uwarunkowaniami niż intencjonalność działającego, wymagającymi w związku z tym gotowości do krytycznego odnoszenia się do własnego nastawienia przez działającego.

W szczególności podkreślmy, że „nowe ujęcia znanych problemów" muszą być znacznie poważniej osadzone w tradycji takich zmagań, aby nie odcinały, wręcz amputowały wiele z obszarów rozważań, skazywanych na degradujące interpretacje, normatywnie przesądzające i destrukcyjne poznawczo.

Część III
O residuach dyscyplinarnych i skojarzeniach z dystansu

Odniesienia społeczne (dyscyplinarne)

Rozdział XII
Jak jest możliwa i potrzebna odrębność dyscypliny?

Wstęp

Tytułowe pytanie tego rozdziału w przypadku dorobku Heleny Radlińskiej i standardowego jej wpisywania w pedagogikę społeczną jako dyscyplinę czy „gałąź" nauk pedagogicznych zostało potraktowane przeze mnie z całą powagą oraz odwagą zderzenia się z obiegowymi odpowiedziami na tą i podobne kwestie. Chodzi o pytania dotyczące tożsamości – w tym zasadności widzenia tu odrębności, a nawet swoistości – zarówno historycznej, jak i widzianej z perspektywy potrzeb i aktualnych działań. Staję zarazem wobec narastającego w toku podjętych tu analiz przekonania, że najczęstsze, zredukowane kwalifikowanie tego niezwykłego dokonania intelektualnego wyrządza krzywdę nie tylko jemu samemu – mimo że oczywiście zwolennicy tej kwalifikacji mają dla uzasadnienia szereg akcentów u samej Radlińskiej, gdzie w takim duchu się wypowiadała. Co jest nawet dla mnie ważniejsze, staje się to źródłem nieporozumień, zaniechań i uszkodzeń rozwoju innych dyscyplin pedagogicznych, jeśli o pedagogice jako integralnej całości ktoś nie chciałby mówić. Nieczytanie Radlińskiej przez np. pedagogów ogólnych bardzo obciąża sporą część ułomności wyobrażeń o tej dyscyplinie w Polsce, ale i zwrotnie, skupienie się na samej pedagogice społecznej w oderwaniu np. od treści wpisanych w nurt zwany pedagogiką kultury wydaje się miejscami odbijać także na jakości odbioru treści samej tej propozycji, zamykanej w obszarach mniej wrażliwych na problematykę kultury.

Co więcej, ciąży i to, że łatwo się zorientować po poziomie narracji, iż spora część osób piszących w obszarze pedagogiki społecznej najwidoczniej nie ma za sobą pełnego i rzetelnego procesu przyswojenia i przetrawienia – więc i przetworzenia – dorobku Radlińskiej jako klasyka własnej tradycji, z tego powodu ich wyobrażenie o dyscyplinie bywa przez to zredukowane i uwikłane w rozmaite powierzchowności interpretacyjne czy zaniechania. Te ostatnie jednak szkodzą, jak się wydaje, całej pedagogice w rozmaitych innych obszarach. Na dodatek, wiele tracą rozważania o pedagogice społecznej, gdy nie są podejmowane z jakimś szerszym do niej odniesieniem, zarysowaniem jakiegoś tła czy kontekstu porównań, dających szansę na minimalny choćby dystans i ostrożność w przywiązaniu do etykietki dyscyplinarnej. Wystarczy przytoczyć wyznanie Radlińskiej z jej listów o nauczaniu i pracy badawczej, że „najbliższą" jej, „nie tylko niegdyś", dziedzinę stanowiła oświata dorosłych (por. Radlińska 1964, s. 470), by zacząć się zastanawiać nad charakterem jej oporów wobec definicyjnego wyznaczania zakresu i zasięgu problemowego pedagogiki społecznej. Podobnie daje do myślenia zwrócenie uwagi przez Aleksandra Kamińskiego na fakt, że termin „pedagogika społeczna" został przez Radlińską przejęty z pedagogiki niemieckiej, a na dodatek w tym ostatnim obszarze wspomniany uczeń tej ostatniej przywołuje przykład – określający się i programujący odmiennie podobne treści – Pawła Bergemanna, który **swoją** pedagogikę społeczną nazywa „pedagogiką kultury i opiera ją na postulacie uniwersalizmu personalistycznego" (por. Kamiński 1978a, s. 49–50). Stawia to bowiem w istotnym świetle odniesienia między pedagogiką społeczną i umowną jedynie częścią zwaną pedagogiką kultury – pokazywałem osobno, dlaczego nie należy tu widzieć odrębnej dyscypliny (por. Witkowski 2013a) – a zarazem prześwituje wymóg widzenia tu pewnego możliwego (nie każdego!) typu personalizmu. Dotyczy to chociażby wpisanego w zepchnięty w niepamięć wariant „personalizmu krytycznego" Williama Sterna, ceniony przed wojną w Polsce, o którym niemal głucho później wśród naszych zwolenników czy rzekomych znawców personalizmu[1]. Zbyt często sama rama pedagogiki społecznej jest założona jako niepodlegająca dyskusji i zasługująca na obronę jako w pełni uprawniony i samoistny wycinek całej pedagogiki. Tymczasem Danuta Urbaniak-Zając podkreśla, że „istnienie takiej subdyscypliny pedagogicznej jest raczej wyjątkiem niż regułą" (por. Urbaniak-Zając 2011, s. 16)[2].

---

[1] Por. np. obraz personalizmu w Polsce w ujęciu Katarzyny Wrońskiej (2012).
[2] Nie podzielam zarazem podejścia autorki do dokonania Radlińskiej, w którym wskazuje, że to jedynie „wymyślona przez nią pedagogika społeczna", uwikłana historycznie i prawomocna jedynie lokalnie (por. Urbaniak-Zając 2011, s. 21). Argumenty przeciw cytowanemu tu stanowisku rozsiane są w całej niniejszej pracy. Osobno dystansuję się wobec skłonności do sugerowania, że Radlińska „nie dbała o precyzję języka" ani nie chodziło jej „o budowanie spójnej teorii", spełniającej wewnątrznaukowe kryteria (por. Urbaniak-Zając 2011, s. 22). Przyjmowanie takich formalnych wyznaczników wartości i poprawności nie tylko wyrządza krzywdę wartości dokonania Radlińskiej, lecz także pozbawia możliwości uzyskania wartościowego obrazu tego dokonania i uporządkowania go w zgodzie z tymi kryteriami. Prace Radlińskiej są fascynującą przestrzenią idei, intuicji i postulatów, pracujących dopiero na rzecz budowy perspektywy teoretycznej, przenikliwie otwierającej drogę do dojrzałego podejścia dla następców. Epistemologiczny wymóg precyzji nie może być traktowany formalnie jedynie w obliczu procesów rodzenia się i dojrzewania narracji, której wartość staje się czytelna dopiero ponad takim zewnętrznym podejściem. Nie mogę tu szerzej rozwijać tych uwag. Dodam jedynie, że wbrew Danucie Urbaniak-Zając w perspektywie antypozytywistycznej „praktyka" może – a często nawet musi – być „logicznie pierwotna" wobec teorii, jako dająca się dopiero wpisać w rekonstruowane szerzej i z dystansem założenia (i postulaty) „teoretyczne i metodologiczne, a także aksjologiczne" (por. Urbaniak-Zając 2011, s. 25). Działanie uczula dopiero na okoliczności, które pozwalają uściślać i korygować przesłanki oraz rozpoznawać nieuświadamiane zagrożenia, stając się podstawą kolejnych uściśleń i dookreśleń teoretycznych. Radlińska uczestniczy już w dojrzewaniu i artykulacji świadomości antypozytywistycznej w swoich praktykach badawczych i rozwijaniu intuicji dla nowej dyscypliny.

Warto o tym pamiętać, mimo że zarazem mieliśmy, jak wiadomo, próby bezpardonowego dezawuowania sensu wskazywania na taki obszar badań i dydaktyki i to nie tylko w głębokim stalinizmie, ale i na początku lat 80. XX wieku, gdy usiłowano sugerować jej nieprzydatność w obliczu istnienia andragogiki, w obszarze której zresztą część zaangażowania Radlińskiej także da się lokować. Generalnie jednak takie akcenty zbyt dojmująco spychają poważną dyskusję na manowce sporów o etykiety. Niosą zarazem iluzję prawomocności okopywania się w odseparowanych od siebie dyscyplinach o rzekomej specyfice, czy wręcz swoistości, wartej bronienia i będącej powodem do dumy.

Chcąc temu przeciwdziałać, podchodzę do kwestii specyfiki pedagogiki społecznej z przeciwnej perspektywy, niż zwykle to się robi. Stąd staram się w istocie **odwrócić pytanie** badawcze i oprócz kwestii tego, co Radlińska sobie o *explicite* tak nazywanej „pedagogice społecznej" myśli i pisze, podjąłem refleksję mającą cel teoretycznie projektujący, a nie tylko historycznie rekonstrukcyjny. Postanowiłem zatem zadać pytanie nieskupione na tej etykiecie, uznanej tymczasem do celów badawczych bardziej za **nominalistyczną konwencję** niż realistyczny obiekt, a związane z tym, by odkryć, co merytorycznie jest postulowane jako ważne i potrzebne pedagogicznie, niezależnie od tego, gdzie i jak to sama autorka lokuje i za czym optuje w swojej historycznej sytuacji. Okazuje się – tu pozwolę sobie antycypować ustalenia badawcze – że postulaty i treści wpisywane w ów mityczny obiekt PS zwany (dla mnie umownie) pedagogiką społeczną są w istocie kluczowej wagi i podstawowego, ogólnego często charakteru nie do zlekceważenia w całej pedagogice. Co więcej, oznacza to, że dadzą się potraktować jako wyrażające wręcz uniwersalne teoretycznie i ugruntowane historycznie – jak również niosące rysy jak najbardziej nowoczesne – postulaty zasługujące na uznanie, że tak powinna się zachowywać pełna, dojrzała, kompletna pedagogika. Zatem ma ona być świadoma swoich uwikłań społecznych oraz powinna rozumieć i pokazywać złożoność tego, co ma uchodzić za społeczny aspekt działań pedagogicznych w ich rozmaitych postaciach: kulturowej, oświatowej, opiekuńczej, socjalnej, profilaktycznej etc. Argumentem na rzecz tej perspektywy jest także to, że kiedy przeanalizuje się prace Radlińskiej pod kątem stopnia jej świadomości wpisania się ówczesną filozofię wychowania, rozwijaną przez pozostałych uczestników Wielkiego Pokolenia, wtedy okazuje się, że akcenty zorientowane na odrębność, określoną mianem pedagogiki społecznej, po części przynajmniej mogły się brać i stąd, że nie śledziła ona skali uspołecznienia tej filozofii u twórców znanych nawet przez nią osobiście.

Nie jest moim celem – podkreślam dobitnie, by uniknąć zbędnych i przykrych nieporozumień – negowanie przydatności wyróżniania profilu badań pedagogicznych o charakterze „pedagogiki społecznej". Chcę jedynie wykonać pewną pracę analityczną i rekonstrukcyjną, która ma na celu pokazanie, co z tego dorobku ma znaczenie bardziej uniwersalne i zobowiązujące dla tych, którzy pod taki sztandar nie są gotowi się zapisać, acz mogliby wiele skorzystać na treści merytorycznej ustaleń pod nim czy – jak by powiedziała Radlińska – w jego imię, jako imię pedagogiki społecznej, dokonanych. Zresztą odnotujmy, że w gamie charakterystyk pedagogiki społecznej mamy i taką jak u Stefana Kunowskiego, dla którego jest to „specjalny dział pedagogiki praktycznej", który zajmuje się „skomplikowanymi szczegółami instytucji wychowujących" (por. Kunowski 2004, s. 236). Natomiast budująca „podstawy pedagogiki współczesnej" – jak głosi tytuł jego książki – „pedagogika teoretyczna" ma inny charakter, „nie może wchodzić w szczegóły i zwraca uwagę na istotne momenty w działaniu instytucji wychowujących etosu" (Kunowski 2004, s. 236)[3]. Tymczasem wobec samej pedagogiki społecznej wypada, moim zdaniem, zastosować zasadę, jaką Radlińska wskazuje dla każdego pracownika społecznego, gdy podkreśla, że „wartość jego pracy mierzy się nie tym, co uczyni sam, lecz tym, co potrafi wydobyć z gromady, wśród której i z którą pracuje" (Radlińska 1961, s. 60)[4]. Twierdzę i dokumentuję w tej książce, że z pedagogiki społecznej Radlińskiej można wydobyć znacznie więcej i znacznie bardziej uniwersalnych i podstawowych teoretycznie treści, niż to się wydaje samym pedagogom społecznym, a czego nie przypuszczają nieczytający jej przedstawiciele innych dyscyplin pedagogicznych: pedagodzy ogólni, dydaktycy ogólni, pedeutologowie, andragodzy etc. Nie darmo autorka pisała, że „pedagogika społeczna interesuje się całym przebiegiem życia ludzkiego od kolebki do zgonu" (Radlińska 1948a, s. 182).

Nikt z pedagogów w Polsce w XX wieku nawet nie zbliżył się do tego stopnia kompletności myślenia pedagogicznego, który prezentowała Helena Radlińska, choć kompletność tę zamknęła w mylącej dla wielu formule zawężającej realny zakres jej odniesień. Mimo obiegowych skojarzeń z pozycją i dokonaniami Bogdana Suchodolskiego ten bardzo osłabił ich aktualną siłę inspiracyjną dla pedagogiki w wyniku zdominowania ich swoistym, sentymentalnym marksizmem i politycznym zaangażowaniem. Na dodatek tylko iluzorycznie dawały one mu prawo do ignorowania (poza deklaracjami) wartości dokonań i trosk zarówno Radlińskiej, jak i jej pokolenia. Waga tego pokoleniowego zrywu międzywojennego, którego Suchodolski nie był w pełni równoprawnym uczestnikiem, dziś jest nie do przecenienia i wymaga odzyskania w nowych lekturach. Pedagogika społeczna Radlińskiej jest jednym z istotnych obszarów tego wysiłku. Niosąc w sobie specyficzny pod pewnymi względami zamysł tożsamości badawczej i w zakresie zaangażowania społecznego, pod innymi ogromnie istotnymi względami wysiłek Radlińskiej miał w sobie wiele treści nie tylko reprezentatywnych dla wspomnianego zrywu pokoleniowego jej czasów (w okresie międzywojennym), lecz także zasługujących

---

[3] Zarazem Stefan Kunowski podaje zakres zainteresowań i celów pedagogiki społecznej, o których realizację – w celu przeciwdziałania patologiom – „środowiska pedagogiczne muszą się zatroszczyć" (por. Kunowski 2004, s. 244).

[4] Formuła ta, wskazująca na akuszeryjny czy animacyjny w istocie charakter działania, była już obecna u Radlińskiej w jej analizach w 1935 roku, skąd pochodzi i to sformułowanie.

na potraktowanie ich jako bardziej uniwersalnych i znaczących filozoficznie dla pedagogiki jako całości.

Co znaczyła „pedagogika społeczna" dla Heleny Radlińskiej

Wypada, abym podkreślił na wstępie tego fragmentu rozważań, że rekonstrukcja stanowiska wielkiej twórczyni pedagogiki społecznej nie jest tu celem samym w sobie. Podchodzę do niej bowiem z wysiłkiem wykorzystania pewnej obosiecznej zapewne cechy sytuacji interpretatora (mającej więc plusy i minusy). Polega ona przede wszystkim na – niedostępnym analizowanej spuściźnie – dystansie czasu, jak również na perspektywie dysponującej większą gamą późniejszych punktów odniesienia, w tym pełniej, jak się okazuje, ogarniętym, przyswojonym i przetworzonym horyzontem dokonań teoretycznych części przynajmniej grona postaci współtworzących wspólne jej pokolenie pedagogiczne. Śledzę więc zarówno elementy siły, jak i słabości samego projektu Radlińskiej, pokazując dlaczego musiał być taki a nie inny. Czyniąc to, staram się także krytycznie go rozumieć w kierunku uzasadnienia, dlaczego nie tylko nie musimy wszystkich elementów tego stanowiska powielać, ale dlaczego wręcz z zasadniczych powodów nie wolno nam tego robić. Co, podkreślmy, nie jest żadną niesprawiedliwością wobec Radlińskiej, ale odwrotnie, nadaje jej dokonaniu znacznie większą wartość jako wpisaną POZA horyzont jej osobistej, subiektywnej percepcji i przełożenia jej na elementy własnej postawy. Zresztą Radlińska sama wśród ważnych badawczo sposobów czytania postulowała już dla adeptów „kolejne użycie trzech sposobów czytania: przeglądania w celu zorientowania się w całości, czytania w celu zaznajomienia się z treścią, wreszcie krytycznego studiowania" (Radlińska 1948, s. 25). Zauważmy też, że **krytyczne czytanie rozumiejące** wymaga zmiany perspektywy, śledzenia skutków tej zmiany i mimo afirmacji wagi „pierwszego wrażenia" (Radlińska 1948, s. 25), na którym wielu się często opiera, podobnie niezbędne staje się opieranie sile owego pierwszego wrażenia i wielokrotne krytyczne jego wystawianie na próbę w wysiłku wzięcia badanych treści w koło hermeneutyczne wzajemnych dookreśleń i weryfikacji, przywracającym wagę treści czy dokumentów, „które w pierwszej chwili wydawały się nieciekawe" lub niosące ważne ślady jedynie fragmentarycznie, przez co „o niejednym zjawisku dowiedzieć się można tylko ubocznie" (Radlińska 1948, s. 26), tj. nie wprost, dzięki umiejętności łączenia fragmentów i śladów w utraconej całości czy w nierozpoznanym oddziaływaniu, np. poprzez obecność jedynie „śladów wpływu" (Radlińska 1948, s. 41) czy w związku ze „śladami charakterystycznych więzi" (Radlińska 1948, s. 14), które jako takie trzeba umieć rozpoznać, by je dalej zgłębić.

Najważniejsza jak zawsze jest umiejętność zadawania badanemu materiałowi pytań, na które musimy dopiero starać się znaleźć w nim jakąś reakcję. Nie kryję, że sednem obecnych moich trosk w tych rekonstrukcjach jest kwestia tego, jak i na ile zasadne jest operowanie agregatem „pedagogika społeczna" w zderzaniu go z innymi zakresami nadmiernie poszatkowanego pola wysiłków poznawczych i praktycznych pedagogiki. Zgodnie z przestrogą Tadeusza Kotarbińskiego nie jest to wymóg specjalizacji, a jedynie przejaw „fuszerowania" specjalizacji[5]. Zresztą Radlińska była świadoma – jak pokazywała w kontekście planowania badań nad tajnym nauczaniem w czasie okupacji – że czasem istotną przeszkodą poznawczą jest uwikłanie społeczne badacza. Bywa, że „[z]byt blisko jesteśmy wydarzeń, by uzyskać perspektywę, zbyt wiele spraw osobistych wpływa na dostarczanie materiału, na podstawie którego ma powstać obraz ogólny" (Radlińska 1948, s. 49). Zarazem jednak wypada podkreślić, że pytania zadawane badawczo w pełnej ich perspektywie muszą być dwoiste, w sensie jednocześnie dwukierunkowego zorientowania na opis i bodziec do działania korygującego w dążeniu do melioracji środowiska. Jak to wyrażała Irena Lepalczyk, widząc zjawisko „wykolejenia społecznego" oraz jego przejawy i konteksty jako wyzwanie pedagogiczne:

> Lustracja i opis szkół miasta miały jak gdyby zadanie podwójne: szkoła może stanowić źródło informacji o zaburzeniach uczniów, może także być czynnikiem przeciwdziałaniu powstawaniu zaburzeń i, gdy zachodzi potrzeba, działalności terapeutycznej. Podobnie podwójne zadania spełniają instytucje opieki społecznej i służby zdrowia. Są one źródłem wiedzy o degradacji społecznej oraz miejscem walki, terapii i profilaktyki (Lepalczyk 1972, s. 22).

Pierwszy więc akcent wskazuje na współwystępowanie zadań i dążeń opisowych oraz ocen mających podłoże normatywne i służących zmianie stanów ocenionych jako niepożądane, a tym bardziej patologiczne. To **dwukierunkowe uwikłanie postawy poznawczej** wpisuje się, jak pokażę dalej, w perspektywę daleko posuniętej analogii do sytuacji diagnoz i interwencji medycznych. Tymczasem zwrócimy uwagę na inne aspekty myślenia o pedagogice społecznej u samej Radlińskiej.

Warto najpierw zwrócić uwagę na to, co Helena Radlińska powiedziała na II Polskim Kongresie Pedagogicznym we Lwowie w 1909 roku i co – jako ważne dla siebie i swojego programu – przedrukowała następnie w tomie z 1935 roku o stosunku wychowawcy do środowiska społecznego, traktując zarazem zebrane wypowiedzi jako „szkice z pedagogiki społecznej". Istotne staje się tu – w kontekście idei wychowania narodowego – odniesienie do

> [...] zasad pedagogiki społecznej, tj. tego ujęcia nauki wychowania, które w każdej jednostce widzi dziecię swego narodu i czasu, spadkobiercę całej kultury i współtwórcę jej przyszłości. [...] Wychowanie ma budzić i wyzwalać śpiące siły w narodzie. Najważniejszą jego częścią jest szkolnictwo [...] nie jest jednak jedyną formą

---

5 Szeroko pisała o tym Monika Jaworska-Witkowska (por. Jaworska-Witkowska 2009, s. 48–54).

organizacyjną wychowania narodowego. [...] dopełniają je, nieraz zastępują instytucje oświaty pozaszkolnej, biblioteki, muzea, uniwersytety ludowe. [...] swobodniej niż szkoły mogą służyć istotnym potrzebom narodu (Theiss 1984, s. 131–132).

Zauważmy, że pod taką wypowiedzią podpisałby się każdy przedstawiciel pokolenia kojarzonego z „pedagogiką kultury" tego czasu. Co więcej, Radlińska okazuje się mieć poczucie odpowiedzialności za stan całej pedagogiki, gdy dalej postuluje na tym kongresie powołanie instytucji oświatowej, która będzie „zbierała rozproszone zdobycze polskiej myśli wychowawczej i praktyki pedagogicznej, informowała wszystkich pracowników i skupiała pracę badawczą na polu wychowania" (Theiss 1984, s. 134). Stąd wezwanie w trosce o wychowanie narodowe: „twórzmy jego podstawy naukowe – pedagogikę polską" i postulat powołania instytucji „zbierającej cały dorobek wychowawczy Polski" (Theiss 1984, s. 134).

Ostatnie akcenty wydają się szczególnie ważne, zwłaszcza afirmujący troskę o potrzeby narodu, gdyż brak perspektywy dwoistości u interpretatorów zwykle przyczynia się do jednostronnego rozumienia stanowiska Radlińskiej. Jedni (por. Cichosz 2007, s. 30) przypisywali jej podejście narodowe, tylko dlatego, że do narodu i do odpowiedzialności za wychowanie narodowe i teorię wychowania narodowego się poczuwała i ją postulowała wśród rozmaitych akcentów własnego myślenia. Inni, jak Ryszard Wroczyński, przeciwnie, sugerowali obecność „ostrej kontrowersji" na tym kongresie między dążeniem do oparcia wychowania na „prymacie czynników tradycji narodowej i wzorców wychowawczych przeszłości" a stanowiskiem Radlińskiej odwołującym się do zadań „wynikających z przeobrażeń społeczeństwa i upowszechnienia oświaty w najszerszych jego warstwach" (por. Wroczyński 1987, s. 241–242). Rzecz tymczasem w tym, aby widzieć tu jej niezgodę jedynie na jednostronne widzenie problematyki narodowej i to zarówno w wersji apologetycznej, jak i w późniejszym marksistowskim potępianiu. Troska o spójność narodową była zadaniem historycznego zespolenia całości rozbitej na odmienne światy zaborów i niemającej jednego doświadczenia ani wspólnoty zdolnej do pełnego współdziałania. Zresztą Wroczyński trafnie przytacza dwoiste w istocie sformułowanie Radlińskiej z jej referatu pt. „Podstawy wychowania narodowego", definiujące funkcje pedagogiki społecznej w terminach wychowania narodowego, ALE łączy to ostatnie z przeobrażeniami kulturowymi o szerokiej wspólnocie szans:

> Powinniśmy jasno zdać sobie sprawę z tego, czym jest wychowanie narodowe. Określenie naukowe możliwe jest tylko na tle zasad pedagogiki społecznej, tj. takiego ujęcia nauki wychowania, które w każdej jednostce widzi spadkobiercę kultury i współtwórcę jej przyszłości (Wroczyński 1987, s. 241).

Widać więc, że Radlińska nie występuje przeciw tradycji narodowej, a jedynie przeciw jej jednostronnej afirmacji jako rzekomo w pełni wystarczającej. Afirmacja ta bowiem dokonuje się z pominięciem troski o odzyskanie przez naród jako wspólnotę dostępu do dziedzictwa kulturowego jako będącego udziałem wszystkich i każdego z osobna. Nieprzypadkowo Radlińska była jedną z twórców „Rezolucji młodzieży szkół średnich warszawskich" w styczniu 1905 roku, w której stawiano tezę, że: „Każdy naród ma prawo do posiadania takiej szkoły, która by odpowiadała jego narodowym, kulturalnym i moralnym potrzebom" (Wroczyński 1987, s. 247). Afirmacja tradycji nie musi być ciasnym tradycjonalizmem, zamkniętym na współczesność, ani taką wizją współczesności, która utrudnia sobie przyszłość. Radlińska doskonale rozumiała, że relacja tradycja *versus* nowoczesność niosła w sobie nie alternatywę do jednostronnego rozstrzygnięcia, ale nienazwaną przez nią dwoistość sprzężenia wzajemnego w nieustannych przezwyciężeniach wcześniejszych przewartościowań.

Omawiając „stawianie zagadnień" w ramach badań traktowanych jako osadzone w „pedagogice społecznej" w 1937 roku, Radlińska wskazywała przede wszystkim na pogranicza, na jakie badania te naturalnie wkraczały, a zarazem precyzowała jakiego typu ustalenia i dążenia stawały się dla tego osadzenia kluczowe. Pisała, że podjęte dla i w ramach pedagogiki społecznej

> [p]oszukiwania i doświadczenia były dokonywane na pograniczach dziedzin zainteresowań socjologii, polityki społecznej, pedagogiki i psychologii wychowawczej. Wkraczanie na tereny wspólne i „cudze" zmusiło do wyraźnego stawiania zagadnień.
>
> Przy formułowaniu wyników badań wystąpiły najbardziej wyraziście: zależność losów indywidualnych od organizacji życia zbiorowego oraz rola dążeń do wyrwania się z istniejącego typu stosunków (*Społeczne przyczyny powodzeń i niepowodzeń szkolnych...* 1937, s. 24).

Wskazanie na pograniczny charakter wielu kwestii społecznych widzianych w pedagogice nie przybliża, moim zdaniem, naturalności skojarzeń z odrębną dyscypliną, a jak już to z typem dążenia praktycznego, zbudowanego na podłożu rozumienia zależności losu jednostki od organizacji zbiorowych oddziaływań i motywacji do odwrócenia powstałych tym trybem determinacji. Pamiętając o takim zdwojonym (dwoistym!) ustawieniu zadań pedagogiki społecznej, Radlińska nie miała wątpliwości co do odmiennego charakteru tego obszaru i tego sposobu uprawiania pedagogiki w stosunku chociażby do socjologii wychowania. Warto zacytować tu stosowny, pochodzący z 1935 roku fragment wypowiedzi twórczyni pedagogiki społecznej, w którym – jako jednym z nielicznych – wprost stosuje kategorię dwoistości:

> Zasięg zainteresowań pedagogiki społecznej [...] wzrasta w miarę komplikowania się spraw społecznych i wkraczania instytucji publicznych w nowe dla nich dziedziny życia. Cechą swoistą tego działu pedagogiki jest splecenie poznawania rzeczywistości z planowaniem prac, które ją mają przekształcać. Ta dwoistość,

charakterystyczna dla nauk stosowanych, rozgranicza wyraźnie pedagogikę społeczną od socjologii wychowania (Radlińska 1961a, s. 109).

Podkreślmy, że wartościowa teza tego fragmentu oznacza w szczególności, iż wspomniana wprost „dwoistość" odniesień do poznania i zmieniania rzeczywistości jest cechą charakterystyczną pedagogiki społecznej jako dyscypliny czy nauki stosowanej. Z tej perspektywy socjologia wychowania jawiła się Radlińskiej *de facto* jako za mało... dwoista i na dwoistość otwarta. Słabość wpisana w to sformułowanie polega z kolei na nierozpoznaniu tego, że taki rys strategii pedagogiki społecznej jest obowiązujący nie tylko dla niej jako „działu" całej pedagogiki. Nie może on być również zlekceważony ani pominięty w całości dążeń pedagogiki. Przy takiej skali zaangażowania praktycznego i wielkości podejmowanych zadań przebudowy oświaty w odradzającej się Polsce Radlińska miała prawo widzieć to w tak okrojonej perspektywie. Nam powtarzać ograniczeń jej usytuowania już żadną miarą nie wolno.

Idźmy więc dalej. Według mnie przymiotnik „społeczny" w zwrocie „pedagogika społeczna" u Radlińskiej, przynajmniej w okresie wyjściowym i przedostatnim, tj. od końca pierwszej dekady XX wieku do końca II wojny, upowszechniony w pośmiertnych edycjach jej pism w trzech tomach oraz w zbiorze pt. *Oświata i kultura wsi polskiej*, miał charakter zdecydowanie inny, niż dziś się zwykle sądzi. Obecnie bowiem wydaje się on potocznie kojarzony z osobną dyscypliną pedagogiczną. Ta odrębność powoduje jej odizolowanie od innych dyscyplin, mogących sobie rzekomo pozwolić na nietraktowanie jej na serio. W tym sensie można ponoć **nie** być pedagogiem społecznym jako zaangażowanym w troskę o przekształcanie warunków społecznych oddziaływania kulturowego. Ma rację Leon Chmaj, który wskazuje na podejście do wychowania w tym ujęciu jako do „pracy społecznej", a zarazem uczula, że interpretuje się to

[...] nie tyle jako funkcję społeczną przystosowania jednostek do warunków bytu, co jako „służbę nieznanemu", czyniącą z wartości środki do przetwarzania i „ulepszania" życia (Chmaj 1962, s. 316).

Paradoksalnie zatem, podkreślmy, oznacza to, że pedagogika społeczna nie w każdym, typowym czy potocznym sensie jest społeczna; nie zajmuje się mechanizmami adaptacji jako wdrażaniem do uległości socjalizacyjnej; jeśli już, to socjalizacja staje się terenem krytycznie rozpoznawanej nie tyle samej patologii i pułapki wciągającej całe warstwy społeczne w mechanizmy wydziedziczenia, rezygnacji z własnej podmiotowości i szans rozwojowych, ile możliwości projektowania rozwiązań, urządzeń i interwencji zmieniających charakter realnie funkcjonujących mechanizmów. **Pedagogika społeczna jest krytyczna**, w tym sensie, wobec realiów społecznych i dominującej praktyki uspołecznienia, stosując kryteria jakości korzystania z dziedzictwa kulturowego i wychodzenia naprzeciw potencjałowi stawania się przez jednostkę realnie zakorzenionym spadkobiercą i twórcą pomnażającym dobra tej skarbnicy dla kolejnych pokoleń. **Pedagogika społeczna staje się krytyczną perspektywą** odniesienia z jednej strony do szkód, krzywd i braków, a z drugiej – do szans, potencjału i skarbnic dóbr kultury. Zajmuje ją „wzajemne oddziaływanie wpływów środowiska i przekształcających środowisko sił jednostek" wraz z rozpoznawaniem blokad, zahamowań i niepowodzeń jako „czynników utrudniających rozwój dziecka oraz środków pomagających w ich przezwyciężaniu" (por. Chmaj 1962, s. 317) – z wykorzystaniem sił duchowych jednostek i urządzeń kulturowych w środowisku.

Wystarczy tymczasem przypomnieć, że sama Radlińska uwypuklała rysy mówiące raczej o pedagogice społecznej jako pedagogice... wrażliwej społecznie albo postępującej społecznie, co można potraktować jako zasadne dla... całej pedagogiki i można zilustrować przynajmniej trzema ważnymi akcentami. Ramę jednak dla tego widzenia pedagogiki społecznej niech stanowi skojarzenie funkcji oświaty jako zorientowanej na tworzenie warunków umożliwiających skuteczne oddziaływanie... kulturowe środkami społecznymi (z udziałem instytucjonalnych „urządzeń") na **wzrastanie** o charakterze rozwoju osobowego poprzez **wrastanie** w kulturę jako glebę i **wyrastanie** z niej na twórczego uczestnika wysiłków w rozwiązywaniu zadań, do których człowiek dorósł swoją kulturowo przetworzoną siłą, a które stawiają mu życie i samo społeczeństwo. Mamy tu więc silne sprzężenie zwrotne między kulturą i społeczeństwem w zakresie **dorastania** tych, którzy dzięki kulturze i oświatowemu organizowaniu jej oddziaływania uzyskują potencjał społecznego przeobrażania siebie i świata.

Ma więc rację Wiesław Theiss, gdy podkreśla, że koncepcja Radlińskiej dotycząca wychowania „odwołuje się do tezy, że człowiek jest istotą bio-socjo-kulturową", a co więcej, że „[o]wą trójjedność charakteryzują, wyznaczając zarazem zakres wychowania, następujące procesy: wzrost, wrastanie, wprowadzanie" (por. Theiss 1984, s. 73)[6]. Zarazem jednak merytorycznie nie podzielam, z powodów zasadniczych, zdania poprzedzającego tę formułę w brzmieniu:

> Odrębność i specyfika wychowania w interpretacji Radlińskiej zdaje się polegać na łączeniu różnych punktów widzenia: indywidualistycznego, społecznego oraz kulturowego (Theiss 1984, s. 73).

Rzecz bowiem w tym, że – jak pokazałem w moich rekonstrukcjach „przełomu dwoistości" w okresie międzywojennym (por. Witkowski 2013a) – całe wręcz pokolenie współczesne Radlińskiej rozumiało, iż chodzi tu o konieczność dostrzegania,

---

[6] Ten sam trop, wskazujący, że człowiek to „istota bio-socjo-kulturalna", i uznanie, że jej trzy sfery tworzą „wzajemnie się przenikającą jedność", mimo odrębności cech sytuacji wychowawczych, wymienia wśród podstawowych pojęć pedagogiki społecznej Aleksander Kamiński (por. Kamiński 1972, s. 29).

że mamy tu raczej wymiary, współwystępujące i wzajemnie sprzężone, niedające się od siebie oddzielić, jako bieguny, w splocie jednego procesu, mającego jedynie w sobie napięcia i niebezpieczeństwa redukcji tej złożoności, immanentnej dla procesu wychowania, do jakichś jednostronności. Jeśli już mówić o czymś takim jak „punkt widzenia pedagogiki społecznej", to nie tyle łączył on działanie „różnych punktów widzenia", ile pokazywał ich niewystarczalność, nieprzydatność do nowoczesnej wizji wychowania, a nawet szkodliwy charakter, gdy weźmie się pod uwagę uniwersalną troskę o człowieka, społeczeństwo i kulturę, wymagającą pokonywania ograniczeń i uszkodzeń socjalizacji oraz deficytów energii witalnej w kondycji człowieka, wdrukowanych przez jego uwarunkowania społeczne, a dających się stopniowo pokonywać.

Zauważmy jeszcze, że w ostatnim swoim życiorysie, pisanym tuż przed śmiercią w 1954 roku, Radlińska, podsumowując swoje prace z lat 20. minionego wieku (nauczanie, badania), wyróżnia na wstępie prace badawcze „z zakresu historii i teorii pracy oświatowej"; wskazuje też na teorię czytelnictwa i dzieje pracy społecznej „ujęte na szerokim tle historii społecznej", ale główny nacisk kładzie na „nową gałąź nauk społecznych", do której charakterystyki nie stosuje samego terminu „pedagogika społeczna", gdy stwierdza, uwypuklając głównie teoretyczny aspekt dokonań:

> W badaniach zespołowych tego okresu zaczęły się na moim seminarium kształtować podstawowe pojęcia nowej gałęzi nauk społecznych, będącej teorią pracy dokonywanej w obrębie społeczeństwa, przetwarzającej warunki przy użyciu sił, które tkwią w społeczeństwie. W szczególności opracowana została metoda badania środowisk uwzględniająca wkład indywidualny, zagadnienia pokolenia historycznego, miernik sytuacji społecznej (wiek społeczny), metody stosowania wzorców społecznych, które wartościami obiektywnymi uzupełniają i regulują oddziaływanie samorzutnych wzorów (por. Radlińska 1994/1995, s. 13, por. także s. 11).

W takiej perspektywie możemy już zebrać aspekty dookreślające u Radlińskiej wizję owej „gałęzi" nauk pedagogicznych, zarazem pamiętając, że sam termin „gałąź" odsyła do integralnie z nią powiązanej szerszej całości o charakterze drzewa, oraz zwracając uwagę na to, że – jak wiadomo – użyte w powyższym sformułowaniu terminy „wzorzec" i „wzór" znamionują dwa odrębne wymiary analiz, z których pierwszy odsyła do aspektu normatywnego, treści promowanych, a drugi odnosi się do rejestrowania stanów podlegających opisowi.

Po pierwsze, chodzi o stwierdzenie, że oddziaływanie społeczne jako kształtowanie warunków społecznych, w jakich przebywa wychowanek, może zmieniać jego osobisty potencjał, jego zapotrzebowanie i zdolność do przemiany pod wpływem bodźców wychowawczych. W tym sensie okazuje się, że każda dojrzała pedagogika powinna być... społeczna jako społecznie zorientowana na przebudowę środkami społecznymi potencjałów jednostek w ich dążeniu do wzrastania, wyrastania i wrastania.

Po drugie, chodzi o uspołecznione działania jako zespołowe, zorientowane na wytwarzanie pewnej wspólnoty jako zbiorowego horyzontu działań i rozumienia. Stąd, zauważmy, Radlińska kładła nacisk na seminaryjne, wspólne dyskutowanie literatury tworzące jej możliwie uzgodnione, pogłębione wykładnie i ustalające impulsy jednocześnie obowiązujące zespół w jego dalszych indywidualnych już działaniach, mających być emanacją wspólnotowego poczucia odpowiedzialności i uzgodnionego dla uczestników tego zespołu obowiązującego ich horyzontu nastawienia badawczego (por. *Społeczne przyczyny powodzeń i niepowodzeń szkolnych...*1937, s. 3).

Po trzecie uspołecznienie czy społeczny charakter oznacza tu przemiany środowiska wpływające na jakość działania w nim i lepiej służące przemianie poszczególnego otoczenia czy jednostek w nim osadzonych.

Tak pojmowana pedagogika społeczna interesowałaby się „czynnikami przetwarzania środowisk" (por. Radlińska 1964, s. 449–450), jako warunkami wpływającymi na możliwości rozwojowe jednostek w nich funkcjonujących, w celu „określania środowiskowej szansy społecznej" (por. Radlińska 1964, s. 451). Z takiej perspektywy wyłania się zapotrzebowanie na pojęcia pozwalające na pracę w obszarze takich trosk i zadań, przez co wyróżniają się takie chociażby kategorie, jak: „diagnoza społeczna", „kompensacja", „środowisko niewidzialne" czy „wiek społeczny" (Radlińska 1964, s. 448–452).

Pedagogika jest społeczna także w tym sensie, w rozumieniu i programowaniu jej wysiłków i definiowaniu zadań, że nie kapituluje wobec zjawisk utrudniających wartościową dydaktykę, zastępowaną przez tę projektowaną w oderwaniu od kontekstu społecznego. Jest zdolna do rozumienia, że stwierdzone w środowisku czy w nastawieniach poznawczych jednostek z niego pochodzących pewne opory, nawyki, niezdolność do współdziałania czy wręcz odmowa uznania wagi pewnych działań kulturowych (np. czytania książek) dopiero stawiają problemy do podjęcia (np. jak organizować czytelnictwo i budzić zainteresowanie książką u konkretnych uczniów; jakimi sposobami podchodzić wychowawczo i edukacyjnie do analfabetów i półanalfabetów[7], którym brak szerszej perspektywy, motywacji i kompetencji nawet technicznych). To dopiero te społeczne okoliczności sytuują w realnym kontekście zadania pedagogiczne. Inaczej to chciejstwo o pobożne życzenia, uwikłane w szkodliwą naiwność i brak wiedzy oraz siły diagnostycznej braków i zakłóceń rozwoju. Problem analfabetyzmu, dla przykładu, odnosi się nie tylko do technicznej sprawności czytania, lecz także do kulturowej jakości tej złożonej praktyki społecznej, nad którą praca nie może być zaniechana ani nawet rozpoznana jako konieczna.

---

7 Przypomnijmy, że Radlińska pisała o wyzwaniu pedagogicznym i kulturowym związanym z „masowym nauczaniem analfabetów" w wojsku polskim po odzyskaniu niepodległości (por. Radlińska 1964, s. 378).

Radlińska zdaje się dobitnie podkreślać swoje poczucie niezaawansowania dyskursu pedagogiki społecznej jako dyscypliny. Nigdy nie uważała, że jako taka w pełni powstała już jakaś odrębna dyscyplina. Nie uważam zresztą, aby w jej programie było to konieczne. Jak to sama wyrażała w jednym z listów do Ireny Lepalczyk:

> W szkicach i artykułach mówiłam tylko o punkcie widzenia pedagogiki społecznej i o wypróbowanych metodach badań w jej zakresie, zdawałam sprawę z przeprowadzanych prac i dalszych planów. [...] Ujęcie systematyczne cechowało tylko publikacje z zakresu historii pracy oświatowej i teorii wychowania dorosłych. Na inne dziedziny pedagogiki nie przyszedł jeszcze czas (Radlińska 1964, s. 452–453).

Mimo że kierowała jednostką badawczo-dydaktyczną i udało jej się uzyskać zgodę na prowadzenie kierunku studiów, mających w obu przypadkach wskazanie na „pedagogikę społeczną", to widać z wielu rozważań, że nigdy nie zamierzała wydzielać czy „wyodrębniać", jak to określała, fragmentu czy kawałka pedagogiki pod taką etykietą. Raczej chodziło jej o wzbogacenie świadomości metodologicznej i dołożenie wymiaru społecznego do analiz i rozumienia oraz krytycznych rozważań dotyczących uwarunkowań procesów, w jakich uczestniczy czy jakim jest poddana jednostka, i próby wyciągania jej z zadanej sytuacji oraz wspierania jej wysiłku, a także przeorganizowywania skuteczności zewnętrznych oddziaływań i wewnętrznego potencjału. Nie było przypadkiem, że przedstawiając dokonania zespołu badawczego, którym kierowała w zakresie „społecznych przyczyn powodzeń i niepowodzeń szkolnych", Radlińska zwraca uwagę na zjawiska obserwowane „z punktu widzenia badaczy i działaczy zainteresowanych szerszym życiem społecznym, które umożliwia, wzmaga lub hamuje oddziaływanie szkoły" (Radlińska 1937, s. 1). Pedagog społeczny jest więc w tej perspektywie zarówno badaczem, jak i działaczem, stąd nieprzypadkowo w prezentacji wyników prac zespołu znajdujemy deklarację wskazującą na dwubiegunowy cel podjętego tu zaangażowania:

> Badania miały dwa cele: metodologiczny i praktyczny. Poznawanie rzeczywistości społecznej i przekształcających ją czynników było złączone z wypróbowywaniem metod obiektywnego, wszechstronnego badania istniejących stosunków i wyodrębnienia sił dynamicznych oraz z poszukiwaniem sposobów skutecznego wzmacniania tych sił (Radlińska 1937, s. 1).

Widać, że dwubiegunowość zadań staje się wyrazem dwustronnej czy dokładniej dwulicej – o dwóch obliczach, jak u rzymskiego boga Janusa (nie należy zatem tego mylić z postawą dwulicową) – tożsamości pedagoga społecznego, rzutującej na charakter zaangażowania i funkcji pedagogiki społecznej jako takiej.

W wizji pedagogiki społecznej u Radlińskiej mamy dodatkowo akcent analogiczny do trosk, jakie wypowiadał Peter L. McLaren w latach 80. minionego wieku, z perspektywy amerykańskiej pedagogiki radykalnej, wskazując na książkę jako...

broń (!) przeciw społecznej krzywdzie, wydziedziczeniu z kultury i generator mocy upominania się o siebie w odruchu oporu emancypacyjnego. Dla Radlińskiej program pedagogiki społecznej sprzęga się z uznaniem wagi autonomicznie traktowanego wychowania, któremu ma służyć troska o warunki społeczne tego oddziaływania. Autonomiczne, choć mające integralne miejsce w życiu społecznym, jest... wychowanie, a nie pedagogika społeczna jako odrębna dyscyplina. W szczególności „służba społeczna" stanowi część wychowania, a rozważania pedagogiki społecznej brzmią jak składniki teorii wychowania i pedagogiki ogólnej, co wystawia Radlińskiej jak najlepsze świadectwo jej całościowego osadzenia w myśleniu o wychowaniu. Tego zresztą nie można powiedzieć o wielu próbach tworzenia teorii wychowania czy relacjonowania pedagogiki ogólnej bez zdolności nawiązania do horyzontu myślowego tak klasycznego już w polskiej tradycji pedagogicznej, mimo że nieodległego przecież. Najwyraźniej widać, że wąskie zaszeregowanie dorobku myśli Radlińskiej do odrębnie pojmowanej pedagogiki społecznej wyrządza krzywdę zarówno tej ostatniej, jak i całej pedagogice.

Podkreślmy zatem jako wyrazisty i wymowny wspomniany wyżej rys dyskursu pedagogicznego, pozwalający – poprzez formułę książki jako oręża – wpisać nastawienie Radlińskiej w ton analogiczny do współczesnej amerykańskiej pedagogiki radykalnej[8]. Powtórzmy też, że to P.L. McLaren uwypuklał – warto ten akcent mieć przed oczami – wagę radykalizowania funkcji kulturowej i społecznej książki (wy, wydziedziczeni, chwyćcie za książkę, to wasza broń!). Mówiąc inaczej, pedagogika społeczna w ujęciu Radlińskiej pozwala – poprzez swoje rozumienie przeszkód i barier w efektywności działań na rzecz wrastania, wzrastania i wyrastania dzięki kontaktowi ze spuścizną kulturową oraz dorastania do zadań oczekujących w społeczeństwie czy nadchodzących z coraz intensywniej i szybciej dającej o sobie znać przyszłości – głębiej i szerzej projektować działania i oddziaływania wychowujące człowieka, docierające z wielu urządzeń kulturowych do kolejnych pokoleń. Zarazem staje się to krytyką rzeczywistości społecznej w zakresie instytucji oświatowych, mającą na względzie ich autentyczny udział w kształtowaniu życia duchowego jednostek, jak również całego społeczeństwa, a nie jedynie formalne istnienie i pozorowane efekty działania.

Pedagogika społeczna – potraktowana na serio i odczytana z jej rozmaitymi kontekstami problemowymi, zwłaszcza bliskimi dominującej trosce o kulturową misję wychowania i kształcenia z myślą o rozwoju kolejnych pokoleń – może bardziej integralnie wspomagać cały splot dyscyplin pedagogicznych w rozumieniu przez nie ogólnej ramy działań wychowawczych, ich uwarunkowań oraz dbałości o ich wartość duchową i prospektywną siłę sprawczą. Świadczy o tym chociażby jeden z ważnych fragmentów wypowiedzi z czasów wojny (przedrukowany później) o roli wychowania, wart poznania przez pedagogów w Polsce. Przytoczyłem

---

8 Dla szerokiej prezentacji tego nurtu patrz: Giroux, Witkowski 2010.

go tutaj w całości jako dowód, że prace te mają szerszy oddech teoretyczny, niż się wydaje zarówno tym, którzy je czytają dla wąskiego rozumienia pedagogiki społecznej, jak i tym, którzy ich nie czytają, bo zakładają tu jedynie wąski kontekst subdyscyplinarny. Reprezentując perspektywę pedagogiki społecznej, ukazującą zasięg i złożoność wychowania, Radlińska pisała tu w nawiązaniu do elementów własnego projektu (własnej projekcji wychowania na ekranie kultury jako gleby, co analizuję osobno) o roli wychowania, zachowując, moim zdaniem, rangę rozumienia styków w obrębie triady człowiek – społeczeństwo – kultura. Poniższy cytat mówi zdecydowanie o ogólniejszym i bardziej kulturowo osadzonym znaczeniu tego, czym pedagogika społeczna może, a nawet musi się przejmować i w czym powinna współdziałać dla dobra każdego z członów tej triady:

> Wybrany punkt widzenia [...] nakazuje zająć się nie tylko przebiegiem kształtowania osobowości, lecz również warunkami, w których przebiega jej „stawanie się", wpływami otoczenia i środowiska szerszego, z którego czerpać można wartości otoczeniu nieznane. Wiąże cele i metody na tle – nie tylko zadań, lecz również możliwości wychowania.
>
> Oddziaływanie wychowawcze jest ograniczone właściwościami natury ludzkiej. Przyjmowanie wartości zachodzi w każdej jednostce z osobna, w obrębie jej świata. Dlatego skutek zabiegów wychowawczych jest nieprzewidzialny. Wychowanie jest w znacznej mierze służbą nieodgadnionemu wynikowi przeżyć i twórczości. Bywa potężne, gdy znajduje utajone siły, usprawnia ich działanie. Zawodzi, gdy hamuje pęd życia.
>
> Zasięg wychowania przekracza rodzinę i szkołę. Rodzina potrzebuje pomocy szerszego świata dla swych zadań własnych.
>
> Głoszona niegdyś prawda: „takie będą rzeczpospolite, jak i młodzieży chowanie", wymaga uzupełnienia. Organizacja szkolnictwa zależy od ustroju Rzeczypospolitej, całość oddziaływań wychowawczych od obyczajów i dążeń, które nadają im treść, lub niekiedy treść narzuconą szkole uzupełniają. [...] szkoła nie wydaje się najważniejszą instytucją wychowawczą, przynajmniej we współczesnej postaci, która sprzyja intencjonalnemu kształtowaniu metodami pozawychowawczymi. Rolę szkoły osłabia fakt, że nadużywa ona wielkich słów, nie czyniąc ich treści obowiązującą w życiu.
>
> Do zakresu wychowania należy wszystko, co wspomaga wzrost i wrastanie, co wprowadza w świat wartości, więc również wiele oddziaływań zaliczanych do nieintencjonalnych (wychowawczo). Należy doń np. służba społeczna, która dopomaga do tworzenia wzorów nowego życia w obrębie zamierającej teraźniejszości, wiąże przemiany zachodzące równocześnie w duszach ludzkich i w urządzeniach społecznych.
>
> Wychowanie wnosi w życie wkład własny, nie tylko przez to, że łączy ze sobą pokolenia i kultury, ukazuje zadania obok spuścizny. Współzależne z innymi dziedzinami w zakresie tworzywa i narzędzi jest ono autonomiczne w zadaniach i metodach. Działając na tle biologicznej odnowy życia, sięgając coraz to na nowo do skarbców kultury, ożywiając wybrane walory przez stawianie ich na drodze rozwoju

jednostek – wychowanie stanowi potężny czynnik przebudowy. Przede wszystkim przez to, że dla spełniania swych zadań musi korzystać z walorów najtrwalszych i rzutować w przyszłość.

Autonomia wychowania nie odgranicza go sztucznie od innych prac w zakresie kultury, przeciwnie – podkreśla znaczenie myśli pedagogicznej dla wszystkich spraw zachodzących między ludźmi. Szczególnie cenny jest we wkładzie wychowania jego ideał stosunku do człowieka. „Eros" pedagogiczny skłania do miłości wychowanka bezinteresownej i radosnej jak rodzicielska, równocześnie jednak prześwietlonej zrozumieniem procesów zachodzących w jednostce i konieczności jej twórczego mozołu. Dzięki sięganiu po dobra duchowe, które są jego orężem, wprowadza atmosferę prawdy budzącej zaufanie i wyzwalającej siły.

W tych właśnie cechach tkwi główna różnica pomiędzy kształtowaniem sposobami wychowawczymi i – innymi [...] (Radlińska 1961, s. 81; także 1979, s. 157–159; ostatni skrót w tekście dokonany przez redakcję cytowanego tomu)[9].

Widać, że język tego obszernego fragmentu obejmuje odniesienie do troski o przekraczanie wpływów najbliższego środowiska socjalizacyjnego przez kontakt ze spuścizną duchową, wpisaną w rozmaite skarbce kulturowe pełne dóbr duchowych, mogących uruchomić procesy emancypacyjne, dzięki sile uzyskanej z zakorzenienia w kulturze symbolicznej. Warto przy tej okazji uwypuklić akcenty związane z przywołanym motywem pedagogicznego Erosa, który w okresie międzywojennym w pedagogice polskiej dawał o sobie znać jako filozoficzne skojarzenie ze ‚starożytną myślą opartą na idei „paideia". Z jakiegoś powodu narracja uwzględniająca dramaturgię – rozwiniętą dalej w psychoanalizie w kontekście uwikłań w „przeniesienie" i „kontrprzeniesienie" – pożądliwości czy pragnień (mylnie kojarzonych jedynie w erotycznością cielesną) została w pedagogice polskiej zmarnowana i skazana na status „nieobecnego dyskursu".

O uniwersalnej funkcji „Erosa pedagogicznego"

Przywołany „Eros pedagogiczny" jest motywem reprezentatywnym dla myśli troszczącej się o aurę oddziaływań i dopełnia tę perspektywę o wysiłki, jakie przyświecały całemu pokoleniu, do którego należała Radlińska, a co pokazałem już we wcześniejszych rekonstrukcjach (por. Witkowski 2013a). Zarazem osobno pojawia się uściślenie pokazujące, że ważny jest tu aspekt światłej postawy, zorientowanej na troskę o racjonalność. „Trzeba oświecać »Erosa wychowawczego«, by obdarzył miłością nie tylko ofiarną, lecz również rozumną", co w sytuacji pomocy i opieki wymaga „unikania sytuacji upokarzania wspomaganego" (por. Radlińska 1961, s. 331), a jednocześnie musi skłaniać do unikania niebezpieczeństwa, jakie

---

9 Ten sam fragment znajdujemy wybrany w części antologicznej w tomie: Theiss 1984, s. 41–42.

niesie „przywiązanie opiekunów do »swoich« wychowanków lub pensjonariuszy" (por. Radlińska, za: *Źródła do pedagogiki opiekuńczej* 1988, tom II, s. 541).

Zauważmy jednak, że dla Radlińskiej „Eros pedagogiczny" oznacza coś jeszcze innego, co nie niesie ze sobą automatyzmu i bezpośredniości kompensacji braków poprzez ich usuwanie czy zaspokajanie. Uznany za „nieodłączony od stosunku wychowawczego" i ogłoszony „nieodzownym natchnieniem wychowawcy" nie może dawać o sobie znać np. w relacji matki wobec dziecka jako „ślepa miłość", którą charakteryzuje „nieumiejętność rozumnej pomocy jego [tj. dziecka – L.W.] rozwojowi" (por. *Źródła do pedagogiki opiekuńczej* 1988, tom II, s. 521; cytuję tu fragmenty wypowiedzi Radlińskiej z 1947 roku). Może się ta nieumiejętność wyrażać np. poprzez brak zrozumienia, że w przypadku dzieci „im bardziej są osamotnione – tym staranniej trzeba je usamodzielniać", gdyż wszelkie gesty pomocy muszą się dokonywać „bez hamowania samodzielności" (por. *Źródła do pedagogiki opiekuńczej* 1988, tom II, s. 521). Wspomniany „»Eros pedagogiczny« [...] nie powinien zaćmiewać rozeznania siebie, wychowanka i świata" (por. *Źródła do pedagogiki opiekuńczej* 1988, tom II, s. 521), gdyż i sam wychowawca nie może być uzależniony od akceptacji, przywiązania czy wdzięczności ze strony wychowanków. Widać więc wręcz dramatyczne napięcie wpisane w „Eros pedagogiczny" między pragnieniem pomocy i opieki a wymogiem zachowania dystansu w trosce o samodzielność wychowanka. Równocześnie chodzi o własną niezależność od przywiązania, gdyż przy niedojrzałości wychowawcy, wraz z eskalacją ślepej miłości, do głosu mogą dochodzić ukryte i nieuświadamiane motywy takiego przywiązania, jak „potrzeba skompensowania braków własnego życia, zapełnienia jego pustki" (por. *Źródła do pedagogiki opiekuńczej* 1988, tom II, s. 521). Zapomina się zarazem o szkodliwości przywiązywania wychowanka do siebie, a tym bardziej czynienia go zależnym od naszej postawy. Tymczasem w kwestii długotrwałej opieki czy pomocy, jak przenikliwie podkreśla Radlińska, w często ułomnych postawach pedagogicznych „[g]łównym motywem bywa podświadome dążenie do wykazania swej niezbędności, swej niezastąpionej wartości" (por. *Źródła do pedagogiki opiekuńczej* 1988, tom II, s. 521).

Pomoc i opieka mają przygotować wychowanka, wyposażyć go „do pójścia w świat i ułatwić od maleńkości wrastanie w glebę społeczną" (por. *Źródła do pedagogiki opiekuńczej* 1988, tom II, s. 521). To myślenie o pożądanej postaci Erosa pedagogicznego obejmuje także pracę wychowawcy nad sobą. W przypadku tego ostatniego:

[p]omoc udzielona wrastaniu wymaga pracy nie tylko z wychowankiem, lecz również ze sobą. [...] Muszę umieć ograniczyć swą niezbędność, natomiast wiązać się z tym, co w stosunku z wychowankami będzie dla nas wspólne, gdyż nas przerasta" (*Źródła do pedagogiki opiekuńczej* 1988, tom II, s. 521–522; por. także Radlińska 1961a, s. 83).

Eros pedagogiczny zatem jednoczy pragnieniem czy pożądaniem czegoś, co nie może być w całości oswojone, odarte z tajemnicy, piękna, zaskakującej szlachetności, a ma wyrabiać i rozwijać głód wiedzy i dążenia do piękna, do mądrości, do pełni. Kompensacje z tą postawą związane i przez nią wygenerowane muszą być także efektem sublimacji, wznoszenia się ponad stan, gdy pewne deficyty są usuwane, np. samotność i poczucie odepchnięcia poprzez uwznioślone przywiązanie. To bowiem może sprzyjać ubezwłasnowolnieniu, do czego jeszcze wrócę.

Niebezpieczne jest zarówno skojarzenie Erosa pedagogicznego z przyzwoleniem na nadmierne przywiązanie opiekuna do swego podopiecznego (por. *Źródła do pedagogiki opiekuńczej* 1988, tom II, s. 541), jak i przywiązanie przeciwne, nawet przenoszące niezrealizowane potrzeby emocjonalne na relację z opiekunem. Nie spotkałem w rozważaniach Radlińskiej wprost nazwania tu zjawiska określanego w psychoanalizie mianem „przeniesienia", choć jego realne niebezpieczeństwa merytorycznie są opisane jak najbardziej trafnie i zgodnie z klasycznym dyskursem. Zjawisko to o tyle naturalnie „grozi" sytuacjom opieki, że w rozmaitych typach pomocy „[o]ddziaływanie na wolę, dodawanie otuchy udają się najlepiej w warunkach bliskości psychicznej" (por. *Źródła do pedagogiki opiekuńczej* 1988, tom II, s. 542), a ta niesie potencjał uwikłania w przywiązanie. Jeden z ważnych fragmentów, uściślających upominanie się Radlińskiej o „ideał stosunku do człowieka" w relacji wychowawczej, przytaczany wyżej, pokazywał wagę dostarczania – w trybie wspomnianego „Erosa" więzi – treści duchowych z kultury symbolicznej jako źródła emancypującego „oręża" za sprawą skłaniania do samodzielnego wysiłku. Powtórzmy zatem samo kluczowe w tej kwestii sformułowanie, dla dodatkowego jego prześwietlenia:

> „Eros" pedagogiczny skłania do miłości wychowanka bezinteresownej i radosnej jak rodzicielska, równocześnie jednak prześwietlonej zrozumieniem procesów zachodzących w jednostce i konieczności jej twórczego mozołu. Dzięki sięganiu po dobra duchowe, które są jego orężem, wprowadza atmosferę prawdy budzącej zaufanie i wyzwalającej siły (Radlińska 1979, s. 159).

Okazuje się, że nie chodzi tu o żadną pajdocentryczną uległość ani skrajny permisywizm, a o trudny, bo mozolny proces oddziaływania, który przebudza do sięgania po źródła wyzwalające, dzięki skali zaangażowania samych zainteresowanych i dzięki wsparciu wysiłku uruchamiającego wzrastający potencjał sił wspomaganych urządzeniami kulturowymi i mobilizacją do ich spożytkowania. Pokazałem zresztą już wcześniej, że argumenty na rzecz dopuszczania maksymalnego otwarcia dóbr duchowych kultury dla wychowanków nie są u Radlińskiej podszyte czystym pajdocentryzmem, ale przesłanką dotyczącą ontologii świata społecznego, artykułowaną jeszcze w latach przedwojennych i uznającą, że świat staje się nieprzewidywalny i wobec tego, trzeba wychowankom pozostawić otwarte wszystkie możliwe ścieżki rozwoju, aby zdołali znaleźć się i dać sobie radę w świecie, jaki nawet nie śni się jeszcze ich wychowawcom. Nieprzewidywalność i nieprzejrzystość nie osłabiają, a zwiększają odpowiedzialność za jakość działań pedagogicznych, gdyż są to okoliczności w praktyce wymagające niezwykłej zdolności postępowania, niedającej się znormalizować, utechnicznić czy proceduralnie zrytualizować.

> Wychowanie jest sztuką właśnie dlatego, że do najskuteczniejszych jego środków należą nieprzewidzialne, nie mieszczące się w ustalonych kategoriach akty twórczości (Radlińska 1936, s. 15–16).

To ostatnie zdanie uczula na zaskakującą – z punktu widzenia nalegań wielu komentatorów Radlińskiej i po części jej samej – cechę omawianej narracji. Mianowicie, że pełno w niej zdań o sensie znacznie bardziej uniwersalnym niż specyficznym, mimo że subiektywnie kojarzonych z mitycznym niemal "punktem widzenia" pedagogiki społecznej. To inspiruje do pewnej operacji myślowej odwracającej epistemologicznie sytuację rekonstrukcji, poprzez zawieszenie skłonności do uznania, że obiekt, o którym mówi, jest znany.

Co to jest obiekt PS w pedagogice? Próba eksperymentu nominalistycznego

Warto wykonać jeszcze jedną operację rekonstrukcji i analizy rekonstruowanego materiału w kwestii charakteru pedagogiki społecznej w rozumieniu Radlińskiej. Przywołam bowiem za moment jeszcze jeden fragment jej charakterystyk, których przedmiotem jest „punkt widzenia pedagogiki społecznej", przy czym nie zakładam, że opisywany obiekt jest gotowy. Chodzi raczej o podejście przyglądające się samym tym charakterystykom jako postulatom czy projekcjom, które warto rozpoznać, traktując jako zmienną dopiero odsłanianą na poziomie konwencji nazwy. Sam termin „pedagogika społeczna" nie musi być traktowany jako mający realne odniesienie, można bowiem tu pracować, odwracając funkcję takich opisów, skupiając się na samych cechach bytu nieznanego, nazwijmy go obiektem PS (w tle domyślnie: pedagogika społeczna), ale o którym wiadomo tylko tyle, ile mamy w tej charakterystyce. Pozwala to na zbieranie aksjomatyki takiego opisu, któremu nie przypisuje się żadnej tymczasem swoistości poza jego wydzieleniem do dalszego dopiero przystawiania go do potencjalnych obiektów z nim porównywanych.

Okazuje się po pierwsze, że to charakterystyka podejścia odsłaniającego ogólne i szeroko dające się kojarzyć zależności dwoiste, analogicznego do zainteresowań cybernetycznych, dotyczących wzajemnych sprzężeń, a po drugie, i w związku z tym, że obejmuje to zadania każdej odpowiednio rozwiniętej pedagogiki. Dotyczy to dwoistości między siłami jednostki i wpływami środowiska, ponadto i w ślad za tym – dwoistej relacji między wolą jednostki i strukturami wobec niej oddziałującymi, a wreszcie w tym ujęciu chodzi o dwoiste sprzężenie między przekształcaniem i przebudową życia społecznego oraz przebudzaniem i rozwojem duchowym jednostki. Na dodatek w sferze relacji na poziomie dyscyplin chodzi o napięcie wpływów między myśleniem o zadaniach tej projektowanej strategii obiektu PS wpisanych z jednej strony w widzenie zadań polityki społecznej, a z drugiej strony uwzględniających, że może, a nawet musi ona dotyczyć często osób dorosłych, mających prawo do podmiotowego udziału w tych procesach decyzyjnych, a nawet dysponujących potencjałem oporu i niezgody oraz własnych preferencji, z którymi trzeba umieć coś zrobić w oddziaływaniu na nie z braniem pod uwagę ich reakcji. To wszystko można pokazać, analizując rozważania Radlińskiej zawarte w drugiej części jej książki *Postawa wychowawcy wobec środowiska społecznego*, zatytułowanej „Postawa wobec środowiska", i jej rozdziałach, które otwiera „Punkt widzenia pedagogiki społecznej" (por. Radlińska 1935). Przyjmując zamiast zwrotu „pedagogika społeczna" termin „obiekt PS", uzyskujemy następujące elementy bezpośredniej relacji, które wyżej zostały syntetycznie zestawione w obrazie par dwoistości wpisanych w zadania widziane w rekonstruowanej perspektywie programowanej przez Helenę Radlińską. Mówiąc jeszcze inaczej, uwrażliwiona lekturą Gregory'ego Batesona moja rekonstrukcja rozmaitych sformułowań Radlińskiej odsłania zaskakujące dla mnie samego ustalenie, że jej program zadań pedagogiki społecznej i ukierunkowań złożoności, które trzeba w niej brać pod uwagę, to w istocie **cybernetyczna charakterystyka każdej poważnie programowanej pedagogiki jako ekologii umysłu** w sensie Batesona i w ślad za tym opisów ekologii w wymiarach idei i procesów wychowania.

Wykorzystujący narrację Radlińskiej, narzucający się opis wskazanego umownie obiektu PS uwypukla procesy składające się na:

[...] wzajemne oddziaływanie wpływów środowiska i przekształcających środowisko sił jednostek. [...] możliwości oddziaływania na postępowanie ludzkie są ograniczone przez właściwości osobnicze i różnorodność krzyżujących się wpływów środowiska. Stąd rozległość zasięgu zainteresowań [...]. Stąd dążenie do poszukiwania czynników, które wiążą i jednoczą (Radlińska 1935, s. 15).

Pole badań i doświadczeń obiektu PS wyznaczają takie działania, których opis w punkcie wyjścia nie musi być przypisany do z góry zawężonego obszaru o silnie etykietowanej tożsamości. Zastąpiwszy skojarzenia dotyczące z góry odrębnej dyscypliny jedynie odnoszeniem opisu do nazwy, o której nie wiemy, co za nią (za skrótem PS) stoi, czytamy, że chodzi np. o takie działania, które mimo wcześniejszych skojarzeń mają charakterystykę ogólną, w której wyróżniają się:

[c]elowe wprowadzanie czynników, które nastawiając wolę ludzką, mają podtrzymywać lub zmieniać istniejące struktury; rola wszechstronnie rozpatrywanej twórczości indywidualnej i zbiorowej, zwróconej ku budowaniu jutra wedle wzorca,

zależnego od sił działających i narastających; możliwość i zakres wpływu różnych czynników przebudowy (Radlińska 1935, s. 16).

Idąc tym tropem, można zestawić całą listę sugestii, których odniesienia przedmiotowego (dyscyplinarnego) się nie przesądza z góry. Chodzi bowiem także o przynależne obiektowi PS badania „skierowane ku poszukiwaniu cech, które pozwolą na diagnozę społeczną", rozumianą z kolei jako

> [...] określanie przyczyn badanego stanu w przypadkach wymagających pomocy społecznej oraz odnajdywanie sił, które można uruchomić, czynników, które można wezwać na pomoc w celu przeciwważenia braków, zadośćuczynienia niezaspokojonym potrzebom, zapobieżenia grożącym niebezpieczeństwom (Radlińska 1935, s. 16).

Obiekt PS podchodzi do duchowości ludzkiej w sposób uznający, że „naczynia dusz ludzkich mają zdolność rozszerzania się, rozrastania", a ich napełnianie musi być uzupełniane przez „zużytkowanie zapasów wody [wiedzy – L.W.] do melioracji" wyschniętych, jałowych „odłogów, do rozbudzenia na nich życia, wstrzymanego w rozwoju przez niepomyślne warunki" (Radlińska 1935, s. 17). Zarazem, jak się okazuje, szczególny nacisk w interesującym nas obiekcie PS jest kładziony na „stosunek wzajemny czynników biologicznych i społecznych", a zakres działań wychowawczych jest wskazany „w oddziaływaniach, które wzmacniają siły jednostek, pielęgnują zadatki uzdolnień, skierowują pęd twórczy", zarazem pozwalają „uchwycić stosunek wzajemny potrzeb i zainteresowań" oraz wpływać na jego postać i ukierunkowanie (Radlińska 1935, s. 17–18). Wystarczy zapytać, jaka to pedagogika mogłaby bagatelizować zadania wpisane w charakterystykę obiektu PS.

Na koniec jeszcze jedna uwaga polemiczna wobec postawy Aleksandra Kamińskiego w zakresie jego prób rozumienia tego, że „Helena Radlińska zawsze unikała sformułowania definicji pedagogiki społecznej" (Kamiński 1961a, s. XXI). Interpretując ten stan rzeczy, sformułował on hipotezę dotyczącą poczucia samej twórczyni tego obszaru badań:

> [...] kształtowana przez nią gałąź pedagogiki wydawała się jej wciąż rozwijającą się, płynną, daleką od stabilizacji, od wyraźnego ograniczenia zasięgu, od ostatecznego zakotwiczenia w określonym miejscu wielkiego zespołu nauk społecznych (Kamiński 1961, s. XXI)[10].

Można tymczasem zasadnie twierdzić, jak sądzę, że wystarczy zmienić perspektywę epistemologiczną i nie oczekiwać ani zakotwiczenia w jednym miejscu, ani ograniczenia zasięgu, ani stabilizacji jako gałęzi, by dostrzec, że takiej definicji być nie mogło. A jest to nieuchronne przy otwarciu Radlińskiej na nasycanie

---

10 Z takim ujęciem sytuacji Radlińskiej dyskutuje także Arkadiusz Żukiewicz (2009, por. s. 114).

społecznym punktem widzenia (a zarazem także kulturoznawczym i sięgającym po materiał z historii kultury i oświaty w Polsce) praktycznie każdego aspektu działań i myśli pedagogicznej.

W zdarzających się zwłaszcza w pierwszych dekadach własnej pracy badawczej próbach Radlińskiej formułowania definicji tworzonego zakresu pola badań dawała o sobie znać dwoiście zorientowana postawa. Z jednej strony usiłowała ona dokonać zawężającego określenia, umiejscowienia na mapie czy w obrębie drzewa wiedzy społecznej i jej rozgałęzień, z drugiej zaś, zapominając już o takim usytuowaniu, chodziło o określenie zakresu problemowego zainteresowań składających się na „punkt widzenia pedagogiki społecznej", co często wzajemnie musiało się znosić, o czym świadczy chociażby podsumowanie wieloletnich badań w 1937 roku: pedagogika społeczna jest traktowana jako „gałąź andragogiki" – mimo że badanie śledzi losy (powodzenia i niepowodzenia szkolne) – która

> [...] zajmuje się zagadnieniami budowy przyszłości przez siły narastające, wzajemnym oddziaływaniem na siebie rzeczywistości istniejącej i stającej się, wpływem jednostek, które przezwyciężają dane warunki zewnętrzne (Radlińska 1937, s. 320).

Na pytanie, jak to zadanie jest badawczo realizowane, pada uściślająca odpowiedź, która wskazuje na skupienie na „odnalezieniu kierunku przebiegu zjawisk, roli czynników przebudowy, skutecznego wzmacniania sił twórczych jednostek i grup, tym samym roli kompensacji społecznej i pedagogicznej" (Radlińska 1937, s. 320). Sformułowania te, umieszczone na łamach „Przeglądu Socjologicznego", czynią w szczególności uwagi o stanie pedagogiki autorstwa Józefa Chałasińskiego kompletnym nieporozumieniem i dowodem lekceważenia treści nawet ukazujących się na łamach czołowego pisma branżowego socjologów polskich. Nie wystarczyło najwidoczniej wskazywanie na potrzebę pracy badawczej z pomocą i na pograniczu „nauk o człowieku i społeczeństwie" i to z podwójną czujnością w zakresie „ostrożności w przenoszeniu metod i szczególnej staranności w ustalaniu mierników" (Radlińska 1937, s. 320).

Pedagogika społeczna i medycyna

Z pewnością wśród inspiracji, jakie miały wpływ na perspektywę badawczą, rozwijaną przez Helenę Radlińską, wyróżniały się odniesienia medyczne, zwłaszcza w zakresie troski o posługiwanie się pojęciem normy, wymagającej skali optymalizacji zjawisk i to z udziałem badań, nie wyłączając podejścia klinicznego, o czym świadczy następująca formuła:

> Chcąc uczynić zadość zamierzeniom badań, należało szukać jakiejś optymalnej granicy wielkości oraz zwracać uwagę na zespół cech charakteryzowanego

stanu czy zjawiska. Stąd waga [...] pojęcia normy i wzorca. Normą – nazywa się tu wielkość wystarczającą do tego, aby uznać osiągnięty wynik lub nasilenie właściwości za optymalne. Normę można określić na podstawie wszechstronnej obserwacji zjawisk, które przebiegają w warunkach sprzyjających, niekiedy na podstawie doświadczeń laboratoryjnych, klinicznych, społecznych i poczucia etycznego.

Zainteresowanie warunkami, w których kształtuje się norma, doprowadziło do zaakcentowania współzależności normy i „wzorca". Wzorcem nazywamy w zakresie badań społecznych układ środków wystarczających do osiągnięcia poziomu właściwego normom. W praktyce prawie jest to jednoznaczne z schematem stosunków uznawanych w danej fazie cywilizacji za pożądane i możliwe (Radlińska 1937, s. 325).

Choć Radlińska zauważa zarazem, że mamy tu zapożyczenie „z ekonomii klasycznej i teorii służby społecznej" (Radlińska 1937, s. 325), to nie ulega wątpliwości, że łączy się to także z wysiłkiem ustanawiania tak rozumianej normy w podejściu medycyny oraz znanych jej coraz bardziej się rozwijających w kontekście psychologii Gestalt i psychoanalizy. Pokażę to dalej.

Relacje między tymi dwoma obszarami działań profesjonalnych, typów zaangażowania, wagi diagnostyki i prewencji, a także odnoszenia do siebie dyskursów spotykają się od dawna z uznaniem – mimo niepokojów[11] – i mają swoje sztandarowe wzorce i silnie artykułowane postulaty. Ich szczególnie znaczącym symbolem w pedagogice polskiej jest z pewnością Janusz Korczak, który jako lekarz pediatra realizował posłanie troski o dziecko jako człowieka i z pewnością zbudował najszerszą ramę dla widzenia tu wagi wspierania i rozwijania pedagogiki z jednej strony, a uwrażliwiania lekarzy z drugiej. Sam współdziałał także z Heleną Radlińską i – mimo różnic w rozkładaniu akcentów, w genezie i jakości własnego wykształcenia pedagogicznego, wyrastającego stopniowo z trosk lekarza refleksyjnego społecznie – kładł podwaliny pod szerokie wiązanie pedagogiki z medycyną i daje się wpisać w nurt pokoleniowy Radlińskiej, jak to świetnie pokazała Barbara Smolińska-Theiss

---

11 Na przykład w podręczniku Michaela Winklera (2009) spotykamy zastrzeżenie, że „[p]rzez długi czas dyskursowi społeczno-pedagogicznemu groziło przeobrażenie w medyczny, potem w prawniczy. Natomiast obecnie wydaje się on zagrożony paradygmatem terapeutycznym" (Winkler 2009, s. 41). Autor przytacza także wypowiedź Antona S. Makarenki z *Poematu pedagogicznego*, o naturalnej skłonności pedagoga, by "naśladować medycynę" w podejściu do młodocianych przestępców przysłanych na jego kolonię, w myśl zasady "by leczyć chorobę, trzeba ją znać" – zarazem Winkler podkreśla: „ale modus różnicy nie jest chorobą; jest społecznym układem, w który uwikłał się działający podmiot w swych procesach rozwojowych. Za pomocą nowego miejsca pedagogika społeczna uwalnia go od ciążących determinantów" (Winkler 2009, s. 255). Rzecz jasna Radlińskiej w jej otwarciu dyskursu społeczno-pedagogicznego na medycynę i jej praktykę diagnostyczną nie chodziło o takie, krytykowane przez Winklera uwikłanie w podejście medyczne, lecz podobnie o działanie, by „oferować możliwość zaistnienia procesów uczenia się" dzięki zmianie w obrębie samego miejsca życia jednostki i stylu do niego przypisanego (por. Winkler 2009, s. 259).

(por. Bibliografia cz. III – Smolińska-Theiss 2013)[12]. Troska o współdziałanie ze środowiskiem lekarskim i z trybem diagnoz medycznych w wysiłkach wpływania na kondycję społeczną dzieci poprzez krytyczne zaangażowanie była bliska także Radlińskiej, na różne sposoby przecież rodzinnie związanej z praktyką lekarską[13]. Z pewnością zbieżny z myśleniem Radlińskiej postulat dotyczący wspólnej obojgu dbałości o łączenie badań, diagnostyki i zmiany był zawarty w takim choćby sformułowaniu samego Korczaka, uwypuklonym przez B. Smolińską-Theiss:

> Jeśli pedagogika chce iść drogą utorowaną przez medycynę, musi wypracować diagnostykę wychowawczą opartą na rozumieniu objawów. Czym gorączka, kaszel, wymioty dla lekarza, tym uśmiech, łza, rumieniec dla wychowawcy. Nie ma objawu bez znaczenia. Trzeba notować i zastanawiać się nad wszystkim, odrzucać co przypadkowe, łączyć co pokrewne, szukać kierujących praw. [...] Internat i szkoła – teren badań, klinika wychowawcza (Korczak 1994, s. 361, za: Bibliografia cz. III – Smolińska-Theiss 2013, s. 75)[14].

Przypomnijmy także, że w polskiej pedagogice troska o to, aby dostrzegać i wykorzystywać analogie do dyskursu medycznego, aby czerpać wzory z podręczników patologii – w sensie medycznym – była nieobca znaczącym postaciom, takim jak Stefan Wołoszyn czy Wincenty Okoń, na co już zwracałem uwagę w swojej habilitacji (por. Witkowski 2010a, s. 74). Ostatni z nich żałował, oceniając stan rozwoju nauk pedagogicznych w 1985 roku, że niestety

---

12   Szczególnie ważne uściślenia zawiera rozdział rozważań w: Bibliografia cz. II – Smolińska--Theiss 2013.
13   Lekarzem był jej brat, Ludwik Rajchman, lekarzem był jej mąż (nauczyła się współdziałać z nim pielęgniarsko), zasłużył się dla medycyny zwłaszcza jej wuj Ludwik Hirszfeld, odkrywca grup krwi. Szerzej o tym por. np. Bibliografia cz. III – Smolińska-Theiss 2013. Pamiętamy o wysiłkach Radlińskiej podejmowanych w celu organizowania współdziałania pedagogów i lekarzy w przedwojennych próbach przeprowadzania badań nad dziećmi w Warszawie w obliczu progu szkolnego. Radlińska pokonywała tu opory i nawyki w obu środowiskach, zabiegając o unikanie powierzchowności, pośpiechu i braku komfortu.
14   Odnotujmy tu jedynie, że zwrócenie przez Korczaka uwagi na „klinikę wychowania" pozwala zasygnalizować znacznie późniejsze i w innej ramie teoretycznej powstające sugestie włoskiego pedagoga krytycznego, Riccardo Massy, rozwijającego ideę „kliniki kształcenia". Nie mogę tego wątku tu rozwijać. Warto natomiast dodać, że do tego podejścia Korczaka i Radlińskiej nie ma zastosowania uwaga Winklera sugerująca, iż „[w] paradygmacie medycznym terapia ukierunkowana jest wyłącznie na jednostkę; jednostka jest postrzegana w oderwaniu od swych odniesień społecznych, a nawet z nich fizycznie wyrywana w celu izolacji ogniska choroby i jego wyleczenia. Medyczny model wchodzi do dyskursu pedagogiki społecznej poprzez dyskusję o niedostosowaniu"; badacz niemiecki dodawał, że „w aspekcie historycznym pod wrażeniem modelu medycznego – z uwagi na jego naukową doniosłość – byli myśliciele blisko związani z herbartyzmem" (por. Winkler 2009, s. 225). Nie sądzę, aby uwagi te odnosiły się do polskich prób sprzęgania pedagogiki społecznej z wrażliwością medyczną.

[...] większość książek pedagogicznych nie przypomina publikacji z zakresu medycyny, z których każda mówi o tym, jak skutecznie zapobiegać chorobom i zwalczać je, stosując coraz doskonalsze metody i środki[15].

Ponadto warto dodać, że dający się kojarzyć z problematyką zaangażowania psychologii społecznej w bliską Radlińskiej triadę badania – działania – szkolenia Kurt Lewin, twórca teorii pola, wartej osobnych porównań z wizjami tworzonymi w tym samym czasie dla pedagogiki społecznej, także widział potrzebę uwypuklania analogii do kontekstów medycznych w odniesieniu do statusu diagnoz (w tym wypadku społecznych). W 1947 roku pisał, że

[w] zarządzaniu społecznym, tak samo jak w medycynie, praktyk będzie musiał wybierać między różnymi metodami leczenia i będzie potrzebował równie wiele wprawy i pomysłowości, co lekarz stawiający diagnozę i przepisujący kurację (Lewin 2010, s. 15).

W protokole z wypowiedzi H. Radlińskiej ze zjazdu 5 maja 1947 roku z okazji jej jubileuszu pięćdziesięciolecia pracy znajdujemy merytorycznie w pełni wiarygodny i wymowny, z pewnością zweryfikowany – obok innych – zapis następującej wypowiedzi jubilatki, odzwierciedlającej jej stosunek do kwestii dążenia do uznania zbieżności sytuacji pracownika społecznego i lekarza, poprzez widzenie w obu przypadkach drogi „trudnej służby":

Pracownik społeczny musi dążyć do uzyskania w społeczeństwie głosu, jaki ma lekarz. Trzeba, żeby pracownik zawodowy, fachowiec, miał inne prawa niż działacz, żeby miał prawo postępować według najlepszej swojej wiedzy – odwoływać się do czynnika zawodowego, a nie administracyjnego. Aby uzyskać te uprawnienia, trzeba mieć wiarę w swoje przekonania, być pewnym swego ideału, umieć go bronić. Na to trzeba takiej pracy, która doprowadzi do wytworzenia własnej teorii (zbiorowej) (por. zapis w: *Helena Radlińska. Człowiek...* 1994/1995, s. 178).

Mamy tu w szczególności wskazanie na ambicję programową uzyskania wiedzy analogicznej do medycznej, choć gdyby to traktować z całą powagą, tak jak na to zasługują postulaty związane z tym podejściem, to trzeba by bardziej starać się rozwinąć konsekwencje dla praktyki kształtowania takiego środowiska zawodowego i nadawania mu dojrzałości specjalistycznej oraz odpowiedzialności etycznej. Zauważmy zarazem, że relacja między postawą pedagoga społecznego a działaniami środowiska lekarskiego była tu dwustronna i wymagała także interwencji u lekarzy szkolnych w trosce o jakość łączenia badań nad stanem zdrowotnym dzieci w szkołach oraz dociekań o przyczynach odraczania przez rodziców zapisywania do szkoły podstawowej warszawskich dzieci z rocznika 1927. Chcąc nimi zainteresować lekarzy i uzgodnić sposoby działania oraz jakość zapisu danych,

---

15 Szerzej patrz: Witkowski 2010a, s. 68–74.

H. Radlińska była, jak sama podaje, wśród tych, którzy „wygłosili referaty na zebraniu lekarzy szkolnych m. Warszawy, przedstawiając dotychczasowe metody odraczania, ich wyniki społeczne i program zamierzonej pracy" (Radlińska 1935, s. 97). Doprowadzając do „pierwszego eksperymentu masowego badania dzieci wstępujących do szkoły", Radlińska widziała także ułomności udziału w nim lekarzy, gdyż „[n]ad całą pracą lekarską, mimo wszystko, ciążył pośpiech i atmosfera gabinetów lekarskich różniła się pod tym względem bardzo" od innych. Radlińska dostrzegała zarazem potrzebę wsparcia przez „głębszą i wszechstronniejszą pomoc lekarzy", w tym „wypracowania bardziej szczegółowych norm kwalifikowania lekarskiego i postępowania z rodzicami" (Radlińska 1935, s. 104–105). Na przykład podkreślała, że „stan odżywiania" dzieci należałoby uznać „za bardziej miarodajny od stanu fizycznego", ponieważ wymaga on mierników, a nie tylko bycia „ocenionym na oko przez lekarza" (Radlińska 1935, s. 112).

U Heleny Radlińskiej wątki te również są szerzej zakorzenione w jej rozważaniach, przy czym błędem byłoby kojarzyć je tylko z kontekstem sytuacji osobistej, związanym z faktem, że jej mąż był chirurgiem, któremu nawet w pewnym okresie w różnych sytuacjach asystowała, po uprzednim przejściu tajnego kursu pielęgniarstwa. Oczywiście, spotykamy takie sugestie wpływu tej sytuacji u samej zainteresowanej, gdy np. pisała w jednym z listów do Ireny Lepalczyk:

> Równolegle z nauczaniem, dzięki mężowi, zainteresowałam się pracami lekarskimi. Miało to duże znaczenie dla ustawiania spraw ludzkich w późniejszych rozważaniach nad pedagogiką społeczną (Radlińska 1961, s. 340).

Sama Radlińska dodawała także, w refleksji autobiograficznej dotyczącej okresu przedwojennego, iż w jej wypadku „[n]ajważniejsze dla poznania życia społecznego było pielęgniarstwo w bezpłatnych ambulatoriach Warszawskiego Towarzystwa Dobroczynności i Niebieskiego Krzyża"[16].

Wspomniany tu rys sytuacji osobistej i doświadczenia były dalej, rzecz jasna, przedłużane w studiach Radlińskiej nad niezbędnymi wzbogaceniami dyskursu teorii i praktyki zorientowanej na pomoc, na potrzeby wobec opierania działań pomocowych na – ważnej w takich sytuacjach, a wyrosłej z praktyki medycznej – kategorii „diagnozy". Jak to sama sformułowała w liście do Ireny Lepalczyk:

> Pojęcie „diagnozy społecznej", zapożyczone przez Mary Richmond z medycyny, stało mi się szczególnie bliskie wskutek długiego uczestnictwa w pomocy lekarskiej. Richmond uczyniła z rozpoznania warunków życia jednostki i rodziny, ze stwierdzenia braków, z przewidywania możliwych przemian – teorię pomocy zindywidualizowanej. Na wszechstronnie oświetlonych przykładach pokazała sposoby kompensacji społecznej, wywołujące zmiany w psychice, oraz wprowadzanie

---

16 Uwagę tę przytacza Edward Mazurkiewicz (por. Mazurkiewicz 1980, s. 114), odsyłając do Radlińskiej (1964, s. 340).

nieprzystosowanych i wykolejonych na normalne tory życiowe (Radlińska 1964, s. 448).

Nawiązując do książki Mary Richmond z 1917 roku, pt. *Social Diagnosis*, Radlińska zauważa cechy jej podejścia, które dalej sama wpisała we własną koncepcję uwypuklania społecznego punktu widzenia w myśleniu o interwencji pedagogicznej i to w jej dwubiegunowym uwikłaniu w potrzebę naukowości poznawczej i praktycznej skuteczności. Zarazem traktuje spotykane fakty w kategoriach dynamicznie odnoszonych, jak podkreślamy poniżej, do fazy rozwojowej i wieku społecznego. Czytamy oto w szczególności w dopowiedzeniach w odniesieniu do samej Richmond:

> Od niej biorą się początek pojęcia diagnozy, rokowania, lecznictwa przypadków, zaczerpnięte z nauk medycznych. Diagnoza społeczna w ujęciu M. Richmond ma szczególne znaczenie przez ukazywanie związków problemów społecznych, potrzeby badania i krytycznego spożytkowania materiałów, kładzie „nacisk na metodę naukową w badaniach i na praktyczną ocenę faktu dynamicznego, odbicie się środowiska społecznego w każdym przypadku indywidualnym" (Radlińska 1964, s. 449 – uwaga ta znajduje się w rozbudowanym przypisie).

Uwagi te dobrze sytuują, moim zdaniem, podstawy ukierunkowania myśli teoretycznej Radlińskiej, wskazując, że nie chodzi tu o żadną „swoistość", często jej przypisywaną, ale o wpisanie w istotny nurt rozumienia zasadniczych możliwości interwencji pedagogicznej. Badaczka jest świadoma społecznych uwarunkowań diagnozowanych problemów, braków, zakłóceń rozwoju i przeszkód w ich usuwaniu czy przeciwdziałaniu im, także w sensie profilaktyki, znowu mającej rodowód medyczny. Na tym tle także znajduje swoje osadzenie i ukonkretnienie idea Radlińskiej „środowiska niewidzialnego", którą trzeba umieć stosować, aby środowisko to uwzględniać w analizie problemów związanych z troską o jakość pomocy społecznej. Wspólnota postawy w medycynie i teorii wychowania ma tu być zasadnicza.

Działalność wychowawcza splata się z czynnikami przebudowy społecznej, z tymi zwłaszcza, które wnoszą poszanowanie wszystkich ludzi. Teoria wychowania, podobnie jak teoria medycyny, rozpatruje potrzeby ludzkie po to, aby odnaleźć najlepsze sposoby ich zaspokojenia i nie uznaje różnic innych pomiędzy ludźmi jak te, które wynikają z typów psychicznych i fizycznych (Radlińska 1936, s. 13; także 1947, s. 28; w tej drugiej wersji pada zwrot odnoszący się redakcyjnie do poszanowania „praw wszystkich ludzi").

Oczywiście, odniesienia do medycyny związane z pedagogiką społeczną nie mają tu jedynie charakteru analogii, ale są istotnym uzupełnianiem interwencji w formie pomocy i opieki. „Opieka jest bezsilna bez pomocy medycyny i higieny, wychowania i organizacji życia społecznego", a związek z „lecznictwem i medycyną zapobiegawczą" działa także w druga stronę, gdyż „leczenie jest bezpłodne, gdy pacjent powraca do złych warunków bytu i pracy, tych samych, które spowodowały choroby" (por. Radlińska 1961, s. 324). Jest to sygnał o ścisłym związku, w jakim występują względem siebie „profilaktyka w zakresie zdrowia i profilaktyka społeczna" (Radlińska 1961, s. 324). Maria Czapska zapisała podany jej przez Radlińską w rozmowie przykład uporczywego stwierdzenia podkreślającego wagę dopełniania się perspektywy medycznej i opiekuńczej: „lekarz ma prawo krytykować wartość pracy pielęgniarki z punktu widzenia medycyny, a pielęgniarka powinna oceniać lekarza z punktu widzenia potrzeb służby społecznej" (Czapska 2006, s. 33).

Oznacza to w szczególności konieczność uwzględniania rozmaitych punktów widzenia i specjalizacji, która nie może pozostawać zamknięta na odmienne perspektywy obejmujące konteksty uwikłania relacji procesjonalnych, w tym

> [...] rozszerzając[e] krąg zainteresowań, wiadomości, umiejętności, bogacących życie. [...] chirurg nie powinien się ograniczać wyłącznie do swojej specjalizacji i techniki operacyjnej, ale powinien zostać lekarzem i psychologiem (Czapska 2006, s. 26).

Kwestie techniczne, proceduralne czy formalne nie mogą ograniczać profesjonalizmu ani lekarza, ani chirurga, ani pracownika społecznego, jak wynika z takich uwag. Zarazem w tej przykładowej triadzie postaw i specjalizacji: chirurg – lekarz – pielęgniarka mamy zarysowane napięcia par biegunów, które muszą sobie wychodzić naprzeciw, gdyż żadna specjalność nie zrobi własną uczoną jednostronnością ze specjalisty „człowieka rozumnego", zdolnego do „odczytywania znaczeń" w sferze rozmaitych symboli czy skrótów, zarówno „bogacących życie", jak i jednocześnie pozwalających dopełniać własną profesjonalność o rozumienie działania i relacji, w jakie jest ono uwikłane (Czapska 2006, s. 26–27).

W rozważaniach podsumowujących badania zespołowe wokół społecznych przyczyn powodzeń i niepowodzeń szkolnych (*Społeczne przyczyny powodzeń i niepowodzeń szkolnych...* 1937) autorka dobitnie stwierdzi, że choć w stosunku do metod z innych dyscyplin należy „strzec się bezkrytycznego ich przenoszenia", to jednocześnie niezbędna jest ich adaptacja, przy czym

> [p]odkreślić jednak należy cechę nie dość jeszcze uwydatnioną: pedagogika społeczna, analogicznie do medycyny, interesuje się przebiegami i zjawiskami, które można by uznać za **optimum** indywidualne. [...] Pamiętać przy tym należy o swoistym dla pedagogiki dążeniu do ujawniania możliwości wyrównywania braków i szkód, wynikających z niedomiarów (*Społeczne przyczyny powodzeń i niepowodzeń szkolnych...* 1937, s. 20, por. s. 19; także Radlińska 1961, s. 128–129).

W ramach podejścia pedagogiki społecznej do badanych dzieci w ich uwarunkowaniach materialnych i duchowych w grę tu wchodzi w szczególności także eksperymentowanie w zakresie „wyrównywania najdotkliwszych braków, które hamowały rozwój dzieci" (por. *Społeczne przyczyny powodzeń i niepowodzeń szkolnych...* 1937, s. 23; także Radlińska 1961, s. 131).

Radlińska odsyła na koniec cytowanej książki do tropów w literaturze, uznających wskazywaną analogię między medycyną a pedagogiką za ważną. Czytamy, że „[a]nalogię pomiędzy medycyną i pedagogiką podkreśla Buyse, przytaczając ustępy wprowadzenia w medycynę eksperymentalną Cl. Bernarda", przy czym mamy tu odesłanie w tle do książek R. Buysego o pedagogicznych badaniach jakościowych z 1929 roku oraz mówiącej o eksperymentowaniu w pedagogice, z 1935 roku (*Społeczne przyczyny powodzeń i niepowodzeń szkolnych...* 1937, s. 460, 485)[17].

W nawiązaniu do możliwości urzeczywistniania rozmaitych ideałów normatywnych w życiu społecznym i jego wariantach historycznych Radlińska podkreśli dostrzeganą tu wspólnotę pedagogiki i medycyny, polegającą na tym, że jak się okazuje w kontekście problematyki normy, wzorca i miary w badaniach, „[z]adania pedagogiki wprowadzają przy tym zainteresowanie (wspólne dla pedagogiki i medycyny) przebiegami i zjawiskami, które można by uważać za najkorzystniejsze" (Radlińska 1961, s. 43; także Theiss 1984, s. 165)[18]. To pozwala stwierdzić, że

> [p]edagog podobnie jak lekarz rozumować będzie inaczej [niż ekonomista – L.W.]. Zagadnienia dla niego najważniejsze sprowadzają się do tego, jakie szkody wyrządza brak zapewnienia minimum potrzeb obiektywnie cenionych. Jakie zahamowania rozwoju występują, jakie mają one znaczenie dla jednostki, jej potomstwa, zbiorowości? (Radlińska 1935, s. 42; także Theiss 1984, s. 168)

Dalsze nawiązania do odniesień pedagogiki społecznej i medycyny wpisane są u Radlińskiej w analizy podobieństw i różnic w kwestii opieki i pomocy społecznej oraz ratownictwa aż po podkreślenie „podwójnego niebezpieczeństwa" w postaci eskalacji zawłaszczania prawa do odpowiedzialności w zakresie podejmowania decyzji po obu stronach relacji (por. Theiss 1984, s. 239). Wspomniałem już o tym wyżej. Dodam jedynie przekonanie Radlińskiej, że „[o]pieka oczyszczona z dzisiejszych przerostów pójdzie w głąb i zajmie się wszechstronnie jednostką i rodziną, stosować będzie – jak lecznictwo – metody zindywidualizowane" (Theiss 1984, s. 244). Ważna jest zarazem świadomość groźby wpadania w sytuacji opieki w pułapki wynikłe z naturalności i niebezpieczeństwa jednoczesnego wikłania opieki w sprawowanie swoistej władzy w relacji z podopiecznym, przynajmniej w jakimś zakresie decydującym dla jego losu. Jak to wyraża Radlińska:

---

17 W sprawie dokonań Claude'a Bernarda patrz: Skarga 2013, s. 271–379.

18 Odnotujmy zarazem, że to samo sformułowanie w wersji z 1937 roku zawiera wskazanie na owe najkorzystniejsze przebiegi jako „optimum indywidualne", przy czym czytamy ważne dopowiedzenie, iż: „Sprawy środowiska i poszczególnych jednostek, których rozwój jest podniecany lub hamowany, splatają się ze sobą" (Radlińska 1937, s. 324).

Rządzenie losem podopiecznego łatwo prowadzi do poczucia wyższości opiekuna, do lekceważenia ludzi i określania ich potrzeb poniżej istotnego poziomu lub niezgodnie z ich odczuciami. Dochodzi przy tym do bezwiednego okrucieństwa (Radlińska 1961, s. 330).

Pedagodzy społeczni tak jak personel medyczny muszą sobie zdawać sprawę ze skali trudności i niebezpieczeństw, jakie rodzi sytuacja wymagająca interwencji, pomocy, opieki czy tym bardziej ratunku. Zarazem pewne błędy mogą być wpisane w złożoność strukturalną zadań ustawionych względem siebie antagonistycznie, mimo że jednocześnie waloryzowanych, np. intencja pomocy i intencja uszanowania godności czy podmiotowości, która przez sytuację pomocy może być upokorzona. Można nie być do takich zadań przygotowanym, przez co wśród „zasad wpajanych pracownikom socjalnym w toku ich przygotowania (w uczelniach i podczas praktyk) do prowadzenia indywidualnych przypadków" jest – jak podkreśla Aleksander Kamiński – zalecenie idące w stronę postawy lekarza, mianowicie:

[t]rzeba akceptować jednostkę taką, jaka jest. To znaczy wyrobić w sobie postawę lekarza, który nie oburza się na pacjenta z chorobą weneryczną, nie brzydzi się kału, krost, bełkotu (Kamiński 1972, s. 219; także 1980, s. 266).

Podobny akcent, dotyczący analogii do postawy lekarza, spotykamy w nawiązaniu przez Kamińskiego do idei spolegliwego opiekuństwa za Tadeuszem Kotarbińskim, jako etycznie zobowiązującej dla nauczycieli, tym bardziej nie ulega wątpliwości, że i dla całej pedagogiki społecznej.

Nauczyciel życzliwy ma do dzieci podejście lekarza: nie brzydzi się tym, który się ślini i ma ciągle w nieporządku nos, nie zdenerwuje go uczeń dokuczliwy, agresywny. Spolegliwy opiekun nienawidzi zła, ale nie uczniów, którzy tego zła są nosicielami; dzieciom tym, podobnie jak lekarz, usiłuje dopomóc w wydobyciu się ze swej kulturalnej, umysłowej, moralnej choroby (Kamiński 1978a, s. 83).

Nie było też przypadkiem, że konsekwencje doświadczeń pielęgniarskich Radlińskiej, przewijające się dalej w jej rozważaniach nad opieką i jej złożonością, zaowocowały dokonaniami cenionymi w obszarze refleksji nad zawodem pielęgniarki i to jeszcze w sposób, który niósł widzenie otwarte na dwubiegunowe wyzwania wpisane w strukturę zadań związanych z tym zawodem. Radlińska położyła podwaliny pod wyrwanie dyskursu przygotowania do zawodu i jego postrzeganie instytucjonalne z jednostronnie dominującego „technicznego partykularyzmu", znanego z redukcji do procedur, ale też z pewnością nie chodziło jej o jednostronną absolutyzację empatii. Jak słusznie akcentował to Edward Mazurkiewicz (1980, s. 116), chodziło jej o rozróżnienie i powiązanie ze sobą w nierozerwalnym splocie biegunów pracy pielęgniarskiej, reprezentujących wagę obszarów: „techniczno-medycznego i opiekuńczo-zdrowotnego", wiążących odpowiedzialność i samodzielność oraz nakładanie na nie jednocześnie kwalifikacji naukowych i humanistycznych. Dzieje się to w trybie rodzącym napięcia między nimi, łącznie ujmującym je jako przejawy złożoności – dwoistej, jak to wynika z naszych ustaleń – struktury normatywnej wpisanej w rolę zawodową, gdyż wymagają zupełnie odmiennych postaw, z których żadna nie może być usunięta. Dzięki jej podejściu, obejmującemu „wychowanie dla spraw zdrowia", jak to określała sama Radlińska, uzyskuje się dwubiegunową przestrzeń oddziaływań, w której

> [f]achowe pielęgniarstwo w swej części techniczno-instrumentalnej znalazło swe podstawy w naukach biologicznych i medycznych, a w swej części socjalnej w dyscyplinach humanistycznych i społecznych (Mazurkiewicz 1980, s. 121).

W takiej perspektywie pedagogika społeczna sama uczestniczy w integrowaniu skonfliktowanych biegunów – zarówno w odniesieniu zewnętrznym do całości pola kompetencji niezbędnych dla pielęgniarstwa, w kontekście technik, procedur i instrumentalności, jak i w odniesieniu wewnętrznym, skupiającym się na relacjach opieki i wspierania wysiłków adaptacji do nowej, bywa, że skrajnie trudnej sytuacji dla pacjenta. Dwubiegunowość tej sytuacji da się wyrazić podkreślaniem wagi równoważenia odmiennych nastawień dających w niej o sobie znać w powiązaniu z koniecznością widzenia „tła", na jakim muszą występować człony uwikłane tu w napięcie, gdy zarazem zbyt często można zaobserwować przejawy „naruszenia równowagi między inżynierią medyczną a realizacjami opiekuńczymi w procesach pielęgnowania i pracach w dziedzinie ochrony zdrowia" (Mazurkiewicz 1980, s. 124). Kojarzenie potrzeby takiej równowagi jest niezbędne dwukierunkowo, ze względu na niebezpieczeństwa jednostronnych przejaskrawień możliwych na dwa sposoby, gdyż ma ono

> [...] chronić przed niebezpieczeństwami deformacji procesów pomocy i opieki, m.in. przed przemocą opiekuna, zabijaniem zaradności i odpowiedzialności podlegającego opiece, przed sprowadzaniem do frazeologii takich m.in. zaleceń, jak: pielęgniarka ma stwarzać poczucie bezpieczeństwa albo: pielęgniarka ma akceptować cierpiącego takim, jakim on jest (Mazurkiewicz 1980, s. 127).

Nadmiar wyręczania i instrumentalizacji, jak również empatii i wycofania stanowią biegunowe przerosty, niosące ze sobą ujednostronnienia i zawężenia funkcji zawodowych. W szczególności tak widziane pielęgniarstwo ma być „wyprowadzone z zaułka wąskiego profesjonalizmu", gdyż widzenie działań w nie wpisanych na tle opieki i wychowania dookreśla „rolę społeczno-zawodową pielęgniarki nie tylko w profesjonalnym kręgu działalności medycznej, lecz także w kręgu oddziaływań wychowawczych" (Mazurkiewicz 1980, s. 130). Widać, że takie osadzenie stanowi ramę dwoistości strukturalnej dla niezbędnych tu równoważeń, nawet gdyby sytuacyjnie musiały dochodzić do głosu naprzemiennie rozstrzygnięcia o charakterze asymetrycznym, wymagającym jednak zawsze oscylowania w tym obszarze nieredukowalnej złożoności. Jest ona nieredukowalna przynajmniej tak długo, jak długo chcemy dochować wierności wartościom, które zawsze wchodzą tu w grę, w tym życzliwości i zrozumieniu cierpienia oraz trosce o efektywność zgodnie z najlepszą wiedzą fachową, tworząc szansę na pełniejszą zdolność funkcjonowania wobec innych pacjentów potrzebujących pomocy czy interwencji.

Przez to nie dziwi, że przywołując powyższe wątki, związane z analogiami medycznymi, jakie Radlińska widzi w sytuacji pracownika społecznego (oświatowego), musimy zarazem odnotować akcenty z drugiego bieguna dwoistej troski o to, aby nie gubić konieczności dystansu i zawieszania siły sądów, nie tylko diagnostycznych, i ich wdrażania. Jak czytamy:

> [s]ama natura pracy oświatowej sprawia, że nie możemy wzorem lekarza, aptekarza czy architekta ubierać się w togi „jedynie wiedzących"; musimy pozwolić wiedzieć i innym (Radlińska 1947, s. 211–212).

Radlińska za Kołłątajem przywołuje tu aprobatywnie metaforę „ogrodnika", gdyż analogia dotyczy troski o eliminację przeszkód wzrostu, a zarazem pozwala pamiętać, że „rośliny wzrastać muszą same, zużywając siły własne" (Radlińska 1947, s. 212). Kluczowe jest dostarczanie „podniet" rozwojowych – ten ostatni termin wielokrotnie powraca w rozważaniach Radlińskiej w celu dopowiedzenia tego, w jaki sposób ma dochodzić do oddziaływań przebudzających i mobilizujących siły tych, których chce się wesprzeć w umożliwieniu im wysiłku zorientowanego na zmianę własnego stanu o charakterze choroby społecznej. Podnietą czy impulsem jest wszystko, co „rozszerza widnokręgi, budzi nowe zainteresowania, zbliża do innych typów ludzi" (Radlińska 1947, s. 214). Zauważmy, że w narracji Radlińskiej nie ma w figurze ogrodnika roszczeń nowoczesności, tak krytykowanych w ujęciu Zygmunta Baumana, widzącego tu postawę decydującego o chwastach do wyrwania, przezwyciężoną wraz z ograniczeniem zapotrzebowania na „prawodawców" w kulturze. Odmienną perspektywę dla tego skojarzenia postawy zawodowego pracownika oświaty daje „piękne wyrażenie", zapożyczone „od Kołłątaja" – pracownik taki bywa i powinien umieć się czuć „ogrodnikiem odpowiedzialnym częściowo za zło, które się dzieje roślinom" (por. Radlińska 1961, s. 286), przy czym nie może przejmować inicjatywy, gdyż ma działać „bez narzucania się", samym wdrażaniem do działania innych (Radlińska 1961, s. 286).

Rozdział XIII
Pytanie o zaplecze psychologiczne pedagogiki społecznej: psychoanaliza, fazy rozwojowe i Gestalt

Wstęp

Helena Radlińska wiedziała w stopniu niedoścignionym dla późniejszych pedagogów społecznych o konieczności operowania w praktyce działań i ich programowania odniesieniem do jakiegoś gruntu psychologicznego, w trosce nie tylko o jakość procesu diagnozowania zakłóceń rozwojowych, lecz także rozumienie niezbędnych uwarunkowań przezwyciężania ich jako przeszkód wpisanych w środowisko społeczne człowieka. Jej trop psychologiczny prowadził do najbardziej zaawansowanych i najaktualniejszych w okresie międzywojennym strategii badań, których czołówkę, przyswajaną stopniowo w Polsce, stanowili: Alfred Adler, Wiliam Stern, Zygmunt Freud czy Charlotte i Karl Bühlerowie, a z polskich badaczy Stefan Szuman.

Wartość analiz Radlińskiej obejmuje także wskazanie – z pewnością bardzo dojrzałe nie tylko w odniesieniu do czasu jego ugruntowania teoretycznego już w latach 30. XX wieku – na trzy ważne akcenty, uwypuklone w tytule tego rozdziału, które w późniejszej pedagogice polskiej długo nie zostały docenione, rozwinięte czy zintegrowane z pełniejszą narracją i nastawieniami badawczymi. Tymczasem trzy zawarte w tytule niniejszego rozdziału pola tego podejścia są nadal ważne i potrzebne, a późniejsze zjawiska w światowym dorobku w tym obszarze, jak model cyklu życia u Erika H. Eriksona, rozwinięty przecież dopiero w latach 50. minionego wieku, tylko dobitniej unaoczniają wagę intuicji Radlińskiej oraz ukierunkowania jej psychologicznego zaplecza i jego narzędzi dla pedagogiki społecznej. Warto przypomnieć, że pedagogika społeczna w jej wersji rozwijała się przed wojną w czasie, gdy nowe zjawiska w psychologii, podstawowe dla ujęć strukturalnych, poza podejściem introspekcyjnym, dopiero się kształtowały, Piaget był jeszcze młody, a recepcja psychoanalizy była dopiero w stadium początkowym. Radlińska zaś nie była w stanie, także ze względów zdrowotnych i skali zaangażowań, osobiście zająć się śledzeniem ewolucji teorii psychologicznych i badań, poza ogólną sugestią, która nie wydaje się podjęta dalej przez nikogo. Postawa kluczowego w tym czasie w Polsce psychologa wychowania, Stefana Szumana, nie dawała tu szerszego wglądu w stan badań, poza odniesieniami do jego własnej perspektywy. Radlińska jednak była w pełni świadoma potrzeby poszukiwania w odniesieniu do pedagogiki wsparcia zarówno dla badań diagnostycznych, jak i zaplecza teoretycznego z psychologii, pozwalającego na podłużnie, życiowo zorientowane „rozpoznawanie przebiegów zjawisk psychofizycznych i społecznych, wśród których odbywa się wychowanie", co zwłaszcza warunkowało głębsze zajmowanie się oświatą dorosłych (por. Radlińska 1947, s. 20). Dla pokolenia Radlińskiej odkrywcze były szczególnie zjawiska w psychologii związane z odniesieniem do tłumaczonych w latach 30. XX wieku prac Alfreda Adlera i pozostałych osób. Uwypuklałem je wyżej, za Sergiuszem Hessenem, czy omawiałem odrębnie, analizując „przełom dwoistości" (por. Witkowski 2013a). Ważne wydaje mi się przede wszystkim następujące sformułowanie Adlera z okresu międzywojennego, uczulające na przejawy odpowiedzialności i troski bliskie Radlińskiej oraz jej zaangażowaniu pedagogicznemu i społecznemu, z perspektywy jego psychologii indywidualnej.

> Uczciwy psycholog nie może zamykać oczu na warunki społeczne, jakie utrudniają dziecku stawanie się częścią wspólnoty i poczucie zadomowienia w świecie i które doprowadzają do jego wzrastania, jak gdyby żył we wrogim kraju. Tak więc psycholog powinien pracować przeciw nacjonalizmowi, kiedy jest tak nędznie rozumiany, że wyrządza krzywdę ludzkości jako całości; przeciw wojnom zorientowanym na podbój, zemstę czy dominację; przeciw bezrobociu wpędzającemu ludzi w beznadzieję; jak też przeciwko wszelkim innym przeszkodom, które kolidują z rozprzestrzenianiem zainteresowań społecznych w rodzinie, w szkole i w społeczeństwie jako całości.
>
> Powinny nas zajmować troski o stwarzanie i stymulowanie tych wpływów środowiskowych, które by utrudniały nabywanie przez dziecko chybionej wizji znaczenia życia i przeciwdziałały powstawaniu szkodliwego stylu życia (Adler 1964, s. 454)[1].

Oznacza to w szczególności wpisanie się Radlińskiej w narastającą społeczną perspektywę także psychologii, ze względu na jej zrozumienie dla środowiskowego uwarunkowania rozwoju i konieczności zaangażowania w zmianę tych uwarunkowań, również z udziałem samych zainteresowanych. Wiąże się to także z czujnością wobec „sytuacji przeciążających dzieciństwo" (por. Adler 1964, s. 367) oraz z uwypukleniem dwukierunkowej funkcji grup społecznych, zorientowanej jednocześnie na potrzeby dominacji oraz przynależności (por. Adler 1964, s. 447), co pozwalało widzieć w tym sprzężeniu dwoistą (*dual*) dynamikę obecną w symptomie neurotycznym, działającą dokładnie w ten sam sposób jak w innych przejawach życia (Adler 1964, s. 255 – określenie z 1929 roku). Gdyby Adler był wówczas jeszcze

---

1 Cytat pochodzi z 1933 roku. U samej Radlińskiej mamy wskazanie, że „[p]rzerosty uczucia narodowego w nacjonalizm ślepo uwielbiający własne otoczenie są groźne dla kultury narodowej" (Radlińska 1961, s. 29).

bardziej wnikliwie studiowany, inspirowałby pełniej do włączania do diagnoz zjawisk społecznych za Eugenem Bleulerem kategorii „ambiwalencji", mimo że widzianej przez niego w latach 20. XX wieku głównie jako napięcie między biegunem zmiany i skłonnością do *status quo* (Adler 1964, s. 232, por. także s. 229), wpływające na postawę niezdecydowania, nie zaś na zdwojenie celów i dążeń. W analizie Heinza Ansbachera mamy – ważne dla trafności naszych intuicji o typie psychologii potrzebnej pedagogice społecznej – uwypuklenie zbieżności trosk i ujęć spotykanych u Adlera oraz u podobnie sztandarowej postaci dla psychologii okresu międzywojennego, mianowicie Williama Sterna i jego personalizmu krytycznego, a także w obszarze psychologii Gestalt, z jej szczególnym wariantem autorstwa Kurta Lewina (por. Ansbacher, Ansbacher 1964, s. 10–12)[2]. Ogromną wagę warto, moim zdaniem, przywiązać również do spostrzeżenia wywracającego potoczne wyobrażenia o relacjach między psychologią humanistyczną Maslowa, psychoanalizą czy psychologią indywidualną Adlera. Oto bowiem Ansbacher stwierdza, że rozmaite aspekty (rudymenty) koncepcji Maslowa można znaleźć u Adlera, a nawet miejscami pełną ich zgodność, a zarazem „teoria Maslowa jest pomocna dla pełniejszego docenienia Adlera" (por. Ansbacher, Ansbacher 1964, s. 124), podczas gdy u nas pokutuje wyobrażenie o radykalnej odmienności, a nawet konieczności odrzucenia jednej perspektywy dla docenienia drugiej. Niewykluczone, że zrozumienie dla psychologii niezbędnej w pedagogice wyglądałoby inaczej, gdyby udało się przeprowadzić analizy możliwe wspólnej części horyzontu wyznaczonego przez nazwiska Adler, Jung, Stern, Maslow, czego realność sugeruje Ansbacher. Znamienne wydaje się motto do całościowego obrazu perspektywy Adlera, wybrane przez edytorów, które jest zbieżne z dążeniami Radlińskiej, czyniącej środowisko przedmiotem zabiegów pedagogicznych z perspektywy troski o szanse rozwojowe jednostki w nie uwikłanej. Oto ono:

> Nie zapominaj najważniejszego faktu, że nie dziedziczność i nie środowisko są czynnikami determinującymi. Oba dostarczają jedynie ramy i wpływów, które mogą spotkać się z odpowiedzią jednostki (*individual*) pod względem jej twórczej mocy o własnym stylu (Adler 1964, s. XXIV).

Dbałość zatem o tę twórczą moc i własny styl przekształcania środowiska staje się znacznie bardziej uniwersalnym akcentem w humanistyce, niż twierdzą ci, którzy Radlińskiej tu i w wielu innych miejscach przypisują jakąś „swoistość", pozornie ją wynoszącą w jej oryginalności, a faktycznie degradującą i zafałszowującą wartość jej idei dla szerszej perspektywy. Już jako symptomatyczny drobiazg odnotujmy, że i u Adlera mamy w tekście z 1910 roku odniesienie do troski o „meliorację" (*ameliorating*) jako efekt działania rozmaitych czynników, np. miłości (por. Adler 1964, s. 55), co nie musi wynikać z rzekomo swoistej dla Radlińskiej drogi poprzez środowiska rolnicze.

---

2 Mamy tu wskazane nawet autorskie uwagi Adlera o tym podobieństwie.

***

Obecnie problem zaplecza psychologicznego dla pedagogiki społecznej zasługiwałby na debatę na serio i krytycznie prześwietlającą dostępne warianty, a także weryfikującą zarówno intuicje Radlińskiej czy jej odniesienia do tekstów dostępnych w jej czasach, jak i późniejsze sugestie wpisane w podręczniki już po jej śmierci, choć nieidące jej śladem, o czym świadczy chociażby stanowisko Aleksandra Kamińskiego i jego istotnie odmienne zaplecze teoretyczne.

Zauważmy na marginesie tych kwestii, że w 1980 roku w podręczniku akademickim Aleksandra Kamińskiego (1980) czytelnik mógł spotkać sugestię, że

> [p]olska psychologia rozwojowa nie sięga, niestety, poza okresy dzieciństwa i młodości (Włodzimierz Szewczuk – to wyjątek). Korzystajmy więc – dopóki psychologia polska nie da nam tego – z dorobku światowej nauki, ułatwiającej zorientowanie się we właściwościach poszczególnych faz życia człowieka dorosłego (Kamiński 1980, s. 329).

Kamiński opowiadał się, jak wiadomo, za psychologią humanistyczną z jej „teorią potrzeb trafnie wyrażoną przez A. Maslowa" (Kamiński 1980, s. 56, por. także s. 47–49), a przywołany przez niego afirmatywnie Włodzimierz Szewczuk był – jak wiadomo skądinąd – zaprzysięgłym krytykiem, żeby nie powiedzieć zdeklarowanym wrogiem psychoanalizy, niezdolnym do zrozumienia jej wartości poza rygorystycznie widzianymi kryteriami poprawności empirycznej ustaleń, które miałyby ją dyskwalifikować[3]. Nie jest to jedyne miejsce, jak to uwypuklałem już kilka razy w tej książce, gdzie podejście Kamińskiego zasadniczo rozmija się z sugestiami dla pedagogiki społecznej sformułowanymi ze strony Radlińskiej – i to ze stratą dla dyscypliny. Zauważmy ponadto, że nawet kiedy Kamiński pamięta, dla przykładu, że ważne dla dyskursu Radlińskiej „[p]ojęcie kompensacji przejęła pedagogika społeczna z psychologii indywidualnej Alfreda Adlera", to zaraz jako krytyk podkreśla, iż „adlerowski typ kompensacji naturalnej, samorzutnej, często nieświadomej" musiał być zastąpiony formułą „»szerokofrontowej« kompensacji społecznej" tak, jak gdyby to wyjściowe odniesienie nie miało większej wartości (Kamiński 1980, s. 75–77). Dokładniejszą formułą posługuje się tu Irena Lepalczyk, przywołując w podejściu Radlińskiej wątek spożytkowania i wzmocnienia wyjściowego usytuowania psychologicznego, a nie jego zastąpienia; jak brzmi cytat z *Pedagogiki społecznej*:

> Kompensacja społeczna, działając z zewnątrz, spożytkowuje i wzmaga zjawiska samorzutnej kompensacji psychologicznej, poddając im treść społeczną i zapobiegając nadkompensacji (przerostowi cech wyrównujących) (Radlińska 1961, s. 371, za: Lepalczyk 1972, s. 14).

---

3 Współbrzmiały tu akcenty obecne u Bogdana Suchodolskiego, nawet w przedmowach do tłumaczeń Freuda sugerującego, że wszystkie jego idee są już... „martwe". Szczegóły przytaczałem już osobno.

Mamy tu zarazem cenny przejaw troski o jednoczesne unikanie pułapki zarówno niedomiaru, jak i nadmiaru kompensacji, gdyż grozi tu podwójny błąd ulokowany po przeciwnych stronach dwubiegunowego napięcia.

Tymczasem zauważmy, że choćby w *Szkole twórczej* Henryka Rowida (1931) jako przydatni pedagogicznie zostają wymienieni – obok szeroko wykorzystywanego Williama Sterna, co było cechą zaplecza psychologicznego całego pokolenia pedagogów roczników lat 80. XIX wieku – także „**Adler**, twórca psychologii indywidualnej, **Jung**, przedstawiciel psychologii analitycznej, **Spranger** w swej psychologii postaci" oraz **Gustav le Bon** z jego psychologią tłumu jako ogniwem psychologii zbiorowej, stanowiącej podstawę psychologizowania sytuacji klasy szkolnej (por. Rowid 1931, s. 212, 218). Mówiąc o „psychologii pedagogicznej", z wyróżnieniem m.in. Johna Deweya czy Édouarda Claparède'a, obok Sterna i rodzącego się dopiero znaczenia Piageta, Rowid wskazuje na „nowe kierunki w psychologii", jak psychoanaliza (Zygmunt Freud), psychologia indywidualna (Alfred Adler), behawioryzm (John B. Watson) czy psychologia postaci (Wolfgang Köhler) (Rowid 1931, s. 162).

Podstawowy błąd Aleksandra Kamińskiego, który w konsekwencji w dalszym rozwoju pedagogiki społecznej w Polsce wpłynął na wyłączenie z obszaru jej zainteresowań psychologii głębi, polegał, moim zdaniem, na tym, że analizując pojęcie „środowiska życia" u Radlińskiej i trafnie wskazując dalej na „związek dialektyczny" wpisany zgodnie z klasyczną formułą „we wzajemne oddziaływanie wpływów środowiska i przekształcających środowisko sił jednostek", zarazem skrajnie przeciwstawił „zwycięski dziś w pedagogice społecznej punkt widzenia" dwóm perspektywom: odrzucany przez niego miał być zarówno „jednostronny determinizm środowiska w kształtowaniu człowieka, jak i nie mniej jednostronny psychologizm, usiłujący rozwikłać trudności społeczno-wychowawcze na drodze terapii" (Kamiński 1961, s. XXX). Nie rozumiejąc dialektyki samej Radlińskiej, Kamiński widzi tu odrzucenie, a nie przezwyciężenie, w którym biegunów się nie odrzuca, tylko przekracza się ich wzajemnie widziane słabości i zarazem korzysta z ich silnych i wartościowych stron. Radlińska potrafiła to zrobić, a Kamiński nie potrafił, pisząc o odrzuceniu nie jednostronności podejść wpisywanych w te perspektywy, przy ich zbyt wąskim widzeniu, ale samych tych perspektyw jako wręcz ze swojej natury jednostronnych. Sam tymczasem okazał się jednostronny, gubiąc siłę i wartość kluczowego narzędzia psychologii głębi dla pedagogiki społecznej, wykorzystanego przez Radlińską, którego sens pokażę dalej, i opowiadając się – powierzchownie zresztą – za psychologią humanistyczną Abrahama H. Maslowa, powstałą, jak wiadomo, z silnego antagonizmu z psychoanalizą, choć także z braku rozumienia jej potencjału wydobytego na jaw chociażby przez Erika H. Eriksona w kryzysowo-fazowym modelu cyklu życia. Nie tylko w tej kwestii najbliższy współpracownik Heleny Radlińskiej nie okazał się najlepszym kontynuatorem jej idei, wrażliwości teoretycznej i głębi analiz, których wartość trzeba teraz mozolnie odgruzowywać spod stert narzuconych na nie ich gorszych substytutów. Radlińska mogła się odwoływać do psychologii Gestalt czy psychoanalizy, doskonale pamiętając, że „[k]onieczne jest rozpoznawanie przebiegów zjawisk psychofizycznych i społecznych, wśród których odbywa się wychowanie" (Radlińska 1947, s. 20). Zatem nie groził jej perspektywie żaden jednostronny determinizm czy redukcjonizm sugerowany przez Kamińskiego, ani w sferze psychologicznej, ani socjologicznie diagnozowanej.

Osobno zauważmy, że możliwa i wartościowa jest postawa analityczna dotycząca odniesień (założeń) psychologicznych u Radlińskiej poprzez porównawcze poszukiwanie analogii w postawie badawczej, jak to robi chociażby Wiesław Theiss, wskazujący na zbieżność z nastawieniem metodologicznym Antoniego Kępińskiego w psychiatrii humanistycznej. Theiss podkreśla, że Radlińska w tym zakresie „w wielu punktach podejmowała problemy, które później znalazły się w centrum uwagi Antoniego Kępińskiego", choćby troska o „możliwość powstania dwukierunkowej relacji między podmiotami badania: wzajemnego oddziaływania na siebie badacza i badanych" czy chęć uniknięcia podobnie opisywanych błędów: nadmiernego uprzedmiotawiania, nieautentyczności maskowanej i maskującej inne braki postawy i zbyt silnych ocen i roszczeń wartościujących (por. Theiss 1994/1995, s. 24). Zresztą można ten trop Kępińskiego pociągnąć znacznie dalej i głębiej np. w sferę rozumienia zjawiska ambiwalencji. Czynię tu osobno uwagi odniesione do tzw. dialektycznego nastawienia w psychiatrii, które najpełniej wydaje się uwzględniać dwubiegunowe postulaty w zakresie relacji komunikacyjnych w trakcie oddziaływania psychoterapeutycznego. Warto tu jeszcze odnotować próbę porządkowania przez Ansbachera różnic między przeciwstawnymi tendencjami w psychologii, które wykorzystuje definicję opozycji obiektywna – subiektywna pod względem typu psychologii, gdzie w tle chodziło, dokładniej rzecz biorąc, o zderzenie perspektyw, z których jedna uprzedmiotawia, czyli „objektyfikuje" odniesienia swojej analizy, a druga je upodmiatawia, zatem jest „upodmiatawiająca", co w odniesieniu do porządku „psyche" miało oznaczać raz postrzeganie go z zewnątrz, a w przeciwnym wypadku – jak chciał cytowany Karl Jaspers – chodziło o „psyche widziane od środka, przez sam podmiot" (por. Ansbacher, Ansbacher 1964, s. 4–5)[4]. Uwzględnianie wewnętrznego punktu widzenia podmiotu uwikłanego w daną sytuację, w tym jego przeżyć i możliwości działania, staje się uwypukleniem strategii, jaka jest tu kluczowa, nie zadowalając się rozmaitymi typologiami czy podziałami. Ma to w szczególności oznaczać, że psychologia Gestalt czy psychologia głębi są tu przeciwstawiane zbyt jednostronnie scjentystycznemu widzeniu psychoanalizy nawet przez samego Freuda, a tym bardziej innych perspektyw badawczych i interpretacyjnych w psychologii.

---

4 Autor cytuje pracę Jaspersa z 1913 roku z ogólnej psychopatologii.

Tropy psychoanalityczne dla pedagogiki społecznej

Naturalność sięgania po aspekty psychoanalizy w rozważaniach Radlińskiej, mimo ich szczupłości i ograniczonego charakteru, wiąże się z jej zastępczą poniekąd retoryką, gdy wielokrotnie pisze o tym, co niewypowiedziane czy utajone, albo o tym, w czym daje o sobie znać „udział czynników »niewidzialnych«" (por. Radlińska 1947, s. 31) w sferze oddziałujących na człowieka treści, zarówno wewnętrznych, jak i środowiskowych. W grę wchodzą także siły i „potrzeby, które powinny być rozbudzane lub tłumione" (por. Radlińska 1947, s. 21).

Wśród terminów, jakie przewijają się w rozważaniach Radlińskiej, istotne są w tym kontekście „sublimacja" oraz „kompensacja", choć odnotujmy brak odniesień do problematyki „przeniesienia", która także w takich relacjach jak wychowawcze może stanowić pewien problem dla profesjonalizmu i dla etyki. Wspomniane dwa pojęcia są wykorzystywane na wiele sposobów.

Pierwszy termin, choć rzadziej i mniej fundamentalnie dla teorii, daje o sobie znać, podobnie jak u innych autorów w tym czasie, kiedy pojawia się wskazanie na funkcję „urządzeń publicznych" w kulturze, które poprzez zgromadzone w nich zasoby jako „skarby" są w stanie oddziaływać, „sublimując namiętności" (por. Radlińska 1937–1939, s. 616; także 1961, s. 250). Za Williamem Jamesem Radlińska podkreśla potrzebę „sublimowania instynktu walki" w odniesieniu do kondycji psychicznej dorastającej młodzieży (por. Radlińska 1961, s. 46). Wagę sublimacji uwypukla, interpretując analizy psychologii pragmatycznej Jamesa na temat specyfiki kondycji młodzieży w okresie dorastania ze względu na „sublimowanie instynktu walki" w postaci gotowości do poświęcenia, ponoszenia wyrzeczeń, w tym dotyczących „dóbr najbardziej cenionych", wystawiania się na ryzyko „w imię sprawy" angażującej emocje i stawianej najwyżej w „hierarchii wartości", w której „czynniki psychiczne" pozwalają działać „pomimo braku zaspokojenia potrzeb elementarnych", wbrew jednostronnym wyobrażeniom, że trzeba najpierw „uczynić zadość tym potrzebom", choć i one w rozmaitych innych sytuacjach domagają się pierwszeństwa (por. Radlińska 1935, s. 43). Te zaakcentowane przez Radlińską „dwa paradoksalnie odmienne fakty" – bo sobie przeczą, a zarazem dają o sobie znać – wiążą się ze specyfiką dorastania, widzianą jako „głębokie przewartościowanie wielu uznanych wartości. Spokój, bezpieczeństwo, uczucia rodzinne są poświęcane" (Radlińska 1935, s. 44). Do głosu dochodzi w tej fazie nowy „mocny nakaz wartości" innych w hierarchii motywów działania, zdominowanych przez „zaspokojenie potrzeby ofiary" jako poświęcenia, dominujące „w chwilach ofiarnego wysiłku" (Radlińska 1935, s. 44). Działanie afirmujące wartości musi więc okresowo uwzględniać tę konieczność realnego zaangażowania w wielką sprawę, co Radlińska dostrzegała tuż po odzyskaniu niepodległości w 1918 roku w „budzeniu się aspiracji wsi" w zakresie oświaty, jako sfery walki o sprawy trudne i wymagające wyrzeczeń (Radlińska 1935, s. 44).

Z kolei spojrzenie na kategorię kompensacji wymaga wpierw przywołania dobitnej tezy samej Radlińskiej, sformułowanej jeszcze w 1935 roku:

> Głównym zagadnieniem pedagogiki społecznej jest zagadnienie kompensacji, świadomie uzupełniającej procesy selekcji społecznej i biologicznej (por. Radlińska 1961, s. 22, por. także s. 101 – tu mamy określenie „centralnym zagadnieniem" zamiast „głównym").

Chodzi o programowe interweniowanie tam, gdzie dają o sobie znać braki, ułomności, słabość sił, niepełność szans i możliwości, wytworzone przez okoliczności zewnętrzne, społeczne i wewnętrzne, biologiczne; łącznie rozwojowo „niepomyślne warunki", którym wychowanie nie musi się poddawać (Radlińska 1961, s. 22–23). Kompensacja dotyczy zarówno funkcji samych urządzeń kulturowych i ich znaczenia „dla ruchu oświatowego", jak i troski o usuwanie ich braku, w trybie wykorzystującym inicjatywy i siły ochotnicze, które mają „zadanie kompensowania braku urządzeń trwałych" poprzez tworzenie ich „zaczątków", wraz „z rozbudzaniem potrzeb i jak najpełniejszym spożytkowaniem istniejących" już instytucji czy pomocy z nimi związanych (por. Radlińska 1961, s. 251).

Drugi, szerszy akcent odwołujący się do „kompensacji społecznej" Radlińska odnosi do sytuacji, gdy usuwa się „upośledzenie" środowiska subiektywnego poprzez wprowadzanie treści ze środowiska „obiektywnego", np. wzbogacając kulturowo dostępne treści, przy czym

> [...] kompensacja społeczna, działając z zewnątrz, spożytkowuje i wspomaga zjawiska samorzutnej kompensacji psychologicznej, poddając im treść społeczną i zapobiegając nadkompensacji (przerostowi cech wyrównujących) (Radlińska 1961, s. 371).

Jak się wydaje, sens kompensacji u Radlińskiej, wskazany przez Aleksandra Kamińskiego, zostaje jednak ukierunkowany na odrzucenie kontekstu psychologicznego w wersji Adlera, gdy – jak było widać – Radlińskiej chodzi o jego spożytkowanie, wspomaganie i ukierunkowanie, chroniące przed przerostami. Tymczasem sens ten ma się wyrażać w formule przywołującej dążenie do „meliorowania zachowań i instytucji" – wbrew „naturalnej, samorzutnej, często nieświadomej" wersji, jaką ma być zdominowany „adlerowski typ kompensacji", przejęty z „psychologii indywidualnej A. Adlera" (Kamiński 1972, s. 66)[5] – poprzez

---

[5] Zauważmy, że trop adlerowski – przed wojną kluczowy – bywa w pedagogice obecny, choć w rozmaitych innych szczątkowych przywołaniach, o czym świadczy jedyna szersza formuła Romany Miller, gdy pisała w analizach procesu wychowania: „Dzięki psychoanalizie nauczyliśmy się doceniać pierwsze doświadczenia wczesnego dzieciństwa. Słusznie twierdzi A. Adler, że to matka budzi w dziecku uczucie miłości, a dzięki niej stany zadowolenia, przyjemności, płynące z zaspokajania potrzeb biologicznych, przekształcają się w uczucia ludzkie, wykształcone przez kulturę. Zdaniem Adlera, matka powinna również starać się, aby to obudzone przez nią uczucie przeniosło się na ojca i innych członków rodziny" (Miller 1966, s. 113). Spotykamy tu jeszcze

[...] celowe wyrównywanie braków, uzupełnianie lub zastępowanie niepomyślnych składników sytuacji osobistej lub grupowej, stwarzanie warunków życia uznawanych za normalne [...]. Wzmacnia słabych pomocą silnych (por. Kamiński 1980, s. 77 – odsyła do Radlińska 1961a, s. 370–371; por. także Kamiński 1972, s. 67).

Zarazem odnotujmy, że Kamiński wskazuje

[...] na dwa spaczenia grożące kompensacji społecznej. Pierwsze polega na nadkompensacji, czyli na przesadnej gorliwości czynników realizujących kompensację, co może utrudnić jednostce dostosowanie się do właściwych jej sytuacji życiowych. Spaczenie drugie polega na niedostrzeganiu stanów, wobec których kompensacja społeczna nie może być efektywna, które wymagają innego rodzaju opieki (Kamiński 1972, s. 68; także 1980, s. 77).

Oznacza to w szczególności zwrócenie uwagi na dwoiste napięcie efektów kompensacji w układzie nakazującym znalezienie się między troską o należytą siłę kompensacji a troską o adekwatność jej ukierunkowania na określone sytuacje i stany. Łącznie jednak brakuje tu uwypuklenia, że zarówno nadmiar, jak i niedostateczność zaangażowania kompensacji mogą generować zakłócenia, niosące „spaczenia" sensu jej podjęcia w sferze realizowania zadań opieki społecznej. Intencja wskazania jednocześnie dwóch niebezpieczeństw, usytuowanych po przeciwnych stronach dwubiegunowego układu, jest właściwym krokiem w dobrą stronę w refleksji nad złożonością, w której trzeba umieć zachować pełny profesjonalizm zaangażowania pedagogicznego, rozpoznając pułapki w obu miejscach, niemogących zatem wiarygodnie występować jedynie z pozycji krytyki adresowanej poza siebie. Kolejny jednak raz gotowość Radlińskiej do przezwyciężania słabości czy jednostronności, w rozumieniu Kamińskiego, ma się wyrażać odrzuceniem. Nie trzeba wielkiej przenikliwości teoretycznej, żeby zobaczyć tu nadużycie i mniejszą subtelność następcy na łódzkiej katedrze pedagogiki społecznej.

Dodam jeszcze, że Radlińska podkreślała potrzebę poszerzenia w pedagogice społecznej rozumienia celowego zakresu posługiwania się kompensacją, poza formy pomocy społecznej, w kierunku pozwalającym na czynienie z niej jednego z „najważniejszych czynników planowania przekształceń środowisk" (por. Radlińska 1961, s. 371). Domyślnie więc dochodzi do zespolenia kompensacji społecznej

---

szczątkowe nawiązanie do „nowej psychoanalizy" za Januszem Reykowskim, z uwypukleniem takich motywów, jak: „dążenie do zabezpieczenia się przed wrogością, dążenie do przynależności do grupy, poszukiwanie sensu życia", traktowanych jako wynik „życia społecznego" (Miller 1966, s. 23). Nawiązań do Heleny Radlińskiej i jej dokonań u Romany Miller brak, mimo obecności jej jednej pozycji w bibliografii. Przez to *Proces wychowania i jego wyniki* wydaje się jako podręcznik dokonaniem ułomnym, choć typowym dla pewnego stylu uprawiania pedagogiki, nieosadzonego głęboko w dorobku Radlińskiej, ze szkodą dla całej dyscypliny. Oczywiście mamy całe mnóstwo ilustracji znacznie bardziej zasługujących na krytykę, czym ktoś powinien się dalej zająć, dla odwrócenia praktyki porzucania tego dorobku dla dokonań wtórnych czy płytszych.

i melioracji środowiska, gdyż niezbędne okazuje się uprzedzanie konieczności interwencji kryzysowej, zwykle niosącej już dużą presję spóźnienia i zaawansowania upośledzeń społecznych, których usunięcie może być już znacznie trudniejsze, jeśli nie już niemożliwe. Stąd waga sformułowania Radlińskiej:

> Działalność kompensacyjna jest najskuteczniejsza wtedy, gdy nie poprzestaje na pomocy w zaspokajaniu elementarnych potrzeb, lecz gdy współdziała w urzeczywistnianiu ideałów, które tkwią w środowisku niewidzialnym (por. Radlińska 1961, s. 176).

To współdziałanie musi obejmować zwłaszcza relacje między urządzeniami kulturalnymi dla ich spożytkowania, ponieważ „[b]rak powiązania działalności szkoły i instytucji pomocy społecznej" niesie „niebezpieczeństwo dla najsłabszych" (Radlińska 1961, s. 176). Nie ma więc kompensacji bez systemowego wspomagania się wzajemnie w strukturze, której jakość rozstrzyga o szansach społecznych jednostek w danym środowisku.

Wreszcie problem kompensacji jest u Radlińskiej wpisany także w kontekst operowania przez nią kategorią „wieku społecznego" jednostki, wiązaną z kryterium wyznaczanym przez „obowiązki pełnione przez jednostkę", np. obowiązek szkolny, praca zawodowa, które mogą być opóźnione lub przyspieszone nadmiernie w stosunku do „fazy życia", np. realnego zaawansowania dojrzałości emocjonalnej czy gotowości uczestnictwa w pewnych zadaniach i sytuacjach, tworzonych przez regulacje i uwarunkowania prawne, gospodarcze i obyczajowe (Radlińska 1961, s. 136–137). Nie dysponując jeszcze terminem „moratorium rozwojowe", powstałym znacznie później w modelu Eriksona, pedagog społeczny wykazuje podobny rodzaj wrażliwości na paradoks rozwojowy, polegający na tym, że czasem dobrze jest pomóc odroczyć lub przyspieszyć pewne doświadczenia w trosce o jakość tego rozwoju, a to Radlińska wiąże z kompensacją:

> Działalność kompensacyjna [...] usiłuje obniżyć wiek społeczny dla umożliwienia rozwoju cech swoistych dla faz życia, dla zapewnienia społeczeństwu wartości, które giną przez skracanie właściwego wieku społecznego. Mogą być i potrzeby odmienne, w innych okolicznościach [...] dla których może być wskazane przyspieszanie opóźnionego dojrzewania społecznego (Radlińska 1961, s. 138).

Uwaga ta wymaga bliższego prześledzenia samej idei fazy rozwojowej w ujęciu Radlińskiej jako ważnego narzędzia pedagogiki społecznej w zakresie diagnostyki rozwojowej i wnikania w mapę deficytów czy zakłóceń o charakterze przerostów, co później zostało pełniej wypracowane w psychoanalitycznym modelu cyklu życia u Eriksona, zlekceważonego wśród polskich pedagogów społecznych, mimo że przedłuża intuicje i samodzielne próby powstałe u zarania budowy kompletnej perspektywy pedagogicznej w ich dyscyplinie. A tu rozstrzyga się kwestia zdolności do stymulowania postawy twórczej czy gotowości do brania odpowiedzialności za własne życie, czy choćby tylko działania. W 1937 roku Radlińska widziała tu potrzebę jeszcze „wielu badań i doświadczeń" (Radlińska 1961, s. 138), ale trudno dostrzec ich realne podjęcie w środowiskach jej następców, jeśli chodzi o granice normy, jakość wzorca czy, mówiąc w języku Eriksona, kryteria przemieszczania się faz rozwojowych.

Fazowa perspektywa śledzenia rozwoju

Z pewnością pozytywnie zdumiewa dobitność, z jaką już w latach 30. XX wieku Radlińska dla pedagogiki społecznej upominała się o perspektywę uwzględniającą „nowe zagadnienie wieku społecznego" (por. *Społeczne przyczyny powodzeń i niepowodzeń szkolnych...* 1937, s. 29), związanego z postawą wobec życia wynikającą z „obowiązków pełnionych przez jednostkę" (por. *Społeczne przyczyny powodzeń i niepowodzeń szkolnych...* 1937, s. 29). Miały one być odnoszone do rozmaitych perspektyw i ujęć progów rozwojowych, widzianych w kontekście splatających się i przemieszczających zadań oraz gotowości do nich wobec szkoły, pracy, rodziny, tożsamości zbiorowej, w tym tradycji, a także śledzenia rodzajów, przejawów i siły zaangażowania w zakresie indywidualnych i zbiorowych „dążeń społecznych" (por. *Społeczne przyczyny powodzeń i niepowodzeń szkolnych...* 1937, s. 29–30). Radlińska podkreślała wagę współpracy „badaczy zjawisk społecznych z psychologami i wychowawcami" dla wypracowania stanowiska w kwestii tego, czym jest „wiek społeczny dla normalnego przebiegu faz życia" i jakie są „najważniejsze cechy charakterystyczne faz życia" (*Społeczne przyczyny powodzeń i niepowodzeń szkolnych...* 1937, s. 30). Ta czujność badawcza Radlińskiej, gdyby nie została zmarnowana i była doceniona w pełni w środowisku pedagogów społecznych, powinna była zaowocować podjęciem zagadnień wpisanych w zaawansowane modele rozwoju „kryzysowo-fazowe", w tym związane zwłaszcza z ustaleniami dotyczącymi cyklu życia u Erika H. Eriksona[6]. Nie mam przekonania, że Radlińska uzyskała tu niezbędnych kontynuatorów czy choćby niezbędne zrozumienie. Nie dysponując terminami, takimi jak „epigeneza", „tożsamość negatywna", „moratorium", „blokada rozwojowa", zapisała z dużą przenikliwością obserwacje pokazujące, jak finezyjną kulturą psychologiczną i intuicją dysponowała, z pewnością wykorzystując impulsy z Stefana Szumana, Alfreda Adlera, Stefana Baleya, Charlotty Bühler czy innych

---

6 Jako autor najszerszej dotąd rekonstrukcji pedagogicznej modelu kryzysowo-fazowego cyklu życia u Erika H. Eriksona (por. Witkowski 2009a) uważam, że u Radlińskiej mamy sporo wręcz genialnych uściśleń i antycypacji późniejszych badań, przebijających się do świadomości badaczy dopiero stopniowo od lat 50. XX wieku. Sygnalizuję to w kilku miejscach tej książki, m.in. w zakresie idei „tożsamości negatywnej" u Eriksona. Zasługiwałoby to na odrębną pełną analizę.

(por. *Społeczne przyczyny powodzeń i niepowodzeń szkolnych...* 1937, s. 462, 487–488). Na przykład w kontekście zadania opisu „faz życia" wyrażała się następująco:

> Badania społeczno-pedagogiczne ostrzegają jednak, że pewne cechy, bardzo ważne, są w danej fazie życia zawarte jako właściwości utajone, które uwydatniają się w pełni tylko wówczas, gdy istnieje zgodność faz życia fizycznego i psychicznego z fazą wieku społecznego. Jakże często przedwczesna dojrzałość społeczna niweczy walory dziecięctwa z jego beztroską i radością zabawy (*Społeczne przyczyny powodzeń i niepowodzeń szkolnych...* 1937, s. 30–31).

Analizy dotyczące zagadnień wychowania w *Oświacie dorosłych* są już na samym wstępie oparte na wyróżnieniu ustaleń z badań psychologicznych, „zwłaszcza Ch. Bühlerowej", w kwestii opierania rozważań unieważniających kategorie wieku i sztywne przedziały wieku jako dominujące, zamiast operowania podziałem życia ludzkiego na „okresy" zwane potem najczęściej „fazami życia". Drugie ważne programowo odniesienie psychologiczne stanowi charakterystyka „psychiki dojrzałej" według S. Szumana, co wieńczy stwierdzenie, że „nie można skutecznie uczyć ani usprawniać, zanim zjawi się odczucie potrzeby i gotowości podjęcia trudu uczynienia jej zadość" (Radlińska 1947, s. 13). Mamy tu w szczególności w pełni nowoczesną ideę kojarzenia faz rozwojowych życia z dominującymi potrzebami, z których zmianą trzeba umieć się liczyć. W znanym materiale z 1961 roku, syntetyzującym treści do egzaminu z pedagogiki społecznej, mieliśmy już wskazanie, że „[r]ozróżnianie potrzeb faz wieku opiera się na badaniu sytuacji życiowych i kierunku zainteresowań" (Radlińska 1961, s. 388). Oczywiście, trudno się tu spodziewać uwzględnienia dwoistego układu napięć głównych potrzeb poszczególnych faz, skoro to dopiero uwypukla model Eriksona. Pedagodzy społeczni idący tymczasem w kierunku preferencji, akcentowanych przez A. Kamińskiego, w stronę psychologii humanistycznej Maslowa nie wyszli naprzeciw wskazanemu przez Radlińską kierunkowi rozwoju własnej dyscypliny w jej splocie psychologicznym.

Spotykamy tu także podkreślanie funkcji „kompensacji" w sposób, który wymagałby odniesienia do zjawiska moratorium, którego jakość istotnie rzutuje na jakość procesów dorastania, gdyż nie może być ani nadmiernie przedłużane, ani nieodpowiedzialnie skracane przez presję interesów materialnych otoczenia czy niegotowość danej jednostki. Mowa o kompensacji wpisanej w działanie, które „usiłuje obniżać wiek społeczny dla umożliwienia rozwoju cech, swoistych dla faz życia, dla zapewnienia społeczeństwu wartości, które giną przez skracanie właściwego wieku społecznego", choć zarazem w innych okolicznościach może być celowe „przyśpieszanie opóźnionego dojrzewania społecznego" (por. *Społeczne przyczyny powodzeń i niepowodzeń szkolnych...* 1937, s. 31).

Radlińska jest tu przeniknięta optymizmem społecznym w zakresie potencjału sprawczości dzięki odniesieniu do możliwie najszerszego pola „przeżyć i podniet oddziałujących na rozwój" jednostek z różnych środowisk i zapóźnień czy skaz wymagających kompensacji, przez co dystansuje się wobec tego, że – jak pisze –

> [n]iektórzy psychologowie twierdzą, że nie każdy człowiek przechodzi przez wszystkie fazy rozwoju duchowego od dzieciństwa intelektualnego do dojrzałości, przeciwnie, wielu niezdolnych do dalszego postępu zatrzymuje się na którymś szczeblu (Radlińska 1961, s. 55).

Intencją Radlińskiej jest sprzeciw wobec nieodwracalności determinizmu społecznego, bo przecież byłoby nieporozumieniem przypisywanie jej braku zrozumienia dla rozmaitych blokad, przeszkód czy uszkodzeń rozwojowych w życiu jednostek i całych kręgów społecznych, z powodu nędzy czy innych plag społecznych rzutujących na warunki życia i rozwoju, zwłaszcza dzieci.

Ukoronowaniem odniesienia do fazowości rozwoju wydaje się u Radlińskiej wczesne wpisanie rozwoju i wychowania w mechanizm fazowy, co najlepiej zdaje się wyrażać następująca formuła, tworząca ramę podręcznikową dla ogólnego myślenia pedagogicznego w 1947 roku, z oporami podejmowaną jeszcze przez dłuższy czas:

> Wychowanie polega na pielęgnowaniu rozwoju, na uczeniu się sztuki odszukiwania i wyboru wartości istniejących oraz czynienia z nich narzędzi własnego trudu, na wzbogacaniu wiedzy, na wyrabianiu sprawności w kierowaniu sobą i wykonywaniu pracy. Jest ono skuteczne, gdy zgodnie z fazami wieku dopomaga do rozwiązywania zadań, które stawia życie, i we właściwej chwili wprowadza w sprawy społeczne i pozaczasowe, przerastające jednostkę. Wychowanie jest sprawą całego życia, przekracza obręby szkół, wiąże się ze wszystkimi czynnikami stawania się osobowości ludzkiej (Radlińska 1961, s. 325).

Dzięki perspektywie ujmowania zadań w kategoriach faz życia, jak podkreślała Radlińska, pedagogika społeczna uzyskała podejście umożliwiające „spożytkowanie dla dobra jednostki i dla przyszłego społeczeństwa walorów dziecięctwa jako fazy rozwojowej, od której zależy przebieg faz następnych", co pozwala dostrzegać „grozę coraz głębszego hamowania rozwoju" dzieci i „pozorność wyników pracy szkolnej", a także uwypukla to, jak bardzo „splata się wychowanie dzieci z wychowaniem rodziców", a działalność szkoły z oświatą pozaszkolną (por. Radlińska 1964, s. 107). Widzenie dzieciństwa (czy „dziecięctwa", jak pisze Radlińska) w strukturze fazowej całego cyklu życia i jego związków z fazami innych postaci ze środowiska wychowawczego danego dziecka pozwala ujmować zadania i problemy pedagogiczne w perspektywie całożyciowej, przez co pada dobitne zdanie w tomie z 1935 roku: „Pedagogika staje się andragogiką" (Radlińska 1964, s. 107). Kluczowe stają się tu zjawiska wzajemnie „się splatające", w tym sploty dotyczą powiązań między fazami, jak również między biegunami występującymi w danej fazie, jak w przypadku powodzenia szkolnego uzależnionego od „minimum ładu domowego w rodzinie dziecka" (Radlińska 1964, s. 105).

Nie wolno rzecz jasna nie widzieć, że przy rozmaitych antycypacjach w stosunku do późniejszego dojrzewania teorii fazowego rozwoju człowieka mamy u Radlińskiej jeszcze przejawy pewnych braków w rozumieniu dynamiki, o której mowa zwłaszcza z perspektywy uznającej tu napięcia dwubiegunowe w każdej fazie i potrzebę nieustannego równoważenia. Świadectwem jednego z takich braków jest uznanie dorosłości („dojrzałości"), jak pisze Radlińska, za „czas równowagi i harmonijnej twórczości" (por. *Źródła do pedagogiki opiekuńczej* 1988, tom I, s. 187 – sformułowanie Radlińskiej z 1938 roku z pogadanki radiowej), tak jak gdyby dojrzałość nie mogła oznaczać np. dojrzałego radzenia sobie z kryzysami i zakłóceniami równowagi, które mogą powracać w każdej fazie, a twórczość wcale nie musi się kojarzyć z harmonią. Na dodatek Radlińska wiąże swoje odniesienia do etapu wczesnoszkolnego u dzieci z mówieniem o „okresie harmonii późnego dzieciństwa", stwierdzając zarazem, że dziecko „[w]chodzi w lata harmonii z pragnieniem poznawania rzeczy, słuchania i podporządkowywania się, gotowością do zbiorowej pracy i zabawy" (*Źródła do pedagogiki opiekuńczej* 1988, tom II, s. 528). Jest więc w fazie rozwojowej jako okresie mającym inne potrzeby niż np. później, gdy zmiany związane z dojrzewaniem stanowią „część burzliwego okresu (stawania się świadomie sobą)" (*Źródła do pedagogiki opiekuńczej* 1988, tom II, s. 528–529. W takim opisie giną aspekty napięć między biegunami kolejno wpisywanymi w fazy rozwojowe, najwidoczniej zaplecze wiedzy psychologicznej nie pozwalało Radlińskiej na odnoszenie się do bardziej złożonego obrazu dynamiki wewnątrzfazowej. Dziś wydaje się, że zarówno wiedza teoretyczna, jak i znajomość dramaturgii egzystencjalnej dzieciństwa w różnych kontekstach społecznych nakazują mniej optymistycznie traktować tę fazę, nie jako miejsce harmonii. Wiemy jednak, że nie jest to jedyne miejsce, w którym u twórczyni zrębów pedagogiki społecznej do głosu dochodził akcent afirmujący, obiecujący i zabiegający o efekt harmonii jako znamię pokutującej jeszcze romantycznej czy tylko zbyt sentymentalnej wizji rozwoju.

Psychologia Gestalt – waga czynników postaciujących i troski o tło

Śledząc trudności w kształtowaniu tożsamości zbiorowej przez środowisko, w zależności od skali i głębi przeżyć w stosunku do dostępnych odniesień symbolicznych i osobowych, Radlińska przenikliwie wskazuje już na przełomie lat 20.–30. XX wieku na znaczenie nurtu Gestalt w psychologii, uznając go za podstawowy, wskazując na potrzebę odniesień do procesów „postaciowania" w rozumieniu zjawisk społecznych w analizach i badaniach pedagogicznych. Trop ten nie został podjęty w Polsce jako kluczowy dla pedagogiki społecznej, będąc także zresztą zmarginalizowanym w psychologii polskiej, mimo że głosy o jego wadze docierały z różnych stron, także po wojnie. Podjęcie tego tropu to zapewne kwestia przyszłości, zważywszy na to, że sama „pedagogika Gestalt" zaczęła być pełniej kształtowana stosunkowo późno, bo dopiero w latach 70. XX wieku, i już wtedy była zdominowana głośnym afirmowaniem tzw. pedagogiki humanistycznej, poprzez którą i ponad którą się nie przebiła chociażby ze swoim uwrażliwieniem proweniencji psychoanalitycznej[7].

Zapewne konieczna będzie najpierw rewizja niektórych wyobrażeń o Gestalt w samych kontekstach psychologii. Przypomnijmy, że np. w latach 50. minionego wieku, już po śmierci Radlińskiej, znane były próby dostrzegania tu wspólnoty z psychologią poznawczą, jak w przypadku Hansa Aebli, bliskiego współpracownika Piageta, który odnosząc się do widzianej psychologicznie dydaktyki, w pracy z 1951 roku wskazywał np., że

> [...] całościowe ujęcie jakiegoś zestawu (kompleksu) pojęć jest czymś zgoła innym, aniżeli zwykła suma wszystkich jego składników. Spostrzeżenie to znajduje potwierdzenie w fakcie powszechnie uznawanym przez wiele współczesnych szkół psychologicznych, że całościowa struktura jakiejś reakcji psychicznej jest czymś więcej, aniżeli jej izolowane części wzięte łącznie. Przedstawiciele *Gestaltpsychologie* (psychologii postaci) wykazali zwłaszcza, że spostrzeganie przybiera zawsze „postać" całościową, która jest czymś więcej, aniżeli zwykła suma wrażeń; na przeciwnym zaś biegunie hierarchii reakcji psychologicznych operacje nie mogą być rozumiane inaczej, jak tylko jako integralne człony bardziej rozległych systemów operacyjnych: ugrupowań i grup (Aebli 1959, s. 123–124)[8].

Trudno odnaleźć przejawy docenienia tego ukierunkowania psychologii (na trop Gestalt) w pedagogice społecznej **po** Radlińskiej, w obliczu entuzjazmu dla akcentów rozwojowych (często sentymentalizujących rozwój) w terminach psychologii humanistycznej Abrahama H. Maslowa. Aleksander Kamiński podkreślał z kolei w późniejszych opracowaniach podręcznikowych, że funkcjonująca na styku teorii pracy socjalnej i pedagogiki społecznej „metoda prowadzenia indywidualnych

---

7 W sprawie ogólnej charakterystyki „pedagogiki Gestalt" patrz: Śliwerski 1998, s. 157–174. Uznając, że zainteresowanie na świecie ideami Gestalt i rozwijaną w tym kontekście pedagogiką wzrasta, można mieć nadzieję na studia artykułujące pożytek z niej i dla pedagogiki społecznej. Wówczas dopiero impuls wyjściowy, wpisany w dokonanie Radlińskiej, może się doczekać docenienia i rozwinięcia. Niezbędne po temu będzie jednak wykonanie uprzednio pracy analityczno-krytycznej i porównawczej w świetle roszczeń „humanistycznych", jakie zgłosiła dosyć bezceremonialnie i wręcz niehumanistycznie właśnie część twórców i zwolenników psychologii aneksującej pod swoją nazwę humanizm działań i oddziaływań, służących w szczególności rozwojowi. Powstała moda powiązana z niechęcią do poważnego studiowania podejścia humanistycznego jako... problemu do podjęcia i wyzyskania także np. zróżnicowanej tradycji psychoanalizy.

8 Aebli zwraca uwagę, że odpowiednikiem tego podejścia jest w psychologii Piageta wskazanie na „schemat antycypacyjny" jako podstawę poszukiwań i ukierunkowania badań oraz recepcji wrażeń, zgodnych z tym, co wyznacza „żywotnie interesujący dziecko **problem**" (Aebli 1959, s. 123–124).

przypadków związała się z psychologią głębi – głównie freudowską" (Kamiński 1980a, s. 105), ale traktował to jako zjawisko krytycznie przezwyciężane w praktyce pracy socjalnej, widząc tu „jednostronność psychologizowania" korygowaną przez Radlińską (Kamiński 1980, s. 258–259). Trop postaciowania jest u Kamińskiego, jak łatwo sprawdzić, zagubiony przy jego preferencji dla psychologii humanistycznej w wydaniu Maslowa. Oznacza to, moim zdaniem, zwekslowanie zainteresowań pedagogiki społecznej w stronę spłycającą w niej środki analiz psychologicznych. Trzeba było zweryfikować wartość kierunku wskazanego przez Radlińską czy go śledzić, ale najpierw dokładniej zrozumieć, na czym polegała wartość odniesień do psychologii głębi i jej kategorii w postaci „czynnika postaciowania". Został on zmarginalizowany i niestety zmarnowany przez nominalnych kontynuatorów spuścizny badawczej Radlińskiej, mimo że akcenty z nim związane u twórczyni zrębów pedagogiki społecznej nie są błahe – jak zaraz pokażę – i zdają się fundować podstawową strategię poszukiwanej i uznanej za niezbędną psychologii społecznej dla pedagogiki.

Najdobitniejszym wyrazem tego rozmijania się Radlińskiej i Kamińskiego, nie tylko w tej kwestii zresztą i ze szkodą dla rozwoju pedagogiki społecznej, jest fakt, że we wstępnych rozważaniach w tomie zbierającym teksty Radlińskiej Kamiński formułuje uwagi traktujące odniesienia do psychologii głębi jako reprezentujące „jednostronny psychologizm" – rzekomo zainteresowany rozładowywaniem „powikłań psychicznych, utrudniających adaptację społeczną jednostki, obniżających samopoczucie grupy etc." – a kilkadziesiąt stron dalej można przeczytać niezależnie o tym, jak w faktycznym ujęciu Radlińskiej pedagogika społeczna może się twórczo posłużyć perspektywą, wpisaną w diagnozowanie trudności z uzyskiwaniem efektów oddziaływania pedagogicznego, analiz opartych właśnie na kategoriach tła, podłoża, postaci i postaciowania. Mimo że był najwybitniejszym i najbliższym współpracownikiem oraz kontynuatorem twórczyni pedagogiki społecznej, Kamiński najwyraźniej nie zrozumiał, do czego Radlińskiej psychologia głębi była potrzebna i jaki z niej i z jej narzędzi zrobiła faktycznie użytek. Gdyby tak nie było, to wiedziałby, że w pedagogice społecznej nie może być mowy o trafności jego opisu zaistniałego procesu jako o „jednostronnym odrzuceniu" psychologii głębi, ale co najwyżej o... odrzuceniu jednostronności, przypisywanej psychologii głębi, wpisanej bądź wpisywanej w nią zarówno przez jej krytyków, jak i często jej zwolenników. Przezwyciężanie słabości nie jest odrzucaniem, jak wylewanie dziecka z kąpielą. Pora więc wrócić do dojrzałego podejścia samej Radlińskiej przeciw Kamińskiemu jako uczniowi niemającemu równie głębokich intuicji. Dowodem dla mnie na trafność intuicji Heleny Radlińskiej jest obecne u Gregory'ego Batesona odwołanie do psychologii Gestalt w budowie cybernetycznej koncepcji komunikacji oraz rozwijaniu „ekologii umysłu", co analizuję wyżej w tej książce w wątku metodologicznym.

Przede wszystkim warto odnotować podkreślenie przez Radlińską, w jej klasycznym studium z 1935 roku o „stosunku wychowawcy do środowiska społecznego", wagi terminu „czynnik postaciujący" jako wskazującego na podstawowy mechanizm selekcyjny i projekcji w zakresie nadawania kształtu dostępnym pokoleniowo treściom oddziaływania społecznego i kulturowego. Pewne doświadczenia i odczucia mogą powracać jako zjawiska uniwersalne, jak odradzanie się czy ból, choć zmieniają się media ich wyrazu, co jest inaczej zapośredniczane i ucieleśniane w sposób dający do myślenia.

Z każdym pokoleniem zmienia się jednak forma wyrażania tych samych uczuć, te same dążenia uzewnętrzniają się w coraz innym kształcie. Od czynnika postaciującego, działającego w danej chwili silniej od innych, zależy struktura. Skąd zjawia się ten czynnik. Pojęcia, wierzenia, nastawienia uczuciowe, zwyczaje, stanowiące więź moralności grupy, kształtują jednostkę, podtrzymują jej siły lub ograniczają, gaszą jej dążenia. Działają one przede wszystkim przez żywych ludzi, których poglądy i postępowanie są wytworem wielu składników środowiska, zarazem twórcą nowych wartości i najbardziej sugestywnym przykładem sztuki życia. Sięgają jednak dalej niż życie jednostki, głębiej niż myśl świadoma (Radlińska 1961, s. 33).

Jak rozumiem, czynnik postaciujący należy do rodzaju „czynników niewidzialnych" środowiska, które wpływają na „przekształcenie życia" poprzez wartościowanie podejmowane w pewien sposób za sprawą struktury związanej z jakimś ukształtowaniem upodobań, jakie niesie (Radlińska 1961, s. 33). W grę wchodzić tu muszą istotne doświadczenia i przeżycia, znaczące egzystencjalnie. Przypomnijmy, że Mircea Eliade wręcz mówił w takiej sytuacji o przeżyciu inicjacyjnym jako warunku takiego znaczenia. U Radlińskiej jest to sformułowane z wykorzystaniem kategorii czynnika postaciującego:

> Mocne przeżycie duchowe może się przyczynić do przebudowy świadomości. Używając sposobu wyrażania się psychologii strukturalnej, możemy powiedzieć, że przez zjawienie się czynnika postaciującego, który stanowi jak gdyby zaprawę wiążącą poszczególne cząsteczki, z rozbitych całostek powstają nowe struktury (postaci). Nawet gorące uczucie, które wyraziło się w nienawiści, może przemienić się w miłość [...].
> Świadome poszukiwanie pewnych bodźców, wzmacnianie lub rozbijanie całostek jest podstawą sztuki życia, umożliwia tworzenie nowych struktur, kształtowanie ideałów, oddziałuje na kierunek woli, zmusza do przemieniania siebie i swego środowiska bezpośredniego (Radlińska 1961, s. 37).

Radlińska odnosi się do czynników postaciujących jako kategorii pozwalających artykułować procesy ogólnożyciowe, a dopiero dalej wiąże je z procesami oddziaływań oświatowych. w tej szerszej formule oznacza to sytuowanie życia w pewnym jego wartościowaniu, z odniesieniem do tego, co stanowi tło. Kategoria

„tła" powraca wielokrotnie w stylu narracji Radlińskiej, co jest alternatywnym wyrażaniem obecności czynnika postaciującego.

Sztuka życia wyraża się w ciągłym harmonizowaniu różnorodnych wartości. Skutecznie i całkowicie dokonywać się ono może tylko na tle pewnego zasadniczego tonu, który staje się „czynnikiem postaciującym" (Radlińska 1961, s. 39).

Spotykamy także podkreślenie (Radlińska 1961, s. 46), że kształtowanie „woli czynu", motywujące do działania, czy oddziaływanie na sferę zainteresowań dają się „najdogodniej" rozpatrzyć i zanalizować „na tle pojęcia »postaci«" w ślad za zapożyczeniem psychologicznym.

W przejściu do aspektów ważnych dla działań oświatowych wiąże się to tymczasem u Radlińskiej z głębszym rozumieniem wagi i szczególnej ontologii zainteresowań i tego, jakie treści wyzwalają przeżycia więzi wspólnotowej, ułatwiając bądź utrudniając np. integrowanie imigrantów czy społeczności o odmiennych po części doświadczeniach, jak to było udziałem Polaków pod zaborami. Jak czytamy w tekście z 1930 roku:

> Te zjawiska, znane powszechnie, można wyjaśnić przy pomocy podstawowego dla dzisiejszej psychologii pojęcia „postaci". Praca duchowa dąży do stwarzania harmonii, co przetłumaczone na język psychologii postaci nazwie się „zamykaniem struktur". Z różnych przeżyć, z różnych pierwiastków człowiek wybiera świadomie lub podświadomie cząsteczki, które są „potrzebne" dla zamknięcia struktury. Czynnikiem umożliwiającym tworzenie struktur, tj. „czynnikiem postaciującym", jest zainteresowanie. Zależy ono częstokroć od poprzednich przeżyć [...], od skłonności, od uczuć. Podniecenie uczuciowe odgrywa wielką rolę, zazwyczaj większą niż rozumowanie. „Interes" psychologiczny jest często rozbieżny z interesem materialnym. Pożądane, upragnione bywa to, co zaspokaja potrzeby odczuwane przez jednostkę lub przez grupę społeczną, nie to, co jest „najpożyteczniejsze" ekonomicznie. Wiadomo z doświadczenia, że najprędzej rozpowszechniają się zwyczaje, które czynią zadość pragnieniu podźwignięcia się w hierarchii społecznej (choćby pozornie). Różnice indywidualne (i grupowe) przeżyć i zainteresowań sprawiają, że ten sam czynnik postaciujący może zewrzeć różne odmienne struktury, w związku z rozwojem jednostki czy grupy. Współżycie w środowisku, posiadającym własny ideał (religijny, etyczny, społeczny czy polityczny), kształtuje, dostarczając podobnych wrażeń, potęgując jednakowe skłonności (Radlińska 1979, s. 196)[9].

Zauważmy w szczególności, że ten passus uczula na to, że na człowieka pedagogika społeczna patrzy z innej perspektywy, niż gdyby miała do czynienia z wąską racjonalnością reprezentowaną przez figurę *homo oeconomicus*. Ponadto uzyskujemy troskę o sięganie na poziom przeżyć i zainteresowań jako generujących

---

9 Z pewnymi niuansami redakcji ten sam fragment znajdujemy wcześniej w: Radlińska 1935, s. 45–46; powraca także z modyfikacjami w: Radlińska 1961, s. 46.

mechanizm, który może zupełnie inaczej „postaciować" u odbiorcy te same treści dostępne w przekazie.

Możliwości celowego oddziaływania na przemiany stanu struktury istnieją, lecz są ograniczone przez rodzaj tworzywa. Rozmyślne wprowadzanie „czynników postaciujących", nie licząc się z właściwościami *mnemy*, z istniejącą więzią moralną, może łatwo zawieść, dać wyniki odmienne od zamierzonych (Radlińska 1979, s. 198)[10].

Pozwala to Radlińskiej na sformułowanie w terminach psychologii Gestalt zadania oświatowego, naświetlanego przez pedagogikę społeczną, której funkcja stanowi podstawę teoretyczną dla organizowania warunków, które najpełniej, moim zdaniem, oddaje triada kroków rozwojowych, jaka osobno została zrekonstruowana z moim udziałem (por. Jaworska-Witkowska, Witkowski 2010) z odniesień do prozy Hermanna Hessego w sekwencji: przeżycie – przebudzenie – przemiana, którą zresztą wspomniany tu laureat Nagrody Nobla z 1946 roku wypracował pod wpływem koncepcji Carla Gustava Junga. Taką triadę widać także u Heleny Radlińskiej.

Wiemy, że te same „czynniki postaciujące" oddziałują silniej w pewnych warunkach. Na umiejętnym stwarzaniu tych warunków polega w znacznym stopniu „intensyfikacja" pracy oświatowej (Radlińska 1979, s. 199).

W tekstach mamy szereg dowodów na to, że Radlińska postuluje psychologię wychowania opartą na wizji ustanawiania bardziej dynamicznej relacji z odbiorcą oddziaływań, wpisując je w wymóg spełniania warunków wspomnianej triady (przeżycia, przebudzenia, przemiany), gdzie nie wystarczy nawet formuła „dydaktyki przeżycia". Oddziaływanie na poziomie czynności umysłowej nie zdoła zainteresować tam, gdzie „[t]rzeba wstrząsnąć, rozruszać i wyzwolić usypiane siły", gdzie kluczowe jest „znaczenie sposobów, mocno przemawiających do wyobraźni i uczucia, podniecających twórczość" młodzieży, gdzie potrzebne są przykłady, które „uwznioślają" wiele instynktów czy „przyczyniają się do przełamania bierności, [w]iążąc przeżycia intelektualne i uczuciowe" (por. Radlińska 1979, s. 123). Wskazanie na osiągnięcie etapu przemiany wewnętrznej w oddziaływaniu wychowawczym, a nie tylko dostarczenie przeżycia i przebudzenia, spotykamy w następującej formule Radlińskiej dotyczącej funkcji szkoły:

---

10   Zauważmy, że kategorią *mnemy* Radlińska operuje w nawiązaniu do R. Semona (por. Radlińska 1935, s. 248; por. także 1979, s. 100). Chodzi tu o swoiste „zapiski (z grecka engramy), składające się ze splątanych ze sobą obrazów i uczuć", od których zależy „struktura duchowa jednostki" (por. także Radlińska 1961, s. 35). Sądzę, że w aktualnym języku można by mówić o treściach idiosynkrazji jako kluczowych wyczuleń, kształtujących nastawienie wraz z jego specyficzną wrażliwością, czujnością. Radlińska (1979, s. 100) operuje tu terminem „kompleks engram [...] mających swe źródło w mnemie".

[...] przejmowanie wartości nie tylko jako skarbów – obcych i dalekich, o których wiemy, że gdzieś, dla kogoś istnieją, lecz również jako prawdziwej użytkowej własności, jako podniety do czynu, jest możliwe tylko wtedy, gdy te wartości są pożądane, gdy ich utrzymanie lub zdobywanie stało się koniecznością duchową (Radlińska 1979, s. 101).

O tym, że jest to wpisane w perspektywę uwypuklającą odniesienia do czynnika postaciującego, świadczy inna z kolei wypowiedź Radlińskiej:

> Pragnienie przemiany, niezmiernie cenne jako czynnik postaciujący, doprowadza najskuteczniej do nowej, doskonalszej budowy, gdy działa na tle przeżyć uprzednich, gdy może się oprzeć na jakiejś strukturze uprzedniej, gdy wytwarza się na tle mglistych zarysów ideału z istniejących engram (Radlińska 1935, s. 47; także 1961, s. 48)[11].

Ze względu na wagę tej problematyki, najwidoczniej zlekceważonej w dalszych pracach w obrębie pedagogiki społecznej w Polsce, przytoczę jeszcze jedną postać redakcyjną takich uwag, uwypuklonych w rozważaniach z 1930 roku, a następnie włączonych do tomu o „oświacie i kulturze wsi polskiej" z 1979 roku. Dotyczą one warunków oddziaływania kształcącego na rolników jako samodzielnych gospodarzy, a odniesienie do relacji między tłem i czynnikiem postaciującym jest tu zasadnicze w kontekście pytania o ciągłość i możliwość restrukturyzacji całości tej relacji do nowej postaci; doskonale świadczy o tym, jak dla pedagogiki społecznej Radlińska wychwytywała impulsy z powstającej dopiero wizji myślenia psychologicznego (Piaget[12] był ciągle młodym badaczem i stawał się dopiero odkryciem dla strukturalnego myślenia):

> Wtargnięcie wrażeń z innego świata burzy strukturę istniejącą. Na dłuższą metę jest to pożyteczne, gdyż wprowadza nowy czynnik zainteresowania, który umożliwi tworzenie nowych struktur. Ale to wtargnięcie bywa brutalne, niszcząc, nie zawsze przynosi materiał do nowej budowy. Dążenie do tworzenia nowych doskonalszych struktur zjawia się na tle struktury już urzeczywistnionej, jako dalszy ciąg twórczości. Zerwanie jedności rozwoju wytrąca z równowagi i nie sprzyja świadomemu wysiłkowi woli. [...] zabieranie, tłumienie wartości, na których się opierało

---

11 Uściślijmy, że Radlińska wiąże termin „engram" z uznaniem, że „wszystko, co człowiek przeżywa, stwarza w nim zapisek (z grecka – engram, w słownictwie Abramowskiego: jednostka psychiczna). W tym zapisku jednoczą się w całość różnorodne składniki przeżycia", powodując zarazem trwalszy ślad w tzw. pamięci biologicznej, określonej mianem *mnema* (por. Radlińska 1961a, s. 160; także 1947, s. 241).

12 Warto odnotować, że Jean Piaget w 1947 roku jako dyrektor Międzynarodowego Biura Wychowania w Genewie przysłał list gratulacyjny dla H. Radlińskiej na jej 50-lecie pracy, akcentujący „promieniowanie" jej osobowości i wspominający kilkakrotne spotkania z nią w Polsce, (por. *Helena Radlińska. Człowiek...* 1994/1995, s. 195–196).

życie jakiegoś środowiska, jest szkodliwe, [...] na odwrót – budowanie najpewniej się odbywa przy użyciu tworzywa, z wolna dla tej właśnie budowy przysposabianego.

Niezadowolenie z tego, co jest niezmiernie cenne jako „czynnik postaciujący", doprowadzi do nowej doskonalszej budowy tylko wtedy, gdy działa na tle przeżyć uprzednich, gdy może się oprzeć na jakiejś strukturze i z mglistych zarysów ideału tworzy przy pomocy posiadanych już narzędzi (Radlińska 1979, s. 196–197).

Co więcej, mamy tu zalążki myślenia o wychowaniu, wykorzystującego odniesienie do tła i procesu postaciowania jako źródła wyjaśniającego porażki wychowawcze, choć odniesienie to jest traktowane jako ułatwiające rozumienie także sukcesów badawczych, ale i przeszkód na ich drodze w kategoriach odniesionych do tła, jakim dysponuje się indywidualnie w ocenie wartości uzyskiwanych impulsów lub wyników. Pierwszy wątek wydaje się reprezentować takie chociażby zastrzeżenie Radlińskiej w konkretnym kontekście działań oświatowych na wsi, ale doskonale można to przenieść na inne sytuacje i środowiska, gdzie tło samej relacji rozstrzyga o możliwości oddziaływania przez nią:

> Przygotowanie do pracy społecznej na wsi może się skutecznie odbywać tylko na tle uzyskanego przed wstąpieniem do szkoły zżycia się ze wsią (Radlińska 1979, s. 190).

Czynnik postaciujący daje o sobie znać, jak podkreśla Radlińska, na etapie, jaki stanowi „opracowanie wyników" podejmowanych badań naukowych, także zespołowych, które jednak wymagają integrującej perspektywy, niosącej rys indywidualny, gdyż

> [o]żywiające spojrzenie indywidualne staje się we wszelkich badaniach tym, co psychologia strukturalna nazywa „czynnikiem postaciującym". Porządkuje, stwarza określoną całość (por. Radlińska 1948, s. 43).

Badania takie są o tyle ważne, że rozpoznają efekty oddziaływań niedających się zaplanować ani w pełni kontrolować. Intencja wzmacniania pewnych tendencji może nie zostać zachowana w swoim efekcie, a nawet może ulegać odwróceniu. Nie znając terminu „tożsamość negatywna", wypracowanego dopiero po jej śmierci przez Eriksona, Radlińska potrafi uczulać – przywołując wpływ rozważań Mikołaja Rubakina – na podobne zjawisko paradoksalnego odwrócenia intencji oddziaływania ze względu na dążenia u odbiorcy, gdy bodźce nie prowadzą – w konsekwencji rodzącego się oporu generowanego przez istniejąca skłonność czy nastawienie odbiorcy – w kierunku, na jaki wskazują bądź o który się perswazyjnie upominają.

Nie wiadomo, co się stać może dla jednostki „czynnikiem postaciującym", który zewrze w harmonijną strukturę poszczególne materiały dostarczone z zewnątrz i życia osobniczego. Stąd znaczenia bodźca wywołującego zaciekawienie, które może niespodziewanie dostarczyć składnika brakującego do zwarcia struktury.

To, co aktualne, przelotne, dostosowane do koniunktury lub mocy, zazwyczaj jednak nie wystarcza do rozbudzenia zainteresowań. Wywołać może zainteresowanie, o ile pada na grunt przygotowany przez doświadczenie życiowe i odczucia potrzeby. [...]
Nie zawsze jednak oddziaływanie bodźców wywiera wpływ zamierzony przez organizatorów tego oddziaływania. Bodziec działa zazwyczaj w kierunku istniejącego dążenia, dlatego jego rola postaciująca nie może być dokładnie przewidziana (Radlińska 1961, s. 47–48)[13].

To tylko jeden z akcentów uczulających na to, że postawa pedagogiki społecznej wymaga oparcia w możliwościach diagnozowania stopnia przyzwolenia na oddziaływanie czy występowanie gotowości do współdziałania pod groźbą niezdolności do sprostania trudności interakcyjnej, jaka na drodze tego oddziaływania jest wdrukowana w postawę odbiorcy, który po swojemu „postaciuje" to, z kim ma do czynienia, mogąc odrzucić nadawcę komunikatów kulturowych, jakie są w jego stronę kierowane. Stąd w pedagogice społecznej ważne jest badanie tego, na jaki grunt padają bodźce oddziaływania wychowawczego. Trzeba sprawdzać stan środowiska subiektywnego wychowanka oraz brać pod uwagę jego ukierunkowania i tendencje, gdyż działanie pedagogiczne

[...] wywołać może zainteresowanie, o ile pada na grunt przygotowany przez doświadczenia życiowe i odczucia potrzeby. [...] Różnice indywidualne i grupowe przeżyć i zainteresowań sprawiają, że ten sam czynnik postaciujący może oddziaływać odmiennie, zewrzeć różne struktury (Radlińska 1961, s. 47–48).

Dlatego nie ulega wątpliwości, że kategorie, takie jak tło, grunt, podłoże, pozostające w istotnym splocie z mechanizmem postaciowania stają się zasadnicze dla wsparcia psychologiczną diagnozą barier i przeszkód na drodze do efektywnego oddziaływania czy tworzenia warunków umożliwiających jego zaistnienie. Tło „struktury już urzeczywistnionej", charakter „podłoża istniejących stosunków" czy inaczej wyrażający się „grunt przygotowany przez doświadczenie życiowe i odczucie potrzeb" – to przykłady kategorii, od których nie wolno abstrahować w postawie wychowawcy względem środowiska społecznego, na jakie usiłuje on oddziaływać. Inaczej nie ma szans na nawiązanie z nim realnego kontaktu i wejście w jego świat, a sam wychowawca może wręcz wykluczyć możliwość udanego oddziaływania pedagogicznego.

---

13 Zarazem w innym miejscu mamy powiązanie pierwszego zdania tego cytatu w inny kontekst, uściślający sens wykorzystanych terminów w postaci: „Nie wiadomo, co stać się może dla jednostki »czynnikiem postaciującym«, który zewrze w harmonijną strukturę poszczególne materiały dostarczone z zewnątrz i z życia osobniczego. Niejednokrotnie tym czynnikiem staje się książka, która wniesie konieczne uzupełnienia, wzmocni zapiski, wprowadzi ład albo umożliwi nadbudowę dotychczasowej struktury" (Radlińska 1961a, s. 160).

Psychologia funkcjonalna i jej ograniczenia – dwoistość u Charlotte Bühler

Czytając É. Claparède'a i pamiętając, że należał do głównych psychologów przyswajanych przez Radlińską, można zrozumieć, na czym polegały i skąd się brały trudności w skierowaniu pedagogiki społecznej w stronę idei dwoistości. Można się wręcz przekonać, że horyzont myślenia społecznego tej pedagogiki został zaprogramowany na swoisty (tu ten termin ma sens) poziom projektowania... funkcjonalnej pedagogiki społecznej, zamiast np. pedagogiki społecznej, ale dojrzałej strukturalnie. Radlińska jednak z pewnością pokazuje szereg objawów w swoim myśleniu wskazujących już na etap przejścia w stronę dwoistości. Bo zaczyna postrzegać i opisywać dwoiste strukturalnie zjawiska, ciągle szukając języka (sploty, dwojakość, wzajemne powiązania), z racji niedostatecznie głębokiego wczytania się choćby w prace jej współczesne innych postaci z czołówki jej pokolenia, które – jak już pokazałem – ideę tej złożoności miały rozpracowaną czy jednocześnie ją rozwijały (por. Witkowski 2013a).

Jednak szczególnie pouczającym przykładem dojrzewania narracji psychologicznej, otwartej na dostrzeganie, rozumienie i uwypuklanie wręcz zjawiska dwoistości, z jego pierwszym określeniem wprost, jest książka Charlotte Bühler, wydana w tłumaczeniu polskim w 1933 roku. Następuje w niej przedłużenie i rozwinięcie wątków dotyczących postaciowania w poznaniu, fazowości rozwoju, jednoczesnej dwukierunkowości procesów, sprzężonych ze sobą i odmiennie kształtujących swoje relacje w kontekstach rozwojowych dziecka. Radlińska znała i autorkę, i jej książkę, z pewnością więc było to jedno ze źródeł motywów wpisywanych przez nią we własne ujęcie zadań wychowania. Można się jedynie zastanawiać nad niepełnym wykorzystaniem wpisanych w ten trop impulsów dwoistości dla pedagogiki społecznej. Tu przytaczam tylko te, które dokumentują tezę o tym, że w zapleczu myślowym dostępnym Radlińskiej – jak to było już u Bogdana Nawroczyńskiego chociażby – występowały akcenty dające się zastosować do ówczesnego, a także obecnego rozwoju pedagogiki społecznej. Uwagi Bühler zarazem okazują się współbieżne z akcentami obecnymi u Radlińskiej, jak też dają się włączyć w opis procesu dochodzenia do głosu w psychologii rozumienia dwoistych uwikłań procesów uczestniczących w kształtowaniu i rozwoju potencjału duchowego człowieka. Wypada także podkreślić, że wiele z tych wątków stanowiło nowatorski rys rozwoju psychologii lat 30. XX wieku, jak również pozostaje po dziś trudno przebijającymi się w percepcji pedagogów, nie tylko społecznych, np. dotyczące dwubiegunowej struktury faz „biegu życia", jak to czytamy u Bühler, która podkreśla, że to dopiero początek drogi w analizach rozwoju „życia duchowego" człowieka od dzieciństwa do starości.

Książkę otwiera wskazanie już w przypadku noworodka na

> [...] dwa zasadnicze kierunki i dwa główne rodzaje zachowania młodocianej istoty. Dziecko reaguje na pierwszy bodziec, przychodzący ze świata zewnętrznego, i rozwija jednocześnie swą wewnętrzną aktywność (Bühler 1933, s. 23).

Zasadnicze okazuje się zderzenie między przejawami „reakcji wstrząsu na recepcję" bodźców a zdolnością do ich przekształcania tak, jak równolegle „przebiega rozwój życia uczuciowego dziecka", pozwalający na to, aby „zachwianie jego równowagi" pod wpływem zewnętrznym stopniowo było zastępowane równoważeniem przez powstający system wewnętrznie opanowujący powstającą relację (Bühler 1933, s. 30–31)[14]. Odnotujmy przy okazji celne i cenne zdanie Bühler, o znacznie szerszej wadze niż odniesienie do rozwoju dziecka, podkreślające, że bliskość kontaktu nie wystarcza: „Świadomość musi sobie dopiero wytworzyć dystans, konieczny widać dla powstawania przedmiotu, obiektu" (Bühler 1933, s. 62)[15]. Ważny staje się „rozwój funkcji", a dokładniej umiejętności towarzyszące „rozwojowi kształtowania się funkcji", których nowa jakość musi się wyrażać zdolnością do „wyczynu", do zdziałania czegoś, wcześniej niemożliwego (Bühler 1933, s. 68). Oznacza to narastanie potencjału „samoregulacji" organizmu, pozwalającego na przedsiębranie wysiłków na rzecz „utrzymywania i odzyskiwania równowagi" poprzez współdziałanie równoważące bycie jednostki w jej środowisku (Bühler 1933, s. 82). Uwypukla to, jak czytamy, „opanowywanie siebie", zamiast tylko sytuacji, poprzez „urabianie funkcji" jako ich opanowywanie, niosące coraz bardziej intencjonalne przejawy „przyjemności funkcjonalnej" najpierw w zabawie (Bühler 1933, s. 90). I oto znajdujemy u Bühler wskazanie – w kontekście rozwoju mowy – na „dwoistość intencjonalności", choć już widzianą znacznie szerzej w jej odniesieniach, o czym świadczy fragment wart przywołania w całości:

> Specjalne trudności sprawia w zagadnieniu mowy pytanie, w jaki sposób podwójne odniesienie się z jednej strony do świata obiektywnego, a z drugiej do

---

14 Na początku dotyczy to już samych sytuacji wyrywających „na chwilę ze stanu drzemki" (Bühler 1933, s. 37). Charlotta Bühler wielokrotnie operuje tu terminem „wstrząs" (niosący uszkodzenie, zakłócający równowagę), przywołując w szczególności stanowisko Otto Ranka (por. Bühler 1933, s. 74).

15 W dojrzalszych stanach poznawczych dystans taki powstaje dzięki świadomemu przyjmowaniu i rozwijaniu perspektywy metodologicznej pozwalającej na wyodrębnianie i różnicowanie. Dlatego w niniejszej pracy przywiązuję tak dużą wagę do rozpracowania odniesień historycznych (jak przypadek Bühler) czy najnowszych (jak casus Batesona) pozwalających zbudować dopiero perspektywę interpretacji i porównań uruchamiającą przestrzeń gry dystansem. Chodziło tu zawsze o to, aby rekonstrukcja była możliwie świadoma, więc i refleksyjnie sytuowana rozmaitymi odniesieniami, które pozwalają zobaczyć, bo same dopiero tworzą... spojrzenie, świadome swoich środków widzenia, choćby po części nieustannie wymagało dopełnień i korekt zmieniających profilowanie i postaciowanie analiz.

subiektywnego rozwija się jedno niezależnie od drugiego, istnieje dalej obok siebie i następnie łączy się do współdziałania. Dokładniejsze zbadanie sprawy wykazuje jednakże, że w mowie mamy tylko *explicite* tę samą dwoistość intencjonalności, jaką *implicite* zawiera każde wytwarzanie dzieła, gdyż także i w dziele twórca przemawia od strony subiektywnej do innych ludzi, a jednocześnie rzeczowo jest związany z przedmiotem oznaczanym przez to dzieło. Na zjawisku mowy możemy jednak zbadać tę dwoistość intencji szczególnie dobrze [...] (Bühler 1933, s. 120).

Ten ogólniejszy rys wspomnianej dwoistości intencjonalności mógłby zostać naturalnie włączony w język pedagogiki społecznej od jej zarania, gdyby wystarczająco intensywnie chłonęła dostępne jej już w latach 30. XX wieku impulsy teoretyczne i badawcze na niego wskazujące. Trzeba było zapewne jednak wspomnianego wyżej dystansu, aby dojrzała świadomość jego wagi. Pozostaje tymczasem od początku jako dający się przenosić na inne relacje, co wyraża się, jak czytamy, w relacji dziecko – dorosły dążeniem dwubiegunowym i dwupostaciowym do tego, by

> [...] z dwóch stron współdziałać [...] w ustanowieniu kontaktu [...] przez nadawanie mu intencji i wyrazu. Funkcje wyrażania i wyzwalania występują jako takie w znaczeniu nie tylko obiektywnym, lecz są teraz także subiektywnym, intencjonalnym wyrażeniem i wyzwalaniem osoby dziecka. Dziecko usiłuje [...] coś powiedzieć. [...] zupełnie ogólnie możemy powiedzieć, że w tym stopniu, w jakim dziecko staje się mniej bezsilne i chwiejne w swej równowadze, w tym samym stopniu reaguje czynniej, bardziej pozytywnie i samodzielnie na swe otoczenie (Bühler 1933, s. 121–122).

Doskonale widać, jak dostrzeganie bezsilności i zakłócenia równowagi u ludzi dorosłych także uwypukla trudności analogiczne do sytuacji małego dziecka. Zakłócenia rozwojowe wczesnych faz życia mają swoją charakterystykę, w ujęciu Bühler dopiero początkującą teoretycznie[16], w porównaniu z modelem Eriksona, ale wiemy, że dają się wykorzystywać do opisu także przeszkód działających w późniejszych fazach. Tymczasem andragogika zwykle nie umie korzystać z dorobku myślenia o rozwoju... dziecka, bo to jej pozornie nie dotyczy, a pozór ten jest wygodnym, acz szkodliwym alibi poznawczym. Od małego dziecka po dorosłego niezbędne jest odnoszenie się do „siły napięcia świadomości", co w przypadku nie tylko dziecka – wpływając na jakość jego „społecznej postawy" – obejmuje „problem podzielności uwagi, jak również siły koncentracji i wytrwałości", co również przecież u dorosłego może rzutować na jego „siły", o które Radlińska tak bardzo się upominała w trosce o działania pedagogiki społecznej (por. Bühler 1933, s. 134)[17]. Mamy tu wymiar idący

---

16 Mamy tu jako kluczowe odniesienia do Wiliama Sterna oraz pierwsze dopiero ustosunkowania do prób Jeana Piageta.

17 W innym miejscu znajdujemy stwierdzenie, że „stopień koncentracji i wytrwałość w czynności", stanowiąc kryteria „nieodwracalności uwagi" u dziecka, wymagają uzupełnienia w dalszych fazach rozwoju, gdy w grę wchodzą przejawy zainteresowania się jako „zwrócenia się do dóbr

"w głąb uwagi" z napięciem wytrwałości wobec przeszkód, które mogą działać dwukierunkowo: od zewnątrz i od wewnątrz, przy czym dwoistość przeszkód polega też na tym, że ich „jedna forma przechodzi często w drugą" (Bühler 1933, s. 139–140).

Ważny aspekt rozwoju i społecznych działań (także dziecka) dotyczy pojawienia się „funkcji znaczeniowej", gdzie nie chodzi jedynie o kombinację „przedstawień", ale „akt myślowy" w postaci „nadania znaczenia", jako że – jak podkreśla Bühler – „życie przedstawieniowe staje się twórcze dopiero wtedy, kiedy czynnościami kieruje akt nadawania znaczenia", czyli gdy zaczynają być kształtowane „funkcje w dwojakim znaczeniu" obejmującym biegun fantazji przedstawieniowej oraz biegun nadawania znaczenia (Bühler 1933, s. 146–147). Wówczas „czyn" przekształca się w „wyczyn", powodujący „wytwarzanie dzieła", które otwiera drogę rozwoju także „poza nadawanie znaczenia", przyczyniając się do „obiektywnego kontemplowania dzieła" (Bühler 1933, s. 149). Napięcie czynność versus wytwór tworzy ramę, w której można osadzać możliwości poznawcze i twórcze nie tylko dziecka, lecz każdego człowieka, chcąc ogarnąć poziom jego gotowości do działań twórczych i recepcji dzieł twórczych w jego zasięgu. Nie wolno zapominać, że nie tylko dla dziecka „produkt staje się dziełem" jedynie pod pewnymi warunkami, w tym dzięki wysiłkowi kontemplacji, rozumianej jako zdolność do ogarnięcia wytworu jako „całości" pobudzającej do dalszych aktów twórczych, poprzez wartościowanie i podziwianie (por. Bühler 1933, s. 151–152). Bühler widzi tu nową jakość, zwrot, skok, krok naprzód w rozwoju dziecka (Bühler 1933, s. 152–153), dzięki któremu pojawiają się dwie strony obecne u dziecka poprzez zabawę (kształtowanie funkcji) i twórczość (kształtowanie dzieł) w mowie i działaniu, spajane „uczuciem przyjemności i dumy" – w ich naprzemiennym dochodzeniu do głosu, gdyż w relacji wiążącej „oba momenty [...] przeważa raz jeden, raz drugi" (Bühler 1933, s. 154–158).

Przywołując te wątki, pragnę podkreślić, że uważam je za marnotrawione podpowiedzi wpisane w bogatą tradycję badań nad rozwojem dzieci, dające się wykorzystać do diagnozowania deficytów rozwojowych osób w kolejnych fazach rozwoju (nie wyłączając dorosłych). Wypadałoby umieć wykorzystywać choćby rozwijany stopniowo trop rozpoznawania dwoistości warunkującej postawę twórczą, w której aspekty funkcjonalne i konstrukcyjne działań rozmaicie się krzyżują, niosąc rozmaite akcenty, „a nie wykluczające się wzajem przeciwieństwa"[18]. Wyglą-

---

kulturalnych", występujące w postaci „wykazywania utajonych dyspozycji do przybrania pewnej postawy" mającej charakter „duchowej gotowości" (Bühler 1933, s. 308). Stąd definicja: „Zainteresowanie – to jest dążenie do zbliżenia się i wydobycia z materiału i zjawisk tego, co one kryją, co mogą one dać i ukazać się swej istoty" (Bühler 1933, s. 309). W postaci „przeskoku" pojawia się zwrot w „życiu duchowym" oznaczający, że „budzi się zainteresowanie duchowe, tzn. zainteresowanie obiektywni związkami i rządzącymi nimi prawami" (Bühler 1933, s. 313).

18 Aż się prosi sprawdzenie czy tzw. pedagogika twórczości jest wystarczająco twórcza i zdolna do ujmowania tej własności w dwoiste struktury, wykorzystując badania nad twórczością dzieci, czy też podobnie „andragogika" potrafi spożytkować wiedzę o rozwoju dostępną już w odniesieniu

da na to tymczasem, że dramatycznie redukcyjne wyobrażenia o funkcjach edukacji jako przygotowania umiejętności w zakresie ról przystosowanych do wymagań rynkowych gubią, a nawet niszczą to, co od zarania rozwoju fazowej perspektywy widzenia rozwoju człowieka (dziecka) niosło podnoszenie wagi skoku rozwojowego na poziom zaangażowania w przejawy „funkcji znaczeniowej" działań i ich wytworów, znacznie przekraczających to, do czego coś się może „przydać", mając wartość znacznie szerszą i będącą podstawą zupełnie innych emocji, takich jak duma, radość i przyjemność twórcza. Nawet nie się spodziewałem, jak bardzo przestudiowanie analiz Charlotte Bühler da mi impulsy do zrozumienia, jak wiele tracimy, nie umiejąc spojrzeć na umiejętności dorosłych przez pryzmat tego, czego nie umieli w sobie rozwinąć, choć jest to już zwiastowane na poziomie potencjału twórczości... dziecięcej. Społeczne oduczanie (!) potencjału twórczości jest tu dramatycznym przejawem funkcjonowania instytucji i praktyk kształcenia.

Na marginesie tej rekonstrukcji muszę jednak poczynić uwagę natury szerszej pedagogicznie. Nie dziwi, że Radlińska za podstawowy obowiązek pedagogiki społecznej w jej interwencjach środowiskowych i interakcjach społecznych w jej pracy oświatowej i kulturalnej z jednostkami uznawała udostępnienie możliwości własnego rozwoju i podłoża dla czerpania do niego impulsów duchowych ze „środowiska niewidzialnego". Nieumiejętność, wręcz niezdolność strukturalnie wdrukowana w jednostkę, dotycząca postrzegania znaczenia nie tylko cudzych wytworów (w tym nawet arcydzieł), lecz także potencjalnego znaczenia własnych działań – poza tymi, które będą doraźnie przydatne w prymitywnej ekonomii zysku – wymaga zdiagnozowania społecznego i dążeń do jej kompensowania i melioracyjnego usuwania jej źródeł. Nieumiejętność zatem rozwinięcia funkcji znaczeniowej wydaje się podstawową wadą standardowych zabiegów edukacyjnych, rozumianych zarówno jako przekazywanie wiedzy, jak i rzekomo wyższego rzędu troska o umiejętności praktyczne. Funkcja znaczeniowa czynności i rozmaitych wytworów (np. czytania książek, dyskutowania o poezji, refleksji nad sztuką) ulega niszczeniu i degradacji, a nawet nie pamięta się o niej, gdy na człowieka, np. ucznia czy studenta, nie patrzy się przez pryzmat tego, jak może sobie dzięki rozwojowi tej funkcji otwierać dostęp do świata znaczeń, wartości i przeżyć. W tym sensie, wbrew powtarzaniu do znudzenia, odpowiedzialność pedagogiki społecznej nie jest czysto praktyczna, skoro musi być postrzegana jako zakorzeniona etycznie w trosce o sprzyjanie rozwojowi i przywracanie jego społecznych możliwości po dotarciu do miejsc jego systemowej degradacji, dokonującej się zresztą często z udziałem już zdegradowanych. Dzieciom można funkcję znaczeniową w ich rozwoju przywrócić, tworząc okazje do zabawy. Pedagogika społeczna staje rzecz jasna wobec

---

do wczesnych jego faz, choćby po to, aby rozpoznać, co zostało uszkodzone, zmarnowane lub po prostu biograficznie zaniechane.

wyzwań znacznie bardziej dramatycznych, skoro docieranie do znaczeń, symboli i ich „dawania do myślenia" nie może się odbyć bez wysiłku z zaangażowaniem pracy samych „zainteresowanych", którzy właśnie owego interesu mogą nie być zdolni postrzegać, rozumieć ani rozwijać.

Okolicznością szczególnie utrudniającą wpływanie na procesy rozwojowe, np. rozmaitych funkcji społecznych w zakresie interakcji, jest to, że – jak podkreśla Bühler, wykorzystując ustalenia Sterna – najczęściej ich przebieg jest „obustronnie uwarunkowany" przez „przepojenie [...] czynności subiektywizmem" z jednej strony oraz postępy w zakresie „opanowywania [...] świata obiektywnego" z drugiej, z wyróżnionym postępującym znaczeniem mowy, uwikłanej w „moment społeczny", tj. wymagający zapośredniczenia przez innych (por. Bühler 1933, s. 177). Jak dalej pokażę, ma to ważne rozwinięcie teoretyczne u Bühler, dowodzące, jak bardzo refleksja nad sytuacją dziecka musi obejmować dojrzałość szerszego myślenia teoretycznego, odniesionego do całego cyklu, jeśli ma być prawomocne już choćby dla jednej fazy. Dotyczy to najwyraźniej pytania o zaczątki i rozwój „życia duchowego" u dziecka – nieredukowanego do subiektywności czy psychiczności – wymagając najpierw „szeregu rozważań teoretycznych", jak podkreśla badaczka, dla pogłębienia skojarzeń potocznych o potencjale wykraczania „ponad subiektywny krąg afektów i dążeń" w trosce o bliższy „kontakt ze światem obiektywnych związków i wartości", a co wyraża się stawianiem sobie problemów etycznych i twórczych, zarówno teoretycznie, jak i praktycznie (Bühler 1933, s. 189–190). Przygotowując grunt pod analizy sytuacji małego dziecka, Bühler rozumie doskonale, że musi najpierw zbudować szerszą wizję, i stwierdza podsumowująco: „Przedmioty więc i związki świata obiektywnego składają się na życie duchowe w miarę tego, jak zostają uświadamiane w intencjonalnych aktach ujmowania" (Bühler 1933, s. 190). Widać, jak bardzo troska o „życie duchowe" ma wiele wspólnego z nastawieniem na powstawanie „człowieka intencjonalnego", o którym pisał zbyt niedoczytany przez pedagogów i lekceważony przez psychologów Kazimierz Obuchowski w swoim podejściu wartym wnikliwszej uwagi. Bühler formułuje definicję ogólną, która uczula na różnicujący się „stopień obiektywizacji" wyborów, wartościowań i dążeń:

> [...] przez życie duchowe jakiegoś człowieka będziemy rozumieli jego świadome ustosunkowanie się do świata przedmiotów, jego ujęcie obiektywnie istniejących związków i ustosunkowanie się do nich (Bühler 1933, s. 190–191).

Różnicowanie wspomnianych stopni pozwala na przechodzenie od dowolności do odpowiedzialności za własne gesty i nastawienia oraz od ekspresji „woluntalnej" do świadomości braku i wartości dążeń, choć bywa, jak wiemy, że ta droga rozwoju dziecka nie zostaje przebyta w rozwoju nawet człowieka dorastającego społecznie, gdy jego życie duchowe jest zablokowane lub spłycone. Właśnie fakt, że dziecko może się tak rozwijać, staje się wystarczającym impulsem do rozważania, w czym i w jakim stopniu posunął się w tym rozwoju człowiek w kolejnych fazach życia. Właśnie takie impulsy wydają się stanowić zaplecze programowania odpowiedzialności rozwojowej pedagogiki społecznej w rozumieniu Radlińskiej za kolejne fazy życia człowieka w jego uwikłaniu środowiskowym. Fascynujące jest dla mnie śledzenie tego, jak analizy dotyczące dziecka są w tym przypadku uwikłane w rozważania o całym człowieku i zwrotnie niosą impulsy dla myślenia np. o andragogice i procesach rozwojowych. Wpływ narracji Charlotte Bühler wydaje się niepodważalny.

Widać to bodaj jeszcze dobitniej w nawiązaniu do kwestii – już wyżej omawianej, a stosowanej przez Bühler do analiz rozwoju małego dziecka (5.–8. rok życia) – wagi „postaciowania" jako „strukturyzacji" w rozwoju jakości poznawczej postawy człowieka, obejmującej w zaawansowanym wydaniu zdolność do refleksji nad sobą na tle czy na gruncie rozmaicie wyabstrahowanych odniesień i związków. Kluczowe okazuje się rozpoznanie obecności procesu „symbolicznego ustanawiania stosunków" (Bühler 1933, s. 243), dla którego jakość owego zaplecza symbolicznego pozwalającego na sprzęganie impulsów obiektywnych, wyłaniających się z samych obiektów oraz ich subiektywnej, postaciującej obróbki, staje się podstawowa. Stąd kolejny rozdział studiów Charlotte Bühler otwierają rozważania obejmujące „syntetyzowanie, nadawanie znaczenia i postaciowanie", gdzie to ostatnie odnosi się do procesu strukturyzacji zjawisk (Bühler 1933, s. 245). Autorka sprzeciwia się jednostronnemu rozpatrywaniu „zagadnienia postaci" jako wiązanej w zakresie genezy świadomości głównie ze spostrzeżeniami, zamiast aktów jej wytwarzania, gdy tymczasem „[w] obrębie sfery spostrzeżeniowej zagadnienia postaci nie da się po prostu rozwiązać" i to już w odniesieniu do małego dziecka (Bühler 1933, s. 246). Najpełniejsze sformułowanie wyrażające alternatywę wobec takiej spostrzeżeniowej perspektywy niesie fragment, wart przytoczenia w całości, wskazujący podstawową zasadę postaciowania:

> [...] świadomość staje się twórcza w takim akcie syntetycznym, w którym występuje nawiązany przez podmiot związek tegoż z przedmiotem i w którym funkcja psychiczna ustosunkowuje się aktywnie wobec bodźca i ujmuje go intencjonalnie. Dopiero ten akt syntezy powoduje postaciowanie świadomości, które nie występuje wtedy, gdy świadomość pozwala jedynie biernie działać bodźcowi na siebie. Nie bodziec kształtuje system, działając nań, lecz podmiot urabia strukturę swego własnego systemu za pośrednictwem bodźca i przy pomocy swoich czynnych reakcji (Bühler 1933, s. 247–248)[19].

W szczególności tam, gdzie potocznie występuje efekt spostrzegania, tam podmiotowy „akt uwagi [coś – L.W.] wyodrębnił i uczynił przedmiotem świadomości", do czego, jak się okazuje, „potrzebny tu jest przeskok, łączność między

---

19 Autorka uznała za celowe rozstrzelenie całego fragmentu w druku, dla podkreślenia jego wagi, z czego tu rezygnuję, uwypuklając to znaczenie wystarczająco odrębnie.

podmiotem a przedmiotem" w postaci syntezy jako warunku „kształtowania struktury" przedmiotu, nie wyłączając siebie i „własnej substancji" podmiotu (Bühler 1933, s. 248–249). Wszystko to pozostaje uwikłane w dwoistość funkcji podmiotowej i bodźców materiałowych, jak to wyraża w odniesieniu do kategorii postaci kolejny wybitny fragment rozważań Bühler:

> Postać jest więc przedmiotem ustanawiającego ją aktu, nawet w przypadku kształtowania własnej substancji; jest przedmiotem intencji, a nie czynnikiem, który wysuwa ją; jest przedmiotem skierowanego nań ustosunkowania się. Pierwotnym i twórczym elementem jest akt ustosunkowania się, struktura zaś stanowi czynnik wtórny. [...] Postać więc, a nie sumowanie elementów, jest oznaką tego, iż nastąpił tu akt syntezy, który spowodował zespolenie w **jedność dwoistości** funkcji i materiału (Bühler 1933, s. 249, podkr. – L.W.).

Wspomniana dwoistość sprzężeń znajduje swoją dopełnioną charakterystykę u Bühler w sformułowaniu wskazującym na w istocie oscylacyjną, dwubiegunową „dynamikę syntetycznego ustosunkowania się" do obiektów czy materiału zjawisk, gdyż już u dziecka,

> [...] od chwili przerzucenia w akcie syntetycznym pierwszych mostów między systemem a przedmiotem, przedstawiają przerwany krąg, zamknięty łańcuch wzajemnych oddziaływań, z których z jednej strony strukturyzacja, powstała w systemie, prowadzi do obszerniejszej syntezy w ujmowaniu przedmiotów, z czego znów z drugiej strony wyłania się dalsze postaciowanie spostrzeżeń, które w dalszym ciągu działają na system itd. Złudną jest rzeczą próbować wyznaczyć tu początek i koniec, czynniki pierwotne i wtórne. [...] Zachodzi tu stały proces a równowaga statyczna struktury jest zjawiskiem tylko chwilowym (Bühler 1933, s. 250).

Widać w tych i dalszych sformułowaniach akcentowanie troski o równoważenie procesów, w których strukturę obiektu dla świadomości wytwarza obiektywizowanie stosunku do niego i nie jest bez znaczenia, czy pomiot jest w stanie owe ustosunkowania się korygować, rozwijać, zastępować. Wspomniana dwoistość, w jaką okazuje się uwikłany proces poznania, nawet na poziomie spostrzeżeń, niezależnie od okresowych przewag (asymetrii) czy stopniowo korygowanego pierwszeństwa, obejmuje budowanie mostów pośredniczących między jednostką a przedmiotami:

> Synteza i postaciowanie, występujące jako akty **ustanawiania** i **ujmowania**, są dwoma procesami, które [...] rozwijają się w stałym oddziaływaniu wzajemnym (Bühler 1933, s. 252).

Widać, że postaciowanie zarówno samo występuje w strukturze dwoistej, jak i samo ma wewnętrzną dwoistość, w której nazywanie, wskazywanie, domaganie się – jednym słowem ujmowanie – ma integralnie z tymi aktami związane akty nadawania znaczenia (por. Bühler 1933, s. 255). A wyrazem ogólnego charakteru sformułowanych uwag jest następujące pytanie, w istocie retoryczne, Charlotte Bühler: „Postaciowanie i synteza – czyż to nie są, jak się od razu rzuca w oczy, zasady wszelkiego wytwarzania, wszelkiego procesu twórczego?" (Bühler 1933, s. 259). Zdolność, wykształcona rozwojowo do tego, aby dało się „przekształcać i urabiać materiał jako całość", dopełnia i jest dopełniana przez próby zestawiania, łączenia jego części, stanowiąc powiązane, ale „dwojakiego rodzaju czynności" (Bühler 1933, s. 260). Trudności postaciowania wynikają z konieczności dysponowania zapleczem symbolicznym dla ich przeprowadzania. Wiedząc to, co powyżej, nie można się dziwić naleganiu Radlińskiej na wpisanie w perspektywę rozumienia procesów własnego oddziaływania ze strony pedagoga społecznego aktów melioracji symbolicznej środowiska poprzez udostępnianie w nim treści ze skarbnicy dokonań, więc i znaczeń kulturowych. Bez dostępu do dziedzictwa kulturowego procesy „postaciowania", a zatem i nadawania znaczenia działaniom, możliwościom i wytworom w sferze społecznej muszą być ułomne i to ta ułomność staje na drodze do emancypacji, do rozwoju i do zaangażowanej społecznie indywidualności, zdolnej przebudowywać także własne środowisko tak wzmacnianymi siłami duchowymi.

Bühler akcentuje jeszcze „twórczość jako wyładowanie" energetyczne, a aktywność osobową widzi nie tylko jako wyrażanie się funkcji, lecz także ich kształtowanie, gdyż warunkowanie przez nie działania może być zarazem rozwijane, a sam ten rozwój daje się z kolei funkcjonalnie przyspieszać i zmieniać (Bühler 1933, s. 273). W rozwoju dochodzi zarówno do „wzmożenia się funkcji", jak i skokowego powstania „funkcji społecznych", u dziecka już poprzez zabawę, i znowu pojawia się charakterystyka dwoistości, którą trzeba umieć dostrzec i wykorzystać, gdyż

> [...] [o]ba czynniki, wzmożenie się funkcji i funkcja społeczna zabawy, warunkują się wzajemnie w swym powstawaniu i rozwoju w ten sposób, iż sytuacja społeczna pobudza jednostkę do wzmożenia funkcji, z drugiej zaś strony to wzmożenie funkcji, wyrosłe z powtarzania się czynności funkcjonalnych, przyczynia się, podobnie jak produkcja dzieł, do wrośnięcia jednostki w sytuację społeczną. [...] Wraz ze wzmożeniem się funkcji następuje pewnego rodzaju ekspansja, sięgająca dzięki nadmiarowi nie dającej się już stłumić energii poza jednostkę, w świat, ku ludziom i ku dziełom. I tak z jednej strony przejawia się w jednostce subiektywne dążenie do oddania nadmiaru swej siły i radości światu, jak też odwrotnie człowiek i dzieło znajduje w tej sile i radości momenty zapładniające, pozwalają im porwać się – zasilić swą działalność (Bühler 1933, s. 274–275)[20].

---

20 Ustosunkowanie społeczne poprzez więź jako „nową formę zachowania się społecznego" jest na tyle trudne, podkreśla Bühler, że stosunek, głównie poprzez przywiązanie i sympatię oraz rozpoznanie, manifestuje się także u małych dzieci, co pozwala jej powiedzieć (a to 1933 rok), że Piaget w swoich „doskonałych i oryginalnych pracach" doszedł do „mylnego mniemania", iż dzieci nie są społeczne w zachowaniach (Bühler 1933, s. 278).

Widać doskonale, jak to myślenie oraz rozumienie procesów, o których mowa, przenikało także określanie zadań pedagogiki społecznej, widzianych przez Radlińską w kategoriach przebudzenia, promieniowania, wyzwalania radości i motywacji do chłonięcia dóbr kultury. W szczególności dziecko (Bühler 1933, s. 285–286) jest często zwrotnie motywowane jakością własnego dzieła, które je kształtuje, przynosząc radość, satysfakcję i wolę dalszego wysiłku, a nawet ustanawia poczucie obowiązku i wartości, gdy tworzenie go zaczyna być nie tylko zabawą, lecz także ważną pracą. Znane to jest w postaci paradoksalnej formuły, że dzieło tworzy swego twórcę, gdy ten jest zdolny ująć i wyrazić jego wagę i wartość, zdobywając się na „podkreślenie jego doniosłości", dając się „pochłonąć swemu dziełu", które z kolei uzyskało „władzę nad swym twórcą, stało się rzeczywistością, nabrało znaczenia i poczęło panować nad oddanym sobie podmiotem" (Bühler 1933, s. 289). Czyn poprzez pracę staje się „wyczynem" jako efektem pojawienia się „poważnego napięcia" wpisanego w proces „wytężonego tworzenia dzieła", z udziałem aktów postaciowania, wymagających przyjemności, jak również uruchamiając „ciekawość i żądzę wiedzy" (Bühler 1933, s. 289). Pojawienie się nowego poziomu wyrażania się postawy poznawczej w postaci określanej mianem „żądza wiedzy" (Bühler 1933, s. 290)[21] to jakość, której obecność już dalej wpływa w rozwoju na poziom zaangażowania twórczego człowieka, kojarząc się z pasją, pragnieniem czy głębokim zaangażowaniem poznawczym. Nadawaniu znaczeń towarzyszy jednocześnie przydawanie im wagi, gdyż sprzęgają się tu bieguny znaczenia i istotności, rzutując na jakość motywów działania i ustosunkowania się podmiotu do treści i obiektów własnych odniesień (Bühler 1933, s. 294). A to jest wpisane w charakter „życia duchowego", w którym łączą się „ujmowanie związków znaczeniowych i zainteresowanie dla nich" (Bühler 1933, s. 295), przy czym interpretuje się to jako odkrywanie „związków obiektywnych", które nie są jedynie stanowione przez wolę. Okazuje się bowiem, że występują na gruncie procesów „strukturyzacji" ujmującej treści świata przez złożone operacje symboliczne w „nieustającym dorabianiu się kulturalnym" ich możliwości u dziecka dzięki przejawom „zetknięcia się z współczesnymi mu dobrami kulturalnymi" i ich przetwarzania duchowego jako środków i narzędzi (Bühler 1933, s. 304).

Posługując się kategorią fazy rozwojowej, Bühler wiąże z nią kolejno dyspozycję, stanowiącą dla bodźców „żyzny grunt", który warunkuje domaganie się, co w rozumieniu procesu rozwoju pozwala akcentować ideę bliską także Radlińskiej, iż „w rozwoju, jak w ogóle w wewnętrznym rozroście człowieka, nie gra decydującej roli wyłącznie to, co mu się **daje**, lecz przede wszystkim to, co on **bierze**" (Bühler 1933, s. 306, podkr. – Ch.B.). Dziecko bierze to, co skokowo wyzwala jego „zainteresowania" duchowe, co przynosi czynności, które przejawiają się przez „oddanie

---

21 Określenie to powraca wielokrotnie w pracy jako wyrażające „najlepsze widoki na rozwój duchowy" dziecka (por. Bühler 1933, s. 322, 324–325, 332).

się dziecka tym czynnościom, pochłonięcie przez nie" (Bühler 1933, s. 307). Bühler podkreśla „wybitną rolę postawy otoczenia dziecka" wobec tego, co kształtuje jego stosunek do całości zjawisk i procesów, z jakimi zmaga się rozwojowo na styku znane/nieznane, w zakresie stymulowania zainteresowań i żądzy wiedzy, z wykorzystaniem „wzmożonego napięcia woli" (Bühler 1933, s. 307). Warto także pamiętać, że dla pedagogiki społecznej Radlińska podkreślała konieczność zaangażowania na rzecz pobudzania motywacji poznawczej we wszystkich fazach życia, związanej z otwartością i chłonnością wobec dziedzictwa kulturowego w sytuacji, w której – jak pisała Bühler – „[p]sychologia postaw duchowych, **zainteresowań** i inicjatywy nie znalazła jeszcze swego twórcy" (Bühler 1933, s. 325). Znana już jednak była i rozumiana „dwojaka funkcja zainteresowań, które raz są przyczyną, a raz wynikiem rozwoju" (Bühler 1933, s. 326), zawsze przy tym pozostając w dwoistym, bo „dwojakim", ale sprzężonym między sobą odniesieniu zarówno do zdolności obserwacji, jak i abstrakcyjnego myślenia, stającego się podstawą teoretyczności, czy szerzej – duchowego nastawienia zwróconego poprzez zaplecze symboliczne do samej rzeczywistości poza jej doraźnymi ujęciami wyobrażeniowymi i nastawieniem „woluntalnym" (por. Bühler 1933, s. 344). W ujęciu tym Bühler przywołuje badania eksperymentalne na równi z podejściem do zjawisk życia ludzkiego (nie wyłączając seksualności) w wydaniu Freuda (por. Bühler 1933, s. 359), choć wśród wielu odniesień wyróżnia się z pewnością przywoływanie dokonań Wiliama Sterna, bodaj najczęściej cytowanego w pedagogice międzywojennej w Polsce z jego wersją „personalizmu krytycznego". Osobno warto podkreślić przywołania wagi stanowiska Eduarda Sprangera, z traktowaniem przez niego dorastania (dojrzewania) jako okresu „odkrywania jaźni, powzięcia planu życia i rozumienia obiektywnych wartości" (Bühler 1933, s. 376–425). Wszystko to rzutuje na jakość ustanawiania stosunków społecznych jednostki w jej życiu i środowisku.

Ważność i reprezentatywność przytoczonych wątków z pracy Bühler (1933) obrazują także rozważania z jej innej książki z tego samego okresu, wydanej w Polsce w Bibliotece Klasyków Psychologii dopiero niedawno[22]. Zwracają uwagę akcenty przywołujące trop mechanizmu kompensacji[23] w rozwoju witalności człowieka, a także podkreślenie, że praca autorki to „pierwsza próba ujęcia i przedstawienia struktury ludzkiego życia w sposób ogólny", jako zarysu „nowych problemów" w psychologii lat 30. XX wieku, wypracowującej naukowe podejście do biegu „ludzkiego życia duchowego" (Bühler 1999, s. 31–32). To dobitnie pokazuje, jak Radlińska usiłowała łączyć rozwój pedagogiki społecznej z najnowszymi tendencjami w psychologii rozwojowej w jej wersji uwrażliwionej humanistycznie, społecznie i wbrew późniejszym tendencjom otwartej na inspiracje psychoanalityczne.

---

22   Przytaczam tu dalej rozważania z: Bühler 1999. Książka powstała w 1933 roku i była wznawiana w 1959.
23   Jest ona obecna wielokrotnie na kartach książki (por. Bühler 1999, np. s. 52, 71, 74).

Analiza „struktur podstawowych" spotykanych w biografiach wymaga, jak się okazuje, ze strony badacza zarysowania za każdym razem dwubiegunowej postaci ramy, w którą następnie wpisuje się specyfikę postawy badanej postaci, przy czym sama ta rama okazuje się najpełniejszym opisem problemu rozwojowego, z jakim jednostka musi sobie radzić i wobec którego przyjmuje jakieś rozwiązanie. Analiza „biegu życia ludzkiego" stawia na rozmaite przejawy „witalności" w jej powiązaniu z doświadczeniem życiowym i wpisanymi w nie złożonymi sytuacjami przynajmniej o najogólniejszej, dwubiegunowej postaci (Bühler 1999, por. paragraf „Witalność i doświadczenie", s. 87 i nast.). Bühler przytacza szereg przykładów pokazujących, jak te same zjawiska uzyskują podwójne oblicze, związane z wypełnianiem przeciwstawnych nawet funkcji. Dotyczy to praktyki wytwarzania pewnych produktów, o zdolności trwania i przekształcania nie tylko siebie, lecz także otoczenia czy wspólnoty. Wytworem może być „zarówno dziecko, jak i dzieło", wyrażające jednocześnie trwanie jego twórcy i sam wkład w istnienie już poza nim:

> Produkt pełni więc dwie, w pewnym stopniu przeciwstawne funkcje. Z jednej strony przenosi i wspomaga jednostkę w jej ekspansji poza nią samą, z drugiej zaś – zastępuje ją i zajmuje jej miejsce (Bühler 1999, s. 93).

Wszystko to wymaga dostrzeżenia napięcia i stopni przejścia „od aktywności funkcjonalnej do twórczej" oraz stosowania terminów wyróżniających analizowane zjawiska, takich jak „funkcja", „dzieło", „czyn", przy czym „czynnik funkcjonalny i witalny w wybitnym stopniu biorą udział w każdej produkcji, gdyż produkcja jest przecież budowaniem życia" (Bühler 1999, s. 99–101), jeśli nie zostanie zredukowana jednostronnie, gdy służy jedynie czemuś doraźnie, a nie stanowi doświadczenia istotnego egzystencjalnie, tj. rzutującego na bieg życia. Bieg ten jest ujmowany w modelu pięciu faz, „wyróżnionych w dzieciństwie i młodości", gdy za każdym kolejnym razem „pewna skończoność poprzedniego stadium zostaje ponownie zburzona i powstaje nowe napięcie" między dwiema przeciwstawnymi stronami zadań i ich ukierunkowań, powiązanymi ze sobą i wymagającymi wysiłku równoważenia, mimo że możliwa jest zawsze tylko „tymczasowa równowaga" (Bühler 1999, s. 431–435). Powraca wiele sformułowań omawianych już wyżej w odniesieniu do książki znanej Radlińskiej, bo przełożonej i wydanej w Polsce w 1933 roku. Autorka przypisuje w szczególności Karlowi Bühlerowi wypracowanie opisu wskazującego – w polemice z Freudem za jego zbytnią jednostronność – na

> [...] podwójną rolę zabawy dziecięcej; z jednej strony ma ona znaczenie retrospektywne przez rekapitulację tego, co przeszłe – tak jak to sformułowano we freudowskiej teorii reprodukcji; jednak z drugiej strony – wybitnie prospektywne, jak to wynika wyraźnie z teorii zabawy Groosa, poprzez zabawowe eksperymentowanie, które pozwala w kolejnych próbach, w nie wiążący sposób antycypować przyszłe życie (Bühler 1999, s. 430).

Jest to szczególny przypadek ogólniejszego problemu rozwojowego w zakresie równoważenia, przy zmiennych konfiguracjach relacji, w zakresie działań funkcjonalnie dostosowanych do życia oraz samych wytworów tych działań, stanowiących wynik liczący się jedynie jako dzieło twórcze, w czym wyraża się tym samym „podwójna natura człowieka", rozwijającego się i przemijającego, nadającego sobie cel i pozostawiającego własne wytwory (Bühler 1999, s. 396). „Dominacja dzieła na życiem" staje się jednym z biegunów możliwej tu sytuacji, gdy drugim jest „dominacja życia nad dziełem" jako łącznie efekt strukturalnego napięcia, uzyskującego rozmaite konfiguracje w poszczególnych biografiach i ich fazach w zakresie problemu ich równoważenia (Bühler 1999, s. 395, 406, 409). Autorka jest świadoma niemożności narzucania tu silnej normatywności wariantów, choć zarazem wskazuje na ogólną zasadę, że „struktura normalna cechuje się relatywną równowagą" między biegunem dokonań intelektualnych a biegunem przeżyć witalnych (Bühler 1999, s. 358). Psychologia pomaga we wskazaniu na „ułomne struktury biegu życia", wpisane chociażby w „zjawiska deficytu", w tym brak „jednego lub kilku stadiów rozwojowych", co powoduje „niekompletność psychofizycznego wyposażenia danej jednostki" czy niedostępność szans, stawiające w obliczu konieczności kompensacji (Bühler 1999, s. 421). Interesujące psychologię biegu życia „odchylenia od struktury normalnej" mogą dotyczyć zwłaszcza zbyt wczesnej lub zbyt późnej kumulacji przeżyć i/lub osiągnięć, na co nakładają się dodatkowo komplikacje w postaci długości trwania życia, spalania czy wyczerpywania się witalności (Bühler 1999, s. 367 i nast.).

W poszczególnych przypadkach wskazuje się na okresową różnorodność dążeń człowieka, która „antycypuje dwoistość jego działalności" między wydarzeniami i osiągnięciami (Bühler 1999, s. 310). Fazowo może dochodzić do rozmaitych zmian, wśród których kluczowa okazuje się zawsze „zmiana dominanty" relacji między zadaniami a potrzebami, czy też obowiązkami i upodobaniami albo doraźnymi celami i przeznaczeniem (Bühler 1999, s. 289–291)[24]. Najogólniej „zmiana dominanty" jest wpisana w związek „potrzeba – przeznaczenie", który jako rama ma być „momentem konstytutywnym dla rozwoju ludzkiej osobowości" (Bühler 1999, s. 190). Zauważmy, że Radlińska nie we wszystkim była świadoma tej złożoności, skoro w jej klasycznej formule dążenia pedagogiki społecznej zawsze pozostają wyczulone na wciąganie w grę i wysiłek zawsze dokonujące się „w imię ideału", co rekonstruowałem i analizowałem już z pewną nutą polemiczną wcześniej w tej pracy. Najwidoczniej jednak bez wskazywania na konkretny cel Radlińska wyobrażała sobie zaangażowanie pedagogiki społecznej jako kształtujące indywidualne decyzje w zakresie „biegu życia" ludzi, wyrażające się w swojej dojrzałości „[w] samoprzeznaczaniu się, stawianiu zadań" czy zaangażowaniu, podobnie jak w przypadku „artystycznego ideału", któremu „chcą się w swojej twórczości poświęcić" artyści

---

24 Idea „zmiany dominanty" jako przełomu rozwojowego powraca wielokrotnie, por. np. także s. 198, 205, 209–210, 212.

czy kształtujący tak swoje dzieci, uwikłani w napięcie między biegunami „ekspansji" i restrykcji" w warstwie potrzeb i samych procesów ich realizacji, wpisanych dalej w problem spójności między sukcesami i niepowodzeniami, w warstwie przeżyć i dokonań, co stawia przed dylematem, jak wobec nich reagować i decydować o życiu (Bühler 1999, s. 284, 286–287)[25]. Powstaje z czasem kwestia wpisania się w swoim funkcjonowaniu między zadania i przeznaczenie, które człowiek sobie obiera czy definiuje, przy czym bywa, że dopiero na pewnym etapie takiej drogi jednostka operuje stworzonym przez siebie, nieosiągalnym, acz uznanym za zobowiązujący dla niej, ideałem (por. Bühler 1999, s. 230–233). Rodzi to napięcia i wahania między stanami „od głębokiego cierpienia z powodu własnej egzystencji – do najwyższej ekstazy", co znajdujemy zilustrowane przypadkiem Fryderyka Nietzschego, uwikłanego w przejawy strukturalnej antynomii egzystencjalnej (por. Bühler 1999, s. 188–189).

Mówiąc o zjawiskach spóźnienia bądź przedwczesności rozwojowej w biegu życia ludzkiego, Bühler uwrażliwia na charakterystykę „zaangażowania" wiązanego definicyjnie z „ryzykiem, w którym naraża się na niebezpieczeństwo część lub całość własnej egzystencji lub też rezygnuje się z niej w całości lub w części dla »czegoś«, gdy zdobywamy się na „czyn" jako wysiłek, by „uczynić »coś« z siebie" (Bühler 1999, s. 238–239). W horyzoncie opisu zjawisk składających się na różne aspekty zaangażowania mamy także „zaniechanie dysponowania sobą na mocy własnej dyspozycji" jako wskazujące na „podwójną naturę" zaangażowania, obejmującą dwa typy wyrzeczenia z tym związanego, wewnętrznego i pod presją zewnętrznego nakazu, co stawia przed groźbą „pozornego zaangażowania się" (Bühler 1999, s. 244). Tym bardziej ciąży na zaangażowaniu jego jednostronne podporządkowanie kategorii szans, wobec naturalnej dwoistości – w naszym języku dopowiedzmy – między skalą szans powodzenia a wartością działania od nich niezależną, co u nas dobitnie akcentował Henryk Elzenberg w swoim *Kłopocie z istnieniem*. Jest tak w obliczu napięcia między biegunem „aktywności funkcjonalnej" a biegunem charakteryzowanym „egzystencją »dla czegoś«", gdzie zderzenie dotyczy stopnia możliwości uznania wartości „zaangażowania bez widoków na sukces", np. gdy wiąże się z postrzeganiem własnego przeznaczenia albo z chęcią własnego spokoju czy spełnienia (Bühler 1999, s. 248–249). Ocena zaangażowania z jednej strony może dotyczyć skali szans powodzenia, a z drugiej strony skupiać się na randze sprawy, której ono ma dotyczyć, a co może się odnosić do marzenia, ideału czy wewnętrznego imperatywu, obie zaś strony wyznaczają ramę, w jaką wpisane jest każdorazowe odniesienie do decyzji kształtujących bieg życia. Może tu

---

[25] Tak jak w przypadku wirtuozerii wymaga ona wyrzeczeń w ćwiczeniu oraz miejsc do jej prezentacji jako dokonania, przy czym same sukcesy bywają niedostatecznie gratyfikujące czy stanowiące o sensie życia (por. w tej kwestii Bühler 1999, s. 198–203). Podobnie pojawia się kwestia tego, co jest, a co nie występuje, jako „kompensacja niepowodzeń" z jednej strony albo „prymarna potrzeba" z drugiej (por. Bühler 1999, s. 191).

dawać o sobie znać „krytyczne wydarzenie", rzutujące na całość życia, choć okazuje się często, że do głosu dochodzą „ogólnoludzkie podstawowe potrzeby i zadania, których nieuwzględnienie z reguły wyklucza w pełni udane życie", przez trudne powiązanie między szczęściem oraz spełnieniem w indywidualnym poczuciu, w którym zadania wpisują się w marzenie o wartości samego działania, nadającego sens własnej egzystencji (Bühler 1999, s. 258–259). Dodam, że akcenty takie wielokrotnie pojawiały się w myśli filozoficznej, jak chociażby w przypadku Romana Ingardena, kojarzącego tożsamość z czynem, za który bierze się odpowiedzialność, nadając mu wartość, która z kolei niesie sens egzystencjalny definiujący podmiotowy charakter zaangażowania i głęboką tożsamość działającego. Bühler wskazuje tu na problem zaangażowania w relację między aspiracjami i możliwościami ich realizacji, choć znowu mamy tu napięcie wymagające jednocześnie występowania obu zderzających się członów odniesienia decyzyjnego, gdzie walka o możliwości działania wymaga jednocześnie rozwijania aspiracji, aby warto było podejmować wysiłek angażowania się na rzecz jakiegoś celu. Daje o sobie znać jałowość sytuacji, w których brakuje „aspiracji do ich spożytkowania" (Bühler 1999, s. 261).

To zapewne przyświecało Radlińskiej, gdy tak uporczywie wskazywała na zadanie oddziaływania pedagogiki społecznej zawsze „w imię ideału", mającego w nim przeświecać i przebudzać motywację i jakość zaangażowania. Stąd, choć u Bühler dominuje jeszcze typowe dla jej czasu wskazywanie na potrzebę „harmonii" między biegunami struktur dwustronnych uwikłań jednostki w jej biegu życia, oznacza to *de facto* już w latach 30. XX wieku dojrzewanie także w tym inicjowanym dopiero wariancie „psychologii biegu życia ludzkiego" perspektywy dwoistej analizy, rozpoznającej **dwoistość strukturalną wyzwań**. A to oznacza, że mamy prawo włączać rozumienie myśli Radlińskiej w proces odnoszący się do ewolucji jej równocześnie dojrzewającego (i nie w pełni przyswojonego, co do jego znaczenia teoretycznego) zaplecza problematyzacji społecznej sytuacji człowieka w jego rozwoju i w kontekście trosk pedagogicznych o wspieranie jakości biegu życia jednostki dla niej samej, dla jej środowiska oraz dla przyszłości tożsamości indywidualnej i zbiorowej Polaków po odzyskaniu niepodległości i w każdym kolejnym okresie historycznym.

Podsumowując moje odwołania do Charlotte Bühler, chciałbym na koniec wykorzystać trop wskazujący na wspomnianą dwoistość wyzwań w biegu życia, wyrażaną przez autorkę w dwubiegunowym nazwaniu problemu: „zaspokojenie i spełnienie" – jako odniesienia do charakterystyki „udanego życia"; jak pisze w tym kontekście, wskazując aż dwie pary dwoistości, uwikłanych zresztą w taką samą relację:

> [...] stawiamy tezę, że pełne udanie się życia zależy od dwóch warunków: z jednej strony od [...] stosunku aspiracji do danych faktycznych, a więc w pewnym sensie: harmonii „zewnątrz – wewnątrz"; a następnie od (drugiej) w pewnym sensie: harmonii przebiegu w indywiduum, a mianowicie od równowagi zachodzącej między tendencjami potrzeb i zadań oraz od właściwej zmiany dominanty, ponieważ przy

jednostronności i przewadze jednego z kierunków nie dochodzi do pełnego udania się życia (Bühler 1999, s. 261–262).

Oczywiście, ani psycholog, ani pedagog społeczny nie mają tu możliwości wyznaczania normatywnego wzorca, a jedynie korzystają, jak Bühler, z przywoływania całej gamy przypadków biografii, które uczulają na to, jak rodzą się i na czym polegają w realiach ludzkiej egzystencji, analizowanej możliwie naukowo, rozmaite pułapki i ograniczenia, stanowiące potem źródło subiektywnie postrzeganego fiaska, porażki, zawodu, aż po rozpacz i upadek. Normatywność możliwego działania jest tu przykrojona jedynie na wzór wysiłków diagnozujących zakłócenia rozwoju i dyskomforty z nimi związane oraz wskazuje na powiązania między nimi, w kategoriach rozmaitych deficytów, nadmiarów i niezrównoważeń oraz uwikłań strukturalnych, np. gdzie „już w ramach samych aspiracji tkwiły przesłanki do nieudania się życia" (Bühler 1999, s. 261). Szczególnie mogło to dotyczyć, jak pokazują przykłady biograficzne u Bühler, jakości życia kobiet, uwikłanych między zobowiązania wobec innych i własne potrzeby, w dylemat związany z napięciem między spełnianiem siebie lub wypełnianiem innych zadań. Obejmują to postulaty stawiające w obliczu dwoistości: „zaspokojenie i spełnienie w sferze stosunków osobistych i działalności rzeczowej lub spełnienie potrzeb i zadań osobistych i rzeczowych" (Bühler 1999, s. 270).

Rozdział XIV
„Co idzie w parze"?
Socjologia wsi wobec pedagogiki społecznej
i analizy dwoistości na przykładzie prac
Józefa Chałasińskiego

Wstęp

W tym rozdziale interesuje mnie postać Józefa Chałasińskiego (rocznik 1904), uznawanego za najwybitniejszego ucznia Floriana Znanieckiego, należącego, nie tylko rocznikowo, do pokolenia Bogdana Suchodolskiego i Aleksandra Kamińskiego – podkreślmy: o 20 lat młodszego od Heleny Radlińskiej. Skoncentrowałem się tu na kwestiach stosunku socjologa do spuścizny tej ostatniej w kontekście wymiaru społecznego wychowania oraz w świetle zawartego w tytule tego rozdziału pytania o świadomość metodologiczną badacza w zakresie uwzględniania dwoistości jako złożoności strukturalnej analizowanych zjawisk. Socjolog znany jako autor bezpardonowej polemiki z Sergiuszem Hessenem, o czym dalej, zarazem zajmuje dosyć niekonsekwentne i nieprzekonujące stanowisko wobec pedagogiki społecznej i jej czołowej postaci. Najwyraźniej nie potrafił uznać tu ani partnerstwa, ani współbrzmienia i współdziałania w zakresie zaangażowania w te same obszary badań i zainteresowań społecznych, nie rozumiał też dokonującego się przełomu, jaki dla całej ówczesnej pedagogiki wynikał ze społecznego uwrażliwienia w pracach Radlińskiej. Wyobrażenia socjologa o pedagogice jawnie zapożyczają akcenty, jakie zostały unieważnione w wielu pracach Wielkiego Pokolenia, o którym już wielokrotnie pisałem.

W publikacji z 1935 roku poświęconej pracy oświatowej, widzianej socjologicznie, wiele partii rozważań (rola książki, waga oświaty na wsi, „problemat" pracy kulturalnej) Chałasiński pisze, używając całych zwrotów brzmiących tożsamo z rozważaniami Radlińskiej[1]. Zresztą wymieniając „najważniejsze tylko pozycje" w ramach wskazówek bibliograficznych do „dalszej samodzielnej pracy", autor od-

---

[1] Por. np. uwagi o „świecie książki" czy wskazujące na „najwyższe ideały społeczne pracy oświatowej" w: Chałasiński 1935a, s. 65–68.

syła do trzech prac tej autorki. Chodzi o jej rok wcześniej wydaną pozycję *Książka wśród ludzi* oraz artykuł *Pracownicy oświatowi, ich wchodzenie do zawodu i specjalizacji*, zamieszczony w biuletynie konferencji oświatowej, a także jej programowy tekst w biuletynie „Kultura Wsi" z 1930 roku na temat *Możliwości celowego oddziaływania na rozwój kultury ze szczególnym uwzględnieniem kultury wiejskiej w Polsce* (por. Chałasiński 1935a, s. 106–107, 109, 121)[2].

Jako autor monumentalnego, czterotomowego dzieła z 1938 roku, pt. *Młode pokolenie chłopów. Procesy i zagadnienia kształtowania się warstwy chłopskiej w Polce*, w wielu kwestiach Chałasiński artykułował troski najwyraźniej bliskie Helenie Radlińskiej i zbieżne z jej dążeniami, ale robił to tak, jak gdyby osobista, wieloletnia znajomość z wielką postacią pedagogiki społecznej i współdziałanie w ramach Wolnej Wszechnicy czy udział w tych samych zjazdach socjologicznych i pedagogicznych nie przełożyły się na znajomość i uznanie dla jej dokonań. A jest tak zwłaszcza w odniesieniu do zmian społecznych stymulowanych środkami oddziaływań oświatowo-kulturalnych i wagi uwzględniania specyfiki sytuacji wsi polskiej. Tym bardziej trudno stwierdzić[3] przejawy uznania dla podejścia Radlińskiej, chyba żeby za takie potraktować publikowanie jej tekstów na łamach „Przeglądu Socjologicznego", np. w latach 1937–1938. Wprawdzie J. Chałasiński wiedział i podkreślał, że „[n]ie można pisać studium o inteligencji polskiej, nie wspominając o Stanisławie Brzozowskim" (Chałasiński 1958, s. 43), ale już najwidoczniej nie zastosował analogicznej zasady wobec Heleny Radlińskiej w kontekście splotów problematyki wychowania, społeczeństwa, narodu i wsi, co nie wystawia mu dobrego świadectwa rzetelności[4]. Zastanowię się nad tym jednak głębiej w dalszym ciągu rozważań.

Metodologicznie z pewnością ważną – i mającą doskonały odpowiednik w podejściu teoretycznym i praktycznym u Radlińskiej – jest następująca uwaga Chałasińskiego dotycząca sprzężenia zwrotnego (nie zaś rozłączności czy odrębności) dwóch stron zagadnień społecznych, dotyczących także wychowania, interesujących dla obojga:

---

2 Uwagę także zwracają obecność na liście prac Jana Stanisława Bystronia, przywołanie badań Zygmunta Mysłakowskiego, rekomendacja „poglądów socjologicznych" Edwarda Abramowskiego czy Ludwika Krzywickiego, znanych przecież i wywierających wpływ także na Helenę Radlińską (por. Chałasiński 1935a, s. 113, 118, 120, 123).

3 Śladów odniesień nie mamy zwłaszcza w głównych tekstach Chałasińskiego, merytorycznie podejmujących sprawy wychowania i jego aspektów społecznych. Mogłem to stwierdzić w pracach przywołanych w bibliografii. Szkoda, że nikt dotąd nie prześwietlił pod tym kątem całości spuścizny Chałasińskiego, gdyż należałoby się spodziewać jednak jakichś minimalnych choćby odniesień w niektórych wypowiedziach.

4 Uwaga ta jest nadal aktualna, mimo że odnalazłem w pierwszym wydaniu *Społeczeństwa i wychowania* fragmenty wyłączone z późniejszych edycji, gdzie mamy skojarzenia pedagogiki społecznej Radlińskiej z błędami idealizmu filozoficznego. Mój zarzut o zlekceważeniu zaangażowania Radlińskiej w sprawy wsi i narodowe pozostaje w mocy.

W życiu zbiorowym ludzi rozróżnić możemy stronę subiektywną, czyli pewne dążności (instynkty), postawy i uczucia społeczne, oraz stronę obiektywną, czyli wytwory działalności ludzkiej – albo instytucje społeczne w najszerszym znaczeniu. Te dwie strony są ściśle ze sobą związane: dążności społeczne są uwarunkowane przez instytucje, a instytucje przez dążności. Dążności i instytucje są to dwa punkty widzenia raczej, a nie dwie odrębne dziedziny zjawisk (Chałasiński 1935a, s. 112–113).

Obecność takich sprzężeń dwustronnych, czy lepiej powiedzieć: dwubiegunowych napięć, będę śledził zwłaszcza w analizach dotyczących realiów wiejskich, gdzie Chałasiński mógł był dostrzec przymierze z troskami Radlińskiej, a najwyraźniej go nie zauważył lub pryncypialnie nie uznał. Mogło to wynikać także z tego, że – jak pokażę – Sergiusz Hessen, polemizując z Chałasińskim, powoływał się (por. Hessen 1938, s. 247) na pedagogiczne dokonania Radlińskiej, które zaprzeczały, jego zdaniem, krytycznym diagnozom kondycji pedagogiki formułowanym przez socjologa.

O pedagogicznym horyzoncie w pracach Józefa Chałasińskiego

Wątków pedagogicznych, szeroko rozwiniętych w pracach Heleny Radlińskiej, spotykamy we wcześniejszych pracach Chałasińskiego sporo. Tu przywołam jedynie niektóre, bliskie „duchowi" programu pedagogiki społecznej w jej wyjściowej, klasycznej postaci.

Rekonstruując „tło socjologiczne pracy oświatowej", autor musiał się odnieść i do „świata książek" jako stanowiącego „wtórne środowisko społeczne człowieka", którego wpływ powoduje, że – a czyż to nie retoryka i horyzont myślenia samej Radlińskiej –

[k]siążka stała się podstawowym czynnikiem rozwoju tego nowego środowiska społecznego ludzi. Stała się potężnym narzędziem przekształcania bezpośredniego środowiska jednostki. [...] W świecie książki człowiek zaspokaja zastępczo swoje dążności społeczne (Chałasiński 1935a, s. 65–66).

Zarazem czytamy u Chałasińskiego o tym wpływie jako tworzącym nowe jakości w jednostce oraz jej relacjach grupowych i to z wykorzystaniem odniesień do „duchowości", tak za kilka lat sarkastycznie deprecjonowanej w polemice z Hessenem. Omawiając „[n]ajwyższe ideały społeczne pracy oświatowej" jako wspomniane tło socjologiczne, autor podkreśla – a rzecz tę warto przytoczyć w szerszej formule, nie tylko dlatego że sam tekst jest rzadko przywoływany czy znany – że:

Podniesienie się poziomu wyobrażeniowego życia ludzi z rozwojem kultury, głównie pod wpływem książki, wprowadziło zasadnicze zmiany w stosunki jednostki i grupy. Jednostka uniezależniła się w znacznej mierze od bezpośrednich fizycznie najbliższych kół ludzi i rozszerzyło się jej pole wyboru współtowarzyszy życia. Rozszerzyło się nie tylko przestrzennie, ale i duchowo. Podniosła się bowiem zdolność człowieka do czysto duchowego, wyobrażeniowego obcowania z wielkimi duchami narodu i ludzkości, tak żyjącymi, jak i zmarłymi. Dopiero na tym wyższym poziomie wyobrażeniowym możliwa stała się kulturalna wspólnota narodowa i wszechludzka.

Wyższy poziom kulturalny człowieka polega właśnie na tym, że nie tylko uniezależnia się on od środowiska przestrzennie i czasowo najbliższego, lecz na środowisko to umie spojrzeć ze stanowiska głębszych i doskonalszych związków, które go łączą z tym, co najlepsze w tradycjach kulturalnych narodu i całej ludzkości.

Człowiek o głębokiej duchowo kulturze wyróżnia się tym, że potrafi moralny związek z wielkimi duchami ludzkości przełożyć ponad przyjaźń małych ludzi, ilekroć zachowanie przyjaźni jednych trzeba okupić ceną przyjaźni drugich i ceną odosobnienia od bezpośredniego koła przyjaciół. Jego społeczne odosobnienie nie jest jednak wtedy zupełne. Przeświadczenie o tym, że wielu innych ludzi podziela z nim ogólnoludzkie wartości, wiąże go z tymi ludźmi, choćby ich osobiście nie znał.

Fakt, że istnieją wielcy ludzie, których twórczość kulturalną i zasługi dla całej ludzkości w różnych dziedzinach życia uznaje cały świat cywilizowany, stwarza zawiązek grupy wszechludzkiej. Poczucie przynależności do niej jest dla wielu ludzi źródłem moralnych i kulturalnych obowiązków, nie mniej realnych i nie mniej silnych, niż obowiązki wynikające z przynależności do grup bardziej bezpośrednich.

Najwyższe ideały społeczne i kulturalne pracy oświatowej biorą swój początek z takiego właśnie poczucia wszechludzkiej wspólności i do jego pogłębienia i rozszerzenia prowadzą (Chałasiński 1935a, s. 67–68).

Chałasiński jako socjolog opisowo diagnozuje zaistniałe zmiany czy ich trendy, z kolei Radlińska, jak już wiemy, jako pedagog społeczny rozumie filozoficznie i kulturowo wagę, potrzebę i trudności we wprowadzaniu takich zmian jako pożądanych. Jednocześnie badaczka rozważa, jakimi środkami interwencji pedagogicznej w zakresie kulturowej „melioracji środowiska" wpływać na „melorację duchową", tu dającą się kojarzyć dokładnie w terminach wpisanych w powyższy obszerny cytat z rozważań socjologicznych. Zarazem w owym „tle socjologicznym" Chałasińskiego pobrzmiewają wprost formułowane zalecenia, które Radlińska nie tylko byłyby rada widzieć w ramach swojego „punktu widzenia" pedagogiki społecznej, ale które sama w takich kategoriach formułowała. Dalej u socjologa można więc znaleźć wątki społeczno-pedagogiczne w kategoriach jednocześnie eksponujących postulowaną postawę, którą łatwiej by było przypisać pedagogowi społecznemu wrażliwemu kulturowo w duchu pedagogiki kultury niż socjologowi kojarzącemu w kolejnych latach wychowanie z socjotechniką:

We wszystkich poczynaniach pracy kulturalnej pamiętać należy o naczelnej zasadzie: nienarzucania sztucznych form i schematów w myśl jakiejś doktryny, lecz dostosowywania form pracy do realnie odczuwanych potrzeb oraz dążności społecznych i kulturalnych środowiska. Formy i programy pracy są dla ludzi, którzy mają z nich korzystać, nie ludzie dla nich.

Praca oświatowo-kulturalna jako ruch społeczny zrodziła się z niewystarczalności dawnych form życia kulturalnego i z potrzeby stworzenia nowych. Zrodziła się z dążeń i aspiracji mas i funkcję swoją spełniać będzie tak długo, jak długo pozostanie w żywym kontakcie z życiem i jego problemami, jak długo pozostanie czujna na coraz to nowe potrzeby życia.

Kiedy się raz zasklepi w rutynie, kiedy wytworzy zawodową grupę, podporządkowującą swojemu zawodowemu poglądowi funkcje społeczne, dla których powstała, kiedy straci kontakt z żywymi problemami życia, kiedy na wzór biurokratyzmu dawnej szkoły wytworzy biurokrację i formalizm oświatowy, słowem, kiedy dla formuł poświęci sens życia – wtedy straci własną rację bytu (Chałasiński 1935a, s. 69).

Mam nieodparte wrażenie, że można w każdej niemal kwestii wskazać analogiczne, jeśli nie wręcz takie same, sformułowania w tekstach samej Heleny Radlińskiej. Sytuacja wygląda podobnie w wypadku kolejnych uwag Chałasińskiego w zakresie normatywnej wizji odnoszenia się w pracy kulturalnej do poszczególnych grup społecznych, mających swoją odrębność, ale także oddziałujących na siebie po przełamaniu izolacji i w trybie przemieszczeń, co służy „tworzeniu **wspólnej kultury, do której każda z tych grup wnosiłaby własne elementy, wzbogacając tym samym kulturę całości**" (Chałasiński 1935a, s. 71). W świetle traktowania takiego procesu jako naturalnego społecznie pojawia się konkluzja socjologa:

Praca kulturalna nie ma więc na celu przenoszenia inteligenckiej kultury do środowisk wiejskich lub robotniczych, lecz **stwarzanie warunków**, w których obok pierwiastków i ideałów kultury, wspólnych wszystkim klasom, mogłyby rozwijać się odmienne i oryginalne pierwiastki, związane z odrębną funkcją różnych grup w społeczeństwie i ze zróżnicowaniem zawodowym. Słowem, praca kulturalna ma nie tylko upowszechniać w całym społeczeństwie to, co w zakresie kultury tworzą różne grupy, ale i stwarzać warunki, w których kultury różnych grup mogłyby rozwijać się, jeżeli wykazują żywotność, w których nie marnowałyby się nowe twórcze dążności kulturalne, bez względu na to, w jakiej rodzą się one grupie społecznej (Chałasiński 1935a, s. 71).

Nie ulega wątpliwości, że jest to bliskie troskom i staraniom Radlińskiej oraz wizji społeczno-pedagogicznej wpisanej w programowanie postaw pracowników oświatowych. Daleko jej było w kontekście tzw. kultury ludowej, obecnej na wsi, czy proletariackiej wśród robotników do uznania ich treści za w pełni zasługujące na utrwalanie i pielęgnowanie. Z pewnością ujęcie Radlińskiej da się połączyć z tezą Chałasińskiego, że „kultury te nie istnieją" jako całości „odrębne, niezależne od siebie i wzajemnie wykluczające się", ale jako ułomne, residualne efekty społecznego zakłócenia ich dostępu do całości dziedzictwa ludzkiego, przez co żadna z nich wbrew swojemu potencjałowi wymiany i rozwoju nie „korzysta ze wspólnego dorobku kulturalnego różnych warstw, a nawet różnych narodów" (Chałasiński 1935a, s. 71–72). Stąd pojawia się konkluzja Chałasińskiego:

> Nie tylko w obrębie narodu nie może być mowy o istnieniu różnych kultur, pojętych jako całości odrębne i niezależne w całości swojej treści, ale rozwój etnologii i historii kultury coraz więcej dostarcza dowodów na to, że na pozór zupełnie obce kultury, odległych i rasowo odmiennych ludów wykazują wspólne elementy (Chałasiński 1935a, s. 72).

Najwyraźniej mamy tu wątki sugerujące możliwość wskazania na „uniwersalia" w międzykulturowym porównaniu[5], choć bliższe podejściu Radlińskiej byłoby, zasygnalizowane już, traktowanie każdej społecznej formy dostępu do kultury jako dziedzictwa ludzkości w kategoriach residualnych, jedynie ograniczonych historycznie, zacierających lokalnymi uwarunkowaniami dostęp do treści z innych uwikłań czasoprzestrzennych.

Uznając za kluczowe do uwzględnienia w kontekście pracy oświatowej i kulturalnej występowanie „nowych dynamicznych zadań pokolenia dorosłych", w tym zwłaszcza uczestnictwa w wysiłku „tworzenia nowych form życia" jednostek i grup społecznych, Chałasiński podkreślał w studium z 1935 roku niewystarczalność funkcji szkoły związanej ze *status quo* społecznym (por. Chałasiński 1935a, s. 52). Jego zdaniem musiała się dokonać „[r]ewolucja poglądów na szkołę" (Chałasiński 1935a, s. 53) i powstać – i powstała, zwłaszcza z udziałem Floriana Znanieckiego, który postulował formy nie tylko oświaty pozaszkolnej, ale wręcz „ruchu społeczno-kulturalnego, obejmującego całe społeczeństwo" –

> [...] nowa koncepcja wychowania przez współtworzenie życia łącznie przez dorosłych i młodzież. W koncepcji tej znalazł nowe rozwiązanie problemat równowagi pomiędzy czynnikiem tradycji, czyli stałości, i postępu, czyli zmiany. Przez związanie młodzieży – czynnika zmiany, z dorosłymi – czynnikiem stałości, we wspólnym zadaniu tworzenia nowego życia – równowaga pomiędzy tradycją i zmianą ma dokonać się nie w sposób sztuczny, ale w drodze wspólnego realizowania ideałów. [...] Łatwo też zrozumieć, dlaczego praca oświatowo-kulturalna przestaje wzorować się na tradycyjnej szkole i szuka własnych form. Z nowym pojmowaniem wychowania i pracy oświatowo-kulturalnej dokonała się też zmiana w społecznym wzorze oświatowca. Nie jest nim nauczyciel, który „zdobył wykształcenie", przestał się sam kształcić, a zaczął kształcić innych, ale przodownik kulturalny, który żywo

---

5 Wraz z narastaniem atmosfery relatywizmu problematyka uniwersaliów kulturowych czy językowych z trudem przebija się w badaniach (por. *Uniwersalia w międzykulturowym porównaniu...* 2008).

odczuwa i rozumie problemy życia społecznego i kulturalnego. Nie zatrzymał się w swoim rozwoju, a pracę kulturalną pojmuje nie jako podnoszenie innych do swojego statycznego poziomu, ale jako opartą na współdziałaniu, jako zbiorowe realizowanie ideałów społecznych i kulturalnych we własnym i w innych rozwoju – we wspólnym życiu zbiorowym (por. Chałasiński 1935a, s. 52, 55).

Trudno doprawdy dociec, dlaczego Chałasiński nie widział w tym czasie (jeszcze przed zderzeniem z Hessenem, o czym dalej) celowości odniesienia się wprost do wysiłków budowania analogicznej wizji wychowania w kategoriach „pedagogiki społecznej" u Radlińskiej. Nie ulega jednak wątpliwości, że do głosu dochodzą tu zasadniczo odmienne światy, jeśli chodzi kulturę interakcji naukowej. Radlińska znała prace Chałasińskiego, wprost je przywoływała i rekomendowała do studiowania[6], mimo że odbywało się to bez wzajemności socjologa, chyba że za taką uznać publikowanie tekstów badaczki w latach 30. XX wieku na łamach współredagowanego przez socjologa „Przeglądu Socjologicznego", np. w tomach 1937–1938, czy uwagi wycofane z kolejnych edycji *Społeczeństwa i wychowania*, o czym dalej. Nie darmo przywoływałem już fragment, w którym Radlińska podkreślała wspólnotę myślenia z socjologiem, pisząc w ważnej także dla niej kwestii:

Słusznie zauważył Chałasiński, że w chwili całkowitej demokratyzacji szczególne znaczenie posiada przejmowanie przez lud[zi] całości [s]puścizny kulturalnej. [...] interes wspólny narzuca konieczność ukazywania wartości ogólniejszych (Radlińska 1961, s. 40–41),

w celu wytwarzania „więzi szerszej" (Radlińska 1961, s. 40).

Takich akcentów mamy więcej. Skądinąd widać, że czasem Chałasiński zatrzymuje się w połowie drogi w pojmowaniu społecznych zadań „pracy kulturalnej" w stosunku do tego, jak głęboko je rozumiała Radlińska. Dla przykładu, dostrzegał jedynie dwa zakresy troski o przebudzanie czy – jak pisał – „pobudzanie dążności ludzkich". W jednym zakresie chodziło o to, by oddziaływać, wyzwalając zastany potencjał jednostek w drugim o jego nowy kształt zbiorowy. Należy bowiem wpływać

---

[6] Dla przykładu, zachęcając do „badań regionalnych dziejów oświaty" z wykorzystaniem pamiętników, pisała: „Sposób spożytkowania pamiętników i kwestionariuszy można »podpatrzeć« w książce Józefa Chałasińskiego *Młode pokolenie chłopów*" (Radlińska 1948, s. 55). Uwaga w kontekście kwestionariuszy była ważna, ponieważ przestrzegała pedagogów społecznych i badaczy oświatowych przed tym, że „[k]westionariusze są na ogół nadmiernie cenione i często nadużywane. Należy sobie zdawać sprawę z ich niebezpieczeństwa, polegającego na tym, że odpowiadający jest ograniczany do mówienia spraw, które postawił autor kwestionariusza. Jeżeli pytanie poddaje odpowiedź, łatwo o jednostronne ujmowanie faktów czy zjawisk" (Radlińska 1948, s. 58). Podkreślmy wreszcie, że lęk przed jednostronnością jest znamiennym sygnałem trosk typowych dla wysiłku odsłaniania dwoistości zjawisk.

[...] na poszczególne jednostki, pobudzając [ich] dążności społeczne i nawiązując do [ich] roli w życiu grupowym, ale także na grupę jako całość, stawiając przed nią nowe zadania grupowe i pobudzając ją do rywalizacji z innymi grupami (Chałasiński 1935a, s. 43).

Pomijając tu uwypuklenie zadania rywalizacji międzygrupowej, co kulturowo i społecznie jest oczywistym nieporozumieniem, Chałasiński nie dopowiedział **trzeciego** zadania związanego z odpowiednikiem kulturowej melioracji środowiska, choć grunt do jego sformułowania przygotował, afirmując wagę wiązania zainteresowań kulturalnych jednostek i życia grupowego. Postulował bowiem (Chałasiński 1935a, s. 43) troskę o „przeniknięcie wartości kulturalnych w życie" poszczególnych jednostek i grup społecznych, ale pamiętał zarazem o realności „promieniowania" na życie – a termin „promieniowanie" był, jak już wspomniano, bliski postulatom Radlińskiej w kontekście uwypuklania zadań „urządzeń" oświatowych.

Utrzymywanie się i rozwijanie się zainteresowań kulturalnych wymaga odpowiedniego środowiska społecznego. Przekształcanie w tym kierunku środowiska jednostki stanowi główne zadanie pracy kulturalnej. [...] Dlatego problem pracy kulturalnej – to problem włączania treści kulturalnych do treści grup społecznych środowiska. Stąd funkcja ośrodków pracy kulturalnej nie ogranicza się do stwarzania sposobności wyżywania się kulturalnego. Zadaniem ich jest promieniowanie na zbiorowe życie ludzi tam, gdziekolwiek ono przejawia się. Miarą powodzenia pracy oświatowo-kulturalnej jest to, na ile przyczynia się ona do włączenia wartości kulturalnych w życie zbiorowe grup społecznych. [...] Praca kulturalna jako odrębna instytucja, jako zorganizowany i systematyczny wysiłek ma więc na celu podniesienie na wyższy poziom i podporządkowanie wyższym ideałom społecznym oraz kulturalnym tej pracy kulturalnej, która dokonywa się samorzutnie, sama przez się w każdej trwałej grupie społecznej (por. Chałasiński 1935a, s. 43–44).

Zdecydowanie bardziej przy tym odpowiada mi formuła samej Radlińskiej, dojrzalsza filozoficznie, gdy mówi nie o podnoszeniu na wyższy poziom, ale o wrastaniu w podłoże kulturowe jako życiodajne źródło wzrostu duchowego w zakresie przebudzenia i emancypacji w imię ideału nie jako gotowego wzoru, ale jako stymulatora zaangażowania zdolnego do wykorzystania potencjału udostępnianego dziedzictwa kulturowego ludzkości.

Tymczasem najwyraźniej – choć rozmaite inne partie książki socjologa brzmią jak streszczanie stanowiska Radlińskiej – Chałasiński nie znał szerzej czy nie uznał głębiej dokonań tak aktywnej i społecznie obecnej postaci, gdyż przywoływał obraz pedagogiki, jak gdyby jej zaangażowanie, dokonania i postulaty nie miały miejsca. Odnosząc się w 1938 roku do „rozwoju polskiej myśli pedagogicznej w okresie od odzyskania niepodległości do chwili obecnej" i stwierdzając, że pedagogika ta „była ożywiona troską o przyszłość i dobro narodu", sugerował zarazem, że „[p]olska myśl pedagogiczna przeoczyła zupełnie warstwę chłopską" (por. Chałasiński 1938, tom IV, s. 131). Socjolog widział tu jednostronność "inteligenckiego charakteru" nie tylko pedagogiki, lecz także całej elity polskiej inteligencji i w związku z tym również funkcjonowania szkoły w Polsce i jej "inteligencką pedagogikę" (por. Chałasiński 1938, tom IV, s. 132–133).

Bezustanny nacisk na indywidualną psychikę osobnika, jako przedmiot działalności wychowawczej, jest istotną, najpowszechniejszą i najbardziej uderzającą cechą wychowawczego środowiska szkolnego (Chałasiński 1938, tom IV, s. 133)[7].

Szkoda tu miejsca na osobne przytaczanie argumentów obalających te tezy w konfrontacji z wysiłkiem Heleny Radlińskiej, który powinien był być znany polemiście choćby w trybie pobieżnych akcentów. Być może zaciążyła tu ostatecznie ostra, a nawet bezpardonowa polemika Józefa Chałasińskiego z 1938 roku z Sergiuszem Hessenem, do czego wrócę później, po krytycznej recenzji tego ostatniego pracy socjologa o szkole amerykańskiej (por. Gryko 1989, s. 109–114)[8].

Dodam na marginesie, że Chałasiński przywołuje dobitne sformułowania Władysława Grabskiego w tej kwestii, zawierające podobnie jednostronną wizję pedagogiki, spośród których najpełniejsze, cytowane z rozważań z 1929 roku, brzmi następująco (z dalszym komentarzem):

"Pedagogika współczesna – pisze Władysław Grabski – stanęła na tym gruncie, że jej zadanie polega na urabianiu umysłu i ducha dziecka jako takiego, a nie dzieci określonych grup i środowisk. Pojęcie narodu jako zespołu, grup i warstw, pojęcie różnic środowiska i powołania życiowego, wszystko to są rzeczy dla pedagoga nie istniejące. Dla niego istnieje jedynie społeczeństwo i jednostki z zasady sobie równe, które powinny być w jednakowy sposób urabiane, by każda z nich miała

---

7 Tym bardziej w kolizji z ewentualnością podciągania pod taką pedagogikę prac Heleny Radlińskiej stoi choćby fakt, który musiał być znany Chałasińskiemu, że była współautorką pionierskiego raportu o charakterze "porównawczych badań społecznych", powstałego na początku lat 30. XX wieku, na temat "wpływu bezrobocia na dzieci". Wspomina o nim Antoni Sułek (2011, por. s. 74–75, przypis 35). Dziękuję Włodzimierzowi Wincławskiemu za zwrócenie mi uwagi na ten ślad.

8 Autor pisze o "ciętej odpowiedzi", w której krytykowany Chałasiński "sarkastycznie scharakteryzował klimat dyskusji" (por. Gryko 1989, s. 110). Wygląda jednak na to, że socjolog się zagalopował z nieznajomości rzeczy, uwrażliwiony – jak przystało na marksistę – na kategorię duchowości, której jednak Hessen używał w kontekście "kultury duchowej", choć i tego było dla materialisty za dużo. W szczególności całkowicie błędny był argument Chałasińskiego o niesłuszności widzenia antagonizmu między jednostką i społeczeństwem, skoro "społeczeństwo tworzą jednostki we wzajemnych stosunkach" (Gryko 1989, s. 111). Zatem to zespolenie nie zawsze – a już na pewno nie w realiach radzieckiego komunizmu czy choćby socjalizmu realnego w Polsce – miało charakter organiczny. Zauważmy zresztą, także "sarkastycznie", że w 1956 roku Chałasiński sam już potrafił pisać z wykorzystaniem odniesienia do "kultury duchowej", ale w zbiorze obejmującym ten tekst, wydanym w 1968 roku pod tytułem *Kultura i naród. Studia i szkice*, nie ma śladu odniesienia do Hessena, a tym bardziej do Radlińskiej; w kwestii terminu "kultura duchowa" por. Chałasiński 1968, s. 383.

możność jednakową dojścia do najwyższych szczebli rozwoju. Że taki pogląd nie jest realnym, że staje w rażącej sprzeczności z rzeczywistością, to pedagogów nie zraża zupełnie".

W sprzeczności z tą teorią pedagogiczną pozostaje przede wszystkim sama szkoła, która kulturę szlachecko-inteligencką podaje młodzieży chłopskiej jako całkowitą kulturę narodu.

Młodzież chłopska, wychowywana w szkole do życia w takim społeczeństwie, jakie nawet w szkole nie jest realizowane, a jakiemu życie na każdym kroku zaprzecza, sama musi zasymilować dorobek kulturalny, wyniesiony ze szkoły do realnych warunków życia, do swej roli członka warstwy chłopskiej (Grabski 1929, s. 13, za: Chałasiński 1938, tom IV, s. 78–79)[9].

Warto dopowiedzieć, że podejście Radlińskiej od samego początku postulowało zerwanie z taką pedagogiką i budowało wizję pedagogiki opartej na przesłankach, o jakie upominał się Grabski, w tym o uwzględnianiu środowiska w oddziaływaniu szkolnym i pozaszkolnym.

Ważniejsze jednak, i to pozytywnie, jest stwierdzenie równocześnie w podjętych tu lekturach, że najwyraźniej zignorowane troski Radlińskiej znajdują w ujęciu Chałasińskiego mimo wszystko swoje dopełnienie i w jego wydaniu przybierają postać potwierdzającą doniosłość dbania o widzenie problematyki dwoistości jako powiązań w obszarze zjawisk i procesów społecznych dotyczących zwłaszcza realiów wiejskich, ich uwarunkowań oświatowych i losów pokoleń, wpisanych w zderzenia odmiennych etosów i tradycji. To tylko stanowi dla mnie dodatkowy argument na rzecz tezy, że kierunek przyjętych w tej pracy rekonstrukcji jest znacznie bardziej reprezentatywny i owocny, niż by się zdawało krytykom. Pozwala bowiem odtworzyć wieloogniskowe, nieskoordynowane i niekontrolowane narastanie świadomości dotyczącej złożoności obserwowanych i analizowanych zjawisk oraz w ślad za tym wymusza wypracowanie dyskursu zdolnego do ich wyrażenia. Chałasiński, choć używa czasem terminu „dwoistość", kojarzy go głównie z procesami rozdwajania, rozdzielania[10], a nie zdwajania aspektów zjawisk, a do tego drugiego typu złożoności stosuje najczęściej swoje ulubione chyba sformułowanie, że coś z czymś „idzie w parze". Przyjrzę się temu bliżej. Podstawą rekonstrukcji uczyniłem kolejne cztery tomy *Młodego pokolenia chłopów* Chałasińskiego. Autor tego dzieła z pewnością zasłużył się nim dla problematyki pedagogicznej wsi, choć zarazem dał asumpt do nadmiernie niesprawiedliwego zlekceważenia postawy i dokonań Radlińskiej

---

9 Cytat pochodzi z pracy Władysława Grabskiego *Kultura wsi polskiej i nauczanie powszechne*.

10 Jeden z przykładów stanowi następujące sformułowanie, w którym „dwoistość" jest użyta błędnie w sensie dualizmu: „Problem szkoły jednolitej zrodził się na podłożu czynników klasowych, które kształtowały ustrój społeczeństwa i społeczną strukturę szkolnictwa. Ma on swoje źródło w historycznej dwoistości szkolnictwa, polegającej na tym, że szkolnictwo średnie i wyższe ukształtowało się w osobny system szkolny, niezwiązany organicznie ze szkolnictwem »ludowym«" (Chałasiński 1958a, s. 154).

w tym zakresie, budując przez to fałszywy obraz pedagogiki. Nie jest okolicznością łagodzącą tę nierzetelność fakt, że na podobną ignorancję wobec prac Radlińskiej zdobywali się również czołowi przedstawiciele środowiska pedagogów i to w kolejnych dekadach, nie wyłączając B. Suchodolskiego.

Analiza tomów *Młodego pokolenia chłopów*

Niektórzy rekonstruktorzy stanowiska Chałasińskiego wpisują użycie przez niego terminu „dwoistość" jedynie w kontekst rozdwojenia, które należy usunąć jako wadę i przeżytek. Tak to postrzega m.in. Czesław Gryko, gdy przywołując odziedziczoną „po okresie międzywojennym dwoistość systemu wychowania w Polsce", upatrywaną „w podziale na dwa systemy kształcenia: jeden – chłopski, drugi – pański", przytacza zarazem konkluzję Chałasińskiego z artykułu z 1946 roku, że

> [...] wszelka reforma kształcenia i wychowania w Polsce dotyczyć musi centralnego problemu przezwyciężenia dwoistości, historycznie ukształtowanej dwoistości, wyrażającej się w jaskrawym oddzieleniu pracy od wyższych form kultury (Chałasiński 1946, za: Gryko 1989, s. 92–93).

Oczywiście, chodzi tu wyraźnie o zjawisko dualizmu czy polaryzacji jako dychotomicznego rozdzielenia sfery wychowania i etosu społecznego w obu, zantagonizowanych środowiskach, ale Gryko napisze w tej samej konwencji, iż chodzi tu o „rewolucję socjalistyczną" w sferze oświaty, gdyż „najwierniejszy uczeń Znanieckiego [...] widzi w niej środek ku przełamaniu tragicznej dwoistości polskiej kultury" (Gryko 1989, s. 93).

Chałasiński tymczasem używa terminu „dwoistość" niekonsekwentnie, jak pokażę dalej. Stosuje go najpierw, gdy wskazuje na rozdwojenie biegunów omawianych procesów, np. wtedy kiedy widzi „dwoistość kryteriów" jako jedynie „podwójne kryteria" wartościowego wykształcenia, gdy ma miejsce przeciwstawianie nacisków „na ogólne wykształcenie warstw wyższych, a techniczno-rolne chłopów" (por. Chałasiński 1938, tom I, s. 92). Ta sytuacja podpada pod dualizm jednostronności pozbawionych możliwości niwelowania przepaści, co socjolog ilustruje odwołaniem do krytyki „polityki oświatowo-kulturalnej" w Polsce dokonanej przez B. Suchodolskiego w 1937 roku:

> W tych warunkach jednostronna troska o kulturalną wytwórczość elity staje się bardzo łatwo popieraniem procesów i dzieł, nieodpowiadających przygłuszonym i skrępowanym możliwościom całego narodu. Popieraniem tego, co w niesprawiedliwych warunkach społecznych doszło przypadkowo do głosu, ale nie jest wcale szczytową i reprezentatywną wartością ducha polskiego (Suchodolski 1937, za: Chałasiński 1938, tom I, s. 93).

Stawiając zarazem jako jeden z „palących problemów społeczno-wychowawczych Polski współczesnej" w 1938 roku kwestię zbliżenia młodzieży inteligenckiej i chłopskiej, Chałasiński podkreśla (Chałasiński 1938, tom I, s. 46–47), że nie może być ono oparte na „jednostronnym założeniu" o jednokierunkowości oddziaływania. Choć między tymi „biegunami młodego pokolenia polskiego" istnieje „przepaść", to jednak mogą tu „nastąpić porozumienie i zbliżenie", a nawet okazuje się, że ta skrajna różnica już stopniowo się „wyrównuje". Dzieje się to w pewien ułomny sposób, nie dość dwoisty, czyli dwukierunkowy, skoro „[j]est to jednostronny proces asymilowania się chłopa do środowiska wyższej kultury, a nie dwustronny proces asymilowania chłopa i pana" (Chałasiński 1938, tom I, s. 98). Kwestie asymilacji są tu opisane przez Chałasińskiego w rozmaitych napięciach wymagających obecności mechanizmu dwoistego oddziaływania już w sensie pełniejszym. Traktując to jako „zasadniczy proces społeczny wsi w Polsce" w latach 30. XX wieku, socjolog wskazuje, że jest to proces dwustronny o charakterze dwoistym, gdyż

> [...] to z jednej strony proces wyzwalania wsi spod wpływu tradycji stanowych, wzmaganie się społecznych tendencji demokratycznych, a z drugiej – proces asymilowania się społeczności wiejskiej do społeczności narodowo-państwowej. Obydwa te procesy są ze sobą ściśle związane (Chałasiński 1938, tom I, s. 182).

Uogólniając stanowisko socjologa, analizujący go autor stwierdzał:

> Chałasiński uznaje, że dwie strony procesu wychowawczego (psychologiczna i socjologiczna) są ze sobą organicznie zespolone, stąd krytyka poglądów na wychowanie uwzględniających tylko jedną z nich (por. Gryko 1989, s. 113).

Można się tym bardziej zastanawiać, dlaczego równocześnie Chałasiński przemilczał wartość stanowiska Radlińskiej, której o taki błąd posądzić ani wiarygodnie oskarżyć by nie mógł.

W drugim tomie *Młodego pokolenia chłopów* Chałasiński formułuje uwagę merytorycznie pokrywającą się z perspektywą Radlińskiej, choć tej wspólnoty nie akcentuje, gdy pisze, że funkcją „społecznego ruchu młodzieży wiejskiej" są

> [...] nie tylko przeobrażenia jednostek, lecz także, a nawet przede wszystkim, przekształcanie społeczności wiejskiej. Przeobrażenia jednostkowe idą tu ściśle w parze z przekształceniami społecznego środowiska (Chałasiński 1938, tom II, s. 1).

Wyrażenie „idą ściśle w parze" znakomicie sygnalizuje jednoczesność dwóch przeciwnie zorientowanych funkcji tego samego działania, co znamionuje, jak wiadomo, merytorycznie jedną z sytuacji charakterystycznych dla dwoistości. Inny wątek dotyczy napięć wpisanych w poszukiwanie przez młodzież wiejską w latach 30. minionego wieku form współżycia na Wołyniu, co Chałasiński relacjonuje charakterystycznie dla siebie, uwypuklając sytuację dwoistości (nienazwanej tak wprost) w obszarze „krzyżujących się wpływów polskich i ukraińskich":

Młode to pokolenie wciąż oscyluje pomiędzy filozofią [...], która mówiła, że wszyscy ludzie chcą żyć w wolności, a wolą ukształtowania życia w określoną formę i narzucenia tej formy i norm: między sympatią dla każdego człowieka-sąsiada a lojalnością względem grupy **swoich**, odpychających każdego obcego.

Jaka ma być forma wspólnego życia ludzi? Na to pytanie szuka odpowiedzi młode pokolenie wołyńskie. Szuka go w szkole, szuka go w książkach, szuka w kołach młodzieży. Poszukiwanie to nie odbywa się w łatwych warunkach, bo sprzymierzeńców tego poszukiwania mają bardzo niewielu. Z jednej strony starzy, dla których jakiekolwiek poszukiwanie czegoś nowego jest pozbawione sensu, a z drugiej strony nacjonalistyczne tendencje, rozdzielające ludzi na wrogie obozy (Chałasiński 1938, tom II, s. 97).

Przymierze w poszukiwaniu wspólnoty i wzajemnego poszanowania na „terenie ścierających się wrogich tendencji" nie jest łatwe ani nie ustrzegło – jak wiemy w kontekście rzezi wołyńskiej sprzed 70 lat – przed dramatem ludobójstwa Polaków ze strony nacjonalizmu ukraińskiego. Tym bardziej brzemienną wymowę ma wskazanie na proces, który miał temu przeciwdziałać. Jak pisze Chałasiński w 1938 roku:

Część tej młodzieży ciąży ku kulturze polskiej, inni ku ukraińskiej; w zbliżeniu się ze sobą szukają drogi prowadzącej do wspólnej formy życia. Jedni i drudzy przeciwstawiają się tendencjom rozdzielenia mieszkańców tej wspólnej ziemi na dwa obozy wrogów, pomiędzy którymi milknie wymowa argumentów ludzkich, a zaczyna się walka na śmierć i życie (Chałasiński 1938, tom II, s. 97–98).

Ta trudność w budowaniu wspólnoty, ze względu na możliwy „konflikt lojalności", po części wynikała z tego, że różne społeczności, „przez wieki współżyjąc ze sobą", **wzajemnie** nie się przenikały (Chałasiński 1938, tom II, s. 92). W innych kontekstach, jak w Małopolsce, szczególnie znaczące, zdaniem Chałasińskiego, było to, że funkcjonowały obok siebie wieś i miasto:

[...] stanowią zupełnie różne systemy ekonomiczne, społeczne i kulturalne, nie przenikające się wzajemnie i wykazujące różne tendencje rozwojowe (Chałasiński 1938, tom II, s. 163).

Muszą tu znowu dla jakości współżycia dawać o sobie znać zjawiska „idące w parze", współwystępujące symetrycznie, a bywa również, że komplementarnie[11]. W sytuacji ruchów społecznych młodzieży wiejskiej w tym czasie

[t]endencja do połączenia się idzie w parze z coraz silniejszą świadomością pozytywnych wartości społecznych, jakie wieś przedstawia. Z dążeniem do rozwoju tych pozytywnych wartości społecznych wsi eliminacji ulegają antagonistyczne

---

11 O różnicy tej piszę w kontekście rozważań Gregory'ego Batesona w tej książce wyżej (por. Rozdział V, s. 273 i n.).

pierwiastki ruchu młodzieży, a na czoło wysuwają się dążenia twórcze, konstrukcyjne. [...] Im bardziej potęguje się świadomość wspólnych spraw warstwy chłopskiej, im bardziej realizuje się chłopskość ruchu młodzieży wiejskiej, tym silniej odczuwana jest sztuczność istniejących podziałów, opartych na drugorzędnych różnicach (Chałasiński 1938, tom II, s. 172).

Zarazem mamy tu wskazanie na pewną asymetrię tendencji do zbliżania się, na przykładzie potencjału asymilacji w relacji wsi i środowisk inteligenckich, gdyż socjolog uwypukla

[...] niezmierną siłę asymilacyjną wiejskiej ludności tubylczej w stosunku do luźnego napływowego elementu, a równocześnie niezmierną słabość asymilacyjną napływowej i luźno ze wsią związanej inteligencji (por. Chałasiński 1938, tom II, s. 157).

Widać, że obecne tu *implicite* konteksty dwoistości są nader złożone i nie podpadają pod żaden prosty sposób ich modelowania.

* * *

Wyrazisty akcent dotyczący dwoistości już w całkowicie adekwatnym kontekście znajdujemy tymczasem w trzecim tomie *Młodego pokolenia chłopów*, z 1938 roku. Otwiera go paragraf pt. „Dwoista podstawa organizacyjna koła młodzieży", przez co autor ma na myśli to, iż taka organizacja w postaci koła działa poprzez „powiązanie" dwóch aspektów uczestnictwa w życiu społecznym:

[...] posiada dwoisty charakter. Z jednej strony opiera się ona na węzłach łączących młodzież ze społecznością wiejską, a z drugiej – na narastających węzłach łączących ją ze społecznością narodowo-państwową. [...] jest więc ogniwem pośrednim między wsią a wielką społecznością narodową, wcielając i asymilując wzajemnie treści jednej i drugiej społeczności. [...] skupia młodzież w podwójnej roli społecznej: członków wsi i członków szerszej społeczności (państwa, narodu, kościoła warstwy chłopskiej itp.). W tej podwójności leży zasadniczy jej sens i warunki jej żywotności (Chałasiński 1938, tom III, s. 3).

Jest to jeden z dwóch splecionych ze sobą przejawów funkcjonowania życia społecznego, gdyż to

[w] tych dwóch sferach: indywidualnej i zbiorowej przebiega całokształt życia człowieka. Obydwie są przy tym tak ściśle ze sobą związane, że nie sposób przeprowadzić między nimi ścisłą granicę (Chałasiński 1938, tom III, s. 1).

Warto zauważyć, że Chałasiński wskazuje na otwarcie tego tomu[12] swoich rozważań na nienazwaną jeszcze zasadę dwoistości strukturalnej, ogłoszoną znacznie

---

12 Zauważmy, że jego problem stanowi zawarta w podtytule trzeciego tomu „Rola kół młodzieży wiejskiej w społeczno-kulturalnych przeobrażeniach wsi".

później dopiero przez Anthony'ego Giddens. Stwierdza, że młodzież na wsi zastaje pewną strukturę społeczną już ukształtowaną, która wymusza zachowania i sama kształtuje, wyznacza problemy, jakie wymagają podjęcia, ale jednocześnie „[a]ktywność jednostek wzbogaca i przekształca to, co zastają one przed sobą, już przez innych ukształtowane" (Chałasiński 1938, tom III, s. 1). Dwoistość struktury, która sama wyznacza ramy działania i w jego wyniku jest wyznaczana, znajduje tu uzupełnienie o szerzej opisane napięcia między indywidualnym i grupowym biegunem działania. I to na co najmniej trzy sposoby o różnej skali ogólności opisu.

Po pierwsze chodzi o podkreślenie działania zarówno w ramach struktury, jak i potencjalnie przeciw niej, widziane jako

[...] dążenie do znaczenia i mocy [...] [w]śród młodzieży wiejskiej wyraża się ono w dwóch kierunkach: w dążeniu do wybicia się we własnym środowisku wiejskim lub w dążeniu do przejścia do grup społecznych tradycyjnie ocenianych jako wyższe społecznie i kulturalnie. [...] gdy w ramach istniejącej struktury społeczeństwa brak miejsca dla młodego pokolenia, wtedy dążenia młodzieży skierowują się przeciw strukturze społeczeństwa (Chałasiński 1938, tom III, s. 4).

Po drugie istotne jest zarzewie konfliktu między perspektywą jednostkową działającego „ja" a jego odniesieniami grupowymi, co wypełnia cechy relacji dwoistej, mimo że nienazwanej tak wprost w tekście Chałasińskiego.

W ruchach społecznych osobiste ambicje wybicia się łączą się ściśle z dążeniami do reform społecznych. Powiązanie to jednak nigdy nie usuwa całkowicie możliwości konfliktów pomiędzy osobistymi ambicjami jednostek a ich społecznymi dążeniami jako członków grupy społecznej i uczestników ruchu społecznego. [...] Jeden sposób [doświadczania – L.W.] wyraża się w postawie „ja", drugi w postawie „my". Obydwa są ze sobą ściśle związane, nie ma jednak między nimi ścisłej harmonii i w tym właśnie tkwi źródło konfliktów (Chałasiński 1938, tom III, s. 5).

Wreszcie, po trzecie, mamy tu widzenie grupy w kategoriach dynamiki napięć dwubiegunowych, gdyż

[ś]cierają się w niej zawsze dążności indywidualistyczne z grupowymi. Dążności indywidualistyczne poszczególnych członków są hamowane przez organizację grupy i przez opinię innych członków grupy, kształtowaną przez ich postawy grupowe (Chałasiński 1938, tom III, s. 5).

Mamy tu więc do czynienia ze sprzężeniem dwojakiego typu dążności, gdyż chodzi tu o złożoność roli, jaką

[...] w procesie kształtowania się koła młodzieży odgrywają dwa rodzaje dążności: dążności grupotwórcze i dążności osobotwórcze. Pierwsze wyrażają się w podporządkowaniu się kołu i jego zadaniom, jako wspólnej wartości (jako całości), drugie (np. ambicje władcze i przywódcze) skierowane są na własne „ja", czyli własną rolę społeczną w kole. Pomiędzy tymi dwoma rodzajami dążności występuje wprawdzie ścisły związek; nie może bowiem być przywódcy bez grupy, którą się przewodzi. Z drugiej wszakże strony zbyt egotystyczne dążności osobotwórcze jednostek przywódczych wywołują łatwo konflikty z dążnościami osobotwórczymi innych członków, prowadząc do wewnętrznych osobistych antagonizmów, zagrażających społecznej spójni koła (Chałasiński 1938, tom III, s. 32).

Oczywiście są tu możliwe dodatkowe komplikacje wpisane w te dwa procesy: „kształtowania się grupy społecznej" i „kształtowania się osobowości społecznej jej członków", „procesy dokonujące się równocześnie i w ścisłym związku ze sobą" (Chałasiński 1938, tom III, s. 32), choć już w tej relacji widać dwukierunkowość czy wręcz dwubiegunowość powstałej relacji we wzajemnym na siebie konfliktogennym otwarciu i uwikłaniu.

* * *

W czwartym tomie analiz *Młodego pokolenia chłopów* powraca motyw uwypuklający funkcję „pomostu", jaki ruch młodzieży wiejskiej („młodochłopski") tworzy między inteligencją pochodzenia wiejskiego a całym młodym pokoleniem, dzięki czemu „zamiast dwóch rozdzielonych środowisk społeczno-kulturalnych" powstaje „jedno środowisko społeczno-kulturalne, ożywione wspólnymi dążeniami chłopskimi i społeczno-narodowymi" (por. Chałasiński 1938, tom IV, s. 192), co dobitnie wskazuje przez same te spójniki i zestawienia dwubiegunowe, z jakiego typu procesem integrowania wcześniej rozbieżnych, rozłącznych, a także wyrażających rozdwojenie stron tego procesu mamy do czynienia. Jedną z postaci stwarzających szanse na takie dwoiste integrowanie tych biegunów był z pewnością nauczyciele wiejski, tak ważny dla Radlińskiej, a któremu uwagę poświęca także Chałasiński, wskazując na trudności, ale i powiązania, w jakie są uwikłane „asymilacja wzorów szkolnych przez dziecko i asymilacja nauczyciela przez społeczność wiejską" (Chałasiński 1938, tom IV, s. 39–50), jako przejawy stopniowego procesu kulturowego i społecznego „wkraczania szkoły do społeczności wiejskiej" (Chałasiński 1938, tom IV, s. 46), najpierw jako tworu obcego, a dopiero stopniowo uzyskującego wpływ i znaczenie kulturowe.

W procesie tym decydującą rolę odgrywa osoba nauczyciela. Osobiste zainteresowanie się nauczyciela ludźmi, dla których pracuje, odgrywa podstawową rolę w tym wkraczaniu szkoły do wsi. [...] Asymilacja szkoły zaczyna się od asymilacji nauczyciela, który przez osobiste kontakty staje się „swoim" człowiekiem – sąsiadem. [...] Z asymilowaniem nauczyciela jako „swojego" człowieka, czyli ze zmianą społeczno-osobistej roli nauczyciela w społeczności wiejskiej, zmienia się również reakcja młodzieży na uznanie i wyróżnienie ze strony nauczyciela (Chałasiński 1938, tom IV, s. 46–48).

Socjolog podkreśla (Chałasiński 1938, tom IV, s. 50) aspekty obcości szkoły wobec wsi, już choćby poprzez manifestujące się przez nią i dzięki niej „dążenie do wyjścia ze wsi" nowego pokolenia, dzięki uruchamianiu możliwości indywidualizowania kariery życiowej poza oczekiwania rodzinnego otoczenia, w tym „oddalanie się młodzieży od wsi jako środowiska", z nowej perspektywy często nieświadomie degradowanego w oczach uczących się. Komplementarne potraktowanie ustaleń oraz zaangażowania badawczego Radlińskiej i Chałasińskiego pozwala dostrzec dzięki obojgu, dlaczego jeszcze w latach 30. XX wieku przywiązywali tak dużą wagę do procesów funkcjonowania szkoły, czy szerzej oświaty, a także inicjatyw uspołeczniania i upodmiotowienia aż po „emancypację" – jak to wielokrotnie podkreśla socjolog[13] – na wsi, czemu wtórowała Radlińska, podkreślając, jak wiadomo, że szkoła nawet na wsi nie powinna być głównie zawodowa, tylko ma za zadanie dostarczać ogólnych impulsów rozwojowych.

Szkoła jest jednym z najpotężniejszych czynników indywidualizowania dążności młodzieży według wzorów warstw wyższych. Szkoła zaszczepia dążność do indywidualnego sukcesu życiowego, rozbudza indywidualność, co podważa najbardziej istotne podstawy społeczno-obyczajowej organizacji rodziny chłopskiej (Chałasiński 1938, tom IV, s. 50).

Warto to nieustannie przypominać, aby dobitniej stanęła, jako przejaw analfabetyzmu kulturowego, presja ministerialna ostatnich lat na kojarzenie edukacji – także w odniesieniu do szkolnictwa wyższego, co dodatkowo woła o pomstę do nieba – głównie z rynkiem pracy i przysposobieniem zawodowym zamiast z kulturowym rozbudzaniem indywidualności i udostępnianiem dziedzictwa kulturowego. Te dwa bieguny – przysposobienia do kultury i do zawodu dostępnego na wyciągnięcie ręki – to dokładnie ta sama sytuacja, którą Chałasiński opisywał w kategoriach dwubiegunowości, wyrażanej w formule „pastuch i uczeń", ilustrującej „dwa przeciwstawne wzory osobowo-społeczne, pomiędzy którymi nie ma pojednania" (Chałasiński 1938, tom IV, s. 29). Trzeba przeciwdziałać izolacji obu biegunów, gdyż to owa izolacja generuje systemowo poczucie obcości, a nawet wrogość.

Dopowiedzmy dobitnie, że formuła Radlińskiej o analfabetyzmie jako niezdolności do spożytkowania literatury ma tu zastosowanie do mentalności rzeczników zawodowej i rynkowej redukcji edukacji. Dla takiej mentalności analizy Chałasińskiego i Radlińskiej są kompletnie niedostępne. Warto przytoczyć tu opis owego napięcia dwubiegunowej sytuacji pastucha i ucznia, które było jeszcze i tak lepszym sposobem afirmowania wartości edukacji niż obecne afirmacje przystosowania zawodowego, sugerujące, że model pastucha jest jedynie słuszny dla edukacji.

---

13   Na przykład Chałasiński wskazuje na „myśl i działanie emancypującego się pokolenia chłopów" (por. Chałasiński 1938, tom IV, s. 427).

Otwarcie w 1938 roku kwestii przez Chałasińskiego zasługuje na zacytowanie *in extenso*:

> Pastuch i uczeń! To są dwa przeciwstawne wzory osobowo-społeczne, pomiędzy którymi nie ma pojednania. Jak się źle uczysz, to pastuchem zostaniesz: będziesz pasał świnie, gęsi, krowy; będziesz śmierdział gnojem i każdy po tobie pozna, że w czarnej roli pracujesz.
>
> Pomiędzy tymi dwoma biegunami zawiera się proces kształtowania się osobowości młodzieży wiejskiej w wieku obowiązku szkolnego, kiedy to dziecko wiejskie jako członek społeczności szkolnej jest uczniem, a jednocześnie jako członek rodziny – pastuchem.
>
> Te dwa bieguny to dwa do gruntu odmiennie zbudowane systemy społeczno--kulturalne, o odmiennych kryteriach wartości człowieka, odmiennych autorytetach społecznych. Pierwszy opiera się na zwartej grupie rodzinnej, podporządkowującej indywidualność członków i przestrzegającej niezmienności form zbiorowego życia; drugi opiera się na indywidualności jednostki i przez jednostkę otwiera zróżnicowane i zmieniające się tereny kariery życiowej i indywidualnego sukcesu.
>
> Przejście od jednego systemu do drugiego nie jest łatwe. Gdzie bowiem szkoła nie została jeszcze zasymilowana przez społeczność wiejską, tam po jednej stronie jest cała rodzina dziecka, cała społeczność swoich, wszystko, co jest dziecku drogie i bliskie, a po drugiej szkoła: świat obcych wartości i obcych ludzi. Przy takiej izolacji tych dwóch systemów pastuch broni się przed szkołą, jak przed swoim i swojej rodziny nieprzyjacielem. [...]
>
> Dziecko wiejskie, pochodzące z rodziny, w której szkoła nie ma jeszcze trwałego miejsca, przechodząc do szkoły na własną rękę, bez pomocy rodziców, a nieraz z towarzyszeniem wyraźnej ich niechęci (a czasem nawet wbrew ich woli) musi zdobywać miejsce dla siebie w społeczności szkolnej, przystosowując się do nowej roli społecznej. Jeżeli w walce tej nie ma oparcia wśród rówieśników lub pomocy ze strony nauczyciela, to pozostawione ono jest samemu sobie zarówno w niezliczonych konfliktach z rodziną, jak i w konfliktach ze szkołą (Chałasiński 1938, tom IV, s. 30; także 1938b, s. 77–78).

Widać w szczególności, że stosunek jednostki do szkoły może być pod wpływem definiowania go przez najbliższe jej środowisko rodzinne (pastucha) oraz wynikać z jakości zaangażowania nauczycieli w relację, która będzie postrzegana także przez tę drugą definicję relacji (uczeń). Zauważmy, że Chałasiński jest dodatkowo świadom trudności z docieraniem z wiedzą do jednostek. Nawiązuje do przeszkód w upowszechnianiu kultury i wskazuje na podstawowe warunki niezbędne do tego celu, w tym na konieczność zmian w sferze powiązania sytuacji społecznej jednostek z ich zainteresowaniami.

> Upowszechnienie kultury nie dokonuje się mechanicznie. Jest to proces asymilacji kulturalnej, wiążącej się nierozerwalnie z przeobrażeniami społecznej roli tych, którzy się asymilują. Asymilacja chłopów do kultury narodowej może być

dwojaka: może się wiązać z przejściem chłopa do innych warstw społecznych albo z wchodzeniem do kultury narodowej warstwy chłopskiej z własnymi wartościami kulturalnymi, z własnym kształtem życia, z własną dziejową misją społeczno--kulturalnej przebudowy narodu. Tą właśnie drogą wchodzi do narodu ruch młodochłopski (Chałasiński 1938, tom IV, s. 551).

Ważna staje się w tym celu troska o funkcję „stwarzania warunków kulturalnego życia i organizowanie twórczości w ramach warstwy chłopskiej", a ponadto o realne wsparcie działań będących zarazem „kształtowaniem społeczności kulturalnych" (Chałasiński 1938, tom IV, s. 550–551). Zauważmy, że w tonie współbrzmiącym przecież z podejściem Radlińskiej, choć bez odniesień do niej, Chałasiński w trzecim tomie *Młodego pokolenia chłopów* wskazywał na „rol[ę] książki w społeczno-strukturalnej" zmianie, jaka tu musi się dokonywać, i odwoływał się do „przykładów głębokiego, psychologicznie rewolucyjnego wpływu książki" (por. Chałasiński 1938, tom III, s. 60–61), której świat jest dla młodzieży wiejskiej lat 30. XX wieku źródłem nowego środowiska kulturalnego oraz odniesień dla własnego myślenia i przeżyć, w tym wyobrażeń o własnych możliwościach i dążeniach. Na koniec tej części rozważań warto odnotować zdanie Chałasińskiego brzmiące tak, jak to ujmowała Radlińska:

> Tylko książka, pojmowana jako skarbnica myśli ludzkiej zdobywczej, otwierającej dalsze tereny do podboju, a nie podręcznik napisany przez kierowników do szkolenia wychowawców może budzić zbiorowy entuzjazm młodzieży (por. Chałasiński 1938, tom III, s. 63).

Podsumowując odniesienia do Chałasińskiego, trudno sądzić, że nie znał on wcale rozważań i założeń badawczych, jak również postulatów otwierania pedagogiki na aspekty społeczne wychowania wcześniej kojarzone głównie z socjologią, skoro na łamach jego „Przeglądu Socjologicznego" Radlińska publikowała niejednokrotnie (np. Radlińska 1937; 1938). Zakończone niepowodzeniem moje poszukiwania tropów nawiązań do pedagogiki społecznej Radlińskiej u Chałasińskiego, jak też niezwykle ostra, wręcz destrukcyjna i manipulatorska reakcja z jego strony na polemikę z Hessenem wiążą się z tym, że zarówno rozumienie „dwoistości", jak i znajomość pedagogiki międzywojennej nie posunęły się u niego na tyle daleko, aby uwolnić go od rozmaitych jego idei, do których okazał się jednostronnie przywiązany. A to utrudniało mu pojmowanie relacji wychowania z odniesieniem do „kultury duchowej" jako dziedzictwa, o czym świadczy np. kojarzenie przez niego wychowania głównie z „socjotechniką" grupy sprawującej władzę, osłabianą czy odwrotnie wykorzystywaną „kompromisowo" w celu dążenia do tego, aby wychowanków dało się „trzymać pod urokiem wysokiej kultury" (por. Chałasiński 1958, s. 92–94, 185–187). Aby unaocznić, że takie socjologiczne odwołanie do wychowania jako socjotechnicznego rzucania uroku, stanowiące najwyraźniej sposób potraktowania (zarazem spłycenie) przez Chałasińskiego wpływu kultury na jednostkę w procesie wychowania, nie było widziane jako przypadkowe, zauważmy, że wraca wskazywanie na „przeciwstawność kultury szkolnej, kultury reprezentowanej przez szkołę, oraz kultury chłopskiej, widzianej oczami dziecka wiejskiego pozostającego już pod urokiem wielkiego świata" (Chałasiński 1958, s. 230). Nie sposób uwolnić się od poczucia, że Chałasiński po części jednak przezwyciężał trudność dwoistego progu własnego podejścia, skoro zarazem wysoko oceniał „pedagogikę wiciową" ruchu młodochłopskiego „Wici". Widział w nim „odkrywanie pokrewieństwa z wielkimi ludźmi", co wyrażał, jego zdaniem, także *Poemat pedagogiczny* Antona S. Makarenki, który pokazuje wagę wyrastania poczucia „serdecznego pokrewieństwa", na przykładzie wpływu Maksyma Gorkiego, „pomiędzy życiem dziecka-włóczęgi i mitycznym »utopijnym«, nieznanym i dalekim wielkim człowiekiem" (Chałasiński 1958, s. 252–253). Przez „odkrywanie człowieka w chłopie", afirmowanie wartości moralnych, odkrywanie wartości pracy „ruch ten, przedstawiający wspaniały dorobek społeczny i pedagogiczny, stanowi najważniejszy dorobek pedagogiki polskiej w latach międzywojennych" (Chałasiński 1958, s. 253). Trudno jednak zrozumieć, dlaczego Chałasiński, znając Radlińską, twierdził zarazem ze zdziwieniem, że

> [...] uniwersytecka pedagogika nie zauważyła tego ruchu i nie przejawiała żadnego zainteresowania dla niego, mimo że ruch ten miał olbrzymie i zasadnicze znaczenie z punktu widzenia naukowej problematyki ogólnej pedagogiki i techniki pedagogicznej (Chałasiński 1958, s. 253).

Poniżej zastanawiam się nad tym dziwnym zjawiskiem i odkrywam uwikłanie Chałasińskiego w podwójną i szkodliwą redukcję. Z jednej strony chodzi o redukcję poznawczą pedagogiki w jego skojarzeniach kulturowych z idealizmem Giovanniego Gentilego jako uniwersalną matrycą myślową, a z drugiej strony o sprowadzanie socjologii wychowania do socjotechniki, mimo szerszego kulturalistycznego podejścia Znanieckiego. Najwyraźniej też Chałasiński zapomniał o swoim szerszym intelektualnie widzeniu „tła socjologicznego" dla wychowania z lat 30. XX wieku. To tylko jeden z wielu przykładów tego, jak ewolucja myślenia nie musi być postrzegana jako systematyczny postęp, a bywa nasycona okresowymi blokadami i regresem.

Spór z Sergiuszem Hessenem jako bariera recepcji dokonań Heleny Radlińskiej

Bez wątpienia konflikt między Hessenem i Chałasińskim miał swoją pierwszą odsłonę w 1935 roku, gdy na łamach „Przeglądu Socjologicznego", przez siebie głównie zresztą redagowanego, socjolog dobitnie i dyskwalifikująco omawiając Hessenowskie *Podstawy pedagogiki*, ogłaszał chwytem *ad personam*, że to dziełko umysłu „doktrynerskiego", dążącego do tworzenia „sekty" w zakresie pedagogiki kultury, a zarazem to praca jak najgorzej nadająca się do kształcenia nauczycieli i zdominowana idealizmem filozoficznym, zaprzeczającym naukowości i ścisłości oraz wnikliwości (por. Chałasiński 1935, s. 335). Nawiasem mówiąc, stwierdza się, że John Dewey podobnie już stworzył „sektę" pedagogiczną z własnych czytelników. Ta jednak forma jedynie trzystronicowej recenzji mogłaby zapewne przejść bez większego echa, jako oparta na różnicy perspektyw interpretacyjnych i uwypukleniu pewnych emocji socjologa, gdyby Hessen nie przysłał (por. Hessen 1938) jakiś czas później do tejże redakcji swojej rozwiniętej polemiki z „socjologizmem" przypisywanym Chałasińskiemu, mówiąc o nim jako zagrożeniu dla pedagogiki. Tego było już za dużo, więc tekst został opublikowany jednocześnie z możliwie najdobitniejszą (bo i dobijającą) odprawą, akcentującą „mowę tronową" krytykowanego autora. Ta kolejna, rozbudowana tym razem, napaść Chałasińskiego na Hessena, w ślad za polemiką tego ostatniego z przypisywanym sobie „socjologizmem", nie wystawia jednak socjologowi dobrego świadectwa, a nawet nosi znamiona typowe dla agresywnego marksisty, nadinterpretującego niekorzystnie krytykowane przez siebie stanowisko i argumenty, wikłającego w sarkazm i zdumienie skalą błędów. Na dodatek samo kojarzenie jego stanowiska z marksizmem wyzwoliło u Chałasińskiego złość, mimo że nie wydaje się to ostatecznie skojarzeniem na wyrost. Ale zderzeń jest tu znacznie więcej. Najwyraźniej socjologowi chodzi o zaznaczenie radykalnego sprzeciwu i skrajnej odmienności sugerującej wręcz lekceważenie treści społecznych u krytykowanego i to pomimo tego, że Hessen w istotnych akcentach próbuje, powołując się zresztą na Radlińską i własne stanowisko – jak pokażę dalej – widzieć tu wręcz specyficzny typ uprawiania socjologii wokół problematyki wychowawczej.

Chałasiński jednak szuka raczej wyolbrzymionej przepaści. Dla przykładu, tam gdzie u Hessena czyta o „duchowości" ludzkiej, krytyk widzi wymachiwanie „duchami", przez co może stwierdzać, że wręcz musiał zająć „krytyczne stanowisko względem pedagogiki filozoficznej prof. Hessena, w której od duchów aż się roi" (Chałasiński 1938a, s. 254, za: Gryko 1989, s. 111). Czesław Gryko, rozumiejąc złożoność sytuacji, uściśla podejście Chałasińskiego jako „socjologizm metodologiczny", a nie ontologiczny, co skłonny był mu zarzucać Hessen, nie odsłania jednak zarazem podobnego nadużycia ze strony wybitnego socjologa w stosunku do duchowości obecnej jako wymiar egzystencjalny kondycji ludzkiej, podobnie niedającej się hipostazować w żadne roje duchów ani rojenia o duchach.

O sposobach podejścia Chałasińskiego służących dezawuowaniu Hessena (i przemilczaniu Radlińskiej) świadczy forma wykorzystania autora *Szkoły i demokracji na przełomie* w tomie *Społeczeństwo i wychowanie*. Hessen służy jedynie do przywołania rekonstruowanych wątków koncepcji G. Gentilego, z zaakcentowaniem jej idealizmu powiązanego z afirmacją absolutyzacji „życia ducha", co łącznie prowadzi Chałasińskiego do sugestii, że cała „pedagogika filozoficzna" jest taka właśnie, a uznanie „autonomii ducha" nakazuje przyjąć, że „wychowanie jest dziedziną autonomiczną" wobec przyrody, ale także „w stosunku do społeczeństwa", pedagogika jako taka ma być „filozofią ducha" właśnie autonomicznego... społecznie (por. Chałasiński 1958a, s. 93). Chałasiński w istocie dokonuje odwrócenia relacji i przypadek szczególny traktuje jako charakterystykę ogólną, idealizmem Gentilego obciążając całą pedagogikę kultury i każdą, która zechce mówić o duchowości" jako obecnej w wychowaniu. Postępuje tak, jak gdyby cała „pedagogika filozoficzna" musiała być oparta na metafizycznym idealizmie, a taką też musiałby być pedagogika kultury, skazując wychowanie na warianty albo indywidualistyczne, albo totalistyczne, wręcz faszystowskie. Czyta się to z zażenowaniem i przytłoczeniem dezynwolturą krytyka. Chałasiński sugeruje, że mówienie o „obiektywnym świecie kultury" i o wychowaniu jako „wyzwalaniu twórczej osobowości duchowej człowieka" musi oznaczać społeczną autonomizację wychowania w stosunku do realiów społecznych (por. Chałasiński 1958a, s. 93–94). Na dodatek, jak to nazywa, „socjologiczny charakter rozważań o wychowaniu" ujmuje jako wymagający traktowania „w ramach stosunku jednostki i grupy społecznej", a zarazem podkreśla, że w takiej perspektywie „technika pedagogiczna jest w swojej istocie socjotechniką", a nie filozofią (Chałasiński 1958a, s. 94).

Błędy niszczące Chałasińskiemu dostęp do społecznie wrażliwej pedagogiki w wersji Hessena czy Radlińskiej są w istocie co najmniej dwa: jeden to generalizacja wąskiego wariantu idealizmu Gentilego na całość filozofii ducha i pedagogiki filozoficznej, a drugi to całkowicie unieważniona, nie tylko przez pedagogikę społeczną, lecz także przez dojrzalszą socjologię wychowania, wizja oddziaływań pedagogicznych jako jedynie socjotechnik. Tymczasem wiadomo, że ani socjologii wychowania, ani pedagogiki społecznej nie musi zajmować głównie albo wyłącznie „społeczna strona techniki pedagogicznej" (Chałasiński 1958a, s. 94–96). Puentę nieporozumień bądź zwykłej niewiedzy o stanie pedagogiki i stanowisku Radlińskiej czy Hessena stanowi następujące podsumowanie przez Chałasińskiego tego, czym jest pedagogika:

> Pedagogika współczesna, nastawiona na indywidualizację procesu wychowania i wykształcenia, pojmowała problem indywidualizacji jednostronnie jako zagadnienie wyzwalania osobowości i indywidualności, nie widząc problemu organizowania wyzwolonych osobowości w grupy społeczne na wyższym poziomie. W tym jednostronnie negatywnym pojmowaniu indywidualizacji pedagogika współczesna była wyrazicielką filozofii liberalizmu, według której społeczeństwo jako całość stwarza się samo przez się, bez świadomego wysiłku ludzkiego, mającego na celu stworzenie grupowej organizacji społeczeństwa (Chałasiński 1958a, s. 96–97).

Ta kwintesencja pozornej wiedzy pedagogicznej Chałasińskiego jest nader zasmucająca, tym bardziej że występuje także w trzecim niezmienionym wydaniu jego podręcznika z 1969 roku. Nie jest to więc spuścizna stalinizmu ani zakusów ortodoksji marksistowskiej, a jedynie efekt braku rzetelności akademickiej w stosunku do uczonych, których prace i dokonania były znacznie bardziej zobowiązujące poznawczo, mimo że nieobowiązujące.

Jedną ze wskazówek dotyczących próby racjonalizacji milczenia Chałasińskiego wobec Radlińskiej można uzyskać, zajrzawszy do piątego tomu „Przeglądu Socjologicznego" z 1937 roku (zeszyt 1–2), w którym Chałasiński zamieszcza aż dwie druzgocące recenzje książek Bogdana Suchodolskiego. W drugiej, swojego autorstwa, przypisuje krytykowanemu – obcy socjologii, bo dzieli go przepaść wobec afirmowanych w niej naukowych podejść Bronisława Malinowskiego i Jana Stanisława Bystronia – stosunek do kultury jako postawę „duszpasterstwa kulturalnego" czy swoistej „teologii kultury", a zarazem widzi tu wspólne stanowisko: Suchodolskiego, Hessena i... Gentilego (por. Chałasiński 1937, s. 511). Co więcej, w sąsiadującej recenzji Józefa Obrębskiego z tomu *Uspołecznienie kultury* następuje sarkastyczne wytykanie Suchodolskiemu zwrotów obejmujących takie określenia dotyczące relacji wychowania i kultury jak „upraw[a] dusz", czemu Chałasiński wtóruje w dystansowaniu się wobec absolutyzacji ducha, przypisywanej Suchodolskiemu, w podobnym ujęciu jak u Gentilego i Spenglera, stawiających z czasem poprzez faszyzm na „wojujący Kościół", absolutyzujący „królestwo kultury" (Chałasiński 1937, s. 512–513). Chałasiński całkowicie dyskwalifikuje jako niezgodne z socjologicznym podejściem do kultury takie terminy Suchodolskiego, jak „rozpowszechnianie kultury" czy dążenie do „wzmacniania żywotności twórczej" (Chałasiński 1937, s. 510). Przez to pozostaje jedynie domyślanie się, dlaczego nie odnosił się do idei „melioracji środowiska" Radlińskiej czy traktowania kultury jako gleby, jako podłoża, w sytuacji gdy krytykowany Suchodolski widział kulturę w życiu aktualnym oraz w „nadbudowie", na którą składa się „potężny świat tradycji i tworów zobiektywizowanych" (por. Suchodolski 1947, s. 64). W opozycji między wizją „partycypacyjną" kultury i wychowania oraz wizją „przygotowującą" Suchodolski opowiada się za drugą, podkreślając, że w jej ramach mamy wizję, iż życie toczy się „na dwóch poziomach wzajemnie splecionych ze sobą: w bezpośrednich doświadczeniach życiowych oraz w świecie nadbudowanym" (Suchodolski 1947, s. 64). Chałasiński najwidoczniej dystansuje się wobec naturalnej, jego zdaniem, skłonności do wręcz religijnej absolutyzacji takiej nadbudowy, co przypisuje Suchodolskiemu. Jako groźbę realizowaną przez „faszyzm, komunizm, hitleryzm" widzi przykłady będące świadectwem tego, „czym głoszone ideały stawały się zawsze w rękach kapłanów zorganizowanych kościołów" (Chałasiński 1937, s. 513).

Wypada od razu dodać, że Radlińska, przejęta podejściem do kultury jako... podbudowy, gleby, podłoża, nie zaś... nadbudowy, nie podpadałyby pod tego rodzaju zarzuty, czego zresztą najwidoczniej ani Chałasiński, ani zresztą i Suchodolski nie byli świadomi. Pisząc bowiem o kulturze jako skarbnicy dziedzictwa ludzkości, Radlińska zawsze widziała tu potencjał pozwalający na uwolnienie człowieka od ograniczeń jego lokalnego uwikłania społecznego, ale w celu uzyskiwania nowej energii emancypacyjnej i wspólnotowego zespolenia z szerokim horyzontem dokonań, które można przetworzyć na własne dobro. Wrastanie w podłoże idei, dzieł i dokonań poprzez przeżycia stanowiące źródło przebudzeń twórczych i przekształceń duchowych nie jest tym samym co ideologiczna walka w imię gotowych celów i pod konkretnymi sztandarami antagonizmów społecznych.

Warto jeszcze uzupełnić, dla równowagi interpretacyjnej, że Hessen sam utrudnił sobie sytuację w polemice z Chałasińskim, formułując najpierw sztywną wizję „socjologizmu" jako stanowiska, które „uznaje wychowanie za proces wyłącznie społeczny", a następnie przypisuje ten pogląd nie tylko krytykowanemu, lecz także Florianowi Znanieckiemu, mimo że dalej zastrzegł, iż „głęboko przemyślane dzieło" tego ostatniego ujmuje to bardziej wnikliwie. Przywołał nawet zdanie z *Socjologii wychowania*, że

> [...] w miarę rozwoju kultury duchowej wartościowanie jej po części uniezależnia się od względów społecznych, a w następstwie dobro grupy przestaje być jedynym, a nawet przeważającym motywem tej działalności wychowawczej, która polega na udzielaniu tej kultury [...] (Hessen 1938, s. 245, skrót w cytacie – L.W.).

Hessen chce tu widzieć „nawarstwianie się" na bycie społecznym tego, co nazywa „kulturą duchową" o pewnej autonomii wobec społecznych realiów i uwarunkowań, a nadto wspomniane odniesienie do „rozwoju kultury duchowej" staje się tu bardziej istotne dla socjologii, nie niosąc dłużej znamiona krytykowanego socjologizmu (Hessen 1938, s. 245–246).

Hessen, chcąc jednak osłabić skojarzenie zrównujące obecność socjologii w myśleniu o wychowaniu z socjologizmem, powołuje się na uwrażliwienie społeczne w teorii i praktyce koncepcji Radlińskiej, o której pisze, że wolałby ją nazwać „socjologią wychowawczą", a zarazem widzi w niej „dokładnie tę samą myśl", którą rozwija w swojej książce *Struktura i treść szkoły współczesnej* (por. Hessen 1938, s. 247–248). Wspomnianą wspólnotę myśli i jej charakter jako „socjologii wychowawczej" Hessen podkreśla ze względu na to, że jego zdaniem Radlińska

> [...] widzi w bycie społecznym nie całe wychowanie, lecz raczej tylko „negatywne warunki wychowania", sprzyjające albo znacznie częściej przeszkadzające procesowi wychowania właściwego. Wychowanie nie jest tylko „funkcją" bytu społecznego, lecz posiada własną prawidłowość o charakterze ponadspołecznym, tkwiącą w prawidłowościach kultury duchowej, powstającej oczywiście na podłożu bytu społecznego [...] ale nie dającej się w swojej strukturze sprowadzić do praw społecznych. Byt społeczny więc nie „wytwarza" ani kultury duchowej, ani wychowania w jego całości; jeno ciągle zmniejsza i ogranicza proces wychowania, który pod jego wpływem podlega zniekształceniu, a często i zupełnej deprawacji. Otóż praktycznym zadaniem socjologii wychowawczej jest badanie konkretnego środowiska społecznego, w którym odbywa się praca wychowawcza, w szczególności praca szkoły, i znalezienie tych środków i zabiegów, przy których pomocy można by było usunąć albo kompensować negatywne warunki procesu wychowania, tkwiące

w środowisku społecznym. Prawdziwa praca wychowawcza powinna więc łączyć się zawsze z pracą społeczną, chociaż z innej strony i praca społeczna powinna przyjmować charakter wychowawczy [...]. Wychowanie, które łączy się w ten sposób z pracą społeczną opartą na socjologii wychowawczej, potrafi nie tylko przezwyciężyć środowisko społeczne i wyzwolić własną prawidłowość ze zniekształcającej ją zależności od warunków społecznych, lecz stać się prawdziwym narzędziem przebudowy społecznej.

Taka koncepcja niewątpliwie zakłada, że wychowanie, będąc procesem nie tylko społecznym, ale i ponadspołecznym (duchowym), może ze swej strony oddziaływać na byt społeczny, przyczyniać się do jego przeobrażenia (Hessen 1938, s. 247–248, skrót w cytacie – L.W.).

Ten szerszy fragment został tu przywołany celowo, ponieważ uczula on na desocjalizacyjną funkcję wychowania widzianego jako edukacja wyrywająca jednostkę z ograniczeń społecznych jej środowiska, wzbogacanego o treści w nim niedostępne, niewidoczne czy niedocenione, z racji mechanizmów redukujących szanse rozwojowe oraz sposób percepcji świata i jego dziedzictwa kulturowego. Mamy tu program socjologicznych zainteresowań zarówno pedagogiki społecznej Radlińskiej, jak i pedagogiki kultury samego Hessena, czemu ten ostatni daje wyraz, pokazując w przypisie (Hessen 1938, s. 247–258, przypis 18), na czym mogłaby polegać analiza szkolnictwa amerykańskiego podjęta z takiej perspektywy zamiast sprowadzenia jej do „socjologizmu" Chałasińskiego. W szczególności krytyk wskazuje, że „zagadnienie autonomii wychowania i szkolnictwa jest znacznie bardziej skomplikowane, niż to sobie wyobraża Chałasiński" (Hessen 1938, s. 249). Ten ostatni w swojej rozbudowanej odpowiedzi (por. Chałasiński 1938a) nie jest skłonny przystać praktycznie na żadne pole porozumienia i wspólnoty, a nawet czuje się uprawniony do swobodnego operowania akcentami wręcz szyderczymi i nie fair, zatrzymując się do woli nad niejednym „błahym szczegółem" (por. Chałasiński 1938a, s. 260), jak sam pisze, sugerując, że takiego kalibru jedynie postawiono mu zarzuty w próbie recenzyjnej Hessena dla całościowego dezawuowania jego postawy. Wydaje się, że dokładna analiza tego sporu powinna być przedmiotem warsztatowych ćwiczeń na seminariach przyszłych adeptów pracy naukowej, zarówno wśród pedagogów, jak i u socjologów. Można by także rozpatrywać pojedyncze kwestie sporne, jak to, czy „propaganda leży w istocie wychowania", co jest tezą Chałasińskiego, potwierdzoną w polemice, mimo tego, że Hessen ma mu ją za złe. Spór więc tak czy inaczej jest znacznie poważniejszy, niż się Chałasińskiemu wydaje, i mniej oczywiste ma prawo do tryumfu wobec zakusów rzekomego twórcy „sekty »pedagogiki kultury«" (por. Chałasiński 1938a, s. 266–267). Zresztą odnotujmy, że w szóstym tomie „Przeglądu Socjologicznego", zawierającym opisane zderzenie Hessen – Chałasiński, został zamieszczony tekst Radlińskiej (por. Radlińska 1938) pt. *Propaganda, agitacja, reklama*, mogący być jej głosem nie wprost w sprawie nieodróżniania wychowania i innych form agresywnej czy zaangażowanej perswazji, w kontekście różnic między tytułowymi typami oddziaływania. Z charakterystyk wynika w szczególności, znowu pośrednio, że żadna z kategorii nie może charakteryzować postawy i dążeń pedagoga społecznego, a już na pewno nie należą one do strategii melioracji środowiska.

Odsłona w sprawie „milczenia" Józefa Chałasińskiego o Helenie Radlińskiej

Pisałem wyżej o trudnościach w znalezieniu czytelnych i jednocześnie znaczących odniesień do Radlińskiej w pracach ważnego przecież socjologa polskiego i o moim zakłopotaniu z tym związanym, w sytuacji gdy obydwoje się znali i poruszali po częściowo wspólnym obszarze trosk o wychowanie i jego społeczne odniesienia, stanowiąc zarazem postaci wyróżniające się swoim wpływem i skalą działania. Okazało się, że zagadka znajduje swoje rozwiązanie, jeśli się zdobyć na analityczne porównanie zwykle dostępnych wydań – drugiego i trzeciego – *Społeczeństwa i wychowania* (lata 1958, 1969) z już jedynie rzadkim, antykwarycznym okazem pierwszego wydania z 1948 roku, który udało mi się odnaleźć przez Internet. Wśród treści usuniętych w kolejnych edycjach klasycznego podręcznika znajdujemy akcenty nawiązujące do dokonań Radlińskiej, oparte jednak częściowo na błędnej ich kwalifikacji, choć i tak wyróżniające się na tle innych wątków „pedagogiki środowiskowej" jako wersji realizacji programu pedagogiki społecznej. Choć Chałasiński sugeruje w przedmowie do drugiego wydania (powtórzonej w trzecim), że książka ukazuje się „bez zasadniczych zmian", to zarazem mówi o rezygnacji z rozdziału, „który ilustrował różne kierunki filozoficznych zainteresowań i socjologicznych badań nad szkolnictwem i wychowaniem", ale dodaje zaraz znamienną deklarację: „Rozdział ten musiałby być napisany na nowo" (Chałasiński 1958, s. 5)[14]. Tym bardziej warto się temu dokładniej przyjrzeć. Tu czynię to jedynie w odniesieniu do interesującej mnie kwestii.

Trop dotyczący Radlińskiej wpisany jest przez Chałasińskiego w schemat trzech „zasadniczych kierunków myśli pedagogicznej", które reprezentują: „1) pedagogikę filozoficzną opartą o idealistyczną filozofię, 2) kierunki związane z biologiczną koncepcją natury ludzkiej, 3) kierunki oparte na koncepcji środowiska" (Chałasiński 1948, s. 357). Radlińska pojawi się w tym trzecim bloku, natomiast kluczowy dla powstającej ramy typologicznej wydaje się wątek przywołany za B. Suchodolskim, sugerujący jakoby „pedagogika filozoficzna" sprzęgała się koniecznie z idealizmem filozoficznym, który uprawniał „wszelką samowolę", a nadto „zezwalał na wszelkie nadużycia bądź idei, bądź czynów" (por. Chałasiński 1948,

---

14 Różnice także pod innymi względami są znaczące, również intelektualnie i ideologicznie, czego jednak nie będę tu omawiać.

s. 359). Pikanterii sytuacji dodaje fakt, że Chałasiński odsyła zarazem do rekonstrukcji Hessena dotyczących Gentilego, jednocześnie jednak interpretuje uzyskany obraz jako sugestię, że „wychowanie jest autonomiczne" społecznie, przez co może prowadzić „po linii samowoli ducha" rzekomo wpisanej w tradycję Georga Wilhelma Friedricha Hegla do dyktatury totalitarnej, co w konkluzji socjolog łączy ze stwierdzeniem:

> Pedagogika filozoficzna, oparta na metafizycznym idealizmie, jest równocześnie pedagogiką kultury lub pedagogiką osobowości, gdyż zarówno kultura, jak i osobowość są przejawami ducha (Chałasiński 1948, s. 361)[15].

W szczególności spotykamy sugestię, że także szkoła psychologii wiedeńskiej Charlotte Bühler wikła się w idealizm, zajmując się autonomicznymi fazami rozwoju społecznie „odosobnionej psychiki" dziecka (por. Chałasiński 1948, s. 364–365).

Przechodząc do problemu powiązania wychowania i środowiska oraz wyróżniając rolę Johna Deweya w rozpoznaniu tego związku dla pedagogiki i w odrzuceniu złudzeń „tradycyjnej psychologii", Chałasiński wskazuje na etap zrozumienia, że

> [...] psychika ludzka, człowiek w ogóle, daje się określić tylko w kategoriach swojego środowiska, zarówno w sensie biopsychologicznym, jak socjologicznym. Odtąd nauka o środowisku rozrasta się w rozległą dziedzinę zainteresowań pedagogicznych (Chałasiński 1948, s. 371).

Ograniczenie tej sugestii uwypuklę dalej, gdyż niezbędne jest wskazanie, że zwrot „nauka o środowisku" jest przez Chałasińskiego opatrzony odesłaniem do klasycznego tekstu Radlińskiej z 1935 roku pt. *Stosunek wychowawcy do środowiska społecznego* oraz do tekstu Henryka Rowida z „Chowanny", poświęconego pojęciu środowiska. W nawiązaniu do tego pojęcia socjolog stwierdza dalej, odsyłając z kolei do analiz Jana Szczepańskiego:

> Posługują się nim nawet te kierunki pedagogiki społecznej, które będąc bliższe „filozofii ducha", odrzucają naturalistyczne i ewolucjonistyczne założenia [...] traktuje się je jako czyjąś „sferę życia" i bada funkcjonalnie pod kątem widzenia związków żywej istoty z jej sferą życia (Chałasiński 1948, s. 371).

Widząc tu ograniczenia o charakterze typowym dla „organicyzmu" (społeczeństwo jako organizm), Chałasiński w najciekawszym dla mnie wątku przechodzi do kwestii zatytułowanej „Pedagogika społeczna i socjologia wychowania" (Chałasiński 1948, s. 382–386, cytat o organizmie ze s. 371). Radlińska zostaje

---

15 Autor nie pozostawia wątpliwości, że pedagogika filozoficzna po prostu **jest** oparta na idealizmie, odrzucając uznanie wpływów społecznych, i dalej pokażę, jak bardzo wpływa to na jego wyobrażenie o stanowisku Radlińskiej.

wpisana w tradycję „idealizmu" filozoficznego, choć uzasadnienie tego kroku wikła się w kojarzenie autonomii ducha z samoistnością pozaspołeczną, niosącą status także obiektywnej duchowości kulturowej, której uznanie ma przekreślać naukową wartość stanowiska. Oto pełny zapis kluczowego fragmentu wywodu socjologa, którego rozumowanie doprowadziłoby do uznania wizji trzeciego świata Karla R. Poppera za wyraz idealizmu platońskiego, gdyby je konsekwentnie zastosować do filozofa nauki zamiast do Radlińskiej:

> U Natorpa, podobnie jak u innych idealistów, wychowanie jest autonomiczną dziedziną ducha. Jako zjawisko ze sfery ducha jest czymś samoistnym, a nie pochodnym, wtórnym w stosunku do społeczeństwa. [...] w pedagogice społecznej Natorpa ideał społeczeństwa ludzkiego jest celem wychowania i ze względu na tak sformułowany cel jego pedagogika jest pedagogiką społeczną. Ponadto wychowanie jednostki dokonuje się zawsze w środowisku społecznym, a więc i z tego punktu widzenia pedagogika jest dyscypliną społeczną.
> Przedstawione dwa punkty widzenia cechują również pedagogikę społeczną Heleny Radlińskiej. Wyrasta ona ze społecznego pojmowania celu wychowania, którym jest takie społeczeństwo przyszłości, które by cechowała harmonia wolnej indywidualności i społeczeństwa. Podobnie jak u Natorpa i innych idealistów punktem wyjścia pedagogiki społecznej Radlińskiej jest wiara w człowieka jako istotę duchową, jako samoistny czynnik tworzenia kultury ludzkiej. Dla Radlińskiej poza „środowiskiem subiektywnym" jednostki istnieje środowisko obiektywne, wspólne wszystkim – duchowe. To duchowe i niewidzialne środowisko jest właściwą sferą, w której dokonuje się wychowanie człowieka jako istoty duchowej tworzącej kulturę (Chałasiński 1948, s. 382–383).

Rzecz jasna Radlińska nigdy nie sugerowała samoistności takiej sfery duchowej inaczej niż w rozumieniu jej jako historycznego i społecznego wytworu, nieustannie pomnażanego i stanowiącego przestrzeń dziedzictwa kulturowego, poza jego aktualnymi odbiorami w żywych jednostkach czy poza jego określonym spożytkowaniem. Dziedzictwo to zawsze można przywołać spoza aktualnie dostępnych treści, np. wystarczy sięgnąć po książki czy inne dzieła, z którymi z jakichś powodów, historycznych czy socjalizacyjnych, ktoś nie ma styczności bądź nawet nie wie, że istnieją. I nie jest prawdą, że Radlińska mówi, iż w tej to sferze dokonuje się wychowanie, ale że z jej przywołaniem można oddziaływać na wychowanie poza jego ramą socjalizacyjną, lokalnie społecznie dominującą. W tym kontekście nie ma racji Chałasiński, gdy twierdzi, że takiego odniesienia do kultury nie ma, gdyż czym innym jest mówić o żywej obecności kultury, a czym innym o możliwości dopiero jej przywołania. Radlińska zgodziłaby się z nim, w szczególności gdy pisał:

> Kulturę można badać z różnych punktów widzenia: od strony jej uwarunkowania przez stosunki ekonomiczne, od strony jej funkcji społeczno-politycznych, od strony wewnętrznych prawidłowości rozwoju różnych dziedzin kultury w ich wzajemnym powiązaniu, wreszcie od strony człowieka, który jako istota duchowa

jest tworem społeczeństwa i kultury. Kultura żyje w indywidualistycznych ludziach związanych więzami współżycia i współpracy; oni ją tworzą, utrwalają, przeobrażają i rozwijają, a jednocześnie, z punktu widzenia duchowego, sami ją tworzą (Chałasiński 1968, s. 382).

Radlińskiej chodzi jedynie o to, że kategoria „kultury duchowej" nie daje się sprowadzić ani do przeżyć jednostki, ani do przejawów obecności w realnych zbiorowościach, gdyż jest jeszcze trzeci sposób istnienia realnych treści dziedzictwa – mogą zostać przywołane oraz włączone w przeżycia i przemyślenia „indywidualistycznych ludzi", jak to wyraził Chałasiński, a bez czego „życia" kultury wyobrazić sobie nie można. To jest wariant trzeciego świata na wzór filozoficzny Poppera, a nie platoński. Kiedy dalej, w tomie z 1948 roku socjolog cytuje z Radlińskiej odniesienie do rodzącego się dzięki temu dodatkowemu wymiarowi „poczucia nieśmiertelności", wtedy nie chodzi przecież o ogłaszanie nieśmiertelności, ale o wyróżnienie wartości opierającej się upływowi czasu i doraźnym historycznym preferencjom. Nie pociesza rzecz jasna, że – jak już wspominałem wcześniej – także Aleksander Kamiński skłonny był obarczać Radlińską skojarzeniem z okresowym idealizmem związanym z dopuszczeniem „środowiska obiektywnego", ponadczasowego. Chałasiński jako powód swoich zastrzeżeń przywołuje w szczególności następujące sformułowanie Radlińskiej z 1945 roku dotyczące pojmowania kultury:

> Wejrzenie w środowisko niewidzialne, obiektywne – pisze Radlińska – pozwala dojrzeć, że poczucie nieśmiertelności, możności odradzania się duchowego, przeżywanie radości i bólu jest jednakowe przez wszystkie czasy i okoliczności. To tylko forma wyrażania tych samych uczuć zmienia się z każdym pokoleniem, te same dążenia uzewnętrzniają się w coraz innym kształcie.
>
> Oddziaływanie duchowe odbywa się w środowisku niewidzialnym. Dzięki jego podnietom i wpływom człowiek przybiera postawę wobec otoczenia, kształtuje swoje środowisko subiektywne (Radlińska 1945, s. 72, za: Chałasiński 1948, s. 383).

Przytoczywszy powyższe wypowiedzi, Chałasiński ocenia to stanowisko i przypisuje mu afirmację idealistycznego, bo „pełnego i swobodnego rozwoju duchowego", widząc tu znowu podobieństwo do stanowiska Paula Natorpa czy Paula Bartha, co miało się wiązać z „idealistyczną filozofią społeczeństwa", prowadząc dalej do powstania poza terminem „pedagogika społeczna" także takich określeń, jak „pedagogika socjologiczna" czy „pedagogika środowiska" (por. Chałasiński 1948, s. 384). Dostrzegając w tym tendencję do odchodzenia od „filozoficznego charakteru dawnej pedagogiki społecznej" i zwrot w stronę „wagi naukowej analizy środowiska społecznego", Chałasiński formułuje podsumowującą ocenę dokonań Radlińskiej następująco:

> Pod tym względem dorobek szkoły Prof. H. Radlińskiej wyróżnia się poważnie w literaturze światowej w tym zakresie i przedstawia wielką wartość społeczną i pedagogiczną, niezależną od metafizycznych poglądów jego duchowej inspiratorki (Chałasiński 1948, s. 384).

Dla prezentacji całości wywodu Chałasińskiego w sprawie jego stosunku do Radlińskiej niezbędne jest przywołanie jeszcze partii rozważań, także nieobecnej w kolejnych wydaniach *Społeczeństwa i wychowania*, gdzie socjolog wyprowadza wnioski i uściśla komentarz, dopełniając obraz swojego podejścia do pedagogiki społecznej, podkreślmy, od samego początku wyrosłego z tezy, którą otwierał swoją książkę, że „[z]rozumienie społecznego mechanizmu wychowania stanowi [...] istotny warunek racjonalnej **socjotechniki** pedagogicznej" (Chałasiński 1948, s. 7). Zauważmy przy okazji, że skupienie widzenia wychowania na socjotechnice to jedno z miejsc zawężenia perspektywy Chałasińskiego, w świetle których finezja trosk Radlińskiej musiała być traktowana jako filozoficzny i zarazem idealistyczny przerost. Bowiem po przytoczeniu cytatu, powyżej także przywołanego z Radlińskiej, pojmowania kultury w kategoriach „niewidzialnego obiektywnego środowiska" Chałasiński w następujący sposób rozwija swoje rozumienie tego podejścia, dalej skądinąd nazwanego wyróżniającym się „w literaturze światowej", jak już odnotowałem:

> Ta właśnie postawa człowieka ukształtowana w sferze duchowej czyni z człowieka twórcę kultury.
> Na podłożu tak sformułowanej filozofii wychowania, określającej cel wychowania, pedagogika społeczna w ujęciu Radlińskiej ma za zadanie wypracowanie sposobów, które by usuwały te przeszkody na drodze pełnego i swobodnego rozwoju duchowego indywidualności ludzkiej, które wynikają z materialnej budowy społeczeństwa. „Głównym zagadnieniem pedagogiki społecznej – pisze Radlińska – jest zagadnienie **kompensacji** świadomie uzupełniającej procesy selekcji społecznej i biologicznej". Stąd wynika, że szczególne zainteresowanie pedagogiki społecznejześrodkowuje się na poprawie warunków wychowania dzieci i młodzieży tych klas społecznych, które na skutek klasowej struktury historycznie ukształtowanego społeczeństwa zostały odsunięte od dobrodziejstw kultury i radości życia.
> Pedagogika społeczna jest więc jednym z kierunków pedagogiki jako dyscypliny normatywnej i praktycznej. Podkreślając społeczny charakter celu wychowania oraz kładąc nacisk na społeczne warunki, jest wyrazem historycznej ewolucji myśli pedagogicznej, a nie nową dziedziną nauki. Innymi słowy, pedagogika społeczna przestaje być **pedagogiką specjalną**, a stała się trzonem pedagogiki w ogóle.
> Występuje to wyraźnie w poglądach Natorpa. „Pedagogika społeczna" Natorpa nie jest uzasadnieniem pedagogiki społecznej jako osobnej dziedziny w przeciwieństwie do pedagogiki indywidualnej. Natorp usuwa to przeciwieństwo i dowodzi, że z charakteru celu wychowawczego i z istoty procesu wychowawczego pedagogika w ogóle jest – pedagogiką społeczną. To samo występuje w pedagogicznym systemie Paula Bartha [...] (Chałasiński 1948, s. 383–384)[16].

---

16 Cytowany w przytoczonym fragmencie urywek myśli pochodzi z: Radlińska 1935, s. 16.

Zauważmy, że Chałasiński w „zakończeniu" książki podkreśla, iż chodziło mu w szczególności o przyczynienie się „do pogłębienia naukowych podstaw wykształcenia pedagogicznego" (por. Chałasiński 1948, s. 413). Dodatkowym w stosunku do powyższych akcentem w stronę takiego pogłębienia było zapewne podkreślenie, że „[s]poro zagadnień społecznych wychowania i szkoły było tematem badań ośrodka pedagogiki społecznej Wolnej Wszechnicy Polskiej pod kierunkiem Heleny Radlińskiej", a jeden z tomów zbiorowych pod jej redakcją „[n]a uwagę zasługuje przede wszystkim" (Chałasiński 1948, s. 411)[17]. Jeśli, jak uznaje Chałasiński, książki mają być bodźcem do powstawania prac lepszych, to nie wydaje się, aby wyeliminowanie rozdziału z partiami odniesień do pedagogiki społecznej i dokonań Heleny Radlińskiej spełniało ten jego postulat (por. Chałasiński 1948, s. 415). Zwłaszcza że gdyby niektóre jego tezy mogły być dalej przedmiotem dyskusji, nawet będąc niesłusznymi czy wątpliwymi, mogłyby się przyczynić do jakości także jego własnych wyobrażeń o relacji wychowania i kultury, łącznie z tezą, że „wychowanie pojęte jako funkcja kultury może i musi pozostać tematem filozofii kultury, a nie nauki". Ponadto można by zniwelować wymowę sugestii, że „pedagogika kultury", uznając istnienie „obiektywnego świata kultury", wikła się z konieczności, jak u Eduarda Sprangera, w „pokrewieństwo z idealistyczną filozofią ducha" (Chałasiński 1948, s. 397).

---

17 Autor zarazem odsyła do prac: *Społeczne przyczyny powodzeń i niepowodzeń szkolnych...* 1937 oraz Radlińska 1937 – to drugie odesłanie stanowi, zauważmy, „autoreferat" redaktorki z książki, zamieszczony na łamach „Przeglądu Socjologicznego".

Odniesienia do działań pedagogicznych i ich dyscyplin

Rozdział XV
Troska o „utraconą własność" duchową jako zadanie pedagogiczne

Brak dążeń ku przemianie występuje wyraźnie – u najsłabszych.
(Społeczne przyczyny powodzeń i niepowodzeń szkolnych... 1937, s. 26)

Wstęp

Pedagogikę jako całość interesują **trzy typy dynamizmu** w jej odniesieniach i oddziaływaniach: pionowy, o charakterze rozwoju diachronicznego, z troską, aby następujący poziom, etap czy faza mogły stanowić zaawansowanie możliwości i jakości funkcjonowania oraz dojrzałości struktury; poziomy, który oznacza radzenie sobie z napięciami sytuacyjnymi danej chwili, jednego okresu rozwojowego, zatem w obrębie danej fazy, wymagając dbałości o równoważenie zjawisk czy – przeciwnie – o ich przeciwważenie, dla unikania redukcyjnej jednostronności; oraz – co najważniejsze i najtrudniejsze – ekologiczny czy transwersalny, jak można nazwać, czyli odniesień wzajemnych między jednym i drugim typem dynamiki przemian, łączącym odniesienia do samej jednostki poddanej oddziaływaniu, do jej i z nią splecionego środowiska życia oraz do potencjału, jaki można dopuścić do głosu, uruchomić, przebudzić czy udostępnić ze sfer wcześniej zagubionych, przeoczonych, uśpionych czy zapomnianych. W historii społecznej, podkreślała wprost Radlińska na Kongresie Wychowania Moralnego w Genewie w 1922 roku, mają miejsce okresowe odwracanie się od prawdy i walka o „nową prawdę" w czasach „najżarliwszej wiary w niezawodną skuteczność nowych pomysłów", po czym

> [...] zawsze następuje wzrost zainteresowań historycznych, odszukiwanie dawnych mocnych fundamentów, zwracanie się ku istniejącemu dorobkowi i ku urzeczywistnionym jeszcze dawnym pomysłom – po tworzywo nowej służące budowie. Od planu tej budowy zależy kierunek poszukiwań, ożywianie badawczym spojrzeniem

zapomnianych dzieł, nie dostrzeganych materiałów „zagubionej puścizny", jak by powiedział Kołłątaj (Radlińska 1961, s. 19–20)[1].

Radlińska zapewne nie zdawała sobie sprawy, jak bardzo aktualne będą te słowa w stosunku do jej własnego dorobku, jako spuścizny zagubionej, a mogącej stać się mocnym odniesieniem i dziś, czyli pół wieku po jej śmierci. Darujmy jej także owo optymistyczne „zawsze" jako kryjące w istocie nieokreśloność ściślejszego przewrotnie zwrotu „zawsze kiedyś tam", co może trwać lata czy dekady, a nawet stulecia.

W działaniu pedagogicznym istotne, na wiele sposobów i w wielu wymiarach, jak podkreśla Radlińska, jest diagnozowanie zakłóceń rozwojowych u jednostki i ich źródeł, zarówno środowiskowych, jak i wpisanych w kondycję samej tej jednostki oraz w słabości jej relacji jako zakłócenia potencjału, jakim dysponuje czy do którego ma dostęp, w porównaniu z tym, co mogłoby zostać aktywowane. Dwie uwagi wydają się tu podstawowe dla dopełnienia tego obrazu. Po pierwsze, pisząc o znaczeniu urządzeń kultury dla ruchu oświatowego oraz funkcjach zawodowych pracowników oświaty, Radlińska podkreśla, że łącznym zadaniem obu tych członów oddziaływania jest – jak pisała w 1947 roku w nawiązaniu do oświaty dorosłych – służenie „jedności kultury wiążącej i przerastającej pokolenia" (por. Radlińska 1961, s. 250). Służba ta zwrotnie przynosi efekty dla tych, którzy z tej jedności i przerastania społecznej sytuacji danego pokolenia potrafią skorzystać i ją spożytkować dzięki dostępowi do treści wpisanych w inny czas i inną przestrzeń, a mających wartość znacznie szerszą, głębszą i bardziej uniwersalną. Tę wartość najłatwiej i najczęściej można utracić i pedagogika społeczna zainteresowana tym, aby meliorować dusze i środowiska, kompensować braki, usuwać przeszkody, przeciwważyć zakłócenia rozwojowe na taką utratę potencjału własnego działania pozwolić sobie nie może. Ale to właśnie jest zdanie każdej odpowiedzialnej pedagogiki, czyli całej pedagogiki, która nie powinna zapominać, że mimo swojej autonomicznej funkcji

> [...] wychowanie jest współzależne z wieloma dziedzinami kultury. Buduje drogę do celu, który nie samo tylko wybrało, bierze narzędzia z odwiecznej spuścizny i ze współczesnej twórczości (Radlińska 1961, s. 76).

Stąd widać, że ułomność wychowania, jak również wszelkich funkcji, na których w praktyce zależy pedagogice społecznej, a także – dodajmy uzupełniając listę przestróg o ważny dla niniejszej książki trop – ułomności myśli pedagogicznej zależą od starań, by nie pozbawiać się dostępu do tego kulturowego dorobku, z którego trzeba umieć korzystać. Utraconą wartością bywa każdy człowiek, którego potencjału pedagog nie umie odnaleźć, przebudzić, któremu nie potrafi dać

---

[1] Na cytat ten zwróciła moją uwagę Irena Lepalczyk (por. *Helena Radlińska. Człowiek...* 1994/1995, s. 46). Słowo „puścizna" zostaje zachowane w cytacie jako powołanie się na język Hugona Kołłątaja.

impulsu i zapewnić warunków do wzrastania i włączania się w przemianę własnego losu. Radlińska takie działania postrzega jako troskę o stan i możliwości działania całego „pokolenia historycznego" danego czasu, podkreślając, że w każdym przypadku trzeba działalnością wychowawczą zwracać uwagę na

> [...] wartości faz życia, które często znajdują się w stanie utajonym i nie dochodząc do rozwoju, marnieją jako „utracona wartość" narodu. Ujawnienie zdolności i sił, usprawnienie ich i użycie zależy od warunków społecznych.
>
> Stworzenie jednak odpowiednich warunków może się odbywać dzięki tej części istniejących wartości, która już się ujawniła, która została uznana za cenną lub świadomie upomina się o swój udział w twórczości pokolenia historycznego (Radlińska 1961, s. 198).

Wypada podkreślić, że z wielu akcentów w rozważaniach Radlińskiej wynika, iż zadaniem pedagogiki i pracowników oświatowych jest w formie troski o meliorację dusz i meliorację środowisk przyczynianie się do ujawniania, do włączania wartości spuścizny kulturowej w potencjał istniejących mechanizmów przez nasycanie nimi przestrzeni, w jakiej działa jednostka, aby nasycanie jej środowiska zwrotnie rzutowało na jej jakość myślenia i działania, przy czym ma się to dziać z wprowadzaniem „możliwie najszerzej w umiejętność odnajdywania walorów, w sprawność konieczną do zapewnienia im życia wśród ludzi" (Radlińska 1961, s. 157). Mamy tu najwidoczniej napięcie między troską o udostępnianie wartości a dawaniem szansy na ich odnajdywanie i przeżywanie, między ich wybieraniem a pozostawianiem przestrzeni do ich osobistego wyboru, między wdrażaniem do określonego stanu gleby kulturowej a dbałością o nasycanie samej tej gleby treściami potencjalnie rozwojowymi dla ich odbiorców, jeśli potrafią się nimi żywić czy na nie przebudzać poprzez ich przeżywanie i spożywanie w procesie własnej samokształceniowej transformacji duchowej. Zdarzające się wśród pedagogów społecznych sugestie o prawie do manipulacji czy pozycji autorytarnej – że treści (np. ideały), w imię których pedagog działa i które wskazuje dla wychowanka, miałyby być wybierane, a nawet narzucane w oddziaływaniu pedagogicznym – są niezgodne z etycznym rozumieniem stosunku pedagoga do rozwojowego potencjału całej kultury w jej jedności i ponadpokoleniowym znaczeniu.

Uczenie dla samokształcenia – w stronę przebudzenia dla głodu wiedzy i dla przemiany wewnętrznej w dwoistych uwikłaniach

Tezy epistemologiczne i dydaktyczne nieustannie przenikają rozważania Radlińskiej, także te o charakterze pogadanek czy wystąpień adresowanych do praktyków. Radlińska uczula na zjawiska istotne filozoficznie i nie waha się akcentować także wpływów etycznych będących rezultatem oddziaływań, z jednej strony samodzielnych czy zespołowych w sferze badań, a z drugiej mających cel samokształceniowy. Oba bieguny tych działań, jak wiadomo, muszą być powiązane, gdyż nie ma tu żadnego automatyzmu czy natychmiastowości. Dobitnie wyraża to uwaga, którą autorka dedykowała uczestnikom badań regionalnych nad historią oświaty, choć jej sens jest znacznie szerszy i doskonale ilustruje postulat dwoistości również na tym przykładzie: „Bez udziału w badaniach bezpłodne bywa organizowanie samokształcenia na wyższych szczeblach" (Radlińska 1948, s. 5). Radlińska obrazowała to także odniesieniem do procesu dokształcania (i dokształcania się) nauczycieli.

Jednym z ważniejszych wątków Radlińskiej, do dziś aktualnym wobec nadmiernego wyobrażenia o indywidualizmie samokształcenia lub o automatyzmie spotkań zbiorowych (np. konferencji) w zakresie pożytku samokształceniowego, jest ten związany z postulowaniem wdrażania do „samokształcenia zespołowego". Owo zespołowe samokształcenie powinno wykorzystywać potencjał uspołecznienia komunikacji bez kierowania nią, w trosce o tworzenie przestrzeni i praktyki „różnorodnego rozważania podobnych spraw" poprzez dyskutowanie tych samych książek, weryfikowanie ich zawartości i wartości oraz przydatności poszczególnych rozwiązań. O wadze tej sugestii Radlińskiej doskonale się przekona każdy, kto zna ułomności aktualnego życia akademickiego z maksymalnie rozproszonymi konferencjami, pozbawionymi często czasu na dyskusję, czy z seminariami, gdzie tylko referent jest przygotowany do dyskutowania określonych treści. Podkreślmy kapitalny wkład pedagogiki społecznej, w jej rozumieniu przez Radlińską, we współczesną praktykę akademicką – chodzi mianowicie o upomnienie się o zupełnie inną kulturę komunikacji między specjalistami, komunikacji traktowanej jako praktyka zespołowa, która pozwala przyspieszać uczenie się chociażby przez dyskutowanie najnowszych publikacji w celu przyspieszenia procesu włączania ich w obieg praktyki badawczej. Samokształcenie i praktyka badawcza, wysiłek indywidualny i komunikacja społeczna w zespołach badawczych to są pary wymagające sprzężenia zwrotnego dla nadania im rangi wartościowych sposobów profesjonalnego funkcjonowania sfer kształcenia i badań.

Bywają do pokonywania trudności i przeszkody, braki i słabości, wpisane zarówno w jeden biegun samokształcenia, jak i w drugi – postawy badawczej, których nie da się przezwyciężyć inaczej jak poprzez sprzężenie ich we wzajemnym nadawaniu sensu, kierunku i budowaniu motywacji, tworzącej jednocześnie efekty oraz przekształcającej zarazem uczącego się badacza i badającego w wysiłku uzyskiwania równolegle wiedzy odsłaniającej pokłady znaczeń do ogarnięcia. Stąd w szczególności w konkretnym kontekście badań regionalnych Radlińska postulowała twórcze i zespołowe ustalanie zasięgu badań, a co więcej, „[u]stalając zasięg, który mają objąć badania, należy liczyć się ze śladami charakterystycznej więzi", która zresztą z czasem mogła ulec zerwaniu, mimo że da się ją rozpoznać jako istotną (Radlińska 1948, s. 14–15). Pojmowanie badań w kategoriach rozpoznawania „śladów" w przestrzeni interesujących zjawisk jest zaawansowanym rozumieniem konieczności dysponowania szerszą wiedzą, która pozwala na kontekstowe odczytywania znaczeń odsyłających poza siebie, niosących także ukryte przejawy wzajemnych stosunków. „Ślady" rozmaitych zjawisk, prac czy działań bywają „zagubione w niepamięci, lecz ożywające, gdy się je mozolnie odsłoni" (por. Radlińska 1948, s. 12). W badaniach społecznych często niezbędne jest „[r]atowanie resztek zabytków i dokumentów", które stanowią ważne świadectwo, skazane na zagładę „z powodu niezrozumienia jego wartości" (Radlińska 1948, s. 11)[2]. Zrozumienie tymczasem musi dysponować szerszą perspektywą, bywa, że wykraczającą poza bezpośrednio dostępny charakter badanych zjawisk. Trudne do uchwycenia „ślady wpływu" dają o sobie znać w ramach troski o to, „aby nie rozrywały się sploty życiowe zjawisk", dostępne pod warunkiem drążenia badawczego zjawisk „w głąb" (por. Radlińska 1948, s. 41, 52–53). Niezbędna jest tu także – nieustannie podkreślana w rozważaniach Radlińskiej – perspektywa strukturalnego podejścia poznawczego, wiążącego zjawiska lokalne z szerszymi oraz dokonującego ich hierarchizacji pod względem znaczenia. Stąd m.in. konieczność tego, by „[r]ozumieć wzajemne związki różnych stron bytu i odróżniać sprawy pierwotne, najistotniejsze oraz – wtórne, pochodne", a także tego, by umieć dociekać, w jakim stopniu „zmiana jakiegoś szczegółu przyczynia się do zmiany struktury" (por. Radlińska 1979, s. 106).

Dawanie poczucia własnej wartości ma się zbiegać z procesem obniżania pewności, a tym bardziej pychy. „W zetknięciu się z wartościami wielkimi rozszerza się pojmowanie kultury, pomniejsza się za to nadmiar zaufania w swoją wszechwiedzę" (Radlińska 1979, s. 153). Ucząc pokory, taki typ kontaktu otwiera na doświadczenia innych, a nawet może nieść wzrost motywacji do sięgania po nie, aż po najdalej idący efekt w postaci „głodu wiedzy", którego zaspokajanie w kolejnych odsłonach przyczynia się do rozwoju i stawania się osobowości indywidualnej, nabywania zdolności do zbiorowego współdziałania i do identyfikacji z treściami uznanymi za własne ideały, w trybie stanowiącym – jak wraca formuła za Sergiuszem Hessenem – „przepajanie bytu powinnością" (Radlińska 1979, s. 153).

Radlińska nieustannie wyraża wiarę humanisty w możliwość „kształcenia harmonijnej struktury duchowej w imię wartości" (Radlińska 1979, s. 153), choć w tym jedynie występuje jako typowy przedstawiciel swego pokolenia i swego czasu. Nie darmo od początku swoich rozważań określa w szczególności samokształcenie jako „wyrabianie się wszechstronne i harmonijne" (Radlińska 1979, s. 250)[3]. Wiara ta oznacza silną determinację, by środkami pedagogicznymi starać się „dopomóc kształtowaniu się pełnego harmonijnego człowieka", wolnego od ograniczających go schematów, co wymaga wiązania w obszarze trosk i zaangażowań ludzkich „spraw

---

[2] Trop ten podkreśla także Władysława Szulakiewicz w swojej rekonstrukcji historii oświaty i wychowania w Polsce do roku 1956 (por. Szulakiewicz 2006, s. 128–130, patrz zwłaszcza s. 129).
[3] Sformułowanie pochodzi z 1928 roku.

codziennych z wielkimi sprawami celu i ideału życia", nawet w trybie nadawania im patosu i uwznioślania zaangażowania, np. młodzieży (Radlińska 1979, s. 122–123). Ma to polegać na wysiłku „ciągłego harmonizowania różnorodnych wartości", co może się dokonywać „na tle pewnego tonu zasadniczego" (Radlińska 1979, s. 106). Oczywiście można zapytać, jakimi środkami należy zabiegać o taki efekt i w jakim trybie oraz nastawieniu trzeba się starać go realizować. Jedna z odpowiedzi brzmi następująco:

> [c]ała sztuka samokształcenia polega na tym, żeby przeżywać uzyskiwaną wiedzę, przepoić nowymi pojęciami swe życie wewnętrzne, kształcić swą sprawność, umiejętność pracy (Radlińska 1979, s. 252).

Harmonia zatem wydaje się raczej wpisana w strukturę powiązań efektów, między samą wiedzą, horyzontem przeżyć i przemyśleń, a także działań, w tym pracy nad sobą, wydobywającej na jaw potencjał „utajonych" sił wewnętrznych, gdyż „[s]iły nasze wypróbować i wzmacniać można tylko przez czyny" (Radlińska 1979, s. 252). Czytając Radlińską przez pryzmat kategorii czynu, można by pełniej sprawdzić, jak daleko i głęboko potrafiła się wpisać w tradycję polskiej filozofii czynu, wiążąc w szczególności czyn i samokształcenie w jeden splot zaangażowania i odpowiedzialności. Że taka więź istnieje – nie wydaje się ulegać wątpliwości. Mamy tu bowiem jednocześnie wskazanie na obecność trzech „uzupełniających się wzajemnie" (Radlińska 1979, s. 252) wymiarów oddziaływania wychowania: społecznego – tworzenie uczestnika działań grupowych o wspólnej tożsamości, kulturowego – przenikanie do horyzontu tej tożsamości treści kulturowych, przy odpowiednio szerokim otwieraniu kształcenia na nie, oraz psychologicznego – rozwijanie własnych zdolności i skłonności utrwalanych strukturalnie w postaci osobowości. Wartościowa (samo)wiedza ma być zdobywana tak, by „wzbogacała ducha" i „prowadziła do przetwarzania życia", nie może być powierzchowna w sposób, który by ją zubażał i przyczyniał się przez to do zubożenia możliwości sprzęgania jej z wartościowym działaniem (Radlińska 1979, s. 252). Nie może ono być w pełni programowane ani kontrolowane przez dorosłych czy szkołę, gdyż w ramach ogólnego zadania „wdrażania do postawy czynnej, w celu przekształcenia środowiska człowieka – w imię ideału", trzeba pamiętać, że szkoła ma „podniecać do czynu, [ale – L.W.] do **własnego** czynu młodzieży" (Radlińska 1979, s. 129)[4].

---

4 Ma rację Mariusz Cichosz, wskazując za Wiesławem Theissem na wagę kategorii czynu w antropologii Radlińskiej, i cenny jest sposób uwypuklenia przez tego ostatniego zmiany historycznej charakterystyki czynu pożądanego wychowawczo w zależności od okoliczności społecznych: od zaangażowania w walkę narodowowyzwoleńczą poprzez upominanie się o uobywatelnienie i dostęp do kultury, a dalej przechodzenie w postać poprawiania własnego losu i jakości życia (por. Cichosz 2006, s. 167; por. także Theiss 1984, s. 65). Warto jednak dodać, że mamy znakomitą tradycję rozwiniętej filozofii czynu (Stanisław Brzozowski), a zarazem troskę o nasycenie dwoistością relacji między osobą i czynem u Romana Ingardena oraz osobno u Karola Wojtyły,

Wśród zadań dotyczących wychowania i kształcenia Radlińska wymienia „uczenie rozumienia innych", jak również „rozpalanie wyobraźni" (por. Radlińska 1979, s. 125), przeciw zbyt sztywnym i wąskim postawom identyfikacyjnym, rodzącym wrogość. Dlatego oddziaływanie nie może „zabijać i upokarzać żadnej istniejącej wartości", trzeba umieć, a nawet starać się „ją odszukiwać, oczyszczać i ukazywać", bez afirmowania jakichś odległych, abstrakcyjnych doskonałości, a tym bardziej „sztucznych świecideł" (Radlińska 1979, s. 106). Dyskusja, której należy sprzyjać, wymaga tego, aby „błędne – zdaniem rozmówców – pojęcia nie były ośmieszane" (Radlińska 1979, s. 275). Jednocześnie ważne mają być kształtowanie zdolności i podtrzymanie prawa do oceny, obejmującej zarazem „[w]drażanie do ścisłości, budzenie krytycyzmu i równocześnie z nim odczuwania" (Radlińska 1979, s. 275), z dbałością o „sprawdzanie skojarzeń" u odbiorców w procesie nauczania (Radlińska 1979, s. 273).

Punktem wyjścia zmiany ma być stan zmienianego, który wymaga rozpoznania i liczenia się z nim w trosce o wydobywanie jego, choćby i ukrytych, pozytywnych stron w trybie stopniowania wysiłku. Pułapkę stanowią tu powierzchowność, połowiczność czy pozorny charakter odnoszenia się do wartości, dostępnych jedynie w postaci „okruchów dobra", gdy te „nie wzbogacają naprawdę, gdyż są zbyt skąpo udzielone", a zarazem odpychają powagą lub „blichtrem" (Radlińska 1979, s. 104).

Poziomy działania w sferze dydaktyki przeżycia, przebudzenia i przemiany

Fundamentalne pedagogicznie pytanie, jakie stawia Radlińska programowo dla postaw wychowawczych, brzmi: „jak dawać, żeby podniecać do wzięcia"?[5] Wymaga to zupełnie innego podejścia niż same gesty dydaktyczne („Tej sztuki nie można zdobyć przez znajomość dydaktyki"), skoro najtrudniejsze i najważniejsze

---

w formule, iż czyn jest osobotwórczy, a nie tylko stanowi realizację ideałów gotowej osoby. Nie wydaje się dziś trafne maksymalistyczne wyobrażenie Radlińskiej, że „[d]opóki nie zjawi się poczucie potrzeby, dopóki nie rozpali się pragnienie zmiany, nie podobna pobudzić woli do czynu" (za: Cichosz 2006, s. 173); ważniejsze od „uświadamiania ideałów" wydaje się dostarczanie okazji do czynienia dobra. Radlińska znacznie konsekwentniej, niż można by sobie tego życzyć obecnie, wpisywała swoją wizję przeobrażeń społecznych i rozwoju jednostki w proces wnoszenia świadomości zamiast krytycznego organizowania wyższych poziomów operacji myślowych i wrażliwości społecznej. Czyn jest osobotwórczy, niezależnie od tego, czy będzie wskazywany z racjami go uzasadniającymi czy do niego apelującymi, skoro perswazji można nie uznać, a nawet może działać kontrfunkcjonalnie, jak ilustruje to zjawisko tożsamości negatywnej w opisie Erika H. Eriksona, o czym już wspominałem wcześniej.

5 Por. sformułowanie przytoczone przez Stanisława Michalskiego w: *Helena Radlińska. Człowiek...* 1994/1995, s. 80. Por. także Radlińska 1979, s. 100.

to zdołać „odczuć budzące się siły", do których trzeba umieć się odwołać i które należy wspierać i dalej rozwijać (por. Radlińska 1979, s. 100; także *Helena Radlińska. Człowiek...* 1994/1995, s. 80). Strategia działania pedagogicznego jest tu jednak, co Radlińska uwypukla już w latach 30. ubiegłego stulecia, wystawiona na niezwykłe wyzwanie w postaci niedookreślenia przyszłości i jej nieprzewidywalności, cech świata, których nie da się już zlekceważyć.

> Wychowawcy nie mogą sobie wyobrazić układu życia, do którego przygotowują, ani narzędzi pracy, które weźmie do ręki nowe pokolenie. Staje się to jasne wobec szybkiego tempa, wszechstronności i rozległości przemian zachodzących współcześnie na wszystkich polach. Urzeczywistnianie ideałów odbywa się w kształtach nieprzewidzianych (Radlińska 1935, s. 20).

Podejście to ma u Radlińskiej dwa bieguny, sprzężone ze sobą. Z jednej strony jest to biegun historycznie dla niej ważny, wpisany w dokonania tradycji polskiej pedagogiki, w ślad za Bronisławem Ferdynandem Trentowskim i Edwardem Abramowskim.

> Budzenie sił jest jednoznaczne – wedle wyrażenia Trentowskiego – z przeprowadzeniem „bóstwa" drzemiącego w dziecku ze stanu *in potentia* w stan *in actu*. Dokonywać się to może jedynie w poszanowaniu indywidualności każdej jednostki i w czci dla nieznanych, intuicją i uczuciem ujmowanych podstaw wszelkiej siły duchowej (Radlińska 1979, s. 93)[6].

Za Abramowskim podkreśla Radlińska, że „najważniejszym warunkiem rozbudzania i rozwoju sił – jest zapewnienie wolności, wykluczenie wszelkiej przemocy" (Radlińska 1979, s. 93). Widać przy okazji, że ta strategia pedagogiki społecznej nie jest – wbrew płytkim krytykom – podszyta pajdocentryzmem, jako przesłanką, ale krytycznym zrozumieniem nieobliczalności świata, do którego przygotowuje się nowe pokolenie. Dlatego trzeba pomóc każdej jednostce przebudzić w sobie wszelkie pokłady twórczości, potencjalnie pomocnej w nieznanej postaci przyszłej rzeczywistości.

---

6 W książce z 1935 roku powraca podobne sformułowanie tej samej kwestii, dowodząc niezbicie, że stosunek do Trentowskiego nie pojawia się przypadkowo w tak kulturowo wrażliwej wersji pedagogiki społecznej, tym bardziej że Radlińska widzi tu podobieństwo z tzw. nowym wychowaniem. Oto ten fragment: „tzw. »nowe wychowanie« podkreśla konieczność przygotowania do swobodnej twórczości indywidualnej i zespołowej, wpatrując się w możliwości, które tkwią w dziecku, nie we wzorzec życia obmyślony dla dziecka. »Nowe« teorie godzą się pod tym względem z tradycją polską. Przeznaczeniem pedagogiki jest wedle Trentowskiego wykrycie środków, którymi da się »bóstwo *in potentia*« przebudzić w »istny jaw życia, tj. w bóstwo *in actu* zamienić«. Budzenie sił potencjalnych przewiduje poszanowanie indywidualności każdej jednostki oraz nieznanych, intuicją i uczuciem ujmowanych podstaw siły duchowej" (Radlińska 1935, s. 20). Mamy tu w przypisie nawiązanie do Stanisława Konarskiego i w dalszym ciągu do *Chowanny* Trentowskiego.

Z drugiej strony sednem wizji przedłożonej pedagogice, w jej dążeniu do rozwinięcia samowiedzy społecznej o procesach sprzężonych z wychowaniem, jest u Radlińskiej wskazanie na trzy wymiary przemian dokonujących się wraz z tym budzeniem. Chodzi o: **wrastanie** w kulturę, czyli zakorzenianie przez własne przeżycia dzięki spotkaniu z nowym potencjałem symbolicznym, **wzrastanie** z niej i dzięki niej do nowego potencjału rozwiniętego bycia, po to by wreszcie przejawiać wyrastanie do świata, czyli być w stanie podmiotowego **wprowadzenia** w swój świat i jego wyzwania, będąc włączonym w wysiłki i motywację do podejmowania zadań społecznych, przez uznanie i wyrażanie ich wagi, której chce się sprostać we własnym działaniu. Stąd triada „wzrost, wrastanie, wprowadzanie" (por. Radlińska 1961, s. 155–157), która reprezentuje trzy splecione ze sobą aspekty oddziaływań pedagogicznych, stanowi zasadniczą płaszczyznę diagnozowania tego, co się dzieje z jednostką. Połączenie tych kierunków wyraża chociażby idea, że:

> Pielęgnowanie wzrostu jest najściślej związane z przetwarzaniem środowiska wrastania. Wymaga wyrównywania szansy społecznej młodych, przemian wzajemnych w stosunkach generacji, zabezpieczenia udziału w twórczości i spożyciu.
> Niezbędną jest ku temu uprawa gleby, w którą wrastają nowe generacje, czyli nasycenia środowisk wybranymi, najcenniejszymi wartościami. Od ich istnienia zależy również przebieg wprowadzania, kierującego się nie tylko wrastaniem, lecz i przetwarzaniem środowiska wrastania (Radlińska 1961, s. 157).

Cytat ten nie uwzględnia dodatkowego akcentu u Radlińskiej, że nie wolno w owej glebie wrastania reglamentować – podług własnych preferencji lub doraźnych potrzeb – treści udostępnianych kolejnemu pokoleniu. Najlepiej jest otwierać dostęp do całości spuścizny jako dorobku, wobec którego prawo własności (dostępu, spożytkowania, przetworzenia) nie może być ograniczone ani warunkowane żadnymi cechami statusu społecznego czy lokalnego zakorzenienia lub doraźnym ograniczeniem interesów. Wymaga to w rozumieniu Radlińskiej działań dydaktycznych, które posługują się rozmaitymi złożonymi operacjami, w których pojawiają się rozmaite ich poziomy, w zależności od stopnia rozwoju uczniów i czasu, jaki można poświęcić na uczenie się. Konieczne staje się rozumienie etapów rozwoju, na których mogą się pojawić określone kompetencje, np. „współczucie dla niedoli obcych i uczucia obywatelskie" – czytamy – „stają się dostępne w miarę rozwoju intelektualnego" (Radlińska 1979, s. 278). Niezbędne jest jednak wykorzystywanie rozmaitych pomocy, nie wyłączając gazet, które okazują się „cenne przy wyjaśnianiu różnorodności punktów widzenia", choć trzeba unikać ich „powierzchowności" idącej w parze z „napuszonym ubóstwem języka" (Radlińska 1979, s. 279) prasowego. Nie tylko wobec takich materiałów trzeba uczyć „stawiania pytań, odnajdywania przemian", a zwłaszcza starać się o ważne w nauczaniu „ukazywanie związku różnych stron życia" (Radlińska 1979, s. 281), by nie występowały w oderwaniu od siebie i bez zdolności kojarzenia ich cech przez ich obserwatorów. Zauważmy, że wielokrotnie w rozważaniach Radlińskiej występuje postulat odnoszenia się do tła jakichś zjawisk, które należy widzieć i rozumieć „na tle" (Radlińska 1979, np. s. 284) innych, gdyż to właśnie dopiero owo sytuowanie na tle wytwarza pełniejszy obraz sytuacji uwolniony od oderwania go od istotnych dla niego porównań czy punktów odniesienia. Zasygnalizujmy, że ukazywanie tła czy odnoszenie do niego stanowi ważny sposób budowania kontekstu społecznego dla rozmaitych analiz i działań, ważnych dla pedagogiki społecznej.

Podstawowym zadaniem nauczania jest wobec tego „skoordynowanie rozproszonych zazwyczaj wiadomości", przy czym dysponowanie nimi nie ma oznaczać opanowania ich pamięciowo. Posiąść wiedzę „na własność" to „do głębi zrozumieć, odczuć i przyswoić jako podstawę do dalszej pracy" (por. Radlińska 1979, s. 286–287) i – dodajmy – indywidualnego działania. Ponadto niezbędne jest tu umożliwianie społecznego konfrontowania wiedzy między sobą, w trybie weryfikacji jej znaczenia, wartościowania i sposobów stosowania w próbach współdziałania. Poza tworzeniem duchowej wspólnoty wagi nabiera stwarzanie możliwości różnorodności sposobów myślenia:

> Wzajemne uzupełnianie spostrzeżeń, wspólne wytwarzanie pojęć podstawowych, wywoła wspólność serc. Równocześnie jednak budzić należy szacunek dla odmienności przekonań, zachęcać do szczerego wypowiadania się i różnorodnych oświetleń sprawy. W ten sposób nauczanie teoretyczne będzie współdziałało z praktycznym wychowaniem obywatelskim, do którego współżycie szkolne nastręcza wiele sposobności (Radlińska 1979, s. 287).

Zauważmy jednak, że Radlińska najwidoczniej nie zawsze docenia występowanie zasadniczej różnicy między wskazanymi poziomami sytuacji uczenia się, które są tak odmienne według struktury poziomów komunikacji u Gregory'ego Batesona. Droga od koordynacji wiedzy w jedną całość do dopuszczania sposobów alternatywnego myślenia i opisu nie jest prosta, wymaga wręcz skoku jakościowego. Inne sformułowanie już uwzględnia taką różnicę, pokazywaną przez Radlińską, która postuluje „rozszerzenie działalności szkoły" na przykładzie kształcenia rolniczego, ze względu na postępy w rozwoju uczniów, mimo że wyrażane metaforycznie w terminach tradycyjnie nawiązujących do procesów upraw:

> [...] już w duszach ludzkich wzeszły nowe pojęcia, więc trzeba zmienić prawa i urządzenia wedle innego, lepszego wzoru wypielęgnowanego twardą pracą wśród przeszkód, pod ożywczym słońcem marzenia (Radlińska 1979, s. 290).

Mamy tu wyraźne uznanie, że jednak przejście na wyższy poziom dostępności złożonej struktury wiedzy (z różnorodnością perspektyw) dokonuje się nie bez przeszkód i w mozolnej pracy, do której nie zawsze szkoły i ich uczniowie są wystarczająco przygotowani. Tymczasem radzenie sobie z przeszkodami to nowy poziom uczenia się, gdy nie oczekuje się na gotowe plany, instrukcje i możliwości działania oraz siły niezbędne do rozwiązań, ale gdy ich potencjał podmiotowy jest taki, że dysponujący nim „się nie ulękną przezwyciężenia przeszkód" (Radlińska 1979, s. 299).

Opieka a ubezwłasnowolnienie

Kwestia zawarta w tytule tego podrozdziału stanowi przykład sporu, a dokładniej: oporu, jaki przejawiając się w obszarze pedagogicznym (tu: pedagogiki opiekuńczo-wychowawczej), powoduje hamowanie rozwoju całej dyscypliny przez to, że nie rozumie się lub nie uznaje wagi sugestii Heleny Radlińskiej. Tymczasem z perspektywy uwypuklającej wpisanie rozmaitych działań w strukturalną dwoistość im immanentną nie wystarczy afirmowanie pozytywnych intencji (tu: opiekuńczych), skoro mogą one w trakcie realizacji zaprzeczyć sobie pod rozmaitymi względami, okazać się obosiecznymi, chybiać celu zarówno w nadmiarze, jak i w braku pewnych aspektów ich dwustronnej natury. W opiece, jak w każdym działaniu pedagogicznym, w grę wchodzą zawsze co najmniej pary rozmaitych wartości i potrzeb, które się przeocza często „poślizgiem", bez należytego powściągania nadmiaru dobrych chęci, w jakimś zakresie zaślepiających na potrzebę samoograniczania się tego, kto podejmuje opiekę, udziela pomocy czy działa na rzecz kogoś, zapominając, że to nie jest... rzecz. Teoretyczna świadomość działającego musi umieć rozpoznawać grożące podejmowanej działalności skazy jednostronności czy niezdolności do dystansu. Wydawałoby się, że nie powinno to rodzić kontrowersji, skoro już w podręcznikowych narracjach mamy tego typu przestrogi. Kiedy Aleksander Kamiński omawiał wśród instytucji opieki i pomocy w rozwoju XIX-wieczne angielskie „kluby chłopców", nie wahał się stwierdzić:

> Wiele młodzieżowych klubów w Anglii i gdzie indziej, nie uniknęło „poślizgu" ku nadmiernemu dydaktyzmowi, ku naciskom wychowawczym, ku przerostowi funkcji opiekuńczej. Te skazy osłabiły żywotność klubów i ich autentyzm wychowawczy (Kamiński 1972, s. 149).

Tymczasem w literaturze pojawiły się ujęcia nierozpoznające naturalności takiego uwikłania działań opiekuńczych, spłycające zagadnienia opieki i to w chybionej, niestety, polemice z Heleną Radlińską. Najpierw przytoczę przedmiot kontrowersji w ujęciu samej jego autorki, następnie wskażę na trop pozytywnie odnoszący się do tej propozycji, po to aby w rezultacie pokazać, jak łatwo go zmarnować w rzekomym procesie rozwijania dyscypliny i jej przybliżania podręcznikowego.

Na wstępie warto podkreślić trafność obserwacji metanarracyjnej Krystyny Kowalik i Ireny Lepalczyk, dotyczącej źródeł słabości w rozwoju teorii pedagogiki opiekuńczej, które zresztą warte są przytoczenia jako znacznie bardziej uniwersalnie obecne w środowisku pedagogicznym i w jego nawykach uprawiania nauki. Poza rozproszeniem i zawężonym kręgiem dystrybucji można zauważyć zjawisko

> [...] nieuwzględniania przez część badaczy poglądów poprzedników, pomijanie ich milczeniem, choć zgodnie z wymogami metody naukowej winny być potwierdzane lub obalane, albo uzupełniane bądź korygowane. Wynika to często z małej dostępności prac. Nie sprzyja też postępowi naukowemu słabe funkcjonowanie krytyki. [...] recenzje mają nie tyle charakter analityczno-krytyczny, co sprawozdawczy. W konsekwencji tej sytuacji brak w pedagogice opiekuńczej wyraźnych kryteriów oceny i orientacji w aktualnym stanie teorii (*Źródła do pedagogiki opiekuńczej* 1988, tom II, s. 491).

Przypomnijmy więc najpierw, że w ważnym tomie Radlińskiej z 1935 roku podkreślenia, jej zdaniem, wymaga to, że „[p]omoc społeczna w zaspokajaniu potrzeb elementarnych nie liczy się niemal nigdy z potrzebą wykazania swej wartości" (*Źródła do pedagogiki opiekuńczej* 1988, tom II, s. 51) przez jej adresatów. Udzielający pomocy mogą się nie liczyć ze skalą deprywacji, jaką mogą rodzić sama sytuacja i gesty oraz ich forma. Zapominając o tym, pomoc może w praktyce – i niezależnie od intencji – wyrządzać krzywdę, upokarzać, rodzić opór i wrogość. Intencja pomocy może być przytłoczona skutkiem ranienia przy nie dość czujnym i samoświadomym postępowaniu. Tym samym Radlińska jest w pełni świadoma, dlaczego niosący pomoc nie mogą liczyć na automatyczną wdzięczność czy gotowość do współdziałania. Mówiąc w szczególności o opiece, jako sytuacji, w której w pewnym stopniu i to wręcz nieuchronnie, musi być brana odpowiedzialność za losy podopiecznego, Radlińska uwypukla tu obecność podwójnego aż niebezpieczeństwa szkodliwego odniesienia do potrzeby brania odpowiedzialności przez dwie strony powstającej sytuacji opieki.

Opieka – rodzicielska czy społeczna – ubezwłasnowolnia. Ta cecha opieki nakłada wielką odpowiedzialność na jej wykonawców i pociąga za sobą podwójne niebezpieczeństwo: przemocy opiekuna oraz zabijania zaradności i odpowiedzialności podlegającego opiece (Radlińska 1961, s. 341; patrz także Theiss 1984, s. 239; także *Źródła do pedagogiki opiekuńczej* 1988, tom II, s. 531; pierwotnie w czasopiśmie „Służba Społeczna" z 1946 roku)[7].

Przytaczałem już tę kwestię, chcąc zdać sprawę z powagi rozważań Radlińskiej w zakresie ustanawiającym perspektywę rozumienia dwubiegunowości uwikłań w sytuacji pomocy czy opieki, w konsekwencji zatem zdwojonych niebezpieczeństw: niedomiaru lub nadmiaru pewnych zachowań, w obu swoich biegunach szkodliwych. W szczególności nadmiar opiekuńczości bywa szkodliwym

---

[7] Teza ta tymczasem – mimo że jest bardzo reprezentatywna dla Radlińskiej i ważna – jest głównym przedmiotem polemiki Zdzisława Dąbrowskiego (por. Dąbrowski 1980; Bibliografia cz. II – Dąbrowski 2006). Sprawozdawczo ideę tę przytacza także Arkadiusz Żukiewicz (2009, s. 89).

pozbawianiem dynamiki rozwoju, a nawet jej hamowaniem przez szczytnie motywowane zaangażowanie w troskę i rozmaite ułatwienia. „Nadmierne obsługiwanie dziecka jest również szkodliwe dla osiągnięcia normy wieku" (za: *Źródła do pedagogiki opiekuńczej* 1988, tom II, s. 528). Zarazem niebezpieczeństwo wiąże się z wpisaniem w opiekę typowych sytuacji sprawowania władzy, w końcu nie darmo rodziców odnosi się do tzw. władzy rodzicielskiej. W języku Radlińskiej mamy zwrócenie uwagi na wpisanie w sytuację opieki niebezpieczeństwa władzy przez to, że w relacjach opieki społecznej

> [r]ządzenie losem podopiecznego łatwo prowadzi do poczucia wyższości opiekuna, do lekceważenia ludzi i określania ich potrzeb poniżej istotnego poziomu lub niezgodnie z ich odczuciami. Dochodzi przy tym do bezwiednego okrucieństwa (*Źródła do pedagogiki opiekuńczej* 1988, tom II, s. 540).

Zauważmy tymczasem, w związku z podjętą kwestią, interesujące sformułowania ze wstępu Krystyny Kowalik i Ireny Lepalczyk, z antologii źródłowej z pedagogiki opiekuńczej, które dotyczą kierunków podejścia do idei opieki w Polsce powojennej. Autorki naturalnie wyróżniają istotny rys ujęcia tej idei przez Helenę Radlińską, uznając zarazem jego zasadność:

> Potrzeba łączenia każdej formy opieki, w tym i wobec osób dorosłych, z oddziaływaniem wychowawczym wynika z faktu, że jak określała to H. Radlińska – opieka ubezwłasnowolnia. Potwierdzają tę prawidłowość także spostrzeżenia lekarzy, medycyna praktyczna opisuje tzw. chorobę szpitalną, która powstaje jako niezamierzony skutek dłuższej hospitalizacji pacjenta. Zapobieganie ubezwłasnowolnieniu wymaga łączenia z pomocą społeczną oddziaływań na osobowość podopiecznego; kształcenia zaradności, wyzwalania wiary we własne siły i energii działania, a także zdolności adaptacji do zmieniających się sytuacji (*Źródła do pedagogiki opiekuńczej* 1988, tom II, s. 491; mamy tu odesłanie do ujęcia pedagogiki społecznej przez Ryszarda Wroczyńskiego, do czego jeszcze wrócę).

Cytat uświadamia groźbę ulegania impulsom sytuacyjnym prowadzącym do tzw. wyuczonej bezradności, a ta, wiązana naturalnie ze zjawiskiem ubezwłasnowolnienia, wymaga dobitnego podkreślenia, że to niekoniecznie intencjonalne działania, a sama sytuacja – jej „logiką" nie dość rozpoznaną w jej paradoksalności – może generować taki efekt. Co więcej, jak wskazywał Erik H. Erikson, sama sytuacja podwyższonego zainteresowania pacjentem w warunkach przedłużonej hospitalizacji powoduje często groźbę tego, że chory – egzystując w tym stanie pewnego wyróżnienia statusu, który sprzyja troszczeniu się o niego i byciu w centrum uwagi – zaczyna się czuć na tyle dobrze, że największą krzywdę można mu czasem zrobić informacją, że zdrowieje i nie potrzebuje już dalej opieki. Nagle trzeba wyjść z roli. Wprawdzie można zacząć się dobrze czuć, ale wymaga to ponownego odnalezienia się w relacjach o mniejszym stopniu zainteresowania i życzliwości, bycia pozostawionym samemu sobie lub życia w rutynie codzienności bez wyróżnionego statusu. Tożsamość pacjenta staje się uwikłana w mechanizm tożsamości negatywnej w rozumieniu Eriksona – pacjent woli być tym, kim dla własnego dobra (zdrowia) nie powinien (chcieć) być.

Osobno działa mechanizm podtrzymujący uwikłanie w relacje opiekuńcze, gdyż zwłaszcza w przypadkach długotrwałej opieki czy pomocy, jak przenikliwie podkreśla Radlińska, „[g]łównym motywem bywa podświadome dążenie do wykazania swej niezbędności, swej niezastąpionej wartości" (Radlińska 1961, s. 82) ze strony sprawującego opiekę. Tymczasem trzeba umieć czynić daną sytuację zbędną.

Co więcej, im bardziej opieka jest zaangażowana, im bardziej buduje troskliwą relację, tym trudniej w niej ustanowić perspektywę dystansu, tym bardziej niewygodny i nie do zrealizowania jest postulat dwoistości jako złożoności eliminującej tę jednostronność relacji. Grozi to sytuacją, w której podmiotowość adresata tego oddziaływania pozostaje zakłócona przez przejawy nadopiekuńczości czy inne postaci nieliczenia się z nastawieniem adresata takich oddziaływań. A że niejedna postać gestów opiekuńczych w typowych zachowaniach ubezwłasnowolnia, to chyba nawet krytyk Radlińskiej, Zdzisław Dąbrowski (1980; Bibliografia cz. II – 2006), nie powinien mieć wątpliwości, a przede wszystkim powinien uczulać na to studentów. I rzeczywiście wie, że to się zdarza, jednak twierdzi, iż sytuacje ubezwłasnowolnienia nie należą do... prawdziwych przypadków opieki. Znowu ma po części rację, rzecz tylko w tym, że zgadzając się z tą tezą, trzeba być w stanie jednocześnie zdobyć się na krytyczną świadomość i przejawy czujności związane z pokusą czy możliwością zbyt łatwego ześlizgiwania się gestów opieki w swoje zaprzeczenie przez ich niekontrolowany, niezdystansowany... nadmiar. Trzeba więc umieć odróżnić „prawdziwy" – jako idealizowany normatywnie – model zachowań od typowych z nim skojarzeń i jego typowych wdrożeń, pozbawionych w praktyce należytej refleksyjności oraz krytycyzmu samokontroli i autokorekty. Co więcej, nie chodzi tu o argumentowanie samo w sobie poprawne, ale niewystarczające, że w prawdziwej opiece nie chodzi nikomu o **intencjonalne** ubezwłasnowolnienie. Rzecz bowiem w tym, że sama intencja powstrzymywania się w działaniu od pewnych jego przejawów nie likwiduje skutków, jakie mogą być tu wytwarzane przez inne okoliczności niż same te intencje. Podobnie jak deklaracja zawieszania intencji sprawowania władzy czy przekonywania do czegoś („nie chcę cię do niczego przekonywać") nie usuwa relacji władzy czy realności panowania albo tylko siły perswazji.

Krystyna Kowalik i Irena Lepalczyk antycypują argumenty przeciw horyzontowi myślenia obecnemu w późniejszej polemice z Radlińską przez Dąbrowskiego, wskazując – jak to przytoczyliśmy – na zjawiska społeczne, spoza intencjonalności, w kategoriach niezamierzonego efektu, dodajmy – zresztą często nierozpoznawanego przez tego, kto mu ulega. Ten mechanizm należy do sfery z gatunku „ukrytego programu" sytuacyjnego, który w języku Eriksona i odniesień do nieświadomych mechanizmów wpływania na identyfikację nosi, jak wiadomo, miano tożsamości negatywnej. Pisałem zresztą osobno o takiej właśnie analizie sytuacji pacjenta przez wielkiego psychoanalityka zajmującego się zwłaszcza przejawami kryzysu tożsamości (por. Witkowski 2009a). Analiza ukrytego programu, od lat 70. XX wieku w kanonie refleksji krytycznej w pedagogice, nie może omijać pedagogiki opiekuńczej, zwłaszcza że to unieważnia wiedzę dostępną już Radlińskiej.

Zauważmy przy okazji, że Dąbrowski występuje przeciw zasadności kojarzenia opieki z groźbą ubezwłasnowolnienia, nawet gdy do takich efektów działań opiekuńczych dochodzi. Sugeruje, że źródłem czy przyczyną negatywnych przejawów uszkodzonej opieki nie jest relacja opieki sama w sobie.

> To niezdolność pewnych jednostek i grup do decydowania o sobie, do względnie samodzielnego zaspokajania i regulowania swych potrzeb, tworzy niesymetryczne zależności (stosunki) między ludźmi, czego implikacją i koniecznością staje się nawiązanie stosunku opiekuńczego i podjęcie opieki, w ramach której ta niesymetryczna, nadrzędno-podrzędna zależność zostaje zachowana. Natomiast funkcją typowej (rozwojowej) i właściwie sprawowanej opieki jest stopniowe doprowadzanie podopiecznego do samodzielności i niezależności życiowej (Bibliografia cz. III – Dąbrowski 2006, s. 50).

Krytyk Radlińskiej, sugerujący, że ta rzekomo niesłusznie wskazuje na „podwójne niebezpieczeństwo" związane z opieką – ubezwłasnowolnienia przez przemoc i przez nadmiar opiekuńczego ograniczania zaradności – popełnia, moim zdaniem, zasadniczy błąd. Nie uwzględnia strukturalnej złożoności działań pedagogicznych, o którą zresztą upominała się w różnym stopniu niemal cała elita pokolenia Radlińskiej, co nazwałem „przełomem dwoistości". Otóż Dąbrowski nietrafnie kojarzy relacje uwzględniające rozmaite „dwubiegunowości" obecne w tych działaniach, np. w zakresie „podziału form" opieki, ze stanami rozłącznej polaryzacji, a przecież „trudno doszukiwać się »czystych« form i uzyskiwać pełną rozłączność ich podziału" (por. Dąbrowski 2006a, s. 11–12). Rzecz bowiem w tym, że dwubiegunowość jako wyraz dwoistości to coś innego niż dualizm skrajnego przeciwstawienia, obejmujący rozłączność czy rozdzielność. Jak przykładowe opozycje: formalna/nieformalna opieka czy intencjonalna/nieintencjonalna przemoc słusznie nie niosą tej rozłączności, tak pozwalają odsłonić napięcia strukturalne między biegunami oddziałującymi na siebie, gdyż np. możliwa jest nieintencjonalna przemoc wynikająca z braku refleksyjnej samokontroli wobec uległości adresata działań (u którego np. można pomylić bezwolne reagowanie z dobrowolną postawą albo brak oporu postrzegać jako dobrowolność, a nie ukrytą bezradność).

Niestety, Dąbrowskiego refleksja nad opieką cofa teorię poniżej poziomu rozumienia jej dwoistego uwikłania, obejmującego za każdym razem co najmniej dwa wyzwania usytuowane dwubiegunowo naprzeciw siebie, choć nie w trybie rozłącznej alternatywy, ale jako wręcz typowego sprzęgania i podstawiania. Poza tym wbrew jego sugestii nie jest żadną miarą „typowe", ale trudne i rzadko się udające, wiązanie opieki – z konieczności zorientowanej sytuacyjnie – z perspektywą diachroniczną, rozwojową. Odniesienie sytuacyjne z jednej strony i wymogi rozwojowe z drugiej to są wyzwania uwikłane w dwubiegunowe napięcie, którym jednocześnie trudno sprostać, które niełatwo trafnie zdefiniować, harmonijnie w praktyce je koordynując. Jest to typowa, bo strukturalna konieczność, tak trudna, że najczęściej niemożliwa, przez co realne zachowania zwykle nie są w stanie jej sprostać. Skojarzenie Dąbrowskiego, który zestawia typowość i rozwojowy charakter, gubi to strukturalne napięcie i dramaturgię zmagania się z koniecznością i niemożliwością zarazem realizowania sprzecznych celów w opozycji: opieka służąca rozwojowi *versus* opieka zaspokajająca bieżące potrzeby. Środki dostępne i wygodne krótkoterminowo mogą być niebezpieczne, kiedy są wykorzystywane przez dłuższy czas, o czym wie np. każdy lekarz mający dylemat czy choremu dziecku podać skuteczny, ale silny, więc i groźny, antybiotyk. Mamy wiele przykładów, które dowodzą, jak często funkcjonalne na krótką metę środki w długofalowym zastosowaniu okazują się są zdradliwe, bo np. uzależniają, są szkodliwe w dłuższej perspektywie, za którą opiekujący się zwykle nie bierze odpowiedzialności, bo w typowych zachowaniach nie mieści się ona w jego definicji własnego doraźnego zadania. Dąbrowski nie dość dwoiście (więc i nie dość dramatycznie) rozumie w szczególności złożoność opieki leczniczej i wpisanego w nią mechanizmu, jaki tworzy „niesymetryczna zależność pacjentów od personelu", gdy uznaje zarazem za oczywiste, że – wbrew ogólnej sugestii Radlińskiej – w sytuacji pacjentów

> [...] to nie opieka lecznicza jest przyczyną tej zależności („ubezwłasnowolnienia"), lecz określony stan chorobowy, zagrożenie zdrowia i życia stawia ich w tej zależnościowej pozycji wobec tych, którzy mają im przywrócić zdrowie, usunąć zagrożenie życia. Równocześnie stwarza on konieczność podjęcia tej opieki nad nimi, która niejako przejmuje i zachowuje tę zależność i jej pochodne jako niezbędny warunek właściwego przebiegu leczenia i jego pozytywnych skutków (Bibliografia cz. III – Dąbrowski 2006, s. 50).

Wystarczy skojarzyć, że owe „pozytywne skutki" nie są neutralnym odniesieniem, ale stanowią właśnie wysoce problematyczne, bo dwoiste, grożące myleniem perspektyw (doraźna *versus* długofalowa), wyzwanie dla refleksyjnego definiowania poprawności działań. A pedagog nie ma zwykle tak skutecznych, silnych środków, choć każdy z instrumentów działania jest i tak wystarczająco obosieczny, na co teoria opieki nie może zamykać oczu.

Ten rzadki, wręcz unikatowy przykład próby jawnej, a przy tym nietrafionej polemiki pedagoga społecznego z Heleną Radlińską dowodzi jedynie, jak trudno jest sprostać złożoności myśli leżącej u genezy dyscypliny – tu w zakresie „początkującej teorii opieki", jak przyznaje Dąbrowski – oraz jak trudno jest zrozumieć, że to nie Radlińską należy rozliczać z „zawężonego pojmowania opieki społecznej oraz niedostatków analizy określonych jej przejawów" (Bibliografia cz. III – Dąbrowski

2006, s. 48, 52). Zresztą, słusznie zauważając dwoistość opieki, z uwagi na kompesacyjno-rewalidacyjną złożoność tego działania, Dąbrowski trafnie i dobitnie stwierdza o podejściu Radlińskiej, że „niemało współczesnych poglądów na ten temat znamionuje w stosunku do niego znaczne zubożenie, a nawet uwstecznienie" (Bibliografia cz. III – Dąbrowski 2006, s. 54). Powyższymi uwagami, jak również całą książką chciałbym przygotować grunt do odwrócenia tej zasmucającej tendencji, której dobitna i w pełni reprezentatywna ilustracja przekracza ramy tej już i tak obszernej pracy.

Pozostaje odesłać pedagogikę opiekuńczą w jej powyżej krytykowanej postaci do poziomu refleksji terapeutycznej i psychoedukacyjnej, która właśnie w zaawansowanej analogii do relacji opiekuńczych jest znacznie bardziej dojrzała. Dotyczy to rozumienia uwikłań dwoistych, rozpoznawanych np. przez tzw. terapię dialektyczną czy w obliczu dostrzegania napięcia „opieki i kontroli" w ramach typowej interwencji terapeutycznej. Dokonuje się ona zawsze po części przynajmniej „pod przymusem" (*sous contrainte*), a nawet pod zdwojonym przymusem, czego odpowiednikiem komunikacyjnym jest omawiany już, za G. Batesonem[8], mechanizm podwójnego uwiązania komunikacyjnego. Pedagogika opiekuńcza musi powrócić do perspektywy, otwieranej przez Radlińską, odsłaniania dwoistych uwikłań komunikacji w sytuacji opieki, pomocy czy psychoedukacji przywracającej samodzielność i uwalniającej od przywiązań do... „dobroczyńców", wyręczających z własnego wysiłku i przez to będących „złoczyńcami".

Władza, przemoc, bliskość i intencje pedagogiczne

Zauważmy, że bardzo często stajemy w obliczu dwóch skrajnie przeciwstawnych i fałszywych opisowo, a zarazem szkodliwych normatywnie obrazów działalności pedagogicznej. Jeden z nich dotyczy kwestii obecności władzy i przemocy w postawach pedagogów, w wychowaniu, opiece, pomocy czy kształceniu. Drugi obraz wiąże się z odniesieniem do intencji czy programowych celów działań w pedagogice. Każdy z nich ma warianty jednoznacznie czarne oraz jednoznacznie wybielające. Tymczasem w obu wypadkach Radlińska wypracowała dla pedagogiki społecznej, czyli *de facto* dla wszelkiej dojrzałej i odpowiedzialnej społecznie pedagogiki oraz każdej sfery jej działania programowego, stanowisko uwrażliwiające na nieustanne groźby i niebezpieczeństwa czyhające w obu tych zakresach i zarazem po obu stronach tak zantagonizowanych stanowisk. Najkrócej mówiąc, upomina się o to, aby unikać w podejściu pedagogicznym naiwności poznawczej i poczucia

---

[8] W stosownych partiach tej książki wykorzystałem wspomniane akcenty, rozwinięte w takich pozycjach, jak: Seron 2009; *Dialektyczna terapia behawioralna...* 2012; czy tomy dotyczące Gregory'ego Batesona (patrz Bibliografia).

niewinności oraz niezdolności do poczuwania się do powinności wypracowania narzędzi krytycznych w celach diagnozowania przypadków popadania w niebezpieczeństwa iluzji albo nadgorliwości. Chodzi o to, aby wypracować wizję normatywną działania zaangażowanego czujnie i w trosce o realizowane cele i wartości, które sprosta wymogom, których wypełnianie musi być przedmiotem kontroli wszystkich zainteresowanych i uwikłanych w te działania z każdej strony powstających złożonych relacji i w odniesieniu do każdego środowiska mogącego w tej kwestii wpływać na zmianę i samemu zmianę taką przechodzić. Przykłady ustaleń programowych wpisanych w rozważania Radlińskiej były już wielokrotnie wskazywane w tej książce. Tu chcę jedynie poczynić kilka dodatkowych, symptomatycznych uwag, jeśli chodzi o ważność postulatów normatywnych rekonstruowanego stanowiska, patrząc na pedagogikę społeczną w tym wydaniu jako na pedagogikę „krytyczną" czy pedagogikę „radykalną" w sensie, jaki był już ukazywany przeze mnie wespół z Henrym A. Giroux w tomie *Edukacja i sfera publiczna*.

Najkrócej mówiąc, sens przestróg Radlińskiej można zawrzeć w sugestii, że pedagog nie ma prawa do poczucia niewinności ani do naiwnej wiary w moc swoich celów, dążeń i dobieranych do nich środków. Nie darmo przestrzegała, że „złe lub niewłaściwe środki paczą, mogą zniweczyć cel, który mają realizować" (Radlińska 1947, s. 201). Ponadto podkreślała, że nie ma takich środków ani programów oświatowych, które by same z siebie przeprowadziły czy choćby uruchomiły niezbędne zmiany bez uruchomienia społecznych sił i mechanizmów, które ustanowią praktykę przebudowy życia społecznego i przemiany postaw pojedynczych osób. Uogólniając, samej edukacji nie uda się tu sprawić tu żadnego cudu.

Osobną kwestią jest zaistnienie groźby przemocy symbolicznej, w tym przemocy intelektualnej albo przemocy uzależniającej od obecności i życzliwości pomocy, wikłając w poczucie winy albo presję na obowiązek okazywania wdzięczności. W drugiej sytuacji zmianie ulega wizja bliskości czy empatii w relacji pedagogicznej, w której nie chodzi o poświęcanie się dla kogoś przez jego wyręczanie czy zastępowanie w poczuciu pełnego rozumienia jego potrzeb, interesu i możliwości maksymalnego służenia jego dobru. Jak pisze Radlińska, w pedagogice społecznej niezbędne jest uznanie, że w relacji pedagogicznej ważne jest „zbliżenie duchowe", przy czym

> [i]stota bliskości tkwi we wspólnych dążeniach. Ze strony wychowawcy konieczne jest przy tym głębokie poczucie, że ludzie są (zapożyczając wyrażenie Libelta) równi wobec siebie; zapewnia ono bowiem głęboki szacunek sił i wartości utajonych w każdej, najskromniejszej nawet istocie ludzkiej. To właśnie poczucie chroni przed niebezpieczeństwem wywierania przemocy intelektualnej i przed przecenianiem własnej roli (Radlińska 1947, s. 199–200).

Mamy tu ukryty albo niedopowiedziany jeszcze motyw troski o pracę nad realnością tego poczucia, wymagającą okresowego grania bliskością i dystansem aż po wycofywanie się, po zawieszanie własnych racji, naprzemienne stosowanie rozmaitych estetyk bez manipulacji własnym wpływem, choć – jak było widać u niektórych rzeczników pedagogiki społecznej poza Radlińską – techniki czy socjotechniki manipulacji mają należeć do arsenału kompetencji profesjonalnego działania. Nie sądzę, aby gdzieś u Radlińskiej było na to przyzwolenie. A nawet mamy powracające widzenie tu minimum postawy etycznej profesjonalistów. Niezależnie od odmienności postaw i metod u pracowników społecznych

> [w]szyscy jednak muszą posiadać kwalifikacje etyczne, które wstrzymają najbardziej nawet twórczych od hamowania twórczości innych, od posługiwania się przemocą intelektualną (Radlińska 1947, s. 208).

Przypomnijmy także, że mieliśmy nawet próbę odniesienia do idei „Erosa pedagogicznego", stosownie obudowanej zastrzeżeniami, jak to pokazałem już w tej książce. Tymczasem chodzi o definiowanie funkcji oddziaływania oświatowego jako pomocy, wsparcia, doradztwa, a nie przywództwa czy uwodzącego wpływu. Zarazem cnotą jest dążenie do bycia zbędnym. Obejmuje ona również staranie, aby doszło do tego jak najszybciej.

> Dawny siewca oświaty przychodził z wysoka, uważał się za mistrza maluczkich. Pracownik służby społecznej zjawia się jako pomocnik w poszukiwaniu i wprowadzaniu w grę sił, które mają wydźwignąć człowieka czy grupę. [...] Zawodowy „pomocnik" działa do chwili, w której spostrzega, że jest już niepotrzebny. Wtedy uważa swą rolę za szczęśliwie zakończoną i idzie ku nowym zadaniom. Ci, z którymi pracował, radzą sobie sami. Żeby takie rozwiązanie uzyskać jak najprędzej, pracownik społeczny musi używać metod wciągających człowieka czy gromadę, której dopomaga, do świadomej współpracy, musi uczyć zaradności i samodzielności (Radlińska 1947, s. 203; także 1961, s. 281).

Rzecz jasna w tym kontekście jesteśmy ciągle daleko od postulatu, wpisanego w role społeczne w ich rozumieniu przez Roberta K. Mertona, wskazującego na grę dystansem i bliskością, w trybie oscylacji i z uwypukleniem oksymoronicznej formuły zdystansowanej troski czy troskliwego zdystansowania, o czym już pisałem wielokrotnie. Przełom dwoistości już jednak świta.

Wyciąganie z wykolejenia społecznego

Wśród zadań pedagogicznych Radlińska wyróżnia postawę twórczą w służbie społecznej, związaną z działalnością „ratowniczą" pedagoga, gdy staje wobec ofiary „złych wpływów", gdy zbliża się do „jednostek najbardziej zagrożonych" w ich rozwoju i jakości życia (por. Radlińska 1947, s. 204). Określani mianem „wykolejonych" są traktowani jako jednostki wymagające realnej pomocy – takich osób się nie przekreśla, a zarazem nie toleruje się ich bezradności wobec losu i zachowań, gdyż ich źródłem jest sam „świat, którego nieprawości zwichnęły rozwój wykolejeńców", skazując ich często na los „najgłębiej upośledzonych" i „wyrzuconych poza nawias" (Radlińska 1947, s. 204–205; także 1936, s. 24–25). Stąd wyzwaniem etycznym, twórczym i profesjonalnym dla służby społecznej jest wysiłek szczerego szanowania „wartość ludzką napiętnowanych" (por. Radlińska 1947, s. 205; także 1936, s. 25), bez czego szanse na pedagogiczne oddziaływanie w tej grupie ludzi są znikome. Nie wolno zapominać, że źródłem głównych przeszkód dla działania „wśród wykolejonych" są przede wszystkim „nędza, krzywda, ciemnota, choroba" i związane z nimi cierpienie, a głównym celem oddziaływania musi być pozyskiwanie „sił fizycznych i duchowych" samych ofiar tych nieprawości losu, gdyż za nie, bez nich, a tym bardziej wbrew nim nie da się uzyskać żadnego istotnego efektu zmieniającego ich życie (por. Radlińska 1947, s. 204). Perspektywę tę najpełniej wyraża najszerzej znane stanowisko Radlińskiej, że jako działalność profesjonalna i humanistyczna, angażująca oddziaływania zarówno wychowawcze, jak i kształcące, więc i rozwojowe,

> [p]raca społeczna nie może przetwarzać życia inaczej – jak w imię ideału siłami człowieka. Użyć sił człowieka można tylko przez rozbudzenie duchowe (Radlińska 1947, s. 202).

U Radlińskiej mamy inspiracje z Mary Richmond, które ukazują metody zorientowane na „wprowadzanie nieprzystosowanych i wykolejonych na normalne tory życiowe" (por. Radlińska 1964, s. 448). W innych miejscach jednak pojawiają się wątpliwości co do wskazywania przez Radlińską na kierowanie się ideałami i respektowanie ideałów osób, z którymi się pracuje, w sytuacji, w której chociażby do głosu dochodzą nie ideały, ale wręcz przejawy anomii, czyli pozbawienia zdolności kierowania się normami, jako ułomności rozpoznanej przez Hessena, czego Radlińska najwidoczniej nie dostrzegła ani nie przemyślała na potrzeby pedagogiki społecznej.

Obok podkreślenia wagi działań szanujących „wartość ludzką napiętnowanych" – w tym dotkniętych stygmatem marginesu – oraz postulując rozpoznanie granicy między przejawami pozornego działania a „istotną działalnością wychowawczą, dopomagającą do dźwigania się własnymi silami i wskazującą oparcie w środowisku społecznym", Radlińska uwzględnia potrzebę wiarygodności uczestniczących w takim zaangażowaniu, którzy powinni znać „prawdziwą nędzę" i rozumieć los „najgłębiej upośledzonych", w tym docenia posługi zakonu żebrzącego albertynów i dobrowolność poświęcenia dla takiej działalności (por. Radlińska 1936, s. 25). Z pewnością podejście Radlińskiej do problematyki określanej współcześnie mianem resocjalizacyjnej pozwala na akcentowanie wagi włączenia się w działania, w formie wolontariatu, także osób wydostających się przy wspomaganiu społecznym z własnej degradacji. Ma to na celu służenie pomocą tym, którzy jeszcze tego efektu nie osiągnęli albo nawet nie powzięli zamiaru takiej pracy. Może to dotyczyć, podobnie jak byłych narkomanów czy byłych alkoholików, także byłych więźniów, choć ten ostatni ruch nie wydaje się wystarczająco rozwinięty. W ujęciu Radlińskiej uzasadnienie podjęcia takiej aktywności wiąże się z podkreśleniem rozmaitych oporów, w tym niechęci i nieufności, jako utrudnień, a nawet zasadniczych przeszkód dla zaangażowanych wychowawców, którzy są postrzegani jako „obcy", stanowiący źródło zagrożenia czy niewiarygodności (Radlińska 1936, s. 25). Powodem obaw i niechęci do interakcji może być także niskie poczucie własnej wartości i siły, co utrudnia podjęcie nawet cennych inicjatyw takich jak aktywność uniwersytetów ludowych albo te ostatnie skłania do obniżania poziomu działań i nadaje im bardziej propagandowy charakter, co potrafi generować „skutki niezamierzone i nieoczekiwane" (Radlińska 1936, s. 25). Uwagi w tym kierunku dałoby się rozwinąć rzecz jasna z wykorzystaniem opisu zjawiska „tożsamości negatywnej" i zastosowaniem go do charakterystyk niezbędnych przeciwdziałań w praktyce resocjalizacyjnej, czego nie jestem w stanie tu dalej podejmować ani dopowiadać.

Praca z dorosłymi

Zauważmy, że w swoim podejściu Radlińska przeciwstawiała na ogół andragogikę pedagogice, a przynajmniej traktowała tę pierwszą jako odrębną, mającą osobny przedmiot i cele działania oraz niezbędne środki. W 1925 roku pisała o

[...] wychowaniu dorosłych [...] zwanym niekiedy antropogogiką, w przeciwstawieniu do pedagogiki, będącej jako nauka o wychowaniu dziecka częścią nauki o wychowaniu człowieka (Orsza-Radlińska 1925, s. 4).

Pomimo owego „przeciwstawienia" pedagogice Radlińska używała zarazem terminu „pedagogika dorosłych", której zagadnienia należy wprowadzać do szkoły wyższej w ramach kursu czy „lektorat[u] oświaty pozaszkolnej" (Orsza-Radlińska 1925, s. 15), albo wskazywała na pożytki, jakie przynosi „działalność wychowawcza wśród dorosłych", w szczególności wytwarzająca działaczy jako „przodowników" do służby społecznej, w tym bibliotekarzy i organizatorów życia kulturalnego (Orsza-Radlińska 1925, s. 21). Jednocześnie jednak podkreślała, że związane z andragogiką zainteresowanie oświatą pozaszkolną, adresowaną zwłaszcza w stronę dorosłych, wyrosło historycznie w sposób naturalny w Polsce, już choćby w związku z doświadczeniami popowstaniowymi, a na świecie narastało niezależnie i stopniowo z różnych źródeł, przez co włączyliśmy się w proces naturalnego wykraczania z myśleniem o wychowaniu poza fazy dzieciństwa i młodości. W 1925 roku uważała, że „[w] powojennej przebudowie świata [...] na czoło spraw wychowawczych wysuwać się musi praca wśród dorosłych", gdyż tylko „rozwój pracy kulturalnej wśród dorosłych" może się przyczynić do upowszechnienia „samodzielności sądu, w orientowaniu się wśród sprzecznych opinii" czy w jednoczeniu się „z wielkimi duchami ludzkości" (Orsza-Radlińska 1925, s. 3).

Radlińska czuła szczególną emocjonalną więź z tym obszarem badań, oddziaływań społecznych i ugruntowań teoretycznych, budując tym samym zintegrowany, czyli kompletny, obraz zakresów działań i zasięgów odpowiedzialności badacza, teoretyka i działacza oświatowego w Polsce – walczącej najpierw o odzyskanie niepodległości i bytu państwowego, a potem o budowę zrębów systemu oświaty, zakorzenionego w poczuciu troski o wszystkie trzy człony „pokolenia historycznego": dzieci i młodzież, dorosłych oraz ludzi starych.

Warto zadać pytanie, czy w aktualnych kontekstach społecznych hasła Radlińskiej zachowują w jakimś zakresie znaczenie, jeśli chodzi o „wychowanie i nauczanie dorosłych", jakkolwiek by to nie brzmiało prowokacyjnie dla aury liberalnej współczesności. Wystarczy skojarzyć funkcje takiego działania, które autorka wskazywała np. w studium na ten temat w *Encyklopedii wychowania* z 1936 roku (por. Radlińska 1936). Po pierwsze chodzi jej o odniesienia grupowe, a nie tylko indywidualne, po drugie o problemy związane z podnoszeniem poziomu więzi wspólnotowych w procesie budowania tożsamości zbiorowych aż po identyfikację pokoleniową. Po trzecie Radlińska wskazuje na troskę o jakość sposobów wyrażania siebie, jakość komunikacji z innymi oraz postawy obywatelskie. Po czwarte istotnego znaczenia nabrało dla niej i nie utraciło swej wagi wskazanie na jakość korzystania z ogólnego dorobku kultury oraz troska o zdolność do twórczości i spożytkowania twórczości innych poprzez wpisanie się w oddziaływania treści dostępnych jedynie w „środowisku niewidzialnym, obejmującym wartości istniejące tylko w przeżyciach ludzkich" (Radlińska 1936, s. 7)[9]. Kryterium dojrzałości, według Radlińskiej, wyznaczają także (Radlińska 1936, s. 6) zdolność do otwartości na różnice i gotowość zaangażowania w „przekształcanie się duchowe" zarówno w kierunku „sięgania do wspólnych najgłębszych źródeł", jak i przejawów przebudzeń i odrodzeń rozwojowych, po części wpisanych w postawy rodzicielskie, a zawsze uwzględniających poszczególne fazy rozwoju. Uogólniając, chodzi o sięganie po możliwie najszersze „podłoże porozumienia" dla stworzenia realnej wspólnoty doświadczenia pokoleniowego (Radlińska 1936, s. 6). Przeciwieństwem tych dążeń staje się życie wśród „namiastek" i to jeszcze po części „bezwolnie".

Tymczasem zasadnicze wyróżniki życia dorosłych ma wyznaczać „odpowiedzialność za czyny" w obrębie konkretnych, uznanych zadań życiowych, co – zauważmy – znamionuje fenomenologiczny wątek, obecny znacznie później u Romana Ingardena[10], dotyczący kategorii tożsamości jako wpisanej w czyny stanowiące

---

9 Tu Radlińska ma typowy problem całego pokolenia, myląc wymóg kontaktu z tym środowiskiem poprzez te przeżycia z traktowaniem samych przeżyć jako kryterium realnego istnienia tych treści, gdy to tylko kryterium realności kontaktu jednostki z tym niewidzialnym środowiskiem, po części przynajmniej będącym odpowiednikiem przestrzeni kultury symbolicznej, wymagającej pamięci zdolnej do przetwarzania jej składników w horyzont języka jednostki czy jej działań.

10 Tak jest chociażby w *Książeczce o człowieku*, por. Ingarden 2006.

przedmiot poczuwania się do odpowiedzialności za nie. Dorosłość obejmuje zrozumienie, że „[s]pożycie dóbr duchowych odbywać się [...] może jedynie przez odtwarzanie ich w sobie", a to stanowi jedno z „najważniejszych zagadnień kultury", nie dając się sprowadzać do upowszechniania ani popularyzacji (por. Radlińska 1936, s. 7), zgodnie z upominaniem się w całej strategii działania pedagogiki społecznej o stymulowanie kultury przeżycia, a dalej przebudzenia i przemiany (por. Jaworska-Witkowska, Witkowski 2010). Kiedy czytamy u Radlińskiej, że „[c]elem wychowawczym jest przy tym oddziaływanie na wolę, nastawienie ku twórczości, wcielającej ideał w życie indywidualne i gromadne", wtedy łatwo zauważyć, że pełna lista ukierunkowań wymaga wskazania oprócz residuum woli przynajmniej siedmiu innych residuów, znanych dzięki modelowi faz cyklu życia u Eriksona, gdyż postulat fazowego określania celów działań wychowawczych mieliśmy u Radlińskiej uwypuklony i na miarę jej dostępnej wiedzy psychologicznej realizowany.

Dziś pedagogika społeczna musi umieć sprzęgać swoje rozważania znacznie szerzej z humanistyką, choć nadal także z wykorzystaniem „urządzeń społecznych", aby dzięki nim możliwa „uprawa dusz ludzkich" dawała szerzej odczuwane pożytki (Radlińska 1936, s. 7). Historycznie wyróżnione są w ujęciu Radlińskiej odniesienia do Hugona Kołłątaja oraz Karola Fryderyka Libelta jako ugruntowujące bliski jej sposób artykulacji zadań oświaty dorosłych dla odradzającej się państwowości polskiej. Najgłębsze i wymagające analizy wydaje się wskazanie na potrzebę „wychowania duchowego" jako różnego od „wychowania umysłowego" (Radlińska 1936, s. 10), gdyż „wychowanie duchowe wymaga istotnej asymilacji dóbr »niewidzialnych«, związania ich z całą treścią życia psychicznego", w zgodności z „głęboką uprawą, wyrównującą glebę, stwarzającą warunki wzrostu", najlepiej poprzez przejmujące jednostkę przykłady, łącznie rzutując na „atmosferę duchową środowiska", z wyróżnioną troską w nim o „pielęgnowanie zadatków uzdolnień, skierowywanie pędu twórczego, dopomaganie rozwojowi" (Radlińska 1936, s. 10). Nie ulega wątpliwości, że dziś bardziej dramatycznie, niż się to wydawało Radlińskiej, zostaje postawione zadanie wspierania najmniejszych choćby przejawów zainteresowań, motywacji do rozwoju, a tym bardziej do pojawienia się dopiero pasji, namiętności twórczych i głębokiego, źródłowego zakorzenienia w wybieranych i poszerzanych sferach dziedzictwa kulturowego, w stronę których adresowane byłoby – jak to sama określała – „miłośnictwo" jako postawa kulturowa przejęcia się określonymi wartościami i ich nośnikami (Radlińska 1936, s. 11). Termin ten choć archaiczny okazuje się niezwykle zobowiązujący, także etycznie i ontologicznie, nie dając się sprowadzić do zakresu deklaracji ani nawet przejawów zachowań typowych dla „epoki apoteozowania specjalizacji" (Radlińska 1936, s. 11), gdzie wiedza, zdaniem Radlińskiej, jest raczej zamykana niż otwierana, ograniczana, a nie poszerzana, i paradoksalnie przez to spłycana z powodu braku powiązań, czyli niepogłębiana co do jej znaczenia. Wszystko to wiąże się w omawianym podejściu z troską o „potrzeby duchowe" jednostek i ich obecność w środowisku, zaczynając od „potrzeby wypowiedzenia siebie", wraz z poczuciem własnej wartości człowieka jako jednostki i jako ogniwa szerszego układu odniesień zbiorowych (Radlińska 1936, s. 13). Dalej ważne są potrzeby: współżycia towarzyskiego, międzypłciowego oraz uznania. Trzeba by dokonać bardziej wszechstronnej rekonstrukcji nastawień psychologicznych artykułowanych przez Radlińską dla pełniejszej diagnozy tego, jaka psychologia była tu intuicyjnie po części przeczuwana i zarazem projektowana dla pedagogiki społecznej oraz z jakich tropów wynikała. Na liście odniesień psychologicznych wybija się w tym kontekście Charlotte Bühler, a z polskich tropów – Jan Władysław Dawid i Stanisław Szuman. Jednym z ważnych postulatów staje się dla Radlińskiej „wprowadzenie hierarchii potrzeb, będące jednym z naczelnych zadań wychowania", z zastosowaniem kryterium „poszanowania praw wszystkich ludzi" (Radlińska 1936, s. 13). Tymczasem Radlińska widzi zjawiska społeczne obejmujące „[w]yniesienie się osobiste w warunkach powierzchownej kultury lub zaniedbania kulturalnego" jednostek przeciętnych wobec osamotnienia osób wybitnych czy wyjątkowych (Radlińska 1936, s. 14). Wybijanie się duchowością mylone z wynoszeniem się w karierze oznacza groźbę demoralizacji także najlepszych w społeczeństwie, niszcząc możliwość obiektywizacji spojrzenia. Radlińska wyraźnie przeciwstawiała się jednostronnej aktywności „ekstensywnej" aspirującej do szerokości oddziaływań zamiast „intensywności" docierania głębiej i w celu doskonalenia życia, także w postawie „umiejętnych czytelników najlepszych książek" (Radlińska 1936, s. 15). Widziała tu potrzebę krzyżowania czy zespalania obu dążeń jednocześnie, gdyż:

> „Kształtowanie" jednostek bez zasilania gleby, z której wyrastają, zawodzi. Ekstensywność i intensywność, jako kierunki działalności, nie wykluczają się, lecz uzupełniają (Radlińska 1936, s. 15).

Mamy tu więc kolejny przykład wskazania wprost nienazwanej dążności do zespalania przeciwległych biegunów w nienazwane, acz dwoiste uwikłanie w złożoną całość. Oznacza to konieczność oddziaływania wobec jednostek i zbiorowości przez „rozszerzanie zasięgu zainteresowań życiowych" oraz „potęgowanie wrażliwości drogą przeżyć" (Radlińska 1936, s. 17). Radlińska przestrzega zarazem przed niebezpieczeństwem, które stanowi w oddziaływaniu wychowawczym „zbyt niski szacunek potrzeb ogółu, rzucanie masom namiastek zamiast istotnych wartości", bez podejmowania starań w zakresie uczenia „sztuki wybierania" i kształtowania potrzeb przez oddziaływanie na kryteria oceny poprzez kontakt z wartościami, gdy rodzą „radość i wysiłek własnej pracy twórczej" (Radlińska 1936, s. 17). Zwieńczeniem jej opisu wychowania i nauczania dorosłych staje się – zamykający artykuł encyklopedyczny – zestaw postulatów dotyczących rozwoju potencjału i dojrzałości postawy samego wychowawcy. To jedno z miejsc dobitnego wskazywania normatywności dyskursu Radlińskiej ze względu na listę zdań opatrzonych zwrotem „wychowawca... powinien". Wszystkie one skupione są wokół wskazania na konieczność troski o dojrzałość własnego rozwoju, widzianą w kategoriach przejęcia się „różnorodnością form bytu", głębokiego interesowania się „twórczością wielkich talentów" oraz codziennością kształtowania życia przez „bezimiennych", a zwłaszcza rozwoju własnych zdolności twórczych i interakcyjnych, co zarazem „zapewni młodość duchową i ułatwi porozumiewanie się z narastającymi siłami społecznymi" (Radlińska 1936, s. 26). Przedmiotem i celem tych dążeń i pracy wychowawczej ma być bogactwo „wspólnych źródeł, ukazujące godność i wielkość przeżyć" oraz rozwijany „krąg wzajemnych oddziaływań" (Radlińska 1936, s. 26). Wszystko to daje się doskonale uzgodnić – jak jestem przekonany – ze strategią osiągania poziomu autonomii strukturalnej, wymagającego „postkonwencjonalnego" traktowania innych jednostek, wspólnoty z nimi oraz odniesień kulturowych do wartości i zasad, jeśli tu zastosować interpretacyjnie odwołanie do teorii działania komunikacyjnego Jürgena Habermasa, w tym jej ugruntowania w psychologii rozwoju moralnego i poznawczego Lawrence'a Kohlberga. Tym samym mamy doniosły kulturowo i pedagogicznie postulat, aby pedagog umiał własną postawą dokumentować nie tylko swoje umiejętności, lecz także etyczne prawo do stawania naprzeciw tych, których rozwojowi duchowemu miałby służyć. Kształtować dojrzałe podejście do wartości może jedynie ten, kto sam ma dojrzałe podejście do wartości, które umie dokumentować w swojej pracy poprzez ukazywanie, jak się ono przejawia, do czego prowadzi. I to nie po to, aby ktoś go naśladował i mu ulegał, ale by znajomość takiego przykładu pozwalała na podejmowanie własnego wysiłku namysłu poszukiwań i przetworzeń duchowych i prób stosowania („spożytkowania") dla przemiany siebie, własnego życia i własnego środowiska.

Rekonstrukcja tego wątku analiz Radlińskiej sama w sobie mogłaby organizować strukturę niniejszej pracy, przez co wiele z treści tu relewantnych znajduje się w innych miejscach tych rozważań. Tymczasem zauważmy jeszcze, że pisząc o pracy oświatowej z dorosłymi, autorka dokonywała podsumowań dla całej pedagogiki, uczulając na potrzebę dostrzegania konieczności doprowadzenia w każdym przypadku do uruchomienia procesu określanego jako „samowychowanie" czy „samokształcenie"; oto jeden z takich akcentów, wskazujący na wspólnotę normatywną dążeń pedagogicznych:

> Dla wszystkich typów pracy wychowawczej istnieją pewne wskazania wspólne. Oto wychowawca powinien ukazywać dobra niedostrzegane, wzmacniać nie dość jeszcze rozrosłe, dopomagać w ten sposób do wyboru treści, która wypełni życie duchowe, do usuwania, niweczenia zła. Działalność wychowawcza musi liczyć się z tym, że jest tylko pomocą dla samokształcenia i własnej czynności jednostek, które kształtują swą indywidualność, korzystając w większej lub mniejszej mierze z pomocy zewnętrznej. Bez twórczości indywidualnej wychowanie jest bezpłodne (Radlińska 1936, s. 25).

Szansą jest sytuacja, zdaniem Radlińskiej, gdy jednostki same sięgają „po wpływy, którym chcą się poddać, po dobra, z których chcą korzystać i które zamierzają pomnażać" – czyli gdy ma miejsce „w pełni samowychowanie, samokształcenie" (Radlińska 1936, s. 25). Pedagogika zatem w każdej postaci powinna być przejęta ideą, by doprowadzić do zdolności, gotowości i zaangażowania jednostki w aktywne branie odpowiedzialności za własny rozwój, własne zakorzenienie w kulturze oraz własne nabywanie sił i zdolności do przekształcania swego życia, otoczenia i siebie samej. Ta idea była sztandarową syntezą rozumienia współczesnej myśli pedagogicznej przez Radlińską i pozostaje podstawą odpowiedzialnego myślenia o jakości programowania działań wychowawczych dla współczesności. Zarazem dzięki takiej jej artykulacji doskonale widać, jak bardzo rozmaite modelowania kształcenia i wychowania niezgodne z tym duchem są zaprzeczeniem nowoczesności kulturowego ugruntowania i etycznej dojrzałości pedagogiki jako praktyki społecznej interwencji w środowisko i jego podmiotowych uczestników. Tym bardziej okazuje się, że zwykłą zdradą cywilizacyjną jest redukowanie edukacji do zabiegów skupionych na wymogach czy oczekiwaniach rynku pracy i do umiejętności praktycznych niemających przełożenia na umiejętności troski o jakość własnego życia, własnego świata i własnego losu. Analizy Radlińskiej dostarczają środków, aby dało się napisać uwspółcześnioną wersję „zdrady klerków"[11], gdyż ta domaga się na naszych oczach uznania jej prawomocności pod sztandarem rzekomej troski o człowieka.

Tymczasem zauważmy, że jeszcze w latach 60. minionego stulecia Radlińska była przedmiotem krytyki w kwestii jej stosunku do kształcenia dorosłych, a rzecznik andragogiki, Kazimierz Wojciechowski, przypisywał autorce wady polegające na tym, że jedynie „[o]gólnikowo określa cele oświaty dorosłych" czy wymienia „ogólnikowo potrzeby duchowe", a obecność w jej pismach określeń w rodzaju „środowisko niewidzialne" wskazuje na – naganne najwidoczniej – „propagowanie solidaryzmu społecznego i uprawianie metafizyki antyintelektualnej zapożyczonej od Edwarda Abramowskiego" (Wojciechowski 1965, s. 12). Nie zdziwi, jeśli odnotujemy, że krytyk równocześnie wskazywał, iż to Bogdan Suchodolski „szeroko i wnikliwie określa cele oświaty dorosłych" (Wojciechowski 1965, s. 12).

O filozofii kształcenia zawodowego

W obliczu często agresywnego domagania się w obecnych realiach społecznych dominacji w funkcjonowaniu szkolnictwa (także szczebla wyższego) kształcenia zawodowego, co bywa interpretowane – moim zdaniem słusznie – wręcz jako przejawy „samobójstwa uniwersytetu", jak to niedawno określił Zbigniew Kwieciński, tym bardziej nabierają znaczenia refleksje ukazujące tu obosieczność takiego

---

11   Ideę tę zrekonstruowałem za klasycznym już dziełem Juliena Bendy, z jej rozwinięciami, międzynarodową recepcją i kolejnymi wcieleniami w nowych odsłonach, w: Witkowski 2011, s. 153–226.

postulatu redukcji aż po autodegradację. Radlińska dostarczyła wielu cennych spostrzeżeń w tej kwestii, zaczynając od sprzeciwu wobec wąskiego ekonomizmu myślenia, ale też ostrzegając przed dwustronną ceną, jaką za takie podejście trzeba płacić. Podkreślała, że

> [z]amykanie się w ciasnym kręgu pracy fachowej jest w skutkach groźne dla kultury i dla moralności społecznej. Powoduje ono brak szerszej odpowiedzialności. [...] Równocześnie okazało się, że wąski zakres szkolenia zawodowego obniża jego wartość. Przy każdej zmianie technicznej ukazuje się w pełni znaczenie kultury ogólnej, umożliwiającej zrozumienie i zastosowanie nowych zdobyczy. [...] Sprawy pracy nie wyczerpują całości życia ludzkiego. [...] pedagog polski Stanisław Karpiński twierdził, że wyłączne przygotowanie do pracy wychowywać musi – niewolników. Człowiek wolny ma być wychowywany do pełni życia. Myśl Karpowicza, śmiała i przodownicza, dotychczas nie odniosła pełnego zwycięstwa (Radlińska 1947, s. 37–38).

Pobrzmiewają tu ważne akcenty upowszechniane, jak wiemy, w humanistycznej refleksji na różne sposoby. Odniesienie do braku szerszej odpowiedzialności przy wąskiej zawodowo, jednostronnej fachowości i zakresie działania współbrzmi z formułą Karla Mannheima dotyczącą racjonalności funkcjonalnej, charakteryzującej się właśnie funkcją trybiku w szerszym urządzeniu, przez co nie ma tu miejsca na odpowiedzialność za całość efektu tego działania. Kojarzenie jednostronnie wykształconego i zorientowanego pracownika z groźbą ustanawiania sytuacji niewolnika jest wskazaniem na cenę, jaką płaci się przy takim podejściu do kwestii „uobywatelnienia" jednostek w społeczeństwie, gdyż znika w tym trybie staranie, aby były one zainteresowane i zdolne do upominania się o rolę podmiotową obywatela w sferze publicznej. Cena, jaką się tu płaci, dotyczy także jakości postaw twórczych oraz odbioru kultury w jego realnych przejawach uczestnictwa, co najwyżej w formie postaw dyletanckich, kompensujących jednostronność zaangażowań zawodowych, z pozycji miłośników. Widząc tu pewne nieuchronne redukcje na poziomie funkcjonowania szkoły, Radlińska wskazuje zadania oświaty dla dorosłych czy pozaszkolnej jako kompensujące efekty takiego kształcenia.

> Jednym z głównych zadań pracy oświatowej jest dostarczanie podniet do wyjścia poza ramy pracy zawodowej i trosk codziennych, ciągłe przeciwdziałanie wpływowi zmęczenia, zniechęcenia, niepowodzeń (Radlińska 1947, s. 40).

Nie jest przypadkiem, że kluczowy termin we wskazywaniu typu oddziaływania stanowi wielokrotnie kategoria „podniety" jako impulsu uruchamiającego motywację do nowego zaangażowania w twórczą samorealizację.

> Umiejętność wprowadzania podniet do określonego środowiska polega przede wszystkim na skierowywaniu ich ku istniejącym uśpionym siłom i utajonym zainteresowaniom (Radlińska 1947, s. 40).

Oświata zatem ma się troszczyć o życiodajne źródła mobilizacji twórczej i wyzwalania potencjału marnowanego przy zbyt wąskim, jednostronnym zaangażowaniu zawodowym, którego ceną jest zarówno jakość życia jednostki, jak i jakość funkcjonowania społeczeństwa jako potencjalnej wspólnoty obywateli oraz użytkowników i uczestników kultury. Zadanie „poszukiwania podniet do twórczości" może być realizowane na różne sposoby, choć nie wszystkie mają jednoznacznie wartościowy charakter, bywają wręcz dwuznacznie dostosowane do pewnego poziomu rozwoju, likwidując jedną przypadłość społeczną, np. bierność, mogą eskalować inne wady, np. egocentryzm, a nawet egoizm, zaangażowanie w obce sfery może rozpraszać i spłycać nawet przez „nadmiar wrażeń"; oferowanie rywalizacji o pulę nagród może stępiać motywację do bezinteresowności; troska zatem o oświatowe dostarczanie podniet nie jest zadaniem błahym (Radlińska 1947, s. 42–43).

Rozwojowi człowieka i społeczeństwa zagraża, jak podkreśla Radlińska, jednostronne skupienie na wdrażaniu do wytwarzania, działanie obniżające „poziom kultury zarówno materialnej, jak i duchowej" przez niezdolność do czerpania impulsów rozwojowych z dorobku twórczego oraz przez redukowanie duchowe samej pracy (padają przykłady szewca, ogrodnika czy księgarza) do czynności pozbawiających dostępu do wartości i aury, np. księgarze mogą nie czytać książek, podobnie inteligencja pracująca, np. urzędnicy mogą poza pracą pozostawać analfabetami (por. Radlińska 1935, s. 54). Stąd ten typ przestrogi wiąże się z normatywnością o charakterze alarmistycznym i demistyfikującym zagrożenia. Idąc znowu tropem Karpińskiego, Radlińska ponownie przypomni, że „człowiek jednostronnie wychowywany na wytwórcę będzie pokornym niewolnikiem", a ponadto kształcenie niedocierające głębiej do odbiorcy powoduje dominację w świecie społecznym i w stosunku do kultury przejawów pozoru i obłudy ze strony osób maskujących swój analfabetyzm, pojmowany jako niezdolność do spożytkowania nominalnie dostępnych im treści:

> [...] brak wdrożenia w spożycie sprawia, że dobra kulturalne są cenione obłudnie, żyją w pozornej chwale odświętności, w istocie w pogardzie, do której zresztą nikt nie lubi się przyznawać (Radlińska 1935, s. 54).

Jednym z mechanizmów takiego ostrego pęknięcia struktury duchowej jest życie „w braku harmonijnego powiązania różnych stron bytu", co narusza niezbędny charakter relacji splatających całość, artykułowaną, za Cyprianem Kamilem Norwidem, przez ujmowanie pracy w kategoriach postawy ducha i wyrażoną za duńskim ministrem rolnictwa „w pozornym paradoksie: Dania wyrabia doskonałe masło, ponieważ [jej – L.W.] młodzież wiejska czyta poetów" (Radlińska 1935, s. 54–55). Jest to wymowna ilustracja tezy ogólnej projektującej ontologiczne przesłanki normatywności wpisanej w dalsze programowania działań wychowawczych: „Struktura duchowa nie pozwala na wyraźne rozgraniczanie zawodowca i człowieka, potrzeb duchowych i materialnych" (Radlińska 1935, s. 54; także 1961, s. 51–52).

Rozdział XVI
W stronę pedagogiki społecznej jako niezbędnej pedagogiki kompletnej

> [...] *ten sam brak znajomości całokształtu pracy polskiej, ta sama rozrzutność wkładanego trudu woła o jakąś organizację racjonalną. Potrzebna jest nam instytucja ogarniająca całość zagadnień wychowawczych, skupiająca wszystkie prace pedagogiczne na całym obszarze polskim.*
>
> Helena Orsza (1910, za: Radlińska 1964, s. 4)

Wstęp

Podpisując się pod powyższym mottem, wyznam samokrytycznie, że dopiero w zaawansowanej fazie własnej drogi akademickiej doszedłem – jeśli chodzi o świadomość stanu mojego wykształcenia pedagogicznego i niezbędnych przeobrażeń w instytucjonalnym funkcjonowaniu środowiska humanistycznego – do zrozumienia wagi wpisanego w nie postulatu, gdy jednocześnie Helena Radlińska przyjęła go w punkcie wyjścia swojego rozwoju i strategii działań. Zadanie ogarnięcia dorobku w jego przejawach historycznych, jak również pod względem jego bieżącego stanu dramatycznie urosło na znaczeniu, skoro proces rozwijania kultury pedagogicznej oraz pedagogicznej troski o kulturę jako dobro i jako glebę kształtowania duchowego kolejnych pokoleń ma się toczyć wolny od pułapek i absurdów narzucanych mu w trybie notorycznie nierozumiejącym wyzwań ani zagrożeń. Lektury prac Radlińskiej dały mi wiele impulsów, potwierdzających wagę zmiany naszych wyobrażeń i wrażliwości na styku historii i teorii, teorii i praktyki, wychowania i podmiotowej samorealizacji – wręcz domagają się zupełnie nowej, integralnie zaangażowanej polityki wyobraźni czy „polityki wrażliwości", jak to ostatnio postulował Michał Paweł Markowski – zgodnie z melioracyjną strategią troski o egzystencję duchową nowych pokoleń, potencjalnie jedynie spadkobierców, dziedziców całości twórczości kulturowej. Pedagodzy, w tym nauczyciele, politycy, dziennikarze etc., muszą zacząć od zrozumienia, że w procesach kształcenia w grę wchodzi zawsze całość kondycji ludzkiej i całość przyszłości społecznej, a nie jedynie ułamkowe myślenie o rynku pracy czy doraźne myślenie służące istniejącym, a tym bardziej dominującym instytucjom czy wyobrażeniom społecznym. Szczególnie rzecz jasna adresuję tu postulaty *pro domo sua*, nie uważając, aby przede wszystkim należało się bić w cudze piersi. Stąd w ostatnich latach podejmuję szereg wysiłków studyjnych o charakterze samokształceniowym, które zarazem – ku mojemu niekłamanemu zdziwieniu – odsłaniają charakter wielu dokonań, jak w tym wypadku Heleny Radlińskiej, których nie potrafiliśmy docenić ani wyzyskać na miarę nie tylko ich wartości, lecz choćby tylko w zgodzie z naszymi własnymi palącymi potrzebami. Najważniejszym przesłaniem z wielomiesięcznej lektury prac Radlińskiej jest dla mnie wskazanie na niezbędne minimum dojrzałej postawy, racjonalizującej wysiłek organizacji myślenia pedagogicznego, w postaci kompletności, zintegrowanego w przekroju rozmaitych napięć i dwoistości, programu humanistycznego, zespalającego zwykle przeciwstawiane sobie wymiary i aspekty życia indywidualnego oraz całości społecznej.

W stronę krytyczności samowiedzy

W powyżej przedstawionym zakresie rekonstrukcji starałem się włączyć w wysiłek otwarcia nowego etapu recepcji myśli Heleny Radlińskiej, ale przecież nie tylko. Chodzi bowiem w istocie o uwypuklenie ważnej perspektywy myślowej i wspólnego Wielkiemu Pokoleniu lat 80. XIX wieku niezwykłego wyczulenia na niezbędny współcześnie horyzont myśli i działań pedagogicznych, który zasługuje na to, aby był traktowany nadal jako zobowiązujący, oraz jest wart podjęcia i kontynuowania na serio. Chodzi tymczasem o dopełnienie odczytań tego dorobku o nowe ujęcia uwidoczniające jego wagę dla całej pedagogiki. Wymaga to przekroczenia ram dominującego podejścia, wskazujących na rzekomą swoistość czy indywidualne, odrębnie traktowane myślenie, tworzące jakoby podłoże jedynie dla pedagogiki społecznej. Pora na próby lektur dostrzegających tu wyczulenie, którego nie wolno lekceważyć czy banalizować w jego subiektywizacji, redukującej je do poglądów, czyjejś koncepcji czy sugestii albo propozycji, które są równie dobre jak inne, a może i gorsze, skoro już historyczne. Na nic takiego z tych obiegowych obrazków nie ma tu już, moim zdaniem, miejsca. Radlińska wyostrza nasze rozumienie zadań, które po części ze stratą dla nich – jak nabrałem przekonania, studiując jej prace – zostały zamknięte w ramach etykietki pedagogiki społecznej jako jedynie skrawka sztywnych podziałów dyscyplinarnych, zamiast mobilizować całą pedagogikę. Radlińska zasługuje na nowe odczytania jako reprezentant dojrzałej pod wieloma względami wizji wiążącej całą pedagogikę z procesami społecznymi i szansami kulturowymi, przeciw rozmaitym redukcjom i jednostronnościom, które u nas pokutują także w ostatnich latach (np. dominacja skłonności do zajmowania się przygotowaniem zawodowym w szkole, także wyższej, w połączeniu z degradacją funkcji kulturowej kształcenia wyższego, czy też w kwestiach teoretycznych – skłonności do psychologii humanistycznej aż po sentymenty antypedagogiki).

Mamy oczywiście także do czynienia z próbami sytuowania pedagogiki społecznej, czy choćby głównie pracy socjalnej, w szerszej perspektywie strategii pedagogicznych, jak to próbował robić Wojciech Mikołajewicz (1999, s. 19–24). Wskazywał on na analogię między osadzeniem dążeń pedagogiki społecznej oraz tradycji „pedagogiki krytycznej", w zakresie cech tej ostatniej obecnych w niektórych pracach (Zbigniewa Kwiecińskiego czy Lecha Witkowskiego), w ślad za naszym uwypukleniem w latach 80. XX wieku wartości amerykańskiej pedagogiki krytycznej Henry'ego A. Giroux i Petera L. McLarena, w ich nasycaniu dyskursu pedagogicznego impulsami krytycznymi z tradycji frankfurckiej, semiotyki kultury (Michaił Bachtin czy psychoanalizy (także już w wersji Jacques'a Lacana). Przytaczając moje rekonstrukcje wizji podmiotowości w pedagogice krytycznej, Mikołajewicz podkreśla, że wręcz

> [z]adziwia zbieżność tej propozycji z tym, co już od dawna wnioskowane jest przez pedagogikę społeczną, która od lat stara się wypracować narzędzia przekształcania i reformowania wielu instytucji społecznych zgodnie ze swoim „środowiskowym" nastawieniem do procesów edukacyjnych. Nigdy jednak właściwie nie natrafiała ona na właściwy polityczny klimat umożliwiający upowszechnienie jej dorobku (Mikołajewicz 1999, s. 22)[1].

Autor ten jednak, jak się wydaje, zbyt łatwo dalej widzi tu z kolei analogie do antypedagogiki (por. Mikołajewicz 1999, s. 22–26), która – jak wiadomo – zasadniczo usiłuje wzniośle wykluczyć wręcz symboliczność samych praktyk wychowania (w głośnej formule „jeśli kochasz, nie wychowuj"). Jest to o tyle nieprzekonujące, że starania Radlińskiej szły w stronę maksymalnie świadomego samokrytycznie, ale nie naiwnego afirmowania troski o podmiotowość wychowanków i jakość środowiska społecznego, w jakim przychodzi im funkcjonować. Skądinąd wiadomo, że tożsamości między pedagogiką krytyczną i antypedagogiką nie ma już choćby

---

[1] Zgłaszam jednak zastrzeżenie do rozumienia przez Mikołajewicza aspektów pedagogiki krytycznej związanych z odniesieniem do „decentracji" jako rzekomo niszczącej podmiotowość i tożsamość (por. Mikołajewicz 1999, s. 20). Zarówno w teorii krytycznej Habermasa, jak i w semiotyce kultury Michaiła Bachtina – a obie znajdują zastosowanie w tym kontekście (ta druga przez „efekt pogranicza") – działa aspekt nasycania różnicą jako mechanizm rozwojowy, który pozwala pogłębiać własne uzasadnienia i poszerzać perspektywę porównań, uwzględniając większą złożoność świata i uzyskując do niej dostęp, co było tak bliskie Radlińskiej, w trosce o „meliorację" środowiska, a wraz z nią oddziałanie na „meliorację umysłu", jak to pokazuję. Osobno zilustrowałem, jak mechanizm decentracji warunkuje poziom dialogu, pozwalający traktować różnorodność jako bogactwo (por. Witkowski 2007, s. 39–62). Por. także moje analizy teorii działania komunikacyjnego J. Habermasa (Witkowski 2007, s. 260–284).

z powodu zupełnie odmiennej jakości wpisywania się przez nie w tradycje humanistyki i jakość krytycyzmu społecznego[2].

Podkreślmy raz jeszcze, że sami pedagodzy społeczni mają problem z własną dyscypliną, zwykle nie umiejąc pójść za najszerszą jej formułą ugruntowaną za sprawą myśli Heleny Radlińskiej, gdy podkreślała, że – jak to przywoływał, choć dalej nie respektował we własnej perspektywie Aleksander Kamiński – „zainteresowania pedagogiki społecznej obejmują całość życia człowieka w społeczeństwie i dążą do wprowadzenia myśli wychowawczej we wszelkie dziedziny" (por. wstęp Kamińskiego w: Radlińska 1961, s. XXII). Oznacza to nasycanie wrażliwością społeczną całej pedagogiki, jak również wrażliwością humanistyczną i wychowawczą wszelkich obszarów oddziaływania społecznego w trosce o powściąganie presji czy perswazji, które zamiast otwierać, zamykają przestrzeń rozwoju podmiotowości. Nie wydaje się jednak, aby wśród pedagogów społecznych była rozwinięta potrzeba dogłębnych studiów nad spuścizną Radlińskiej czy uwzględniania jej w budowaniu własnych koncepcji. Są autorzy piszący z jedynie ułamkowym nawiązaniem do tego dorobku, także wówczas gdy powinien on być w centrum uwagi i rzetelnych, możliwie reprezentatywnych rekonstrukcji[3]. Tym bardziej kuleją analizy porównawcze poszczególnych koncepcji, skoro nie wskazano dotąd kryteriów pozwalających mówić o postępie, a nie o regresie, czy o kontynuacji, a nie zerwaniu czy zaniechaniu. Nikt się nie zastanawiał, czy odmienności wyobrażeń o pedagogice społecznej w poszczególnych ośrodkach to przejaw bogactwa czy zubożenia poznawczego i rozbicia fragmentaryzującego dorobek albo wielotorowości badań. Próby opisów całościowych stanu dyscypliny kończą się czasem szczerym wyznaniem w kluczowych kwestiach: sprawa wymaga „dalszych badań" i refleksji, a bywa, że te badania nie są jeszcze na serio podjęte. Oczywiście uwagi te zachowują swoją moc także w tych przypadkach, kiedy bez niezbędnych badań udziela się odpowiedzi nader optymistycznych i ufnie ogłaszających postęp, mimo jedynie okresowego

---

[2] Wojciech Mikołajewicz najwidoczniej skłonny jest opowiadać się za bardziej sentymentalną wizją programowania działań pracownika socjalnego i to jeszcze przypisując ją samej Radlińskiej, gdy postuluje stany interakcyjne, w których „[n]ic nie przeszkadza w byciu sobą", a do głosu dochodzi „autentyczna transmisja" międzypokoleniowa wartości (por. Mikołajewicz 1999, s. 78). Tymczasem wydaje się, że jest raczej odwrotnie, zgodnie z rozumieniem przez nią potencjalnych zagrożeń na każdym kroku, np. w sferze opieki, mogącej się przeradzać w ubezwłasnowolnienie, czy w duchu pedagogiki krytycznej, czujnej wobec gróźb zniekształcania komunikacji. A już na pewno nie jest ideałem sytuacja, gdy pedagog społeczny czuje się „potrzebny" (Mikołajewicz 1999, s. 82), gdy ma działać, aby stawać się zbędnym, nie czekając na gesty wdzięczności ani nawet gotowość do współdziałania, ale pracując często w warunkach jej braku.

[3] Na przykład Arkadiusz Żukiewicz (2009), mimo podtytułu pracy: „Odniesienia do społeczno- -pedagogicznej refleksji Heleny Radlińskiej", wymienia jedynie trzy jej autorskie pozycje, a i tak wykorzystuje je bardzo szczątkowo, głównie zaś tylko jedną – *Pedagogikę społeczną*. Nie mogło to pozostać bez wpływu na wnikliwość ustaleń i komentarzy dotyczących przywoływanego dorobku teoretycznego i jego znaczenia.

niesprzyjania pedagogice społecznej przez czasy stalinizmu w Polsce. Tym bardziej nie do przyjęcia są sugestie, jakoby tylko czynniki zewnętrzne, w tym polityczny i ideologiczny gorset nakładany – sprzecznie nawet z poważniej traktowanym postulatem krytycyzmu społecznego w samych źródłach marksizmu – na myślenie i działania akademickie, zwłaszcza w czasach pełnego stalinizmu, za życia Radlińskiej, były odpowiedzialne, za to, że kolejne pokolenia pedagogów nie zdobyły się w Polsce na niezbędną pracę organiczną w zakresie pełnego ogarnięcia własnej tradycji i jej przetworzenia na użytek współczesny z wykorzystaniem w pełnym zakresie potencjału w nią wbudowanego. Sugestie, że to tylko zły system utrudniał dojrzałe i uczciwe intelektualnie wpisanie w tradycję są nie tylko bałamutne, lecz także groźne i wymagają przeciwdziałania wskazującego krytycznie na rozmaite postawy przynoszące strzępki wiedzy lub jakieś jej modne substytuty, bez świadomości korzeni i wymaganej przez to głębi myślenia, jeśli nie chcemy się wikłać w regres. A stan ostentacyjnego zadowolenia z przejawów nierozpoznanego regresu wydaje mi się w środowisku polskiej pedagogiki notoryczny z winy tych, którzy nawet u kresu drogi akademickiej nie potrafią przebudzić w sobie zrozumienia dla przestrzeni, w której przez lata instytucjonalnie dominowali lub którą oswoili własnym naskórkowym funkcjonowaniem postrzeganym jako norma. W imię ideału, definiowanego ze zrozumieniem jego historii i dramatów, dla dobra współczesności nie wolno nie umieć się rozliczać krytycznie z naszych ukrytych, a tym bardziej wynoszonych do stanu normy patologii akademickich, takich jak nieradzenie sobie z własnymi tradycjami myślowymi.

Przeciw jednostronnym redukcjom: ontologika „między"

Chcąc dobrze wykorzystać („spożytkować", jak chętnie pisała w takich kontekstach Radlińska) dokonania czołowej twórczyni pedagogiki społecznej w Polsce, dobrze jest unaocznić istniejące już w literaturze próby osadzania jej na tle takich rozróżnień dyscyplinarnych, które to stymulują, jak i takich które to utrudniają. Tych ostatnich podejść jest zresztą więcej. Pomocny w tym okazuje się sposób ujęcia funkcji pedagogiki społecznej przez Aleksandra Kamińskiego, który za Ryszardem Wroczyńskim wskazywał na dwa jednocześnie dominujące ujęcia, nienadające się – moim zdaniem – do wpisania w nie całości dokonań Radlińskiej. Raz będziemy mieć tu wskazanie na „swoistość" gubiącą charakter pokoleniowy trosk pedagogicznych i ich do dziś pozostały uniwersalny efekt (która pedagogika może dziś lekceważyć czy wręcz wykluczać w swoim podejściu zrozumienie odniesień środowiskowych?), a za drugim razem dominuje nacisk na „odrębność", gubiący podobnie zadanie współwystępowania przyjmowanych założeń także w innych rzekomo odrębnych obszarach myśli i działań pedagogicznych, np. dotyczących kultury i jej funkcji rozwojowej czy mechanizmu całożyciowego i fazowego w rozwoju osobowym.

Pierwsze z proponowanych ujęć, jak czytamy u Kamińskiego, „przedstawia pedagogikę społeczną jako swoisty **kierunek pedagogiczny**, a więc – nie odrębna dyscyplina, lecz pedagogika specyficznie traktująca proces wychowawczy", zarazem taka, którą można przez to ukierunkowanie „określać jako **pedagogikę środowiskową**" (por. Kamiński 1972, s. 11). Z kolei drugie podejście „widzi w pedagogice społecznej **odrębną dyscyplinę** wydzielającą się z rodziny nauk pedagogicznych", przy czym raz pole odrębności prowadzi w stronę, w której staje się **pedagogiką opiekuńczą** w całym przekroju wieku jednostek i wobec wszystkich zakresów społecznych, a innym razem staje się ona **pedagogiką socjalną** (Kamiński 1972, s. 11–12). Kamiński doda, że pierwszy typ był wpisywany w horyzont pedagogiki ogólnej (choć zapewne nie w sensie kojarzonym przez Radlińską, która widziała tu zbyt wąskie odniesienie), a zarazem uściśli, że nie oznacza to podejścia, które charakteryzuje „determinizm" w kwestii roli środowiska w życiu jednostki, ani podejścia postrzeganego jako „idealizm pedagogiczny", wskazującego na uwznioślenie rozwojowe wbrew tej roli (por. Kamiński 1972, s. 35–36). Jak dalej zauważy Kamiński, dostrzegając – ale dopiero po śmierci Radlińskiej i bez głębszej analizy, nie wiedzieć dlaczego[4] – przejawy „korektury" założeń i „rewizji" zainteresowań oraz problematyki badawczej w pedagogice społecznej w Polsce, podejście samej Radlińskiej da się trafnie skojarzyć z trzecim z kolei, filozoficznym ujęciem relacji jednostki i środowiska dla całej pedagogiki jako konieczną perspektywą. W stosunku bowiem do determinizmu i idealizmu w tych relacjach pedagogika społeczna „odrzuca obydwa powyższe punkty widzenia" – choć trzeba by dodać: jako zbyt jednostronne i skrajne – i zarazem „[j]est współtwórcą trzeciej formuły – ujmującej **środowisko i jednostkę w dialektycznym związku**", który u Heleny Radlińskiej wyraża przede wszystkim zwrot: „wzajemne oddziaływanie wpływów środowiska i przekształcających środowisko sił jednostek", wskazujący zatem, zdaniem Kamińskiego, na „dialektykę wzajemnych wpływów" (Kamiński 1972, s. 36). Zauważyć wypada, że wskazanie przez Kamińskiego na „odrzucenie" skrajnie wyostrzonych opozycji oznacza faktycznie jedynie przezwyciężenie samej tej skrajności – podobny błąd popełnia też badacz w kontekście założeń psychologicznych Radlińskiej.

Podejście to ma cechować troska o próby integrowania nauki z udziałem pedagogiki społecznej, co Kamiński przybliża ważną formułą Tadeusza Kotarbińskiego. Warto ją przytoczyć w całości, bo tworzy ona niezbędną dla nowoczesnego podejścia perspektywę rozumienia paradoksalnej wagi specjalizacji w nauce, poza swoistością i odrębnością, przeciw ich redukcyjnemu kojarzeniu:

> Uzyskiwać i wzmagać integrację (jakkolwiek może się to wydawać paradoksalne) można przez właściwy rozrost własnej specjalności, czyli przez traktowanie jej

---

[4] Mowa bowiem o „ostatnim" piętnastoleciu i dziesięcioleciu, a książka ukazała się w 1972 roku.

w ten sposób, aby ją ujmować nie jako znawstwo tylko cząstki rzeczywistości, lecz jako metodę organizacji znawstwa całej rzeczywistości, jako spojrzenie na wszystkie przejawy rzeczywistości z określonego punktu widzenia (Kamiński 1972, s. 39–40)[5].

Zauważmy, że podobnie brzmiące uwrażliwienie znamionuje postulaty metodologiczne dotyczące czytania funkcji i jakości specjalizacji „pedagogiki kultury" przez pryzmat troski o „kulturową koncepcję pedagogiki", rozumiejącą uniwersalną wagę wpisywania odniesień do kultury w całą pedagogikę, jak to rozwinęła i uzasadniła Monika Jaworska-Witkowska (2009, s. 48–54). Co więcej, w pełniej przez tę autorkę przytoczonej formule Kotarbińskiego uczula to na groźbę „fuszerowania dyscypliny" wszędzie tam, gdzie będzie dominować wizja swoistości czy odrębności przedmiotu i metod, pozbawiona dbałości o uniwersalny charakter „punktu widzenia" jako niezbędnego minimum do uwzględnienia w całej gamie pogłębionych rozwinięć rozmaicie profilowanych trosk i zadań. Wszystko to pozwala stwierdzić, że z punktu widzenia troski o perspektywy rozwojowe myśli pedagogicznej sytuacja pedagogiki kultury i pedagogiki społecznej jest tu analogiczna, jeśli chodzi o troskę o ich uniwersalne dla całej pedagogiki profilowanie integralnie pojmowanej myśli pedagogicznej. Dokonanie Heleny Radlińskiej, wbrew ułomnym – bo zbyt zawężającym jego znaczenie – odczytaniom, wpisuje się w takie integralne widzenie pedagogiki, w pełni uniwersalizujące wagę wyprofilowania kulturowego i społecznego zarazem, służąc trosce o kompletność refleksji pedagogicznej rozumianą jako współwystępowanie równoważącej się w napięciach dwoistości wyzwań i to dających o sobie znać w wielości wyprofilowań jednocześnie i jednakowo koniecznych w zakresie całości pola problemów pedagogicznych.

Warto tu wskazać na jeszcze jeden znamienny trop, który pokazuje, jak można uzyskać efekt synergii z nakładania na siebie wrażliwości i potrzeb pedagogiki społecznej z dokonaniami z innych obszarów refleksji pedagogicznej czy filozoficznej, w tym z kulturowej wrażliwości pedagogiki, błędnie kojarzonej w płytkich odniesieniach z pedagogiką kultury. Przypomnijmy najpierw, że Anna Przecławska i Wiesław Theiss słusznie postulowali rozwijanie pedagogiki społecznej w kontekście edukacji środowiskowej związanej z troską o jakość więzi czy relacji człowieka ze światem poprzez „świadome i konsekwentne ukierunkowanie się na kategorię »pomiędzy«", kojarzoną z tradycją filozofii dialogu. Jak to trafnie uzasadniali:

> Kategoria „pomiędzy" nie jest kompromisem, jakimś „stanem średnim". Jest nową wartością i źródłem nowych wyzwań dla jednostek, grup społecznych i świata. Nie jest też abstrakcją, niedoścignym ideałem, ma w naszym kraju długie i bogate tradycje. Urzeczywistnia się w postaci społeczeństwa wspólnotowego i od-

---

5 Autor cytuje tekst Tadeusza Kotarbińskiego (1970). Ten sam cytat zostaje wykorzystany w szerszej formule odniesień do Kotarbińskiego przez Monikę Jaworską-Witkowską (2009, s. 49–50) z odesłaniem do drugiego tomu „Dzieł Wszystkich" (por. Kotarbiński 2003, s. 314).

powiedzialnego, społeczeństwa, które jednoczy ludzi w demokratycznym działaniu (Przecławska, Theiss 1996, s. 28).

Tym bardziej nie sposób zlekceważyć okoliczności wobec tezy niniejszej książki o zbieżności, a nawet ścisłym splocie pedagogiki społecznej i pedagogiki kultury w jej pełnym rozumieniu wpisanym w moją poprzednią publikację (Witkowski 2013a), przy czym wymowne jest zwłaszcza odniesienie się do tzw. ontologiki „między", z jej paradoksalnością i wagą kulturową w rozważaniach o kulturowej koncepcji pedagogiki podjętych przez Monikę Jaworską-Witkowską i związanych z aspektami dwoistości, szczególnie ważnymi w niniejszych publikacji o Helenie Radlińskiej (por. Jaworska-Witkowska 2009, s. 80–87). Jednym z istotnych akcentów tu wydobytych, w świetle cytatu z Przecławskiej i Theissa, jest niezgoda na kojarzenie bycia „między" jako wymagającego oparcia na zasadzie kompromisu. Okazuje się, zarówno w ujęciu Radlińskiej, jak i w koncepcjach wcześniej przeze mnie analizowanych pedagogów, uczestników Wielkiego Pokolenia pedagogiki polskiej, że kompromis nie może być uznany za zasadną kategorię pedagogiczną. Co więcej, mimo że należy do arsenału często postulowanych interakcji społecznych, nie należy do normatywnego sensu określenia „społeczna" w odniesieniu do pedagogiki społecznej. Troska o kulturę, jak również o jej wpływ na jakość przeżywania wartości – i w konsekwencji przebudzenia do odpowiedzialności za nie – nie da się realizować środkami kompromisu, a wymaga aż paradoksalnej ontologii i ontologiki „bycia między". Odpowiedź na pytanie, dlaczego pedagogika społeczna w formule Radlińskiej, jak też w formule pedagogiki kultury w wyłożonych przeze mnie ujęciach nie jest do pogodzenia ze społeczną praktyką kompromisu, wymaga uzasadnień filozoficznych dotyczących dialogu, kultury, odpowiedzialności i jest doskonałym przykładem na zazębianie się wysiłków i potrzeb oraz na synergię, jaka zachodzi wówczas, gdy następuje sprzężenie zwrotne między potrzebami pedagogiki społecznej i możliwościami kulturowej koncepcji pedagogiki, którą przecież w swoim najgłębszym wymiarze jest także koncepcja Heleny Radlińskiej, co starałem się w tej książce wreszcie dobitnie pokazać, zamiast jedynie uprzejmych odnotowań, że są tu jakieś echa, ślady czy reminiscencje. Takie bowiem strzępy oddziaływań nie pozostawiłyby miejsca na głębokie powinowactwo i dwoistość stanowiącą nową jakość biegunowego zespolenia w nową i bardziej złożoną całość, i to dla CAŁEJ pedagogiki.

O słabościach w postawie Heleny Radlińskiej

Oczywiście, przy całym uznaniu dla niezwykłych dokonań i zrozumieniu dla trudności mam zarazem trochę uwag krytycznych wobec Heleny Radlińskiej, po części jedynie odnoszących się do ograniczeń jej czasu. Zbyt mało wnikliwie i głęboko, jak się okazuje, czytała prace współczesnych jej pedagogów, mimo że znała zarówno te publikacje, jak i ich autorów, a nawet ich ceniła. Mowa tu o Bogdanie Nawroczyńskim, Zygmuncie Mysłakowskim, Józefie Mirskim czy Sergiuszu Hessenie. Nie doczytała u nich tropu dwoistości wprost artykułowanego czy mającego własną formę wyrazu, ugruntowującą perspektywę, która wychodziła naprzeciw rozmaitym intuicjom i akcentom formułowanym przez Radlińską z pozycji zarysowujących (bez wielkiego zresztą przekonania) wyjątkowość pedagogiki społecznej, bo bardziej dowodzących w istocie społecznych zadań każdej pedagogiki na serio podejmującej problematykę wychowania w realiach społecznych. Stąd szereg jej rozważań toczy się – wypełnione wręcz genialnymi intuicjami i kapitalnymi akcentami – bez wpisania się w szerszy stan pedagogiki jej czasu i jej pokolenia. Co najwyżej Radlińska skrupulatnie odsyła w przypisach do książek wartych studiowania. Gdyby sama dobrze je znała, to zmieniłyby, a przynajmniej uściśliły jej własne artykulacje, a nawet zmieniły niektóre sugestie, w tym tę, że podawane przez nią treści znamionuje głównie specyfika projektowanej „pedagogiki społecznej", odrębnej ze względu na swoje metody i obszar zainteresowań od wąsko pojmowanej pedagogiki (andragogika dla niej wykraczała poza tę wąskość).

Radlińska należała do grona myślicieli i badaczy, którzy ciągle stawiali na wartość „harmonii" oraz „harmonizowania" nawet sprzecznych między sobą oddziaływań czy impulsów. Związany z tym brak dojrzałego kojarzenia konieczności współwystępowania przeciwstawnie zorientowanych biegunów w strukturze psychicznej jednostek powodował, charakterystyczną zresztą dla jej czasu i dominujących badań psychologicznych, skłonność do wyodrębniania odmiennych, najczęściej przeciwstawnych typów ludzkich czy profili w działaniu profesjonalnym. Takie typologie niemal nieuchronnie gubiły poprzez swoją jednostronność zrozumienie dla współwystępowania napięć między tak rozdzielanymi stronami wyprofilowanych typów w obrębie pełnej postaci, zderzającej się z dylematami czy pokusami takiej redukcji, ale się do niej nieposuwającej. To oznacza, że da się ją usytuować we wczesnym okresie rodzenia się paradygmatu dwoistości i dochodzenia do głosu przełomu z nim związanego. Radlińska starała się osłabiać efekty takich dualizacji rozdzielających strony – współwystępujące skądinąd w sytuacji pełnej złożoności strukturalnej, po części jedynie przeczuwanej – pisząc, że przeciwne typy postaw są niezbędne, ponieważ są jednocześnie „obok siebie", dopełniając się wraz ze swoją jednostronnością nastawienia do szerszego spektrum, w sobie wielostronnego.

> Różnorodność zadań pracy oświatowej sprawia, że różne typy ludzie mogą znaleźć w niej możność rozpostarcia skrzydeł. [...] Obok wychowawców harmonizujących dusze ludzkie potrzebni są bojownicy rozpalający nowe pragnienia. Obok inteligentnych wykonawców ogólnego planu konieczni są pionierzy poszukujący nowych dróg, nowych metod. Niezbędni są zarówno budowniczy rozmiłowani w wartościach środowiska, które chcą rozwijać, jak i twórcy nowych wartości i popularyzatorzy prawd zaczerpniętych z odległych źródeł (Radlińska 1964, s. 284).

Poza takimi typologiami wartość może mieć wizja jednostek, w których wnętrzu trwa walka między takimi biegunami, będącymi nie „obok" siebie, ale wobec siebie w nieustannie żywym napięciu i kolizji, niedającymi szans na tzw. złoty środek ani tym bardziej na harmonizację. Kluczowe jest tu zawsze dysponowanie „kulturą ogólną", której złożoność niesie dylematy i przeciwstawnie zorientowane bieguny charakterologiczne, dochodzące do głosu w różnych momentach czy sytuacjach i interakcjach profesjonalnego działania.

Z pewnością także Radlińska miejscami manifestowała zbyt duży optymizm[6], kłócący się z niezbędną czujnością krytyczną pedagogiki społecznej, jak pokazałem na przykładzie zderzenia jej wiary w stałą i niezakłóconą obecność arcydzieł literatury w życiu czytelniczym z typową praktyką stosunku społecznego do książek, których się nie czyta. Znacznie bardziej przenikliwy w odniesieniu do pedagogiki społecznej był tu Zygmunt Mysłakowski mówiący o książkach jako często obiektach „niemych kulturowo" dla odbiorców. Przyznać jednak należy, że poza optymistycznymi deklaracjami w warstwie merytorycznej wywodów Radlińskiej jej krytyczna świadomość często trafnie daje o sobie znać. Niekoniecznie jednak jest ona w pełni świadoma trudności, nawet gdy o nich pisze, przepojona entuzjazmem wobec wysiłków nauczycielskich w obszarze szkół rolniczych, skoro w tekście z 1926 roku na temat kondycji „najofiarniejszego nauczycielstwa" wypowiada się następująco: „Praca ich jest wdzięczna i radosna, widzą bowiem, jak się rozwijają dusze młodzieży, jak się budzi nowe życie Polski" (Radlińska 1979, s. 244). Nie sądzę, aby pedagogika społeczna miała opierać swoje wyobrażenie o relacjach wpisanych w praktyki oświatowe, opiekuńcze i wychowawcze na zasadzie wdzięczności, mimo że „ontologia wdzięczności", jak pokazywałem osobno (por. Witkowski 2011, patrz zwłaszcza s. 91–102), jest ważnym, acz trudno osiągalnym sposobem istnienia najwartościowszych relacji w kulturze.

Przesadny optymizm wiązał się również niejednokrotnie ze zbyt uwznioślanymi przez Radlińską opisami kondycji adresatów oddziaływań oświatowych, zwłaszcza w okresie dorastania. W 1926 roku, pisząc popularne – przyznajmy, bo przeznaczone dla *Kalendarza Samorządowego* oraz *Kalendarza Kółek Rolniczych* – teksty o szkołach rolniczych, stwierdzała:

> Wielkie znaczenie ma także to, że szkoła zgromadza młodzież dorastającą w latach największego rozbudzenia duchowego, gdy umysły rwą się do wiedzy, ręce – do czynu. [...] Miarą wartości szkół rolniczych jest i to, że wychowanki i wychowańce nie zrywają stosunków ze sobą ani z ukochaną (*sic!* – L.W.) szkołą, lecz owszem, przez długie lata skupiają się po koleżeńsku do pracy nad przebudową życia, więc i Polski (Radlińska 1979, s. 238, 245).

---

6 W niektórych innych ujęciach spotykamy także sformułowanie odniesione do „prospektywizmu" Radlińskiej, afirmującego niezgodę wobec teraźniejszości (i jej ograniczeń), z troską o przyszłość i z wiarą w możliwość wyjścia jej naprzeciw: „Jest to postawa tak optymistyczna, że aż wręcz nierealna" (Lepalczyk, Marynowicz-Hetka 2004, s. 14).

Pedagogika społeczna powinna tu bardziej wpisywać swoje rozumienie realiów oświaty na wsi w krytyczne ustalenia socjologii wsi czy choćby – z braku takich badań we wczesnym okresie mobilizacji Radlińskiej – w zrozumienie dramatu kulturowego szkolnictwa zawodowego i socjalizacji w warunkach przyczyniających się do „wykluczenia" i samowykluczenia, co w ostatnich latach znakomicie dokumentują dla pedagogiki społecznej analizy Zbigniewa Kwiecińskiego.

Nie rozumiem też, dlaczego – jak sama Radlińska wyznaje – uczona nie pozwalała studentom notować swoich wykładów (por. Radlińska 1964, s. 478). Jawi mi się to wręcz jako zaprzeczenie funkcji twórczej wysiłku recepcji myśli wykładowcy czy niezrozumienie funkcji pracy intelektualnej w budowie społecznej relacji w trakcie wykładu i tworzenia warunków do podejmowania tej pracy po wykładach w procesach samokształcenia. A było to dodatkowo w czasach znacznego ubóstwa w kwestii dostępu do literatury i podręczników. Ta osobista idiosynkrazja Radlińskiej całkowicie do mnie nie trafia ani nie widzę wartości programowania z jej pomocą funkcji wykładu. Dodajmy, że pozostaje to w sprzeczności z akcentowaniem przez nią troski o sprzęganie lektur z notowaniem, gdyż „jednorazowe przeczytanie bez notowania, przemyślenia, połączenia z dotychczasowymi przeżyciami i wiadomościami nie daje wyników, jakich czytelnik oczekuje" (Radlińska 2003, s. 116). Wystarczy skojarzyć, że słuchacz jest w jeszcze trudniejszej sytuacji niż czytelnik, który do lektury może powrócić. A na dodatek Radlińska sama podkreśla potrzebę „doprowadzeni[a] uczniów do współpracy z nauczycielem" (Radlińska 2003, s. 115) w kontekście rozumienia lektury, więc i jakość współpracy na wykładzie powinna się liczyć, skoro na czytanie i na notowanie można patrzeć jako na „narzędzie pracy duchowej" (Radlińska 2003, s. 111). Notatki także stają się tekstem, który można studiować, a – jak podkreśla Radlińska – „[s]tudiowanie jest pracą, w której tekst staje się podnietą dla własnego myślenia" (Radlińska 2003, s. 107), wymagającą możliwości pogłębiania tej pracy, powrotu do niej. W szczególności notowanie staje się rodzajem pracy intelektualnej dającej podstawę do społecznej interakcji zarówno z wykładowcą, jak i z innymi osobami podejmującymi ten wysiłek.

Bardziej niż wspomniani przeze mnie czołowi autorzy z jej pokolenia opowiadała się za specyficznym kierunkiem, czy lepiej: punktem widzenia pedagogiki społecznej na zagadnienia pedagogiczne, choć tak naprawdę postępowała w zasadniczych kwestiach bardziej zdecydowanie i odmiennie, nieświadoma zresztą stopnia zakorzenienia we wrażliwości kulturowej jej podejścia, zwykle przypisywanej pedagogice kultury. W krytyce także teorii wychowania oraz praktyki oświatowej chodziło jej o stworzenie odmiennej perspektywy angażującej wszystkich pedagogów, w trybie analogicznym do medycyny, tj. poprzez ustalanie minimum normatywności jako normalności rozwoju, dysponującej miarą sygnalizującą pęknięcia w kondycji i potencjale.

Warto dyskutować z dorobkiem Radlińskiej, aby uniknąć rozmaitych jej osobistych idiosynkrazji i typowych dla jej epoki ograniczeń, a także zadań i wyzwań.

Tym bardziej trzeba jednak unikać zarzutów, jakie stawiano jej z pozycji nie dość rozumiejących bardziej uniwersalną wagę jej dokonania, a tym bardziej niepodejmujących głębszych wysiłków recepcyjnych i prób wpisania jej w dokonania najwybitniejszych przedstawicieli jej „pokolenia historycznego", do którego jej krytycy zwykle nie należą. Nie godzę się na sugestię Bogdana Suchodolskiego, że mamy do czynienia ze „swoistą" koncepcją, na dodatek „swoiście aktualną" i zarazem uwikłaną w rzekome zapędy likwidatorskie wobec szkoły. Tym bardziej nie zgadzam się z Leonem Chmajem, który oskarża ją o to, że „nie brała pod uwagę rzeczywistości społeczno-politycznej, zaostrzającej się walki klasowej", przez co – jak to dobitnie stwierdzał –

> [c]ała jej działalność prowadzona w oderwaniu od owej rzeczywistości, kładąca nacisk na ogólne wartości kulturalne bez uwzględnienia konkretnych potrzeb warstw robotniczych i chłopskich, nie mogła przynieść oczekiwanych wyników (Chmaj 1962, s. 319).

Należy podkreślić, że nie tylko takie zewnętrzne kryteria ideowe czy wręcz ideologiczne uniemożliwiły wielu badaczom i reprezentowanym przez nich pokoleniom pełne przemyślenie i przejęcie się strategią myśli i działalności pedagogicznej wpisanej w analizy Radlińskiej. Nałożyło się na to wiele innych czynników, część z nich pokutuje do dziś.

Dlaczego Helena Radlińska została osamotniona?

To tylko jeden ze sposobów pokazywania, jak i dlaczego brakowało gotowości do potraktowania rozważań Radlińskiej na poważnie – a dokładniej rzecz dotyczy stosunku do całego pokolenia, w jakie się wpisała i z jakim się identyfikowała, pracując z nim nad wskrzeszeniem oświaty i kultury pedagogicznej w odradzającym się państwie polskim i społeczeństwie stojącym przed wyzwaniem integralności, demokracji i wolności. Była z ducha socjalistką, zaangażowaną w ruch ludowy i oświatowy, marzącą o postępie duchowym i sprawiedliwości dla upośledzonych społecznie, przepojoną ideami posłannictwa i pełną optymizmu, pomimo chorób, trudności, a później i blokad instytucjonalnych. Z kolei w kategoriach intelektualnych była to postać niezwykle chłonna i otwarta na nowe inspiracje światowej humanistyki z pierwszych dekad XX wieku, nie wyłączając psychoanalizy, idei nowego wychowania i pedagogiki kultury. Nie zyskała więc uznania ani u marksistów, ani u katolików, ani u analityków z kręgów filozofii lwowsko-warszawskiej. W tej ostatniej sprawie najpełniej, dzięki podjęciu wnikliwych studiów źródłowych, wypowiedział się Kazimierz Szmyd, który wskazał na dystans środowisk lwowskich, przejętych zbyt sztywną wizją naukowości, wobec całego ruchu pokoleniowej odnowy wychowania, oświaty i pedagogiki. Podsumowując okres 1939–1960 w naukach o wychowaniu na uniwersytecie we Lwowie, ustalił:

> Wypowiedzi pedagogów lwowskich w zasadzie sprowadzały się do tradycyjnego dyskursu w kręgu pedagogiki klasycznej. [...] Daleko było im do wskazujących nowe drogi rozwoju pedagogiki społecznej analiz Heleny Radlińskiej i Józefa Chałasińskiego, do śmiałych poszukiwań nowych zasad dydaktyczno-wychowawczych podejmowanych przez Jana Władysława Dawida, Anielę Szycównę. Nie było w nich wrażliwości humanistycznej Izy Moszczeńskiej i Władysława Spasowskiego, obrony podmiotowości wychowanka reprezentowanej przez Henryka Rowida. Obce lwowskim teoretykom pedagogiki były również założenia szkoły psychologicznej i uspołeczniającej Henryka Rowida, Marii Lipskiej-Librachowej, Jana Stanisława Bystronia, a także pedagogiki dziecka i pedeutologii Józefy Joteyko, Marii Grzegorzewskiej czy socjologizmu i aksjologicznej pedagogiki kultury Floriana Znanieckiego, Zygmunta Mysłakowskiego, Bogdana Nawroczyńskiego. [...] środowisko akademickie Lwowa i blisko z nim powiązane kręgi gimnazjalnej pedagogiki i dydaktyki nie wyrażały [...] w praktyce szkolnej chęci otwarcia się na „nowe wychowanie" [...] Tradycja i ograniczenia urzędniczo-polityczne Galicji okazywały się bowiem silniejsze niż idee wyzwalające postęp myśli pedagogicznej i praktyki edukacyjnej (Szmyd 2003, s. 410–411).

A przecież po wojnie przyszedł jeszcze bardziej dramatyczny okres ograniczeń urzędniczo-politycznych, a nawet restrykcji ideologicznych i działań likwidatorskich, które z drugiej flanki marksizmu-leninizmu robiły wręcz spustoszenie w stosunku do wielkiego dorobku międzywojennego Haliny Radlińskiej wespół ze znaczącymi postaciami współczesnego jej pokolenia wielkich pedagogów, takich jak: B. Nawroczyński, S. Hessen, K. Sośnicki czy Z. Mysłakowski. Epoka powojenna wręcz cofnęła się na pozycje, z których dokonania Wielkiego Pokolenia nie miały znaczenia, można było je przemilczać bądź zastąpić z poczuciem wyższości namiastkami ideologicznymi czy wzniosłymi afirmacjami nowego ustroju z blokadą badań jego często kłopotliwych realiów.

Jeśli w polskiej pedagogice ma nastąpić nowa epoka, musi się ona zdobyć na nowy wysiłek i nowy poziom recepcji przełomu, który nie doczekał się dotąd pełnego zrozumienia dla siebie ani tym bardziej w pełni dojrzałej kontynuacji. Proces nowych odczytań, jaki usiłujemy rozpocząć na gruzach iluzji XX wieku, dotyczącej zamkniętego osądu spuścizny przedwojennej, wymaga nowych perspektyw, wolnych od ideologicznych napuszeń i zaślepienia oraz wbrew wygodzie wąskich zaszeregowań, np. do pedagogiki społecznej. Wrażliwość Radlińskiej pozostaje jednak nadal ważna i zobowiązująca dla **całej** współczesnej pedagogiki. I wcale nie jako alternatywna propozycja, ale jako jedno z centralnych ogniw dla rzetelnie uprawianej dyscypliny głównego nurtu.

Warunków tej kontynuacji jest wiele, zaczynając od tego, że trzeba umieć dobitnie uwypuklać tezy, które do dziś zaskakują, a były już wcześniej wpisane w głębiej czytaną tradycję. Wielokrotnie zaskakiwało mnie już zdziwienie studentów rozmaitych specjalności w pedagogice i pracy socjalnej, gdy w trybie konsekwencji filozoficznych z analiz ról pedagogicznych stwierdzałem, że prawdziwy pedagog (pracownik socjalny) musi się starać czynić siebie... zbędnym. Tymczasem łatwo zauważyć, że tak zorientowaną tezę stawia sama Radlińska w tekście o pracownikach oświaty dorosłych, gdzie czytamy m.in.:

> Zasady służby społecznej wnoszą do pracy oświatowców swoiste wartości. Dawny siewca oświaty przychodził z wysoka, uważał się za mistrza maluczkich. [...] Zawodowy „pomocnik" działa do chwili, w której spostrzega, że jest niepotrzebny. Wtedy uważa swą rolę za szczęśliwie zakończoną i idzie ku nowym zadaniom. Ci, z którymi pracował, radzą sobie sami. Żeby takie rozwiązanie uzyskać jak najprędzej, pracownik społeczny musi używać metod wciągających człowieka czy gromadę, którym dopomaga, do świadomej współpracy, musi uczyć zaradności i samodzielności (Radlińska 1961, s. 281, cytowany tekst pochodzi z 1947 roku).

Ta sama idea powraca w kontekście teorii pracy społecznej w jej odniesieniu do wizji opieki, w której podkreśla się zmianę nastawienia opieki poprzez to, że „[d]ąży do tego, by się stać niepotrzebną, by usamodzielnić swych klientów" (Radlińska 1961, s. 380, to z kolei sformułowanie ze skryptu egzaminacyjnego dla studentów z 1951 roku).

Wspólnota przytoczonej tezy z nastawieniem rozwijanej przeze mnie filozofii edukacji (wychowania) świadczy, jak sądzę, o tym, że zasady postulowane przez Radlińską mają znacznie ogólniejszy charakter i wcale nie muszą być podciągane pod hasło pedagogiki społecznej, gdyż odwrotnie, to pedagogika społeczna da się wpisać w znacznie bardziej uniwersalne rozumienie zadań stojących zresztą przed każdym pedagogiem. To pozwala na dodatkowe uściślenie relacji między wchodzącymi tu w grę biegunami zakresów refleksji pedagogicznej. W wersji Radlińskiej w końcowym okresie jej pracy, gdy usiłowała wskazać na „różnice punktów widzenia", brzmiało to następująco:

> Filozofia wychowania wnosi do pedagogiki społecznej ogólne poglądy, otrzymując od niej sformułowanie wielu zagadnień, dotychczas w tej filozofii nie uwzględnionych. [...] w porównaniu z tzw. pedagogiką ogólną [pedagogika społeczna – L.W.] ma szerszy zasięg zainteresowań, traktuje szkołę jako jedną, nie zawsze najważniejszą instytucję wychowującą, częściowo tylko zajmuje się dydaktyką (zwłaszcza dydaktyką dorosłych), obejmuje sposoby nie tylko wprowadzania i uczenia, lecz również przemiany środowiska, w którym odbywa się działalność wychowawcza (Radlińska 1961, s. 363).

Dziś wiemy oczywiście, że na taką formułę pedagogiki ogólnej zgodzić się nie sposób, choć winą za nią można obarczyć przejawianie się i postrzeganie jej przez uczestników dyskursu, badań i praktyk pedagogicznych, gdyż wygląda to tak, jak gdyby nie było tu zrozumienia, że tak projektowana pedagogika ogólna jest ułomna, niepełna, po części iluzoryczna i jałowa. A dokładniej i dobitniej, że po prostu nie ma racji bytu. Pedagogika ogólna nie może udawać, że nie wie, iż szkoła jest uwikłana w mechanizmy społeczne w dużym stopniu uczestniczące w rozstrzyganiu o szansach powodzenia jej ambicji i metodycznych zabiegów czy wizji właściwej intencji. Pedagogika ogólna zatem nie może nie być zarazem... społeczna w rozmaitych sensach, jakie tu zostały wyżej wyartykułowane.

Powyższa formuła Radlińskiej o relacji między filozofią wychowania i pedagogiką społeczną po części wydaje się jednak efektem tego, że nie do końca potrafiła ona wpisać własne dociekania w stan refleksji współtworzonych we wspólnym pokoleniu, postaci znanych jej doskonale i współpracujących w rozmaitych przedsięwzięciach, zwłaszcza jeszcze w okresie przedwojennym, jak w przypadku Nawroczyńskiego czy Rowida lub Mirskiego. Przez to ograniczenie komunikacyjne Radlińska, jak również pozostali przedstawiciele tego pokolenia nie zdawali sobie do końca sprawy, zresztą nie mogli z powodu blokad ich obecności w dyskursie naukowym po wojnie, przynajmniej do lat 60., z ogólnopedagogicznego efektu prac, w jakich przyszło im aktywnie uczestniczyć. Stąd mogło się Radlińskiej wydawać, że jej najważniejszym dziełem, wręcz ukochanym dzieckiem, jest głównie **stworzenie swoistej enklawy (z) pedagogiki społecznej** – jako zaangażowanej, pełnej i prawdziwej: nauki, troski o społeczną funkcję wychowania, wizji społecznego wykorzystywania dóbr kultury i podobnie pełnej i prawdziwej troski o sprzyjanie rozwojowi jednostek i całego społeczeństwa przez słynną triadę: **wrastanie** w kulturę jako dziedzictwo impulsów dostępne ciągle pod stopami, **wzrastanie** we własnym potencjale jego przetwarzania na własną energię i **wyrastanie** czy wprowadzanie do czynnej obecności w kulturze i życiu społecznym w celu mobilizowania tych trzech procesów w następnych pokoleniach.

Twierdzę tymczasem, że nie chodzi tu o żadną enklawę, żadną swoistą pedagogikę alternatywną, ale o kompletną strategię działania pedagogicznego oraz rozumienia zadań i powinności, które mają sprzyjać kolejnym generacjom w cyklicznym odnoszeniu się do zastanej gleby kulturowej, do możliwości pomnażania potencjału twórczego, rozkwitu społecznego i większej jakości wpływu na przebudowę warunków życia i rewitalizację życia duchowego w trosce o przyszłość. Widzenie w pedagogice społecznej jedynie – jak to określała sama Radlińska – „działu pedagogiki" wyrządza krzywdę i samej pedagogice społecznej: gubi sens bardziej uniwersalny jej postulatów związanych z troską o społeczne mechanizmy oddziaływania kultury jako gleby niezbędnej dla wzrostu poprzez wrastanie w nią, wymagające wspomagania społecznego. Równocześnie przynosi – jak widać po dekadach zawężonego postrzegania pedagogiki społecznej – także szkody całej pedagogice, która nie rozumie, jak wiele może się od pedagogiki społecznej nauczyć i jak bardzo ta ostatnia wyśrubowała standardy poważnego uwzględniania urządzeń kultury w społecznych mechanizmach wychowania, przez co każda pedagogika niezdolna do sprostania im staje się żałosna, nie tylko pusta duchowo, lecz także śmieszna i podła kulturowo.

Sugestia B. Suchodolskiego z 1980 roku, że o swoistości pedagogiki społecznej Radlińskiej świadczy m.in. to, iż wprowadza pojęcie rozwoju duchowego, nie tyle stanowi świadectwo tej swoistości, ile jest wyrazem całkowitej nieadekwatności kulturowej i duchowej każdej pedagogiki, która nie rozumie wagi takiego terminu jako jej uniwersalnego wymogu.

Radlińska miała prawo tak widzieć rolę i zakres pedagogiki, gdyż dla jej pokolenia nie było jeszcze jasne, jak bardzo uczestniczy w przygotowaniu gruntu do przełomu w myśleniu o teorii i o praktyce, o historii i o współczesności, o otwieraniu wielkich możliwości i o trosce o minimum podnoszące z upadku, ubóstwa i upokorzenia. Ale wraz z próbami, podjętymi tu i w poprzedniej analizie, ogarnięcia rzeczywistego dokonania największych umysłów epoki międzywojennej z Wielkiego Pokolenia, stało się jasne, że w stosunku do pedagogiki społecznej nie wolno popełniać takiego samego błędu jak w odniesieniu do pedagogiki kultury, ze szkodą dla każdej z nich oraz dla całego pola trosk badawczych i praktycznych, a także pełnego zakresu współczesnych wyzwań. Wąskie i ograniczające wartość impulsów dla całej pedagogiki odczytywanie obu tych „działów", „gałęzi", „dyscyplin" etc. nie jest już godne miana poważnej roboty pedagogicznej. Jako postawa w historii myśli pedagogicznej i historii oświaty szkodzi dbałości o to, aby te z kolei działy, gałęzie i dyscypliny, nasycone świadomością trosk o historię idei, a nie zdominowane przez historię subiektywnych zakorzenień w świecie społecznym, dały impulsy odkrywające zaistniały przełom intelektualny i to jeszcze taki, który pozwala nam zrozumieć, dlaczego musimy się na taki kolejny przełom zdobyć i uczy nas jak to zrobić. Ja się tego nauczyłem od największych umysłów polskiej pedagogiki i próbuję to zrelacjonować, zapraszając do dalszej pracy, osadzonej wreszcie w ramie wspólnotowego dorobku wpisanego w tradycję polskiej pedagogiki, przywróconą do bytu z jej zdławienia presjami PRL-owskiego dominowania blokad układów, a tym bardziej niewiedzy, lekceważenia wysiłku poważnego potraktowania okresu międzywojnia i następnie wartości treści, które nie mogły się już łatwo i dostatecznie szeroko i wnikliwie przebić do świadomości kolejnych pokoleń teoretyków, badaczy, działaczy i praktyków.

Musimy lepiej ogarnąć rezultaty poważnego i dojrzewającego stopniowo wysiłku, jakie są spuścizną dekad walki o polską szkołę pod zaborami, lat odrodzonej Rzeczpospolitej, której próby przerwała najpierw wojna, a potem zniszczenie wartości tej spuścizny w myśli kolejnych pokoleń. A wyrwa ta trwa do dziś, mimo pozytywnych zmian w tym obrazie będących zasługą wielu wspaniałych postaci naszego świata akademickiej pedagogiki i działaczy ruchu społecznego na rzecz szkolnictwa niepublicznego, szkół autorskich i demokracji. Procesy te są spowalniane, a nawet utrudniane przez różne mechanizmy dominujące w biurokracji obecnej w przestrzeni oświatowej i to wszystkich szczebli oraz z powodu braku zrozumienia dla tego, co stanowi minimum niezbędne, aby rozmaitych oświatowych dekretów ministerialnych (także w zakresie szkolnictwa wyższego) nie trzeba było kojarzyć z wymowną definicją Heleny Radlińskiej dotyczącą analfabetyzmu jako „niezdolności do spożytkowania literatury", tu: wpisanej w tradycję myśli pedagogicznej. Zjawiska składające się na ową niezdolność nieustannie dają o sobie znać i przytłaczają jakość myślenia i działania.

Od uwypuklania „swoistości" do rozumienia „dwoistości"

Przejście od myślenia w kategoriach „swoistości" do myślenia w kategoriach „dwoistości", mimo powierzchownej bliskości zwrotów, wymaga aż przełomu epistemologicznego, jak to podkreślałem na początku tej książki za Gastonem Bachelardem (por. Bachelard 2000, s. 110–116). Na szczęście przełom taki już dawno się w pedagogice polskiej dzięki Wielkiemu Pokoleniu dokonał, ale ze względu na rozmaite historyczne zapóźnienia i blokady środowiskowe nie dotarł do świadomości kolejnych pokoleń ani nie został wykorzystany, nie tylko w pedagogice społecznej, choć jest ona tu stosunkowo najbardziej zaawansowana. Teraz trzeba po prostu go przyswoić i przetworzyć, ale nie z pozycji oswajania jakiejś niezwykłości i swoistości właśnie, ale tropu reprezentatywnego pokoleniowo i uniwersalnie ważnego w płaszczyźnie strukturalnej złożoności, z którą w procesach, sytuacjach i działaniach pedagogicznych wręcz musimy mieć do czynienia. Zresztą wiadomo to od dawna, ale zbyt wielu się tym nie przejmuje, fuszerując własną dyscyplinę i psując własne odniesienie do dorobku tradycji i do wymagań nowoczesności.

Wszystko to jest niezbędne do tego, aby można było z całą mocą powtórzyć i uznać za w pełni potwierdzoną tezę postawioną przez Irenę Lepalczyk i Ewę Marynowicz-Hetkę w sto dwudziestą piątą rocznicę urodzin i pięćdziesiątą rocznicę śmierci Heleny Radlińskiej:

> Zaproponowana przez Radlińską wizja pracy społecznej i namysłu nad nią (pedagogiki społecznej) pozostaje stale aktualna. Można nawet powiedzieć, że coraz bardziej aktualna. Sama pedagogika społeczna staje się, tak jak tego życzyła sobie Radlińska, dobrym łącznikiem między zespołem nauk o wychowaniu oraz nauk o kulturze i społeczeństwie. Łączy w podejściu do pracy socjalnej aspekty filozoficzne, aksjologiczne i celowościowe, określające jej sens i znaczenie oraz aspekty działaniowe, pozwalające na ogląd rzeczywistości społecznej i jej przekształcanie w wymiarze indywidualnych i społecznym. Dzięki czemu spełnia postulat, powszechnie podnoszony obecnie, stosowania w badaniu (poznaniu i ocenie) i w działaniu analizy wieloczynnikowej (wieloaspektowej, wieloprzesłankowej). Taką propozycję stanowi między innymi pedagogika społeczna Heleny Radlińskiej, odwołująca się do wielopoziomowych i transwersalnych odniesień (Lepalczyk, Marynowicz-Hetka 2004, s. 14).

Mam nadzieję, że moją pracą i sposobem odczytywania spuścizny Radlińskiej wpisuję się w tak formułowaną wizję i podejmuję program, którego celem było i jest zaproponowanie perspektywy pozwalającej nie tylko postulować wspomnianą aktualność, lecz także ukazać, na czym może się ona zasadzać i jaki nowy dynamizm rozwojowy dla stanu współczesnej pedagogiki ze sobą niesie. Kluczem do tego jest rozpoznanie „przełomu dwoistości" oraz wskazanie w nim miejsca i charakteru udziału Radlińskiej, w celu przedłożenia go jako przesłanki metodologicznej dalszych działań teoretycznych i praktycznych w rozmaitych obszarach pedagogiki w Polsce.

Dodajmy, że dorobek Radlińskiej pozostawił nam perspektywę, której zastosowanie w wielu kwestiach pozwala zarazem unaocznić skrajną nieaktualność i nieodpowiedzialność rozwiązań podejmowanych od pewnego czasu odgórnie w Polsce pod hasłem postępu i unowocześnienia, a prowadzących dokładnie w przeciwnym kierunku, typowym dla analfabetyzmu w rozumieniu Radlińskiej, czyli związanym z niezdolnością do spożytkowania literatury, w tym wypadku z tradycji myśli pedagogicznej. Wystarczy przypomnieć, że Radlińska z całą mocą pokazała, dlaczego nie wolno redukować ani pozwolić zdominować funkcji szkół, w tym szkół wyższych, do przygotowania zawodowego, a co więcej, uzasadniała, że w trosce o potencjał kulturowy dostępny dzięki oświacie na wsi nawet tam – a może zwłaszcza tam[7] – nie wolno funkcji szkolnictwa sprowadzać do kształcenia zawodowego.

Ponadto w stosunku do samej Radlińskiej obowiązuje nas zasada dwoistości ze względu na potrzebę nie tylko przyznawania jej racji, lecz także szukania miejsc do sporu poprzez napięcia wokół kwestii wymagających osobnego namysłu w nowych realiach społecznych oraz o całe dekady procesów i doświadczeń społecznych dalej, niż była tego świadoma twórczyni zrębów myślowych dla pedagogiki społecznej. W przekroju całej książki taki skupiony spór musiał miejscami dojrzewać i dawać o sobie znać. W 1937 roku na jednym ze zjazdów środowisk rolniczych Radlińska widziała konieczność zajmowania się w oświacie główną sprawą: wychowaniem „pożytecznych obywateli, szczęśliwych, dobrych ludzi" (Radlińska 1979, s. 331). Dziś wiemy doskonale, że taka kolejność nie może stanowić sedna wysiłków oświatowych współcześnie, choćby dlatego, że zbyt instrumentalizuje funkcje edukacji i cele rozwoju oraz zbyt niebezpiecznie odwraca kolejność, w której bez wyjściowej troski o dobro wpisane w postawy ludzkie mogą się degenerować zarówno pożytek, jak i poczucie szczęścia. Sama doświadczyła tego, że ludzie aparatu władzy, robiący karierę polityczną i administracyjną także w świecie akademickim nie uznali jej za należącą do grona „pożytecznych obywateli", ze szkodą dla rozwoju

---

[7] Przytoczmy znamienny cytat z referatu Heleny Radlińskiej, wygłoszonego na Międzynarodowym Kongresie Rolniczym w Warszawie w 1925 roku: „Szkoła powszechna na wsi powinna być szkołą ogólnokształcącą. Zwracając w niej szczególną uwagę na życie wiejskie, nie należy jej nadawać charakteru szkoły zawodowej" (Radlińska 1979, s. 237).

nauki i jej krzywdą. Dużo z jej nadziei się nie ziściło, a nawet wiele dokonań zostało zniszczonych czy zepchniętych w niepamięć. Już po jej śmierci III Zjazd Pedagogów Społecznych w 1957 roku miał się domagać „przerwania milczenia wokół Heleny Radlińskiej" (Theiss 2013, s. 33), choć pomimo wydawnictw przywracających obecność jej myśli w tomach wydanych w Ossolineum nie wydaje się, aby jakość recepcji jej dokonań mogła po kolejnej połowie wieku być powodem do satysfakcji. A nieumiejętnością spożytkowania tak niezwykłego w historii polskiej myśli pedagogicznej XX wieku dorobku przede wszystkim samym sobie wystawiamy świadectwo i wyrządzamy szkodę, gdyż słabość dyskusji, nawet sporu z ważnym myśleniem, osłabia wagę naszej problematyzacji świata.

Zamiast zakończenia:
w trosce o „niewidzialne środowisko" życia

Podsumowując całość podjętego tu wysiłku, obejmującego rozważania wpisane w niniejszą książkę w powiązaniu z poprzednim tomem *Przełom dwoistości w pedagogice polskiej. Historia, teoria, krytyka*, pragnę stwierdzić, że efekt samokształceniowy, jaki tu relacjonuję, traktuję jako pozostający w sposób naturalny przedmiotem dalszych studiów – z zaproszeniem dla innych badaczy – w celu jego krytycznego wpisania w historię myśli pedagogicznej na tle rozwoju badań w innych obszarach humanistyki i nauk społecznych. Najważniejszy cel strategiczny jest tu, zgodnie z przyjętą, a zarazem odsłanianą perspektywą, dwubiegunowy: troska o przywrócenie pogłębionego kontaktu z tradycją idzie w parze – dokonuje się na tle czy sprzęga się wzajemnie – z troską o nową jakość dyskursu pedagogicznego zorientowanego na nowoczesność i aktualną skalę wyzwań. Jednocześnie w tej perspektywie uzyskuje się narzędzia i kryteria pozwalające obnażać jawne, choć często nieuświadamiane, zapóźnienia poznawcze, jednostronne redukcje złożoności, znamionujące wykluczenie i z tradycji, i z nowoczesności. Pedagogika polska ma zbyt wartościowy dorobek z okresu międzywojennego, aby można go było kwitować jedynie obiegowymi omówieniami, okazjonalnymi nawiązaniami, podręcznikowymi streszczeniami w najlepszym wypadku, a w najgorszym wypadku, czyli braku krytycznej samowiedzy, sugerowaniem, że marksistowski nurt powojennych dociekań stanowił jego dalszy konsekwentny rozwój albo zamianę na coś lepszego. Wymogu poważnego traktowania dorobku okresu międzywojennego nie da się też postrzegać – powtórzmy dobitnie – jako niespełnionego **tylko** dlatego, że nie pozwalało na to w czasach PRL-u jakieś „centrum", jakaś władza, ustrój czy cenzura. Środowisko akademickie pedagogiki nie jest tu bez winy.

Przyznajmy, że tak naprawdę pokutuje tu przede wszystkim nadal ciążący brak niezbędnej w środowisku samowiedzy historycznej i kultury sprzęgania badań teoretycznych ze studiowaniem historii własnej dyscypliny. Szkodzi też brak łączenia naszych badań historycznych z postępami wiedzy teoretycznej w innych obszarach nauk społecznych i humanistyki. Podjęte tu i wymagające dalszego zgłębiania przez wiele dyscyplin badania historyczno-teoretyczne i teoretyczno--historyczne oraz analizy krytyczne i porównawcze mają także przeciwdziałać pewnej autodegradacji środowiska pedagogicznego, wynikłej z braku poważnego sprzęgania dorobku wielkich postaci okresu międzywojennego z programowaniem najnowszych badań oraz ugruntowanej przez dominujące przez lata podejście do tego dorobku w oficjalnych nurtach pedagogiki socjalistycznej, marksistowskiej i katolickiej. Wszystkie one zbyt wąsko, fałszywie i w sposób chybiony często definiowały kryteria wartościowej postawy naukowej niezgodnie z tymi wyrosłymi z tradycji oświecenia, romantyzmu i pozytywizmu, dążeń demokratycznych, walk niepodległościowych i ambicji laickich, ducha podnoszenia poziomu świadomości narodowej, społecznej oraz trosk o sprawiedliwość i równość w zakresie dostępu do kultury jako uniwersalnego dziedzictwa.

Nie widzę powodu, dla którego mielibyśmy się łatwo godzić w pedagogice na przestrzeń tak poszatkowanej dyscypliny, tak wpisanej w lokalne roszczenia, że spoza tych fragmentaryzacji nie widać już ani znakomitych postaci jak Helena Radlińska i jej pokoleniowo towarzyszącego aeropagu myślenia, organizowania życia akademickiego, oświaty szkolnej i pozaszkolnej, ani tym bardziej wzorca postawy społecznej i kulturowej, do którego nawiązanie mogłoby uruchomić mechanizmy naprawcze, a może i przyniosłoby *katharsis* niezbędne dla nowej odsłony epokowej w pedagogice polskiej. Bez tej nowej odsłony, z nowymi jakościami intelektualnego odniesienia do głębokich źródeł tradycji XXI wiek w obszarze pedagogiki nadal się w środowisku akademickim nie rozpocznie na dobre. Prawdziwy pedagog, godny tego miana, jawi mi się jako pedagog kompletny, który musi być także pedagogiem społecznym – ten jednak, by być nim na serio, musi umieć być otwartym na kulturę, być nie tyle wąsko zamkniętym pedagogiem kultury, ile pedagogiem kulturowo zakorzenionym i zakorzeniającym, aby klasyczna już triada Radlińskiej – wrastania w głębię kulturową, wzrostu jako wzrastania dzięki temu zakorzenieniu do nowych potencjałów rozwojowych i dojrzałości jako wyrośnięcia do podjęcia zadań nowego czasu – stanowiła osnowę dla każdej głęboko wrażliwej i odpowiedzialnej pedagogiki oraz pozwalała działać na rzecz przeżyć rozwojowych, przebudzeń i przemian stanowiących o jakości naszego bycia w świecie jako jednostek oraz zbiorowości troszczących się o swoją przyszłość i o swoje więzi z dziedzictwem kulturowym stanowiącym szansę i wyzwanie.

Nieprzypadkowo proponowana perspektywa interpretacyjna dla wysiłku synchronizacji dorobku przeszłości i wyzwań teraźniejszych w pedagogice upatruje kompletności postawy pedagogicznej w syntezie strategii pedagogiki krytycznej z narastającym w humanistyce zwrotem w stronę uwypuklania cybernetycznie sprzężonych układów i relacji w zakresie widzenia ekologii uwikłanej w sprzężenia zwrotne rozmaitych wymiarów funkcjonowania człowieka, poziomów oddziaływań zakresów powiązań czy dwoistych wpływów. Dotyczy to zwłaszcza dynamiki relacji między jednostką, przyległym do niej środowiskiem oraz jej zapleczem kulturowym, które trzeba umieć uczynić realnym w odbiorze i przekształceniach rozwojowych poprzez „uczynnienie" jego oddziaływania na umysł, na charakter interakcji społecznych i na jakość troski o przyszłe pokolenia. Dyskusja z wielkimi postaciami naszej tradycji pedagogicznej, traktowanymi na serio jako partnerzy współczesności, w powiązaniu z wysiłkiem wnikania w głąb ich ugruntowanej wielokierunkowo myśli – często nadal niedościgle dla następców – może wpłynąć na jakość kultury akademickiej także w innych obszarach funkcjonowania humanistyki w Polsce. Oczywiście, taka międzypokoleniowa rozmowa nie może się odbywać bez niezbędnej dozy krytycyzmu i niezależności czy bez świadomości miejsc słabych, niedojrzałych, naiwnych, chybionych czy nazbyt optymistycznych. Jest tak tym bardziej, że trzeba umieć zaciągać dług intelektualny i być tego świadomym w relacji z wybitnymi dokonaniami, widzianymi na tle współczesności, z możliwym dystansem do sposobów uprawiania nauki, które nie dadzą się kontynuować jako słabsze, usypiające, pozbawione zakorzenienia i siły inspiracji, którą dałoby się połączyć z własnymi wysiłkami.

Taką postawę próbowałem zaprezentować na kartach tej książki. Chcąc pokazać, że efektów mojej pracy nie uznaję za zakończone i podsumowane, zwrócę jeszcze uwagę na kilka akcentów wartych być może rekonstrukcji w poprzek innych wyprofilowań problematyki. Jednym z najbardziej reprezentatywnych passusów z narracji Heleny Radlińskiej, symptomatycznym dla jej perspektywy etycznej i z obszaru filozofii społecznej, wydaje się fragment akapitu wieńczącego rozważania wokół oświaty dorosłych. Oto bowiem czytamy, że praca oświatowa to:

[...] jeden z najistotniejszych przejawów nowego humanizmu, tego potężnego ruchu, który prowadzi do przewartościowania dorobku technicznego w imię ideałów ogólnoludzkich, i chce wnieść w życie, najbardziej nawet skromne, radość uczestniczenia we wszystkim, co cenne w dorobku pokoleń, chce dopomóc w harmonijnym rozwoju człowieka i uczcić idealne źródła wszelkiej siły (Radlińska 1947, s. 214).

Z tego sformułowania z pewnością przebija zbyt optymistyczna wizja rozwoju, skojarzona z harmonią, i zbyt iluzorycznie optymistyczna sugestia, jakoby „źródła wszelkiej siły" mogły być głównie idealne, podczas gdy jest to wysoce problematyczne, gdyż siła kojarzona z przemocą czy władzą nie daje podstaw do takiej formuły. Ten ostatni przykład jest tu pokazany jako uzasadnienie tezy, że jest o co się z Radlińską spierać, a nawet pokłócić, że można i należy poszerzyć czy czasem inaczej ukierunkować dążenia teoretyczne i wyobrażenia o praktyce. Jednak jest to niezwykle rozwinięty i bogato ilustrowany zestaw tez, przekonań, opisów, jak również propozycji normatywnych, których poznanie daje szansę na istotny rozwój osobisty i zawodowy tego, kto taki dorobek potraktuje na serio.

Przemyślenie dorobku Radlińskiej i to na poważnie przez całą pedagogikę, w tym przez rozmaite subdyscypliny – a nie tylko przez zbyt często nominalnych pedagogów społecznych, powierzchownie znających własną tradycję i niedysponujących narzędziami teoretycznymi do problematyzowania realiów interwencji pedagogicznej – ma potencjalnie przynajmniej ten dodatkowy walor, że może pozwolić na sprostanie wyzwaniom nie tylko pod wieloma względami analogicznym (zważywszy na procesy transformacji i budowy od podstaw nowej rzeczywistości, wyzwalającej z rozmaitych nawyków czy słabości czasu minionego), lecz także miejscami trudniejszym o cechach mniej skłaniających do optymizmu, a tym bardziej do entuzjazmu zrywu niepodległościowego czy zaangażowania czynu organicznego, myślącego o losie kolejnych pokoleń. W 1926 roku, afirmując funkcję szkół rolniczych, Radlińska mogła w *Kalendarzu Samorządowym* potwierdzać „wielkie znaczenie" szkół dla wsi jako związane z tą fortunną okolicznością, że „szkoła gromadzi młodzież dorastającą w latach największego rozbudzenia duchowego, gdy umysły rwą się do wiedzy, ręce – do czynu" (Radlińska 1979, s. 238). Gdzie ta młodzież dzisiaj? – chciałoby się zakrzyknąć, gdzie to rozbudzenie, pęd do wiedzy i zaangażowanie w działaniu przeobrażającym rzeczywistość i własny los? Wątpliwość ta nie umniejsza jednak wagi podjęcia namysłu programowanego przez pedagogikę społeczną, ale wymaga nowych diagnoz, odniesionych do nowych czasów, nowych zagrożeń, a nawet patologii. I choć okoliczności są momentami trudniejsze czy bardziej skomplikowane, z nowymi wyzwaniami, to czy da się zlekceważyć marzycielskie wezwanie Radlińskiej sprzed niemal 90 lat? Brzmi ono następująco:

> Rozwój harmonijny każdej jednostki w promieniach dorobku ludzkości, pomnożenie szeregów świadomych swych sił i zadań ludzi, doskonalenie współżycia w społeczeństwie, potęgowanie kultury narodowej przez rozszerzenia w głąb społeczeństwa liczby jej uczestników – oto cel oświaty w ujęciu najogólniejszym (Radlińska 1979, s. 179–180).

Dziś już w harmonię rozwojową nie wierzymy, a troski pozostają nie mniejsze – na nowe czasy globalizacji, neoliberalizmu i konsumeryzmu, starzenia się społeczeństw, narastania tzw. neoplemiennych nienawiści i skali agresji łatwej do eskalowania środkami dostępnymi terroryzmowi, systemowego degradowania kulturowej funkcji edukacji nawet w zakresie szkolnictwa wyższego, łącznie z uniwersytetami etc. Bez powtórzenia myślowego wysiłku i twórczego zaangażowania czołowych postaci Wielkiego Pokolenia z lat 80. XIX wieku, w tym pracy samej Heleny Radlińskiej, nie ma szans, abyśmy byli zdolni do diagnozy i przeciwdziałania na miarę wyzwań, jakich mechanizmy zdają się dopiero rozrastać do swego apogeum, a przecież już stają się i tak trudne do zniesienia.

Książka miała za cel pokazanie, że Helena Radlińska jest zaangażowana w wysiłek bycia pedagogiem kompletnym, o wielu intuicjach i wielu aspektach w ukierunkowaniu refleksji i badań pedagogicznych, proponując strategię myślową dla pedagogiki, typ jej normatywności, związany z nastawieniem pedagogiki krytycznej, które nie mogą zostać ani odesłane do lamusa, ani potraktowane jako wycinkowe i interesujące wąski typ wyobrażenia o pedagogice. Dodam na koniec, że wiele wątków dopiero później mogło doszukać się postawienia w kategoriach pedagogicznych, jak chociażby odniesienie do kultury popularnej, dla której zostały przygotowane ujęcia i wypracowane narzędzia. Dla uwypuklenia tego zjawiska przytoczę jeszcze chociażby takie sformułowanie z przedwojennych rozważań o oświacie dorosłych:

> Wychowawca dorosłych powinien interesować się głęboko twórczością wielkich talentów i codziennym kształtowaniem życia przez bezimiennych twórców. Rozpozna podówczas czynniki rzeczywistości, które z dnia na dzień przekształcają „teraźniejszość" (Radlińska 1947, s. 48).

Z pewnością da się dokonać transkrypcji innych miejsc z rozważań Radlińskiej mających zastosowanie w obszarach, którymi zająć się jeszcze nie mogła; przykład kultury popularnej, wobec której da się zastosować uwagi autorki o kulturze ludowej czy rozmaitych środowisk, zwłaszcza wiejskiego czy młodzieżowego, jest tu wymowny. Podobnie jak postulaty w zakresie otwierania się oświaty dorosłych na treści także inne niż wpisywane w kanony literatury wielkiej czy klasycznej. Radlińska była przeciwnikiem traktowania twórczości w kategoriach elitarnych czy w formie „zwężania ruchów" bądź „pozoru twórczości społecznej" zamiast wykorzystywania i poważnego odnoszenia się do spontanicznych potrzeb i przejawów postawy twórczej. Pedagog społeczny jako reprezentujący podejście kompletne w pedagogice musi się także zajmować problemami pedagogiki twórczości i odwrotnie, pedagogika twórczości staje się ułomna i zbyt silnie normatywna bez uwzględniania niezbędnej dawki dwoistości wpisanej w przestrzeń zachowań twórczych, które muszą łączyć w sobie aspekty samorealizacji indywidualnej ze społecznym otwieraniem się na definiowanie, kreowanie i afirmowanie wartości w rozmaitych ich postaciach. Chodzi o efekty działań podejmowanych i proponowanych w trybie zwracania się międzypokoleniowego do przestrzeni znaczeń o statusie bardziej uniwersalnym czasowo i przestrzennie, mimo nasycania się doświadczeniami lokalnymi i przeżyciami subiektywnymi, zarazem uniwersalizującymi doświadczenie ludzkie jako takie.

Dramatyczne wyzwania wpisane obecnie w pedagogikę społeczną o tyle da się lepiej widzieć, przykładając wzorzec dyscypliny zarysowany w wielu wymiarach przez Helenę Radlińską, że to doświadczenie związane z konfrontacją tez autorki z realiami społecznymi świata o ponad pół wieku późniejszego niż jej śmierć okazuje się wartościowe także wtedy, kiedy jest jasne, że Radlińska nie ma racji, zwłaszcza z powodu swojego miejscami nadmiernego optymizmu czy idealizmu, postulowanego i wpisanego w formułowane tezy. Andragogika oraz pedagogika społeczna dla przykładu okazują się, jej zdaniem, przydatne dla rozwiązywania problemów społecznych, gdyż kierują się „gorącym powiewem idealizmu", a zarazem obecni na tych polach i zaangażowani „[w]ychowawcy z powołania wnoszą wiarę w przebudowującą moc myśli, intuicyjnie odnajdują siły ludzkie", kierując się jednocześnie troską zdominowaną przez „dbałość o zadośćuczynienie potrzebom rozwoju i o szczęście człowieka" (Radlińska 1947, s. 22). Te szczytne cele i wezwania wymagają z pewnością nowej konceptualizacji i krytyk kierowanych już w stronę nowych źródeł i przejawów zagrożeń, patologii czy przeszkód, z których wiele jest wpisanych w rozwiązania instytucjonalne i dominujące praktyki systemowe w życiu społecznym zbiorowości zrywającej się kolejny raz do rozwoju, demokracji oraz otwarcia sobie świata i przyszłości. Nie wiadomo, czy te wysiłki się powiodą, wiadomo natomiast, że ich warunki konieczne, nawet jeśli nie wystarczające, obejmują problematyzacje naszej własnej sytuacji, z których zapewne niewielka część dopiero została podjęta i to jeszcze w zbyt ułomny sposób, wymagający dalszych… melioracji ducha społecznego.

Zasadnicza w narracji symbolicznej u Radlińskiej figura „melioracji", jako naprawiania poprzez udrożnianie kanałów komunikacyjnych, które czasem wymagają nawadniania, a czasem muszą służyć za narzędzia odwadniania, w praktyce kulturowego oddziaływania pedagogiki społecznej, jako praktyki oświatowej, opiekuńczo-wychowawczej czy pracy socjalnej w jej dominującej wersji, oznacza wezwanie do tego, aby „obudzić śpiących" (por. Radlińska 1979, s. 320), co było sztandarowym hasłem wystąpień wygłaszanych przez ich zaangażowaną autorkę zwłaszcza w latach 20.–30. XX wieku w mobilizowaniu pracy podejmowanej w kontekstach i środowiskach wiejskich. Widziała już wtedy także konieczność przeciwstawiania się presji tego, co narzucają moda, koniunkturalizm i bieżąca codzienność, „odrzucając[a] to, czym gardzi moda wielkomiejska", czyli masowa dominacja postaw ludzi, którzy „kultury ogólnej nie zdołali w sobie wypracować. Są kulturalnie na uboczu" (Radlińska 1979, s. 349). Byłoby krzywdzące dla Radlińskiej widzenie w niej jakiegoś naprawiacza jednostkowych sposobów życia według obowiązującego strychulca. Raczej chodzi o troskę o to, że wraz z takimi postawami rodzą się patologie społeczne, typowe dla tożsamości negatywnej, np. w postaci postaw, jakie przejawia „dygnitarz", odcinający się zarazem od wyższych wartości czy własnego środowiska, z którego się wywodzi, czy zachowujący się zawodowo „jakby czynił łaskę", czy nie powstrzymując „objawów wzgardy" dla postawy, od której się odciął, np. ciężkiej pracy (Radlińska 1979, s. 349). Tymi ilustracjami chciałbym na koniec dać wyraz przekonaniu, że tak naprawdę to czytanie Radlińskiej współcześnie wyzwala w rezultacie skłonność do pójścia, ponad pół wieku po jej śmierci, podobną drogą. Niepokojące zjawiska nabrały nowej postaci, większej skali i bardziej dramatycznie stają się potencjalnym przedmiotem troski, a tym bardziej interwencji pedagogicznej.

A przecież wiemy, że to wyzwanie nas przekracza. Tym bardziej nie pozostaje nic innego, jak zacząć się na nowo przygotowywać do zmierzenia się z nim, od podstaw przemyśliwując doświadczenie podobnie progowe historycznie, jak to będące udziałem Radlińskiej, i niosące potencjał przełomu, jakiego do dziś ani sobie dokładnie nie uświadomiono, ani nie potrafiono spożytkować w wersji przełożonej na oprzyrządowanie nowej epoki. Od tego zadania i tak nie uciekniemy.

Stosunek do dokonania Heleny Radlińskiej staje się w świetle mojego doświadczenia z lektury i rozmyślań wokół jej prac i ich funkcjonowania w ułomnym obiegu środowiskowym w pedagogice kryterium postawy naukowej. Zresztą dotyczy to każdej znaczącej postaci w naszej tradycji, gdzie to znaczenie potrafimy rozpisywać na wątki znaczące dla nas, w naszym badaniu i szerszym podejściu do życia i samej nauki. Jak pisał Gregory Bateson, jest coś takiego jak „dług, który każdy człowiek nauki zaciąga u gigantów przeszłości" (por. Bateson 2000, s. XXI). Ten dług trzeba sobie umieć zdefiniować i zaciągać go w celu pomnożenia możliwych dzięki niemu wartości. Dla mnie jednak zwrot Batesona ma dodatkowy sens, może najważniejszy, bo normatywny, niosący w sobie ukrytą definicję tego, kim jest „człowiek nauki": tylko jednostka funkcjonująca w nauce w rzeczywistości do niej należy; „człowiek nauki" to ktoś, kto umie pracować na takim długu i pokazać zwrotnie jego wartość na serio i głęboko dla siebie samego. Książką tą próbowałem swój dług w kolejnej jego odsłonie zdefiniować, rozliczyć się z niego i wpisać się w jego promieniowanie wzmacniające szanse na nasze dalsze myślenie. Zbyt często funkcjonujemy w nauce tak, jak gdyby wielkie intelektualne wydarzenia w niej, nas duchowo dotyczące i dla nas zobowiązujące, nie miały miejsca. W świecie niektórych „koryfeuszy" często nie ma miejsca na dokonania gigantów z przeszłości, przez co sami wyłączają się z tradycji, której usiłują być rzecznikami, jako jej szkodnicy. Tym ostatnim akcentem, może nazbyt pesymistycznym, chcę jedynie wyrazić moje przekonanie, że jest o co się spierać, czego bronić i w czym, atakując słabości, widzieć siłę i potencjał – zwłaszcza sens i powołanie – dalszej pracy naukowej. Troska o życie idei musi się wyrażać w pokazywaniu ich życia, w ich szerszym środowisku, niż nawet widziane przez ich twórców, z nadzieją, że da się do takiego świata myśli pozyskać kolejne pokolenia czy choćby ich najwybitniejsze umysły. Stąd ekologia idei, ekologia umysłu i ekologia wychowania stają się ramami dla wzbogaconego intelektualnie sposobu rozumienia i działania w obrębie rozmaitych sfer naszych wyzwań: duchowych, społecznych i kulturowych.

I jeszcze jedno. Książka pokazuje efekty pewnej strategii czytania i upomina się o jakość lektur, od której zależy nasza zdolność nawiązywania kontaktu z myślą jako żywą myślą, pożywną, a nawet życiodajną. Spotkałem się już z niezadowoleniem, że rzekomo narzucam jakiś jeden sposób czytania tym, którzy by chcieli czytać „po swojemu". Oczywiście uważam, że takiego jednego sposobu czytania nie ma i wiele ważnych tropów w dorobku Radlińskiej mi po prostu umknęło, ponieważ nie mieściły się w horyzoncie mojej percepcji i jakości mojej wrażliwości myślowej. Natomiast upominam się przynajmniej o jedno minimalne kryterium jakości lektury, związane z zadaniem pokazania, co nam ważnego ta lektura dała, kształtującego nasze własne rozumienie i traktowanie rozmaitych problemów. Otóż moim największym zyskiem kulturowym, społecznym i symbolicznym jest wypracowanie sobie – przy okazji tych lektur i idei „kultury jako gleby" Radlińskiej – poza ogólnym wrośnięciem w ten niezwykły świat styku teorii i praktyki, także wizji „autorytetu u stóp", sprzęgającej teorię autorytetu z koncepcją „autorytu" przejścia[1]. Idea ta została zakorzeniona w horyzoncie ekologii idei i ekologii wychowania, w których myślenie wielkiej pedagog nabiera nowego blasku i siły, promieniejąc intuicjami dopiero w ostatnich dekadach, bardziej czytelnymi w ich funkcji przebudzania do kulturowo ważnej strategii oddziaływania pedagogicznego.

Mam jeszcze nieodpartą potrzebę sformułowania jednej uwagi pod wpływem niezwykle ważnej książki Magdaleny Grochowskiej, pt. *Wytrąceni z milczenia* (2013), traktującej o pokoleniu, o formacji intelektualnej postaci okresowo przemilczanych, spychanych w niebyt, marginalizowanych, zagłuszanych zgiełkiem słuszności ideologicznej. Ich włączenie w proces uruchamiania indywidualnych – jak to nazwałem – „autorytów" przejścia w szerokich gronach i kolejnych pokoleniach adeptów nie tylko pedagogiki, lecz także humanistyki i całości nauk społecznych jest warunkiem troski o jakość życia akademickiego w Polsce, kulejącą z powodu ułomnej polityki państwa wobec nauki, jak również złych nawyków oraz słabości mentalnej i kulturowej naszych środowisk. Adam Michnik w swojej przedmowie do tomu Grochowskiej zwrócił uwagę na ważne przesłanie, które uzasadnia wysiłki takie jak tam dokumentowane, czy – ośmielę się dodać – w skromnej proporcji moje własne; przesłanie to zawdzięczamy Leszkowi Kołakowskiemu i jego refleksji o profesor Marii Ossowskiej, gdy w 1974 roku pisał, a co godziłoby się odnieść do Heleny Radlińskiej, zmarłej 20 lat wcześniej:

> Odchodzą niepowrotnie, z niezawodną pewnością, nauczyciele naszego pokolenia, a wraz z nimi – cała formacja intelektualna i moralna, której ciągłość przechować nam trzeba pod grozą ruiny polskiej kultury (Kołakowski 1974, za: Grochowska 2013, s. 7).

Z pewnością Helena Radlińska zasługuje na podobny wysiłek, bez którego będziemy nie tylko niegodni naszej tradycji, lecz także niezdolni do sprostania wyzwaniom przyszłości. Pora dostrzec, że bez poważnego traktowania tej tradycji, bez umiejętności duchowego zaciągania i rozliczania się z długu intelektualnego u takich postaci, współczesny wysiłek kuleje – warto się starać coś fundamentalnego z tą wiedzą zrobić. To usiłowałem uczynić na własny użytek, a także Czytelników, którzy by przeszli ze mną ten szlak rozważań.

I jeszcze jeden akcent. Strategiczny wręcz, zapewne wykraczający poza ramy rekonstrukcyjne, ale integralnie wpisany w moje **szukanie ramy rozumienia wagi dokonań Radlińskiej na dziś**. Oto bowiem, pisząc o szansach etyki w „zglobalizowanym świecie", Zygmunt Bauman podkreślał tezę, że „nie da się pogodzić kultury z zarządzaniem, szczególnie zarządzaniem natrętnym i podstępnym", a zarazem wskazywał, iż jesteśmy o krok dalej w realiach świata, a dokładniej funkcjonujemy

---

[1] Pewne akcenty otwierające na ten trop zawarłem w tekście: Witkowski 2013.

po rewolucji, w której „zarządzający odeszli od »kontroli normatywnej« na rzecz »uwodzenia«", czyli tkwimy w świecie, w którym „zarządzający państwem porzucili ambicje sprawowania kontroli normatywnej" (Bauman 2007, s. 245, 251, 254). Paradoksalnie owa neoliberalna faza dominacji maklerów i konsumentów na scenie rynkowych przetargów w zakresie myślenia o świecie i działania w nim nie ułatwiła sytuacji kultury. Jest nie tylko tak, że „kultura straciła status niezbędnego narzędzia projektowania, budowania i podtrzymywania porządku społecznego" (Bauman 2007, s. 255), ale także jako dziedzictwo symboliczne nie ma znaczenia funkcjonalnego ani wartości w obszarze dominacji zadań rynkowych i sprawności profesjonalnych wyznaczanych przez pracodawców.

Otóż świadectwo Radlińskiej stanowi zarazem, w tym świetle, upomnienie się o rangę procesów, które znakomity psycholog humanistyczny Kazimierz Obuchowski, zapewne świadom niebezpieczeństw intelektualnej prowokacji, jaką uruchamia, nazywał „doczłowieczeniem" w obliczu diagnozy procesów społecznych składających się na „niedoczłowieczenie" jednostki we współczesnym świecie (por. Obuchowski 1993, s. 183–197). A to jednocześnie wymóg troski – jak by powiedziała Radlińska – o upełnomocnienie czy uobywatelnienie jednostki w świecie społecznym, nawet jeśli widzianym lokalnie jako zdominowany tym, co daje świat widzialny. Zawsze pozostaje tu etyczna odpowiedzialność za jakość kontaktu z dziedzictwem symbolicznym, którego spadkobiercami jesteśmy, mimo że z tego faktu nie potrafimy czynić zwykle wystarczającego użytku ani nawet zdawać (sobie) sprawy. Człowiek jako konsument kultury jest przede wszystkim konsumentem ułomnym, chciałoby się rzec wręcz: niepełnosprawnym, niezdolnym do skorzystania dla własnego pożytku z większości funkcji tego dziedzictwa, a nawet większości tych funkcji nie jest świadom, wydziedziczony z kultury od pierwszego oddechu, wrzucony w świat, którego skalę może ogarnąć jedynie w wysiłku, na który większości narcyzów czy/lub ofiar pseudoliberalnego świata po prostu nie stać. Pozostaje wątpliwość, co zrobić i jak, aby „koniec kultury uczenia się", wieszczony w krytycznym ujęciu przez Baumana, znalazł remedium czy próbę choćby przeciwwagi w trosce o tworzenie społecznych warunków do otwierania się na kulturę, tworzących początek uczenia się... kultury jako dziedzictwa symbolicznego ludzkości, przetwarzanego i przetwarzającego dzięki temu nasze bycie w świecie i nasze rozmaite światy bycia, także bycia człowiekiem, zatroskanym obywatelem świata, dziedzicem i współtwórcą dokonań ludzkości.

Bez głębszych odniesień do trosk Heleny Radlińskiej grozi nam sytuacja, że o tym wszystkim zapomnimy.

Posłowie
O uprawianiu humanistyki

> *Powrót pedagogiki do podstaw, rozumiany jako sięgnięcie do wyjściowych dla koncepcji pedagogicznych teorii bazowych (z najnowszymi ich odgałęzieniami i dyskursami), jest jedną z takich możliwych do zalecenia strategii rewitalizacji pedagogiki teoretycznej w Polsce.*
>
> Zbigniew Kwieciński (2008, s. 77)

Wstęp

Książka ta powstała w procesie zmagania się autora z trudnością i złożonością materii, „do końca zawiązywana dramatycznie" (Nietzsche 2012, s. 119), między poczuciem katastrofy kolejnych wyobrażeń o niej i wybawieniem nagłymi rozwiązaniami na wyższym poziomie odnalezionej syntezy. Powracało nieustannie zmaganie się z jej postacią przerastającą kolejne jej przedstawienia, prowadząc do poczucia, że może to i praca, „której niezbędna jest nie tylko jedna przedmowa"[1], bo każda powstała nie uwzględnia tego, co ją zrodziło w dalszych zmaganiach autora. A jakżesz miałby sobie radzić z ogarnięciem całości Czytelnik w sytuacji, w której autor miałby nieprzezwyciężone problemy z ostatecznym ogarnięciem uzyskanego rezultatu i jego adekwatnym przedstawieniem uwolnionym od kolejnych iluzji w zamyśle i jego postaci? Książka tak się rozrosła i obrosła rozmaitymi tropami, że rozważałem nawet możliwość podzielenia jej na dwie, z odłączeniem rekonstrukcji Radlińskiej od całej masy oprzyrządowania, które dla tego celu zostało wytworzone. Ostatecznie nie okazało się to ani możliwe, ani przekonujące.

Cel tych uwag jest podwójny. Po pierwsze, wobec notorycznych, falami powracających przez kolejne miesiące rozterek co do charakteru, ukierunkowania i proporcji niezbędnych do uwypuklenia w powstającej robocie badawczej, chciałem – ryzykując zapewne zarzut zbędnego ekshibicjonizmu – odsłonić te choćby szczegóły, które ostatecznie jednak coś dla mnie ważnego o samej powstającej

---

[1] Podobne uczucie powracało wielokrotnie w notatkach Nietzschego (por. Nietzsche 2012, s. 153, 156).

książce powiedzą. Bo jest ona ukierunkowana w różne strony i jednocześnie o różne sprawy się upomina. Uprzedzając zarzuty, dopowiem jedynie, że nie chodzi tu wcale o jakieś rozmywanie dyskursu i tradycji pedagogiki społecznej, w której troska o jej instytucjonalizację w pewnym okresie PRL-u wymagała wręcz heroizmu, a także zapewne sprytu i taktycznego manewrowania między stróżami czystości ideowej i walką o instytucjonalne przetrwanie idei oraz możliwości ich nauczania i prowadzenia badań. W tym też kontekście odrzucam zarzut, że deprecjonuję rolę, misję oraz zasługi Aleksandra Kamińskiego, gdyż próba dyskusji z meritum jego tez wpisanych w podręczniki dotyczy już wyłącznie ich wartości dla ekologii idei, w tym ich wartości teoretycznej, a nie funkcji historycznie koniecznej, usługowej czy cenzuralnie wygodnej.

Po drugie pojawił się właśnie niezwykły i zasługujący na przemyślenie przykład upominania się o pewną strategię uprawiania humanistyki – w skrajnej i sztywnej opozycji do nauki, czego akurat nie podzielam – autorstwa Michała Pawła Markowskiego (2013), postulujący **politykę wrażliwości** wpisaną w uwypuklenie egzystencjalnej, finezyjnie pragmatycznej funkcji humanistyki, do której opisu znakomity literaturoznawca i filozof zaangażował argumenty rodem z Jacques'a Derridy oraz kilku jeszcze niezwykle nośnych i głośnych autorów ostatnich dekad uprawiania humanistyki. Zarazem do głosu dochodzi wizja egzystencjalna pedagogicznie wiedzy i uczenia się. I oto usiłuję zasugerować, że tam, gdzie Markowski mówi rzeczy ważne i trafne, tam – z tej późnej perspektywy – angażuje się w dyskurs, strategię i politykę, których sedno duchowe, egzystencjalne, kulturowe czy wreszcie pedagogiczne bliskie jest pod wieloma względami zarówno temu, co (w pewnym zakresie) postulowała jeszcze przedwojenna pedagogika kultury, jak i temu, na rzecz czego z taką dozą zaangażowania pracowała Helena Radlińska pod sztandarem pedagogiki społecznej. A to był sprzeciw wobec pewnej postaci „rozumu pedagogicznego", którą pod wieloma względami zbieżnie, choć z innych światów myślowych, usiłują przezwyciężyć i Markowski – swoją funkcją poszerzania egzystencjalnej wrażliwości przez literaturę, i Radlińska – swoją wizją funkcji książki dla duchowego przebudzenia wyrywającego do emancypacji duchowej dzięki impulsom przywracającym utraconą (nigdy nienabytą) więź z dziedzictwem kulturowym jako pamięcią symboliczną, stanowiącą przetwarzany ciągle rezerwuar rozwojowy dla duchowości kolejnych pokoleń.

Wszystko, co Radlińska robiła, usiłowała instytucjonalizować jako pedagogikę społeczną, mimo że doskonale widziała, iż projekt jej zaangażowań rozsadza samą pedagogikę jako taką oraz wymaga adresowania do najróżniejszych środowisk badawczych i praktycznych, wymuszając nawet wymyślenie... andragogiki. Nieprzypadkowo przecież brała często udział w najróżniejszych zjazdach, konferencjach, organach statutowych stowarzyszeń krajowych i zagranicznych: historyków, bibliotekarzy, nauczycieli, działaczy oświatowych, psychologów, socjologów, środowisk rolniczych, pracowników kultury... Poza wątkiem najsłabszym intelektualnie, bo idiosynkratycznie nasyconym całkowitym wykluczeniem jakiegoś twórczego napięcia między nauką i humanistyką u Markowskiego, okazuje się, że postulaty budzenia wrażliwości, poszerzania wyobraźni, dostarczania impulsów kulturowych do radzenia sobie ze światem własnej egzystencji z wykorzystaniem literatury w celu sięgania do świata niewidzialnego dziedzictwa jako życiodajnego środowiska, które trzeba umieć przybliżyć, nie wymagają aż artylerii rodem z najnowszego dorobku, podejrzewanego – jak wiadomo – przez wielu krytyków o nieodpowiedzialność maści postmodernistycznej i oddającego naukę w pacht wąskich jej definicji, niegodnych zresztą bogactwa epistemologii XX wieku. Okazują się bowiem zarazem leżeć u zarania trosk o odbudowę minimum nowoczesności, przeciw różnorodnym blokadom premodernistycznym, jakie genialna humanistka, w osobie Heleny Radlińskiej, widziała i przezwyciężała, nasycona romantycznym posłannictwem ukierunkowanym na pracę organiczną służącą emancypacji wyobraźni poprzez kulturową meliorację środowiska życia z pomocą niewidzialnego środowiska idei z dziedzictwa kulturowego, do którego prawa przysługują wszystkim.

Ostatecznie w tym posłowiu upominam się i o tę zaskakującą lekcję z historii, która pozwala zrozumieć, jak wiele z najświeższych niepokojów (tu: troski o pedagogiczny udział humanistyki w „polityce wrażliwości" – orientującej w stronę „humanistyki egzystencjalnej") znajduje swój dobitny wyraz w dokonaniu zakorzenionym w dziedzictwie historycznym części humanistyki instytucjonalizowanej inaczej, przez co w innych rewirach instytucjonalnych nauk humanistycznych nieznajdujących odgłosu, posłuchu ani nawet podejrzenia, że mają to wspólne. Każde takie zawężenie instytucjonalne okazuje się może i wygodne dla usiłujących na nim budować swój kapitał organizacyjny w nauce (można wówczas powiedzieć: jestem pedagogiem społecznym, jestem literaturoznawcą), ale szkodzi zarazem sprzęganiem impulsów i uzyskiwaniu efektu synergii dzięki wpisaniu w integralnie traktowane posłanie humanistyki egzystencjalnie rozumiejącej swoje posłania kulturowe, naukowe jako adresowane do odbiorców, do których wrażliwości trzeba najpierw dotrzeć, by umieć ją przetworzyć. Przy czym nawet tak wytrawny humanista, którego wiele akcentów analizy jest mi bliskich, wikła się w nie dość dwoiste stanowisko, gdy próbuje ostatecznie swój projekt humanistyki egzystencjalnej wykluczyć z myślenia o problematyce naukowego ogarniania doświadczenia ludzkiego. Na szczęście sam swoimi uogólnieniami, próbami syntetyzującego orientowania się w dorobku myśli, daje dowód, jak świetnie projekt naukowej humanistyki uwikłanej w napięcia nieustannej troski o metanarracyjność potrafi rozwijać i scalać. Moim zadaniem jest pokazanie, że i w tym lektura Radlińskiej okazuje się współbrzmieć w duchu organicznie budowanego romantyzmu na poziomie troski o społeczne (więc i nierozerwalnie kulturowe) stanowienie człowieka jako duchowości dla siebie możliwej dzięki zakorzenianiu w glebie symbolicznego dziedzictwa, wymagającego uprawy, czyli przetwarzania, melioracyjnego przygotowania do odnowy znaczeń kolejnych pokoleń.

Wyznanie znużonego wędrowca

Podziwiam tymczasem wielu autorów za to, że piszą tak, jak gdyby im to przyszło spacerkiem, zazdroszczę wielu czytelnikom, którzy czytając nawet geniuszy, piszą o nich tak, jak gdyby mogli spokojnie powiedzieć: „ja i Georg Wilhelm Friedrich Hegel uważamy" albo „wiem, co ten wielki chciał powiedzieć". Szczytem są wyznania etatowych rzeczników Pana Boga, którzy i myśli, i wyroki boskie mają wyssane z mlekiem matki. Podziw i zazdrość nie są bezpiecznymi stanami, ale w moim przypadku są one uwikłane w gorycz niepewności efektu wielomiesięcznego wysiłku, a tym bardziej pozostawiają zwątpienie, czy udało się zakomunikować Czytelnikowi własne troski, a może i obsesje poznawcze, uwikłane w dwoistość postawy. Bo z jednej strony jestem świadom bardzo interesownego, subiektywnego, wręcz pasożytującego na tekstach czytania – w tym wypadku Radlińskiej – ale z drugiej strony jestem też gotów toczyć spór, a nawet bić się o jakość lektury, obiektywizującej wartość czytanego nie poprzez oszukańcze udawanie, że ktoś jest doskonałym przewodnikiem po cudzej myśli, ale przez wskazanie, jakie ważne impulsy z niej wynikają, nawet przy jej własnych ograniczeniach. A już spotkałem się z życzeniem, by nie mówić, „jak należy czytać", skoro każdy ma prawo czytać jak chce...

Czasem jest tak, że w trakcie prac nad książką, gdy wyruszyło się na wyprawę, będącą ryzykowną próbą przedarcia się przez nieznane lądy, szukania własnych ścieżek, czy choćby odbywaną w duchu alpinisty decydującego się na wspinanie się własną drogą, bez wybierania szlaków łatwiejszych, opisanych, wręcz wyglądających na banalne, nie wie się tego, co spotyka śmiałka w kolejnej fazie zmagań. Trasa zaskakuje, uczy pokory, zdumiewa odkryciami, których się nie spodziewaliśmy.

W szczególności ramą stanowiącą wizytówkę książki jest jej tytuł. Kiedyś po napisaniu książki o semiotyce kultury Michaiła Bachtina przez ponad miesiąc dzień w dzień zastanawiałem się, o czym ja napisałem tę pracę i jaka jej wizja zaklęta w tytuł da najwięcej do myślenia. Bo przez miesiące dałem się ponieść materiałowi, nie zastanawiając się, dokąd on mnie zaprowadzi i jak będzie trzeba nazwać odkrytą krainę. Co więcej, nawet nie wiedziałem, że piszę... książkę, bo ze zdziwieniem konstatowałem, że zamiar skończenia na 20, 40, 60, 80 stronie nie ma szans powodzenia ani nawet prawa się ziścić[2]. Odkrycie zupełnie paradoksalnego „uniwersalizmu pogranicza", charakteryzującego się uniwersalnie powracającą sytuacją, która

---

2 Wie o tym doskonale Ryszard Borowicz, który zamówił u mnie artykuł o tożsamości młodzieży, więc go pisałem i pisałem, aż tu nagle okazało się, że powstaje... książka. O tym, że nie jest to u mnie czymś niezwykłym, może zaświadczyć Stanisław Zbigniew Kowalik, który prosząc mnie o artykuł o autorytecie, doprowadził mnie do takiej desperacji przy świadomości, że nie potrafię tego zrobić, że musiałem najpierw napisać aż dwie książki, po których dopiero poczułem się gotowy do napisania artykułu i zamiar wcześniej beznadziejny wreszcie się udał.

niesie wyzwanie często marnowane, określane przeze mnie za Bachtinem mianem „efektu pogranicza", bardziej podstawowego od kategorii dialogu, stało się pomostem do poczucia, że wszystko było o tym właśnie. I że wraz z upadkiem roszczeń tradycyjnych uniwersalizmów ta nowa formuła zasługuje na rzucenie wyzwania tym wszystkim, którzy uważają, że przecież każdy uniwersalizm się już skończył. Co więcej, że nie wolno oddać w pacht idei uniwersalności jakimś jej przestarzałym postaciom. Dotyczy to także idei naukowości czy nowoczesności, jak też pedagogiki społecznej. Ekologia idei nakazuje czujność wobec tych, którzy chcieliby nałożyć na nią jakąś gotową i rzekomo nieskazitelną albo przeciwnie – wymagającą już ostatecznego potępienia skazę, nakazując odrzucenie, pełne i nieodwracalne odcięcie. Rzecz jasna poczucie, że nie ma interpretacji bez skazy, może być przygnębiające, ale jedynie dla tego, kto sądził, że ma receptę na niewinność i wyższość poznawczą ponad wszystko. Podjęty wysiłek jednak w którymś momencie trzeba przerwać, nawet ze świadomością, że nie da się go zwieńczyć czy spełnić. W tym sensie nawet strategia pedagogiki kompletnej nie może być sama w sobie... kompletna i musi szukać dalszych czy usytuowanych na innych poziomach analizy tropów, żeby nie narażać się na zarzut nie tylko nierozpoznania własnych ułomności, lecz tym bardziej ich nieprzewidywania ani nieprzygotowania na ich usuwanie w dalszym wysiłku. To pedagogika drogi, w której droga jest tym, co ciągle przed nami, a nie tym, co już osiągnięte i pozwalające przerwać zmagania. Sama ta droga też nie jest dana raz na zawsze, a na każdym etapie i w każdym momencie wymaga szukania, gdyż zawsze jest to ostatecznie szukanie drogi do... siebie, jak na to uczulał Hermann Hesse w swojej wizji człowieka przebudzonego. A przecież Radlińska chciała służyć nie tylko przebudzeniom, nakazywała także służyć całej pedagogice społecznej, instytucjonalizowanej jako zorientowana na troskę o jakość egzystencji jednostek, środowisk i całego narodu odzyskującego własną podmiotowość, prawo do bytu państwowego oraz ostatecznie prawo i szanse do bycia dziedzicem całej kultury i emancypującym się współtwórcą własnego losu. Mimo znużenia, jakie przynoszą każdy długotrwały wysiłek i niepewność oraz skala przeciwieństw, które nie zawsze dadzą się pokonać. Ale nawet beznadzieja i samotność dadzą się pokonać świadomością, że takich jest wielu, a ich głos brzmi w niewidzialnym środowisku kultury, choć może dotrze do kogoś dopiero w przyszłości.

Przekleństwo tytułu i ramy dyscyplinarnej

Choć wiem, że perypetie i rozterki twórcze piszącego nie muszą stanowić przedmiotu zainteresowań jego czytelników, to ośmielam się jednak podjąć ryzyko wyznania, które nie będzie jedynie epatowaniem własnymi kłopotami redakcyjnymi, a dotknie czegoś bardziej zasadniczego, bo nie o samo poszukiwanie atrakcyjnego i adekwatnego tytułu tu chodzi. Poniższe uwagi, mam nadzieję, pozwolą pełniej wejrzeć w dylematy dotyczące tego, w jakim horyzoncie teorii i badań da się usytuować tę książkę. We wstępie do swojej publikacji Shoshana Keiny (2002) podobnie opisuje perypetie z trzema kolejnymi tytułami, którymi usiłowała objąć powstającą pracę, która w kolejnych odsłonach pod presją kolejnych wydawców i własnych studiów, „jak żywy organizm, zmieniała się synchronicznie wraz ze zmieniającym się kontekstem, podtrzymując zarazem swoją podstawową organizację wewnętrzną" (Keiny 2002, *Wstęp*). Ostateczny impuls dla tytułu stanowiło spotkanie z gronem ekologicznie myślącym, które pomogło autorce ukształtować ostateczną perspektywę rozumienia własnej roboty.

W przypadku tej książki, właśnie tu wieńczonej, sytuacja okazała się jeszcze bardziej dramatyczna dla autora ze względu na wielofrontalny charakter podjętych peregrynacji. Choć z większą, wydawałoby się, dojrzałością zacząłem świadomie pisać książkę dopełniającą tom o „przełomie dwoistości", to w poszczególnych fazach wymuszała ona coraz to inne tytuły, upadające w świetle stwierdzenia ich nieadekwatności czy częściowego uwierania dla kolejnych odsłanianych czy penetrowanych wymiarów, skal i stron opisywanych zjawisk. Wiązało się to tym bardziej ze zdawaniem sobie sprawy, że tak wielostronne zjawisko jak dokonania Heleny Radlińskiej powinno być adresowane do ciągle innych kręgów odbiorców, mających własne tożsamości i nawyki, których sztywność trzeba przekroczyć, a których naruszenie wymaga wejścia na **ich** pole, w ich skórę, upominania się o sprawy ważne dla nich oraz zderzania się z ich kanonicznymi wykładniami i postawami stróżów moralności, nakazujących akceptowanie tego, co już weszło w podręczniki. A dotyczyło to kolejno nastawień samych pedagogów społecznych, wyobraźni pedagogów ogólnych, lektur pedagogów kultury, praktyki i teorii pedagogii opiekuńczo-wychowawczej, dydaktyków ogólnych i wielu innych. Co więcej, okazało się, że warto, a nawet trzeba się bić o jakość uprawiania całej dyscypliny, o jakość postrzegania jej usytuowania w humanistyce, o zdolność wykorzystywania narzędzi tej ostatniej do penetrowania i rozumienia samej pedagogiki. W ostatnich latach odkryłem dla siebie pułapkę albo **mit specjalizacji**, polegający na tym, że wbrew potocznym wyobrażeniom i roszczeniom, zwalniającym rzekomo z obowiązku szerszego wykształcenia, aby naprawdę być specjalistą głęboko osadzonym w jakimś obszarze, trzeba dla jego uprawiania dysponować odpowiednio szerokim zapleczem – nie tylko tłem, lecz wręcz podłożem, fundamentem – intelektualnym, żeby nie powiedzieć duchowym, choćby we własnej dyscyplinie z pogłębionych i szeroko osadzonych lektur i przemyśleń. A tu rozmaici badacze bywają nie na tyle uczeni, żeby w tych badaniach sprostać największym z nich we własnych tradycjach myślowych. Na dodatek mści się często **pułapka instytucjonalizacji**: zbyt szybkie zamknięcie w jakichś wygodnych ramach tożsamościowych, zanim zostaną wypracowane własne narzędzia do zadawania pytań tożsamościowych, gdy wyznaczniki formalne tożsamości (dowód osobistego statusu) nie idą w parze ze skalą dojrzałości osobowej.

Wyznam, że książka miała trzy kolejne tytuły i każdy miał na celu określony *message* do Czytelnika, który z czasem okazywał się pod jakimś względem ułomny, bo niewystarczający czy uwikłany w rozmaite nastawienia wymagające częściowego przeformułowania. Najpierw chodziło autorowi o formułę o maksymalistycznym wezwaniu do **pedagogów ogólnych**, zbyt słabo ogólnie – co powinno znaczyć: głęboko, a nie: ogólnikowo – osadzonych w kulturze humanistycznej: *Pedagogika kompletna jako krytyczna ekologia umysłu, idei i wychowania. Miejsce pedagogiki społecznej Heleny Radlińskiej w przełomie dwoistości w humanistyce*. Potem się okazało, że to zaciera jakość skupienia na klasycznym dokonaniu, gubiąc zarazem posłanie przeznaczone przede wszystkim badawczo i samokształceniowo dla środowiska **pedagogów społecznych**, stąd pojawiła się formuła tytułu: *Pedagogika społeczna Heleny Radlińskiej jako krytyczna ekologia umysłu, idei i wychowania. W stronę pedagogiki kompletnej w przełomie dwoistości w humanistyce*. Ale i to przestało mnie zadowalać, gdy zrozumiałem, że taki adresat to za wąskie określenie w stosunku do szerszego posłania książki do całej pedagogiki, przeciw posztakowaniu jej pola na wygodne folwarki akademickie zwane dyscyplinami. Na dodatek takie ustawienie adresu książki gubi fakt, że chodzi tu o jednoczesne odczytywanie bardziej filozoficzne i projektujące, a nie tylko rekonstruujące i osadzone na wybiciu kulturowej funkcji edukacji, co tak drastycznie zostaje załamane w szaleństwie neoliberalnego redukowania funkcji kształcenia do sprzężenia z mitycznym rynkiem pracy i przygotowaniem zawodowym. Stąd, mimo że te akcenty towarzyszyły powstawaniu książki od początku, okazały się nagle kluczowe i warte wydobycia na pierwszy plan. Stało się tak tym bardziej, że ciągle w tle pokutowała mi myśl, aby wyróżnić jakiś termin, jakieś pojęcie jako sztandarowe wezwanie, filozoficznie uczulające poprzez skupienie jak w soczewce uwagi na kluczowym tropie, zasługującym na swoją filozofię, na swoją teorię i praktykę. I odkryłem dla siebie samego ideę „niewidzialnego środowiska", której wagi nie umiałem wcześniej uwypuklić, a zarazem pozwoliło mi się to odważyć na próbę wskazania na… kompletność czy pełnię tak projektowanego wysiłku myślenia o edukacji i wychowaniu oraz działania na rzecz postawy „kompletnej" właśnie.

Stąd czwarty tytuł, przyjęty ostatecznie do druku, choć i on uwiera, skoro wpisałem w rozważania wokół Radlińskiej także uwagi krytyczne, w odniesieniu nie tylko do jej samej, lecz także luk i usterek jej własnego osadzenia w środowisku idei jej czasu (przez niedoczytanie Bogdana Nawroczyńskiego, przez zgubienie zjawiska anomii u Sergiusza Hessena, poprzez nadmierne mimo wszystko instytucjonalizowanie dla siebie ramy, ją *de facto* ograniczającej i uwierającej, a zwrotnie blokującej szersze jej przyswojenie etc.). Idę o zakład, iż znajdą się polemiści, którzy będą chcieli wykazać, że Radlińska nie dostarczyła „pedagogiki kompletnej", no bo przecież wielu wątków typowo pedagogicznych u niej nie ma. Rzecz tylko w tym, że kompletność oznacza tu strategię, w jaką po części wrastała wraz z wysiłkiem całego pokolenia, nie do końca mogąc być świadomą dokonujących się procesów, a mimo to rozpoznając konieczność uwzględniania wątków zwykle sobie przeciwstawianych i to rozłącznie, gdy chodziło tymczasem o ich scalenie w dwubiegunowe napięcia. Kompletność jest zadaniem, otwierającym na wysiłek i zespolenia, a nie spełnieniem czy zamknięciem i wyczerpaniem. Jest postulatem integralności wysiłku w podtrzymywaniu więzi i sprzężeń wzajemnych tam, gdzie widzi się zwykle pęknięcia aż po skrajne rozdwojenia. W tym sensie kompletność jest strategią zaangażowania, ciągle rozpoznającą swoje niekompletne wcielenia, a nie sztywnym programem w pełni świadomym swoich składowych, bo i wyznaczanie owych składników wymaga dystansu krytycznego i przezwyciężania jego słabości. A wiele z nich pozostaje niewidzialnymi, gdyż dla ich ujrzenia potrzebne bywa sięgnięcie po środki, narzędzia dyskursywne ze sfery niewidzialnego zawsze w dużym stopniu środowiska symbolicznego pozostałego tam, gdzie jeszcze nasze myślenie, lektury, doświadczenie nie zdołały dotrzeć czy, dotarłszy, nie zdołały go przysposobić, przetwarzając na własny użytek.

Ekologia idei nie funkcjonuje w świecie widzialnym, w szczególności troska o idee nie da się wyrażać ani przekładać na ich instytucjonalizację, nawet jak niektóre z nich znajdą się w hasłach kluczowych nazw poszczególnych instytucji. Troska o życie, żywotność i życiodajność idei nie daje się zredukować do myślenia o losach instytucji w ich imieniu występujących (nazwy partii politycznych zaświadczają o tym dobitnie). Stąd historia pedagogiki społecznej jako przestrzeni myślenia teoretycznego to zupełnie inna opowieść jak historia instytucji, w tym historia obecności samej idei w przestrzeni działań instytucjonalnych. Oczywiście byłoby naiwnością lekceważyć znaczenie obecności instytucji, skoro ich niszczenie jest tak na serio traktowane przez przeciwników idei, którym mają służyć. Mimo to nieporozumieniem byłoby traktowanie troski o idee, poziom teorii, rozwijanie badań jako sprowadzającej się do ustanawiania dominacji instytucjonalnej poszczególnych postaci, nawet deklarujących przywiązanie do idei czy kontynuację związanej z nimi tradycji.

Edukacja ma sens egzystencjalny

Zastanawiając się nad przyczynami katastrofalnej sytuacji edukacji w naszym społeczeństwie – w sensie braku zrozumienia jej wagi, poza dawaniem niezbędnych „papierów", oraz w sensie kultury pedagogicznej myślenia w świecie dorosłych i ich głównych instytucji edukacyjnych (przykład: szaleństwo z „ratowaniem maluchów" przed uczeniem się i ministerialna niezdolność do przygotowania szkół na to wyzwanie) – doszedłem do dość przygnębiającego wniosku. Oto bowiem nabrałem przekonania, że nie da się tej sytuacji odwrócić bez zaangażowania praktycznie całej sfery publicznej i humanistycznej kultury uczelni wyższych, bez oglądania się na absolutyzowane dyrektywy ministerialne i kryteria akredytacyjne, niszczące twórcze rozumienie nauki przez biurokratyzację i prymitywnie rozumianą profesjonalizację. Trzeba umieć wdrażać standaryzacje i funkcjonalność zawodową oraz upominać się o „naukowość" bez zabijania humanistycznego ducha dyscyplin społecznych czy wymachiwania wąskimi kryteriami rzekomo jedynie słusznych badań naukowych i podręcznikowymi wykładniami zaplecza myślowego historii dyscyplin czy ich skupianiem na pomnażaniu formalnie docenianych przyczynków zamiast poważnego doceniania dojrzałych prób ogarniania całości. Środowiska humanistyczne same **uczestniczą w marginalizacji** własnego potencjału i jego znaczenia kulturowego, społecznego w zakresie stymulowania nowej jakości rozwoju kolejnych pokoleń, ogłaszając za rozmaitymi guru zachodnimi, że wiedza humanistyczna niczemu nie służy. W takim podejściu cofamy się do czasu sprzed dokonań przedwojennej pedagogiki polskiej, a nawet otwieramy puszkę Pandory z wichrami analfabetyzmu w rozumieniu Radlińskiej – czyli niezdolności do robienia użytku nawet z dostępnej literatury – z żywiołami nacjonalistycznego nierozumienia wartościowej afirmacji własnej tradycji narodowej, która żadną miarą nie musi być oddawana w pacht nienawiści, ksenofobii i braku szacunku do wielopostaciowego charakteru korzeni polskości i rodowodu naszej tożsamości. Równolegle do głosu dochodzi pogarda dla zakorzeniania się w świecie kultury jako życiodajnym podłożu rozwoju duchowego i samodzielności myślowej. Jak słusznie, moim zdaniem, uwypukla to Michał Paweł Markowski w swojej ostatniej książce (por. Markowski 2013), kluczowe staje się staranie o nową „politykę wrażliwości", w której akcent pada na „egzystencjalną funkcję edukacji", dającą się na różne sposoby uściślać i pogłębiać.

Punktem wyjścia do rozumienia wagi tej funkcji jest uznanie, że w pełni odpowiedzialnie i wartościowo „nikt nie zajmuje się w humanistyce tym, co nie ma dla niego osobistego znaczenia", gdyż projekt badawczy staje się także „projektem egzystencjalnym badacza" (Markowski 2013, s. 39). Musi mu bowiem o coś istotnego chodzić, jeśli nie usiłuje jedynie uzyskać punktów czy dać pracy na stopień. Odnoszenie pytań badawczych o przedmiot do „własnej egzystencjalnej sytuacji" staje się tu wyjściowe i podstawowe (Markowski 2013, s. 44). Tymczasem przerosty jednostronnie obiektywistycznej wizji nauki wręcz unieważniają troskę o uwzględnianie wymiaru egzystencjalnego, także wpisanego w przedmiot badań, co za Romanem Jacobsonem ilustruje Markowski (2013, s. 66) wskazaniem na to, że ofiarą historyków literatury często pada wszystko, co niesie „życiowa egzystencja", w której to, co najważniejsze, wymyka się procedurom i dyscyplinie poszczególnych usztywnionych nastawień, zajmujących się „literackością", nie zaś obecnymi w niej wymiarami życia. Prowadzi to do formalizmu odciętego od egzystencjalnej strony literatury.

Tymczasem Markowski upomina się dla humanistyki o jej „egzystencjalne zakorzenienie" wytwarzające siłę niosącą „rozbudzanie wyobraźni i tworzenie fascynujących zdarzeń, za pomocą których człowiek lepiej lub gorzej mocuje swoje istnienie wśród innych ludzi" (Markowski 2013, s. 75). Myślę jednak, że stanowczo myli się autor *Polityki wrażliwości*, gdy „zabarwienie egzystencjalne" (Markowski 2013, s. 77) postawy humanistycznej i dociekań widzi jako z konieczności rozłączne z jakimkolwiek zastosowaniem profesjonalizmu czy troski o obiektywność albo uniwersalizacje. Dylemat, uwypuklany jeszcze przez Jeana-Paula Sartre'a, czy intelektualista to ma być „strażnik obiektywności czy mag subiektywności", wcale nie musi mieć jednostronnego rozwiązania. Wystarczy, że będzie za każdym razem pobrzmiewał i budził niepokój, zmuszając do pracy w dwóch odmiennych kierunkach profesjonalizmu jednocześnie, np. w przypadku nauczycieli, którzy w wartościowych wydaniach są i fascynujący osobowością, i mądrzy wiedzą[3].

Zgadzając się, że może tu chodzić o projekt nazwany „humanistyką egzystencjalną" (Markowski 2013, s. 86), zarazem twierdzę, iż wcale nie musi to oznaczać amputowania dla myślenia o egzystencji walorów poznawczych, rozmaitych prób widzenia wspólnoty, np. samotników, rozbitków życiowych, samobójców czy ludzi zrozpaczonych. Podobnie można by za Markowskim uznać, że chodzi o utożsamienie z „humanistyką pragmatyczną" przy głębszym sensie pragmatyzmu (Markowski 2013, s. 86). U podstaw takiego podejścia znajduje się wizja, w myśl której

> [...] kultura jest sposobem zestrajania wszystkich sposobów, jakie ludzie wynajdują, żeby ich egzystencja stała się zrozumiała dla innych i dla nich samych. Kultura to repertuar ludzkich reakcji na świat [...] (Markowski 2013, s. 188).

Oczywiście, takie podejście na wiele sposobów daje o sobie znać łącznie z tezą Milana Kundery, że literatura to „laboratorium ludzkiej egzystencji" (por. Kundera 2004)[4], co w odniesieniu do humanistyki znaczyłoby, iż ta ostatnia to refleksja nad zjawiskami w tym laboratorium obserwowanymi z perspektywy indywidualnych nastawień i sytuacji ludzkich. Jak pisze Markowski:

> Literaturą zajmujemy się dlatego, że dostarcza nam ona rozmaitych scenariuszy egzystencjalnych. Nie w tym rzecz, że literatura mówi nam, „jak żyć", lecz w tym, że pokazuje nam **więcej**, niż wiemy, **więcej**, niż jesteśmy w stanie sobie wyobrazić, **więcej**, niż możemy zrozumieć (Markowski 2013, s. 214)[5].

Stąd funkcja i przeznaczenie humanistyki: troska o „kształcenie wrażliwości" i uczestnictwo w próbach „odnawiania egzystencji". Zarazem jej przekleństwem jest „egzystencjalna jałowość" rozmaitych operacji myślowych i nawyków dyskur-

---

3 Michał Paweł Markowski stanowisku Jean-Paula Sartre'a poświęca w książce cały blok rozważań pod tytułem „Egzystencja przeciwko egzystencjalizmowi" (por. Markowski 2013, s. 297 i nast.).
4 Markowski mówi tymczasem o literaturze jako samej w sobie... egzystencji, por. tytuł podrozdziału „Literatura jako egzystencja", i dalsze rozważania; teza ta zdaje się wynikać z formuły, że egzystencja to „sfera pośrednia między nagim życiem i wiedzą konceptualną" (por. Markowski 2013, s. 199–200).
5 Działa tu więc „nadwyżka semantyczna" literatury (Markowski 2013, s. 214).

sywnych, jak „nieużyteczne dychotomie: podmiotu i przedmiotu, prawdy i pozoru, nauki i sztuki" (Markowski 2013, s. 214–215). Markowski postuluje „dyskurs wrażliwości" (Markowski 2013, s. 214), mający na uwadze szczególnie unikanie wspomnianej jałowości, która nie porusza, nie budzi, nie generuje przeżyć. Tymczasem przeciwnie – chodzi o sprzyjanie „strategii kulturalnego zakorzenienia", wplątanej w indywidualną i „fundamentalną rozgrywkę ze światem" (Markowski 2013, s. 215).

Wielokrotnie na kartach rozważań Markowskiego powraca troska (w duchu późnego Wilhelma Diltheya) o funkcję rozumienia zdominowaną „poszerzaniem możliwości egzystencjalnych podmiotu, uwikłanego w jednostkowy kontekst życia" (Markowski 2013, s. 224). Sprzyjanie rozumieniu treści wykraczających poza horyzont takiego życia jest z kolei zadaniem humanistyki, bo dzięki temu sam ten horyzont się poszerza, pozwalając jednostce na sięganie po rozwiązania własnych problemów spoza własnych pomysłów i idei. Za Paulem Ricoeurem – choć to znacznie bardziej uniwersalna idea – Markowski stwierdza, że „interpretacja tekstu otwiera egzystencjalne możliwości przed czytelnikiem" (Markowski 2013, s. 227) dotyczące jego własnej sytuacji problemowej, a nie intencji samego tekstu. Działa tu, uwypuklona z kolei przez Hansa-Georga Gadamera, nadwyżka semantyczna tekstu w zakresie jego sensu przekraczającego oczekiwania czytelnika, pozwalająca na dokonanie „re-aranżacji egzystencjalnej", inspirując, a bywa, że wręcz wymuszając „zdefiniowanie na nowo własnego życia" (Markowski 2013, s. 238).

Pokazałem wyżej we własnych analizach, jak genialnie Radlińska antycypowała swoim przedwojennym myśleniem o egzystencjalnej funkcji książki taką strategię rozumienia funkcji lektury tekstów dzieł kultury. Wiedziała, że trzeba środkami kulturowymi wpływać na to, co dziś nazywamy jakością dyskursywną egzystencji[6], pozwalającą dzięki kontaktowi z cudzym myśleniem rozwijać środki refleksyjności, wyobrażenie o własnych ideałach i jakości funkcjonowania społecznego i bycia podmiotem. Pedagogice społecznej zależało w wersji Radlińskiej na tym, aby człowiek, jako obywatel i jako uczestnik relacji w swoim środowisku, w odniesieniu do własnego losu i możliwości (sił dostępnych i dających się udostępnić) nabywał zdolności do problematyzowania siebie i temu miał służyć wysiłek udrażniania, melioracji wobec niego jego własnego dostępu i zakorzenienia w przestrzeni kulturowej możliwie najszerszego zakresu. Niezbędne staje się tu działanie na rzecz jakości dyskursywnej podmiotu, by jego życie stało się refleksyjnie przekształcaną egzystencją z ograniczaniem nieświadomego poddawania się nierozpoznanym procesom i mechanizmom czyniącym jednostkę bezwolnym zakładnikiem własnego świata społecznego.

Cenne jest uwypuklenie, że wskazuje to na ideę edukacji wpisaną jeszcze w klasyczną strategię niemieckiego *Bildung* interpretowaną romantycznie jako kształcenie, wartościowe o tyle, o ile umożliwia „gruntowną przemianę egzystencjalnego

---

6 Na ten aspekt sprzężenia egzystencji i refleksyjnej dyskursywności zwraca uwagę Markowski za Heglem i jego „fenomenologią ducha" (por. Markowski 2013, s. 284).

doświadczenia" (Markowski 2013, s. 289). Kształcenie jako *Bildung* ma polegać „na nieskończonym poszerzaniu własnej egzystencji" (Markowski 2013, s. 290). Stąd naturalność myślenia Radlińskiej o tym, aby w taką stronę angażowała się strategia wychowania widziana z perspektywy pedagogiki społecznej, umożliwiającej innowacyjne budowanie swoich szans poprzez korzystanie z dorobku kulturowego obecnego w „niewidzialnym środowisku" idei, poza zasięgiem lokalnego uwikłania jednostki w jej otoczenie.

Dla Markowskiego istotne jest wskazanie na „zwrot egzystencjalny w humanistyce" (Markowski 2013, s. 301 i nast.), związany z romantyzmem projektu Friedricha Schlegla i Novalisa, w tym ze wskazaniem na potrzebę *Bildung* jako kształcenia, które „nie ma końca" (Markowski 2013, s. 309), a zorientowane jest ciągle na wysiłek scalania „egzystencjalnego doświadczenia" człowieka i to zawsze od nowa (Markowski 2013, s. 316). Romantyczne dziedzictwo kształcenia, funkcji sztuki i literatury jest uwikłane w „poszerzanie egzystencji" jako działanie wpływające na „poszerzanie egzystencjalnych możliwości jednostki" (Markowski 2013, s. 336), a tym samym zmiana potencjału przekształcania życia i świata społecznego wokół siebie poprzez „poszerzenie możliwości interpretacji rzeczywistości" (Markowski 2013, s. 346). Radlińska wskazuje tu z równą wytrwałością na „przekształcanie" siebie i świata dzięki dostępowi do „niewidzialnego środowiska" stanowiącego skarbnicę dziejową sensów i znaczeń.

Markowski podkreśla dalej, za Maurice'em Merleau-Pontym i Jacques'em Derridą, dążenie do „instytucjonalizacji egzystencji", ze względu na filozofię instytucji uwypuklającą jakość ich funkcjonowania poprzez wskazanie na „zdarzenia w doświadczeniu", stanowiące źródła znaczeń i wzorów, wykorzystywanych następnie przez jednostki w tworzeniu siebie (Markowski 2013, s. 357). Daje tu o sobie znać zbieżność egzystencjalnej wizji instytucji i troski u Radlińskiej o nadawanie sensu funkcjonowaniu urządzeń kulturowych, co zostało uwypuklone w moich rekonstrukcjach wyżej. Zauważmy, że taka egzystencjalna filozofia instytucji staje się istotnym tropem dla myślenia o mieliznach i jałowości, a nawet pozornym charakterze sposobów istnienia i działania instytucji czy postaci instytucjonalizacji procesów kształcenia, jak też każdej innej praktyki kulturowej. Tu repertuar określeń uczulających na potrzebę krytycznego podejścia do funkcjonowania instytucji społecznie działających jako urządzenia kulturowe był duży.

Nowe otwarcie humanistyki na pedagogikę

Markowski pokazuje myślenie pedagogiczne w najnowszej humanistyce oraz reinterpretuje humanistykę i nauczanie humanistyki jako mające zadania pedagogiczne, a w istocie niezwykle ważną do spełnienia „funkcję egzystencjalną". Kluczowa jest tu kultura nauczania literatury, ale to tylko soczewka, w której skupiają się problemy znacznie szerszej skali kulturowej i społecznej.

Za Paulem de Manem operuje Markowski „pedagogicznym imperatywem" wskazującym na konieczność uwrażliwiania uczniów i studentów na to, by – jak cytuje wielkiego literaturoznawcę – „nie skrywać swojego niezrozumienia za parawanem komunałów (*received ideas*), które bardzo często uchodzą w literackim nauczaniu za wiedzę humanistyczną" (Markowski 2013, s. 41). Dodajmy, że uwikłane jest to tym bardziej w imperatyw adresowany do nauczycieli literatury, by umieli nauczać sensu dzieł w trybie innym niż dostarczający komunałów bez znaczenia i uległości wobec klucza interpretacyjnego. Ponadto mamy tu odcięcie się od widzenia nauczyciela jako jakiegoś „przezroczystego rzecznika wiecznej pedagogiki", komunikującej odwieczne prawdy, sensy oraz obowiązujące treści i ich wykładnie. Jak podkreśla Markowski za Derridą „ważniejsze jest tu wspólne zastanawianie się nad kilkoma problemami, które parę osób uzna – wraz ze mną – za ważne dla siebie" (Markowski 2013, s. 218). Znowu dodajmy, że nie trzeba dla takiego postulatu aż autorytetu Derridy, gdyż jest to jeden z fundamentów pedagogiki kultury w wersjach rozwijanych jeszcze przed wojną, a wyrażanych na różne sposoby postulatem, by wiedza była „przebudzająca" w rezultacie takiego jej dotarcia, by dawała szanse na „przeżycie" jej treści, przemieniające wcześniejsze rozumienie siebie i świata, jak to zostało już zrekonstruowane przeze mnie w odrębnych analizach (por. Witkowski 2013a).

Markowski upomina się także, pod wpływem własnych lektur wybitnego literaturoznawcy, o nową **pedagogikę czytania**, związaną z afirmacją etyki odpowiedzialnej, innowacyjnej odpowiedzi czytelnika na wezwanie dzieła, gdyż „[d]zieło wzywa do reakcji, domaga się odpowiedzi, a nie komunikuje", a zarazem chodzi o wskazanie, że ta lektura ma być osobista, bo ono wzywa każdego pojedynczego czytelnika (por. Markowski 2013, s. 264). Potrzebny jest wysiłek dla stworzenia przestrzeni „humanistycznej komitywy" czytelnika z dziełem. Nauczyciel powinien uznać, że wartościowe „czytanie to zdawanie sprawy z takiej komitywy, to uświadamianie sobie tego, że dzieło, obce dzieło wdaje się w moje znaki i daje mi się we znaki" (Markowski 2013, s. 264). Markowski akcentuje, że naturalne wobec takiej sugestii krytyczne „głosy strażników pedagogicznego rozumu" mogą się upierać przy wskazywaniu przede wszystkim na „rozumienie, wiedzę, protokół, procedurę" w wysiłku uczenia czytania przyziemnego, propedeutycznego, technicznego, sprawozdawczego (Markowski 2013, s. 264). Zarazem jednak takie widzenie „rozumu pedagogicznego" sugeruje głównie instrumentalizację wiedzy i uprzedmiotowienie redukujące treści lektury do wyróżników formalnych i metodycznie wydobywanych. W duchu Jacques'a Derridy i Billa Readingsa wskazuje dalej Markowski na groźbę utraty przez uczenie, łącznie z poziomem uniwersyteckim, jego „funkcji pedagogicznej" sprzężonej z „misją kulturową" edukacji i potrzebą „dekonstrukcji" jako innowacyjnego nieposłuszeństwa, postawy, z której wartości perspektywa buchalteryjna, instrumentalizująca wiedzę i edukację, w ogóle nie zdaje (sobie) sprawy (Markowski 2013, s. 364–365). Misja ta polega, mówi Markowski za Derridą, na dekonstrukcyjnym, czyli innowacyjnym wpisywaniu się „we wspólną historię, przynależność do pewnej kultury: dziedzictwa, spuścizny, tradycji pedagogicznej, dyscypliny i łańcucha pokoleń" (Markowski 2013, s. 371). Markowski wskazuje na dekonstrukcję uniwersytetu jako mającą także „wymiar pedagogiczny", obok wymiarów: tekstu, dyscypliny i instytucji (Markowski 2013, s. 371–372). Jednocześnie jednak usiłuje w dosyć tradycyjny dychotomiczny sposób widzieć tu dualizm zamiast dwoistości, w której dylemat pozostaje nieredukowalny.

> Autonomia *versus* zobowiązanie: tak oto moglibyśmy określić podstawowy dylemat pedagogiki uniwersyteckiej, ale też podstawowy dylemat, przed którym stoi uniwersytet współczesny. Autonomia sprzeniewierza się zobowiązaniu dokładnie w taki sam sposób, w jaki wiedza, wiedza obiektywna, wyklucza interpretację (Markowski 2013, s. 378).

Markowski postuluje „[p]odstawienie zobowiązania w miejsce autonomii" (Markowski 2013, s. 379) jako sedno powinności współczesnego uniwersytetu, choć wydaje się to wynikać z rozumienia samej autonomii za Readingsem jako „wolności od zobowiązań wobec inności" (Markowski 2013, s. 378). Tymczasem chodzi jedynie i aż o widzenie tu napięcia, kolizji, dylematu właśnie, ale nie skrajnego przeciwieństwa dającego się rozwiązać metodą odcięcia. Owo cięcie stanowi taki sam przerost reakcji jak w sytuacji, gdy się sądzi, że wartościowa idea uniwersytetu i humanistyki uniwersyteckiej ma obowiązek wyrzec się całkowicie idei obiektywności, jeśli chce przyznać czy odzyskać prawo do innowacyjnych zachowań w sferze subiektywnej. Ale przecież sam badacz podkreślał, że wartościowa innowacja musi być zdolna odnieść się odpowiedzialnie do tradycji, mimo że nikt tu rozumienia tej odpowiedzialności narzucić nie może. Obcowanie z kandydatem do obiektywności dokonuje się zawsze przez jakieś interpretacje, tak jak porównywanie między sobą wartości innowacyjnych interpretacji musi mieć na względzie jakiś możliwy do uwzględnienia wspólny cel, jeśli o jakiejś wspólnocie ma tu być jeszcze mowa. Obiektywizacja interpretowana, jak też interpretacja obiektywizowana to dwie strony napięcia, które zawsze daje o sobie znać, gdy chce się coś budować wspólnie, a przynajmniej z jakiejś wspólnoty usiłuje się wychodzić. Postulowanie „dekonstrukcji podmiotu pedagogicznego" (Markowski 2013, s. 384) nie musi żadną miarą oznaczać destrukcji jego znaczenia i wysiłków w stronę wydobywania czegoś wspólnego, tak jak upominanie się o wagę pozycji, z której patrzy, myśli, mówi, przejmuje się przedkładaną mu ofertą, po części opierający się jej i ją przetwarzający po swojemu podmiot; nie oznacza, że znika troska o to, aby dało się widzieć w tym procesie coś, co zobowiązuje do powagi pochylenia się nad nim czy do jego uszanowania w chwili skupionego namysłu nad tym, co daje do myślenia mi właśnie. Markowski zdaje się tu popełniać lustrzany błąd, jaki wytykał intelektualistom, umiejącym jedynie obiektywizować wiedzę z pozycji autonomii podmiotowej, gdy lekceważą „heteronimię sytuacji pedagogicznej", to jest „mają skłonność do zapominania o pozycji słuchacza na rzecz troski wyłącznie o pozycję mówienia lub wypowiedzi" (Markowski 2013, s. 377). Takie podmiotowe przerosty pozycji słuchacza zapominają o własnym rozdarciu i pozostawaniu w rozmaitych uwikłaniach w zobowiązania, nad którymi nie panują własną świadomością, której pomóc, choćby w pojedynczych fragmentach, może trudna i bolesna czasem próba odpowiedzialnego skupienia się nad tym, co przynosi ze sobą inny, jako dający szansę na obiektywizację pozycji słuchacza nie tym, co mówi czy narzuca, ale tym, co pozwala samodzielnie zobaczyć dzięki własnej obecności. Podmioty nie przechadzają się po gościńcach jak lustra, które nic sobie wzajemnie nie pomagają zobaczyć, choćby i wbrew sobie, ale dają szansę na dostrzeżenie własnej skazy na własny rachunek, a nie na cudzy ani nie pod cudzą presją. Zresztą Markowski w innym miejscu potwierdza ten kierunek myślenia, postulując pedagogiczne uwzględnianie sprzężenia zwrotnego między rozumieniem siebie i spotkaniami z innymi w wysiłku rozumienia ich właśnie. On widzi tu szansę humanistyki, ja widzę tu szansę pedagogiki, jeśli będzie tak humanistyczna i egzystencjalna jednocześnie w sensie ustanawiania dwoistej relacji między interpretującą tożsamością a interpretowaną innością. W tym sprzężeniu zwrotnym czytelnik żywi się relacją czyniącą samą tę tożsamość reinterpretowaną, możliwą dzięki potencjałowi interpretacyjnemu (przy)niesionemu przez spotkanie z innym i przetworzonemu przez tożsamościowe ogniwo tej relacji.

W tym podwójnym uwikłaniu, w tym silnym uścisku tożsamości i inności, w tym zarażaniu inności przez tożsamość i tożsamości przez inność, bez którego nasza egzystencja jest jedynie nudną repetycją starych wzorców albo reprodukcją ideologicznych klisz, dostrzec należy szanse dla nauk humanistycznych (Markowski 2013, s. 404).

Takie podejście do humanistyki i pedagogiki wyrasta ze wspólnego tu pojmowania egzystencji, w ramach którego jest ona „przestrzenią odpowiedzialności za to, co się robi", a co wymaga refleksji i umożliwiającego ją dyskursu zorientowanego na dążenie sensotwórcze, skupione na znaczeniach i sensowności zaangażowań (Markowski 2013, s. 405). Markowski koncentruje się na „egzystencjalnym umocowaniu humanistyki" (Markowski 2013, s. 405), a Radlińskiej z kolei zależało na kulturowym umocowaniu praktyki społecznej z tych samych powodów i w ramach, w których obie strony sprzęgają się ze sobą, gdzie trzeba się troszczyć o jakość stawania się człowiekiem jako ogniwem przestrzeni interakcji społecznych i patrzeć na te ostatnie z perspektywy dbałości o otwieranie maksymalnie szans na troskę o jakość własnej egzystencji i jej udział w budowie świata społecznego. To wymaga patrzenia na kulturę jak na przestrzeń – jak Markowski przytacza za Cliffordem Geertzem – „odziedziczonych pojęć wyrażonych w formach symbolicznych, za pomocą których ludzie komunikują, utrwalają i rozwijają swoją wiedzę i swoje postawy wobec życia" (Markowski 2013, s. 405). Radlińska dodałaby: i przekształcają dzięki siłom duchowym, uzyskiwanym tą drogą, swój świat i ukierunkowanie własnych dążeń, nadając im znaczenie.

Jeśli humanistyka jest „egzystencjalną dyspozycją" (Markowski 2013, s. 429), jak chce Markowski, nieprzypisującą podmiotowi żadnej właściwej mu pozycji ani stanu wiedzy, którym miałby dysponować, to z kolei dla mnie pedagogika jest kulturową transpozycją w celu dania szansy na tę pierwszą poprzez nieustanne troszczenie się o dostępność treści spoza widocznych i oswojonych, w kierunku odsłaniającym nowe pokłady wrażliwości. Transpozycja ta wymaga melioracji udrażniającej kanały komunikacji, zarówno na poziomie środowiska, jak i na poziomie jednostkowych możliwości czerpania impulsów z tego pierwszego. Instytucjonalizacja nakłada tu zadanie kształcenia w sensie przekształcania niosącego, jak to wielokrotnie wyraża Markowski w nawiązaniu do idei *Bildung*, „poszerzanie pola egzystencji" (Markowski 2013, s. 430). Z kolei melioracja środowiska doprowadza do transpozycji rozmaitych prób i próbek dyskursywności, na użytek budzenia wyobraźni, wrażliwości i wzmacniania siły wyrażania siebie w procesie odnoszenia się do innych, jak też procesu tego odnoszenia w trosce o jakość wyrażania i stwarzania siebie. Kultura wpływa na podmiot, „nieustannie przesuwając miejsce, z którego mówi" (Markowski 2013, s. 430) ten ostatni, a pedagogika nie ma decydować o charakterze takich miejsc, a jedynie udrażniać dostęp do nich. I tak jak Markowski uzasadnia, że „humanistyka jest polityczna" w sensie zajmowania się i przejmowania „językami, dyskursami, którymi mówi się w sferze publicznej" (Markowski 2013, s. 430), tak Radlińska podkreśla, że pedagogika jest społeczna w sensie przejmowania się „siłami społecznymi", które uczestniczą w przekształcaniu rzeczywistości, i kulturowym zapleczem tych sił. Jeśli więc „poszerzanie pola egzystencji oznacza poszerzanie repertuaru dyskursów, za pomocą których jednostki i grupy definiują własną tożsamość", to formuła wrażliwości u Markowskiego jako „czujność wobec różnych sposobów mówienia" przenika także podejście Radlińskiej. Wspólna obu rekonstruowanym stanowiskom jest

> [...] wizja egzystencji jako dopuszczającej wsparcie jednocześnie transpozycji i dyspozycji, składając się na nieustanny *exodus* podmiotu z jałowej ziemi swej własnej podstawy (Markowski 2013, s. 432).

Walka z jałowością gleby, na której usiłuje wyrastać i wobec której usiłuje określać się podmiot, obejmuje wysiłek melioracji czy udrażniania dostępu do treści z niewidzialnego środowiska kultury spoza tymczasowego zasięgu jednostki. Ta ostatnia jest tylko nominalnie tego środowiska dziedzicem, gdy za mało ma środków i urządzeń instytucjonalnie wspomagających wysiłek dostępu do tego niewidzialnego pola, ukrytego w książkach, ideach i przeżyciach.

Nie wystarczy tworzenie tych urządzeń ani szkolenie do ich wykorzystania, gdyż trzeba umieć często na własnym przykładzie pokazać, jak mogą być one spożytkowane, by każdy próbował szukać do nich własnego dostępu i zysku rozwojowego, jeśli go na to stać... duchowo. Bo to wymaga pracy nad sobą. Dlaczego tak wielu tego nie wie?

Bibliografia

I. Literatura podstawowa – pozycje autorstwa Heleny Radlińskiej (także jako: Orszy, Orszy Radlińskiej i Orszy-Radlińskiej)

Orsza Helena (1913), *Początki pracy oświatowej w Polsce* [w:] Helena Orsza et al., *Praca oświatowa. Jej zadania, metody organizacja*, podręcznik opracowany staraniem Uniwersytetu Ludowego im. Adama Mickiewicza, Nakładem Michała Arcta w Warszawie, Kraków, s. 1–115.

Orsza Helena et al. (1913), *Praca oświatowa. Jej zadania, metody, organizacja*, podręcznik opracowany staraniem Uniwersytetu Ludowego im. Adama Mickiewicza, Nakładem Michała Arcta w Warszawie, Kraków.

Orsza Helena (1946), *Na ziemi polskiej przed wielu laty*, wydanie IV, Wydawnictwo T. Gieszczykiewicza – J. Mortkowicza, Kraków – Warszawa.

Orsza Radlińska Helena (1921), *Historia wychowania*, „Rocznik Pedagogiczny", seria II, tom I, s. 33–46 [pisownia oryginalna nazwiska, tom ukazał się w 1923 roku].

Orsza-Radlińska Helena (1924), *Rola książki i biblioteki (w szkole twórczej)*, „Rocznik Pedagogiczny", tom III, s. 63–92.

Orsza-Radlińska Helena (1925), *Studjum pracy kulturalnej*, Nasza Księgarnia, Warszawa – Łódź.

Orsza-Radlińska Helena (1928), *Potrzeba badania czytelnictwa młodzieży szkolnej*, „Ruch Pedagogiczny", nr 8.

Orsza Radlińska Helena (1928), *Recenzja: Stanisław Kot, prof. historji kultury w Uniw. Jagiell.: Historja wychowania. Zarys podręcznikowy. R. 1924, Gebethner i Wolff, str. 663*, „Kwartalnik Historyczny", rocznik XLII, zeszyt 2, Lwów, s. 387–391.

Radlińska Helena (1929), *Uwagi ogólne* [w:] *Bibljografja oświaty pozaszkolnej (1900–1928)*, pod redakcją Jana Muszkowskiego i Heleny Radlińskiej, w opracowaniu Janiny Skarżyńskiej, Nakładem Ministerstwa Wyznań Religijnych i Oświecenia Publicznego, Warszawa.

Radlińska Helena (1932), *Znaczenie badań nad techniką czytania dla czytelnictwa. Wstęp do wydania polskiego* [w:] Gladys Lowe Anderson, *Ciche czytanie w świetle badań psychologicznych i pedagogicznych*, przekład Hanna Dobrowolska, Nasza Księgarnia, Warszawa, s. 5–8.

Radlińska Helena (1934), *Dzieje oświaty pozaszkolnej* [w:] *Encyklopedia wychowania*, tom I, zeszyt 12, pod redakcją Stanisława Łempickiego, Nasza Księgarnia – ZNP, Warszawa, s. 661–697.

Radlińska Helena (1934a), *Słowo wstępne* [w:] *Poznajmy warunki życia dziecka*, praca zbiorowa Komisji Sekcji Psychologów Szkolnych przy Towarzystwie Psychologicznem im. J. Joteyko, Nasza Księgarnia, Warszawa, s. 5–7.

Radlińska Helena (1935), *Stosunek wychowawcy do środowiska społecznego. Szkice z pedagogiki społecznej*, Nasza Księgarnia, Warszawa.

Radlińska Helena (1936), *Wychowanie dorosłych* [w:] Irena Jurgielewiczowa, Helena Radlińska, *Wychowanie i nauczanie dorosłych*, Nasza Księgarnia, Warszawa, s. 4–28.

Radlińska Helena (1937), *Społeczne przyczyny powodzeń i niepowodzeń szkolnych. Charakter książki*, „Przegląd Socjologiczny", tom V, zeszyt 1–2, s. 319–340.

Radlińska Helena (1937–1939), *Współczesne formy pracy oświatowej* [w:] *Encyklopedia wychowania*, tom III: *Organizacja wychowania publicznego młodzieży*, pod redakcją Stanisława Łempickiego et al., Wydawnictwo „Naszej Księgarni" ZNP, Warszawa, s. 611–632.

Radlińska Helena (1938), *Propaganda, agitacja, reklama*, „Przegląd Socjologiczny", tom VI, zeszyt 1–2, s. 225–227.

Radlińska Helena (1945), *Pojmowanie kultury*, „Oświata i Kultura. Miesięcznik poświęcony zagadnieniom oświaty dorosłych", rocznik I, numer 3–4, listopad–grudzień, s. 65–72.

Radlińska Helena (1946), *Czynnik ludzki*, „Oświata i Kultura. Miesięcznik poświęcony zagadnieniom oświaty dorosłych", rocznik II, numer 10, grudzień, s. 557–565.

Radlińska Helena (1946a), *Książka wśród ludzi*, Spółdzielnia Księgarsko-Wydawnicza „Światowid", Warszawa.

Radlińska Helena (1946b), *Spojrzenie na rzeczywistość* [w:] „Oświata i Kultura. Miesięcznik poświęcony zagadnieniom oświaty dorosłych", rocznik II, numer 5–6, maj–czerwiec, s. 248–253.

Radlińska Helena (1947), *Oświata dorosłych. Zagadnienia, dzieje formy, pracownicy, organizacja*, Ludowy Instytut Oświaty i Kultury, Warszawa.

Radlińska Helena (1948), *Badania regionalne dziejów oświaty*, Nasza Księgarnia, Warszawa.

Radlińska Helena (1948a), *Pracownik społeczny*, „Oświata i Kultura. Miesięcznik poświęcony zagadnieniom oświaty dorosłych", rocznik IV, numer 5–6, maj–czerwiec, s. 175–186.

Radlińska Helena (1961), *Pedagogika społeczna*, „Pisma Pedagogiczne", tom I, wstęp Ryszard Wroczyński i Aleksander Kamiński, opracowanie tekstu i komentarza Wanda Wyrobkowa-Delawska, Zakład Narodowy im. Ossolińskich, Wrocław.

Radlińska Helena (1961a), *Zagadnienia bibliotekarstwa i czytelnictwa*, „Pisma Pedagogiczne", tom II, wstęp i opracowanie Irena Lepalczyk, Zakład Narodowy im. Ossolińskich, Wrocław.

Radlińska Helena (1964), *Z dziejów pracy społecznej i oświatowej*, „Pisma Pedagogiczne", tom III, wstęp Jan Hulewicz, wybór i opracowanie Wanda Wyrobkowa-Pawłowska, komentarz Wanda Wyrobkowa-Pawłowska i Janina Wojciechowska, Zakład Narodowy im. Ossolińskich, Wrocław.

Radlińska Helena (1966), *Postawa wychowawcy wobec środowiska społecznego* [w:] *Źródła do dziejów wychowania i myśli pedagogicznej*, tom III: *Pedagogika i szkolnictwo w XX wieku*, wybór i opracowanie Stefan Wołoszyn, Państwowe Wydawnictwo Naukowe, Warszawa, s. 275–309.

Radlińska Helena (1967), *Obserwacje i poszukiwania* [w:] *Stanisława Michalskiego autobiografia i działalność oświatowa*, opracowanie Helena Radlińska i Irena Lepalczyk, słowo wstępne Tadeusz Kotarbiński, Zakład Narodowy im. Ossolińskich, Wrocław.
Radlińska Helena (1967a), *Organizacja bibliotek i czytelnictwa* [w:] *Stanisława Michalskiego autobiografia i działalność oświatowa*, opracowanie Helena Radlińska i Irena Lepalczyk, słowo wstępne Tadeusz Kotarbiński, Zakład Narodowy im. Ossolińskich, Wrocław.
Radlińska Helena (1979), *Oświata i kultura wsi polskiej. Wybór pism*, do druku przygotowały Helena Brodowska i Lucyna Wojtczak, wstępem opatrzyła Helena Brodowska, Ludowa Spółdzielnia Wydawnicza, Warszawa.
Radlińska Helena (1994/1995), *Życiorys własny* [w:] *Helena Radlińska. Człowiek i wychowawca*, praca zbiorowa pod redakcją Ireny Lepalczyk i Beaty Wasilewskiej, Towarzystwo Wolnej Wszechnicy Polskiej, Warszawa, s. 11–15.
Radlińska Helena (2003), *Książka wśród ludzi*, Wydawnictwo SBP, Warszawa.
Radlińska Helena, Rowid Henryk (1928), *Realizacja szkoły twórczej*, „Rocznik Pedagogiczny", seria II, tom III, s. 83–102.
Społeczne przyczyny powodzeń i niepowodzeń szkolnych. Prace z pedagogiki społecznej (1937), pod redakcją Heleny Radlińskiej, Naukowe Towarzystwo Pedagogiczne, Warszawa.
Stanisława Michalskiego autobiografia i działalność oświatowa (1967), opracowanie Helena Radlińska i Irena Lepalczyk, słowo wstępne Tadeusz Kotarbiński, Zakład Narodowy im. Ossolińskich, Wrocław.

II. Literatura uzupełniająca poświęcona H. Radlińskiej

Chmaj Leon (1962), *Helena Orsza-Radlińska (1876–1954)* [w:] Leon Chmaj, *Prądy i kierunki w pedagogice XX wieku*, Państwowe Zakłady Wydawnictw Szkolnych, Warszawa, s. 316–319.
Cichosz Mariusz (autor wyboru) (2004), *Polska pedagogika społeczna w latach 1945–2003. Wybór tekstów źródłowych*, tomy I–II, Wydawnictwo „Adam Marszałek", Toruń.
Cichosz Mariusz (2006), *Pedagogika społeczna w Polsce w latach 1945–2005. Rozwój – obszary refleksji i badań – koncepcje*, Wydawnictwo „Adam Marszałek", Toruń.
Cichosz Mariusz (2007), *Kształtowanie się dyscypliny – główne nurty polskiej pedagogiki społecznej w ujęciu historycznym* [w:] *Pedagogika społeczna. Podręcznik akademicki*, tom II: *Debata*, pod redakcją Ewy Marynowicz-Hetki, Wydawnictwo Naukowe PWN, Warszawa, s. 20–39.
Cichosz Mariusz (2009), *Pedagogika społeczna w toku przemian – wypracowane koncepcje, obszary badań – ciągłość i zmiana* [w:] *Oblicza współczesności w perspektywie pedagogiki społecznej*, pod redakcją Wiolety Danilewicz, Wydawnictwo Akademickie „Żak", Warszawa, s. 25–38.
Cyrański Bohdan (2012), *Aksjologiczne podstawy pedagogiki społecznej Heleny Radlińskiej, Przykład zastosowania interpretacji hermeneutycznej*, Wydawnictwo Uniwersytetu Łódzkiego, Łódź.
Czapska Maria (2006), *Rozmowy z Heleną Radlińską* [w:] Maria Czapska, *Ostatnie odwiedziny i inne szkice*, opracował Paweł Kądziela, Towarzystwo „Więź", Warszawa, s. 9–38.

Człowiek w pracy i w osiedlu: pedagogika społeczna Heleny Radlińskiej (1980), pod redakcją Józefa Barskiego et al., „Biuletyn Towarzystwa Wolnej Wszechnicy Polskiej", numer 2/92/XIX-3/93/XIX, Towarzystwo Wolnej Wszechnicy Polskiej, Warszawa.

Dąbrowski Zdzisław (1980), *O pojmowaniu opieki przez H. Radlińską*, „Biuletyn Towarzystwa Wolnej Wszechnicy Polskiej", nr 2/92/XIX–3/93/XI, s. 134–142.

Dąbrowski Zdzisław (2006), *Poglądy Heleny Radlińskiej* [w:] Zdzisław Dąbrowski, *Pedagogika opiekuńcza w zarysie*, Wydawnictwo Uniwersytetu Warmińsko-Mazurskiego, Olsztyn, s. 47–54.

Dubas Elżbieta (2007), *Uniwersalne przesłanki andragogiczne refleksji Heleny Radlińskiej* [w:] *Pedagogika społeczna. Podręcznik akademicki*, tom II, pod redakcją Ewy Marynowicz-Hetki, Wydawnictwo Naukowe PWN, Warszawa, s. 277–295.

Helena Radlińska. Człowiek i wychowawca (1994/1995), praca zbiorowa pod redakcją Ireny Lepalczyk i Beaty Wasilewskiej, Towarzystwo Wolnej Wszechnicy Polskiej, Warszawa.

Hessen Sergiusz (1936), *Recenzja pracy*: Stosunek wychowawcy do środowiska społecznego, „Chowanna", rocznik VII, zeszyt 1, s. 37–44.

Kamiński Aleksander (1961), *Wstęp. Zakres i podstawowe pojęcia pedagogiki społecznej Heleny Radlińskiej* [w:] Helena Radlińska, *Pedagogika społeczna*, wstęp Ryszard Wroczyński i Aleksander Kamiński, opracowanie tekstu i komentarza Wanda Wyrobkowa-Delawska, Zakład Narodowy im. Ossolińskich, Wrocław, s. XX–XLIV.

Kamiński Aleksander (1972), *Funkcje pedagogiki społecznej. Praca socjalna i kulturalna*, Państwowe Wydawnictwo Naukowe, Warszawa.

Kamiński Aleksander (1974), *Funkcje pedagogiki społecznej. Praca socjalna i kulturalna*, Państwowe Wydawnictwo Naukowe, Warszawa.

Kamiński Aleksander (1978), *Człowiek w pracy i na osiedlu. Więzy pedagogiki społecznej i polityki społecznej*, „Biuletyn TWWP", nr 1/71/XVII, Towarzystwo Wolnej Wszechnicy Polskiej, Warszawa, s. 61–75.

Kamiński Aleksander (1978a), *Studia i szkice pedagogiczne*, Państwowe Wydawnictwo Naukowe, Warszawa.

Kamiński Aleksander (1980), *Funkcje pedagogiki społecznej. Praca socjalna i kulturalna*, wydanie IV, Państwowe Wydawnictwo Naukowe, Warszawa.

Kamiński Aleksander (1980a), *Teoria pracy socjalnej a pedagogika społeczna*, „Biuletyn Towarzystwa Wolnej Wszechnicy Polskiej", nr 2/92/XIX–3/93/XIX, s. 104–110.

Kamiński Aleksander (2004), *Pedagogika społeczna w dorobku nauk pedagogicznych w Polsce Ludowej* [w:] Mariusz Cichosz, *Polska pedagogika społeczna w latach 1945–2003 (wybór tekstów źródłowych)*, t. I, Wydawnictwo „Adam Marszałek", Toruń, s. 131–135.

Kawula Stanisław (1980), *Wkład Heleny Radlińskiej w organizację zespołowych badań pedagogicznych*, „Biuletyn Towarzystwa Wolnej Wszechnicy Polskiej", s. 225–237.

Kawula Stanisław (2005), *Pedagogika społeczna* [w:] *Encyklopedia pedagogiczna XXI wieku*, tom IV, pod redakcją Tadeusza Pilcha, Wydawnictwo Akademickie „Żak", Warszawa, s. 264–282.

Korespondencja Heleny Radlińskiej z Ryszardem Wroczyńskim z lat 1946–1954 (2003), opracował Wiesław Theiss, „Nauka Polska. Jej Potrzeby, Organizacja i Rozwój", tom XII (XXXVII), s. 105–143.

Kowalik Krystyna (1980), *Heleny Radlińskiej program unowocześnienia wsi polskiej*, „Biuletyn Towarzystwa Wolnej Wszechnicy Polskiej", nr 2/92/XIX–3/93/XIX, s. 78–103.

Kowalski Stanisław (1980), *Pedagogika społeczna Heleny Radlińskiej a socjologia wychowania*, „Biuletyn Towarzystwa Wolnej Wszechnicy Polskiej", nr 2/92/XIX–3/93/XIX, s. 60–77.
Lepalczyk Irena (1961), *Wstęp: Helena Radlińska – praktyk i teoretyk bibliotekarstwa* [w:] Helena Radlińska, *Zagadnienia bibliotekarstwa i czytelnictwa*, „Pisma Pedagogiczne", tom II, wstęp i opracowanie Irena Lepalczyk, Zakład Narodowy im. Ossolińskich, Wrocław, s. V–XXVII.
Lepalczyk Irena (1963), *Geneza i rozwój pedagogiki społecznej* [w:] *Pedagogika społeczna. Człowiek w zmieniającym się świecie*, praca zbiorowa pod redakcją Tadeusza Pilcha i Ireny Lepalczyk, Wydawnictwo Akademickie „Żak", Warszawa, s. 5–29.
Lepalczyk Irena (1972), *Wykolejenia dzieci i dorosłych w małym mieście. Wybrane zagadnienia pedagogiczno-społeczne*, Zakład Narodowy im. Ossolińskich, Wydawnictwo PAN, Wrocław – Warszawa – Kraków – Gdańsk.
Lepalczyk Irena (1974), *Pedagogika biblioteczna Heleny Radlińskiej*, Łódzkie Towarzystwo Naukowe, Łódź.
Lepalczyk Irena (2003), *Wśród ludzi i książek*, Wydawnictwo „Wing", Łódź.
Lepalczyk Irena, Marynowicz-Hetka Ewa (2002), *Życiorys naukowy profesora Aleksandra Kamińskiego*, „Sylwetki Łódzkich Uczonych", zeszyt 67: *Profesor Aleksander Kamiński*, pod redakcją Ryszardy Czerniachowskiej, Łódzkie Towarzystwo Naukowe, Łódź, s. 7–12.
Lepalczyk Irena, Marynowicz-Hetka Ewa (2004), *Helena Radlińska. Portret osoby badaczki, nauczycielki i działaczki społecznej*, „Sylwetki Łódzkich Uczonych", zeszyt 75: *Profesor Helena Radlińska. W sto dwudziestą piątą rocznicę urodzin i pięćdziesiątą rocznicę śmierci*, Łódzkie Towarzystwo Naukowe, Łódź, s. 9–14.
Lepalczyk Irena, Skibińska Władysława (1974), *Helena Radlińska. Kalendarium życia i pracy*, „Roczniki Biblioteczne", rocznik XXIII, zeszyt 1, s. 3–103.
Lepalczyk Irena, Skibińska Władysława (1974a), *Helena Radlińska. Kalendarium życia i pracy. Suplement*, „Roczniki Biblioteczne", rocznik XXIII, zeszyt 1, s. 391–402.
Marynowicz-Hetka Ewa (2000), *Edukacja w środowisku i jej zagrożenia* [w:] *Pedagogika społeczna. Pytania o XXI wiek. Pamięci Profesora Ryszarda Wroczyńskiego*, pod redakcją Anny Przecławskiej i Wiesława Theissa, Wydawnictwo Akademickie „Żak", Warszawa, s. 117–130.
Marynowicz-Hetka Ewa (2002), *Zamiast zakończenia – w sprawie kształcenia do profesji społecznych* [w:] *Badanie – działanie – kształcenie. Czyli o przydatności dyscyplin społecznych dla doskonalenia praktyki profesji społecznych w dziedzinie oświaty, kultury i pracy społecznej*, pod redakcją Ewy Marynowicz-Hetki, Łódzkie Towarzystwo Naukowe, Łódź, s. 143–151.
Marynowicz-Hetka Ewa (2006), *Pedagogika społeczna. Podręcznik akademicki*, tom I, Wydawnictwo Naukowe PWN, Warszawa.
Marynowicz-Hetka Ewa (2010), *Nauka o edukacji społecznej Leona Bourgeois. Pedagogika społeczna Heleny Radlińskiej – próba rekonstrukcji podstaw filozoficznych i odniesienia współczesne* [w:] *Filozofia wychowania w XX wieku*, pod redakcją Sławomira Sztobryna, Ewy Łatacz, Justyny Bochomulskiej, Wydawnictwo Uniwersytetu Łódzkiego, Łódź, s. 300–314.

Mazurkiewicz Edward (1980), *Heleny Radlińskiej koncepcja modelu pracy socjalnej. Refleksje wokół teorii na przykładzie pielęgniarstwa*, „Biuletyn Towarzystwa Wolnej Wszechnicy Polskiej", nr 2/92/XIX–3/93/XIX, s. 113–133.

Nawroczyński Bogdan (1938), *Polska myśl pedagogiczna. Jej główne linie rozwojowe, stan współczesny i cechy charakterystyczne*, Zjednoczone Zakłady Kartograficzne i Wydawnicze Książnica-Atlas, Lwów – Warszawa.

Nocuń Aleksander W. (2003), *Teoretyczne podstawy pracy kulturalno-oświatowej* [w:] *Pedagogika społeczna. Człowiek w zmieniającym się świecie*, pod redakcją Tadeusza Pilcha i Ireny Lepalczyk, wydanie drugie rozszerzone i poprawione wydania z 1995, Wydawnictwo Akademickie „Żak", Warszawa, s. 123–136.

Pedagogika społeczna. Człowiek w zmieniającym się świecie (1995), pod redakcją Tadeusza Pilcha i Ireny Lepalczyk, wydanie II rozszerzone i poprawione, Wydawnictwo Akademickie „Żak", Warszawa.

Pedagogika społeczna. Dokonania – aktualność – perspektywy. Podręcznik akademicki dla pedagogów (2005), pod redakcją Stanisława Kawuli, Wydawnictwo „Adam Marszałek", Toruń.

Pedagogika społeczna i praca socjalna. Przegląd stanowisk i komentarze (1998), pod redakcją Ewy Marynowicz-Hetki, Jacka Piekarskiego i Danuty Urbaniak-Zając, „Biblioteka Pracownika Socjalnego", Wydawnictwo „Śląsk", Katowice.

Pedagogika społeczna. Kręgi poszukiwań (1996), pod redakcją Anny Przecławskiej, Wydawnictwo „Żak", Warszawa.

Pedagogika społeczna. Podręcznik akademicki (2007), tom II, pod redakcją Ewy Marynowicz-Hetki, Wydawnictwo Naukowe PWN, Warszawa.

Pedagogika społeczna. Pytania o XXI wiek. Pamięci Profesora Ryszarda Wroczyńskiego (2000), pod redakcją Anny Przecławskiej i Wiesława Theissa, Wydawnictwo Akademickie „Żak", Warszawa.

Przecławska Anna, Theiss Wiesław (1996), *Pedagogika społeczna: nowe zadania i szanse* [w:] *Pedagogika społeczna. Kręgi poszukiwań*, pod redakcją Anny Przecławskiej, Wydawnictwo „Żak", Warszawa, s. 9–28.

Radlińska Helena, Kamiński Aleksander, Uziembło Adam O. (1997), *Listy o pedagogice społecznej*, pod redakcją Wiesława Theissa, Wydawnictwo „Żak", Warszawa.

Radziewicz-Winnicki Andrzej (2008), *Pedagogika społeczna w obliczu realiów codzienności*, Wydawnictwa Akademickie i Profesjonalne, Warszawa.

Rzeszutek Lucjan (2009), *Helena Radlińska (1879–1954)* [w:] *Polska myśl pedagogiczna po 1918 roku*, praca zbiorowa pod redakcją Ewy Brodackiej-Adamowicz, Wydawnictwo Akademii Podlaskiej, Siedlce, s. 109–117.

Siemek Marek J. (1977), *Idea transcendentalizmu u Kanta i Fichtego. Studium z dziejów filozoficznej problematyki wiedzy*, Państwowe Wydawnictwo Naukowe, Warszawa.

Skrzeszewski Stanisław (1937), *Recenzje i sprawozdania: Społeczne przyczyny powodzeń i niepowodzeń szkolnych. Prace z pedagogiki społecznej pod redakcją H. Radlińskiej*, Nakładem Naukowego Towarzystwa Pedagogicznego, „Chowanna", rocznik VIII, s. 414–422.

Smolińska-Theiss Barbara (2004), *Siły ludzkie w teorii pedagogiki społecznej* [w:] *Polska pedagogika społeczna w latach 1945–2003 (wybór tekstów źródłowych)*, tom I, pod redakcją Mariusza Cichosza, Wydawnictwo „Adam Marszałek", Toruń, s. 245–258.

Smolińska-Theiss Barbara (2013), *Janusz Korczak i Helena Radlińska – życiorysy równoległe* [w:] Barbara Smolińska-Theiss, *Korczakowskie narracje pedagogiczne*, Oficyna Wydawnicza „Impuls", Kraków, s. 81–92.
Sroczyński Wojciech (2004), *Halina Radlińska o funkcjach pedagogiki społecznej. Pedagogika społeczna czy pedagogika środowiska?*, „Ruch Pedagogiczny", numer 3–4, s. 17–30.
Suchodolski Bogdan (1936), *Recenzja: Jurgielewiczowa Irena, Helena Radlińska, Wychowanie i nauczanie dorosłych, Nasza Księgarnia*, „Nowa Książka", rocznik III, zeszyt 6, s. 335.
Suchodolski Bogdan (1936a), *Recenzja: Radlińska Helena, Stosunek wychowawcy do środowiska społecznego. Szkice z pedagogiki społecznej, Nasza Księgarnia*, „Nowa Książka", rocznik III, zeszyt 6, s. 336.
Suchodolski Bogdan (1970), *Proces kształtowania się ludzi w Polsce i jego znaczenie dla dalszego rozwoju pedagogiki* [w:] *Problematyka pedagogiczna współczesnej cywilizacji*, pod redakcją Bogdana Suchodolskiego, Zakład Narodowy im. Ossolińskich, Wrocław – Warszawa – Kraków, s. 7–29.
Suchodolski Bogdan (1980), *Heleny Radlińskiej koncepcja wychowania jako poszukiwania sił i pomocy w rozwoju*, „Biuletyn Towarzystwa Wolnej Wszechnicy Polskiej", 2/92/XIX–3/93/XIX, s. 34–40.
Szczepański Jan (1954), *Helena Radlińska 12.III.1876–10.X.1954*, „Życie Szkoły Wyższej", numer 12, s. 147–149.
Szczepański Jan (1961), *Aktualność pedagogiki społecznej*, „Przegląd Kulturalny", numer 43(478), s. 6.
Theiss Wiesław (1984), *Radlińska*, Wydawnictwo „Wiedza Powszechna", Warszawa.
Theiss Wiesław (1994/1995), *Heleny Radlińskiej koncepcja badania i działania* [w:] *Helena Radlińska. Człowiek i wychowawca*, praca zbiorowa pod redakcją Ireny Lepalczyk i Beaty Wasilewskiej, Towarzystwo Wolnej Wszechnicy Polskiej, Warszawa, s. 17–32.
Theiss Wiesław (2005), *Kilka uwag o animacji środowiskowej – zamiast wstępu* [w:] *Animacja współpracy środowiskowej na wsi*, pod redakcją Marii Mendel, Wydawnictwo „Adam Marszałek", Toruń, s. 7–15.
Theiss Wiesław (2006), *Radlińska Helena* [w:] *Encyklopedia pedagogiczna XXI wieku*, tom V, pod redakcją Tadeusza Pilcha, Wydawnictwo Akademickie „Żak", Warszawa, s. 29–36.
Theiss Wiesław (2013), *O zjazdach pedagogów społecznych (1937–1981)* [w:] *Zagrożenia człowieka i idei sprawiedliwości społecznej*, tom I, pod redakcją Tadeusza Pilcha i Tomasza Sosnowskiego, Wydawnictwo Akademickie „Żak", Warszawa, s. 27–37.
Theiss Wiesław (2014), (opr.) *Bogdan Suchodolski – Listy (1945–1948) do Heleny Radlińskiej* [w:] *Bogdan Suchodolski – osoba i myśl*, zbiór studiów pod redakcją Ireny Wojnar, Wydawnictwo PAN – Komitet Prognoz „Polska 2000 Plus", Warszawa, s. 33–49.
Urbaniak-Zając Danuta (2010), *„Środowisko" – historyczne czy teoretyczne pojęcie pedagogiki społecznej* [w:] *Edukacja społeczna wobec problemów współczesnego człowieka i społeczeństwa*, pod redakcją Jacka Piekarskiego, Tadeusza Pilcha, Wiesława Theissa i Danuty Urbaniak-Zając, Wydawnictwo Uniwersytetu Łódzkiego, s. 119–140.
Urbaniak-Zając Danuta (2011), *Pedagogika społeczna wobec praktyki – perspektywa porównawcza polsko-niemiecka*, „Łódzkie Studia Pedagogiczne", tom II: *Ciągłość i zmiana w teorii pedagogiki społecznej – wybrane zagadnienia*, Wydawnictwo Uniwersytetu Łódzkiego, Łódź, s. 15–40.

Wroczyński Ryszard (1961), *Wstęp. Helena Radlińska – działalność i system pedagogiczny* [w:] Helena Radlińska, *Pedagogika społeczna*, wstęp Ryszard Wroczyński i Aleksander Kamiński, opracowanie tekstu i komentarza Wanda Wyrobkowa-Delawska, Zakład Narodowy im. Ossolińskich, Wrocław, s. V–XIX.
Wroczyński Ryszard (1976), *Pedagogika społeczna*, wydanie II rozszerzone, Państwowe Wydawnictwo Naukowe, Warszawa.
Źródła do pedagogiki opiekuńczej (1988), tomy I–II, pod redakcją Ireny Lepalczyk, Państwowe Wydawnictwo Naukowe, Warszawa.
Żukiewicz Arkadiusz (2009), *Wprowadzenie do ontologii pracy społecznej. Odniesienia do społeczno-pedagogicznej refleksji Heleny Radlińskiej*, Wydawnictwo Naukowe Uniwersytetu Pedagogicznego, Kraków.

III. Inne prace cytowane w tekście

Adler Alfred (1964), *The Individual Psychology of Alfred Adler. A Systematic Presentation in Selections from his Writings*, edited and annotated by Heinz L. Ansbacher, Rowena R. Ansbacher, Harper Perennial, New York.
Aebli Hans (1959), *Dydaktyka psychologiczna. Zastosowania psychologii Piageta do dydaktyki*, przekład Czesław Kupisiewicz, Państwowe Wydawnictwo Naukowe, Warszawa.
Andrukowicz Wiesław (2006), *Szlachetny pożytek. O filozoficznej pedagogice Bronisława F. Trentowskiego*, Wydawnictwo Naukowe Uniwersytetu Szczecińskiego, Szczecin.
Andrukowicz Wiesław (2013), *Wstęp* [w:] *Z badań nad tradycją polskiej pedagogiki. Wybrani twórcy i ich idee w XIX i XX wieku*, pod redakcją Wiesława Andrukowicza, Wydawnictwo Naukowe Wydziału Humanistycznego Uniwersytetu Szczecińskiego „Minerwa", s. 7–18.
Ansbacher Heinz L., Ansbacher Rowena R. (1964), *Introduction. Individual Psychology in its Larger Setting* [w:] *The Individual Psychology of Alfred Adler. A Systematic Presentation in Selections from his Writings*, edited and annotated by Heinz L. Ansbacher, Rowena R. Ansbacher, Harper Perennial, New York, s. 1–18.
Bachelard Gaston (2000), *Filozofia, która mówi nie. Esej o filozofii nowego ducha w nauce*, przekład Justyna Budzyk, Wydawnictwo „słowo/obraz terytoria", Gdańsk.
Baley Stefan (1965), *Psychologiczne podstawy samokształcenia* [w:] *Pedagogika dorosłych*, praca zbiorowa pod redakcją Kazimierza Wojciechowskiego, Państwowe Zakłady Wydawnictw Szkolnych, Warszawa, s. 192–209.
Barycz Henryk (1949), *Rozwój historii oświaty, wychowania i kultury w Polsce*, Polska Akademia Umiejętności – Gebethner i Wolff, Warszawa.
Bateson Gregory (1958), *Naven. A Survey of the Problems Suggested by a Composite Picture of the Culture of a New Guinea Tribe drawn from Three Points of View*, second edition, Stanford University Press, Stanford.
Bateson Gregory (1972), *Steps to an Ecology of Mind*, Chandler Press, San Francisco.
Bateson Gregory (1979), *Mind and Nature: A Necessary Unity*, Dutton Press, New York.
Bateson Gregory (1991), *A Sacred Unity. Further Steps to an Ecology of Mind*, edited by Rodney E. Donaldson, Harper Collins Publishers, New York.

Bateson Gregory (1996), *Umysł i przyroda. Jedność konieczna*, przekład Anna Tanalska--Dulęba, Państwowy Instytut Wydawniczy, Warszawa.
Bateson Gregory (2000), *Steps to an Ecology of Mind*, The University of Chicago Press, Chicago – London.
Bateson Gregory (2005), *Gregory Bateson. Essays for an Ecology of Ideas*, "Cybernetics & Human Knowing. A Journal of Second-Order Cybernetics, Autopoiesis and Cyber-Semiotics", volume 12, no. 12.
Bateson Gregory, Bateson Mary Catherine (2005), *Angels Fear. Towards an Epistemology of the Sacred*, Hampton Press, Cresskill, New Jersey.
Bauman Zygmunt (1966), *Kultura a społeczeństwo. Preliminaria*, Państwowe Wydawnictwo Naukowe, Warszawa.
Bauman Zygmunt (2000), *Ponowoczesność jako źródło cierpień*, Wydawnictwo „Sic!", Warszawa.
Bauman Zygmunt (2007), *Szanse etyki w zglobalizowanym świecie*, przekład Jacek Konieczny, Wydawnictwo „Znak", Kraków.
Bauman Zygmunt (2008), *Zindywidualizowane społeczeństwo*, przekład Olga i Wojciech Kubińscy, Gdańskie Wydawnictwo Psychologiczne, Gdańsk.
Bauman Zygmunt (2012), *O edukacji. Rozmowy z Riccardo Mazzeo*, przekład Patrycja Poniatowska, Wydawnictwo Naukowe Dolnośląskiej Szkoły Wyższej, Wrocław.
Berman Morris (1981), *The Reenchantment of the World*, Cornell University Press, Ithaca and London.
Bogdan Suchodolski – osoba i myśl (2014), zbiór studiów pod redakcją Ireny Wojnar, Wydawnictwo PAN – Komitet Prognoz „Polska 2000 Plus", Warszawa.
Bourdieu Pierre (2006), *Medytacje pascaliańskie*, przekład Krzysztof Wakar, Oficyna Naukowa, Warszawa.
Brach-Czaina Jolanta (1988), *Wstęp* [w:] *Estetyka pragnień*, praca zbiorowa pod redakcją Jolanty Brach-Czainy, Wydawnictwo Lubelskie, Lublin, s. 5–6.
Bron-Wojciechowska Agnieszka (1986), *Grundtvig*, Wydawnictwo „Wiedza Powszechna", Warszawa.
Bronfenbrenner Urie (1970), *Czynniki społeczne w rozwoju osobowości*, część II, „Psychologia Wychowawcza", tom XIII (XXVII), numer 2, marzec–kwiecień, s. 141–161.
Bronfenbrenner Urie (1979), *The Ecology of Human Development. Experiments by Nature and Design*, Harvard University Press, Cambridge, Massachusetts – London.
Brzoza Halina (1988), *Pragnienie spełnienia niemożliwego. Grotowski – Szajna – Kantor* [w:] *Estetyka pragnień*, praca zbiorowa pod redakcją Jolanty Brach-Czainy, Wydawnictwo Lubelskie, Lublin, s. 51–71.
Bühler Charlotta (1933), *Dziecięctwo i młodość. Geneza świadomości*, przekład Wanda Ptaszyńska, Nasza Księgarnia, Warszawa.
Bühler Charlotte (1999), *Bieg życia ludzkiego*, przekład Edward Cichy, Józef Jarosz, przedmowa Teresa Rzepa, Wydawnictwo Naukowe PWN, Warszawa.
Chałasiński Józef (1935), *Recenzja pracy: Hessen Sergiusz, Podstawy pedagogiki*, „Przegląd Socjologiczny", tom III, zeszyt 1–2, s. 334–336.
Chałasiński Józef (1935a), *Tło socjologiczne pracy oświatowej*, Wydawnictwo Instytutu Oświaty Dorosłych, Warszawa.
Chałasiński Józef (1937), *Recenzja: B. Suchodolski Polityka kulturalno-oświatowa w Polsce współczesnej*, „Przegląd Socjologiczny", tom V, zeszyt 1–2, s. 509–513.

Chałasiński Józef (1938), *Młode pokolenie chłopów. Procesy i zagadnienia kształtowania się warstwy chłopskiej w Polce*, z przedmową Floriana Znanieckiego, tomy I–IV, Spółdzielnia Wydawnicza „Pomoc Oświatowa", Warszawa.
Chałasiński Józef (1938a), *Mowa tronowa prof. Sergiusza Hessena. Rozprawa sukcesyjna z powodu niebezpieczeństwa grożącego pedagogice*, „Przegląd Socjologiczny", tom VI, zeszyt 1–2, s. 250–267.
Chałasiński Józef (1938b), *Szkoła w społeczności wiejskiej*, „Przegląd Socjologiczny", tom VI, zeszyt 1–2, s. 51–137.
Chałasiński Józef (1948), *Społeczeństwo i wychowanie. Socjologiczne zagadnienia szkolnictwa i wychowania w społeczeństwie współczesnym*, Instytut Wydawniczy „Nasza Księgarnia", Warszawa.
Chałasiński Józef (1958), *Przeszłość i przyszłość inteligencji polskiej*, Ludowa Spółdzielnia Wydawnicza, Warszawa.
Chałasiński Józef (1958a), *Społeczeństwo i wychowanie*, wydanie drugie zmienione, Państwowe Wydawnictwo Naukowe, Warszawa.
Chałasiński Józef (1968), *Kultura i naród. Studia i szkice*, Wydawnictwo „Książka i Wiedza", Warszawa.
Charlton Noel G. (2008), *Understanding Gregory Bateson*, State University of New York Press, Albany.
Choroba afektywna dwubiegunowa – wyzwania terapeutyczne (2012), pod redakcją Dominiki Dudek, Marcina Siwka i Janusza Rybakowskiego, Termedia Wydawnictwa Medyczne, Poznań.
Claparède Édouard (1933), *Wychowanie funkcjonalne*, przekład Maria Ziembińska, Zjednoczone Zakłady Kartograficzne i Wydawnicze Książnica-Atlas, Lwów – Warszawa.
Dawid Jan Władysław (1961), *Pisma pedagogiczne*, wybór, opracowanie i wstęp Ryszard Wroczyński, Zakład Narodowy im. Ossolińskich, Wrocław – Warszawa – Kraków.
Dąbrowski Zdzisław (2006), *Pedagogika opiekuńcza w zarysie*, tom I, Wydawnictwo Uniwersytetu Warmińsko-Mazurskiego, Olsztyn.
Dąbrowski Zdzisław (2006a), *Pedagogika opiekuńcza w zarysie*, tom II, Wydawnictwo Uniwersytetu Warmińsko-Mazurskiego, Olsztyn.
Dialektyczna terapia behawioralna w praktyce klinicznej (2012), pod redakcją Lindy A. Dimeff i Kelly Koerner, słowo wstępne Marsha M. Linehan, przekład Marta Kapera, Wydawnictwo Uniwersytetu Jagiellońskiego, Kraków.
Dołęga Józef M. (2007), *Ekofilozofia i sozologia w edukacji XXI wieku*, „Zarządzanie i Edukacja", numer 50, styczeń–luty, s. 63–91.
Domańska Ewa (2013), *Humanistyka ekologiczna*, „Teksty Drugie", numer 1–2(139–140), s. 13–32.
Dyrda Mirosław Jan (2009), *Pedagogika społeczna. O aspiracjach jakości i sensie życia*, Oficyna Wydawnicza Aspra-Jr, Warszawa.
Encyklopedia pedagogiczna XXI wieku (2003–2008), tomy I–VII, pod redakcją Tadeusza Pilcha, Wydawnictwo Akademickie „Żak", Warszawa.
Elzenberg Henryk (2002), *Kłopot z istnieniem. Aforyzmy w porządku czasu*, Wydawnictwo Uniwersytetu Mikołaja Kopernika, Toruń.
Etzioni Amitai (1997), *The New Golden Rule. Community and Morality in a Democratic Society*, Basic Books, New York.

Giroux Henry A. (2011), *On Critical Pedagogy*, The Continuum International Publishing Group, New York – London.
Giroux Henry A., Witkowski Lech (2010), *Edukacja i sfera publiczna. Idee i doświadczenia pedagogiki radykalnej*, przedmowa: Zbigniew Kwieciński, posłowie: Tomasz Szkudlarek, aneks: Zbyszko Melosik, Bogusław Śliwerski, Oficyna Wydawnicza „Impuls", Kraków.
Granosik Mariusz (2002), *Kształcenie – tożsamość – działanie. O biograficznym wymiarze pracy socjalnej* [w:] *Badanie – działanie – kształcenie. Czyli o przydatności dyscyplin społecznych dla doskonalenia praktyki profesji społecznych w dziedzinie oświaty, kultury i pracy socjalnej*, pod redakcją Ewy Marynowicz-Hetki, Łódzkie Towarzystwo Naukowe, Łódź, s. 21–33.
Granosik Mariusz (2006), *Profesjonalizacja zawodów społecznych. Przykład pracy socjalnej* [w:] *Pedagogika społeczna. Podręcznik akademicki*, tom I, pod redakcją Ewy Marynowicz-Hetki, Wydawnictwo Naukowe PWN, Warszawa, s. 490–498.
Granosik Mariusz (2013), *Praca socjalna – analiza instytucjonalna z perspektywy konwersacyjnej*, Wydawnictwo Uniwersytetu Łódzkiego, Łódź.
Granosik Mariusz (2013a), *Praca socjalna w perspektywie interpretatywnej: teoria, diagnoza, działanie* [w:] *Nowe ujęcia znanych problemów pomocy społecznej*, pod redakcją Agnieszki Skowrońskiej, Centrum Rozwoju Zasobów Ludzkich, Warszawa, s. 7–24.
Grochowska Magdalena (2013), *Wytrąceni z milczenia*, wstępem opatrzył Adam Michnik, Wydawnictwo „Czarne", Wołowiec.
Gryko Czesław (1989), *Józef Chałasiński. Socjologiczna teoria kultury*, Wydawnictwo Lubelskie, Lublin.
Gryko Czesław (2007), *Józef Chałasiński. Człowiek i dzieło. Od teorii wychowania do kulturowej wizji narodu*, Wydawnictwo Wyższej Szkoły Przedsiębiorczości i Administracji, Lublin.
Grzywak-Kaczyńska M. (1934), *O właściwy stosunek szkoły do dziecka* [w:] *Poznajmy warunki życia dziecka*, opracowanie H. Radlińska, M. Grzywak-Kaczyńska, J. Wuttkowa, Nasza Księgarnia, Warszawa, s. 8–23.
Hamburger Franz (1998), *Aktualna dyskusja w niemieckiej pedagogice społecznej*, przekład Danuta Urbaniak-Zając [w:] *Pedagogika społeczna i praca socjalna. Przegląd stanowisk i komentarze*, pod redakcją Ewy Marynowicz-Hetki, Jacka Urbańskiego i Danuty Urbaniak-Zając, Wydawnictwo „Śląsk", Katowice, s. 21–36.
Hamburger Franz (2006), *Pedagogika społeczna*, przekład Magdalena Wojdak-Piątkowska [w:] *Pedagogika*, tom III: *Subdyscypliny wiedzy pedagogicznej*, pod redakcją Bogusława Śliwerskiego, Gdańskie Wydawnictwo Pedagogiczne, Gdańsk, s. 1–112.
Harries-Jones Peter (2005), *Introduction*, "Australian Humanities Review", Issue 35, cf. http://www.australianhumanitiesreview.org/archive/Issue-June-2005/harriesjones.html [available: 7.09.2013].
Hesse Hermann (1999), *Gra szklanych paciorków*, przekład Maria Kurecka, Państwowy Instytut Wydawniczy, Warszawa.
Hessen Sergiusz (1938), *O niebezpieczeństwie socjologizmu w pedagogice*, „Przegląd Socjologiczny", tom VI, zeszyt 1–2, s. 228–249.
Hessen Sergiusz (1947), *Struktura i treść szkoły współczesnej*, Nasza Księgarnia, Warszawa.

Hessen Sergiusz (1997), *O sprzecznościach i jedności wychowania. Zagadnienia pedagogiki personalistycznej*, „Dzieła Wybrane", tom III, wybór i opracowanie Wincenty Okoń, Wydawnictwo „Żak", Warszawa.
Hessen Sergiusz (1997a), *Pisma pomniejsze*, „Dzieła Wybrane", tom V, wybór i opracowanie Wincenty Okoń, Wydawnictwo „Żak", Warszawa.
Hessen Sergiusz (1997b), *Struktura i treść szkoły współczesnej. Zasady dydaktyki ogólnej*, „Dzieła Wybrane", tom IV, wybór i opracowanie Wincenty Okoń, Wydawnictwo „Żak", Warszawa.
Hejnicka-Bezwińska Teresa (2014), *Bogdan Suchodolski wobec polskich sporów o pedagogikę* [w:] *O pedagogice Bogdana Suchodolskiego*, pod redakcją Czesława Kupisiewicza i Bogusława Śliwerskiego, Wydawnictwo Wyższej Szkoły „Humanitas", Sosnowiec.
Hurlbutt Mary Emerson (1922), *The Development of International Case Work* [w:] *Proceedings of the National Conference of the Social Work*, The University of Chicago Press, Chicago, Illinois, s. 487–491.
Hurlbutt Mary Emerson (1923), *The Invisible Environment of an Immigrant* [w:] *Proceedings of the National Conference of the Social Work*, The University of Chicago Press, Chicago, Illinois, s. 309–313.
Ingarden Roman (2006), *Książeczka o człowieku*, Wydawnictwo Literackie, Kraków.
Izdebska Helena (1963), *Niepowodzenia szkolne a losy młodzieży (z badań w warszawskich szkołach dla pracujących)* [w:] *Środowisko i wychowanie. Zbiór rozpraw z pedagogiki społecznej*, pod redakcją Ryszarda Wroczyńskiego, „Studia Pedagogiczne", tom X, Zakład Narodowy im. Ossolińskich, Wrocław – Warszawa – Kraków, s. 96–158.
Jastrzębska-Majer Lidia (1999), *Osobowość a społeczeństwo w ujęciu Zygmunta Mysłakowskiego* [w:] *W poszukiwaniu podstaw pedagogiki. Zygmunt Mysłakowski (1890–1971)*, praca zbiorowa pod redakcją Tadeusza W. Nowackiego, Instytut Badań Edukacyjnych – Studio Wydawnicze „Familia", Warszawa, s. 75–95.
Jaworska-Witkowska Monika (2009), *Ku kulturowej koncepcji pedagogiki. Fragmenty i ogarnięcie*, Oficyna Wydawnicza „Impuls", Kraków.
Jaworska-Witkowska Monika, Kwieciński Zbigniew (2011), *Nurty pedagogii. Naukowe, dyskretne, odlotowe*, Oficyna Wydawnicza „Impuls", Kraków.
Jaworska-Witkowska Monika, Witkowski Lech (2010), *Przeżycie – przebudzenie – przemiana. Inicjacyjne dynamizmy egzystencji ludzkiej w prozie Hermanna Hessego (tropy i kategorie pedagogiczne)*, wydanie II poprawione, Wydawnictwo Wyższej Szkoły Edukacji Zdrowotnej i Nauk Społecznych, Łódź.
Kargul Józef (1976), *Pracownik kulturalno-oświatowy. Problemy zawodu i modele działania*, Instytut Wydawniczy CRZZ, Warszawa.
Kargul Józef (1995), *Animacja społeczno-kulturalna* [w:] *Pedagogika społeczna. Człowiek w zmieniającym się świecie*, pod redakcją Tadeusza Pilcha i Ireny Lepalczyk, wydanie II rozszerzone i poprawione, Wydawnictwo Akademickie „Żak", Warszawa, s. 273–294.
Kawula Stanisław (1967), *Funkcja wychowawcza rodziny wiejskiej na tle innych funkcji rodziny (Z badań pedagogicznych nad rodziną podhalańską)* [w:] *Warunki pracy szkoły we wsi peryferyjnej. Materiały z Ogólnopolskiego Seminarium Pedagogicznego – Toruń, kwiecień 1967*, pod redakcją Zbigniewa Kwiecińskiego, Wydawnictwo Zrzeszenia Studentów Polskich SAW, Warszawa, s. 43–68.

Kawula Stanisław (2012), *Pedagogika społeczna dzisiaj i jutro*, Wydawnictwo Edukacyjne „Akapit", Toruń.
Keiny Shoshana (2002), *Ecological Thinking. A New Approach to Educational Change*, University Press of America, Lanham – New York – Oxford.
Kołakowski Leszek (1974), *Na grób Marii Ossowskiej*, „Kultura", numer 10(325), s. 113.
Kołakowski Leszek (2000), *Kultura i fetysze. Eseje*, Wydawnictwo Naukowe PWN, Warszawa.
Kopczyńska Małgorzata (1993), *Animacja społeczno-kulturalna. Podstawowe pojęcia i zagadnienia*, Centrum Animacji Kulturalnej, Warszawa.
Kot Stanisław (1928), *Dzieje wychowania. Podręcznik dla seminarjów nauczycielskich*, wydanie II, Nakład Gebethnera i Wolffa, Warszawa – Kraków.
Kotarbiński Tadeusz (1967), *Słowo wstępne* [w:] *Stanisława Michalskiego autobiografia i działalność oświatowa*, opracowanie Helena Radlińska i Irena Lepalczyk, Zakład Narodowy im. Ossolińskich, Wrocław – Warszawa – Kraków, s. 5–7.
Kotarbiński Tadeusz (1970), *Perspektywy myśli pedagogicznej*, „Studia Filozoficzne", numer 1, s. 8.
Kotarbiński Tadeusz (2003), *Prakseologia, część II*, „Dzieła Wszystkie", tom VI, Zakład Narodowy im. Ossolińskich, Wrocław.
Kundera Milan (2004), *Sztuka powieści. Esej*, wydanie II zmienione, przekład Marek Bieńczyk, Państwowy Instytut Wydawniczy, Warszawa.
Kunowski Stefan (2004), *Podstawy współczesnej pedagogiki*, Wydawnictwo Salezjańskie, Warszawa.
Kupisiewicz Czesław (2000), *Dydaktyka ogólna*, wydanie I, Oficyna Wydawnicza „Graf Punkt", Warszawa.
Kupisiewicz Czesław (2012), *Z dziejów teorii i praktyki wychowania. Podręcznik akademicki*, Oficyna Wydawnicza „Impuls", Kraków.
Kurdybacha Łukasz (1967), *Wpływ Rewolucji Październikowej i szkoły radzieckiej na polską myśl oświatową 1918–1939*, Państwowe Wydawnictwo Naukowe, Warszawa.
Kwieciński Zbigniew (1972), *Funkcjonowanie szkoły w środowisku wiejskim. Studium wsi peryferyjnej*, Państwowe Wydawnictwo Naukowe, Warszawa.
Kwieciński Zbigniew (1982), *Konieczność – nadzieja – niepokój. Problemy oświaty w latach siedemdziesiątych*, Ludowa Spółdzielnia Wydawnicza, Warszawa.
Kwieciński Zbigniew (2000), *Tropy – ślady – próby. Studia i szkice z pedagogii pogranicza*, Wydawnictwo „Edytor", Poznań – Olsztyn.
Kwieciński Zbigniew (2003), *Pedagogika totalna Bogdana Suchodolskiego*, „Teraźniejszość – Człowiek – Edukacja. Kwartalnik Myśli Społeczno-Pedagogicznej", nr 4, s. 43–61.
Kwieciński Zbigniew (2005), *Profesor Suchodolski był wielkim humanistą, profetycznym filozofem kultury i wychowania i zaangażowanym Europejczykiem. W odpowiedzi na listy krytyczne*, „Teraźniejszość – Człowiek – Edukacja. Kwartalnik Myśli Społeczno--Pedagogicznej", nr 2(30), s. 113–116.
Kwieciński Zbigniew (2008), *O osobliwości opóźnienia pedagogiki polskiej na początku lat dziewięćdziesiątych XX wieku* [w:] *Ku demokracji w sferze publicznej i dyskursie edukacyjnym*, pod redakcją Ewy Rodziewicz, „Ars Educandi", tom V, Wydawnictwo Uniwersytetu Gdańskiego, Gdańsk, s. 74–78.

Kwieciński Zbigniew (2014), *Ekologia pedagogiczna. Reaktywacja*, [w:] *Zbigniew Kwieciński Doctor Honoris Causa Universitatis Silesiensis*, pod redakcją naukową Katarzyny Krasoń, Wydawnictwo Uniwersytetu Śląskiego, Katowice, s. 79–95.

Lange Oskar (1962), *Całość i rozwój w świetle cybernetyki*, Państwowe Wydawnictwo Naukowe, Warszawa.

Lewin Kurt (2010), *Badania w działaniu a problemy mniejszości*, przekład Rozalia Ligus [w:] *Badania w działaniu. Pedagogika i antropologia zaangażowane*, pod redakcją Hanny Červinkovej i Bogusławy Doroty Gołębniak, Wydawnictwo Naukowe Dolnośląskiej Szkoły Wyższej, Wrocław, s. 5–18.

Lipset David (1980), *Gregory Bateson. The Legacy of a Scientist*, Prentice-Hall, Englewood Cliffs, New Jersey.

Maliszewski Krzysztof (2004), *Teoria wychowania moralnego w pedagogice kultury II Rzeczypospolitej*, Wydawnictwo Uniwersytetu Śląskiego, Katowice.

Markowski Michał Paweł (2013), *Polityka wrażliwości. Wprowadzenie do humanistyki*, Towarzystwo Autorów i Wydawców Prac Naukowych „Universitas", Kraków.

Melosik Zbyszko (1996), *Tożsamość, ciało i władza, Teksty kulturowe jako (kon)teksty pedagogiczne*, Wydawnictwo Edytor, Poznań – Toruń.

Melosik Zbyszko (2006), *Kryzys męskości w kulturze współczesnej*, Oficyna Wydawnicza „Impuls", Kraków.

Metodologia pedagogiki społecznej (1974), pod redakcją Ryszarda Wroczyńskiego i Tadeusza Pilcha, Zakład Narodowy im. Ossolińskich, Wrocław.

Mikołajewicz Wojciech (1999), *Praca socjalna jako działanie wychowawcze*, Wydawnictwo „Śląsk", Katowice.

Miller Romana (1966), *Proces wychowania i jego wyniki*, Państwowe Zakłady Wydawnictw Szkolnych, Warszawa.

Mysłakowski Zygmunt (1931), *Rodzina wiejska jako środowisko wychowawcze*, Zjednoczone Zakłady Kartograficzne i Wydawnicze Książnica-Atlas, Warszawa – Lwów.

Nasza walka o szkołę polską 1901–1917 (1932), pod redakcją Bogdana Nawroczyńskiego, tom I, Zjednoczone Zakłady Kartograficzne i Wydawnicze Książnica-Atlas, Warszawa.

Nasza walka o szkołę polską 1901–1917 (1934), pod redakcją Bogdana Nawroczyńskiego, tom II, Zjednoczone Zakłady Kartograficzne i Wydawnicze Książnica-Atlas, Warszawa.

Nawroczyński Bogdan (1932), *Słowo wstępne* [w:] *Nasza walka o szkołę polską 1901–1917*, pod redakcją Bogdana Nawroczyńskiego, tom I, Zjednoczone Zakłady Kartograficzne i Wydawnicze Książnica-Atlas, Warszawa 1932, s. 1–20.

Nawroczyński Bogdan (1971), *Materiały Bogdana Nawroczyńskiego. Wspomnienia starego pedagoga. Pamiętnik – fragmenty*, Archiwum PAN, Warszawa, sygn. III-213, teczki 41–43, 1969–1972.

Nietzsche Friedrich (2012), *Notatki z lat 1885–1887*, przekład Marta Kopij, Grzegorz Sowinski, „Dzieła Wszystkie", tom XII, Wydawnictwo „Officyna", Łódź.

Nietzsche Friedrich (2012a), *Notatki z lat 1887–1889*, przekład Paweł Pieniążek, „Dzieła Wszystkie", tom XIII, Wydawnictwo „Officyna", Łódź.

Nowak Leszek (2011), *Polska droga od socjalizmu. Pisma polityczne 1980–1989*, „Studia i Materiały Poznańskiego IPN", tom XVII, wybór i opracowanie Krzysztof Brzechczyn, posłowie Bronisław Marciniak, Oddział Instytutu Pamięci Narodowej – Komisji Ścigania Zbrodni przeciwko Narodowi Polskiemu, Poznań.

Obuchowski Kazimierz (1993), *Człowiek intencjonalny*, Wydawnictwo Naukowe PWN, Warszawa.

Okoń Wincenty (1985), *Tradycja i nowoczesność w nauczaniu początkowym* [w:] *Edukacja wczesnoszkolna*, praca zbiorowa pod redakcją Barbary Wilgockiej-Okoń, wydanie II poprawione, Wydawnictwa Szkolne i Pedagogiczne, Warszawa, s. 20–44.
Okoń Wincenty (2003), *Wprowadzenie do dydaktyki ogólnej*, wydanie V, Wydawnictwo Akademickie „Żak", Warszawa.
Orzelska Julita (2014), *W stronę pedagogiki istotnej egzystencjalnie. Życie i jego trudności z energią duchową jako wyzwania pedagogiczne rezyduów tożsamości*, Oficyna Wydawnicza „Impuls", Kraków.
Patriotyzm i nacjonalizm. Ku jakiej tożsamości kulturowej? (2013), pod redakcją Jerzego Nikitorowicza, Oficyna Wydawnicza „Impuls", Kraków.
Półturzycki Józef (1991), *Dydaktyka dorosłych*, Wydawnictwa Szkolne i Pedagogiczne, Warszawa.
Prus Bolesław (Aleksander Głowacki) (1905), *Najogólniejsze ideały życiowe*, wydanie II przejrzane, Nakładem Jana Fiszera, Warszawa.
Prus Bolesław (1958), *Aleksander Głowacki (Bolesław Prus)*, część IV [w:] Piotr Chmielowski et al., *Pedagogika pozytywizmu warszawskiego*, opracowanie i wstęp Ryszard Wroczyński, Zakład Narodowy im. Ossolińskich, Wrocław, s. 183–210.
Rashid Faaiza, Edmondson Amy C., Leonard Herman B. (2013), *Leadership Lessons from the Chilean Mine Rescue*, "Harvard Business Review", 91, no. 7–8, July–August, s. 113–119.
Rose Deborah Bird, Robin Libby (2004), *The Ecological Humanities: An Invitation*, "Australian Humanities Review", issue 31–32, April, http://www.australianhumanitiesreview. org/archive/Issue-April-2004/rose.html [available: 7.09.2013].
Rowid Henryk (1931), *Szkoła twórcza. Podstawy teoretyczne i drogi urzeczywistnienia nowej szkoły*, wydanie III poprawione i uzupełnione, Skład Główny Gebethner i Wolff, Kraków.
Rowid Henryk (1946), *Podstawy i zasady wychowania*, Instytut Wydawniczy „Nasza Księgarnia", Warszawa.
Rubakin Mikołaj (1930), *Czytelnictwo młodzieży i różnice zainteresowań*, „Ruch Pedagogiczny", nr 9.
Rurka Anna, Hardy Guy, Defays Christian (2013), *Proszę, nie pomagaj mi! Paradoks pomocy narzuconej*, przekład Urszula Bisek, Magdalena Macińska, Centrum Rozwoju Zasobów Ludzkich, Warszawa.
Rybakowski Janusz (2009), *Oblicza choroby maniakalno-depresyjnej*, Termedia Wydawnictwa Medyczne, Poznań.
Sennett Richard (2006), *Korozja charakteru. Osobiste konsekwencje pracy w nowym kapitalizmie*, przekład Jan Dzierzgłowski, Łukasz Mikołajewski, Warszawskie Wydawnictwo Literackie „Muza", Warszawa.
Seron Claude (współautor: Wittezaele Jean-Jacques) (2009), *L'intervention thérapeutique sous contrainte*, préface de Richard Fisch, Paul Watzlawick, John Weakland, Editions de Boeck, Bruxelles.
Siemieniecki Bronisław (2013), *Pedagogika kognitywistyczna. Studium teoretyczne*, Oficyna Wydawnicza „Impuls", Kraków.
Skarga Barbara (2013), *Comte, Renan, Claude Bernard*, pod redakcją Marcina Pańkowa, przedmowa Stanisław Borzym, Wydawnictwo „Stentor", Warszawa.

Skrzypczak Józef (1996), *Proces kształcenia dorosłych i jego główne składniki* [w:] Dzierżymir Jankowski, Kazimierz Przyszczypkowski, Józef Skrzypczak, *Podstawy edukacji dorosłych. Zarys problematyki*, Wydawnictwo Naukowe Uniwersytetu im. Adama Mickiewicza, Poznań, s. 117–160.
Smolińska-Theiss Barbara (2013), *Korczakowskie narracje pedagogiczne*, Oficyna Wydawnicza „Impuls", Kraków.
Soulet Marc-Henry (1998), *Działanie społeczne i jego wymiar pedagogiczny na przykładzie pracy socjalnej z rodziną*, przekład Hanna Kamińska [w:] *Pedagogika społeczna i praca socjalna. Przegląd stanowisk i komentarze*, pod redakcją Ewy Marynowicz-Hetki, Jacka Piekarskiego i Danuty Urbaniak-Zając, „Biblioteka Pracownika Socjalnego", Wydawnictwo „Śląsk", Katowice, s. 103–130.
Sroczyński Wojciech (2006), *„Środowisko niewidzialne" w andragogice*, „Kultura i Edukacja", numer 1, s. 74–89.
Sroczyński Wojciech (2007), *Kategoria środowiska w pedagogice społecznej (szkice z pedagogiki społecznej)*, Agencja Wydawniczo-Reklamowa „Arte", Warszawa.
Sroczyński Wojciech (2007a), *Pedagogika społeczna czy/a środowiskowa*, „Kultura i Edukacja", numer 2, s. 60–69.
Sroczyński Wojciech (2011), *Wybrane zagadnienia pedagogiki społecznej. Funkcja środowiskowa i socjalna*, Wydawnictwo Uniwersytetu Przyrodniczo-Humanistycznego, Siedlce.
Stańczyk Piotr (2013), *Człowiek, wychowanie i praca w kapitalizmie. W stronę krytycznej pedagogiki pracy*, Wydawnictwo Uniwersytetu Gdańskiego, Gdańsk.
Suchodolski Bogdan (1937), *Dwoistość życia kulturalnego*, „Nowa Książka", rocznik IV, zeszyt 6, s. 305–308.
Suchodolski Bogdan (1947), *Uspołecznienie kultury*, wydanie II zmienione i powiększone, Księgarnia i Dom Wydawniczy „Trzaska, Evert i Michalski", Warszawa.
Suchodolski Bogdan (1956), *Pedagogika i psychologia* [w:] *Dziesięć lat rozwoju nauki w Polsce Ludowej*, redakcja pod przewodnictwem Bogdana Suchodolskiego, Państwowe Wydawnictwo Naukowe, Warszawa, s. 193–220.
Suchodolski Bogdan (1957), *U podstaw materialistycznej teorii wychowania*, Państwowe Wydawnictwo Naukowe, Warszawa.
Suchodolski Bogdan (2014), *Pedagogika ideałów i pedagogika życia* [w:] *Bogdan Suchodolski – osoba i myśl*, zbiór studiów pod redakcją Ireny Wojnar, Wydawnictwo PAN – Komitet Prognoz „Polska 2000 Plus", Warszawa, s. 105–142.
Sułek Antoni (2011), *Obrazy z życia socjologii w Polsce*, Oficyna Naukowa, Warszawa.
Szafraniec Krystyna (1984), *O pedagogice społecznej dyskusyjnie*, „Acta Universitatis Nicolai Copernici. Pedagogika", IX, Nauki Humanistyczno-Społeczne, zeszyt 151, Wydawnictwo Uniwersytetu Mikołaja Kopernika, Toruń, s. 60–74.
Szczepański Jan (2013), *Dzienniki z lat 1945–1968*, opracował i wstępem opatrzył Daniel Kadłubiec, Wydawnictwo Galeria „Na Gojach", Ustroń.
Szmyd Kazimierz (2003), *Twórcy nauk o wychowaniu w środowisku akademickim Lwowa (1860–1939)*, Wydawnictwo Uniwersytetu Rzeszowskiego, Rzeszów.
Szołtysek Adolf Ernest (1998), *Filozofia wychowania. Ontologia, metafizyka, antropologia, aksjologia*, Wydawnictwo „Adam Marszałek", Toruń.
Szulakiewicz Władysława (2006), *Historia oświaty i wychowania w Polsce 1944–1956*, Wydawnictwo „WAM", Kraków.

Śliwerski Bogusław (1998), *Współczesne teorie i nurty wychowania*, Oficyna Wydawnicza „Impuls", Kraków.
Świda Hanna (1970), *Osobowość jako problem pedagogiki*, Zakład Narodowy im. Ossolińskich, Wrocław – Warszawa – Kraków.
Świętochowski Aleksander (1958), *Nowe drogi* [w:] *Pedagogika pozytywizmu warszawskiego. Źródła do dziejów myśli pedagogicznej*, tom III, opracował i wstępem opatrzył Ryszard Wroczyński, Ossolineum, Wrocław.
Tożsamość w społeczeństwie współczesnym: pop-kulturowe (re)interpretacje (2012), pod redakcją Agnieszki Gromkowskiej-Melosik i Zbyszko Melosika, Oficyna Wydawnicza „Impuls", Kraków.
Turos Lucjan (1978), *Andragogika. Zarys teorii oświaty i wychowania dorosłych*, wydanie II, Państwowe Wydawnictwo Naukowe, Warszawa.
Uniwersalia w międzykulturowym porównaniu. Studium polsko-niemieckie (2008), pod redakcją Elżbiety Dubas, Hartmuta M. Griesego i Małgorzaty Dzięgielewskiej, Wydawnictwo Uniwersytetu Łódzkiego, Łódź.
Urbaniak-Zając Danuta (2003), *Pedagogika społeczna w Niemczech. Stanowiska teoretyczne i problemy praktyki*, Wydawnictwo Uniwersytetu Łódzkiego, Łódź.
Urry John (2009), *Socjologia mobilności*, przekład Janusz Stawiński, Wydawnictwo Naukowe PWN, Warszawa.
Vickers Geoffrey (1968), *Value Systems and Social Process*, Basic Books, New York.
Walicki Andrzej (1995), *Filozofia prawa rosyjskiego liberalizmu*, przekład Janusz Stawiński, Wydawnictwo Instytutu Studiów Politycznych PAN, Warszawa.
Walker Wolfgang (2001), *Przygoda z komunikacją*, przekład Joanna Mańkowska, Gdańskie Wydawnictwo Psychologiczne, Gdańsk.
Wałęga Agnieszka (2011), *Polskie podręczniki i wydawnictwa pomocnicze do historii wychowania okresu zaborów i II Rzeczypospolitej*, Wydawnictwo „Adam Marszałek", Toruń.
Warunki pracy szkoły we wsi peryferyjnej. Materiały z Ogólnopolskiego Seminarium Pedagogicznego – Toruń, kwiecień 1967 (1967), pod redakcją Zbigniewa Kwiecińskiego, Wydawnictwo Zrzeszenia Studentów Polskich SAW, Warszawa.
Wernic Henryk (1958), *Przewodnik wychowania* [w:] Piotr Chmielowski *et al.*, *Pedagogika pozytywizmu warszawskiego*, opracowanie i wstęp Ryszard Wroczyński, Zakład Narodowy im. Ossolińskich, Wrocław, s. 3–18.
Wilgocka-Okoń Barbara (1972), *Dojrzałość szkolna dzieci a środowisko*, Państwowe Wydawnictwo Naukowe, Warszawa.
Wilgocka-Okoń Barbara (2003), *Gotowość szkolna dzieci sześcioletnich*, Wydawnictwo Akademickie „Żak", Warszawa.
Winkler Michael (1998), *Pedagogika społeczna – perspektywy badawcze*, przekład Danuta Urbaniak-Zając [w:] *Pedagogika społeczna i praca socjalna. Przegląd stanowisk i komentarze*, pod redakcją Ewy Marynowicz-Hetki, Jacka Piekarskiego i Danuty Urbaniak-Zając, „Biblioteka Pracownika Socjalnego", Wydawnictwo „Śląsk", Katowice, s. 37–56.
Winkler Michael (2002), *Zadania pedagogiczne badań podstawowych*, przekład Danuta Urbaniak-Zając [w:] *Granice autonomii teorii i praktyki edukacyjnej*, tom I, pod redakcją Jacka Piekarskiego, Ewy Cyrańskiej i Danuty Urbaniak-Zając, Wydawnictwo Wyższej Szkoły Humanistyczno-Ekonomicznej, Łódź, s. 21–36.
Winkler Michael (2009), *Pedagogika społeczna*, przedmowa Danuta Urbaniak-Zając, przekład Magdalena Wojdak-Piątkowska, Gdańskie Wydawnictwo Psychologiczne, Gdańsk.

Winkler Michael (2010), *Kryzys pedagogiki społecznej – kontrola i subiektywizm* [w:] *Edukacja społeczna wobec problemów współczesnego człowieka i społeczeństwa*, pod redakcją Jacka Piekarskiego, Tadeusza Pilcha, Wiesława Theissa i Danuty Urbaniak-Zając, Wydawnictwo Uniwersytetu Łódzkiego, s. 13–23.

Witkowski Lech (2000), *Uniwersalizm pogranicza. O semiotyce kultury Michała Bachtina w kontekście edukacji*, Wydawnictwo „Adam Marszałek", Toruń.

Witkowski Lech (2001), *Dwoistość w pedagogice Bogdana Suchodolskiego*, Wydawnictwo „Wit-Graf", Kraków.

Witkowski Lech (2007), *Edukacja i humanistyka. Nowe (kon)teksty dla nowoczesnych nauczycieli*, Wydawnictwo Instytutu Badań Edukacyjnych, Warszawa.

Witkowski Lech (2007a), *Edukacja wobec sporów o (po)nowoczesność*, Wydawnictwo Instytutu Badań Edukacyjnych, Warszawa.

Witkowski Lech (2007b), *Między pedagogiką, filozofią i kulturą. Studia, eseje, szkice*, Wydawnictwo Instytutu Badań Edukacyjnych, Warszawa.

Witkowski Lech (2009), *Ku integralności edukacji i humanistyki II. Postulaty, postacie, pojęcia, próby. Odpowiedź na Księgę jubileuszową*, Wydawnictwo „Adam Marszałek", Toruń.

Witkowski Lech (2009a), *Rozwój i tożsamość w cyklu życia. Studium koncepcji Erika H. Eriksona*, wydanie III, Wydawnictwo Wyższej Szkoły Edukacji Zdrowotnej, Łódź.

Witkowski Lech (2010), *Przedmowa zamiast recenzji. Koniec alibi dla wykluczenia* [w:] Bronisław Ferdynand Trentowski, *Chowanna (Myśli wybrane)*, komentarz, wybór i opracowanie Wiesław Andrukowicz, posłowie Sławomir Sztobryn, Oficyna Wydawnicza „Impuls", Kraków, s. 7–19.

Witkowski Lech (2010a), *Tożsamość i zmiana. Epistemologia i rozwojowe profile w edukacji*, Wydawnictwo Naukowe Dolnośląskiej Szkoły Wyższej, Wrocław.

Witkowski Lech (2011), *Historie autorytetu wobec kultury i edukacji*, Oficyna Wydawnicza „Impuls", Kraków.

Witkowski Lech (2013), *Autorytet i wartości u stóp*, „Er(r)go", numer 26(1), s. 44–69.

Witkowski Lech (2013a), *Przełom dwoistości w pedagogice polskiej. Historia, teoria, krytyka*, Oficyna Wydawnicza „Impuls", Kraków.

Witkowski Lech (2014), *Rozprawa z autorytetem*, wykład i dyskusja z 11 stycznia dla Fundacji na Rzecz Myślenia im. Barbary Skargi w Łazienkach Królewskich w Warszawie, dostępny w wideo rejestracji na stronie Fundacji pod adresem: https://www.youtube.com/channel/UC-1kNaXphJSWE_EiuPZc9Uw.

Wojciechowski Andrzej (2012), *Pedagogika obecności. Śladem księdza Józefa Tischnera „Filozofii dramatu"*, przedmowa Henryk Depta, Wydawnictwo Edukacyjne „Akapit", Toruń.

Wojciechowski Kazimierz (1965), *Czym jest oświata dorosłych* [w:] *Pedagogika dorosłych*, praca zbiorowa pod redakcją Kazimierza Wojciechowskiego, Państwowe Zakłady Wydawnictw Szkolnych, Warszawa, s. 9–32.

Wojciechowski Kazimierz (1980), *Pedagogika dorosłych czy pedagogika społeczna*, „Oświata Dorosłych", rocznik XXIV, numer 8(217), s. 477–478.

Wojnarowski Józef (1987), *Władysław Grabski – uczony, pedagog, działacz społeczny i mąż stanu* [w:] Władysław Grabski, *Wybór pism*, opracowanie i wstęp Józef Wojnarowski, Ludowa Spółdzielnia Wydawnicza, Warszawa, s. 5–41.

Wokół idei pedagogicznych Sergiusza Hessena (2013), pod redakcją Aliny Wróbel i Magdaleny Błędowskiej, Wydawnictwo Uniwersytetu Łódzkiego, Łódź.
Wołoszyn Stefan (1964), *Dzieje wychowania i myśli pedagogicznej w zarysie*, Państwowe Wydawnictwo Naukowe, Warszawa.
Wołoszyn Stefan (1998), *Nauki o wychowaniu w Polsce w XX wieku. Próba syntetycznego zarysu na tle powszechnym*, wydanie II poszerzone, Dom Wydawniczy „Strzelec", Kielce.
Wroczyński Ryszard (1948), *Pozytywizm warszawski. Zarys dziejów oraz wybór publicystyki i krytyki*, Państwowe Zakłady Wydawnictw Szkolnych, Warszawa.
Wroczyński Ryszard (1958), *Wstęp* [w:] Piotr Chmielowski et al., *Pedagogika pozytywizmu warszawskiego*, opracowanie i wstęp Ryszard Wroczyński, Zakład Narodowy im. Ossolińskich, Wrocław, s. V–LXV.
Wroczyński Ryszard (1961), *Wstęp* [w:] Jan Władysław Dawid, *Pisma pedagogiczne*, wybór, opracowanie i wstęp Ryszard Wroczyński, Zakład Narodowy im. Ossolińskich, Wrocław – Warszawa – Kraków, s. V–XLVI.
Wroczyński Ryszard (1963), *O strukturze procesów wychowawczych* [w:] *Środowisko i wychowanie. Zbiór rozpraw z pedagogiki społecznej*, pod redakcją Ryszarda Wroczyńskiego, „Studia Pedagogiczne", tom X, pod redakcją Bogdana Suchodolskiego, Zakład Narodowy im. Ossolińskich, Wrocław – Warszawa – Kraków, s. 9–25.
Wroczyński Ryszard (1968), *Wychowanie poza szkołą*, Państwowe Zakłady Wydawnictw Szkolnych, Warszawa.
Wroczyński Ryszard (1987), *Dzieje oświaty polskiej 1795–1945*, Państwowe Wydawnictwo Naukowe, Warszawa.
Wroczyński Ryszard (2004), *O niektórych właściwościach badań pedagogicznych* [w:] Mariusz Cichosz (autor wyboru), *Polska pedagogika społeczna w latach 1945–2003. Wybór tekstów źródłowych*, tomy I–II, Wydawnictwo „Adam Marszałek", Toruń, s. 283–296.
Wrońska Katarzyna (2012), *Pedagogika klasycznego liberalizmu. W dwugłosie John Locke i John Stuart Mill*, Wydawnictwo Uniwersytetu Jagiellońskiego, Kraków.
Wychowanie w środowisku małomiasteczkowym (1934), pod redakcją Zygmunta Mysłakowskiego, Zjednoczone Zakłady Kartograficzne i Wydawnicze Książnica-Atlas, Warszawa – Lwów.
Ziemkiewicz Rafał A. (2013), *Uważałem że*, Wydawnictwo „Fabryka Słów", Lublin.

Indeks nazwisk

A

Abramowski Edward 34, 359, 369, 381, 387, 502, 503, 526, 624, 644, 684, 702
Adler Alfred 108, 133, 134, 148, 161, 162, 378, 380, 387, 434, 605–609, 612, 615, 758
Aebli Hans 619, 758
Anderson Gladys Lowe 751
Anderson Rob 311, 313
Andrukowicz Wiesław 36, 383, 426, 446, 758, 768
Ansbacher Heinz L. 607, 610, 758
Ansbacher Rowena R. 607, 610, 758

B

Bach Jan Sebastian 405
Bachelard Gaston 6, 68, 69, 721, 758
Bachtin Michaił 270, 280, 491, 707, 738
Baley Stefan 74, 374, 615, 758
Barbier Jean-Marie 216
Barski Józef 754
Barth Paul 671, 672
Barycz Henryk 129, 130, 758
Bateson Gregory 6, 37, 39, 40, 95, 97, 106, 171, 174, 176, 179, 180, 190, 210, 217, 226, 255, 257, 258, 261, 268, 273–276, 278, 281, 283–319, 321, 322, 324, 342, 365, 454, 455, 468, 592, 620, 628, 655, 686, 693, 731, 758, 759, 760, 764
Bateson Mary Catherine 284, 285, 296, 297, 305, 306, 759
Bauman Zygmunt 99, 234, 291, 544, 604, 732, 733, 759
Benda Julien 66, 354, 702
Bergemann Paweł 574
Berlin Isaiah 378
Berman Morris 310, 759
Bernard Claude 601
Bertalanffy Ludwig von 271

Bieńczyk Marek 763
Bilińska-Suchanek Ewa 17
Bisek Urszula 765
Bleuler Eugene 291, 321, 607
Błachowski Stefan 87
Błędowska Magdalena 769
Bochomulska Justyna 755
Böhnisch Lothar 231
Borowicz Ryszard 738
Borzym Stanisław 765
Bourdieu Pierre 63, 182, 250, 759
Brach-Czaina Jolanta 347, 759
Braun Kazimierz 343
Brecht Bertold 344
Brodacka-Adamowicz Ewa 756
Brodowska Helena 753
Bron-Wojciechowska Agnieszka 435, 480, 759
Bronfenbrenner Urie 62, 216–227, 759
Brzechczyn Krzysztof 764
Brzoza Halina 342–347, 759
Brzozowski Stanisław 644, 682
Buckle Henry Thomas 186
Budzyk Justyna 758
Bühler Charlotte 148, 150, 374, 384, 387, 434, 520, 605, 615, 616, 627–642, 669, 700, 759
Bühler Karl 605, 638
Bujak Franciszek 107
Busemann Adolf 94, 111
Buyse R. 601
Bystroń Jan Stanisław 87, 644, 665, 717

C

Capra Fritjof 267, 268
Červinková Hanna 764
Chałasiński Józef 6, 39, 55, 109, 118, 119, 135, 136, 356, 359, 371, 402, 422, 472, 478, 489, 594, 643–673, 717, 759, 760, 761
Charlton Noel G. 38, 190, 292, 760

Chmaj Leon 476, 477, 581, 582, 716, 753
Chmielowski Piotr 765, 767, 769
Ciążela Andrzej 482
Cichosz Mariusz 26, 27, 37, 51, 68, 71–73, 155, 157, 169, 172, 378, 379, 404, 407, 426, 570, 579, 682, 683, 753, 754, 756, 769
Cichy Edward 759
Cissna Kenneth N. 311, 313, 315
Claparède Édouard 150, 384, 387, 520, 609, 627, 760
Cole Michael 217
Comte August 570
Cyrańska Ewa 767
Cyrański Bohdan 452
Czakowska Helena 17
Czapska Maria 36, 42, 191, 368, 371, 600, 753
Czerniachowska Ryszarda 755
Czerniawska Olga 115, 116, 412

D
Danilewicz Wioleta 753
Darwin Karol 290
Dawid Jan Władysław 125–127, 198, 382, 434, 700, 717, 760, 769
Dąbrowski Zdzisław 169, 529, 688, 690–693, 754, 760
Defays Christian 275, 276, 765
Depta Henryk 768
Derrida Jacques 736, 746, 747
Deschamps P. 109
Dewey John 387, 434, 663, 669
Dilthey Wilhelm 745
Dimeff Linda A. 760
Dobrowolska Hanna 751
Dołęga Józef M. 50, 760
Domańska Ewa 40, 760
Donaldson Rodney E. 285, 758
Dubas Elżbieta 754, 767
Dudek Dominika 760
Dyrda Mirosław Jan 760
Dzierzgłowski Jan 765
Dzięgielewska Małgorzata 767

E
Edmondson Amy C. 328–333, 765
Elias Norbert 376, 560, 561, 564
Elliott John 253, 254
Elzenberg Henryk 34, 640, 760
Eriksen Thomas Hylland 296

Erikson Erik H. 38, 56, 96, 161, 162, 182, 184, 263, 287, 306, 315, 420, 431, 449, 506, 533, 534, 546, 605, 609, 614–616, 625, 629, 683, 689, 690, 699, 768
Estkowski Ewaryst 483–485
Etzioni Amitai 321– 328, 760

F
Festinger Leon 296, 507
Fichte Johann Gottlieb 176
Fisch Richard 765
Florczak Agnieszka 16
Foerster Fryderyk 94
Foucault Michel 422
Frankfurt Harry 327
Freire Paolo 442
Freud Zygmunt 291, 605, 608–610, 637

G
Gadamer Hans-Georg 304, 745
Geertz Clifford 749
Gentile Giovanni 662–665
Giddens Anthony 657
Giroux Henry A. 16, 39, 42, 43, 268, 548, 586, 694, 707, 761
Godoń Rafał 17
Goethe Johann Wolfgang von 62
Gołębniak Bogusława Dorota 764
Gombrowicz Witold 65, 437
Grabski Władysław 359, 651, 652, 768
Granosik Mariusz 37, 49, 477, 560–568, 761
Griese Hartmut M. 767
Gritschneder Max 245
Grochowska Magdalena 761
Gromkowska-Melosik Agnieszka 379, 767
Groos Karol 638
Grotowski Jerzy 321, 344–346
Grundtvig Nicolai Frederik Severin 352, 353, 435, 475, 480, 502
Gryko Czesław 651, 653, 654, 663, 761
Grzegorzewska Maria 135, 717
Grzywak-Kaczyńska Maria 143, 761

H
Habermas Jürgen 139, 191, 221, 231, 234, 235, 243, 256, 286, 304, 321, 330, 473, 513, 701, 707
Hamburger Franz 216, 228–235, 761
Hardy Guy 275, 276, 765
Harries-Jones Peter 289, 290, 761

Hearne Gordon 553
Hegel Georg Wilhelm Friedrich 245, 669, 738, 745
Heidegger Martin 116
Hejnicka-Bezwińska Teresa 762
Hesse Hermann 177, 445, 623, 739, 761, 762
Hessen Sergiusz 34, 56, 71, 86, 87, 109, 118, 131–139, 147, 165, 166, 353, 356, 371, 383, 434, 465, 467, 472, 505, 508, 606, 643, 645, 649, 651, 661–667, 669, 681, 696, 713, 717, 741, 754, 759, 760–762, 769
Hirszfeld Ludwik 596
Hofmann Walter 450
Hurlbutt Mary Emerson 44, 111–113, 762

I
Illich Ivan 424
Ingarden Roman 641, 682, 698, 762
Izdebska Helena 143, 762

J
Jacobson Roman 743
James William 387, 611
Janion Maria 176
Jankowski Dzierżymir 766
Jarosz Józef 759
Jaspers Karl 610
Jastrzębska-Majer Lidia 288, 762
Jaworska-Witkowska Monika 17, 43, 148, 175, 177, 370, 437, 445, 578, 623, 699, 711, 712, 762
Joteyko Józefa 39, 717
Jung Carl Gustav 292, 380, 387, 445, 607, 623
Jurgielewiczowa Irena 752, 757

K
Kaczyńska Maria 74
Kadłubiec Daniel 766
Kamińska Hanna 766
Kamiński Aleksander 6, 26, 37, 40, 42, 44, 45, 51, 68, 72–74, 93, 94, 111, 112, 114, 115, 154–167, 169–172, 189, 274, 300, 354, 356–358, 375, 376, 403, 405, 415, 419, 454, 471, 477, 493, 513, 517, 518, 522, 551–559, 574, 582, 593, 602, 608–610, 612, 613, 616, 619, 620, 643, 671, 687, 708–711, 736, 752, 754–756, 758
Kant Immanuel 95, 310
Kantor Tadeusz 321, 344, 346, 347

Kapera Marta 760
Kargul Józef 333, 471, 762
Karpiński Stanisław 703, 704
Karpowicz Stanisław 88, 503, 526, 703
Kawula Stanisław 51, 73, 95, 99, 102, 103, 105, 118, 164, 165, 171–173, 228, 538, 754, 756, 762, 763
Kądziela Paweł 753
Keiny Shoshana 142, 252–271, 740, 763
Kępiński Antoni 610
Kleve Heiko 234
Kłoskowska Antonina 99
Koerner Kelly 760
Kohlberg Lawrence 139, 452, 473, 513, 701
Köhler Wolfgang 609
Kołakowski Leszek 562, 763
Kołłątaj Hugo 34, 369, 387, 396, 409, 418, 436, 481, 604, 678, 699
Konarski Stanisław 684
Kopczyńska Małgorzata 440, 763
Kopij Marta 764
Korczak Janusz 29, 34, 74, 87, 357, 595, 596, 757
Korzybski Alfred 306
Kot Stanisław 34, 88, 122, 123, 763
Kotarbiński Tadeusz 23–25, 578, 710, 711, 753, 763
Kotlarska-Michalska Anna 15
Kotłowski Karol 99, 356
Kowalik Krystyna 475, 476, 539, 687, 689, 690, 754
Kowalik Stanisław Zbigniew 738
Kowalski Stanisław 51, 68, 72, 150, 437, 755
Krasoń Katarzyna 764
Kraszewski Józef Ignacy 129
Krzywicki Ludwik 359, 387, 503, 644
Krzyżanowski Stanisław 372, 409
Kubińska Olga 759
Kubiński Wojciech 759
Kuhn Thomas 258
Kundera Milan 116, 176, 345, 448, 744, 763
Kunowski Stefan 576, 763
Kupisiewicz Czesław 38, 39, 77, 758, 762, 763
Kurdybacha Łukasz 357–359, 763
Kurecka Maria 761
Kwieciński Zbigniew 15, 16, 43, 52, 66, 90, 95, 96, 98–107, 147, 179, 198, 225, 252, 355, 356, 430, 702, 707, 715, 735, 761–764, 767

L

Lacan Jacques 82, 707
Lakatos Imré 258
Lange Oskar 39, 764
Lassalle Ferdinand 441
Leonard Herman B. 328–333, 765
Lepalczyk Irena 5, 16, 23, 28, 34, 37, 42, 85, 155, 170, 358, 359, 362, 372, 373, 376, 382, 414, 430, 451, 521, 524, 554, 578, 585, 598, 608, 678, 687, 689, 690, 714, 721, 752–758, 762, 763
Lewin Kurt 217, 218, 220, 221, 223, 233, 263, 543, 545, 546, 597, 607, 764
Libelt Karol Fryderyk 34, 153, 352, 353, 369, 387, 410, 448, 469, 482, 483, 503, 694, 699
Librachowa Maria 74
Linehan Marsha M. 760
Lipset David 174, 273, 764
Lipska-Librachowa Maria 717
Locke John 769

Ł

Łatacz Ewa 755
Łempicki Stanisław 87, 751, 752

M

Macińska Magdalena 765
Majchrowicz Franciszek 122, 124
Makarenko Anton S. 99, 595, 662
Maksym Gorki 662
Malinowski Bronisław 665
Maliszewski Krzysztof 91, 764
Man Paul de 747
Mannheim Karl 703
Mannoni Maud 242, 243
Mańkowska Joanna 767
Marcel Gabriel 286
Marciniak Bronisław 764
Markowska Danuta 99
Markowski Michał Paweł 151, 705, 736, 737, 743–750, 764
Marks Karol 32, 147, 180, 511
Marynowicz-Hetka Ewa 15, 16, 22, 26, 85, 90, 93, 145, 149, 155, 165, 228, 259, 381, 527, 528, 552, 561, 563, 569, 714, 721, 753–756, 761, 766, 767
Maslow Abraham H. 148, 161, 162, 513, 607––609, 616, 619, 620
Massa Riccardo 596

Maturana Humberto 267, 268
Mazurkiewicz Edward 472, 475, 598, 602, 603, 756
McLaren Peter L. 268, 442, 585, 586, 707
Mead Margaret 287, 292, 305
Melosik Zbyszko 379, 761, 764, 767
Mendel Maria 757
Merleau-Ponty Maurice 746
Merton Robert K. 161, 216, 222, 230, 336, 376, 426, 507, 524, 560, 561, 564, 565, 695
Meyerson Emil 108
Michalski Łukasz 17, 132
Michalski Stanisław 361, 362, 683
Michnik Adam 761
Mickiewicz Adam 186, 481, 497, 500
Mikołaj z Kuzy 209
Mikołajewicz Wojciech 707, 708, 764
Mikołajewski Łukasz 765
Milerski Bogusław 118
Milgram Stanley 223
Mill John Stuart 208, 769
Miller Romana 612, 613, 764
Miłosz Czesław 63
Mirski Józef 34, 71, 151, 375, 713, 719
Moszczeńska Izabela 717
Muszkowski Jan 751
Muszyńska Małgorzata 17
Muszyński Heliodor 47, 357
Mysłakowski Zygmunt 34, 71, 74, 82, 86, 99, 107–109, 129, 151, 160, 251, 288, 353, 356, 377, 382, 387, 434, 437, 517, 644, 713, 714, 717, 762, 764, 769

N

Natorp Paul 244, 245, 670–672
Nawroczyński Bogdan 6, 24, 34, 71, 77, 81–84, 86, 87, 89, 132, 151, 228, 325, 353, 354, 356, 383, 387, 390, 413, 434, 517, 526, 627, 713, 717, 719, 741, 756, 764
Niemyska Maria 135
Nietzsche Friedrich 6, 400, 640, 735, 764
Nikitorowicz Jerzy 379, 765
Nocuń Aleksander W. 471, 756
Norwid Cyprian Kamil 397, 704
Novalis (właśc. Friedrich Leopold von Hardenberg) 746
Nowacki Tadeusz W. 762
Nowak Leszek 32, 120, 764

O

Obrębski Józef 665
Obuchowski Kazimierz 632, 733, 764
Okoń Wincenty 38, 55, 56, 133, 596, 762, 765, 767
Orsza Helena patrz: Radlińska Helena
Orzelska Julita 96, 765
Orzeszkowa Eliza 188, 497
Osmundsen Lita 273
Ossowska Maria 763
Ossowski Stanisław 383

P

Paderewski Jan 375
Pańkow Marcin 765
Pascal Blaise 418
Pawłowicz Urszula 16
Peirce Charles Sanders 302
Piaget Jean 86, 218, 243, 258, 374, 387, 605, 609, 619, 624, 629, 635
Piekarski Jacek 756, 757, 766–768
Pieniążek Paweł 764
Pilch Tadeusz 61, 72, 103, 754–757, 760, 762, 764, 768
Piłsudski Józef 502
Platon 63
Poniatowska Patrycja 759
Popper Karl R. 114, 670
Półturzycki Józef 75, 192, 765
Prigogine Ilya 267, 287
Prus Bolesław (Aleksander Głowacki) 186–190, 192, 197, 205–212, 478, 497, 765
Przecławska Anna 148, 711, 712, 755, 756
Przyszczypkowski Kazimierz 766
Ptaszyńska Wanda 759

R

Radlińska Helena (Orsza Helena) 5, 6, 15, 16, 19–21, 23–28, 32–57, 61, 65, 67, 68, 70, 72–79, 81–117, 119, 121–125, 127, 130–157, 159–183, 185–193, 195, 197–202, 206, 209, 212, 215, 217–219, 223–230, 235, 237–248, 251–255, 257–259, 261, 264, 266–268, 270, 271, 273, 274, 276, 281, 282, 287, 289–293, 295, 300, 306, 308, 310–314, 317–319, 321–323, 325, 326, 328, 333, 334, 341, 343, 344, 346, 347, 351–385, 387, 389–391, 395–514, 517–549, 551–555, 557, 560, 563, 564, 566–570, 573–627, 629, 631, 633, 635–639, 641, 643–652, 654, 658, 659, 661–673, 677–723, 726–733, 735–741, 743, 745, 746, 749–758, 763
Radziewicz-Winnicki Andrzej 90, 514, 756
Rajchman Ludwik 596
Rashid Faaiza 328–333, 765
Readings Bill 747, 748
Reymont Stanisław 502
Richmond Mary 555, 598, 599
Ricoeur Paul 745
Robin Libby 287, 288, 765
Rodziewicz Ewa 763
Rogers Carl 310–314
Rose Deborah Bird 287, 288, 765
Rowid Henryk 34, 71, 86, 87, 144, 182–184, 356, 382, 383, 609, 669, 717, 719, 753, 765
Rubakin Mikołaj 382, 435, 443, 450, 459, 625, 765
Rurka Anna 275, 276, 765
Russell Bertrand 293, 306
Rybakowski Janusz 335, 760, 765
Rzepa Teresa 759
Rzeszutek Lucjan 756

S

Sala Władysław 502
Sartre Jean-Paul 744
Schlegl Friedrich 746
Schütze Fritz 560, 562, 564–566
Séalilles Gabriel 400
Semon R. 623
Sennett Richard 296, 765
Seron Claude 39, 693, 765
Siemak-Tylikowska Alicja 17
Siemek Marek J. 176, 756
Siemieniecki Bronisław 290, 765
Sienkiewicz Henryk 188, 497
Simmel Georg 387
Siwek Marcin 760
Skarga Barbara 71, 91, 601, 765
Skarżyńska Janina 751
Skibińska Władysława 37, 359, 362, 451, 755
Skowrońska Agnieszka 761
Skrzeszewski Stanisław 361, 362, 756
Skrzypczak Józef 286, 766
Słowacki Juliusz 186, 383, 406
Smolińska-Theiss Barbara 29, 74, 87, 115, 357, 519, 541, 595, 756, 757, 766
Sosnowski Tomasz 757
Sośnicki Kazimierz 86, 356, 387, 717

Soulet Marc-Henry 216, 766
Sowinski Grzegorz 764
Spasowski Władysław 47, 124, 125, 717
Spencer Herbert 206
Spengler Oswald Arnold Gottfried 434, 665
Spranger Eduard 387, 609, 637, 673
Sroczyński Wojciech 50, 53, 54, 68, 115, 116, 322, 757, 766
Stańczyk Piotr 173, 766
Staszic Stanisław 34, 387, 409, 481, 518
Stawiński Janusz 767
Steier Frederick 297
Stern William 47, 181, 182, 184, 209, 434, 574, 605, 607, 609, 629, 632, 637
Sucharski Tadeusz 17
Suchodolski Bogdan 32, 34, 38, 39, 41, 42, 47, 66, 71, 75, 77, 85, 86, 88, 105, 135, 136, 140–147, 166, 173, 290, 354–357, 360, 361, 366, 369, 385, 390, 408, 410, 417, 424, 430, 437, 443, 465, 482, 489, 501, 505, 517, 555, 576, 608, 643, 653, 665, 668, 702, 716, 720, 757, 759, 762, 766, 768, 769
Sułek Antoni 66, 651, 766
Szafraniec Krystyna 171, 172, 766
Szajna Józef 321, 344–346
Szczepański Jan 55, 75, 180, 189, 359–361, 669, 757, 766
Szewczuk Włodzimierz 608
Szkudlarek Tomasz 761
Szmyd Kazimierz 141, 716, 717, 766
Szołtysek Adolf Ernest 47, 766
Sztobryn Sławomir 36, 755, 768
Szulakiewicz Władysława 88, 681, 766
Szuman Stefan 34, 71, 74, 86, 87, 150, 374, 383, 389, 434, 605, 615, 616, 700
Szycówna Aniela 717

Ś

Śliwerski Bogusław 15, 29, 36, 155, 228, 619, 761, 762, 767
Śliwerski Wojciech 16
Świda Hanna 505–513, 767
Świętochowski Aleksander 188, 189, 197–205, 767

T

Tanalska-Dulęba Anna 759
Theiss Wiesław 26, 35, 42, 47, 86, 90, 93, 95, 115, 137, 148, 149, 188, 189, 191, 358, 372, 380, 417, 423, 425, 426, 453, 514, 519, 529, 541, 579, 582, 588, 596, 601, 610, 682, 688, 711, 712, 723, 754–757, 768
Thorndike Edward 150
Topolski Jerzy 519
Toulmin Stephen 258
Trempała Edmund 68, 72, 169
Trentowski Bronisław Ferdynand 24, 33, 35, 39, 47, 127, 193, 194, 209, 383, 387, 426, 435, 446, 483, 522, 526, 684, 758, 768
Turos Lucjan 75, 76, 153, 767

U

Uexküll Jakob von 181, 182
Urbaniak-Zając Danuta 32, 49, 51–53, 236–238, 244, 251, 574, 756, 757, 761, 766–768
Urbański Jacek 761
Urry John 23, 767
Uziembło Adam O. 375, 376, 756

V

Varela Francisco 267
Vickers Geoffrey 97, 276–284, 365, 767

W

Wagner Antonin 216, 569
Wakar Krzysztof 759
Walicki Andrzej 131, 767
Walker Wolfgang 275, 319, 767
Wałęga Agnieszka 124, 767
Wasilewska Beata 753, 754, 757
Watson John B. 609
Watzlawick Paul 765
Weakland John 765
Weber Max 281, 376
Welsch Wolfgang 22
Wernic Henryk 189, 192–197, 767
Wilgocka-Okoń Barbara 55, 56
Wiłkomirska Anna 17
Wincławski Włodzimierz 66, 99, 105, 651
Winiarski Mikołaj 73, 165
Winkler Michael 21, 53, 70, 216, 235–251, 595, 596, 767, 768
Witkiewicz Stanisław Ignacy (Witkacy) 343
Witkowski Lech 19, 22, 28, 35, 42, 55, 65, 66, 71, 74, 77, 78, 80, 87, 90, 91, 96, 98, 142, 160, 175, 177, 182, 184, 209, 230, 235, 240, 244, 249, 256, 263, 270, 280, 287, 288, 300, 322, 325, 336, 354, 356, 370, 417, 420, 431, 445, 449,

451, 473, 491, 526, 548, 555, 560, 561, 563, 565, 569, 574, 582, 586, 588, 596, 597, 606, 615, 623, 627, 691, 699, 702, 707, 712, 714, 732, 747, 761, 762, 768
Witkowski Marcin 16
Wittezaele Jean-Jacques 765
Wojciechowska Janina 752
Wojciechowski Andrzej 286, 768
Wojciechowski Kazimierz 702, 758, 768
Wojdak-Piątkowska Magdalena 761, 767
Wojnar Irena 356, 757, 759, 766
Wojnarowski Józef 359, 768
Wojtczak Lucyna 753
Wojtyła Karol 240, 682
Wolgast Henryk 450
Wołoszyn Stefan 36, 91, 92, 596, 752, 769
Wroczyński Ryszard 26, 37, 42, 49, 51, 72, 73, 76–78, 93, 95, 101, 105, 125–127, 150, 154, 169, 172, 179–181, 184–189, 191–194, 197–199, 206, 208, 209, 217, 218, 275, 354, 358, 378, 379, 404, 435, 478, 556, 570, 579, 580, 689, 709, 752, 754–756, 758, 760, 762, 764, 765, 767, 769
Wrońska Katarzyna 574, 769
Wróbel Alina 118, 769
Wygotski Lew S. 56
Wyrobkowa-Delawska Wanda 754, 758
Wyrobkowa-Pawłowska Wanda 375, 752
Wyspiański Stanisław 524
Ziembińska Maria 760
Ziemkiewicz Rafał A. 65, 769
Zimbardo Philip George 223
Znaniecki Florian 34, 73, 177, 178, 377, 382, 453, 643, 648, 653, 662, 717, 760

Ż

Żukiewicz Arkadiusz 148, 156, 593, 688, 708, 758

www.ingramcontent.com/pod-product-compliance
Lightning Source LLC
Chambersburg PA
CBHW051807080925
32270CB00060B/4624